AF617084

ACCESO GRATIS ***a la Lectura en la Nube***

Para visualizar el libro electrónico en la nube de lectura envíe junto a su nombre y apellidos una fotografía del código de barras situado en la contraportada del libro y otra del ticket de compra a la dirección:

ebooktirant@tirant.com

En un máximo de 72 horas laborables le enviaremos el código de acceso con sus instrucciones.

RESERVA LA NUEVA EDICIÓN DEL GPS FISCAL PARA PYMES

5% DE DESCUENTO

GASTOS DE ENVÍO GRATUITOS[1]

Si quieres recibir la próxima edición del GPS automáticamente en cuanto aparezca

	Precio[2]	Unidades
GPS FISCAL PARA PYMES 4ª ED.	90,43	

Si quieres suscribirte al GPS FISCAL PARA PYMES y recibir automáticamente las futuras ediciones

	Precio[3]	Unidades
GPS FISCAL PARA PYMES 3ª ED.	90,43	

Nombre:	
Apellidos:	
Dirección:	Código postal:
Población:	N.I.F./C.I.F.:
Teléfono:	Correo electrónico:
Datos bancarios:	
CCC:	

Haznos llegar este boletín mediante:

Fax: 963694151

Correo electrónico: Suscripciones@tirant.com

Teléfono: 963699153

C/ Artes Gráficas, 14-2

46010 Valencia

[1] Solo para España peninsular y Baleares

[2] IVA no incluido (4%)

[3] IVA no incluido (4%). Precio de cada edición

COLECCIÓN GPS

Boletín de Pedido

5% DE DESCUENTO

GASTOS DE ENVÍO GRATUITOS[1]

	Precio[2]	Unidades
GPS LABORAL 8ª ED.	90,43	
GPS FISCAL PARA PYMES	90,43	
GPS PROPIEDAD HORIZONTAL 7ª ED.	72,16	
GPS CONTABILIDAD FINANCIERA Y COSTES 5ª ED.	72,16	
GPS DERECHO DE SOCIEDADES 5ª ED.	81,29	
GPS SUCESIONES 4ª ED.	72,16	
GPS CONSUMO 4ª ED.	72,16	
GPS CONTRATOS CIVILES 3ª ED.	72,16	
GPS DERECHO DE LA CIRCULACIÓN 5ª ED.	90,43	
GPS CONCURSAL 6ª ED.	90,43	
GPS NOTARIAL	136,10	
GPS COMPETENCIA	90,43	
GPS SEGUROS	81,29	
GPS CONTRATOS MERCANTILES	81,29	
GPS DERECHO DE FAMILIA	90,43	

Nombre:	
Apellidos:	
Dirección:	Código postal:
Población:	N.I.F./C.I.F.:
Teléfono:	Correo electrónico:
Datos bancarios:	
CCC:	

Haznos llegar este boletín mediante:

Fax: 963694151

Correo electrónico: Suscripciones@tirant.com

Teléfono: 963699153

C/ Artes Gráficas, 14-2

46010 Valencia

(1) Solo para España peninsular y Baleares

(2) IVA no incluido (4%)

GPS FISCAL PARA PYMES

Guía profesional

GPS FISCAL PARA PYMES

Guía profesional

3ª Edición

Director:

DOMINGO CARBAJO VASCO

Economista. Licenciado en Derecho. Licenciado en Ciencias Políticas. Inspector de Hacienda del Estado

Autores:

JOSÉ MANUEL CABRERA FERNÁNDEZ

Licenciado en Ciencias Económicas. Inspector de Hacienda del Estado (jubilado)

DOMINGO CARBAJO VASCO

Economista. Licenciado en Derecho. Licenciado en Ciencias Políticas. Inspector de Hacienda del Estado

AGUSTÍN SANTIAGO FERNÁNDEZ PÉREZ

Asesor Fiscal - Auditor de Cuentas. Licenciado en Ciencias Económicas y Empresariales. Presidente del Registro de Economistas Asesores Fiscales (REAF) - Consejo General de Economistas

JOSÉ ANTONIO LÓPEZ SANTACRUZ

Inspector de Hacienda del Estado (Jubilado)

JOSÉ LUIS MARTÍNEZ SERRANO

Inspector de Hacienda del Estado

ANTONIO MONTERO DOMÍNGUEZ

Inspector de Hacienda del Estado

FRANCISCO JAVIER SÁNCHEZ COLLADA

Licenciado en Derecho. Cuerpo Técnico de Hacienda

tirant lo blanch

Valencia, 2024

En caso de erratas y actualizaciones, la Editorial Tirant lo Blanch publicará la pertinente corrección en la página web www.tirant.com.

© TIRANT LO BLANCH
EDITA: TIRANT LO BLANCH
C/ Artes Gráficas, 14 - 46010 - Valencia
TELFS.: 96/361 00 48 - 50
FAX: 96/369 41 51
Email: tlb@tirant.com
www.tirant.com
Librería virtual: www.tirant.es
DEPÓSITO LEGAL: V-742-2024
ISBN: 978-84-1056-564-7

Si tiene alguna queja o sugerencia, envíenos un mail a: *atencioncliente@tirant.com*. En caso de no ser atendida su sugerencia, por favor, lea en *www.tirant.net/index.php/empresa/politicas-de-empresa* nuestro procedimiento de quejas.

Responsabilidad Social Corporativa: http://www.tirant.net/Docs/RSCTirant.pdf

Índice

Nota de la editora

El lector se preguntará qué valor añadido tiene esta obra respecto de las que existen en el mercado; **por qué elegir precisamente ésta y no otra obra que parezca similar**, para su compra, lectura o consulta.

En primer lugar, esta obra que el lector tiene entre sus manos es una **herramienta jurídica de uso diario** para quienes operan en cualquier ámbito profesional relacionado con la Justicia. Es un instrumento de trabajo hecho a conciencia y con conciencia, es decir, pensando en construirla para dar respuesta a una necesidad que hemos visto que existía y que se nos demandaba una respuesta. Pero no cualquier respuesta, sino una respuesta adecuada para satisfacer esa necesidad.

En cuanto a **la estructura y contenido de la obra**. Se trata de una obra organizada de forma singular, no con una exposición de temas teóricos sino con el mismo *iter* con el que se encontrará el asesor, el abogado, el jurista, y de muy fácil manejo.

Además, **cada capítulo contiene definiciones, normativa actualizada, jurisprudencia específica, cuestiones útiles relacionadas con la materia de estudio y todo ello expuesto con un uso del lenguaje que facilita la comprensión del lector**.

Asimismo, el **índice final ofrece un sencillo sistema de búsqueda** para localizar en el GPS el tema que se necesita.

En esta nueva edición, actualizada y ampliada, hemos introducido imágenes de señales de tráfico para facilitar la localización de los aspectos más relevantes, más conflictivos y más novedosos de los temas contenidos en la obra. Ello, sumado a los colores y recuadros convierte al GPS en un libro completo, útil y de fácil uso.

Finalmente, el **equipo de autores** está conformado por juristas de reconocido prestigio, con años de experiencia académica y profesional que combinan conocimiento y experiencia, tan importante en una obra de estas características y tan difícil de encontrar.

Enero de 2022

Nota del coordinador

Estimado lector:

Nos encontramos ante la décima edición de una obra, el GPS Fiscal, la cual nació con el humilde propósito de servir de guía práctica para un empresario autónomo, un innovador que entrase en el proceloso y, a su vez, fascinante proceso de la creación empresarial y haya de poseer una brújula, un GPS, en la materia fiscal, que le permita navegar sin obstáculos durante el desarrollo de su explotación económica, pasando entre Scila y Caribdis, evitando tormentas, bajíos, rocas, piratas y otros problemas que toda navegación tributaria afronta.

Por eso, decidimos hace algún tiempo alterar el título de nuestro GPS, dado el ámbito subjetivo al cual se dirige: el autónomo, empresario o profesional, persona física y el pequeño empresario, cualquiera que sea la forma jurídica que éste elija para ejecutar su explotación económica.

En estas circunstancias, el GPS FISCAL pasó a denominarse GPS FISCAL para pequeñas y medianas empresas (en adelante PYME), resultando así más precisa, clara y contundente su denominación y evitando cualquier equívoco al profesional o interesado en adquirirlo.

Por ello, el libro que el lector tiene ahora en sus manos lleva la rúbrica "GPS Fiscal para PYMES. Guía Profesional" y alcanza con este texto su tercera edición bajo tal rúbrica.

Nuestro fin es que el libro sirva de apoyo y reflexión para los profesionales que se dedican, de una manera u otra, al asesoramiento empresarial en cualquiera de sus modalidades y buscan una referencia práctica y sencilla para solucionar a sus clientes empresariales cualquier problema o duda fiscal.

Como siempre, nos preocupa la visión práctica y la solución rápida de los problemas fiscales relacionados con la unidad empresarial mayoritaria en España: la pequeña y mediana empresa (PYME), tanto si conserva el propietario del capital la gestión empresarial como si ha adoptado las formas más comunes de la personalidad jurídica mercantil.

También, como en ediciones anteriores, buscamos que la edición de un nuevo libro responda a dos máximas: actualización y perfeccionamiento. Actualización, para que el lector disponga de las referencias legales y doctrinales más modernas, a de enero del año 2024 y modernización, para hacer la exposición y el conocimiento de esas novedades y, en general, de la estructura del sistema tributario español más asequible a nuestros lectores.

En general, la nueva edición integra en su seno todos los cambios normativos, de diferente rango jurídico, que inciden en la tributación de las PYME para el ejercicio 2024; alteraciones que, dada la motorización legislativa que padecemos y la rapidez del cambio tecnológico, son abundantes e inciden en casi todos los tributos que componen nuestro sistema fiscal.

De esta manera, y sin pretender exhaustividad alguna, en este año de 2024 y, en particular, durante el ejercicio anterior, 2023, se han desarrollado múltiples novedades en el sistema tributario español, cuyo contenido resulta necesario incorporar al GPS.

Así, aunque en este año (por razones políticas) no se haya publicado la Ley de Presupuestos Generales del Estado de 2024, el libro sí incluye en su exposición el efecto de normas como la Ley 31/2022, de 23 de diciembre, de Presupuestos Generales del Estado para el año 2023, la cual ha modificado diferentes materias tributarias, tanto en el Impuesto sobre la Renta de las Personas Físicas (en adelante IRPF) como en otros gravámenes, cuyo resultado se mantiene para el año posterior, 2024.

Por ejemplo, en el IRPF, en relación con los trabajadores y pensionistas, se elevó la cuantía de la reducción por obtención de rendimientos del trabajo y el umbral a partir del cual resulta aplicable. De esta forma, se incrementó la cuantía de salario bruto anual a partir de la cual se empieza a pagar dicho impuesto, desde los 14.000 euros anuales hasta los 15.000 euros anuales. Además, dicho aumento de la reducción se extendió hasta afectar a contribuyentes con un salario bruto anual de hasta 21.000 euros, de manera que se vieron afectados por la medida un alto número de trabajadores y pensionistas.

De manera coherente, se elevó el umbral inferior de la obligación de declarar de los perceptores de rendimientos del trabajo a 15.000 euros anuales, al no tener que tributar por este Impuesto respecto de tales rendimientos y, de manera paralela, se adoptaron diversas medidas en relación con los pequeños autónomos, sujetos esenciales para el estudio de su régimen tributario en este GPS 2024.

También, con efectos del 1 de enero de 2024, han existido otras disposiciones que han afectado al IRPF, supuesto del Real Decreto-ley 8/2023, de 27 de diciembre ("Boletín Oficial del Estado"; en adelante BOE de 28 de diciembre), por el que se adoptan medidas para afrontar las consecuencias económicas y sociales derivadas de los conflictos en Ucrania y Oriente Próximo, así como para paliar los efectos de la sequía.

En este Real Decreto-Ley y, con efectos desde 1 de enero de 2024, se introducen las siguientes modificaciones en la Ley 35/2006, de 28 de noviembre, del Impuesto sobre la Renta de las Personas Físicas (en adelante LIRPF).

- Prórroga de los límites excluyentes del método de estimación objetiva.

Se modifica la Disposición Transitoria (en adelante DT) 32ª de la Ley 35/2006, de 28 de noviembre, del Impuesto sobre la Renta de las Personas Físicas, prorrogándose para el ejercicio 2024 los límites cuantitativos que se vienen utilizando en ejercicios anteriores y que delimitan el ámbito de aplicación del método de estimación objetiva para las actividades económicas incluidas en el ámbito de aplicación de dicho método, con excepción de las actividades agrícolas, ganaderas y forestales, que tienen su propio límite cuantitativo por volumen de ingresos.

Por tanto, las magnitudes excluyentes de carácter general serán para el ejercicio 2024 las siguientes:

- Volumen de ingresos en el año inmediato anterior superior a 250.000 euros para el conjunto de actividades económicas, excepto las agrícolas, ganaderas y forestales. Se computarán la totalidad de las operaciones, exista o no obligación de expedir factura.

  Las operaciones en las que exista obligación de expedir factura cuando el destinatario sea empresario, no podrán superar 125.000 euros.

- Volumen de ingresos para el conjunto de actividades agrícolas, forestales y ganaderas superior a 250.000 euros.

- Volumen de compras en bienes y servicios en el año inmediato anterior, excluidas las adquisiciones del inmovilizado, superior a 250.000 euros.

Adicionalmente, se establece un nuevo plazo para renunciar o revocar la renuncia al régimen de estimación objetiva desde el siguiente a la fecha de publicación de este Real Decreto-ley hasta el 31 de enero de 2024.

Las renuncias y revocaciones presentadas para el año 2024 durante el mes de diciembre de 2023, con anterioridad al nuevo plazo, se entenderán presentadas en período hábil.

- Deducción por obras de mejora de eficiencia energética en viviendas.

Se modifica la Disposición Adicional (en adelante DA) 50ª de la Ley 35/2006, de 28 de noviembre, del Impuesto sobre la Renta de las Personas Físicas ampliándose el plazo durante el cual pueden realizarse las obras de mejora de eficiencia para aplicar esta deducción:

- La deducción por las obras de reducción de la demanda de calefacción y refrigeración se podrá justificar por cantidades satisfechas por obras realizadas hasta el 31 de diciembre de 2024 en la vivienda habitual o de cualquier otra de su titularidad que tuviera arrendada para su uso como vivienda en ese momento o en expectativa de alquiler, siempre que, en este último caso, la vivienda se alquile antes de 31 de diciembre de 2025.

- La deducción por obras para la mejora en el consumo de energía primaria no renovable se podrá aplicar por las cantidades satisfechas por obras realizadas hasta el 31 de diciembre de 2024 en la vivienda habitual o de cualquier otra de su titularidad que tuviera arrendada para su uso como vivienda en ese momento o en expectativa de alquiler, siempre que, en este último caso, la vivienda se alquile antes de 31 de diciembre de 2025.

- La deducción por las obras realizadas en edificios de uso predominantemente residencial se podrá aplicar por las cantidades satisfechas por tales obras hasta el 31 de diciembre de 2025.

  Esta última deducción se practicará en los períodos impositivos 2021, 2022, 2023, 2024 y 2025 en relación con las cantidades satisfechas en cada uno de ellos.

- Establecimiento de los medios electrónicos como único cauce para la presentación de la declaración del Impuesto sobre la Renta de las Personas Físicas.

Se modifica el artículo 96 de la Ley 35/2006, de 28 de noviembre, del Impuesto sobre la Renta de las Personas Físicas, añadiéndose en el apartado 5 del mismo que podrá establecer la obligación de presentación por medios electrónicos siempre que la Administración tributaria asegure la atención personalizada a los contribuyentes que precisen de asistencia para el cumplimento de la obligación.

En otro orden de cosas, la elevación en un 5% respecto del año anterior del salario mínimo interprofesional (en adelante SMI), situándose en el ejercicio 2024 en 15.876 euros (14 pagas) y 1.134 euros al mes, conforme a lo dispuesto en el Real Decreto 145/2024, de 6 de febrero, BOE de 7, se ha traducido, asimismo, en un cambio en las tablas de retención y de la obligación de declarar en el IRPF que conlleve la exención efectiva de estos ingresos.

De esta manera, el Real Decreto 142/2024, de 6 de febrero (BOE de 7), ha alterado la redacción del Reglamento del IRPF, artículo 81, con la finalidad de evitar que los trabajadores que perciban el nuevo salario mínimo interprofesional de 2024 soporten retención e ingreso a cuenta. Igualmente, para impedir el correspondiente error de salto, la medida se extiende a contribuyentes con rendimientos netos del trabajo de hasta 19.747,5 euros anuales, los cuales verán reducidas sus retenciones o ingresos a cuenta.

También conviene mencionar, en el IRPF, a partir del 1 de enero de 2024, las modificaciones que, en materia de deducción por donativos, ha introducido el Real Decreto-Ley 6/2023, de 19 de diciembre, aumentando el porcentaje de deducción en cinco puntos y mejorando el tratamiento del llamado "micromecenazgo"(hasta 250 euros) y, en materia reglamentaria, lo cambios que, con efectos desde el 7 de diciembre de 2023, ha introducido el Real Decreto 1008/2023, de 5 de diciembre, en diferentes asuntos: retribuciones en especie, deducción por maternidad, obligación de declarar, pagos a cuenta y régimen especial aplicable a trabajadores, profesionales, emprendedores e inversores desplazados a territorio español.

Asimismo, la incertidumbre económica se ha traducido en reducciones en los rendimientos netos determinados en estimación objetiva (en adelante EO) que, para el año 2024, se ha situado en una reducción general del 5% y en la prórroga, un período más, de los límites de compras y ventas que determinan la posibilidad de optar por ese régimen objetivo de determinación de bases imponibles durante el período impositivo 2024.

En el Impuesto sobre Sociedades (en adelante, IS), con la finalidad de reducir la carga tributaria de las pequeñas empresas, se rebajó con efectos para los períodos impositivos iniciados en 2023 en dos puntos porcentuales el tipo de gravamen aplicable a aquellas entidades que tuvieran un importe de la cifra de negocios inferior a un millón de euros en el periodo impositivo anterior y se introdujeron otras modificaciones técnicas con plena aplicación para el ejercicio 2024.

Las alteraciones presupuestarias de 2023 incidieron, asimismo, en el Impuesto sobre el Valor Añadido (en adelante IVA) y se han prolongado en el tiempo.

En este sentido, se cambiaron algunos tipos de gravamen reducidos y se continuó con el proceso de trasposición del Derecho Europeo, por ejemplo, se procedió a transponer al Ordenamiento interno la Directiva (UE) 2019/2235 del Consejo de 16 de diciembre de 2019, por la que se modifican la Directiva 2006/112/CE, relativa al sistema común del impuesto sobre el valor añadido, y la Directiva 2008/118/CE, relativa al régimen general de los impuestos especiales, en lo que respecta al esfuerzo de defensa en el marco de la Unión, estableciéndose un régimen de exenciones similar al que ya estaba previsto para las fuerzas armadas de cualquier Estado parte del Tratado del Atlántico Norte.

En otro orden de cosas, y dentro también del ámbito del IVA, se adaptó la legislación del impuesto a diferentes modificaciones del régimen aduanero de la Unión Europea (en adelante UE), se produjeron cambios en el régimen de inversión del sujeto pasivo, y lo que resulta muy relevante para la actividad empresarial, se flexibilizó el régimen de modificación de la base imponible en los casos de impagos, concursos de acreedores y otras operaciones.

Pero los mencionados cambios se han seguido desarrollando durante el año 2024, destacando en este sentido el Real Decreto-ley 8/2023, de 17 de diciembre (BOE de 28), de los cuales destacamos los siguientes:

a) Tipo impositivo aplicable temporalmente a determinadas entregas, importaciones y adquisiciones intracomunitarias de alimentos

El artículo 20 modifica el artículo 72 del Real Decreto-Ley 20/2022, de 27 de diciembre y prorroga, durante el primer semestre de 2024, la aplicación del tipo impositivo del 0% que recae sobre los productos básicos de alimentación, así como el 5% con que resultan gravados los aceites de oliva y de semillas y las pastas alimenticias, para contribuir a la reducción del precio final de estos alimentos.

b) Tipo impositivo aplicable temporalmente a determinadas entregas, importaciones y adquisiciones intracomunitarias de productos energéticos

El artículo 21 del citado Real Decreto-Ley 8/2023 prorroga la reducción impositiva de los productos energéticos que tributaban al 5% hasta 31 de diciembre de 2023, para determinados suministros de electricidad (potencia contratada inferior o igual a 10 kW y perceptores del bono social), los cuales pasan a tributar al tipo reducido del 10% desde el 1 de enero al 31 de diciembre de 2024.

A partir del 1 de marzo de 2024, debido al descenso del precio de la luz, la alícuota de gravamen en estas entregas es la general, del 21%, aunque las personas que gocen del bono social, mantienen el tipo reducido.

Asimismo, las entregas de gas natural pasan a tributar al tipo reducido del 10% desde el 1 de enero hasta el 31 de marzo de 2024.

Por su parte, las entregas de los pellets, briquetas y leña, sustitutivos ecológicos del gas natural procedentes de biomasa y destinados a sistemas de calefacción, pasan a tributar al tipo reducido del 10% desde el 1 de enero hasta el 30 de junio de 2024.

c) Prórroga de los límites excluyentes del régimen simplificado y régimen especial de la agricultura, ganadería y pesca El artículo 19 modifica la DT decimotercera de la Ley 37/1992, de 28 de diciembre, del Impuesto sobre el Valor Añadido (en adelante LIVA), y prorroga para el ejercicio 2024 los límites para la aplicación del régimen simplificado y del régimen especial de agricultura, ganadería y pesca.

También se alteraron otros parámetros tributarios muy relevantes para la actividad económica e incluso, para la tributación del ciudadano común, supuesto de la cuantía del tipo de interés de demora tributario, cuyo importe (en un contexto de subida de los tipos de interés) se ubica en el 4,0625%.

Dada la prórroga presupuestaria vigente durante 2024, las medidas expuestas en el párrafo anterior se extienden a este año y se integra su exposición y comentario en esta edición del GPS.

Por otra parte, conviene destacar también la Ley 13/2023, de 24 de mayo, por la que se modifican la Ley 58/2003, de 17 de diciembre, General Tributaria, en transposición de la Directiva (UE) 2021/514 del Consejo de 22 de marzo de 2021, por la que se modifica la Directiva 2011/16/UE relativa a la cooperación administrativa en el ámbito de la fiscalidad, y otras normas tributarias.

Esta ley desarrolló una serie de cambios en las siguientes normas:

- Ley 58/2003, de 17 de diciembre, General Tributaria (en adelante, LGT),

- Ley 37/1992, de 28 de diciembre, del Impuesto sobre el Valor Añadido.
- Texto refundido de la Ley del Impuesto sobre la Renta de no Residentes, aprobado por Real Decreto Legislativo 5/2004, de 5 de marzo.
- Ley 27/2014, de 27 de noviembre, del Impuesto sobre Sociedades.

Los cambios legislativos han sido, posteriormente, desarrollados a través de la correspondientes normas reglamentarias y están plenamente en vigor para el año 2024.

Asimismo, se han implementado modificaciones sectoriales y puntuales que han conllevado alteraciones en legislación de carácter fiscal con plenos efectos en 2024, por ejemplo, se ha publicado la Ley 12/2023, de 24 de mayo, por el derecho a la vivienda, que recoge una serie de incentivos fiscales aplicables en el Impuesto sobre la Renta de las Personas Físicas a los arrendamientos de inmuebles destinados a vivienda.

La trasposición obligada del Derecho de la UE, por su carácter de eficacia directa y su jerarquía normativa superior a la legislación nacional, de acuerdo a lo previsto en el artículo 7.1, c) LGT, ha sido otro foco de normas tributarias novedosas; de esta forma, citamos la Ley 11/2023, de 8 de mayo, de trasposición de Directivas de la Unión Europea en materia de accesibilidad de determinados productos y servicios, migración de personas altamente cualificadas, tributaria y digitalización de actuaciones notariales y registrales; y por la que se modifica la Ley 12/2011, de 27 de mayo, sobre responsabilidad civil por daños nucleares o producidos por materiales radiactivos.

En esa Ley, se alteran, entre otras, la Ley 37/1992, de 28 de diciembre, LIVA, el texto refundido de la Ley de Sociedades de Capital, aprobado por el Real Decreto Legislativo 1/2010, de 2 de julio, la Ley 38/1992, de 28 de diciembre, de Impuestos Especiales y el Reglamento de los Impuestos Especiales, aprobado por el Real Decreto 1165/1995, de 7 de julio.

Otra fuente de cambios legislativas que conlleva novedades en nuestro sistema tributario para el ejercicio 2024 es la legislación que trata de responder, siquiera limitadamente, a los negativos efectos de la agresión rusa sobre Ucrania y el incremento de la inflación.

Esta legislación coyuntural, de carácter extraordinario, verbigracia, el Real Decreto-ley 20/2022, de 27 de diciembre, de medidas de respuesta a las consecuencias económicas y sociales de la Guerra de Ucrania y de apoyo a la reconstrucción de la isla de La Palma y a otras situaciones de vulnerabilidad, ha conllevado reducciones en las alícuotas de gravamen súper reducidas del IVA sobre bienes y alimentos de primera necesidad y el recargo de equivalencia, habiendo sido, posteriormente, prorrogada y adaptada por otras disposiciones, supuesto del Real Decreto-ley 5/2023, de 28 de junio. Todas estas alteraciones siguen aplicándose el 1 de enero de 2024 y, como hemos citado con anterioridad, han sido ampliadas estas disposiciones con algunos cambios hasta el 1 de julio de 2024.

Por otra parte, se han implementado otras múltiples alteraciones técnicas en nuestro sistema tributario: modelos de declaración y liquidación tributaria, cambios en la regulación de los Reglamentos generales de desarrollo de la norma básica del Ordenamiento Tributario español, es decir, la Ley General Tributaria, LGT, flexibilización del régimen de aplazamientos y fraccionamientos de las deudas tributarias, Plan de Control Tributario y Aduanero anual, etc., cuyo contenido y efectos sobre el sistema tributario tienen su correspondiente reflejo en los diversos gravámenes recogidos en el texto que el lector, ahora, tiene en sus manos.

Por último, la jurisprudencia, tanto la europea como la nacional, junto con la doctrina administrativa, manifestada esta última fundamentalmente a través de las consultas tributarias vinculantes (en adelante CDGTV), emitidas por la Dirección General de Tributos (en adelante DGT) del Ministerio de Hacienda, conforme a lo regulado en los artículos (en adelante arts.) 88 y 89 de la LGT, han sido también una nueva causa de cambios en la aplicación de los tributos, como era de esperar.

En suma, el año 2023 en particular (siquiera de manera más pausada que en el ejercicio anterior, por efecto de los resultados electorales de las elecciones convocadas el 23 de julio de 2023) ha resultado pródigo en alteraciones del sistema tributario español, cuyas consecuencias se prolongan para el período 2024 y a las cuales, esta nueva edición del GPS para PYMES, 3ª edición, pretende dar respuesta.

También el ejercicio 2024, en lo que llevamos de su recorrido, promete introducir modificaciones sustanciales en nuestro sistema tributario, de las cuales iremos dando cumplida información en las actualizaciones de nuestro GPS.

Por último y, como sucede en los prólogos de cualquier obra clásica, no nos queda sino solicitar la benevolencia del lector, pedirle perdón por cualquiera de los involuntarios errores cometidos y demandarle cuanta idea, pregunta o consideración desee formular a estos humildes autores.

DOMINGO CARBAJO VASCO

Febrero 2024

Abreviaturas

AEAT	Agencia Estatal de Administración Tributaria
AP/AAPP	Administración Pública/Administraciones Públicas
APA	Acuerdos Previos de Valoración
Aptdo.	Apartado
Art./arts.	Artículo/artículos
BEPS	"Base Erosion and Profit Shifting", Erosión de la Base Imponible y Traslado de Beneficios
BOE	Boletín Oficial del Estado
BOMEH	Boletín Oficial del Ministerio de Hacienda
CB	Comunidad de Bienes
CC	Código Civil
Cco	Código de Comercio
CCAA	Comunidades Autónomas
CCC	Código de Cuentas Cotización
CDGTV/CVDGT	Consulta Vinculante de la Dirección General de Tributos
CDI	Convenios de Doble Imposición sobre la Renta y el Patrimonio
CE	Constitución Española
CFC	"Controlled Foreign Corporations" o, en español, Transparencia Fiscal Internacional
CIRCE	Centro de Información y Red de Creación de Empresas
CCom	Código de Comercio
CNMF	Cláusula de Nación Más Favorecida
CRS	"Common Reporting System" o Sistema Común de Intercambio de Información Tributaria de la OCDE
CV	Consulta Vinculante de la Dirección General de Tributos
CVF	Potencia Fiscal del Vehículo
DA	Disposición Adicional
DEH	Dirección Electrónica Habilitada
DER	Dirección Electrónica de Reembolso
DF	Disposición Final
DGT	Dirección General de Tributos
Directiva del IVA	Directiva 2006/112/CE, del Consejo, de 28 de noviembre de 2006, relativa al régimen común del Impuesto sobre el Valor Añadido
DIVA	Devolución del IVA a Viajeros
DNI	Documento Nacional de Identidad

DOUE	Diario Oficial de la Unión Europea
DT	Disposición Transitoria
DUA	Documento Único Administrativo
DUE	Documento Único Electrónico
ECPN	Estado de Cambios en el Patrimonio Neto
EDI	Sistema de Transmisión Electrónica de Datos
ED	Estimación Directa
EDN	Estimación Directa, modalidad normal
EDS	Estimación Directa, modalidad simplificada
EM	Estado Miembro
ENISA	Empresa Nacional de Innovación, Sociedad Anónima
EO	Estimación Objetiva
EP	Establecimiento Permanente
ERA/ERAS	Entidad/Entidades en Atribución de Rentas
ERD	Entidades de Reducida Dimensión
ERL	Emprendedor de Responsabilidad Limitada
FIFO	"First in, fist out", "primera entrada, primera salida"
FIL	Fondo de Inversión Libre
FNMT	Fábrica Nacional de Moneda y Timbre
GAFA	Google, Apple, Facebook y Amazon
IA	Inteligencia Artificial
IAE	Impuesto sobre Actividades Económicas
IBI	Impuesto sobre Bienes Inmuebles
ICAC	Instituto de Contabilidad y Auditoría de Cuentas
ICIO	Impuesto sobre Construcciones, Instalaciones y Obras
IGIC	Impuesto General Indirecto Canario
IIVTNU	Impuesto sobre el Incremento del Valor de los Terrenos de Naturaleza Urbana
IOS	Impuesto sobre Operaciones Societarias
IP	Impuesto sobre el Patrimonio
IRNR	Impuesto sobre la Renta de no Residentes
IRPF	Impuesto sobre la Renta de las Personas Físicas
IS	Impuesto sobre Sociedades
ISD	Impuesto sobre Sucesiones y Donaciones
ISDS	Impuesto sobre Determinados Servicios Digitales
ISGF/ITSGF	Impuesto Temporal de Solidaridad sobre las Grandes Fortunas
ISP	Inversión del Sujeto Pasivo
IT	Innovación Tecnológica
ITF	Impuesto sobre Transacciones Financieras
ITP	Impuesto sobre Transmisiones Patrimoniales Onerosas

ITP y AJD	Impuesto sobre Transmisiones Patrimoniales y Actos Jurídicos Documentados
IVA	Impuesto sobre el Valor Añadido
I+D	Investigación y Desarrollo
I+D+i	Investigación, Desarrollo e Innovación
LGT	Ley General Tributaria
LIP	Ley del Impuesto sobre el Patrimonio, Ley 19/1991, de 6 de junio, del Impuesto sobre el Patrimonio
LIRPF	Ley del Impuesto sobre la Renta de las Personas Físicas, Ley 35/2006, de 28 de noviembre
LIS	Ley del Impuesto sobre Sociedades, Ley 27/2014, de 27 de noviembre
LIVA	Ley del Impuesto sobre el Valor Añadido, Ley 37/1992, de 28 de diciembre
LPGE	Ley de Presupuestos Generales del Estado
LSC	Texto Refundido de la Ley de Sociedades de Capital
MEH	Ministerio de Hacienda y Función Pública/ Ministerio de Hacienda
MINHAP	Ministerio de Hacienda y Administraciones Públicas
MINHFAP	Ministerio de Hacienda y Función Pública
MLI	Tratado Multilateral para aplicar las medidas relacionadas con los tratados bilaterales para prevenir BEPS
MOSS	"Mini One-Stop Shop System", Régimen Especial de Ventanilla Única en el IVA
NECA	Normas para la Elaboración de las Cuentas Anuales
NIE	Número de Identificación de Extranjeros
NIF	Número de Identificación Fiscal
Normas CFC	Transparencia Fiscal Internacional
OCDE	Organización de Cooperación y Desarrollo Económico
OM	Orden Ministerial
ORT	Oficina de Relación con los Tribunales
OS	Operaciones Societarias
PAE	Punto de Atención al Emprendedor
p.e.	Por Ejemplo
PGC	Plan General de Contabilidad o Contable
PGE	Presupuestos Generales del Estado
PGC de PYMES	Plan General de Contabilidad de las Pequeñas y Medianas Empresas
PHE	Patrimonio Histórico Español
PYME/PYMES	Pequeñas y Medianas Empresas
R/RR	Resolución/Resoluciones
RD	Real Decreto

RD-L	Real Decreto-Ley
RDLeg	Real Decreto Legislativo
REAGP	Régimen Especial de la Agricultura, Ganadería y Pesca del IVA
Rec	Recurso
RED	Sistema de Remisión Electrónica de Datos de la Seguridad Social
REDEME	Registro de Devoluciones Mensuales del IVA
REAF	Registro de Economistas Asesores Fiscales
RETA	Régimen Especial de Trabajadores Autónomos de la Seguridad Social
RGAT	Real Decreto 1065/2007, de 27 de julio, por el que se aprueba el Reglamento general de las actuaciones y los procedimientos de gestión e inspección tributaria y de desarrollo de las normas comunes de los procedimientos de aplicación de los tributos
RIRNR	Reglamento del Impuesto sobre la Renta de no Residentes, aprobado por el Real Decreto 1776/2004, de 30 de julio
RIRPF	Reglamento del Impuesto sobre la Renta de las Personas Físicas, aprobado por el Real Decreto 439/2007, de 30 de marzo
RIS	Reglamento del Impuesto sobre Sociedades, aprobado por el Real Decreto 634/2015, de 10 de julio
RIVA	Reglamento del Impuesto sobre el Valor Añadido, aprobado por el Real Decreto 1624/1992, de 29 de diciembre
RM	Registro Mercantil
RMC	Registro Mercantil Central
ROI	Registro de Operadores Intracomunitarios
RREV	Real Decreto 520/2005, de 13 de mayo, por el que se aprueba el Reglamento general de revisión en vía administrativa.
RTEAC	Resolución del Tribunal Económico-Administrativo Central
SA	Sociedad Anónima
SAL	Sociedad Anónima Laboral
SAREB	Sociedad de Gestión de Activos Procedentes de la Reestructuración Bancaria
SAT	Sociedad Agraria de Transformación
SC	Sociedad Civil
SCom.p.A	Sociedad Comanditaria por Acciones
SCoop.	Sociedad Cooperativa
S. en C.	Sociedad Comanditaria Simple
SII	Suministro Inmediato de Información
SILTRA	Sistema de Liquidación de Ingresos de las Cuotas de la Seguridad Social.
SGR	Sociedad de Garantía Recíproca
SL o SRL	Sociedad Limitada o Sociedad de Responsabilidad Limitada

SLL	Sociedad Limitada Laboral
SLNE	Sociedad Limitada Nueva Empresa
SMI	Salario Mínimo Interprofesional
SRC	Sociedad Colectiva
SP	Sociedad Profesional
SS	Seguridad Social
Ss	Siguientes
STC	Sentencia del Tribunal Constitucional
STS	Sentencia del Tribunal Supremo
TAI	Territorio de Aplicación del Impuesto en el IVA
TEAC	Tribunal Económico Administrativo Central
TEAR	Tribunal Económico Administrativo Regional
TIC	Tecnologías de la Información y las Comunicaciones
TJUE	Tribunal de Justicia de la Unión Europea
TRADE	Trabajador Autónomo Económicamente Dependiente
TRLIRNR	Texto Refundido de la Ley del Impuesto sobre la Renta de no Residentes, aprobado por el Real Decreto Legislativo 5/2004, de 5 de marzo
TRLIRPF	Texto Refundido de la Ley del IRPF
TRLIS	Texto Refundido de la Ley del Impuesto sobre Sociedades, aprobado por el Real Decreto Legislativo 4/2004, de 5 de marzo
UE	Unión Europea
UTE	Unión Temporal de Empresas
VIES	Siglas en inglés del Sistema de Intercambio de Información sobre el IVA en la Unión Europea.

0 Introducción: el sistema tributario

0.1. Los tributos

Definición

Los tributos son los ingresos públicos que consisten en prestaciones pecuniarias exigidas por una Administración Pública (en adelante AP) como consecuencia de la realización del supuesto de hecho al que la Ley vincula el deber de contribuir, denominado hecho imponible, con el fin primordial de obtener los ingresos necesarios para el sostenimiento de los gastos públicos.

Los tributos, además de ser medios para obtener los recursos necesarios para el sostenimiento de los gastos públicos, podrán servir como instrumentos de la Política Económica general y atender a la realización de los principios y fines contenidos en la Constitución, aspectos estos que se conocen como la función extrafiscal de los tributos.

Tienen, por lo tanto, un carácter coactivo y así se definen en la norma básica de nuestro Ordenamiento Tributario, artículo 2.1 de la Ley 58/2003 LGT.

0.1.1. Clasificación: impuestos, tasas y contribuciones especiales

Los tributos pueden clasificarse en las siguientes categorías:

0.1.1.1. Impuestos

Son los tributos exigidos sin contraprestación cuyo hecho imponible está constituido por negocios, actos o hechos que ponen de manifiesto la capacidad económica del contribuyente, artículo 2.2.c) LGT.

Se caracterizan por no requerir una contraprestación directa o determinada por parte de la Administración.

Ejemplo

Un ejemplo de impuestos serían los que recaen por la obtención de renta por las personas físicas (Impuesto sobre la Renta de las Personas Físicas, IRPF, e Impuesto sobre Sucesiones y Donaciones; en adelante ISD).

0.1.1.2. Tasas

Definición

Son los tributos cuyo hecho imponible consiste en la utilización privativa o aprovechamiento especial del dominio público, la prestación de servicios o la realización de actividades en régimen de Derecho Público que se refieran, afecten o beneficien de modo particular al obligado tributario, cuando los servicios o actividades no sean de solicitud o recepción voluntaria para los obligados tributarios o no se presten o realicen por el sector privado, artículo 2. 2,a) LGT.

Se trata del pago que una persona realiza por la utilización de un servicio o la adquisición de un bien, por tanto, si el servicio no es utilizado o el bien no se recibe, no existe la obligación de pagar. A diferencia de lo que sucede en los impuestos y contribuciones especiales, la tasa no es obligatoria, siempre y cuando no se reciba el servicio o no se obtenga el bien.

Las tasas pueden ser exigidas por la Administración del Estado (tasas estatales), por las Corporaciones Locales (tasas locales) y por las Comunidades Autónomas (en adelante CCAA) (tasas autonómicas).

Los servicios y actividades por cuya prestación pueden exigirse tasas estatales son, a título enunciativo:

- Tramitación o expedición de licencias, visados, matrículas o autorizaciones administrativas.
- Expedición de certificados o documentos a instancia de parte.
- Legalización y sellado de libros.
- Actuaciones técnicas y facultativas de vigilancia, dirección, inspección, investigación, estudios, informes, asesoramiento, comprobación, reconocimiento o prospección.
- Examen de proyectos, verificaciones, contrastaciones, ensayos u homologaciones.

- Valoraciones y tasaciones.
- Inscripciones y anotaciones en Registros oficiales públicos.
- Servicios académicos y complementarios.
- Servicios portuarios y aeroportuarios.
- Servicios sanitarios.
- Actividades o servicios relacionados con los controles aduaneros.
- Participación como aspirantes en oposiciones, concursos o pruebas selectivas de acceso a la Administración Pública.
- Servicios o actividades en general que se refieran, afecten o beneficien a personas determinadas o que hayan sido motivadas por éstas directa o indirectamente.

Ejemplo

Como ejemplo de tasas podrían considerarse las tasas de recogida de basuras, de saneamiento de aguas y de ocupación de la vía pública por el establecimiento de terrazas, entre otras.

0.1.1.3. Contribuciones especiales

Son los tributos cuyo hecho imponible consiste en la obtención por el obligado tributario de un beneficio o de un aumento de valor de sus bienes como consecuencia de la realización de obras públicas o del establecimiento o ampliación de servicios públicos, artículo 2.2, b) LGT.

Los ingresos que se recaudan a través de las mismas, están adscritos a un gasto público concreto, que es el que da lugar al cobro de la contribución especial, en lugar de formar parte genérica de los ingresos a repartir en los Presupuestos Generales del Estado (en adelante PGE) o de la entidad pública que ha implantado la contribución especial.

Ejemplo

Como ejemplo podrían establecerse las contribuciones especiales derivadas de obras de urbanización de unos terrenos o bien el acerado o pavimentación de una plaza. En ambos casos existe un beneficio o un incremento de valor para el sujeto pasivo, originado por las citadas obras públicas.

0.2. Niveles de Administraciones tributarias

El sistema tributario español está configurado de tal forma que permite la existencia de impuestos cuya gestión es estatal (Impuesto sobre Sociedades; en adelante IS; Impuesto sobre la Renta de las Personas Físicas, IRPF; Impuesto sobre el Valor Añadido; IVA, etc.), autonómica (Impuesto sobre Transmisiones Patrimoniales y Actos Jurídicos Documentados; en adelante ITP y AJD; Impuesto sobre Sucesiones y Donaciones, ISD, etc.) o municipal (Impuesto sobre Bienes Inmuebles; en adelante IBI; Impuesto sobre el Incremento del Valor de los Terrenos de Naturaleza Urbana; en adelante IIVTNU; Impuesto sobre Actividades Económicas; en adelante IAE).

En función de esto será la Agencia Estatal de Administración Tributaria (en adelante AEAT), las Consejerías de Hacienda o Agencias Tributarias autonómicas o los Ayuntamientos, algunos de los cuales han establecido también Agencias Tributarias propias, supuesto del de Madrid, a quienes hayan de dirigirse los obligados tributarios para realizar los trámites relativos a los impuestos gestionados por cada Administración.

0.3. Principales tributos para un empresario o profesional

Los principales tributos a considerar por un empresario o profesional, en función de la forma jurídica adoptada, son los siguientes:

0.3.1. Impuesto sobre la Renta de las Personas Físicas (IRPF)

Legislación

Se regula en la Ley 35/2006, de 28 de noviembre, de la Ley de IRPF (LIRPF) y en el Real Decreto 439/2007, de 30 de marzo, por el que se aprueba el Reglamento de IRPF (en adelante RIRPF).

Se trata de un impuesto de carácter directo y naturaleza personal que grava la renta de las personas físicas, según los principios de igualdad, generalidad y progresividad y de acuerdo con las circunstancias personales y familiares.

El objeto de este impuesto está constituido por la totalidad de la renta obtenida.

0.3.2. Impuesto sobre Sociedades (IS)

Legislación

Se regula por la Ley 27/2014, de 27 de noviembre, del Impuesto sobre Sociedades (en adelante LIS) y por el Real Decreto 634/2015, de 10 de julio, por el que se aprueba el Reglamento del Impuesto sobre Sociedades (en adelante RIS).

Se trata de un impuesto de carácter directo y naturaleza personal que grava la renta de las sociedades y demás entidades jurídicas y asimiladas calificadas como contribuyentes del IS, artículo 7 LIS. Al igual que el IRPF, también grava la totalidad de la renta obtenida por la persona jurídica o entidad, contribuyente del gravamen.

0.3.3. Impuesto sobre la Renta de no Residentes (IRNR)

Legislación

Se regula en el Real Decreto Legislativo 5/2004, de 5 de marzo, por el que se aprueba el Texto Refundido de la Ley del Impuesto sobre la Renta de No Residentes (en adelante TRLIRNR) y en el Real Decreto 1776/2004, de 30 de julio, por el que se aprueba el Reglamento del IRNR (en adelante RIRNR).

Se trata de un impuesto de carácter directo que grava la renta obtenida en territorio español por las personas físicas y entidades no residentes en éste.

0.3.4. Impuesto sobre el Valor Añadido (IVA)

Legislación

Se regula en la Ley 37/1992, de 28 de diciembre, del Impuesto sobre el Valor Añadido (LIVA) y en el Real Decreto 1624/1992, de 29 de diciembre, por el que se aprueba el Reglamento del IVA (en adelante RIVA).

Se trata de un impuesto de carácter indirecto que grava el consumo de bienes y servicios. Es un impuesto general y plurifásico, es decir, sujeta todo consumo de bienes y servicios producidos o comercializados en el desarrollo de actividades empresariales o profesionales y plurifásico porque grava las entregas de bienes y prestaciones de servicios realizadas en todas las fases de la cadena de producción-comercialización hasta su llegada al consumidor final.

0.3.5. Impuesto sobre Transmisiones Patrimoniales y Actos Jurídicos Documentados (ITP y AJD)

Legislación

Se regula en el Real Decreto Legislativo 1/1993, de 24 de septiembre, por el que se aprueba el Texto Refundido de la Ley del Impuesto sobre Transmisiones Patrimoniales y Actos Jurídicos Documentados y en el Real Decreto 828/1995, de 29 de mayo, por el que se aprueba el Reglamento del ITP y AJD.

Es un tributo de naturaleza indirecta que grava diversos hechos imponibles, agrupados en tres modalidades (convenciones):

- Transmisiones patrimoniales onerosas: grava el tráfico patrimonial de carácter civil o entre particulares, como son las transmisiones de bienes efectuadas por un particular, entre otras (por ejemplo, las transmisiones de inmuebles o vehículos entre particulares), así como las ventas por parte de particulares a empresarios de bienes con oro, metales preciosos y otros materiales.
- Operaciones societarias: incluye las operaciones más relevantes dentro de una sociedad, tales como la constitución, ampliación y reducción de capital, disolución, entre otras.
- Actos jurídicos documentados: comprende distintas modalidades tales como documentos mercantiles (letras de cambio, entre otras), documentos notariales (escrituras públicas, entre otras) y documentos administrativos (títulos nobiliarios, entre otros).

Se trata de un impuesto que gestionan las Comunidades Autónomas, que tienen delegadas competencias normativas en materia de tarifas, deducciones y bonificaciones. De esta forma, y a modo de ejemplo, el tipo de gravamen aplicable sobre la transmisión de bienes inmuebles en Galicia es del 8% y en la Comunidad Autónoma de Madrid es del 6%, en general, aunque las transmisiones de determinados inmuebles, caso de la vivienda habitual, gozan de tipos diferentes, lo que pone de manifiesto la capacidad normativa mencionada.

0.3.6. Impuesto sobre Bienes Inmuebles (IBI)

Legislación

Se regula en el Real Decreto Legislativo 2/2004, de 5 de marzo, por el que se aprueba el Texto Refundido de la Ley Reguladora de las Haciendas Locales, así como en el

Real Decreto Legislativo 1/2004, de 5 de marzo, por el que se aprueba el Texto Refundido de la Ley del Catastro Inmobiliario.

Se trata de un tributo directo de carácter real, titularidad municipal y exacción obligatoria que grava el valor de los bienes inmuebles. El hecho imponible de este impuesto lo constituye la titularidad de los siguientes derechos sobre bienes inmuebles rústicos y urbanos:

- Concesiones administrativas sobre los inmuebles o sobre servicios públicos a los que se hallan afectos.
- Derecho real de superficie.
- Derecho real de usufructo.
- Derecho de propiedad.

0.3.7. Impuesto sobre Actividades Económicas (IAE)

Legislación

Se regula en el Real Decreto Legislativo 1175/1990, de 28 de septiembre, por el que se aprueban las tarifas y la instrucción del Impuesto sobre Actividades Económicas, así como en el Real Decreto Legislativo 2/2004, de 5 de marzo, por el que se aprueba el Texto Refundido de la Ley Reguladora de las Haciendas Locales. Es un impuesto de carácter local obligatorio.

La finalidad de este tributo es censal, además de recaudatoria, por lo que se refiere a las actividades económicas ejercidas en el territorio nacional y a sus titulares.

El hecho imponible del impuesto está constituido por el mero hecho del ejercicio de actividades económicas en territorio nacional, con independencia de que se realicen o no en local determinado y de que se hallen o no especificadas en las Tarifas del impuesto.

Se considera actividad económica cualquiera de carácter empresarial, profesional o artístico, siempre que supongan la ordenación por cuenta propia de medios de producción y de recursos humanos, o de uno de ambos, con la finalidad de intervenir en la producción o distribución de bienes o servicios.

Existen determinadas exenciones en el impuesto que pueden clasificarse en temporales o permanentes.

El impuesto se devenga el 1 de enero de cada año y el pago de las cuotas nacionales y provisionales correspondiente al ejercicio 2023 se extenderá entre el 15 de septiembre y el 20 de noviembre de ese año, ambos inclusive, de acuerdo a lo regulado en la Resolución del Departamento de Recaudación de la AEAT de 25 de mayo ("Boletín Oficial del Estado"; en adelante BOE, de 1 de junio de 2023). No obstante, los Ayuntamientos, como AATT competentes, determinan en las ordenanzas fiscales las fechas específicas de pago de este impuesto.

0.3.8. Impuesto sobre Construcciones, Instalaciones y Obras (ICIO)

Legislación

Se regula en el Real Decreto Legislativo 2/2004, de 5 de marzo, por el que se aprueba el Texto Refundido de la Ley Reguladora de las Haciendas Locales.

Es un impuesto indirecto, municipal, de establecimiento voluntario y de gestión exclusiva del municipio que lo establezca.

Constituye el hecho imponible la realización, dentro del término municipal, de cualquier construcción, instalación u obra para la que se exija la obtención de licencia de obras o urbanística, se haya obtenido o no, así como cuando se exija la presentación de declaración responsable o comunicación previa.

0.3.9. Impuesto sobre el Incremento de Valor de Terrenos de Naturaleza Urbana (IIVTNU)

Legislación

Se regula en el Real Decreto Legislativo 2/2004, de 5 de marzo, por el que se aprueba el Texto Refundido de la Ley Reguladora de las Haciendas Locales.

Es un impuesto directo, de devengo no periódico, sino que es instantáneo, municipal y de establecimiento voluntario por los Ayuntamientos, a quien corresponde íntegramente su gestión.

Constituye el hecho imponible la obtención de un incremento de valor experimentado por los terrenos de naturaleza urbana o por los terrenos integrados en los bienes inmuebles de características especiales a efectos del IBI, que se ponga de manifiesto como consecuencia de:

- La transmisión de la propiedad por cualquier título.
- La constitución o transmisión de cualquier derecho real de goce, limitativo del dominio sobre dichos terrenos.

Dudas sobre la constitucionalidad del impuesto y jurisprudencia relevante

El impuesto ha sido objeto, históricamente, de grandes debates acerca de su constitucionalidad, en particular, se discutía si era coherente el principio de capacidad económica a gravar (la obtención de una ganancia de capital o plusvalía derivada de la actividad municipal, la cual se manifestaba en la transmisión del inmueble) con el hecho de que su gravamen partía, de manera objetiva, de solo dos circunstancias: el tiempo transcurrido desde el último devengo del tributo y su valor catastral; pudiendo, de esta forma, resultar sujetas operaciones de transmisión de inmuebles a pérdida, con disminuciones patrimoniales o con ganancias de capital inferiores incluso a la cuota tributaria a abonar por este gravamen.

La Sentencia del Tribunal Constitucional 182/2021, de 26 de octubre de 2021 (en adelante STC), vino a declarar la inconstitucionalidad y nulidad de los artículos 107.1, segundo párrafo, 107.2.a) y 107.4 del Texto Refundido de la Ley Reguladora de las Haciendas Locales (en adelante TRLRHL), aprobado por el Real Decreto-Legislativo 4/2004, de 5 de marzo; dejando un vacío normativo respecto de la determinación de la base imponible que impedía la liquidación, comprobación, recaudación y revisión de este tributo local y, por tanto, su exigibilidad.

Esa STC, además establecía que eran situaciones consolidadas las liquidaciones tributarias firmes y aquellas que no habían sido objeto de recurso o reclamación, es decir, impedía que se recurriesen las liquidaciones del IIVTNU mediante autoliquidaciones rectificativas, artículo 120.3 LGT o por medio de recurso ante la liquidación de oficio realizada por el Ayuntamiento.

Para cubrir este vacío legal, el Gobierno publicó el Real Decreto-ley 26/2021, de 8 de noviembre, por el que se adapta el texto refundido de la Ley Reguladora de las Haciendas Locales, aprobado por el Real Decreto Legislativo 2/2004, de 5 de marzo, a la reciente jurisprudencia del Tribunal Constitucional respecto del Impuesto sobre el Incremento de Valor de los Terrenos de Naturaleza Urbana (BOE, de 9).

Esta disposición ha generado, nuevamente, una amplia polémica doctrinal tanto en lo relativo a si puede calificarse como constitucional la utilización de un instrumento normativa extraordinario como es el Real Decreto-Ley, artículo 86 de la Constitución Española (en adelante CE) para cubrir el vacío legal creado por la citada STC como a si el nuevo método de determinación de la base imponible incorporado por el Real

Decreto-Ley 26/2021 se adapta a la doctrina del Tribunal Constitucional (en adelante TC) relativa a la capacidad económica sujeta a este gravamen.

En nuestra opinión, existen razones fundadas para afirmar la inconstitucionalidad de este Decreto-Ley 26/2021, dado que no es dable en nuestro Ordenamiento Tributario modificar un parámetro esencial de todo tributo como es la base imponible (artículos 8, a) y 50 LGT) a través de un Decreto-Ley. De ser así, todas las liquidaciones del "nuevo" IIVTNU, cuya entrada en vigor se ha producido el día 10 de noviembre de 2021, estarían viciadas de nulidad.

Sin embargo, hasta la fecha la jurisprudencia había ido consolidando la validez jurídica del Real Decreto-Ley 26/2021, a pesar de las críticas doctrinales.

Ahora bien, recientemente, la Sección Segunda de la Sala Tercera del Tribunal Supremo, en la sentencia de 339/2024, de 28 de febrero, ha declarado que cabe obtener la devolución de lo pagado por plusvalía municipal —el Impuesto sobre el Incremento del Valor de los Terrenos de Naturaleza Urbana— en liquidaciones tributarias firmes, cuando en la transmisión por la que se giró la liquidación tributaria no existió incremento del valor de los terrenos y, por tanto, se pagó por una ganancia que realmente no se produjo.

En la sentencia de 28 de febrero de 2024, ponencia del magistrado Rafael Toledano Cantero, el Tribunal Supremo revisa su anterior jurisprudencia, establecida en varias sentencias de mayo de 2020, y concluye que, al no existir ninguna limitación de efectos en la declaración de inconstitucionalidad que hizo la sentencia del Tribunal Constitucional 59/2017, las liquidaciones firmes por plusvalía que obligaron a pagar a los contribuyentes en estos casos, en los que no existió ningún incremento de valor de los terrenos, son nulas de pleno derecho, y que la regla general que impone la Constitución para estos casos es limitar al máximo posible los efectos de la ley inconstitucional.

Con la nueva regulación de la base imponible del IIVTNU (y sin entrar en detalles, dada la finalidad fundamental de este epígrafe), se permite al contribuyente la opción entre dos sistemas de cuantificación de la base imponible, convirtiendo, teóricamente, a este parámetro del IIVTNU en optativo.

El método a utilizar con carácter general será el resultado de multiplicar el valor catastral del suelo en el momento del devengo por los coeficientes que aprueben los Ayuntamientos, según el periodo de generación de incremento de valor sin que, en ningún caso, dichos coeficientes puedan exceder de los límites indicados en la tabla contenida en el artículo único del Real Decreto-ley.

Estos coeficientes, cuyo valor variará en función del número de años transcurridos desde la adquisición del inmueble, serán actualizados anualmente y así se hicieron, efectivamente, en la Ley de Presupuestos Generales del Estado (en adelante LPGE) para 2023.

En línea general y como ya se ha puesto de manifiesto por la doctrina y los ejemplos prácticos, el nuevo sistema grava más que el anterior las operaciones a más corto plazo y beneficia al sujeto pasivo, cuando la transmisión se produce a más largo plazo.

Con el nuevo mecanismo de tributación, resultan, asimismo, sujetas al IIVTNU operaciones de transmisión de inmuebles cuyo período de tenencia ha sido inferior a un ejercicio.

Para las operaciones más a corto plazo, al contrario, los factores son mayores que en el mecanismo anterior y, asimismo, se gravan todas las plusvalías, incluso las realizadas por transmisiones con plazos de tenencia de los inmuebles inferiores a un año, calificadas, generalmente, como "especulativas".

Los coeficientes serán actualizados anualmente, con norma de rango legal en la Ley de Presupuestos Generales del Estado, teniendo en cuenta (se supone) la evolución del mercado inmobiliario y, como hemos indicado, tal actualización ya se ha realizado para 2023; en ese sentido, el coeficiente se eleva para las ventas de inmuebles comprados hace menos de un año, que pasa de 0,14 a 0,15 y, para las ventas de más de un año aumenta del 0,13 al 0,15.

El Real Decreto-ley 8/2023, de 27 de diciembre, por el que se adoptan medidas para afrontar las consecuencias económicas y sociales derivadas de los conflictos en Ucrania y Oriente Próximo, así como para paliar los efectos de la sequía, BOE nº 310, de 28 de diciembre de 2023), en su artículo 24 establece los importes máximos de los coeficientes a aplicar sobre el valor del terreno en el momento de devengo, según el periodo de generación, con relación al Impuesto sobre el Incremento de Valor de los Terrenos de Naturaleza Urbana para el ejercicio 2024.

La tabla de los coeficientes a utilizar sobre el valor del terreno en el ejercicio 2024:

Periodo de generación	Coeficiente
Inferior a 1 año	0,15
1 año	0,15
2 años	0,14
3 años	0,14
4 años	0,16
5 años	0,18
6 años	0,19
7 años	0,20
8 años	0,19
9 años	0,15
10 años	0,12

Periodo de generación	Coeficiente
11 años	0,10
12 años	0,09
13 años	0,09
14 años	0,09
15 años	0,09
16 años	0,10
17 años	0,13
18 años	0,17
19 años	0,23
Igual o superior a 20 años	0,40

Ejemplo

El 18 de mayo de 2024, el Sr. X vendió un inmueble sito en la ciudad de Alicante. La diferencia entre el valor de transmisión y el de adquisición del inmueble, realizada en 2009, ascendió a 10.000 euros.

Por su parte, aplicando el método general del Real Decreto-Ley 26/2021 y las alícuotas del IIVTNU del Ayuntamiento de Alicante, la base a gravar por el impuesto sería de 15.000 euros.

¿Qué modelo de tributación ha de aplicar el Sr. X a la hora de liquidar el IIVTNU?

Solución

Para que no resulte sometida a imposición una plusvalía ficticia, el IIVTNU debe aplicarse sobre la ganancia de capital efectiva, es decir, 10.000 euros.

El problema es probar tal ganancia.

El problema no es solo la prueba de estas operaciones sino los conceptos de "valor" que el "nuevo" IIVTNU aplica, lo cual se complicará por las nuevas potestades en los procedimientos de comprobación de valor que se conceden a los Ayuntamientos.

En nuestra opinión, asimismo, es dudosa la constitucionalidad de un método "objetivo" de determinación de la base imponible frente a una cuantificación de la ganancia real.

Otro problema vigente del impuesto, son las consecuencias derivadas de la mencionada STC 182/2021, pues el Tribunal Constitucional (en adelante TC) las estableció con carácter prospectivo, es decir, que no solamente podían anularse aquellas liquidaciones tributarias del IIVTNU que no eran firmes en el momento de la publicación de la citada STC.

La sentencia del Tribunal Supremo (en adelante STS) número 949/2023, de 10 de julio, ha establecido claramente que, una liquidación tributaria por este tributo no puede ser objeto de anulación ni se recurrida, a pesar de cumplir los requisitos para aplicarle la inconstitucionalidad, si, en el momento de la liquidación, ésta no había sido objeto de reclamación o recurso, por tratarse de una situación consolidada.

0.3.10. Tasa de licencia municipal de apertura de actividad

Legislación

Las entidades locales, en uso de las facultades concedidas por los artículos 133.2 y 142 de la CE y por el artículo 106 de la Ley 7/1985, de 2 de abril, reguladora de las Bases de Régimen Local, y de conformidad con lo dispuesto en los artículos 15 a 19, 20 a 27 y 58 del Texto Refundido de la Ley Reguladora de las Haciendas Locales, aprueban la correspondiente Ordenanza Fiscal, reguladora de la gestión, liquidación, inspección y recaudación de este tributo.

Constituye el hecho imponible la prestación de los servicios técnicos y administrativos necesarios para la tramitación de las comunicaciones previas, declaraciones responsables y solicitudes de las licencias sujetas a control, y por las actuaciones de inspección y verificación que procedan para comprobar si los locales, establecimientos o instalaciones reúnen las condiciones de tranquilidad, sanidad, salubridad, regularidad medioambiental y cualesquiera otras exigidas por las correspondientes normativas sectoriales, o cualquier otra normativa, para su normal funcionamiento.

0.3.11. Tasa de licencia municipal de obras

Las entidades locales, en uso de las facultades concedidas por la Constitución Española y por la Ley Reguladora de las Bases de régimen local, y en conformidad con lo dispuesto en la Ley Reguladora de las Haciendas Locales, aprueban la correspondiente Ordenanza Fiscal, reguladora de la gestión, liquidación, inspección y recaudación de este tributo.

Constituye el hecho imponible la actividad municipal desarrollada con motivo de instalaciones, construcciones u obras, tendentes a verificar si las mismas se realizan con sujeción a las normas urbanísticas de edificación y policía vigentes, en orden a comprobar que aquéllas se ajustan a los Planes de Ordenación vigentes, que son conformes al destino y uso previstos, que no atentan contra la armonía del paisaje y condiciones de estética, que cumplen con las condiciones técnicas de seguridad, salubridad, higiene y saneamiento, y, finalmente, que no exista ninguna prohibición de interés artístico, histórico o monumental, todo ello como presupuesto necesario de la oportuna licencia.

0.4. Otros impuestos que recaen sobre actividades empresariales

Además de los anteriores tributos que recaen, de manera general, sobre todas las actividades empresariales y profesionales, existen en el sistema tributario español una multiplicidad de gravámenes que inciden, de manera desigual, sobre algunas actividades empresariales.

Aunque no son el objeto de este libro, conviene que el lector conozca su existencia, dado que, en los últimos tiempos, y por causas muy variadas: necesidades recaudatorias, Derecho Europeo, etc., se han incrementado su número y variedad.

Así, podemos señalar los siguientes:

- El Impuesto sobre las Primas de Seguros, cuya regulación se encuentra en el artículo 12 de la Ley 13/1996, de 30 de diciembre, de Medidas Fiscales, Administrativas y del Orden Social.

  Esta norma ha tenido escasas modificaciones desde su aprobación y, hasta el momento, no cuenta con un desarrollo reglamentario.

  Es un impuesto de naturaleza indirecta que grava las operaciones de seguro y capitalización.

  Los sujetos pasivos —las entidades aseguradoras— repercuten el impuesto a los tomadores de esos contratos que son los que, finalmente, soportan la carga impositiva.

- Los Impuestos Especiales, bien de fabricación, bien de otra naturaleza. Estos gravámenes se basan en la existencia de deseconomías externas que deben ser internalizadas mediante el pago del impuesto y recaen sobre los hidrocarburos, la cerveza, los alcoholes, los productos del tabaco y la electricidad, fundamentalmente.

  Su normativa básica aparece recogida en la Ley 38/1992, de 28 de diciembre, de Impuestos Especiales o en otras disposiciones específicas

- El Impuesto sobre Residuos en Vertederos. La Ley 7/2022, de 8 de abril, de residuos y suelos contaminados para una economía circular incorpora un nuevo Impuesto sobre el Depósito de Residuos en Vertederos, Incineración y Coincineración, que ha entrado en vigor el 01.01.2023.

  Este impuesto viene a sustituir los que algunas Comunidades Autónomas habían introducido con carácter previo.

– También la Ley 7/2022, de 8 de abril, de Residuos y Suelos Contaminados y para una economía circular (BOE de 9), la cual crea el Impuesto Especial sobre los Envases de Plástico no reutilizables. Se trata de un tributo de naturaleza indirecta que recae sobre la utilización, en el territorio de aplicación del impuesto, de envases no reutilizables que contengan plástico, tanto si están vacíos, como si contienen, protegen, o se utilizan para manipular, distribuir o presentar mercancías.

  El Impuesto Especial sobre los Envases de Plástico No Reutilizables ha entrado en vigor el 1 de enero de 2023 y carece, asimismo, de un desarrollo reglamentario adecuado.

  Por su parte, en la Orden HFP/1314/2022, de 28 de diciembre, por la que se aprueban el modelo 592 ·Impuesto especial sobre los envases de plástico no reutilizables. Autoliquidación" y el modelo A22 "Impuesto Especial sobre los envases de plástico no reutilizables. Solicitud de devolución", se determinan la forma y procedimiento para su presentación y se regulan la inscripción de los sujetos pasivos en el Registro territorial, la llevanza de la contabilidad y la presentación del Libro Registro de existencias, incorporando, asimismo, algunas cuestiones relacionadas con la gestión del nuevo impuesto.

  Para otras materias de gestión y consultas relativas a este impuesto, es interesante remitirse a la información general proporcionada por el Portal de la AEAT, https://sede.agenciatributaria.gob.es/Sede/impuestos-especiales-medioambientales/impuesto-especial-sobre-envases-plastico-reutilizables.html

– Por último, otro gravamen especial, de carácter general, pero no de fabricación, es el Impuesto Especial sobre Determinados Medios de Transporte, conocido popularmente como "Impuesto de Matriculación", pues grava, en general, la matriculación en el territorio español de todo tipo de vehículos de transporte (automóviles, motocicletas, camiones, etc.), de embarcaciones y aeronaves.

0.5. Prestaciones patrimoniales públicas

En los últimos años, por razones fundamentalmente de carácter recaudatorio, están proliferando ingresos públicos denominados "prestaciones patrimoniales públicas", citadas en el art. 31.3 CE y reguladas, de manera general y flexible, por la Disposición Adicional (en adelante DA) Primera de la LGT.

Se distingue entre:

a) Prestaciones patrimoniales públicas de carácter no tributario, y

b) Prestaciones patrimoniales públicas de carácter tributario.

Tendrán la consideración de tributarias las prestaciones que tengan la calificación de tasas, contribuciones especiales e impuestos a las que se refiere el artículo 2 de la LGT

Serán prestaciones patrimoniales públicas de carácter no tributario aquellas que, teniendo tal consideración, se exijan por prestación de un servicio gestionado de forma directa mediante personificación privada o median te gestión indirecta.

En concreto, tendrán tal calificación aquellas exigidas por la explotación de obras o la prestación de servicios, en régimen de concesión o sociedades de economía mixta, entidades públicas empresariales, sociedades de capital íntegramente público y demás fórmulas de Derecho privado.

Ejemplo

Un caso de prestación patrimonial pública de carácter tributario (asimilable a una tasa) son los cánones pagados por las compañías ferroviarias que compiten con RENFE en los tramos de largo recorrido ferroviario.

La Ley 38/2022, de 27 de diciembre, publicada en el BOE de 28, introduce dos prestaciones patrimoniales públicas de carácter no tributario: el Gravamen temporal energético y el Gravamen temporal de entidades de crédito y establecimientos financiero de créditos.

Esa misma Ley incluye el denominado Impuesto Temporal sobre la Solidaridad de las Grandes Fortunas (en adelante ITSGF) para los patrimonios netos superiores a 3 millones de euros, con una duración temporal de dos años (2022 y 2023), aunque puede prorrogarse en el tiempo.

Se trata de una exacción complementaria del Impuesto sobre el Patrimonio (en adelante IP), cuyos parámetros siguen las reglas y disposiciones de la normativa del IP y que es objeto de un estudio más detallado en el epígrafe 2.3.3. de esta obra.

Pues bien, el Real Decreto-Ley 8/2023, de 27 de diciembre, por el que se adoptan medidas para afrontar las consecuencias económicas y sociales derivadas de los conflictos en Ucrania y Oriente Próximo, así como para paliar los efectos de la sequía (BOE de 28), ha prorrogado la vigencia para el año 2024 tanto del ITSGF como de las dos prestaciones patrimoniales públicas mencionadas, aunque ha planteado algunas modificaciones en el cálculo de su base imponible en el caso de la que recae sobre las actividades energéticas.

0.6. Precios públicos

Se trata de ingresos públicos no tributarios, muy similares a la figura tributaria de las tasas (epígrafes 0.3.10 y 0.3.11).

La diferencia entre un precio público y una tasa no es, a veces, sencilla de establecer. Las **tasas** son tributos que pagamos porque utilizamos para beneficio privado un bien público, porque la administración nos da un servicio o porque se realicen actividades en régimen de derecho público y tienen carácter coactivo y obligatorio

En cambio, los precios públicos son prestaciones pecuniarias que se dan a una entidad pública por servicios o actividades que también se realizan por parte del sector privado y cuya solicitud es voluntaria. Es decir, pagamos a un ente público por un servicio que también nos lo da el sector privado y cuyo acceso al servicio es voluntario.

Los precios públicos se regulan sustancialmente por la Ley 8/1989, de 23 de abril, de Tasas y Precios Públicos.

Ejemplo

El Ayuntamiento de Villatortas de Abajo está discutiendo la calificación de una serie de ingresos públicos para su Presupuesto, a saber:

- La cantidad a pagar por los vecinos de la calle Y para abonar los gastos derivados de la construcción de una nueva acera.
- El importe a pagar por los vecinos que deseen reservar un acceso exclusivo a sus garajes.
- La cantidad a cobrar a los que deseen utilizar la piscina municipal.

Solución

El primer caso tiene la naturaleza de contribución especial; el segundo es una tasa de vados y el tercero, por último, es un precio público, pues los vecinos podrían acudir, verbigracia, a una piscina privaba, abonando el billete correspondiente.

1 Medios para ejercer la actividad económica

1.1. Elección del vehículo para ejercer la actividad

1.1.1. Introducción

A la hora de emprender una actividad económica y seleccionar la forma jurídica con la que se desea intervenir en el sector en el que vamos a operar, debemos tener en cuenta determinados criterios, tales como:

- Dinero que vamos a invertir en el negocio.
- La responsabilidad que vamos a asumir frente a potenciales acreedores.
- El número de socios a los que interesa desarrollar el proyecto.
- Fiscalidad.
- Trámites administrativos, así como coste de los mismos.
- Coste / Capital social.
- Imagen que interesa en el mercado.
- Posibilidad de conseguir subvenciones.

Es recomendable crear una sociedad (ya se verá a lo largo de la Guía los tipos de sociedad) en el momento en que se produzca alguna de las siguientes circunstancias:

- Dos o más personas deciden asociarse para emprender en común un proyecto empresarial.
- La empresa necesite cuantiosas inversiones. Es probable que, tanto las entidades financieras como las Administraciones, exijan una determinada forma jurídica para la obtención de préstamos o para la concesión de subvenciones.
- El negocio esté generando un considerable nivel de beneficios (por encima de 45.000 € anuales). La fiscalidad es un condicionante interesante, puesto que, con una sociedad, en principio, se pagarán menos impuestos.
- El negocio genere una deuda con entidades financieras o proveedores considerable, superior al patrimonio de la empresa. Con la creación de una sociedad se estará protegiendo el patrimonio personal del socio integrante de la misma ante posibles insolvencias, ya que, únicamente, perderá su aportación.

- Tu competencia esté formada mayoritariamente por sociedades. Esta circunstancia obligará a dar una imagen similar en el mercado. Las sociedades transmiten una imagen de permanencia que suele generar más confianza.
- Uno de los clientes objetivo del negocio sea la Administración, ya que, en muchas ocasiones, los concursos de licitación están restringidos a sociedades.
- Cuando la actividad de la empresa esté sujeta a una normativa específica que obligue a adoptar una forma societaria.

A continuación, expondremos las características de los distintos vehículos a través de los que se puede desarrollar una actividad, ya sea como entidad con personalidad jurídica propia o como entidad persona física.

El tipo de negocio, los destinatarios del mismo y la rentabilidad prevista son, entre otros, elementos determinantes para decidir desde qué forma jurídica desarrollar una actividad económica.

1.1.2. *Personalidad jurídica*

El Código Civil (en adelante CC) determina que son personas jurídicas las asociaciones de interés particular, ya sean civiles, mercantiles o industriales, a las que la ley conceda personalidad propia, independiente de la de cada uno de los asociados.

Por otra parte, el Código de Comercio (en adelante CCmo) establece que, una vez constituida, la sociedad mercantil tiene personalidad jurídica en todos sus actos y contratos, si bien la Ley de Sociedades de Capital indica que la sociedad adquiere la personalidad jurídica que corresponda al tipo social elegido con la inscripción registral (es decir, posteriormente a su constitución).

A continuación citamos, con expresión de sus principales características, los principales tipos de sociedades con personalidad jurídica.

1.1.2.1. Sociedad Anónima (SA)

Definición

Es una sociedad mercantil con el capital integrado por las aportaciones de sus socios y dividido en acciones, en la que los accionistas no responden personalmente de las deudas sociales.

Legislación

Se regula por lo previsto en el Real Decreto Legislativo 1/2010, de 2 de julio, por el que se aprueba el Texto Refundido de la Ley de Sociedades de Capital. Asimismo, también debe tenerse en cuenta el Real Decreto 1784/1996, de 19 de julio, por el que se aprueba el Reglamento del Registro Mercantil.

Capital

El capital social ha de ser igual o superior a 60.000 €, no estableciéndose un tope máximo, por lo que, una vez alcanzado el mínimo legal, los accionistas podrán acordar su elevación en la medida que lo consideren conveniente para el desarrollo de la sociedad. El importe de capital mínimo se ha de mantener en lo sucesivo y durante toda la vida de la sociedad.

Desde su constitución y, en tanto la sociedad subsiste, el capital social ha de estar íntegramente suscrito, es decir, la totalidad de las acciones sociales han de ser asumidas y adjudicadas a los socios.

Asimismo, se requiere el desembolso de, al menos, el 25% del valor nominal de cada una de las acciones en que se divide el capital.

El capital, dividido en acciones, está integrado por las aportaciones de bienes y derechos susceptibles de valoración económica realizadas por los socios, quedando excluida la aportación del trabajo y servicios. La valoración de las aportaciones no dinerarias queda sujeta a verificación pericial, estableciéndose un régimen de responsabilidad con relación a quienes realizan ese tipo de aportaciones.

Socios

Podrán ser socios (accionistas) de una sociedad anónima tanto las personas físicas como las personas jurídicas. Se exige un número mínimo de un socio, en cuyo caso, será una sociedad anónima unipersonal, pero no se establece un número máximo.

Constitución

La sociedad anónima se constituye por el otorgamiento de la escritura pública ante notario, en la que deben incluirse los Estatutos Sociales, y que, posteriormente, ha de inscribirse en el Registro Mercantil (en adelante RM).

Responsabilidad

Al ser una sociedad capitalista, la responsabilidad de los socios está limitada al capital aportado, es decir, los socios no responden personalmente de las deudas sociales.

Denominación social

La razón social, en principio, es libre, no pudiendo adoptar una denominación idéntica o que pueda llevar a confusión con la de una sociedad ya existente. Para ello, es necesario solicitar una certificación de denominación social al Registro Mercantil Central (en adelante RMC) con carácter previo a la constitución de la sociedad que indique que no figura ya inscrita otra entidad con la misma denominación.

En la denominación de la sociedad ha de figurar, necesariamente, la indicación de Sociedad Anónima o su abreviatura SA.

Registro Mercantil

Será obligatoria la inscripción en el Registro Mercantil, porque así se establece en la legislación mercantil, y será desde ese momento cuando la sociedad adquiere su personalidad jurídica.

Administración

La sociedad será regida por los órganos siguientes: Junta General de Accionistas y Órgano de Administración.

La Junta General de Accionistas es el órgano supremo de gobierno de la entidad, que está integrada por todos los accionistas.

El Órgano de Administración es el órgano ejecutivo de la sociedad, y puede estar estructurado en la figura de un administrador único, de dos o más administradores solidarios, de dos o más administradores mancomunados, o de un Consejo de Administración integrado por un mínimo de tres y un máximo de doce miembros. Podrán ostentar la condición de administrador, las personas físicas o jurídicas, sean socios o no.

En las sociedades anónimas la estructura del Órgano de Administración ha de estar recogida expresamente en los Estatutos Sociales.

Ventajas e inconvenientes

Las ventajas que reporta esta forma jurídica, son:

- Responsabilidad frente a acreedores limitada al capital social aportado.
- Libre transmisión de las acciones.
- Facilita la incorporación de un amplio número de socios inversores.
- El número de socios es el mínimo posible, uno, por lo que puede ser unipersonal.

Los inconvenientes son:

- Capital social mínimo mucho más elevado que en el resto de tipos societarios.
- Gestión administrativa más compleja que las demás sociedades, tanto en los trámites de constitución como en el funcionamiento diario. Exige mayor rigor formal en la organización.

En una SA, en el caso de que la aportación de un socio sea no dineraria (inmuebles, maquinaria, otros bienes materiales), deberá estar amparada por la valoración de un perito competente para el tipo de bien aportado.

1.1.2.2. Sociedad de Responsabilidad Limitada (SRL o SL)

Definición

Es una sociedad mercantil con el capital integrado por las aportaciones de sus socios y dividido en participaciones, en la que los socios no responden personalmente de las deudas sociales.

Legislación

Al igual que las sociedades anónimas, se regulan por lo previsto en el Real Decreto Legislativo 1/2010, de 2 de julio, por el que se aprueba el Texto Refundido de la Ley de Sociedades de Capital. Asimismo, también debe tenerse en cuenta el Real Decreto 1784/1996, de 19 de julio, por el que se aprueba el Reglamento del Registro Mercantil.

Capital

Está integrado por las aportaciones de todos los socios y se encuentra dividido en participaciones iguales, acumulables e indivisibles. Únicamente se pueden hacer aportaciones económicas (dinerarias o en especie). En el supuesto de ser en especie, se ha de disponer de una valoración de ese bien sin precisar informe pericial, y todos los socios fundadores han de aceptar el citado valor.

El capital no puede ser inferior a 3.000 € y deberá estar totalmente suscrito y desembolsado en el momento de constitución de la sociedad. No existe un límite máximo.

Socios

Podrán ser socios (partícipes) de una sociedad limitada tanto las personas físicas como las personas jurídicas. Se exige un número mínimo de un socio, en cuyo caso, será una sociedad limitada unipersonal, pero no se establece un número máximo.

Constitución

La sociedad limitada se constituye mediante el cumplimiento de sus requisitos formales, representados por el otorgamiento de la escritura pública ante notario, en la que deben incluirse los Estatutos Sociales, y su inscripción en el Registro Mercantil. Desde la entrada en vigor de la Ley 11/2023, de 8 de mayo, de trasposición de Directivas de la Unión Europea en materia tributaria y digitalización de actuaciones notariales y registrales (BOE de 9), es posible realizar la constitución de este tipo de sociedades íntegramente por trámites electrónicos (on line).

Responsabilidad

Al ser una sociedad capitalista, la responsabilidad de los socios está limitada al capital aportado, es decir, los socios no responden personalmente de las deudas sociales.

Mientras el capital de las sociedades de responsabilidad limitada no alcance la cifra de tres mil euros, se aplicarán las siguientes reglas:

– Deberá destinarse a la reserva legal una cifra al menos igual al 20 por ciento del beneficio hasta que dicha reserva junto con el capital social alcance el importe de tres mil euros.

– En caso de liquidación, voluntaria o forzosa, si el patrimonio de la sociedad fuera insuficiente para atender el pago de las obligaciones sociales, los socios responderán solidariamente de la diferencia entre el importe de los tres mil euros (que era el anterior límite mínimo para el capital de estas sociedades, antes de la modificación introducida por la Ley 18/2022 de crear estas sociedades con un capital de 1 euro) y la cifra del capital suscrito.

Denominación social

La razón social, en principio, es libre, no pudiendo adoptar una denominación idéntica o que pueda llevar a confusión con la de una sociedad ya existente. Para ello, es necesario solicitar una certificación de denominación social al RMC con carácter previo a la constitución de la sociedad.

En la denominación de la sociedad ha de figurar, necesariamente, la indicación de Sociedad de Responsabilidad Limitada o Sociedad Limitada o bien sus abreviaturas SRL o SL.

Registro Mercantil

Será obligatoria la inscripción en el Registro Mercantil, porque así se establece en la legislación mercantil, y será desde ese momento cuando la sociedad adquiere su personalidad jurídica.

Administración

La sociedad será regida por los órganos siguientes: Junta General de Socios y Órgano de Administración.

La Junta General de Socios, órgano máximo de deliberación y toma de decisiones de la entidad, que está integrada por todos los socios.

El Órgano de Administración puede estar estructurado en la figura de un administrador único, de dos o más administradores solidarios, de dos o más administradores mancomunados, o de un Consejo de Administración integrado por un mínimo de tres y un máximo de doce miembros. Podrán ostentar la condición de administrador personas que no sean socios.

Ventajas e inconvenientes

Las ventajas que reporta esta forma jurídica, son:

- ❒ Responsabilidad frente a acreedores limitada al capital social aportado.
- ❒ Sencillez, en cuanto a trámites burocráticos, tanto para su constitución como para su mantenimiento, con una gestión simplificada en comparación con la sociedad anónima.
- ❒ Costes de constitución asequibles: escritura de constitución e inscripción en el Registro Mercantil.

- Capital social mínimo exigido relativamente bajo: 3.000 €, pudiendo ser, incluso, de 1 euro, desde la entrada en vigor de la denominada "Ley crea y crece", Ley 18/2022, de 28 de septiembre, de creación y crecimiento de empresas (BOE de 29).
- El número de socios es el mínimo posible, uno, por lo que puede ser unipersonal.

Los inconvenientes son:

- Las participaciones no son fácilmente transmisibles. Su venta queda regulada por los Estatutos de la sociedad y la Ley, teniendo prioridad los restantes socios.
- Si, para obtener la financiación necesaria, el banco nos pide garantías personales, la responsabilidad limitada se está evaporando en gran medida.

1.1.2.3. Sociedad Laboral (SAL o SLL)

Definición

Las sociedades laborales son unas formas especiales de sociedades de responsabilidad limitada o de sociedad anónima. En cualquiera de los dos casos, se trata de sociedades mercantiles, cuya característica más destacable es que la mayoría del capital social es propiedad del conjunto de los socios trabajadores que prestan en ellas servicios, por los que son retribuidos de forma personal y directa y su relación laboral es por tiempo indefinido.

Este tipo societario, en la práctica, constituye una forma de cobertura de pequeñas y medianas empresas de carácter familiar o cerrado, con una actividad relacionada con la industria básica. Las razones que impulsan la constitución de estas sociedades, son:

- Reconversión de empresas en crisis, evitando así su cierre y la pérdida de los puestos de trabajo, posibilitando la continuación por los propios trabajadores de las mismas.
- Fomento del empleo.
- Participación de los trabajadores en la empresa.

Legislación

Se rigen por lo estipulado en la Ley 44/2015, de 14 de octubre, de Sociedades Laborales y Participadas, en lo no previsto por esta Ley, resulta de aplicación el Real Decreto Legislativo 1/2010, de 2 de julio, por el que se aprueba el Texto Refundido de la Ley de Sociedades de Capital.

Capital

Para las sociedades anónimas laborales, el capital mínimo será de 60.000 €, desembolsado al menos en un 25% en el momento de la constitución. El capital estará dividido en acciones nominativas.

Para las sociedades limitadas laborales, el capital mínimo será de 1 €, con las particularidades indicadas en el epígrafe 1.1.2.2. El capital estará dividido en participaciones sociales.

Las acciones o participaciones de las sociedades laborales se dividen en:

- Clase laboral: son propiedad de los trabajadores cuya relación laboral es por tiempo indefinido.
- Clase general: el resto.

Socios

Se exige un número mínimo de tres socios y, al menos, dos han de ser trabajadores con contrato indefinido. No existe un número máximo.

Ningún socio podrá poseer acciones o participaciones que supongan más de la tercera parte del capital social, salvo que:

- La sociedad se constituya inicialmente por dos socios trabajadores con contrato por tiempo indefinido, en la que tanto el capital como los derechos de voto estén distribuidos al 50%, con la obligación de que en plazo máximo de 36 meses se ajusten al límite de que ningún socio sea titular de acciones o participaciones que representen más de la tercera parte del capital social.
- Se trate de socios que sean entidades públicas, de participación mayoritariamente pública, entidades no lucrativas o de la economía social, en cuyo caso la participación podrá superar dicho límite sin alcanzar el 50% del capital social.

En la transmisión de las acciones o participaciones de este tipo de entidades, salvo previsión estatutaria en contra, podrán transmitirse libremente a los socios trabajadores y trabajadores no socios con contrato por tiempo indefinido. En este caso, el transmitente deberá comunicar a los administradores de la sociedad por escrito y de modo que se asegure su recepción, el número y características de las acciones o participaciones que se proponga transmitir y la identidad del adquirente.

En los demás supuestos, el propietario de acciones o participaciones comunicará a la sociedad el número, características y términos económicos de las acciones o participaciones que se proponga transmitir para que ésta traslade la propuesta. Una vez recibidas ofertas de compra, y en caso de concurrencia, tendrán derecho de compra según el siguiente orden de preferencia:

1. Trabajadores indefinidos no socios, según antigüedad en la sociedad.
2. Socios trabajadores, en relación inversa al número de acciones o participaciones que posee.
3. Socios de la clase general, a prorrata de su participación en el capital social.
4. Sociedad.

Si no se presentan ofertas de compra, el socio podrá transmitirlas libremente.

Podría darse el caso de la unipersonalidad sobrevenida, si un socio de la clase laboral adquiere la totalidad de las acciones o participaciones, infringiéndose el límite máximo establecido del 33%, situación que ha de regularizarse en el plazo de dieciocho meses.

El número de horas/año trabajadas por los trabajadores contratados por tiempo indefinido que no sean socios no puede ser superior al 49% del cómputo global de horas/año trabajadas en la sociedad laboral por el conjunto de los socios trabajadores. No computará para el cálculo de este límite el trabajo realizado por los trabajadores con discapacidad de cualquier clase en grado igual o superior al 33%.

La extinción por cualquier causa de la relación laboral existente entre la sociedad y un socio trabajador, obligará a éste a ofrecer la adquisición de sus acciones o participaciones.

Constitución

La constitución de estas sociedades puede efectuarse directamente o por transformación de cualquier otro tipo de sociedad preexistente, pero, en todo caso, requerirá que se formalice en escritura pública ante notario que ha de inscribirse en el Registro Mercantil.

Responsabilidad

Al ser una sociedad capitalista, la responsabilidad de los socios está limitada al capital aportado, es decir, los socios no responden personalmente de las deudas sociales, con las particularidades indicadas en el epígrafe 1.1.2.2. para las sociedades de responsabilidad limitada.

Denominación social

La razón social, en principio, es libre, no pudiendo adoptar una denominación idéntica o que pueda llevar a confusión con la de una sociedad ya existente. Para ello es necesario solicitar una certificación de denominación social al RMC con carácter previo a la constitución de la sociedad que indique que no figura ya inscrita otra entidad con la misma denominación.

En la denominación de la sociedad ha de figurar necesariamente la indicación de, en caso de sociedad anónima, Sociedad Anónima Laboral o su abreviatura SAL, y en caso de sociedad limitada, la indicación de Sociedad de Responsabilidad Limitada Laboral o su abreviatura SLL.

Registro Mercantil

Será obligatoria la inscripción en el Registro Mercantil, porque así se establece en la legislación mercantil. Para su inscripción, deberá aportarse el certificado que acredite que dicha sociedad ha sido calificada como laboral por el Ministerio de Trabajo y Economía Social o por el órgano competente de la respectiva Comunidad Autónoma e inscrita en el registro administrativo de sociedades laborales.

Administración

Al igual que sucede en las sociedades anónimas y limitadas, la sociedad será regida por los órganos siguientes: Junta General de Accionistas o Socios y Órgano de Administración.

En el caso de que la sociedad laboral estuviese administrada por un Consejo de Administración, la elección de sus miembros ha de efectuarse según el sistema proporcional, salvo cuando sólo existan acciones o participaciones laborales, en que también podrá optarse por el sistema de mayorías.

Ventajas e inconvenientes

Las ventajas que reporta esta forma jurídica, son:

- Carácter social, empresa propiedad de los trabajadores.
- Responsabilidad frente a acreedores limitada al capital social aportado.

- ❐ Beneficios fiscales en determinadas operaciones en cuanto al Impuesto sobre Transmisiones Patrimoniales y Actos Jurídicos Documentados y en el Impuesto sobre Sociedades.
- ❐ Ventajas en la obtención de ayudas y subvenciones (capitalización por desempleo, incentivos a la inversión de cada Comunidad Autónoma).
- ❐ Existe derecho a desempleo si se ha cotizado en el Régimen General de la Seguridad Social.
- ❐ Autofinanciación en caso de beneficios, porque la normativa obliga a la constitución de un fondo especial de reserva.

Los inconvenientes son:

- ❐ Menor agilidad en la toma de decisiones.
- ❐ Mayor complejidad administrativa en el proceso de constitución, al existir en cada Comunidad Autónoma unos registros específicos para este tipo de sociedades.

Las sociedades laborales son un buen vehículo para canalizar de forma societaria el negocio a desarrollar por personas que en su mayoría sean a la vez socios y trabajadores de la entidad.

1.1.2.4. Sociedad Cooperativa (S. Coop)

Definición

La sociedad cooperativa se presenta como una asociación de personas físicas o jurídicas que, teniendo intereses o necesidades socio-económicas comunes, desarrollan una actividad empresarial, imputándose los resultados económicos a los socios, una vez atendidos los fondos comunitarios, en función de la actividad cooperativa que realizan. Se presenta como una sociedad de marcado carácter social cuyo objeto es facilitar a sus socios determinados bienes o servicios al precio mínimo posible (cooperativas de consumo), o retribuir sus prestaciones al máximo posible (cooperativas de producción).

En función de quiénes sean los integrantes de las cooperativas, éstas se clasifican en:

- ❐ Cooperativas de primer grado: sus socios son personas físicas o jurídicas, públicas o privadas, y las comunidades de bienes.
- ❐ Cooperativas de segundo grado: sus socios son, al menos, dos cooperativas, y pueden ser también otras personas jurídicas públicas y privadas, y empresarios individuales, hasta un máximo del 45% del total de los socios.

Legislación

Se regula por las disposiciones de ámbito estatal, Ley 27/1999, de 16 de julio, de Cooperativas y Real Decreto 136/2002, de 1 de febrero, por el que se aprueba el Reglamento del Registro de Sociedades Cooperativas, y por la legislación propia que establezca cada Comunidad Autónoma.

Capital

Habrá de distinguirse entre el capital nominal y el capital material o real constituida por aportaciones dinerarias de los socios o por bienes y derechos susceptibles de valoración económica:

- El capital nominal es una mención estatutaria obligatoria que funciona como importe mínimo con que puede constituirse y funcionar la cooperativa, y que debe estar totalmente desembolsado desde su constitución. Este capital, aunque es estable, puede ser objeto de modificación.
- El capital material o real es variable en función de la entrada o salida de socios, de la imputación de las pérdidas a las aportaciones de los socios al capital y de la posibilidad de acuerdos de nuevas aportaciones obligatorias sobrevenidas al capital.

Socios

El número mínimo de socios para las cooperativas de primer grado es de tres miembros y, en el caso de cooperativas de segundo grado, al menos dos cooperativas.

Existen distintos tipos de socios:

- Socio común: personas físicas o jurídicas, públicas o privadas, y comunidades de bienes, así como otras sociedades cooperativas.
- Socio de trabajo: personas físicas. Su actividad cooperativizada consiste en la prestación de su trabajo personal en la sociedad. Estos socios han de tener garantizada una compensación mínima igual al 70% de las retribuciones satisfechas en la zona por igual trabajo y, en todo caso, no inferior al importe del salario mínimo interprofesional.
- Socio colaborador: personas físicas o jurídicas. No participan plenamente en la actividad cooperativizada propia del objeto social de la cooperativa, pero contribuyen a su consecución. Deben desembolsar la aportación económica que

determine la Asamblea General, que no puede ser superior al 45% del total de las aportaciones al capital social, ni el conjunto de votos a ellos correspondiente puede superar el 30% de los votos en los órganos sociales de la cooperativa.

Constitución

La sociedad cooperativa se constituye mediante escritura pública otorgada por todos los socios promotores mediante su comparecencia simultánea ante el notario, y que debe ser inscrita en el Registro de Sociedades Cooperativas. Con la inscripción adquiere personalidad jurídica.

Responsabilidad

La responsabilidad del socio por las deudas sociales estará limitada a las aportaciones al capital social que hubiera suscrito, estén o no desembolsadas en su totalidad. No obstante, el socio que cause baja en la cooperativa, responderá personalmente por las deudas sociales, previa exclusión del haber social, durante cinco años desde la pérdida de su condición de socio, por las obligaciones contraídas por la cooperativa con anterioridad a su baja, hasta el importe reembolsado de sus aportaciones al capital social.

Existirá un fondo de reserva obligatorio destinado a la consolidación, desarrollo y garantía de la cooperativa, un fondo de reserva voluntaria que tiene como finalidad reforzar el anterior, y una reserva de educación y promoción, con la finalidad de desarrollar acciones formativas para los socios y trabajadores.

Denominación social

La denominación de la sociedad incluirá necesariamente las palabras Sociedad Cooperativa o su abreviatura S. Coop. Esta denominación será exclusiva, y para la válida constitución de la sociedad es necesario solicitar al Registro de Sociedades Cooperativas una certificación negativa de denominación, registro que estará en coordinación con el RMC.

Registro Mercantil

Únicamente será obligatoria la inscripción en el Registro Mercantil de las cooperativas de crédito y cooperativas de seguros.

Para los demás tipos de sociedades cooperativas, será obligatoria su inscripción en el Registro de Sociedades Cooperativas.

Administración

Los órganos sociales de la entidad son los siguientes:

- Asamblea General: formada por los socios cooperativistas constituidos con el objeto de deliberar y adoptar acuerdos sobre aquellos asuntos que, legal o estatutariamente, sean de su competencia.
- Consejo Rector: es el órgano colegiado de gobierno al que le corresponde la gestión, supervisión de directivos y la representación de la sociedad cooperativa. Cuando el número de socios sea inferior a diez, y los Estatutos así lo prevean, podrá establecerse la existencia de un administrador único.
- Intervención: es el órgano de fiscalización de la cooperativa. Puede consultar y comprobar toda la documentación de la cooperativa y proceder a las verificaciones que estime necesarias.

Ventajas e inconvenientes

Las ventajas que reporta esta forma jurídica, son:

- Carácter social, empresa propiedad de los trabajadores en condiciones de igualdad.
- Organización participativa y democrática.
- Responsabilidad frente a acreedores limitada al capital social y bienes a nombre de la empresa.
- Beneficios fiscales en la constitución y realización de otras operaciones societarias (exención del Impuesto sobre Transmisiones Patrimoniales y Actos Jurídicos Documentados, bonificación del 95% en el Impuesto sobre Actividades Económicas y en la tributación por beneficios, régimen especial del Impuesto sobre Sociedades, entre otros).
- Ventajas en la obtención de ayudas y subvenciones (capitalización por desempleo, incentivos a la inversión de cada Comunidad Autónoma).
- Existe derecho a desempleo si se ha cotizado en el Régimen General de la Seguridad Social.
- Autofinanciación en caso de beneficios: fondos de reserva obligatoria, y de educación y promoción.

Los inconvenientes son:

- ❒ Mínimo tres socios trabajadores.
- ❒ Menor agilidad en la toma de decisiones en caso de funcionamiento asambleario.
- ❒ Mayor complejidad administrativa en el proceso de constitución.

La característica principal de una Sociedad Cooperativa es lograr para sus cooperativistas unas mejores condiciones para acceder a bienes o servicios, o también retribuir en condiciones ventajosas la actividad o producción de los socios.

1.1.2.5. Sociedad Colectiva (SRC)

Definición

Es una sociedad de tipo personalista dedicada en nombre colectivo a la explotación de su objeto social, con personalidad jurídica propia.

Legislación

Se regirá por lo previsto en el Código de Comercio y en el Reglamento del Registro Mercantil (en lo que se refiere a su inscripción en el mismo).

Capital

El capital de la entidad lo constituyen las aportaciones de los socios, que pueden ser económicas o en forma de trabajo, no existiendo un importe mínimo de tal aportación.

Socios

Se establece el número mínimo de socios en dos. Sin embargo, no existe un número máximo de socios.

Los socios, en función de la aportación realizada, se califican como socios industriales (sólo aportan trabajo) y socios capitalistas (aportan trabajo y capital).

Constitución

Será necesaria que la constitución se formalice en escritura pública ante notario, que deberá de expresar:

- El nombre, apellidos y domicilio de los socios.
- La razón social.
- El nombre y apellidos de los socios a quienes se encomiende la gestión de la compañía y el uso de la firma social.
- El capital que cada socio aporte en dinero efectivo, créditos o efectos, con expresión del valor que se dé a éstos o de las bases sobre que haya de hacerse el avalúo.
- La duración de la compañía.
- Las cantidades que, en su caso, se asignen a cada socio gestor anualmente para sus gastos particulares.
- Se podrán también consignar en la escritura todos los demás pactos lícitos y condiciones especiales que los socios quieran establecer.

Responsabilidad

Todos los socios que formen la compañía colectiva, sean o no gestores de la misma, estarán obligados personal y solidariamente, con todos sus bienes, a las resultas de las operaciones que se hagan a nombre y por cuenta de la compañía, bajo la firma de ésta y por persona autorizada para usarla.

Denominación social

La compañía colectiva habrá de girar bajo el nombre de todos sus socios, de algunos de ellos o de uno solo, debiéndose añadir, en estos dos últimos casos, al nombre o nombres que se expresen, las palabras "y Compañía".

Este nombre colectivo constituirá la razón o firma social, en la que no podrá incluirse nunca el nombre de persona que no pertenezca de presente a la compañía. Los que, no perteneciendo a la compañía, incluyan su nombre en la razón social, quedarán sujetos a responsabilidad solidaria, sin perjuicio de la penal, si a ella hubiere lugar.

Al nombre le acompañarán las siglas SC o SRC.

Registro Mercantil

La inscripción en el Registro Mercantil es obligatoria, porque así lo establece el Código de Comercio y el Reglamento del Registro Mercantil.

Administración

Todos los socios tendrán la facultad de concurrir a la dirección y manejo de los negocios comunes, y los socios presentes se pondrán de acuerdo para todo contrato u obligación que interese a la sociedad. No obstante, la administración de la compañía colectiva podrá limitarse por un pacto especial a alguno de los socios.

Contra la voluntad de uno de los socios administradores que, expresamente, la manifieste, no deberá contraerse ninguna obligación nueva, pero si aun así se contrae, no se anulará por esta razón y surtirá sus efectos, sin perjuicio de que el socio o socios que la contrajeren, respondan a la masa social del quebranto que ocasionaren.

Ventajas e inconvenientes

Las ventajas que reporta esta forma jurídica, son:

- No es necesario capital mínimo para su constitución.
- Sin límite máximo de socios.
- Mayor facilidad a la hora de conseguir financiación para la sociedad, ya que estas operaciones están implícitamente avaladas por todos los socios colectivos.
- Se puede controlar la entrada de personas ajenas a la sociedad.

Los inconvenientes son:

- La responsabilidad de los socios es ilimitada.
- Necesita trámites formales de constitución.
- La condición de socio no es transmisible libremente.
- No cabe la unipersonalidad.

La sociedad colectiva no es una sociedad habitualmente utilizada dentro del tráfico empresarial.

1.1.2.6. Sociedad Profesional (SP)

Definición

Son las sociedades que tienen por objeto social el ejercicio en común de una actividad profesional. A estos efectos se entiende:

- Actividad profesional: es aquella para cuyo desempeño se requiere titulación universitaria o titulación profesional y es necesario acreditar la inscripción en el correspondiente Colegio Profesional.
- El ejercicio en común de la actividad profesional existe cuando los actos propios de la misma son ejecutados directamente bajo la razón o denominación social y le son atribuidos a la sociedad los derechos y obligaciones inherentes al ejercicio de la actividad profesional como titular de la relación jurídica establecida con el cliente.

Legislación

La sociedad profesional se rige por la Ley 2/2007, de 15 de marzo, de sociedades profesionales y, supletoriamente, por las normas correspondientes a la forma social adoptada.

Capital

Se establecerá en función de la forma social adoptada, pero es necesario que la mayor parte del capital o patrimonio social sea titularidad de socios profesionales, en las sociedades no capitalistas.

Socios

Se distinguen dos tipos de socios: profesionales y no profesionales.

Podrá ser socio profesional, la persona física que reúne los requisitos exigidos para el ejercicio de la profesión que constituye el objeto social y la ejerce en la sociedad, y las sociedades profesionales inscritas en los respectivos Colegios Profesionales que, constituidas legalmente, participan en otra sociedad profesional.

Por imposición legal, los socios profesionales han de representar la mayoría del capital social (o del patrimonio social) y de los derechos de voto (o del número de socios), según sea la sociedad capitalista o no, y de los miembros del órgano de administración.

Constitución

Se ha de documentar en escritura pública ante notario e inscribirse en el Registro Mercantil y en el Registro de Sociedades Profesionales del Colegio Profesional que corresponda a su domicilio social. Con la inscripción en el Registro Mercantil la sociedad adquiere personalidad jurídica.

Responsabilidad

Es preciso distinguir entre dos tipos de deudas sociales:

- Las que no tienen su origen en el desarrollo de la actividad profesional. Responde la sociedad profesional con todo su patrimonio presente y futuro. La responsabilidad de los socios, profesionales o no, se determina en función del tipo social con arreglo al cual se constituye la sociedad:

  Si es sociedad civil, responden subsidiaria y mancomunadamente.

  Si es sociedad colectiva, responden subsidiaria y solidariamente.

  Si es sociedad anónima o de responsabilidad limitada, los socios no responden.

- Las que tienen su origen en el desarrollo de la actividad profesional. Se establece la responsabilidad solidaria de la sociedad y los profesionales, socios o no, que han actuado en la prestación del servicio.

Denominación social

La denominación social puede ser objetiva o subjetiva. Será objetiva cuando, en principio, haga referencia a una o más actividades profesionales desarrolladas por la sociedad o cuando sea ficticia. Será subjetiva cuando se forme con el nombre de todos, varios o alguno de los socios profesionales que la integren.

La denominación debe incluir la forma social adoptada por la sociedad y el término “profesional” o su abreviatura P.

Registro Mercantil

Será obligatoria la inscripción en el Registro Mercantil, porque así se establece en la legislación mercantil, y será desde ese momento cuando la sociedad adquiere su personalidad jurídica.

Administración

Se establecerá en función de la forma social adoptada. Los socios profesionales han de ser mayoría en el capital social, en los derechos de voto y en el órgano de administración. Si el órgano de administración está estructurado en la figura de un administrador único, éste obligatoriamente ha de ser socio profesional.

Ventajas e inconvenientes

Las ventajas que reporta esta forma jurídica son:

- Pueden constituirse bajo cualquier tipo de forma social existente, contemplando los requisitos de la Ley de Sociedades Profesionales.
- Asociación de profesionales para desempeñar el objeto de la sociedad.

Los inconvenientes son:

- El objeto social está limitado al desarrollo de actividades profesionales.
- La mayoría de los socios han de ser profesionales, así como el órgano de administración.
- Responsabilidad ilimitada de todos los profesionales que desarrollen su actividad en la sociedad (socios y no socios).

La calificación de una sociedad como profesional deriva de que la actividad desarrollada por ésta y de que sus socios tengan tal consideración, y pueden adoptar cualquier forma jurídica (SA, SL, ...).

1.1.2.7. Sociedad Comanditaria Simple (S. en C)

Definición

Se trata de una sociedad mercantil personalista que se caracteriza por la existencia de dos tipos de socios (colectivos y comanditarios) y que llevan a cabo la explotación de su objeto social.

Legislación

Se regula por lo establecido en el Código de Comercio.

Capital

La valoración de las aportaciones no dinerarias se efectúa conforme a lo previsto en el contrato de sociedad. A falta de pacto, se realiza por peritos elegidos por ambas partes, y según los precios de la plaza. Los aumentos o disminuciones posteriores corren a cargo de la sociedad. En caso de divergencia entre los peritos, se designa un tercero a la suerte.

No se establece un importe mínimo de cifra de capital social.

Socios

Se requiere un mínimo de dos socios para constituir esta entidad. Existen dos tipos de socios:

- Colectivos: tienen los mismos derechos y obligaciones que los de las sociedades colectivas. Pueden ser o no gestores de la entidad, pero todos ellos son responsables, personal y solidariamente, de los resultados de las operaciones societarias.
- Comanditarios: la responsabilidad está limitada a su aportación, siendo la entrega de ésta una de sus principales obligaciones.

Constitución

La escritura de constitución ha de contener las mismas menciones que la escritura de la sociedad colectiva, y ha de inscribirse en el Registro Mercantil.

Responsabilidad

Varía en función del tipo de socio, según se ha indicado anteriormente. El socio colectivo responde subsidiaria, personal y solidariamente de las deudas sociales, mientras que el socio comanditario tiene su responsabilidad limitada a la aportación efectuada.

Denominación social

La denominación ha de girar bajo el nombre de todos los socios colectivos, de alguno de ellos o de uno solo. En estos dos últimos casos, a su denominación, han de añadirse las palabras "y compañía", o su abreviatura Cía. En todos los supuestos, Sociedad en comandita, o bien su abreviatura S. en C., o S.Com.

No podrá incluirse el nombre de los socios comanditarios. En caso de hacerse, el comanditario responderá frente a terceros igual que un socio colectivo.

Registro Mercantil

Este tipo de entidad ha de inscribirse en el Registro Mercantil. Además de los datos contenidos en la escritura pública de constitución, para la primera inscripción en el Registro son necesarios los siguientes datos:

- Identidad de los socios comanditarios.
- Aportaciones de cada socio comanditario, con expresión de su valor.
- Régimen de adopción de los acuerdos sociales.

Administración

La administración y representación de la sociedad comanditaria simple está encomendada, en exclusiva, a los socios colectivos. Los socios comanditarios no están facultados para efectuar tales funciones, y por tanto aquél que las realizase, podría ser apartado de la sociedad.

Ventajas e inconvenientes

Las ventajas que reporta esta forma jurídica, son:

- No requiere un capital mínimo para su funcionamiento.
- Los socios participan directamente de los beneficios de la sociedad.
- Concede al socio colectivo la posibilidad de obtener capital, cubierta por personas que no quieren asumir más responsabilidad que su aportación, y a la vez continuar gestionando la sociedad.

Los inconvenientes son:

- Responsabilidad desigual para los distintos tipos de socios.
- Obligaciones y derechos también diferentes para los distintos socios.

La responsabilidad de los socios es diferente en función del tipo (colectivo o comanditario), lo que puede suponer diferentes grados de implicación por parte de los mismos en la sociedad.

1.1.2.8. Sociedad Comanditaria por Acciones (SCom.p.A)

Definición

La sociedad comanditaria por acciones es considerada como un tipo de sociedad capitalista, cuyo capital social está dividido en acciones, y constituida por la aportación de los socios.

Legislación

Se regulan por lo dispuesto en el Código de Comercio y en el Real Decreto Legislativo 1/2010, de 2 de julio, por el que se aprueba el Texto Refundido de la Ley de Sociedades de Capital.

Capital

Al ser considerada como un tipo de sociedad de capital, el capital mínimo exigible es el mismo que para una sociedad anónima, es decir, 60.000,00 €, que ha de estar desembolsado, como mínimo, en un 25%.

Socios

Se exige un mínimo de dos socios, uno de los cuales ha de ser colectivo. Al igual que sucede en la sociedad comanditaria simple, existen dos tipos de socios:

- Colectivo: debe haber como mínimo uno, que responde personalmente de las deudas sociales. Han de efectuar siempre aportaciones susceptibles de valoración económica, no siendo válida la aportación del trabajo personal o los servicios. La condición de socio colectivo es inherente a la de administrador, y por tanto, la condición de socio colectivo se adquiere al aceptar el cargo de administrador.
- Comanditario: que tienen su responsabilidad limitada hasta el importe de sus aportaciones.

La pérdida de la condición de socio colectivo de quien figure en la razón social, obligará a la sociedad a modificar de inmediato la citada razón social.

Constitución

La sociedad ha de constituirse en escritura pública, a la que han de acompañar los estatutos de la sociedad, y es necesaria su inscripción en el Registro Mercantil.

Responsabilidad

Varía en función del tipo de socio, según se ha indicado anteriormente. El socio colectivo responde personal y solidariamente de las deudas sociales, mientras que el socio comanditario tiene su responsabilidad limitada a la aportación efectuada.

Denominación social

Podrán incluirse en la denominación el nombre de todos los socios colectivos, de algunos de ellos o de uno solo, o bien utilizar una denominación objetiva, utilizando en todo caso Sociedad en comandita por acciones o su abreviatura SCom.p.A.

Deberá solicitarse certificación negativa de la denominación social al RMC.

Registro Mercantil

Su inscripción en el Registro Mercantil es obligatoria, y desde el momento de su inscripción adquiere personalidad jurídica.

Administración

Los órganos encargados de la administración son la Junta General (que se rige por lo establecido en la Ley de Sociedades de Capital) y el Órgano de Administración.

Este último corresponde, en todo caso, a los socios colectivos, que son quienes tienen las facultades, derechos y deberes de los administradores en la sociedad anónima.

En el supuesto de nombramiento de un nuevo administrador, éste asume la condición de socio colectivo desde el momento en que acepte su cargo.

El nombramiento de administradores fuera del acto constitutivo requiere el consentimiento expreso de todos los socios colectivos.

En la duración del cargo, por aplicación de las normas de las sociedades anónimas, se ha de estar a lo que establezcan los estatutos, con un límite máximo de seis años, sin perjuicio de su reelección una o varias veces.

Ventajas e inconvenientes

Las ventajas que reporta esta forma jurídica, son:

- Participación directa en los beneficios de la sociedad.
- Participación en la gestión por parte de los socios colectivos.

Los inconvenientes son:

- Elevada inversión inicial.
- Responsabilidad desigual para los distintos tipos de socios.
- Obligaciones y derechos también diferentes para los distintos socios.

Este tipo de sociedades requiere una elevada inversión en capital societario.

1.1.2.9. Sociedad Agraria de Transformación (SAT)

Definición

Sociedades de naturaleza civil con una finalidad económico-social en orden a:

- Producción, transformación y comercialización de productos agrícolas, ganaderos o forestales.
- La realización de mejoras en el medio rural.
- Promoción y desarrollo agrario.
- Prestación de servicios comunes que sirvan a los fines anteriores.

Legislación

La normativa principal reguladora de este tipo de sociedades son el Real Decreto 1776/1981, por el que se aprueba el Estatuto que regula las sociedades agrarias de transformación, la Orden Ministerial de fecha 14/09/1982, que desarrolla el Real Decreto, y el Código Civil, como legislación subsidiaria de las normas propias de estas entidades.

Capital

Está constituido por el valor de las aportaciones de los socios. No existe una cifra de capital mínimo, pero debe estar suscrito íntegramente al constituirse la sociedad y desembolsado en una cuarta parte. El resto debe desembolsarse en un plazo de seis años. Las aportaciones pueden ser dinerarias o en especie.

Socios

Pueden ser socios, las personas físicas que ostenten la condición de titular de explotación agraria o trabajador agrícola, o bien una persona jurídica que persiga fines agrarios. Se exige un número mínimo de tres socios, debiendo ser superior el número de socios personas físicas al de socios personas jurídicas.

Constitución

Estas sociedades surgen en virtud de un contrato de sociedad mediante el cual varios interesados en los sectores agrícolas, ganadero o forestal, se unen y crean una entidad de naturaleza civil con el ánimo de distribuir las ganancias entre sí.

Para la constitución de estas sociedades, deben seguirse las reglas generales de constitución de toda sociedad civil, no siendo necesaria la escritura pública. La constitución se realiza siempre por escrito en los siguientes documentos: acta fundacional, relación de socios, Estatutos y memoria descriptiva del objeto y actividades sociales a realizar de las obras e instalaciones necesarias para ello, con datos técnicos y económicos.

No obstante, es necesaria la escritura pública cuando los socios aporten bienes inmuebles o derechos reales a la sociedad.

Responsabilidad

La Sociedad Agraria de Transformación (en adelante SAT) tiene un patrimonio propio e independiente del de sus socios. La responsabilidad de las deudas sociales recae:

- En primer lugar, sobre el patrimonio universal de la SAT, es decir, responde con todos sus bienes presentes y futuros.
- En segundo lugar, si la SAT es insolvente, sobre el patrimonio de los socios mancomunada e ilimitadamente, aunque los Estatutos pueden disponer que se limite la responsabilidad al valor de las aportaciones realizadas.

Denominación social

Los socios acuerdan el nombre de la sociedad, no pudiendo ser coincidente con el de otra sociedad anteriormente constituida en el mismo ámbito o actividad. En todo caso, la denominación debe incluir la expresión Sociedad Agraria de Transformación o su abreviatura SAT, el número que le corresponda en el Registro general de SAT, y la clase de responsabilidad frente a terceros.

No será necesaria la obtención de la certificación negativa del RMC.

Registro Mercantil

Es obligatoria la inscripción de estas sociedades en el Registro General de SAT del Ministerio de Agricultura y Pesca, Alimentación y Medio Ambiente, momento desde el que adquieren personalidad jurídica. Este tipo de sociedades también son inscribibles en el Registro Mercantil, si bien no es obligatorio.

Administración

Con carácter general, los órganos sociales de la SAT son la Asamblea General, la Junta Rectora y el Presidente.

La Asamblea General es el órgano supremo de expresión de la voluntad de los socios y se encuentra integrada por todos ellos.

La Junta Rectora es el órgano de gobierno, representación y administración ordinaria. Su composición mínima es de cinco miembros, con un máximo de doce, debiendo ostentar todos ellos la condición de socios.

El Presidente es el órgano unipersonal con facultades estatutarias que incluyen la representación de la SAT, sin perjuicio de las conferidas a la Junta Rectora.

No obstante, cuando en la sociedad hay un número de socios inferior a diez, la Asamblea General es el único órgano social, puesto que ésta asume las competencias propias de la Junta Rectora.

Ventajas e inconvenientes

Las ventajas que reporta esta forma jurídica, son:

- ❒ Agrupación de explotaciones agrícolas, ganaderas o forestales, para su explotación común.

❒ No existe un importe mínimo de capital social.

Los inconvenientes son:

❒ Número mínimo de socios.

❒ Responsabilidad subsidiaria e ilimitada de los socios.

La sociedad agraria de transformación es un tipo de sociedad vinculada exclusivamente a actividades agrícolas, ganaderas y forestales.

1.1.2.10. Sociedad de Garantía Recíproca (SGR)

Definición

Es un tipo especial de sociedad mercantil constituida, al menos en sus cuatro quintas partes, por pequeñas y medianas empresas y se caracteriza porque sus socios no responden personalmente de las deudas sociales.

Tienen la consideración de entidad financiera, y su objeto social consiste en otorgar garantías personales, por aval o cualquier otro medio admitido en derecho, a favor de sus socios, para operaciones que éstos realicen dentro del tráfico de las empresas de que son titulares.

Legislación

Regulada en la Ley 1/1994, de 11 de marzo, sobre el régimen jurídico de las Sociedades de Garantía Recíproca y en el Real Decreto 2345/1996, de 8 de noviembre, relativo a normas de autorización administrativa y requisitos de solvencia de las Sociedades de Garantía Recíproca (en adelante SGR).

Capital

Dividido en participaciones sociales, iguales, acumulables e indivisibles, que no tendrán la consideración de valores negociables ni podrán denominarse acciones, integrado por las aportaciones de los socios, totalmente suscrito y desembolsado en al menos un 25% en efectivo, si bien puede exigirse un desembolso superior de acuerdo a estatutos. El capital es variable, entre una cifra mínima fijada en los Estatutos Sociales y el triple de dicha cantidad. El capital social mínimo de la SGR no podrá ser inferior a 10.000.000,00€.

Socios

Al otorgamiento de la escritura pública de constitución han de concurrir, personalmente o mediante representación, un mínimo de ciento cincuenta socios partícipes.

Al menos las cuatro quintas partes de los socios han de ser pequeñas y medianas empresas, entendiéndose como tal aquella cuyo número de trabajadores no excede de doscientos cincuenta.

Pueden existir dos tipos de socios: partícipes y protectores.

- Partícipes (son aquellos que tienen derecho a solicitar garantías y asesoramiento de la sociedad): personas físicas o jurídicas titulares de pequeñas y medianas empresas, aunque también pueden serlo las de mayor dimensión, no superando los límites establecidos. En todo caso, es necesario cumplir los siguientes requisitos:
  - a) Pertenecer al sector o sectores de actividad económica mencionados en los Estatutos.
  - b) Estar geográficamente localizado en el ámbito delimitado en los Estatutos sociales.
- Protectores (son aquellos que no pueden solicitar la garantía de la sociedad para sus operaciones): personas físicas o jurídicas, sin tener que ser empresarios ni estar localizados en el ámbito geográfico delimitado en los Estatutos. La existencia de estos socios sólo es posible si los Estatutos contemplan esta posibilidad.

Constitución

Únicamente se puede constituir por fundación simultánea, no por fundación sucesiva, en escritura pública, a la que han de acompañar los Estatutos sociales.

Responsabilidad

La responsabilidad de los socios está limitada a sus aportaciones sociales.

Denominación social

Podrá adoptar una denominación social subjetiva o objetiva, sujeta a las limitaciones generales (identidad, utilización de términos o expresiones contrarios a la ley, etc.), y debe figurar necesariamente la indicación Sociedad de Garantía Recíproca o su abreviatura, SGR.

Registro Mercantil

La Sociedad de Garantía Recíproca ha de inscribirse en el Registro Mercantil, acompañada de la autorización del Ministerio de Economía y Hacienda previamente solicitada, y posteriormente, en el Registro Especial del Banco de España. Con su inscripción en el Registro Mercantil la sociedad adquiere personalidad jurídica.

La inscripción en los citados registros será requisito indispensable para que la SGR pueda desarrollar su actividad.

Administración

Estructura similar a la de una sociedad anónima. Existen dos órganos sociales:

- La Junta General: competente para decidir sobre los asuntos más representativos de la vida social.
- Consejo de Administración: se atribuye la gestión social y la representación de la SGR.

Ventajas e inconvenientes

No se establecen ventajas ni inconvenientes, porque no se trata de una sociedad encaminada al tráfico empresarial, sino a dar soporte financiero al tejido empresarial de la zona geográfica en la que opera.

La finalidad de este tipo de entidades es facilitar u obtener garantías de financiación para el tráfico empresarial de sus socios.

1.1.3. Titular persona física

1.1.3.1. Empresario individual

Definición

Es aquella persona física que dispone de la capacidad legal necesaria y ejerce de forma habitual y por cuenta propia una actividad comercial, industrial o profesional. Es comúnmente conocido como "autónomo".

El Código de Comercio establece que, a los efectos de este Código, será comerciante todo aquel que tenga capacidad legal para ejercer el comercio y se dedique a él habitualmente. Tendrán capacidad legal las personas mayores de edad y con libre disposición de sus bienes. También tienen esta capacidad los menores de edad emancipados y los menores de edad en circunstancias especiales, siempre que tengan la libre disposición de sus bienes a través de sus representantes legales.

Legislación

No existe una regulación legal específica para el empresario individual. En su actividad empresarial está sometido a las disposiciones generales del Código de Comercio en materia mercantil y a lo dispuesto en el Código Civil en materia de derechos y obligaciones.

Capital

La aportación de capital a la actividad es ilimitada, y no es necesario acreditar un capital mínimo para iniciar la actividad.

Socios

No existe la figura del socio (como integrante de una persona jurídica) al ser el empresario individual una persona física.

Constitución

No será necesario ningún trámite de constitución porque carecen de personalidad jurídica propia. Los trámites se inician al comienzo de la actividad empresarial.

Responsabilidad

En la medida en que no existe separación entre el patrimonio empresarial y el patrimonio particular, el empresario responde personalmente con todo su patrimonio presente y futuro de todas las obligaciones contraídas en su actividad empresarial.

Denominación social

Será libre y tendrá la consideración de nombre comercial.

Registro Mercantil

La inscripción en el Registro Mercantil será potestativa para el empresario individual, con excepción del naviero, en cuyo caso será obligatoria.

El empresario individual no inscrito no podrá pedir la inscripción de ningún documento en el Registro Mercantil ni aprovecharse de sus efectos legales (tales como legitimación, oponibilidad, publicidad).

El empresario naviero no inscrito responderá con todo su patrimonio de las obligaciones contraídas.

Administración

El empresario persona física controla y dirige personalmente la gestión de su actividad.

Ventajas e inconvenientes

Las ventajas que reporta, son:

- Es la manera más rápida, sencilla y económica de iniciar un negocio.
- Se mantienen el control total y la gestión de la empresa.
- No es necesario un proceso previo de constitución.
- Es la forma que requiere menos gestiones y trámites legales, lo que abarata los costes de funcionamiento.

Los inconvenientes son:

- No existe diferencia entre el patrimonio empresarial y el personal, respondiendo con sus bienes presentes y futuros ante las deudas con terceros.
- Si el empresario está casado en régimen de gananciales (u otros regímenes que asumen bienes en común por ambos cónyuges) pueden dar lugar a que la responsabilidad por su actividad empresarial alcance al patrimonio del cónyuge.
- Mayor tributación inicialmente si la obtención de beneficios es elevada.

- ❒ Las sociedades suelen ofrecer una imagen más profesional ante las entidades financieras y los distintos agentes del mercado: clientes, Administración, proveedores.

El empresario individual es la forma más cómoda y sencilla de poner en marcha un negocio.

1.1.3.2. Emprendedor de responsabilidad limitada (ERL)

Definición

A efectos de lo dispuesto en la Ley 14/2013, de 27 de septiembre, de apoyo a los emprendedores y su internacionalización, se considera emprendedor, la persona que desarrolla una actividad económica empresarial o profesional que cumpla los requisitos de inscripción y publicidad en los Registros Mercantil y de la Propiedad que veremos a continuación.

Legislación

El emprendedor de responsabilidad limitada, al igual que sucede con el empresario individual, está sometido a las disposiciones generales del Código de Comercio en materia mercantil y a lo dispuesto en el Código Civil en materia de derechos y obligaciones.

Asimismo, resulta de aplicación la Ley 14/2013, de 27 de septiembre, de apoyo a los emprendedores y su internacionalización.

Capital

La aportación de capital a la actividad es ilimitada, y no es necesario acreditar un capital mínimo para iniciar la actividad.

Socios

No existe la figura del socio (como integrante de una persona jurídica) al ser el emprendedor una persona física.

Constitución

No será necesario ningún trámite de constitución porque carecen de personalidad jurídica propia. No obstante, la eficacia de la limitación de responsabilidad limitada requiere de un acta notarial para su inscripción en el Registro Mercantil.

Responsabilidad

El emprendedor persona física, cualquiera que sea su actividad, podrá limitar su responsabilidad por las deudas que traigan causa del ejercicio de dicha actividad empresarial o profesional mediante la asunción de la condición de Emprendedor de responsabilidad limitada. Por tanto, podrá obtener que su responsabilidad y la acción del acreedor que tenga origen en las deudas empresariales o profesionales, no alcance a su vivienda habitual ni a los bienes de equipo productivo afectos a la explotación.

Se beneficiará de la limitación de responsabilidad la vivienda habitual del deudor siempre que su valor no supere los 300.000 €, según las normas de valoración del ITP y AJD, en el momento de su inscripción en el Registro Mercantil. En el caso de viviendas situadas en poblaciones de más de un millón de habitantes, el valor de la vivienda no podrá superar los 450.000 €. También se beneficiará de la limitación de responsabilidad los bienes de equipo productivo afectos a la explotación y los que los reemplacen debidamente identificados en el Registro de Bienes Muebles y con el límite del volumen de facturación agregado de los dos últimos ejercicios.

No obstante, no podrá beneficiarse de la limitación de responsabilidad, el emprendedor que hubiera actuado con fraude o negligencia grave en el cumplimiento de sus obligaciones con terceros, siempre que así constare acreditado por sentencia firme o en concurso declarado culpable.

Salvo que los acreedores prestaren su consentimiento expresamente, subsistirá la responsabilidad universal del deudor por las deudas contraídas con anterioridad a su inscripción en el Registro Mercantil como emprendedor de responsabilidad limitada.

Denominación social

Deberá hacer constar en toda su documentación, con expresión de los datos registrales, su condición de Emprendedor de Responsabilidad Limitada, o mediante la adición a su nombre, apellidos y datos de identificación fiscal de las siglas ERL.

Registro Mercantil

La inscripción del emprendedor, persona física en el Registro Mercantil correspondiente a su domicilio, será obligatoria para obtener la condición de Emprendedor de Responsabilidad Limitada, indicando en la hoja abierta al mismo los datos del bien inmueble propio o común, así como de los bienes de equipo productivo indicados, que se pretende excluir de la responsabilidad de las deudas.

Para poder inscribir al Emprendedor de Responsabilidad Limitada será obligatoria el acta notarial, que se presentará obligatoriamente por el notario de manera telemática, en el mismo día o siguiente día hábil al de su autorización, en el Registro Mercantil.

Una vez inscrito el Emprendedor de Responsabilidad Limitada, y para su oponibilidad a terceros, deberá inscribirse en el Registro de la Propiedad la no sujeción de la vivienda habitual al tráfico empresarial o profesional y en el Registro de Bienes Muebles, la no sujeción de los bienes de equipo productivos indicados anteriormente. El título para proceder a esta inscripción será una certificación remitida telemáticamente por el Registrador Mercantil, siempre en el mismo día hábil.

Una vez practicada la inscripción en el Registro de la Propiedad, y en el Registro de Bienes Muebles, en su caso, el Registrador denegará la anotación preventiva de embargo trabado sobre bien no sujeto, a menos que del mandamiento resultase que se aseguran deudas no empresariales o profesionales o se trata de deudas empresariales o profesionales contraídas con anterioridad a la inscripción de limitación de responsabilidad limitada, o de obligaciones tributarias o con la Seguridad Social.

Administración

El empresario persona física controla y dirige personalmente su gestión.

Ventajas e inconvenientes

Las ventajas que reporta, son:

- ❒ Responsabilidad del emprendedor limitada, no alcanzando a la vivienda habitual ni a los bienes de equipo productivo indicados, con los límites establecidos.
- ❒ Gestión personal y directa de la actividad.

Los inconvenientes son:

- ❒ Requiere trámites de gestión para su funcionamiento, al tener requisitos previos para su inscripción en los Registros correspondientes, lo que conlleva determinados costes.

- Responsabilidad ilimitada del emprendedor, excepto la vivienda habitual y bienes de equipo productivo indicados.
- En caso de deudas con la Agencia Tributaria y Seguridad Social, la responsabilidad es ilimitada, alcanzando también a la vivienda habitual y a los bienes de equipo productivo indicados.

Esta figura, introducida por la Ley 14/2013, de apoyo a los emprendedores, permite que el empresario individual pueda dejar su vivienda habitual y bienes de equipo productivo indicados a salvo de su responsabilidad por deudas, salvo las derivadas de la AEAT y Seguridad Social.

1.1.3.3. Comunidad de bienes (CB)

Definición

Se trata de un contrato privado entre dos o más partes, llamados socios comuneros, que ostentan la propiedad o titularidad de una cosa o derecho *pro indiviso*.

En el contrato de comunidad de bienes ha de detallarse la actividad del negocio, las aportaciones efectuadas por cada comunero (en dinero o en especie), el porcentaje de participación que cada comunero tiene en las pérdidas y ganancias de la entidad, el uso de elementos comunes y el sistema de administración.

En definitiva, se trata de una fórmula sencilla de asociación entre empresarios con un proyecto común de explotar o administrar un bien o derecho en común.

Legislación

Se regirá por lo previsto en el Título III del Código Civil en materia de derechos y obligaciones, y por lo previsto en el Código de Comercio en materia mercantil.

Capital

No existe establecido un importe mínimo de capital. Los comuneros podrán aportar a la entidad bienes, dinero o trabajo.

Pueden aportarse solamente bienes, pero no puede aportarse sólo dinero o sólo trabajo, ya que estos últimos tienen que ir unidos.

Socios

Se establece el número mínimo de socios (comuneros) en dos, pero no existe un número máximo.

Constitución

La constitución de esta entidad podrá realizarse mediante contrato verbal, contrato privado escrito o escritura pública. En todo caso deberá efectuarse en escritura pública ante notario cuando se trate de aportaciones de bienes inmuebles o derechos reales.

Responsabilidad

La comunidad de bienes carece de personalidad jurídica propia, lo que significa que la responsabilidad de los socios comuneros por deudas contraídas por la comunidad de bienes frente a terceros es ilimitada y solidaria, es decir, responderán los comuneros con sus bienes presentes y futuros y se respaldan unos a otros.

Denominación social

Puede adoptar cualquier nombre que acompañará la expresión Comunidad de Bienes o con su abreviatura CB.

Registro Mercantil

La inscripción en el Registro Mercantil no es obligatoria, porque no está regulado de forma expresa ni en el Código de Comercio ni en el Reglamento del Registro Mercantil.

Administración

Podrá nombrarse a uno o varios administradores de la comunidad de bienes y, en su defecto, dicha administración será ejercida por cualquiera de los comuneros.

Ventajas e inconvenientes

Las ventajas que reporta, son:

- Trámites de formalización sencillos.
- No es necesario un capital mínimo para su constitución.
- Utilización sencilla para la gestión de bienes cuya titularidad jurídica es común o proindiviso.

Los inconvenientes son:

- Responsabilidad ilimitada de los socios por las deudas de la comunidad de bienes.
- Forma jurídica que suele estar excluida de ayudas y subvenciones.

Este tipo de entidad es muy común en su utilización para gestión de bienes inmuebles con titularidad común en régimen de arrendamiento. Las rentas se imputan a sus titulares en proporción a su titularidad sobre el bien explotado.

1.1.3.4. Sociedad Civil (SC)

Definición

Se trata de un contrato privado de colaboración entre dos o más personas que desean realizar conjuntamente una actividad con ánimo de lucro.

En el contrato de sociedad civil ha de detallarse la actividad del negocio, las aportaciones efectuadas por cada socio (en dinero o en especie), el porcentaje de participación que cada socio tiene en las pérdidas y ganancias de la entidad, el sistema de administración y representación, y las causas de liquidación y disolución.

En definitiva, al igual que en las comunidades de bienes, se trata de una fórmula sencilla de asociación entre empresarios con un proyecto empresarial común.

Legislación

Se regirá por lo previsto en el Código Civil en materia de derechos y obligaciones, y por lo previsto en el Código de Comercio en materia mercantil.

Desde el 1 de enero de 2016 las sociedades civiles con objeto mercantil tributan por el Impuesto sobre Sociedades (con anterioridad lo hacían por IRPF en régimen de atribución de rentas).

En el caso de SC que desarrollen su actividad al amparo de la Ley 2/2007, de Sociedades Profesionales, se entenderá que su objeto no es mercantil y por tanto seguirán tributando en el régimen de atribución de rentas del IRPF.

Tampoco serán contribuyentes del IS las SC que desarrollen una actividad agrícola, ganadera, forestal y minera o se limiten a la tenencia de inmuebles o valores.

Capital

El capital de la entidad lo constituyen las aportaciones de los socios, no existiendo un importe mínimo de tal aportación. Los socios podrán aportar a la entidad bienes, dinero o trabajo.

Socios

Se establece el número mínimo de socios en dos. Sin embargo, no existe un número máximo de socios.

Los socios, en función de la aportación realizada, se califican como socio industrial (aporta industria o trabajo) y socio capitalista (aporta dinero o bienes).

Constitución

La constitución de esta entidad podrá realizarse mediante contrato verbal, contrato privado escrito o escritura pública. En todo caso deberá efectuarse en escritura pública cuando se trate de aportaciones de bienes inmuebles o de derechos reales, en cuyo caso habrá de efectuarse un inventario de éstos firmado por las partes, y que deberá incorporarse a la escritura.

Responsabilidad

La sociedad civil carece de personalidad jurídica propia, lo que significa que la responsabilidad de los socios por deudas contraídas por la sociedad civil frente a terceros es personal e ilimitada, es decir, una vez liquidado el patrimonio de la sociedad, si no llega para cubrir las deudas, responderán los socios con sus bienes presentes y futuros, de forma mancomunada.

La Ley 27/2014 del Impuesto sobre Sociedades (artículo 7) y diversas consultas de la Dirección General de Tributos publicadas establecen que, a efectos del IS, las SC tendrán personalidad jurídica cuando sus pactos sean públicos o siendo privados, hayan solicitado el Número de Identificación Fiscal (en adelante NIF) a la AEAT, y tributarán por el mencionado impuesto, salvo en los supuestos indicados (actividad profesional, agrícola, ganadera, forestal, minera, ...).

Denominación social

Puede adoptar cualquier nombre que acompañará con la expresión Sociedad Civil o con las siglas SC.

Registro Mercantil

La inscripción en el Registro Mercantil no es obligatoria, porque no está regulado de forma expresa ni en el Código de Comercio ni en el Reglamento del Registro Mercantil.

Administración

Se admiten diversas formas de administración y representación: administrador único, administradores mancomunados (deben firmar todos) o solidarios (basta la firma de uno de ellos, que obliga a la sociedad).

En el caso de deudas frente a terceros contraídas por la sociedad, la administración debe tener los poderes necesarios para representarla.

Ventajas e inconvenientes

Las ventajas que reporta, son:

- Trámites de formalización sencillos.
- No es necesario un capital mínimo para su constitución.

Los inconvenientes son:

- Responsabilidad ilimitada de los socios por las deudas de la sociedad civil.
- Forma jurídica que suele estar excluida de ayudas y subvenciones.

La SC es muy utilizada como forma de asociación para el desarrollo de actividades por varios profesionales con el fin de poder compartir gastos de inmuebles, instalaciones y otros medios materiales.

1.1.4. Separación entre el patrimonio empresarial y personal

En el momento en que una persona decide emprender un negocio, y cualquiera que sea el vehículo que vaya a utilizar, ya sea a través de una persona jurídica o como empresario individual, debe tener claro que, desde ese momento, ha de distinguir entre las actividades que realiza en el ámbito personal y en el empresarial. Obviamente ello conlleva que existirá un patrimonio afecto al ámbito personal y otro al ámbito empresarial.

Es muy importante que no existan interferencias entre ambos ámbitos y patrimonios, pero en el caso de que sea necesario establecer algún tipo de conexión, es conveniente que se regule y se documente adecuadamente para evitar errores, llevar un adecuado control y, en su caso, dar cumplimiento a la normativa mercantil y tributaria.

A continuación se recogen algunos comentarios y recomendaciones acerca de lo mencionado:

- En el caso de una actividad empresarial es muy importante tener claro qué bienes se encuentran afectos a la actividad empresarial y cuáles al ámbito personal, ya que la titularidad de ambos patrimonios coinciden.

Esto puede suceder con un inmueble al que se le dé un uso compartido, debiendo definirse qué superficie e instalaciones se utilizarán en el ámbito empresarial.

En el caso de la tesorería, es recomendable la existencia de cuentas bancarias para atender a los ingresos y gastos de la actividad empresarial y otras diferentes para la utilización en la esfera particular/personal.

- En el supuesto de que la actividad se realice a través de una entidad o persona jurídica habrán de documentarse todas las relaciones que se establezcan con el socio. Por ejemplo:

  a) Si el inmueble donde la sociedad desarrolla su actividad, es propiedad del socio, deberá suscribirse un contrato de arrendamiento y satisfacer un alquiler a precio de mercado.

  b) En el caso de que la sociedad precise financiación o tenga necesidad temporal de tesorería y el socio decide aportarla a la sociedad en forma de préstamo, deberán documentar el correspondiente contrato de préstamo, fijando las condiciones de devolución y remuneración del mismo en condiciones de mercado.

  c) Si el socio desarrolla su trabajo en la sociedad, éste deberá estar retribuido según mercado y efectuarse el pago de la retribución con la periodicidad pactada.

A nivel documental y administrativo es primordial llevar un orden en el archivo y custodia de la documentación soporte de las operaciones realizadas en el desarrollo del negocio. Entre otras cosas, servirán para la adecuada llevanza de la contabilidad que permite tener un conocimiento de la situación de la actividad para la correcta toma de decisiones.

Con base en lo anterior, se podrá elaborar un documento de control de cobros y pagos, un plan de tesorería que permite detectar los excesos o defectos de tesorería en cada momento.

Estas son algunas recomendaciones con el fin de ayudar a mejorar o encaminar el desarrollo de un negocio, ya sea a través de una persona física o persona jurídica.

1.1.5. Novedades empresariales introducidas por la Ley "crea y crece"

La Ley 18/2022, de 28 de septiembre, de creación y crecimiento de empresas (BOE de 29), con entrada en vigor, en general, el 19 de octubre de 2022 y conocida popularmente como "Ley crea y crece", ha introducido diversas reformas en nuestro Ordenamiento mercantil, de carácter financiero, sobre morosidad en las empresas, simplificación de trámites administrativos, etc., cuya finalidad general es facilitar la creación de empresas en España.

Entre las medidas destacadas para facilitar la creación de empresas, tenemos las siguientes, que exponemos a continuación, constituyendo las medidas societarias destinadas a agilizar y facilitar la constitución de sociedades:

- Constitución de sociedades de responsabilidad limitada con un 1 € de capital social

Desaparece la cifra de capital social mínimo de 3.000 € que hasta la entrada en vigor de esta Ley existía para las sociedades de responsabilidad limitada, de forma que las sociedades de responsabilidad limitada se podrán crear con un capital social de 1 €. Pero, mientras el capital no alcance la cifra de 3.000 €, se aplicarán las siguientes reglas que pretenden proteger los intereses de los acreedores o terceros que contraten con la sociedad (i) el 20% del beneficio deberá destinarse a reserva legal hasta que dicha reserva junto con el capital social alcancen la cifra de 3.000 €, y (ii) si al liquidarse la sociedad no hubiera patrimonio suficiente para pagar las obligaciones sociales, los socios responderán solidariamente de la diferencia entre la cifra de 3.000 € y la de capital suscrito.

Este régimen es similar, en parte, al de las sociedades de responsabilidad limitada de fundación sucesiva cuya regulación se deroga (artículo 4 bis LSC).

Nos parece relevante señalar que no se prevé ninguna norma específica en la Ley Crea y Crece en relación con la causa de disolución por pérdidas graves que dejen su patrimonio neto reducido a menos de la mitad del capital social y la responsabilidad por las deudas sociales de los administradores sociales por no promover la disolución (arts. 363 y 367 LSC). Ello deberá tenerse en cuenta ya que la sociedad puede incurrir con relativa rapidez en la causa de disolución por pérdidas si se constituye con la cifra mínima de 1 € de capital social.

❒ Medidas para agilizar la constitución de sociedades de responsabilidad limitada

Se pretende facilitar e impulsar la constitución de sociedades de responsabilidad limitada mediante el uso del sistema de tramitación telemática Centro de Información y Red de Creación de Empresas o "CIRCE" (ya regulado desde 2013 en la llamada "Ley de Emprendedores") y el Documento Único Electrónico (instrumento electrónico que engloba multitud de formularios, gestionado desde 2003 por la Dirección General de Industria y de la PYME). Para ello, los notarios e intermediarios que asesoren y participen en su creación deberán informar de las ventajas de emplear los Puntos de Atención al Emprendedor ("PAE") y el CIRCE.

Los PAE, también regulados desde 2013 en la Ley de Emprendedores, son oficinas pertenecientes a organismos públicos y privados (incluidas notarías y —se añade ahora— Registros Mercantiles) así como puntos virtuales de información y tramitación telemática de solicitudes. Los PAE, utilizando el CIRCE, facilitan constituir sociedades de responsabilidad limitada con rapidez. Con este fin, ya la Ley de Emprendedores estableció plazos breves (contados incluso en horas hábiles), distinguiendo, por ejemplo, entre sociedades creadas con o sin estatutos tipos. Se añade ahora que, de no usarse estatutos tipos, cada Registro Mercantil habilitará un servicio remoto de atención al público para consultar sobre la inscribilidad de cláusulas estatutarias.

En relación con la agilización de sociedades, se ha publicado la Ley 11/2023, de 8 de mayo, de trasposición de directivas de la UE, entre ellas, la correspondientes a la incorporación de la directiva de digitalización de sociedades que permite constituir sociedades de responsabilidad limitada de forma íntegramente telemática, tal como veremos en el epígrafe 3.1.8.

La Ley Crea y Crece establece también otras medidas en el ámbito societario:

❒ Las sociedades civiles podrán inscribirse en el Registro Mercantil

❒ Se reconocen las Sociedades de Beneficio e Interés Común

Son aquellas sociedades anónimas o de responsabilidad limitada que, voluntariamente, recojan en estatutos su compromiso con objetivos sociales y medioambientales y con la toma en consideración de grupos de interés relevantes (stakeholders), sometiéndose a mayores niveles de transparencia y rendición de cuentas en el compromiso de dichos compromisos sociales.

1.1.6. Las empresas de base tecnológica o emergentes

La Ley 28/2022, de 21 de diciembre, de fomento del ecosistema de las empresas emergentes (BOE de 22), ha incorporado en España un elenco de normas y beneficios fiscales en favor de las empresas innovadoras de reciente creación (por ello, la citada Ley se conoce también popularmente como Ley de "startups"), de base tecnológica, rápido crecimiento y con un modelo de negocio estable, así como una serie de incentivos tributarios y de otro tipo, caso de facilitar los visados y residencias en el territorio español, para los fundadores de estas empresas.

Aunque no se trate de una nueva forma jurídica, esta Ley crea la categoría de "empresas emergentes", para poder gozar de los beneficios incluidos en su regulación.

Se considera empresa emergente, aquella que no supere los cinco años de antigüedad, siete si su actividad se centra en determinados sectores estratégicos, que tenga la sede o domicilio social permanente en España, que desarrolle un proyecto de emprendimiento innovados con un modelo de negocio escalable, que no cotice en mercados organizados ni distribuya dividendos.

Además, el 60% de la plantilla tiene que tener contrato laboral en España y su volumen de negocio anual no puede superar los 10 millones de euros en el ejercicio anterior.

Estas empresas emergentes, que pueden gozar de cualquier personalidad jurídica, no pueden haber sido creadas mediante un proceso de fusión, escisión o transformación societaria anterior.

Se entiende por empresas de base tecnológica, aquellas cuya actividad requiera la generación o un uso intensivo de conocimiento científico técnico y tecnológico para la generación de nuevos productos, procesos o servicios y para la canalización de las iniciativas de investigación, desarrollo e innovación y la transferencia de resultados.

La empresa emergente debe acreditar este carácter a través de un certificado que emitirá la Empresa Nacional de Innovación, ENISA, inscribiéndose en el Registro Mercantil o en el Registro de Cooperativas competente, siendo tal inscripción la condición necesaria y suficiente para poder acogerse a los beneficios de la Ley 28/2022, de 21 de diciembre.

Entre los beneficios fiscales reconocidos por la citada Ley, tenemos los siguientes:

- Mejora en el tratamiento en el IRPF de las entregas de opciones sobre acciones, "stock options", para retribuir a los trabajadores y directivos de las empresas emergentes.
- Reducción de las alícuotas de gravamen en el IS al 15% durante un máximo de cuatro años.

- Posibilidad de aplazar el pago de la deuda tributaria del IS de los dos primeros períodos impositivos en que la base imponible sea positiva.
- Mejora del régimen de impatriados en el IRPF para los trabajadores desplazados a España.

Asimismo, se incluyen otro tipo de beneficios en cuotas de Seguridad Social, sistemas de financiación, concesión de visados de trabajo para los empleados no residentes, etc.

1.2. La contabilidad del negocio y otras obligaciones formales

Legislación

El artículo 25 del Código de Comercio establece que todo empresario deberá llevar una contabilidad ordenada, adecuada a la actividad de su empresa, que permita un seguimiento cronológico de todas sus operaciones, así como la elaboración periódica de balances e inventarios. Además, llevará necesariamente, sin perjuicio de lo establecido en las leyes o disposiciones especiales, un Libro Diario y un Libro de Inventarios y Cuentas Anuales.

La contabilidad será llevada directamente por los empresarios o por otras personas debidamente autorizadas, sin perjuicio de la responsabilidad de aquéllos. Se presumirá concedida la autorización, salvo prueba en contrario.

Las personas físicas que desarrollan actividades empresariales cuyo rendimiento se determine en la modalidad normal de estimación directa prevista en la normativa de IRPF, estarán obligados a llevar contabilidad ajustada a lo dispuesto en el Código de Comercio. El resto de contribuyentes personas físicas de IRPF que desarrollan actividades, distintos de los indicados anteriormente, pueden llevar contabilidad pero no están obligados a ello.

Hasta el 31 de diciembre de 2018, los contribuyentes de IRPF que llevaran contabilidad de acuerdo con lo previsto en el Código de Comercio, no estaban obligados a llevar los libros registros establecidos en la normativa de IRPF (libro registro de ventas e ingresos, libro registro de compras y gastos, libro registro de bienes de inversión, para actividades empresariales; libro registro de ingresos, libro registro de gastos, libro registro de bienes de inversión, libro registro de provisiones de fondos y suplidos, para actividades profesionales que determinan el rendimiento por el método de estimación directa). Con la entrada en vigor del Real Decreto 1461/2018, de 21 de diciembre (BOE 22 de diciembre de 2018), las personas físicas que desarrollen actividades empresariales y determinen el rendimiento neto por estimación directa simplificada o estimación objetiva, así como las que desarrollen actividades profesionales, estarán obligados a llevar los libros registros previstos en la normativa de IRPF, aun cuando lleven contabilidad ajustada a lo dispuesto en el Código de Comercio. A tal efecto, se ha publicado la Orden HAC/773/2019, de 28 de junio, por la que se regula la llevanza de los libros registros en el IRPF (BOE 17 de julio de 2019), que resultará aplicable a las anotaciones registrales correspondientes al ejercicio 2020 y siguientes.

1.2.1. Para qué sirve la contabilidad

La contabilidad es la técnica que se encarga de estudiar, medir y analizar el patrimonio, situación económica y financiera de una empresa u organización, con el fin de facilitar la toma de decisiones en el seno de la misma y el control externo, presentando la información, previamente registrada, de manera sistemática y útil para las distintas partes interesadas. La contabilidad es una ciencia y técnica que aporta información de utilidad para el proceso de toma de decisiones económicas.

Esta disciplina estudia el patrimonio y presenta los resultados a través de estados contables o financieros. Implica el análisis desde distintos sectores de todas las variables que inciden en este campo. Para esto es necesario llevar a cabo un registro sistemático y cronológico de las operaciones financieras.

La contabilidad posee una técnica que se ocupa de registrar y resumir las operaciones mercantiles de un negocio con el fin de interpretar sus resultados. Por consiguiente, los gerentes o directores a través de la contabilidad podrán orientarse sobre el curso que siguen sus negocios mediante datos contables y estadísticos. Estos datos permiten conocer la estabilidad y solvencia de la compañía, la corriente de cobros y pagos, las tendencias de las ventas, costes y gastos generales, entre otros, de manera que se pueda conocer la capacidad financiera de la empresa.

La finalidad de la contabilidad es suministrar información en un momento dado de los resultados obtenidos durante un período de tiempo y de la situación patrimonial, que resulta de utilidad a la toma de decisiones, tanto para el control de la gestión pasada, como para las estimaciones de los resultados futuros, dotando tales decisiones de racionalidad y eficiencia.

La contabilidad es un elemento básico para la toma de decisiones en la gestión empresarial. Es fundamental que la misma se lleve de manera ordenada y actualizada.

1.2.2. Conceptos contables básicos

Según el Marco Conceptual del Plan General de Contabilidad (en adelante PGC), los elementos que se definen a continuación, se registran en el balance:

- Activos: bienes, derechos y otros recursos controlados económicamente por la empresa, resultantes de sucesos pasados, de los que se espera que la empresa obtenga beneficios o rendimientos económicos en el futuro.
- Pasivos: obligaciones actuales surgidas como consecuencia de sucesos pasados, para cuya extinción la empresa espera desprenderse de recursos que puedan producir beneficios o rendimientos económicos en el futuro.
- Patrimonio neto: constituye la parte residual de los activos de la empresa, una vez deducidos todos sus pasivos. Incluye las aportaciones realizadas, ya sea en el momento de constitución o en otros posteriores por sus socios o propietarios, que no tengan la consideración de pasivos, así como los resultados acumulados u otras valoraciones que le afecten.

El Balance recoge una "foto fija" de la situación de la sociedad a una fecha determinada.

También según el Marco Conceptual del PGC, los elementos que se definen a continuación, se registran en la Cuenta de Pérdidas y Ganancias o, en su caso, en el Estado de Cambios en el Patrimonio Neto:

- Ingresos: incrementos en el patrimonio neto de la empresa durante el ejercicio, ya sea en forma de entradas o aumentos en el valor de los activos, o de disminución de los pasivos, siempre que no tengan su origen en aportaciones, monetarias o no, de los socios o propietarios.
- Gastos: decrementos en el patrimonio neto de la empresa durante el ejercicio, ya sea en forma de salidas o disminuciones en el valor de los activos, o de reconocimiento o aumento de valor de los pasivos, siempre que no tengan su origen en distribuciones, monetarias o no, de los socios o propietarios, en su condición de tales.

La Cuenta de Pérdidas y Ganancias recoge lo sucedido en la sociedad durante un período determinado de fecha a fecha.

Los ingresos y gastos del ejercicio se imputarán a la Cuenta de Pérdidas y Ganancias y formarán parte del resultado, excepto cuando proceda su imputación directa al patrimonio neto.

Otros conceptos básicos en la contabilidad son:

- Debe: lado izquierdo del asiento contable o de la cuenta.
- Haber: lado derecho del asiento contable o de la cuenta.
- Cargo: anotaciones practicadas en el Debe.
- Abono: anotaciones practicadas en el Haber.

1.2.3. Partida doble

El método de contabilidad utilizado en toda clase de empresas y actividades es el de Partida Doble. Este método tiene como principal fundamento registrar dos elementos patrimoniales, contrapuestos, que como mínimo deben intervenir en todo hecho contable: uno que entrega y otro que recibe.

Se utiliza la cuenta para llevar la administración de todos y cada uno de los elementos patrimoniales. A cada elemento se le destina una cuenta, reflejándose en ella todos los hechos contables en los que intervenga este elemento.

En principio, y por su naturaleza, las cuentas que representan bienes y derechos, son deudoras y aquellas que reflejan obligaciones, son acreedoras.

La cuenta consta de dos partes, opuestas entre sí, denominadas Debe y Haber. Toda cuenta que recibe, se anota en el Debe, denominándose ese acto adeudar, cargar o debitar, y toda cuenta que entrega, se anota en el Haber, denominándose ese acto abonar, acreditar o datar.

Los motivos generales de cargo son:

- Aumento de activo.
- Disminución de pasivo.
- Disminución de patrimonio neto.

Los motivos generales de abono son:

- Disminución de activo.
- Aumento de pasivo.
- Aumento de patrimonio neto.

La forma de registrar en las cuentas, por medio del método de partida doble, se basa en los siguientes principios:

- Las cuentas se consideran personificadas, es decir, se trata a cada cuenta como si fuese una persona física, con facultad de entregar y recibir.
- No hay deudor sin acreedor, ni acreedor sin deudor.
- Se llama deudor al que recibe y acreedor al que entrega.
- La suma de las cantidades anotadas en el debe de una o varias cuentas ha de ser igual a la suma de las cantidades anotadas en el haber de otra u otras varias cuentas, es decir, existe igualdad entre lo recibido y lo entregado.

Veamos con un sencillo ejemplo la partida doble. Tomamos como referencia la cuenta de Caja. Cuando entra dinero en caja, aumenta su importe, y se efectúa una anotación en el Debe. Por el contrario, si sale dinero de caja, disminuye su importe, y se efectúa una anotación en el Haber.

Ejemplo

Ejemplos (sin considerar los impuestos que puedan gravar las operaciones)

1. La sociedad adquiere un vehículo y lo paga en efectivo por importe de 20.000 €.

La sociedad recibe un vehículo (activo) valorado en 20.000 €, efectuando una anotación en el Debe (cargo) y entrega ese importe al vendedor del mismo, importe que sale de la cuenta bancaria, efectuando una anotación en el Haber (abono).

20.000 €	Elemento transporte	a	Bancos	20.000 €

2. La sociedad adquiere mercancía a su proveedor por importe de 18.000 €, procediendo al pago de 5.000 € en ese momento y quedando un importe pendiente de 13.000 €. Posteriormente, se procede a la cancelación de la deuda por parte de la sociedad.

En el momento de la compra, la sociedad recibe la mercancía y efectúa un cargo por la adquisición de la misma, y entrega dinero (efectuando un abono en la cuenta bancaria por el importe pagado) y un incremento de sus obligaciones de pago.

18.000 €	Compras	a	Bancos	5.000 €
		a	Proveedor	13.000 €

Posteriormente, cuando la sociedad realiza el pago pendiente, efectúa un cargo por la cancelación de la deuda (disminuyen las obligaciones de pago) y un abono por la salida de dinero de la cuenta bancaria. En este supuesto, la sociedad entrega dinero al proveedor y recibe una disminución de sus obligaciones de pago.

13.000 €	Proveedor	a	Bancos	13.000 €

3. La sociedad procede a la venta de mercancías por importe de 7.000 €, quedando la totalidad del importe pendiente de cobro. Posteriormente, el cliente salda su deuda.

En el momento de la venta, la sociedad entrega mercancía al cliente y recibe un aumento de derechos de cobro frente a éste.

7.000 €	Cliente	a	Ventas	7.000 €

Posteriormente, cuando el cliente salda su deuda, la sociedad recibe el importe pendiente de pago en la cuenta bancaria, y el cliente entrega su deuda (al cancelarla), disminuyendo los derechos de cobro de la sociedad.

7.000 €	Bancos	a	Clientes	7.000 €

4. Una entidad financiera concede un préstamo de 35.000 € a la sociedad.

Esto supondrá que el banco entrega ese importe, reflejándolo en el Debe de la cuenta y, por otro lado, tendremos una deuda por ese importe por el incremento de la financiación de la empresa, que reflejaremos en el Haber.

35.000 €	Bancos	a	Deudas	35.000 €

1.2.4. El Plan General Contable

Legislación

Se regula por el Real Decreto 1514/2007, de 16 de noviembre, por el que se aprueba el Plan General de Contabilidad (PGC), y también por el Real Decreto 1515/2007, de 16 de noviembre, por el que se aprueba el Plan General de Contabilidad de Pequeñas y Medianas Empresas (en adelante PGC de PYMES) y los criterios contables específicos para microempresas.

Dicha normativa ha sufrido modificaciones introducidas, entre otras, por el Real Decreto 602/2016, de 2 de diciembre (BOE del 17 de diciembre) así como por el Real Decreto 1/2021, de 12 de enero (BOE del 30 de enero).

El Plan General de Contabilidad será de obligada aplicación para todas las empresas, cualquiera que sea su forma jurídica, individual o societaria, sin perjuicio de aquellas empresas que puedan aplicar el Plan General de Contabilidad de Pequeñas y Medianas Empresas.

El PGC y PGC de PYMES se divide en cinco partes:

- Marco conceptual de la contabilidad. Son los criterios por los que debe regirse la contabilidad. Son de obligado cumplimiento.
- Normas de Registro y Valoración. Son las normas que regulan los criterios y los valores con los que deben anotarse los hechos y elementos contables. Son de obligado cumplimiento.
- Cuentas anuales. Son las normas que rigen la elaboración de las Cuentas Anuales. Son de obligado cumplimiento.
- Cuadro de cuentas. Contiene los grupos y cuentas contables propuestas para la contabilización de las operaciones. Son de carácter voluntario.
- Definiciones y relaciones contables. Con carácter general, son de carácter voluntario.

Podrán aplicar el PGC de PYMES todas las empresas, cualquiera que sea su forma jurídica, individual o societaria, que durante dos ejercicios consecutivos reúnan, a la fecha de cierre de cada uno de ellos, al menos dos de las circunstancias siguientes:

- Que el total de las partidas del activo no supere los cuatro millones de euros.
- Que el importe neto de su cifra anual de negocios no supere los ocho millones de euros.
- Que el número medio de trabajadores empleados durante el ejercicio no sea superior a cincuenta.

En el ejercicio social de su constitución, las empresas podrán aplicar el PGC de PYMES si reúnen, al cierre de dicho ejercicio, al menos dos de las tres circunstancias expresadas.

Si la empresa formase parte de un grupo de empresas en los términos descritos en la norma de elaboración de las cuentas anuales, para la cuantificación de los importes se tendrá en cuenta la suma del activo, del importe neto de la cifra de negocios y del número medio de trabajadores del conjunto de las entidades que conformen el grupo.

La opción por el PGC de PYMES deberá mantenerse de forma continuada, como mínimo, durante tres ejercicios, a no ser que con anterioridad al transcurso de dicho plazo, la empresa pierda la facultad, en función de los parámetros mencionados, de aplicar este plan.

La empresa que opte por la aplicación del PGC de PYMES, deberá aplicarlo de forma completa. No obstante, no tendrán carácter vinculante los movimientos contables incluidos en la Quinta Parte del plan y los aspectos relativos a la numeración y denominación de las cuentas incluidas en la Cuarta Parte, excepto en aquellos aspectos que contengan normas de registro o valoración.

Cuando una empresa que aplique este plan, realice una operación cuyo tratamiento contable no esté contemplado en dicho texto, habrá de remitirse a las correspondientes normas y apartados contenidos en el PGC, que serán de aplicación con carácter general, salvo las excepciones expresamente tasadas.

Definición

Los últimos modelos de Cuentas Anuales para PYMES son los correspondientes al ejercicio 2022 y aparecen publicados en la Resolución de 18 de mayo de 2023, de la Dirección General de Seguridad Jurídica y Fe Pública, referida a los modelos para la presentación en el Registro Mercantil de las cuentas anuales de los sujetos obligados a su publicación.

A continuación, introducimos los modelos de Cuentas Anuales contenidos en el PGC de PYMES (Balance de Situación y Cuenta de Pérdidas y Ganancias):

BALANCE DE PYMES

BP1

NIF:

DENOMINACIÓN SOCIAL:

UNIDAD (1)
Euros 09001

Espacio destinado para las firmas de los administradores

ACTIVO		NOTAS DE LA MEMORIA	EJERCICIO ____ (2)	EJERCICIO ____ (3)
A) ACTIVO NO CORRIENTE	**11000**			
I. Inmovilizado intangible	**11100**			
II. Inmovilizado material	**11200**			
III. Inversiones inmobiliarias	**11300**			
IV. Inversiones en empresas del grupo y asociadas a largo plazo	**11400**			
V. Inversiones financieras a largo plazo	**11500**			
VI. Activos por impuesto diferido	**11600**			
VII. Deudores comerciales no corrientes	**11700**			
B) ACTIVO CORRIENTE	**12000**			
I. Existencias	**12200**			
II. Deudores comerciales y otras cuentas a cobrar	**12300**			
1. Clientes por ventas y prestaciones de servicios	**12380**			
a) Clientes por ventas y prestaciones de servicios a largo plazo	**12381**			
b) Clientes por ventas y prestaciones de servicios a corto plazo	**12382**			
2. Accionistas (socios) por desembolsos exigidos	**12370**			
3. Otros deudores	**12390**			
III. Inversiones en empresas del grupo y asociadas a corto plazo	**12400**			
IV. Inversiones financieras a corto plazo	**12500**			
V. Periodificaciones a corto plazo	**12600**			
VI. Efectivo y otros activos líquidos equivalentes	**12700**			
TOTAL ACTIVO (A + B)	**10000**			

(1) Todos los documentos que integran las cuentas anuales se elaborarán expresando sus valores en euros.
(2) Ejercicio al que van referidas las cuentas anuales.
(3) Ejercicio anterior.

BALANCE DE PYMES

BP2.1

NIF:

DENOMINACIÓN SOCIAL:

Espacio destinado para las firmas de los administradores

PATRIMONIO NETO Y PASIVO		NOTAS DE LA MEMORIA	EJERCICIO ______ (1)	EJERCICIO ______ (2)
A) PATRIMONIO NETO	20000			
A-1) Fondos propios	21000			
I. Capital	21100			
1. Capital escriturado	21110			
2. (Capital no exigido)	21120			
II. Prima de emisión	21200			
III. Reservas	21300			
1. Reserva de capitalización	21350			
2. Otras reservas	21360			
IV. (Acciones y participaciones en patrimonio propias)	21400			
V. Resultados de ejercicios anteriores	21500			
VI. Otras aportaciones de socios	21600			
VII. Resultado del ejercicio	21700			
VIII. (Dividendo a cuenta)	21800			
A-2) Ajustes en patrimonio neto	22000			
A-3) Subvenciones, donaciones y legados recibidos	23000			
B) PASIVO NO CORRIENTE	31000			
I. Provisiones a largo plazo	31100			
II. Deudas a largo plazo	31200			
1. Deudas con entidades de crédito	31220			
2. Acreedores por arrendamiento financiero	31230			
3. Otras deudas a largo plazo	31290			
III. Deudas con empresas del grupo y asociadas a largo plazo	31300			
IV. Pasivos por impuesto diferido	31400			
V. Periodificaciones a largo plazo	31500			
VI. Acreedores comerciales no corrientes	31600			
VII. Deuda con características especiales a largo plazo	31700			

(1) Ejercicio al que van referidas las cuentas anuales.
(2) Ejercicio anterior.

BALANCE DE PYMES

BP2.2

NIF:

DENOMINACIÓN SOCIAL:

Espacio destinado para las firmas de los administradores

PATRIMONIO NETO Y PASIVO		NOTAS DE LA MEMORIA	EJERCICIO ____ (1)	EJERCICIO ____ (2)
C) PASIVO CORRIENTE	**32000**			
I. Provisiones a corto plazo	**32200**			
II. Deudas a corto plazo	**32300**			
1. Deudas con entidades de crédito	**32320**			
2. Acreedores por arrendamiento financiero	**32330**			
3. Otras deudas a corto plazo	**32390**			
III. Deudas con empresas del grupo y asociadas a corto plazo	**32400**			
IV. Acreedores comerciales y otras cuentas a pagar	**32500**			
1. Proveedores	**32580**			
a) Proveedores a largo plazo	**32581**			
b) Proveedores a corto plazo	**32582**			
2. Otros acreedores	**32590**			
V. Periodificaciones a corto plazo	**32600**			
VI. Deuda con características especiales a corto plazo	**32700**			
TOTAL PATRIMONIO NETO Y PASIVO (A + B + C)	**30000**			

(1) Ejercicio al que van referidas las cuentas anuales.
(2) Ejercicio anterior.

CUENTA DE PÉRDIDAS Y GANANCIAS DE PYMES

PP

NIF:

DENOMINACIÓN SOCIAL:

Espacio destinado para las firmas de los administradores

(DEBE) / HABER		NOTAS DE LA MEMORIA	EJERCICIO ____ (1)	EJERCICIO ____ (2)
1. Importe neto de la cifra de negocios	40100			
2. Variación de existencias de productos terminados y en curso de fabricación	40200			
3. Trabajos realizados por la empresa para su activo	40300			
4. Aprovisionamientos	40400			
5. Otros ingresos de explotación	40500			
6. Gastos de personal	40600			
7. Otros gastos de explotación	40700			
8. Amortización del inmovilizado	40800			
9. Imputación de subvenciones de inmovilizado no financiero y otras	40900			
10. Excesos de provisiones	41000			
11. Deterioro y resultado por enajenaciones del inmovilizado	41100			
12. Otros resultados	41300			
A) RESULTADO DE EXPLOTACIÓN (1 + 2 + 3 + 4 + 5 + 6 + 7 + 8 + 9 + 10 + 11 + 12)	49100			
13. Ingresos financieros	41400			
a) Imputación de subvenciones, donaciones y legados de carácter financiero	41430			
b) Otros ingresos financieros	41490			
14. Gastos financieros	41500			
15. Variación de valor razonable en instrumentos financieros	41600			
16. Diferencias de cambio	41700			
17. Deterioro y resultado por enajenaciones de instrumentos financieros	41800			
18. Otros ingresos y gastos de carácter financiero	42100			
a) Incorporación al activo de gastos financieros	42110			
b) Ingresos financieros derivados de convenios de acreedores	42120			
c) Resto de ingresos y gastos	42130			
B) RESULTADO FINANCIERO (13 + 14 + 15 + 16 + 17 + 18)	49200			
C) RESULTADO ANTES DE IMPUESTOS (A + B)	49300			
19. Impuestos sobre beneficios	41900			
D) RESULTADO DEL EJERCICIO (C + 19)	49500			

(1) Ejercicio al que van referidas las cuentas anuales.
(2) Ejercicio anterior.

La última modificación de los modelos oficiales de Cuentas Anuales se ha incorporado en la Resolución de 18 de mayo de 2023, de la Dirección General de Seguridad Jurídica y Fe Pública, por la que se aprueban los modelos para la presentación en el Registro Mercantil de las cuentas anuales de los sujetos obligados a su publicación.

1.2.4.1. Libro Diario y Libro de Inventario y Balances y Cuentas Anuales

Se trata de libros contables obligatorios establecidos por el artículo 25 del Código de Comercio, y que han de ser legalizados en el Registro Mercantil.

Libro Diario

El Libro Diario registrará día a día todas las operaciones relativas a la actividad de la empresa. Las operaciones se contabilizarán mediante asientos contables, por orden cronológico, según se vayan produciendo. Para saber el orden de las anotaciones, se atenderá a la fecha de la factura, fecha de la anotación bancaria, etc. según el documento a contabilizar.

Será válida, sin embargo, la anotación conjunta de los totales de las operaciones por períodos no superiores al mes, a condición de que su detalle aparezca en otros libros o registros concordantes, de acuerdo con la naturaleza de la actividad de que trate.

Este libro se genera automáticamente por las aplicaciones informáticas utilizadas de manera generalizada para períodos no superiores al trimestre.

Libro de Inventario y Cuentas Anuales

El Libro de Inventarios y Cuentas Anuales se abrirá con el balance inicial detallado de la empresa. Al menos trimestralmente se transcribirán con sumas y saldos los balances de comprobación. Se transcribirán también el inventario de cierre del ejercicio y las cuentas anuales.

El contenido del Libro de Inventarios es el siguiente: balance inicial detallado, balance de comprobación de sumas y saldos e inventario de cierre.

- El balance inicial detallado de la empresa es una relación valorada de todos los bienes, derechos y obligaciones de la empresa al comienzo del ejercicio. Éste debe coincidir con el inventario de cierre del ejercicio anterior. La normativa, pese a requerir que sea detallado, no especifica el nivel de detalle.
- El balance de comprobación de sumas y saldos presentará todas las cuentas con saldo de la empresa, esto es, tanto las cuentas de balance como las de gastos e

ingresos. En el balance de comprobación se transcribirá la suma del Debe y la suma del Haber de cada cuenta, así como los saldos de cada una de ellas. El saldo acreedor tiene que coincidir con el saldo deudor.

Este estado contable se realizará, al menos, trimestralmente.

- El inventario de cierre comprende una relación detallada y valorada de los distintos elementos que componen el patrimonio de la empresa al final del ejercicio económico. Recoge una valoración de los bienes y derechos del activo, incluyendo una descripción, con la cantidad y el valor de las existencias al final del ejercicio, así como el detalle de las obligaciones en el pasivo.

Para su formulación, presentaremos un balance de comprobación de sumas y saldos (al máximo nivel de detalle), al que adjuntaremos un inventario de existencias a fecha de cierre del ejercicio económico.

Este inventario de existencias supone el recuento físico de todas las unidades que componen las existencias de la empresa junto con su precio y valor total.

El inventario de existencias, propiamente dicho, consta de tres partes: encabezamiento con los datos de la empresa y la fecha, cuerpo con el detalle del inventario y pie donde el gerente o dueño de la empresa certifica que está conforme con el inventario.

El Libro de Cuentas Anuales, según el PGC, comprende el Balance, la Cuenta de Pérdidas y Ganancias, el Estado de Cambios en el Patrimonio Neto, el Estado de Flujos de Efectivo y la Memoria. Todos estos documentos forman una unidad.

- El Balance de Situación comprenderá, con la debida separación, el Activo, el Pasivo y el Patrimonio Neto.
- La Cuenta de Pérdidas y Ganancias recoge el resultado del ejercicio, formado por los ingresos y los gastos, excepto cuando proceda su imputación directa al patrimonio neto. Los ingresos y gastos se clasificarán de acuerdo con su naturaleza, y distinguirán los resultados de explotación de los que no lo son. Figurarán en epígrafe separado al menos el importe de la cifra de negocios, las variaciones de existencias, los gastos de personal, las amortizaciones, las correcciones de valor, los ingresos y gastos financieros, resultados en la enajenación de activos fijos, y el gasto por impuesto de sociedades.
- El Estado de Cambios en el Patrimonio Neto (en adelante ECPN) tiene dos partes. La primera reflejará exclusivamente los ingresos y gastos generados por la actividad de la empresa durante el ejercicio, distinguiendo entre los reconocidos en la cuenta de pérdidas y ganancias y los registrados directamente en el patrimonio neto. La segunda contendrá todos los movimientos habidos en el patrimonio neto, incluidos los procedentes de transacciones realizadas con los socios o propietarios de la empresa cuando actúen como tales. También se infor-

mará de los ajustes al patrimonio neto debidos a cambios en criterios contables y correcciones de errores. No será obligatorio ni para aquellas entidades que puedan formular el Balance y la Memoria en modelo abreviado ni para aquellas que apliquen el PGC de Pymes.

- El Estado de Flujos de Efectivo pone de manifiesto, debidamente ordenados y agrupados por categorías o tipos de actividades, los cobros (origen) y los pagos (destino) realizados por la empresa, con el fin de informar acerca de los movimientos de efectivo producidos en el ejercicio. No será obligatorio ni para aquellas entidades que puedan formular el Balance y Memoria en modelo abreviado ni para aquellas que apliuen el PGC de Pymes.
- La Memoria completará, ampliará y comentará la información contenida en los otros documentos que integran las cuentas anuales. Tanto en el Balance de Situación, la Cuenta de Pérdidas y Ganancias, el Estado de Cambios en el Patrimonio Neto y el de Flujos de Efectivo, se indicará en qué nota o notas de la Memoria se amplía la información que contienen.

Según la normativa mercantil y contable, las sociedades que no alcancen durante dos ejercicios consecutivos dos de los parámetros que se indican a continuación, quedan exonerados de la obligación de presentar el Estado de Flujos de Efectivo y el Estado de Cambios en el Patrimonio Neto:

- Total de las partidas de activo: 4.000.000,00 €.
- Importe neto de la cifra anual de negocios: 8.000.000,00 €.
- Número medio de trabajadores durante el ejercicio: 50.

En función de los parámetros de total activo, importe neto de la cifra anual de negocios y número medio de trabajadores, con importes diferentes a los señalados anteriormente, se determinará la obligación de someter las cuentas anuales a auditoría obligatoria.

Las Cuentas Anuales han de redactarse con especial cuidado y deben de recoger la información relevante de la sociedad. Al depositarse en el Registro Mercantil, son de acceso público y darán a terceros interesados (clientes, proveedores, entidades financieras) la información necesaria para la toma de decisiones acerca de sus relaciones con la sociedad.

1.2.5. Libro de Actas

El Libro de Actas registrará, al menos, todos los acuerdos tomados por las Juntas Generales y especiales y los demás órganos colegiados de la sociedad, con expresión de los datos relativos a la convocatoria y a la constitución del órgano, un resumen de los asuntos debatidos, las intervenciones de las que se haya solicitado constancia, los acuerdos adoptados y los resultados de las votaciones (artículo 26 del Código de Comercio).

Es importante redactar con claridad y dejar constancia de las deliberaciones y los acuerdos tomados por los socios y administradores de la sociedad.

1.2.6. Libro de Socios

Existen dos tipos de Libros de Socios:

- Libro registro de acciones nominativas, utilizado en sociedades anónimas y sociedades comanditarias por acciones.
- Libro registro de socios, utilizado por las sociedades de responsabilidad limitada.

El Libro registro de acciones nominativas registrará las sucesivas transferencias de las acciones, con expresión del nombre, apellidos, razón o denominación social, en su caso, nacionalidad y domicilio de los sucesivos titulares, así como la constitución de derechos reales y otros gravámenes sobre las acciones.

El Libro registro de socios registrará la titularidad originaria y las sucesivas transmisiones, voluntarias o forzosas, de las participaciones sociales, así como la constitución de derechos reales y otros gravámenes sobre las mismas. En cada anotación se indicará la identidad y domicilio del titular de la participación o del derecho o gravamen constituido sobre aquélla.

1.2.7. Legalización de libros y depósito de Cuentas Anuales

Los libros de los empresarios deberán depositarse en el Registro Mercantil en el plazo de cuatro meses siguientes al cierre del ejercicio. Es decir, para un ejercicio cerrado el 31 de diciembre, el plazo de presentación de los libros para su legalización en el Registro Mercantil finaliza el 30 de abril siguiente a la fecha de cierre.

Desde el 29 de septiembre de 2013, es obligatoria la presentación telemática de los libros dentro de los plazos establecidos al efecto, incluidos los Libros de Socios y de Actas. El Libro de Actas habrá de legalizarse anualmente, excepto que circunstancias excepcionales o intereses determinados, hagan relevante su presentación con anterioridad.

Por su parte, las cuentas anuales de las entidades habrán de depositarse en el Registro Mercantil dentro del plazo del mes siguiente a la celebración de la Junta General que apruebe, en su caso, las mismas, así como la gestión social del órgano de administración. El plazo para celebrar la Junta General está comprendido entre la fecha de cierre del ejercicio social y los seis meses siguientes a contar desde esa fecha. Es decir, para un ejercicio cerrado el 31 de diciembre, el plazo para celebrar la Junta finaliza el 30 de junio siguiente a la fecha de cierre y, por tanto, la fecha de presentación de las cuentas anuales finaliza el 30 de julio.

La Instrucción de 12 de febrero de 2015, de la Dirección General de los Registros y del Notariado, sobre legalización de libros de los empresarios en aplicación del artículo 18 de la Ley 14/2013, de 27 de septiembre, de apoyo a los emprendedores y su internacionalización (BOE de 16), obliga a que todos los Libros de Contabilidad, de Actas y cualesquiera otros Libros que la legalidad exija a las sociedades, empresarios personas físicas, fundaciones, asociaciones y cualquier otra entidad que deba llevar contabilidad, conforme al Código de Comercio, los lleven electrónicamente y los presenten para su legalización, de manera telemática, en el Registro Mercantil.

La citada Instrucción ha visto suspendida su aplicación por una sentencia del Tribunal Superior de Justicia de Madrid de 27 de abril de 2015. En estas condiciones, y ante la perentoriedad de los plazos de presentación, la propia Dirección General ha aceptado el envío de la información contable de manera encriptada.

La Instrucción anterior ha sido modificada por la Instrucción de 1 de julio de 2015, de la Dirección General de los Registros y del Notariado, sobre mecanismos de seguridad de los ficheros electrónicos que contengan libros de los empresarios presentados a legalización en los registros mercantiles y otras cuestiones relacionadas (BOE de 08/07/2015). Por tanto, tal como se ha indicado, es obligatoria la presentación telemática de los libros en los plazos legalmente establecidos.

1.2.8. Inscripción en el Registro Mercantil de los prestadores de ciertos servicios a empresas, a efectos de la normativa anti-blanqueo de capitales

La Orden JUS/1256/2019, de 26 de diciembre, sobre la inscripción en el Registro Mercantil de las personas físicas o jurídicas que de forma empresarial o profesional prestan los servicios descritos en el artículo 2.1.o) de la Ley 10/2010, de 28 de abril, de prevención del blanqueo de capitales y financiación del terrorismo. ("Boletín Oficial del Estado" de 28), establece el formulario para la inscripción en el Registro Mercantil, desde el 1 de enero de 2020, de las personas físicas profesionales y las personas jurídicas que presten ciertos servicios a otras empresas, de acuerdo con la normativa anti-blanqueo de capitales.

Los servicios a realizar por los sujetos obligados a registrarse son los siguientes por cuenta de terceros: constituir sociedades u otras personas jurídicas; ejercer funciones de dirección o de secretarios no consejeros de consejo de administración o de asesoría externa de una sociedad, socio de una asociación o funciones similares en relación con otras personas jurídicas o disponer que otra persona ejerza dichas funciones; facilitar un domicilio social o una dirección comercial, postal, administrativa y otros servicios afines a una sociedad, una asociación o cualquier otro instrumento o persona jurídicos; ejercer funciones de fiduciario en un fideicomiso (trust) o instrumento jurídico similar o disponer que otra persona ejerza dichas funciones; o ejercer funciones de accionista por cuenta de otra persona, exceptuando las sociedades que coticen en un mercado regulado de la Unión Europea y que estén sujetas a requisitos de información acordes con el Derecho de la Unión o a normas internacionales equivalentes que garanticen la adecuada transparencia.

2 Principales tributos que afectan a la actividad del empresario

2.1. Introducción a la fiscalidad de la actividad empresarial

El marco fiscal en el que se encuadra una actividad empresarial, es el de una tributación por impuestos de carácter directo y otros de carácter indirecto.

Con carácter general, en función de la personalidad adoptada, los empresarios tributarán por la totalidad de las rentas obtenidas en su actividad, con independencia del lugar donde se hubiera producido, por los siguientes impuestos (tributos de carácter directo):

- Impuesto sobre Sociedades: que, en general, sujeta a las entidades que ostentan personalidad jurídica, así como las sociedades civiles que tengan objeto mercantil.
- Impuesto sobre la Renta de las Personas Físicas: el cual somete a las entidades que no ostentan tal personalidad jurídica (personas físicas, empresarios individuales, profesionales, comunidades de bienes y sociedades civiles que no tengan objeto mercantil), que podrán tributar por el método de estimación directa (normal o simplificada) o por el régimen de estimación objetiva.

Por otra parte, las entregas de bienes y prestaciones de servicios realizadas por el empresario a título oneroso en el desarrollo de su actividad, ya sea con carácter habitual u ocasional, estarán sujetas al Impuesto sobre el Valor Añadido, cuyos tipos de tributación dependerán de la modalidad de operación realizada, que expondremos a continuación. Se trata de un tributo de carácter indirecto.

A continuación, expondremos brevemente los tipos de tributación más habituales en cada uno de estos impuestos, sin perjuicio de que la Guía dispone de un análisis pormenorizado de cada uno de ellos en los siguientes capítulos del manual, así como de otros gravámenes, menos significativos, que inciden también en la actividad empresarial.

2.1.1. Impuesto sobre Sociedades

Definición

El IS es un tributo directo que grava la renta de las entidades residentes en territorio español con carácter mundial.

La renta se determina a partir del rendimiento neto que se deduzca de su contabilidad llevada conforme al Código de Comercio y otras normas contables, artículo 10.3 LIS.

Con carácter general, el tipo de gravamen para los contribuyentes de este impuesto es del 25%, excepto para aquellas entidades cuyo importe neto de la cifra de negocios del período impositivo inmediato anterior sea inferior a un millón de euros y carezcan de la calificación de entidad patrimonial, que será del 23% (tal como introdujo la Ley 31/2022, de 23 de diciembre, de Presupuestos Generales del Estado para 2023).

No obstante, existen otros tipos de tributación para determinadas entidades, debido a la actividad desarrollada, siendo los principales el 20%, el 15% y 10%.

El tipo impositivo será del 20% para las cooperativas fiscalmente protegidas, excepto por lo que se refiere a los resultados extracooperativos, que tributarán al tipo general.

Las entidades de nueva creación tributarán al tipo de gravamen del 15% en el primer ejercicio que tenga base imponible positiva y en el siguiente. Las denominadas empresas emergentes, reguladas en la Ley 28/2022, de 23 de diciembre, tributarán al 15% en el primer año que tengan base imponible positiva y en los tres siguientes, siempre que conserven la calificación de emergentes.

Tributarán al 10%, las entidades a las que sea de aplicación el régimen fiscal establecido en la Ley 49/2002, de 23 de diciembre, de régimen fiscal de las entidades sin fines lucrativos e incentivos al mecenazgo.

En la Ley 22/2021, de 28 de diciembre, de Presupuestos Generales del Estado para el ejercicio 2022 y para ejercicios sucesivos se establece una tributación mínima del 15% de la base imponible para aquellos contribuyentes del impuesto con importe neto de la cifra de negocios igual o superior a 20.000.000 € o que tributen en el régimen de consolidación fiscal, en este último caso, cualquiera que sea el importe de su cifra de negocios.

En las cooperativas, la cuota líquida mínima no podrá ser inferior al resultado de aplicar el 60% a la cuota íntegra calculada de acuerdo con la Ley de Régimen fiscal de cooperativas.

El tipo de gravamen del 25% puede ser inferior si la sociedad cumple con algún requisito en cuanto a su fecha de constitución.

2.1.1.1. Régimen especial de entidades de reducida dimensión (en adelante ERD)

En la normativa de este impuesto está contemplando un régimen especial de entidades de reducida dimensión, que, en síntesis, podrán aplicar todos aquellos contribuyentes cuyo importe de la cifra de negocios en el período impositivo inmediato anterior sea inferior a diez millones de euros. De acuerdo a la reciente jurisprudencia del Tribunal Supremo, este régimen especial también resulta aplicable a las sociedades inactivas y de carácter patrimonial.

En ese sentido, la STS de 11/03/2020, recurso de casación 6299/2017, señala que el régimen de entidades de reducida dimensión se aplica con independencia de que las entidades realicen o no explotaciones económicas.

Cuando la entidad fuese de nueva creación, el importe de la cifra de negocios se referirá al primer período impositivo en que se desarrolle la actividad. Si el período impositivo inmediato anterior hubiere tenido una duración inferior al año, el importe neto de la cifra de negocios se elevará al año.

La tributación para este tipo de entidades es de un 25%. Tal como se ha indicado, el tipo de gravamen será de un 23% si el importe neto de la cifra de negocios del período impositivo anterior sea inferior a un millón de euros y carezca de la calificación de entidad patrimonial.

El ejercicio de referencia para considerar una sociedad como ERD es el período impositivo anterior al de devengo del impuesto.

2.1.1.2. Entidades de nueva creación: tipo de tributación superreducido

Las entidades de nueva creación, constituidas a partir del 1 de enero de 2015, que realicen actividades económicas, tributarán al 15%, en el primer período en el que la base imponible resulte positiva y en el siguiente, excepto que deban tributar a un tipo inferior.

En la Ley 22/2021, de 28 de diciembre, de Presupuestos Generales del Estado para el ejercicio 2022 figura que la tributación mínima será del 10%, para aquellas entidades cuyo tipo es del 15%. Esto supone que, como resultado de la aplicación de deducciones, no se podrá rebajar la cuota líquida por debajo de dicho importe. Este mecanismo de cuota mínima se conserva para 2023 y 2024.

Este tipo de gravamen no resulta de aplicación a las entidades que tengan la consideración de patrimoniales.

No se entenderá iniciada una actividad económica cuando:

- Hubiera sido desarrollada con anterioridad por otras entidades vinculadas y transmitida por cualquier título jurídico a la entidad de nueva creación.

- Hubiera sido ejercida durante el año anterior a la constitución de la entidad, por una persona física que ostente una participación directa o indirecta en el capital social de la nueva entidad superior al 50%.

Según la Disposición Transitoria (en adelante DT) vigésimo segunda de la LIS, las entidades de nueva creación, constituidas entre el 1 de enero de 2013 y 31 de diciembre de 2014, tributarán de acuerdo a la siguiente escala:

- Por la parte de base imponible comprendida entre 0,00 € y 300.000,00 €, al tipo del 15%.
- Por la parte de base imponible restante, al tipo del 20%.

Este régimen sólo es aplicable a sociedades constituidas a partir del 1 de enero de 2013.

2.1.2. *Impuesto sobre la Renta de las Personas Físicas*

En este impuesto, las rentas del contribuyente se clasifican, según proceda, en:

Definición

- Renta general. Forman parte de ella los rendimientos (de trabajo, capital mobiliario e inmobiliario) y las ganancias y pérdidas patrimoniales que no tengan la consideración de renta del ahorro.
- Renta del ahorro. Forman parte de ella los rendimientos de capital mobiliario obtenidos por la participación en fondos propios de cualquier tipo de entidad (dividendos o similares, entre otros), por la cesión a terceros de capitales propios (intereses de un préstamo, entre otros) o de operaciones de capitalización, de contratos de seguros de vida o invalidez y de rentas derivadas de la imposición de capitales, así como las ganancias o pérdidas patrimoniales puestas de manifiesto por la transmisión de elementos patrimoniales.

No obstante, formarán parte de la renta general los rendimientos de operaciones de cesión a terceros de capital, siempre y cuando exista algún tipo de vinculación, en una determinada proporción.

Se aplicarán a la base liquidable general las escalas general y autonómica. Estas escalas son progresivas por tramos, es decir, aumenta el tipo de gravamen, al hacerlo la cuantía de la base liquidable.

La escala estatal de la base imponible general vigente para los ejercicios 2023 y 2024 es la siguiente:

EJERCICIOS 2023 Y 2024			
Base liquidable	**Cuota íntegra**	**Resto B.L.**	**Tipo aplicable**
0,00	0,00	12.450,00	9,50%
12.450,00	1.182,75	7.750,00	12,00%
20.200,00	2.112,75	15.000,00	15,00%
35.200,00	4.362,75	24,800,00	18,50%
60.000,00	8.950,75	240.000,00	22,50%
300.000,00	62.950,75	En adelante	24,50%

Sobre la citada escala estatal ha de sumarse la escala autonómica, la cual será aquella que apruebe en cada ejercicio la CC.AA. de residencia habitual del contribuyente.

En general, la escala autonómica mínima se aplica de manera equivalente a la estatal, pero las CC.AA. tienen la potestad de fijar en sus normas presupuestarias escalas con tramos diferentes.

Por su parte, la renta del ahorro tributará, en los períodos impositivos 2023 y 2024, según la siguiente escala (estatal y autonómica):

Base liquidable del ahorro – Hasta euros	Cuota íntegra – Euros	Resto base liquidable del ahorro – Hasta euros	Tipo aplicable – Porcentaje
0	0	6.000,00	19%
6.000,00	570	44.000,00	21%
50.000,00	5.190	150.000,00	23%
200.000,00	22.440	100.000,00	27%
300.000,00	35.940	En adelante	28%

En el caso de un contribuyente por este impuesto que ejerce una actividad económica que determine sus rendimientos en régimen de estimación directa, le son de aplicación todos los incentivos fiscales establecidos en el Impuesto sobre Sociedades.

Las Comunidades Autónomas tienen la facultad de modificar los tipos aplicables a la parte de la escala autonómica, provocando que existan diferencias de tributación para contribuyentes de igual nivel de renta pero residentes en CC.AA. diferentes.

2.1.2.1. Reducción por inicio de una actividad económica

La normativa de IRPF establece una reducción aplicable sobre el rendimiento neto positivo para aquellos contribuyentes que inicien el ejercicio de una actividad económica vigente desde el 1 de enero de 2014, aplicable también en 2024, y determinen el rendimiento neto con arreglo al método de estimación directa, los cuales podrán reducir en un 20% el rendimiento neto positivo declarado, en el primer período impositivo en que el mismo sea positivo y en el siguiente.

La cuantía de los rendimientos netos sobre la que se aplicará la citada reducción, no podrá superar el importe de 100.000,00 € anuales.

No resultará de aplicación la reducción en el período en el que más del 50 por ciento de los ingresos del mismo procedan de una persona o entidad de la que el contribuyente hubiera obtenido rendimientos del trabajo en el año anterior a la fecha de inicio de la actividad.

En aquellos casos en que se comience, una actividad que genere el derecho a aplicar esta reducción y, posteriormente, se inicie otra, sin haber cesado en la anterior, la reducción se empezará a aplicar en el período impositivo en el que la suma de los rendimientos netos positivos de ambas actividades sea positiva, aplicándose sobre dicha suma y en el período impositivo siguiente.

Esta reducción solo podrá aplicarse en el primer período impositivo en que el rendimiento sea positivo y en el siguiente (CDGTV0620, de 31 de marzo de 2020).

En el IRPF la reducción se aplicará sobre el rendimiento neto.

2.1.3. *Impuesto sobre el Valor Añadido*

Definición

El IVA es un tributo general, que recae sobre el consumo y opera bajo la fórmula de crédito de impuesto, gravando operación por operación y sometiendo a todas las operaciones empresariales o profesionales realizadas con carácter oneroso.

La normativa de este tributo define los conceptos de entrega de bienes, venta de bienes a distancia, prestación de servicios, adquisición intracomunitaria de bienes e importaciones y otras modalidades de su hecho imponible, así como establece determinadas exenciones.

Los tipos de gravamen del régimen general de este impuesto son los siguientes:

- Tipo general del 21%, siendo, a su vez, el tipo del recargo de equivalencia de los productos gravados a este tipo general o normal del 5,2%
- Tipo reducido del 10%. Se aplicará este tipo, entre otras, a las siguientes operaciones:

  a) Entrega de determinados productos farmacéuticos susceptibles de uso directo por el consumidor final, distintos de los medicamentos de uso veterinario y de los medicamentos de uso humano, así como de las formas galénicas, magistrales y preparados oficinales.

  b) Entrega de bienes que, por sus características, sea susceptibles de ser utilizados directa, habitual e idóneamente en la realización de actividades agrícolas, forestales o ganaderas.

  c) Entrega de medicamentos de uso veterinario.

  d) Entrega de flores, plantas vivas de carácter ornamental, así como las semillas, bulbos, esquejes y otros productos de origen exclusivamente vegetal susceptibles de ser utilizados en su obtención.

  e) Entrega de aguas aptas para la alimentación humana o animal.

  f) Entrega de edificios aptos para su utilización como vivienda, incluidas las plazas de garaje, con un máximo de dos unidades, y anexos en ellos situados que se transmitan conjuntamente,

  g) Transporte de viajeros y sus equipajes.

  h) Servicios de hostelería, acampamento y balneario, restaurantes y, en general, el suministro de comidas y bebidas para consumir en el acto.

  i) Servicios de limpieza de vías públicas, parques y jardines públicos.

  j) Servicios de recogida, almacenamiento, transporte, valorización o eliminación de residuos.

  k) Ejecuciones de obra consecuencia de contratos directamente formalizados entre el promotor y el contratista que tengan por objeto la construcción o rehabilitación de edificaciones o partes de las mismas destinadas a viviendas.

  l) Entradas a bibliotecas, museos, galerías de arte, teatro, circos, salas cinematográficas, conciertos y demás espectáculos culturales en vivo.

  Para las modalidades del hecho imponible sujetas a la alícuota del 10% el tipo del recargo de equivalencia es del 1,4%.

  También aplicarán el tipo impositivo del 10% las siguientes operaciones:

  a) Entregas, importaciones y adquisiciones intracomunitarias de energía eléctrica, para los contratos de energía eléctrica cuyo término fijo de potencia no supere los 10 kilowatios, que recae sobre todos los componentes de la factura eléctrica cuando el precio medio mensual del mercado mayorista en el mes anterior al de la facturación haya superado los 45 €/MWh, con el objeto de reducir su importe. Esta medida fue introducida por el Real Decreto-Ley 8/2023, de 27 de diciembre (BOE de 28). Aplicación temporal desde el 1 de enero a 31 de diciembre de 2024.

El precio de la electricidad en el mercado mayorista (donde las comercializadoras compran energía para venderla a sus clientes) del mes natural anterior tiene que estar por encima de los 45€ por cada megavatio hora (MWh), como hemos señalado, para que la alícuota del gravamen fuera del 10%.

En febrero de 2024 el precio bajó de esta cifra y por eso el IVA retorna al tipo general del 21%. Por lo cual, las facturas emitidas cuyo periodo de facturación termine en un día de marzo y siguientes de 2024, llevarán el IVA del 21%.

Asimismo, gozan de este tipo reducido del 10% los contratos de suministro de electricidad, cuando los perceptores dispongan del bono social de electricidad y tengan reconocida la condición de vulnerable severo o vulnerable severo en riesgo de exclusión social, de conformidad con lo regulado en el Real Decreto 897/2017, de 6 de octubre, por el que se regula la figura del consumidor vulnerable, del bono social y otras medidas de protección para los consumidores domésticos de energía eléctrica.

b) Entregas, importaciones y adquisiciones intracomunitarias de gas natural, briquetas y "pellets" procedentes de la biomasa y las mismas modalidades del hecho imponible para la madera para leña.

Esta medida fue introducida por el Real Decreto-Ley 8/2023, de 27 de diciembre (BOE de 28). Aplicación temporal desde el 1 de enero a 31 de marzo de 2024, en el caso de gas natural, y desde el 1 de enero a 30 de junio de 2024 en el caso del resto de elementos indicados en este epígrafe.

❒ Tipo reducido del 5%. Aplicación temporal desde el 1 de enero de 2023 hasta el 30 de junio de 2024 a las siguientes operaciones:

a) Entregas, importaciones y adquisiciones intracomunitarias de los siguientes productos:

– Los aceites de oliva y de semillas.

– Las pastas alimenticias.

El tipo de recargo de equivalencia de estas operaciones será del 0,62 por ciento.

❒ Tipo superreducido del 4%. Se aplicará este tipo, entre otras, a las siguientes operaciones:

a) Entrega de libros, periódicos y revistas que no contengan únicamente publicidad, sean tales productos literarios entregados de forma física o digitalmente ("e-books").

b) Entrega de medicamentos para uso humano, así como formas galénicas, fórmulas magistrales y preparados oficinales.

c) Entrega de vehículos para personas con movilidad reducida, cumpliendo los requisitos establecidos en su normativa de desarrollo.

d) Entrega de viviendas calificadas como de protección oficial de régimen especial o de promoción pública.

e) Prestación de servicios de reparación de vehículo y sillas de ruedas de personas con movilidad reducida, prevista en el apartado c) anterior, así como servicios de adaptación de autotaxis y autoturismos para personas con discapacidad.

f) Arrendamientos con opción de compra de edificios destinados exclusivamente a viviendas calificadas administrativamente como de protección oficial de régimen especial o de promoción pública.

g) Prestación de servicios de teleasistencia, ayuda a domicilio, centros de día y de noche, y atención residencial, con los requisitos establecidos en su normativa de desarrollo.

h) Compresas, tampones, protege slips, preservativos y otros anticonceptivos no medicinales. El denominado "IVA rosa".

Tributan al 0% por ciento a las entregas, importaciones y adquisiciones intracomunitarias de los siguientes productos, con aplicación temporal hasta el 30 de junio de 2024:

a) Entrega de pan común, así como la masa de pan común congelada y el pan común congelado destinado exclusivamente a la elaboración del pan común.

b Las harinas panificables,

c) Los quesos,

d) Los siguientes tipos de leche producida por cualquier especie animal: natural, certificada, pasterizada, concentrada, desnatada, esterilizada, UTH, evaporada y en polvo.

e) Los huevos,

f) Las frutas, verduras, hortalizas, legumbres, tubérculos y cereales, que tengan la condición de productos naturales de acuerdo con el Código Alimentario y las disposiciones para su desarrollo

g) Las entregas de bienes realizadas en concepto de donativos a las entidades sin fines lucrativos definidas de acuerdo con lo dispuesto en el art. 2 de la

Ley 49/2022, de 23 de diciembre, de régimen fiscal de las entidades sin fines lucrativos y de los incentivos fiscales al mecenazgo, siempre que se destinen por las mismas a los fines de interés general que desarrollen de acuerdo con lo dispuesto por el artículo 3, apartado 1.º, de dicha Ley. Esta medida tiene aplicación por tiempo indefinido.

2.2. La tributación en el Impuesto sobre la Renta de las Personas Físicas

ESTRUCTURA DE LA LIQUIDACIÓN EN EL IMPUESTO SOBRE LA RENTA DE LAS PERSONAS FÍSICAS

1. **MODALIDADES DE RENTA SUJETA A IMPOSICIÓN**
   A) Generales (art. 6 LIRPF):
      1. Rendimientos del trabajo.
      2. Rendimientos del capital inmobiliario.
      3. Rendimientos del capital mobiliario:
         a. Procedentes de la participación en los fondos propios de cualquier entidad (art. 25.1 LIRPF).
         b. Procedentes de la cesión a terceros de fondos propios (art. 25.2 LIRPF).
         c. Operaciones de seguros de vida o invalidez, rentas vitalicias o temporales y operaciones de capitalización (art. 25.3 LIRPF).
         d. Otros rendimientos del capital mobiliario (art. 25.4 LIRPF):
            i. Procedentes de la propiedad industrial o intelectual.
            ii. Prestación de asistencia técnica.
            iii. Arrendamientos de bienes muebles, negocios o minas y subarrendamientos.
            iv. Cesión del derecho a la explotación de la propia imagen.
      4. Rendimientos procedentes de las explotaciones económicas.
      5. Ganancias y pérdidas de capital:
         a. Originarias.
         b. Procedentes de la transmisión de bienes o derechos.

   B) Especiales (Título X LIRPF, artículos 85 y siguientes):
      1. Rentas inmobiliarias imputadas, art. 85 LIRPF.
      2. Transparencia fiscal internacional, art. 91 LIRPF.
      3. Cesión de derechos de imagen, art. 92 LIRPF.
      4. Instituciones de inversión colectiva en paraísos fiscales, art. 95 LIRPF.
      5. Imputaciones procedentes de Agrupaciones de Interés Económico (AIE) y Uniones Temporales de Empresas (UTE).

La integración y compensación de los rendimientos netos de cada una de estas modalidades de renta produce dos tipos de base imponible como sigue.

2. **MODALIDADES DE BASE IMPONIBLE SUJETAS AL IRPF**, art. 47 LIRPF:
   A) **BASE IMPONIBLE GENERAL**
   Formada por la suma de los siguientes rendimientos netos anteriormente citados que se integran y compensan entre sí, con ciertas limitaciones en el supuesto de los rendimientos A5 a) (ganancias del capital originarias), art. 48 LIRPF:

A1 (trabajo) + A2 (capital inmobiliario) + A3 d) (capital mobiliario. Otras rentas) + A4 (actividades económicas) + A5 a) (ganancias del capital originarias) + B (rentas especiales); y

B) BASE IMPONIBLE DEL AHORRO

Integrada por la suma de las siguientes rentas anteriormente mencionadas:

En general, las rentas del capital mobiliario se integran y compensan entre sí y las ganancias y pérdidas de capital se integran y compensan entre sí, art. 49 LIRPF:

A3 a), b) y c)(rendimientos del capital mobiliario: capitales propios, capitales cedidos y operaciones de seguros y asimiladas) + A5 b) (ganancias de capital procedentes de la transmisión de bienes o derechos).

Sobre estas dos BASES IMPONIBLES, art. 50 LIRPF, se aplican las siguientes reducciones:

A) BASE IMPONIBLE GENERAL menos:

I. Reducciones por atención a situaciones de envejecimiento y dependencia, art. 51 LIRPF:

– Aportaciones a instituciones de previsión social de personal y asimiladas:

a) Aportaciones a Planes de Pensiones individuales.
b) Aportaciones a Planes de Pensiones colectivos.
c) Aportaciones a Mutualidades de Previsión Social o de empleo.
d) Aportaciones a Planes de Previsión Asegurados.
e) Primas pagadas a seguros de dependencia o de gran dependencia.
f) Previsión social del cónyuge.
g) Aportaciones a Planes de Pensiones Europeos.
h) Aportaciones a sistemas de previsión social de las personas con discapacidad, art. 53 LIRPF.
i) Aportaciones al Patrimonio Protegido personas con discapacidad, art. 54 LIRPF.

II. OTRAS REDUCCIONES:

a) Por pensiones compensatorias y anualidades por alimentos, art. 55 LIRPF.
b) Aportaciones a la Mutualidad de Previsión Social de Deportistas Profesionales.
c) Reducción por tributación conjunta.

La sustracción da lugar a la **BASE LIQUIDABLE GENERAL**, cuya cuantía, de ser negativa, podrá compensar con bases liquidables positivas de los cuatro ejercicios siguientes.

B) **BASE IMPONIBLE DEL AHORRO**, sobre la cual solo podrá minorarse, en su caso, las cantidades del artículo 55 LIRPF (pensiones compensatorias) que no puedan reducirse de la base imponible general, sustracción que da lugar a la **BASE LIQUIDABLE DEL AHORRO.**

3. APLICACIÓN DEL MÍNIMO PERSONAL Y FAMILIARES

Sobre la BASE LIQUIDABLE GENERAL, si excede de las cuantías de los mínimos o sobre la BASE LIQUIDABLE DEL AHORRO, en caso contrario, art. 56 LIRPF, se aplicarán los siguientes mínimos, personal y familiares:

- Mínimo personal, art. 57 LIRPF.
- Mínimo por descendientes, art. 58 LIRPF.
- Mínimo por ascendientes, art. 59 LIRPF.
- Mínimo por discapacidad, art. 60 LIRPF.

4. CÁLCULO DE LA CUOTA ÍNTEGRA DEL IRPF

Tras esto, el IRPF se divide en dos tramos de impuesto al 50%:

A) TRAMO ESTATAL DEL IRPF

Compuesto de:

A1) Tramo estatal del impuesto a tarifa general, art. 63 LIRPF.

A2) Tramo estatal del impuesto a la tarifa del ahorro, art. 66 LIRPF.

B) TRAMO AUTONÓMICO DEL IRPF

Integrado por:

B1) Tramo autonómico de la tarifa general del impuesto, conforme a la tarifa aplicada en la CCAA del contribuyente residente aprobada por la CCAA, art. 74 LIRPF.

B2) Tramo autonómico (50%) de la tarifa sobre la base liquidable del ahorro, art. 75 LIRPF.

La aplicación de tales tarifas genera dos cuotas íntegras:

1. Cuota íntegra estatal =cuota íntegra estatal general + cuota íntegra estatal del ahorro.
2. Cuota íntegra autonómica = cuota íntegra autonómica general + cuota íntegra autonómica del ahorro.

5. APLICACIÓN DE LAS DEDUCCIONES EN LA CUOTA

I. DEDUCCIONES COMUNES, las cuales, en general, se aplican al 50% sobre la cuota íntegra estatal y al 50% sobre la cuota íntegra autonómica:

a) Deducción por adquisición de vivienda habitual. Régimen transitorio.
b) Deducción por arrendamiento de vivienda habitual. Régimen transitorio.
c) Deducciones por actividades económicas, art. 68.2 LIRPF.
d) Deducción por donativos, art. 68.3 LIRPF.
e) Rentas obtenidas en Ceuta y Melilla, art. 68.4 LIRPF.
f) Protección y difusión del Patrimonio Histórico Español, art. 68.5 LIRPF.

En ciertas deducciones comunes, su cuantía minora la cuota íntegra estatal al 100%, son las siguientes:

a) Deducción por inversiones en empresas de nueva o reciente creación, art. 68.1 LIRPF.
b) Deducciones por rehabilitación de viviendas y eficacia energética hasta el 31.12.2023. Disposición Adicional Quincuagésima de la LIRPF.
c) Deducciones por adquisiciones de vehículos eléctricos y puntos de recarga hasta 31.12.2024.

El resultado de la **CUOTA LÍQUIDA ESTATAL** no podrá ser negativo.

II. DEDUCCIONES AUTONÓMICAS

Establecidas por cada CCAA en razón de circunstancias personales y familiares del contribuyente se sustraerán de la cuota íntegra autonómica

El resultado de la **CUOTA LÍQUIDA AUTONÓMICA** no podrá ser negativo.

Las dos cuotas líquidas anteriores, estatal y autonómica, podrán, en su caso, ser incrementadas en el supuesto de pérdidas sobrevenidas de las deducciones de la cuota.

6. CUOTA LÍQUIDA TOTAL DEL IRPF= cuota líquida estatal + cuota líquida autonómica.

Sobre la cuota líquida total del impuesto podrán deducirse las siguientes partidas:

1. Deducción por doble imposición internacional, art. 80 LIRPF.
2. Deducción por doble imposición en el régimen de transparencia fiscal internacional.
3. Deducción por doble imposición en el régimen de imputación de rentas por cesión de los derechos de imagen.

Dando lugar a la

7. CUOTA RESULTANTE DE LA AUTOLIQUIDACIÓN

Sobre la cual, a su vez, se practicará la minoración de los pagos a cuenta, a saber:

1. Retenciones.
2. Ingresos a cuenta.
3. Pagos fraccionados.

Formándose de esta resta la denominada:

8. CUOTA DIFERENCIAL:

De la cual podrán deducirse (salvo que se hayan abonado por anticipación):

1. Deducción por maternidad, art. 81 LIRPF.
2. Deducción por familia numerosa y personas discapacitadas a cargo, art. 81 bis LIRPF.
3. Deducción por guarderías.

Apareciendo, al final, el resultado de la DECLARACIÓN/LIQUIDACIÓN, el cual podrá ser:

- **A Ingresar,** pudiendo fraccionarse la cantidad en la proporción 60/ 40% (noviembre) y
- **A devolver.**

El IRPF es un tributo de carácter personal y directo que grava la renta de las personas físicas, conforme a los principios de igualdad, generalidad y progresividad.

La renta de las personas físicas se grava de acuerdo a su naturaleza y a las circunstancias personales y familiares del contribuyente (artículo 1 LIRPF). En el IRPF esa renta de determina y cuantifica analíticamente en atención a las diferentes fuentes de renta que se establecen en su hecho imponible, artículo 6 LIRPF.

Las diferentes modalidades de renta son las siguientes:

- Rendimientos del trabajo personal.
- Rendimientos del capital inmobiliario.
- Rendimientos del capital mobiliario.
- Rendimientos de explotaciones económicas, en los cuales se centra nuestra obra.
- Ganancias y pérdidas de capital.
- Rentas de carácter especial (rendimientos imputados de segundas residencias, rentas de la transparencia fiscal internacional; en adelante, TFI; cesión de derechos de imagen, etc.).

En general, esas rentas son por un lado, rendimientos de carácter periódico y distinta naturaleza y, por otra parte, ganancias y pérdidas patrimoniales y las imputaciones de renta establecidas en la LIRPF, gravándose todas las clases de renta que reciba el contribuyente, dinerarias o en especie, con independencia del lugar donde se hubiesen producido y cualquiera que sea la residencia del pagador.

Los rendimientos de las actividades económicas son una de las modalidades de rendimientos sujetos al IRPF obtenidos por empresarios o profesionales personas físicas o imputados a las entidades en atribución de rentas (en adelante EAR): comunidades de bienes, herencias yacentes y sociedades civiles que no tengan objeto mercantil.

Con posterioridad las distintas fuentes de rentas se integran y compensan entre sí pero en dos bloques (ver epígrafe 2.1.2): la renta general y la renta del ahorro, conformándose el carácter "dual" del IRPF español.

El contribuyente ha de ser residente en el territorio español.

El IRPF es un tributo cedido parcialmente a las CC.AA., lo cual conlleva que, sobre todo en materia de deducciones en la cuota, se debe diferenciar entre las deducciones comunes del IRPF, por ejemplo, la de donaciones y las deducciones de carácter autonómico.

Por su parte, los modelos de declaración-liquidación del IRPF y del IP para el ejercicio 2022, modelos 100 y 714, respectivamente, presentados en 2023, han sido aprobados por la Orden HFP/207/2022, de 16 de marzo, por la que se aprueban los modelos de declaración del Impuesto sobre la Renta de las Personas Físicas y del Impuesto sobre el Patrimonio, ejercicio 2021, se determinan el lugar, forma y plazos de presentación de los mismos, se establecen los procedimientos de obtención, modificación, confirmación y presentación del borrador de declaración del Impuesto sobre la Renta de las Personas Físicas, y se determinan las condiciones generales y el procedimiento para la presentación de ambos por medios electrónicos o telefónicos (BOE de 18).

En otro orden de cosas, aunque todavía no han sido publicados en el BOE, los modelos de declaración-liquidación del IRPF y del IP para el ejercicio 2023, modelos 100 y 714, respectivamente, a presentar entre los meses de abril y junio de 2024, han sido objeto de audiencia pública en el portal de Internet de la Agencia Estatal de Administración Tributaria (en adelante AEAT).

El acceso al proyecto de estos modelos puede encontrarse en:

Proyecto de orden por la que se aprueban los modelos de declaración del Impuesto sobre la Renta de las Personas Físicas y del Impuesto sobre el Patrimonio, ejercicio 2023, se determinan el lugar, forma y plazos de presentación de los mismos, se establecen los procedimientos de obtención, modificación, confirmación y presentación del borrador de declaración del Impuesto sobre la Renta de las Personas Físicas, y se determinan las condiciones generales y el procedimiento para la presentación de ambos por medios electrónicos.

Órgano proponente: Agencia Estatal de Administración Tributaria.

Fecha de publicación: 22 de enero de 2024

Fecha de inicio presentación de observaciones: 23 de enero de 2024

Fecha de finalización presentación de observaciones: 12 de febrero de 2024

Correo electrónico para la presentación de observaciones: normativa.sgtt@correo.aeat.esAbre nueva ventana.

https://www.hacienda.gob.es/Documentacion/Publico/NormativaDoctrina/Proyectos/22012024-Proyecto-OM-Renta-Patrimonio-2023.pdf

2.2.1. Introducción

2.2.1.1. Cuestiones generales. Normativa

Definición

Los empresarios que hayan elegido desarrollar la actividad económica a título personal, deberán tributar por las rentas obtenidas por este Impuesto.

Es decir, la carga impositiva derivada de la imposición directa se canalizará a través del Impuesto sobre la Renta de las Personas Físicas, IRPF, siendo las rentas empresariales una de las fuentes que componen la renta de una persona física, integrada en la renta general, base imponible general, del tributo.

A diferencia del Impuesto sobre Sociedades, que grava la totalidad de la renta obtenida por la correspondiente entidad, la renta obtenida por la persona física que desarrolla, a título individual, una actividad económica se integrará en el IRPF como una renta más de las que puede obtener una persona física (concepción analítica del hecho imponible), las cuales se integran y compensan en la liquidación anual del IRPF, la cual deben presentar todas las personas físicas que sean contribuyentes del Impuesto.

En la actualidad, el IRPF es un impuesto que tiene una base imponible dual (general y del ahorro), las cuales se gravan con distintos tipos impositivos.

La base imponible del ahorro la componen determinados rendimientos de capital mobiliario y las ganancias y pérdidas patrimoniales que procedan de transmisiones de elementos patrimoniales. Esta base imponible se sujeta a una escala de gravamen progresiva, pero con una progresividad más atenuada que la que grava la base imponible general (epígrafe 2.1.2).

Por su parte, la base imponible general la compone e integra el resto de las rentas gravadas por el impuesto. Entre estas rentas también se incluyen las ganancias y pérdidas patrimoniales que no derivan de una transmisión previa de bienes y derechos.

No siempre es fácil diferenciar, en materia de ganancias patrimoniales, cuándo se integran en la base imponible del ahorro, para lo cual requieren derivar de una transmisión y cuando en la base imponible general.

Así, la STS de 29 de junio de 2022, recurso (en adelante rec.) 49/2020, establece que la pérdida patrimonial derivada de la devolución de un bien inmueble en ejecución de una sentencia, siendo imposible la restitución "in natura" de la finca y sustituyéndose esa devolución por una cantidad monetaria equivalente, debe integrarse en la renta del ahorro.

Asimismo, la STS de 21 de junio de 2022, rec. 7749/2020, afirma que las ganancias patrimoniales puestas de manifiesto con ocasión de la percepción de las primas satisfechas por el otorgamiento de una opción de compra, se deben integrar en la renta del ahorro, por implicar una transmisión, fundada en la "traditio" y derivada de la entrega de las facultades propias del derecho de la propiedad, a las cuales renuncia el titular. En idéntico sentido, se pronuncia la STS de 21 de junio de 2020, rec. 7121/2020.

Legislación

La normativa básica del IRPF se encuentra recogida en la Ley 35/2006, de 28 de noviembre, del Impuesto sobre la Renta de las Personas Físicas y de modificación parcial de los impuestos sobre Sociedades, sobre la Renta de no Residentes y sobre el Patrimonio (BOE n.º 285, de 29-11-2006), LIRPF y en el Reglamento del Impuesto sobre la Renta de las Personas Físicas, aprobado por el Real Decreto 439/2007, de 30 de marzo (BOE n.º 78, de 31-3-2007), en adelante RIRPF.

La Ley 35/2006 se ha modificado sustancialmente en múltiples ocasiones. También puede calificarse como normativa básica del IRPF, sobre todo para las rentas que van a analizarse en este apartado de la Guía, las Órdenes anuales de desarrollo del método de estimación objetiva, EO; como método de determinación de la base imponible de determinadas actividades empresariales.

En los párrafos siguientes expondremos algunas de las modificaciones normativas en los parámetros estructurales del IRPF más relevantes de los últimos años.

En este sentido, la LPGE para el año 2021 introdujo importantes novedades, asimismo, en el IRPF para el ejercicio 2021, básicamente:

1. La creación de dos nuevos tramos en las tarifas que recaen sobre la base imponible del ahorro y la base imponible general.
2. La reducción del beneficio fiscal consistente en la reducción sobre la base imponible en las aportaciones a Planes de Pensiones que pasa, en general, de 8.000 euros por contribuyente a 2.000 euros.

Para los ejercicios 2022 y siguientes conviene destacar las siguientes novedades legislativas:

- Ley 11/2021, de 9 de julio, de medidas para la prevención y la lucha contra el fraude fiscal que altera las reglas de imputación de rentas en determinados seguros de vida, las disposiciones sobre transparencia fiscal y el impuesto de salida.
- El Real Decreto-Ley 19/2021, de 5 de octubre, de medidas urgentes para impulsar la actividad de rehabilitación edificatoria en el contexto del Plan de Recuperación, Transformación y Resiliencia, la cual introduce varios beneficios fiscales, deducciones en la cuota, para obras de mejora energética en las viviendas habituales y arrendadas.

– La LPGE para el año 2022, la cual reduce la cuantía de las aportaciones a Planes de Pensiones individuales a 1.500 euros por período impositivo.

– El Real Decreto 899/2021, de 19 de octubre, cuyo tenor altera la redacción del RIRPF en materia de retenciones sobre las rentas del trabajo y aportaciones instituciones de previsión social del personal.

Otra norma más reciente que incluye modificaciones relevantes en el IRPF, concretamente, en el tratamiento de las reducciones en la base imponible general por aportaciones a instituciones de previsión social del personal, es la Ley 12/2022, de 30 de junio, de regulación para el impulso de los planes de pensiones de empleo, por la que se modifica el texto refundido de la Ley de Regulación de los Planes y Fondos de Pensiones, aprobado por el Real Decreto Legislativo 1/2002, de 29 de noviembre ("Boletín Oficial del Estado" de 1 de julio).

Esta disposición establece, en general, un tope de 1.500 euros como máxima cuantía reducible de la base imponible del IRPF para estas aportaciones a Planes de Pensiones individuales, pero en el supuesto de aportaciones a Planes de Empleo, la cuantía máxima de aportación es superior, siempre que la realicen conjuntamente los trabajadores y los empresarios.

De esta forma, tales aportaciones se incrementarán en otros, como máximo, 8.500 euros anuales, siempre que el incremento en la aportación provenga de contribuciones empresariales o de aportaciones del trabajo a idéntico instrumento de previsión social del personal, por importe igual o inferior al resultado de aplicar la respectiva contribución empresarial, artículo 52.1 LIRPF.

Para el ejercicio 2023 podemos destacar como alteraciones normativas de interés las siguientes:

– El Real Decreto-ley 13/2022, de 26 de julio, por el que se establece un nuevo sistema de cotización para los trabajadores por cuenta propia o autónomos y se mejora la protección por cese de actividad (BOE de 27), pues vincula el control de los ingresos de los empresarios autónomos, individuales, a los ingresos por rendimientos económicos que estos declaren en su autoliquidación del IRPF.

– La Ley 10/2022/de 14 de junio, de medidas urgentes para impulsar la actividad de rehabilitación edificatoria en el contexto del Plan de Recuperación, Transformación y Resiliencia (BOE de 15), la cual convierte en Ley, los incentivos fiscales ya creados en un Real Decreto-Ley anterior, para fomentar la mejora de la eficiencia energética de viviendas.

Estos incentivos fiscales para potenciar la eficiencia energética de las viviendas se mantienen hasta el 31 de diciembre de 2023 y, como veremos, serán posteriormente prorrogados en el tiempo.

Con un mayor detalle, podemos sintetizar las más importantes novedades normativas para el IRPF del ejercicio 2022 en las siguientes disposiciones:

Novedades en la normativa del IRPF publicadas en el BOE durante el ejercicio 2022

1. Modificación del Reglamento del IRPF y del Reglamento General de las actuaciones y los procedimientos de gestión e inspección tributaria y de desarrollo de las normas comunes de los procedimientos de aplicación de los tributos.

   Se trata del Real Decreto 1039/2022, de 27 de diciembre, por el que se modifican el Reglamento del Impuesto sobre la Renta de las Personas Físicas, aprobado por el Real Decreto 439/2007, de 30 de marzo, y el Reglamento General de las actuaciones y los procedimientos de gestión e inspección tributaria y de desarrollo de las normas comunes de los procedimientos de aplicación de los tributos, aprobado por el Real Decreto 1065/2007, de 27 de julio.

   La finalidad de este Real Decreto es, en primer lugar, efectuar las modificaciones reglamentarias necesarias como consecuencia de los cambios introducidos en la Ley 35/2006, de 28 de noviembre, del Impuesto sobre la Renta de las Personas Físicas y de modificación parcial de las leyes de los Impuestos sobre Sociedades, sobre la Renta de no Residentes y sobre el Patrimonio, en lo que afecta a los límites de reducción en la base imponible del impuesto por aportaciones y contribuciones a sistemas de previsión social y por la equiparación del régimen fiscal de los productos paneuropeos de pensiones individuales al tratamiento previsto en la Ley del Impuesto para los planes de pensiones.

   Por otra parte, la Ley de Presupuestos Generales del Estado para el año 2023 elevó a partir de 1 de enero de 2023 la cuantía de la reducción por obtención de rendimientos del trabajo y el umbral a partir del cual resulta aplicable.

   De esta forma, como consecuencia de su aplicación, se incrementará el salario bruto anual a partir del cual se empieza a pagar el Impuesto sobre la Renta de las Personas Físicas, desde los 14.000 euros anuales vigentes en la actualidad hasta los 15.000 euros anuales. Dicho incremento de la reducción se extiende a contribuyentes con un salario bruto anual de hasta 21.000 euros.

   Para que el importe de la citada reducción se traslade al sistema de retenciones de los trabajadores aplicable a partir de 1 de enero de 2023, resultaba necesario introducir diversas modificaciones en el RIRPF, lo cual se hace en este Real Decreto.

2. Real Decreto-Ley 20/2022, de 27 de diciembre, de medidas de respuesta a las consecuencias económicas y sociales de la guerra de Ucrania y de apoyo a la reconstrucción de la isla de La Palma y a otras situaciones de vulnerabilidad.

   Con efectos desde 1 de enero de 2023, se mejora el tratamiento de la deducción por maternidad, añadiendo una nueva DT trigésima séptima a la LIRPF por el artículo 73 del Real Decreto-Ley 20/2022:

Cuando en el período impositivo 2022 se hubiera tenido derecho a la deducción por maternidad y al complemento de ayuda para infancia previsto en la Ley 19/2022 en relación con el mismo descendiente, se podrá seguir practicando la deducción por maternidad a partir de 1 de enero de 2023, aun cuando alguno de los progenitores tuviera derecho al citado complemento respecto de dicho descendiente, siempre que se cumplan el resto de los establecidos en la normativa vigente a partir de 1 de enero de 2023

3. Ley 28/2022, de 21 de diciembre, de fomento del ecosistema de las empresas emergentes. Los cambios incorporados son los siguientes:

a) Rendimientos del trabajo en especie

Se modifica la letra f) del artículo 42.3 de la LIRPF por el apartado Dos de la Disposición Final; en adelante, DF, Tercera de la Ley 28/2022, de modo que,

En el caso de entrega de acciones o participaciones a los empleados de empresas emergentes el importe de la exención se eleva de los 12.000 a los 50.000 euros anuales. La exención será aplicable igualmente cuando dicha entrega sea consecuencia del ejercicio de opciones de compra previamente concedidas a aquéllos.

b) Imputación temporal

Se establece una regla especial de imputación temporal, para los rendimientos del trabajo que no estén exentos por superar la cuantía prevista en el punto anterior, que permite diferir su imputación hasta el periodo impositivo en el que se produzcan determinadas circunstancias, y en todo caso, en el plazo de diez años a contar desde la entrega de las acciones o participaciones.

c) Valoración de la renta en especie

Se introduce una regla especial de valoración de los rendimientos del trabajo en especie con la finalidad de aclarar el valor que corresponde a las acciones o participaciones concedidas a los trabajadores de empresas emergentes.

d) Deducción por inversión en empresa de nueva o reciente creación

Se aumenta la deducción incrementando el tipo del 30% al 50% y aumentando la base máxima de 60.000 a 100.000 euros.

Se eleva, con carácter general, de tres a cinco años el plazo para suscribir las acciones o participaciones, a contar desde la constitución de la entidad, y hasta siete para determinadas categorías de empresas emergentes.

Además, para los socios fundadores de empresas emergentes se permite la aplicación de esta deducción con independencia de su porcentaje de participación en el capital social de la entidad.

e) **Régimen fiscal especial aplicable a los trabajadores desplazados a territorio español**

Se modifica el artículo 93 de la LIRPF por el apartado Cinco de la DF Tercera de la Ley 28/2022, de modo que se mejora el acceso al régimen disminuyendo de 10 a 5 el número de períodos impositivos anteriores al desplazamiento a territorio español durante los cuales el contribuyente no puede haber sido residente fiscal en España.

Se extiende el régimen a los trabajadores que se desplacen a territorio español para trabajar a distancia, sea o no ordenado por el empleador, utilizando exclusivamente medios y sistemas informáticos, telemáticos y de telecomunicación, así como a administradores de empresas emergentes con independencia de su porcentaje de participación en el capital social de la entidad.

Además, se establece la posibilidad de acogerse a este régimen especial, al cónyuge del contribuyente y a los hijos del contribuyente menores de veinticinco años (o cualquiera que sea su edad en caso de discapacidad) o, en el supuesto de inexistencia de vínculo matrimonial, al progenitor de los hijos, siempre que se cumplan unas determinadas condiciones.

f) **Calificación fiscal de los rendimientos obtenidos por la gestión de fondos vinculados al emprendimiento, a la innovación y al desarrollo de la actividad económica**

Tendrán la consideración de rendimientos del trabajo los derivados directa o indirectamente de participaciones, acciones u otros derechos, incluidas comisiones de éxito, que otorguen derechos económicos especiales en determinadas entidades, obtenidos por las personas administradoras, gestoras o empleadas de esas entidades o de sus entidades gestoras o entidades de su grupo.

Estos rendimientos se integrarán en la base imponible en un 50% de su importe, sin que resulten de aplicación exención o reducción alguna, cuando se cumplan determinados requisitos.

4. Orden HFP/1172/2022, de 29 de noviembre, por la que se desarrollan para el año 2023 el método de estimación objetiva del Impuesto sobre la Renta de las Personas Físicas y el régimen especial simplificado del Impuesto sobre el Valor Añadido.

Esta Orden ministerial reguladora del método de EO para 2023, incorpora también cambios relevantes para el año 2022; de esta forma, tenemos:

a) **Para el período impositivo 2022:**

1. Se aumenta la reducción general sobre el rendimiento neto de módulos del 5% al 15% para todos los contribuyentes que determinen el rendimiento neto de su actividad con arreglo al método de estimación objetiva.

2. La reducción que se tiene en cuenta para cuantificar el pago fraccionado correspondiente al cuarto trimestre del 2022 pasa del 5% al 15%.

3. Las actividades agrícolas y ganaderas podrán reducir el rendimiento neto previo:

o En el 35% del precio de adquisición del gasóleo agrícola

o En el 15% del precio de adquisición de los fertilizantes

En ambos casos, las adquisiciones tienen que ser necesarias para el desarrollo de dichas actividades, se deben haber efectuado en el ejercicio 2022 y figurar documentadas en facturas emitidas en dicho período que cumplan los requisitos previstos en el Reglamento por el que se regulan las obligaciones de facturación.

4. El índice corrector por piensos adquiridos a terceros se establece en el 0,5 y el índice por cultivos en tierras de regadío que utilicen, a tal efecto, energía eléctrica en el 0,75.

5. Los contribuyentes que desarrollen actividades económicas en la Isla de la Palma podrán reducir el rendimiento neto de módulos correspondiente a esas actividades en un 20%.

Esta reducción se tendrá en cuenta para cuantificar el rendimiento neto a efectos del pago fraccionado correspondientes al cuarto trimestre de 2022.

Para el período impositivo 2023:

1. Se aumenta la reducción general sobre el rendimiento neto de módulos del 5% al 10% para todos los contribuyentes que determinen el rendimiento neto de su actividad con arreglo al método de estimación objetiva.

2. La reducción que se tiene en cuenta para cuantificar los pagos fraccionados correspondientes a 2023 pasa del 5% al 10%.

3. Las actividades agrícolas y ganaderas podrán reducir el rendimiento neto previo:

o En el 35% del precio de adquisición del gasóleo agrícola

o En el 15% del precio de adquisición de los fertilizantes

En ambos casos, las adquisiciones tienen que ser necesarias para el desarrollo de dichas actividades, se deben haber efectuado en el ejercicio 2023 y figurar documentadas en facturas emitidas en dicho período que cumplan los requisitos previstos en el Reglamento por el que se regulan las obligaciones de facturación.

4. El índice corrector por piensos adquiridos a terceros se establece en el 0,5 y el índice por cultivos en tierras de regadío que utilicen, a tal efecto, energía eléctrica en el 0,75.

5. Los contribuyentes que desarrollen actividades económicas en la Isla de la Palma podrán reducir el rendimiento neto de módulos correspondiente a esas actividades en un 20%.

Esta reducción se tendrá en cuenta para cuantificar el rendimiento neto a efectos de los pagos fraccionado correspondientes al 2023.

6. Las ayudas directas desacopladas de la Política Agraria Común, (ayuda básica a la renta para la sostenibilidad, ayuda redistributiva complementaria a la renta, regímenes en favor del clima y del medio ambiente o ayuda complementaria para jóvenes agricultores) se acumularán a los ingresos procedentes de los cultivos o explotaciones del perceptor en proporción a sus respectivos importes.

No obstante, cuando el perceptor de la ayuda directa hubiera obtenido ingresos por actividades agrícolas y ganaderas, distintos de la ayuda directa, por cuantía inferior al 25% del importe del total de los ingresos de tales actividades, el índice de rendimiento neto a aplicar sobre las ayudas directas será el 0,56.

7. Los contribuyentes que deseen renunciar o revocar su renuncia para el año 2023 pondrán ejercitar dicha opción desde el día 2 de diciembre hasta el 31 de diciembre del año 2022.

Novedades en la normativa del IRPF más importantes para el período 2023

1. Real Decreto-ley 18/2022, de 18 de octubre, por el que se aprueban medidas de refuerzo de la protección de los consumidores de energía y de contribución a la reducción del consumo de gas natural en aplicación del "Plan + seguridad para tu energía (+SE)".

   Con efectos desde 1 de enero de 2023, se modifica la DA quincuagésima de la Ley 35/2006, de 28 de noviembre del IRPF. Con esta modificación se amplía un año más el ámbito de aplicación de las deducciones por obras de mejora de la eficiencia energética de las viviendas.

   No obstante, a pesar de esta ampliación, en la deducción por obras de rehabilitación energética (60%) la base máxima acumulada se mantiene en 15.000 €.

   a) **Deducción por obras para la reducción de la demanda de calefacción y refrigeración: 20%**

   Viviendas en las que se pueden realizar las obras:

   Vivienda habitual del contribuyente o cualquier otra de su titularidad que tuviera arrendada para su uso como vivienda o en expectativa de alquiler, siempre que, en este último caso, la vivienda se alquile antes de 31 de diciembre de 2024.

Obras que dan derecho a deducción:

Las realizadas desde el 6 de octubre de 2021 hasta el 31 de diciembre de 2023.

Base de deducción:

Las cantidades satisfechas desde el 6 de octubre de 2021 hasta el 31 de diciembre de 2023 por las obras.

La base máxima anual será de 5.000 euros anuales.

Periodo impositivo en el que se aplica:

Aquel en el que se haya expedido el certificado de eficiencia energética emitido después de las obras. Estos certificados deberán ser expedidos antes del 1 de enero de 2024.

b) **Deducción por obras para la mejora en el consumo de energía primaria no renovable: 40%**

Viviendas en las que se pueden realizar las obras:

Vivienda habitual del contribuyente o cualquier otra de su titularidad que tuviera arrendada para su uso como vivienda o en expectativa de alquiler, siempre que, en este último caso, la vivienda se alquile antes de 31 de diciembre de 2024.

Obras que dan derecho a deducción:

Las realizadas desde el 6 de octubre de 2021 hasta el 31 de diciembre de 2023.

Base de deducción:

Las cantidades satisfechas desde el 6 de octubre de 2021 hasta el 31 de diciembre de 2023 por las obras.

La base máxima anual será de 7.500 euros anuales.

Periodo impositivo en el que se aplica:

Aquel en el que se haya expedido el certificado de eficiencia energética emitido después de las obras. Estos certificados deberán ser expedidos antes del 1 de enero de 2024.

c) **Deducción por obras de rehabilitación energética: 60%**

Obras que dan derecho a deducción:

Las realizadas desde el 6 de octubre de 2021 hasta el 31 de diciembre de 2024.

Base de deducción:

1. Cuando se haya expedido el certificado en el periodo impositivo: las cantidades satisfechas desde el 6 de octubre de 2021 hasta la finalización del periodo impositivo.

2. Cuando el certificado se hubiera expedido en un periodo impositivo anterior: las cantidades satisfechas en el año.

La base máxima anual será de 5.000 euros anuales.

Las cantidades satisfechas no deducidas por exceder de la base máxima anual de deducción podrán deducirse, con el mismo límite, en los cuatro ejercicios siguientes, sin que en ningún caso la base acumulada de la deducción pueda exceder de 15.000 euros.

Periodos impositivos en los que se aplica:
En principio se puede aplicar en 2021, 2022, 2023 y 2024. No obstante, es requisito para poder aplicar la deducción que se haya expedido el certificado de eficiencia energética emitido después de las obras. Estos certificados deberán ser expedidos antes del 1 de enero de 2025.

2. Real Decreto-ley 13/2022, de 26 de julio, por el que se establece un nuevo sistema de cotización para los trabajadores por cuenta propia o autónomos y se mejora la protección por cese de actividad, ya expuesto con anterioridad.
3. Ley 12/2022, de 30 de junio, de regulación para el impulso de los planes de pensiones de empleo, por la que se modifica el texto refundido de la Ley de Regulación de los Planes y Fondos de Pensiones, aprobado por Real Decreto Legislativo 1/2002, de 29 de noviembre.

En esa ley, se introducen nuevos límites de reducción en la base imponible de las aportaciones y contribuciones a sistemas de previsión social, con efectos desde el 1 de enero de 2023.

Como límite máximo conjunto para las aportaciones o contribuciones a sistemas de previsión social, se aplicará la menor de las cantidades siguientes:

a. El 30% de la suma de los rendimientos netos del trabajo y de actividades económicas percibidos individualmente en el ejercicio.
b. 1.500 euros anuales.

Este límite se incrementará en los siguientes supuestos, en las cuantías que se indican:

1. En 8.500 euros anuales, siempre que tal incremento provenga de contribuciones empresariales, o de aportaciones del trabajador al mismo instrumento de previsión social por importe igual o inferior al resultado de aplicar a la respectiva contribución empresarial los siguientes coeficientes:

Importe anual de la contribución	Coeficiente
Igual o inferior a 500 euros	2,5
Entre 500,01 y 1.000 euros	2
Entre 1.000,01 y 1.500 euros	1,5
Más de 1.500 euros	1

2. En todo caso se aplicará el coeficiente 1 cuando el trabajador obtenga en el ejercicio rendimientos íntegros del trabajo superiores a 60.000 euros procedentes de la empresa que realiza la contribución.
3. A estos efectos, las cantidades aportadas por la empresa que deriven de una decisión del trabajador tendrán la consideración de aportaciones del trabajador.
4. En 4.250 euros anuales, siempre que tal incremento provenga de:
   - aportaciones a los planes de pensiones de empleo simplificados de trabajadores por cuenta propia o autónomos;
   - o de aportaciones propias que el empresario individual o el profesional realice a planes de pensiones de empleo, de los que sea promotor y, además, partícipe o a Mutualidades de Previsión Social de las que sea mutualista, así como las que realice a planes de previsión social empresarial o seguros colectivos de dependencia de los que, a su vez, sea tomador y asegurado.

   En todo caso, la cuantía máxima de reducción por aplicación de los incrementos previstos en los números 1 y 2 anteriores será de 8.500 euros anuales.

   Además, se mantiene el límite de 5.000 euros anuales para las primas a seguros colectivos de dependencia satisfechas por la empresa que ya existía con anterioridad.

A los productos paneuropeos de pensiones individuales regulados en el Reglamento (UE) 2019/1238 del Parlamento Europeo y del Consejo, de 20 de junio de 2019, relativo a un producto paneuropeo de pensiones individuales, les será de aplicación en este Impuesto el tratamiento que corresponda a los planes de pensiones.

4. Orden HFP/413/2022, de 10 de mayo, por la que se reducen para el período impositivo 2021 los índices de rendimiento neto y se modifican los índices correctores por piensos adquiridos a terceros y por cultivos en tierras de regadío.

   Esta Orden ministerial tiene carácter retroactivo, pues se aplica al período impositivo 2021.

   De acuerdo con la misma, se reducen los índices de rendimiento neto para aquellas actividades agrícolas y ganaderas que se vieron afectadas por circunstancias excepcionales en el desarrollo de su actividad y, que determinen el rendimiento neto con arreglo al método de estimación objetiva. De esta manera:

   - Se modifica el índice corrector por piensos adquiridos a terceros que pasa del 0,75 o 0,95 en el caso de actividades de explotación intensiva de ganado porcino del carne y avicultura al 0,5 para todas las actividades.
   - El índice corrector por cultivos en tierras de regadío que utilicen, a tal efecto, energía eléctrica será el 0,75 y se aplicará cuando los cultivos se realicen, en todo o en parte, en tierras de regadío, siempre que el contribuyente, o la comunidad de regantes en la que participe, estén inscritos en el registro territorial correspondiente a la oficina gestora de impuestos especiales a que se refiere el artículo 102.2 de la Ley 38/1992, de 28 de diciembre, de Impuestos Especiales.

     Cuando no sea posible delimitar dicho rendimiento, este índice se aplicará sobre el resultado de multiplicar el rendimiento procedente de todos los cultivos por el porcentaje que suponga la superficie de los cultivos en tierras de regadío que utilicen, a tal fin, energía eléctrica sobre la superficie total de la explotación agrícola.

5. Real Decreto-ley 4/2022, de 15 de marzo, por el que se adoptan medidas urgentes de apoyo al sector agrario por causa de la sequía, cuyo tenor dispone de una carácter retroactivo; así se prevé un incremento del 5% al 20% en la reducción del rendimiento neto obtenido en 2021 para los contribuyentes que desarrollen actividades agrícolas, ganaderas y forestales y que determinen el rendimiento neto de sus actividades económicas por el método de estimación objetiva.

   Asimismo, para las explotaciones y actividades agrarias en las que se hayan producido daños como consecuencia directa de los siniestros a que se refiere el artículo 1 de este Real Decreto-ley, y conforme a las previsiones contenidas en el Reglamento del IRPF y del IVA, la persona titular del Ministerio de Hacienda y Función Pública, a la vista de los informes del Ministerio de Agricultura, Pesca y Alimentación, podrá autorizar, con carácter excepcional, la reducción de los índices de rendimiento neto a los que se refiere la Orden HAC/1155/2020, de

25 de noviembre, por la que se desarrollan, para el año 2021, el método de estimación objetiva del IRPF y el régimen especial simplificado

Asimismo y, durante el ejercicio 2023 (y con efecto temporal, en su caso, para los períodos impositivos siguientes) los cambios normativos más significativos en el IRPF fueron los siguientes:

1. Orden HFP/792/2023, de 12 de julio, por la que se revisa la cuantía de las dietas y asignaciones para gastos de locomoción en el Impuesto sobre la Renta de las Personas Físicas.

   Con efectos desde el 17 de julio de 2023 se introducen las siguientes modificaciones en el monto de las cantidades exceptuadas de gravamen para gastos de locomoción, de acuerdo a la letra b) del artículo 9.A.2 del RIRPF.

   Se eleva de 0,19 euros a 0,26 euros por kilómetro recorrido la cantidad exceptuada de gravamen destinada por la empresa a compensar los gastos de locomoción del empleado o trabajador que se desplace fuera de la fábrica, taller, oficina, o centro de trabajo, para realizar su trabajo en lugar distinto siempre que se justifique la realidad del desplazamiento.

   También se exceptúa de gravamen el importe de los gastos de peaje y aparcamiento que se justifiquen.

   Del mismo modo se eleva de 0,19 euros a 0,26 euros por kilómetro recorrido la cantidad exceptuada de gravamen para los contribuyentes que obtengan rendimientos del trabajo que se deriven de relaciones laborales especiales de carácter dependiente cuando los gastos de locomoción y manutención no les sean resarcidos específicamente por las empresas a quienes prestan sus servicios.

2. Real Decreto-ley 5/2023, de 28 de junio, por el que se adoptan y prorrogan determinadas medidas de respuesta a las consecuencias económicas y sociales de la Guerra de Ucrania, de apoyo a la reconstrucción de la isla de La Palma y a otras situaciones de vulnerabilidad; de transposición de Directivas de la Unión Europea.

   Con efectos desde el 30 de junio de 2023 se añade por el artículo 189 una disposición adicional quincuagésima octava en la Ley 35/2006, de 28 de noviembre, del IRPF.

   Se establecen dos nuevas deducciones para promover la adquisición por particulares de vehículos eléctricos no afectos a una actividad económica:

   1. **Deducción por la adquisición de vehículos eléctricos "enchufables" y de pila de combustible.**

      La deducción se aplicará por una única compra de alguno de los vehículos que cumplan los requisitos establecidos en el citado Real Decreto-ley.

Los contribuyentes podrán deducir el 15% del valor de adquisición de un vehículo eléctrico nuevo en cualquiera de las siguientes circunstancias debiendo optar por la aplicación de lo dispuesto en la letra a) o b):

a. Cuando el vehículo se adquiera desde el 30 de junio de 2023 hasta el 31 de diciembre de 2024.

La deducción se practicará en el periodo impositivo en el que el vehículo sea matriculado.

b. Cuando desde el 30 de junio de 2023 hasta el 31 de diciembre de 2024 se abone al vendedor una cantidad a cuenta para la futura adquisición del vehículo que represente, al menos, el 25% del valor de adquisición del mismo.

La deducción se practicará en el periodo impositivo en el que se abone tal cantidad, debiendo abonarse el resto y adquirirse el vehículo antes de que finalice el segundo período impositivo inmediato posterior a aquel en el que se produjo el pago de tal cantidad.

La base máxima de la deducción, en ambos casos, será 20.000 euros y estará constituida por el valor de adquisición del vehículo, incluidos los gastos y tributos inherentes a la adquisición, debiendo descontar aquellas cuantías que, en su caso, hubieran sido subvencionadas o fueran a serlo a través de un programa de ayudas públicas.

2. **Deducción por la instalación de infraestructuras de recarga**

Los contribuyentes podrán deducir el 15% de las cantidades satisfechas desde el 30 de junio de 2023 hasta el 31 de diciembre de 2024, para la instalación durante dicho período en un inmueble de su propiedad de sistemas de recarga de baterías para vehículos eléctricos no afectas a una actividad económica.

La base máxima anual de esta deducción será de 4.000 euros anuales y estará constituida por las cantidades satisfechas, mediante tarjeta de crédito o débito, transferencia bancaria, cheque nominativo o ingreso en cuentas en entidades de crédito, a las personas o entidades que realicen la instalación, debiendo descontar aquellas cuantías que, en su caso, hubieran sido subvencionadas a través de un programa de ayudas públicas.

En ningún caso, darán derecho a practicar deducción las cantidades satisfechas mediante entregas de dinero de curso legal.

A estos efectos, se considerarán como cantidades satisfechas para la instalación de los sistemas de recarga las necesarias para llevarla a cabo, tales como, la inversión en equipos y materiales, gastos de instalación de los mismos y las obras necesarias para su desarrollo.

La deducción se practicará en el periodo impositivo en el que finalice la instalación, que no podrá ser posterior a 2024.

Cuando la instalación finalice en un período impositivo posterior a aquél en el que se abonaron cantidades por tal instalación, la deducción se practicará en este último tomando en consideración las cantidades satisfechas desde el 30 de junio de 2023, hasta el 31 de diciembre de dicho período impositivo.

Para la aplicación de la deducción deberá contarse con las autorizaciones y permisos establecidos en la legislación vigente.

En caso de que con posterioridad a la adquisición o instalación se afectaran a una actividad económica los vehículos o los sistemas de recarga de baterías se perderá el derecho a la deducción practicada.

3. Ley 12/2023, de 24 de mayo, por el derecho a la vivienda.

Se alteran las cuantías de las reducciones para las rentas derivadas de los contratos de arrendamientos de viviendas desde el 1 de enero de 2024:

a) **Reducción por arrendamiento de vivienda para los contratos de arrendamiento celebrados desde el 1 de enero de 2024.**

Se modifica el apartado 2 del artículo 23 de la Ley 35/2006, de 28 de noviembre, del Impuesto sobre la Renta de las Personas Físicas (LIRPF) por el apartado Uno de la Disposición final segunda de la Ley 12/2023, de 24 de mayo, por el derecho a la vivienda.

Se modula la actual reducción del 60% estableciéndose que el rendimiento neto positivo se reducirá:

1. En un 90% cuando se haya formalizado por el mismo arrendador un nuevo contrato de arrendamiento sobre una vivienda situada en zonas de mercado residencial tensionado, con una reducción en la renta de al menos un 5% sobre el contrato anterior.

2. En un 70% cuando, no cumpliéndose los requisitos de la letra anterior, se trate de la incorporación al mercado de viviendas destinadas al alquiler en zonas de mercado residencial tensionado y se alquilen a jóvenes de entre 18 y 35 años en dichas áreas, o bien, se trate de vivienda asequible incentivada o protegida, arrendada a la administración pública o entidades del tercer sector o de la economía social que tengan la condición de entidades sin fines lucrativos, o acogida a algún programa público de vivienda que limite la renta del alquiler.

3. En un 60% cuando, no cumpliéndose los requisitos de las letras anteriores, la vivienda hubiera sido objeto de una actuación de rehabilitación que hubiera finalizado en los dos años anteriores a la fecha de celebración del contrato.

4. En un 50% en cualquier otro caso.

Los requisitos señalados se tienen que cumplir en el momento de celebrar el contrato de arrendamiento y la reducción será aplicable mientras se sigan cumpliendo los mismos.

Las zonas de mercado residencial tensionado serán las recogidas en la resolución que, de acuerdo con lo dispuesto en la legislación estatal en materia de vivienda, apruebe el Ministerio de Transportes, Movilidad y Agenda urbana.

Estas reducciones no resultarán de aplicación en relación con los contratos de arrendamiento que incumplan lo dispuesto en el apartado 6 del artículo 17 de la Ley de Arrendamientos Urbanos.

b) **Reducción por arrendamiento de vivienda para los contratos de arrendamiento celebrados con anterioridad al 1 de enero de 2024**

Se introduce una disposición transitoria trigésima octava en la LIRPF por el apartado Dos de la Disposición final segunda de la Ley 12/2023, de 24 de mayo, por el derecho a la vivienda,

A los rendimientos netos positivos de capital inmobiliario derivados de contratos de arrendamiento de vivienda que se hubieran celebrado con anterioridad a la entrada en vigor de la Ley 12/2023, de 24 de mayo, por el derecho a la vivienda, les resultará de aplicación la reducción prevista en el apartado 2 del artículo 23 de esta ley en su redacción vigente a 31 de diciembre de 2021.

4. Orden HFP/405/2023, de 18 de abril, por la que se reducen para el período impositivo 2022 los índices de rendimiento neto y la reducción general aplicables en el método de estimación objetiva del Impuesto sobre la Renta de las Personas Físicas para las actividades agrícolas y ganaderas afectadas por diversas circunstancias excepcionales.

Con efectos retroactivos para el período impositivo 2022 tenemos:

a) En el artículo 1 se aprueba la reducción de los índices de rendimiento neto aplicables en 2022 a las actividades agrícolas y ganaderas desarrolladas en determinados ámbitos territoriales.

Advertidos errores en el anexo de la citada Orden se efectúa la oportuna rectificación (BOE de 9 de junio de 2023).

b) En el artículo 2 se prevé un incremento del 15% al 25% en la reducción del rendimiento neto obtenido en 2022 para los contribuyentes que desarrollen actividades agrícolas, ganaderas y forestales y que determinen el rendimiento neto de sus actividades económicas por el método de estimación objetiva.

5. Real Decreto 249/2023, de 4 de abril.

Con efectos desde el 25 de abril de 2023 se introducen las siguientes modificaciones en el Reglamento del Impuesto sobre la Renta de las Personas Físicas, aprobado por el Real Decreto 439/2007, de 30 de marzo:

a) **Consecuencias del incumplimiento del fraccionamiento especial de pago de la deuda tributaria del IRPF**

Se modifica el apartado 2 del artículo 62 por el apartado Uno del artículo 6 del Real Decreto 249/2023, de 4 de abril.

El ingreso del importe resultante de la autoliquidación se podrá fraccionar, sin interés o recargo alguno, en dos partes: la primera, del 60% de su importe, en el momento de presentar la declaración, y la segunda, del 40% restante, en el plazo que se determine por el Ministro de Economía y Hacienda.

La falta de ingreso en plazo de dicho 60% determinará el inicio del periodo ejecutivo para totalidad del importe a ingresar resultante de la autoliquidación.

b) **Exclusión de la obligación de practicar retención e ingreso a cuenta sobre determinadas rentas**

Se modifica la letra i) y se añade una nueva letra j) al apartado 3 del artículo 75 por el apartado Dos del artículo 6 de Real Decreto 249/2023, de 4 de abril.

Con estas modificaciones, se extiende la actual exclusión de retención existente para las ganancias patrimoniales procedentes del reembolso o transmisión de participaciones o acciones en las instituciones de inversión colectiva españolas que tienen la consideración de fondos de inversión o sociedades de inversión cotizados, a las instituciones de inversión colectiva equivalentes constituidas en otros Estados, con independencia del mercado, nacional o extranjero, en el que coticen.

Así, no se practicará retención sobre las ganancias patrimoniales derivadas del reembolso o transmisión de participaciones o acciones emitidas por las siguientes instituciones de inversión colectiva:

- Fondos cotizados y sociedades de inversión de capital variable índice cotizadas regulados por el artículo 79 del Reglamento de desarrollo de la Ley 35/2003, de 4 de noviembre, de instituciones de inversión colectiva, aprobado por el Real Decreto 1082/2012, de 13 de julio.
- Instituciones de inversión colectiva constituidas en el extranjero análogas a las mencionadas en el número 1.º anterior y distintas de las previstas en el artículo 95 de la Ley del Impuesto, ya coticen en un mercado regulado o en un sistema multilateral de negociación, cualquiera que sea la compo-

sición del índice que reproduzcan, repliquen o tomen como referencia, siempre que, además, el reembolso o transmisión no se realice en un mercado situado en un país o territorio considerado como jurisdicción no cooperativa.

6. Ley 6/2023, de 17 de marzo, de los Mercados de Valores y de los Servicios de Inversión.

   Se amplía la deducción por maternidad para los años 2020, 2021 y 2022.

   Las mujeres que a partir del 1 de enero de 2020 hayan pasado a estar en alguna de las situaciones que se enumeran a continuación, también generarán derecho a la Deducción por maternidad y al incremento por gastos de guardería por todos los meses de 2020, 2021 y 2022:

   1. Trabajadoras por cuenta ajena que pasen a situación legal de desempleo por:

      - Haber quedado suspendido su contrato de trabajo. Esta situación se produce en los siguientes casos: ERTE con suspensión total y víctimas de violencia de género.

      - Encontrarse en un período de inactividad productiva de las trabajadoras fijas-discontinuas.

   2. Trabajadoras por cuenta propia que pasen a percibir la prestación por cese de actividad como consecuencia de la suspensión de la actividad económica desarrollada (PECATA)

   La aplicación de esta ampliación de la deducción para estos tres años (2020, 2021 y 2022) se realizará de forma separada en la declaración de Renta 2022.

   No obstante, en aquellos casos en que los contribuyentes hubieran aplicado en las declaraciones de 2020 y 2021, el importe correspondiente a los meses en que concurran estas nuevas causas y todavía no hubieran sido objeto de regularización por la AEAT, se mantendrán sin cambios estas declaraciones y no se aplicarán estos importes en la declaración de Renta 2022.

   La deducción por maternidad y el incremento por gastos de guarderías por cada uno de estos años no podrá superar los 1.200 € y 1.000 € respectivamente por hijo.

7. Real Decreto 31/2023, de 24 de enero, por el que se modifica el Reglamento del Impuesto sobre la Renta de las Personas Físicas, aprobado por el Real Decreto 439/2007, de 30 de marzo, para dar cumplimiento a las medidas contenidas en el Estatuto del Artista en materia de retenciones.

   Con efectos desde el 26 de enero de 2023 se introducen las siguientes modificaciones en el Reglamento del Impuesto sobre la Renta de las Personas Físicas (RIRPF).

- Tipo mínimo de retención aplicable a determinados rendimientos del trabajo.

  Se modifica el apartado 2 del artículo 86 del RIRPF por el artículo único del Real Decreto 31/2023 de modo que,

  Se minora del 15% al 2% el tipo mínimo de retención aplicable a los rendimientos del trabajo que deriven de una relación laboral especial de las personas artistas que desarrollan su actividad en las artes escénicas, audiovisuales y musicales, así como de las personas que realizan actividades técnicas o auxiliares necesarias para el desarrollo de dicha actividad.

  El porcentaje será del 0,8% cuando los rendimientos del trabajo se beneficien de la deducción prevista en el artículo 68.4 de la Ley del IRPF (deducción por rentas obtenidas en Ceuta y Melilla) y para el ejercicio 2023, también cuando se trate de rendimientos obtenidos en la isla de la Palma por contribuyentes con residencia habitual y efectiva en esa isla (DA 57.ª LIRPF introducida por LPGE para 2023).

- Tipo de retención aplicable a determinadas actividades económicas

  Se modifica el apartado 1 del artículo 95 del RIRPF por el artículo único del Real Decreto 31/2023 de modo que,

  Se reduce del 15% al 7% el tipo de retención en los siguientes supuestos:

  - Contribuyentes que desarrollen actividades incluidas en los grupos 851, 852, 853, 861, 862, 864 y 869 de la sección segunda de Tarifas del Impuesto sobre Actividades Económicas; en adelante, IAE.
  - Contribuyentes que desarrollen actividades en las agrupaciones 01, 02, 03 y 05 de la sección tercera, de las Tarifas del IAE.
  - Cuando la contraprestación derive de una prestación de servicios que, por su naturaleza, si se realizase por cuenta ajena, quedaría incluida en el ámbito de aplicación de la relación laboral especial de las personas artistas.

  En cualquiera de dichos supuestos es necesario que el volumen de rendimientos íntegros del conjunto de tales actividades correspondiente al ejercicio inmediato anterior sea inferior a 15.000 euros y represente más del 75% de la suma de los rendimientos íntegros de actividades económicas y del trabajo obtenidos por el contribuyente en dicho ejercicio.

El porcentaje se reducirá en un 60% cuando los rendimientos se beneficien de la deducción prevista en el artículo 68.4 de la Ley del IRPF (deducción por rentas obtenidas en Ceuta y Melilla) y para el ejercicio 2023, también cuando se trate de rendimientos obtenidos en la isla de la Palma por contribuyentes con residencia habitual y efectiva en esa isla (DA 57.ª LIRPF introducida por LPGE para 2023).

8. Ley 31/2022, de 23 de diciembre, de Presupuestos Generales del Estado para el año 2023.

Con efectos desde 1 de enero de 2023 y vigencia indefinida, se introducen las siguientes modificaciones en la Ley 35/2006, de 28 de noviembre, del Impuesto sobre la Renta de las Personas Físicas (LIRPF):

- Reducción por obtención de rendimientos del trabajo

  Se modifica el artículo 20 de la LIRPF por el apartado Uno del artículo 59 de la Ley 31/2022, de Presupuestos Generales del Estado para el año 2023 (LPGE para 2023), de modo que,

  Se aumentan los importes que minorarán los rendimientos netos del trabajo aumentándose, asimismo, la cuantía por debajo de la cual se aplicará esta reducción.

  Esta reducción se aplicará a los contribuyentes con rendimiento netos del trabajo inferiores a 19.747,50 euros siempre que no tengan rentas, excluidas las exentas, distintas de las del trabajo, superiores a 6.500 euros.

  Las nuevas cuantías de la reducción son las siguientes:

  a. Contribuyentes con rendimientos netos del trabajo iguales o inferiores a 14.047,50 euros: 6.498 euros anuales.
  b. Contribuyentes con rendimientos netos del trabajo comprendidos entre 14.047,50 y 19.747,50 euros: 6.498 euros menos el resultado de multiplicar por 1,14 la diferencia entre el rendimiento del trabajo y 14.047,50 euros anuales.

- Obligación de declarar

  Se modifica el apartado 3 del artículo 96 de la LIRPF por el apartado Dos del artículo 59 de la LPGE para 2023, de modo que,

  El límite excluyente de la obligación de declarar en el caso de percibir los rendimientos del trabajo previstos en el artículo 96.3 de la LIRPF (los que procedan de más un pagador con las excepciones señaladas en dicho artículo; pensiones compensatorias del cónyuge o anualidades por alimentos no exentas; en los casos en que el pagador no esté obligado a retener o cuando sean rendimientos sujetos a tipo fijo de retención) se eleva a 15.000 euros (con anterioridad el límite era de 14.000 euros).

- Determinación del tipo de retención

Se modifica la disposición adicional cuadragésima séptima de la LIRPF por el apartado Tres y Cuatro del artículo 59 de la LPGE para 2023, de modo que,

Para determinar el tipo de retención o ingreso a cuenta sobre los rendimientos del trabajo, se distinguen dos situaciones:

a. A los rendimientos del trabajo que se satisfagan o abonen durante el mes de enero de 2023 y a los que resulte de aplicación el procedimiento general de retención (arts. 80.1.1.º y 82 del RIRPF) se aplicará la normativa vigente a 31 de diciembre de 2022.

b. A los rendimientos del trabajo que se satisfagan o abonen a partir del 1 de febrero de 2023, siempre que no se trate de rendimientos correspondientes al mes de enero, el pagador deberá calcular el tipo de retención conforme a la normativa vigente a partir de 1 de enero de 2023, practicándose la regularización del mismo si procede en los primeros rendimientos del trabajo que satisfaga o abone.

- Reducción para empresarios o profesionales que determinen su rendimiento neto por el método de estimación directa

  Se modifica la letra a) del número 1.º del apartado 2 del artículo 32 de la LIRPF por el apartado Uno del artículo 60 de la LPGE para 2023, de modo que,

  Se aumentan los importes que minorarán los rendimientos netos de las actividades económicas cuando se cumplan los requisitos previstos en el número 32.2.2.º de la LIRPF, aumentándose asimismo la cuantía por debajo de la cual se aplicará esta reducción.

  Esta reducción se aplicará a los contribuyentes con rendimiento netos de actividades económicas inferiores a 19.747,50 euros siempre que no tengan rentas, excluidas las exentas, distintas de las de actividades económicas, superiores a 6.500 euros.

  Las nuevas cuantías de la reducción son las siguientes:

  a. Contribuyentes con rendimientos netos de actividades económicas iguales o inferiores a 14.047,50 euros: 6.498 euros anuales.

  b. Contribuyentes con rendimientos netos de actividades económicas comprendidos entre 14.047,50 y 19.747,50 euros: 6.498 euros menos el resultado de multiplicar por 1,14 la diferencia entre el rendimiento del trabajo y 14.047,50 euros anuales.

- Reducción para empresarios o profesionales que determinen su rendimiento neto por el método de estimación directa simplificada

Se añade una disposición adicional quincuagésima sexta en la LIRPF por el apartado Dos del artículo 60 de la LPGE para 2023, en virtud de la cual,

El porcentaje de deducción para el conjunto de las provisiones deducibles y los gastos de difícil justificación para los contribuyentes que determinen su rendimiento neto por el método de estimación directa simplificada será durante el ejercicio 2023 del 7 por ciento.

- Reducción a empresarios determinen su rendimiento neto por el método de estimación objetiva

Se añade una disposición adicional quincuagésima cuarta en la LIRPF por el apartado Uno del artículo 61 de la LPGE para 2023, en virtud de la cual,

Los contribuyentes que determinen el rendimiento neto de sus actividades económicas por el método de estimación objetiva podrán reducir el rendimiento neto de módulos obtenido en 2023 en un 10 por 100.

- Prórroga de los límites excluyentes del método de estimación objetiva

Se modifica la disposición transitoria trigésimo segunda de la LIRPF por el apartado Dos del artículo 61 de la LPGE para 2023, de modo que,

Se prorrogan para el ejercicio 2023 los límites cuantitativos que se vienen aplicando en ejercicios anteriores y que delimitan el ámbito de aplicación de método de estimación objetiva para las actividades económicas incluidas en el ámbito de aplicación de dicho método, con excepción de las actividades agrícolas, ganaderas y forestales, que tienen su propio límite cuantitativo por volumen de ingresos.

Por tanto, las magnitudes excluyentes de carácter general serán para el ejercicio 2023 las siguientes:

a. Volumen de ingresos en el año inmediato anterior superior a 250.000 euros para el conjunto de actividades económicas, excepto las agrícolas, ganaderas y forestales. Se computarán la totalidad de las operaciones, exista o no obligación de expedir factura. Las operaciones en las que exista obligación de expedir factura cuando el destinatario sea empresario, no podrán superar 125.000 euros.

b. Volumen de ingresos para el conjunto de actividades agrícolas, forestales y ganaderas superior a 250.000 euros.

c. Volumen de compras en bienes y servicios en el año inmediato anterior, excluidas las adquisiciones del inmovilizado, superior a 250.000 euros.

Adicionalmente, por la Disposición Transitoria sexta de la LPGE para 2023 se establece un nuevo plazo para renunciar o revocar la renuncia al régimen de estimación objetiva desde el siguiente a la fecha de publicación desde la Ley de Presupuestos Generales del Estado para 2023 hasta el 31 de enero de 2023.

Las renuncias y revocaciones presentadas para el año 2023 durante el mes de diciembre de 2022, con anterioridad al nuevo plazo, se entenderán presentadas en período hábil.

- Límites de reducción en la base imponible de las aportaciones y contribuciones empresariales a sistemas de previsión social

  Se modifica el apartado 1 del artículo 52 de la LIRPF por el apartado Uno del artículo 62 de la LPGE para 2023, de modo que,

  Se modifican las aportaciones máximas que el trabajador puede hacer al mismo instrumento de previsión social al que se hubieran realizado contribuciones empresariales:

  Límite máximo conjunto

  Como límite máximo conjunta para las aportaciones o contribuciones a sistemas de previsión social, se aplicará la menor de las cantidades siguientes:

  a. El 30 por 100 de la suma de los rendimientos netos del trabajo y de actividades económicas percibidos individualmente en el ejercicio.

  b. 1.500 euros.

     Este límite se incrementará

     1. En 8.500 euros, siempre que tal incremento provenga de contribuciones empresariales, o de aportaciones del trabajador al mismo instrumento de previsión social (mismo plan de pensiones, plan de previsión social empresarial, mutualidad de previsión social, etc.) al que se han realizado las contribuciones empresariales, por importe igual o inferior a las cantidades que resulten del siguiente cuadro en función del importe anual de la contribución empresarial:

Importe anual de la contribución	Aportación máxima del trabajador
Igual o inferior a 500 euros	El resultado de multiplicar la contribución empresarial por 2,5
Entre 500,01 y 1.500 euros	1.250 euros, más el resultado de multiplicar por 0,25 la diferencia entre la contribución empresarial y 500 euros
Más de 1.500 euros	El resultado de multiplicar la contribución empresarial por 1

2. No obstante, en todo caso se aplicará el multiplicador 1 cuando el trabajador obtenga en el ejercicio rendimientos íntegros del trabajo superiores a 60.000 euros procedentes de la empresa que realiza la contribución.

3. Las cantidades aportadas por la empresa que deriven de una decisión del trabajador tendrán la consideración de aportaciones del trabajador.

4. En 4.250, siempre que tal incremento provenga de:

- Aportaciones a planes de pensiones sectoriales realizadas por trabajadores por cuenta propia o autónomos que se adhieran a dichos planes por razón de su actividad.

- Aportaciones a los planes de pensiones de empleo simplificados de trabajadores por cuenta propia o autónomos.

- Aportaciones propias que el empresario individual o el profesional realice a planes de pensiones de empleo, de los que sea promotor y, además, partícipe o a Mutualidades de Previsión Social de las que sea mutualista, así como las que realice a planes de previsión social empresarial o seguros colectivos de dependencia de los que, a su vez, sea tomador y asegurado.

Además, se mantiene el límite de 5.000 euros anuales para las primas a seguros colectivos de dependencia satisfechas por la empresa, que ya existía con anterioridad.

- Tipo de gravamen del ahorro en el IRPF

  Se modifica el artículo 66 de la LIRPF por el apartado Uno del artículo 63 de la LPGE para 2023, de modo que,

  Se modifica la escala que se aplica a la parte de la base liquidable del ahorro para determinar la cuota íntegra estatal.

  La nueva escala aplicable a la base liquidable del ahorro es la siguiente:

Base liquidable del ahorro – Hasta euros	Cuota íntegra – Euros	Resto base liquidable del ahorro – Hasta euros	Tipo aplicable – Porcentaje
0	0	6.000	9,5
6.000,00	570	44.000	10,5
50.000,00	5.190	150.000	11,5
200.000,00	22.440	100.000	13,5
300.000,00	35.940	En adelante	14

Asimismo, también se modifica en los mismos términos señalados la escala aplicable a la base liquidable del ahorro para determinar la cuota íntegra autonómica.

Se modifica el artículo 76 de la LIRPF por el apartado Dos del artículo 63 de la LPGE para 2023, de modo que,

También se modifica la escala que se aplica a la parte de la base liquidable del ahorro para determinar la cuota íntegra estatal en el caso de aquellos contribuyentes que tuviesen su residencia habitual en el extranjero por concurrir alguna de las circunstancias señaladas en los artículos 8.2 y 10.1 de la LIRPF.

Así, en este caso, la escala aplicable a la base liquidable del ahorro será la siguiente:

Base liquidable del ahorro – Hasta euros	Cuota íntegra – Euros	Resto base liquidable del ahorro – Hasta euros	Tipo aplicable – Porcentaje
0	0	6.000	19
6.000,00	1.140	44.000	21
50.000,00	10.380	150.000	23
200.000,00	44.880	100.000	27
300.000,00	71.880	En adelante	28

- Escala aplicable a los trabajadores desplazados a territorio español

Se modifica el número 2.º de la letra e) del apartado 2 del artículo 93 de la LIRPF por el apartado Tres del artículo 63 de la LPGE para 2023.

En el régimen fiscal especial previsto en el artículo 93 LIRPF para los trabajadores desplazados a territorio español, se modifican los tipos aplicables para determinar la cuota íntegra que corresponda a la parte de la parte liquidable que corresponda a dividendos, intereses u otros rendimientos obtenidos por la cesión a terceros de capitales propios y ganancias patrimoniales que se pongan de manifiesto con ocasión de transmisión de elementos patrimoniales a la que se le aplicará la siguiente escala:

Base liquidable del ahorro – Hasta euros	Cuota íntegra – Euros	Resto base liquidable del ahorro – Hasta euros	Tipo aplicable – Porcentaje
0	0	6.000	19
6.000,00	1.140	44.000	21
50.000,00	10.380	150.000	23
200.000,00	44.880	100.000	27
300.000,00	71.880	En adelante	28

- Deducción por maternidad

  Se modifica el artículo 81 LIRPF por el artículo 64 de la LPGE para 2023.

  Se modifican los requisitos para poder aplicar la deducción por maternidad: Las mujeres con hijos menores de tres años con derecho a la aplicación del mínimo por descendientes pueden minorar la cuota diferencial hasta en 1.200 euros anuales por cada hijo menor de tres años hasta que el menor alcance los tres años de edad siempre que cumplan alguno de los siguientes requisitos:

  a. En el momento del nacimiento del menor perciban prestaciones contributivas o asistenciales del sistema de protección de desempleo.

  b. En el momento del nacimiento del menor o en cualquier momento posterior estén dadas de alta en el régimen correspondiente de la Seguridad Social o mutualidad con un período mínimo, en este último caso, de 30 días cotizados.

  El importe de esta deducción se podrá incrementar hasta en 1.000 euros adicionales cuando el contribuyente que tenga derecho a la misma hubiera satisfecho en el período impositivo gastos de custodia del hijo menor de tres años en guarderías o centros de educación infantil autorizados.

  Una vez cumplidos cualquiera de los requisitos anteriores, se mantiene el derecho a seguir percibiendo esta deducción hasta que el menor alcance los tres años de edad.

  Esta deducción se calculará de forma proporcional al número de meses del periodo impositivo posteriores al momento en se cumplan los requisitos, en los que la mujer tenga derecho al mínimo por descendientes por ese menor de tres años, siempre que durante dichos meses no se perciba por ninguno de los progenitores en relación con dicho descendiente el complemento de ayuda para la infancia previsto en la Ley 19/2021, de 20 de diciembre, por la que se establece el ingreso mínimo vital, (*) salvo que lo vinieran percibiendo con anterioridad a 1 de enero de 2023.

  (*) Nueva disposición transitoria trigésimo séptima de la LIRPF introducida por el artículo 73 del Real Decreto-ley 20/2022, de 27 de diciembre.

  Cuando se tenga derecho a la deducción por haberse dado de alta en la Seguridad Social o mutualidad con posterioridad al nacimiento del menor, la deducción correspondiente al mes en que se cumpla el período de cotización de 30 días se incrementará en 150 euros anuales.

  El incremento de la deducción por gastos de custodia en guardería o centros de educación infantil autorizados se calculará de forma proporcional al número de meses en que se cumplan de forma simultánea los requisitos y tendrá como límite el importe total del gasto efectivo no subvencionado satisfecho en dicho período en relación con ese hijo.

Se podrá solicitar el abono anticipado del importe de la deducción por maternidad (no del incremento de la misma por gastos en guarderías o centros de educación infantil autorizados).

- Retención sobre los rendimientos procedentes de la propiedad intelectual

Se modifica el apartado 3 del artículo 101 de la LIRPF por el apartado Uno del artículo 65 de la LPGE para 2023.

El porcentaje de retención sobre los rendimientos del trabajo derivados de la elaboración de obras literarias, artísticas o científicas (que, con carácter general es el 15 por ciento) será del 7 por ciento cuando el volumen de tales rendimientos íntegros correspondiente al ejercicio inmediato anterior sea inferior a 15.000 euros y represente más del 75 por ciento de la suma de los rendimientos íntegros de actividades económicas y del trabajo obtenidos por el contribuyente en dicho ejercicio.

Estos porcentajes se reducirán en un 60 por ciento cuando los rendimientos obtenidos por el perceptor tengan derecho a la deducción en la cuota prevista en el artículo 68.4 de la Ley del IRPF (deducción por rentas obtenidas en Ceuta y Melilla) y, para el ejercicio 2023, también cuando se trate de rendimientos obtenidos por contribuyentes con residencia habitual y efectiva en la Isla de la Palma (DA 57.ª LIRPF introducida por LPGE para 2023).

Se modifica el apartado 9 del artículo 101 de la LIRPF por el apartado Dos del artículo 65 de la LPGE para 2023.

El porcentaje de retención sobre los rendimientos procedentes de la propiedad intelectual, cualquiera que sea su calificación será del 15 por ciento.

No obstante, será de aplicación el 7 por ciento:

a. Cuando el volumen de tales rendimientos íntegros correspondiente al ejercicio inmediato anterior sea inferior a 15.000 euros y represente más del 75 por ciento de la suma de los rendimientos íntegros de actividades económicas y del trabajo obtenidos por el contribuyente en dicho ejercicio.
b. Cuando se trate de los rendimientos de actividades profesionales establecidos reglamentariamente.
c. Cuando se trate de anticipos a cuenta derivados de la cesión de la explotación de derechos de autor que se vayan a devengar a lo largo de varios años.

- Imputación de rentas inmobiliarias

  Se añade una disposición adicional quincuagésima quinta en la LIRPF por el artículo 66 de la LPGE para 2023.

  El porcentaje de imputación del 1,1 previsto en el artículo 85 de la LIRPF resultará de aplicación en el caso de inmuebles localizados en municipios en los que los valores catastrales hayan sido revisados, modificados o determinados mediante un procedimiento de valoración colectiva general, siempre que hubieran entrado en vigor a partir de 1 de enero de 2012.

- Deducción por residencia habitual y efectiva en la isla de La Palma durante los períodos impositivos 2022 y 2023

  Se añade una disposición adicional quincuagésima séptima en la LIRPF por el artículo 67 de la LPGE para 2023.

  Para los períodos impositivos 2022 y 2023, la deducción prevista en el número 1.º del apartado 68 de la LIRPF (deducción por la obtención de rentas en Ceuta y Melilla) será aplicable a los contribuyentes con residencia habitual y efectiva en la isla de La Palma.

- Régimen fiscal especial de las Illes Balears

  La disposición adicional septuagésima de la LPGE para 2023 introduce el Régimen fiscal especial de las Illes Balears con efectos para los períodos impositivos que se inicien entre el 1 de enero de 2023 y el 31 de diciembre de 2028.

  Este régimen podrá ser de aplicación a los contribuyentes del Impuesto sobre la Renta de las Personas Físicas que determinen el rendimiento neto de su actividad económica mediante el método de estimación directa.

9. Principales novedades tributarias introducidas por el Real Decreto 1008/2023 por el que se modifica el Reglamento del IRPF y Reglamento del Impuesto sobre Sociedades

   Con efectos desde el 7 de diciembre de 2023 y vigencia indefinida, se introducen las siguientes modificaciones en el Reglamento del Impuesto sobre la Renta de las Personas Físicas (RIRPF):

   a) Exención de los rendimientos del trabajo derivados de la entrega de acciones o participaciones a trabajadores de empresas emergentes

   Se modifica el número 1.º del apartado 2 del artículo 43 por el artículo Primero apartado Uno del Real Decreto 1008/2023.

   En relación con la exención de los rendimientos del trabajo derivados de la entrega de acciones o participaciones a trabajadores de empresas emergentes a las que se refiere la Ley 28/2022, de 21 de diciembre, de fomento del ecosistema de las empresas emergentes, se recoge, a nivel reglamentario, el requisito ya establecido legalmente sobre las condiciones en las que se ha de realizar la oferta de manera que no será necesario que ésta se realice en las mismas condiciones para todos los trabajadores de la empresa debiendo efectuarse dentro de la política retributiva general de la empresa y contribuir a la participación de los trabajadores en esta última.

b) Procedimiento para la práctica de la deducción por maternidad y su pago anticipado y para la aplicación del incremento de dicha deducción

Se modifica el artículo 60 por el artículo Primero apartado Dos del Real Decreto 1008/2023.

Las modificaciones introducidas tienen como finalidad adaptar este artículo a la nueva regulación legal de la deducción por maternidad en la que se ha ampliado el colectivo beneficiario de la misma y, se ha suprimido el límite de las cotizaciones y cuotas totales a la Seguridad Social y Mutualidades devengadas en cada período impositivo con posterioridad al nacimiento o adopción que establecía la normativa anterior.

c) Obligación de declarar

Se modifican los apartados 2 y 3 del artículo 61 por el artículo Primero apartado Tres del Real Decreto 1008/2023.

Al efecto de adaptar este artículo a la regulación legal se incorpora la obligación de declarar para todas aquellas personas físicas que en cualquier momento del período impositivo hubieran estado de alta, como trabajadores por cuenta propia, en el Régimen Especial de Trabajadores por Cuenta Propia o Autónomos, o en el Régimen Especial de la Seguridad Social de los Trabajadores del Mar y se eleva de 14.000 a 15.000 euros anuales el límite excluyente de la obligación de declarar en el caso de percibir los rendimientos del trabajo previstos en el artículo 96.3 de la LIRPF (los que procedan de más un pagador con las excepciones señaladas en dicho artículo; pensiones compensatorias del cónyuge o anualidades por alimentos no exentas; en los casos en que el pagador no esté obligado a retener o cuando se trate de rendimientos sujetos a tipo fijo de retención).

d) Tipo de retención aplicables sobre determinados rendimientos

Como consecuencia de las modificaciones legales que reducen el tipo de retención sobre los rendimientos del trabajo derivados de la elaboración de obras literarias, artísticas o científicas y, sobre los rendimientos derivados de la propiedad intelectual cuando, en ambos casos, se cumplan determinados requisitos:

Se modifica el número 4º del apartado 1 del artículo 80 por el artículo Primero apartado Cuatro del Real Decreto 1008/2023.

El porcentaje de retención sobre los rendimientos del trabajo derivados de la elaboración de obras literarias, artísticas o científicas (que, con carácter general es el 15 por ciento) será del 7 por ciento cuando el volumen de tales rendimientos íntegros correspondiente al ejercicio inmediato anterior sea inferior a 15.000 euros y represente más del 75 por ciento de la suma de los rendimientos íntegros de actividades económicas y del trabajo obtenidos por el contribuyente en dicho ejercicio.

Para la aplicación de este tipo de retención, los contribuyentes deberán comunicar al pagador de los rendimientos la concurrencia de dichas circunstancias, quedando obligado el pagador a conservar la comunicación debidamente firmada.

Se modifica el apartado 2 del artículo 101 por el artículo Primero apartado Cinco del Real Decreto 1008/2023.

El porcentaje de retención sobre los rendimientos procedentes de la propiedad intelectual, cualquiera que sea su calificación será del 15 por ciento.

No obstante, será de aplicación el 7 por ciento:

Cuando el volumen de tales rendimientos íntegros correspondiente al ejercicio inmediato anterior sea inferior a 15.000 euros y represente más del 75 por ciento de la suma de los rendimientos íntegros de actividades económicas y del trabajo obtenidos por el contribuyente en dicho ejercicio.

Cuando se trate de los rendimientos de actividades profesionales establecidos reglamentariamente.

Cuando se trate de anticipos a cuenta derivado de la cesión de la explotación de derechos de autor que se vayan a devengar a lo largo de varios años.

e) Régimen especial aplicable a trabajadores, profesionales, emprendedores e inversores desplazados a territorio español

Con efectos desde 1 de enero de 2023, el artículo 93 de la Ley del IRPF que regula el régimen fiscal especial aplicable a los trabajadores, profesionales, emprendedores e inversores desplazados a territorio español, ha sido objeto de modificación por la Disposición Final tercera de la Ley 28/2022, de 21 de diciembre, de fomento del ecosistema de las empresas emergentes (BOE del 22 de diciembre).

En particular, en lo que respecta al ámbito subjetivo de aplicación del régimen, este se extiende a los trabajadores por cuenta ajena, al permitir su aplicación a trabajadores que se desplacen a territorio español para trabajar a distancia utilizando exclusivamente medios y sistemas informáticos, telemáticos y de telecomunicación y a administradores de empresas con independencia de su porcentaje de participación en el capital social de la entidad.

Asimismo, se extiende dicho ámbito subjetivo de aplicación a quienes se desplacen para desarrollar una actividad emprendedora en los términos de la Ley 14/2013, de 27 de septiembre, de apoyo a los emprendedores y su internacionalización, a los profesionales altamente cualificados que presten servicios a empresas emergentes y a los que lleven a cabo actividades de formación, investigación, desarrollo e innovación, y cumplan determinados requisitos.

Además, se establece la posibilidad de optar por la tributación por el Impuesto sobre la Renta de no Residentes, a los hijos del contribuyente menores de veinticinco años (o cualquiera que sea su edad en caso de discapacidad) y a su cónyuge o, en el supuesto de inexistencia de vínculo matrimonial, el progenitor de los hijos, siempre que cumplan unas determinadas condiciones (en adelante, contribuyentes asociados).

Estas modificaciones requieren el correspondiente desarrollo reglamentario:

Se modifica el título del capítulo I del título VIII por el artículo Primero apartado Seis del Real Decreto 1008/2023.

El título del capítulo I del título VIII pasa a denominarse:

«Régimen especial aplicable a los trabajadores, profesionales, emprendedores e inversores desplazados a territorio español.»

– Se modifica el artículo 113 por el artículo Primero apartado Siete del Real Decreto 1008/2023.

Con la finalidad de adaptar su redacción al nuevo ámbito subjetivo de aplicación del mismo recogido en la Ley de fomento del ecosistema de las empresas emergentes. En relación a los nuevos supuestos se define:

Se calificará como actividad emprendedora aquella actividad económica que por ser innovadora y/o tener especial interés económico para España sea calificada como tal en los términos del artículo 70 de la Ley 14/2013 de 27 de septiembre de apoyo a los emprendedores y su internacionalización, siendo necesario disponer de autorización de residencia para actividad empresarial según artículo 69 de la citada ley con carácter previo a su desplazamiento a territorio español. En el caso de ciudadanos de la Unión Europea o extranjeros a los que sea de aplicación el derecho de la UE por ser beneficiarios de los derechos de libre circulación y residencia deberán contar con un informe favorable emitido por la Empresa Nacional de Innovación, S.M.E. "Enisa".

Se entenderá como profesionales altamente cualificados (profesionales que cuenten con titulación a que se refiere el artículo 71 de la citada Ley 14/2013).

Se entenderá cumplida esta circunstancia cuando disponga de la autorización de residencia prevista en el artículo 71 de la Ley 14/2013 con carácter previo a su desplazamiento.

Se considerará que se llevan a cabo actividades de formación, investigación, desarrollo e innovación según lo dispuesto en el artículo 72 apartado 1 de la citada ley. Se entenderá cumplida esta circunstancia cuando dispongan de la autorización de residencia prevista en el artículo 72 de la Ley 14/2013 con carácter previo a su desplazamiento.

Como novedad, se incluye un nuevo supuesto para acogerse a este régimen especial que incluye al cónyuge del contribuyente y sus hijos, menores de veinticinco años o cualquiera que sea su edad en caso de discapacidad o en el supuesto de inexistencia de vínculo matrimonial, el progenitor de estos siempre que cumplan las condiciones previstas en el apartado 3 del artículo 93 de la LIRPF. El desplazamiento podrá realizarse antes o después del desplazamiento del contribuyente principal, siempre que éstos no adquieran la residencia fiscal en España antes del primer periodo impositivo a que resulte de aplicación el régimen especial o si es posterior no hubiera finalizado éste.

- Se modifica el artículo 114 por el artículo Primero apartado Ocho del Real Decreto 1008/2023.

  En cuanto a las especialidades para la determinación de la deuda tributaria, en este régimen sólo tributan las rentas obtenidas en territorio español excepto los rendimientos de trabajo y, desde 1 de enero de 2023, los rendimientos de actividades económicas calificadas como emprendedoras que, en ambos casos, la totalidad de los mismos se entienden obtenidos en territorio español. No obstante lo anterior, no se entienden obtenidos en España, durante la aplicación del régimen, los citados rendimientos cuando deriven de una actividad desarrollada con anterioridad a la fecha de desplazamiento a territorio español o con posterioridad a la fecha de comunicación prevista en el artículo 119.5 del Reglamento mediante el modelo 149, sin perjuicio de su tributación cuando los mismos se entiendan obtenidos en territorio español.

  En correlación con el apartado anterior, la deducción por doble imposición internacional, con arreglo a lo dispuesto en el artículo 80 de la Ley IRPF, se amplía a los rendimientos de actividades económicas calificadas como emprendedoras con el límite del 30 por 100 de la parte de la cuota íntegra correspondiente a la totalidad de dichos rendimientos.

  Por lo que respecta a las retenciones e ingresos a cuenta en concepto de pagos a cuenta de este régimen, se practican de acuerdo con lo previsto en la normativa del IRNR para rentas obtenidas sin mediación de establecimiento permanente.

Aunque en la citada normativa los rendimientos de actividades económicas están sujetos a retención, como novedad, se exceptúa de la obligación de retención a las actividades económicas calificadas como empresariales y en el caso de rendimientos de actividades profesionales en las facturas emitidas durante la aplicación del régimen deberá consignarse el tipo de retención aplicable (24 por 100).

En cuanto a las obligaciones formales de los contribuyentes que obtengan rendimientos de actividades económicas, el Reglamento de IRPF se remite al artículo 6 del Reglamento de IRNR que establece que los contribuyentes que obtengan rentas de las referidas en el artículo 24.2 de la Ley del Impuesto (actividades o explotaciones económicas realizadas en España sin mediación de establecimiento permanente) estarán obligados a llevar libros registros de ingresos y gastos.

– Se modifica el artículo 115 por el artículo Primero apartado Nueve del Real Decreto 1008/2023.

  Se adapta la duración del régimen a los contribuyentes asociados que acompañen al contribuyente principal definidos en el apartado 3 del artículo 93 de la Ley del IRPF, siendo aplicable este régimen especial hasta el último periodo impositivo en que resulte aplicable el mismo al contribuyente principal sin perjuicio de su renuncia al régimen o exclusión del mismo.

– Se modifica el artículo 116 por el artículo Primero apartado Diez del Real Decreto 1008/2023.

  En relación al ejercicio de la opción se establece que será una comunicación individual de cada contribuyente.

  En el caso del contribuyente principal, en el plazo máximo de 6 meses desde la fecha de inicio de la actividad que conste en el alta en la Seguridad Social en España o documentación que le permita mantener la legislación Seguridad Social de origen o, en caso de que no fuera obligatoria el alta en la Seguridad social, documento justificativo de la fecha de inicio de la actividad.

  En el caso de los contribuyentes asociados que acompañen al contribuyente principal se establece el plazo máximo de seis meses desde la fecha de entrada en territorio español o el plazo previsto para el contribuyente principal si fuera mayor.

  Así mismo se establece que la determinación de la vinculación de éstos con el contribuyente principal, edad y situación de discapacidad se realizará atendiendo a la situación existente en el momento de ejercitar su opción por este régimen.

– Se modifica el artículo 117 por el artículo Primero apartado Once del Real Decreto 1008/2023.

En relación a la renuncia al régimen se añade que los contribuyentes asociados que acompañen al contribuyente principal podrán renunciar de forma individual en el plazo y términos previstos en dicho artículo.

- Se modifica el artículo 118 por el artículo Primero apartado Doce del Real Decreto 1008/2023.

  Respecto a la exclusión del régimen se establece que los contribuyentes asociados que acompañen al contribuyente principal quedarán conjuntamente excluidos cuando incumplan las condición prevista en el artículo 93.3.d) de la LIRPF o cuando se produzca la renuncia o exclusión del régimen del contribuyente principal. También, cuando alguno de los contribuyentes asociados al principal incumpla alguna de las demás condiciones previstas en el artículo 93.3 de la LIRPF o de los requisitos de vinculación, edad o situación de discapacidad exigidos para la opción quedará individualmente excluido del régimen, pudiendo continuar el resto.

  Cuando el contribuyente principal hubiera comunicado la renuncia o exclusión no será necesario que los contribuyentes asociados comuniquen su exclusión del régimen.

- Se modifican el artículo 119 por el artículo Primero apartado Trece del Real Decreto 1008/2023.

  En relación a las comunicaciones a la Administración tributaria y acreditación del régimen especial.

  Se establecen los datos que tienen que suministrar tanto el contribuyente principal como los asociados, de forma individualizada, en el modelo 149 de comunicación de la opción por el régimen de impatriados en función del supuesto al que se acojan y la documentación justificativa a aportar en cada caso.

- Se introduce una nueva disposición transitoria vigésima por el artículo Primero apartado Quince del Real Decreto 1008/2023.

  En relación al plazo para el ejercicio de la opción por dicho régimen para contribuyentes que adquieran su residencia fiscal en España en el periodo impositivo 2023 por un desplazamiento realizado en 2022 o en 2023 antes de la entrada en vigor de la Orden que apruebe el nuevo modelo de comunicación de la opción, que establece que el plazo para el ejercicio de la opción por el régimen será de seis meses desde la fecha de entrada en vigor de la mencionada orden salvo cuando el artículo 116 de este reglamento le otorgue un plazo superior.

  En caso de que el desplazamiento sea por el inicio de una relación laboral o como consecuencia de la adquisición de la condición de administrador de una entidad, también podrán ejercer la opción con anterioridad a la fecha de entrada en vigor de la orden que apruebe el nuevo modelo 149 de comunicación de la opción mediante el vigente modelo 149 ya que se trata de supuestos que existían en la regulación del régimen vigente a 31 de diciembre de 2022. No obstante, en caso de teletrabajo, se deberá remitir a la AEAT la documentación prevista en el artículo 119 del reglamento, en el plazo previsto en el párrafo anterior.

f) Pagos a cuenta aplicables en el período impositivo 2023 a los rendimientos obtenidos en la isla de La Palma

Se añade una nueva disposición adicional décima por el artículo Primero apartado Catorce del Real Decreto 1008/2023.

Se adapta el reglamento, en materia de pagos a cuenta, a la deducción por rentas obtenidas en la isla de La Palma para contribuyentes con residencia habitual y efectiva en dicha isla en el periodo impositivo 2023.

Novedades en la normativa del IRPF más relevantes para 2024

1. Con efectos para los períodos impositivos iniciados el 1 de enero de 2024, el RD-L 6/2023, de 19 de diciembre, modifica la deducción de donativos, elevando, en general, los porcentajes de deducción.

   De esta manera, se modifica el artículo 19 de la Ley 49/2002 por el artículo 129 apartado Seis del Real Decreto-ley 6/2023, incrementando los incentivos fiscales al mecenazgo:

   Se eleva del actual 35% al 40% el porcentaje de deducción aplicable con carácter general.

   Se amplía la cuantía del primer tramo de la base de la deducción a la que se aplica el porcentaje del 80% de 150 a 250 euros.

   Base de deducción Importe hasta 250 euros.
   Porcentaje de deducción 80%
   Resto base de deducción 40%

   Por otra parte, se reduce de 4 a 3 años la recurrencia, es decir, el número de ejercicios en los que se tiene que hacer donativos a una misma entidad por importe igual o superior a los del ejercicio anterior, para acceder al incremento de 5 puntos en el porcentaje de deducción, porcentaje que además queda incrementado al 45%.

2. Orden HFP/1359/2023, de 19 de diciembre, por la que se desarrollan para el año 2024 el método de estimación objetiva del Impuesto sobre la Renta de las

Personas Físicas y el régimen especial simplificado del Impuesto sobre el Valor Añadido.

Los principales cambios en la determinación de los rendimientos empresariales sujetos a la EO durante el período impositivo 2024 son los siguientes:

1. Se establece en un 5% la reducción sobre el rendimiento neto de módulos para todos los contribuyentes que determinen el rendimiento de su actividad económica con arreglo al método de estimación objetiva.

   Esta reducción se tendrá en cuenta para cuantificar el rendimiento neto a efecto de los pagos fraccionados.

2. Las actividades agrícolas y ganaderas podrán seguir reduciendo el rendimiento neto previo:

   En el 35% del precio de adquisición del gasóleo agrícola.

   En el 15% del precio de adquisición de los fertilizantes.

   Ambas reducciones únicamente procederán cuando se trate de adquisiciones efectuadas en el ejercicio 2024, documentadas en facturas emitidas en dicho período.

3. Los contribuyentes que desarrollen actividades económicas en la Isla de La Palma podrán seguir reduciendo el rendimiento neto de módulos correspondiente a esas actividades en un 20%.

   Esta reducción se tendrá en cuenta para cuantificar el rendimiento neto a efectos de los pagos fraccionados correspondientes a 2024.

4. Los contribuyentes que deseen renunciar o revocar su renuncia para el año 2024 pondrán ejercitar dicha opción desde el día 22 de diciembre hasta el 31 de diciembre del año 2023.

3. Real Decreto-ley 8/2023, de 27 de diciembre, por el que se adoptan medidas para afrontar las consecuencias económicas y sociales derivadas de los conflictos en Ucrania y Oriente Próximo, así como para paliar los efectos de la sequía (BOE de 28).

En el ámbito del IRPF las modificaciones más relevantes para el IRPF de los ejercicios 2024 y siguientes son:

1. Prórroga de los límites excluyentes del método de estimación objetiva.
   Se modifica la DT 32ª de la Ley 35/2006, de 28 de noviembre, del Impuesto sobre la Renta de las Personas Físicas, prorrogándose para el ejercicio 2024 los límites cuantitativos que se vienen aplicando en ejercicios anteriores y que delimitan el ámbito de aplicación de método de estimación objetiva para las actividades económicas incluidas en el ámbito de aplicación de dicho mé-

todo, con excepción de las actividades agrícolas, ganaderas y forestales, que tienen su propio límite cuantitativo por volumen de ingresos.

Por tanto, las magnitudes excluyentes de carácter general serán para el ejercicio 2024 las siguientes:

Volumen de ingresos en el año inmediato anterior superior a 250.000 euros para el conjunto de actividades económicas, excepto las agrícolas, ganaderas y forestales. Se computarán la totalidad de las operaciones, exista o no obligación de expedir factura. Las operaciones en las que exista obligación de expedir factura cuando el destinatario sea empresario, no podrán superar 125.000 euros.

Volumen de ingresos para el conjunto de actividades agrícolas, forestales y ganaderas superior a 250.000 euros.

Volumen de compras en bienes y servicios en el año inmediato anterior, excluidas las adquisiciones del inmovilizado, superior a 250.000 euros.

Adicionalmente, se establece un nuevo plazo para renunciar o revocar la renuncia al régimen de estimación objetiva desde el siguiente a la fecha de publicación de este Real Decreto-ley hasta el 31 de enero de 2024.

Las renuncias y revocaciones presentadas para el año 2024 durante el mes de diciembre de 2023, con anterioridad al nuevo plazo, se entenderán presentadas en período hábil.

2. Deducción por obras de mejora de eficiencia energética en viviendas.

Se modifica la DA 50ª de la Ley 35/2006, de 28 de noviembre, del Impuesto sobre la Renta de las Personas Físicas ampliándose el plazo durante el cual pueden realizarse las obras de mejora de eficiencia para aplicar esta deducción:

La deducción por las obras de reducción de la demanda de calefacción y refrigeración se podrá aplicar por cantidades satisfechas por obras realizadas hasta el 31 de diciembre de 2024 en la vivienda habitual o de cualquier otra de su titularidad que tuviera arrendada para su uso como vivienda en ese momento o en expectativa de alquiler, siempre que, en este último caso, la vivienda se alquile antes de 31 de diciembre de 2025.

La deducción por obras para la mejora en el consumo de energía primaria no renovable se podrá aplicar por las cantidades satisfechas por obras realizadas hasta el 31 de diciembre de 2024 en la vivienda habitual o de cualquier otra de su titularidad que tuviera arrendada para su uso como vivienda en ese momento o en expectativa de alquiler, siempre que, en este último caso, la vivienda se alquile antes de 31 de diciembre de 2025.

La deducción por las obras realizadas en edificios de uso predominantemente residencial se podrá aplicar por las cantidades satisfechas por tales obras hasta el 31 de diciembre de 2025.

Esta última deducción se practicará en los períodos impositivos 2021, 2022, 2023, 2024 y 2025 en relación con las cantidades satisfechas en cada uno de ellos.

3. Establecimiento de los medios electrónicos como único cauce para la presentación de la declaración del Impuesto sobre la Renta de las Personas Físicas.

   Se modifica el artículo 96 de la Ley 35/2006, de 28 de noviembre, del Impuesto sobre la Renta de las Personas Físicas, añadiéndose en el apartado 5 del mismo que podrá establecer la obligación de presentación por medios electrónicos siempre que la Administración tributaria asegure la atención personalizada a los contribuyentes que precisen de asistencia para el cumplimento de la obligación.

4. Ajustar la tabla de retenciones sobre los rendimientos del trabajo del IRPF a la nueva cuantía del SMI. Real Decreto 142/2024, de 6 de febrero (BOE de 7).

2.2.1.2. La tributación de las rentas de explotaciones económicas en el IRPF. Rasgos generales

En base al esquema general de tributación que se expone en el epígrafe anterior, la renta que puede obtener un empresario o profesional persona física debe descomponerse, según la estructura del Impuesto, en dos partes diferenciadas, cuya cuantificación y tributación es totalmente diferente.

Por una parte, los rendimientos ordinarios de la actividad tributarán dentro del concepto rendimientos de actividades económicas y se integrarán, en todo caso, en la base imponible general. Por otra parte, la renta derivada de la transmisión de activos fijos recibirá el tratamiento de ganancias o pérdidas patrimoniales, que se cuantificará siguiendo las normas contenidas en el IRPF para este tipo de rentas y se integrará en la base imponible del ahorro.

La diferenciación descrita en el párrafo anterior nos aparta del concepto unitario de base imponible del Impuesto sobre Sociedades.

Esta distinción no es meramente una cuestión formal, sino que tiene una gran trascendencia impositiva, pues los rendimientos de actividades económicas y determinadas ganancias y pérdidas patrimoniales se integrarán en la base imponible general, gravándose a la escala general del Impuesto, mientras que las ganancias o pérdidas patrimoniales, que se hayan podido producir por la transmisión de activos fijos, se integrarán en la base imponible del ahorro, gravándose a otra escala de gravamen que, aunque es progresiva, su tipo marginal más alto es muy inferior al tipo marginal más elevado de la escala general.

En definitiva, el IRPF no grava de forma autónoma la renta obtenida por el empresario o profesional persona física, sino que la integra en el procedimiento establecido para cuantificar la renta global obtenida por esta persona física, circunstancia que, sobre todo, en el caso de las rentas que se integran en la base imponible general, puede suponer un mayor gravamen cuando se obtengan rentas de otro tipo (por ejemplo; en adelante p.e., rendimientos de trabajo, de capital inmobiliario) que deban integrarse en la base imponible general, dada la acumulación de rentas que se produce.

No siempre será fácil distinguir entre las dos modalidades de rentas; de esta manera, la CDGTV de 26 de junio de 2021, afirma que, en la venta de empresas, el llamado "revesting" tributa como ganancia de capital y no, como rendimiento del trabajo. Asimismo, se le aplican las reglas especiales de imputación de las ventas a plazo.

Se denomina "revesting" a la venta de una entidad, en la cual, se condiciona el precio o parte de él a que los fundadores de la compañía y los vendedores se queden trabajando durante determinado período de tiempo en la entidad compradora.

Ahora bien, desde la entrada en vigor de la Ley 28/2022, de 21 de diciembre, conocida popularmente como "Ley crea y crece", de fomento del ecosistema de las empresas emergentes, los llamados "carried interests" se califican como rendimientos del trabajo y, además, gozan de una reducción del 50% antes de su incorporación a la base imponible general del IRPF

La consulta vinculante de la DGTV2295-23, de 31 de julio de 2023, incluye entre los "carried inteset" a los bonos o incentivos que perciban las personas administradoras, gestoras o empleadas de las entidades citadas en la Ley 28/2002 y establece que la "reducción" citada no se configura como una reducción del rendimiento, sino que, directamente, conlleva una integración del 50% del rendimiento en la base imponible.

Por su parte, los criterios y el procedimiento de certificación de las empresas emergentes aparecen regulados en la Orden PCM/825/2023, de 20 de julio (BOE de 21).

En los apartados y epígrafes posteriores vamos a estudiar la forma de cuantificar las rentas obtenidas por los empresarios y profesionales en el desarrollo de su actividad, así como las posibles deducciones que pueden aplicarse.

La conceptuación de los rendimientos de actividades económicas se encuentra recogida en el artículo 27 de la Ley del Impuesto. De acuerdo con este precepto, se considerará que existen rendimientos de actividades económicas cuando una persona física realice una ordenación por cuenta propia de los medios de producción y de recursos humanos o de uno de ambos, con la finalidad de intervenir en la producción o distribución de bienes o servicios.

Esta definición de rendimiento de actividad económica se ha mantenido invariable en el tiempo, por lo que es un concepto plenamente asentado en la normativa del IRPF.

El arrendamiento de inmuebles será calificado como actividad económica cuando para la ordenación de estos se utilice, al menos, una persona empleada con contrato laboral y jornada completa. Este requisito es necesario pero no suficiente, pues deberá justificarse también que existe una carga administrativa mínima de trabajo necesaria para la contratación de la persona (Resolución del Tribunal Económico-Administrativo Central; en adelante RTEAC de 2 de febrero de 2012). A estos efectos, no se cumple el requisito anterior contratando a dos personas a media jornada (CDGTV1437-18).

El arrendamiento de despachos y oficinas en "cooworking", donde se prestan servicios adicionales como recepción de correspondencia, atención telefónica, entretenimiento, etc. constituye una actividad económica (CDGTV 0734-19).

No obstante, para el ejercicio 2015 y siguientes, derivado de la reforma del Impuesto, se ha producido una aclaración, aplicable por los contribuyentes que realicen actividades profesionales y que presten sus servicios a una entidad en cuyo capital participe el mismo.

En estos casos (servicios profesionales prestados a una entidad en cuyo capital participe), se considerará que, en todo caso, existe este tipo de rendimientos cuando el profesional quede incluido en el régimen especial de los trabajadores autónomos de la Seguridad Social (en adelante RETA) o en una Mutualidad de Previsión Social que actúe como alternativa a dicho régimen especial.

Es decir, la calificación como rendimientos de actividades económicas de este tipo de servicios profesionales prestados a una entidad en la que participe la persona física va a depender de la regulación del régimen especial de los trabajadores autónomos de la Seguridad Social.

En el caso de no quedar integrados en este régimen especial, a estos servicios se les deberá aplicar la normativa general del Impuesto, es decir, se podrán calificar como rendimientos de trabajo, si no existe una ordenación de los medios de producción, o como rendimientos de actividades económicas, si existe dicha ordenación.

Asimismo, se entiende que la renta percibida por un socio por el servicio que presta a la entidad ha de calificarse como actividad económica cuando tales servicios se califiquen como profesionales de acuerdo a lo regulado en la Sección 2.ª de las Tarifas del IAE.

Sin embargo, la redacción "aclaratoria" ha generado muchas dudas, entre otras, si la calificación de las rentas obtenidas por el socio como rendimientos de la actividad económica suponía la calificación automática del mismo como sujeto pasivo del IVA.

Por ello, la consulta vinculante número V2650-14, de 13 de abril de 2015, trata de precisar la tributación de los socios profesionales, personas físicas, en sociedades.

Por su parte, la CVDGT2088-20, de 23 de junio, afirma que, en el supuesto de que, bajo el régimen de "cuota litis", un abogado no cobre por sus servicios cuota alguna, no conlleva la existencia de autoconsumo en el IVA, ni se producirá el hecho imponible de este impuesto, por idénticos criterios a los regulados en la Resolución 5/2004, de 23 de diciembre, de la Dirección General de Tributos (en adelante, DGT), sobre tratamiento en el IVA de las cesiones efectuadas por los fabricantes de bebidas y productos alimenticios a las empresas comercializadoras de aparatos relacionados con la venta de dichos productos.

Tampoco existirá renta gravada en el IRPF.

2.2.1.3. La interposición de sociedades y la tributación de sus socios personas físicas

Otro asunto importante, a la hora de calificar los rendimientos de una persona física como rendimientos de una explotación económica, es que la AEAT se ha mostrado muy agresiva, recientemente, en el supuesto de sociedades creadas por artistas, profesionales y deportistas de distinta naturaleza para realizar sus actividades a través de estas sociedades y, en consecuencia, tributar por el IS al tipo proporcional del 25%.

La AEAT en su "Nota de la Agencia Tributaria sobre la interposición de sociedades por personas físicas", de 25 de febrero de 2019, https://sede.agenciatributaria.gob.es/static_files/AEAT/Contenidos_Comunes/La_Agencia_Tributaria/Segmentos_Usuarios/Empresas_y_profesionales/Foro_grandes_empresas/Criterios_generales/Sociedad_Interpuesta.pdf, ha indicado, por un lado, que la sociedad o la persona jurídica interpuesta debe disponer de medios económicos y personales de su titularidad, para que no haya "levantamiento del velo"; de no existir, se entenderá que los negocios realizados por la entidad son ejecutados individualmente por las personas físicas socios. Asimismo, el levantamiento del velo societario conllevará la calificación como rentas del socio sometidas al IRPF de determinados beneficios remansados en la sociedad.

Como indica la precitada Nota:

No se trata de impedir la posibilidad de que un contribuyente pueda realizar una actividad profesional por medio de una sociedad, lo cual se enmarca, a priori, *en el derecho que asiste a cualquier profesional a elegir libremente la forma en que quiere desarrollar su profesión. Pero eso no significa que la Administración tributaria deba aceptar automáticamente la validez jurídica de todo tipo de operaciones de prestación de servicios realizadas por una persona física a través de una sociedad profesional, ni asumir necesariamente que en toda operación realizada a través de una sociedad profesional ha de admitirse que la intervención de la sociedad es real, ni tampoco admitir la valoración de las prestaciones cuando estas no respondan a un verdadero valor de mercado.*

Para desconocer el velo societario y, en consecuencia, imputar directamente al socio persona física los rendimientos obtenidos por la sociedad, se atenderá fundamentalmente a:

- *Si los medios materiales y humanos a través de los que se prestan los servicios (o realizan las operaciones objeto de comprobación) son de titularidad de la persona física o de la persona jurídica.*
- *En caso de que tanto la persona física como la jurídica tengan medios materiales y humanos mediante los que poder prestar los servicios (o realizar operaciones), si la intervención de la sociedad en la realización de las operaciones es real. En el supuesto de que la sociedad carezca de estructura para realizar la actividad profesional que se aparenta realizar, nos encontraríamos ante la mera interposición formal de una sociedad en unas relaciones comerciales o profesionales en las que no habría participado en absoluto, especialmente teniendo en cuenta el carácter personalísimo de la actividad desarrollada.*

La aplicación de esta especie de "transparencia fiscal doméstica o interna", supone no sólo la imputación a las personas físicas, socios, de las rentas que, antes, se integraban en la persona jurídica, sino que, determinados gastos, calificados como deducibles por la sociedad, pasan a ser computados como ingresos en especie, rentas del trabajo, en el IRPF del accionista, por ejemplo, los derivados de la vivienda habitual, la cual suele aparecer como oficina o centro de negocios de la sociedad.

En este terreno, la Nota de la AEAT señala:

La atención de las necesidades del socio por parte de la sociedad suele abarcar tanto la puesta a disposición de aquel de diversos bienes, entre los que es frecuente encontrar la vivienda (vivienda habitual y viviendas secundarias) y los medios de transporte (coches, yates, aeronaves, etc.), sin estar amparada en ningún contrato de arrendamiento o cesión de uso; como la satisfacción de determinados gastos entre los que se encontrarían los asociados a dichos bienes (mantenimiento y reparaciones) y otros gastos personales del socio (viajes de vacaciones, artículos de lujo, retribuciones del personal doméstico, manutención, etc.).

En ambos supuestos nos encontramos con conductas contrarias a la norma que se deben evitar y que, normalmente, se concretan en no registrar ningún tipo de renta en sede de la persona física (aunque el coste de aspectos privados de su vida es asumido por la sociedad).

Por su parte, en la sociedad el único registro respecto de estas partidas suele ser la deducción del gasto y, en su caso, la deducción de las cuotas de IVA soportadas en la adquisición de bienes y servicios que, de haber tenido directamente como destinatarios a un particular fuera de una actividad económica, nunca habrían podido deducirse.

En otras ocasiones la utilización por el socio de un bien de la sociedad (generalmente una casa, un vehículo, una embarcación o una aeronave) se ampara jurídicamente en la existencia de un contrato de arrendamiento o cesión de uso.

En estos supuestos, a efectos de delimitar las posibles contingencias fiscales, resulta determinante el análisis de los contratos formalizados, para resolver si existiendo un contrato, la valoración de la cesión es correcta conforme al artículo 18 de la LIS.

Especial referencia se debe hacer de conductas más graves que se han detectado en las que se aparentan contratos de arrendamiento entre socio y sociedad, incluso en ocasiones pretendidamente acompañadas de una prestación de servicios propios de la industria hotelera, para intentar amparar la deducción de las cuotas de IVA, lo que ha llevado en determinados casos a considerar la existencia de contratos simulados.

O aquellos otros en los que, junto con los riesgos ya apuntados en la primera parte del documento, se trate de compensar en sede de la sociedad interpuesta los ingresos con partidas de gasto, como los antes mencionados, no afectos en modo alguno al ejercicio de la actividad profesional por parte del obligado tributario y que se corresponden con gastos o inversiones propias de su esfera particular.

Es más, en los últimos tiempos, cabe incluso señalar que se ha producido un endurecimiento de los procedimientos de aplicación de los tributos de la AEAT respecto de sociedades donde se califica la prestación realizada por el accionista principal y, generalmente, el administrador como personalísima o de carácter profesional (locutores, deportistas, profesionales del espectáculo, artistas, etc.).

En estas modalidades de entidades, las cuales ejecutan, generalmente, hablando actividades artísticas o profesionales, si no existen medios humanos o materiales en la sociedad, la AEAT ha tendido a calificar la propia existencia de la entidad como algo artificial e interpuesto, respecto de la actividad personal del dueño y está aplicando la figura de la simulación del artículo 16 LGT, levantando el velo de la sociedad e imputando todas las rentas obtenidas a través de la misma al socio o profesional accionista.

La STS de 8 de junio de 2023, rec. 5002/2021 y RTEAC, Res. 24 de julio de 2023, establecen que, cuando existan sociedades interpuestas, habiéndose declarado la simulación de la sociedad y considerando que toda la actividad corresponde al socio y haciendo desaparecer la sociedad interpuesta a efectos de la regularización efectiva, la base de la sanción corresponderá a la diferencia entre la cantidad dejada de ingresar por la persona física y la cantidad ingresada o declarada por la sociedad.

En el supuesto de que se regularicen operaciones vinculadas, la base de la sanción será la cantidad dejada de ingresar por la persona física.

2.2.1.4. El concepto de renta procedente de explotación económica en el IRPF. Ampliación

Otro problema a la hora de delimitar el concepto de "rendimiento de la explotación económica en el IRPF" deriva, precisamente, del intento de "aclaración", en el artículo 27.1 LIRPF, del concepto de rentas procedentes de explotaciones económicas, que atribuían esta naturaleza también a los socios de las mismas que cotizasen en la Seguridad Social mediante el régimen de autónomos y, además, estuviesen dados de alta en las Tarifas de la Sección Segunda del Impuesto sobre Actividades Económicas.

La doctrina precisa que esta regla sólo se aplica en el supuesto de sociedades que prestan servicios profesionales, cuando el socio, además, ejecuta la misma actividad profesional que la sociedad y, en materia de Seguridad Social, se encuentra dado de alta en el Régimen Especial de Trabajadores Autónomos, RETA, lo cual supone también una participación significativa en el capital de la sociedad.

Por último, el artículo 27 LIRPF establece con rotundidad que la clasificación como rendimientos de la actividad económica para las rentas obtenidas por el socio no supone automáticamente que el citado socio profesional sea considerado como sujeto pasivo del IVA, al existir estanqueidad a la hora de delimitar la sujeción a los dos tributos: IRPF e IVA.

En las cooperativas de trabajo, donde la relación laboral no reconoce la cualidad de socio trabajador y establece su alta en el Régimen Especial de Trabajadores Autónomos de la Seguridad Social (RETA), la retribución obtenida por éste tiene la calificación de rendimientos de actividades económicas (CDGTV0176-18, de 29 de enero de 2018).

En general, se califican como rendimientos de actividades económicas los procedentes de las siguientes:

- Actividades extractivas.
- Actividades de comercio.
- Actividades de prestación de servicios.
- Actividades de artesanía.
- Actividades agrícolas, ganaderas y forestales.
- Actividades de fabricación.
- Actividades pesqueras.
- Actividades de construcción.
- Actividades mineras.
- Profesiones liberales.
- Artistas.
- Deportistas.

2.2.1.5. Rendimientos de actividades profesionales y empresariales

Los dos se califican como rendimientos de la actividad económica en el IRPF. Son rendimientos de las actividades profesionales, los que deriven del ejercicio de las actividades incluidas en las Secciones Segunda (actividades de carácter general) y Tercera (actividades profesionales de carácter artístico o deportivo) de las Tarifas del IAE.

Por el contrario, son rendimientos de actividades empresariales los derivados de las actividades incluidas en la Sección Primera de las tarifas del IAE (artículo 95.2, a) RIRPF).

Son rendimientos profesionales siempre que se ejerciten liberalmente, sin dependencia de terceros. Por ello, no se califican como rentas de la actividad económica, sino del trabajo, siempre que el ejercicio de la profesión redunde en percibir cantidades de una empresa, con carácter laboral y dependiente, aunque tengan que inscribirse para realizar esta actividad en el Colegio Profesional correspondiente.

La CVDGT2088-20, de 23 de junio afirma que, en el supuesto de que, bajo el régimen de "cuota litis", un abogado no cobre por sus servicios cantidad alguna, no existirá autoconsumo en el IVA, ni se producirá el hecho imponible de este impuesto, por idénticos criterios a los regulados en la Resolución 5/2004, de 23 de diciembre, de la DGT, sobre tratamiento en el IVA de las cesiones efectuadas por los fabricantes de bebidas y productos alimenticios a las empresas comercializadoras de aparatos relacionados con la venta de dichos productos. Tampoco existirá renta gravada en el IRPF.

Entre otros, son rendimientos profesionales los que se obtienen por el ejercicio libre, mediante la ordenación por cuenta propia de medios humanos y personales, verbigracia: veterinarios, médicos, abogados, arquitectos, notarios, registradores de la propiedad, abogados, actuarios de seguros, agentes y corredores de seguros, cantantes, maestros y directores de música, expendedores oficiales de Lotería, apuestas deportivas y juegos de azar.

La CDGTV1483-22, de 21 de junio de 2022, afirma que el pago de las costas procesales al vencedor en un juicio, genera un crédito a favor de la parte vencedora, por lo cual, para la parte vencedora no conlleva un rendimiento de la actividad profesional sino un incremento de patrimonio por la incorporación de un crédito a su favor.

Ejemplo

Un abogado trabaja en la Asesoría Jurídica de un banco, encontrándose sometido a su Convenio Colectivo. Otro abogado ha aprobado las oposiciones de Abogado del Estado y se encuentra clasificado en el Servicio Jurídico del Ministerio de Hacienda.

Por último, X ha abierto con otros compañeros un despacho, habiéndose especializado en el asesoramiento fiscal.

¿Cuál de los tres abogados anteriores verá que sus ingresos se califican como rendimientos de la actividad económica?

Solución:

Con los datos aportados, serán los del Sr. X, porque en los demás existe una relación de dependencia, por lo cual sus rentas serán calificadas como rendimientos del trabajo.

2.2.2. Individualización de los rendimientos de actividades económicas

Una cuestión muy importante en un impuesto personal es determinar quién obtiene las rentas, pues será esta persona quién debe tributar por las mismas.

La individualización de rentas se encuentra regulada en el artículo 11 de la LIRPF.

Como hemos indicado anteriormente, los empresarios, personas físicas, pueden obtener de la actividad dos tipos de rentas (rendimientos ordinarios y ganancias o pérdidas patrimoniales derivadas de transmisiones de elementos patrimoniales afectos) a la actividad económica.

Las reglas de individualización aplicables para este tipo de rentas son diferentes.

Por una parte, los rendimientos de las actividades económicas se considerarán obtenidos por quienes realicen de forma habitual, personal y directa la ordenación por cuenta propia de los medios de producción y los recursos humanos afectos a las actividades. Se presumirá, salvo prueba en contrario, que dichos requisitos concurren en quienes figuren como titulares de las actividades económicas.

Es decir, en este tipo de rendimientos, no se tiene en cuenta la titularidad jurídica de los elementos patrimoniales que se encuentran afectos a la actividad, sino que los rendimientos se imputarán a la persona o personas que realicen la ordenación de factores productivos.

Al ser una cuestión de hecho, la LIRPF establece una presunción con prueba en contrario, imputando la totalidad de los rendimientos a la persona que figure como titular de la actividad, circunstancia que concurrirá en la persona que figure en el Censo de Empresarios como titular de la actividad.

Como se ha dicho, esta presunción admite prueba en contrario, es una presunción "iuris tantum", por lo que la presunción podría ser destruida e imputarse los rendimientos a la persona, que aunque no figure de titular formal de la actividad en el Censo de Empresarios, fuese quien en la realidad ordenase los factores productivos.

Por lo que se refiere a las ganancias y pérdidas patrimoniales derivadas de elementos patrimoniales afectos, la normativa del Impuesto establece que se considerarán obtenidos por los contribuyentes que sean titulares de los mismos de acuerdo con las normas sobre titularidad jurídica aplicables en cada caso y en función de las pruebas aportadas por los contribuyentes o de las descubiertas por la Administración.

A estos efectos, serán de aplicación las normas sobre titularidad jurídica de los bienes o derechos contenidas en las disposiciones reguladoras del régimen económico del matrimonio, así como los preceptos de la legislación civil aplicables en cada caso a las relaciones patrimoniales entre los miembros de la familia.

Este criterio, dada la regla de afectación de los elementos patrimoniales afectos a ambos cónyuges (que se verá más adelante), podría conllevar que las ganancias y patrimoniales obtenidas puedan repartirse entre los cónyuges que sean titulares comunes del bien trasmitido.

Los metros cuadrados de vivienda destinados a la actividad económica se deben computar en su totalidad, aunque solo correspondan a la titularidad del cónyuge empresario o profesional en un 50%, por someterse el matrimonio al régimen económico de gananciales (CDGTV2310-18, de 7 de agosto de 2018).

Los rendimientos de actividades económicas se consideran obtenidos por quien ordena los factores productivos.

Legislación

LEY

Ley 35/2006, de 28 de noviembre, del Impuesto sobre la Renta de las Personas Físicas y de modificación parcial de los impuestos sobre Sociedades, sobre la Renta de no Residentes y sobre el Patrimonio, artículo 11.

Ley 6/2017, de 24 de octubre, de reformas urgentes del trabajo autónomo, artículo 11.

2.2.3. *Imputación temporal*

En un impuesto progresivo como es el IRPF, la imputación temporal de las rentas obtenidas es una cuestión clave pues aunque incide directamente en el momento de imputación en un período impositivo, esta imputación afecta a la progresividad del Impuesto.

Las reglas de imputación temporal en el IRPF se encuentran reguladas en el artículo 14 de la LIRPF y en el artículo 7 del RIRPF.

De acuerdo con esta regulación, los rendimientos de actividades económicas se imputarán conforme a lo dispuesto en la normativa reguladora del IS, es decir, deberán seguir el criterio de devengo contable que se establece en este Impuesto.

Los rendimientos de actividades económicas se consideran obtenidos por quien ordena los factores productivos.

No obstante, la normativa del IRPF establece la siguiente especialidad:

1.ª Los contribuyentes que desarrollen actividades económicas y que deban cumplimentar sus obligaciones contables y registrales de acuerdo con lo previsto en los apartados 3, 4, 5 y 6 del artículo 68 del RIRPF (es decir, aquellos que, por normativa del IRPF, no estén obligados a llevar contabilidad ajustada al Código de Comercio), podrán optar por el criterio de cobros y pagos para imputar temporalmente los ingresos y gastos de todas sus actividades económicas.

Dicho criterio se entenderá aprobado por la Administración tributaria, a efectos de lo previsto en el apartado 2 del artículo 11 de la Ley 27/2014, de 27 de noviembre, del Impuesto sobre Sociedades, LIS, por el solo hecho de así manifestarlo en la correspondiente declaración, y deberá mantenerse durante un plazo mínimo de tres años. Es decir, la opción por el criterio de cobros y pagos deberá comunicarse a la Administración tributaria a través de modelo de declaración del Impuesto. A este respecto, en las páginas del modelo de declaración del IRPF relativas a los rendimientos de actividades económicas se contempla una casilla para esta comunicación.

Esta opción por el criterio de cobros y pagos perderá su eficacia si, con posterioridad a dicha opción, el contribuyente debiera cumplimentar sus obligaciones contables y registrales de acuerdo con lo previsto en el apartado 2 del artículo 68 del RIRPF. En este caso, no será de aplicación el plazo mínimo de tres años.

Asimismo, el desarrollo normativo de esta opción establece que no se podrá aplicar (es decir, no se podrá optar por la misma) si el emprendedor desarrollase alguna actividad económica por la que debiera obligatoriamente llevar contabilidad de acuerdo con lo previsto en el Código de Comercio (en adelante Ccom) o, sin estar obligado, llevase contabilidad.

Recuérdese que, de acuerdo con lo dispuesto en el artículo 68.10 del RIRPF, los contribuyentes distintos de los previstos en el apartado 2 de dicho precepto estarán obligados a llevar los libros registros establecidos en el mismo aun cuando, voluntariamente, lleven contabilidad ajustada a lo dispuesto en el Código de Comercio.

En definitiva, el ejercicio de la opción de cobros y pagos afecta a todas las actividades económicas desarrolladas por la misma persona física.

Por último, conviene resaltar que los cambios de criterio de imputación temporal o de método de determinación del rendimiento neto no pueden comportar que algún gasto o ingreso quede sin computar o que se impute nuevamente en otro ejercicio.

Si el contribuyente ha cesado en una actividad profesional, en la cual se acogió al criterio de cobros y pagos y, en 2019, percibe ingresos o incurre en gastos que provienen de la actividad, deberá declararlos en el año se su cobro, es decir, en 2019 (CDGTV0077-17).

Si el contribuyente no está acogido al criterio de caja y en el año 2019 se ha producido una sentencia judicial a su favor, que obliga a su cliente a pagarle unas facturas de años atrás, percibiendo estas cuantías en 2019 y 2020, dichas cantidades deberán declararse en el ejercicio en el cual la sentencia adquirió firmeza (CDGTV3372-15).

Para el caso de una emisión de facturas en el mes de diciembre pero que se cobra en el ejercicio siguiente, nos remitimos a la CDGTV de 25 de febrero de 2021.

Los titulares de actividades económicas que no estén obligados a llevar contabilidad, podrán optar por el criterio de cobros y pagos.

2.ª Conforme al Real Decreto-Ley 5/2020, de 25 de febrero, por el que se adoptan determinadas medidas urgentes en materia de agricultura y alimentación ("Boletín Oficial del Estado" de 26), las ayudas públicas para la primera instalación de jóvenes agricultores, previstas en el Marco Nacional de Desarrollo Rural de España, podrán imputarse por cuartas partes, en el período impositivo en el que se obtengan y en los tres siguientes.

Esta regla especie de imputación temporal aparece incluida ahora en la letra l) del apartado 2 del art. 14 LIRPF.

3.ª Por lo que se refiere a las ganancias y pérdidas patrimoniales de elementos afectos a la actividad, la imputación se realizará, de acuerdo con la normativa del IRPF, en el período impositivo en que se produzca la misma, es decir, que estamos ante un criterio de devengo contable, aunque éste derive de la normativa del IRPF.

4.ª En el caso de operaciones a plazos o con precio aplazado, la normativa del IRPF contempla como regla especial de imputación temporal la opción por imputar proporcionalmente las rentas obtenidas a medida que se hagan exigibles los cobros correspondientes. Esta regla es de aplicación cuando el tiempo transcurrido entre la entrega o puesta a disposición del elemento transmitido y el vencimiento del último plazo sea superior a un año.

5.ª Por último, la Orden HFP/1359/2023, de 19 de diciembre (BOE de 21 de diciembre) que regula la EO en el IRPF para el año 2024, regula, asimismo, que las ayudas directas desacopladas de la Política Agraria Común, cambian su norma de imputación temporal, de manera que su tributación en proporción a los ingresos de sus cultivos o explotaciones se condiciona a la obtención de un mínimo de ingresos en la actividad distintos del de la propia ayuda directa.

Si un administrador de una sociedad computa como gasto deducible de los rendimientos del trabajo en el ejercicio 2022 las cuotas del RETA y no coinciden los rendimientos efectivamente obtenidos con los previstas, reclamándole la Seguridad Social en el ejercicio 2023 una cantidad adicional, puede calificar esa cantidad adicional como mayor gasto deducible sobre los rendimientos incluidos en la declaración del IRPF del período impositivo X3, sin necesidad de rectificar la autoliquidación del ejercicio 2022 (Consulta INFORMA número 146438, junio de 2023).

Por último, recordar que los intereses de demora abonados por la AEAT están sujetos al IRPF como ganancia patrimonial, a integrar en la base imponible general, conforme al nuevo criterio fijado por la Sentencia del Tribunal Supremo 24/2023, de 13 de enero.

También se integrarán en la base imponible general los abonados por otras Administraciones Públicas o entidades de derecho público o privado. Informe DGT de 8 de marzo de 2023.

Legislación

LEY

Ley 35/2006, de 28 de noviembre, del Impuesto sobre la Renta de las Personas Físicas y de modificación parcial de los impuestos sobre Sociedades, sobre la Renta de no Residentes y sobre el Patrimonio, artículo 14.

REGLAMENTO

Real Decreto 439/2007, de 30 de marzo, por el que se aprueba el Reglamento del Impuesto sobre la Renta de las Personas Físicas, artículo 7.

2.2.4. Elementos patrimoniales afectos

Dada la especial configuración del IRPF, en lo concerniente a la tributación de las actividades económicas, que se integran entre todas las demás rentas que puede obtener una persona física, es necesario conocer los elementos patrimoniales que componen el patrimonio de su actividad; para ello, la normativa del Impuesto define los elementos patrimoniales afectos a este tipo de actividades.

Esta definición es absolutamente necesaria, pues las rentas ordinarias procedentes de los mismos, así como los gastos que generen, van a tributar dentro el rendimiento neto obtenido por las actividades económicas, mientras que la transmisión de activos fijos va a tributar como ganancias o pérdidas patrimoniales derivadas de elementos afectos a actividades económicas, que como veremos más adelante, se cuantifican aplicando una norma específica.

Teniendo en cuenta que los elementos patrimoniales afectos forman parte del patrimonio total del empresario, esta configuración conlleva que el patrimonio total del empresario se divide entre el patrimonio empresarial afecto (elementos patrimoniales afectos) y, por exclusión, el patrimonio no afecto a actividades económicas, que podemos denominarlo como patrimonio particular.

El empresario, persona física, debe distinguir entre el patrimonio afecto a la actividad y el no destinado a la misma.

La incidencia práctica que tiene esta definición de elementos patrimoniales afectos, se puede resumir en que los gastos que se deriven de los mismos y tengan correlación con los ingresos, podrán deducirse como gastos deducibles de los rendimientos de actividades económicas. Entre estos gastos se pueden incluir las amortizaciones del inmovilizado material e intangible.

La regulación legal de los elementos patrimoniales afectos se encuentra en el artículo 29 de LIRPF, mientras que el desarrollo reglamentario se produce a través del artículo 22 del RIRPF.

Definición

De acuerdo con estos preceptos, se considerarán elementos patrimoniales afectos a una actividad económica, aquellos elementos patrimoniales cuya propiedad corresponda al titular de la actividad (es decir, los que figurarían en el activo si se tratase de una persona jurídica) y cumplan las siguientes condiciones:

a) Los bienes inmuebles en los que se desarrolla la actividad.

b) Los bienes destinados a los servicios económicos y socioculturales del personal al servicio de la actividad. No considerándose afectos los bienes de esparcimiento y recreo o, en general, de uso particular del titular de la actividad económica.

c) Cualesquiera otros elementos patrimoniales que sean necesarios para la obtención de los respectivos rendimientos. En ningún caso, tendrán esta consideración los activos representativos de la participación en fondos propios de una entidad y de la cesión de capitales a terceros.

Es decir, la normativa reguladora excluye expresamente, aunque pudiesen ser necesarios para la obtención de los ingresos, a determinados activos mobiliarios. Esto quiere decir que, por ejemplo, los fondos depositados en una cuenta corriente, aunque esta cuenta se utilice exclusivamente en la actividad u otros activos financieros no se considerarán, en ningún caso, elementos afectos, por lo que las rentas que pudiesen generar, no tributarán dentro de esta clase de renta, gravándose como rendimientos de capital mobiliario.

Las acciones o participaciones en entidades jurídicas, los activos financieros y los depósitos bancarios no se considerarán, en ningún caso, elementos patrimoniales afectos.

La única excepción que contempla la normativa del Impuesto para la afectación de elementos patrimoniales, cuya titularidad no corresponda en su totalidad al titular de la actividad, se produce en los casos de que éste se encuentre casado y la titularidad de los elementos, que cumplan las condiciones expresadas anteriormente, corresponda a ambos cónyuges.

Es decir, cuando un elemento patrimonial cumpla las condiciones de afectación y la titularidad resulte común a ambos cónyuges, se entenderán afectados en su totalidad y no meramente en la cuota de propiedad que corresponda al titular de la actividad.

A este respecto, conviene apuntar que el concepto "común a ambos cónyuges" es más amplio que el de los bienes gananciales pues aunque los bienes gananciales son comunes, también son comunes aquellos elementos cuya titularidad corresponda en proindiviso a ambos.

Poseer otro vehículo no constituye prueba de afectación exclusiva a la actividad económica de uno de los automóviles poseídos por el contribuyente (CDGTV168-19). Lo mismo sucede con otros bienes, por ejemplo, teléfonos móviles.

Se considerarán totalmente afectos, aquellos elementos comunes a ambos cónyuges que cumplan las condiciones de afectación.

Probar la afectividad exclusiva de vehículos privados u otros bienes mobiliarios, caso de los teléfonos móviles, a una actividad económica es objeto de múltiples debates entre la AEAT y los contribuyentes.

La aplicación de las reglas y principios generales de la prueba en este terreno, arts. 105 a 108 de la LGT, nunca ha sido pacífica.

Recientemente, la propia AEAT, en un tema hasta cierto punto relacionado con este problema, a saber, la deducibilidad del IVA soportado en vehículos de uso mismo, ha publicado una Nota informativa específica al respecto, "NOTA SOBRE CUESTIONES RELATIVAS A LOS VEHÍCULOS DE USO MIXTO CEDIDOS A EMPLEADOS", de 28 de julio de 2023, donde se afirman cosas como:

"La acreditación de la afectación del bien a la actividad económica sujeta al impuesto podrá realizarse por cualquier medio de prueba admitido en derecho, no siendo medio de prueba suficiente la declaración-liquidación en la que conste la cuota soportada que se deduce, ni la contabilización o la inclusión de los bienes en el Libro Registro de facturas recibidas, en el de bienes de inversión u otro registro oficial de la actividad empresarial o profesional. Esta acreditación de la afectación a la actividad debe realizarse por el sujeto pasivo cualquiera que sea el porcentaje aplicado, al tratarse de una condición necesaria e imprescindible, "sine qua non", para ejercitar el derecho a la deducción".

https://sede.agenciatributaria.gob.es/static_files/Sede/Tema/Normativa/Doctrina_Criterios/Criterios/IVA/CESION__VEHICULOS_WEB.pdf

Con independencia de las condiciones exigidas para la afectación de elementos patrimoniales anteriormente, la normativa reglamentaria recoge otras reglas de afectación, estableciendo que no se entenderán afectados:

a) Aquellos que, siendo de la titularidad del empresario, no figuren en la contabilidad o registros oficiales de la actividad económica que esté obligado a llevar, salvo prueba en contrario. Es decir que, aunque un elemento patrimonial no figure registrado en los libros que debe llevar el titular de la actividad, si se puede probar que este elemento cumple las condiciones de afectación, se consideraría afectado.
b) Aquellos que se utilicen simultáneamente para actividades económicas y para necesidades privadas, salvo que la utilización para estas últimas sea accesoria y notoriamente irrelevante.

No obstante, cuando se trate de elementos patrimoniales que sirvan sólo parcialmente al objeto de la actividad, la afectación se entenderá limitada a aquella parte de los mismos que realmente se utilice en la actividad de que se trate. En este sentido, sólo se considerarán afectadas, aquellas partes de los elementos patrimoniales que sean susceptibles de un aprovechamiento separado e independiente del resto. En ningún caso serán susceptibles de afectación parcial elementos patrimoniales indivisibles.

Por ejemplo, un inmueble puede afectarse parcialmente, siempre que la parte que se destine a la actividad pueda distinguirse del resto del inmueble, mientras que elementos que sean indivisibles (verbigracia, un ordenador), no son susceptibles de afectación parcial.

Ahora bien, los elementos indivisibles pueden considerarse totalmente afectados cuando se trate de bienes del inmovilizado, siempre que se destinen al uso personal del contribuyente en días u horas inhábiles durante los cuales se interrumpa el ejercicio de dicha actividad.

De esta forma, se calificará como totalmente afecto a la actividad económica, el ordenador destinado a llevar la gestión de una actividad que se utiliza para otros fines los días que no se encuentra abierta al público la misma.

Ahora bien, esta excepción no será de aplicación a los automóviles de turismo y sus remolques, ciclomotores, motocicletas, aeronaves o embarcaciones deportivas o de recreo, salvo en los siguientes supuestos:

a) Los vehículos mixtos destinados al transporte de mercancías.
b) Los destinados a la prestación de servicios de transporte de viajeros mediante contraprestación.
c) Los destinados a la prestación de servicios de enseñanza de conductores o pilotos mediante contraprestación.
d) Los destinados a los desplazamientos profesionales de los representantes o agentes comerciales.
e) Los destinados a ser objeto de cesión de uso con habitualidad y onerosidad.

A estos efectos, se considerarán automóviles de turismo, remolques, ciclomotores y motocicletas los definidos como tales en el Anexo del Real Decreto Legislativo 339/1990, de 2 de marzo, por el que se aprueba el texto articulado de la Ley sobre Tráfico, Circulación de Vehículos a Motor y Seguridad Vial, así como los definidos como vehículos mixtos en dicho Anexo y, en todo caso, los denominados vehículos todo terreno o tipo "jeep".

Salvo en estas actividades, en el IRPF, a diferencia de lo que ocurre en el IVA, la afectación de estos elementos exige la utilización exclusiva de los mismos en la actividad. Esta utilización exclusiva conlleva, en la práctica, un problema de prueba, dada la dificultad de probar la misma.

Ahora bien, el empresario, que decida aplicar el "forfait" (por no destinar exclusivamente el elemento a la actividad) de deducir el 50 por ciento de la cuota de IVA soportada en la adquisición de un vehículo turismo, está expresando tácitamente que la utilización de éste no es exclusiva para la actividad, circunstancia que implicaría que no podría considerarse como elemento afecto, lo que conllevaría que no se podría deducir ni la amortización ni los gastos que pudiese generar.

En ese sentido, la precitada "NOTA SOBRE CUESTIONES RELATIVAS A LOS VEHÍCULOS DE USO MIXTO CEDIDOS A EMPLEADOS", de 28 de julio de 2023, puede servirnos de alguna guía al respecto, aunque es de aplicación en el IVA y sus consecuencias no pueden extenderse al IRPF de manera automática.

La furgoneta de un fontanero es un vehículo mixto que no se destina al transporte de mercancías, sino al transporte de herramientas y personal. En consecuencia, requiere de afectación en exclusiva a la actividad (CDGTV1962-19).

La amortización de un teléfono móvil sólo es deducible si se utiliza exclusivamente en la actividad económica (CDGTV2731-18). De idéntico modo, la deducibilidad de las cuotas del "renting" de un turismo solo serán deducibles si la afectación de este es exclusiva (CDGTV0425-19).

La competencia para la comprobación y valoración de los medios de prueba aportados como justificación de dicha afectación exclusiva corresponde a los servicios de Gestión e Inspección de la AEAT. No obstante, la tenencia de otro vehículo como destinado a un uso particular no prueba que el primer vehículo vaya destinado exclusivamente a la actividad económica (CCDGTV113615, de 13 de abril de 2015; V1288-15, de 28 de abril de 2015 y V3382-20, de 19 de noviembre de 2020).

Las reglas de deducibilidad de los gastos vinculados a una actividad económica de un trabajador autónomo han sido objeto de una profunda renovación desde el 1 de enero de 2018 mediante la introducción del artículo 11 de la Ley 6/2017, de 24 de octubre, de reformas urgentes del trabajo autónomo.

El artículo 11 de la Ley 6/2017 recoge dos medidas que, como define la propia norma, más que modificar, clarifican la fiscalidad de los trabajadores autónomos y que han entrado en vigor el día 1 de enero de 2018, según su Disposición final decimotercera.

La primera consiste en que, en los casos en que el contribuyente afecte parcialmente su vivienda habitual al desarrollo de la actividad económica, de los gastos de suministros de dicha vivienda, tales como agua, gas, electricidad, telefonía e Internet, será deducible el porcentaje resultante de aplicar el 30 por ciento a la proporción existente entre los metros cuadrados de la vivienda destinados a la actividad respecto a su superficie total, salvo que se pruebe un porcentaje superior o inferior.

En este sentido, se pronuncia toda la doctrina de la Dirección General de Tributos, por ejemplo, en su consulta vinculante (V0192-22), de 7 de febrero de 2022, la cual manifiesta, respecto de los requisitos generales para la deducción de estos gastos:

Al respecto, deberán los gastos, para su deducción, cumplir los requisitos de correcta imputación temporal, de registro en la contabilidad o en los libros registros que el contribuyente deba llevar, así como estar convenientemente justificados.

No obstante, conviene señalar que la competencia para la comprobación de los medios de prueba aportados como justificación de las deducciones y gastos y para la valoración de las mismas corresponde a los servicios de Gestión e Inspección de la Agencia Estatal de la Administración Tributaria.

Por último, la deducibilidad del mobiliario y demás enseres adquiridos para las estancias afectas a la actividad se efectuará por la vía de la amortización, la cual se efectuará elemento por elemento.

No obstante, siguiendo el principio de correlación entre ingresos y gastos, para la determinación del rendimiento neto de la actividad económica sí podría admitirse la deducción de este tipo de gastos por suministros, si su vinculación con la obtención de los ingresos resultara acreditada por el obligado tributario (principio de correlación de ingresos y gastos).

El legislador en la Ley 6/2017 lo que hace, en el fondo, es objetivizar la deducción, delimitándola, salvo prueba en contrario, en un 30 por ciento del porcentaje entre los metros cuadrados destinados a la actividad y el total de la vivienda.

Así, la Administración tributaria podrá acreditar una menor deducción y el contribuyente, si está en condiciones de acreditar un mayor porcentaje, podrá ejercer el derecho a la deducción en dicha medida.

Esta medida da mayor seguridad jurídica al contribuyente a la hora de deducirse los gastos correspondientes a suministros

Ahora bien, la deducibilidad de estos gastos para la parte de la vivienda propia afecta a la actividad económica, requiere, en primer lugar que el autónomo ponga en conocimiento de la Agencia Tributaria a través de los modelos 036 y 037 en qué espacio desarrolla su actividad, esto es, debe "afectar" la vivienda en cuestión a la actividad que desarrolla. En estos modelos tendrá que especificar los metros cuadrados de la vivienda que dedica al negocio. Lo habitual es que se dediquen una o dos habitaciones, en torno al 15-30 por ciento de la vivienda.

El 30 por ciento suele ser el máximo que acepta la Agencia Tributaria, pero si el autónomo dedica mayor porcentaje de superficie y puede probarlo, no habría inconveniente en que la afectación fuese mayor. Hay que tener en cuenta que existen estancias dentro de una vivienda que son destinadas de manera principal a la realización de actividades privadas, de ocio o personales, por ejemplo, el salón, la cocina o los baños. Es por ello que el exceso del 30 por ciento de la vivienda se muestra, en la inmensa mayoría de casos, como inasumible.

Si el inmueble está, por el contrario, arrendado, es imprescindible también que el contrato de arrendamiento esté a nombre del autónomo y que el casero le expida dos facturas (o una en la que aparezca desglosado): una con IVA (ya que el alquiler de locales para negocios se grava con este impuesto) y otra sin él, que el autónomo ha de incluir en sus libros contables.

Ejemplo

Si la vivienda habitual de un contribuyente tiene 100 metros cuadrados y este afecta 30 metros cuadrados a la actividad económica que desarrolla, ¿qué importe de los suministros podrá deducirse en el IRPF si el gasto anual total por suministros fue de 4.500 euros?

Solución:

Primero habrá que calcular el porcentaje de la vivienda que está afecto a la actividad económica: 30 m² / 100 m² = 30%.

El contribuyente podrá deducirse el 30 por ciento de los gastos de suministros correspondientes a ese 30 por ciento de la vivienda, por lo que su porcentaje de deducción será el siguiente: 30% × 30% = 9%.

Por lo tanto, podrá deducirse los siguientes gastos de suministros: 4.500 euros × 9% = 405 euros.

La segunda de las clarificaciones se refiere a los gastos de manutención del propio contribuyente, incurridos en el desarrollo de la actividad económica.

Para la determinación del rendimiento los contribuyentes podrán deducir determinados gastos de manutención relacionados directamente con el ejercicio de su actividad económica, siempre que se cumplan los siguientes requisitos:

- ❐ Que sean gastos del propio contribuyente.
- ❐ Que se realicen en el desarrollo de la actividad económica. Es decir, que sean propios de la actividad.
- ❐ Que se produzcan en establecimientos de restauración y hostelería.
- ❐ Que se abonen utilizando cualquier medio electrónico de pago.
- ❐ Que no superen los límites cuantitativos que reglamentariamente se establece el artículo 9.A.3.a) del RIRPF para las dietas y asignaciones para gastos normales de manutención de los trabajadores. Si se superan los límites, el exceso no será objeto de deducción.

Una vez que se esté en condiciones de probar que un gasto de manutención se destina a la actividad económica, será deducible, siempre que se den tres requisitos:

1º.- Que se produzca en establecimientos de restauración y hostelería,

2º.- Que se abone utilizando cualquier medio electrónico de pago, y

3.º Que esté dentro de los límites cuantitativos establecidos reglamentariamente para las dietas exentas por asignaciones para gastos normales de manutención de los trabajadores que, en durante los años 2022 y siguientes, son los siguientes:

- ❐ Cuando se haya pernoctado en municipio distinto del lugar de trabajo habitual y del que constituya la residencia del perceptor:
  - a) Desplazamiento dentro del territorio español: 53,34 euros diarios como máximo.
  - b) Desplazamiento a territorio extranjero: 91,35 euros diarios como máximo.
- ❐ Cuando no se haya pernoctado en municipio distinto del lugar de trabajo habitual y del que constituya la residencia del perceptor, las siguientes cantidades en concepto de asignaciones para gastos de manutención:
  - a) Desplazamiento dentro del territorio español: 26,67 euros diarios como máximo.
  - b) Desplazamiento a territorio extranjero: 48,08 euros diarios como máximo.

En este sentido, es importante conocer a quién compete la prueba de estos gastos y su realidad.

Pues bien, la STS de 30 de enero de 2020. Recurso de casación afirma que no es al empleado a quien corresponde probar la realidad de los desplazamientos y gastos de manutención y estancia a los efectos de su no sujeción al IRPF, sino que la Administración para su acreditación deberá dirigirse al empleador en cuanto obligado a acreditar que las cantidades abonadas por aquellos conceptos responden a desplazamientos realizados en determinados días y lugar, por motivo o por razón del desarrollo de su actividad laboral, siendo extensible este criterio al ámbito de las actividades económicas. Ese criterio ha sido reiterado en jurisprudencia posterior, por ejemplo, en la STS de 4 de octubre de 2022, recurso de casación 1910/2021.

Al igual que, en el caso anterior, se da seguridad jurídica a la deducción de los gastos de manutención del propio contribuyente, no en caso de invitaciones o eventos, en los que seguirá siendo la prueba el elemento para delimitar la deducibilidad o no de este último tipo de gastos.

En caso de que el cónyuge empresario o profesional utilice en desarrollo de su actividad bienes gananciales, los metros cuadrados de la vivienda destinados a la actividad se deben computar en su totalidad, aunque sólo correspondan a la titularidad del cónyuge empresarial o profesional en el 50% (CVDGT del 7/08/2018, V2310-18).

Sin embargo, ya han empezado las críticas contra la medida, pues supone, en realidad, que la deducción de gastos se reduce, en términos generales, a un rango situado entre el 6 y el 12%.

Asimismo, se han planteado problemas en relación con la deducibilidad de los gastos de comidas y su correlación con las actividades del autónomo, así como con la prueba de estas comidas, al exigir la AEAT una factura completa.

Los vehículos de turismo salvo con determinadas excepciones, se considerarán elementos afectos cuando se destinen EXCLUSIVAMENTE al ejercicio de la actividad.

Legislación

LEY

Ley 35/2006, de 28 de noviembre, del Impuesto sobre la Renta de las Personas Físicas y de modificación parcial de los impuestos sobre Sociedades, sobre la Renta de no Residentes y sobre el Patrimonio, artículo 29.

Ley 6/2017, de 24 de octubre, de reformas urgentes del trabajo autónomo, artículo 11.

REGLAMENTO

Real Decreto 439/2007, de 30 de marzo, por el que se aprueba el Reglamento del Impuesto sobre la Renta de las Personas Físicas, artículo 22.

2.2.5. Determinación del rendimiento neto

2.2.5.1. Cuestiones generales

Según establece el artículo 28.1 de la LIRPF, el rendimiento neto de estas actividades se determinará según las normas del IS pero teniendo en cuenta las reglas especiales previstas expresamente en la normativa del IRPF, para la estimación directa y para la estimación objetiva.

Es decir, con carácter general, para la determinación del rendimiento neto de las actividades económicas debemos tener en cuenta la regulación del IS, por lo que es importante conocer, en este apartado, el contenido de lo dispuesto en esta obra en relación con la tributación en el IS.

Sin perjuicio de esta remisión en bloque a la normativa del IS, el propio artículo 28 de la LIRPF establece dos reglas generales importantes, que deben aplicarse previamente a las reglas especiales de la estimación directa y de la objetiva, es decir, que se aplican en todo caso con independencia del método de estimación utilizado por el empresario.

Por una parte, se manifiesta que, dentro de este rendimiento neto, no se incluirán las ganancias o pérdidas patrimoniales derivadas de la transmisión de los elementos patrimoniales de activo fijo que se encuentren afectos a estas actividades económicas. Estas ganancias o pérdidas patrimoniales se cuantificarán de acuerdo con las reglas contenidas en el IRPF para este tipo de rentas, es decir, la normativa del IS no será aplicable en estos casos.

CDGTV de 26 de junio de 2021. En la venta de empresas, el llamado "revesting" tributa como ganancia de capital y no, como rendimiento del trabajo.

Se denomina "revesting" a la venta de una entidad, en la cual, se condiciona el precio o parte de él a que los fundadores de la compañía y vendedores se queden trabajando durante determinados períodos de tiempo en la sociedad compradora.

Parte del precio de venta se condiciona al cumplimiento de esta condición laboral y se deja en un "escrow" o depósito.

La operación, al no definirse en su totalidad el precio, es una ganancia de capital imputable en el momento de la venta sobre una estimación del valor total de la transmisión, cuantía que se irá corrigiendo, a medida que se vayan cumpliendo las condiciones del contrato.

Por su parte, los ingresos en operaciones de venta de empresas conocidos como "carried in interests" son, por el contrario, calificados como rendimientos del trabajo y están bonificados al 50% en el caso de tratarse de empresas calificadas como emergentes.

Sobre el tratamiento y cómputo de los "carried interests" nos remitimos a la CVDGT2295-23, de 31 de julio de 2023.

En el rendimiento neto de las actividades económicas no se incluirán las ganancias o pérdidas patrimoniales derivadas de la transmisión de elementos patrimoniales afectos a la actividad económica.

Con carácter general, tienen la consideración de ingresos íntegros computables derivados del ejercicio de la actividad económica (y sin perjuicio de las especialidades fiscales establecidas en cada caso), entre otros, los siguientes:

- Ingresos de explotación: los derivados de la venta de bienes o de la prestación de servicios que constituyen el propio objeto de la actividad, incluidos en su caso aquellos que procedan de servicios accesorios a la actividad.
- Los trabajos realizados para la empresa.
- Las subvenciones y otras ayudas públicas percibidas en el ejercicio de la actividad
- Otros ingresos de gestión.
- Las indemnizaciones sobre operaciones y valores de explotación.
- Ingresos extraordinarios, no periódicos.
- Los excesos y aplicaciones de provisiones.

La subvención para un "kit digital" es un ingreso de la actividad empresarial y se imputará en la medida en que se amorticen los elementos patrimoniales en que se hayan materializado las subvenciones (consulta INFORMA número 14621, junio de 2023).

Las ayudas públicas otorgadas por daños personales para paliar los incendios que tuvieron lugar durante los meses de junio, julio y agosto de 2022, en los términos municipales incluidos en el Anexo del Consejo de Ministros de 23 de agosto de 2022, son ingresos, pero están exentas del IRPF (Consulta INFORMA número 146422, junio de 2023).

También están exentas las ayudas recibidas por los daños causados, personales y materiales, por la borrasca Filomena, conforme a lo regulado en el Real Decreto-ley 10/2021, de 18 de mayo (Consulta INFORMA números 143678 y 14379).

Por otra, se establece una regla de valoración de obligado cumplimiento para las entregas de los bienes y servicios objeto de la actividad. De esta forma, la normativa legal acude al valor normal en el mercado cuando el empresario ceda bienes o preste servicios de forma gratuita o destine estos al uso o consumo propio.

También, cuando medie contraprestación y ésta sea notoriamente inferior a este valor normal en el mercado, se atenderá a este valor para cuantificar la renta obtenida.

En definitiva, nos encontramos ante una regla de valoración autónoma respecto del IS, por la que los rendimientos íntegros de una actividad económica en el IRPF deberán valorarse por su valor de mercado, con independencia del precio por el que se hayan facturado.

2.2.5.2. Métodos de determinación del rendimiento neto

La determinación de los rendimientos de actividades económicas se llevará a cabo a través de los siguientes métodos:

- ❒ Estimación directa, que será el método general, con dos modalidades, normal y simplificada.
- ❒ Estimación objetiva.

Aunque parece que el método que, en principio, debería aplicar, directamente, cualquier empresario debería ser el de estimación directa, modalidad normal, la configuración que efectúa la normativa del Impuesto a este respecto va en la línea contraria.

Esta configuración legal se produce de forma diferente, pues, en primer lugar, el empresario debe analizar si su actividad cumple los requisitos que definen el ámbito de aplicación del método de estimación objetiva, que, como veremos más adelante, tiene una complejidad excesiva. Si cumple estos requisitos, determinaría el rendimiento neto por este método, salvo que presente la renuncia al mismo.

A veces, no es tan sencillo determinar si una actividad económica puede o no declarar en EO, a pesar de figurar mencionada como tal en las Órdenes ministeriales que, cada año, determinan las reglas para el cómputo del rendimiento neto de estas actividades; en ese sentido, la doctrina de la DGT declaró, tradicionalmente, que no podía tributar en estimación objetiva la actividad desarrollada a través de un vehículo con licencia VTC (CDGTV0039-18, de 16 de enero de 2018), cuestión reiterada por la AT tributaria en una doctrina consistente (CCDGTV 22-12-2020, 26-2-2021 y 31-3-2021).

Sin embargo, la RTEAC de 20-09-2022, RG 9398/2021, ha revocado esta doctrina, afirmando que:

"...no puede concluirse, a juicio del Tribunal Central, que las Órdenes que desarrollan el método de estimación objetiva del IRPF y el régimen especial simplificado del IVA para los distintos años hayan querido excluir de dicho método y régimen la actividad ejercida por el titular de una licencia VTC con la que se prestan servicios terrestres de transporte de viajeros con conductor".

En caso de presentar esta renuncia al método de estimación objetiva, pasaría a determinar, si cumple los requisitos que delimitan su ámbito de aplicación, el rendimiento neto por el método de estimación directa, modalidad simplificada, salvo que renuncie a su aplicación.

Es decir, el empresario que cumpla los requisitos que delimitan los ámbitos de aplicación del método de estimación objetiva y de la modalidad simplificada del método de estimación directa, deberá presentar una doble renuncia para poder determinar el rendimiento neto de su actividad por la modalidad normal del método de estimación directa.

Los plazos para la renuncia a la aplicación del método de EO se regulan, cada año, en las respectivas Órdenes ministeriales que, anualmente, publican las reglas para cuantificar los rendimientos netos sometidos a este método de determinación de bases imponibles.

La última regulación de los plazos de renuncia a la EO figura recogida en el Real Decreto-ley 8/2023, de 27 de diciembre, por el que se adoptan medidas para afrontar las consecuencias económicas y sociales derivadas de los conflictos en Ucrania y Oriente Próximo, así como para paliar los efectos de la sequía (BOE de 28).

En el citado RD-L se establece un nuevo plazo para renunciar o revocar la renuncia al régimen de estimación objetiva desde el siguiente a la fecha de publicación de este Real Decreto-ley hasta el 31 de enero de 2024.

Las renuncias y revocaciones presentadas para el año 2024 durante el mes de diciembre de 2023, con anterioridad al nuevo plazo, se entenderán presentadas en período hábil.

Los métodos de estimación de rendimientos que pueden utilizar los empresarios son dos: estimación directa y estimación objetiva (módulos).

Legislación

LEY

Ley 35/2006, de 28 de noviembre, del Impuesto sobre la Renta de las Personas Físicas y de modificación parcial de los impuestos sobre Sociedades, sobre la Renta de no Residentes y sobre el Patrimonio, artículos 16 y 28.

Real Decreto-ley 35/2020, de 22 de diciembre, de medidas urgentes de apoyo al sector turístico, a la hostelería y el comercio y en materia tributaria (BOE de 23).

ORDEN MINISTERIAL.

Orden HFP/1172/2022, de 29 de noviembre, por la que se desarrollan para el año 2023 el método de estimación objetiva del Impuesto sobre la Renta de las Personas Físicas y el régimen especial simplificado del Impuesto sobre el Valor Añadido (BOE de 1 de diciembre).

Orden HFP/1359/2023, de 19 de diciembre, por la que se desarrollan para el año 2024 el método de estimación objetiva del Impuesto sobre la Renta de las Personas Físicas y el régimen especial simplificado del Impuesto Sobre el Valor Añadido (BOE de 21).

2.2.6. Método de estimación directa

2.2.6.1. Cuestiones generales

En este método, la normativa del IRPF realiza una remisión en bloque al IS, por lo que el rendimiento neto de las actividades económicas que determinen el rendimiento neto por este método, deberán aplicar la normativa del IS.

Esta remisión en bloque a la normativa del IS que, en principio, no parece descabellada, parte de una premisa errónea, pues en muchos casos los empresarios afectados, debido a las obligaciones contables exigidas por el IRPF (estimación directa simplificada), no estarán obligados a llevar contabilidad ajustada al Código de Comercio, por lo que no podrán partir del resultado contable para cuantificar su rendimiento neto, circunstancia que lleva a una determinación del rendimiento neto por diferencia entre ingresos y gastos, en lugar de realizar los correspondientes ajustes del resultado contable como ocurre en los casos de los contribuyentes del IS.

Esta determinación del rendimiento neto por diferencia entre ingresos y gastos implica que, en el momento de evaluar éstos, deban producirse los ajustes correspondientes de acuerdo tanto con la normativa del IS como de las reglas específicas que contiene el IRPF.

En ese sentido, la Orden HAC/773/2019, de 28 de junio (BOE de 17 de julio de 2019 y corrección de errores de 8 de agosto), regula la llevanza de los libros registros en el Impuesto sobre la Renta de las Personas Físicas, la cual, entró en vigor el día 1 de enero de 2020 y es de aplicación a las anotaciones registrales correspondientes al ejercicio 2020 y siguientes, cuyo contenido ha tratado de homogeneizar esta situación, como veremos seguidamente.

Esa Orden ministerial ha sido modificada por la Orden HAC/1154/2020, de 27 de octubre (BOE de 4 de diciembre), con la finalidad de que lo dispuesto en la misma sea de aplicación también a las obligaciones registrales del Impuesto General Indirecto Canario (en adelante IGIC).

De esta manera, la finalidad fundamental de la Orden es homogenizar los libros-registro a efectos del IRPF con los exigidos por la normativa del IVA, de manera que ambos puedan ser compatibles.

La novedad más importante es la exigencia de incluir en el registro de facturas de ingresos y gastos el Número de Identificación Fiscal (en adelante NIF) del contraparte de la operación, tal como se exige en los libros-registro de IVA. Hay que tener en cuenta que una operación anotada de manera incorrecta o incompleta puede considerarse inválida, lo cual supondría, en el caso de tratarse de un gasto, la consideración del mismo como no deducible. De ahí la importancia de poner el mayor cuidado en el registro de las operaciones.

La Agencia Tributaria pretende dar seguridad jurídica al contribuyente. Por ello incrementa el detalle de los libros, de manera que pueda saberse con certeza el contenido mínimo exigible. Asimismo, ha publicado en su página web un formato de libros-registro, a fin de asistir al contribuyente en sus obligaciones.

Por otra parte, para facilitar la labor registral de los sujetos afectados y, asimismo, forzarles de alguna manera a cumplimentar estos registros contables según el modelo oficial, desde la campaña del IRPF de 2020 (ejercicio 2021) se pueden incorporar automáticamente los datos (ingresos y gastos) que aparecen en tales registros dentro de la autoliquidación del IRPF, siempre que se hayan rellenado conforme al modelo oficial.

De esta forma, si el contribuyente ha incorporado de manera automática sus datos contables a la Base de Datos de la AEAT, estos se le descargan automáticamente a la hora de autoliquidar anualmente su IRPF a través del modelo telemático de Renta Web.

También se están utilizando los datos registrales de estos Libros para facilitar las liquidaciones de pagos fraccionados.

Quizás, en el futuro, una vez que se generalice el sistema de facturación electrónica VERIFACTU de la AEAT, conforme se prevé en el Real Decreto 1007/2023, de 5 de diciembre, por el que se aprueba el Reglamento que establece los requisitos que deben adoptar los sistemas y programas informáticos o electrónicos que soporten los procesos de facturación de empresarios y profesionales, y la estandarización de formatos de los registros de facturación (BOE de 6), cuya generalización está prevista para el 1 de julio de 2025; entonces, los Libros Registros y las facturas de las PYME serán implementados oficialmente por la propia AEAT y se incorporarán directamente, según se inscriban y registren los datos, en la Base de Datos de la AEAT.

En estimación directa, deberá aplicarse la normativa del IS y las reglas especiales que contiene la normativa del IRPF.

CUADRO-RESUMEN. DETERMINACIÓN DEL RENDIMIENTO NETO EN ED (INGRESOS – GASTOS)

A. INGRESOS:

+ Ingresos de explotación.
+ Ingresos financieros derivados del aplazamiento o fraccionamiento de operaciones realizadas en desarrollo de la actividad.
+ Ingresos por subvenciones corrientes.
+ Imputaciones de ingresos por subvenciones de capital.
+ Autoconsumo de bienes y servicios.
+ IVA devengado por recargo de equivalencia y recargo del régimen especial de agricultura, ganadería y pesca.
+ Otros ingresos.
+ Transmisión de elementos patrimoniales que hayan gozado de la libertad de amortización: exceso de amortización deducida sobre amortización deducible.
+ Variación de existencias (si las existencias finales al final del ejercicio superan a las iniciales).

B. GASTOS:

– Compras de mercaderías.
– Variación de existencias (si las existencias finales resultan ser menores que las iniciales).
– Otros consumos de explotación.
– Sueldos y salarios.
– Seguridad Social a cargo de la empresa.
– Seguridad Social o aportaciones alternativas a Mutualidades del titular de la actividad.

– Indemnizaciones.
– Dietas y asignaciones para viajes del personal asalariado.
– Aportaciones a sistemas de previsión social constituidos a favor de los trabajadores.
– Otros gastos de personal.
– Gastos de manutención del contribuyente.
– Arrendamientos y cánones.
– Reparaciones y conservación.
– Suministros (agua, luz, gas, telefonía, Internet, etc.).
– Otros suministros.
– Servicios de profesionales independientes.
– Primas de seguros.
– Otros servicios exteriores.
– Gastos financieros.
– IVA soportado no deducible en adquisiciones corrientes.
– Otros tributos fiscalmente deducibles.
– Amortizaciones del inmovilizado material.
– Amortizaciones del activo intangible.
– Pérdidas por insolvencias de deudores.
– Incentivos fiscales al mecenazgo: convenios de colaboración en actividades de interés general.
– Incentivos fiscales al mecenazgo: gastos en actividades de interés general.
– Otros conceptos fiscalmente deducibles, excepto provisiones.

C. PROVISIONES.

ESTIMACIÓN DIRECTA (en adelante ED) NORMAL (en adelante EDN):

– Provisiones fiscalmente deducibles.

ED SIMPLIFICADA (en adelante EDS):

– Conjunto de provisiones deducibles y gastos sin justificación, con el límite del 5% (EJERCICIO 2022) y 7% (EJERCICIOS 2023 y 2024) de la diferencia positiva entre ingresos y gastos anteriores con un máximo de 2.000 euros.

= RENDIMIENTO NETO DE LA ACTIVIDAD ECONÓMICA.

Fuente: AEAT.

Para cuantificar el rendimiento neto de la actividad económica en EDS (donde, como se observa con anterioridad, existen algunas diferencias respecto de la EDN), la AEAT recomienda seguir este procedimiento y fases:

1. FASE PRIMERA.

   (+) Ingresos íntegros

   (–) Gastos deducibles (excepto provisiones y amortizaciones)

   (–) Amortizaciones tabla simplificada

   (–) Diferencia

   (+) Gastos de difícil justificación: 5% (7% para 2023 y 2024) s/diferencia positiva (Máximo 2.000 euros) *

   = Rendimiento neto.

   Nota (*): Es incompatible con la reducción para trabajadores autónomos económicamente dependientes o con único cliente no vinculado

2. FASE SEGUNDA.

   (–) Reducción rendimientos con período de generación superior a dos años u obtenidos de forma notoriamente irregular cuando se imputen en un solo ejercicio (30%). Base reducción máxima: 300.000 euros.

   Régimen transitorio: aplicación de esta reducción a rendimientos que vinieran percibiéndose de forma fraccionada con anterioridad a 1-1-2015.

   (=) Rendimiento neto reducido

3. FASE TERCERA

   (–) Reducción para trabajadores autónomos económicamente dependientes o con único cliente no vinculado *

   Nota (*): Es incompatible con gastos de difícil justificación

   • Reducción general Incremento adicional para contribuyentes con rendimiento neto de la actividad inferior a 19,747,50 euros (2023) y rentas distintas de las anteriores, excluidas las exentas, inferiores a 6.500 euros.

   • • Incremento adicional por discapacidad

   (–) Reducción para contribuyentes con rentas totales inferiores a 12.000 euros, incluidas las de la actividad económica (incompatible con la reducción anterior)

   (–) Reducción por inicio de actividad

   (=) Rendimiento neto reducido total

Las prestaciones extraordinarias de la Seguridad Social para los trabajadores autónomos, que abona una Mutua Colaboradora de la Seguridad Social o, en su caso, el Instituto Social de la Marina, y cuya naturaleza es análoga a la prestación económica por cese temporal o definitivo de la actividad, regulada en la Ley 32/2010, de 5 de agosto, se califican como rendimientos del trabajo (Consulta INFORMA 143700, julio de 2021).

Una subvención concedida por una CC.AA. o un Ayuntamiento para autónomos en dificultades con motivo de la pandemia del COVID-19 por suspensión de la actividad o caída de ingresos se califica, en general, como rendimiento de la actividad económica y deberá imputarse en el período impositivo que comprenda la fecha de la resolución concediendo definitivamente la misma (Consulta INFORMA 143723, julio de 2021).

En el cálculo del rendimiento neto de las actividades económicas cuyo régimen de determinación es la estimación directa, se produce una remisión genérica a las normas del Impuesto sobre Sociedades, lo cual nos lleva a la determinación de la base imponible corrigiendo, mediante la aplicación de los preceptos que establece la Ley de Sociedades, el resultado contable determinado de acuerdo con las normas previstas en el Código de Comercio.

De acuerdo con esta remisión, la deducibilidad de los gastos está condicionada por el principio de correlación con los ingresos, debiendo pues acreditarse que se han ocasionado en el ejercicio de la actividad y que son necesarios para la obtención de los ingresos. De manera que cuando no exista esa vinculación a la actividad, o bien esa necesidad, no podrían considerarse deducibles.

La deducibilidad de los gastos está condicionada, además, a que queden convenientemente justificados mediante original de factura o documento equivalente, imputados temporalmente al ejercicio que correspondan y estén contabilizados o registrados en los libros registro que, con carácter obligatorio, deben llevar los contribuyentes que desarrollen actividades económicas, siempre que determinen su rendimiento neto en estimación directa en cualquiera de sus dos modalidades.

En las amortizaciones, nada impide que se aplique un coeficiente inferior al 3% en el supuesto de inmuebles; ahora bien, en una posterior venta del bien, su valor de adquisición se minorará en los importes que hubiesen resultado de aplicar el 3%, aunque se hubiera deducido, en concepto de amortización, una cantidad menor (consulta INFORMA número 143691).

2.2.6.2. Reglas especiales

En el artículo 30.2 de la LIRPF se establecen las reglas especiales que deben tener en cuenta los empresarios que determinen el rendimiento neto por el método de estimación directa para cuantificar el mismo.

Estas reglas especiales son:

1.ª) No tendrán la consideración de gastos deducibles las aportaciones a Mutualidades de Previsión Social del propio empresario o profesional, sin perjuicio de lo previsto para las reducciones de la parte general de la base imponible.

No obstante, tendrán la consideración de gasto deducible, las cantidades abonadas en virtud de contratos de seguro concertados con Mutualidades de Previsión Social por profesionales no integrados en el régimen especial de la Seguridad Social de los trabajadores por cuenta propia o autónomos, RETA, cuando, a efectos de dar cumplimiento a la obligación prevista en el apartado 3 de la disposición en la disposición adicional decimoquinta de la Ley 30/1995, de 8 de noviembre, de Ordenación y Supervisión de los Seguros Privados, actúen como alternativas al régimen especial de la Seguridad Social mencionado, en la parte que tenga por objeto la cobertura de contingencias atendidas por la Seguridad Social, con el límite de la cuota máxima por contingencias comunes que esté establecida, en cada ejercicio económico, en el citado régimen especial.

Es decir, el límite anual establecido no es un importe fijo, sino que se establece en función de la cuota máxima por contingencias comunes que esté establecida, en cada período impositivo, en el Régimen Especial de Trabajadores Autónomos de la Seguridad Social.

Es importante señalar que, desde el 1 de enero de 2023, se ha introducido un nuevo sistema de cotizaciones a la Seguridad Social de los trabajadores autónomos a partir del Real Decreto-Ley 13/2022, de 26 de julio, por el que se establece un nuevo sistema de cotización para los trabajadores por cuenta propia o autónomos y se mejora la protección por cese de actividad (BOE de 27).

De acuerdo a este sistema, los trabajadores autónomos deberán fijar su base de cotización, teniendo en cuenta los rendimientos netos de su actividad y, por lo tanto, ya no podrán elegir dicha base de cotización libremente.

Los trabajadores autónomos deberán comunicar a la Seguridad Social una previsión de los rendimientos netos que esperen obtener en el ejercicio de sus actividades económicas.

En función de esta previsión, el autónomo elegirá la base de cotización que le corresponda de acuerdo con los 15 nuevos tramos (tres tramos reducidos para autónomos con ingresos inferiores al salario mínimo interprofesional, SMI y 12 tramos generales), en donde se establece una base mínima y una base máxima.

El sistema de cotización de los autónomos consiste en un modelo progresivo de cuotas que se está desplegando durante 3 años, entre 2023 y 2025, en el que los autónomos con menos ingresos rebajan su cuota, mientras que se incrementa para los que más ganan.

Este sistema establece 15 tramos de cotización en los que cada autónomo tiene que ubicarse en función de su previsión de ingresos.

Mientras que los primeros tramos suponen una rebaja de la cuota con respecto a la base mínima anterior, en los tramos más altos aumenta.

El nuevo sistema fija las siguientes cuotas mensuales:

Año 2023: cuota mínima de 230 euros y máxima de 500 euros*.

Año 2024: cuota mínima de 225 euros y máxima de 530 euros*.

Año 2025: cuota mínima de 200 euros y máxima de 590 euros*.

* Estas cuotas corresponden a la base de cotización mínima dentro de cada tramo, que usamos como marco de referencia.

La cuota de cada autónomo se calcula aplicando un tipo de cotización del 31,20% a la base de cotización que elija de entre la mínima y la máxima dentro de su tramo.

Más información en: https://www.infoautonomos.com/seguridad-social/cuota-de-autonomos-cuanto-se-paga/

El salario mínimo interprofesional publicado para 2023 se establece en 1.080 euros. El BOE ha publicado el Real Decreto 99/2023, de 14 de febrero, por el que se eleva la cuantía del Salario Mínimo Interprofesional (SMI) hasta los 1.080 euros brutos mensuales en 14 pagas, hasta los 15.120 euros brutos anuales.

En lo que respecta a la cuantía del SMI para el año 2024, este se ha incrementado un 5%, con carácter retroactivo a 1 de enero de 2024, hasta 1.134 euros mensuales.

Todo ello, conforme a lo regulado en el Real Decreto 145/2024, de 6 de febrero (BOE de 7). De esta forma, el SMI anual para 2024 asciende a 15.876 euros.

De esta manera, el SMI en 2024 se quedará así: SMI 2024 año: 15.876 euros. SMI 2024 mes (14 pagas): 1.134 euros al mes.

Cada dos meses (seis veces al año) será posible cambiar de tramo para adaptar la cotización a los ingresos.

La Tesorería General de la Seguridad Social ha habilitado en su página web un sistema de cálculo de la cotización.

Destaca, además, la previsión, conforme a cual, los trabajadores por cuenta propia que, a 31 de diciembre de 2022, viniesen cotizando por una base de cotización superior a la que les correspondería por razón de sus rendimientos, podrán mantener dicha base de cotización, o una inferior a esta, siempre que, en este segundo caso, la base escogida resulte igual o superior a la que correspondería por razón de sus rendimientos.

Además, el Real Decreto-ley 13/2022 introduce una cuota reducida de 80 euros mensuales para autónomos que inician su actividad y que sustituirá a la anterior tarifa plana de 60 euros mensuales.

Los beneficios de la anterior tarifa plana seguirán aplicándose, en los mismos términos, a quienes fueran beneficiarios de los mismos antes de 1 de enero de 2023 y hasta que se agoten los periodos máximos que tengan en cada caso establecidos para su aplicación.

Para calcular la cuota definitiva que pagará el autónomo de acuerdo con el nuevo sistema de cotización establecido para el año 2023 y siguientes, en primer lugar, habrá que saber los rendimientos netos anuales de su actividad. Para determinar el rendimiento neto computable, habrá que tener en cuenta el sistema de tributación del trabajador autónomo:

Para el año 2023, en cualquier caso, se establecen unas bases mínima y máxima de cotización:

- Base de cotización mínima: la base mínima es de 751,63€ que corresponde al tramo de ingresos más bajos, ingresos reales por debajo de los 670€/mes.
- Base de cotización máxima: la base máxima es de 4139,40€ que se corresponde con el tramo de ingresos más altos, ingresos reales por encima de los 6000€/mes.

Para el año 2024, la base mínima de cotización (hasta la publicación de la subida del SMI 2024) seguirá siendo de 1.260,00 euros mensuales (42 euros diarios).

Las bases máximas de cotización, por su parte, suben un 5% y pasan de los 4.495,5 euros a 4.720,5 euros mensuales.

2.ª) Cuando resulte debidamente acreditado, con el oportuno contrato laboral y la afiliación al régimen correspondiente de la Seguridad Social, que el cónyuge o los hijos menores del contribuyente que convivan con él, trabajan habitualmente y con continuidad en las actividades económicas desarrolladas por el mismo, se deducirán, para la determinación de los rendimientos, las retribuciones estipuladas con cada uno de ellos, siempre que no sean superiores a las de mercado correspondientes a su cualificación profesional y trabajo desempeñado. Dichas cantidades se considerarán obtenidas por el cónyuge o los hijos menores en concepto de rendimientos de trabajo a todos los efectos tributarios.

Tienen la consideración de gasto deducible las retribuciones satisfechas al cónyuge o hijos menores del titular de la actividad, siempre que se cumplan todos los requisitos siguientes:

1. Que el cónyuge o los hijos menores, trabajen habitualmente y con continuidad en la actividad económica del titular.
2. Que el cónyuge o los hijos menores del contribuyente convivan con él.
3. Que exista el oportuno contrato laboral y la afiliación al régimen correspondiente de la Seguridad Social.

4. Que las retribuciones estipuladas con cada uno no sean superiores al valor de mercado que le corresponda.

Dichas cantidades se considerarán obtenidas como rendimientos del trabajo. La afiliación debe entenderse respecto del Régimen General, o aquellos especiales aplicables a trabajadores por cuenta ajena, como el Agrario, de Trabajadores del mar, Empleados de hogar, etc. no siendo válida la afiliación al RETA. La posibilidad de que la Seguridad Social pudiera no admitir la afiliación rechazando por escrito la solicitud, e incluyéndolos en el RETA lleva a poder interpretar que en este supuesto, si el titular de la actividad, puede probar que el cónyuge o los hijos menores trabajan en la actividad en régimen de dependencia laboral y cumplen los restantes requisitos antes señalados, en tales casos sus retribuciones tendrán la consideración de gasto deducible. En correspondencia, lo obtenido procede calificarlo de rendimiento de trabajo sujeto a retención (Consulta de la DGT 2464-03, de 23 de diciembre de 2003, Consulta de la DGT 0561-2002, de 08 de abril de 2004, Consulta Vinculante de la DGT V 1204-2009, de 25 de mayo de 2009).

3.ª) Cuando el cónyuge o los hijos menores del contribuyente que convivan con él, realicen cesiones de bienes o derechos que sirvan al objeto de la actividad económica de que se trate, el contribuyente se deducirá, para la determinación de los rendimientos del titular de la actividad, la contraprestación estipulada, siempre que no exceda del valor de mercado y, a falta de aquélla, podrá deducirse la correspondiente a este último. La contraprestación o el valor de mercado se considerarán rendimientos del capital del cónyuge o los hijos menores a todos los efectos tributarios.

Lo dispuesto en esta regla no será de aplicación cuando se trate de bienes y derechos que sean comunes a ambos cónyuges.

4.ª) Tendrán la consideración de gasto deducible para la determinación del rendimiento neto en estimación directa, las primas de seguro de enfermedad satisfechas por el contribuyente en la parte correspondiente a su propia cobertura y a la de su cónyuge e hijos menores de veinticinco años que convivan con él. El límite máximo de deducción será de 500 euros por cada una de las personas señaladas anteriormente y de 1.500 euros, en el caso de tratarse de personas con discapacidad.

5.º) Serán deducibles, en los casos en que el contribuyente afecte parcialmente su vivienda habitual al desarrollo de la actividad económica, los gastos de suministros de dicha vivienda, tales como agua, gas, electricidad, telefonía e Internet, en el porcentaje resultante de aplicar el 30 por ciento a la proporción existente entre los metros cuadrados de la vivienda destinados a la actividad respecto a su superficie total, salvo que se pruebe un porcentaje superior o inferior (Ley 6/2017, de 24 de octubre), tal y como se indica en el epígrafe 2.2.4. anterior.

Recuérdese que los metros cuadrados de vivienda destinados a la actividad económica se deben contabilizar en su totalidad, aunque solo sean de titularidad del cónyuge empresario profesional el 50%, por encontrarse el matrimonio sometido al régimen económico de gananciales (CDGTV2310-18, de 7 de agosto de 2018).

6.º) Por último, tendrán el carácter de deducibles, los gastos de manutención del propio contribuyente incurridos en el desarrollo de la actividad económica, siempre que se produzcan en establecimientos de restauración y hostelería y se abonen utilizando cualquier medio electrónico de pago, con los límites cuantitativos establecidos reglamentariamente para las dietas y asignaciones para gastos normales de manutención de los trabajadores (Ley 6/2017, de 24 de octubre).

Estos gastos de manutención se refieren a los gastos de manutención del propio contribuyente, incurridos en el desarrollo de la actividad económica.

Una vez que se esté en condiciones de probar que un gasto de manutención se destina a la actividad económica, será deducible, siempre que se den tres requisitos:

1.º Que se produzca en establecimientos de restauración y hostelería,

2.º Que se abonen utilizando cualquier medio electrónico de pago, y

3.º Que esté dentro de los límites cuantitativos establecidos reglamentariamente para las dietas exentas por asignaciones para gastos normales de manutención de los trabajadores que, desde el año 2022, son los siguientes:

- Cuando se haya pernoctado en municipio distinto del lugar de trabajo habitual y del que constituya la residencia del perceptor:
  - a) Desplazamiento dentro del territorio español: 53,34 euros diarios como máximo.
  - b) Desplazamiento a territorio extranjero: 91,35 euros diarios como máximo.
- Cuando no se haya pernoctado en municipio distinto del lugar de trabajo habitual y del que constituya la residencia del perceptor, las siguientes cantidades en concepto de asignaciones para gastos de manutención:
  - a) Desplazamiento dentro del territorio español: 26,67 euros diarios como máximo.
  - b) Desplazamiento a territorio extranjero: 48,08 euros diarios como máximo.

Ejemplo

D. LL ejerce la actividad económica de asesoría fiscal, determinando el rendimiento neto de la misma por la modalidad simplificada del método de estimación directa.

De los libros registros de la actividad se deduce que ha obtenido unos ingresos íntegros de 250.000 euros, mientras que los gastos registrados han ascendido a 35.000 euros (entre estos gastos no se incluyen provisiones ni gastos de difícil justificación).

La actividad se desarrolla en un local cuya titularidad es de su esposa. En el libro de gastos, se ha incorporado por esta cesión un gasto de 12.000 euros, cuando el valor de mercado de la misma asciende a 8.000 euros. Además, tiene dado de alta en el modelo censal un despacho de 10 metros cuadrados en su vivienda de 100 metros cuadrados.

Entre los gastos aparece la cantidad de 1.200 euros, que se abonaron a su hijo menor de edad por la colaboración en el despacho durante el mes de julio. Este hijo no se encuentra dado de alta en Seguridad Social.

Además, tiene contabilizados 5.000 euros en concepto de suministros de su vivienda, dentro de la cual tiene de alta un despacho de 10 metros cuadrados sobre una superficie total de 100 metros cuadrados.

Hay una factura contabilizada con todos los requisitos formales correspondiente a 20 menús en un establecimiento de hostelería cercano a la oficina por 200 euros. Además hay un apunte de 200 euros correspondiente a una comida familiar datada en un domingo.

Entre los gastos registrados, no se encuentran incluidos las cantidades derivadas de unas aportaciones a una Mutualidad de Previsión Social que actúa como alternativa al régimen de autónomos de la Seguridad Social, las aportaciones realizadas ascienden a 6.500 euros, ni las realizadas a un seguro de enfermedad para su esposa, por el que satisface la cantidad anual de 600 euros.

Realizar los ajustes sobre los gastos contabilizados en el Libro Registro de gastos.

Solución:

Gastos contabilizados	35.000 euros
Ajustes:	
Cesión local privativo esposa (excede del valor de mercado de cesión del local)	-4.000, 00 euros
Seguro enfermedad cónyuge (excede límite de 500 euros), siendo ésta la cantidad máxima deducible	+500,00 euros
Sueldo del hijo, mes de julio (no trabaja ni con continuidad ni con habitualidad en la actividad y no está dado de alta en la Seguridad Social)	-1.200 euros
Aportación a Mutualidad alternativa deducible, pues la cantidad satisfecha no supera el límite establecido	+6.500 euros
Son deducibles 150 euros correspondientes a los suministros de la vivienda donde tiene su despacho: 5.000 x 10/100 x 30%	-4.850,00 euros
Son deducibles 200 euros correspondientes a las comidas del propio contribuyente. No son deducibles los 200 euros de la comida familiar	-200 euros
Total gastos deducibles	31.750,00 euros

Ejemplo

D. MM ejerce la actividad de abogacía en un despacho de 20 metros cuadrados dentro de su vivienda habitual que tiene una superficie de 150 metros cuadrados. Los consumos de la vivienda, luz, agua, gas,..., ascienden a 6.000 euros en el año. D. MM no está en condiciones de acreditar que un determinado consumo de suministros se afecta a su despacho de forma exclusiva.

Solución:

Una vez que D. MM no puede probar que los gastos derivados de los suministros de la vivienda se destinan al despacho en otra medida distinta a la que prevé la norma, el importe de los gastos deducibles será el siguiente:

6.000 euros x 20/150 x 30% = 240,00 euros.

Ejemplo

D. MM a lo largo del mes de octubre consume los siguientes importes en servicios de hostelería:

- Comida con 3 clientes: 50 Euros por persona: 200 euros en total. Pagado en efectivo:

  Solución: el gasto será deducible, una vez que pueda acreditar el carácter necesario del mismo, independientemente de la forma de pago, siempre que disponga de factura con todos los requisitos formales.

  La exigencia del abono mediante medio electrónico de pago es para los gastos de manutención del propio contribuyente.

- 10 comidas de 10 euros al mes cada una pagadas a través de tarjeta de crédito en un restaurante situado debajo de su despacho:

  Solución: una vez que se acredita que ese gasto se incurre en el desarrollo de su actividad económica, serán deducibles los 100 euros mensuales.

- Cena con su esposa pagada con tarjeta de crédito:

  Solución: no es deducible, fiscalmente hablando, toda vez que no puede justificar la relación con su actividad.

7.ª) Podrán establecerse reglas especiales para la cuantificación de determinados gastos deducibles en el caso de la estimación directa simplificada, incluidos los de difícil justificación.

Esta regla especial se desarrollará en el epígrafe dedicado a la EDS.

8.ª) Libertad amortización. Dada la remisión que el IRPF hace a la normativa del IS, los titulares de actividades económicas en estimación directa, en cualquiera de sus dos modalidades, han podido aplicar la libertad de amortización establecida en la normativa del IS.

Con la desaparición, el 31 de marzo de 2012, de la libertad de amortización en el IS, establecida en la DA 11.ª del TRLIS, en el IRPF también a partir de dicha fecha desaparece la misma.

No obstante, para estos casos, se establece un régimen transitorio para los elementos patrimoniales adquiridos antes del 31 de marzo de 2012, afectados por la libertad de amortización, y que no se hayan amortizado totalmente.

Estos bienes mantienen la libertad de amortización pero la misma tiene unos límites, que, en el caso del IRPF, operan sobre el rendimiento neto positivo de la actividad, antes de la minoración de este concepto y del porcentaje de gastos que se deduce en la estimación directa simplificada. En el caso de que el titular de la actividad no tenga la consideración, a efectos del régimen especial de empresa de reducida dimensión del IS, los límites porcentuales que establece el régimen transitorio de la libertad de amortización, operarán sobre el rendimiento neto antes mencionado.

Asimismo, la DA 30.ª2 de la LIRPF establece que, cuando a partir del 31 de marzo de 2012, se transmitan elementos patrimoniales que hubieran gozado de la libertad de amortización prevista en la normativa del IS, para el cálculo de la ganancia o pérdida patrimonial no se minorará el valor de adquisición en el importe de las amortizaciones fiscalmente deducidas que excedan de las que hubieran sido fiscalmente deducibles de no haberse aplicado aquélla. Este exceso tendrá, para el transmitente, la consideración de rendimiento íntegro de la actividad económica en el período impositivo en que se efectúe la transmisión.

Es decir, cuando se haya aplicado libertad de amortización y se transmitan los elementos patrimoniales que hayan disfrutado de la misma antes de que la amortización contable sea igual a la fiscal, la ganancia o pérdida patrimonial que deriva de la transmisión, se calculará teniendo en cuenta las amortizaciones contables y no las fiscales, pero la diferencia entre ambas se gravarán como rendimiento neto de la actividad. Con esta regla, el efecto que se consigue, es minorar la ganancia derivada de la transmisión (que, generalmente, se integrará en la base imponible del ahorro) y aumentar el rendimiento neto de la actividad en el año en que se produzca la transmisión (el rendimiento neto se integra en la base imponible general).

Ejemplo

Un empresario transmite un elemento patrimonial que disfrutó del régimen de libertad de amortización de la D.A. 11ª del Texto Refundido de la Ley del Impuesto sobre Sociedades, aprobado por el Real Decreto Legislativo 4/2004, de 5 de marzo, TRLIS, por 12.000€.

El valor de adquisición ascendió a 14.000€, el cual, debido a la libertad de amortización, se ha amortizado totalmente. Las amortizaciones contables ascienden a 4.000€.

Determinar las rentas obtenidas.

Solución:

1) Ganancia o pérdida patrimonial:

Valor de transmisión:	12.000€	
Valor de adquisición:	10.000€	(14.000 – 4.000)
Diferencia	2.000€	

2) Rendimiento de la actividad:

Amortización fiscal:	14.000€
Amortización contable:	4.000€
Diferencia	10.000€

Nada impide que el coeficiente de amortización aplicado a un inmueble sea inferior al 3% del valor determinado, No obstante, es importante tener en cuenta que en la posterior venta del inmueble, el valor de adquisición se minorará en los importes que hubiesen resultado de aplicar el 3 por ciento, aunque se hubiera deducido en concepto de amortización una partida de gasto menor (Consultas INFORMA número 143691, julio de 2021).

2.2.6.3. Estimación directa simplificada

❐ Ámbito de aplicación.

Esta modalidad podrá aplicarse, para el conjunto de actividades económicas desarrolladas por la misma persona física, siempre que:

a) No determinen el rendimiento neto de estas actividades por el método de estimación objetiva.

b) El importe neto de la cifra de negocios, del conjunto de estas actividades, definido de acuerdo al artículo 191 del Texto Refundido de la Ley de Sociedades Anónimas, no supere los 600.000 euros anuales.

c) No renuncien a esta modalidad.

El criterio y concepto de cifra de negocios aparece desarrollado en la Resolución de 10 de febrero de 2021, del Instituto de Contabilidad y Auditoría de Cuentas (en adelante ICAC), por la que se dictan normas de registro, valoración y elaboración de las cuentas anuales para el reconocimiento de ingresos por la entrega de bienes y la prestación de servicios (BOE de 13).

El método de EDS se podrá aplicar cuando el importe neto de la cifra de negocios derivado del conjunto de las actividades económicas desarrolladas por el contribuyente no supere los 600.000 euros anuales.

El importe neto de la cifra de negocios que se establece como límite para la aplicación de la modalidad simplificada del régimen de estimación directa, tendrá como referencia el año inmediato anterior a aquél en que deba aplicarse esta modalidad.

Cuando en el año inmediato anterior no se hubiese ejercido actividad alguna, se determinará el rendimiento neto por esta modalidad, salvo que se renuncie a la misma en los términos previstos en el artículo siguiente.

Cuando en el año inmediato anterior se hubiese iniciado una actividad, el importe neto de la cifra de negocios se elevará al año.

Si se determina el rendimiento neto de alguna de sus actividades económicas por la modalidad normal del régimen de estimación directa, se calculará el rendimiento neto de las todas las actividades económicas por la modalidad normal. No obstante, cuando se inicie durante el año alguna actividad económica por la que se renuncie a esta modalidad, la incompatibilidad a que se refiere el párrafo anterior, no surtirá efectos para ese año, respecto a las actividades que se venían realizando con anterioridad.

Será causa determinante de la exclusión de la modalidad simplificada del régimen de estimación directa haber rebasado el límite establecido en el ámbito de aplicación. La exclusión producirá efectos en el año inmediato posterior a aquél en que se produzca dicha circunstancia, teniendo efectos para un período mínimo de tres años. Transcurrido este plazo, la exclusión no se entiende prorrogada, debiéndose analizar si, para el período impositivo siguiente, se cumplen los requisitos que delimitan el ámbito de aplicación de la modalidad; si se cumplen, será nuevamente de aplicación esta modalidad, salvo que se renuncie a la misma.

Ejemplo

En 2021, D. XX, que determina el rendimiento neto de su actividad por la modalidad simplificada del método de estimación directa, ha obtenido en el ejercicio de su actividad económica unos ingresos íntegros de 450.000 euros. En 2022, de 650.000 euros y en 2023, de 480.000 euros.

¿Puede aplicar la modalidad simplificada del método de estimación directa en 2021, 2022 y 2023?

Solución:

En 2021, el contribuyente ha iniciado su actividad empresarial y su cifra de negocios ha sido de 450.000 euros. Por lo tanto, puede declarar en EDS.

En 2022, aunque haya tenido una cifra de negocios superior a 600.000 euros (650.000 euros), se toma en cuenta el volumen del año anterior, 450.000 euros.

Por lo tanto, también puede declarar en EDsimplificada.

En 2023, sin embargo, aun habiendo realizado una cifra de negocios inferior a 600.000 euros (450.000 euros), no puede declarar en EDS, por haber rebasado el limite en el período anterior y, por lo tanto, tendrá que declarar en EDN.

Esta exclusión supondrá que, al menos durante tres períodos impositivos, 2023, 2024 y 205, no podrá aplicar la modalidad de EDS.

Aunque se cumplan los requisitos que delimitan el ámbito de aplicación de la modalidad simplificada del método de estimación directa, los titulares de actividades económicas podrán renunciar a su aplicación, pasando a determinar el rendimiento neto por la modalidad normal.

Esta renuncia a la modalidad simplificada del régimen de estimación directa deberá efectuarse durante el mes de diciembre anterior al inicio del año natural en que deba surtir efecto, teniendo efectos para un período mínimo de tres años. Transcurrido este plazo, se entenderá prorrogada tácitamente para cada uno de los años siguientes en que pudiera resultar aplicable la modalidad, salvo que se revoque la renuncia en el mismo plazo citado anteriormente.

Si en el año inmediato anterior a aquél en que la renuncia a la modalidad simplificada del método de estimación directa deba surtir efecto, se superase el límite que determina su ámbito de aplicación, dicha renuncia se tendrá por no presentada. Es decir, en los casos en que la renuncia, al presentarse antes de la finalización del período impositivo, no hubiese sido necesario presentarla al haber rebasado en este período el importe neto de la cifra de negocios la cantidad de 600.000 euros, se tendrá por no presentada, quedando fuera del ámbito de la aplicación de la modalidad por exclusión y no por renuncia.

Tanto la exclusión como la renuncia a la EDS supondrán que, durante, al menos, tres períodos impositivos deberá determinar el rendimiento neto por EDN.

La renuncia, así como su revocación, se efectuará a través del modelo de declaración censal que han de presentar a efectos fiscales los empresarios, los profesionales y otros obligados tributarios. En caso de inicio de actividad, la renuncia se efectuará en el modelo de declaración censal que se debe presentar al iniciar una actividad.

- **Reglas especiales para la determinación del rendimiento neto por esta modalidad**

El rendimiento neto de las actividades económicas, a las que sea de aplicación la modalidad simplificada del régimen de estimación directa, se determinará según las normas contenidas para la modalidad normal, con las especialidades siguientes:

1.ª) Las amortizaciones del inmovilizado material se practicarán de forma lineal, en función de la tabla de amortizaciones simplificada que se apruebe, por el Ministro de Hacienda y Función Pública. Sobre las cuantías de amortización que resulten de estas tablas, serán de aplicación las normas del régimen especial de empresas de reducida dimensión previstas en la LIS que afecten a este concepto.

La Orden que aprueba la tabla de amortización citada en el párrafo anterior es la Orden de 27 de marzo de 1998 (BOE n.º 75, de 28-3-1998), siendo la tabla de amortización la siguiente:

Grupo	Elementos patrimoniales	Coeficiente Lineal máximo Porcentaje	Período Máximo Años
1	Edificios y otras construcciones	3	68
2	Instalaciones, mobiliario, enseres y resto del inmovilizado material	10	20
3	Maquinaria	12	18
4	Elementos de transporte	16	14
5	Equipos para tratamiento de la información y sistemas y programas informáticos	26	10
6	Útiles y herramientas	30	8
7	Ganado vacuno, porcino, ovino y caprino	16	14
8	Ganado equino y frutales no cítricos	8	25
9	Frutales cítricos y viñedos	4	50
10	Olivar	2	100

2.ª) El conjunto de las provisiones deducibles y los gastos de difícil justificación se cuantificará, aplicando el porcentaje del 7 por 100 sobre el rendimiento neto, excluido este concepto, con el límite de 2.000 euros anuales. Este porcentaje es el utilizable para los años 2023 y 2024.

Para el período impositivo 2022, el citado porcentaje fue del 5%.

Ejemplo

D. XX, que determina el rendimiento neto de su actividad por la modalidad simplificada del método de estimación directa, ha obtenido en el ejercicio de su actividad económica unos ingresos íntegros de 147.000 euros y unos gastos deducibles de 27.100 euros.

Se pide calcular el rendimiento neto de la actividad para el periodo impositivo 2023.

Solución:

Rendimientos íntegros	147.000€
Gastos deducibles	27.100€
Diferencia	119.900€
7% (Ingresos – Gastos)	– 2.000€
Rendimiento neto	117.900€

Aunque el 7% (Ingresos-Gastos) ascendería a 8.393, opera el límite de 2.000€.

2.2.6.4. Reglas específicas para los ejercicios 2020, 2021 y 2022 por la COVID-19

Debido al negativo impacto de la pandemia en la actividad económica, el Real Decreto-ley 35/2020, de 22 de diciembre, de medidas urgentes de apoyo al sector turístico, la hostelería y el comercio y en materia tributaria. ("Boletín Oficial del Estado" de 23), reduce, para los ejercicios 2020 y 2021, el plazo en el que los contribuyentes del IRPF deben determinar obligatoriamente su rendimiento neto por el método de estimación directa, tras haber renunciado al de estimación objetiva, esto es, podrán volver al método de estimación objetiva antes de transcurrido el plazo mínimo de 3 años que, con carácter general, se establece en la normativa del IRPF.

Esta reducción del plazo mínimo será de aplicación a los contribuyentes que se encuentren en alguna de las siguientes situaciones:

1. Los contribuyentes que han renunciado al método de estimación objetiva para el 2020, bien por haber presentado el pago fraccionado del primer trimestre del ejercicio 2020 por el método de estimación directa (modelo 130) bien por haber optado por el método de estimación directa en la declaración censal de inicio de actividad a partir de

1 de abril de 2020, pueden volver a determinar su rendimiento neto por el método de estimación objetiva para el ejercicio 2021 o 2022, siempre que cumplan los requisitos para su aplicación.

La forma de volver al método de estimación objetiva, en este caso, será:

- ❐ Revocando la renuncia durante el mes de diciembre anterior al inicio del año natural en que deba surtir efecto o, en su caso, en el plazo extraordinario que pudiera establecerse para ello. Para el ejercicio 2021 este plazo es desde el 24 de diciembre de 2020 hasta 31 de enero de 2021.
- ❐ Presentando el pago fraccionado del primer trimestre correspondiente al ejercicio 2021 en el plazo de declaración (1 a 20 de abril) en la forma establecida para el método de estimación objetiva (modelo 131).

2. Los contribuyentes que han renunciado al método de estimación objetiva para el 2021, bien por haber renunciado a dicho método durante el mes de diciembre anterior al inicio del año natural en que deba surtir efecto, bien por haber presentado el pago fraccionado del primer trimestre del ejercicio 2021 por el método de estimación directa (modelo 130), pueden volver a determinar su rendimiento neto por el método de estimación objetiva, para el ejercicio 2022, siempre que cumplan los requisitos para su aplicación.

La forma de volver al método de estimación objetiva, en este caso, será:

- ❐ Revocando la renuncia en el plazo establecido para ello. Para el ejercicio 2022 este plazo será el mes de diciembre de 2021.

Presentando el pago fraccionado del primer trimestre en el plazo de declaración (1 a 20 de abril) en la forma establecida para el método de estimación objetiva (modelo 131) correspondiente al ejercicio 2022.

Así se regula en el artículo 10 del Real Decreto-ley.

Legislación

LEY

Ley 35/2006, de 28 de noviembre, del Impuesto sobre la Renta de las Personas Físicas y de modificación parcial de los impuestos sobre Sociedades, sobre la Renta de no Residentes y sobre el Patrimonio, artículo 30, D.A. 30ª.

REGLAMENTO

Real Decreto 439/2007, de 30 de marzo, por el que se aprueba el Reglamento del Impuesto sobre la Renta de las Personas Físicas, artículos 28, 29 y 30.

REALES DECRETOS-LEYES
Artículo 10 del Real Decreto-ley 35/2020, de 22 de diciembre, de medidas urgentes de apoyo al sector turístico, la hostelería y el comercio y en materia tributaria. ("Boletín Oficial del Estado" de 23).

2.2.7. Método de estimación objetiva

2.2.7.1. Ámbito de aplicación

La vigente LIRPF establece la aplicación del método de estimación objetiva (en adelante EO) de rendimientos para determinadas actividades económicas.

En el citado texto legal se introducen una serie de reglas básicas que definen el ámbito de aplicación del método, regulando determinadas circunstancias que delimitan el ámbito de aplicación del mismo, en función de:

- ❒ Volumen de rendimientos íntegros.
- ❒ Volumen de compras en bienes y servicios.
- ❒ Incompatibilidad con la estimación directa.
- ❒ Lugar donde se desarrolla la actividad.

Por su parte, el RIRPF, al definir el ámbito de aplicación del método, afirma que este método se aplicará a las actividades, aisladamente consideradas que determine el Ministro de Hacienda, siempre que las mismas cumplan los requisitos que delimitan el ámbito de aplicación y no renuncien a la aplicación del método.

Por último, las Órdenes Ministeriales que desarrollan el método para cada período impositivo, regulan las actividades económicas a las que es de aplicación el método de estimación objetiva para dicho período. Estas actividades son estables en el tiempo, sin que se produzcan alteraciones de un año a otro.

Para el año 2022, el método de EO se establece por la Orden HFP/1335/2021, de 1 de diciembre (BOE de 2), por la que se desarrollan, para el año 2022, el método de estimación objetiva del Impuesto sobre la Renta de las Personas Físicas y el régimen especial simplificado del Impuesto sobre el Valor Añadido (BOE de 4 de diciembre).

Para el año 2023, el método de EO se establece por la Orden HFP/1359/2023, de 19 de diciembre (BOE de 21 de diciembre), por la que se desarrollan, para el año 2024, el método de estimación objetiva del Impuesto sobre la Renta de las Personas Físicas y el régimen especial simplificado del Impuesto sobre el Valor Añadido.

Asimismo, debe tenerse en cuenta la Orden HFP/405/2023, de 18 de abril, por la que se reducen para el período impositivo 2022 los índices de rendimiento neto y la reducción general aplicables en el método de estimación objetiva del Impuesto sobre la Renta de las Personas Físicas para las actividades agrícolas y ganaderas afectadas por diversas circunstancias excepcionales.

Por su parte, es la Orden HFP/1359/2023, de 19 de diciembre, por la que se desarrollan para el año 2024 el método de estimación objetiva del Impuesto sobre la Renta de las Personas Físicas y el régimen especial simplificado del Impuesto sobre el Valor Añadido (BOE de 21).

Los profesionales liberales que, en el IRPF, como hemos señalado con anterioridad, generan rendimientos de la actividad económica, no pueden cuantificar su base imponible a través del método de EO, el cual sólo se utiliza por empresarios.

Realizado este pequeño análisis previo y, dado el colectivo al que pretende afectar la aplicación del mismo (empresarios con una actividad económica pequeña que no tienen capacidad para asumir las obligaciones formales que conlleva el método de estimación directa, modalidad simplificada), la definición del ámbito de aplicación debería un asunto de fácil comprensión para estos contribuyentes, circunstancia que como se verá a continuación no se produce, siendo la regulación normativa del ámbito de aplicación un asunto excesivamente complejo y, en algunos casos, de difícil concreción.

En ese sentido, las discusiones relativas a la posible aplicación o no de la EO a los propietarios de licencias VTC han concluido con la RTEAC de 20-09-2022, RG 00-09316-2021, conforme a la cual, la actividad económica de alquiler de vehículos con conductor a través de una licencia VTC puede tributar tanto por el EO como por el régimen simplificado en el IVA.

Para conocer, un empresario, si cree que puede aplicar a su explotación económica el método de estimación objetiva, lo primero que debe hacer es acudir a la Orden Ministerial que, anualmente, desarrolla este método.

En los artículos 1 y 2 de estas Órdenes se relacionan las actividades económicas incluidas en el ámbito de aplicación del mismo, es decir, las actividades económicas que no estén incluidas en los citados artículos, estarán, en principio, fuera del ámbito de aplicación del método.

El primer problema que nos encontramos al respecto, se refiere que, en general, las actividades económicas se definen en base a la normativa del Impuesto sobre Actividades Económicas (IAE), tal y como establece el artículo 38.2 del RIRPF.

Es decir, que el empresario debe analizar las operaciones económicas realizadas en el desarrollo de la actividad y, posteriormente, enclavar las mismas en el catálogo de actividades que recoge el IAE.

Por tanto, el primer problema que se plantea para delimitar el ámbito de aplicación del método de estimación objetiva, no es una cuestión que se resuelva aplicando la normativa del IRPF, sino en base a la normativa del IAE.

El método de estimación objetiva se aplicará de acuerdo con la clasificación de actividades económicas del IAE.

Ejemplo

1º) Una persona física desarrolla una actividad económica de transporte urbano colectivo y de viajeros por carretera, epígrafe 721.1 del IAE.

2º) Una persona física desarrolla una actividad económica de agencia de viajes, epígrafe 755.2 del IAE.

¿Pueden determinar el rendimiento neto de las mismas por el método de estimación objetiva en el período impositivo 2024?

Solución:

En ambos casos, se debe acudir a los artículos 1 y 2 de la Orden que desarrolla el método de estimación objetiva para 2024, antes citada, para observar si estas actividades están incluidas expresamente en los mismos.

De la observación de estos artículos se desprende que la actividad del punto 1º) está incluida en el artículo 1, mientras que la actividad del punto 2º) no se encuentra recogida.

Ejemplo

Un empresario con varias actividades empresariales, todas ellas encuadradas en la estimación objetiva, inicia en el ejercicio 2023 otra actividad no incluida en la Orden ministerial que regula la EO ¿Cómo debe tributar por todas sus actividades?

Solución:

En el año en el cual inicie la actividad no incluida en EO, las actividades que venía realizando hasta ese momento continuarán en EO y la nueva actividad determinará sus rendimientos netos en ED, salvo renuncia.

El año siguiente, 2024, dada la incompatibilidad existente entre los dos regímenes de determinación de rendimientos, EO y ED, todas sus actividades económicas se calcularán en ED, en la modalidad correspondiente: normal o simplificada, de acuerdo con los límites aplicables para estas modalidades

(Consulta INFORMA, NÚMERO 135533).

Como bien es sabido, el IAE está exento para las personas físicas, residentes o no residentes (Ley 11/2021, de 9 de julio, de Prevención y Represión del Fraude Fiscal) por lo que el mismo ha quedado como una figura de carácter censal para las mismas, no teniendo repercusión económica alguna en el IAE la errónea matriculación en tal impuesto.

Sin embargo, una equivocada matriculación en el IAE, tendrá su trascendencia en el IRPF, dado que las personas físicas, titulares de actividades económicas calificadas como empresariales en las Tarifas del IAE, podrían o quedar fuera del ámbito de aplicación del método de estimación objetiva o, en caso contrario, quedar incluidas en el mismo, personas que pensaban, en base al epígrafe en el que se matricularon en el IAE, que estaban fuera de su ámbito de aplicación.

Las situaciones descritas en el párrafo anterior conllevarían en el IRPF el problema de recalcular el rendimiento neto obtenido, en base al método de estimación que se hubiese debido utilizar y de la llevanza de las obligaciones formales y registrales que tienen cada método de estimación de rendimientos. Especial incidencia tendría el pase de la EO a la ED, dadas las mayores obligaciones de carácter formal que se deben de cumplir en esta última.

No acaban aquí los problemas derivados de la determinación de las actividades económicas incluidas en el ámbito de aplicación del método de estimación objetiva, pues los artículos 1 y 2 de las Órdenes de desarrollo del método exigen además que:

- *Actividades incluidas en el artículo 1 de la Orden*: Que la actividad tribute por el régimen especial simplificado del IVA.

Es decir, que además de la problemática expresada por la aplicación de la normativa del IAE, las actividades relacionadas en el artículo 1 de la Orden, deben también conocer si a la misma es de aplicación el régimen especial simplificado del IVA pues, en caso contrario, aunque estuviesen relacionadas en el artículo 1 de la Orden, no sería utilizable por el contribuyente el método de estimación objetiva.

- *Actividades incluidas en el artículo 2:* Que a las actividades relacionadas en este precepto les resulte de aplicación el régimen especial de la agricultura, ganadería o pesca o el del recargo de equivalencia del IVA.

Volvemos a tener en estas actividades otra cuestión a resolver antes de conocer si la actividad desarrollada está incluida en el ámbito de aplicación del método de estimación objetiva.

Esta cuestión no se resuelve con la normativa del IRPF, sino con la normativa del IVA.

De lo exigido por los artículos 1 y 2 mencionados, se deduce que el método de estimación objetiva siempre se aplica conjuntamente con uno de estos tres regímenes especiales del IVA: simplificado, agricultura, ganadería o pesca, o recargo de equivalencia.

El método de estimación objetiva se aplicará, en todo, conjuntamente con cualquier de estos regímenes especiales del IVA: simplificado, recargo de equivalencia o agricultura, ganadería o pesca.

No se agota aquí el problema de las actividades económicas incluidas en el ámbito de aplicación, pues nos encontramos con las actividades accesorias que se incluyan expresamente en los Anexos I (actividades agrícolas, ganaderas y forestales) y II (otras actividades) de la Orden que desarrolla el método para cada período impositivo.

El concepto de actividad accesoria para las actividades económicas incluidas en el Anexo II, Otras Actividades, de la Orden que desarrolla el método de EO (a las que va dirigida esta obra), se encuentra regulado en los artículos 1 y 2 de la Orden que desarrolla el método de estimación objetiva, estableciéndose que se considerará accesoria aquella actividad cuyo volumen de ingresos no supere el 40 por 100 del volumen de ingresos de la actividad principal, siempre que estas operaciones se encuentren recogidas en las notas que incluyen alguno de los cuadros que determinan los módulos para cada actividad, en las que se establece que el rendimiento neto resultante de la aplicación de los módulos incluye el derivado de determinadas operaciones económicas, al no estar estas operaciones económicas incluidas entre las que habilita el epígrafe del IAE al que se refiere la actividad económica incluida en el cuadro correspondiente.

La remisión del método de estimación objetiva al IAE supone que, operaciones que, tradicionalmente, se realizan dentro de actividades incluidas en su ámbito de aplicación, quedarían fuera de la utilización del mismo, circunstancia que originaría la exclusión del método de estimación objetiva, dada la incompatibilidad entre la estimación directa y la estimación objetiva que establece la normativa del IRPF, que más adelante se analizará.

Estas operaciones son, generalmente, operaciones ejecutadas en establecimientos de hostelería, comercio al por menor de libros o periódicos, transporte por auto-taxis, transporte de mercancías por carretera, peluquerías e institutos de belleza y servicios de copias de documentos con máquinas fotocopiadoras.

Con este mecanismo, se consigue no expulsar del método de EO a contribuyentes que ejercen la actividad principal, y de forma accesoria, realizan operaciones económicas no habilitadas por el IAE por el ejercicio de dicha actividad.

Es decir, el contribuyente calcula el rendimiento neto de la actividad correspondiente considerando que las operaciones accesorias incluidas en la nota que determina los módulos de dicha actividad están ya incluidas en el cálculo del rendimiento neto de la misma.

Ahora bien, no serán todas las operaciones realizadas están contenidas en el cálculo del rendimiento neto, sino solamente aquellas que se recogen en las mencionadas notas, siempre que estas operaciones tengan carácter accesorio a la actividad.

A efectos de la aplicación de la EO, actividades accesorias a la principal son aquellas que se encuentran recogidas en el cuadro que define los módulos de cada actividad, siempre que su volumen de ingresos no supere el 40 por ciento del de la principal.

Esta definición, la cual no debería plantear problemas de aplicación práctica, genera un grave problema, pues parece que el legislador olvida que las actividades económicas incluidas en el Anexo II de la Orden no tienen obligación de conocer su volumen de ingresos, dado que no se lo exigen las magnitudes que definen la exclusión del método, ni el procedimiento para calcular el rendimiento neto ni las obligaciones formales y registrales del mismo.

En definitiva, el concepto de actividad accesoria del Anexo II de la Orden está basado en unos parámetros que la normativa reguladora del método de estimación objetiva no obliga a conocer.

Esta incoherencia se complica a partir del 1 de enero de 2023, pus las cotizaciones del RETA desde ese día empiezan a aproximarse a los ingresos reales de los autónomos, mediante cruce de datos por parte de la AEAT, pues los contribuyentes en EO no siempre estarán obligados a declarar en el IRPF los ingresos reales de la su actividad económica.

No obstante, siempre se podrá argumentar que, aunque la normativa tributaria no lo exija, la normativa mercantil obliga a los empresarios y comerciantes a llevar contabilidad ajustada al Código de Comercio (los profesionales no están obligados a llevar contabilidad conforme al Ccom y esa es una de las diferencias relevantes entre los dos tipos de actividad económica), y los datos exigidos para la conceptuación del concepto de actividad accesoria se podrían obtener de la contabilidad.

Ejemplo

Persona física que ejerce la actividad de "otros cafés y bares", epígrafe 673.2 del IAE, ha obtenido de dicha actividad, en 2024, la cantidad de 180.000 euros. Asimismo, en el local tiene un expositor de CD de música y cine, y un futbolín. Por estas operaciones ha tenido, en 2024, unos ingresos de 20.000 euros.

¿Puede determinar, en 2024, el rendimiento neto de la actividad por el método de estimación objetiva?

Solución:

La actividad de "otros cafés y bares", epígrafe 673.2 del IAE, está incluida por el artículo de la Orden de módulos para 2024 entre las actividades a las que es de aplicación el método de EO.

Las otras operaciones realizadas en el local no se encuentran entre las que habilita el epígrafe 673.2 del IAE, pero si se encuentran recogidas entre las actividades accesorias que recoge el cuadro que define los módulos de la actividad principal.

Además, el volumen de ingresos de estas actividades accesorias (20.000€) no supera el 40% del volumen de ingresos de la actividad principal (72.000 €).

Por ello, si se cumplen todos los restantes requisitos exigidos por el ámbito de aplicación del método de estimación objetiva, podría aplicar este método en 2024.

Una vez resueltas todas las cuestiones planteadas anteriormente, el titular de una actividad económica, estaría en condiciones de determinar si la misma está incluida entre las actividades incluidas en el ámbito de aplicación del método y seguir adelante en la delimitación del ámbito de aplicación del método.

ACTIVIDADES EXCLUIDAS DESDE 2016

La disposición adicional trigésima sexta de la Ley de reforma del Impuesto de 2015 estableció que la Orden que desarrollase el método para 2016 no incluiría, en el ámbito de aplicación del mismo, las actividades incluidas en las Divisiones 3 (industrias transformadoras de los metales), 4 (otras industrias manufactureras) y 5 (construcción) de la Sección Primera del IAE, y además, reducirá para el resto de actividades la magnitud específica de inclusión en el método. La vigencia de esta DA se conserva para los años posteriores.

Es decir, a partir de 2016, produce una reducción del ámbito de aplicación del método, al quedar fuera del mismo, actividades que, hasta 2015, estaban incluidas.

También se intentó avanzar en la reducción el ámbito de aplicación de la EO en ese año mediante la expansión de los límites excluyentes de la posibilidad de declarar en este régimen a partir de 2016.

LÍMITES EXCLUYENTES APLICABLES A PARTIR DEL EJERCICIO 2016

Aunque en la Ley de reforma del IRPF que entró en vigor en 2015, fue donde se produjo la modificación del artículo 31.1 de la LIRPF, el cual define las magnitudes que delimitan el ámbito de aplicación del método, por la disposición final sexta de esta Ley de reforma se estableció que dicha modificación entrara en vigor el 1 de enero de 2016.

Estos límites se modifican, a su vez, por una Disposición Transitoria de la propia Ley para los ejercicios 2016 y 2017 y el Real Decreto-Ley 20/2017, de 29 de diciembre, por el que se prorrogan y aprueban diversas medidas tributarias y otras medidas urgentes en materia social (BOE de 30 de diciembre) para el ejercicio 2018; posteriormente, por el Real Decreto-ley 27/2018, de 28 de diciembre, que recoge, entre otras medidas, la prórroga de los límites de exclusión de módulos para 2019 (BOE de 29 de diciembre) y por el Real Decreto-ley 18/2019, de 27 de diciembre (BOE de 28 de diciembre) para 2020.

Con posterioridad, estos límites se ha conservado para el ejercicio 2021 por lo regulado en el artículo 63 de la Ley 11/2020, de 30 de diciembre, de PGE para 2021 que modifica en ese sentido de prorrogar los límites excluyentes del método de EO en el IRPF la disposición transitoria 32.ª de la LIRPF.

Ahora bien, con efectos de 2022, se produjo una nueva prórroga de estos límites (la sexta), a través del art. 60 de la LPGE para ese ejercicio, alterando la redacción de la DT Segunda de la LIRPF.

Seguidamente, en 2023 (y séptima prórroga), tales límites se siguen conservando, a través de la Disposición transitoria 32.ª Ley 35 / 2006, de 28 de noviembre de 2006, del IRPF, modificada por el art. 61.Dos Ley de PGE para 2023.

Pero (y es la octava prórroga) los citados límites excluyentes para la aplicación del régimen de EO se han vuelto a prorrogar también durante el período impositivo 2024.

Esta ampliación temporal se incluye en el Real Decreto-ley 8/2023, de 27 de diciembre, por el que se adoptan medidas para afrontar las consecuencias económicas y sociales derivadas de los conflictos en Ucrania y Oriente Próximo, así como para paliar los efectos de la sequía (BOE de 28).

De acuerdo a esta alteración normativa, con efectos desde 1 de enero de 2024, se introducen las siguientes modificaciones en la Ley 35/2006, de 28 de noviembre, del Impuesto sobre la Renta de las Personas Físicas:

Se modifica la DT 32ª de la Ley 35/2006, de 28 de noviembre, del Impuesto sobre la Renta de las Personas Físicas, prorrogándose para el ejercicio 2024 los límites cuantitativos que se vienen aplicando en ejercicios anteriores y que delimitan el ámbito de aplicación de método de estimación objetiva para las actividades económicas incluidas en el ámbito de aplicación de dicho método, con excepción de las actividades agrícolas, ganaderas y forestales, que tienen su propio límite cuantitativo por volumen de ingresos.

Por tanto, las magnitudes excluyentes de carácter general serán para el ejercicio 2024 las siguientes:

- Volumen de ingresos en el año inmediato anterior superior a 250.000 euros para el conjunto de actividades económicas, excepto las agrícolas, ganaderas y forestales. Se computarán la totalidad de las operaciones, exista o no obligación de expedir factura. Las operaciones en las que exista obligación de expedir factura cuando el destinatario sea empresario, no podrán superar 125.000 euros.
- Volumen de ingresos para el conjunto de actividades agrícolas, forestales y ganaderas superior a 250.000 euros.
- Volumen de compras en bienes y servicios en el año inmediato anterior, excluidas las adquisiciones del inmovilizado, superior a 250.000 euros.

Adicionalmente, se establece un nuevo plazo para renunciar o revocar la renuncia al régimen de estimación objetiva desde el siguiente a la fecha de publicación de este Real Decreto-ley hasta el 31 de enero de 2024.

Las renuncias y revocaciones presentadas para el año 2024 durante el mes de diciembre de 2023, con anterioridad al nuevo plazo, se entenderán presentadas en período hábil.

La redacción de la mencionada DT 32.ª de la LIRPF en 2024, dice lo siguiente:

"Disposición transitoria trigésimo segunda. Límites para la aplicación del método de estimación objetiva en los ejercicios 2016 a 2024.

Para los ejercicios 2016, 2017, 2018, 2019, 2020, 2021, 2022, 2023 y 2024, las magnitudes de 150.000 y 75.000 euros a que se refiere el apartado a') de la letra b) de la norma 3.ª del apartado 1 del artículo 31 de esta ley, quedan fijadas en 250.000 y 125.000 euros, respectivamente.

Asimismo, para dichos ejercicios, la magnitud de 150.000 euros a que se refiere la letra c) de la norma 3.ª del apartado 1 del artículo 31 de esta ley, queda fijada en 250.000 euros".

El método de estimación objetiva del Impuesto sobre la Renta de las Personas Físicas y el régimen especial simplificado del Impuesto sobre el Valor Añadido no serán aplicables a las actividades o sectores de actividad que superen las siguientes magnitudes:

1. Por volumen de ingresos para el conjunto de actividades económicas, excepto las agrícolas, ganaderas y forestales, 250.000 euros anuales.

A estos efectos, se computará la totalidad de las operaciones con independencia de que exista o no obligación de expedir factura de acuerdo con lo dispuesto en el Reglamento por el que se regulan las obligaciones de facturación, aprobado por el Real Decreto 1619/2012, de 30 de noviembre.

Para este cómputo no se tiene en cuenta el volumen de ingresos de las actividades agrícolas, ganaderas y forestales.

Sin perjuicio del límite anterior, el método de estimación objetiva no podrá aplicarse cuando el volumen de los rendimientos íntegros que corresponda a operaciones por las que estén obligados a expedir factura cuando el destinatario sea un empresario o profesional que actúe como tal, de acuerdo con lo dispuesto en el artículo 2.2.a) del Reglamento por el que se regulan las obligaciones de facturación, supere 125.000 euros anuales.

Cuando en el año inmediato anterior se hubiese iniciado una actividad, el volumen de ingresos se elevará al año.

Como hemos indicado con anterioridad, estos volúmenes de operaciones siguen siendo los mismos para el año 2024.

Ejemplo

Persona física que desarrolla la actividad de "transporte de mercancías por carretera", epígrafe 722 del IAE. En 2023, ha facturado íntegramente y solo a empresarios por un importe total de 200.000 euros ¿Puede, en 2024, aplicar el método de estimación objetiva?

Solución:

En primer lugar, la actividad desarrollada se encuentra recogida en el artículo 1 de la Orden de módulos para 2024. Por otra parte, es una de las actividades a que se refiere la letra d) del apartado 5 del artículo 101 de la LIRPF, por lo que habrá que estar a lo dispuesto para estas actividades en relación con el volumen de ingresos.

Por una parte, el volumen de facturación total en el ejercicio anterior no supera 250.000 euros, pero el importe facturado a empresarios sometido a retención (200.000€) es superior a 125.000 €.

Por tanto, en 2024, no podrá aplicar el método de estimación objetiva.

2. Por volumen de ingresos para el conjunto de actividades agrícolas, forestales y ganaderas: 250.000 euros

Cuando en el año inmediato anterior se hubiese iniciado una actividad, el volumen de ingresos se elevará al año.

A efectos de lo dispuesto en las letras a) y b) anteriores, el volumen de ingresos incluirá la totalidad de los obtenidos en el conjunto de las mencionadas actividades, no computándose entre ellos las subvenciones corrientes o de capital ni las indemnizaciones, así como tampoco el Impuesto sobre el Valor Añadido y, en su caso, el recargo de equivalencia que grave la operación, para aquellas actividades que tributen por el régimen simplificado del Impuesto sobre el Valor Añadido.

3. Por volumen de compras en bienes y servicios.

250.000 euros anuales para el conjunto de todas las actividades económicas desarrolladas. Dentro de este límite se tendrán en cuenta las obras y servicios subcontratados y se excluirán las adquisiciones de inmovilizado.

Cuando en el año inmediato anterior se hubiese iniciado una actividad, el volumen de compras se elevará al año.

Ejemplo

Un contribuyente desarrolla una actividad económica incluida en el método de EO, iniciada el 1 de enero de 2022. El volumen de compras de la actividad en dicho período ha sido de 200.000 euros, y de 185.000 euros en 2023. Por otra parte, cumplen todos los demás requisitos que delimitan el ámbito de aplicación del método.

¿Puede aplicar el método de estimación objetiva en 2023 y 2024?

Solución:

De acuerdo con estos datos, podrá determinar su rendimiento neto por el método de estimación objetiva, tanto en 2023 como en 2024, toda vez que el volumen de compras en los ejercicios 2022 y 2023, respectivamente, no supera 250.000 euros en ninguno de los dos años.

4. Magnitud específica.

Para las actividades que no son agrícolas, ganaderas o forestales, es decir, para las actividades incluidas en el Anexo II de la Orden de desarrollo (Otras actividades), la propia Orden, en su artículo 3, establece unos límites individuales que definen el ámbito de aplicación para cada actividad.

Estos límites individuales se definen en la mayoría de las actividades por el personal empleado en la misma, mientras que, en las actividades de transporte, este límite individual se define en función del número de vehículos destinados a la actividad, y en la actividad de “producción de mejillón en batea”, el límite individual se define en función del número de bateas.

Es decir, además de los límites excluyentes por volumen de ingresos y por volumen de compras comentadas anteriormente, existe un límite individualizado para las actividades incluidas en el Anexo II de las Órdenes que, anualmente, desarrollan el método.

Es la propia Orden que desarrolla el método, la que regula la aplicación de esta magnitud específica excluyente en su artículo 3.

Por lo que se refiere al límite personal empleado, la Orden establece que comprenderá tanto el no asalariado como el asalariado, y que el personal empleado se determinará por la media ponderada correspondiente al período en que se haya ejercido la actividad durante el año inmediato anterior.

Para determinar la media ponderada se aplicarán exclusivamente las siguientes reglas:

1.ª Personal no asalariado.

Se computará como una persona no asalariada, la que trabaje en la actividad al menos 1.800 horas/año. Cuando el número de horas de trabajo al año sea inferior a 1.800, se estimará como cuantía de la persona no asalariada la proporción existente entre número de horas efectivamente trabajadas en el año y 1.800.

No obstante, el empresario se computará, con independencia del número de horas trabajadas, como una persona no asalariada. Esta regla general puede quebrarse en aquellos supuestos en que pueda acreditarse una dedicación inferior a 1.800 horas/año por causas objetivas, tales como jubilación, incapacidad, pluralidad de actividades o cierre temporal de la explotación; en tales circunstancias, se computará el tiempo efectivo dedicado a la actividad.

En estos supuestos, para la cuantificación de las tareas de dirección, organización y planificación de la actividad y, en general, las inherentes a la titularidad de la misma, se computará al empresario en 0,25 personas/año, salvo cuando se acredite una dedicación efectiva superior o inferior.

Como se observa, la regla de cálculo del personal no asalariado varía en función del tipo de persona no asalariada, siendo esta regla distinta si se trata del titular de la actividad o si se trata de otras personas no asalariadas (cónyuge e hijos menores de edad del titular que trabajen en la actividad y no sean personal asalariado).

Por otra parte, en este cálculo no se tienen en cuenta determinadas reducciones que en materia de personal no asalariado se establecen para la cuantificación de este módulo (cónyuges y titulares con discapacidad).

Ejemplo

Don X, que tiene reconocido un grado de discapacidad del 40%, es titular de un bar en el cual, exclusivamente, trabajan él y su esposa, constando la afiliación de ambos al RETA. Durante el período impositivo 2024 han trabajado más de 1.800 horas al año.

Determinar las unidades del módulo "personal no asalariado" utilizado en la actividad en el año 2024

Solución:

Al no darse el requisito de la afiliación al régimen general de la Seguridad Social (en adelante SS), la mujer adquiere la condición de "personal no asalariado".

El módulo "personal no asalariado" estará formado por:

1. El marido titular: 1 x 0,75 (dado su grado de discapacidad)	0,75
2. La mujer: 1 x 0,5	0,50
3. Total	1,25 personas

2ª.- Personal asalariado.

Se computará como una persona asalariada, la que trabaje el número de horas anuales por trabajador fijado en el convenio colectivo correspondiente o, en caso de inexistencia de éste, 1.800 horas/año. Cuando el número de horas de trabajo al año sea inferior o superior, se estimará como cuantía de la persona asalariada la proporción existente entre el número de horas efectivamente trabajadas y las fijadas en el convenio colectivo o, en su defecto, 1.800.

No se computarán como personas asalariadas los alumnos de la Formación Profesional específica que realicen el módulo obligatorio de formación en prácticas en un centro de trabajo; en cambio, los becarios se computarán como personal asalariado.

Se computan como personal asalariado el cónyuge y los hijos menores del titular de la actividad, siempre que exista el correspondiente contrato de trabajo y estén afiliados al régimen general de la SS, desarrollando una actividad de manera habitual y continuada junto al contribuyente.

Como se observa, a estos efectos, no se tienen en cuenta distintas reducciones que se pueden aplicar a determinado personal asalariado para calcular en rendimiento neto previo, que se analizarán posteriormente.

Ejemplo

Persona física que desarrolla la actividad de "Tinte, limpieza en seco, lavado y planchado de ropas hechas y de prendas y artículos del hogar usados" Epígrafe 971.1 del IAE. En 2024 en la actividad ha trabajado, a jornada completa, el titular de la actividad y su cónyuge. Asimismo, han prestado sus servicios tres personas asalariadas. Una de ellas era menor de 19 años y, otra, tenía una discapacidad del 40%.

¿Puede aplicar en 2024 el método de estimación objetiva?

Solución:

De acuerdo con lo dispuesto en el artículo 3.1.d) de la Orden de módulos para 2024, el personal empleado en la actividad será la suma del personal no asalariado y asalariado.

De acuerdo con las reglas establecidas en dicho precepto, éstos serán:

Personal no asalariado	2
Personal asalariado	3
Personal empleado	5

Observamos que, en el cómputo del personal asalariado, existen un empleado menor de 19 años y un trabajador con un grado de discapacidad superior al 33%. Si tuviéramos en cuenta las reducciones a aplicar a este personal, concretamente, que se computase en un 60% al personal asalariado menor de 19 años y al que preste sus servicios bajo un contrato de aprendizaje o para la formación y que, cuan do el personal asalariado fuese una persona con discapacidad con grado de discapacidad igual a superior al 33%, entonces, se computaría tal trabajador en solo un 40%; entonces, lógicamente, el cómputo del personal asalariado varía.

Las reducciones anteriores, por otra parte, conviene conocer que son incompatibles entre sí.

Sin embargo, como se ha indicado con anterioridad, las reducciones por personal asalariado en determinadas circunstancias se aplican en circunstancias posteriores (cálculo del rendimiento neto), pero no a estos efectos.

En consecuencia, como la magnitud específica para esta actividad es de 4 personas empleadas, el contribuyente no podrá en 2024 aplicar el método de estimación objetiva.

La jurisprudencia del TS ha realizado una cambio muy relevante a la hora de interpretar el concepto de "personal asalariado" y su compatibilidad a efectos de la EO en el IRPF, así como los límites en su número.

De esta manera, en las sentencias n.º 1740/2023, de 20 de diciembre, y n.º 1667/2023, de 13 de diciembre, ECLI:ES:TS:2023:5697; ha establecido como doctrina que, a tales efectos, la magnitud consistente en un máximo de dos trabajadores debe computarse en función del número de horas anuales prorrateadas por trabajador fijado en el convenio colectivo correspondiente.

La controversia objeto de recurso, en ambos casos, giraba en torno al modo en el que se ha de interpretar el concepto "personal asalariado" a los efectos de la aplicación de dicho índice corrector.

En particular, se planteaba si el personal asalariado debía computarse de manera nominal o en términos ponderados (lo que supondría computar un trabajador si éste alcanza las 1.800 horas/año).

En el supuesto de hecho al que se refiere la última de las sentencias indicadas, la diferencia resultaba relevante justamente porque durante el ejercicio analizado la empresa había tenido más de dos trabajadores contratados a la vez en sus diversas actividades en estimación objetiva, si bien en cómputo ponderado, en atención a las horas efectivamente trabajadas (1.800 horas año para que se compute un trabajador) e individualizado por actividades no había superado el citado límite de dos trabajadores.

Las SSTSS mencionadas concluyen que: "...si el cómputo se realiza sobre la base del número de horas anuales por trabajador fijado en el convenio colectivo correspondiente, ese mismo cómputo debe servir a los efectos del índice corrector del 0,90 por 100 para empresas de pequeña dimensión con hasta dos trabajadores en el método de estimación objetiva del IRPF".

Por lo que se refiere a los límites de exclusión en función del número de vehículos o bateas destinados a la actividad, éstos se refieren a no superar el límite excluyente en cualquier día del período impositivo anterior.

En los casos de inicio de actividad, como no existe la referencia del período impositivo anterior, se tendrá en cuenta el número de personas empleadas o vehículos o bateas al inicio de la misma.

❑ **Aplicación de las magnitudes excluyentes.**

Con carácter general, las magnitudes excluyentes que se han analizado anteriormente, se aplican de forma individualizada por cada persona o entidad en régimen de atribución de rentas afectada por la aplicación del método de estimación objetiva.

Es decir, no se tienen en cuenta las circunstancias que afectan a otros contribuyentes.

Contra esta regla general de aplicación del método de estimación objetiva existen situaciones que las magnitudes excluyentes se calculan, teniendo en consideración además de las circunstancias propias, otras que se refieren a otras personas o entidades en régimen de atribución, ERA. Esta aplicación conjunta no se aplica para la magnitud por volumen de ingresos aplicable a las actividades sometidas a retención a cuenta.

Esta aplicación conjunta de las magnitudes excluyentes deberá realizarse incluyendo, no sólo las operaciones correspondientes a las actividades económicas desarrolladas por el contribuyente, sino también las correspondientes a las desarrolladas por el cónyuge, descendientes y ascendientes, así como por las entidades en régimen de atribución de rentas, en las que participen cualquiera de los anteriores, en las que concurran las circunstancias que se indicarán a continuación.

Cuando se trate de entidades en régimen de atribución de rentas (comunidades de bienes, herencias yacentes, sociedades civiles que no tengan un objeto mercantil), deberán computarse, no sólo las operaciones correspondientes a las actividades económicas desarrolladas por la propia entidad en régimen de atribución, sino también las correspondientes a las realizadas por sus socios, herederos, comuneros o partícipes; los cónyuges, descendientes y ascendientes de éstos; así como por otras entidades en régimen de atribución de rentas en las que participen cualquiera de las personas anteriores.

Las circunstancias que obligan al cómputo conjunto, son las siguientes:

- Que las actividades económicas desarrolladas sean idénticas o similares. A estos efectos, se entenderán que son idénticas o similares las actividades económicas clasificadas en el mismo Grupo en el Impuesto sobre Actividades Económicas.
- Que exista una dirección común de tales actividades, compartiéndose medios personales o materiales.

Estas circunstancias deben de concurrir de forma simultánea, es decir, que si solamente se cumple una de ellas, no procede el cómputo conjunto, aplicándose la regla general de cómputo individualizado.

De las circunstancias que obligan al cómputo conjunto, se observa que la primera de ellas es de fácil aplicación, pues simplemente consiste en analizar las actividades desarrolladas por el titular de la actividad y su grupo familiar, si estas actividades se encuentran en idéntico Grupo del IAE, estamos ante el cumplimiento de la primera de estas condiciones.

Mayor problema de aplicación práctica existe en el cumplimiento de la segunda, pues ésta exige que exista dirección común de las actividades económicas desarrolladas por el grupo familiar, y que, además, se compartan medios personales o materiales.

Es decir, la segunda circunstancia que obliga al cómputo conjunto es una cuestión de hecho, cuyo tenor deberá comprobarse caso a caso, lo que implica una inseguridad jurídica al contribuyente, dado que la valoración de las pruebas aportadas se realizará "a posteriori", pudiendo, en consecuencia, modificarse el método de estimación de rendimientos utilizado, con las consecuencias prácticas que ello acarrea.

En definitiva, la norma antifraccionamiento resulta una norma poco precisa que introduce en el ámbito de aplicación del método de estimación objetiva una mayor complejidad sin resolver totalmente el problema para el que se diseñó.

Ejemplo

¿Pueden determinar el rendimiento neto de la actividad por el método de estimación objetiva?

Persona física que desarrolla la actividad de "Comercio al por menor de huevos, aves, conejos de granja, caza y de productos derivados de los mismos", epígrafe 642.5 de IAE. En 2024, en la actividad han trabajado, a jornada completa, el titular de la actividad y una persona asalariada a jornada completa.

En el mismo local y con la misma maquinaria, ejerce la misma actividad su cónyuge, que también trabaja a jornada completa con dos personas asalariadas a jornada completa.

Solución:

En principio, cada cónyuge calculará su personal empleado por separado.

Primer cónyuge

Personal no asalariado	1
Personal asalariado	1
Personal empleado	2

Segundo cónyuge

Personal no asalariado	1
Personal asalariado	2
Personal empleado	3

Como la magnitud específica para esta actividad es de 4 personas empleadas, en principio, podrían aplicar, en 2024, el método de estimación objetiva.

Ahora bien, al tratarse de la misma actividad y compartir medios materiales, si existiese dirección común (cuestión de hecho), este límite debería calcularse de forma conjunta, es decir, el personal empleado conjunto (5) supera la magnitud específica (4) establecida para esta actividad, lo que implicaría que ninguno de los dos cónyuges podría aplicar, en 2024, el método de estimación objetiva.

5. Otros requisitos.

Además de las magnitudes excluyentes vistas anteriormente, el ámbito de aplicación del método de estimación objetiva, tiene establecido otros requisitos que delimitan su ámbito de aplicación.

Estos requisitos son:

1.º Lugar de desarrollo de las actividades.

2.º Incompatibilidad con el método de estimación directa.

3.º Coordinación con el IVA y con el IGIC.

1.º Lugar de desarrollo de las actividades.

Este requisito se concreta en que las actividades deben desarrollarse en el territorio en el que se aplica el Impuesto, es decir, en territorio español.

Por tanto, no se encuentran incluidas en el ámbito de aplicación del método las actividades económicas que se desarrollen, total o parcialmente, fuera del territorio español.

No obstante, la Orden que desarrolla anualmente el método de EO, ha clarificado este requisito para las actividades de transporte, en las que, en algunos casos, no puede concretarse el lugar donde se desarrolla la actividad, al establecer que, a estos efectos, se entenderá que las actividades de transporte urbano colectivo y de viajeros por carretera, de transporte por auto-taxis, de transporte de mercancías por carretera y de servicios de mudanzas, se desarrollan, en cualquier caso, dentro del ámbito de aplicación del IRPF.

Por tanto, la exclusión del método de estimación objetiva operará cuando la actividad en el exterior se desarrolle a través de una base de actividad, no resultando aplicable cuando, simplemente, se realicen entregas de bienes fuera del territorio español sin que exista dicha base de actividad en el exterior.

Es decir, las actividades simplemente exportadoras o de entregas de bienes a otros Estados miembros de la Unión Europea (en adelante UE) no se consideran desarrolladas fuera del territorio nacional siempre que en el exterior no exista una base de actividad.

Ejemplo

Una persona física es titular de una actividad económica de "otros cafés y bares", epígrafe 673.2 del IAE. La actividad se desarrolla en Elvas (Portugal).
¿Puede aplicar el método de estimación objetiva?

Solución:

Sin entrar a analizar otras cuestiones, como la actividad se desarrolla físicamente fuera del ámbito de aplicación del IRPF, no podrá determinar el rendimiento neto de la misma por el método de estimación objetiva.

2º Incompatibilidad con la estimación directa.

Además de los numerosos requisitos que delimitan el ámbito de aplicación del método de estimación objetiva, la normativa establece la incompatibilidad entre la estimación directa y la estimación objetiva.

Esta incompatibilidad significa que, cuando se determine el rendimiento neto de alguna actividad económica realizada por idéntico contribuyente por el método de estimación directa, en cualquiera de sus modalidades, el contribuyente determinará el rendimiento neto de todas sus actividades por este método.

Como regla general, no se pueden utilizar simultáneamente por el mismo contribuyente la estimación directa y la estimación objetiva.

Por tanto, cuando un empresario determine el rendimiento neto por el método de estimación directa, ya sea porque la misma no está incluida en el ámbito de aplicación de la EO o estando, hubiese quedado excluida de su aplicación o por renuncia, deberá determinar el rendimiento neto de las demás actividades económicas por el método de estimación directa.

Esta regla general de incompatibilidad tiene una excepción de vigencia temporal, la cual será de aplicación cuando se inicie durante el año alguna actividad económica no incluida o por la que se renuncie al método de estimación objetiva. En estos casos, la incompatibilidad no surtirá efectos para ese año respecto a las actividades que se venían realizando con anterioridad.

Lógicamente, al año siguiente, se aplicará la incompatibilidad, debiendo el contribuyente determinar el rendimiento neto de todas sus actividades económicas por el método de estimación directa, en la modalidad que corresponda.

3º Coordinación con el IVA y el IGIC.

De acuerdo con lo dispuesto en la Ley del IRPF, el método de estimación objetiva se aplicará conjuntamente con los regímenes especiales establecidos en el IVA o en el IGIC, cuando así se determine reglamentariamente.

Por ello, el Reglamento del IRPF establece la coordinación del método con dichos Impuestos.

Por lo que se refiere al IVA, la norma reglamentaria establece la coordinación con dos regímenes especiales, el simplificado y el de la agricultura, ganadería y pesca.

Con el régimen especial simplificado se establece una coordinación plena, ya que ésta afecta tanto a exclusiones como a renuncias, al establecer que:

- La renuncia al régimen especial simplificado del IVA supondrá la renuncia al método de estimación objetiva por todas las actividades económicas ejercidas por el contribuyente.
- La exclusión del régimen especial simplificado en el IVA supondrá la exclusión del método de EO por todas las actividades económicas ejercidas por el contribuyente.

La renuncia o exclusión del régimen especial simplificado del IVA supondrá la renuncia o exclusión del método de EO.

Una norma del mismo contenido, pero en sentido inverso, se recoge en el Reglamento del Impuesto sobre el Valor Añadido, aprobado por el Real Decreto 1624/1992, de 29 de diciembre (en adelante RIVA).

Por lo que se refiere al régimen especial de la agricultura, ganadería y pesca, la coordinación no es plena, pues solamente existe coordinación en materia de renuncia, dado que la renuncia al régimen especial de la agricultura, ganadería y pesca del IVA supone la renuncia al método de EO, y viceversa.

Esta coordinación con este régimen especial del IVA no se aplica en materia de exclusiones, dado que el mismo tiene un ámbito de aplicación más amplio, ya que este régimen especial del IVA se aplica a la pesca, mientras que el método de EO no es de aplicación, salvo para la producción de mejillón en batea, a este sector.

Ahora bien, no se debe olvidar la coordinación interna que existe en la normativa del IVA entre el régimen especial simplificado y el régimen de la agricultura, ganadería y pesca.

Por esta coordinación interna, se quedará excluido del régimen especial simplificado cuando se realicen actividades no acogidas a los regímenes especiales simplificado, de la agricultura, ganadería y pesca o del recargo de equivalencia.

Por ello, cuando un contribuyente realice dos actividades, una, acogida al régimen especial simplificado y otra, agrícola o ganadera, y quedase excluido por esta segunda actividad del régimen especial de la agricultura, ganadería y pesca, quedaría también excluido del régimen especial simplificado por la otra actividad y, por esta circunstancia, resultaría, asimismo, eliminado del método de estimación objetiva.

Por lo que se refiere al régimen especial del recargo de equivalencia del IVA, la normativa de ambos impuestos no establece ninguna coordinación, ya que este régimen es de aplicación obligatoria para las personas físicas. No obstante, se debe recordar que el método de EO se utilizará, en todo caso, con cualquiera de estos regímenes especiales del IVA (simplificado, agricultura, ganadería y pesca o del recargo de equivalencia).

Por lo que se refiere al IGIC, se establece una coordinación total con el régimen especial simplificado de este Impuesto, mientras que la coordinación es parcial (solo afecta en materia de renuncias) con el régimen de la agricultura, ganadería y pesca.

2.2.7.2. Exclusión

Una vez definido el ámbito de aplicación del método de EO, vamos a analizar las causas de exclusión del mismo.

Esta cuestión tiene su trascendencia tanto por los efectos que la exclusión tiene en el IRPF como por los efectos que puede tener en otros Impuestos, como en el IVA o el IGIC.

Para poder quedar excluido del ámbito de aplicación del método de EO, lo primero que debemos hacer es determinar si la actividad desarrollada por el contribuyente se encuentra dentro de las actividades a las que resulta de aplicación, las cuales se encuentran relacionadas, como ya se ha expresado anteriormente en los artículos 1 y 2 de la Orden Ministerial que desarrolla anualmente el método.

Si la actividad está incluida entre las actividades económicas a las que resulta de aplicación el método de EO, el empresario deberá analizar si concurren las causas de exclusión del mismo.

Estas causas de exclusión y los efectos de la misma se encuentran reguladas en el RIRPF.

Las causas de exclusión son:

1ª. Haber rebasado el límite individual establecido para la actividad por la Orden Ministerial que desarrolle el método para las actividades incluidas en el Anexo II de la misma.

2ª. Haber rebasado los límites conjuntos por volumen de ingresos o por compras en bienes o servicios.

3ª. Desarrollar la actividad total o parcialmente fuera del territorio español.

4ª La incompatibilidad con la estimación directa.

5ª. La exclusión del régimen especial simplificado del IVA.

Las causas de exclusión ya se han estudiado anteriormente, por lo que nos remitimos a los comentarios realizados.

La eliminación del método producirá efectos el año inmediato posterior a aquél en que se produzca dicha circunstancia. Es decir, la exclusión nunca produce sus efectos para el período impositivo en que se ha producido la causa de exclusión, sino que se genera en el año inmediato posterior a aquél en el que se apreció la circunstancia de exclusión, aun cuando en dicho período impositivo se pudiese cumplir el ámbito de aplicación del método.

La exclusión tiene un efecto temporal de tres años, por lo que, una vez transcurrido este período temporal, volvería a quedar incluido el contribuyente en el método si en el último periodo de exclusión no se hubiese producido alguna causa de exclusión, es decir, que el contribuyente al finalizar dicho período de exclusión debe analizar nuevamente su situación pues, en caso de cumplir los requisitos que delimitan el ámbito de aplicación del método, volvería a quedar incluido en el mismo.

Lo expresado en el párrafo anterior implica que el método se puede aplicar en los períodos impositivos en que se produzca alguna circunstancia de exclusión, mientras que no se va a poder aplicar en los períodos impositivos en los que puede no haberse producido alguna de estas circunstancias.

Una vez que se produce la exclusión del método de EO, el contribuyente quedará integrado en el ámbito de aplicación de la modalidad simplificada del método de ED, lógicamente esto debe entenderse, siempre que se cumplan los requisitos que delimitan el ámbito de aplicación de esta modalidad.

2.2.7.3. Renuncia

2.2.7.3.1. Regulación general

Una vez definido el ámbito de aplicación del método de EO, y las causas de exclusión del mismo, al no ser este método un método de determinación de bases imponibles obligatorio, el contribuyente puede presentar la renuncia al mismo.

La aplicación de la EO no es obligatoria, aunque se cumpla el ámbito de aplicación, se puede renunciar a su utilización.

Conforme al artículo 6 de la Orden HFP/1359/2023, de 19 de diciembre, por la que se desarrollan para el año 2024 el método de estimación objetiva del IRPF y el régimen especial simplificado del IVA (BOE de 21 de diciembre), por la que se aprueba la estimación objetiva del IRPF para el ejercicio 2024, los contribuyentes del Impuesto sobre la Renta de las Personas Físicas que desarrollen actividades a las que sea de aplicación el método de estimación objetiva y deseen renunciar o revocar su renuncia para el año 2024, dispondrán para ejercitar dicha opción desde el día siguiente a la fecha de publicación de esta Orden en el "Boletín Oficial del Estado", que fue el de 21 de diciembre de 2023, hasta el 31 de diciembre del año 2023.

Ahora bien, con posterioridad, el plazo de renuncia y de revocación para el ejercicio 2024, tanto al método de estimación objetiva como al régimen simplificado del IVA, fue ampliado, por lo cual, los sujetos afectados dispusieron desde el día 22 de diciembre de 2023 hasta el día 31 de enero de 2024, para ejercitar estos derechos; plazo ampliado por medio del Real Decreto-ley 8/2023, de 27 de diciembre.

La renuncia o revocación deberá efectuarse de acuerdo con lo previsto en el capítulo I del título II del Reglamento General de las actuaciones y los procedimientos de gestión e inspección tributaria y de desarrollo de las normas comunes de los procedimientos de aplicación de los tributos, aprobado por el Real Decreto 1065/2007, de 27 de julio (en adelante RGAT).

No obstante lo anterior, también se entenderá efectuada la renuncia cuando se presente en el plazo reglamentario la declaración correspondiente al pago fraccionado del primer trimestre del año natural en que deba surtir efectos en la forma dispuesta para el método de estimación directa.

En caso de inicio de la actividad, también se entenderá efectuada la renuncia cuando se efectúe en el plazo reglamentario el pago fraccionado correspondiente al primer trimestre de ejercicio de la actividad en la forma dispuesta para el método de estimación directa.

Todo ello, de acuerdo a lo regulado en el art. 33.1 del RIRPF.

Esta renuncia y la posterior revocación de la misma tendrán los mismos efectos en los regímenes especiales de IVA o IGIC.

La renuncia a este método está desarrollada en el RIRPF y la misma podrá presentarse de las siguientes formas:

a) Renuncia expresa: Ésta se presentará durante el mes de diciembre anterior al inicio del año natural en que deba surtir efecto. Esta renuncia expresa se efectuará a través del modelo de declaración censal.

En caso de inicio de actividad, la renuncia se efectuará en el momento de presentar la declaración censal de inicio de actividad (modelos 036 o 037).

b) Renuncia tácita: también se entenderá efectuada la renuncia al método de EO cuando se presente en el plazo reglamentario la declaración correspondiente al pago fraccionado del primer trimestre del año natural en que deba surtir efectos en la forma dispuesta para el método de ED.

En caso de inicio de actividad, se entenderá ejecutada la renuncia, cuando se efectúe en el plazo reglamentario el pago fraccionado correspondiente al primer trimestre de ejercicio de la actividad en la forma dispuesta para el método de ED.

La renuncia al método de EO supondrá la inclusión en el ámbito de aplicación de la EDS. Esta regla debe entenderse, siempre que se cumplan las condiciones que delimitan el ámbito de aplicación de esta segunda modalidad.

Por tanto, aquellos contribuyentes que renuncien a la EO, cumplan los requisitos de la EDS y no quieran cuantificar el rendimiento neto por esta segunda modalidad de determinación de las bases imponibles en el IRPF, deberán presentar, asimismo, la renuncia a esta segunda modalidad.

Esta renuncia se tiene que presentar, en general, en el mes de diciembre anterior al inicio del año natural en que deba surtir efecto, por lo que la misma no es susceptible de presentación cuando la renuncia al método de EO se haya presentado por el sistema de renuncia tácita (normalmente, en el mes de abril del período impositivo en curso), dado que la EDS no tiene previsto un sistema de renuncia tácita similar al previsto en la EO ni cualquier otro que permita la renuncia a la modalidad en un plazo diferente al del mes de diciembre o al del inicio de la actividad.

La renuncia o revocación deberá realizarse de acuerdo con lo previsto en el capítulo I del título II del Reglamento General de las actuaciones y los procedimientos de gestión e inspección tributaria y de desarrollo de las normas comunes de los procedimientos de aplicación de los tributos, aprobado por el Real Decreto 1065/2007, de 27 de julio (RGAT).

No obstante lo anterior, también se entenderá aplicada la renuncia cuando se presente en el plazo reglamentario la declaración correspondiente al pago fraccionado del primer trimestre del año natural en que deba surtir efectos en la forma dispuesta para el método de estimación directa.

En caso de inicio de la actividad, también se entenderá efectuada la renuncia cuando se aporte en el plazo reglamentario el pago fraccionado correspondiente al primer trimestre de ejercicio de la actividad en la forma dispuesta para el método de estimación directa.

En el año 2022, por su parte, como hemos señalado anteriormente, el art. 5 de la Orden HFP/1335/2021, de 2 de diciembre, donde se regula la EO para ese ejercicio, establece las normas de renuncia de la aplicación de este régimen de estimación.

En el año 2023, por su parte, también como hemos señalado anteriormente, el art. 5 de la Orden HFP/1172/2022, de 29 de noviembre, donde se regula la EO para ese ejercicio, establece las normas de renuncia de la aplicación de este régimen de estimación.

Adicionalmente, por la Disposición Transitoria sexta de la LPGE para 2023 se introdujo un nuevo plazo para renunciar o revocar la renuncia al régimen de estimación objetiva desde el siguiente a la fecha de publicación desde la Ley de Presupuestos Generales del Estado para 2023 hasta el 31 de enero de 2023.

Las renuncias y revocaciones presentadas para el año 2023 durante el mes de diciembre de 2022, con anterioridad al nuevo plazo, se entenderán presentadas en período hábil.

En otro orden de cosas, para el año 2024, la Orden HFP/1359/2023, de 19 de diciembre, por la que se desarrollan para el año 2024 el método de estimación objetiva del Impuesto sobre la Renta de las Personas Físicas y el régimen especial simplificado del Impuesto Sobre el Valor Añadido (BOE de 21), afirmó que los contribuyentes que deseen renunciar al método de EO o deseasen revocar su renuncia para el año 2024, podían ejercitar dicha opción desde el día 22 de diciembre hasta el 31 de diciembre del año 2023.

Con posterioridad, el RD-L 8/2023, de 27 de diciembre, por el que se adoptan medidas para afrontar las consecuencias económicas y sociales derivadas de los conflictos en Ucrania y Oriente Próximo, así como para paliar los efectos de la sequía (BOE de 28), cambió los plazos anteriores, fijando, adicionalmente, un nuevo plazo para renunciar o revocar la renuncia al régimen de estimación objetiva desde el siguiente a la fecha de publicación de este Real Decreto-ley hasta el 31 de enero de 2024.

Las renuncias y revocaciones presentadas para el año 2024 durante el mes de diciembre de 2023, con anterioridad al nuevo plazo, se entenderán presentadas en período hábil.

Como también hemos señalado con anterioridad, lo más normal para renunciar al régimen de EO será la presentación del primer pago fraccionado del IRPF aplicando el régimen de EDS.

La renuncia al método de estimación objetiva en el Impuesto sobre la Renta de las Personas Físicas y la posterior revocación, expuestas en párrafos anteriores, tendrán los mismos efectos respecto de los regímenes especiales establecidos en el Impuesto sobre el Valor Añadido o en el Impuesto General Indirecto Canario.

Como para poder renunciar al método de EO es necesario, en primer lugar, estar incluido en su ámbito de aplicación, la norma reglamentaria establece que dicha renuncia, se tendrá por no presentada, cuando en el año inmediato anterior a aquél en que la renuncia al método de EO deba surtir efecto, se superaran los límites que determinan su ámbito de aplicación.

Es decir, si se presenta una renuncia al método de EO, estando excluido del mismo, la renuncia se tiene por no presentada, quedando el contribuyente con los efectos previstos en el epígrafe anterior para la exclusión del método.

La renuncia tendrá efectos para un período mínimo de tres años fuera del ámbito de aplicación del método. Transcurrido este plazo, se entenderá prorrogada tácitamente para cada uno de los años siguientes en que pudiera resultar aplicable, salvo que en el plazo previsto para las renuncias expresas se revoque aquella renuncia.

Es decir, que una vez que se haya renunciado al método de EO, tiene que transcurrir un período mínimo de tres años para que pueda volver a aplicar el método. Cuando transcurra dicho período, podría volver a aplicarse, si cumple las condiciones que delimitan el ámbito de aplicación, pero para ello debe de presentar la revocación de dicha renuncia, pues en caso contrario estaría indefinidamente fuera del método.

Por tanto, cuando se renuncie al método, el titular de la actividad quedará fuera del mismo hasta el momento en que presente la revocación de la renuncia.

La presentación de la renuncia a la EO tendrá un efecto mínimo de tres años. Para volver a aplica el método de EO se deberá, además de cumplirse el ámbito de aplicación, revocar la renuncia.

La revocación de la renuncia se presentará en el mismo tiempo y en la misma forma que la prevista para la renuncia expresa al método.

Por último, conviene recordar, como ya se ha comentado en un epígrafe anterior, que se entenderá presentada la renuncia a la EO cuando se haya, asimismo, renunciado a los regímenes especiales simplificado y de la agricultura, ganadería y pesca del IVA o a los regímenes especiales simplificado y de la agricultura, ganadería y pesca del IGIC, por lo que si se materializa la renuncia a estos regímenes en los términos previstos en su normativa, se habrá producido la renuncia al método de EO con todas las consecuencias y efectos que acarrea la misma.

2.2.7.4. Actividades independientes

El rendimiento por este método se calcula actividad por actividad de forma separada, por lo que, si un contribuyente desarrolla varias actividades económicas incluidas en el ámbito de aplicación del mismo, deberá calcular el rendimiento neto de cada una de ellas de forma individualizada.

Como actividad independiente, a efectos del método, el artículo 38 del RIRPF establece que serán actividades independientes cada una de las recogidas específicamente en las Órdenes ministeriales que desarrollan anualmente la EO.

Asimismo, el citado precepto reglamentario concreta que la determinación de las operaciones económicas incluidas en cada actividad deberá efectuarse de acuerdo con las normas del IAE, en la medida en que resulten aplicables.

Por tanto, en la EO, se considerará actividad independiente las enumeradas en los apartados primero y segundo de la Orden anual de desarrollo, quedando incluidas en la determinación del rendimiento neto de cada una de ellas, las operaciones económicas a las que habilite las normas del IAE para dicho epígrafe, así como aquellas accesorias que se incluyan en la nota que, para determinadas actividades, incorpora la Orden anual de desarrollo del método, aunque estas operaciones económicas no estén cubiertas por dicho epígrafe del IAE.

2.2.7.5. Entidades en régimen de atribución de rentas

El método de estimación objetiva se puede aplicar a las entidades en régimen de atribución de rentas.

Estas entidades tienen en el IRPF un régimen especial en el IRPF.

De acuerdo con lo dispuesto en el citado régimen especial, las rentas de estas entidades se atribuirán a los socios, herederos, comuneros o partícipes, calificándose la renta atribuida en función de la naturaleza derivada de la actividad o fuente de donde procedan para cada una de ellos.

Téngase en cuenta que las entidades en atribución de rentas son las que reúnen los requisitos del artículo 35.4 de la LGT, es decir, carecer de personalidad jurídica y constituir una unidad económica o un patrimonio separado, susceptibles de imposición.

Entre ellas se encuentran las comunidades de bienes, las herencias yacentes y las sociedades civiles que no tengan objeto mercantil (por ejemplo, las que realizan actividades profesionales), pero las comunidades de notarios, al impedir las normas reguladoras de la profesión el ejercicio común de tal actividad, son comunidades de "gastos" y, por lo tanto, no susceptibles de tributar por el régimen de atribución de rentas (artículos 86 a 90, ambos inclusive, de la LIRPF; CDGTV052-18, de 23 de febrero de 2018).

Una sociedad civil profesional que cumple con los requisitos de la Ley 2/2007, de sociedades profesionales, y que realiza como actividad accesoria la actividad de venta de seguros inmobiliarios, es contribuyente del Impuesto sobre Sociedades (Consulta INFORMA 146067, octubre de 2022).

Asimismo, las rentas de estas entidades se determinarán, con carácter general, de acuerdo con las reglas del IRPF.

Por ello, se plantea la duda de si a las entidades en régimen de atribución de rendimientos que ejerzan actividades económicas, pueden determinar su rendimiento neto por el método de EO.

Esta duda está solucionada por el artículo 39 del RIRPF, el cual establece que el método de EO será aplicable para la determinación del rendimiento neto de las actividades económicas desarrolladas por las entidades en régimen de atribución de rentas, siempre que todos sus socios, herederos, comuneros o partícipes sean contribuyentes por este Impuesto.

Por tanto, cuando todos los socios, herederos, comuneros o partícipes de una entidad en régimen de atribución de rentas sean personas físicas y contribuyentes por el IRPF, la entidad podrá utilizar el método de EO para cuantificar su rendimiento neto.

La aplicación de este método por estas entidades debe efectuarse, con independencia de las circunstancias que concurran individualmente en los socios, herederos, comuneros o partícipes. Es decir, la entidad determinará su rendimiento en función de sus circunstancias individualmente consideradas, obviando las circunstancias que, a título individual, afectasen a sus socios, herederos, comuneros o partícipes, salvo que se produzcan las condiciones para aplicar de forma conjunta los límites excluyentes, materia desarrollada anteriormente.

Por tanto, todo lo expresado anteriormente sobre la EO en materia de opciones, renuncias y exclusión del régimen es aplicable a este tipo de entidades, que deberán analizar si están incluidas en el ámbito de aplicación del método, pudiendo, como las personas físicas, renunciar al mismo.

La renuncia se efectuará por todos los socios, herederos, comuneros o partícipes, en el mismo plazo, forma y efectos que se ha visto para la renuncia al método. Como se observará, la renuncia debe presentarse de forma unánime por todos los miembros de la entidad.

Este criterio reglamentario parece un poco extraño, dado que este tipo de entidades tiene un cierto carácter societario, en el que se debería exigir la mayoría absoluta y no la unanimidad.

Aunque la normativa reglamentaria no dice nada al respecto, la revocación de la renuncia podrá presentarse por cualquiera de sus miembros, ya que en este caso se quiebra la unanimidad con que se presentó la renuncia.

Para la definición del ámbito de aplicación de la EO a las ERA, deberán computarse no solamente las operaciones correspondientes a las actividades desarrolladas por la propia entidad, sino también las realizadas por los socios, herederos, comuneros o partícipes, así como los cónyuges y descendientes de estos y por otras ERA en las cuales participen cualquiera de las personas anteriormente mencionadas.

Una vez determinado el rendimiento neto de la entidad, éste se atribuirá a los socios, herederos, comuneros o partícipes, según las normas o pactos aplicables en cada caso y, si éstos no constaran a la Administración en forma fehaciente, se atribuirá por partes iguales.

Sobre este asunto, no se debe olvidar que, a partir del 1 de enero de 2016, debido a la nueva LIS, se considerarán contribuyentes de este impuesto a las sociedades civiles que tengan objeto mercantil, por lo que, a partir de dicho período impositivo, estas sociedades civiles tributarán por el IS y, en consecuencia, no les será de aplicación el método de EO.

2.2.7.6. Determinación del rendimiento neto

1º REGLAS GENERALES.

En la normativa legal y reglamentaria que desarrolla el método de EO, se establecen las normas básicas por las que se determinará el rendimiento neto por este método.

De estas reglas generales, merece destacarse la que establece que *"la aplicación del método de estimación objetiva nunca podrá dar lugar al gravamen de las ganancias patrimoniales que, en su caso, pudieran producirse por las diferencias entre los rendimientos reales de la actividad y los derivados de la correcta aplicación de estos métodos"*.

Del contenido de esta regla se deduce que el legislador ha querido dar al método una seguridad jurídica plena, aun conociendo que los rendimientos netos obtenidos de la aplicación del mismo pueden diferir de forma sustancial con los rendimientos reales de la actividad.

No se gravan las ganancias patrimoniales que se pudieran producir por las diferencias entre el rendimiento neto real de la explotación económica y el rendimiento neto fiscal, obtenido de la aplicación del método de EO.

Por ello, establece una no sujeción al Impuesto para las ganancias patrimoniales que se pudieran producir por la diferencia entre el rendimiento real y el rendimiento fiscal obtenido de la aplicación del método.

Cuando esta regla se refiere a ganancias patrimoniales, debe estar refiriéndose a ganancias patrimoniales no justificadas, pues a otro tipo de ganancias patrimoniales no se puede referenciar, ya que en la definición conceptual de ganancia o pérdida patrimonial, se exceptúa de esta calificación a aquellas ganancias o pérdidas patrimoniales que por Ley se califiquen como rendimientos. En este caso, estamos ante unos rendimientos de actividades económicas.

Ahora bien, esta regla debe entenderse con un criterio muy estricto, y únicamente debe aplicarse en los casos para los que está prevista, es decir, cuando la ganancia patrimonial no justificada proceda de la diferencia entre los beneficios reales y los fiscales y, por tanto, queden plenamente justificadas.

Por tanto, para la aplicación de esta regla deberán conocerse los beneficios reales de la actividad, es decir, que los contribuyentes que apliquen el método, deben estar en condiciones de probar, por cualquier medio de prueba admitido en Derecho, la cuantía de sus beneficios reales por si se produjese la ganancia patrimonial no justificada por esta circunstancia, se pudiese aplicar la regla que se está comentando.

Por otra parte, en la normativa reglamentaria, se establecen otras reglas generales para la determinación del rendimiento neto en EO.

Estas reglas generales se pueden resumir como sigue:

1.ª Serán los propios contribuyentes quienes determinarán para cada actividad económica a la que resulte de aplicación el método, el rendimiento neto de la misma.

2.ª Este rendimiento neto se cuantificará en base a los signos, índices o módulos que, para cada actividad económica, se aprueben por el Ministro de Hacienda (en adelante MEH) mediante Orden Ministerial de carácter anual.

3.ª La Orden Ministerial, además de fijar los signos, índices o módulos, deberá contener las instrucciones necesarias para la determinación del rendimiento neto.

4.ª La Orden Ministerial deberá publicarse en el BOE antes del 1 de diciembre anterior al período impositivo a que resulte aplicable.

5.ª Cuando se prevea en la Orden, en la determinación del rendimiento neto podrán deducirse las amortizaciones del inmovilizado.

La cuantía deducible por estas amortizaciones será la que resulte, exclusivamente, de aplicar la tabla que se apruebe específicamente por el Ministro de Hacienda. La tabla de amortización para la EO, así como las instrucciones de aplicación, se contiene en la Orden de desarrollo anual del método.

6.ª En los casos de comienzo de la actividad con posterioridad al 1 de enero o de cese antes del 31 de diciembre, los signos, índices o módulos se aplicarán, proporcionalmente, al período de tiempo en que tal actividad se haya ejercido durante el año natural.

De las anteriores reglas citadas, se deriva que se trata de reglas muy genéricas por las que no se puede determinar el rendimiento neto de ninguna actividad en EO.

Por tanto, la norma básica para la determinación del rendimiento por el método de EO es la Orden de desarrollo anual del mismo, en la que se definen los signos, índices o módulos, así como las instrucciones para su aplicación.

La norma básica para cuantificar el rendimiento neto por el método de EO es la Orden anual de desarrollo del método.

Finalmente, en el RIRPF, se introducen unas normas concretas que tienen su incidencia en el cálculo del rendimiento neto en EO.

Estas normas serán de aplicación cuando se produzcan circunstancias accidentales en el desarrollo de la actividad.

Por un lado, se establece la posibilidad de que se reduzcan los signos, índices o módulos aplicables y, por otro, se establece la posibilidad de minorar gastos extraordinarios ajenos al proceso normal del ejercicio de la actividad.

Reducción de los signos, índices o módulos

En general, los rendimientos netos en EO son objeto de una reducción cuyo porcentaje es del 5% para el período impositivo 2021, 15% para el ejercicio 2022, del 10% para el período impositivo 2023 y el 5% para el período impositivo 2024.

Las últimas disposiciones donde figuran estos coeficientes de reducción general son las siguientes:

1.º) La DA octava de la Orden HFP/1172/2022, de 29 de noviembre, por la que se desarrollan para el año 2023 el método de EO del IRPF y el régimen especial simplificado del IVA (BOE de 1 de diciembre), introduce, retroactivamente, una reducción general del 15% por ciento en el rendimiento neto calculado por el método de EO para el ejercicio 2022.

2.º) Por otra parte., la DA primera de la citada Orden HFP/1172/2022, de 29 de noviembre, establece la reducción en un 10% para el ejercicio 2023.

Asimismo, para el ejercicio 2023, la reducción general sobre los rendimientos netos es del 10%, a través de la LPGE para 2023 que añade, a estos efectos, una disposición adicional quincuagésima cuarta en la LIRPF por el apartado Uno del artículo 61 de la LPGE para 2023.

3º) Por último, durante el período impositivo 2024, la reducción general sobre los rendimientos netos es del 5%, tal y como señala la DA primera de la Orden

HFP/1359/2023, de 19 de diciembre, por la que se desarrollan para el año 2024 el método de estimación objetiva del Impuesto sobre la Renta de las Personas Físicas y el régimen especial simplificado del Impuesto Sobre el Valor Añadido (BOE de 21).

De esta forma, para 2024, resultará que:

1. Los contribuyentes que determinen el rendimiento neto de sus actividades económicas por el método de estimación objetiva, podrán reducir el rendimiento neto de módulos obtenido en 2024 en un 5 por ciento.

2. Cuando se trate de actividades incluidas en el anexo I de esta Orden, la reducción prevista en el apartado 1 anterior se aplicará sobre el rendimiento neto de módulos a que se refiere la Instrucción 2.3 para la aplicación de los signos, índices o módulos en el Impuesto sobre la Renta de las Personas Físicas del anexo I de esta orden.

El rendimiento neto de módulos, así calculado, se tendrá en cuenta para la aplicación de lo dispuesto en la Instrucción 3 para la aplicación de los signos, índices o módulos en el Impuesto sobre la Renta de las Personas Físicas del anexo I de esta orden.

3. Esta reducción se tendrá en cuenta para cuantificar el rendimiento neto a efectos de los pagos fraccionados correspondientes a 2024.

Otros supuestos de reducción general de los signos, índices o módulos son los siguientes:

Los signos, índices o módulos se podrán reducir por dos circunstancias diferentes:

1.ª Reducciones que afectan a un sector o a una zona geográfica determinada.

Cuando el desarrollo de actividades económicas se viese afectado por incendios, inundaciones u otras circunstancias excepcionales que afectasen a un sector o zona determinada, el Ministro de Hacienda podrá autorizar, con carácter excepcional, la reducción de los signos, índices o módulos.

Esta reducción deberá aprobarse por Orden Ministerial y afectará a todos los contribuyentes que se encuentren en el sector o zona que se determinen en la correspondiente Orden.

Como ejemplos recientes de estas Órdenes ministeriales de reducción del valor de módulos para municipios o zonas determinadas o para determinados sectores económico, tenemos las siguientes:

a) En la Orden 1335/2021, de 1 de diciembre, donde se regulan para el ejercicio 2022 las normas del rendimiento neto utilizables en EO en el IRPF, su DA establece lo siguiente:

   Los índices de rendimiento neto aplicables en el método de EO del IRPF en 2022 por las actividades agrícolas que se mencionan a continuación serán, en sustitución de los establecidos en el anexo I de esta Orden, los siguientes, conforme a su DA segunda:

Actividad	Índice de rendimiento neto
Uva de mesa	0,32
Flores y plantas ornamentales	0,32
Tabaco	0,26

Estos idénticos índices se aplicarán para las mismas actividades agrícolas durante el año 2023, conforme regula la DA segunda de la Orden HFP/1172/2022, de 29 de noviembre, que regula la EO para el ejercicio 2023.

b) Orden HFP/413/2022, de 10 de mayo, por la que se reducen para el período impositivo 2021 los índices de rendimiento neto y se modifican los índices correctores por piensos adquiridos a terceros y por cultivos en tierras de regadío que utilicen, a tal efecto, energía eléctrica aplicables en el método de estimación objetiva del Impuesto sobre la Renta de las Personas Físicas para las actividades agrícolas y ganaderas afectadas por diversas circunstancias excepcionales.

c) Por su parte, para 2022 y 2023, se prorrogan las reducciones generales anteriores, mediante la DA séptima de la Orden HFP/1172/2022, de 29 de noviembre (BOE de 1 de diciembre), la cual dice:

Las actividades agrícolas y ganaderas que determinen su rendimiento neto en el ejercicio 2022 por el método de estimación objetiva podrán aplicar las siguientes medidas excepcionales:

1.ª El rendimiento neto previo, calculado conforme a lo previsto en la Instrucción 2.1 para la aplicación de los signos, índices o módulos en el Impuesto sobre la Renta de las Personas Físicas del anexo I de la Orden HFP/1335/2021, de 1 de diciembre, por la que se desarrollan para el año 2022 el método de estimación objetiva del Impuesto sobre la Renta de las Personas Físicas y el régimen especial simplificado del Impuesto sobre el Valor Añadido, podrá reducirse:

- En el 35 por 100 del precio de adquisición del gasóleo agrícola necesario para el desarrollo de dichas actividades que aparezca debidamente documentado en las facturas expedidas con motivo de dicha adquisición que cumplan los requisitos previstos en el artículo 6.1 del Reglamento por el que se regulan las obligaciones de facturación, aprobado por el Real Decreto 1619/2012, de 30 de noviembre.
- En el 15 por 100 del precio de adquisición de los fertilizantes necesarios para el desarrollo de dichas actividades que aparezca debidamente documentado en las facturas expedidas con motivo de dicha adquisición que cumplan los requisitos previstos en el artículo 6.1 del Reglamento por el que se regulan las

obligaciones de facturación, aprobado por el Real Decreto 1619/2012, de 30 de noviembre.

Ambas reducciones únicamente procederán cuanto se trate de adquisiciones efectuadas en el ejercicio 2022, documentadas en facturas emitidas en dicho período.

d) También puede calificarse como una reducción generalizada, de carácter sectorial, la regulada por el artículo 4 del Real Decreto-ley 4/2022, de 15 de marzo, por el que se adoptan medidas urgentes de apoyo al sector agrario por causa de la sequía, el cual prevé un incremento del 5% al 20% en la reducción del rendimiento neto obtenido en 2021 para los contribuyentes que desarrollen actividades agrícolas, ganaderas y forestales y que determinen el rendimiento neto de sus actividades económicas por el método de estimación objetiva.

Asimismo, para las explotaciones y actividades agrarias en las que se hayan producido daños como consecuencia directa de los siniestros a que se refiere el artículo 1 de este Real Decreto-ley, y conforme a las previsiones contenidas en el Reglamento del IRPF y del IVA, la persona titular del Ministerio de Hacienda, a la vista de los informes del Ministerio de Agricultura, Pesca y Alimentación, podrá autorizar, con carácter excepcional, la reducción de los índices de rendimiento neto a los que se refiere la Orden HAC/1155/2020, de 25 de noviembre, por la que se desarrollan, para el año 2021, el método de estimación objetiva del IRPF y el régimen especial simplificado del IVA.

e) Orden HFP/405/2023, de 18 de abril, por la que se reducen para el período impositivo 2022 los índices de rendimiento neto y la reducción general aplicables en el método de estimación objetiva del Impuesto sobre la Renta de las Personas Físicas para las actividades agrícolas y ganaderas afectadas por diversas circunstancias excepcionales.

- ❒ En el artículo 1 se aprueba la reducción de los índices de rendimiento neto aplicables en 2022 a las actividades agrícolas y ganaderas desarrolladas en determinados ámbitos territoriales.

- ❒ En el artículo 2 se prevé un incremento del 15% al 25% en la reducción del rendimiento neto obtenido en 2022 para los contribuyentes que desarrollen actividades agrícolas, ganaderas y forestales y que determinen el rendimiento neto de sus actividades económicas por el método de estimación objetiva.

En otro orden de cosas, tanto en 2021, 2022, 2023 y 2024, los contribuyentes del Impuesto sobre la Renta de las Personas Físicas que desarrollen actividades económicas incluidas en el anexo II de la Orden de EO en el término municipal de Lorca y determinen el rendimiento neto por el método de estimación objetiva, podrán reducir el rendimiento neto de módulos correspondiente a tales actividades en un 20 por ciento.

En los años 2022, 2023 y 2024, por su parte, un coeficiente de reducción idéntica se aplica para las explotaciones económicas que se desarrollen en la Isla de La Palma (DA Sexta de la Orden HFP/1772/2022, de 29 de noviembre) y DA Sexta de la Orden HFP/1359/2023, de 19 de diciembre, por la que se desarrollan para el año 2024 el método de estimación objetiva del Impuesto sobre la Renta de las Personas Físicas y el régimen especial simplificado del Impuesto Sobre el Valor Añadido (BOE de 21).

f) Asimismo, el artículo 95 del Real Decreto-ley 20/2022, de 27 de diciembre, BOE de 28, establece que, para las explotaciones y actividades agrarias en las que se hayan producido daños como consecuencia directa de los incendios forestales que tuvieron lugar en las Comunidades Autónomas de Andalucía, Aragón, Illes Balears, Canarias, Castilla y León, Castilla-La Mancha, Cataluña, Comunidad Valenciana, Extremadura, Galicia, Madrid, Región de Murcia, Comunidad Foral de Navarra, País Vasco y La Rioja, durante los meses de junio, julio y agosto, y que se relacionan en el Anexo del Acuerdo del Consejo de Ministros, de 23 de agosto de 2022, por el que se declara "zona afectada gravemente por una emergencia de protección civil" el territorio afectado como consecuencia de los incendios forestales acaecidos durante los meses de junio, julio y agosto de 2022, y conforme a las previsiones contenidas en el artículo 37.4.1.º del Reglamento del Impuesto sobre la Renta de las Personas Físicas, aprobado por el Real Decreto 439/2007, de 30 de marzo, y en el artículo 38.3 del Reglamento del Impuesto sobre el Valor Añadido, aprobado por el Real Decreto 1624/1992, de 29 de diciembre, la persona titular del Ministerio de Hacienda, a la vista de los informes del Ministerio de Agricultura, Pesca y Alimentación, podrá autorizar, con carácter excepcional, la reducción de los índices de rendimiento neto a los que se refiere la Orden HFP/1335/2021, de 1 de diciembre, por la que se desarrollan para el año 2022 el método de estimación objetiva del Impuesto sobre la Renta de las Personas Físicas y el régimen especial simplificado del Impuesto sobre el Valor Añadido.

g) Por último, también puede conceptuarse como una medida general de reducción de los rendimientos netos declarados en EO por determinadas actividades económicas del sector primario, las minoraciones incluidas en la Orden HFP/405/2023, de 18 de abril, por la que se reducen para el período impositivo 2022 los índices de rendimiento neto y la reducción general aplicables en el método de estimación objetiva del Impuesto sobre la Renta de las Personas Físicas para las actividades agrícolas y ganaderas afectadas por diversas circunstancias excepcionales (BOE de 25).

h) Por su parte, para el año 2024, se prevén dos nuevas reducciones generales en los rendimientos netos a calcular en EO, para determinadas actividades del sector primario.

De esta forma, en la Orden HFP/1359/2023, de 19 de diciembre, por la que se desarrollan para el año 2024 el método de estimación objetiva del Impuesto sobre la Renta de las Personas Físicas y el régimen especial simplificado del Impuesto Sobre el Valor Añadido (BOE de 21), tenemos:

a) En su DA, nos encontramos con los siguientes Índices de rendimiento neto aplicables en 2024 por determinadas actividades agrícolas.

Los índices de rendimiento neto aplicables en el método de estimación objetiva del Impuesto sobre la Renta de las Personas Físicas en 2024 por las actividades agrícolas que se mencionan a continuación serán, en sustitución de los establecidos en el anexo I de esta orden, los siguientes:

Actividad	Índice de rendimiento neto
Uva de mesa	0,32
Flores y plantas ornamentales	0,32
Tabaco	0,26

b) Y en la DA tercera, figuran otras medidas excepcionales en el Impuesto sobre la Renta de las Personas Físicas para paliar el efecto producido por el precio de los insumos de explotación en las actividades agrícolas y ganaderas en el año 2024.

Las actividades agrícolas y ganaderas que determinen su rendimiento neto en el ejercicio 2024 por el método de estimación objetiva podrán aplicar las siguientes medidas excepcionales:

1.ª El rendimiento neto previo, calculado conforme a lo previsto en la Instrucción 2.1 para la aplicación de los signos, índices o módulos en el Impuesto sobre la Renta de las Personas Físicas del anexo I de esta orden podrá reducirse:

- En el 35 por ciento del precio de adquisición del gasóleo agrícola necesario para el desarrollo de dichas actividades que aparezca debidamente documentado en las facturas expedidas con motivo de dicha adquisición que cumplan los requisitos previstos en el artículo 6.1 del Reglamento por el que se regulan las obligaciones de facturación, aprobado por el Real Decreto 1619/2012, de 30 de noviembre.
- En el 15 por ciento del precio de adquisición de los fertilizantes necesarios para el desarrollo de dichas actividades que aparezca debidamente documentado en las facturas expedidas con motivo de dicha adquisición que cumplan los requisitos previstos en el artículo 6.1 del Reglamento por el que se regulan las obligaciones de facturación, aprobado por el Real Decreto 1619/2012, de 30 de noviembre.

Ambas reducciones únicamente procederán cuando se trate de adquisiciones efectuadas en el ejercicio 2024, documentadas en facturas emitidas en dicho período.

2.ª Reducciones que afectan a un solo contribuyente.

Cuando el desarrollo de actividades económicas se viese afectado por incendios, inundaciones, hundimientos o grandes averías en el equipo industrial, que supongan anomalías graves en el desarrollo de la actividad, los interesados podrán solicitar la reducción de los signos, índices o módulos en la Administración o Delegación de la Agencia Estatal de Administración Tributaria correspondiente a su domicilio fiscal, en el plazo de treinta días a contar desde la fecha en que se produzcan, aportando las pruebas que consideren oportunas y haciendo mención, en su caso, de las indemnizaciones a percibir por razón de tales anomalías. Acreditada la efectividad de dichas anomalías, se autorizará la reducción de los signos, índices o módulos que proceda.

Igualmente, podrá autorizarse la reducción de los signos, índices o módulos, cuando el titular de la actividad se encuentre en situación de incapacidad temporal y no tenga otro personal empleado. El procedimiento para reducir los signos, índices o módulos será el mismo que el previsto en el párrafo anterior.

En este caso, se trata de reducciones que, cuando se produzcan las circunstancias expresadas anteriormente, debe solicitar el contribuyente afectado ante su Delegado o Administrador de la Agencia Tributaria de su domicilio fiscal. Éste resolverá la solicitud aprobando y cuantificando la reducción, o denegando la misma.

En definitiva, se trata de una reducción que afecta exclusivamente al contribuyente al que se le ha concedido, teniéndose en cuenta a efectos de los pagos fraccionados devengados con posterioridad a la fecha de la autorización.

En ambas situaciones, reducción general o individual, no se va a modificar el sistema para la determinación del rendimiento neto en EO, sino simplemente que, para la determinación del rendimiento neto de los contribuyentes afectados por la reducción, se van a utilizar otros signos, índices o módulos que los aprobados en la Orden anual de desarrollo.

Minoración del rendimiento neto de módulos

Aunque el método de EO se olvida, excepto para las amortizaciones del inmovilizado, de los gastos de la actividad, existe otra posibilidad de modificar el sistema para la determinación del rendimiento neto en EO.

En esta ocasión, no se van a reducir los signos, índices o módulos, sino que se va a minorar el rendimiento neto de módulos, obtenido por aplicación del método, por unos gastos extraordinarios.

Esta circunstancia se producirá cuando el desarrollo de la actividad se viese afectado por incendios, inundaciones, hundimientos u otras circunstancias excepcionales que determinen gastos extraordinarios ajenos al proceso normal del ejercicio de ésta.

En estas situaciones, los interesados podrán minorar el rendimiento neto resultante de la aplicación del método en el importe de dichos gastos. Para ello, los contribuyentes deberán poner dicha circunstancia en conocimiento de la Administración o Delegación de la Agencia Estatal de Administración Tributaria correspondiente a su domicilio fiscal, en el plazo de treinta días a contar desde la fecha en que se produzca, aportando, a tal efecto, la justificación correspondiente y haciendo mención, en su caso, de las indemnizaciones a percibir por razón de tales circunstancias.

La Administración tributaria verificará la certeza de la causa que motiva la reducción del rendimiento y el importe de la misma.

En definitiva, se trata de un procedimiento individualizado, que se iniciará a solicitud del interesado y que requiere la aprobación previa de la Administración.

2º. APLICACIÓN DE LA ORDEN QUE DESARROLLA EL MÉTODO.

La determinación del rendimiento neto anual se realizará actividad por actividad desarrollada por el contribuyente una vez transcurrido el año o finalizado el período impositivo.

La determinación del rendimiento neto se realizará de acuerdo con el siguiente esquema:

ESQUEMA DE DETERMINACIÓN DEL RENDIMIENTO NETO EN ESTIMACIÓN OBJETIVA PARA LAS ACTIVIDADES INCLUIDAS EN EL ANEXO II

Nº de Unidades de los módulos empleados, utilizados o instalados en la actividad X Rendimiento anual por unidad

= RENDIMIENTO NETO PREVIO

- Minoración por incentivos al empleo
- Amortizaciones del inmovilizado material e intangible e incentivos a la inversión.

= RENDIMIENTO NETO MINORADO x índices correctores especiales

- Comercio al por menor de periódicos en quioscos.

- ❒ Taxistas
- ❒ Transporte colectivo de viajeros
- ❒ Transporte de mercancías por carretera y mudanzas
- ❒ Producción de mejillón en batea

x índices correctores generales (se aplican en cascada, cuando proceda)

- ❒ Empresas de pequeña dimensión.
- ❒ De temporada.
- ❒ De exceso.
- ❒ Por inicio de nuevas actividades.

= RENDIMIENTO NETO DE MÓDULOS

- ❒ Reducción de carácter general (5 por ciento para 2024, 10 por ciento en 2023 y 15 por ciento en 2022)

– Reducción especial para actividades económicas en el municipio de Lorca (Murcia) y en la isla de La Palma (20 por 100)

- ❒ Gastos extraordinarios por circunstancias excepcionales, previa solicitud a la A.E.A.T.

\+ Otras percepciones empresariales (subvenciones corrientes o de capital, salvo las exentas. Determinadas indemnizaciones (cese en la actividad,...)

En este sentido, es importante señalar que, según doctrina de la AEAT, al igual que la prestación "ordinaria" por cese de actividad de los autónomos regulada en los artículos 327 y ss. de la Ley General de la Seguridad Social, la prestación extraordinaria por cese de actividad es una prestación del sistema de protección de desempleo; según el artículo 17.1.b) de la Ley de IRPF, las prestaciones por desempleo se califican como rendimientos de trabajo.

La prestación estatal extraordinaria por cese de actividad para los trabajadores autónomos que abonan las Mutuas colaboradoras de la Seguridad Social es un rendimiento del trabajo (Consulta INFORMA número 143700). Idéntico tratamiento tiene la prestación estatal extraordinaria por cese de actividad (Consulta INFORMA número 143701).

Aunque su origen esté en la actividad económica del autónomo, no se trata de un ingreso inherente a la misma y por tanto no puede calificarse como un rendimiento de actividades económicas.

Consecuentemente, esta prestación no debe incluirse como un ingreso más del trimestre en el modelo 130 de pago fraccionado del IRPF, ni tampoco puede entenderse incluida en el cálculo del rendimiento neto según módulos, por lo que esta prestación extraordinaria para los autónomos derivada de su cese de actividad por causa de la COVID, deberá ser sumada también al rendimiento neto cuantificado según la Orden ministerial de módulos.

Tampoco se integran en la base imponible, las concedidas en el Real Decreto 477/2021, de 29 de junio, por el que se aprueba la concesión directa a las comunidades autónomas y a las ciudades de Ceuta y Melilla de ayudas para la ejecución de diversos programas de incentivos ligados al autoconsumo y al almacenamiento, con fuentes de energía renovable, así como a la implantación de sistemas térmicos de energías renovables en el sector residencial, en el marco del Plan de Recuperación, Transformación y Resiliencia (Consulta INFORMA número 134789, octubre de 2022).

En cambio, una subvención concedida por una CCAA o un Ayuntamiento para trabajadores autónomos en dificultades a causa de la COVID-19 por suspensión de actividad o caída de ingresos se califica, en general, como rendimiento de la actividad económica y deberá imputarse en el período impositivo que comprenda la fecha de la resolución de la concesión definitiva (Consulta INFORMA número 143723 julio de 2021).

= RENDIMIENTO NETO DE LA ACTIVIDAD

– Reducción por irregularidad (en su caso) (30%)

= RENDIMIENTO NETO REDUCIDO DE LA ACTIVIDAD

Ver, al final de este epígrafe, un ejemplo práctico de determinación del rendimiento neto de una actividad económica en estimación objetiva, de acuerdo con el esquema anterior y las instrucciones que se analizan a continuación.

1. RENDIMIENTO NETO PREVIO

El rendimiento neto previo se obtiene por la suma de los productos obtenidos de multiplicar el número de unidades empleadas, utilizadas o instaladas en la actividad de cada módulo por el rendimiento anual antes de amortización asignado a cada módulo.

De los dos factores de los productos a realizar, uno de ellos (el rendimiento anual antes de amortización) se encuentra directamente en el mencionado Anexo II de la Orden anual de desarrollo, por lo que en este factor no existe ningún problema para su definición.

Por ello, en el cálculo del rendimiento neto previo nos encontramos, únicamente, con el problema de cuantificar el número de unidades empleadas, utilizadas o instaladas de cada uno de los módulos aplicables en cada actividad.

Las reglas de cuantificación de los módulos aplicables para este grupo de actividades se encuentran en el propio Anexo II de la Orden de desarrollo anual del método.

Los módulos aplicables y sus reglas de cómputo son:

1º) Personal no asalariado. Dentro de este módulo se incluye el propio empresario, así como su cónyuge y los hijos menores que convivan con él, cuando, trabajando efectivamente en la actividad, no constituyan personal asalariado de acuerdo con lo establecido en la regla siguiente.

La cuantificación de este módulo se realizará de dos formas diferentes. Por una parte, el empresario se computará, como regla general, como una persona no asalariada, salvo en aquellos supuestos que pueda acreditar una dedicación inferior a 1.800 horas/año por causas objetivas, tales como jubilación, incapacidad, pluralidad de actividades o cierre temporal de la explotación, donde se computará el tiempo efectivo dedicado a la actividad.

En estos supuestos, para la cuantificación de las tareas de dirección, organización y planificación de la actividad y, en general, las inherentes a la titularidad de la misma, se computará al empresario en 0,25 personas/año, salvo cuando se acredite una dedicación efectiva superior o inferior.

Por otra parte, para el resto de personas no asalariadas (cónyuge e hijos menores), se computará como una persona no asalariada la que trabaje en la actividad al menos mil ochocientas horas/año.

Cuando el número de horas de trabajo al año sea inferior a mil ochocientas, se estimará como cuantía de la persona no asalariada la proporción existente entre número de horas efectivamente trabajadas en el año y mil ochocientas.

Si el personal no asalariado tiene un grado de discapacidad igual o superior al 33%, se computará al 75 por 100.

Cuando el cónyuge o los hijos menores tengan la condición de no asalariados, se computarán al 50 por 100, siempre que el titular de la actividad se compute por entero, antes de la reducción por discapacidad y no haya más de una persona asalariada. Esta reducción se practicará después de aplicar, en su caso, la reducción por discapacidad.

El número de unidades del módulo "personal no asalariado" se expresará con dos decimales.

2º) Personal asalariado: Persona asalariada es cualquier otra que trabaje en la actividad. Como personal asalariado se incluirán los trabajadores contratados a través de empresas de trabajo temporal.

En particular, tendrán la consideración de personal asalariado, el cónyuge y los hijos menores del contribuyente que convivan con él, siempre que, existiendo el oportuno contrato laboral y la afiliación al régimen general de la Seguridad Social, trabajen habitualmente y con continuidad en la actividad empresarial desarrollada por el contribuyente.

No se computarán, como personas asalariadas, los alumnos de formación profesional específica que realicen el módulo obligatorio de formación en centros de trabajo, pero sí los becarios.

Se computará como una persona asalariada, la que trabaje el número de horas anuales por trabajador fijado en el convenio colectivo correspondiente o, en su defecto, mil ochocientas horas/año. Cuando el número de horas de trabajo al año sea inferior o superior, se estimará como cuantía de la persona asalariada la proporción existente entre el número de horas efectivamente trabajadas y las fijadas en el convenio colectivo o, en su defecto, mil ochocientas.

Se computará en un 60 por 100 al personal asalariado menor de diecinueve años, al que preste sus servicios bajo un contrato de aprendizaje o para la formación y en un 40 por 100 al personal discapacitado con grado de discapacidad igual o superior al 33%.

Estas reducciones son incompatibles entre sí.

En aquellas actividades económicas en las que figure indicado, el módulo "personal asalariado" se desglosa en dos:

- Personal asalariado de fabricación.
- Resto del personal asalariado.

En estos supuestos, el cómputo de cada uno de los módulos anteriores deberá efectuarse de manera independiente. Cuando un mismo trabajador deba computarse en las dos categorías anteriores, entonces, tal cómputo se determinará en proporción a las horas trabajadas en cada categoría y, si no es posible, se computarán en partes iguales.

3º) Superficie del local. Por superficie del local se tomará la definida en la Regla 14ª.1.F, letras a), b), c) y h), de la Instrucción para la aplicación de las Tarifas del Impuesto sobre Actividades Económicas, aprobada por Real Decreto Legislativo 1175/1990, de 28 de septiembre y en la Disposición Adicional cuarta, letra f, de la Ley 51/2002, de 27 de diciembre, de reforma de la Ley 39/1988, de 28 de diciembre, Reguladora de las Haciendas Locales.

La unidad del módulo superficie del local es el metro cuadrado.

4º) Local independiente y local no independiente. Por local independiente se entenderá el que disponga de sala de ventas para atención al público. Por local no independiente se entenderá el que no disponga de la sala de ventas propia para atención al público por estar ubicado en el interior de otro local, galería o mercado.

A estos efectos se considerarán locales independientes, aquellos que deban tributar según lo dispuesto en la Regla 14ª.1.F, letra h), de la Instrucción para la aplicación de las Tarifas del Impuesto sobre Actividades Económicas, aprobada por Real Decreto Legislativo 1175/1990, de 28 de septiembre.

En las actividades económicas en las cuales aparezca indicado, dentro de la magnitud superficie del local, será preciso diferenciar por separado alguno o varios de los siguientes módulos:

- ❒ Superficie de local independiente.
- ❒ Superficie de local no independiente.
- ❒ Superficie del local de fabricación.

La unidad de cada uno de estos módulos es el metro cuadrado

5º) Consumo de energía eléctrica. Por consumo de energía eléctrica se entenderá la facturada por la empresa suministradora. Cuando en la factura se distinga entre energía activa y reactiva, sólo se computará la primera.

La unidad del módulo consumo de energía eléctrica es 100 kilovatios por hora.

6º) Potencia eléctrica. Por potencia eléctrica se entenderá la contratada con la empresa suministradora de la energía.

La unidad del módulo es el kilovatio contratado.

7º) Superficie del horno. Por superficie del horno se entenderá la que corresponda a las características técnicas del mismo.

La unidad de este módulo es 100 decímetros cuadrados.

8º) Mesas. La unidad mesa se entenderá referida a la susceptible de ser ocupada por cuatro personas. Las mesas de capacidad superior o inferior aumentarán o reducirán la cuantía del módulo aplicable en la proporción correspondiente.

Si hay "tableros" que se utilizan ocasionalmente como mesas, entonces, se computará una unidad del módulo "mesa" por cada cuatro personas susceptibles de ocupar los tableros. Una vez determinado con arreglo a este criterio el número de unidades, éste se prorrateará en función del período computado en días de utilización de los tableros durante el año.

Respecto de las "barras adaptadas para servir comidas", éstas no se computarán a efectos de establecer el módulo de "mesas".

9º) Número de habitantes. El número de habitantes será el de la población de derecho del municipio, constituida por el total de los residentes inscritos en el Padrón Municipal de Habitantes, presentes y ausentes. La condición de residentes se adquiere en el momento de realizar tal inscripción.

10º) Carga del vehículo. La capacidad de carga de un vehículo o conjunto de vehículos será igual a la diferencia entre la masa total máxima autorizada determinada, teniendo en cuenta las posibles limitaciones administrativas, que en su caso, se reseñen en las Tarjetas de Inspección Técnica, con el límite de cuarenta toneladas, y la suma de las taras correspondientes a los vehículos portantes (peso en vacío del camión, remolque, semirremolque y cabeza tractora), expresada, según proceda, en kilogramos o toneladas, estas últimas con dos cifras decimales.

En el caso de cabezas tractoras que utilicen distintos semirremolques, su tara se evaluará en ocho toneladas como máximo.

Si el transporte se realiza exclusivamente con contendedores, la tara de estos se evaluará en tres toneladas.

La unidad de este módulo será, según los casos, el kilogramo o la tonelada.

11°) Plazas. Por plazas se entenderá el número de unidades de capacidad de alojamiento del establecimiento.

12°) Asientos. Por asientos se entenderá el número de unidades que figura en la Tarjeta de Inspección Técnica del vehículo, excluido el del conductor y el del guía.

En el supuesto de vehículos adaptados específicamente para el transporte escolar, el cómputo de unidades del módulo "asiento" deberá equipararse al número de asientos equivalentes de personas adultas, calificándose que cada tres asientos de niños menores de 14 años es equivalente a dos asientos de personas adultas.

13°) Máquinas recreativas. Se considerarán máquinas recreativas tipo "A" o "B", las definidas como tales en los artículos 4° y 5°, respectivamente, del Reglamento de Máquinas Recreativas y de Azar, aprobado por Real Decreto 2110/1998, de 2 de octubre.

No se computarán, sin embargo, las que sean propiedad del titular de la actividad, ya que se trata de una actividad independiente que no puede determinar su rendimiento neto por este método.

14°) Potencia fiscal del vehículo. El módulo Potencia Fiscal del Vehículo (en adelante, CVF), vendrá definido por la potencia fiscal que figura en la Tarjeta de Inspección Técnica.

15°) Longitud de la barra. A efectos del módulo longitud de la barra, se entenderá por barra el mostrador donde se sirven y apoyan las bebidas y alimentos solicitados por los clientes. Su longitud, que se expresará en metros, con dos decimales, se medirá por el lado del público y de ella se excluirá la zona reservada al servicio de camareros.

Si existiesen barras auxiliares de apoyo adosadas a las paredes, pilares, etc., dispongan o no de taburetes, se incluirá su longitud para el cálculo del módulo.

La unidad de ese módulo es el metro lineal. El número de unidades se expresará con dos decimales.

16°) Distancia recorrida. El módulo distancia recorrida deberá cuantificarse por los kilómetros recorridos en el año por cada vehículo afecto a la actividad.

La unidad estará constituida por 1.000 kilómetros.

Para determinar el rendimiento neto previo, los módulos se cuantificarán en función de las horas, cuando se trate de personal asalariado y no asalariado, o en días, en los restantes casos, de efectivo empleo, utilización o instalación, salvo para el consumo de energía eléctrica o distancia recorrida, en que se tendrán en cuenta, respectivamente, los kilovatios/hora consumidos o kilómetros recorridos.

No obstante, se computarán como días de efectivo empleo los períodos vacacionales, así como los destinados al descanso semanal de la actividad.

Si la cantidad resultante no fuese un número entero, el módulo se expresará con dos cifras decimales.

Cuando exista una utilización de un módulo en varias actividades, el valor a computar en cada una de ellas será el que resulte de su prorrateo en función de su utilización efectiva. Si esta utilización efectiva no fuese posible determinarla, se imputará por partes iguales a cada una de las actividades en que se utilice el módulo.

2. RENDIMIENTO NETO MINORADO

El rendimiento neto minorado es el resultado de reducir el rendimiento neto previo en el importe de los incentivos al empleo y a la inversión.

Incentivos al empleo

Los incentivos al empleo se determinarán, multiplicando el coeficiente de minoración por el "rendimiento anual por unidad antes de amortización" correspondiente al módulo "personal asalariado" de la actividad económica sobre la que se está determinando el rendimiento neto.

El coeficiente de minoración estará constituido por la suma de los dos coeficientes siguientes:

- Coeficiente por incremento de personas asalariadas.
- Coeficiente por tramos del número de unidades del módulo "personal asalariado".

De manera resumida:

Minoración = RA x (Coeficiente por incremento del número de personas asalariadas + coeficiente por tramos).

Siendo RA el importe del rendimiento anual por unidad antes de amortización del módulo "personal asalariado" correspondiente a la actividad de que se trate.

Para que se pueda aplicar el coeficiente por incremento de personas asalariadas, es necesario que se cumpla una doble condición:

1ª) Que en el año se haya incrementado, en términos absolutos, el número de personas asalariadas con respecto al año anterior.

2ª) Que se haya incrementado, con respecto al año inmediato anterior, el número de unidades del módulo personal asalariado.

Para la determinación del coeficiente por incremento de personas asalariadas, se tendrán en cuenta, exclusivamente, las personas asalariadas que se hubiesen tomado en consideración para la cuantificación del rendimiento neto previo.

Si en el año anterior no se hubiese estado acogido al método de EO, se tomará como número de unidades correspondientes a dicho año, el que hubiese debido tomarse, de acuerdo a las normas aplicables para la determinación del rendimiento neto previo.

En ningún caso, se tendrán en cuenta, a efectos de determinar el coeficiente de incremento del número de personas asalariadas, aquellos trabajadores que no se hubiera computado para calcular el rendimiento previo de la actividad, por ejemplo, los alumnos de formación profesional que realicen el módulo obligatorio de formación en centros de trabajo.

A la diferencia resultante se le aplicará el coeficiente 0,40, y este resultado es el coeficiente por incremento del número de personas asalariadas.

Al resto de las unidades de módulo personal asalariado, o a la totalidad, en el caso de que no hubiese resultado de aplicación el coeficiente por incremento del número de personas asalariadas, se le aplicará la tabla de coeficientes por tramos para obtener dicho coeficiente por tramos.

La tabla de coeficientes por tramos es la siguiente:

Tramo	Coeficiente
Hasta 1,00	0,10
Entre 1,01 a 3,00	0,15
Entre 3,01 a 5,00	0,20
Entre 5,01 a 8,00	0,25
Más de 8,00	0,30

Incentivos a la inversión

Estos incentivos reducen el rendimiento neto previo en el importe de la depreciación efectiva del inmovilizado material o intangible.

En definitiva, se trata de las amortizaciones del inmovilizado afecto a la actividad.

Estas amortizaciones se determinarán en función de la tabla de amortización y de las instrucciones que, para su aplicación, contiene el propio Anexo II de la Orden anual de desarrollo del método.

La tabla aprobada por las distintas Órdenes anuales de desarrollo del método es la siguiente:

Grupo	Descripción	Coeficiente lineal máximo	Período máximo
1	Edificios y otras construcciones	5%	40 años
2	Útiles, herramientas, equipos para el tratamiento de la información y sistemas y programas informáticos	40%	5 años
3	Batea	10%	12 años
4	Barco	10%	25 años
5	Elementos de transporte y resto de inmovilizado material	25%	8 años
6	Inmovilizado intangible	15%	10 años

La amortización se calculará sobre el precio de adquisición o coste de producción excluido, en su caso, el valor residual.

Los coeficientes de amortización a aplicar serán cualquiera de los siguientes:

1º) El coeficiente de amortización lineal máximo.

2º) El coeficiente de amortización lineal mínimo que se deriva del período máximo de amortización.

3º) Cualquier otro coeficiente de amortización lineal comprendido entre los dos anteriormente mencionados.

No obstante, para los activos nuevos adquiridos entre el 1 de enero de 2003 y 31 de diciembre de 2004, el coeficiente máximo de amortización será el que resulte de incrementar un 10 por 100 el previsto en la Tabla anterior. Este coeficiente máximo de amortización podrá aplicarse durante toda la vida útil del activo.

Otras reglas de amortización son:

- En las edificaciones, no será amortizable la parte del precio de adquisición correspondiente al valor del suelo, el cual, cuando no se conozca, se calculará prorrateando el precio de adquisición entre los valores catastrales del suelo y de la construcción en el año de adquisición.
- La amortización se practicará elemento por elemento, si bien cuando se trate de elementos patrimoniales integrados en el mismo Grupo de la Tabla de Amortización, la amortización podrá practicarse sobre el conjunto de ellos, siempre que, en todo momento, pueda conocerse la parte de la amortización correspondiente a cada elemento patrimonial.

- ❒ Los elementos patrimoniales de inmovilizado material empezarán a amortizarse desde su puesta en condiciones de funcionamiento y los de inmovilizado intangible desde el momento en que estén en condiciones de producir ingresos.
- ❒ La vida útil no podrá exceder del período máximo de amortización establecido en la Tabla de Amortización.
- ❒ En el supuesto de elementos patrimoniales del inmovilizado material que se adquieran usados, el cálculo de la amortización se efectuará sobre el precio de adquisición, hasta el límite resultante de multiplicar por dos la cantidad derivada de aplicar el coeficiente de amortización lineal máximo.
- ❒ En el supuesto de cesión de uso de bienes con opción de compra o renovación, cuando por las condiciones económicas de la operación no existan dudas razonables de que se ejercitará una u otra opción, será deducible para el cesionario, en concepto de amortización, un importe equivalente a las cuotas de amortización que corresponderían a los citados bienes, aplicando los coeficientes previstos en la Tabla de Amortización, sobre el precio de adquisición o coste de producción del bien.
- ❒ Por último, se establece una libertad de amortización sobre bienes de pequeño valor de inmovilizado material nuevos, puestos a disposición del contribuyente en el ejercicio, cuyo valor unitario no exceda de 601,01 euros, con el límite de 3.005,06 euros anuales.

3. RENDIMIENTO NETO DE MÓDULOS

El rendimiento neto de módulos será el resultado de aplicar al rendimiento neto minorado, los índices correctores previstos en el Anexo II de la Orden anual de desarrollo del método.

Lógicamente, si el rendimiento neto minorado es negativo, no se aplicará ningún índice corrector.

Los índices correctores se deberán aplicar, según el orden en que los vamos a ir analizando a continuación, siempre que los mismos no resulten incompatibles de acuerdo con las reglas de incompatibilidad que veremos al final de este epígrafe.

Primeramente, serán de aplicación los índices correctores especiales, los cuales se aplican a determinadas actividades económicas.

Estos índices correctores especiales son:

1º) Actividad de comercio al por menor de prensa, revistas y libros en quioscos situados en la vía pública:

Ubicación de los quioscos	*Índice*
Madrid y Barcelona	1,00
Municipios de más de 100.000 habitantes	0,95
Resto de municipios	0,80

Cuando, por ejercerse la actividad en varios municipios, exista la posibilidad de aplicar más de uno de los índices anteriores, se aplicará un único índice: el correspondiente al municipio de mayor población.

2º) Actividad de transporte por auto-taxis.

Población del municipio	*Índice*
Hasta 2.000 habitantes	0,75
De 2.001 hasta 10.000 habitantes	0,80
De 10.001 hasta 50.000 habitantes	0,85
De 50.001 hasta 100.000 habitantes	0,90
Más de 100.000 habitantes	1,00

Se aplicará el índice que corresponda al municipio en el que se desarrolla la actividad. Cuando, por ejercerse la actividad en varios municipios, exista la posibilidad de aplicar más de uno de los índices anteriores, se aplicará un único índice: el correspondiente al municipio de mayor población.

3º) Actividad de transporte urbano colectivo y de viajeros por carretera: Se aplicará el índice 0,80, cuando el titular disponga de un único vehículo.

4º) Actividades de transporte de mercancías por carretera y servicios de mudanzas:

- Se aplicará el índice 0,80, cuando el titular disponga de un único vehículo.
- Se aplicará el índice 0,90, cuando la actividad se realice con tractocamiones y el titular de la actividad no tenga semirremolques.
- Se aplicará el índice 0,75, cuando la actividad se desarrolla con un único tractocamión y sin semirremolques.

5º) Actividad de producción de mejillón en batea:

Empresa con una sola batea y sin barco auxiliar	0,75
Empresa con una sola batea y con un barco auxiliar de menos de 15 toneladas de registro bruto (en adelante T.R.B.)	0,85
Empresa con una sola batea y con un barco auxiliar de 15 a 30 T.R.B.; y empresa con dos bateas y sin barco auxiliar	0,90
Empresa con una sola batea y con un barco auxiliar de más de 30 T.R.B.; y empresa con dos bateas y un barco auxiliar de menos de 15 T.R.B.	0,95

Una vez descritos los índices correctores especiales, se deben aplicar los índices correctores generales.

Estos índices correctores generales serán de aplicación a cualquier actividad económica en la que concurran las circunstancias previstas al efecto.

Estos índices correctores generales son:

1º) Índice corrector para empresas de pequeña dimensión:

Se aplicará el índice que corresponda, en función de la población en que se desarrolle la actividad, cuando concurran todas y cada una de las circunstancias siguientes:

1º) Titular persona física.

2º) Ejercer la actividad en un solo local.

3º) No disponer de más de un vehículo afecto a la actividad y que éste no supere los 1.000 kilogramos de capacidad de carga.

4º) Sin personal asalariado.

Población del municipio	*Índice*
Hasta 2.000 habitantes	0,70
De 2.001 hasta 5.000 habitantes	0,75
Más de 5.000 habitantes	0,80

Cuando, por ejercerse la actividad en varios municipios, exista la posibilidad de aplicar más de uno de los índices anteriores, se aplicará un único índice: el correspondiente al municipio de mayor población.

Cuando concurran las circunstancias señaladas en los números 1º), 2º) y 3º) anteriores y, además, se ejerza la actividad con personal asalariado, hasta máximo de 2 trabajadores, se aplicará el índice 0,90, cualquiera que sea la población del municipio en el que se desarrolla la actividad. En este sentido, resulta muy relevante la STS, Sala de lo Contencioso-Administrativo, Sección 2ª, de 13 de diciembre de 2023, recurso n.º 2702/2022 y de 8 de enero de 2024, recurso n.º 4587/2022 y ,STS n.º 1667/2023, de 13 de diciembre, el conforme a las cuales, la magnitud consistente, a los efectos del índice corrector, en un máximo de 2 trabajadores debe computarse en función del número de horas anuales prorrateadas por trabajador fijado en el convenio colectivo correspondiente, y no por su valor absoluto.

En suma, el límite de 2 trabajadores no ha de realizarse de manera nominal, sino de forma ponderada, atendiendo la número de horas trabajadas según el convenio colectivo del sector.

2º) Índice corrector de temporada:

Cuando la actividad tenga la consideración de actividad de temporada, se aplicará el índice de la tabla adjunta que corresponda en función de la duración de la temporada.

Tendrán la consideración de actividades de temporada las que, habitualmente, sólo se desarrollen durante ciertos días del año, continuos o alternos, siempre que el total no exceda de 180 días por año.

Duración de la temporada	*Índice*
Hasta 60 días	1,50
De 61 a 120 días	1,35
De 121 a 180 días	1,25

3º) Índice corrector de exceso:

Este índice corrector se aplicará cuando el rendimiento neto minorado, o, en su caso, rectificado por aplicación de los índices anteriores, sea superior a la cantidad que para cada actividad establece la Orden anual de desarrollo para la aplicación de este índice corrector.

Al exceso sobre dicha cuantía se le aplicará el índice 1,30. A la parte del rendimiento neto que coincida con la cantidad establecida, no se le aplica ningún índice corrector.

Por tanto, el rendimiento neto corregido será el siguiente:

RNC = Cuantía para la aplicación del índice + 1,3 x Exceso sobre la cuantía.

4º) Índice corrector por inicio de nuevas actividades.

Cuando se inicien nuevas actividades en las que concurran las siguientes circunstancias:

- Que se trate de actividades cuyo ejercicio se haya iniciado a partir del 1 de enero del año inmediato anterior.
- Que no se trate de actividades de temporada.
- Que no se hayan ejercido anteriormente bajo otra titularidad o calificación.
- Que se realicen en local o establecimiento dedicados exclusivamente a dicha actividad, con total separación del resto de actividades empresariales o profesionales que, en su caso, pudiera realizar el contribuyente.

Los índices correctores a aplicar, con carácter general, son:

Ejercicio	*Índice*
Primero	0,80
Segundo	0,90

En el caso de que quién inicie la actividad, sea una persona con discapacidad, con un grado de discapacidad igual o superior al 33%, los índices aplicables serán:

Ejercicio	*Índice*
Primero	0,60
Segundo	0,70

Incompatibilidades para la aplicación de los índices correctores:

1ª Incompatibilidad:

El índice corrector general para empresas de pequeña dimensión no será aplicable a las actividades para las que están previstos los índices correctores especiales siguientes:

- Actividad de transporte por auto-taxis.
- Actividad de transporte urbano colectivo y de viajeros por carretera.
- Actividades de transporte de mercancías por carretera y servicios de mudanzas.
- Actividad de producción de mejillón en batea.

En suma, para todas las actividades económicas a las cuales sean de aplicación los índices correctores especiales, excepto de la aplicable al comercio al por menor de prensa, revistas y libros en quioscos situados en la vía pública, epígrafe 659.4 del IAE.

2ª Incompatibilidad:

Cuando resulte aplicable el índice corrector general para empresas de pequeña dimensión, no se aplicará el índice corrector general de exceso.

3ª Incompatibilidad

Cuando resulte aplicable el índice corrector general de temporada, no se aplicará el índice corrector general por inicio de nuevas actividades.

4. RENDIMIENTO NETO DE LA ACTIVIDAD

Una vez cuantificado el rendimiento neto de módulos, se deberá determinar el rendimiento neto de la actividad.

Este rendimiento neto de la actividad será el resultado de minorar o aumentar el rendimiento neto de módulos en las siguientes partidas:

1.º La reducción general del 5 por 100 para el año 2024, 10 por 100 para el año 2023 y del 15% para el ejercicio 2022. Ha de observarse que la solución del supuesto aplica la doctrina del TS, conforme a la cual para computar el número de trabajadores no se atiende a su número nominal, sino a la ponderación de las horas trabajadas. Esta es una reducción que se aplica con carácter general y no está sometida a ningún requisito.

Ahora bien, la reducción tiene carácter coyuntural y se puede justificar en la crisis económica y se estableció, por primera vez, en el período impositivo 2009, habiéndose conservado hasta la fecha con diferentes porcentajes según los años.

2.º Una minoración del 20% en los ejercicios 2021 a 2024, ambos inclusive, para las actividades económicas desarrolladas en el municipio de Lorca, Murcia y, en 2022, 2023 y 2024, para las ejecutadas en la Isla de La Palma.

3.º Los gastos extraordinarios por circunstancias excepcionales. Los requisitos de minoración de esta partida ya se ha comentado anteriormente, a cuyo comentario nos remitimos.

4.º Se deben añadir otras percepciones empresariales. Esta adición se encuentra regulada en el número 3 del Anexo III de la Orden anual de desarrollo del método. Dentro de este concepto se incluirán las subvenciones corrientes y de capital, así como determinadas indemnizaciones que, derivadas del ejercicio de una actividad económica, pudieran percibirse.

En el precepto citado se concreta la forma de tributar las prestaciones de la Seguridad Social por incapacidad temporal, maternidad, riesgo durante el embarazo o invalidez provisional percibidas por los titulares de actividades económicas, que tributarán como rendimientos del trabajo. Es decir, estas prestaciones no se tendrán en consideración para la determinación del rendimiento neto de la actividad, aunque se integrarán por el concepto indicado en la base imponible general del Impuesto.

También, como se ha indicado con anterioridad, la prestación por cese extraordinario de la actividad a causa de la COVID-19 para los empresarios autónomos tiene la consideración de rendimiento del trabajo y se incorpora a la base imponible general del IRPF pero no así las entregadas para compensar la caída de la actividad empresarial que se califican como rendimientos de la actividad empresarial.

Ejemplo

Persona física, que ejerce la actividad de "Restaurante de un tenedor" (epígrafe 671.5 del IAE). Además de ejercer esta actividad, D. Pedro, trabaja por cuenta ajena para una empresa de comunicaciones. En la actividad también trabaja, a jornada completa, su cónyuge.

Esta actividad se inició el 1 de enero de 2022.

En 2023, se desarrolló con los siguientes elementos:

- ❒ El titular de la actividad trabajó en la actividad 1.600 horas.
- ❒ Personal asalariado: (jornada laboral, según convenio, de 1.700 horas):
  - 4 trabajadores a jornada completa durante todo el año. Dos de ellos, fueron contratados el día 1 de enero, a través de un contrato para la formación.
  - El 1 de julio contrató a un trabajador, con una discapacidad del 50%, y menor de 19 años, el cual ha realizado 850 horas de trabajo durante el año.

- Potencia eléctrica contratada: 12 kw.
- Mesas: 5 mesas para 4 personas y 3 mesas para 6 personas.
- Máquina tipo A: 1
- Máquinas tipo B: 1

En el año 2022, el módulo, personal asalariado, se cuantificó en 2,00, habiendo trabajado en la actividad, 3 personas.

Los bienes afectos a la actividad son:

- Furgoneta adquirida el 1 de julio de 2023 por 15.000 euros más 2.400 euros de IVA. La amortización acumulada asciende a 1.875 euros.
- Cámara frigorífica, adquirida usada, el 1 de enero de 2023, por 7.000 euros más 1.120 de IVA. La amortización acumulada asciende a 3.500 euros.
- En 2023, ha adquirido también vajilla y cubertería para la actividad por 2.500 euros más 400 de IVA. El valor unitario de estos elementos no supera 90 euros.

En el año 2023, ha recibido una subvención corriente de 5.000 euros.

Determinación del rendimiento neto de esta actividad por el método de EO para el período impositivo 2023.

Solución:

RENDIMIENTO NETO PREVIO

❒ Personal no asalariado: (1.600/1800 + 1)	1,88 x 16.174,82 =	30.408,66
❒ Personal asalariado: 2 +2 x 0,60+(850/1.700) x 0,40	3,40 x 3.602,80 =	12.249,52
❒ Potencia eléctrica	12 x 125,97 =	1.511,64
❒ Mesas: 9,5 x 220,45 = 2.094,27 5 + 3 x (6/4)		
❒ Máquinas tipo "A"	1 x 1.077,06 =	1.077,06
❒ Máquinas tipo "B"	1 x 3.810,65 =	3.810,65
	Total	51.151,80

El personal no asalariado se ha determinado considerando que el titular de la actividad tiene una causa objetiva que quiebra la regla general de cómputo por la unidad y se ha cuantificado en función de las horas trabajadas en la actividad. El cónyuge no se ha computado al 50%, pues el titular no se ha computado por la unidad.

El personal asalariado se ha computado de la siguiente forma:

- De los 4 trabajadores a jornada completa, a dos de ellos se les ha computado al 60%, al tratarse de contratos para la formación.

- Al trabajador contratado el 1 de julio, además de haber aplicado la proporción entre el número de horas trabajadas en el año y el número de horas del Convenio Colectivo, se le ha computado al 40%, al tener una discapacidad del 50%, que le resulta más favorable que el cómputo al 60%, por ser menor de 19 años.

RENDIMIENTO NETO MINORADO

a) Incentivo al empleo: En primer lugar, se debe comprobar si, en términos absolutos, ha habido, en 2023, más personas asalariadas que en 2022.

Personas asalariadas 2022: 3

Personas asalariadas 2023: 5

Una vez realizada esta comprobación, hay que comprobar si existe exceso en el número de unidades de módulo personal asalariado:

Unidades de módulo año 2022: 2

Unidades de módulo año 2023: 3,40

Diferencia positiva: 1,40

Cálculo del coeficiente de reducción:

Exceso total:	1,40 x 0,40 =	0,56
Tramos:	1,00 x 0,10 =	0,10
	1,00 x 0,15 =	0,15
	Total	0,81

Incentivos al empleo: 0,81 x 3.602,80 = 2.918,27

b) Incentivos a la inversión:

Estos incentivos se determinan de acuerdo con la Tabla de Amortización y con las instrucciones contenidas en la Orden de desarrollo del método.

Furgoneta: 25% x 15.000 =	3.750
Cámara: 25% x 2 x 7.000 =	3.500
Vajilla y cubertería: libertad de amortización =	2.500
Total	9.750

Rendimiento neto minorado:

	51.151,80
	– 2.918,27
	– 9.750,00
Total	38.483,53

RENDIMIENTO NETO DE MÓDULOS

Solo son aplicables el índice corrector de exceso y el de por inicio de actividades:

a) Aplicación del índice corrector de exceso: En la actividad del ejemplo, este índice se aplica cuando la cuantía del rendimiento minorado supere 38.081,38, como es el caso.

38.081,38 + 1,30 (38.483,53 – 38.081,38) = 38.604,18

b) Aplicación del índice corrector por inicio de actividades:

Al ser el segundo ejercicio de desarrollo de la actividad, se aplicará el índice 0,90.

Por tanto, el rendimiento neto de módulos será:

0,90 x 38.604,18 = 34.743,76

RENDIMIENTO NETO DE LA ACTIVIDAD

Aplicación, en 2023, de la reducción general del 10%: 10% x 34.743,76 = 3.474,38 euros

Incremento de la subvención corriente percibida en 2023: 5.000

RN Actividad: 34.743,76- 3.474,38 + 5.000 = 36.269,38.

Recordar que, de aplicarse el supuesto para el período impositivo 2022, el porcentaje de reducción general sería del 15% y de encontrarnos en el ejercicio 2024, la reducción general sería del 5%.

Legislación

LEY

Ley 35/2006, de 28 de noviembre, del Impuesto sobre la Renta de las Personas Físicas y de modificación parcial de los impuestos sobre Sociedades, sobre la Renta de no Residentes y sobre el Patrimonio, artículo 31, DA 36ª.

REGLAMENTO

Real Decreto 439/2007, de 30 de marzo, por el que se aprueba el Reglamento del Impuesto sobre la Renta de las Personas Físicas, artículos 32 a 39.

Orden HFP/1335/2021, de 1 de diciembre, por la que se desarrollan, para el año 2022, el método de estimación objetiva del Impuesto sobre la Renta de las Personas Físicas y el régimen especial simplificado del Impuesto sobre el Valor Añadido.

Orden HFP/1172/2022, de 29 de noviembre, por la que se desarrollan para el año 2023 el método de estimación objetiva del Impuesto sobre la Renta de las Personas Físicas y el régimen especial simplificado del IVA (BOE de 1 de diciembre).

Orden HFP/1359/2023, de 19 de diciembre, por la que se desarrollan para el año 2024 el método de estimación objetiva del Impuesto sobre la Renta de las Personas Físicas y el régimen especial simplificado del Impuesto Sobre el Valor Añadido (BOE de 21).

LEYES DE PRESUPUESTOS

Ley 31/2022, de 21 de diciembre, de Presupuestos Generales del Estado para el año 2023 (BOE de 22).

REALES DECRETOS LEYES
Real Decreto-ley 8/2023, de 27 de diciembre, por el que se adoptan medidas para afrontar las consecuencias económicas y sociales derivadas de los conflictos en Ucrania y Oriente Próximo, así como para paliar los efectos de la sequía (BOE de 28).

2.2.8. Reducciones del rendimiento neto

El rendimiento neto obtenido por los empresarios, el cual se habrá cuantificado de acuerdo con las reglas que ya se hemos analizado anteriormente, podrá verse minorado por una serie de reducciones que contempla la normativa del IRPF.

De esta forma, el rendimiento neto reducido será el que se integrará en la base imponible general, es decir, será la cuantía de la renta que va a tributar.

A partir de 2015, existen tres reducciones del rendimiento neto, todas ellas tienen carácter estructural.

El rendimiento neto reducido será el que se integre en la base imponible general.

2.2.8.1. Por irregularidad

Esta reducción se puede aplicar, debido a dos causas totalmente diferentes, aunque, en ambos casos, deben imputarse en un único período impositivo.

La reducción aplicable es del 30 por ciento sobre los rendimientos netos que tengan esta calificación.

Las causas existentes para aplicar esta reducción son:

1ª.- Los rendimientos netos que tengan un período de generación superior a dos años.

La existencia de un período de generación superior a dos años sólo es predicable de aquellos casos concretos en que existan dentro de la actividad económica ejercida, globalmente considerada, ciclos bien definidos de aplicaciones y obtenciones de fondos, es decir que sea consustancial a la actividad el transcurso de un plazo superior a dos años entre la fecha de la inversión que produce el rendimiento y su percepción, de tal suerte que la obtención del rendimiento se concentra en un período impositivo determinado que representa el final del ciclo productivo o período de generación.

Debe considerarse el ejercicio de la actividad generadora de la renta en un sentido global, como comprendida dentro de una serie de inversiones y desinversiones, de gastos e ingresos, y no atender a la exclusiva y concreta operación generadora del rendimiento, de manera que cuando la actividad, como en el supuesto planteado, es desarrollada por el contribuyente de tal forma, que de manera regular, obtiene rendimientos de estas características, no puede sino concluirse que no deben considerarse como rendimientos con un período de generación superior a dos años (CDGTV 1294-2006, de 30 de junio).

Por lo tanto, no resultará de aplicación esta reducción a aquellos rendimientos que, aunque considerados, de forma individual, pudieran derivar de actuaciones desarrolladas a lo largo de un período superior a dos años procedan del ejercicio de una actividad económica que de forma regular o habitual obtenga este tipo de rendimientos.

Ejemplo

Profesional de la abogacía, cuya actividad consta de dos partes diferenciadas. Por una parte, presta sus servicios en pleitos judiciales, los cuales factura al finalizar el procedimiento, por otra, emite informes jurídicos, que factura al entregarlos.

En algunos pleitos judiciales, el periodo de duración de los mismos supera los dos años.

¿Puede aplicar la reducción a los ingresos derivados de estos pleitos?

Solución:

La reciente jurisprudencia del Tribunal Supremo acepta que si el profesional prueba que, en determinadas actuaciones profesionales, por ejemplo, concursos de empresas, éstas duran más de un ejercicio, pueda invocarse por el contribuyente la irregularidad en la percepción del ingreso.

En ese sentido, se pronuncia la STS de 19 de mayo de 2018, número de recurso 2070/2017 *(Tol 550887)*.

En idéntico sentido a la solución del ejemplo se manifiesta, STS) de 20 de marzo de 2018 (recurso número 2070/2017, de casación) *(Tol 6550887)*, la cual señala que es posible aplicar la reducción del 30% como rendimientos irregulares a las percepciones percibidas por servicios profesionales de abogados en la preparación o defensa de litigios, cuya duración se ha prolongado más de dos años en el tiempo y cuyas cuantías se perciben a la finalización del pleito o trabajo, pudiendo imputar en el IRPF estas cantidades en un único período impositivo.

Según el TS, la interpretación debe atenerse no a lo que es "regular" o "normal" en cada sector de actividad económica (postura de la AEAT) sino a los ingresos particulares del contribuyente y a su situación particular.

La regularidad o habitualidad en los ingresos de una profesión no es atribuible, de manera genérica, a ésta, debiendo evitarse una concepción restrictiva de la profesión del contribuyente como trabajo vinculado a la "irregularidad" en la percepción de la renta, sino que tal "irregularidad" debe observarse en cada contribuyente en particular y a cada situación específica, atendiendo a la naturaleza de los rendimientos.

Tiene que ser la propia AEAT la que pruebe, por el contrario, que concurren las circunstancias que excluyen la calificación de "irregulares" para rendimientos concretos.

Esta sentencia ha visto ratificada su doctrina por la posterior STS de 16 de abril de 2018 (recurso número 255/2016) *(Tol 6.590059)* y, en consecuencia, a nuestro entender, constituye jurisprudencia en el sentido del artículo 1.6 del Código Civil (en adelante CC), debiendo ser aplicada obligatoriamente por la Administración Tributaria.

La indemnización percibida por resolución del contrato de agencia, que puede incorporar como conceptos indemnizables la clientela, las inversiones, los posibles daños y perjuicios y cualquier otro concepto derivado de la relación contractual, no tiene la consideración de rendimiento irregular (Consulta INFORMA 135856).

2.ª Cuando los rendimientos netos se consideren obtenidos de forma notoriamente irregular en el tiempo.

La definición de este tipo de rendimientos es una lista cerrada que se encuentra en el RIRPF, cuya redacción establece como tales a:

a) Subvenciones de capital para la adquisición de elementos del inmovilizado no amortizables.

b) Indemnizaciones y ayudas por cese de actividades económicas.

c) Premios literarios, artísticos o científicos que no gocen de exención en este Impuesto. No considerándose premios, a estos efectos, las contraprestaciones económicas derivadas de la cesión de derechos de propiedad intelectual o industrial o que sustituyan a éstas.

d) Las indemnizaciones percibidas en sustitución de derechos económicos de duración indefinida.

La cuantía máxima a la que se puede aplicar la reducción por irregularidad, en cualquiera de sus modalidades, no puede superar el importe de 300.000 euros anuales.

Por último, en el caso de que los rendimientos se determinen por el método de EO, dado el procedimiento a seguir para la determinación del mismo, la reducción solamente operará, en su caso, en el concepto de "otras percepciones empresariales", es decir, las que se integran en el rendimiento neto después de haber calculado el rendimiento neto de módulos.

Ahora bien, como, a partir de 2015, se han modificado las condiciones de aplicación de esta reducción (para las que tienen período de generación superior a dos años, se las exige que se imputen en un único período impositivo), se ha regulado a través de la disposición transitoria vigésima quinta de la LIRPF un régimen transitorio que regula la aplicación de la reducción a los rendimientos, con período de generación superior a dos años, que se vinieran percibiendo de forma fraccionada con anterioridad a 1 de enero de 2015, siempre que el cociente resultante de dividir el número de años correspondiente al período de generación, computados de fecha a fecha, entre el número de períodos impositivos de fraccionamiento, sea superior a dos.

La CDGTV de 8 de junio de 2017 indica que a la cantidad percibida por un empresario individual por el pacto de no competencia no le es de aplicación la reducción del 30%, ya que debe imputarse anualmente el gasto en cada uno de los ejercicios entre los que se reparte el esfuerzo de no hacer.

2.2.8.2. Para determinados empresarios

Esta reducción se la pueden aplicar determinados perceptores de rendimientos de actividades económicas, siempre que cumplan los requisitos que veremos a continuación.

Esta reducción tiene las modalidades alternativas que a continuación se analizan:

1ª.- Para determinados empresarios en ED:

Esta modalidad de reducción solamente es aplicable por los empresarios que determinen el rendimiento neto por el método de ED, en cualquiera de sus modalidades, y cumplan las siguientes condiciones:

a) Que la totalidad de sus entregas de bienes o prestaciones de servicios deben efectuarse a una única persona, física o jurídica, no vinculada en los términos del artículo 18 de la LIS o que el contribuyente tenga la consideración de trabajador autónomo económicamente dependiente conforme a lo dispuesto en el Capítulo III del Título II de la Ley 20/2007, de 11 de julio, del Estatuto del Trabajo Autónomo y el cliente del que dependa económicamente, no sea una entidad vinculada en los términos del artículo 18 de la LIS.

   De acuerdo con esta regulación, se entenderá como trabajador autónomo dependiente, conocido popularmente como TRADE, cuando, al menos el 75 por ciento de sus ingresos procedan de un único cliente (en 2023 el porcentaje, como veremos, se redujo al 70%).

b) Que el conjunto de gastos deducibles correspondientes a todas sus actividades económicas no puede exceder del 30 por ciento de sus rendimientos íntegros declarados.

c) Deberán cumplirse durante el período impositivo todas las obligaciones formales y de información, control y verificación que, reglamentariamente, se determinen.

d) Que no perciban rendimientos del trabajo en el período impositivo. No obstante, no se entenderá que se incumple este requisito, cuando se perciban durante el período impositivo prestaciones por desempleo o cualquiera de las prestaciones previstas en la letra a) del artículo 17.2 de la LIRPF, siempre que su importe no sea superior a 4.000 euros anuales.

e) Que, al menos, el 70 por ciento de los ingresos del período impositivo estén sujetos a retención o ingreso a cuenta.

f) Que no realicen actividades a través de una ERA.

La cuantía de esta reducción para el ejercicio 2022 será:

- Con carácter general: 2.000 euros.
- Adicionalmente:
- Cuando los rendimientos netos sean inferiores a 14.450 euros y no se obtengan rentas, excluidas las exentas, distintas de las de actividades económicas superiores a 6.500 euros, las siguientes cantidades:
  a) Si el rendimiento neto es igual o inferior a 11.250 euros: 3.700 euros anuales.
  b) Si el rendimiento neto está comprendido entre 11.250 y 14.250 euros: 3.700 – 1,15625 (Rendimiento neto – 11.250).
- Cuando se trate de titulares de actividades económicas con discapacidad que obtengan rendimientos derivados del ejercicio efectivo de las mismas: 3.500 euros.

En el supuesto de tributación conjunta de unidades familiares en las que varios de sus miembros obtengan rendimientos del actividades económicas, el importe de la reducción se determinará en función de la cuantía conjunta de los rendimientos netos de la actividad económica de todos los miembros de la unidad familiar y, en su caso, de las rentas distintas de las de actividad económica, sin que proceda multiplicar el importe de la reducción resultante en función del número de miembros de la unidad familiar perceptores de rendimientos de actividades económicas.

Esta reducción adicional será de 7.750 euros, cuando estos titulares acrediten necesitar ayuda de terceras personas o movilidad reducida, o un grado de discapacidad igual o superior al 65 por ciento.

La LPGE para el año 2023 incorpora modificaciones en la cuantía de las reducciones anteriores.

Para ello, modificó el artículo 32.2.1.º.a) LIRPF para los ejercicios 2023 y siguientes. Así, para dichos ejercicios, el rendimiento neto de estas actividades económicas se minorará en las siguientes cuantías:

"a) Cuando los rendimientos netos de actividades económicas sean inferiores a 19.747,5 euros, siempre que no tengan rentas, excluidas las exentas, distintas de las de actividades económicas superiores a 6.500 euros:

a) Contribuyentes con rendimientos netos de actividades económicas iguales o inferiores a 14.047,5 euros: 6.498 euros anuales.

b) Contribuyentes con rendimientos netos de actividades económicas comprendidos entre 14.047,5 y 19.747,5 euros: 6.498 euros menos el resultado de multiplicar por 1,14 la diferencia entre el rendimiento de actividades económicas y 14.047,5 euros anuales"

Estableciéndose para ello los siguientes requisitos:

"2.º Para la aplicación de la reducción prevista en el número 1.º de este apartado será necesario el cumplimiento de los requisitos que se establezcan reglamentariamente, y en particular los siguientes:

a) El rendimiento neto de la actividad económica deberá determinarse con arreglo al método de estimación directa. No obstante, si se determina con arreglo a la modalidad simplificada del método de estimación directa, la reducción será incompatible con lo previsto en la regla 4.ª del artículo 30.2 de esta Ley.

b) La totalidad de sus entregas de bienes o prestaciones de servicios deben efectuarse a una única persona, física o jurídica, no vinculada en los términos del artículo 18 de la Ley 27/2014, de 27 de noviembre, del Impuesto sobre Sociedades, o que el contribuyente tenga la consideración de trabajador autónomo económicamente dependiente conforme a lo dispuesto en el Capítulo III del Título II de la Ley 20/2007, de 11 de julio, del Estatuto del trabajo autónomo y el cliente del que dependa económicamente no sea una entidad vinculada en los términos del artículo 18 de la Ley del Impuesto sobre Sociedades.

c) El conjunto de gastos deducibles correspondientes a todas sus actividades económicas no puede exceder del 30 por ciento de sus rendimientos íntegros declarados.

d) Deberán cumplirse durante el período impositivo todas las obligaciones formales y de información, control y verificación que reglamentariamente se determinen.

e) Que no perciban rendimientos del trabajo en el período impositivo. No obstante, no se entenderá que se incumple este requisito cuando se perciban durante el período impositivo prestaciones por desempleo o cualesquiera de las prestaciones previstas en la letra a) del artículo 17.2 de esta Ley, siempre que su importe no sea superior a 4.000 euros anuales.

f) Que al menos el 70 por ciento de los ingresos del período impositivo estén sujetos a retención o ingreso a cuenta.

g) Que no realice actividad económica alguna a través de entidades en régimen de atribución de rentas".

Esta modalidad de reducción es incompatible con la minoración de gastos "a forfait" (7% en 2023 y en 2024) establecida para la modalidad simplificada del método de estimación directa.

2.ª Para cualquier empresario.

Cuando no se pueda aplicar la modalidad de reducción anterior, al incumplirse los requisitos establecidos, los empresarios con rentas no exentas inferiores a 12.000 euros, incluidas las de la propia actividad, se podrán aplicar, con carácter alternativo, la siguiente reducción:

- ❒ Si las rentas son iguales o inferiores a 8.000 euros: 1.620 euros.
- ❒ Si las rentas están comprendidas entre 8.000,01 y 12.000 euros: 1.620 – 0,405 × (Rentas – 8.000).

Esta modalidad de reducción, conjuntamente con la reducción por obtención de rendimientos de trabajo, no podrá exceder de 3.700 euros.

Esta modalidad de reducción no es incompatible con el "forfait" de la EDS del 7% para el período 2023 y 2024 y también pueden aplicarla los empresarios que determinen su rendimiento por EO.

En ningún caso, el importe de la reducción, cualquiera que sea su modalidad, podrá dar como resultado un importe del rendimiento neto reducido negativo.

En el caso de que el empresario opte por la tributación conjunta, se podrá aplicar esta reducción, cuando individualmente cumpla con las condiciones señaladas anteriormente, determinándose la cuantía de la reducción a computar que será única y se calculará teniendo en cuenta las rentas de la unidad familiar, sin que su importe pueda ser superior al rendimiento neto de las actividades económicas de los miembros de la unidad familiar que cumplan individualmente los citados requisitos.

Ejemplo

Persona física, con un grado de discapacidad del 40%, ejerce la actividad económica de asesoría fiscal, determinando el rendimiento neto de la misma por EDN, no obteniendo en 2023 ningún otro tipo de rentas.

Los servicios profesionales se prestan, en un 80%, para la sociedad matriz de un importante grupo de empresas.

En 2023, ha obtenido un rendimiento neto de 65.000 euros, resultante de unos ingresos íntegros de 85.000 euros y unos gastos deducibles de 20.000 euros.

Determinar si tiene derecho a la reducción y, en caso, afirmativo su importe.

Solución:

En primer lugar, se debe analizar si cumple los requisitos exigidos para aplicar la reducción en su primera modalidad.
Se cumplen todos los requisitos:

- ❒ Estimación directa

- ❒ Tiene la consideración de trabajador autónomo dependiente (+70% de los ingresos procede de un solo cliente y éste no puede considerarse como vinculado).
- ❒ Gastos Deducibles < 30% RI (20.000 < 30% 85.000)
- ❒ No obtiene otras rentas.
- ❒ Al menos el 70% de sus rendimientos están sometidos a retención (su cliente principal es una entidad obligada a retener y su facturación es el 80% de los ingresos totales).
- ❒ No realiza actividades económicas a través de ERAS (entidades en régimen de atribución de rentas).

Al tener unos rendimientos netos superiores a 14.450 euros, la reducción aplicable es de 2.000 euros. Adicionalmente, como tiene una discapacidad del 40%, podrá aplicar una reducción de 3.500 euros.

Por tanto, la reducción aplicable será: 2.000 + 3.500 = 5.500 euros.

2.2.8.3. Por inicio de actividades económicas en estimación directa

Con efectos desde el 1 de enero de 2013, la Ley 11/2013, de 26 de julio, de medidas de apoyo al empresario y de estímulo del crecimiento y de la creación de empleo (BOE nº 179, de 27-7-2013), introdujo en la normativa del IRPF una nueva reducción sobre el rendimiento neto.

Esta reducción tiene carácter estructural, es decir, no tiene una vigencia limitada en el tiempo y afecta exclusivamente a las actividades que determinen su rendimiento neto por ED.

Ahora bien, no puede entenderse que esta nueva reducción discrimine al método de EO, pues como se ha visto anteriormente, en el cálculo del rendimiento neto por este método existe un índice corrector por inicio de actividades que puede considerarse similar a la presente reducción, pero incluyéndose en el cálculo del rendimiento neto.

La reducción aplicable se cuantifica en un 20 por ciento el rendimiento neto positivo declarado con arreglo al método de ED, minorado, en su caso, por las reducciones por irregularidad y para determinados empresarios.

Es decir, opera sobre los rendimientos netos positivos declarados por el empresario, por lo que:

a) No se aplicará si ha resultado un rendimiento neto negativo.

b) No se aplicará sobre el rendimiento neto que se haya visto aumentado en un procedimiento de comprobación. Es decir, si se ha declarado un rendimiento neto positivo de 20.000 euros y, posteriormente se comprueba que el rendimiento neto obtenido es de 40.000 euros, la reducción a aplicar, siempre que se cumplan el resto de requisitos será del 20% de 20.000 euros, es decir, 4.000 euros.

La reducción se utilizará en el primer período impositivo en que el rendimiento sea positivo y en el período impositivo siguiente, es decir, su implementación no tiene que producirse automáticamente en el año de inicio de la actividad, sino que su introducción se pospone al primer período impositivo en que el rendimiento neto sea positivo.

Por otra parte, la base sobre la que opera la reducción, no podrá superar el importe de 100.000 euros anuales.

Asimismo, la reducción no resultará de ejecución en el período impositivo en el que más del 50 por ciento de los ingresos de la actividad procedan de una persona o entidad de la que el contribuyente hubiera obtenido rendimientos del trabajo en el año anterior a la fecha de inicio de la misma (CDGTV1431-15).

El incumplimiento de este requisito implicará en la práctica la pérdida de la reducción en el período impositivo en que se produzca, pues la reducción no se puede posponer a otro posterior.

Para la aplicación de la reducción, se entenderá que se inicia una actividad económica, cuando no se hubiera ejercido explotación económica alguna en el año anterior a la fecha de inicio de la misma, sin tener en consideración aquellas actividades en cuyo ejercicio se hubiera cesado sin haber llegado a obtener rendimientos netos positivos desde su inicio.

Si, con posterioridad al comienzo de la nueva actividad, se iniciase otra segunda nueva actividad, sin haber cesado en el ejercicio de la primera, la reducción se aplicará sobre los rendimientos netos obtenidos en el primer período impositivo en que los mismos sean positivos y en el período impositivo siguiente, a contar desde el inicio de la primera actividad. Es decir, será la primera actividad iniciada, la que se tenga en cuenta para la práctica de la reducción.

Ejemplo

Partiendo de los datos del ejemplo práctico introducido para la reducción para determinados empresarios.

Calcular la reducción por inicio de actividad económica, considerando que la actividad se ha iniciado en 2022 y que, en este ejercicio, declaró un rendimiento neto negativo de 12.000 euros. Nunca ha prestado servicios laborales a su cliente principal y en, 2021, no ejercía actividad económica.

En el período impositivo de 2023 obtuvo resultados positivos de la actividad económica.

Solución:

En 2023, se cumplen los requisitos exigidos:

- ❒ El rendimiento neto se determina en ED.
- ❒ Ha declarado rendimientos netos positivos.
- ❒ La actividad se inició en 2022 y 2023 es el primer año que declara beneficios.
- ❒ No ha trabajado nunca para su cliente principal, por lo que el requisito de superar el 50 por ciento de los ingresos de un solo cliente no es de aplicación.
- ❒ En 2021, año anterior al de inicio de la actividad, no ejercía actividad económica.

Cuantía de la reducción:

Rendimiento neto reducido: 65.000 – 5.500 = 59.500 euros

Reducción: 20% x 59.500 = 11.900 euros

2.2.8.4. Reducciones por catástrofes naturales

El artículo 37.4, 1º RIRPF permite la aplicación, mediante Orden Ministerial, de reducciones en el rendimiento neto de las actividades económicas que determinan el mismo mediante la estimación objetiva del IRPF, en casos de incendios, inundaciones y otras catástrofes naturales.

Esta situación se produce con cierta regularidad, ante la producción de catástrofes naturales en nuestra patria (inundaciones, terremotos, sequías, etc.).

Un ejemplo reciente se produce con la Orden HFP/1172/2022, de 29 de noviembre, por la que se desarrollan para el año 2023 el método de estimación objetiva del Impuesto sobre la Renta de las Personas Físicas y el régimen especial simplificado del Impuesto sobre el Valor Añadido, donde se incorporan diferentes reducciones en la EO para los ejercicios 2022 y 2023.

Las reducciones más relevantes que se justifican por catástrofes naturales son las siguientes.

Para el período impositivo 2023:

1. Las actividades agrícolas y ganaderas podrán reducir el rendimiento neto previo:
   - En el 35% del precio de adquisición del gasóleo agrícola
   - En el 15% del precio de adquisición de los fertilizantes

   En ambos casos, las adquisiciones tienen que ser necesarias para el desarrollo de dichas actividades, se deben haber efectuado en el ejercicio 2023 y figurar documentadas en facturas emitidas en dicho período que cumplan los requisitos previstos en el Reglamento por el que se regulan las obligaciones de facturación.

2. El índice corrector por piensos adquiridos a terceros se establece en el 0,5 y el índice por cultivos en tierras de regadío que utilicen, a tal efecto, energía eléctrica en el 0,75.
3. Los contribuyentes que desarrollen actividades económicas en la Isla de la Palma podrán reducir el rendimiento neto de módulos correspondiente a esas actividades en un 20%.

   Esta reducción se tendrá en cuenta para cuantificar el rendimiento neto a efectos de los pagos fraccionado correspondientes al 2023.

Para el período impositivo 2024:

1. Las actividades agrícolas y ganaderas que determinen su rendimiento neto en el ejercicio 2024 por el método de estimación objetiva podrán aplicar las siguientes medidas excepcionales:

   1.ª El rendimiento neto previo, calculado conforme a lo previsto en la Instrucción 2.1 para la aplicación de los signos, índices o módulos en el Impuesto sobre la Renta de las Personas Físicas del anexo I de esta orden podrá reducirse:

   - En el 35 por ciento del precio de adquisición del gasóleo agrícola necesario para el desarrollo de dichas actividades que aparezca debidamente documentado en las facturas expedidas con motivo de dicha adquisición que cumplan los requisitos previstos en el artículo 6.1 del Reglamento por el que se regulan las obligaciones de facturación, aprobado por el Real Decreto 1619/2012, de 30 de noviembre.
   - En el 15 por ciento del precio de adquisición de los fertilizantes necesarios para el desarrollo de dichas actividades que aparezca debidamente documentado en las facturas expedidas con motivo de dicha adquisición que cumplan los requisitos previstos en el artículo 6.1 del Reglamento por el que se regulan las obligaciones de facturación, aprobado por el Real Decreto 1619/2012, de 30 de noviembre.

   Ambas reducciones únicamente procederán cuando se trate de adquisiciones efectuadas en el ejercicio 2024, documentadas en facturas emitidas en dicho período.
2. Por su parte, recordemos que el rendimiento neto de las actividades realizadas en la Isla de la Palma y en el municipio de Lorca se minora en 20%.

Lo mismo debería decirse en el régimen simplificado del IVA, en virtud del artículo 38.3 RIVA.

Otro ejemplo más moderno todavía de aplicación de reducciones por circunstancias naturales es la Orden HFP/405/2023, de 18 de abril, por la que se reducen para el período impositivo 2022 los índices de rendimiento neto y la reducción general aplicables en el método de estimación objetiva del Impuesto sobre la Renta de las Personas Físicas para las actividades agrícolas y ganaderas afectadas por diversas circunstancias excepcionales

- En el artículo 1 se aprueba la reducción de los índices de rendimiento neto aplicables en 2022 a las actividades agrícolas y ganaderas desarrolladas en determinados ámbitos territoriales.
  Advertidos errores en el anexo de la citada Orden se efectúa la oportuna rectificación (BOE de 9 de junio de 2023).
- En el artículo 2 se prevé un incremento del 15% al 25% en la reducción del rendimiento neto obtenido en 2022 para los contribuyentes que desarrollen actividades agrícolas, ganaderas y forestales y que determinen el rendimiento neto de sus actividades económicas por el método de estimación objetiva.

De esta manera, téngase en cuenta que, para 2023, la Orden HFP/1172/2022, de 29 de noviembre, que regula para ese año el método de EO en el IRPF, ha convertido en estructurales algunas de las reducciones coyunturales anteriormente mencionadas y tanto para el año 2023 como para el período 2022.

Por ello, para las actividades agrícolas y ganaderas (las actividades empresariales más susceptibles de sufrir el impacto de catástrofes naturales, lógicamente), con la finalidad de compensar el incremento del coste de determinados insumos, se establece para los períodos impositivos 2022 y 2023 que el rendimiento neto previo podrá minorarse en el 35 por 100 del precio de adquisición del gasóleo agrícola y en el 15 por ciento del precio de adquisición de los fertilizantes, en ambos casos, necesarios para el desarrollo de dichas actividades.

Estas modificaciones también se van aplicar en el período impositivo 2022, 2023 y asimismo se ha prorrogado su utilización para el año 2024.

Por otra parte, se revisa desde el ejercicio 2023 el tratamiento tributario de las ayudas directas desacopladas de la Política Agraria Común, de manera que su tributación en proporción a los ingresos de sus cultivos o explotaciones se condiciona a la obtención de un mínimo de ingresos en la actividad distintos del de la propia ayuda directa.

Por su parte, el artículo 95 del Real Decreto-ley 20/2022, de 27 de diciembre, establece que, para las explotaciones y actividades agrarias en las que se hayan producido daños como consecuencia directa de los incendios forestales que tuvieron lugar en las Comunidades Autónomas de Andalucía, Aragón, Illes Balears, Canarias, Castilla y León, Castilla-La Mancha, Cataluña, Comunidad Valenciana, Extremadura, Galicia, Madrid, Región de Murcia, Comunidad Foral de Navarra, País Vasco y La Rioja, durante los meses de junio, julio y agosto, y que se relacionan en el Anexo del Acuerdo del Consejo de Ministros, de 23 de agosto de 2022, por el que se declara "zona afectada gravemente por una emergencia de protección civil" el territorio afectado como consecuencia de los incendios forestales acaecidos durante los meses de junio, julio y agosto de 2022, y conforme a las previsiones contenidas en el artículo 37.4.1.º del Reglamento del Impuesto sobre la Renta de las Personas Físicas, aprobado por el Real Decreto

439/2007, de 30 de marzo, y en el artículo 38.3 del Reglamento del Impuesto sobre el Valor Añadido, aprobado por el Real Decreto 1624/1992, de 29 de diciembre, la persona titular del Ministerio de Hacienda, a la vista de los informes del Ministerio de Agricultura, Pesca y Alimentación, podrá autorizar, con carácter excepcional, la reducción de los índices de rendimiento neto a los que se refiere la Orden HFP/1335/2021, de 1 de diciembre, por la que se desarrollan para el año 2022 el método de estimación objetiva del Impuesto sobre la Renta de las Personas Físicas y el régimen especial simplificado del Impuesto sobre el Valor Añadido.

Legislación

LEY

Ley 35/2006, de 28 de noviembre, del Impuesto sobre la Renta de las Personas Físicas y de modificación parcial de los impuestos sobre Sociedades, sobre la Renta de no Residentes y sobre el Patrimonio, artículo 32 y DT 25ª.

REAL DECRETO-LEY

Artículo 95 del Real Decreto-ley 20/2022, de 27 de diciembre, de medidas de respuesta a las consecuencias económicas y sociales de la guerra de Ucrania y de apoyo a la reconstrucción de la isla de La Palma y otras situaciones de vulnerabilidad, BOE de 28.

REGLAMENTO

Real Decreto 439/2007, de 30 de marzo, por el que se aprueba el Reglamento del Impuesto sobre la Renta de las Personas Físicas, artículos 25 y 26.

ORDEN MINISTERIAL

Orden HFP/1172/2022, de 29 de noviembre, por la que se desarrollan para el año 2023 el método de estimación objetiva del Impuesto sobre la Renta de las Personas Físicas y el régimen especial simplificado del Impuesto sobre el Valor Añadido (BOE de 1 de diciembre).

Orden HFP/405/2023, de 18 de abril, por la que se reducen para el período impositivo 2022 los índices de rendimiento neto y la reducción general aplicables en el método de estimación objetiva del Impuesto sobre la Renta de las Personas Físicas para las actividades agrícolas y ganaderas afectadas por diversas circunstancias excepcionales (BOE de 25).

Corrección de errores de la Orden HFP/405/2023, de 18 de abril, por la que se reducen para el período impositivo 2022 los índices de rendimiento neto y la reducción general aplicables en el método de estimación objetiva del Impuesto sobre la Renta de las Personas Físicas para las actividades agrícolas y ganaderas afectadas por diversas circunstancias excepcionales (BOE de 9 de junio).

Orden HFP/1359/2023, de 19 de diciembre, por la que se desarrollan para el año 2024 el método de estimación objetiva del Impuesto sobre la Renta de las Personas Físicas y el régimen especial simplificado del Impuesto Sobre el Valor Añadido (BOE de 21).

2.2.9. Ganancias y pérdidas patrimoniales

La otra fuente de renta por la que se pueden gravar las rentas de los empresarios, es la de ganancias y pérdidas patrimoniales.

Dentro de este concepto se debe diferenciar aquellas que se obtienen directamente por el titular de la actividad a través de la transmisión de los elementos que tiene afectos a su actividad económica de aquellas que se obtienen, de forma indirecta, a través de la transmisión de las acciones o participaciones de las entidades jurídicas que se han utilizado como vehículo para desarrollar su actividad empresarial.

Estas ganancias o pérdidas patrimoniales se integrarán en 2022, 2023 y 2024 en la base imponible del ahorro.

2.2.9.1. Transmisión de elementos patrimoniales afectos

De acuerdo con lo dispuesto en el artículo 28.2 de la LIRPF, las ganancias y pérdidas patrimoniales derivadas de la transmisión de elementos patrimoniales afectos tributarán por este concepto y se cuantificarán conforme a las normas que el Impuesto establece para este tipo de renta, por lo que la renta obtenida se integrará en la base imponible del ahorro.

Para cuantificar estas ganancias y pérdidas patrimoniales, deberá aplicarse la regla general que se establece el artículo 34.1.a) de la LIRPF, es decir, por la diferencia entre los valores de adquisición y transmisión de los elementos patrimoniales. Es decir, en principio, no existe ninguna diferencia entre las ganancias y pérdidas patrimoniales derivadas de elementos no afectos, de las que proceden de elementos afectos.

No obstante, en el artículo 37.1.n) de la LIRPF se establece una regla específica para la cuantificación de la ganancia y pérdida patrimonial, la cual afirma que *"se considerará como valor de adquisición el valor contable, sin perjuicio de las especialidades que reglamentariamente puedan establecerse respecto a las amortizaciones que minoren dicho valor"*.

A este respecto, el artículo 40.2 del RIRPF afirma: *"Tratándose de la transmisión de elementos patrimoniales afectos a actividades económicas, se considerará como valor de adquisición el valor contable, teniendo en cuenta las amortizaciones que hubieran sido fiscalmente deducibles, sin perjuicio de la amortización mínima"*.

Es decir, tratándose de elementos patrimoniales afectos, el valor de adquisición será el valor contable, una vez sustituidas las amortizaciones contables por las fiscalmente deducibles (por ejemplo, las amortizaciones aceleradas) y, teniendo en cuenta la amortización mínima que, anualmente, debe practicarse.

En la venta posterior de un inmueble, el valor de adquisición se minorará en los importes que hubieren resultado de aplicar el 3 por 100, aunque se hubiera deducido, en concepto de amortización, un gasto menor por haberse utilizado un coeficiente inferior (Consulta INFORMA número 143691).

Por otra parte, a las ganancias patrimoniales derivadas de estos elementos patrimoniales afectos no les serán de aplicación los coeficientes de abatimiento previstos en la DT novena de la LIRPF, que quedan limitados a los elementos no afectos.

Aclarándose en el apartado 2 de esta disposición transitoria que *"se considerarán elementos patrimoniales no afectos a actividades económicas aquellos en los que la desafectación de estas actividades se haya producido con más de tres años de antelación a la fecha de transmisión"*.

Es decir, para la aplicación de esta DT novena, los elementos patrimoniales que se hayan desafectado (es decir, que ya no se utilicen en la actividad), tienen que esperar un período mínimo de tres años desde esta desafectación hasta su transmisión. En estos casos, la DT novena, señala que su aplicación estará limitada a las ganancias patrimoniales obtenidas de elementos patrimoniales adquiridos con anterioridad a 31 de diciembre de 1994 cuyo valor de transmisión acumulado a partir de dicha fecha no supere 400.000 euros.

Es importante señalar la doctrina del Tribunal Supremo, según la cual el valor de adquisición será el valor comprobado a efectos del Impuesto sobre Transmisiones Patrimoniales. Así, el valor comprobado por la Comunidad Autónoma como valor de transmisión cuando los bienes se adquirieron, debe ser considerado como valor de adquisición en la compraventa que después se hizo de los mismos.

Ahora bien, a partir de la entrada en vigor de la Ley 11/2021, de 9 de julio, de Medidas de Prevención y Represión del Fraude Fiscal, el concepto de valor real desaparece, siendo sustituido por un "valor de referencia" para los inmuebles a determinar anualmente por la Dirección General de Catastro que actuará como valor mínimo en las operaciones de transmisión de bienes inmuebles, tanto en las lucrativas, sujetas al ISD como en las sometidas al ITPyAJD. Ese valor mínimo es plenamente aplicable desde el ejercicio 2022.

En cualquier caso, la doctrina de la DGT ha reafirmado que el concepto de "valor de adquisición" en el IRPF es distinto y diferenciado del "valor de referencia" de los inmuebles, publicado por la Dirección General del Catastro y que este último no es aplicación en el IRPF, a efectos de calcular las ganancias o pérdidas de capital.

Por último, en esta materia, merece destacarse la reducción que, para determinados casos, se establece para las ganancias patrimoniales que deriven de la transmisión de la licencia de auto-taxis cuyos titulares determinen el rendimiento neto por el método de estimación objetiva.

Esta reducción se encuentra regulada en la Disposición Adicional séptima de la LIRPF y en el artículo 42 del RIRPF. De acuerdo con esta regulación, la ganancia obtenida se reducirá, en determinados casos, en función de la antigüedad de la licencia en poder del taxista transmitente.

Ejemplo

Persona física que desarrolla una actividad económica. El 30 de junio de 2024 vende el local en el que ejercía la actividad por 250.000 euros. Los gastos inherentes a la transmisión fueron de 20.000 euros. El valor de adquisición en el año 2001 fue de 150.000 euros. Las amortizaciones fiscalmente deducibles desde el momento de la adquisición han sido de 50.000 euros.

Determinación de la ganancia o pérdida patrimonial derivada de la transmisión del local.

Solución:

Hay que considerar que, a las ganancias patrimoniales derivadas de estos elementos patrimoniales afectos no les serán de aplicación los coeficientes de abatimiento previstos en la DT novena de la LIRPF, los cuales quedan limitados a los elementos no afectos adquiridos con anterioridad a 31 de diciembre de 1994, cuyo valor de transmisión acumulado a partir de dicha fecha no supere 400.000 euros.

El cálculo de la ganancia o pérdida patrimonial será como sigue:

250.000 euros (precio de transmisión) – 20.000 euros (gastos de transmisión por cuenta del vendedor) = 230.000 euros.

– 150.000 euros (precio de adquisición) – 50.000 euros (amortizaciones fiscalmente deducibles) = Ganancia patrimonial: 30.000 euros.

2.2.9.2. Transmisión de acciones o participaciones en entidades jurídicas

Cuando un empresario, persona física, haya optado por realizar su actividad económica a través de una entidad jurídica, la titularidad de las mismas le pueden generar dos tipos de rentas que deben integrarse en el IRPF.

Por una parte, el reparto de dividendos le producirá rendimientos de capital mobiliario, mientras que la transmisión de estas acciones o participaciones le producirá una ganancia o una pérdida patrimonial que se integrará en la base imponible del ahorro.

En principio, estas ganancias o pérdidas patrimoniales no tienen ninguna característica especial en relación con otro tipo de ganancias o pérdidas patrimoniales que el contribuyente pueda obtener por la transmisión de cualquier otro elemento patrimonial. Por tanto, será de aplicación la DT novena de la LIRPF.

Ahora bien, determinadas transmisiones de acciones o participaciones de empresas de nueva creación pueden beneficiarse de determinadas exenciones que se van a analizar en los siguientes epígrafes.

2.2.9.3. Transmisión de acciones y participaciones en empresas de nueva creación. Exención por reinversión

La Ley 14/2013, de 27 de septiembre, de apoyo a los empresarios y su internacionalización (BOE nº 233, de 28-9-2013), ha creado en el IRPF por la inversión en determinadas acciones y participaciones en empresas de nueva creación un doble beneficio fiscal, que se articula de la siguiente manera:

- En el momento de la inversión, una deducción en la cuota íntegra estatal en el momento de materializar la inversión en la empresa de nueva o reciente creación. Esta deducción se analizará, posteriormente en el epígrafe dedicado a las deducciones en el IRPF.
- En el momento de transmisión de estas acciones o participaciones, se establece una exención por reinversión de las ganancias patrimoniales obtenidas.

Esta exención por reinversión se implementa por el artículo 27.Dos de la Ley 14/2013, antes citada, que modifica el artículo 38 de la LIRPF, añadiendo un apartado 2, por el que se declaran exentas las ganancias patrimoniales que se pongan de manifiesto con ocasión de la transmisión de acciones o participaciones por las que se hubiera practicado la deducción en cuota prevista en el artículo 68.1 de la LIRPF, siempre que se reinviertan en las condiciones que, reglamentariamente, se determinen, en la suscripción de acciones o participaciones de otras empresas calificadas también como de nueva o reciente creación de acuerdo con los mismos criterios previstos en el citado artículo 68.1 de la LIRPF.

En suma, se declara exenta la ganancia patrimonial que se ponga de manifiesto con ocasión de la transmisión de acciones o participaciones por las que se hubiera practicado la deducción por inversión en empresas de nueva o reciente creación, prevista en el artículo 68.1 de la Ley del IRPF

Solo se tendrá derecho a la exención cuando el importe obtenido por la citada transmisión se reinvierta en la adquisición de acciones o participaciones en otra entidad de nueva o reciente creación que cumplan los requisitos y condiciones previstos en los números 2.º, 3.º y 5.º del artículo 68.1 de la Ley del IRPF (requisitos sobre la entidad en la que se invierte, respecto a las acciones y participaciones que se adquieran y formales) que se comentan en el epígrafe, epígrafes 2.2.10.1 y 2.2.10.2, “Deducción por inversión en empresas de nueva o reciente creación”

Esta exención por reinversión, según lo dispuesto en el apartado 2 de la Disposición Adicional Trigésima Octava de la Ley del IRPF, será solamente de aplicación respecto de las acciones o participaciones suscritas a partir del 29 de septiembre de 2013, fecha de la entrada en vigor de la Ley 14/2013.

En todo caso, no resultará de aplicación el régimen de exención por reinversión cuando:

1.º El contribuyente hubiera adquirido valores homogéneos en el año anterior o posterior a la transmisión de las acciones o participaciones. En este caso, la exención no procederá respecto de los valores que permanezcan en el patrimonio del inversor.

Con este supuesto de exclusión se pretende evitar la aplicación de la exención cuando se produzca una venta, que origina una ganancia patrimonial, seguida de una recompra de valores homogéneos en un corto período de tiempo, por presumir que la transmisión de las acciones o participaciones no supone realmente una desinversión en la entidad, sino que persigue únicamente disfrutar del beneficio fiscal.

Se consideran valores o participaciones homogéneos aquéllos que cumplan los requisitos establecidos en el artículo 8 del RIRPF.

En concreto, se consideran homogéneos el conjunto de valores negociables procedentes de un mismo emisor, que formen parte de una misma operación financiera o respondan a una unidad de propósito, incluida la obtención sistemática de financiación, que tengan igual naturaleza y régimen de transmisión, y atribuyan a sus titulares un contenido sustancialmente similar de derechos y obligaciones.

La homogeneidad de un conjunto de valores no se verá afectada por la eventual existencia de diferencias entre ellos en lo relativo a su importe unitario; fechas de puesta en circulación, de entrega material o de fijación de precios; procedimientos de colocación, incluida la existencia de tramos o bloques destinados a categorías específicas de inversores; o cualesquiera otros aspectos de naturaleza accesoria.

En particular, la homogeneidad no resultará alterada por el fraccionamiento de la emisión en tramos sucesivos o por la previsión de ampliaciones.

Con carácter general las acciones de una misma entidad serán valores homogéneos.

2.º Las acciones o participaciones se transmitan al cónyuge, o a parientes en línea recta o colateral, por consanguinidad o afinidad, hasta el segundo grado incluido.

3.º Las acciones o participaciones se transmitan a una entidad, respecto de la que se produzca, con el contribuyente, su cónyuge o parientes en línea recta o colateral, por consanguinidad o afinidad, hasta el segundo grado incluido, alguna de las circunstancias establecidas en el artículo 42 del Código de Comercio.

Por otro lado, las condiciones establecidas para la aplicación de la deducción por inversión en empresas de nueva o reciente creación, en el artículo 68.1.4.º de la LIRPF, regulan la incompatibilidad de la exención por reinversión con la deducción en cuota, de tal manera que, cuando se opte por aplicar esta exención por reinversión, únicamente formará parte de la base de la deducción correspondiente a las nuevas acciones o participaciones suscritas la parte de la reinversión que exceda del importe total obtenido en la transmisión de las antiguas acciones o participaciones acogidas a exención por reinversión.

En el artículo 41 del Reglamento del IRPF, el plazo de reinversión se establece en un año desde la fecha de transmisión de las acciones. Este plazo debe computarse de fecha a fecha.

A efectos de este plazo de un año previsto para la reinversión en nuevas acciones del importe obtenido, téngase en cuenta que el cómputo del mismo quedó *paralizado desde el 14 de marzo de 2020, fecha de entrada en vigor del Real Decreto 463/2020, hasta el 30 de mayo de 2020, en virtud de lo establecido en la disposición adicional novena del Real Decreto-ley 11/2020, de 31 de marzo, por el que se adoptan medidas urgentes complementarias en el ámbito social y económico para hacer frente al Covid-19 (BOE de 1 de abril) y de la modificación de las referencias temporales prevista en la disposición adicional primera del Real Decreto-Ley 15/2020, de 21 de abril, de medidas urgentes complementarias para apoyar la economía y el empleo (BOE de 22 de abril)*

Esta reinversión se producirá de una sola vez o sucesivamente, en el plazo de un año a contar desde la fecha de su transmisión.

La exención de las ganancias patrimoniales que se pongan de manifiesto en la transmisión de acciones o participaciones por las que se hubiera practicado la deducción prevista en el artículo 68.1 de la Ley del IRPF, podrá ser total o parcial, en función de que el importe obtenido por la transmisión se reinvierta de forma total o parcial

En el caso de que el importe de la reinversión fuera inferior al total obtenido en la enajenación, solamente se excluirá de gravamen la parte proporcional de la ganancia patrimonial que corresponda a la cantidad efectivamente reinvertida.

Si la reinversión no se realiza en el mismo año de la enajenación, el transmitente deberá informar a la Administración Tributaria, haciendo constar, en la declaración por el IRPF del ejercicio en el que se obtenga la ganancia de patrimonio, su intención de reinvertir en las condiciones y plazos señalados.

El incumplimiento de cualquiera de las condiciones establecidas determinará el sometimiento a gravamen de la parte de la ganancia patrimonial correspondiente.

A tales efectos, se imputará la parte de la ganancia patrimonial no exenta al año de su obtención, practicando autoliquidación complementaria, la cual incluirá los correspondientes intereses de demora y se presentará en el plazo que medie entre la fecha en que se produzca el incumplimiento y la finalización del plazo reglamentario de declaración correspondiente al período impositivo en que se produzca dicho incumplimiento.

Ejemplo

El 1 de octubre de 2014 se suscriben 2.000 acciones, por un valor de 20.000 euros (10 euros/acción), como consecuencia de la constitución de una sociedad limitada que cumple los requisitos de la deducción del artículo 68.1 LIRPF.

El 1 de noviembre de 2014 se suscriben 3.000 acciones, por un valor de 39.000 euros (13 euros/acción), como consecuencia de una nueva ampliación de capital realizada por la entidad, a razón de una acción nueva por cada dos antiguas.

El 1 de abril de 2020 se suscriben 1.000 acciones, por un valor de 25.000 euros (25 euros/acción), como consecuencia de una nueva ampliación de capital realizada, a razón también de una acción nueva por cada dos antiguas.

Sobre todas estas inversiones, se practicaron las correspondientes deducciones por inversión en empresas de nueva o reciente creación.

El 20 de diciembre de 2022, se transmiten todas las acciones por 180.000 euros (30 euros/acción) y el 1 de mayo de 2023 se reinvierte el total importe obtenido en la suscripción de 2.000 acciones (90 euros/acción) de otra sociedad en la que concurren los requisitos exigidos para practicar la deducción por inversión en empresas de nueva o reciente, disponiendo de la certificación acreditativa correspondiente de tal circunstancia.

Las adquisiciones y las transmisiones efectuadas no conllevaron ningún gasto.

Solución:

❒ Cálculo de la ganancia patrimonial obtenida (regla "first in, first out", "primera entrada, primera salida" o FIFO):

Por la transmisión de las 2.000 acciones suscritas el 1/10/2014:

Valor de transmisión (2.000 x 30)	60.000
Valor de adquisición (2.000 x 10)	(20.000)
Ganancia patrimonial	40.000

Por la transmisión de las 3.000 acciones suscritas el 1/11/2014:

Valor de transmisión (3.000 x 30)	90.000
Valor de adquisición (3.000 x 13)	(39.000)
Ganancia patrimonial	51.000

Por la transmisión de 1.000 acciones suscritas el 1/4/2020:

Valor de transmisión (1.000 x 30)	30.000
Valor de adquisición (1.000 x 25)	(25.000)
Ganancia patrimonial	5.000

Total ganancia patrimonial: (40.000 + 51.000 + 5.000) = 96.000 euros

❐ Determinación de la ganancia patrimonial exenta:

Será la correspondiente a las acciones ahora transmitidas que, en el año de su adquisición por suscripción, acreditaron el derecho a deducir en cuota y que hayan estado en el patrimonio al menos tres años, pues al haber reinvertido el total importe la exención será total.

Ahora bien, no se pueden beneficiar de la exención la ganancia correspondiente a las acciones suscritas el 1 de abril de 2020, porque se han transmitido antes de transcurridos tres años desde su suscripción. Asimismo, la deducción en cuota aplicada por la suscripción de estas acciones en 2020 deviene indebida, por incumplimiento del plazo mínimo de permanencia de tres años, debiéndose reintegrar, junto con los intereses de demora correspondientes, en el período impositivo del incumplimiento.

Por tanto, la ganancia exenta por reinversión asciende a 40.000 + 51.000 = 91.000 euros.

Resultando una ganancia patrimonial a integrar en la base imponible de:

96.000 – 91.000 = 5.000 euros.

En cuanto a la deducción en cuota aplicada en 2020 que deviene indebida en 2022, será:

25.000 x 20% = 5.000 euros + interés de demora correspondiente.

2.2.9.4. Transmisión de acciones y participaciones en empresas de nueva creación. Régimen transitorio de la exención

El Real Decreto-ley 8/2011, de 1 de julio, de medidas de apoyo a los deudores hipotecarios, de control del gasto público y cancelación de deudas con empresas y autónomos contraídas por las entidades locales, de fomento de la actividad empresarial e impulso de la rehabilitación y de simplificación administrativa (BOE n.º 161, de 7-7-2011), estableció una exención en el IRPF, relativa a las ganancias patrimoniales derivadas de la transmisión de acciones o participaciones en empresas de nueva o reciente creación, la cual no exigía la reinversión de las ganancias patrimoniales obtenidas.

A tales efectos, el Real Decreto-ley 8/2011 añadió una letra d) al artículo 33.4 e introdujo la Disposición Adicional Trigésima Cuarta, ambos de la LIRPF.

Esta exención se suprime por los apartados Uno y Diez del artículo 27 de la Ley 14/2013, cuyo contenido deroga la exención en la transmisión de acciones o participaciones en empresas de nueva o reciente creación (no condicionada a la reinversión), regulada en el artículo 33.4.d) y en la Disposición Adicional Trigésima Cuarta de la LIRPF, preceptos que son suprimidos respectivamente por los apartados citados, sustituyéndose por un doble beneficio fiscal (deducción en cuota y exención por reinversión), que se analizan en otros epígrafes de esta Guía, concretamente, el de la exención en el epígrafe anterior.

Ahora bien, a través de la Disposición Transitoria Vigésima Séptima de la LIRPF, aprobada por el artículo 27.doce de la Ley 14/2013, se establece un régimen transitorio en relación con las ganancias patrimoniales que se pongan de manifiesto con ocasión de la transmisión de estas acciones o participaciones adquiridas entre el 7 de julio de 2011 (fecha de entrada en vigor del Real Decreto-ley 8/2011) y el 28 de septiembre de 2013, día anterior al de entrada en vigor de la Ley 14/2013, en relación con las cuales se establece que se podrá seguir aplicando la exención en los términos previstos *"en la disposición adicional trigésima cuarta de esta Ley en su redacción en vigor a 31 de diciembre de 2012, siempre que se cumplan los requisitos y condiciones establecidos en dicha disposición adicional"*.

Esta exención se suprime a partir del 28 de septiembre de 2013, incorporándose un régimen transitorio para las acciones adquiridas entre el 7/7/2011 y la anterior fecha.

Los requisitos y condiciones para disfrutar de esta exención en el régimen transitorio, así como las reglas para su cuantificación y el régimen de incompatibilidades, contempladas en la derogada Disposición Adicional Trigésima Cuarta LIRPF, son:

❑ **Entidades cuyas acciones o participaciones resultan aptas para la exención.**

La exención sólo resulta operativa respecto de las ganancias patrimoniales derivadas de la transmisión de acciones o participaciones de las entidades que cumplan las siguientes condiciones y requisitos:

1º.- Deberán revestir la forma de Sociedad Anónima, Sociedad de Responsabilidad Limitada, Sociedad Anónima Laboral o Sociedad de Responsabilidad Limitada Laboral, en los términos previstos en el Texto Refundido de la Ley de Sociedades de Capital, aprobado por el Real Decreto Legislativo 1/2010, de 2 de julio, y en la Ley 4/1997, de 24 de marzo, de Sociedades Laborales.

2º.- No deberán estar admitidas a cotización en alguno de los mercados regulados de valores definidos en la Directiva 2004/39/CE del Parlamento Europeo y del Consejo de 21 de abril de 2004, relativa a los mercados de instrumentos financieros, y representativos de la participación en fondos propios de sociedades o entidades.

Este requisito está orientado a excluir de la aplicación de la exención a aquellas entidades que, al cotizar en un mercado regulado, tienen mayores posibilidades de acceso a financiación, incrementando sus recursos propios.

3º.- La entidad debe desarrollar una actividad económica. En particular, no podrá tener por actividad principal la gestión de un patrimonio mobiliario o inmobiliario a que se refiere el artículo 4.8. Dos. a) de la Ley 19/1991, de 6 de junio, del Impuesto sobre el Patrimonio (en adelante LIP), en ninguno de los períodos impositivos de la entidad concluidos con anterioridad a la transmisión de la participación.

4º.- Que, para la ordenación de la actividad económica, se utilice, al menos, una persona empleada con contrato laboral y a jornada completa.

5º.- El importe de la cifra de los fondos propios de la entidad no podrá ser superior a 200.000 euros en los períodos impositivos de la misma en los que se adquiera las acciones o participaciones.

Cuando la entidad forme parte de un grupo de sociedades en el sentido del artículo 42 del Código de Comercio, con independencia de la residencia y de la obligación de formular cuentas anuales consolidadas, el importe de los fondos propios se referirá al conjunto de entidades pertenecientes a dicho grupo.

6º.- Que la entidad no tenga ninguna relación laboral ni mercantil, al margen de la condición de socio, con el adquirente. Esto es, que la intervención del socio en la entidad se limite exclusivamente a la aportación de financiación, sin participar en la gestión y dirección de la actividad.

Tales requisitos deberán cumplirse por la entidad durante todos los años de tenencia de la acción o participación, salvo el relativo a la cifra máxima de fondos propios, que únicamente resulta exigible en el período impositivo de la entidad participada en el que se adquiera la participación.

❒ **Condiciones en que debe llevarse a cabo la inversión.**

La aplicación de la exención está supeditada al cumplimiento de las siguientes condiciones y requisitos relativos a la participación en la entidad:

1º.- Las acciones o participaciones en la entidad deberán haberse adquirido por el contribuyente en el período comprendido entre dos fechas expresamente delimitadas, es decir, entre la fecha de entrada en vigor del Real Decreto-ley 8/2011, esto es, el 7 de julio de 2011, y el día anterior a la fecha de entrada en vigor de la Ley 14/2013, esto es el 28 de septiembre de 2013.

2º.- Las acciones o participaciones en la entidad debieron de adquirirse, bien con motivo de su constitución o bien como consecuencia de una ampliación de capital realizada en los tres años siguientes a la constitución de la entidad, contados de fecha a fecha, siempre dentro del período temporal anteriormente delimitado. En este segundo supuesto, la ampliación de capital podría referirse a una entidad ya constituida con anterioridad a 7 de julio de 2011, siempre que se cumplan el resto de hitos temporales y concurran los demás requisitos exigidos.

3º.- La participación del contribuyente, junto con la que posean en la misma entidad su cónyuge o cualquier persona unida al contribuyente por vínculo de parentesco, en línea recta o colateral, por consanguinidad o afinidad, hasta el tercer grado incluido, no puede ser, durante ningún día de los años naturales de tenencia de la participación, superior al 40 por 100 del capital social de la entidad o de sus derechos de voto.

4º.- Que el tiempo de permanencia de la acción o participación en el patrimonio del contribuyente sea superior a tres años e inferior a diez años, contados de fecha a fecha.

A efectos del cómputo del período de permanencia, habida cuenta que se trata de una norma relativa a ganancias y pérdidas patrimoniales, deberá aplicarse el criterio »primera entrada, primera salida», o «first in, first out», FIFO de identificación de valores, previsto con carácter general en el artículo 37.2 de la LIRPF.

Por lo tanto, teniendo en cuenta el período mínimo de permanencia de tres años, y máximo de diez, y que la exención únicamente resulta de aplicación respecto de acciones o participaciones adquiridas entre el 7 de julio de 2011 y el 28 de septiembre de 2013, resulta evidente el carácter diferido del incentivo fiscal, ya que la ganancia patrimonial exenta solo podrá obtenerse a partir del 7 de julio de 2014 y hasta el 28 de septiembre de 2023.

❐ **Cuantificación de la exención.**

Con los requisitos y condiciones señalados y el ámbito temporal delimitado, se declaran exentas las ganancias patrimoniales derivadas de la transmisión de acciones o participaciones en empresas de nueva o reciente creación cuyo valor total de suscripción no exceda, para el conjunto de entidades participadas, de 25.000 euros anuales, ni de 75.000 euros de inversión acumulada, durante el período de tres años desde su constitución, por entidad participada.

Se trata, por lo tanto, de una exención cuantitativamente limitada, con la particularidad de que el límite no opera en función del importe de la ganancia patrimonial, ni del valor de transmisión de la participación, sino en función del valor de adquisición de las acciones o participaciones cuya transmisión da lugar a la ganancia patrimonial, lo cual introduce cierta complejidad en el cálculo de la exención. Ahora bien, respetando los límites del valor de adquisición de 25.000/75.000 euros señalados, el importe de la ganancia exenta es ilimitado.

Los citados límites establecidos en referencia al valor de suscripción de las acciones o participaciones operan de la siguiente forma:

- ❐ Límite anual de 25.000 euros: este límite se aplica al conjunto de acciones aptas para la exención adquiridas durante el año, tanto si corresponden a una única entidad como a varias entidades.

- Límite de 75.000 euros por entidad: este límite se aplica al conjunto de acciones aptas para la exención de una misma entidad adquiridas durante el plazo de tres años desde su constitución. Una vez determinadas las acciones o participaciones cuyo valor de adquisición puede beneficiarse de la exención, se deberá determinar el valor de transmisión correspondiente a esas acciones o participaciones, siendo la diferencia el importe de la ganancia patrimonial exenta.

- **Régimen de incompatibilidades.**

La exención no resultará de aplicación respecto de las ganancias patrimoniales generadas en alguno de los siguientes supuestos:

1º.- A las adquiridas a través de la cuenta ahorro-empresa. Esta exclusión tiene por objeto evitar la duplicidad de beneficios fiscales respecto de unas mismas cantidades, dado que la cuenta ahorro-empresa habilitaba una deducción en cuota por las aportaciones a la citada cuenta que, posteriormente, se materialicen en la suscripción de participaciones de una Sociedad Limitada Nueva Empresa, suscripción que podría dar derecho a la aplicación de la exención por la ganancia patrimonial que se genere con motivo de la transmisión de las participaciones.

Las participaciones, cuyas ganancias patrimoniales a la transmisión están excluidas de la exención, no se tendrán en cuenta para el cómputo del porcentaje máximo de participación en la entidad del 40 por 100, al que nos hemos referido anteriormente.

2º.- Cuando se trate de acciones o participaciones en una entidad a través de la cual se ejerza la misma actividad que se venía ejerciendo anteriormente mediante otra titularidad.

3º.- Cuando se hubieran adquirido valores homogéneos en el año anterior o posterior a la transmisión de las acciones o participaciones. En este caso, la exención no procederá respecto de los valores que como consecuencia de dicha adquisición permanezcan en el patrimonio del contribuyente.

4º.- Cuando las acciones o participaciones se transmitan a una entidad vinculada con el contribuyente, su cónyuge, cualquier persona unida al contribuyente por parentesco, en línea recta o colateral, por consanguinidad o afinidad, hasta el tercer grado incluido, o a un residente en un país o territorio considerado como paraíso fiscal.

Ejemplo

El 1 de enero de 2012, se suscriben 1.000 acciones, por un valor de 20.000 euros (20 euros/acción), como consecuencia de una ampliación de capital realizada por una entidad que se constituyó el 1 de diciembre de 2011 y cumple los requisitos exigidos para la exención.

El 10 de abril de 2012, se adquieren, a otro socio, 2.000 acciones por importe de 30.000 euros (15 euros/acción).

El 10 de noviembre de 2012, se suscriben otras 2.000 acciones, por un valor de 50.000 euros (25 euros/acción), como consecuencia de otra ampliación de capital realizada por la misma entidad.

El 30 de diciembre de 2023, se transmiten la totalidad de las acciones por importe de 200.000 euros (40 euros/acción).

Las adquisiciones y las transmisiones efectuadas no conllevaron ningún gasto.

Determinar la ganancia patrimonial a integrar en la base imponible, considerando que se cumplen todos los requisitos del régimen transitorio.

Solución:

1°.- Cálculo de la ganancia patrimonial obtenida (regla FIFO):

Por la transmisión de las 1.000 acciones suscritas el 1/enero/2012:

Valor de transmisión (1.000 x 40)	40.000
Valor de adquisición (1.000 x 20)	(20.000)
Ganancia patrimonial	20.000

Por la transmisión de las 2.000 acciones adquiridas el 10/4/2012:

Valor de transmisión (2.000 x 40)	80.000
Valor de adquisición (2.000 x 15)	(30.000)
Ganancia patrimonial	50.000

Por la transmisión de las 2.000 acciones suscritas el 10/11/2012:

Valor de transmisión (2000 x 40)	80.000
Valor de adquisición (2.000 x 25)	(50.000)
Ganancia patrimonial	30.000

Total ganancia patrimonial: (20.000 + 50.000 + 30.000) = 100.000 euros.

Cuantificación de la exención: Será la correspondiente a la transmisión de las acciones que, cumpliendo los requisitos exigidos, tengan un valor de adquisición que no exceda del límite de 25.000 euros anuales, toda vez que la inversión tuvo lugar a lo largo de un solo ejercicio, 2012, por lo que no opera el límite acumulado de 75.000 euros.

Ahora bien, no se pueden beneficiar de la exención las 2.000 acciones adquiridas a otro socio, por no tratarse de una suscripción.

La ganancia patrimonial correspondiente a las restantes acciones se puede beneficiar de la exención, con la condición de que su valor de adquisición no supere los 25.000 euros anuales. Por lo que, si se busca la máxima exención posible, tomaremos las acciones adquiridas más baratas. Es decir:

Por las 1.000 acciones suscritas el 1/enero/2012:
Ganancia patrimonial exenta 20.000
Por 200 acciones de las 2.000 suscritas el 10/11/2012:

Valor de transmisión (200 x 40)	8.000
Valor de suscripción (200 x 25)	(5.000)
Ganancia patrimonial exenta	3.000

Total ganancia patrimonial exenta: (20.000 + 3.000) = 23.000 euros.
Ganancia patrimonial a integrar en la base imponible:
100.000 – 23.000 = 77.000 euros.

2.2.9.5. Exención por reinversión de elementos patrimoniales por contribuyentes mayores de 65 años

El apartado 3 al artículo 38 de la Ley del Impuesto, establece una exención de las ganancias patrimoniales que se pongan de manifiesto con ocasión de la transmisión de elementos patrimoniales por mayores de 65 años, siempre que el importe obtenido se destine en el plazo de seis meses a constituir una renta vitalicia asegurada, en las condiciones que reglamentariamente se establezcan.

Téngase en cuenta, a nuestros efectos, que esta exención por reinversión también será aplicable a las ganancias patrimoniales derivadas de la transmisión de elementos patrimoniales afectos a actividades económicas, así como las obtenidas a través de ERA, siempre y cuando el miembro de la ERA realice la reinversión cumpliendo las condiciones exigidas por la LIRPF y el RIRPF.

La cantidad máxima total que se podrá destinar a este fin no podrá superar 240.000 euros. Esta cantidad máxima constituye la reinversión del importe obtenido por la transmisión de elementos patrimoniales, a efectos de la aplicación de la exención prevista en este artículo.

La cantidad máxima total cuya reinversión en la constitución de rentas vitalicias dará derecho a aplicar la exención será de 240.000 euros.

El plazo máximo para esta reinversión será de seis meses desde que se produce la transmisión del elemento patrimonial.

Cuando el importe reinvertido sea inferior al total obtenido en la enajenación, únicamente se excluirá de tributación la parte proporcional de la ganancia patrimonial obtenida que corresponda a la cantidad reinvertida.

El desarrollo reglamentario de esta exención figura en el artículo 42 RIRPF.

Conforme al mismo, el contrato debe establecerse entre el contribuyente, que tendrá la condición de beneficiario y una entidad aseguradora, pudiendo introducirse mecanismos de aseguramiento o reversión, en el supuesto de fallecimiento, una vez constituida la renta vitalicia.

Por su parte, desde el 1 de abril de 2019, la Disposición Adicional novena del RIRPF señala que, en los supuestos en que existan mecanismos de reversión, períodos ciertos de prestación o fórmulas de contraseguro en caso de fallecimiento sobre contratos de rentas vitalicias aseguradas a que se refieren el apartado 3 del artículo 38 y la Disposición Adicional Tercera de la Ley del Impuesto, deberán cumplirse los requisitos citados en este artículo del RIRPF.

Estos requisitos son los siguientes:

- En el supuesto de mecanismos de reversión en caso de fallecimiento del asegurado, únicamente podrá existir un potencial beneficiario de la renta vitalicia que revierta.
- En los casos de períodos ciertos de prestación, los períodos durante los cuales la renta vitalicia se puede trasladar a otro asegurado y beneficiario no podrán exceder de 10 años.
- Si se trata de fórmulas de contraseguro, la cuantía total a percibir con motivo del fallecimiento del asegurado en ningún momento podrá exceder de los siguientes porcentajes respecto del importe destinado a la constitución de la renta vitalicia:

Años desde la constitución de la renta vitalicia	*Porcentaje*
1º	95 por 100
2º	90 por 100
3º	85 por 100
4º	80 por 100
5º	75 por 100
6º	70 por 100
7º	65 por 100
8º	60 por 100
9º	55 por 100
10º en adelante	50 por 100

La renta vitalicia deberá tener una periodicidad inferior o igual al año, comenzar a percibirse en el plazo de un año desde su constitución, y el importe anual de las rentas no podrá decrecer en más de un cinco por ciento respecto del año anterior.

El contribuyente deberá comunicar a la entidad aseguradora que la renta vitalicia que se contrata constituye la reinversión del importe obtenido por la transmisión de elementos patrimoniales.

Cuando la reinversión no se realice en el mismo año de la enajenación, el contribuyente vendrá obligado a hacer constar en la declaración del ejercicio en el que se obtenga la ganancia de patrimonio su intención de reinvertir en las condiciones y plazos señalados, cumplimentando para ello los epígrafes correspondientes de la autoliquidación del IRPF.

Cuando el importe reinvertido sea inferior al total de lo percibido en la transmisión, únicamente se excluirá de tributación la parte proporcional de la ganancia patrimonial obtenida que corresponda a la cantidad reinvertida.

El incumplimiento de cualquiera de las condiciones establecidas en los párrafos anteriores, o la anticipación, total o parcial, de los derechos económicos derivados de la renta vitalicia constituida, determinará el sometimiento a gravamen de la ganancia patrimonial correspondiente.

En tal caso, el contribuyente imputará la ganancia patrimonial no exenta al año de su obtención, practicando autoliquidación complementaria, con inclusión de los intereses de demora, que se presentará en el plazo que medie entre la fecha en que se produzca el incumplimiento y la finalización del plazo reglamentario de declaración correspondiente al período impositivo en que se produzca dicho incumplimiento.

Aunque esta exención no es de aplicación exclusiva a los empresarios, merece la pena realizar una breve reseña sobre la misma, dado que afecta a cualquier elemento patrimonial transmitido por los mayores de 65 años, es decir, que los empresarios que transmitan bienes y derechos a partir de esta edad (similar a la edad de jubilación), siempre que se trate de elementos afectos a su actividad económica, podrán beneficiarse de la misma.

Ejemplo

Contribuyente de 67 años que transmite, en enero de 2023, las participaciones de una sociedad limitada. El capital aportado en la constitución fue de 6.000 euros en el año 2002. Se produjo una ampliación de capital de 12.000 euros en el año 2007. El precio de transmisión de las participaciones, en enero de 2023, es de 50.000 euros.

Se reinvierten estos 50.000 euros en una renta vitalicia que se constituye en marzo del mismo ejercicio 2023.

Solución:

La ganancia patrimonial obtenida en la transmisión, se calcula como sigue:

50.000 euros - 6.000 euros - 12.000 euros = 32.000 euros, se trata de una ganancia exenta por reinversión, toda vez que el contribuyente es mayor de 65 años, reinvierte el importe obtenido en una renta vitalicia en el plazo de 6 meses desde que se produce la transmisión de las participaciones y la renta reinvertida no supera los 240.000 euros.

2.2.9.6. Ganancias derivadas de la transmisión de derechos de suscripción de valores cotizados

A partir de 1 de enero de 2017 el importe obtenido por la transmisión de los derechos de suscripción procedentes de valores admitidos a negociación se califica en el IRPF como ganancia patrimonial sometida a retención para el transmitente en el período impositivo en que se produzca la transmisión, en lugar de la regla de minoración del coste de adquisición, con lo que la ganancia patrimonial se produce en el momento de la transmisión de los valores.

Se equipara, de esta forma, el tratamiento de valores cotizados con el tratamiento aplicable a los valores no admitidos a cotización en algún mercado secundario y se evita una regla de diferimiento fiscal de difícil control.

En norma transitoria se indica que, cuando se transmitan acciones de las que se vendieron derechos de suscripción con anterioridad a la entrada en vigor de la modificación y, en consecuencia, no hayan tributado como ganancia patrimonial, su importe se minorará del coste de adquisición de las acciones de las que procedieran los derechos transmitidos.

A partir de 1 de enero de 2017, por lo tanto, este tipo de ganancias se encuentran sometidas a retención para el transmitente en el período impositivo en que se produzca la transmisión. La retención será del 19%.

Legislación

LEY

Ley 35/2006, de 28 de noviembre, del Impuesto sobre la Renta de las Personas Físicas y de modificación parcial de los impuestos sobre Sociedades, sobre la Renta de no Residentes y sobre el Patrimonio, artículos 33.4, 34.1.a), 37.1.n), 38.2 y 3, DA 34ª, DA 38ª.2 y DT 8ª.

REGLAMENTO

Real Decreto 439/2007, de 30 de marzo, por el que se aprueba el Reglamento del Impuesto sobre la Renta de las Personas Físicas; artículos 40.2, 41 y 42; artículos 75.1,d), 78.3 y 99.3.

Real Decreto 1074/2017, de 29 de diciembre (BOE de 30), por el que se modifica el RIRPF.

2.2.10. Deducciones de la cuota

2.2.10.1. Por inversión en empresas de nueva o reciente creación hasta el período impositivo 2022

El apartado cuatro del artículo 27 de la Ley 14/2013, da nueva redacción al apartado 1 del artículo 68 de la LIRPF, creando una nueva deducción, denominada "por inversión en empresas de nueva o reciente creación".

En otro orden de cosas, el artículo 68.1 de la LIRPF se reforma por el artículo 66 de la LPGE para 2018, modificando el porcentaje y la base máxima de deducción a partir de 1 de enero de 2018.

Esta deducción tiene como objeto favorecer la captación, por las empresas de nueva o reciente creación, de fondos propios procedentes de aquellas personas físicas que, además de capital financiero, aporten sus conocimientos empresariales o profesionales adecuados para el desarrollo de la sociedad en la que invierten ("inversor de proximidad" o "business angel", según terminología del Preámbulo de la Ley 14/2013), o de aquellas otras que solo estén interesadas en aportar capital ("capital semilla", en dicción también del citado Preámbulo).

Esta deducción se aplicará a la suscripción de determinadas acciones y participaciones de entidades jurídicas realizadas a partir del 29 de septiembre de 2013.

Para ello, se establece un nuevo incentivo fiscal en sede del socio persona física inversor que despliega sus efectos en dos momentos temporales diferentes, como ya se ha comentado anteriormente:

- Tendrá derecho a una deducción en la cuota íntegra estatal en el momento de materializar la inversión en la empresa de nueva o reciente creación.
- En la posterior desinversión, cuyo acontecimiento que tendrá que producirse en un plazo de entre tres y doce años, quedará exenta la ganancia patrimonial que, en su caso, se obtenga, a condición de reinversión en acciones o participaciones de otra empresa de nueva o reciente creación.

Por la creación de la nueva deducción en cuota, se tuvieron que modificar los siguientes preceptos de la Ley del IRPF:

- En el artículo 68.1 se crea la deducción.

- Los artículos 67.1 y 77.1, para establecer que se trata de una deducción, cuyo tenor se aplica en su totalidad sobre la cuota íntegra estatal.
- El artículo 70.1, para regular los requisitos patrimoniales de aplicación de la deducción.
- El artículo 105.2, para introducir una nueva obligación de información y establecer un estricto mecanismo de control de la deducción.

En cuanto a la fecha de entrada en vigor de esta nueva deducción, el apartado 2 de la Disposición Adicional Trigésima octava de la LIRPF afirma que resultará de aplicación respecto de las acciones y participaciones suscritas a partir del 29 de septiembre de 2013, fecha de la entrada en vigor de esta deducción.

Las modificaciones que mejoran esta deducción, con efectos para el ejercicio 2018 y siguientes, fueron las siguientes:

- Los contribuyentes podrán deducirse el 30 por ciento de las cantidades satisfechas en el período por la suscripción de acciones o participaciones en empresas de nueva o reciente creación que cumplan los requisitos.
- La base máxima de deducción será de 60.000 euros anuales y estará formada por el valor de adquisición de las acciones y participaciones suscritas.

Los requisitos y condiciones establecidos para la aplicación de la deducción son:

1º.- Entidades cuyas acciones o participaciones resultan aptas para la deducción:

1.- Que revistan la forma de SA, SL o Sociedad Laboral (anónima o limitada) y no estén admitidas a negociación en ningún mercado organizado. Este requisito está orientado a excluir de la aplicación del incentivo fiscal a aquellas entidades que, por cotizar en mercados organizados, tienen mayores posibilidades de acceso a financiación, incrementando sus recursos propios.

2.- Que ejerzan una actividad económica, contando con los medios personales y materiales para su desarrollo. En particular, no podrá tener por actividad principal, en ninguno de los períodos impositivos de la entidad concluidos con anterioridad a la transmisión de la participación, la gestión de un patrimonio mobiliario o inmobiliario a que se refiere el artículo 4.8.Dos.a) de la LIP.

Conforme al citado precepto, se entenderá que una entidad gestiona un patrimonio mobiliario o inmobiliario y que, por lo tanto, no realiza una actividad económica, cuando concurran, durante más de 90 días del ejercicio social, cualquiera de las dos condiciones siguientes:

- Que más de la mitad de su activo esté constituido por valores.
- Que más de la mitad de su activo no esté afecto a actividades económicas.

3.- Que el importe de la cifra de los fondos propios de la entidad, al inicio del período impositivo de ésta en el que la persona física inversora adquiera las acciones o participaciones, no sea superior a 400.000 euros. Con este requisito se excluye del ámbito de la deducción la suscripción de acciones o participaciones en entidades que, en el momento previo a la inversión, ya alcanzan un determinado nivel de fondos propios, no solo de capital, que el legislador ha considerado como suficiente o adecuado.

Cuando la entidad forme parte de un grupo de sociedades en el sentido del artículo 42 del Código de Comercio, con independencia de la residencia y de la obligación de formular cuentas anuales consolidadas, el importe de los fondos propios se referirá al conjunto de entidades pertenecientes a dicho grupo.

2º Condiciones en que debe llevarse a cabo la inversión:

1.- Las acciones o participaciones deberán adquirirse por suscripción, bien en el momento de la constitución de la entidad, bien en una posterior ampliación de capital efectuada dentro los tres primeros años siguientes a dicha constitución.

Por tanto, se excluyen las adquisiciones efectuadas a otro socio o accionista después de la constitución o de la ampliación, por lo que las únicas adquisiciones de acciones o participaciones que dan derecho a la deducción, son aquellas que suponen una entrada de recursos en la entidad en sus primeros años de vida.

Como ya se ha mencionado anteriormente, la inversión deberá de tener lugar con posterioridad al 29 de septiembre de 2013, pero parece que no existirá ningún impedimento para la aplicación de la deducción cuando la suscripción de acciones o participaciones tenga lugar en el seno de una ampliación de capital, siempre que se cumplan los requisitos y condiciones que exige la deducción y la ampliación se realice con posterioridad a la fecha indicada anteriormente.

2.- Deberán permanecer en el patrimonio del inversor por un plazo superior a tres años e inferior a doce años. Con este requisito de permanencia de la participación se pretende impedir, sobre todo, que el incentivo resulte de aplicación a operaciones puramente especulativas, pero el plazo máximo establecido no parece tener mucho sentido.

3.- La participación, directa o indirecta, del inversor, junto con la que posean en la misma entidad su cónyuge o cualquier persona unida al mismo por vínculo parentesco, en línea recta o colateral, por consanguinidad o afinidad, hasta el tercer grado incluido, no puede ser, durante ningún día de los años naturales de tenencia de la participación, superior al 40 por 100 del capital social de la entidad o de sus derechos de voto. Esta condición pretende que los inversores bien se limiten a aportar financiación o bien la compaginen con una colaboración técnica y personal (laboral o mercantil), no tengan, en ningún momento, el control de la entidad.

4.- Que la entidad no ejerza una actividad que ya se venía ejecutando anteriormente mediante otra titularidad. Esto es, que la entidad cuyas acciones o participaciones se suscriban, haya iniciado efectivamente una nueva actividad.

Importe de la deducción:

Los contribuyentes podrán deducirse el 30 por ciento de las cantidades satisfechas en el período por la suscripción de acciones o participaciones en empresas de nueva o reciente creación que cumplan los requisitos legalmente establecidos.

Se prevé que el socio inversor pueda, simultáneamente, aportar sus conocimientos empresariales o profesionales, siempre que resulten adecuados para el desarrollo de la entidad en la que invierte, ya sea a través de una relación laboral o mercantil.

La base máxima de deducción será de 60.000 euros anuales y estará formada por el valor de adquisición de las acciones y participaciones suscritas.

No formarán parte de la base de deducción:

1.- El importe de las acciones o participaciones adquiridas con el saldo de la cuenta ahorro-empresa, en la medida en que dicho saldo se hubiera aplicado a la deducción prevista en el apartado 6 del artículo 68 de la LIRPF, según la redacción vigente de dicha norma hasta 31 de diciembre de 2014 (DT trigésima octava LIRPF).

2.- Las cantidades satisfechas por la suscripción de acciones o participaciones respecto de las cuales se hubiera practicado una deducción establecida por la Comunidad Autónoma de residencia del contribuyente, en el ejercicio de las competencias previstas en la Ley 22/2009, por la que se regula el sistema de financiación de las Comunidades Autónomas de régimen común y Ciudades con Estatuto de Autonomía.

3.- En los supuestos de reinversión en acciones o participaciones en entidades de nueva o reciente creación, de cantidades procedentes de la transmisión de acciones o participaciones que, en el momento de su suscripción, acreditaron el derecho a deducir en cuota por inversión previa en otra entidad en su día también calificada como de nueva o reciente creación, habiéndose optado por aplicar la exención por reinversión prevista en el artículo 38.2 de la LIRPF, únicamente se computará como base de deducción la parte de la reinversión que exceda del importe total obtenido en la transmisión.

Esto es, no procederá practicar deducción por las nuevas acciones o participaciones suscritas en tanto en cuanto las cantidades reinvertidas no superen el importe de la transmisión acogida a exención por reinversión.

Requisito patrimonial para aplicación de la deducción:

Con objeto de que la deducción se haya financiado con renta ahorrada en el período, se da nueva redacción al artículo 70.1 de la LIRPF, estableciendo que: *"La aplicación de la deducción por cuenta ahorro-empresa y de la deducción por inversión en empresas de nueva o reciente creación, requerirá que el importe comprobado del patrimonio del contribuyente al finalizar el período de la imposición exceda del valor que arroje su comprobación al comienzo del mismo al menos en la cuantía de las inversiones realizadas".*

Obligaciones formales para el control de la deducción.

Para controlar la aplicación de la deducción, el número 5º del artículo 68.1 de la LIRPF exige, para que esta resulte aplicable, que se disponga de una certificación, expedida por la entidad de nueva o reciente creación, cuyas acciones o participaciones se hayan suscrito, señalando la concurrencia, en sede de la entidad participada emisora del certificado, de los requisitos exigidos para que las citadas acciones o participaciones suscritas resulten aptas para acreditar el derecho a deducir.

La mencionada certificación se regula en el modelo de declaración 165, aprobado por la Orden HAP/2455/2013, de 27 de diciembre (BOE de 31).

Para el cumplimiento de este requisito formal, el artículo 105.2 de la LIRPF dispone que, reglamentariamente, podrá establecerse una obligación de suministro de información para las entidades de nueva o reciente creación, cuyos partícipes o accionistas hubieran suscrito acciones o participaciones con derecho a la deducción por inversión en este tipo de entidades, solicitando la citada certificación.

Para ello, el apartado 1 del artículo 69 del RIRPF menciona:

"1. Las entidades a que se refiere el artículo 68.1 de la Ley del Impuesto deberán presentar una declaración informativa sobre las certificaciones expedidas conforme a lo previsto en el número 5º del citado artículo 68.1 en la que, además de sus datos identificativos, fecha de constitución e importe de los fondos propios, harán constar la siguiente información referida a los adquirentes de las acciones o participaciones:

a) Nombre y apellidos.

b) Número de identificación fiscal.

c) Importe de la adquisición.

d) Fecha de adquisición.

e) Porcentaje de participación.

La presentación de esta declaración informativa se realizará en el mes de enero de cada año en relación con la suscripción de acciones o participaciones en el año inmediato anterior.

Esta declaración informativa se efectuará en la forma y lugar que determine el Ministerio de Hacienda y Administraciones Públicas, quien podrá establecer los supuestos en que deberá presentarse en soporte directamente legible por ordenador o por medios telemáticos".

Ejemplo

El 1 de octubre de 2018, se suscriben 1.000 acciones, por un valor de 10.000 euros (10 euros/acción), como consecuencia de la constitución de una sociedad limitada que cumple los requisitos de la deducción.

El 1 de noviembre de 2018, se adquieren, a otro socio de la misma sociedad, 3.000 acciones por importe de 45.000 euros (15 euros/acción).

El 1 de diciembre de 2018, se suscriben 2.000 acciones, por un valor de 36.000 euros (18 euros/acción), como consecuencia de una nueva ampliación de capital realizada por la entidad, a razón de una acción nueva por cada dos antiguas.

El 1 de marzo de 2021, se suscriben 3.000 acciones, por un valor de 75.000 euros (25 euros/acción), como consecuencia de una nueva ampliación de capital realizada por la entidad, a razón también de una acción nueva por cada dos antiguas.

Determinar el importe de la deducción en cuota acreditada por el socio persona física inversor, considerando que se dispone de la certificación acreditativa correspondiente de tal circunstancia.

Solución:

No tiene derecho a deducir el importe satisfecho por las 3.000 acciones adquiridas a otro socio.

El valor de adquisición correspondiente a la suscripción de las restantes acciones sí acredita el derecho a deducir, al haberse realizado con posterioridad al 28 de septiembre de 2013, cuenta con el límite de 50.000 euros anuales hasta el ejercicio 2018 y 60.000 euros, a partir de 1 de enero de 2019.

Tendremos entonces:

Deducción correspondiente a 2018:

Base deducción	46.000€
Inversión realizada (10.000 + 36.000)	46.000€
Límite	50.000€
Importe deducción (46.000 x 0,20) =	9.200€

Deducción correspondiente a 2021:

Base deducción	50.000€
Inversión realizada	75.000€
Límite	60.000€
Importe deducción (60.000 x 0,30)	18.000€

2.2.10.2. Por inversión en empresas de nueva o reciente creación en los ejercicios 2023 y siguientes

La DF Tercera. Cuatro de la Ley 28/2022, de 21 de diciembre, de fomento del ecosistema de las empresas emergentes (BOE de 22), altera la redacción del artículo 68.1 LIRPF, mejorando las condiciones de la deducción por inversión en empresas de nueva o reciente creación.

Los cambios más significativos son los siguientes: Se modifica el apartado 1 del artículo 68 de la LIRPF por el apartado Cuatro de la Disposición Final Tercera de la Ley 28/2022, de modo que:

a) Se aumenta la deducción, incrementando el tipo del 30% al 50% y aumentando la base máxima de 60.000 a 100.000 euros.

b) Se eleva, con carácter general, de tres a cinco años el plazo para suscribir las acciones o participaciones, a contar desde la constitución de la entidad, y hasta siete para determinadas categorías de empresas emergentes.

c) Además, para los socios fundadores de empresas emergentes se permite la aplicación de esta deducción con independencia de su porcentaje de participación en el capital social de la entidad.

En general, sucede que, en primer lugar, el porcentaje de deducción será del 50% de las cantidades satisfechas en el período de que se trate por la suscripción de esta modalidad de acciones, pudiendo, además, de aportar temporalmente el capital, aportar sus conocimientos empresariales o profesionales para el desarrollo de la entidad.

La base máxima de la deducción será de 100.000 euros y estará formada por el valor de adquisición de las acciones o participaciones suscritas.

No formarán parte de esta deducción, las cantidades que gocen, a su vez, de incentivos a la inversión regulados por las CC.AA. en su tramo autonómico del IRPF.

Las entidades en las cuales podrá realizarse esta inversión deben reunir las siguientes características:

a) Constituir una SA, SRL; SAL o SRL Laboral y no estar admitidas a negociación en ningún mercado organizado; requisito éste que deberán cumplir durante todos los años de tenencia de la participación.

b) Que su actividad económica cuente con los medios humanos y materiales necesarios para realizar la actividad.

c) El importe de la cifra de los fondos propios de la entidad no podrá superar los 400.000 euros en el ejercicio de adquisición de las acciones o participaciones. Si la entidad forma parte de un grupo mercantil, art. 42 Ccom, ese requisito se predicará del grupo.

d) Las entidades en las cuales se invierta deben ejercer una actividad económica que cuente con los medios personales y materiales para el desarrollo de la misma.

En particular, no podrá tener por actividad la gestión de un patrimonio mobiliario o inmobiliario a que se refiere el artículo 4.8.dos.a) de la Ley 19/1991, de 6 de junio, del Impuesto sobre el Patrimonio, en ninguno de los períodos impositivos de la entidad concluidos con anterioridad a la transmisión de la participación.

Otros requisitos para gozar del derecho a la deducción son los siguientes:

a) Los valores deben adquirirse en el momento de la constitución de la sociedad o en los cinco años siguientes, plazo que puede extenderse a siete, en el supuesto de tratarse de empresas emergentes.
b) Los valores deben permanecer en el patrimonio del contribuyente un plazo entre 3 y 12 años.
c) La participación directa o indirecta del contribuyente junto con la de su cónyuge y otros familiares directos no puede ser superior al 40% del capital social de la entidad, excepto si el contribuyente es el socio fundador de la empresa emergente.
d) No ha de tratarse de una entidad a través de la cual se ejerza idéntica actividad a la que se venía ejerciendo con anterioridad, bajo otra titularidad.

Para la práctica de la deducción será necesaria la existencia de un certificado expedido por la entidad, cuyas participaciones o acciones se hayan adquirido, indicando el cumplimiento de los requisitos para gozar de este beneficio fiscal en el período impositivo en el cual se haya producido la adquisición de los valores.

Esta deducción opera exclusivamente sobre la cuota íntegra estatal.

En general, puede decirse que la mejora en las condiciones de esta deducción deriva de que, dadas las múltiples dificultades con las que se encuentran las empresas en sus inicios, esta deducción tiene como finalidad la captación, por parte de las empresas de nueva o reciente creación, de fondos propios procedentes de contribuyentes, los cuales, además de aportar el capital financiero podrán aportar, si lo desean, sus conocimientos empresariales o profesionales con el fin de favorecer el crecimiento de la sociedad en la que invierten. La figura de este tipo de inversores se suele denominar inversor de proximidad o "business angel".

Es el modelo 165, en el cual se deben declarar por parte de la empresa donde se ha invertido la existencia de beneficiarios de este beneficio fiscal.

El modelo 165 es aquel por el cual una empresa nueva comunica a la AEAT que alguno de sus socios o partícipes tiene derecho al beneficio fiscal creado a través de la Ley de apoyo a los emprendedores y su internalización (aprobado por la Orden HFP/2455/2013, de 27 de diciembre).

Vienen obligados a la presentación del modelo 165, aquellas entidades de nueva creación que hubieran expedido certificaciones a sus socios o partícipes persona física al objeto de que estos pudiesen aplicar la deducción prevista en el artículo 68.1 de la Ley de IRPF.

El plazo de presentación durante el año 2024 se produce desde el 1 de enero al 31 de enero 2024.

El modelo 165 está regulado por la Orden HAP/2455/2013, de 27 de diciembre, por la que se aprueba el modelo 165, "Declaración informativa de certificaciones individuales emitidas a los socios o partícipes de entidades de nueva o reciente creación", y su última modificación legislativa se ha producido a través del art. 13 de la Orden HFP/1284/2023, de 28 de noviembre, por la que se aprueba el modelo 430 de "Impuesto sobre las primas de seguros. Autoliquidación" y se determina la forma y procedimiento para su presentación, y se modifican las órdenes ministeriales que aprueban los diseños de registro de los modelos 165, 180, 184, 188, 189, 193, 194, 196, 198, 296 y se actualiza el contenido de los anexos I y II de la orden ministerial que aprueba el modelo 289.(BOE de 30); siendo la finalidad de tal cambio, la introducción en el registro de tipo 1, registro de declarante, de los diseños de registro del modelo un nuevo campo que identifique a los declarantes que tengan la consideración de "Empresa emergente", según lo establecido en el apartado 1 del artículo 3 de la Ley 28/2022, de 21 de diciembre, de fomento del ecosistema de las empresas emergentes.

Dicha modificación en el modelo 165 se ha realizado para introducir en el registro de tipo 1, registro de declarante, de los diseños de registro del modelo, un nuevo campo que identifique a los declarantes que tengan la consideración de «Empresa emergente», según lo establecido en el apartado 1 del artículo 3 de la Ley 28/2022, de 21 de diciembre, de fomento del ecosistema de las empresas emergentes.

Dicha identificación se considera conveniente dadas las especialidades de la deducción por inversión en empresas de nueva o reciente creación, prevista en el apartado 1 del artículo 68 de la LIRPF.

Ejemplo

Dos inversores deciden abrir un establecimiento de venta de videojuegos, por lo que, en julio de 2023, constituyeron una Sociedad de Responsabilidad Limitada con un capital inicial de 100.000 euros (1.000 participaciones de un euro cada una).

La Srta. Tant Tan, novia de uno de los socios fundadores, decide invertir en el negocio y suscribe un total de 100 participaciones en 2023, 50 participaciones en septiembre y 50 participaciones un mes más tarde.

Solución:

Importe de la deducción:

Importe invertido por el Srta. Tan Tan (100 participaciones × 100 euros)... 10.000 euros.

Deducción en la cuota íntegra estatal.

Importe de la inversión con derecho a deducción......... 10.000 euros.

Base máxima de deducción..................................100.000 euros (desde 2023).

Base efectiva de la deducción............................. 10.000 euros.

Importe de la deducción (10.000 euros × 50% (desde 2023))............... 5.000 euros.

2.2.10.3. En actividades económicas

Las personas físicas, titulares de actividades económicas, podrán aplicar los incentivos y estímulos a la inversión empresarial establecidos o que se establezcan en la normativa del IS, con excepción de lo dispuesto en los apartados 2 y 3 del artículo 39 de la LIS (actividades de investigación y desarrollo tecnológico y tampoco se puede solicitar el abono anticipado de la inversión en actividades cinematográficas).

Por tanto, las deducciones a aplicar por este concepto se encuentran recogidas en la normativa del IS, debiéndose acudir a la parte de esta Guía que se refiere a este Impuesto sobre Sociedades para su análisis.

No obstante, la propia normativa del IRPF regula, para los contribuyentes del mismo, algunos aspectos de estas deducciones:

– Aplicación de los límites sobre cuota que afectan a algunas deducciones:

Cuando la normativa del IS establezca algunos límites sobre cuota, éstos límites, en el ámbito del IRPF, de acuerdo con lo regulado en el artículo 69.2 LIRPF, se aplicarán sobre la cuota que resulte de minorar la suma de las cuotas íntegras, estatal y autonómica, en el importe total de las deducciones por inversión en empresas de nueva o reciente creación y por actuaciones para la protección y difusión del Patrimonio Histórico Español y de las ciudades, conjuntos y bienes declarados Patrimonio Mundial.

Es decir, se define una cuota sobre la que operarán los límites que afectan a algunas deducciones por actividades económicas. Esta cuota, como se observa, no es coincidente ni con la cuota íntegra ni con la líquida, definidas en la normativa del IRPF, sino que es una cuota intermedia entre ambas.

Ejemplo

Un empresario, persona física, que determina el rendimiento neto de su actividad económica por el método de estimación directa, modalidad simplificada, ha efectuado, en 2023, distintas inversiones que tienen derecho a deducción en el IS, pero con límite sobre la cuota del Impuesto.

En el IRPF, ha resultado una cuota íntegra total (estatal + autonómica) de 27.000 euros y son aplicables las siguientes deducciones de la cuota:

- Por inversión en empresas de nueva creación: 1.000 euros.
- Por donativos: 500 euros.
- Por actuaciones para la protección y difusión del Patrimonio Histórico Español: 1.200 euros.

Determinar la cuota sobre la operará el límite establecido para las deducciones en el IS.

Solución:

Cuota íntegra total	27.000€
Deducción por inversión en empresas de nueva creación	–1.000€
Deducción por actuaciones para la protección y difusión del Patrimonio Histórico Español	–1.200€
Cuota a efectos del límite	24.800€

El límite se aplica sobre la cuota íntegra, 27.000 euros, menos las deducciones por inversión en empresas de nueva creación, 1.000 euros y por actuaciones vinculadas a la protección y defensa del Patrimonio Histórico Español, 1.200 euros; es decir, 24.800 euros.

2.2.10.4. Deducción por inversión de beneficios

Adicionalmente a las deducciones establecidas en el IS, la propia normativa del IRPF incorpora una deducción autónoma por inversión de beneficios.

Esta deducción se introduce para aquéllos contribuyentes que tengan la condición de empresas de reducida dimensión, en los términos previstos en el artículo 101 de la LIS.

Esta deducción existía en la normativa del IS, pero al desaparecer en el IS desde 2015 y mantenerse en el IRPF, ha obligado a su regulación dentro de la propia normativa de este último impuesto.

Se podrán deducir los rendimientos netos de actividades económicas del período impositivo que se inviertan en elementos nuevos del inmovilizado o inversiones inmobiliarias afectos a actividades económicas desarrolladas por el titular de la actividad económica.

La base de la deducción será la cuantía equivalente a la parte de la base liquidable general positiva del período impositivo que corresponda a tales rendimientos netos, invertidos, sin que, en ningún caso, la misma cuantía pueda entenderse invertida en más de un activo.

La magnitud, "rendimiento neto", debe referirse al rendimiento neto convenientemente minorado en las reducciones establecidas, es decir, el que se integra en la base liquidable general, ya sea positiva o negativa.

Ahora bien, no será de aplicación la deducción, cuando la base liquidable general sea negativa, aunque los rendimientos netos de las actividades económicas fuesen positivos.

La deducción se practicará sobre la cuota íntegra correspondiente al período impositivo en que se efectúe la inversión.

La inversión deberá realizarse en el período impositivo en que se obtengan los rendimientos objeto de reinversión o en el año siguiente.

Esta inversión se entenderá efectuada en la fecha en que se produzca la puesta a disposición de los elementos patrimoniales, incluso en el supuesto de elementos que sean objeto de contratos de arrendamiento financiero. En este último supuesto, la deducción estará condicionada, con carácter resolutorio, al ejercicio de la opción de compra.

Porcentaje de deducción:

- Con carácter general: 5 por 100.
- Cuando se produzcan cualquiera de estos supuestos: 2,5 por 100.
  a) Cuando el contribuyente se hubiera practicado la reducción del 20 por 100 por inicio de nuevas actividades económicas.
  b) Cuando se trate de rentas respecto de las que se hubiera aplicado la deducción por rentas obtenidas en Ceuta y Melilla o en la Isla de La Palma, en este último caso, durante los ejercicios 2022, 2023 y 2024.

Límite de la deducción.

El importe de la deducción no podrá exceder de la suma de la cuota íntegra estatal más autonómica del período impositivo en el que obtuvieron los rendimientos netos invertidos.

Mantenimiento de la inversión.

Los elementos patrimoniales en que se materialice la inversión, deberán permanecer en funcionamiento en la actividad del contribuyente, salvo pérdida justificada, durante un plazo de 5 años, o durante su vida útil si es inferior a este plazo.

No obstante, no se perderá el derecho a deducción si se produce la transmisión antes del plazo señalado y se invierte el importe obtenido o el valor neto contable, si fuera inferior, en otro elemento patrimonial que cumpla las condiciones establecidas para la deducción.

La presente deducción es incompatible con la aplicación de la libertad de amortización, con la deducción regulada en el artículo 94 de la Ley 20/1991, de 7 de junio, del Régimen Económico Fiscal de Canarias, y con la Reserva para inversiones en Canarias (artículo 27 Ley 19/1994).

Ahora bien, las deducciones por actividades económicas solamente se las podrán aplicar los empresarios que cuantifiquen el rendimiento neto por el método de estimación directa en cualquiera de sus modalidades, pues poder aplicarlos los que determinen el rendimiento neto por el método de estimación objetiva es necesario que se establezca reglamentariamente, circunstancia que en estos momentos no se ha producido.

Los titulares de actividades económicas que determinen el rendimiento neto por el método de estimación objetiva, no pueden aplicar las deducciones por actividades económicas.

Ejemplo

Una persona física desarrolla una actividad económica que aplica el método de estimación directa simplificada, habiendo obtenido, en 2023, los rendimientos, base liquidable general y cuota íntegra total, estatal más autonómica, siguientes:

Rendimientos netos actividad económica EDS	30.000€
Otros rendimientos netos base imposible general	10.000€
Base imponible general	40.000€
Reducción BIG (pensión compensatoria)	–10.000€
Base liquidable general	30.000€
Cuota íntegra total (estatal más autonómica)	8.070,40€

Determinar la deducción por inversión de beneficios en el ejercicio 2024, sabiendo que, en diciembre de 2024, ha adquirido inmovilizado material nuevo que afecta a su actividad por importe de 45.000 euros.

Solución:

La deducción resulta aplicable en 2024, año en el que se materializa la inversión de los beneficios de la actividad, y el rendimiento neto computable como base la deducción, será la cuantía equivalente a la parte de la base liquidable general positiva de 2023 que corresponda a tales rendimientos, con el límite del importe invertido:

Rendimientos computables como base de deducción, esto es, la cuantía equivalente de la base liquidable general correspondiente a rendimientos de la actividad:

30.000 x 30.000/40.000	22.500,00€
Cuantificación de la deducción:	
Base deducción:	22.500,00€
Importe invertido	45.000,00€
Importe deducción: 22.500 x 0,05	1.125,00€
Límite	8.070,40€

Legislación

LEY

Ley 35/2006, de 28 de noviembre, del Impuesto sobre la Renta de las Personas Físicas y de modificación parcial de los impuestos sobre Sociedades, sobre la Renta de no Residentes y sobre el Patrimonio, artículos 68.1, 2, 69.2 y 70.

REGLAMENTO

Real Decreto 439/2007, de 30 de marzo, por el que se aprueba el Reglamento del Impuesto sobre la Renta de las Personas Físicas, artículo 69.1.

2.2.11. Pagos fraccionados

Los empresarios, personas físicas, al ejercer actividades económicas, estarán obligados a ingresar trimestralmente, en concepto de pago a cuenta del IRPF, la cantidad que resulte de las reglas que analizaremos a continuación.

Es decir, con una periodicidad trimestral, deberán calcular e ingresar una cuantía que, al practicar la autoliquidación anual del IRPF, deducirán de la cuota resultante de la misma. Es decir, estos pagos fraccionados constituyen un anticipo de la cantidad que debe abonar por este Impuesto el empresario.

No obstante, existen determinados empresarios que no estarán obligados a efectuar este pago fraccionado.

Estas excepciones se aplican a las actividades profesionales, agrícolas o ganaderas y a las forestales.

En todos estos casos, no existirá obligación de presentar el pago fraccionado trimestral en relación con las mismas cuando, en el año natural anterior, al menos el 70 por ciento de los ingresos de la actividad, fueron objeto de retención o ingreso a cuenta. En caso de inicio de la actividad, el 70 por ciento se calculará sobre los ingresos del período a que se refiere el pago fraccionado que sido objeto de retención o ingreso a cuenta.

El plazo de presentación de estos pagos fraccionados será:

- Los tres primeros trimestres, entre el día 1 y el 20 de los meses de abril, julio y octubre.
- El cuarto trimestre, entre el día 1 y el 30 del mes de enero.

Esta presentación deberá realizarse aunque no resultasen cantidades a ingresar, presentándose una declaración negativa.

La forma de cuantificar estos pagos fraccionados es diferente en función del método de estimación de rendimientos utilizados y, en algunos casos, del tipo de actividad económica desarrollada.

Esta diferente forma de cuantificar afecta tanto a la manera de calcular la base del pago fraccionado como a los porcentajes a aplicar sobre esta base.

Los porcentajes para cuantificar los pagos fraccionados se dividirán por dos para las actividades económicas que tengan derecho a la deducción en la cuota por ingresos obtenidos en Ceuta y Melilla y en la isla de la Palma (en este último caso, para los años 2022, 2023 y 2024).

El porcentaje de reducción en tales territorios para los pagos fraccionados será del 60%.

Asimismo, se podrán aplicar, en cada uno de los pagos fraccionados, porcentajes superiores a los establecidos en la normativa del Impuesto, es decir, los porcentajes que vamos a enumerar a continuación operarán con carácter de mínimos. La utilización de estos porcentajes superiores se decidirá por el propio empresario.

Las actividades agrícolas, ganaderas y forestales, con independencia del método de estimación utilizado, tienen una forma distinta para calcular estos pagos, la cual no se va a exponer en esta Guía.

A continuación, se analizarán las distintas formas de cálculo del pago fraccionado, en función del método de estimación de rendimientos.

El modelo de liquidación de los pagos fraccionados es el modelo 130 para los empresarios que determinan su base imponible en ED y el modelo 131, para aquellos que la cuantifican en EO.

La Orden HAP/258/2015, de 17 de febrero, publicada en el BOE de 19 de febrero de 2015, modifica la Orden EHA/672/2007, de 19 de marzo, la cual aprueba los modelos de declaración-liquidación de pagos fraccionados a cuenta del IRPF para los contribuyentes con actividades económicas en estimación directa y en estimación objetiva, modelos 130 y 131, respectivamente; para adaptarlos a diversos cambios legislativos producto de la Ley 26/2014, de reforma del IRPF.

Sin embargo, podemos decir que la última modificación en el modelo de presentación de los pagos fraccionados de los empresarios y profesionales es la posibilidad, ofrecida por la AEAT desde 2023, de utilizar los Libros Registro oficiosos, incluidos en la Sede electrónica de la AEAT, para cumplimentar el modelo 130.

2.2.11.1. Estimación directa

En este método, el pago fraccionado se calculará de la misma forma para las dos modalidades de la estimación directa: normal y simplificada.

El pago fraccionado se calculará, aplicando el 20 por ciento del rendimiento neto correspondiente al período de tiempo transcurrido desde el primer día del año hasta el último día del trimestre a que se refiere el pago fraccionado. Es decir, que al final de cada trimestre se deberá determinar el rendimiento neto obtenido hasta dicha fecha.

Este rendimiento neto se cuantificará con las mismas reglas que la normativa del IRPF recoge para la determinación del rendimiento neto del período. Es decir, los empresarios, en ED, deberán calcular trimestralmente el rendimiento neto obtenido hasta el final de cada trimestre.

De este 20 por ciento, se deducirán las siguientes minoraciones:

1.º Los pagos fraccionados realizados en los trimestres anteriores del mismo año.

2.º Cuando se trate de actividades sometidas a retención o a ingreso a cuenta, las retenciones practicadas y los ingresos a cuenta efectuados correspondientes al período de tiempo transcurrido desde el primer día del año hasta el último día del trimestre al que se refiere el pago fraccionado.

3.º Cuando la cuantía de los rendimientos netos de actividades económicas del ejercicio anterior sea igual o inferior a 12.000 euros, el importe que resulte de la siguiente tabla:

Cuantía de los rendimientos netos del ejercicio anterior Euros	*Importe de la minoración Euros*
Igual o inferior a 9.000	100
Entre 9.000,01 y 10.000	75
Entre 10.000,01 y 11.000	50
Entre 11.000,01 y 12.000	25

Cuando el importe de la minoración prevista en esta letra sea superior a la cantidad resultante a ingresar, una vez aplicadas las minoraciones anteriores, la diferencia negativa podrá deducirse en cualquiera de los siguientes pagos fraccionados correspondientes al mismo período impositivo cuyo importe positivo lo permita y hasta el límite máximo de dicho importe.

4.º Cuando se destinen cantidades para la adquisición o rehabilitación de su vivienda habitual utilizando financiación ajena, por las que vayan a tener derecho a la deducción por inversión en vivienda habitual y los rendimientos íntegros previsibles del período impositivo sean inferiores a 33.007,20 euros, se podrá deducir el 2 por ciento del rendimiento neto correspondiente al período de tiempo transcurrido desde el primer día del año hasta el último día del trimestre a que se refiere el pago fraccionado.

Se considerarán como rendimientos íntegros previsibles del período impositivo, los que resulten de elevar al año los rendimientos íntegros correspondientes al primer trimestre.

Por este concepto, no se podrá practicar una deducción por un importe acumulado en el período impositivo superior a 660,14 euros.

Además, esta minoración no resultará de aplicación cuando se perciban rendimientos del trabajo y hubiesen efectuado a su pagador la comunicación para que tenga en cuenta esta circunstancia a efectos de retenciones, ni cuando las cantidades se destinen a la construcción o ampliación de la vivienda.

Los dos modelos de autoliquidación de los pagos fraccionados pueden presentarse electrónicamente por internet o mediante papel impreso (pre-declaración) generado exclusivamente mediante la utilización del servicio de impresión desarrollado a estos efectos por la AEAT en su Sede electrónica.

En la elaboración del modelo 130 pueden utilizarse, desde 2023, la incorporación de los datos incluidos en los Libros Registros oficios que los contribuyentes lleven en la Sede electrónica de la AEAT.

Ejemplo

Persona física, que desarrolla una actividad profesional y determina el rendimiento neto de la misma por el método de estimación directa. No obtiene otro tipo de rentas.

En 2024, ha obtenido un rendimiento neto hasta el final del primer trimestre de 2.500 euros y hasta el final del segundo, de 13.000 euros.

Las retenciones soportadas en estos trimestres han sido en el primer trimestre, 200 euros y, en el segundo, 800 euros.

En 2023, el rendimiento neto obtenido fue de 10.500 euros.
Cuantificar los pagos fraccionados de estos dos trimestres del ejercicio 2024.

Solución:

Primer Trimestre

Rendimiento neto hasta el final del trimestre	2.500 euros
Porcentaje de pago fraccionado aplicable	20%
Cuantía previa	500 euros
Minoraciones	—
Pagos fraccionados trimestres anteriores	—
Retenciones hasta el final del trimestre	–200 euros
Por rendimientos 2023 >10.000,01 y <11.000	–50 euros
Por inversión en vivienda habitual. No tiene derecho.	—
PAGOS FRACCIONADOS PRIMER TRIMESTRE	250 euros

Segundo Trimestre

Rendimiento neto hasta el final del trimestre	13.000 euros
Porcentaje de pago fraccionado aplicable	20%
Cuantía previa	2.600 euros
Minoraciones	—
Pagos fraccionados trimestres anteriores	–250 euros
Retenciones hasta el final del trimestre	–1.000 euros
Por rendimientos 2023 >10.000,01 y <11.000	–50 euros
Por inversión en vivienda habitual. No tiene derecho.	—
PAGOS FRACCIONADOS PRIMER TRIMESTRE	1.300 euros

2.2.11.2. Estimación objetiva

Las actividades en estimación objetiva cuantificarán el pago fraccionado de acuerdo con las siguientes reglas:

1ª.- Porcentajes:

- Con carácter general, el 4 por ciento.
- Si la actividad tiene sólo una persona asalariada, el 3 por ciento.
- Si no dispone de personal asalariado, el 2 por ciento.

2.ª Base del pago fraccionado

Los porcentajes anteriores se aplicarán sobre los rendimientos netos resultantes de la aplicación de dicho método en función de los datos-base del primer día del año a que se refiere el pago fraccionado o, en caso de inicio de actividades, del día en que éstas hubiesen comenzado.

Es decir, la base para aplicar el porcentaje se cuantificará calculando un rendimiento neto teórico de la actividad, en función de las unidades de módulo utilizadas el día primero del año o el día de inicio de la actividad.

Para la determinación de este rendimiento neto teórico, se aplicarán las reglas de determinación del rendimiento neto analizadas anteriormente, aplicando, para amortizar los elementos de activo material o intangible, el coeficiente lineal máximo que corresponde a cada elemento amortizable.

Este rendimiento base no tiene por qué coincidir con el rendimiento neto del período impositivo, pues, los datos bases pueden sufrir variaciones en el transcurso del período.

Cuando alguno de los datos-base no pudiera determinarse el primer día del año, se tomará, a efectos del pago fraccionado, el correspondiente al año inmediato anterior. En el supuesto de que no pudiera determinarse ningún dato-base, el pago fraccionado consistirá en el 2 por ciento del volumen de ventas o ingresos del trimestre.

3.ª Minoraciones:

a) Las retenciones practicadas y los ingresos a cuenta efectuados correspondientes al trimestre.

No obstante, cuando el importe de las retenciones e ingresos a cuenta soportados en el trimestre sea superior a la cantidad sobre la que se practica la minoración, podrá deducirse esta diferencia en cualquiera de los siguientes pagos fraccionados correspondientes al mismo período impositivo cuyo importe positivo lo permita y hasta el límite máximo de dicho importe.

b) Cuando la cuantía de los rendimientos netos de actividades económicas del ejercicio anterior sea igual o inferior a 12.000 euros, el importe que resulte de la siguiente tabla:

Cuantía de los rendimientos netos del ejercicio anterior Euros	*Importe de la minoración Euros*
Igual o inferior a 9.000	100
Entre 9.000,01 y 10.000	75
Entre 10.000,01 y 11.000	50
Entre 11.000,01 y 12.000	25

Cuando el importe de la minoración prevista en esta letra sea superior a la cantidad resultante a ingresar, una vez aplicadas las minoraciones anteriores, la diferencia negativa podrá deducirse en cualquiera de los siguientes pagos fraccionados correspondientes al mismo período impositivo cuyo importe positivo lo permita y hasta el límite máximo de dicho importe.

c) Cuando se destinen cantidades para la adquisición o rehabilitación de su vivienda habitual utilizando financiación ajena, por las que vayan a tener derecho a la deducción por inversión en vivienda habitual y la base del pago fraccionado sea inferior a 33.007,20 euros, se podrá deducir el 0,5 por ciento de los citados rendimientos netos. No obstante, cuando no pudiera determinarse ningún dato base, la deducción se calculará sobre el 2 por ciento del volumen de ingresos del trimestre, excluidas las subvenciones de capital y las indemnizaciones.

Por este concepto, no se podrá practicar una deducción por un importe acumulado en el período impositivo superior a 660,14 euros.

Esta minoración no resultará de aplicación cuando se perciban rendimientos del trabajo y hubiesen efectuado a su pagador la comunicación para que tenga en cuenta esta circunstancia a efectos de retenciones, ni cuando las cantidades se destinen a la construcción o ampliación de la vivienda.

Ejemplo

Persona física, que desarrolla la actividad de transporte de mercancías por carretera, determinando el rendimiento neto de la misma por el método de estimación objetiva. La actividad se desarrolla con dos personas asalariadas y no obtiene otro tipo de rentas.

Para 2024, el rendimiento neto resultante de la aplicación del método de estimación objetiva en función de los datos a 1 de enero es de 25.000 euros.

Las retenciones soportadas en los dos primeros trimestres han sido, en el primer trimestre, 500 euros y, en el segundo, 800 euros.

Está adquiriendo su vivienda habitual y por las cantidades invertidas va a tener derecho a deducción por este concepto.

El rendimiento neto de 2023 fue de 11.800€

Cuantificar los pagos fraccionados de los dos primeros trimestres de 2024.

Solución:

Primer trimestre

Rendimiento neto base	25.000 euros
Porcentaje de pago fraccionado aplicable	4%
Cuantía previa	1.000 euros
Minoraciones	—
Pagos fraccionados trimestres anteriores	—
Retenciones soportadas en el trimestre	–500 euros
Por rendimientos 2023 >11.000,01 y <12.000	–25 euros
Por inversión en vivienda habitual. Al estar invirtiendo y deduciéndose por vivienda habitual, podrá minorar el 0,5% del rendimiento base: 0,5% x 25.000.	–125 euros
PAGO FRACCIONADO PRIMER TRIMESTRE	350 euros

Segundo trimestre

Rendimiento neto base	25.000 euros
Porcentaje de pago fraccionado aplicable	4%
Cuantía previa	1.000 euros
Minoraciones	—
Pagos fraccionados trimestres anteriores	—
Retenciones soportadas en el trimestre	–800 euros
Por rendimientos 2023 >11.000,01 y <12.000	–25 euros
Por inversión en vivienda habitual. Al estar invirtiendo y deduciéndose por vivienda habitual, podrá minorar el 0,5% del rendimiento base: 0,5% x 25.000.	–125 euros
PAGO FRACCIONADO SEGUNDO TRIMESTRE	NEGATIVA

Legislación

LEY

Ley 35/2006, de 28 de noviembre, del Impuesto sobre la Renta de las Personas Físicas y de modificación parcial de los impuestos sobre Sociedades, sobre la Renta de no Residentes y sobre el Patrimonio, artículo 101.1.

REGLAMENTO Y OTRAS DISPOSICIONES

Real Decreto 439/2007, de 30 de marzo, por el que se aprueba el Reglamento del Impuesto sobre la Renta de las Personas Físicas, artículos 109 a 112.

Orden HFP/1335/2021, de 1 de diciembre, por la que se desarrollan para el año 2022 el método de estimación objetiva del Impuesto sobre la Renta de las Personas Físicas y el régimen especial simplificado del Impuesto sobre el Valor Añadido.

Orden HFP/1172/2022, de 29 de noviembre, por la que se desarrollan para el año 2023 el método de estimación objetiva del Impuesto sobre la Renta de las Personas Físicas y el régimen especial simplificado del IVA (BOE de 1 de diciembre).
Orden HFP/1359/2023, de 19 de diciembre, por la que se desarrollan para el año 2024 el método de estimación objetiva del Impuesto sobre la Renta de las Personas Físicas y el régimen especial simplificado del Impuesto Sobre el Valor Añadido (BOE de 21).

2.2.12. Retenciones e ingresos a cuenta

Esta materia los empresarios tienen que planteársela desde una doble perspectiva. Por una parte, si sus ingresos están sometidos a retención o a ingreso a cuenta del IRPF y, por otra, si deben practicar retención o ingreso a cuenta a las rentas por ellos satisfechas.

Sobre todo, tienen que tener en cuenta la parte de la obligación de practicar retención por las rentas satisfechas, pues es una obligación que afecta directamente al empresario, al ser éste quien debe decidir sobre la misma y, además, ser una materia cuyo incumplimiento o cumplimiento defectuoso le puede acarrear las correspondientes sanciones tributarias.

A continuación, se van a analizar las dos perspectivas citadas.

2.2.12.1. Rentas de actividades económicas sometidas a retención o a ingreso a cuenta

De acuerdo con lo dispuesto en el artículo 75.1.c) del RIRPF, están sometidas a retención o a ingreso a cuenta los rendimientos íntegros de las siguientes actividades económicas, siempre que el pagador de las mismas sea un obligado a retener en los términos previstos en el artículo 76 del RIRPF:

- Los rendimientos de actividades profesionales.
- Los rendimientos de actividades agrícolas y ganaderas.
- Los rendimientos de actividades forestales.
- Los rendimientos de las actividades empresariales previstas en el artículo 95.6.2.º del RIRPF que determinen su rendimiento neto por el método de estimación objetiva.

Estas actividades son:

- Transporte de mercancías por carretera.
- Servicios de mudanzas.

Desde 1 de enero de 2016 las actividades relacionadas en las Divisiones 3, 4 y 5 de la Sección Primera de las Tarifas del IAE, dejan de estar incluidas en el régimen de estimación objetiva y, por tanto, sus rendimientos ya no están sometidos a la retención del 1 por ciento.

También estarán sometidas a retención las siguientes rentas, cualquiera que sea su calificación (éstas, en algún caso, podrían calificarse como rendimientos de actividades económicas):

a) Los rendimientos procedentes del arrendamiento o subarrendamiento de inmuebles urbanos.

b) Los rendimientos procedentes de la propiedad intelectual, industrial, de la prestación de asistencia técnica, del arrendamiento de bienes muebles, negocios o minas, del subarrendamiento sobre los bienes anteriores y los procedentes de la cesión del derecho a la explotación del derecho de imagen.

De conformidad con esta regulación, las actividades profesionales, en todo caso, se encuentran sometidas a retención a cuenta, mientras que las actividades empresariales no están, en general, sometidas a retención.

Las únicas excepciones en materia de actividades empresariales son las actividades agrícolas, ganaderas y forestales y unas determinadas actividades, siempre las mismas que determinen el rendimiento neto por el método de EO.

Dado que esta Guía, no trata de las actividades agrícolas, ganaderas y forestales, nos vamos a centrar en las otras rentas de actividades económicas sometidas a retención o a ingreso a cuenta.

❒ **Actividades profesionales.**

Este tipo de rendimientos estarán siempre sometidos a este tipo de obligación, los porcentajes de retención a practicar, según se establece el artículo 101.5 de la LIRPF y en el 95.1 del RIRPF, son:

- ❒ Con carácter general: 15%.
- ❒ En el caso de profesionales que inicien el ejercicio de actividades profesionales, siempre y cuando no hubieran ejercido actividad profesional alguna en el año anterior a la fecha de inicio de las mismas: 7%, en el período impositivo de inicio de actividades y en los dos siguientes.
- ❒ Para las siguientes actividades: 7%.
  - a) Recaudadores municipales.
  - b) Mediadores de seguros que utilicen los servicios de auxiliares externos.
  - c) Delegados comerciales de la Sociedad Estatal Loterías y Apuestas del Estado.

Por su parte, el Real Decreto 31/2023, de 24 de enero, por el que se modifica el Reglamento del Impuesto sobre la Renta de las Personas Físicas, aprobado por el Real Decreto 439/2007, de 30 de marzo, para dar cumplimiento a las medidas contenidas en el Estatuto del Artista en materia de retenciones (BOE de 25), ha modificado para el ejercicio 2023 y siguientes una serie de tipos de retención en actividades profesionales vinculadas al mundo del espectáculo y las actividades culturales, dejando la alícuota de retención en el 7%.

De esta forma, el citado 7% se aplicará las siguientes actividades profesionales:

a) Contribuyentes que desarrollen actividades incluidas en los grupos 851 (representantes técnicos del espectáculo), 852 (apoderados y representantes taurinos), 853 (agentes de colocación de artistas), 861, 862, 864 y 869 de la sección segunda del Impuesto sobre Actividades Económicas.

   Estos epígrafes se refieren a estas actividades profesionales:

   Grupo 861. Pintores, Escultores, Ceramistas, Artesanos, Grabadores, Artistas Falleros y artistas similares.

   Grupo 862. Restauradores de obras de arte Grupo 863. Periodistas y otros profesionales de la información
   Grupo 864. Escritores y guionistas.

   Grupo 869. Otros profesionales relacionados con las actividades artísticas y culturales no clasificadas en la sección tercera.

b) Contribuyentes que figuren en las agrupaciones 01, 02, 03 y 05 de la sección tercera, de las Tarifas del Impuesto sobre Actividades Económicas, aprobadas junto con la Instrucción para su aplicación por el Real Decreto Legislativo 1175/1990, de 28 de septiembre, es decir, las siguientes actividades de carácter artístico:

   Agrupación 01. Actividades relacionadas con el cine.

   Agrupación 02. Actividades relacionadas con el baile.

   Agrupación 03. Intérpretes de instrumentos musicales.

   Agrupación 05. Actividades relacionadas con espectáculos taurinos.

c) Cuando la contraprestación de dicha actividad profesional derive de una prestación de servicios que por su naturaleza, si se realizase por cuenta ajena, quedaría incluida en el ámbito de aplicación de la relación laboral especial de las personas artistas que desarrollan su actividad en las artes escénicas, audiovisuales y musicales, así como de las personas que realizan actividades técnicas o auxiliares necesarias para el desarrollo de dicha actividad, siempre que, en cualquiera de los supuestos previstos en estas letras, el volumen de rendimientos íntegros del conjunto de tales actividades correspondiente al ejercicio inmediato anterior sea inferior a 15.000 euros y represente más del 75 por ciento de la suma de los rendimientos íntegros de actividades económicas y del trabajo obtenidos por el contribuyente en dicho ejercicio.

Para la aplicación de este tipo de retención, los contribuyentes deberán comunicar al pagador de los rendimientos la concurrencia de dichas circunstancias, quedando obligado el pagador a conservar la comunicación debidamente firmada

Estos porcentajes se reducirán en un 60%, cuando los rendimientos tengan derecho a la deducción en la cuota prevista para los ingresos obtenidos en Ceuta y Melilla o se trate de contribuyentes con residencia habitual en la isla de La Palma.

Para la aplicación del tipo especial de retención del 7 por ciento (en el caso de inicio de actividad), los profesionales deberán comunicar la concurrencia de una u otra circunstancia al pagador de los rendimientos, quedando éste obligado a conservar la comunicación.

La regulación de este tipo reducido de retención al 7% para determinadas actividades artísticas y culturales ha sido objeto de algunas modificaciones, aplicables desde el 7 de diciembre de 2023, con motivo de la entrada en vigor del Real Decreto 1008/2023, de 5 de diciembre, por el que se modifican el Reglamento del Impuesto sobre la Renta de las Personas Físicas, aprobado por el Real Decreto 439/2007, de 30 de marzo, en materia de retribuciones en especie, deducción por maternidad, obligación de declarar, pagos a cuenta y régimen especial aplicable a trabajadores, profesionales, emprendedores e inversores desplazados a territorio español, y el Reglamento del Impuesto sobre Sociedades, aprobado por el Real Decreto 634/2015, de 10 de julio, en materia de retenciones e ingresos a cuenta (BOE de 6).

Los cambios más significativos son los siguientes:

a) Se modifica el número 4º del apartado 1 del artículo 80 por el artículo Primero apartado Cuatro del Real Decreto 1008/2023.

El porcentaje de retención sobre los rendimientos del trabajo derivados de la elaboración de obras literarias, artísticas o científicas (que, con carácter general es el 15 por ciento) será del 7 por ciento cuando el volumen de tales rendimientos íntegros correspondiente al ejercicio inmediato anterior sea inferior a 15.000 euros y represente más del 75 por ciento de la suma de los rendimientos íntegros de actividades económicas y del trabajo obtenidos por el contribuyente en dicho ejercicio.

Para la aplicación de este tipo de retención, los contribuyentes deberán comunicar al pagador de los rendimientos la concurrencia de dichas circunstancias, quedando obligado el pagador a conservar la comunicación debidamente firmada.

b) Se modifica el apartado 2 del artículo 101 por el artículo Primero apartado Cinco del Real Decreto 1008/2023.

El porcentaje de retención sobre los rendimientos procedentes de la propiedad intelectual, cualquiera que sea su calificación será del 15 por ciento.

No obstante, será de aplicación el 7 por ciento:

Cuando el volumen de tales rendimientos íntegros correspondiente al ejercicio inmediato anterior sea inferior a 15.000 euros y represente más del 75 por ciento de la suma de los rendimientos íntegros de actividades económicas y del trabajo obtenidos por el contribuyente en dicho ejercicio.

Cuando se trate de los rendimientos de actividades profesionales establecidos reglamentariamente.

Cuando se trate de anticipos a cuenta derivados de la cesión de la explotación de derechos de autor que se vayan a devengar a lo largo de varios años.

Según establece la normativa reglamentaria, se considerarán actividades profesionales, las siguientes:

a) En general, las derivadas del ejercicio de las actividades incluidas en las Secciones Segunda y Tercera de las Tarifas del IAE, aprobadas por el Real Decreto Legislativo 1175/1990, de 28 de septiembre.

b) En particular, tendrán la consideración de rendimientos profesionales los obtenidos por:

   1.º Los autores o traductores de obras, provenientes de la propiedad intelectual o industrial. Cuando los autores o traductores editen directamente sus obras, sus rendimientos se comprenderán entre los correspondientes a las actividades empresariales.

   2.º Los comisionistas. Se entenderá que son comisionistas los que se limitan a acercar o a aproximar a las partes interesadas para la celebración de un contrato.

   Por el contrario, se entenderá que no se limitan a realizar operaciones propias de comisionistas, cuando, además de la función descrita en el párrafo anterior, asuman el riesgo y ventura de tales operaciones mercantiles, en cuyo caso, el rendimiento se comprenderá entre los correspondientes a las actividades empresariales.

   3.º Los profesores, cualquiera que sea la naturaleza de las enseñanzas, que ejerzan la actividad, bien en su domicilio, casas particulares o en academia o establecimiento abierto. La enseñanza en academias o establecimientos propios tendrá la consideración de actividad empresarial.

Por otra parte, no se considerarán rendimientos de actividades profesionales, las cantidades que perciban las personas que, a sueldo de una empresa, por las funciones que realizan en la misma vienen obligadas a inscribirse en sus respectivos Colegios Profesionales ni, en general, las derivadas de una relación de carácter laboral o dependiente. Dichas cantidades se comprenderán entre los rendimientos del trabajo.

Otros supuestos de retención al 7%.

Por otra parte, a partir del 1 de enero de 2023, la LPGE para 2023 y aunque no se trate de actividades profesionales, introduce los siguientes tipos de retención o ingreso a cuenta para los rendimientos derivados de la propiedad intelectual: en general, será del 15 por ciento, salvo cuando resulte de aplicación el tipo del 7 por ciento reducido.

Esta alícuota reducida del 7% se aplicará sobre ciertos rendimientos de la propiedad intelectual o de la explotación de obras artísticas que se califiquen como rendimientos del trabajo.

Igualmente, dicho porcentaje será del 7 por ciento cuando se trate de anticipos a cuenta derivados de la cesión de la explotación de derechos de autor que se vayan a devengar a lo largo de varios años.

Por último, la citada alícuota reducida del 7% se aplicará para los rendimientos íntegros procedentes de la propiedad intelectual, cualquiera que sea su calificación en el hecho imponible del IRPF, cuando el volumen de tales rentas íntegras en el ejercicio inmediato anterior sea inferior a 15.000 euros y esta cuantía represente más del 75% de la suma de los rendimientos íntegros de actividades económicas y del trabajo obtenidos por el contribuyente en dicho ejercicio.

La regulación reglamentaria de esta modalidad reducida de retención al 7% y sus condiciones de aplicación para determinados rendimientos de las actividades artísticas y derivadas de la propiedad intelectual ha sido regulada en el seno del RIRPF y es objeto de explicación detallada en párrafos anteriores de este epígrafe.

❒ **Determinadas actividades empresariales en EO.**

Los rendimientos de las actividades económicas citadas anteriormente si determinan el rendimiento neto por el método de EO y el pagador de los mismos es un obligado a retener, soportarán una retención a cuenta del 1%.

Por tanto, no procederá la práctica de la retención cuando el rendimiento neto de estas actividades se determine por el método de ED, en cualquiera de sus modalidades. Por ello, el titular de la actividad deberá comunicar esta circunstancia al pagador. En caso de no producirse esta comunicación, el pagador deberá practicar la retención, aunque se determine el rendimiento neto de la misma con arreglo al método de estimación directa, en cualquiera de sus modalidades.

La persona física que ejerza alguna de estas actividades y cuantifique su rendimiento neto por ED, deberá, para no soportar retención, comunicar esta circunstancia al pagador.

En esta comunicación se hará constar los siguientes datos:

a) Nombre, apellidos, domicilio fiscal y número de identificación fiscal del comunicante.
b) Actividad económica que desarrolla de las sometidas a retención, con indicación del epígrafe del IAE.
c) Que determina el rendimiento neto de dicha actividad con arreglo al método de ED, en cualquiera de sus modalidades.
d) Fecha y firma del comunicante.
e) Identificación de la persona o entidad destinataria de dicha comunicación.

Si, con posterioridad, se volvieran a determinar los rendimientos de dicha actividad con arreglo al método de EO, deberá comunicar al pagador tal circunstancia, junto con los datos previstos en las letras a), b), d) y e) anteriores, antes del nacimiento de la obligación de retener.

En todo caso, el pagador quedará obligado a conservar las comunicaciones de datos debidamente firmadas.

En los casos de que la renuncia al método de EO se produzca de forma tácita a través del pago fraccionado o de la liquidación trimestral del IVA (es decir, con posterioridad al inicio del período impositivo o de la actividad), se entenderá que se determina el rendimiento neto de su actividad económica con arreglo al método de ED, a partir de la fecha en la que se presente el correspondiente pago fraccionado por este Impuesto o la declaración-liquidación del Impuesto sobre el Valor Añadido, por lo que hasta esta fecha deberán practicarse la correspondiente retención a cuenta, aunque el rendimiento neto de todo el período impositivo se determinará por el método de ED; dado que, en el momento de pago de las facturas, el pagador de las mismas no tenía conocimiento de la aplicación, por parte del retenido, del método de ED.

2.2.12.2. Principales retenciones a realizar por los empresarios

Aunque no se trate de la tributación específica personal de los empresarios, tanto la normativa del IRPF como la del IS, incluye entre los obligados a retener o a ingresar a cuenta a los titulares, personas físicas, de actividades económicas que, en el ejercicio de su actividad, satisfagan determinadas rentas a sujetos pasivos de ambos impuestos, aunque en el IS esta obligación tiene una menor repercusión, dado que existen menos rentas sometidas a retención o a ingreso a cuenta.

Los titulares de actividades económicas se encuentran, cuando abonen rentas en el ejercicio de su actividad, entre los obligados a retener o a ingresar a cuenta. Esta obligación se produce tanto en el IRPF como en el IS.

El cumplimiento de esta obligación tiene una gran importancia para los empresarios, dadas las importantes sanciones tributarias que conlleva su incumplimiento, ya sea total o parcial.

A continuación, vamos a enumerar las principales rentas sobre las que se deben practicar, por parte de los empresarios, personas físicas, retenciones o ingresos a cuenta en ambos impuestos, sin entrar a profundizar en la materia, pues el estudio la misma desbordaría la pretensión de esta Guía.

En el IRPF, las principales rentas sometidas a retención son:

1ª.- Rendimientos del trabajo.

Este es el tipo de renta que afecta a más empresarios, pues incide en todos los que tengan personal asalariado y, salvo por razón de su cuantía, no existe ninguna exoneración. Su regulación se encuentra en los artículos 80 a 89 del Reglamento del IRPF.

Los porcentajes de retención son variables en función de la cuantía de las retribuciones, el tipo de rendimiento de trabajo y las circunstancias personales del perceptor.

2º.- Retenciones sobre rendimientos de actividades económicas.

En este caso, solamente se practicarán retenciones cuando las rentas satisfechas sean de las analizadas en el epígrafe 2.2.12.1 de esta Guía, a cuyo comentario nos remitimos.

3º.- Arrendamiento o subarrendamiento de bienes inmuebles urbanos.

Cuando el empresario desarrolle la actividad en un local arrendado o subarrendado deberá, con carácter general, practicar una retención a cuenta sobre los alquileres satisfechos. La práctica de esta retención tiene algunas excepciones que exoneran de la misma.

El porcentaje de retención en este caso es fijo y se cuantifica en el 19 por ciento.

4º.- Arrendamiento de negocio.

En el caso de que la actividad se desarrolle por haber alquilado un negocio en marcha, también se deberá practicar retención a cuenta de las cantidades satisfechas.

El porcentaje de retención en este caso es fijo y se cuantifica en el 19 por ciento.

Por lo que se refiere al IS, la principal renta sometida a retención es la derivada del arrendamiento o subarrendamiento de bienes inmuebles urbanos, a un tipo de retención del 19 por ciento.

Legislación

LEY

Ley 35/2006, de 28 de noviembre, del Impuesto sobre la Renta de las Personas Físicas y de modificación parcial de los impuestos sobre Sociedades, sobre la Renta de no Residentes y sobre el Patrimonio, artículo 101 y DT 31ª.

REGLAMENTO

Real Decreto 439/2007, de 30 de marzo, por el que se aprueba el Reglamento del Impuesto sobre la Renta de las Personas Físicas, artículos 75, 76, 80 a 89, 95.1y 6.

2.2.13. Obligaciones formales y registrales

Las obligaciones formales y registrales de los titulares, personas físicas, de actividades económicas se encuentran esencialmente recogidas en el artículo 68 del RIRPF.

Con carácter general, estarán obligados a conservar, durante el plazo máximo de prescripción tributaria (cuatro años), los justificantes y documentos acreditativos de las operaciones, rentas, gastos, ingresos, reducciones y deducciones de cualquier tipo que deban constar en sus declaraciones, a aportarlos juntamente con las declaraciones del Impuesto, cuando así se establezca y a exhibirlos ante los órganos competentes de la Administración tributaria, cuando sean requeridos al efecto.

Es decir, tendrán que disponer tanto de las facturas emitidas como de las recibidas para poder justificar sus ingresos y sus gastos o deducciones que se puedan aplicar.

Por lo que se refiere a la emisión de facturas, el artículo 26 del Reglamento por el que se regulan las obligaciones de facturación, aprobado por el Real Decreto 1619/2012, de 30 de noviembre (BOE nº 289, de 1-12-2012), dispone que estarán obligados a emitir factura los titulares de actividades económicas que determinen el rendimiento neto por ED, así como los que determinen el rendimiento neto por EO en función del volumen de ingresos.

Por lo que se refiere a los restantes titulares de actividades económicas que determinen el rendimiento neto por el método de EO, el mencionado Reglamento de facturas exime a los mismos de la obligación de expedir factura, excepto cuando el destinatario de las operaciones realizadas sea un empresario o profesional o cuando, no siéndolo, la exija el destinatario de los mismos.

Ahora bien, sobre el contenido que deben tener las facturas, el precepto citado remite al contenido que en el citado Reglamento se dispone para el IVA.

Es decir, el Reglamento de facturas regula la obligación de emitir facturas para los contribuyentes del IRPF, que desarrollan actividades económicas, pero una vez regulada esta obligación, el contenido de las mismas coincide con los requisitos que se establecen en relación con el IVA.

Por lo que se refiere a las obligaciones contables o de Libros Registros, se debe diferenciar en función del método de estimación de las bases imponibles utilizado, distinguiendo en el caso de la estimación directa entre sus dos modalidades: normal y simplificada.

En otro orden de cosas, el Real Decreto 1461/2018, de 21 de diciembre, modificó la redacción del apartado 10 del artículo 68 del RIRPF, estableciendo que los contribuyentes que determinasen su rendimiento neto en EDS o en EO, estarán obligados a llevar los Libros Registros de la normativa del IRPF, aun cuando lleven su contabilidad ajustada al Código de Comercio.

Asimismo, para adaptar la llevanza de los libros a la normativa moderna del IRPF, aproximarlos a la estructura de los Libros Registros del Impuesto sobre el Valor Añadido e incluir la obligación de consignar el NIF del emisor de la factura en los apuntes contables que se registren, se ha aprobado la Orden HAC/773/2019, de 28 de junio, por la que se regula la llevanza de los libros registros en el Impuesto sobre la Renta de las Personas Físicas, con entrada en vigor para los asientos efectuados desde el 1 de enero de 2020.

Posteriormente, la Orden anterior ha sido alterada por la Orden HAC/773/2019, de 28 de junio, por la que se regula la llevanza de los libros registros en el Impuesto sobre la Renta de las Personas Físicas (BOE de 17 de julio).

Téngase en cuenta también que, a partir de 1 de julio de 2017 se crea un nuevo sistema de llevanza de Libros Registro a efectos del IVA a través de la Sede electrónica de la Agencia Tributaria, denominado Suministro Inmediato de Información (en adelante SII) que supone el suministro electrónico de los registros de facturación en un período breve de tiempo pero que afecta al IVA.

El SII es obligatorio para los empresarios y profesionales y otros sujetos pasivos cuyo periodo de liquidación coincida con el mes natural: grandes empresas (facturación superior a 6.010.121,04€ en el año anterior), grupos de IVA e inscritos en el REDEME (Registro de Devolución Mensual del IVA).

Igualmente lo podrán utilizar de forma voluntaria quienes ejerzan la opción a través de la correspondiente declaración censal.

Por último, la Orden HAC/1154/2020, de 27 de octubre (BOE de 4 de diciembre), ha modificado la precitada Orden HAC/773/2019, de 28 de junio, para permitir que estos Libros Registros resulten también aplicables a efectos del IGIC.

Tómese en consideración también que en la Sede Electrónica de la AEAT existe un modelo oficioso de Libros Registro que, además de este carácter oficial, tiene la virtud de que, cuando llegue el período de declaración-liquidación anual del IRPF, pueden descargarse los contribuyentes empresariales sus datos registrales directamente desde la Sede y, asimismo, desde el año 2023, se pueden utilizar para declarar los pagos fraccionados de los empresarios que determinan sus rendimientos en ED, modelo 130.

En el futuro, todos los contribuyentes del IRPF que declaren rendimientos empresariales y profesionales, estarán obligados a emitir factura electrónica.

La regulación básica de las condiciones que deben reunir los sistemas de emisión de estas facturas electrónicas, sistema VERIFACTU, se regulan en el Real Decreto 1007/2023, de 5 de diciembre, por el que se aprueba el Reglamento que establece los requisitos que deben adoptar los sistemas y programas informáticos o electrónicos que soporten los procesos de facturación de empresarios y profesionales, y la estandarización de formatos de los registros de facturación (BOE de 6).

El cumplimiento de esta obligación para todos los empresarios se prevé desde el 1 de julio de 2025.

2.2.13.1. Estimación directa normal

En la modalidad normal del método de estimación directa, debemos distinguir entre las actividades empresariales y las profesionales.

Como regla general, los titulares de actividades empresariales estarán obligados a llevar contabilidad ajustada a lo dispuesto en el Código de Comercio, es decir, la misma que están obligados a cumplir las sociedades mercantiles a través del Plan General de Contabilidad.

Esta regla general tiene una excepción que se aplica cuando la actividad empresarial realizada no tenga carácter mercantil, de acuerdo con el Código de Comercio, es decir, para las actividades agrícolas, ganaderas, forestales y de artesanía.

En este caso, las obligaciones contables se limitarán a la llevanza de los siguientes Libros Registro:

a) Libro Registro de ventas e ingresos.
b) Libro Registro de compras y gastos.
c) Libro Registro de bienes de inversión.

Si se trata de actividades profesionales, estarán obligados a llevar los siguientes Libros Registro:

a) Libro Registro de ingresos.

b) Libro Registro de gastos.

c) Libro Registro de bienes de inversión.

d) Libro Registro de provisiones de fondos y suplidos.

Recuérdese que los profesionales, conforme al Código de Comercio, no están obligados a la llevanza de contabilidad.

2.2.13.2. Estimación directa simplificada

También en esta modalidad debemos distinguir entre las actividades empresariales y las profesionales.

En el caso de actividades empresariales, estarán obligados a la llevanza de los Libros siguientes:

a) Libro Registro de ventas e ingresos.

b) Libro Registro de compras y gastos.

c) Libro Registro de bienes de inversión.

Como se observa, los Libros a llevar coinciden con los que deben llevar los titulares de actividades empresariales que no tienen carácter mercantil y determinan el rendimiento neto por la modalidad normal de la ED.

Si se trata de actividades profesionales, estarán obligados a llevar los siguientes Libros Registros:

a) Libro Registro de ingresos.

b) Libro Registro de gastos.

c) Libro Registro de bienes de inversión.

d) Libro Registro de provisiones de fondos y suplidos.

Es decir, en el caso de las actividades profesionales, no existe ninguna diferencia en los Libros Registro a llevar, aunque la modalidad de determinación de rendimientos utilizada sea distinta.

A partir del período impositivo 2020, aun llevando la contabilidad conforme al Código de Comercio, estos contribuyentes tienen que llevar los citados Libros Registros, artículo 68.10 RIRPF.

2.2.13.3. Estimación objetiva

Las obligaciones formales y registrales que se establecen para los titulares de actividades económicas que determinen su rendimiento neto mediante el método de EO, son las siguientes:

1.º) Conservar, numeradas por orden de fechas y agrupadas por trimestres, las facturas emitidas de acuerdo con lo previsto en el Reglamento por el que se regulan las obligaciones de facturación, aprobado por el Real Decreto 1619/2012, de 30 de noviembre (BOE n.º 289, de 1-12-2012) y las facturas o justificantes documentales de otro tipo recibidos.

2.º) Conservar los justificantes de los signos, índices o módulos aplicados de conformidad con lo que, en su caso, prevea la Orden Ministerial que los apruebe.

3.º) Si van a practicar amortizaciones por su inmovilizado material e intangible, estarán obligados a llevar un Libro Registro de bienes de inversión.

4.º) Por las actividades cuyo rendimiento neto se determine teniendo en cuenta el volumen de operaciones, habrán de llevar un Libro Registro de ventas o ingresos. Este caso afecta a las actividades agrícolas, ganaderas y forestales, cuyo análisis no se ha realizado en esta Guía.

5.º) Los titulares de las actividades que deban aplicar el límite por ingresos, establecido en el artículo 32.2.d) del Reglamento del IRPF (este límite se analizó en el epígrafe 2.2.7.1 de esta Guía), estarán obligados a llevar un Libro Registro de ventas o ingresos.

Estas actividades son aquéllas que están sometidas a retención del 1 por ciento, citadas en el epígrafe 2.2.12.1 de la Guía, con excepción de las actividades de "Transporte de mercancías por carretera" y de "Servicios de mudanzas", a las que no de aplicación el mencionado límite excluyente sobre el volumen de ingresos.

Esta obligación obedece a que estos contribuyentes del Impuesto puedan acreditar el porcentaje de su facturación que corresponde a obligados a retener en relación con el total facturado.

Es decir, los contribuyentes que realicen las actividades que, determinando su rendimiento en EO, estén sujetas a retención del 1% según el artículo 95.6 del RIRPF, deberán llevar un libro registro de ventas o ingresos.

Esta obligación no es de aplicación a las actividades que aún sujetas a retención de ese 1%, estén incluidas en la división 7 de la Sección Primera de las Tarifas del Impuesto sobre Actividades Económicas, esto es, transporte de mercancías por carretera y servicios de mudanzas (CDGTV1170-14, de 28 de abril de 2014).

En conclusión, con excepción de las actividades agrícolas, ganaderas y forestales, las actividades que determinen su rendimiento neto por el método de estimación objetiva no estarán, con carácter general, obligadas a llevar ningún Libro Registro, salvo que vayan a amortizar el inmovilizado material o intangible (Libro Registro de bienes de inversión) o se trate de las actividades previstas en el punto 5.º anterior (Libro Registro de ventas o ingresos).

Legislación

LEY

Ley 35/2006, de 28 de noviembre, del Impuesto sobre la Renta de las Personas Físicas y de modificación parcial de los impuestos sobre Sociedades, sobre la Renta de no Residentes y sobre el Patrimonio, artículo 104.2 y 3.

REGLAMENTO

Real Decreto 439/2007, de 30 de marzo, por el que se aprueba el Reglamento del Impuesto sobre la Renta de las Personas Físicas, artículo 68.

ÓRDENES MINISTERIALES

Orden HAC/773/2019, de 28 de junio, por la que se regula la llevanza de los libros registros en el Impuesto sobre la Renta de las Personas Físicas.

2.3. La empresa familiar en los Impuestos sobre el Patrimonio y sobre Sucesiones y Donaciones

Para completar el estudio de la tributación empresarial de las personas físicas, se va a hacer una mención a los beneficios fiscales que se otorgan en los Impuestos sobre el Patrimonio (IP), su complementario, el Impuesto Temporal de Solidaridad de las Grandes Fortunas (en adelante ISF o ITSGF) y de Sucesiones y Donaciones (ISD) a los bienes afectos a una actividad económica, bien directamente, bien a través de una sociedad.

2.3.1. *Impuesto sobre el Patrimonio*

Definición

El Impuesto sobre el Patrimonio es un tributo de carácter directo y naturaleza personal, que grava el patrimonio neto del que sean titulares las personas físicas a 31 de diciembre de cada año, día este que constituye el devengo del impuesto.

Por patrimonio neto de las personas físicas se entiende el conjunto de bienes y derechos de contenido económico de que sea titular una persona física, con deducción de las cargas y gravámenes que disminuyan su valor, así como de las deudas y obligaciones personales de las que deba responder.

Legislación

El Impuesto sobre el Patrimonio se regula por la Ley 19/1991, de 6 de junio, con una función de carácter censal, de incrementar la progresividad del sistema tributario, al gravar el capital y con carácter complementario y del control del IRPF.

El Real Decreto-Ley 18/2019, de 27 de diciembre, prorrogó la vigencia del Impuesto sobre el Patrimonio para el ejercicio 2020.

La LPGE para el año 2021 alteró la situación anterior, convirtiendo, nuevamente, en permanente la vigencia del IP. Esta situación se ha ido prorrogando en el tiempo desde el ejercicio impositivo 2022; por lo cual, el IP se ha devengado en 2023 y se devengará en 2024.

Por su parte, la Ley 11/2021, de 9 de julio, de medidas de prevención y lucha contra el fraude fiscal, de transposición de la Directiva (UE) 2016/1164, del Consejo, de 12 de julio de 2016, por la que se establecen normas contra las prácticas de elusión fiscal que inciden directamente en el funcionamiento del mercado interior, de modificación de diversas normas tributarias y en materia de regulación del juego (BOE de 10), conocida popularmente como Ley de Medidas para la Prevención y Represión del Fraude Fiscal, ha modificado en su artículo quinto la redacción del artículo diez de la precitada LIP, para, por un lado, incorporar el llamado “valor de referencia” de los inmuebles como uno de los valores a considerar como valores de los inmuebles en el IP.

De esta forma, el valor de los inmuebles en el IP será cuantificado por el mayor valor de los tres siguientes: El valor catastral, el determinado o comprobado por la Administración a efectos de otros tributos o el precio, contraprestación o valor de la adquisición.

Asimismo, se modifica la Ley 19/1991, de 6 de junio, del Impuesto sobre el Patrimonio, para añadir cómo deben valorarse los seguros de vida cuando el tomador o la tomadora del seguro no tenga la facultad de ejercer el derecho de rescate, evitando de esta forma que se pueda eludir la tributación por los seguros de vida-ahorro cuyo contenido patrimonial es indudable. Esta regla de valoración se asimila al valor de sus reservas matemáticas en el momento del devengo del IP, cuyo tenor es siempre el 31 de diciembre de cada período impositivo.

Por otra parte, en la precitada Ley 11/2021, se establece una nueva regla de valoración para aquellos supuestos en que se perciben rentas temporales o vitalicias procedentes de un seguro de vida, donde sigue reglas idénticas a la valoración del seguro de vida, artículo 17 LIP. En cualquier caso, la sujeción de los seguros de renta vitalicia al

IP ya había sido confirmada por la doctrina de la Dirección General de Tributos (CDGTV2212/2008).

Por último, el Real Decreto 249/2023, de 4 de abril, modificó el Reglamento General de las actuaciones y los procedimientos de gestión e inspección tributaria y de desarrollo de las normas comunes de los procedimientos de aplicación de los tributos aprobado por Real Decreto 1065/2007, de 27 de julio, y entre otros, el artículo 39.3 del citado Reglamento, para incluir información en el modelo 189 sobre los seguros de vida sin valor de rescate e incorporar los nuevos criterios valorativos de los productos del seguro mencionados con anterioridad.

Esta modificación, implica cambiar el artículo 3 de la Orden EHA/3481/2008, de 1 de diciembre, y los diseños de registro del modelo 189.

La última gran alteración normativa del IP se ha producido con la entrada en vigor de la Ley 38/2022, de 27 de diciembre, para el establecimiento de gravámenes temporales energético y de entidades de crédito y establecimientos financieros de crédito y por la que se crea el impuesto temporal de solidaridad de las grandes fortunas, y se modifican determinadas normas tributarias (BOE de 28).

El IP diferencia entre la obligación personal de contribuir, la cual afecta a todos los contribuyentes, personas físicas, residentes fiscales en el territorio español y por todo el valor de su patrimonio neto, sito en tal territorio o en el extranjero y la obligación real de contribuir. A esta última se encuentran sujetas las personas físicas no residentes que posean bienes, derechos o deudas susceptibles de ejercitarse o generar derechos en el territorio español.

En la citada Ley 38/2022, además de crearse con carácter complementario al IP, el denominado Impuesto Temporal de Solidaridad a las Grandes Fortunas, artículo 3, se introduce en su DF Tercera una modificación de la LIP, según la cual, en supuestos de obligación real de contribuir, se establece que se considerarán situados en territorio español los valores representativos de la participación en fondos propios de cualquier tipo de entidad, no negociados en mercados organizados, cuyo activo esté constituido en al menos el 50 por ciento, de forma directa o indirecta, por bienes inmuebles situados en territorio español.

Para realizar el cómputo del activo, los valores netos contables de todos los bienes contabilizados se sustituirán por sus respectivos valores de mercado determinados a la fecha de devengo del impuesto.

En el caso de bienes inmuebles, los valores netos contables se sustituirán por los valores que deban operar como base imponible del impuesto en cada caso, conforme a lo dispuesto en el artículo 10 de esta ley.

De acuerdo a lo regulado en el apartado Cuatro del art. 9 de la LIP, en los casos de obligación real de contribuir solo serán deducibles las cargas o gravámenes que afecten a los bienes y derechos que radiquen en territorio español o pueden ejercitarse o hubieran de cumplirse en el mismo, así como las deudas por capitales invertidos en los indicados bienes.

Eso sucede con la deuda garantizada con hipoteca sobre un bien inmueble, cuya titularidad determina la sujeción por obligación real al IP, no pudiendo deducirse tal deuda a efectos de la base imponible del IP, ya que esta deuda no fue destinada a la adquisición de ese inmueble. En este sentido, se pronuncia la STS de 13 de febrero de 2023, recurso de casación número 4647/2021.

Pero, sin ningún género de dudas, el impacto legislativo más significativo en los últimos tiempos en materia de imposición patrimonial en España viene marcado por diversas SSTTCC que han reafirmado la constitucionalidad del nuevo ITSGF.

Se cita, seguidamente, la primera de ellas, a sabe, la Sentencia del Pleno de TC, 149/2023, de 7 de noviembre de 2023. Recurso de inconstitucionalidad 616-2023. Interpuesto por el Consejo de Gobierno de la Comunidad de Madrid respecto del artículo 3 de la Ley 38/2022, de 27 de diciembre, para el establecimiento de gravámenes temporales energético y de entidades de crédito y establecimientos financieros de crédito y por la que se crea el impuesto temporal de solidaridad de las grandes fortunas, y se modifican determinadas normas tributarias.

Fueron argumentos contra el ITSGF la Supuesta vulneración del derecho al ejercicio de las funciones representativas (homogeneidad de las enmiendas parlamentarias respecto del texto que se pretende modificar), así como de los principios de legalidad tributaria, capacidad económica y no confiscatoriedad, corresponsabilidad fiscal y lealtad institucional: constitucionalidad del precepto legal que crea el impuesto temporal sobre grandes fortunas como tributo directo, de naturaleza personal y complementario del impuesto sobre el patrimonio.

Hay un interesante voto particular.

Esta STC, cuyo tenor reafirma la constitucionalidad del ITSGF, se publicó en el BOE de 18 de diciembre de 2023.

Por su parte, como hemos mencionado con anterioridad, también el TC rechazó el recurso de inconstitucionalidad contra el ITSGF interpuesto por la Junta de Andalucía.

La citada STC se ha publicado como : "Pleno. Sentencia 170/2023, de 22 de noviembre de 2023. Recurso de inconstitucionalidad 1258-2023. Interpuesto por el Gobierno de la Junta de Andalucía respecto del artículo 3 de la Ley 38/2022, de 27 de diciembre, para el establecimiento de gravámenes temporales energético y de entidades de crédito y establecimientos financieros de crédito y por la que se crea el impuesto temporal de solidaridad de las grandes fortunas, y se modifican determinadas normas tributarias. Supuesta vulneración del derecho al ejercicio de las funciones representativas (homogeneidad de las enmiendas parlamentarias respecto del texto que se pretende modificar), principios de legalidad tributaria, capacidad económica y no confiscatoriedad, corresponsabilidad fiscal y lealtad institucional: STC 149/2023 (constitucionalidad del precepto legal que crea el impuesto temporal sobre grandes fortunas como tributo directo, de naturaleza personal y complementario del impuesto sobre el patrimonio). Voto particular", en el BOE de 21 de diciembre de 2023, reiterando los argumentos de la anterior STC sobre la demanda de la Comunidad Autónoma de Madrid.

La declaración de constitucional del ITSGF ha traído consigo tanto la prórroga de la vigencia de este gravamen "temporal" para el año 2024 como la "recuperación" de la vigencia del IP, a partir del período impositivo 2023, por parte de aquellas CCAA (especialmente, Madrid y Andalucía) que lo habían suprimido, de manera efectiva, mediante la implementación de una bonificación del 100% en su cuota.

El Impuesto sobre el Patrimonio se exige en todo el territorio español, sin perjuicio de lo establecido en relación a los regímenes tributarios especiales por razón del territorio y de los Tratados o Convenios internacionales que hayan pasado a formar parte del ordenamiento interno.

El rendimiento del impuesto se encuentra cedido a las Comunidades Autónomas. A efectos de la atribución del rendimiento se toma como punto de conexión la residencia habitual del sujeto pasivo en dicho territorio.

La titularidad de las competencias normativas, de gestión, liquidación, recaudación, inspección y revisión corresponde al Estado Central, si bien ha sido objeto de delegación en favor de las distintas Comunidades Autónomas, con el alcance y condiciones que, para cada una de ellas, establezca su específica Ley de Cesión.

Respecto a la competencia normativa, las Comunidades Autónomas pueden regular el mínimo exento, la tarifa y las deducciones y bonificaciones de la cuota.

Precisamente, por ello, la regulación de cada CCAA en lo que se refiere al IP es muy variada y hay que acudir a su normativa propia para conocer la tributación efectiva por este gxravamen.

Además, tal normativa cambia cada ejercicio y, por último, hay que considerar que, por efecto de la precitada doctrina de nuestro TC, todas las CCAA han recuperado efectivamente la recaudación del IP para los períodos impositivos 2023 y 2024; por lo cual, conocer la normativa automática de la CCAA en la cual resida el sujeto pasivo es esencial para calcular su carga tributaria.

En consecuencia, para conocer la tributación por el IP es preciso acudir a la normativa específica de CC.AA. donde radique la residencia fiscal del contribuyente; además, esta legislación puede cambiar año tras año.

Desde el período 2023, ante la declaración de constitucionalidad del ITSGF, las CCAA han recuperado su capacidad tributaria efectiva en materia del IP; con el objetivo de que, siendo el IP deducible de la cuota a pagar del ITSGF, el contribuyente residente de cada CCAA solo pague efectivamente el IP, pues éste es el tributo cedido a la CCAA correspondiente; mientras que, por el contrario, el ITSGF es un gravamen de carácter estatal, no cedido, en ningún supuesto, a las CCAA.

Sin embargo, la manera de articular las relaciones entre el IP y el ITSGF no ha sido totalmente idéntica entre las diferentes CCAA.

Por ejemplo, en el caso de la CCAA de Madrid, tras eliminar la bonificación vigente hasta el período impositivo 2022 en la cuota del 100% del IP; para 2023 y 2024, se establece, en primer lugar, dejar temporalmente sin efecto la bonificación del 100% sobre la cuota resultante del Impuesto sobre el Patrimonio durante la vigencia del Impuesto Temporal de Solidaridad de las Grandes Fortunas; de tal forma que, cuando desaparezca el Impuesto Temporal de Solidaridad de las Grandes Fortunas, se recupere la bonificación, existente hasta 2022, de forma automática.

Por otro lado, en lugar de la bonificación del 100%, la normativa de la CCAA de Madrid prevé una nueva bonificación, la cual podrán aplicar los contribuyentes madrileños del Impuesto sobre el Patrimonio y cuyo importe se determinará por la diferencia, si la hubiere, entre la cuota íntegra del Impuesto sobre el Patrimonio y la cuota íntegra del Impuesto Temporal de Solidaridad de las Grandes Fortunas, una vez aplicados los límites conjuntos estipulados en ambas normas.

Ejemplo

En el período impositivo 2023, nos encontramos con un contribuyente, residente fiscal en la CCAA de Madrid, cuya base imponible, determinada de acuerdo a las reglas de valoración del IP, ascendió a 4.500.000 euros.

Determinar su cuota a pagar por el IP.

Solución

Sobre la base imponible de 4.500.000 euros, aplicaríamos el mínimo exento general del IP, de 700.000 euros, resultando una base liquidable de 3.800.000 euros.

Aplicando la tarifa del IP, tendríamos una cuota a pagar de 45.046,37 euros.

Por su parte, el mismo contribuyente también estaría sometido al ITSGF, con idéntica base liquidable, es decir, 3.800.000 euros.

Aplicando la tarifa del ITSGF a esa base liquidable, resultaría una cuota íntegra de 13.600 euros

Para que, de manera efectiva, el contribuyente madrileño no pague el ITSGF, lo que se produce es que la cuota íntegra del ITSGF, 13.600 euros, se deduciría de la cuota a pagar por el IP; 45.046,37 euros.

El resultado final es que este contribuyente solamente pagaría por el IP a la CCAA de Madrid, 45.046,37 – 13.600 = 31.446,37 euros, no pagando nada al Estado por el ITSGF.

En resumen, esta modificación relativa a la bonificación aplicable del Impuesto sobre el Patrimonio en la Comunidad de Madrid tendría como finalidad que aquellos contribuyentes madrileños cuyo patrimonio fuera superior a los 3.700.000 euros y que deban tributar en el Impuesto Temporal de Solidaridad de las Grandes Fortunas, siendo el órgano recaudador la Agencia Estatal de Administración Tributaria, ingresasen, en concepto de Impuesto sobre el Patrimonio, lo que deberían pagar por el Impuesto Temporal de Solidaridad de las Grandes Fortunas, siendo la Consejería de Hacienda de la Comunidad de Madrid quien recaudaría el Impuesto sobre el Patrimonio.

Esta modificación no perjudicaría a aquellos contribuyentes madrileños que no tuvieran la obligación de tributar por el Impuesto Temporal de Solidaridad de las Grandes Fortunas, los cuales seguirán sin tener que abonar ninguna cantidad en el Impuesto sobre el Patrimonio.

Todo ello, según lo regulado en la Ley 12/2023, de 15 de diciembre, por la que se modifica de manera temporal la bonificación del impuesto sobre el patrimonio en la Comunidad de Madrid durante el período de vigencia del impuesto de solidaridad de las grandes fortunas ("Boletín Oficial de la Comunidad Autónoma de Madrid" de 21 de diciembre de 2023).

Para los sujetos pasivos no residentes, la mencionada Ley 11/2021, de 9 de julio, de Prevención y Represión del Fraude Fiscal, regula que los contribuyentes no residentes tendrán derecho a la aplicación de la normativa propia aprobada por la Comunidad Autónoma donde radique el mayor valor de los bienes y derechos de que sean titulares y por los que se exija el impuesto, porque estén situados, puedan ejercitarse o hayan de cumplirse en territorio español.

De esta forma, la normativa española incorpora la jurisprudencia del Tribunal de Justicia de la Unión Europea (en adelante TJUE) que rechaza toda discriminación entre residentes, residentes de la UE y residentes fuera de la UE.

En ese sentido, nos remitidos a la STS de 6 de abril de 2022, recurso de casación 2575/2020 la cual afirma que la doctrina del Tribunal de Justicia de la Unión Europea contenida en la sentencia de 3 de septiembre de 2014, Comisión /España, asunto C-127/12; EU:C:2014:2130, resulta de aplicación a quienes no son residentes en el UE o en el Espacio Económico Europeo, sino en terceros Estados, como Estados Unidos.

Dicha doctrina, aunque no constituye, por sí misma, motivo suficiente para declarar la nulidad de cualesquiera actos obliga, no obstante, en presencia de actos firmes, a considerar la invocación de una causa de nulidad de pleno derecho, prevista en la letra a) del apartado 1 del artículo 217 LGT.

Asimismo, como hemos mencionado con anterioridad, la Ley 38/2022, de 27 de diciembre, BOE de 28, además de introducir en nuestro sistema tributario al Impuesto Temporal de Solidaridad de las Grandes Fortunas, ITSGF, como gravamen complementario del IP, incorpora también algunas modificaciones en la regulación de la LIP, sin afectar a la normativa sobre la empresa familiar.

En ese sentido, la citada Ley 38/2022, cambia la LIP, para habilitar la potestad de gravamen sobre las participaciones accionariales en entidades no residentes con activos inmobiliarios subyacentes radicados en España, corrigiendo así una discriminación injustificada respecto del residente, por cuanto el no residente, por el hecho de interponer una persona jurídica no residente, elude el gravamen del citado impuesto.

Sobre este particular, resulta de interés la Consulta, la V0107-23, de 1 de febrero de 2022, la Dirección General de Tributos (DGT), la cual ha analizado un supuesto en el que un residente fiscal en Alemania que posee el 25% de una sociedad comanditaria alemana que ha realizado una inversión inmobiliaria en España, se pregunta si está sometido al Impuesto sobre el Patrimonio por obligación real por dichas participaciones, llegando a la conclusión opuesta.

Son sujetos pasivos del impuesto sólo las personas físicas. Se excluyen, pues, las entidades jurídicas y los entes sin personalidad jurídica.

El devengo del impuesto se produce el 31 de diciembre de cada año, y afecta al patrimonio del cual sea titular el sujeto pasivo en dicha fecha.

Derivado de lo anterior, es que el fallecimiento de una persona determina que el impuesto no se devengue en ese ejercicio. El caudal relicto se grava como parte del patrimonio de los herederos o legatarios, pero no del causante.

El IP es, en general, un tributo complementario del IRPF, por lo cual, muchas de sus definiciones habrán de tomarse de la imposición sobre la renta. Eso sucede, por ejemplo, en lo que hace referencia al concepto de vivienda habitual (CDGTV de 21 de abril de 2021).

Dada la importancia, como veremos seguidamente de las exenciones para la empresa familiar, ha de tomarse en consideración el Real Decreto 1704/1999, de 5 de noviembre, por el que se determinan los requisitos y condiciones de las actividades empresariales y profesionales y de las participaciones en entidades para la aplicación de las exenciones correspondientes en el Impuesto sobre el Patrimonio (BOE de 6).

La última gran modificación en la normativa del ITSGF se ha incorporado con el Real Decreto-ley 8/2023, de 27 de diciembre, por el que se adoptan medidas para afrontar las consecuencias económicas y sociales derivadas de los conflictos en Ucrania y Oriente Próximo, así como para paliar los efectos de la sequía (BOE de 28).

Este texto, por un lado, reitera la obligación de declarar el IP y el ITSGF mediante medios telemáticos y, por otro lado, respecto del ITSGF, amplía su vigencia para el período impositivo 2024 y, asimismo, modifica el apartado nueve del artículo 3 de la Ley 38/2022, de 27 de diciembre, para el establecimiento de gravámenes temporales energético y de entidades de crédito y establecimientos financieros de crédito y por la que se crea el impuesto temporal de solidaridad de las grandes fortunas, y se modifican determinadas normas tributarias, a fin de extender el mínimo exento de 700.000 euros a todos los sujetos pasivos del impuesto, con independencia de que sean o no residentes en España (art. 17 del Real Decreto-ley 8/2023, de 27 de diciembre).

Los modelos de declaración-liquidación del IP para el ejercicio 2022 han sido aprobados por la Orden HFP/310/2023, de 28 de marzo, por la que se aprueban los modelos de declaración del Impuesto sobre la Renta de las Personas Físicas y del Impuesto sobre el Patrimonio, ejercicio 2022, se determinan el lugar, forma y plazos de presentación de los mismos, se establecen los procedimientos de obtención, modificación, confirmación y presentación del borrador de declaración del Impuesto sobre la Renta de las Personas Físicas, y se determinan las condiciones generales y el procedimiento para la presentación de ambos por medios electrónicos (BOE de 30).

El modelo de autoliquidación del IP lleva el número 714.

Respecto de los modelos de declaración-liquidación del IP para el período impositivo 2023, cabe señalar que, si bien no han sido todavía publicados en el BOE, sí han sido objeto del trámite de audiencia pública, pudiendo encontrarse tanto su contenido como los plazos y características de la obligación de declarar del ejercicio 2023 en:

– Proyecto de orden por la que se aprueban los modelos de declaración del Impuesto sobre la Renta de las Personas Físicas y del Impuesto sobre el Patrimonio, ejercicio 2023, se determinan el lugar, forma y plazos de presentación de los mismos, se establecen los procedimientos de obtención, modificación, confirmación y presentación del borrador de declaración del Impuesto sobre la Renta de las Personas Físicas, y se determinan las condiciones generales y el procedimiento para la presentación de ambos por medios electrónicos.

Ver: https://www.hacienda.gob.es/es-ES/Normativa%20y%20doctrina/NormasEnTramitacion/Paginas/AudienciaAbiertas.aspx

Para las declaraciones del IP y del ITSGF del ejercicio 2023, se han publicado ya los valores medios a declarar.

En ese sentido, nos remitimos a la Orden HAC/172/2024, de 26 de febrero, por la que se aprueba la relación de valores negociados en centros de negociación, con su valor de negociación medio correspondiente al cuarto trimestre de 2023, a efectos de la declaración del Impuesto Sobre el Patrimonio del año 2023 y de la declaración informativa anual acerca de valores, seguros y rentas (BOE de 28).

2.3.1.1. Exenciones

Dentro de las exenciones, por el objeto de la obra, se va a hacer referencia a las que afectan al ámbito de las actividades empresariales.

En estas exoneraciones se encuentran las vinculadas a la actividad empresarial y profesional de las personas físicas.

2.3.1.2. Bienes y derechos necesarios para el ejercicio de la actividad empresarial y profesional

Están exentos, asimismo, los bienes y derechos de las personas físicas necesarios para el desarrollo de su actividad empresarial o profesional, siempre que dicha actividad se ejerza de modo habitual, personal y directo y constituya la principal fuente de renta del sujeto pasivo.

En la aplicación de la exención han de tenerse en cuenta las siguientes precisiones:

a) Se consideran actividades empresariales o profesionales, las que tengan naturaleza de actividad económica con arreglo a las normas del IRPF.

En especial, en relación con el arrendamiento de inmuebles, constituye actividad económica, cuando para la ordenación de los inmuebles se utilice, al menos, una persona empleada con contrato laboral y jornada completa.

Se entenderá que el arrendamiento de inmuebles constituye actividad económica cuando concurran el requisito previsto en el artículo 27.2 Ley del IRPF, esto es, cuando para la ordenación de esta se utilice, al menos, una persona empleada con contrato laboral y a jornada completa.

Conforme a la CDGTV2744-17, no se cumplen los requisitos para calificar un arrendamiento de inmuebles como actividad económica, si la gestión de tales bienes reales es llevada a cabo por empresas especializadas.

Por su parte, la CDGTV0858-17 afirma que en el alquiler de inmuebles se computará como persona empleada un trabajador que, de forma temporal, pueda estar dado de baja por enfermedad.

Ya no se exige, por tanto, el requisito de un local destinado en exclusiva al desarrollo de la actividad.

En lo relativo a la valoración de los bienes inmuebles afectos a la actividad económica exenta, en general, su valoración se hará como cualesquiera otros inmuebles. Es decir, por el mayor entre los valores siguientes: valor catastral, el comprobado por la Administración a efectos de otros tributos o el de adquisición.

No obstante, ese valor junto con el de los demás bienes, derechos y deudas afectos a la actividad no se computará a efectos de determinar la base imponible por este impuesto.

No obstante, cuando formen parte del activo circulante (no del fijo) y el objeto de las actividades sea exclusivamente la construcción o promoción inmobiliaria, se valorarán, junto con los demás bienes y derechos afectos a las mismas, siguiendo los criterios de la contabilidad ajustada al Código de Comercio (CONSULTA INFORMA NÚMERO 104857).

b) Los bienes y derechos estarán afectos al desarrollo de una actividad económica, empresarial o profesional, según las reglas del IRPF.

Las cuentas bancarias, acciones y títulos de renta fija no están exentos del IP, por no calificarse como afectos a la actividad empresarial, según las reglas del IRPF.

STS de 30 de marzo de 2021 (rec. Número 5341/2019). No es aplicable a los préstamos participativos la exención en el IP prevista para los valores representativos de la cesión a terceros de capitales propios, pues no son equiparables a los fondos propios de entidades mercantiles.

c) La actividad económica a la que los bienes están afectos, se debe ejercer de forma habitual, personal y directa por el sujeto pasivo titular de los mismos.

No obstante, estarán exentos los bienes y derechos comunes a ambos cónyuges cuando se usen en el ejercicio de la actividad económica, empresarial o profesional, de cualquiera de ellos, cumpliendo con el resto de los requisitos requeridos.

d) El valor de los bienes y derechos se determina conforme a las normas del Impuesto sobre el Patrimonio. Las deudas de la actividad minorarán dicho valor, pero no pueden volver a computarse para determinar la base imponible del impuesto.

e) La exención debe determinarse ejercicio a ejercicio.

Si en un período impositivo el rendimiento neto de la actividad económica fuese negativo, no constituirá principal fuente de renta del sujeto pasivo y, por lo tanto, los bienes y derechos afectos a la actividad no estarán exonerados.

f) La actividad económica, empresarial o profesional debe constituir la principal fuente de renta del sujeto. Entendiéndose por tal, cuando, al menos, el 50 por ciento del importe de la base imponible y general del ahorro del IRPF del sujeto pasivo, provenga de rendimientos netos de dichas actividades empresariales o profesionales.

A efectos del cálculo de la principal fuente de renta, no se computarán las remuneraciones por las funciones de dirección que se ejerzan en las entidades de las que, en su caso, se posean participaciones exentas de este impuesto, ni cualesquiera otras remuneraciones que traigan causa de la participación del sujeto pasivo en dichas entidades.

En los casos de transmisiones lucrativas de participaciones de empresa familiar, para aplicar la exención del Impuesto sobre el Patrimonio, se requiere comparar la remuneración percibida por el sujeto pasivo con la suma algebraica de la totalidad de los rendimientos netos reducidos del trabajo y de actividades empresariales y profesionales.

g) Cuando un mismo contribuyente ejerza dos o más actividades empresariales o profesionales de forma habitual, personal y directa, la exención alcanzará a todos los bienes y derechos afectos a las mismas, considerándose que la principal fuente de renta viene determinada por el conjunto de los rendimientos empresariales o profesionales de todas ellas.

Ejemplo

Contribuyente con un rendimiento de actividades económicas de 20.000 euros y unos rendimientos del capital mobiliario de 30.000 euros. No podría aplicar la exención del Impuesto sobre el Patrimonio sobre los bienes afectos a la actividad, toda vez que los rendimientos de la actividad económica no son la principal fuente de su renta.

La percepción de una pensión no impide la aplicación de la exención.
No se computan, a estos efectos, las remuneraciones derivadas de las participaciones que dan derecho a la exención reguladas en el apartado siguiente de esta obra.
Además, en el caso de que se ejerzan dos o más actividades, la exención alcanzará a todos los bienes y derechos afectos a ellas, cuando la suma de los rendimientos de todas supere el 50 por ciento de las rentas del sujeto pasivo.

Ejemplo

Contribuyente que ejerce dos actividades empresariales: abogacía y comercio al por mayor, obteniendo por cada una de ellas 40.000 euros de rendimiento. Además, percibe un rendimiento del trabajo de 50.000 euros. Los bienes afectos a las actividades empresariales estarían exentos del Impuesto sobre el Patrimonio al superar la suma de sus rendimientos el 50 por ciento del total de la base imponible.

2.3.1.3. Participaciones en entidades

Están exentos del Impuesto sobre el Patrimonio la plena propiedad, la nuda propiedad y el derecho de usufructo vitalicio sobre las participaciones en entidades, con o sin cotización en mercados organizados, siempre que se cumplan los siguientes requisitos en el momento del devengo del impuesto:

a) Que la entidad realice de manera efectiva una actividad empresarial y no tenga por actividad principal la gestión de un patrimonio mobiliario o inmobiliario. Se entiende que una entidad gestiona un patrimonio mobiliario o inmobiliario y que, por lo tanto, no realiza una actividad económica, cuando durante más de 90 días del ejercicio social más de la mitad de su activo está constituido por valores o no está afecto a actividades económicas.

Sobre la exención de participaciones en sociedades con actividad económica, CDGTV2345-16, de 26 de mayo de 2016.

No se computarán los valores siguientes:

- Los poseídos para dar cumplimiento a obligaciones legales y reglamentarias.
- Los que incorporen derechos de crédito nacidos de relaciones contractuales establecidas como consecuencia de actividades económicas.
- Los poseídos por sociedades de valores como consecuencia del ejercicio de la actividad constitutiva de su objeto.
- Los que otorguen, al menos, el cinco por ciento de los derechos de voto, y se posean con la finalidad de dirigir y gestionar la participación, siempre que, se disponga de la correspondiente organización de medios materiales y personales, y la entidad participada no esté comprendida en esta letra.

Tampoco computarán como valores ni como elementos no afectos a actividades económicas, aquellos cuyo precio de adquisición no supere el importe de los beneficios no distribuidos obtenidos por la entidad, siempre que dichos beneficios provengan de la realización de actividades económicas, con el límite del importe de los beneficios obtenidos tanto en el propio año como en los últimos 10 años anteriores.

Para determinar si hay actividad económica o si un elemento patrimonial se encuentra afecto a ella, hay una remisión a las normas del IRPF.

b) La participación del sujeto pasivo titular debe ser igual o superior al 5% del capital de la entidad o del 20%, cuando se computa conjuntamente con su cónyuge, ascendientes, descendientes o colaterales de segundo grado, ya tenga su origen el parentesco en la consanguinidad, afinidad o adopción.

Una vez que se fija el sujeto pasivo de referencia, es indiferente cuál de ellos desempeña la función directiva, y siempre y cuando se cumplan los restantes requisitos, todos tendrán derecho a la exención del impuesto.

Respecto al grupo de parentesco a efectos de esta exención en el IP, nos remitimos a las Sentencias del Tribunal Supremo 1198/2016, de 26 de mayo y 1776/2016, de 14 de julio, dictadas ambas en recursos de casación en unificación de doctrina y que, si bien se refieren a supuestos de fallecimiento (artículo 20.2.c) de la Ley 29/1987), han de entenderse aplicables a los casos de transmisión "inter vivos" del artículo 20.6 de dicha ley. También es interesante la CDGTV 2317-17, de 13 de septiembre de 2017.

Sostiene el Tribunal Supremo, que para la aplicación de las reducciones mencionadas, no se exige que los herederos y donatarios tengan derecho a la exención en el impuesto patrimonial que, ambos supuestos, se exige como condición previa. La exención se predica del causante o donante, bien por sí mismos, bien en cuanto integrantes de un grupo de parentesco conforme al 4.Ocho.Dos de la Ley 19/1991.

En los dos supuestos de hecho a que se refieren las Sentencias, la titularidad de las participaciones correspondían al causante y a su cónyuge al 100% y ninguno de ellos ejercía funciones directivas. Las desempeñaban sus hijas, sin titularidad alguna de participaciones, que ejercían las funciones directivas en vida del causante y también tienen derecho a la exención de sus participaciones en el IP.

Ejemplo

Contribuyente que dispone del 7 por ciento del capital de una sociedad que se dedica a las instalaciones eléctricas. Su cónyuge es propietario de otro 7 por ciento de la misma sociedad. Cumplen el requisito de titularidad individualmente y ambos, para disfrutar de la exención, deberán cumplir el resto de los requisitos.

Sin embargo, si cada uno de ellos fuera propietario del 15 por ciento, bastaría con que uno de ellos cumpla el requisito del desempeño de funciones directivas del párrafo siguiente, para que los dos tuvieran derecho a la exención.

c) El sujeto pasivo debe ejercer efectivamente funciones de dirección en la participada y percibir por ello una retribución que represente más de un 50% del total de sus rendimientos de trabajo y de actividades empresariales y profesionales, sin computar los rendimientos de la actividad empresarial cuyos bienes y derechos afectos disfruten de la exención del Impuesto sobre el Patrimonio derivada de los bienes que formen parte del patrimonio empresarial.

La RTEAC de 23 de noviembre de 201, RG 1187/2020, acepta la exención en el IP sobre el patrimonio y los beneficios fiscales de la empresa familiar en el ISD, no obstante ser gratuito el cargo de administrador porque lo realmente esencial no es la denominación empleado en el contrato suscrito entre la entidad y el obligado tributario, sino que éste realice de manera clara y fehaciente las funciones de dirección en la empresa.

Ejemplo

Abogado que obtiene un rendimiento de la actividad profesional de 50.000 euros y percibe, asimismo, un rendimiento del trabajo de 40.000 euros. Por otro lado, es dueño de una participación en una sociedad que supera el 5 por ciento en la que ejerce funciones de dirección, por la que le retribuyen 45.000 euros anuales. La valoración de dichas participaciones estaría exenta del Impuesto sobre el Patrimonio.

Cuando la participación en la entidad es conjunta con alguna o alguna de las personas pertenecientes al grupo de parentesco anteriormente citado, las funciones de dirección y las remuneraciones derivadas de la misma deben de cumplirse al menos en una de las personas del citado grupo, sin perjuicio de que todas ellas tengan derecho a la exención.

El puesto remunerado puede ser el de administrador único de la empresa exenta (CDGTV3096/17, de 29 de noviembre de 2017).

Ejemplo

Padre y dos hijos que son los dueños de todas las acciones de una sociedad. Sólo el padre ejerce funciones directivas, siendo retribuido por ello. La exención en el IP afecta a todos.

Cuando un mismo titular participa en varias entidades, cumpliendo los anteriores requisitos de la exención, el cómputo del porcentaje citado anteriormente ha de efectuarse de manera separada para cada una de ellas.

Para determinar el porcentaje que representa la remuneración por las funciones de dirección ejercidas en cada entidad respecto de la totalidad de los rendimientos del trabajo y por actividades económicas del sujeto pasivo, no se incluyen los rendimientos derivados de las funciones de dirección en las otras entidades.

Ejemplo

Sujeto pasivo que es titular del 50 por ciento del capital de 2 sociedades A y B, por las que percibe 30.000 euros de cada una por ejercer funciones directivas. Además, percibe un rendimiento del trabajo de 50.000 euros.

Las participaciones de ambas sociedades estarían exentas del Impuesto sobre el Patrimonio.

El importe de la exención es el que derive del siguiente cálculo:

Valor de las participaciones × [(valor de los activos afectos – deudas de la actividad)/valor del patrimonio neto de la entidad].

Dado que las Comunidades Autónomas disponen de abundantes competencias normativas en el Impuesto sobre el Patrimonio, hay que considerar la tributación en cada una de ellas, a efectos de complementar los requisitos anteriores.

2.3.2. Impuesto sobre Sucesiones y Donaciones

Definición

El Impuesto sobre Sucesiones y Donaciones, que se regula por la Ley 29/1987, de 18 de diciembre, y el Real Decreto 1629/1991, de 8 de noviembre, por el cual se aprueba el Reglamento del gravamen, es un tributo de naturaleza directa y subjetiva que grava los incrementos de patrimonio obtenidos a título lucrativo por las personas físicas. Los incrementos lucrativos obtenidos por las personas jurídicas se someten sólo al Impuesto sobre Sociedades.

Los incrementos de patrimonio obtenidos por el adquirente que queden sujetos al Impuesto sobre Sucesiones y Donaciones, no se gravan en el IRPF; por contra, el incremento en el patrimonio del transmitente que se ponga de manifiesto con ocasión de la transmisión lucrativa "inter vivos", se grava en el IRPF.

Por otra parte, el Impuesto sobre Sucesiones y Donaciones es incompatible, por naturaleza, con el del Impuesto sobre Transmisiones Patrimoniales y Actos Jurídicos Documentados (ITP y AJD), incluido el gravamen de los documentos notariales por Actos Jurídicos Documentados.

La aportación de bienes de carácter privativo a la sociedad de gananciales puede ser con carácter gratuito u oneroso o participar de ambas naturalezas y de ello depende el tratamiento fiscal de las aportaciones; así:

- En el caso de aportaciones de dinero o signo que lo represente, al ser una operación lucrativa, no tributará en la modalidad TPO del ITP y tampoco en el ISD, pues el sujeto pasivo es la sociedad de gananciales y ésta no es sujeto pasivo del ISD.
- En el supuesto de tratarse de una aportación de inmuebles con carácter gratuito, tampoco tributará en el ISD y estará sometida al ITPAJD, modalidad de AJD, pero resultará exenta por aplicación de lo dispuesto en el art. 45.I. B).3 del Texto Refundido de la Ley del Impuesto sobre Transmisiones Patrimoniales y Actos Jurídicos Documentados.

Todo ello, conforme a lo dispuesto en la STS de 13 de febrero de 2023, rec. de casación número 4647/2021.

La Sala Tercera del TS en sentencia de 19 de enero de 2024, ha vuelto a señalar que la aportación a título gratuito por parte de uno de los cónyuges de un bien privativo a su sociedad de gananciales no está sujeta ni al ISD ni al ITPAJD.

El Impuesto sobre Sucesiones y Donaciones se aplica en todo el territorio nacional, sin perjuicio de los regímenes forales de Concierto con el País Vasco y de Convenio con Navarra y de lo dispuesto en Convenios y Tratados Internacionales. De esta manera, una donación en favor de una persona física residente en España. sujeto pasivo del ISD, está gravada por el impuesto, con independencia de dónde se encuentre el dinero en el momento de la donación (CDGTV de 21 de febrero de 2019).

Los contribuyentes con residencia fiscal en España están sometidos al ISD (CVDGT1244-17, de 22 de mayo de 2017).

El Impuesto sobre Sucesiones y Donaciones es un impuesto cedido a las Comunidades Autónomas; la totalidad de su rendimiento se encuentra cedido a las Comunidades Autónomas de régimen común, que, además, son titulares de importantes competencias normativas, las cuales se desarrollan en Leyes y disposiciones reglamentarias propias.

Por lo tanto, al igual que sucede con el IP, a la hora de conocer la normativa de este tributo, incluyendo sus beneficios fiscales, debemos acudir a la normativa de cada CC.AA. que, asimismo, puede alterarse cada año.

Por ejemplo, para conocer las disposiciones que regulan los impuestos cedidos en la CC.AA. de Madrid, incluyendo al ISD, hay que remitirse al Decreto Legislativo 1/2010, de 21 de octubre, del Consejo de Gobierno, por el que se aprueba el texto refundido de las disposiciones legales de la Comunidad de Madrid en materia de tributos cedidos por el estado, texto que ha sido objeto, por otro lado, de frecuentes alteraciones legislativas.

La Ley 11/2021, de 9 de julio, de Prevención y Represión del Fraude Fiscal, ha conlleva una reforma muy significativa en el IS y D, pues la base imponible de este impuesto centrada hasta la fecha en el "valor real", pasa ahora a situarse en el "valor de mercado" del bien, derecho o deuda transmitido lucrativamente y, en el caso, de los bienes inmuebles ese "valor de mercado" será como mínimo el llamado "valor de referencia" del inmueble establecido conforme a las reglas de la Dirección General del Catastro.

Como indica la Exposición de Motivos de la citada Ley 11/2021:

"La determinación del valor real ha sido fuente de buena parte de litigios de estos impuestos por su inconcreción. A este respecto, el Tribunal Supremo ha manifestado que no existe un valor real, entendido este como un carácter o predicado ontológico de las cosas, y ha establecido como doctrina jurisprudencial que, cuando exista un mercado de los bienes de que se trate, el valor real coincide con el valor de mercado. Por otra parte, este mismo órgano, en recientes pronunciamientos, entre ellos la sentencia 843/2018, de 23 de mayo de 2018, ha determinado que el método de comprobación consistente en la estimación por referencia a valores catastrales, multiplicados por índices o coeficientes, que recoge la Ley 58/2003, de 17 de diciembre, General Tributaria, no es idóneo, por su generalidad y falta de relación con el bien concreto de cuya estimación se trata, para la valoración de bienes inmuebles en aquellos impuestos en que la base imponible viene determinada legalmente por su valor real, salvo que tal método se complemente con la realización de una actividad estrictamente comprobadora directamente relacionada con el inmueble singular que se someta a avalúo, lo que dificulta en gran medida la facultad comprobadora de la Administración Tributaria. Esta dificultad se añade a la ya existente respecto de otros medios de comprobación de valores, como es el caso de la que se realiza mediante dictamen de peritos, sobre la que el Tribunal Supremo exige una comprobación «in situ», con visita del inmueble en cuestión, requisito exigido en diversas sentencias, entre las que cabe citar la sentencia 5306/2015, de 26 de noviembre de 2015. Por ello, se conceptúa como base imponible de

estos impuestos el valor de mercado del bien o derecho que se transmita o adquiera. Además, en aras de la seguridad jurídica, en el caso de bienes inmuebles, se establece que la base imponible es el valor de referencia previsto en el texto refundido de la Ley del Catastro Inmobiliario, aprobado por el Real Decreto Legislativo 1/2004, de 5 de marzo. Esta norma se modifica en consonancia con el cambio, amparando un garantista procedimiento administrativo para el general conocimiento del valor de referencia de cada inmueble. Para el caso en que no se disponga, o no sea posible certificar dicho valor de referencia, se establece la regla alternativa para la determinación de la base imponible".

Otros cambios incluidos en la Ley 11/2021 dentro de la regulación del ISD son los siguientes:

Se modifica la regulación de la acumulación de donaciones, para incluir los supuestos de contratos y pactos sucesorios que produzcan adquisiciones en vida del o de la causante. Además, se modifica la Ley del Impuesto, para extender su ámbito a todos los y las no residentes, ya sean residentes en un Estado miembro de la Unión Europea o del Espacio Económico Europeo o en un tercer Estado, en consonancia con la reciente jurisprudencia del Tribunal Supremo sobre la extensión del principio de libertad de movimiento de capitales consagrado en el Tratado de Funcionamiento de la Unión Europea, reflejada en diversas sentencias, entre las que cabe señalar la sentencia 242/18, de 19 de febrero.

Por último, la Ley 38/2022, de 27 de diciembre, altera la redacción de la Ley del Impuesto para integrar a la CC.AA. de La Rioja entre aquellas donde se ha de presentar obligatoriamente la autoliquidación del impuesto.

Por ello, desde 2023, el régimen de autoliquidación del ISD está establecido en las siguientes CC.AA.:

- Comunidad Autónoma de Andalucía.
- Comunidad Autónoma de Aragón.
- Comunidad Autónoma del Principado de Asturias.
- Comunidad Autónoma de las Illes Balears.
- Comunidad Autónoma de Canarias.
- Comunidad Autónoma de Cantabria.
- Comunidad Autónoma de Castilla-La Mancha.
- Comunidad de Castilla y León.
- Comunidad Autónoma de Cataluña.
- Comunidad Autónoma de Galicia.
- Comunidad Autónoma de la Región de Murcia.
- Comunidad Autónoma de La Rioja.
- Comunidad de Madrid.

- Comunidad Valenciana.

La última modificación reglamentaria relevante en la normativa del ISD se ha producido con la aprobación del Real Decreto 249/2023, de 4 de abril, por el que se modifican el Reglamento General de Desarrollo de la Ley 58/2003, de 17 de diciembre, General Tributaria, en materia de revisión en vía administrativa, aprobado por el Real Decreto 520/2005, de 13 de mayo; el Reglamento General de Recaudación, aprobado por el Real Decreto 939/2005, de 29 de julio; el Reglamento General de las actuaciones y los procedimientos de gestión e inspección tributaria y de desarrollo de las normas comunes de los procedimientos de aplicación de los tributos, aprobado por el Real Decreto 1065/2007, de 27 de julio; el Reglamento del Impuesto sobre Sucesiones y Donaciones, aprobado por el Real Decreto 1629/1991, de 8 de noviembre; el Reglamento del Impuesto sobre el Valor Añadido, aprobado por el Real Decreto 1624/1992, de 29 de diciembre; el Reglamento del Impuesto sobre la Renta de las Personas Físicas, aprobado por el Real Decreto 439/2007, de 30 de marzo, y el Reglamento del Impuesto sobre Sociedades, aprobado por el Real Decreto 634/2015, de 10 de julio (BOE de 5).

En este Real Decreto, su art. 4, modifica el Reglamento del ISD, aprobado por el Real Decreto 1629/1991, de 8 de noviembre, para adecuar la normativa interna al ordenamiento comunitario, con el fin de que los residentes en Estados miembros de la Unión Europea o de Estados que formen parte del Espacio Económico Europeo con normativa sobre asistencia mutua en materia de intercambio de información tributaria y de recaudación no necesiten nombrar representantes en España ante la Administración Tributaria en relación con sus obligaciones por el citado impuesto.

2.3.2.1. Reducciones

El esquema básico de liquidación del Impuesto sobre Sucesiones y Donaciones es el siguiente: una vez determinada la base imponible, se minora en el importe de las cargas, deudas y gastos deducibles.

A continuación, se aplican las reducciones estatales y autonómicas para calcular la base liquidable, sobre la que se aplica el tipo de gravamen.

La cuota tributaria se obtiene, aplicando a la cuota íntegra antes calculada, el coeficiente multiplicador en función de la cuantía de los tramos de patrimonio preexistente.

Por último, en su caso, habría que tener en cuenta la deducción por doble imposición internacional y la bonificación en cuota por residencia en Ceuta o Melilla.

En la regulación estatal de las reducciones destaca por su trascendencia en la tributación empresarial, la que afecta a la adquisición de la empresa familiar. Asimismo, las Comunidades Autónomas pueden establecer reducciones propias en la transmisión de activos empresariales o incrementar la reducción estatal.

2.3.2.2. Herencia, legado y otros títulos sucesorios

Los requisitos para que la adquisición "mortis causa" de una empresa individual, negocio profesional o participación en entidades dé derecho a una reducción en la base imponible del 95 por ciento son:

a) Que sea aplicable la exención del Impuesto sobre el Patrimonio —ver apartado anterior— sobre los bienes transmitidos, o al valor de derechos de usufructo sobre los mismos, o de derechos económicos derivados de la extinción de dicho usufructo, cuando se haga a favor del cónyuge, descendientes o adoptados de la persona fallecida y siempre que, con motivo del fallecimiento, se consolide el pleno dominio en el cónyuge, descendientes o adoptados, o perciban estos los derechos debidos a la finalización del usufructo en forma de participaciones en la empresa, negocio o entidad afectada.

Cuando no existan descendientes o adoptados, la reducción se aplica a las adquisiciones por ascendientes, adoptantes y colaterales, hasta el tercer grado y con los mismos requisitos. En todo caso, el cónyuge supérstite tiene derecho a la reducción del 95%.

Los requisitos de la exención del Impuesto sobre el Patrimonio de la empresa individual, negocio profesional o participación en entidades están desarrollados en el apartado anterior.

Se pueden sintetizar indicando que, en la calificación de empresarial de la actividad ejercida por la sociedad o por el causante, y en el hecho de que, bien la actividad ejercida directamente, bien lo percibido derivado de funciones directivas en la sociedad, así como que los rendimientos de tal actividad económica constituyan la principal fuente de renta del causahabiente.

El cumplimiento de los requisitos de la exención del Impuesto sobre el Patrimonio de los bienes y derechos o de las participaciones implica la remisión a las normas del IRPF en cuanto a la calificación de la actividad ejercida como empresarial.

Si la actividad de la sociedad o el negocio es el arrendamiento de inmuebles, para la aplicación de la exención del Impuesto sobre el Patrimonio y la posterior reducción en el Impuesto sobre Sucesiones y Donaciones, debe existir, al menos, una persona contratada a jornada completa.

Ejemplo

Se produce el fallecimiento de una persona jubilada que transmite una finca rústica alquilada, cuyas rentas tributaban como rendimientos del capital inmobiliario en el IRPF.

Solución:

Los herederos no tendrían derecho a la reducción en el Impuesto sobre Sucesiones, toda vez que el causante no tenía derecho a la exención en el Impuesto sobre el Patrimonio.

b) Que la adquisición se mantenga durante los diez años siguientes al fallecimiento del causante, excepto que fallezca el adquirente dentro de este plazo, debiendo practicar liquidación complementaria si se incumple el plazo.

Ese requisito de permanencia exige la obligación de mantener el valor sustancial de la adquisición durante diez años, pero no la continuidad en el ejercicio de la misma actividad que venía desarrollando el fallecido.

La obligación del mantenimiento de la adquisición se refiere a que se conserve el valor de la misma, prohibiéndose los actos de disposición y operaciones societarias que, directa o indirectamente, puedan dar lugar a una minoración sustancial del valor de la adquisición (CDGTVV 27 de octubre de 2017, V2763-17; 26 de febrero de 2018, V3084-18 y 23 de junio de 2020, V2105-20; STS de 2 de junio de 2021).

Ejemplo

Heredero que recibe participaciones en una sociedad con derecho a la exención del Impuesto sobre el Patrimonio e inmediatamente las vende y adquiere participaciones de fondos de inversión y deposita el resto en cuentas corrientes.

Tal transmisión y reinversión no afecta al requisito de permanencia la inmediata reinversión del importe de unas participaciones adquiridas "mortis causa" en otras de fondos de inversión y cuentas corrientes.

No obstante, no se exige que los causahabientes gocen, con posterioridad a la adquisición, de la exención en su correspondiente Impuesto sobre el Patrimonio, requisito que, por el contrario, sí se demanda en el supuesto de adquisición "inter vivos".

2.3.2.3. Donación y negocios equiparables

La donación de empresas individuales o negocios profesionales y entidades exentas del Impuesto sobre el Patrimonio da derecho a una reducción del 95% de su valor, cuando se realice a favor del cónyuge, de descendientes o adoptados, siempre que se cumplan los siguientes requisitos:

a) Que el donante tenga 65 o más años, o se encuentre en situación de incapacidad permanente, absoluta o gran invalidez.

b) Que, si el donante viniere ejerciendo funciones de dirección, deje de ejercerlas y de percibir remuneraciones por esta causa, desde la transmisión. La mera pertenencia al Consejo de Administración de la entidad no se considera función de dirección.

   Para determinar la existencia de funciones de dirección, lo decisivo es que tales funciones impliquen la administración, gestión, dirección, coordinación y funcionamiento de la correspondiente organización, cualquiera que sea la denominación empleada para calificarlas, lo que implica analizar la realidad de los hechos en cada caso por separado.

c) Que el donatario mantenga lo adquirido y el derecho a la exención en el Impuesto sobre el Patrimonio durante diez años, salvo que falleciera en ese plazo.

El donatario no podrá realizar actos de disposición y operaciones societarias que, directa o indirectamente, puedan dar lugar a una minoración sustancial del valor de la adquisición.

Ejemplo

Donación de un negocio de carnicería de un padre mayor de 65 años a su hijo. Para el hijo, los rendimientos de la carnicería superan el 50 por ciento de la totalidad de su base imponible en el IRPF. Tiene, por tanto, derecho a la reducción en el Impuesto sobre Sucesiones y Donaciones.

Es requisito de la reducción, no sólo el mantenimiento de la carnicería durante diez años por el donatario, sino también que ejerza la actividad de forma directa y sea su principal fuente de renta, según las normas que regulan la exención del Impuesto sobre Patrimonio.

Ejemplo

Donación de una oficina de farmacia por un padre a su hijo. El padre sigue ejerciendo funciones directivas como la de farmacéutico sustituto. El hijo no puede aplicarse la reducción del Impuesto sobre Sucesiones y Donaciones, toda vez que es requisito la desvinculación del donante de las funciones de dirección.

Ejemplo

Donación de actividad de taxi, licencia y vehículo por un padre a un hijo. A los 5 años, el donatario vende la licencia y adquiere una vivienda. Perdería el derecho a la reducción del Impuesto sobre Sucesiones y Donaciones, por dejar de disfrutar de la exención en el Impuesto sobre el Patrimonio.

De nuevo, se hace mención al cumplimiento de los requisitos del IRPF para que la actividad sea considerada empresarial y dé derecho a la exención del Impuesto sobre el Patrimonio y a la reducción en el Impuesto sobre Sucesiones y Donaciones.

Es aplicable en el ISD la reducción del 95 por ciento en la donación de una empresa familiar en favor de un hijo, cuando entre el valor de lo donado aparecen participaciones de la entidad objeto de donación con la naturaleza de empresas familiares o por la cesión de capitales, siempre que se acredite el requisito de afectación de los bienes empresariales.

En particular, las necesidades de capitalización, solvencia, liquidez o acceso al crédito, entre otras, no se oponen a esta idea de afectación (STS de 10 de enero de 2022, rec. de casación número 1563/2020).

Por último, la determinación de la base de reducción del 95 por ciento se aplica sobre el valor de la empresa individual o negocio profesional, minorando el valor de los bienes y derechos afectos a la actividad económica en el importe de las deudas derivadas de la actividad.

Las deudas derivadas de la actividad no se tendrán en cuenta de nuevo como deudas deducibles del caudal hereditario.

Dada la variedad de normativa autonómica relativa al ISD, es necesario analizar con detalle cada legislación autonómica, para conocer el alcance exacto de las reducciones anteriores.

2.3.3. Impuesto Temporal de Solidaridad a las Grandes Fortunas

El Impuesto Temporal de Solidaridad a las Grandes Fortunas, ISF o ITSGF, es un tributo, en principio, de carácter temporal, que grava el patrimonio de las personas físicas.

El impuesto se estructura de manera similar al IP, por lo que los parámetros del impuesto (hecho imponible, devengo, elementos personales, valoración, etc.) son equivalentes a los del impuesto patrimonial.

El primer ejercicio de entrada en vigor del ISF recayó sobre el valor del patrimonio neto a 31 de diciembre de 2022, declarándose en 2023.

También es de aplicación para los ejercicios 2023 y 2024.

El ISF parte de un mínimo exento general de 3 millones de euros y sobre su cuota será deducible la cuota tributaria abonada por el IP, por lo que este se configura como una especie de pago a cuenta del ISF. A este mínimo exento hay que añadirle el mínimo exento general del IP, 700.000 euros, cuantía utilizable tanto por las personas físicas residentes como por las no residentes. De esta forma, el ISF solo resulta efectivamente aplicable sobre patrimonios netos de valor superior a 3,700.000 euros.

El nuevo impuesto se crea por la Ley Ley 38/2022, de 27 de diciembre, para el establecimiento de gravámenes temporales energético y de entidades de crédito y establecimientos financieros de crédito y por la que se crea el impuesto temporal de solidaridad de las grandes fortunas, y se modifican determinadas normas tributarias (BOE de 28), art. 3.

Por otro lado, se prorroga para el año 2024 mediante el Real Decreto-ley 8/2023, de 27 de diciembre, por el que se adoptan medidas para afrontar las consecuencias económicas y sociales derivadas de los conflictos en Ucrania y Oriente Próximo, así como para paliar los efectos de la sequía (BOE de 28).

En general, sobre las complejas relaciones legislativas entre el ITSGF y el IP y su reciente declaración de constitucionalidad por nuestro TC, nos remitimos al epígrafe anterior de esta Guía 2.3.1. Impuesto sobre el Patrimonio, además de la ya comentada relativa a la Comunidad Autónoma de Madrid, ver epígrafe 2.3.1.

Otra STS favorable a la constitucionalidad del ITSGF frente a lo planteado por la Junta de Andalucía es la Sentencia 170/2023, de 22 de noviembre de 2023. Recurso de inconstitucionalidad 1258-2023. Interpuesto por el Gobierno de la Junta de Andalucía respecto del artículo 3 de la Ley 38/2022, de 27 de diciembre, para el establecimiento de gravámenes temporales energético y de entidades de crédito y establecimientos financieros de crédito y por la que se crea el impuesto temporal de solidaridad de las grandes fortunas, y se modifican determinadas normas tributarias, por supuesta vulneración del derecho al ejercicio de las funciones representativas (homogeneidad de las enmiendas parlamentarias respecto del texto que se pretende modificar), principios de legalidad tributaria, capacidad económica y no confiscatoriedad, corresponsabilidad fiscal y lealtad institucional: STC 149/2023 (constitucionalidad del precepto legal que crea el impuesto temporal sobre grandes fortunas como tributo directo, de naturaleza personal y complementario del impuesto sobre el patrimonio) (BOE de 21 de diciembre).

Existe un voto particular.

Dos son las finalidades principales de este nuevo impuesto, según el legislador. La primera de ellas es recaudatoria, a fin de exigir, en estos tiempos de crisis energética y de inflación, un mayor esfuerzo a quienes disponen de una mayor capacidad económica, es decir, una muestra de solidaridad de las grandes fortunas.

La segunda finalidad es armonizadora, con el objetivo de disminuir las diferencias en el gravamen del patrimonio en las distintas CC.AA., especialmente para que la carga tributaria de los contribuyentes residentes en aquellas CC.AA. que han desfiscalizado total o parcialmente el Impuesto sobre el Patrimonio no difiera sustancialmente de la de los contribuyentes de las CC.AA. en las que no se ha optado por reducir la tributación por dicho impuesto.

Como hemos indicado, epígrafe 2.3.1, las CCAA que había bonificado al 100% la cuota del IP, tras las sentencias del TC, han vuelto a recuperar efectivamente este impuesto, dejando, a su vez, vacío de contenido recaudatorio el ITSGF para los sujetos pasivos residentes habituales en su CCAA.

Así, el Impuesto Temporal de Solidaridad de las Grandes Fortunas es un impuesto cuya configuración coincide básicamente con la del Impuesto sobre el Patrimonio, tanto en cuanto a su ámbito territorial, exenciones, sujetos pasivos, bases imponible y liquidable, devengo y tipos de gravamen, como en el límite de la cuota íntegra. La diferencia fundamental reside en el hecho imponible, que grava solo aquellos patrimonios netos que superen los 3.000.000 de euros.

El carácter de complementario del Impuesto sobre el Patrimonio se consigue en el Impuesto Temporal de Solidaridad de las Grandes Fortunas mediante la deducción en la cuota de este impuesto, además de las deducciones y bonificaciones del primero, de la cuota efectivamente satisfecha en dicho impuesto.

De esta forma, tal y como se detalle en el epígrafe 2.3.1 anterior, aunque con distinta configuración normativa; en 2023 y 2024, lo que sucederá será que, efectivamente, en todas las CCAA, el IP tendrá un efecto real en todo el territorio español; pero en las CCAA, caso de Madrid y Andalucía, donde existía una bonificación del 100% en el IP, ahora, se deducirá de la cuota íntegra del IP, la cuota tributaria a pagar por el ITSGF. De esta forma, los sujetos pasivos solo pagarán efectivamente la diferencia a la CCAA donde tengan su residencia fiscal.

De este modo se evita la doble imposición, ya que los sujetos pasivos del Impuesto Temporal de Solidaridad de las Grandes Fortunas solo tributarán por la parte de su patrimonio que no haya sido gravado por su Comunidad Autónoma.

Además, para acentuar su finalidad de que el esfuerzo solidario se exija solo a los sujetos pasivos con patrimonios de un importe significativo, los primeros 3.000.000 de euros se gravan al tipo 0 y, tras sumar a este monto el mínimo exento general del IP; 700.000 euros, resulta que la sujeción efectiva al ITSGF empieza a 3.700.000 euros.

En cuanto a su ámbito temporal, se preveía una vigencia de dos años, de manera que resulte aplicable en los dos primeros ejercicios en que, a partir de su entrada en vigor, se devengue dicho impuesto, si bien se introdujo una cláusula de revisión, para efectuar una evaluación de sus resultados al final de su vigencia y valorar su mantenimiento o supresión.

Sin embargo, el RD-L 8/2023 ha prorrogado la vigencia de este tributo para el ejercicio 2024.

El ISF es un tributo directo, de carácter estatal y, en consecuencia, no está cedida ni su gestión ni su recaudación a las CC.AA.

Sobre su base imponible se introduce un mínimo exento general de 700.000 euros. Conforme a lo establecido en el RD-L 8/2003, se ha incorporado para el año 2024 pero con efectos retroactivos un mínimo exento de 700.000 euros para los sujetos pasivos no residentes, haciendo coincidir, de esta forma, el mínimo exento general para todos los sujetos pasivos sometidos a los dos gravámenes de carácter patrimonial, cualesquiera sea la residencia fiscal del sujeto pasivo sometido al impuesto.

La base liquidable del impuesto será gravada a los tipos de la siguiente escala:

Base liquidable – Hasta euros	Cuota – Euros	Resto Base liquidable – Hasta euros	Tipo aplicable – Porcentaje
0,00	0,00	3.000.000,00	0,00
3.000.000,00	0,00	2.347.998,03	1,7
5.347.998,03	39.915,97	5.347.998,03	2,1
10.695.996,06	152.223,93	En adelante	3,5

Existe un límite de la cuota íntegra, ya que la cuota íntegra de este impuesto, conjuntamente con las cuotas del Impuesto sobre la Renta de las Personas Físicas y del Impuesto sobre el Patrimonio, no podrá exceder, para los sujetos pasivos sometidos al impuesto por obligación personal, del 60 por 100 de la suma de las bases imponibles del primero.

A estos efectos, resultarán aplicables las reglas sobre el límite de la cuota íntegra del Impuesto sobre el Patrimonio, establecidas en la Ley 19/1991, de 6 de junio, del Impuesto sobre el Patrimonio, si bien, en el supuesto de que la suma de las cuotas de los tres impuestos supere el límite anterior, se reducirá la cuota de este impuesto hasta alcanzar el límite indicado, sin que la reducción pueda exceder del 80 por 100.

Lo esencial, a efectos de la PYME, es que, al seguir el ISF, la estructura y componentes del IP, aquellos bienes, derechos y deudas que gocen de las exenciones de la empresa familiar también estarán exentos, en igualdad de condiciones, en el ISF.

El ISF se ha autoliquidado por primera vez en 2023, a través del modelo 718. Esa liquidación es la correspondiente al ejercicio 2022. Durante julio de 2024 se prevé liquidar el impuesto correspondiente al año 2023.

Recordamos, asimismo, que la vigencia del tributo se ha ampliado también para 2024.

Legislación

LEY

Artículo 3 de la Ley 38/2022, de 27 de diciembre, para el establecimiento de gravámenes temporales energético y de entidades de crédito y establecimientos financieros de crédito y por la que se crea el impuesto temporal de solidaridad de las grandes fortunas, y se modifican determinadas normas tributarias (BOE de 28).

REAL DECRETO-LEY

Artículo 17 del Real Decreto-ley 8/2023, de 27 de diciembre (BOE 28 de diciembre), por el que se adoptan medidas para afrontar las consecuencias económicas y sociales derivadas de los conflictos en Ucrania y Oriente Próximo, así como para paliar los efectos de la sequía (BOE de 28).

ORDEN MINISTERIAL

Orden HFP/587/2023, de 9 de junio, por la que se aprueba el modelo 718 "Impuesto Temporal de Solidaridad de las Grandes Fortunas", se determina el lugar, forma y plazos de su presentación, las condiciones y el procedimiento para su presentación (BOE de 12).

2.4. La tributación en el Impuesto sobre Sociedades

2.4.1. Introducción

El artículo 31.1 de la Constitución Española dispone que "todos contribuirán al sostenimiento de los gastos públicos de acuerdo con su capacidad económica". Entre otras formas, la capacidad económica se manifiesta a través de la renta obtenida durante un determinado período de tiempo. Si quien percibe dicha renta, es una persona jurídica, la obligación constitucional de contribuir debe llevarse a cabo mediante el pago del Impuesto sobre Sociedades.

El Impuesto sobre Sociedades es un tributo de carácter directo (ya que grava un índice directo de la capacidad económica, como es la renta obtenida en el período impositivo), naturaleza personal (ya que el hecho imponible se define por referencia a unas personas concretas, como son las personas jurídicas), periódico (pues la obligación de contribuir tiene lugar por cada período impositivo) y sintético (se grava por igual todas las rentas cualquiera que fuese su origen).

Este impuesto es de aplicación en todo el territorio español, sin perjuicio de los regímenes tributarios forales de Concierto y Convenio Económico en vigor, respectivamente, en los Territorios Históricos de la Comunidad Autónoma del País Vasco y en la Comunidad Foral de Navarra, así como el régimen fiscal de Canarias. Además, también son de aplicación las normas establecidas en los tratados y convenios internacionales que formen parte del ordenamiento interno español, que son de aplicación cuando entidades residentes obtienen rentas en países extranjeros con convenio formalizado con el Estado español, así como a entidades no residentes cuando obtienen rentas en territorio español, al objeto de evitar situaciones de doble imposición.

Por otra parte, la LIS contiene regímenes fiscales especiales que tienen como finalidad incentivar, en unos casos, la realización de determinadas actividades (por ejemplo, el arrendamiento de viviendas, explotación de hidrocarburos, minerales, etc.) o de actividades en determinados territorios (Ceuta, Melilla, Baleares y Canarias). También establece, en otros casos, regímenes fiscales especiales en función de la naturaleza del contribuyente, como Instituciones de inversión colectiva, Uniones temporales de empresas, Sociedades de capital riesgo, etc.).

En Canarias existen importantes especialidades fiscales, dentro del marco de lo que se conoce como Régimen Económico y Fiscal de Canarias, el cual está regulado por la Ley 19/1994, de 6 de julio; recientemente modificada por la Ley 8/2018, de 5 de noviembre, por la que se modifica la Ley 19/1994, de 6 de julio, de modificación del Régimen Económico y Fiscal de Canarias ("Boletín Oficial del Estado" de 6).

Constituye el hecho imponible de este tributo, es decir, el nacimiento de la obligación tributaria, la obtención de renta por el contribuyente, cualquiera que sea su fuente u origen, esto es, tanto si la renta se obtiene en territorio español como en el extranjero, como si procede o no de la realización de actividades económicas.

A efectos del Impuesto sobre Sociedades, se entiende por actividad económica la ordenación por cuenta propia de los medios de producción y de recursos humanos o de uno de ambos con la finalidad de intervenir en la producción o distribución de bienes o servicios. Tratándose del arrendamiento de inmuebles, se entiende que existe actividad económica, únicamente cuando para su ordenación se utilice, al menos, una persona empleada con contrato laboral y jornada completa. En el supuesto de entidades que formen parte del mismo grupo de sociedades (según los criterios establecidos en el artículo 42 del Código de Comercio, con independencia de la residencia y de la obligación de formular cuentas anuales consolidadas), el concepto de actividad económica se determinará, teniendo en cuenta a todas las que formen parte del mismo, por lo que si una entidad tiene los inmuebles y otra los medios materiales y personales dedicados a la gestión del arrendamiento de esos inmuebles, se entendería cumplido el requisito de medios personales y, por tanto, se entiende que la primera entidad realiza una actividad económica. A efectos del cómputo de la persona empleada, la interpretación administrativa (DGT 29-5-18, V1437-18) ha entendido que no se cumple este requisito por el hecho de tener dos o más trabajadores con contrato laboral a media jornada, sino que, al menos, uno de ellos ha de tener contrato laboral a jornada completa. También se entiende que hay actividad económica, aun en el caso de que el empleado gestione el arrendamiento de inmuebles de distinta naturaleza (DGT 14-1-20, V0056-20).

No obstante, se entiende cumplido el requisito del empleado si la gestión de esta actividad se cede a un tercero si el gestor externo dispone de un empleado dedicado a la gestión del arrendamiento de los inmuebles del contribuyente (DGT 18-9-18, V2508-18).

Caso de personas físicas que tenga el control (más del 50% del capital) de dos o mas entidades, alguna de ellas dedicada al arrendamiento de inmuebles, dado que en este caso no hay grupo en el sentido del artículo 42 del Código de Comercio, los requisitos de personal se computan de forma individual en cada entidad (DGT 25-3-22, V0647-22).

Existen una serie de entidades que, desde la perspectiva del Impuesto sobre Sociedades, no realizan una actividad económica. Son las denominadas entidades patrimoniales. Una entidad patrimonial es aquella en la que más de la mitad de su activo esté constituido por valores o no esté afecto, en los términos antes señalados, a una actividad económica. El valor del activo, de los valores y de los elementos patrimoniales no afectos a una actividad económica será el que se deduzca de la media de los balances trimestrales de la entidad o, en su caso, tratándose de un grupo de sociedades, de los balances consolidados.

La interpretación administrativa (DGT 21-12-16, V5401-16) (DGT 27-7-18, V2262-18) entiende que la gestión de valores superiores al 5% no supone el desarrollo de una actividad económica, de manera que la tesorería e inversiones financieras acumuladas correspondientes a los dividendos percibidos de las entidades participadas se consideran como elementos no afectos al tiempo de determinar si la entidad es o no patrimonial, salvo que se trate de participaciones de al menos el 5%.

La Disposición Adicional única del Real Decreto 634/2015, de 10 de julio, por el que se aprueba el Reglamento del Impuesto sobre Sociedades, RIS, indica que, a efectos de determinar si una entidad reúne o no los requisitos para ser calificada como patrimonial, en períodos impositivos iniciados con anterioridad al 1 de enero de 2015, se tendrá en cuenta la suma agregada de los balances anuales de los períodos impositivos correspondientes al tiempo de tenencia de la participación, con el límite de los iniciados con posterioridad a 1 de enero de 2009, y salvo prueba en contrario.

A estos efectos, no deben computarse como valores los siguientes:

- Los poseídos para dar cumplimiento a obligaciones legales y reglamentarias.
- Los que incorporen derechos de crédito nacidos de relaciones contractuales establecidas como consecuencia del desarrollo de actividades económicas.
- Los poseídos por sociedades de valores como consecuencia del ejercicio de la actividad constitutiva de su objeto.
- Los que otorguen, al menos, el 5% del capital de una entidad y se posean durante el plazo mínimo de un año, con la finalidad de gestionar y dirigir la participación, siempre que se disponga de la correspondiente organización de medios materiales y personales, y la entidad participada no sea una entidad patrimonial

(esta condición se determinará teniendo en cuenta todas las sociedades que formen de un grupo de sociedades).

Aun cuando las entidades patrimoniales son contribuyentes del IS y, por tanto, tributan por ese impuesto, sin embargo, están limitadas a la aplicación de algunas de las especialidades fiscales, siendo la más importante que esas entidades no pueden tributar por el régimen fiscal de las empresas de reducida dimensión ni pueden aplicar el tipo de gravamen reducido del 15% establecido para las entidades de nueva creación.

Con carácter general, son contribuyentes del impuesto, siempre que tengan su residencia en territorio español, las personas jurídicas, incluidas, desde 1-1-2016, las sociedades civiles que tengan objeto mercantil (los contribuyentes del Impuesto sobre Sociedades se designan abreviada e indistintamente por la norma como sociedades o entidades), considerándose que son residentes en territorio español, las entidades en las que concurra alguno de los siguientes requisitos:

- Que se hubieran constituido conforme a las leyes españolas.
- Que tengan su domicilio social en territorio español.
- Que tengan su sede de dirección efectiva en territorio español, entendiéndose, a estos efectos, que una entidad tiene su sede de dirección efectiva en territorio español cuando radique en España la dirección y el control de sus actividades.

Las sociedades civiles con objeto mercantil y no mercantil son contribuyentes del IS (DGT 21-6-16, V2811-16) (DGT 3-6-16, V2424-16). Debe tenerse presente que las comunidades de bienes no son contribuyentes del IS, al no tener personalidad jurídica, por lo que tributan en atribución de rentas aun cuando desarrollen una actividad mercantil (DGT 8-3-18, V0629-18).

Los contribuyentes del impuesto son gravados por la totalidad de la renta que obtengan, independientemente del lugar en el que dicha renta se haya producido y de la residencia del pagador de la misma, por lo que puede haber una doble imposición cuando la renta se haya obtenido en el extranjero si el país donde se genera la renta también grava la misma, de manera que en estos casos la LIS regula mecanismos para evitar esa doble imposición internacional.

Por lo demás, el domicilio fiscal de los contribuyentes residentes en territorio español será el de su domicilio social, siempre que en él esté efectivamente centralizada la gestión administrativa y la dirección de sus negocios. En otro caso, debe entenderse al lugar en que se realice dicha gestión o dirección. Si no pudiese determinarse el domicilio fiscal mediante la aplicación de los criterios señalados, prevalecerá aquél donde radique el mayor valor del inmovilizado.

La declaración liquidación del Impuesto sobre Sociedades del periodo impositivo 2022, a realizar, en general, hasta el 25 de julio de 2023 cuando el período impositivo coincide con el año natural, se regula en la Orden HFP/523/2023, de 22 de mayo, por la que se aprueban los modelos de declaración del Impuesto sobre Sociedades y del Impuesto sobre la Renta de no Residentes correspondiente a establecimientos permanentes y a entidades en régimen de atribución de rentas constituidas en el extranjero con presencia en territorio español, para los períodos impositivos iniciados entre el 1 de enero y el 31 de diciembre de 2022, se dictan instrucciones relativas al procedimiento de declaración e ingreso y se establecen las condiciones generales y el procedimiento para su presentación electrónica (Boletín Oficial del Estado de 29 de mayo de 2023).

El modelo de autoliquidación del IS del período impositivo 2023, a realizar, en general, hasta el 25 de julio de 2024, cuando el período impositivo coincide con el año natural, se aprobará en el año 2024, con anterioridad al comienzo del plazo de la declaración.

Legislación

LEY

Ley 27/2014, de 27 de noviembre, del Impuesto sobre Sociedades (en adelante LIS), artículos 1 a 9.

REGLAMENTO

Real Decreto 634/2015, de 10 de julio, por el que se aprueba el Reglamento del Impuesto sobre Sociedades (en adelante RIS), vigente para los períodos impositivos iniciados a partir de 1 de enero de 2015, salvo su artículo 14, que entrará en vigor a partir de 1 de enero de 2016.

2.4.2. Concepto y determinación de la base imponible

En el Impuesto sobre Sociedades la base imponible la constituye la renta obtenida por el contribuyente en el período impositivo, minorada por la compensación de las bases imponibles negativas generadas en períodos impositivos anteriores que estén pendientes de compensar.

A su vez, la renta del período se define como el resultado contable de la entidad (saldo de la cuenta de pérdidas y ganancias) corregido por los ajustes fiscales extracontables, positivos y negativos, que procedan por la aplicación de los preceptos de la LIS.

En consecuencia, la base imponible en el Impuesto sobre Sociedades se determina mediante la siguiente fórmula:

Base imponible = Resultado contable del ejercicio ± Ajustes fiscales extracontables – Compensación de bases imponibles negativas de ejercicios anteriores

El resultado contable del ejercicio, que sirve de punto de referencia para calcular la base imponible de la entidad, debe determinarse de acuerdo con las normas previstas en el Código de Comercio, en las demás leyes relativas a dicha determinación y en las disposiciones que se dicten en desarrollo de dichas normas. En el ámbito mercantil, todas las empresas, cualquiera que sea su forma jurídica, individual o societaria, están obligadas a aplicar los criterios del Plan General de Contabilidad, por lo que el resultado contable de cada ejercicio determinado de acuerdo con esos criterios, será el que se tome como punto de partida para determinar la base imponible del Impuesto sobre Sociedades.

Los ajustes fiscales extracontables son partidas que deben sumarse o restarse del resultado contable del ejercicio, para determinar la base imponible de la entidad, cuyo origen se encuentra en la disparidad de criterios que pueden existir entre la norma fiscal y la norma contable, respecto de la calificación, de la valoración o de la imputación temporal de determinas partidas de ingresos y de gastos.

Las diferencias de calificación surgen, con carácter general, porque existen determinados gastos contables que no tienen la consideración de gastos fiscalmente deducibles (ajustes positivos). Del mismo modo, existen determinados ingresos que no se computan como tales desde el punto de vista fiscal (ajustes negativos). Estos ajustes tienen carácter permanente, esto es, no revierten como ajustes de signo contrario en ningún período impositivo posterior, lo cual incide en el importe del gasto contable de cada ejercicio, aumentando o disminuyendo en función de que el ajuste sea positivo o negativo, respectivamente.

Las diferencias de valoración aparecen porque hay ciertos gastos e ingresos contables o bien determinados elementos patrimoniales que son valorados, desde el punto de vista fiscal, por un importe o valor diferente al que resulta de aplicar las normas contables. Estos ajustes normalmente tienen carácter temporal, esto es, revierten como ajustes de signo contrario en algún período impositivo posterior a efectos de determinar la base imponible de este último periodo. A efectos contables estos ajustes no afectan al cálculo del gasto por el Impuesto sobre Sociedades en cada ejercicio.

Las diferencias de imputación temporal se producen porque algunos gastos e ingresos se integran o imputan temporalmente en la cuenta de pérdidas y ganancias (es decir, en el resultado contable) en un ejercicio distinto al de su integración o imputación en la base imponible del Impuesto sobre Sociedades. Estos ajustes tienen carácter temporal, esto es, revierten como ajustes de signo contrario en algún período impositivo posterior.

Cuando los criterios contables y fiscales de calificación, de valoración y de imputación temporal son coincidentes, no existiendo, por tanto, diferencias, los gastos y los ingresos, integrados en el resultado contable de acuerdo con la normativa contable, tienen plena eficacia fiscal, para la determinación de la base imponible del Impuesto sobre Sociedades.

Si la base imponible de un ejercicio, determinada de la forma antes comentada, resulta negativa, la entidad podrá compensar dicha base negativa con las rentas positivas de los ejercicios siguientes, sin límite temporal, quedando sujeta dicha compensación a una serie de limitaciones cuantitativas y condicionada al cumplimiento de un conjunto de requisitos (LIS art. 26).

La base imponible tiene una relación directa con el importe del impuesto a pagar, dado que la cuota íntegra se determina aplicando el tipo general de gravamen (25%, 23% o 15%, según proceda) sobre la cuantía de la base imponible que resulte en el período impositivo.

Ejemplo

1) El saldo de la cuenta de pérdidas y ganancias (es decir, el resultado contable) de la entidad ALFA asciende en el ejercicio 202X a 10.000. En dicho resultado aparecen computados determinados gastos, por importe de 500, que no son fiscalmente deducibles. Así mismo, existen ciertos ingresos, integrados en el mencionado resultado, cuyo importe asciende a 800, que fiscalmente deben imputarse o integrarse en la base imponible de un ejercicio posterior. Además, la entidad ALFA tuvo, en el ejercicio 202X-2, una base imponible negativa, que se encuentra pendiente de compensación, cuyo importe, de – 1.200, cumple las limitaciones y requisitos establecidos por la norma para poder proceder a dicha compensación. Finalmente, la entidad ALFA no ha practicado ninguna reducción en su base imponible en concepto de reserva de capitalización.

Determinar la base imponible del Impuesto sobre Sociedades de la sociedad ALFA en el ejercicio 202X.

Solución:

Importes en euros Entidad ALFA. Ejercicio 202X	
Resultado contable	10.000
Ajuste extracontable positivo (gastos no deducibles)	+ 500
Ajuste extracontable negativo (ingresos no computables)	– 800
Compensación base imponible negativa ejercicio 201X-2	– 1.200
Base imponible	8.500

2) El resultado contable de la entidad ALFA del ejercicio 202X arroja una pérdida de 2.000. En este ejercicio el importe de gastos no deducibles asciende a 4.500, siendo deducible en este período gastos contabilizados en ejercicios anteriores no deducibles en los mismos, por importe de 1.000.

Solución:

Importes en euros Entidad ALFA. Ejercicio 202X	
Resultado contable	+2.000
Ajuste extracontable positivo (gastos no deducibles)	+ 4.500
Ajuste extracontable negativo (gastos no deducibles de ejercicios anteriores)	– 1.000
Base imponible	1.500

El signo de los ajustes extracontables puede transformar una pérdida contable en una base imponible positiva.

3) El resultado contable de la entidad ALFA del ejercicio 202X arroja un beneficio de 2.000. En este ejercicio el importe de gastos no deducibles asciende a 500, siendo deducible en este período gastos contabilizados en ejercicios anteriores no deducibles en los mismos, por importe de 4.000.

Solución:

Importes en euros Entidad ALFA. Ejercicio 20X0	
Resultado contable	+ 2.000
Ajuste extracontable positivos	+ 500
Ajuste extracontable negativos (gastos deducibles en este ejercicio contabilizados en ejercicios anteriores)	– 4.000
Base imponible	– 1.500

El signo de los ajustes extracontables puede transformar un beneficio contable en una base imponible negativa.

La base imponible del Impuesto sobre Sociedades se calcula, sumando y restando al resultado contable los ajustes extracontables positivos y negativos, respectivamente. Si la base imponible de un ejercicio resulta negativa, puede compensarse con las renta positivas de los ejercicios siguientes.

Legislación

LEY

LIS, artículo 10.

2.4.3. Imputación temporal. Inscripción contable de ingresos y gastos

2.4.3.1. Criterio general de imputación temporal. El principio del devengo

El criterio general de imputación temporal de ingresos y gastos a cada período impositivo, en el Impuesto sobre Sociedades, es el de devengo, respetando, además, en todo momento, la debida correlación entre ambas magnitudes, con independencia de la fecha del cobro o pago, respectivamente, de tales ingresos y gastos.

El Plan General de Contabilidad también aplica el principio del devengo como criterio de imputación de ingresos y gastos a cada ejercicio. Por tanto, existe coincidencia desde el punto de vista contable y fiscal en cuanto al criterio general de imputación temporal de ingresos y gastos, de acuerdo con el principio del devengo.

Así, los ingresos y los gastos derivados de las transacciones o hechos económicos deben imputarse al período impositivo en que se produzca su devengo, con arreglo a la normativa contable, con independencia de la fecha de su pago o de su cobro, respetando la debida correlación entre unos y otros.

En definitiva, con carácter general el resultado contable antes de registrar el gasto por el IS coincide con la base imponible, y solo proceden realizar ajustes fiscales, positivos y negativos, a dicho resultado contable cuando el contribuyente haya realizado en el período impositivo operaciones donde la LIS establezca una calificación, valoración o imputación de los ingresos y gastos derivados de dichas operaciones diferente a la establecida en la norma contable, ajustes que pueden tener la consideración de temporales o permanentes, en función de que reviertan o no a la base imponible de otro período impositivo.

Con carácter general, los ingresos y los gastos deben imputarse fiscalmente en el ejercicio en que los mismos se devenguen. Por tanto, el criterio fiscal de imputación temporal de ingresos y gastos coincide con el contable.

2.4.3.2. Excepción al principio del devengo en función de la imagen fiel

La norma contable establece que, en casos excepcionales, si la aplicación de una disposición legal en materia de contabilidad fuera incompatible con la imagen fiel que deben proporcionar las Cuentas Anuales, tal disposición no será aplicable. En estos casos, en la Memoria de las Cuentas Anuales deberá señalarse esa falta de aplicación, motivarse suficientemente y explicarse su influencia sobre el patrimonio, la situación financiera y los resultados de la empresa.

La posibilidad de excepcionar la aplicación del principio del devengo, en estos casos, también existe en el ámbito fiscal. La norma fiscal dispone que la eficacia fiscal de los criterios de imputación temporal de ingresos y gastos, distintos de los de devengo y correlación, pueden ser utilizados excepcionalmente para conseguir la imagen fiel del patrimonio, de la situación financiera y de los resultados, quedando supeditada su aplicación a la oportuna aprobación por la Administración tributaria previa solicitud por el contribuyente.

El RIS dispone que las entidades que utilicen, a efectos contables, un criterio de imputación temporal de ingresos y gastos diferente al devengo (como puede ser entre otros, el criterio de caja), deberán presentar ante la Administración tributaria una solicitud para que el referido criterio tenga eficacia fiscal.

La solicitud debe presentarse con, al menos, 6 meses de antelación a la conclusión del primer período impositivo, respecto del que se pretenda que tenga efectos, y deberá contener los siguientes datos:

- Descripción de los ingresos y gastos a los que afecta el criterio de imputación temporal, haciendo constar, además de su naturaleza, su importancia en el conjunto de las operaciones del contribuyente.
- Descripción del criterio de imputación temporal cuya eficacia fiscal se solicita. En el caso de que el criterio de imputación temporal sea de obligado cumplimiento, deberá especificarse la norma contable que establezca tal obligación.
- Justificación de la adecuación del criterio de imputación temporal propuesto a la imagen fiel que deben proporcionar las cuentas anuales y explicación de su influencia sobre el patrimonio, la situación financiera y los resultados del contribuyente.
- Descripción de la incidencia, a efectos fiscales, del criterio de imputación temporal.

El procedimiento deberá finalizar antes de 6 meses, contados desde la fecha en que la solicitud haya tenido entrada en cualquiera de los Registros del órgano administrativo competente o desde la fecha de subsanación de la misma a requerimiento de dicho órgano. Transcurrido el citado plazo de 6 meses, sin haberse producido una resolución expresa, se entenderá aprobado el criterio de imputación temporal de ingresos y gastos utilizado por el contribuyente (silencio positivo).

Por lo demás, según dispone la Orden HAP/1431/2015, de 16 de julio, por la que se modifica la Orden PRE/3581/2007, de 10 de diciembre, por la que se establecen los departamentos de la AEAT y se les atribuyen funciones y competencias, el órgano competente para instruir y resolver el procedimiento es el Departamento de Inspección Financiera y Tributaria. En concreto, la resolución del procedimiento recae en el titular del Departamento de Inspección Financiera y Tributaria.

Para conseguir la imagen fiel de la entidad pueden aplicarse criterios de imputación temporal para los ingresos y los gastos distintos del de devengo, contando siempre con la correspondiente aprobación previa de la Administración tributaria.

2.4.3.3. El principio de inscripción contable de los gastos

La norma fiscal considera que no son fiscalmente deducibles, los gastos que no se hayan imputado contablemente en la cuenta de pérdidas y ganancias o en una cuenta de reservas, si así lo establece una norma legal o reglamentaria. En este sentido, por ejemplo, la norma contable establece que los gastos de emisión de nuevas acciones de una entidad se registren contra reservas (como son los gastos de notarios, registros, publicidad, gastos de colocación, etc), de manera que estos gastos también serían deducibles, para lo cual procedería hacer un ajuste negativo al resultado contable por el importe de tales gastos para determinar la base imponible, dado que esos gastos son deducibles si bien no están registrados en la cuenta de pérdidas y ganancias pero están contabilizados en cuentas de reservas en cumplimiento del PGC.

En definitiva, para que un gasto sea fiscalmente deducible, debe estar contabilizado en el ejercicio en que se ha devengado, con independencia de que la LIS pueda establecer un criterio de deducción en un período impositivo posterior o anterior al de su registro contable (ajuste positivo o negativo, respectivamente), cuando la LIS establezca algún precepto específico acerca de la imputación de ese gasto en la base imponible.

Así, por ejemplo, en materia de gastos por amortización, caso de que se amortice un elemento en un porcentaje superior al admitido a efectos fiscales, sin que se justifique que ese porcentaje responde a la depreciación efectiva del elemento, solo es deducible el gasto resultante de aplicar el porcentaje fiscal, por lo que el exceso de gasto contable sobre el fiscal no sería deducible, lo cual exige hacer un ajuste positivo al resultado contable de ese ejercicio para determinar la base imponible, sin perjuicio de que ese exceso de gasto contable recupere su deducción en el ejercicio posterior en el que el elemento esté completamente amortizado a efectos contables.

En otros casos la LIS admite una amortización fiscal superior a la contable, fiscalmente deducible. Dicha deducción se hace efectiva mediante el correspondiente ajuste extracontable negativo al resultado contable por el importe de la amortización fiscal superior a la contable. Lo mismo puede decirse para los supuestos de aceleración de la amortización. En definitiva, en estos casos la LIS permite acelerar a efectos fiscales la amortización de los elementos de inmovilizado, es decir, en el resultado contable se registra la amortización económica de dichos elementos mientras que, a efectos fiscales, se permite deducir un importe superior a esa amortización contabilizada a través de realizar ajustes negativos al resultado contable por el exceso de la amortización fiscal sobre la contable, sin necesidad de que dicho exceso esté contabilizado, de manera que una vez el elemento esté totalmente amortizado a efectos fiscales, la amortización contable no sería deducible, para lo cual se realizarán ajustes positivos al resultado contable por el importe del gasto por amortización contabilizada no deducible en esos ejercicios. Por tanto, en estos casos los ajustes fiscales son temporales dado que revierten con signo contrario en períodos impositivos posteriores.

En definitiva, en estos casos, la LIS establece un criterio de deducción de gastos en períodos impositivos anteriores al de su registro contable de devengo.

Para que un gasto sea fiscalmente deducible, es preciso que haya sido imputado en la Cuenta de Pérdidas y Ganancias de la entidad.

2.4.3.4. Contabilización correcta de ingresos y gastos

Salvo en los supuestos especiales de imputación temporal fiscal (criterios que se apartan del principio de devengo) regulados en la norma fiscal, que se analizan más tarde (por ejemplo, ventas a plazo), en los casos de contabilización correcta de gastos e ingresos (según el principio de devengo), las imputaciones contable y fiscal serán coincidentes. Estos supuestos especiales se deben a diferencias entre los criterios contables y fiscales en materias de calificación, valoración e imputación de determinados ingresos y gastos. En definitiva, en estos casos el contribuyente contabiliza de forma correcta sus ingresos y gastos por el criterio de devengo.

2.4.3.5. Contabilización incorrecta de ingresos y gastos

2.4.3.5.1. Criterio general

Se refiere a los gastos e ingresos imputados contablemente de forma incorrecta (sin seguir el principio de devengo), esto es, se registran ingresos y gastos en la cuenta de pérdidas y ganancias de un ejercicio diferente al que unos y otros se devengaron según criterios del PGC, sin que la LIS regule ninguna particularidad sobre los mismos acerca de su imputación fiscal, es decir, en estos casos el criterio contable y fiscal coinciden sobre la imputación temporal de los mismos. En tales casos, dichos ingresos y gastos se imputan fiscalmente de acuerdo con el principio del devengo.

2.4.3.5.2. Criterio especial

La norma fiscal establece una regla especial para los siguientes casos de contabilización incorrecta:

- Gastos imputados contablemente en la Cuenta de Pérdidas y Ganancias en un período impositivo posterior al de su devengo.
- Ingresos imputados contablemente en la Cuenta de Pérdidas y Ganancias en un período impositivo anterior al de su devengo.

En estos casos, la imputación fiscal de unos y otros se efectuará en el período impositivo en que se haya efectuado la imputación contable, aunque no se correcta al no respetar el principio del devengo, es decir, en el ejercicio en el que se hayan registrado contablemente de forma incorrecta tales gastos o ingresos en la cuenta de pérdidas y ganancias, siempre que de ello no se derive una tributación inferior a la que hubiere correspondido por aplicación del principio de devengo. A efectos de valorar si hay o no una tributación inferior, debe tenerse en cuenta la prescripción del período impositivo en el que se devengan los gastos según los criterios contables.

Caso de que el error consista en registrar un gasto en un ejercicio anterior a su devengo o un ingreso en un ejercicio posterior a su devengo, tales gastos e ingresos se integrarían en la base imponible del período impositivo en el que realmente se devengan.

Ejemplo

1) La entidad DELTA ha registrado en su contabilidad, en el ejercicio 202X, un gasto por servicios por importe de 2.000. La factura lleva fecha del ejercicio 201X-1, que es cuando se han prestado los citados servicios, pero DELTA, por error, la ha contabilizado en el ejercicio 202X. La base imponible del ejercicio 202X una vez deducido dicho gasto es de 10.000.

La base imponible previa a la deducción del gasto del ejercicio 201X-1 asciende a 10.000. En dicho ejercicio, la entidad DELTA tenía unas deducciones de la cuota pendientes de aplicar de 625. El ejercicio 201X-1 era el último en el que la entidad podía aplicar dichas deducciones.

Solución:

Debe indicarse que las deducciones no aplicadas por insuficiencia de cuota pueden aplicarse, con carácter general, en los períodos impositivos que concluyan en los 15 años siguientes (18 años si se trata de deducciones de I+D o IT). Además, el importe total de las deducciones de la cuota aplicadas en el ejercicio está limitado, también con carácter general, al 25% de la cuota íntegra del ejercicio minorada en las deducciones para evitar la doble imposición internacional y las bonificaciones.

Teniendo en cuenta esta información, estamos en presencia de un gasto que se ha contabilizado erróneamente en un ejercicio posterior al de su devengo. El gasto se devengó en el ejercicio 202X-1 y se ha contabilizado en el ejercicio 202X.

Este gasto será fiscalmente deducible en el ejercicio 202X (ejercicio de su contabilización), siempre que de ello no se derive una tributación inferior, de la que resultaría de su deducción en el ejercicio 202X-1, es decir, de su deducción de acuerdo con el principio del devengo.

La liquidación del ejercicio 202X-1, deduciendo el gasto en el ejercicio de su contabilización, es decir, en el ejercicio 202X, sería la siguiente:

Ejercicio 202X-1 con deducción del gasto en el ejercicio 202X	
Base imponible	10.000
Cuota íntegra 25%	2.500
Límite deducciones de la cuota (0,25 x 2.500)	625
Deducciones de la cuota pendientes aplicadas en el ejercicio	–625
Cuota	1.875

Ejercicio 202X con deducción del gasto en el ejercicio 202X	
Base imponible	10.000
Cuota íntegra 25%	2.500
Cuota	2.500

La deducción del gasto en el ejercicio 202X permitiría a la entidad deducir todas las deducciones de la cuota pendientes de aplicación en el ejercicio 201X-1.

La liquidación del ejercicio 202X-1, deduciendo el gasto en el ejercicio de su devengo, es decir, en el ejercicio 202X-1, sería la siguiente:

Ejercicio 202X-1 con deducción del gasto en el ejercicio 202X-1	
Base imponible (10.000 – 2.000)	8.000
Cuota íntegra 25%	2.000
Límite deducciones de la cuota (0,25 x 2.000)	500
Deducciones de la cuota pendientes aplicadas en el ejercicio	–500
Cuota	1.500

Ejercicio 202X con deducción del gasto en el ejercicio 202X-1	
Base imponible (10.000 + 2.000)	12.000
Cuota íntegra 25%	3.000
Cuota	3.000

La deducción del gasto en el ejercicio 202X-1 impediría a la entidad DELTA deducir todas las deducciones de la cuota pendientes de aplicación en el ejercicio 202X-1, ya que éste es el último año para la deducción. La entidad perdería la deducción de 125 euros de deducciones de la cuota pendientes de aplicación de ejercicios anteriores. En definitiva, la tributación total de esos dos ejercicios deduciendo el gasto en el ejercicio 202X-1 es de 4.500 mientras que esa tributación deduciendo el gasto en el ejercicio 202X es de 4.375, inferior en ese importe de 125 de las deducciones que se permiten deducir en el ejercicio 202X-1 de imputar el gasto en la liquidación del ejercicio 202X.

Por tanto, si el gasto devengado por los servicios recibidos se deduce en el ejercicio 202X se estaría produciendo una menor tributación que la que se deriva de su deducción en el ejercicio 202X-1.

En consecuencia, no es posible la deducción del gasto de 2.000 en el ejercicio de su contabilización, esto es, en el ejercicio 202X, debiendo efectuarse en dicho ejercicio un ajuste extracontable positivo por importe de 2.000. Esta regularización debería realizarla el propio contribuyente de observar este error mediante la presentación de una declaración complementaria de estos dos ejercicios. En caso contrario, la regularización la realizaría la Administración tributaria de hacerse una comprobación a esta entidad.

2) La entidad ALFA ha realizado a mitad del ejercicio 202X un contrato de arrendamiento sobre un inmueble de un año de duración y satisface un importe de 1.000, habiendo registrado como gasto en ese ejercicio la totalidad de la contraprestación satisfecha por ese contrato.

Solución:

El error contable consiste en registrar de forma anticipada una parte del gasto asociado a ese contrato, en particular, según el principio de devengo, la mitad del importe se corresponde con el uso del inmueble de los seis primeros meses del año siguiente.

Por tanto, caso de que la Administración tributaria detecte ese error, regularizaría la liquidación del ejercicio 202X aumentando la base imponible declarada en el importe de 500 y, por el contrario, también regularizaría la liquidación el ejercicio 202X+1, disminuyendo la base imponible declarada del mismo en el importe de 500. Esta misma regularización la puede realizar el propio contribuyente mediante la presentación de declaración complementaria de esos ejercicios.

3) La entidad ALFA formaliza a final del ejercicio 202X un contrato por importe de 1.000, de manera que la factura y la entrega de los elementos de dicho contrato se realiza en el ejercicio 202X+1.

Solución:

El error contable consiste en registrar de forma anticipada el ingreso asociado a ese contrato, en particular, según el principio de devengo, la totalidad del importe del ingreso se debería haber imputado al ejercicio siguiente.

Por tanto, caso de que la Administración tributaria detecte ese error, asumiría ese error dado que por el mismo se anticipa la tributación del ingreso y, por tanto, no haría ninguna regularización. Por el contrario, caso de que por ese error se hubiese producido una menor tributación, se regularizaría la liquidación del ejercicio 202X disminuyendo la base imponible declarada en el importe de 1.000 y, por el contrario, también regularizaría la liquidación el ejercicio 202X+1, aumentando la base imponible declarada del mismo en el importe de 1.000.

4) La entidad ALFA formaliza en el ejercicio 202X un contrato por importe de 1.000 por el que entrega los elementos de dicho contrato al final de ese ejercicio aunque la factura se realiza en el ejercicio 202X+1 en el que se registra el ingreso.

Solución:

El error contable consiste en registrar de forma diferida el ingreso asociado a ese contrato, en particular, según el principio de devengo, la totalidad del importe del ingreso se debería haber imputado al ejercicio 202X. En este supuesto de diferimiento en el registro de un ingreso, siempre el mismo se debe imputar al ejercicio de su devengo, es decir, al ejercicio 202X.

Por tanto, caso de que la Administración tributaria detecte ese error regularizaría la liquidación del ejercicio 202X aumentando la base imponible declarada en el importe de 1.000 y, por el contrario, también regularizaría la liquidación el ejercicio 202X+1, disminuyendo la base imponible declarada del mismo en el importe de 1.000.

5) En el ejercicio 202X la entidad ALFA ha contabilizado un gasto por la baja de un crédito adeudado por un cliente por importe de 10.000 correspondiente a una venta realizada en el ejercicio 202X-6, de manera que no se percibió la contraprestación en el plazo convenido de 3 meses posterior a la realización de la operación, siendo que desde entonces se intentó cobrar ese importe sin éxito, lo cual motivó que se diera de baja el crédito contabilizando el gasto asociado a esa baja.

Solución:

El error contable consiste en reconocer el gasto por el deterioro del crédito en un ejercicio posterior al de su devengo contable. En particular, en el ejercicio 20X-6 debió contabilizarse un gasto por el deterioro del importe del crédito dado que en ese ejercicio se manifiesta el riesgo de insolvencia al no cobrar la deuda en el plazo convenido, de forma que ese gasto hubiese sido fiscalmente deducible si hubiese transcurrido seis meses desde el vencimiento de la obligación hasta el cierre de ese ejercicio pues, en caso contrario, la deducción fiscal sería en el ejercicio 20X-5. En este caso hay que tener en cuenta que en el ejercicio 202X están prescritos los ejercicio 20x´6 y 20X-5, lo cual supone que la imputación fiscal debe ser a uno de estos dos ejercicios que corresponda, aun cuando la prescripción suponga que no tenga efectos esa deducción al no poderse liquidar el IS de ninguno de esos ejercicio pues, de permitir la deducción en el ejercicio 20X0 ello supondría que se produciría una menor tributación respecto de la que resulta de imputar el gasto a unos de esos dos ejercicios, lo cual implica aplicar a este caso la regla general de imputación al ejercicio en el que se devengó el gasto

Los gastos e ingresos imputados contablemente de forma incorrecta (sin seguir el principio de devengo), se imputan fiscalmente de acuerdo con el principio de devengo. No obstante, en el caso de que los gastos se hayan imputado contablemente en la cuenta de pérdidas y ganancias en un período impositivo posterior al de su devengo, o en el supuesto de que los ingresos se hayan imputado contablemente en la cuenta de pérdidas y ganancias en un período impositivo anterior al de su devengo, la imputación fiscal de unos y otros se efectuará en el período impositivo en que se haya efectuado la imputación contable, es decir, en el ejercicio en el que se hayan registrado contablemente, siempre que de ello no se derive una tributación inferior a la que hubiere correspondido por aplicación del principio de devengo.

2.4.3.6. Cambios de criterios contables

Según el PGC, cuando una empresa cambie de criterio contable, supuesto de que se haya más de un criterio contable de registro de una operación, el nuevo criterio se aplica de forma retroactiva y su efecto se registra en cuentas de reservas. Con carácter general, a efectos del IS, los cargos o abonos a partidas de reservas, registrados como consecuencia de cambios de criterios contables, deben integrarse en la base imponible del período impositivo en que se realicen los mismos.

No obstante, esta regla general no se aplica en determinados supuestos. Así, no deben integrarse en la base imponible, los citados cargos o abonos a reservas que estén relacionados con ingresos o gastos, respectivamente, devengados y contabilizados de acuerdo con los criterios contables existentes en los períodos impositivos anteriores, siempre que se hubiesen integrado en la base imponible de dichos períodos.

En tales casos, tampoco se integrarán en la base imponible esos gastos e ingresos contabilizados de nuevo con ocasión de su devengo, de acuerdo con el cambio de criterio contable.

Con carácter general, los cargos o abonos a cuentas de reservas, como consecuencia de los cambios de criterios contables, se integran en la base imponible del ejercicio en el que se produce el cambio de criterio. No obstante, no se integrarán en la base imponible, los citados cargos o abonos a cuentas de reservas que estén relacionados con ingresos a gastos devengados y contabilizados de acuerdo con el anterior criterio, siempre que se hubiesen integrado en la base imponible previamente.

2.4.3.7. Operaciones a plazos o con precio aplazado

Para las operaciones a plazos o con precio aplazado, la norma fiscal contiene una excepción al principio general de imputación fiscal basado en el principio de devengo.

Para estas operaciones, las rentas se considerarán obtenidas a medida que sean exigibles los correspondientes cobros, con independencia de que el cobro sea efectivo, excepto si la entidad decide aplicar el criterio del devengo. En definitiva, este criterio especial de imputación de las rentas de estas operaciones, permite diferir el ingreso del IS a los períodos posteriores en los que son exigibles los cobros de las mismas, lo cual supone realizar un ajuste negativo al resultado contable del ejercicio en que se registra el ingreso para determinar la base imponible de ese período y ajustes positivos al resultado contable de aquellos períodos posteriores en los que es exigible el cobro para determinar la base imponible de los mismos. Este criterio de imputación se aplica aun cuando llegado el vencimiento de cada cobro el mismo no se perciba. En estos casos, supuesto de que se compute un deterioro en resultados sobre la totalidad del crédito, a efectos fiscales solo sería deducible la parte del mismo que se corresponda con el plazo vencido y no cobrado, siempre que al cierre del período impositivo haya transcurrido el plazo de seis meses desde el vencimiento de ese plazo.

A estos efectos, se consideran operaciones a plazos o con precio aplazado, todas aquellas cuya contraprestación sea exigible, total o parcialmente, mediante pagos sucesivos o mediante un solo pago, siempre que el período transcurrido entre el devengo y el vencimiento del último o único plazo sea superior al año. Las operaciones a plazos abarcan a las rentas tanto de entrega de bienes como de prestación de servicios.

Cuando se produzca el endoso, descuento o cobro anticipado de los importes aplazados, se entenderá obtenida, en dicho momento, la renta pendiente de imputación.

Hay que tener en cuenta que este criterio de imputación de estos ingresos es optativo y no obligatorio, lo cual supone que la opción la debe tomar el contribuyente al presentar la declaración del IS correspondiente al período en el que se ha realizado la operación y se ha contabilizado el ingreso, opción que se materializa mediante el ajuste negativo correspondiente al resultado contable en el modelo de declaración del IS de ese período impositivo. Por tanto, de optar el contribuyente por imputar el ingreso en su totalidad según devengo y, por tanto, no se ha realizado dicho ajuste negativo en esa declaración, con posterioridad no se podría cambiar de criterio al objeto de aplicar el criterio de imputación de operaciones a plazos.

Ejemplo

1) La entidad RETA ha obtenido, como consecuencia de la venta de un bien objeto de su actividad, en el ejercicio 202X, un beneficio de 2.000, que ha sido registrado correctamente en la contabilidad en dicho ejercicio.

En el momento de la venta se ha cobrado el 40% del precio de la misma, aplazándose el resto en dos plazos iguales (30% cada uno de ellos), cuya exigibilidad tiene vencimiento anual (ejercicios 202X+1 y 202X+2). El importe de la venta es de 10.000.

Determinar los ajustes extracontables que deben practicarse para la determinación de la base imponible del Impuesto sobre Sociedades en los tres ejercicios citados, suponiendo que la entidad opta por integrar el beneficio en dicha base imponible de forma proporcional a la exigibilidad de los correspondientes cobros realizados.

Solución:

Ejercicio	Resultado contable	Resultado fiscal	Ajuste extracontable
202X	2.000	0,4 x 2.000 = 800	– 1.200
202X-1	0	0,3 x 2.000 = 600	600
202X-2	0	0,3 x 2.000 = 600	600

La imputación resultante de aplicar este criterio fiscal supone diferir la tributación de la renta generad en estas operaciones. La opción por aplicar este criterio de imputación fiscal exige que el contribuyente en la declaración del IS del período 202X realice el citado ajuste negativo de 1.200.

2) Mismo ejemplo anterior con la diferencia que al vencimiento del primer plazo no se cobra l importe de 3.000 (0,3 x 10.000), por lo que al cierre del ejercicio se computa un deterioro de 6.000 que se corresponde con el importe de ese primer plazo junto con el importe del segundo plazo.

Solución:

El criterio de imputación fiscal de la renta generada en esta operación es similar al ejemplo anterior. La diferencia está en analizar la deducibilidad del deterioro. En este caso del deterioro dotado solo sería deducible un importe de 3.000 que se corresponde con el importe del plazo vencido y no cobrado, siempre que haya transcurrido al menos 6 meses desde el vencimiento del ese plazo al cierre del período impositivo, por lo que procedería realizar un ajuste positivo de 3.000 al resultado contable del ejercicio 202X+1 para determinar su base imponible. Caso de que no se cobre el segundo plazo, sería deducible en el período 202X+2 el importe de 3.000 computado de forma anticipada en el ejercicio anterior no deducible, por lo que para determinar la base imponible de este otro período habría que realizar un ajuste negativo de 3.000 al resultado contable de ese ejercicio.

En las operaciones a plazo o con precio aplazado, las rentas pueden considerarse obtenidas, fiscalmente, a medida que sean exigibles los correspondientes cobros.

2.4.3.8. Reversión de gastos que no fueron fiscalmente deducibles

No debe integrarse en la base imponible del Impuesto sobre Sociedades, la reversión de gastos que no hayan sido fiscalmente deducibles, esto es, no se integra en la base imponible, el ingreso contable que representa la reversión del gasto contabilizado en un ejercicio anterior, por lo que habría que realizar un ajuste negativo al resultado contable para determinar la base imponible del período impositivo en el que tiene lugar el registro de ese ingreso.

Si en el ejercicio en el que se produjo el gasto, éste no tuvo la consideración de fiscalmente deducible, el ingreso asociado a la reversión contable como ingreso de dicho gasto, con el fin de que el comportamiento del tributo sea neutral, será un ingreso no computable para la determinación de la base imponible del Impuesto sobre Sociedades.

Tal será el caso de las reversiones de las pérdidas por deterioro que no tengan la condición de gastos fiscalmente deducibles. En tal situación se encuentran las pérdidas por deterioro del inmovilizado material, inversiones inmobiliarias e inmovilizado intangible (incluido el fondo de comercio), las pérdidas por el deterioro de los valores representativos de la participación en el capital o en los fondos propios de entidades y las pérdidas por deterioro de los valores representativos de deuda. Estas pérdidas son deducibles, en su caso, según establece la norma, en el momento de la transmisión, baja o amortización de los respectivos elementos patrimoniales, según proceda.

En consecuencia, cuando se produzca la reversión de las correcciones de valor por deterioro de los mencionados elementos patrimoniales, no se integran en la base imponible del Impuesto sobre Sociedades los ingresos correspondientes a dicha reversión.

Ejemplo

1) En el ejercicio 202X, como consecuencia de las pérdidas obtenidas por una de sus sociedades participadas, la entidad ALFA registró en su contabilidad una pérdida por deterioro de dicha participación de 5.000. El precio de adquisición de dicha participación fue de 25.000.

Al inicio del ejercicio 202X, los fondos propios de la entidad participada eran de 25.000. Como consecuencia de las pérdidas sufridas, los fondos propios de dicha entidad se han visto reducidos al cierre del mencionado ejercicio a 20.000.

En el ejercicio 202X+1, la entidad participada ha obtenido unos beneficios de 8.000, de forma tal que sus fondos propios, al cierre de dicho ejercicio, ascienden a 28.000.

Determinar la incidencia de las operaciones descritas en la base imponible de la entidad ALFA en los ejercicios 202X y 202X+1.

Solución:

Las pérdidas por deterioro de los valores representativos de la participación en el capital de entidades no tienen la condición de fiscalmente deducibles. En consecuencia, en el ejercicio 202X, para determinar su base imponible, ALFA deberá efectuar un ajuste extracontable positivo de 5.000.

El valor contable de la participación será de 20.000. Sin embargo, como consecuencia del ajuste efectuado, el valor fiscal de la misma será de 25.000, ya que el deterioro, por importe de 5.000 no ha resultado fiscalmente deducible.

La obtención de beneficios, por importe de 8.000, por la sociedad participada, en el ejercicio 202X+1, dará lugar a la reversión del deterioro contabilizado en el ejercicio anterior.

Ahora bien, este ingreso contable, vinculado a la citada reversión, no deberá integrarse en la base imponible de la entidad ALFA en la parte que corresponda al deterioro que no tuvo la consideración de fiscalmente deducible, es decir, en 5.000.

En definitiva, la entidad ALFA, para la determinación de su base imponible del ejercicio 202X+1, deberá efectuar un ajuste extracontable negativo de – 5.000 al resultado contable de ese ejercicio.

2) En el ejercicio 202X la entidad ALFA presta un servicio a la entidad BETA por importe de 5.000, íntegramente participada por la primera, de manera que al no haber satisfecho ese importe al vencimiento establecido en el contrato, la entidad ALFA registra un gasto por deterioro de ese crédito. En el ejercicio siguiente ALFA recibe el importe del servicio, por lo que registra un ingreso de 5.000 por la reversión contable de ese deterioro.

Solución:

En el período impositivo correspondiente al ejercicio 202X el gasto por el deterioro no es deducible, al estar vinculadas ambas entidades, por lo que debe realizarse un ajuste positivo de 5.000 al resultado para determinar la base imponible del período 202X. En el período impositivo del ejercicio 202X+1 el ingreso por la reversión del deterioro no es computable, al proceder de un gasto que no ha sido deducible, por lo que debe realizarse un ajuste negativo de 5.000 al resultado para determinar la base imponible del período 202X+1.

3) En el ejercicio 202X la entidad ALFA presta un servicio a la entidad BETA por importe de 5.000, de manera que, al no haber satisfecho ese importe al vencimiento establecido en el contrato, la entidad ALFA registra un gasto por deterioro de ese crédito, siendo de dos meses el plazo desde el vencimiento de la obligación de pago hasta la conclusión del ejercicio. En el ejercicio siguiente ALFA no recibe el importe del servicio.

Solución:

En el período impositivo correspondiente al ejercicio 202X el gasto por el deterioro no es deducible, al no haber transcurrido el plazo mínimo de 6 meses, por lo que debe realizarse un ajuste positivo de 5.000 al resultado contable para determinar la base imponible del período 202X. En el período impositivo del ejercicio 202X+1 tampoco se ha percibido el importe de la contraprestación con la particularidad de que en ese ejercicio se cumple el plazo de impago mínimo de 6 meses, lo cual hace que el dererioro sea deducible en este otro ejercicio, por lo que debe realizarse un ajuste negativo de 5.000 al resultado contable para determinar la base imponible del período 202X+1.

Los ingresos correspondientes a la reversión de gastos que no fueron fiscalmente deducibles, no deben integrarse en la base imponible del Impuesto sobre Sociedades.

2.4.3.9. Reversión de correcciones de valor que fueron fiscalmente deducibles. Recompra de elementos patrimoniales transmitidos previamente con pérdidas

En aquellos casos en los que se haya transmitido un elemento patrimonial (inmovilizado material, intangible o existencias), generándose una renta negativa en dicha transmisión, o cuando, con anterioridad a la transmisión, el elemento patrimonial haya sufrido un deterioro que haya resultado fiscalmente deducible, la norma fiscal contiene una regla especial para la imputación temporal de la recuperación de valor de tales elementos patrimoniales.

2.4.3.9.1. La renta negativa se ha generado antes de la transmisión del elemento patrimonial, mediante la correspondiente pérdida por deterioro

En este caso, la recuperación de valor debe imputarse en el período impositivo en el que se produzca la misma, bien en la entidad que practicó la corrección o en otra vinculada con la misma.

Así, si el elemento patrimonial se deterioró y, posteriormente, se transmitió a una entidad vinculada, teniendo lugar la recuperación de valor cuando el elemento pertenece a dicha entidad vinculada, será en la entidad vinculada donde se producirá la recuperación del valor. A estos efectos, la entidad vinculada deberá efectuar el correspondiente ajuste extracontable positivo al resultado contable pues el aumento de valor del elemento adquirido no se contabiliza en resultados.

Por el contrario, cuando el elemento patrimonial se haya deteriorado y, posteriormente, haya sido transmitido a un tercero no vinculado y se haya recomprado después por la sociedad que lo transmitió inicialmente (o bien por otra vinculada con ella), produciéndose la recuperación del valor después de la recompra, será en la entidad que, inicialmente vendió y luego recompró (o a la entidad vinculada que efectúa la recompra), donde tendrá lugar la recuperación de valor.

En estos casos, el valor contable del elemento patrimonial será inferior a su valor fiscal en el importe de la recuperación de valor, de manera que esa diferencia de valores se integraría en la base imponible de la entidad tenedora del elemento en función de la amortización del elemento y, en caso de no ser amortizable, cuando el mismo se transmita.

El TS ha establecido que la renta asociada a la recuperación de valor debe integrarse en la base imponible de la entidad titular del elemento en el momento en que se manifiesta esa recuperación de valor, es decir, en sede de la entidad adquirente (TS 6-5-21, Rec. 1208/20).

2.4.3.9.2. *La renta negativa se ha generado en el momento de la transmisión del elemento patrimonial*

En este caso, si la pérdida se ha generado en la propia venta del elemento patrimonial a una entidad vinculada y la recuperación de valor tiene lugar cuando el elemento pertenece a dicha entidad vinculada, será en la entidad vinculada donde se producirá la recuperación del valor. A estos efectos, la entidad vinculada deberá efectuar el correspondiente ajuste extracontable positivo al resultado contable en el que tiene lugar esa recuperación de valor.

Para el caso de venta a un tercero y recompra, bien por la sociedad que originariamente lo transmitió, bien por otra entidad vinculada con ella, la regla de recuperación de valor es de aplicación en los mismos términos, es decir, en la entidad que ha adquirido el elemento.

Ejemplo

1) Entidad A tiene existencias por importe de 5.000 que se transmiten por importe de 4.000 en el ejercicio 202X a la entidad vinculada B. Al cierre del ejercicio 202X+1, el valor de esas mismas existencias es de 4.400 y se transmiten a terceros en el ejercicio 202X+2 por importe de 4.500.

Solución:

La entidad A genera una pérdida contable y fiscal de 1.000 (4.000-5.000) en el ejercicio 202X en la transmisión de esas existencias.

En el ejercicio 202X+1, la entidad B debe integrar en su base imponible un importe de 400 (4.400-4.000) correspondiente a la recuperación de valor de tales elementos aun cuando esa recuperación no se registre en su resultado contable, por lo que tendría que realizar un ajuste positivo de 400 al resultado contable del ejercicio 202X+1 para determinar la base imponible de dicho ejercicio.

En el ejercicio 202X+2, la entidad B registraría un resultado de 500 (4.500-4.000) en la transmisión de esas existencias siendo, por el contrario, de 4.400 el valor fiscal de las mismas, por lo que el resultado fiscal de esa operación sería de 100 (4.500-4.400), por lo que tendría que realizar un ajuste negativo de 400 al resultado contable del ejercicio 202X+2 para determinar la base imponible del mismo.

2) Entidad A tiene existencias por importe de 5.000 que se transmiten por importe de 4.000 en el ejercicio 202X a la entidad no vinculada B. Al cierre del ejercicio 202X+1, el valor de esas mismas existencias es de 4.400 y se transmite a la entidad C vinculada con la entidad A en el ejercicio 202X+2 por importe de 4.500, siendo de 4.800 el valor de mercado de esas existencias al cierre de este último ejercicio.

Solución:

La entidad A genera una pérdida contable y fiscal de 1.000 (4.000-5.000) en el ejercicio 202X en la transmisión de esas existencias.

En el ejercicio 202X+1, la entidad B no debe integrar en su base imponible el importe de 400 (4.400-4.000) correspondiente a la recuperación de valor de tales elementos, dado que esta entidad no está vinculada con la entidad A.

En el ejercicio 202X+2, la entidad B registraría un resultado contable y fiscal de 500 (4.500-4.000) en la transmisión de esas existencias.

En cuanto a la entidad C adquiere esas existencias por importe de 4.500, de manera que en esta entidad se manifiesta en este ejercicio 202X+2 una recuperación de valor de esas existencias por importe de 300 (4.800-4.500) que debe integrar en su base imponible aun cuando esa recuperación no se registre en su resultado contable, por lo que tendría que realizar un ajuste positivo de 300 al resultado contable del ejercicio 202X+2 para determinar la base imponible de dicho ejercicio. Debe tenerse en cuenta que ese ajuste es temporal dado que revertirá como un ajuste negativo en el ejercicio posterior en que se transmitan esas existencias, dado que el valor contable de las mismas es de 4.500 cuando, por el contrario, su valor fiscal es de 4.800.

3) La entidad A tiene existencias por importe de 40.000, siendo que al cierre del ejercicio 202X se han deteriorado en un importe de 2.000 habiendo contabilizado el correspondiente gasto por este concepto en dicho ejercicio. En el ejercicio 202X+1 se transmiten a la entidad B vinculada por su valor contable de 38.000. Al cierre del ejercicio 202X+1 el valor de esas existencias es de 38.800, en el ejercicio 202X+2 la entidad B transmite esas existencias por importe de 41.000.

Solución:

En el ejercicio 202X es deducible el gasto por el deterioro de las existencias de la entidad A. En el ejercicio 202X+1 la entidad A no genera ninguna renta contable ni fiscal en la transmisión. En el ejercicio 202X+1 la entidad B aun cuando ha adquirido esas existencias por importe de 38.000, sin embargo, el aumento de valor de esas existencias, aun cuando no debe reconocerlo en contabilidad, pero debe reconocer ese aumento a efectos fiscales, por lo que debe integrar en su base imponible un importe de 800 mediane un ajuste positivo a su resultado contable para determinar la base imponible de ese período, por lo que el valor fiscal de las existencias es de 38.800 aun cuando su valor contable es de 38.000.

En el ejercicio 202X+2 la contabilidad de la entidad B reconoce un beneficio de 3.000 (41.000-38.000) pero a efectos fiscales ese beneficio es de 2.200 (41.000-38.000), por lo que para determinar la base imponible de ese ejercicio la entidad B debe realizar un ajuste negativo de 800 a su resultado contable.

La reversión del deterioro de los elementos patrimoniales se imputa en el período impositivo en que se produzca dicha reversión, bien en la entidad que registró el deterioro, bien en otra vinculada con ella. Esta regla también se aplica en el caso de pérdidas generadas en la transmisión de bienes.

2.4.3.10. Imputación temporal de las rentas negativas generadas en la transmisión de elementos del inmovilizado material, inversiones inmobiliarias, inmovilizado intangible y valores representativos de deuda

De acuerdo con la norma del IS, entre otras, no tienen la consideración de fiscalmente deducibles las siguientes pérdidas por deterioro:

- Las pérdidas por deterioro del inmovilizado material, inversiones inmobiliarias e inmovilizado intangible (incluido el fondo de comercio).
- Las pérdidas por deterioro de valores representativos de deuda.

En estos dos casos, las citadas pérdidas por deterioro serán deducibles en los siguientes términos:

- Tratándose de elementos patrimoniales integrantes del activo circulante, en el período impositivo en que éstos motiven el devengo de un ingreso o un gasto.
- Tratándose de elementos patrimoniales no amortizables integrantes del inmovilizado, en el período impositivo en el que se transmitan o se den de baja.
- Tratándose de elementos patrimoniales amortizables integrantes del inmovilizado, en los períodos impositivos que resten de vida útil, aplicando a la citada diferencia el método de amortización utilizado respecto de los referidos elementos, salvo que sean objeto de transmisión o baja con anterioridad, en cuyo caso, se integrará con ocasión de la misma.

Con carácter general, el importe de estos deterioros no deducibles se recupera su deducibilidad fiscal con ocasión de su transmisión, dado que el valor fiscal y contable de estos elementos son diferentes en la cuantía del deterioro.

Además, la norma contiene una regla especial para determinar el tratamiento fiscal aplicable a las rentas negativas generadas en la transmisión de elementos del inmovilizado material, inversiones inmobiliarias, inmovilizado intangible y valores representativos de deuda, en aquellos supuestos en los que el adquirente sea una entidad del mismo grupo de sociedades de la entidad transmitente, según los criterios establecidos en el artículo 42 del Código de Comercio, con independencia de la residencia y de la obligación de formular cuentas anuales consolidadas.

En este último caso, estas rentas negativas no son deducibles en el período impositivo en el que se realiza la transmisión, sino que deben imputarse en la base imponible de la entidad transmitente correspondiente al período impositivo en que dichos elementos patrimoniales sean dados de baja en el balance de la entidad adquirente, sean transmitidos a terceros ajenos al grupo de sociedades, o bien cuando la entidad transmitente o la adquirente dejen de formar parte del mismo.

No obstante, cuando se trate de elementos patrimoniales amortizables, las citadas rentas negativas deben integrarse en la base imponible de la entidad transmitente correspondiente, con carácter previo a las mencionadas circunstancias, en los períodos impositivos que resten de vida útil a los elementos transmitidos, en función del método de amortización utilizado por la entidad adquirente respecto de los referidos elementos.

Ejemplo

1) La entidad ASA es propietaria de un elemento patrimonial del inmovilizado material (no amortizable), cuyo precio de adquisición fue de 50.000. En el ejercicio 202X, dicho elemento patrimonial sufre un deterioro de 10.000, que ha sido registrado oportunamente en su contabilidad por la entidad ASA.

En el ejercicio 202X+1, la entidad ASA transmite este elemento patrimonial a la sociedad BESA por su valor contable, es decir, por 40.000. La sociedad BESA pertenece al mismo grupo de sociedades que la entidad ASA, según los criterios establecidos en el artículo 42 del Código de Comercio, con independencia de la residencia y de la obligación de formular cuentas anuales consolidadas.

En el ejercicio 202X+2, la sociedad BESA transmite, a su vez, el elemento patrimonial a la sociedad CESA, por su valor contable (40.000). La sociedad CESA no pertenece al mismo grupo de sociedades que las sociedades ASA y BESA.

Analizar la incidencia fiscal en el Impuesto sobre Sociedades del deterioro y de las transmisiones referenciadas.

Solución:

La pérdida por deterioro del inmovilizado material no amortizable, contabilizada por la entidad ASA en el ejercicio 202X, cuyo importe asciende a 10.000, no tiene la consideración de gasto fiscalmente deducible. Por tanto, la entidad ASA deberá efectuar, para determinar la base imponible de su Impuesto sobre Sociedades, correspondiente al ejercicio 202X, un ajuste extracontable positivo de 10.000.

El valor contable del elemento patrimonial del inmovilizado material no amortizable es de 40.000. Sin embargo, como consecuencia del ajuste extracontable positivo efectuado, su valor fiscal será de 50.000.

En el ejercicio 202X+1, la transmisión del elemento patrimonial por la sociedad ASA por su valor contable, no da lugar a la aparición de renta contable en sede de dicha entidad, ya que se transmite por 40.000, un elemento patrimonial cuyo valor contable es de 40.000.

Ahora bien, esta transmisión determina, en principio, en sede de la entidad ASA, una renta fiscal negativa de – 10.000, ya que se transmite por 40.000 un elemento patrimonial cuyo valor fiscal es de 50.000, puesto que el deterioro no fue fiscalmente deducible, en el ejercicio 202X, en sede de la entidad ASA.

Sin embargo, esta renta fiscal negativa de – 10.000 no debe integrarse en la base imponible del Impuesto sobre Sociedades de la entidad ASA, correspondiente al ejercicio 202X+1, ya que la entidad adquirente BESA pertenece al mismo grupo de sociedades, según lo dispuesto en el artículo 42 del Código de Comercio.

En el ejercicio 202X+2, como consecuencia de la transmisión del elemento patrimonial por la sociedad BESA a la sociedad CESA, por su valor contable de 40.000, tampoco se produce renta contable en sede de la entidad BESA, puesto que se transmite por 40.000, un elemento patrimonial cuyo valor contable es de 40.000.

No obstante, en dicha transmisión se genera una renta fiscal negativa de – 10.000, ya que se transmite por 40.000 un elemento patrimonial cuyo valor fiscal es de 50.000. Esta renta fiscal negativa debe integrarse en la base imponible de la entidad ASA, correspondiente al ejercicio 202X+2, ya que la entidad transmitente BESA y la entidad adquirente CESA no pertenecen al mismo grupo de sociedades, según el artículo 42 del Código de Comercio.

Por tanto, para la determinación de la base imponible de su Impuesto sobre Sociedades, correspondiente al ejercicio 202X+2, la entidad ASA deberá efectuar un ajuste extracontable negativo de – 10.000.

2) La entidad ASA es propietaria de un elemento patrimonial del inmovilizado material amortizable, cuyo valor fiscal es de 100.000. Al final del ejercicio 202X, dicho elemento patrimonial se transmite a la sociedad BESA por un importe de 80.000. La sociedad BESA pertenece al mismo grupo de sociedades que la entidad ASA, según los criterios establecidos en el artículo 42 del Código de Comercio, con independencia de la residencia y de la obligación de formular cuentas anuales consolidadas. La sociedad BESA amortiza este elemento de forma lineal durante los cinco años que restan de vida útil a ese elemento.

Solución:

En el ejercicio 202X la entidad ASA genera una renta negativa de 20.000 (80.000-100.000) que no es deducible en ese ejercicio al formar parte la sociedad BESA del mismo grupo mercantil en el sentido del artículo 42 Código de Comercio, por lo que debe realizar un ajuste positivo a su resultado contable por importe de 20.000 para determinar la base imponible de ese período.

No obstante, en cada uno de los cinco ejercicios siguientes que restan de vida útil a ese elemento, esa misma entidad ASA puede deducir un importe de 4.000 (20.000/5), por lo que en cada uno de esos períodos tendrá que realizar un ajuste negativo de 4.000 a su resultado contable para calcular la base imponible de cada uno de esos cinco períodos impositivos.

Las pérdidas por deterioro de los elementos patrimoniales del inmovilizado material, inversiones inmobiliarias, inmovilizado intangible y valores representativos de deuda, no son fiscalmente deducibles en el ejercicio en el que se producen dichas pérdidas, sino que la deducción queda aplazada hasta el momento en el que los mencionados elementos patrimoniales son dados de baja en el balance, transmitidos a un tercero ajeno al grupo de sociedades o, en su caso, a lo largo de su proceso de amortización.

2.4.3.11. Imputación temporal de las pérdidas por el deterioro de las participaciones en el capital o fondos propios de entidades

Para los períodos impositivos que se inicien a partir de 1 de enero de 2017, se ha modificado el régimen de exención para las rentas, tanto positivas como negativas, derivadas de la trasmisión de valores representativos de los fondos propios de entidades residentes y no residentes en territorio español. Esta modificación también alcanza a la deducción del deterioro de las participaciones tenidas en el capital de otras entidades. En función de las características de la participación, las situaciones son las siguientes:

a) Participación cumple las condiciones establecidas en el art. 21 LIS.

De acuerdo con este nuevo régimen de exención, estará exenta, por una parte, el 95% de la renta positiva obtenida en la transmisión de la participación en una entidad, cuando se cumplan los siguientes requisitos:

- ❒ Que, el día en que se produzca la transmisión de la participación, el porcentaje de participación, directa o indirecta, en el capital o en los fondos propios de la entidad participada sea, al menos, del 5% o bien que el valor de adquisición de la participación sea superior a 20 millones de euros, siempre que, en este último caso, la participación haya sido adquirida en períodos impositivos iniciados antes de 1-1-2021 y la transmisión tenga lugar en los años 2021, 2022, 2023, 2024 o 2025.
- ❒ Adicionalmente, en el caso de participaciones en el capital o en los fondos propios de entidades no residentes en territorio español, que, en todos y cada uno de los ejercicios de tenencia de la participación, la entidad participada haya estado sujeta y no exenta por un impuesto de naturaleza idéntica o análoga al Impuesto sobre Sociedades a un tipo nominal de, al menos, el 10%, con independencia de la aplicación de algún tipo de exención, bonificación, reducción o deducción.

Este requisito se considerará cumplido cuando la entidad participada sea residente en un país con el que España tenga suscrito un convenio para evitar la doble imposición internacional, que le sea de aplicación y que contenga cláusula de intercambio de información.

Por el contrario, en ningún caso se entenderá cumplido este requisito cuando la entidad participada sea residente en un país o territorio calificado como paraíso fiscal, excepto que resida en un Estado miembro de la Unión Europea y el contribuyente acredite que su constitución y operativa responde a motivos económicos válidos y que realiza actividades económicas.

Por otra parte, el deterioro de estas participaciones no es gasto fiscalmente deducible. No obstante, en la transmisión posterior de estas participaciones deberá calcularse la renta fiscal positiva o negativa obtenida en la transmisión, por diferencia entre el valor de la transmisión y el valor fiscal de la participación (valor contable sin tener en cuenta el deterioro no deducido), de manera que si esa renta es positiva estará exenta el 95% de la misma. Por el contrario, de ser negativa la renta generada en la transmisión de la participación, conforme al nuevo régimen de exención, no se integrarán en la base imponible las rentas negativas derivadas de la transmisión de la participación en una entidad, respecto de la que se de alguna de las siguientes circunstancias:

- Que se cumplan los requisitos exigidos para la aplicación de la exención sobre las rentas positivas derivadas de la transmisión de la participación. No obstante, el requisito relativo al porcentaje de participación o valor de adquisición, según corresponda, se entenderá cumplido cuando el mismo se haya alcanzado en algún momento durante el año anterior al día en que se produzca la transmisión.
- En el caso de participación en el capital o en los fondos propios de entidades no residentes en territorio español, que dicha entidad no cumpla el requisito relativo a la tributación nominal mínima del 10%.

b) Participación no cumple las condiciones establecidas en el art. 21 LIS.

Igualmente, el deterioro de estas participaciones no es gasto fiscalmente deducible. No obstante, en la transmisión de estas participaciones deberá calcularse la renta fiscal positiva o negativa obtenida en la transmisión, por diferencia entre el valor de la transmisión y el valor fiscal de la participación (valor contable sin tener en cuenta el deterioro no deducido), de manera que si esa renta es positiva se integra en la base imponible al no estar exenta. De ser negativa, la misma se integra en la base imponible siempre que, respecto de los valores transmitidos, se den las siguientes circunstancias

- Que, en ningún momento durante el año anterior al día en que se produzca la transmisión, se cumpla el requisito relativo al porcentaje de participación o valor de adquisición según corresponda.
- Que, en el caso de participación en el capital o en los fondos propios de entidades no residentes en territorio español, en el período impositivo en que se produzca la transmisión se cumpla el requisito relativo a la tributación nominal mínima del 10%.

En este caso en que la participación no cumple las condiciones establecidas en el art. 21 LIS, supuesto que la entidad adquirente de estas participaciones sea una entidad del mismo grupo de sociedades según los criterios establecidos en el artículo 42 del Código de Comercio, con independencia de la residencia y de la obligación de formular cuentas anuales consolidadas, la renta negativa obtenida en la transmisión se integra en la base imponible del período impositivo posterior en el que esa misma participación se transmita a terceros ajenos al grupo o bien cuando la entidad adquirente o transmitente de la participación deje de formar parte del grupo, minorada en la renta positiva obtenida en esa transmisión a terceros.

Ejemplo

1) La entidad ALFA es titular del 100% del capital de la entidad BETA. La participación se encuentra registrada en la contabilidad de ALFA en 10.000, importe que coincide con los fondos propios de la sociedad BETA.

En el ejercicio 202X, BETA obtiene unas pérdidas de 3.000, procediendo ALFA al registro de un deterioro del valor de su participación en dicha entidad por el mismo importe.

El ejercicio siguiente, es decir, el ejercicio 202X+1, ALFA transmite el 100% de su participación en BETA por su valor contable, es decir, por 7.000.

Solución:

La pérdida por deterioro registrada por la entidad ALFA, en el ejercicio 202X, no es fiscalmente deducible. En consecuencia, ALFA deberá efectuar un ajuste extracontable positivo de 3.000, para determinar la base imponible de su Impuesto sobre Sociedades del ejercicio 202X.

Al cierre del ejercicio 202X, el valor contable de la participación de ALFA en BETA será de 7.000 (10.000 – 3.000). Sin embargo, como consecuencia del ajuste extracontable positivo efectuado, asociado a la ausencia de la deducción fiscal del deterioro, el valor fiscal de dicha participación será de 10.000.

En el ejercicio 202X+1, la transmisión por ALFA de su participación en BETA no produce renta contable en sede de ALFA, ya que se transmite por 7.000 una participación cuyo valor contable es también de 7.000.

Sin embargo, en principio, en dicha transmisión se generará una renta fiscal negativa de – 3.000, ya que se transmite por 7.000, una participación cuyo valor fiscal es de 10.000.

No obstante, esta renta fiscal negativa no debe integrarse en la base imponible de la entidad ALFA, en el ejercicio 202X+1.

2) Mismo ejemplo anterior con la diferencia de que la participación en el capital de la entidad BETA es del 1% y el valor de la participación no excede de 20 millones euros.

Igualmente, el deterioro de 3.000 registrado por la entidad ALFA no es fiscalmente deducible en la determinación de la base imponible del período 202X.

Asimismo, la renta obtenida en el ejercicio 202X+1 por la transmisión de la participación en la entidad BETA es negativa por importe de 3.000, con la diferencia de que la misma se integraría en la base imponible de la entidad ALFA correspondiente al período impositivo 202X+1, para lo cual procedería realizar en este período impositivo un ajuste negativo de 3.000 al resultado contable para determinar la base imponible del mismo.

3) La entidad ALFA es titular del 1% del capital de la entidad BETA, siendo el valor de adquisición de esa participación de 10.000.

En el ejercicio 202X, ALFA registra un deterioro del valor de su participación en dicha entidad por importe de 3.000.

En el ejercicio 202X+1, ALFA transmite esa participación por importe de 6.000 a la entidad CESA íntegramente participada por la primera. En el ejercicio 202X+2 CESA transmite esa participación a terceros por importe de 6.200.

Solución:

En el ejercicio 202X el deterioro de 3.000 no sería deducible en ALFA, por lo que tendría que practicar un ajuste positivo a su resultado contable de 3.000 para determinar su base imponible.

En el ejercicio 202X+1, la renta negativa fiscal generada por ALFA en la transmisión de la participación es de 4.000 (6.000-10.000) dado que el valor fiscal de la participación es de 10.000 al no haber sido deducido el deterioro. A efectos contables la renta negativa generada es de 1.000 al ser el valor contable de la participación de 7.000. Dado que la entidad CESA adquirente forma parte del mismo grupo que ALFA en el sentido del artículo 42 del Código de Comercio, esa renta negativa de 4.000 no es deducible, por lo que debe realizar un ajuste positivo de 1.000 al resultado contable de ese ejercicio 202X+1 para determinar la base imponible del mismo.

En el ejercicio 202X+2, la entidad CESA genera una renta positiva de 200 (6.200-6.000) que se integra en su base imponible. En este mismo ejercicio la entidad ALFA integraría en su base imponible, mediante un ajuste negativo, una renta negativa por importe de 3.800 (4.000-200) resultante de minorar la renta negativa de 4.000 pendiente de deducir en el importe de 200 correspondiente a la renta positiva generada por la entidad CESA.

2.4.3.12. Imputación temporal de las rentas correspondientes a quitas y esperas

En el acuerdo del convenio de acreedores de un proceso concursal (Ley 23/2003), pueden darse nuevas facilidades financieras a la entidad concursada por parte de los acreedores, de manera que, si las nuevas condiciones de la deuda son sustancialmente diferentes de la primitiva, el deudor debe dar de baja la parte de esta última que corresponda con las nuevas condiciones, registrando el correspondiente ingreso.

No obstante, a efectos fiscales los ingresos contables en el deudor, derivados de posibles quitas y esperas, que sean consecuencia de la aplicación de la Ley Concursal, deben imputarse en la base imponible del contribuyente, a medida que éste proceda al registro, con posterioridad, de los gastos financieros correspondientes a dicha deuda y hasta el límite del mencionado ingreso.

En definitiva, este criterio de imputación fiscal supone diferir la integración del ingreso a períodos impositivos posteriores al de su reconocimiento contable.

Ejemplo

Finalizado, en el ejercicio 202X, el correspondiente proceso concursal, la entidad ASA ha obtenido una quita de 2.000, sobre una deuda de 8.000, que mantenía con un acreedor. La carga financiera (los intereses), asociados al principal de la deuda, ascienden a 3.000, que deberán ser satisfechos por la entidad ASA en el ejercicio 202X y en los cuatro siguientes, a razón de 600, en cada uno de ellos.

Analizar las implicaciones fiscales, en el Impuesto sobre Sociedades, de los hechos descritos, en los ejercicios 202X a 202X+4.

Solución:

La quita de 2.000 euros genera, en el ejercicio 202X, para la entidad ASA, un ingreso contable, por dicho importe. Ahora bien, este ingreso contable debe integrarse, en la base imponible del Impuesto sobre Sociedades de la entidad ASA, a medida que se registren, en la contabilidad, los gastos financieros (intereses) asociados a la deuda, y con el límite del importe de la quita, es decir, 2.000.

En consecuencia, la entidad ASA deberá efectuar los siguientes ajustes extracontables, para la determinación de la base imponible de su Impuesto sobre Sociedades:

Ejercicio	Gastos financieros (Intereses)	Ingreso fiscal por la quita	Ajuste extracontable
202X	600	600	–1.400
202X+1	600	600	+ 600
202X+2	600	600	+ 600
202X+3	600	200	+ 200
202X+4	600		

Cuando el importe del ingreso, correspondiente a la quita y espera, sea superior al importe total de los gastos financieros pendientes de registrar, derivados de la misma deuda, la imputación del ingreso en la base imponible del deudor debe realizarse proporcionalmente a los gastos financieros registrados en cada período impositivo, respecto de los gastos financieros totales pendientes de registrar derivados de la misma deuda.

Ejemplo

Finalizado, en el ejercicio 202X, el correspondiente proceso concursal, la entidad ASA ha obtenido una quita de 4.000, sobre una deuda de 10.000, que mantenía con un acreedor. La carga financiera (los intereses), asociados al principal de la deuda, ascienden a 2.000, que deberán ser satisfechos por la entidad ASA en el ejercicio 202X y en los cuatro siguientes, a razón de 400, en cada uno de ellos.

Analizar las implicaciones fiscales, en el Impuesto sobre Sociedades, de los hechos descritos, en los ejercicios 202X a 202X+4.

Solución:

La quita de 4.000 genera, en el ejercicio 202X, para la entidad ASA, un ingreso contable, por dicho importe. Ahora bien, este ingreso contable debe integrarse, en la base imponible del Impuesto sobre Sociedades de la entidad ASA, a medida que se registren, en la contabilidad, los gastos financieros (intereses) asociados a la deuda, y con el límite del importe de la quita, es decir, 4.000, a cuyos efectos, la entidad ASA deberá efectuar los correspondientes ajustes extracontables, para la determinación de la base imponible de su Impuesto sobre Sociedades.

Sin embargo, en este caso, al ser el importe del ingreso, correspondiente a la quita (4.000), superior al importe total de los gastos financieros (intereses) pendientes de registrar (2.000), la imputación del ingreso debe efectuarse de forma proporcional a los gastos financieros registrados en cada período impositivo, respecto de los gastos financieros totales pendientes de registrar.

La proporción de los gastos financieros, que se registran en cada ejercicio, respecto de los gastos financieros totales pendientes de registrar, es la siguiente = 400 ÷ 2.000 = 20%

Los ajustes extracontables a efectuar, serán los siguientes:

Ejercicio	Gastos financieros (Intereses)	Ingreso fiscal por la quita (0,20 x 4.000)	Ajuste extracontable
202X	400	800	–3.200
202X+1	400	800	+ 800
202X+2	400	800	+ 800
202X+3	400	800	+ 800
202X+4	400	800	+ 800

Legislación

LEY

LIS, artículo 11.

Real Decreto-Ley 3/2016, artículo 3.Segundo.Uno

REGLAMENTO
RIS, artículos 1 y 2.

2.4.4. *Correcciones de valor: amortizaciones*

Cuando una entidad adquiere un elemento patrimonial, está realizando una inversión, es decir, no está incurriendo directamente en un gasto.

Ahora bien, el elemento patrimonial, objeto de la inversión realizada por la entidad, va a ir perdiendo valor, de forma sistemática, a lo largo de su vida útil, como consecuencia de su utilización en su actividad, del simple paso del tiempo o porque se vaya quedando anticuado (obsoleto).

La amortización es la expresión contable cuantitativa de la depreciación efectiva (de esa pérdida sistemática de valor del bien, de la inversión) sufrida por el elemento patrimonial en el ejercicio, que se integra en el resultado contable de la entidad, en cada uno de los ejercicios de la vida del bien, mediante el cómputo del correspondiente gasto en la cuenta de pérdidas y ganancias.

La amortización es un gasto contable que recoge la depreciación efectiva que experimenta un elemento patrimonial en cada ejercicio de su vida.

2.4.4.1. Amortización del inmovilizado material y de las inversiones inmobiliarias

El gasto contable de cada ejercicio correspondiente a la amortización de los bienes o elementos patrimoniales del inmovilizado material y de las inversiones inmobiliarias es fiscalmente deducible, cuando corresponda a la depreciación efectiva que experimenten los mismos por funcionamiento, uso, disfrute u obsolescencia.

Para que la amortización sea un gasto fiscalmente deducible, es necesario que la depreciación experimentada por los citados elementos patrimoniales sea efectiva. Fiscalmente se considera que la depreciación es efectiva, cuando sea el resultado de aplicar alguno de los siguientes métodos de amortización:

- Amortización lineal según los coeficientes establecidos en la tabla incluida en la LIS.
- Amortización mediante porcentaje constante sobre el valor pendiente de amortizar.

- Amortización mediante el método de los números dígitos.
- Amortización mediante un plan formulado por el contribuyente y aceptado por la Administración tributaria.
- Justificación del importe de la amortización por el contribuyente (es decir, mediante la prueba de la efectividad de la depreciación).

Por tanto, el importe del gasto contable que resulte de aplicar cualquiera de estos métodos, se considera que responde a la depreciación efectiva del activo y, por tanto, es fiscalmente deducible sin necesidad de justificación alguna.

El gasto contable por la amortización de los elementos patrimoniales del inmovilizado material y de las inversiones inmobiliarias es deducible, cuando se haya calculado por alguno de los 5 métodos que recoge la norma fiscal.

2.4.4.1.1. Principios fiscales para la práctica de las amortizaciones del inmovilizado material y de las inversiones inmobiliarias

El Reglamento del Impuesto sobre Sociedades (RIS), aprobado por el Real Decreto 634/2015, de 10 de julio, y vigente para los períodos impositivos que se inicien el 1 de enero de 2015, regula los principios fiscales aplicables a la amortización de estos bienes de la siguiente forma:

- La base sobre la que debe calcularse la cuota de amortización es el precio de adquisición o coste de producción (en el caso de elementos construidos o fabricados por la propia entidad) del elemento patrimonial excluido, en su caso, el valor residual (el valor residual es el valor que se espera recuperar por la venta del bien, una vez que deje de funcionar en la entidad).
- En el caso de edificaciones, no es amortizable la parte del precio de adquisición que corresponda al valor del suelo excluidos, en su caso, los costes de rehabilitación. Si no se conoce el valor del suelo, puede calcularse, prorrateando el precio de adquisición entre los valores catastrales del suelo y de la construcción en el año de la adquisición. También puede utilizarse un criterio de distribución del precio de adquisición diferente, probando que dicho criterio tiene su fundamento en el valor de mercado del suelo y de la construcción en el año de la adquisición.
- La amortización debe comenzar desde el momento en que los elementos patrimoniales estén en condiciones de funcionamiento, esto es, desde el momento en que el bien está en condiciones de producir ingresos regularmente.

❒ Los elementos patrimoniales deben amortizarse dentro del período de su vida útil, entendiéndose por el tal el período en el que debe quedar cubierto el valor del elemento patrimonial, excluido el valor residual.

Para que el gasto contable correspondiente a la amortización de los bienes del inmovilizado material y de las inversiones inmobiliarias sea fiscalmente deducible, no sólo debe haberse calculado por alguno de los 5 métodos fiscales de amortización, sino que, además, debe cumplir con los principios fiscales aplicables para la práctica de las amortizaciones de tales bienes.

2.4.4.1.2. *Amortización según los coeficientes de amortización lineal de la tabla incluida en la LIS*

En este método, las cuotas de amortización son fiscalmente deducibles, cuando sean el resultado de aplicar los coeficientes de amortización lineal establecidos en la siguiente tabla:

Tipo de elemento	Coeficiente lineal máximo	Período de años máximo
Obra civil		
Obra civil general	2%	100
Pavimentos	6%	34
Infraestructuras y obras mineras	7%	30
Centrales		
Centrales hidráulicas	2%	100
Centrales nucleares	3%	60
Centrales de carbón	4%	50
Centrales renovables	7%	30
Otras centrales	5%	40
Edificios		
Edificios industriales	3%	68
Terrenos dedicados exclusivamente a escombreras	4%	50
Almacenes y depósitos (gaseosos, líquidos y sólidos)	7%	30
Edificios comerciales, administrativos, de servicios y viviendas	2%	100
Instalaciones		
Subestaciones. Redes de transporte y distribución de energía	5%	40
Cables	7%	30
Resto instalaciones	10%	20
Maquinaria	12%	18
Equipos médicos y asimilados	15%	14
Elementos de transporte		

Tipo de elemento	Coeficiente lineal máximo	Período de años máximo
Locomotoras, vagones y equipos de tracción	8%	25
Buques, aeronaves	10%	20
Elementos de transporte interno	10%	20
Elementos de transporte externo	16%	14
Autocamiones	20%	10
Mobiliario y enseres		
Mobiliario	10%	20
Lencería	25%	8
Cristalería	50%	4
Útiles y herramientas	25%	8
Moldes, matrices y modelos	33%	6
Otros enseres	15%	14
Equipos electrónicos e informáticos. Sistemas y programas		
Equipos electrónicos	20%	10
Equipos para procesos de información	25%	8
Sistemas y programas informáticos	33%	6
Producciones cinematográficas, fonográficas, videos y series audiovisuales	33%	6
Otros elementos	10%	20

Estos coeficientes de amortización están referenciados a una utilización de un período anual, por lo que, si la fecha de entrada en funcionamiento tiene lugar en cualquier día del ejercicio ya iniciado, la amortización que resulte de aplicar estos coeficientes deberá prorratearse al período de utilización de ese ejercicio.

Los coeficientes y períodos establecidos en esta tabla podrán ser objeto de modificación por vía reglamentaria. Por la misma vía, es decir, de forma reglamentaria, podrán establecerse coeficientes y períodos adicionales.

El coeficiente lineal máximo permite determinar el período mínimo de amortización del bien. Así, a un coeficiente lineal máximo de amortización del 10% le corresponde un período mínimo de amortización de 10 años (100 ÷ 10). Del mismo modo, el período de años máximo permite determinar el coeficiente de amortización lineal mínimo del bien. Por ejemplo, a un período de años máximo de 20 le corresponde un coeficiente de amortización lineal mínimo del 5% (100 ÷ 20).

Al ser un método de amortización lineal, el bien se amortiza de forma constante, aunque, fiscalmente es posible el cambio del coeficiente lineal de amortización de un ejercicio a otro, siempre que se mantenga entre los coeficientes máximo y mínimo de la tabla, siempre que también el gasto contable por amortización en cada ejercicio se corresponda con ese mismo coeficiente asumido a efectos fiscales.

Por tanto, caso de que se amortice un elemento por un coeficiente superior al máximo de tablas, el exceso de amortización sobre el coeficiente máximo no sería deducible, excepto que se pruebe que esa amortización responde a la depreciación efectiva de ese elemento. Tampoco sería deducible ese exceso de amortización, incluso si en período impositivo anterior se haya aplicado un coeficiente de amortización inferior al máximo de tablas.

Por otro lado, la amortización derivada de la utilización de un coeficiente de amortización entre el máximo y el mínimo debe estar contabilizada como gasto en el ejercicio, de manera que, de amortizar el elemento por un coeficiente inferior al máximo, el gasto que resulte de ese coeficiente, será fiscalmente deducible, sin que pueda plantearse hacer un ajuste negativo al resultado contable por el importe que hubiese resultado de aplicar el coeficiente máximo.

En este sentido, el RIS dispone que, cuando el contribuyente utilice el método de amortización según la tabla de amortización establecida en la LIS, la depreciación se entenderá efectiva si se corresponde con el resultado de aplicar al precio de adquisición o coste de producción del elemento patrimonial del inmovilizado alguno de los siguientes coeficientes:

- El coeficiente de amortización lineal máximo establecido en la tabla.
- El coeficiente de amortización lineal que se deriva del período máximo de amortización establecido en la tabla.
- Cualquier otro coeficiente de amortización lineal comprendido entre los dos anteriormente mencionados.

En este método de amortización la vida útil no puede exceder del período máximo fijado en las tablas.

Ejemplo

La entidad ASA, para el desarrollo de su actividad, dispone, entre otros, de los siguientes elementos patrimoniales:

Elemento patrimonial	Precio de adquisición (euros)	Fecha de puesta en condiciones de funcionamiento
Instalaciones	30.000	1-3-202X
Maquinaria	10.000	1-8-202X
Edificio administrativo	200.000	1-2-202X

Respecto del edifico administrativo, se sabe que el valor del suelo asciende a 40.000, siendo el valor de la construcción de 160.000.

Determinar las cuotas de amortización fiscalmente deducibles, en el ejercicio 202X, para la entidad ASA, que se derivan de la tabla de coeficientes de amortización, incluida en la LIS, considerando que la entidad aplica el coeficiente máximo de amortización lineal.

Solución:

En relación con los elementos patrimoniales señalados, la tabla de coeficientes de amortización lineal incluye los siguientes datos:

Elemento patrimonial	Coeficiente lineal máximo	Período de años máximo
Instalaciones	10%	20
Maquinaria	12%	18
Edificio administrativo	2%	100

De acuerdo con tales datos, las cuotas de amortización fiscalmente deducibles, en el ejercicio 202X, para la entidad ASA, teniendo en cuenta los coeficientes máximos de amortización incluidos en la tabla, serán las siguientes:

- Instalaciones = 30.000 × 0,10 × 10/12 = 2.500.
- Maquinaria = 10.000 × 0,12 × 5/12 = 500.
- Edificio administrativo (construcción) = 160.000 × 0,02 × 11/12 = 2.933,33.
- Total amortizaciones fiscalmente deducibles en el ejercicio 201X = 2.500 + 500 + 2.933,33 = 5.933,33

Adviértase que las amortizaciones de los distintos elementos patrimoniales no se refieren a todo el ejercicio, sino que están calculadas desde la fecha de la puesta en condiciones de funcionamiento de dichos elementos patrimoniales (marzo, 10/12; agosto, 5/12 y febrero, 11/12 del ejercicio 202X).

Nótese también que la base de la amortización del edificio administrativo no incluye el valor del suelo, ya que éste no es amortizable.

Ejemplo

La entidad BESA, para el desarrollo de su actividad, dispone, entre otros, de los siguientes elementos patrimoniales:

Elemento patrimonial	Precio de adquisición (euros)	Fecha de puesta en condiciones de funcionamiento
Central hidráulica	1.000.000	1-4-202X
Cables	30.000	1-5-202X
Subestaciones	400.000	1-9-202X

Determinar las cuotas de amortización fiscalmente deducibles, en el ejercicio 202X, para la entidad BESA, que se derivan de la tabla de coeficientes de amortización, incluida en la LIS, considerando que la entidad aplica el coeficiente máximo de amortización lineal.

Solución:

En relación con los elementos patrimoniales señalados, la tabla de coeficientes de amortización lineal incluye los siguientes datos:

Elemento patrimonial	Coeficiente lineal máximo	Período de años máximo
Central hidráulica	2%	100
Cables	7%	30
Subestaciones	5%	40

De acuerdo con tales datos, las cuotas de amortización fiscalmente deducibles, en el ejercicio 202X, para la entidad BESA, teniendo en cuenta los coeficientes máximos de amortización incluidos en la tabla, serán las siguientes:

- Central hidráulica = 1.000.000 × 0,02 × 9/12 = 15.000.
- Cables = 30.000 × 0,07 × 8/12 = 1.400.
- Subestaciones = 400.000 × 0,05 × 4/12 = 6.666,66.
- Total amortizaciones fiscalmente deducibles en el ejercicio 201X = 15.000 + 1.400 + 6.666,66 = 23.066,66

Adviértase que las amortizaciones de los distintos elementos patrimoniales no se refieren a todo el ejercicio, sino que están calculadas desde la fecha de la puesta en condiciones de funcionamiento de dichos elementos patrimoniales (abril, 9/12, mayo, 8/12 y septiembre, 4/12 del ejercicio 202X).

2) La entidad ASA ha realizado una inversión en un elemento de inmovilizado material nuevo al inicio del ejercicio 202X por importe de 100.000, siendo del 20% el coeficiente máximo de amortización de tablas y de 10 años el período máximo de amortización (coeficiente mínimo del 10%). La secuencia de gastos de amortización es el siguiente:

Ejercicio	Amortización contable	Amortización fiscal
202X	20.000	20.000
202X + 1	15.000	15.000
202X + 2	25.000	20.000
202X + 3	20.000	20.000
202X + 4	20.000	20.000
202X + 5	0	0

En los ejercicios 202X, 202X+2, 202X+3 y 202X+4 el gasto contabilizado de 20.000 es fiscalmente deducible al corresponder con el resultante de aplicar el coeficiente máximo de tablas. En cuanto a la amortización del ejercicio 202X+1, el gasto contabilizado de 15.000 también es fiscalmente deducible dado que resulta de aplicar el coeficiente del 15% inferior al máximo, sin que pueda deducirse mediane un ajuste negativo un importe de 5.000 para alcanzar en conjunto la deducción que hubiese correspondido de aplicar el coeficiente máximo, dado que se exige la contabilización del gasto para que sea fiscalmente deducible. En cuanto a la amortización del ejercicio 202X+2, solo es deducible el importe de 20.000 derivado de aplicar el coeficiente máximo, por lo que procede realizar un ajuste positivo de 5.000 al resultado contable para determinar la base imponible de ese período. En el ejercicio 202X+5, aun cuando no hay gasto contable, sin embargo, sería deducible el importe de 5.000 no deducido en el ejercicio 202X+2, lo cual exige hacer un ajuste negativo de 5.000 al resultado contable de ese ejercicio para determinar la base imponible del mismo.

En el método de amortización, según la tabla de coeficientes de amortización lineal, incluida en la norma, el gasto contable por amortización es fiscalmente deducible si su importe se corresponda con la aplicación de un coeficiente de amortización lineal que esté comprendido entre los coeficientes máximo y mínimo de dicha tabla.

2.4.4.1.2.1. Elementos patrimoniales utilizados en más de un turno de trabajo

El RIS establece que, cuando se trate de elementos patrimoniales que se utilizan diariamente en más de un turno de trabajo (se considera que un turno de trabajo tiene una duración de 8 horas), debe recalcularse el coeficiente de amortización lineal máximo mediante la siguiente fórmula:

$$NCM = Cm + [(CM - Cm) \times h / 8 \text{ horas}].$$

Siendo:

NCM = Nuevo coeficiente lineal máximo.

CM = Coeficiente lineal máximo.

Cm: Coeficiente lineal mínimo.

h: Horas trabajadas diariamente.

Esta misma fórmula es aplicable con independencia de la naturaleza del elemento transmitido, tanto si es nuevo como usado.

Esta regla no es de aplicación para los elementos patrimoniales que, por su naturaleza técnica, deban ser utilizados de forma continuada (como sería el caso, por ejemplo, de un alto horno).

Por tanto, de amortizar el elemento de acuerdo con este otro coeficiente de amortización, el gasto contabilizado que resulte, será fiscalmente deducible. No obstante, el contribuyente puede amortizar contablemente por un coeficiente inferior al máximo que resulta de este método de amortización, en cuyo caso, sería deducible la amortización contabilizada, sin que pueda deducirse el exceso hasta la nueva amortización mediante un ajuste negativo al resultado contable, dado que es necesario la contabilización para que un gasto sea deducible.

Caso de que el elemento se utilice en varios turnos de trabajo durante solo en una parte del ejercicio, este nuevo coeficiente máximo solo se aplica en esa misma parte del ejercicio, de manera que la amortización que corresponde al resto del ejercicio se determina aplicando el coeficiente de tablas que corresponda.

Alguno de los criterios interpretativos sobre este método de amortización son los siguientes:

- Los elementos de "hardware", como un ordenador central, unidades de almacenamiento y servidores entre otras, por sus características especiales, no pueden interrumpir y detener su labor, por lo que no puede entenderse la existencia de turnos de trabajo, sino que constituye un solo turno de 24 horas (STS 17-2-17, Rec. 3569/2015).
- No son susceptibles de amortizarse en turnos de trabajo aquellos que por su naturaleza y destino tienen un uso continuo, como alarmas, detección de incendios, equipos frigoríficos (DGT 21-3-18, V0755-2018).
- Es compatible la amortización de un elemento utilizado en varios turnos de trabajo y, además, según el método de números dígitos (SAN 7-2-13, Rec 44/10).

Ejemplo

La entidad JOTA es titular de un elemento patrimonial al que, según la tabla de coeficientes de amortización incluida en la LIS, le corresponde un coeficiente lineal máximo de amortización (CM) del 10%, siendo su período máximo de amortización (PM) de 20 años. En el ejercicio 202X, dicho elemento patrimonial, debido a un aumento coyuntural de la demanda de los productos de la entidad JOTA, se ha utilizado, durante tres meses, en turnos de 12 horas diarias.

Determinar la cuota de amortización del elemento patrimonial que es fiscalmente deducible en el ejercicio 202X, sabiendo que el precio de adquisición del mismo fue de 10.000 euros.

Solución:

El CM de amortización del 10% implica un periodo mínimo (Pm) de amortización del elemento patrimonial de 10 años.

El PM de amortización de 20 años supone un coeficiente lineal mínimo de amortización (Cm) del 5%.

El nuevo coeficiente lineal máximo de amortización (NCM), aplicable durante los tres meses en los que el elemento patrimonial se utiliza más de un turno de trabajo (es decir, utilización de 12 horas diarias), será:

NCM = Cm + [(CM – Cm) x h / 8 horas] = 5 + (10 – 5) × 12 / 8 horas = 15%

La cuota de amortización fiscalmente deducible, del elemento patrimonial en cuestión, en el ejercicio 202X, será:

9 meses al 10%: (10.000 × 0,10) × 9/12 = 750
3 meses al 15%: (10.000 × 0,15) × 3/12 = 375

Total amortización deducible ejercicio 202X = 750 + 375 = 1.125

La deducción de esta amortización requiere que esté contabilizado como gasto un importe de 1.125. No obstante, también sería deducible la amortización que contabilice aplicando un coeficiente de amortización inferior al 15 y 10%, respectivamente.

Cuando los bienes se utilicen en el proceso productivo más de un turno de trabajo (más de 8 horas), pueden amortizarse, durante dicho tiempo, a un tipo superior al correspondiente al coeficiente lineal máximo de amortización de la tabla incluida en la LIS.

2.4.4.1.2.2. Elementos patrimoniales que se adquieren usados

Cuando se adquieran elementos patrimoniales usados, es decir, elementos patrimoniales que no sean puestos en condiciones de funcionamiento por primera vez, las amortizaciones deben calcularse, según establece el RIS, siguiendo los siguientes criterios:

- Sobre el precio de adquisición, hasta el límite resultante de multiplicar por 2 la cantidad derivada de aplicar el coeficiente de amortización lineal máximo.
- Si se conoce el precio de adquisición o el coste de producción originario, podrá tomarse éste para la aplicación del coeficiente de amortización lineal máximo. Si no se conoce el precio de adquisición o el coste de producción originario, podrá procederse a su determinación de forma pericial.

A estos efectos, no se consideran como usados, los edificios cuya antigüedad sea inferior a 10 años. Para dichos elementos patrimoniales, no pueden aplicarse estos criterios de amortización de elementos patrimoniales usados.

De amortizar el elemento de acuerdo con este método de elementos usados, el gasto contabilizado que resulte será fiscalmente deducible sin necesidad de justificar que responde a la depreciación efectiva del elemento.

Si el elemento usado se adquiere a una entidad del mismo grupo mercantil (artículo 42 Código de Comercio), con independencia de su residencia y de la obligación de formular cuentas anuales consolidadas, la amortización se calcula necesariamente utilizando el coeficiente de amortización lineal máximo sobre el precio de adquisición o coste de producción originario que tenía en la entidad transmitente. Si el precio de adquisición fuese superior al originario, la amortización deducible tiene como límite el resultado de aplicar al precio de adquisición el coeficiente de amortización máximo.

Ejemplo

La sociedad BETA ha adquirido, el día 1-1-202X, dos elementos patrimoniales usados, el elemento patrimonial A y el elemento patrimonial B. El precio de adquisición del elemento patrimonial A ha sido de 10.000 y el del elemento patrimonial B de 8.000. El coeficiente lineal máximo de amortización, según la tabla de coeficientes de amortización, es del 10% para el elemento patrimonial A y del 12% para el elemento patrimonial B. Se sabe que el precio de adquisición originario del elemento patrimonial B fue de 25.000.

Determinar las amortizaciones fiscalmente deducibles en el ejercicio 202X.

Solución:

Amortización fiscalmente deducible del elemento patrimonial A: 10.000 × 0,10 × 2 = 2.000.

Respecto del elemento patrimonial B, la entidad puede optar por alguna de las dos soluciones siguientes:

- Amortización fiscalmente deducible del elemento patrimonial B, calculada sobre el precio de adquisición: 8.000 × 0,12 × 2 = 1.920.
- Amortización fiscalmente deducible del elemento patrimonial B, calculada sobre el precio de adquisición originario: 25.000 × 0,12 = 3.000.

La amortización del elemento patrimonial B, calculada sobre el precio de adquisición originario, produce una cuota de amortización deducible de mayor importe.

La deducción de estos importes exige que esté contabilizado como gasto en concepto de amortización.

Ejemplo

La entidad ASA tiene un elemento amortizable cuyo valor de adquisición fue de 100.000 y se transmite a la entidad BESA, íntegramente participada por la primera, por un valor de: a) 80.000; b) 120.000. El coeficiente de amortización máximo de tablas es del 10%.

Solución:

a) Para la entidad BESA el elemento adquirido no se considera usado y, por tanto, esta entidad no puede amortizar ese elemento al coeficiente del 20% (2x10). El gasto por amortización máximo sería de 10.000 (0,1x100.000), aplicando el coeficiente máximo de tablas del 10% sobre el precio de adquisición que ese mismo elemento tenía en la entidad ASA.

b) En este otro caso, el gasto por amortización máximo sería de 12.000 (0,1x120.000), aplicando el coeficiente máximo de tablas del 10% sobre el precio de adquisición que ese elemento tiene en la entidad BESA.

Ejemplo

1) La entidad ASA ha adquirido un inmueble cuya antigüedad es de 8 años por importe de 250.000 a la entidad BESA, siendo de 240.000 el valor que tenía en la entidad transmitente. El coeficiente máximo de amortización de tablas es del 2%.

Solución:

Aun cuando el inmueble haya sido utilizado anteriormente por la entidad BESA, sin embargo, no tiene la consideración de usado, dado que su antigüedad no supera los 10 años, por lo que el gasto contable máximo fiscalmente deducible sería de 5.000 (0,02x250.000).

2) Mismo ejemplo anterior con la diferencia que el inmueble tiene una antigüedad de 15 años.

Solución:

En este caso el inmueble se considera usado, dado que su antigüedad supera los 10 años, por lo que el gasto contable máximo fiscalmente deducible sería de 10.000 (2x0,02x250.000).

3) Mismo ejemplo anterior con la diferencia que ASA y BESA están vinculadas, pero no forman parte de un grupo en el sentido del art. 42 Código de Comercio.

Solución:

Igualmente en este caso el inmueble se considera usado, dado que su antigüedad supera los 10 años, sin que a ello afecte el hecho de que ambas entidades estén vinculadas, por lo que el gasto contable máximo fiscalmente deducible sería de 10.000 (2x0,02x250.000).

Los bienes que se adquieran usados, pueden amortizarse, a elección de la entidad, aplicando el doble del coeficiente máximo lineal de amortización de la tabla incluida en la LIS sobre el precio de adquisición, o aplicando el coeficiente máximo lineal de amortización de dicha tabla sobre el precio de adquisición originario.

2.4.4.1.3. Amortización mediante porcentaje constante sobre el valor pendiente de amortizar

Se trata de un método de amortización degresivo (de amortizaciones decrecientes a lo largo de la vida útil), en el que la depreciación se considera efectiva, cuando sea el resultado de aplicar al valor pendiente de amortización, en cada ejercicio, un porcentaje constante, que se determina, ponderando el coeficiente lineal de amortización obtenido a partir del período de amortización, según la tabla de coeficientes de amortización incluida en la LIS, por los siguientes coeficientes:

- 1,5 si el período de amortización elegido es inferior a 5 años.
- 2 si el período de amortización elegido es igual o superior a 5 e inferior a 8 años.
- 2,5 si el período de amortización es igual o superior a 8 años.

Es un método que toma como punto de referencia la tabla de amortización incluida en la LIS.

Lo primero que tiene que hacer la entidad en este método, es elegir, teniendo en cuenta las características económicas y técnicas del bien, el período de amortización del elemento patrimonial entre el período máximo y mínimo de dicha tabla.

Una vez elegido dicho período, debe calcularse el coeficiente lineal de amortización que corresponde al mismo. Para ello, se dividirá 100 entre el período elegido. Así, por ejemplo, si el período elegido es de 5 años, el coeficiente lineal de amortización será del 20% (100 ÷ 5 años = 20%).

El coeficiente lineal de amortización se multiplicará por el coeficiente de ponderación que corresponda, según el periodo elegido, obteniéndose el porcentaje constante de amortización. Por ejemplo, si el período elegido ha sido 5 años, el coeficiente de ponderación será 2 y el porcentaje constante el 40%, resultado de multiplicar por 2 el coeficiente lineal de amortización del 20%.

Finalmente, el porcentaje constante de amortización se aplicará al valor pendiente de amortizar al final de cada año.

Al ser un método de amortización degresivo o decreciente, es aplicable a aquellos elementos patrimoniales que, por sus características técnicas y económicas, sufren una mayor depreciación en los primeros años de su utilización en el proceso productivo de la entidad que los que experimentan en los siguientes.

El porcentaje constante nunca podrá ser inferior al 11%. Además, el importe pendiente de amortizar en el ejercicio en que concluya la vida útil del elemento patrimonial, debe amortizarse íntegramente en dicho ejercicio.

Este método no es aplicable a edificios, mobiliario y enseres. Por el contrario, es de aplicación para elementos patrimoniales que se adquieran usados.

De amortizar el elemento de acuerdo con este método de porcentaje constante, el gasto contabilizado que resulte, será fiscalmente deducible.

Ejemplo

La entidad EFE adquiere el día 1-1-202X un elemento patrimonial, cuyo precio de adquisición es de 10.000. El coeficiente máximo de amortización que corresponde a este elemento patrimonial según la tabla incluida en la LIS, es del 20%, lo que significa que su período mínimo de amortización es de 5 años. El periodo máximo de amortización, según la mencionada Tabla, es de 10 años. La entidad decide amortizar el elemento patrimonial, aplicando el método de porcentaje constante sobre el valor pendiente de amortizar, en 8 años.

Determinar las amortizaciones fiscalmente deducibles.

Solución:

La elección de un período de amortización de 8 años (comprendido entre el mínimo y el máximo de la tabla de coeficientes de amortización lineal) determina un coeficiente lineal de amortización del 12,5% (100 ÷ 8 años).

El coeficiente de ponderación que corresponde a 8 años, es de 2,5. Por tanto, el porcentaje constante de amortización que debe aplicarse es del 31,25% (12,5 × 2,5). Así tendremos:

Ejercicio	Valor amortizable (euros)	Porcentaje constante	Amortización (euros)	Valor pendiente (euros)
202X	10.000	31,25%	3.125	6.875
202X+1	6.875	31,25%	2.148	4.727
202X+2	4.727	31,25%	1.477	3.250
202X+3	3.250	31,25%	1.016	2.234
202X+4	2.234	31,25%	698	1.536
202X+5	1.536	31,25%	480	1.056
202X+6	1.056	31,25%	330	726
202X+7	726	100%	726	0

El método de amortización mediante porcentaje constante sobre el valor pendiente de amortizar es un método degresivo o decreciente, que toma como punto de referencia la tabla de amortización incluida en la LIS, y que es adecuado para aquellos bienes que, por sus características técnicas y económicas, se deprecian más en los primeros años de su utilización en el proceso productivo de la entidad.

2.4.4.1.4. Amortización mediante el método de los números dígitos

Este método también toma como punto de referencia la tabla de amortización incluida en la LIS.

En este método, lo primero que tiene que hacer la entidad, es elegir el período de amortización del bien, teniendo en cuenta las características técnicas y económicas del mismo. Dicho período puede ser cualquiera de los comprendidos entre los períodos máximo y mínimo de la tabla incluida en la LIS.

Una vez elegido el periodo de amortización del bien, debe asignarse un número dígito a cada uno de los años de amortización, teniendo en cuenta que la asignación de los números dígitos podrá ser decreciente o creciente.

Después se obtendrá la suma de los números dígitos que corresponda a los años en que se va a amortizar el elemento patrimonial.

A continuación, debe determinarse la cuota por dígito, dividiendo el valor a amortizar entre la suma de dígitos.

Por último, la amortización anual, fiscalmente deducible, será el resultado de multiplicar la cuota por dígito por el dígito correspondiente.

Este método no es aplicable a edificios, mobiliario y enseres, pero sí se aplica a los elementos patrimoniales que se adquieran usados.

Este método permite la aplicación de cuotas de amortización degresivas o decrecientes (cuando se aplican dígitos decrecientes) o progresivas o crecientes (cuando se aplican dígitos crecientes).

Por ello, es válido tanto para aquellos bienes que, por sus características técnicas y económicas, se deprecian más en los primeros años de utilización, como para aquellos que, debido a dichas características, se deprecian más en los últimos de funcionamiento.

De amortizar el elemento de acuerdo con este método de números dígitos, el gasto contabilizado que resulte, será fiscalmente deducible.

Ejemplo

La entidad ESE adquiere el día 1-1-202X, un elemento patrimonial cuyo precio de adquisición asciende a 6.000. A este elemento patrimonial le corresponde, según la tabla de coeficientes de amortización incluida en la LIS, un coeficiente lineal máximo de amortización del 20% (período mínimo de amortización de 5 años) y un período máximo de amortización de 10 años. La entidad considera que la vida útil del elemento patrimonial es de 5 años.

Determinar las cuotas de amortización fiscalmente deducibles por el método de los números dígitos (decrecientes y crecientes).

Solución:

La vida útil es de 5 años.

Suma de dígitos = 5 + 4 + 3 + 2 + 1 = 15

Cuota por dígito = 6.000 ÷ 15 = 400 euros

Ejercicio	Dígito decreciente	Cuota por dígito	Amortización (euros)	Dígito creciente	Cuota por dígito	Amortización (euros)
202X	5	400	400 x 5 = 2.000	1	400	400 x 1 = 400
202X+1	4	400	400 x 4 = 1.600	2	400	400 x 2 = 800
202X+2	3	400	400 x 3 = 1.200	3	400	400 x 3 = 1.200
202X+3	2	400	400 x 2 = 800	4	400	400 x 4 = 1.600
202X+4	1	400	400 x 1 = 400	5	400	400 x 5 = 2.000

La amortización mediante el método de los números dígitos permite calcular amortizaciones tanto decrecientes como crecientes.

2.4.4.1.5. *Amortización mediante un plan formulado por el contribuyente y aceptado por la Administración Tributaria*

De acuerdo a la nueva redacción del RIS, el contribuyente puede presentar planes especiales de amortización en cualquier momento del plazo de amortización el elemento patrimonial.

El RIS dispone que la solicitud deberá presentarse dentro del período de construcción o de amortización de los elementos patrimoniales, debiendo incluir la siguiente información:

- Descripción de los elementos patrimoniales objeto del plan especial de amortización, señalando la actividad a la que se hallen adscritos y su ubicación.
- Método de amortización que se propone, indicando la distribución temporal de las amortizaciones que derivan del mismo.
- Justificación del método de amortización propuesto.
- Precio de adquisición o coste de producción de los elementos patrimoniales.
- Fecha de inicio de la amortización de los elementos patrimoniales. En el caso de elementos patrimoniales en construcción, se indicará la fecha prevista en que deba comenzar la amortización.

La Administración tributaria dispone, para resolver sobre la propuesta, de tres meses, contados desde la fecha en que se haya presentado la solicitud. Si, transcurrido dicho plazo, no existe resolución expresa de la Administración tributaria, se entenderá que el plan propuesto por la entidad ha sido aprobado.

El plan de amortización aprobado surtirá efectos en los períodos impositivos que finalicen tras la presentación del mismo, salvo que expresamente se establezca una fecha distinta. Los planes aprobados podrán:

- Ser modificados a solicitud del contribuyente, cumpliéndose, lógicamente, el procedimiento comentado, debiendo presentarse esta solicitud en el período impositivo en el cual deba surtir efecto dicha modificación.
- Aplicarse a aquellos otros elementos patrimoniales de idénticas características cuya amortización vaya a comenzar antes del transcurso de 3 años contados desde la fecha de notificación del acuerdo de aprobación del plan de amortización, siempre que se mantengan sustancialmente las circunstancias de carácter físico, tecnológico, jurídico y económico determinantes del método de amortización aprobado, y se comunique a la Agencia Estatal de la Administración Tributaria (AEAT) con anterioridad a la finalización del período impositivo en que deba surtir efecto.

La Resolución de 16 de julio de 2015, de la Presidencia de la Agencia Estatal de Administración Tributaria, atribuye la competencia para instruir y resolver los expedientes relativos a los planes de amortización al Departamento de Inspección Financiera y Tributaria de la AEAT. En concreto, corresponde a los Inspectores Jefes resolver el procedimiento relativo a planes de amortización.

Si la amortización del bien no tiene encaje en la tabla incluida en la LIS, en el método del porcentaje constante ni en los números dígitos, puede solicitarse a la Administración tributaria un plan especial para la amortización del mismo.

2.4.4.1.6. Amortización mediante prueba de la efectividad de la depreciación

De forma residual, el contribuyente puede probar, en el momento de la comprobación administrativa, que la amortización practicada es superior a la que resulta de aplicar cualquiera de los métodos establecidos en la LIS, aunque lo haya sido al margen de los métodos antes señalados, responde a la efectiva depreciación del elemento patrimonial, siendo, por ello, fiscalmente deducible. No obstante, los contribuyentes que dispongan de esa prueba, al objeto de tener la seguridad de que no sea rechazada en una comprobación posterior, lo normal será que opten por solicitar un plan de amortización a la Administración tributaria en los términos comentados anteriormente.

Siempre podrá probarse que la amortización practicada por la empresa se corresponde con la depreciación efectiva del bien.

2.4.4.1.7. Régimen transitorio para la aplicación de la tabla de amortización

La tabla de coeficientes lineales de amortización, que recoge la LIS, es aplicable a los períodos impositivos iniciados a partir de 1-1-2015. En los períodos impositivos iniciados antes de esa fecha, existían otras tablas de amortización, que aparecían incluidas en el Anexo al RIS vigente con anterioridad al 1 de enero de 2015, es decir, el Real Decreto 1777/2004, de 30 de julio.

Por una parte, la norma dispone que los elementos patrimoniales a los que, en períodos impositivos iniciados con anterioridad a 1-1-2015, se estuviera aplicando un coeficiente de amortización distinto al que le corresponde, a partir de 1-1-2015, por aplicación de la nueva tabla de amortización prevista en la LIS, se amortizarán durante los períodos impositivos que resten hasta completar su nueva vida útil, de acuerdo con la nueva tabla, sobre el valor neto fiscal del bien existente al inicio del primer período impositivo que comience a partir de 1-1-2015.

Ejemplo

La entidad JOTA adquirió, con fecha 1-1-2010, un elemento patrimonial, por un importe de 10.000. A este elemento patrimonial, según las tablas de coeficientes de amortización lineal vigentes en dicha fecha, le correspondía un coeficiente máximo de amortización del 12% y un período máximo de amortización de 18 años. La entidad ha venido amortizando dicho elemento patrimonial mediante la aplicación del coeficiente máximo (12%) de las citadas tablas.

De acuerdo con la nueva tabla de coeficientes de amortización lineal, incluida en la LIS, a este elemento patrimonial le corresponden, desde 1-1-2015, un coeficiente máximo de amortización lineal del 10% y un período máximo de 20 años.

Determinar las amortizaciones fiscalmente deducibles a partir de 1-1-2015.

Solución:

Hasta 31-12-2014, conforme a las antiguas tablas de coeficientes de amortización lineal, las amortizaciones fiscalmente deducibles, habrán sido las siguientes:

Ejercicio	Amortización fiscalmente deducible (0,12 × 10.000)
2010	1.200
2011	1.200
2012	1.200
2013	1.200
2014	1.200
Total	6.000

Al haberse modificado el coeficiente de amortización lineal, como consecuencia de la aplicación de la nueva tabla de coeficientes de amortización lineal, pasando del 12% al 10%, el valor neto fiscal del elemento patrimonial el día 1-1-2015 será amortizable fiscalmente de forma lineal, en el número de años de vida útil que le resten al bien, según la nueva tabla de amortización (nueva vida útil de 10 años, correspondiente a un coeficiente máximo de amortización lineal del 10%).

El valor neto fiscal del elemento patrimonial el día 1-1-2015 será el siguiente = Inversión – Amortización acumulada fiscalmente deducible a 31-12-2014 = 10.000 – 6.000 = 4.000.

El número de años de vida útil que restan al elemento patrimonial, de acuerdo con la nueva tabla, son 5 años (10 años de la nueva vida útil, menos 5 años, consumidos entre 2010 y 2014).

En consecuencia, la amortización fiscalmente deducible en el año 2015 y siguientes será = Valor neto fiscal a 1-1-2015 ÷ años de vida útil restantes = 4.000 ÷ 5 = 800 anuales.

Caso de que la entidad JOTA siga amortizando el elemento a partir del período impositivo 2015 y siguientes al porcentaje del 12%, es decir, contabilice como gasto un importe de 1.200, habría un exceso de amortización en cada uno de esos períodos sobre la amortización máxima permitida de 400 (1.200-800), por lo que la deducción de ese importe estaría condicionada a que la entidad justifique que la misma responde a la depreciación efectiva pujes, en caso contrario, dicho exceso no sería fiscalmente deducible.

Por otra parte, aquellos contribuyentes que estuvieran aplicando un método de amortización distinto al resultante de aplicar los coeficientes de amortización lineal en períodos impositivos iniciados con anterioridad a 1-1-2015 y, en aplicación de la nueva tabla de amortización prevista en la LIS, les correspondiese un plazo de amortización distinto, podrán optar por aplicar el método de amortización lineal en el período que reste hasta finalizar su nueva vida útil, sobre el valor neto fiscal existente al inicio del primer período impositivo que comience a partir de 1-1-2015.

Ejemplo

La entidad ZETA adquirió, con fecha 1-1-2013, un elemento patrimonial, por un importe de 10.000 euros. A este elemento patrimonial, según las tablas de coeficientes de amortización lineal vigentes en dicha fecha, le correspondía un coeficiente máximo de amortización del 25% y un período máximo de amortización de 8 años. La entidad decidió amortizar este elemento patrimonial por el método del porcentaje constante sobre el valor pendiente de amortizar, recuperando la inversión en el menor plazo posible, es decir, en cuatro años.

De acuerdo con la nueva tabla de coeficientes de amortización lineal, incluida en la LIS, a este elemento patrimonial le corresponden, desde 1-1-2015, un coeficiente máximo de amortización lineal del 18% y un período máximo de 12 años.

Determinar las amortizaciones fiscalmente deducibles a partir de 1-1-2015, considerando que la entidad ZETA decide amortizar el valor neto fiscal del elemento patrimonial a 1-1-2015 de forma lineal, hasta el final de su nueva vida útil.

Solución:

De acuerdo con las antiguas tablas de coeficientes de amortización lineal, la entidad determinaría el porcentaje de amortización lineal de la siguiente forma:

Coeficiente de amortización lineal para 4 años = 100 ÷ 4 años = 25%

Coeficiente de ponderación para 4 años = 1,5

Porcentaje constante de amortización = 25% × 1,5 = 37,5%

Por tanto, las amortizaciones fiscalmente deducibles en 2013 y 2014 fueron las siguientes:

Ejercicio	Valor amortizable	Porcentaje constante	Amortización fiscalmente deducible
2013	10.000	37,5	3.750,00
2014	10.000 – 3.750 = 6.250	37,5	2.343,75
Total			6.093,75

Puesto que la entidad estaba aplicando un método de amortización distinto al método lineal de tabla y, como consecuencia de la aprobación de la nueva tabla prevista en la LIS, le corresponde al bien un plazo de amortización distinto, puede optar por aplicar el método de amortización lineal en el período que reste hasta finalizar su nueva vida útil (12 años), sobre el valor neto fiscal existente el día 1-1-2015.

El valor neto fiscal del elemento patrimonial el día 1-1-2015 será el siguiente = Inversión – Amortización acumulada fiscalmente deducible a 31-12-2014 = 10.000 – 6.093,75 = 3.906,25.

El número de años de vida útil que restan al elemento patrimonial, de acuerdo con la nueva tabla, son 10 años (12 años de la nueva vida útil, menos 2 años, consumidos entre 2013 y 2014).

En consecuencia, la amortización fiscalmente deducible en el año 2015 y siguientes será = Valor neto fiscal a 1-1-2015 ÷ años de vida útil restantes = 3.096,25 ÷ 10 = 309,63 (anuales).

2.4.4.2. Amortización del inmovilizado intangible con vida útil definida

Los elementos del inmovilizado intangible pueden amortizarse durante su vida útil, siendo ésta el período durante el cual se espera que, razonablemente, produzcan ingresos.

Según el RIS, lo elementos del inmovilizado intangible deben empezar a amortizarse desde el momento en que estén en condiciones de producir ingresos.

La amortización de tales elementos, calculada de la forma indicada, es decir, en función de la vida útil definida de los mismos, tiene la consideración de gasto fiscalmente deducible cualquiera que sea esa vida útil, aunque fuese inferior a 10 años, siempre que esa vida útil pueda estimarse de forma fiable.

Ejemplo

La entidad ASA ha alquilado un local comercial el día 1-9-202X. La duración del contrato de alquiler es de 5 años. ASA ha pagado por derechos de traspaso 15.000 euros.

Determinar la amortización fiscalmente deducible, en el ejercicio 202X, correspondiente a los derechos de traspaso satisfechos.

Solución:

La amortización de los derechos de traspaso debe efectuarse de forma lineal durante el período de duración del contrato de arrendamiento. Dicha amortización será fiscalmente deducible. Su importe será: 15.000 ÷ 5 = 3.000 euros anuales

Ahora bien, puesto que el contrato se firma el 1-9-202X, la amortización fiscalmente deducible del ejercicio 202X será: 3.000 × 4/12 = 1.000 euros.

En los años posteriores la amortización deducible será de 3.000 euros anuales. El último año de duración del contrato de alquiler, la amortización estará referida a 8 meses, siendo su importe de 2.000 euros (3.000 × 8/12).

Aunque los sistemas y programas informáticos, así como las producciones cinematográficas, fonográficas, videos y series audiovisuales, forman parte del inmovilizado intangible con vida útil definida, sin embargo, su amortización se realiza mediante el método de la tabla de coeficientes lineales de amortización incluida en la LIS, ya que aparecen incluidos en la misma con un coeficiente máximo de amortización del 33% y un período máximo de 6 años.

Ejemplo

La entidad BESA ha adquirido, el día 1-1-202X, un programa informático, para llevar su contabilidad, por el que ha pagado 1.500 euros.

Determinar la amortización lineal máxima fiscalmente deducible en el ejercicio 202X.

Solución:

Según la tabla de coeficientes de amortización lineal incluida en la LIS, a los sistemas y programas informáticos les corresponde un coeficiente lineal máximo del 33%.

Amortización lineal máxima fiscalmente deducible ejercicio 202X: 1.500 × 0,33 = 495 euros.

La amortización de los bienes del inmovilizado intangible de vida útil definida es fiscalmente deducible atendiendo a la duración de la misma. No obstante, los sistemas y programas informáticos pueden amortizarse linealmente al coeficiente máximo del 33%.

Aun cuando el inmovilizado intangible se amortiza en atención a su vida útil, sin embargo, si la misma no pudiera estimarse de manera fiable, la amortización será deducible con el límite anual máximo de la veinteava parte de su importe, esto es, el 5%. Se considera que la estimación es fiable cuando la misma resulte de confianza o da seguridad a la determinación de la vida útil.

La amortización del fondo de comercio será, asimismo, deducible con el límite anual máximo de la veinteava parte de su importe con independencia de que su vida útil se haya o no estimado de forma fiable.

Debe recordarse que la nueva redacción del artículo 39.4 del Código de Comercio, aplicable a los estados financieros que se correspondan con los ejercicios que comiencen a partir de 1 de enero de 2016, establece que, salvo que otra disposición legal o reglamentaria establezca un plazo diferente, los inmovilizados intangibles cuya vida útil no pueda estimarse de manera fiable se amortizarán en un plazo de 10 años (10%). Por otra parte, se presumirá, salvo prueba en contrario, que la vida útil del fondo de comercio es de 10 años.

En consecuencia, la amortización contable (10%) de estos inmovilizados intangibles correspondientes al fondo de comercio será superior a su amortización fiscal máxima (5%). Por tanto, en aquellos ejercicios en los que la amortización contable sea superior a la amortización fiscalmente deducible, deberá efectuarse, para la determinación de la base imponible del IS, el correspondiente ajuste extracontable positivo, que revertirá (ajuste extracontable negativo) en períodos posteriores (una vez finalizada la amortización contable).

Por lo demás, cuando se pruebe que la vida útil de un fondo de comercio es de 20 años, la amortización contable y fiscal de dicho fondo de comercio será coincidente, no siendo preciso efectuar ningún ajuste extracontable.

Ejemplo

1) Una entidad ha adquirido la exclusividad de comercializar un determinado producto por un plazo no limitado, el cual se fija a que las ventas no sean inferiores a un determinado volumen. La vida útil se estima en 12 años, aun cuando no es fiable la forma de su determinación.

Solución:

Dado que la vida útil no se ha estimado de forma fiable, aun cuando la amortización contable se realice en el plazo de 12 años, son embargo, la amortización fiscal se considera que es de 20 años, lo que motivará realizar ajustes positivos al resultado contable en los 12 primeros años por el exceso de gasto contable sobre el fiscal y ajustes negativos en los 8 últimos años por el importe de la amortización fiscalmente deducible.

2) Una entidad ha adquirido por 10.000 la exclusividad de comercializar un determinado producto por un plazo limitado de 5 años, por lo que se considera que la vida útil es también de 5 años

Solución:

Dado que la vida útil se ha estimado de forma fiable, la amortización contable anual será de 2.000 (0,2x10.000), la cual es deducible al asumirse la vida útil al haberse estimado de una forma fiable.

3) Una entidad ha adquirido un negocio, de manera que, del precio de adquisición del mismo, es imputable a un fondo de comercio un importe de 200.000, el cual se amortiza en un plazo de 10 años, a razón de 20.000 (200.000/10) en cada uno de esos ejercicios.

Solución:

A efectos fiscales, el importe máximo deducible de la amortización del fondo de comercio es del 5% del valor del mismo, es decir, a efectos fiscales, el gasto deducible es de 10.000 (200.000x0,05), por lo que, en los primeros 10 períodos impositivos, debe hacerse un ajuste positivo de 10.000 al resultado contable para determinar la base imponible de los mismos y, en los 10 períodos siguientes, procederá un ajuste negativo en cada uno de ellos de 10.000 al resultado contable para determinar la base imponible de dichos períodos.

2.4.4.3. El arrendamiento financiero

El arrendamiento financiero es una fórmula de financiación para la adquisición de bienes. Una empresa que quiere adquirir un bien, encarga a una entidad financiera dedicada al arrendamiento financiero la compra de dicho bien. A continuación, la entidad de arrendamiento financiero se lo alquila o arrienda a la empresa a cambio del pago de una serie de cuotas periódicas de arrendamiento financiero. Las cuotas de arrendamiento financiero incluyen, por un lado, la parte correspondiente a la recuperación del coste del bien adquirido y, por otro, los intereses correspondientes a la financiación otorgada por la entidad de arrendamiento financiero a la empresa. Por último, al término de la duración del contrato de arrendamiento financiero existe una opción de compra a favor de la empresa arrendataria cuyo ejercicio supone adquirir la propiedad del bien mediante el pago del importe de la opción.

Para determinados contratos de arrendamiento financiero, existe un tratamiento fiscal especial.

Los requisitos que deben cumplir estos contratos son los siguientes:

- Deben tener por objeto exclusivo el arrendamiento de bienes muebles o inmuebles, adquiridos para ello según las especificaciones del futuro usuario (la empresa arrendataria).
- Los bienes objeto del arrendamiento deberán quedar afectados por el arrendatario únicamente a sus explotaciones agrícolas, pesqueras, industriales, comerciales, artesanales, de servicios o profesionales.
- El contrato debe incluir necesariamente una opción de compra, a su término, a favor del arrendatario.
- La entidad arrendadora (la empresa dedicada al arrendamiento financiero) deberá ser una entidad de crédito o un establecimiento financiero de crédito.
- La duración mínima del contrato debe ser de 2 años, cuando tenga por objeto bienes muebles, y de 10 años, cuando tenga por objeto bienes inmuebles o establecimientos industriales.
- Las cuotas de arrendamiento financiero deben aparecer expresadas en el contrato, diferenciando la parte que corresponda a la recuperación del coste del bien por el arrendador, excluido el valor de la opción de compra, y la carga financiera (los intereses de la financiación).
- Con carácter general, el importe anual de la parte de cuotas de arrendamiento financiero correspondiente a la recuperación del coste del bien debe ser constante o creciente durante el tiempo que dura el contrato.

El tratamiento fiscal de estos contratos de arrendamiento financiero es el siguiente:

- La parte de las cuotas de arrendamiento financiero satisfechas en concepto de intereses a la entidad arrendadora tiene la consideración de gasto fiscalmente deducible en la medida en que esté contabilizado como gasto.
- También es fiscalmente deducible la parte de las cuotas de arrendamiento financiero satisfechas correspondientes a la recuperación del coste del bien, salvo que se trate de terrenos, solares y otros activos no amortizables. En el caso de que esta circunstancia sólo concurra en una parte del bien, únicamente será deducible la proporción que corresponda a los elementos amortizables.
- Ahora bien, la cantidad fiscalmente deducible en concepto de recuperación del coste del bien (sin incluir la opción de compra) tiene un límite: no puede ser su-

perior al resultado de aplicar al coste del bien el doble del coeficiente de amortización lineal máximo establecido en la tabla incluida en la LIS, siendo deducible el exceso en los ejercicios sucesivos, respetando igual límite.

- En el caso de empresas de reducida dimensión, dicho límite se calcula tomando el duplo del coeficiente lineal de amortización según la tabla incluida en la LIS multiplicado por 1,5. Es decir, en este caso, el límite está determinado por el triple del coeficiente de amortización lineal.
- El arrendamiento financiero permite, por tanto, una aceleración, desde el punto de vista fiscal, de la recuperación de la inversión realizada, ya que la cantidad deducida fiscalmente en concepto de recuperación del coste del bien es superior (el doble o el triple), a la que se deduciría mediante la aplicación de los coeficientes lineales máximos de amortización de la tabla incluida en la LIS. En definitiva, mientras que en la cuenta de pérdidas y ganancias está contabilizado como gasto la amortización técnica del elemento, sin embargo, a efectos fiscales es deducible la cuota de arrendamiento satisfecha con los límites citados.
- La deducción de la parte de las cuotas de arrendamiento financiero satisfechas correspondientes a la recuperación del coste del bien que excede de la amortización contable, no está condicionada a su imputación contable en la cuenta de pérdidas y ganancias, ya que estos contratos se encuentran excepcionados del principio de inscripción contable de los gastos.
- Para hacer deducible esta cantidad de la parte de la cuota de arrendamiento financiero correspondiente a la recuperación del coste del bien, por encima de la amortización contabilizada de dicho bien, será necesario efectuar el oportuno ajuste extracontable negativo. No obstante, cuando el elemento adquirido esté amortizado totalmente a efectos fiscales pero, sin embargo, sigue amortizándose a efectos contables, el gasto por amortización no sería deducible y, por tanto, en estos períodos impositivos sería necesario hacer un ajuste positivo al resultado contable por el importe de la amortización contable para determinar la base imponible de dichos períodos.
- Las amortizaciones correspondientes al importe satisfecho por el ejercicio de la opción de compra son fiscalmente deducibles, siempre que se cumplan los requisitos vistos en los epígrafes anteriores para las amortizaciones de los bienes pertenecientes al inmovilizado material, inmaterial o inversiones inmobiliarias, según la naturaleza del bien objeto del contrato de arrendamiento financiero.

El arrendador financiero necesariamente tiene que ser una entidad de crédito o una entidad financiera de crédito, debiendo ser el elemento objeto del contrato bienes de inmovilizado. Caso de que la opción de compra se ejercite con anterioridad al plazo mínimo de duración del contrato (dos o diez años, según sean bienes muebles o inmuebles, respectivamente), no se aplicaría el régimen fiscal particular de los contratos de arrendamiento financiero y, por tanto, se deben regularizar los excesos de amortización deducidos respecto del coeficiente máximo de amortización.

La regularización tendría lugar en la liquidación del período impositivo en que tiene lugar ese ejercicio anticipado de la opción de compra, para lo cual, junto a la cuota que resulte de la liquidación de ese período impositivo se ingresaría, además, la cuota que corresponda a la cantidad deducida en exceso sobre la amortización contabilizada en cada uno de los períodos anteriores en lo que se aplicó este incentivo fiscal, junto con los intereses de demora que correspondan.

Por el contrario, no se perdería dicho régimen si la opción de compra se haya ejercitado una vez superado dicho plazo aun cuando sea en una fecha anterior a la establecida en el contrato.

En las operaciones de transmisión de activos, seguidas de un contrato de arrendamiento financiero con la entidad transmitente en donde no haya dudas razonables de que esta última ejercitará la opción de compra (operaciones de "lease-back").

En estos casos, la entidad que enajena el elemento no debe reconocer renta alguna como consecuencia de la transmisión, ya que se trata de una operación de financiación. Únicamente se imputan, a los efectos de la determinación de la base imponible, los gastos financieros derivados de la financiación recibida, así como la amortización que corresponda a la depreciación de ese elemento, sin que pueda aplicar el régimen de arrendamiento financiero.

El régimen fiscal especial de arrendamiento financiero no es optativo en el caso de se cumplan todos los requisitos exigidos, por lo que no se puede renunciar al mismo (DGT 2-11-01, 1950-01; DGT 9-10-14, V2686-14). Por tanto, los elementos adquiridos a través de estos contratos deben amortizarse a efectos fiscales de forma acelerada que resulta de aplicar el régimen fiscal especial para estos contratos.

Ejemplo

1) La entidad JUSA suscribe un contrato de arrendamiento financiero con una entidad de crédito. Las condiciones de dicho contrato son las siguientes:

- Precio de adquisición del bien (valor de contado) = 5.400.
- Coeficiente lineal máximo de amortización según la tabla incluida en la LIS = 20%.
- Duración del contrato = 2 años.
- Cuota anual de arrendamiento correspondiente a la recuperación del coste del bien = 2.700.

❒ Opción de compra = Simbólica.

Determinar las cantidades que, asociadas al pago de las cuotas de arrendamiento financiero, pueden deducirse en cada año de la vida útil del bien. Alternativamente, determinar dichas cantidades, considerando que la entidad JUSA es una empresa de reducida dimensión.

Solución:

La carga financiera del contrato, es decir, los intereses satisfechos en cada cuota de arrendamiento financiero, tiene la consideración de gasto fiscalmente deducible. No se indica su importe en el enunciado por dicho motivo. En todo caso, los intereses son fiscalmente deducibles.

La parte de las cuotas de arrendamiento financiero satisfechas correspondiente a la recuperación del coste del bien también son fiscalmente deducibles, pero con el límite del resultado de aplicar al coste del bien el doble del coeficiente de amortización lineal máximo establecido en la tabla incluida en la LIS, siendo deducible el exceso en los ejercicios sucesivos, respetando igual límite.

De acuerdo con lo anterior, puede elaborarse la siguiente tabla de ajustes extracontables:

Ejercicio	Gasto contable Amortización (0,20 × 5.400) (1)	Gasto fiscal Límite (0,40 × 5.400) (2)	Ajuste extracontable (2 – 1)	Cuota recuperación coste del bien (3)	Exceso (3 – 2)
1	1.080	2.160	- 1.080	2.700	540
2	1.080	2.160	-1.080	2.700	540
3	1.080	1.080 (*)	0		
4	1.080	0	1.080		
5	1.080	0	1.080		
Total	5.400	5.400	0		

(*) Excesos no deducidos en los ejercicios 1 y 2.

Si la entidad JUSA fuese una empresa de reducida dimensión, el gasto fiscalmente deducible, correspondiente a la parte de la cuota de arrendamiento financiero asociada a la recuperación del coste del bien, tendría como límite el triple del coeficiente de amortización lineal establecido en la tabla incluida en la LIS.

En este caso, la tabla de ajustes extracontables sería la siguiente:

Ejercicio	Gasto contable Amortización (0,20 × 5.400) (1)	Límite (0,60 × 5.400) (2)	Ajuste extracontable (3 – 1)	Cuota recuperación coste del bien Gasto fiscal (3)	Exceso (3 – 2)
1	1.080	3.240	- 1.620	2.700	0
2	1.080	3.240	- 1.620	2.700	0
3	1.080	0	1.080		
4	1.080	0	1.080		
5	1.080	0	1.080		
Total	5.400		0	5.400	

Ejemplo

2) La entidad TOSA suscribe un contrato de arrendamiento financiero con una entidad de crédito. Las condiciones de dicho contrato son las siguientes:

- Precio de adquisición del bien (valor de contado) = 10.000.
- Coeficiente lineal máximo de amortización según la tabla incluida en la LIS = 15%.
- Duración del contrato = 2 años.
- Cuota anual de arrendamiento correspondiente a la recuperación del coste del bien = 4.750.
- Opción de compra = 500.

Determinar las cantidades que, asociadas al pago de las cuotas de arrendamiento financiero, pueden deducirse en cada año de la vida útil del bien. Alternativamente, determinar dichas cantidades considerando que la entidad TOSA es una empresa de reducida dimensión.

Solución:

La carga financiera del contrato, es decir, los intereses satisfechos en cada cuota de arrendamiento financiero, tiene la consideración de gasto fiscalmente deducible. No se indica su importe en el enunciado por dicho motivo. En todo caso, los intereses son fiscalmente deducibles.

La parte de las cuotas de arrendamiento financiero satisfechas correspondiente a la recuperación del coste del bien también son fiscalmente deducibles, pero con el límite del resultado de aplicar al coste del bien el doble del coeficiente de amortización lineal máximo establecido en la tabla incluida en la LIS, siendo deducible el exceso en los ejercicios sucesivos, respetando igual límite.

De acuerdo con lo anterior, puede elaborarse la siguiente tabla de ajustes extracontables:

Ejercicio	Gasto contable (0,15 × 10.000) (1)	Gasto fiscal Límite (0,30 × 10.000) (2)	Ajuste extracontable (2 – 1)	Cuota recuperación coste del bien (3)	Exceso (3 – 2)
1	1.500	3.000	- 1.500	4.750	1.750
2	1.500	3.000	- 1.500	4.750	1.750
3	1.500	3.000 (*)	- 1.500		
4	1.500	1.000 (**)	500		
5	1.500	500	500		
6	1.500		1.500		
7	1.000		1.000		
Total	10.000	10.000	0		

(*) Excesos no deducidos en los ejercicios 1 y 2.

(**) Exceso no deducido en el ejercicio 2, más la parte de la amortización.

Si la entidad TOSA fuese una empresa de reducida dimensión, el gasto fiscalmente deducible, correspondiente a la parte de la cuota de arrendamiento financiero asociada a la recuperación del coste del bien, tendría como límite el triple del coeficiente de amortización lineal establecido en la tabla incluida en la LIS.

En este caso, la tabla de ajustes extracontables sería la siguiente:

Ejercicio	Gasto contable (0,15 × 10.000) (1)	Gasto fiscal Límite (0,45 × 10.000) (2)	Ajuste extracontable (2 – 1)	Cuota recuperación coste del bien (3)	Exceso (3 – 2)
1	1.500	4.500	- 3.000	4.750	250
2	1.500	4.500	- 3.000	4.750	250
3	1.500	1.000 (*)	500		
4	1.500	500	1.500		
5	1.500		1.500		
6	1.500		1.500		
7	1.000		1.000		
Total	10.000	10.000	0		

(*) Excesos no deducidos en los ejercicios 1 y 2, más la parte correspondiente a la amortización.

El arrendamiento financiero es una fórmula de financiación que permite una recuperación, a efectos fiscales, más rápida del coste de la inversión efectuada. Los intereses satisfechos en cada cuota de arrendamiento financiero son fiscalmente deducibles. La parte de la cuota de arrendamiento financiero satisfecha en concepto de recuperación del coste del bien puede deducirse hasta el importe del doble o del triple (para las empresas de reducida dimensión) de la cuota lineal máxima de amortización correspondiente al bien, según la tabla incluida en la LIS.

2.4.4.4. Libertad de amortización

Para determinadas actividades y ciertos elementos patrimoniales (sociedades anónimas laborales, explotaciones asociativas prioritarias, actividades de investigación y desarrollo, activos mineros y empresas de reducida dimensión), es posible aplicar la libertad de amortización, que significa que la amortización del elemento patrimonial puede deducirse a efectos fiscales, dentro de la vida útil del mismo, de la forma que más interese a la entidad, incluso puede amortizarse totalmente en un solo ejercicio, para lo cual deberá practicarse el correspondiente ajuste extracontable negativo al resultado contable para determinar la base imponible por el importe del exceso de amortización fiscal sobre la amortización contabilizada.

Dado que un requisito exigido por la LIS para la deducción de cualquier gasto es que el mismo esté contabilizado en la cuenta de resultados, al objeto de que sea deducible una amortización fiscal superior a la contable, la propia LIS libera del cumplimiento del requisito de contabilización a los excesos de gasto fiscal sobre el contable derivado de aplicar el incentivo fiscal de la libertad de amortización. Lo coherente es aplicar la libertad de amortización en aquellos períodos impositivos en los que sea positiva la base imponible.

No obstante, una vez que el elemento esté completamente amortizado a efectos fiscales, pero no a efectos contables, el gasto por la amortización del mismo no será fiscalmente deducible, por lo que, en estos períodos impositivos, deberán realizarse ajustes positivos al resultado contable por el importe de la amortización contabilizada para determinar la base imponible de los mismos.

Para el caso de la posterior transmisión de los elementos patrimoniales que han disfrutado de la libertad de amortización, la norma precisa que las cantidades aplicadas a la libertad de amortización minoran, a efectos fiscales, el valor de los elementos patrimoniales amortizados.

Ejemplo

La entidad ALFA adquiere un elemento patrimonial, cuyo precio asciende a 5.000, que puede disfrutar de libertad de amortización. El coeficiente lineal máximo de amortización, según la tabla incluida en la LIS, es del 20%. La entidad decide amortizar el elemento patrimonial en su totalidad en el primer ejercicio.

Determinar las cuotas de amortización fiscalmente deducibles durante la vida útil del bien.

Solución:

Las cuotas de amortización fiscalmente deducibles y los ajustes extracontables a practicar serían los siguientes:

Ejercicio	Gasto contable amortización	Gasto fiscalmente deducible	Ajuste extracontable
1	1.000	5.000	- 4.000
2	1.000	0	1.000
3	1.000	0	1.000
4	1.000	0	1.000
5	1.000	0	1.000
Total	5.000	5.000	0

Supongamos, ahora, que al finalizar el ejercicio 1, la entidad ALFA transmite el elemento patrimonial por 5.100.

Al finalizar el ejercicio 1, el valor contable del elemento patrimonial es de 4.000 (5.000 –1.000), sin embargo, el valor fiscal del mismo es de cero euros (5.000 – 5.000). En consecuencia, en relación con la transmisión del bien, tendremos:

- Resultado contable = 5.100 – 4.000 = 1.100.
- Resultado fiscal = 5.100 – cero = 5.100.

Por tanto, para determinar la base imponible del Impuesto sobres Sociedades, asociada a la transmisión del elemento patrimonial, la entidad ALFA deberá efectuar un ajuste extracontable positivo de 4.000.

La norma también dispone que podrán amortizarse libremente los elementos del inmovilizado material nuevos, cuyo valor unitario no exceda de 300 euros, hasta el límite de 25.000 euros referido al período impositivo. Cuando el período impositivo tenga una duración inferior a un año, el citado límite será el resultado de multiplicar 25.000 euros por la proporción existente entre la duración del período impositivo respecto del año.

Ejemplo

La entidad ZETA ha realizado en el ejercicio 202X las siguientes inversiones:

- Inversión A: 30 elementos patrimoniales del inmovilizado material nuevos con valor unitario de 250 euros, a los que les corresponde un coeficiente de amortización lineal, según la tabla incluida en la LIS, del 10%.
- Inversión B: 10 elementos patrimoniales del inmovilizado material nuevos con un valor unitario de 300 euros, a los que les corresponde un coeficiente de amortización lineal, según la tabla incluida en la LIS, del 20%.
- Inversión C: 4 elementos del inmovilizado material nuevo con un valor unitario de 500 euros, a los que le corresponde un coeficiente de amortización lineal, según la tabla incluida en la LIS, del 12%.

Analizar las implicaciones fiscales de las operaciones señaladas, desde la perspectiva de la libertad de amortización.

Solución:

El importe total de las inversiones realizadas por la empresa es el siguiente:

- Inversión A = 30 × 250 = 7.500 euros.
- Inversión B = 10 × 300 = 3.000 euros.
- Inversión C = 4 × 500 = 2.000 euros.
- Total inversión = 7.500 + 3.000 + 2.000 = 12.500 euros.

Las inversiones realizadas no superan el límite de 25.000 euros en el período impositivo. Por tanto, en principio, las tres inversiones podrán gozar de libertad de amortización.

Sin embargo, la inversión C supera el valor unitario de 300 euros establecido por la norma, por lo que la entidad no podrá aplicar la libertad de amortización sobre esta inversión.

En consecuencia, tendremos:

Inversión A (euros)			
Ejercicio	Amortización contable (0,10 × 7.500)	Amortización fiscalmente deducible (libertad de amortización)	Ajuste extracontable
202X	750	7.500	- 6.750
202X+1	750	0	750
202X+2	750	0	750
202X+3	750	0	750
202X+4	750	0	750
202X+5	750	0	750
202X+6	750	0	750
202X+7	750	0	750
202X+8	750	0	750
202X+9	750	0	750
Total	7.500	7.500	0

Inversión B (euros)			
Ejercicio	Amortización contable (0,20 × 3.000)	Amortización fiscalmente deducible (libertad de amortización)	Ajuste extracontable
202X	600	3.000	- 2.400
202X+1	600	0	600
202X+2	600	0	600
202X+3	600	0	600
202X+4	600	0	600
Total	3.000	3.000	0

Inversión C (euros)			
Ejercicio	Amortización contable (0,12 × 2.000)	Amortización fiscalmente deducible	Ajuste extracontable
202X	240	240	0
202X+1	240	240	0
202X+2	240	240	0
202X+3	240	240	0
202X+4	240	240	0
202X+5	240	240	0
202X+6	240	240	0
202X+7	240	240	0
202X+8	80	80	0
Total	2.000	2.000	0

Este incentivo de libertad de amortización también puede aplicarse con carácter general por los contribuyentes que realicen actividades de investigación y desarrollo en los siguientes términos:

- Las inversiones realizadas por el contribuyente en elementos del inmovilizado material e intangible, afectos a estas actividades, pueden amortizarse libremente.

  No obstante, tratándose de edificios afectos a dichas actividades (excepto el valor imputable al suelo, que no es amortizable), la libertad de amortización está limitada porque la inversión en estos elementos puede amortizarse a efectos fiscales por partes iguales en un plazo de diez años.

- Pueden también amortizarse libremente los gastos de estas actividades que el contribuyente haya activado como inmovilizado intangible, excluida la parte de estos activos que se corresponda con la amortización contable de los elementos afectos a estas actividades que se hayan amortizado libremente.

En cuanto a los gastos de estas actividades contabilizados en los resultados del ejercicio, la LIS no establece ninguna particularidad a efectos de su deducibilidad, por lo que, si los mismos se han contabilizado como gastos del ejercicio respetando los criterios contables, también se computan como deducibles al tiempo de determinar la base imponible.

Ejemplo

La entidad ASA ha realizado una inversión en el ejercicio 1, en un elemento de inmovilizado afecto a una actividad de investigación que desarrolla esa entidad, siendo el importe de la inversión de 20.000 euros, amortizable al coeficiente máximo del 10% según tablas.

En este ejercicio 1 la entidad genera una base imponible negativa por lo que la entidad decide no aplicar la libertad de amortización en este ejercicio. No obstante, en el ejercicio 2 aplica este incentivo fiscal al ser positiva la base imponible.

Solución:

En el ejercicio 1 el gasto contable por amortización de ese elemento sería de 2.000 (0,1x20.000) que sería fiscalmente deducible.

En el ejercicio 2 el gasto contable por amortización de ese elemento también es de 2.000 (0,1x20.000) que sería fiscalmente deducible. No obstante, a efectos fiscales puede amortizar toda la inversión que estuviese pendiente de amortizar, esto es, un importe de 16.000 (20.000-4.000), para lo cual realizaría un ajuste negativo al resultado contable de este ejercicio 2 por importe de 16.000 para determinar la base imponible, sin necesidad de que este exceso de amortización fiscal sobre la contable se tenga que contabilizar como gasto.

No obstante, en los ejercicios siguientes, el gasto contabilizado por amortización sobre ese elemento no sería deducible, al estar totalmente amortizado a efectos fiscales, por lo que en esos ejercicios procedería realizar al resultado contable un ajuste positivo por el importe de la amortización contabilizada como gasto, para determinar la base imponible de tales ejercicios.

En los casos en que un elemento pueda amortizarse libremente, no cabe realizar ajustes positivos al resultado contable por la amortización contabilizada en cada período impositivo, dado que la amortización contable, según tablas, opera como una amortización fiscal mínima si cumple los requisitos previstos en la normativa fiscal (DGT 15-6-12, V1301-12; DGT 19-10-12,V2016-12).

En definitiva, es deducible en todo caso la amortización contabilizada que responda a los coeficientes de amortización establecidos en tablas.

El incentivo fiscal solo permite computar en la base imponible un importe de amortización superior al gasto contable, nunca inferior.

Para los bienes que disfrutan de libertad de amortización, la amortización del ejercicio puede alcanzar el 100% de su valor. Pueden amortizarse libremente los elementos del inmovilizado material nuevos, cuyo valor unitario no exceda de 300 euros, hasta el límite de 25.000 euros referido al ejercicio.

Legislación

LEY

LIS, artículos 12, 106 y Disposición transitoria (en adelante DT) decimotercera.

REGLAMENTO

RIS, artículos 3 a 7, ambos inclusive y DT primera.

2.4.4.5. Libertad de amortización en instalaciones que utilicen fuentes de energías renovables

Con efectos exclusivos para las inversiones que entren en funcionamiento en 2023, se introduce un nuevo supuesto de libertad de amortización para determinadas inversiones. Las características de este incentivo son:

a) Pueden amortizarse libremente las inversiones en instalaciones destinadas al autoconsumo de energía eléctrica, así como en instalaciones para uso térmico de consumo propio que utilicen, en ambos casos, energía procedente de fuentes renovables y, además, sustituyan instalaciones que utilicen energía procedente de fuentes no renovables fósiles y sean puestas a disposición del contribuyente a partir de 20-11-2022.

Los edificios no pueden acogerse a esta libertad de amortización.

Caso de períodos impositivos coincidentes con el año natural, este incentivo solo alcanzaría a las inversiones realizadas desde el 20-11-2022, siempre que la entrada en funcionamiento tenga lugar dentro de 2023, lo cual supone que no puedan acogerse a este incentivo las inversiones realizadas en el ejercicio 2022 a partir de esa fecha cuando su entrada en funcionamiento sea en ese mismo ejercicio.

b) La cuantía de la inversión que puede beneficiarse del régimen de libertad de amortización tiene como límite 500.000 euros, por lo que el exceso de inversión sobre dicho límite la deducción de la amortización está sujeto al cumplimiento de los requisitos generales.

c) La inversión debe ir acompañada de mantenimiento de la plantilla. La plantilla media de los 24 meses siguientes al inicio del período impositivo en el que los elementos entren en funcionamiento, debe mantenerse respecto de la plantilla media del contribuyente de los doce meses anteriores, con independencia de que el inicio del período impositivo haya tenido lugar el 1-1-2023 o en una fecha diferente.

   Para el cálculo de la plantilla media total de la entidad se toman las personas empleadas, en los términos que disponga la legislación laboral, teniendo en cuenta la jornada contratada en relación a la jornada completa. Por tanto, se computan todos los empleados del contribuyente cualquiera que sea la modalidad del contrato de trabajo.

d) Es aplicable desde la entrada en funcionamiento de los elementos nuevos objeto de inversión. La deducción del exceso de amortización fiscal sobre la contable no está sujeta al cumplimiento de su contabilización, por lo que para su aplicación hay que realizar un ajuste negativo al resultado contable por la diferencia entre el importe de la inversión (con el límite de 500.000) y la amortización contabilizada en el ejercicio de realización de la inversión.

   No obstante, el derecho a amortizar libremente la inversión realizada solo puede ejercitarse en los períodos impositivos que se inicien o concluyan en 2023, por lo que, de no amortizarse en su totalidad en esos ejercicios, la parte no amortizada no podría amortizarse libremente en períodos impositivos siguientes.

e) Para la aplicación de la libertad de amortización los contribuyentes deberán estar en posesión de la correspondiente documentación que acredite que la inversión utiliza energía procedente de fuentes renovables. Si al tiempo de presentar la declaración del IS no se tuviera dicha documentación acreditativa, este incentivo fiscal no podría aplicarse sin perjuicio de que, de disponerse con posterioridad, pueda instarse la rectificación de esa declaración al objeto de poder aplicar este incentivo fiscal.

f) En caso de incumplimiento de la obligación de mantenimiento de la plantilla, se debe ingresar la cuota íntegra que hubiese correspondido a la cantidad deducida en exceso más los intereses de demora correspondientes en la autoliquidación correspondiente al período impositivo en el que se haya incumplido la obligación.

g) Esta libertad de amortización es incompatible con la prevista para las empresas de reducida dimensión para inversiones con creación de empleo, por lo que estas entidades deben optar por aplicar uno u otra.

h) No podrán acogerse a la libertad de amortización aquellas instalaciones que tengan carácter obligatorio en virtud de la normativa del Código Técnico de la Edificación (RD 314/2006), salvo que la instalación tenga una potencia nominal superior a la mínima exigida, en cuyo caso podrá ser objeto de la libertad de amortización aquella parte del coste de la instalación proporcional a la potencia instalada por encima del mínimo exigido.

A los efectos de aplicar este incentivo fiscal, se considera energía renovable:

- La procedente de fuentes renovables no fósiles, es decir, energía eólica, energía solar (solar térmica y solar fotovoltaica) y energía geotérmica, energía ambiente, energía mareomotriz, energía undimotriz y otros tipos de energía oceánica, energía hidráulica y energía procedente de biomasa, gases de vertedero, gases de plantas de depuración, y biogás (Directiva (UE) 2018/2001).
- Tratándose de las instalaciones de producción de energía eléctrica, solo se considerará energía renovable aquella que proceda de instalaciones de la categoría b) del art. 2.1 RD 413/2014.
- Caso de instalaciones que empleen bombas de calor accionadas eléctricamente solo se considerará energía renovable su uso para calor a partir de un rendimiento de factor estacional (SCOPnet) de 2,5 de acuerdo con la Decisión 2013/114/UE. Si tales bombas se usen para frío, solo se considerará que producen energía renovable cuando el sistema de refrigeración funcione por encima del requisito de eficiencia mínimo expresado como factor de rendimiento estacional primario y este sea al menos 1,4 (SPFplow), de conformidad con lo dispuesto en el Reglamento Delegado (UE) 2022/759 de la Comisión de 14 de diciembre de 2021.

Supuesto de sistemas de generación de energía renovable térmica (calor y frío) para climatización o generación de agua caliente sanitaria, únicamente se entenderá que se ha mejorado el consumo de energía primaria no renovable cuando se reduzca al menos un 30% el indicador de consumo de energía primaria no renovable, o bien se consiga una mejora de la calificación energética de las instalaciones para obtener una clase energética «A» o «B», en la misma escala de calificación.

Legislación

LEY
(LIS disp. adic. 17ª redacc. RDL18/2022)

2.4.4.6. Amortización acelerada determinados vehículos eléctricos

Con carácter general los vehículos destinados al transporte interno se amortizan al coeficiente máximo del 10%, los destinados al transporte externo al 16% y al 20% los autocamiones. No obstante, estos coeficientes máximos de amortización pueden multiplicarse por dos, cumpliéndose los siguientes requisitos:

1. Tipo de vehículo (RD 2822/1998 anexo II). Debe ser alguno de los vehículos siguientes:

   – Vehículo eléctrico que utiliza exclusivamente energía eléctrica procedente de una pila de combustible de hidrógeno embarcado (FCV).

   – Vehículo eléctrico de células de combustible que equipa, además, baterías eléctricas recargables (FCHV).

   – Vehículo eléctrico que utiliza como sistemas de almacenamiento de energía de propulsión exclusivamente baterías eléctricas recargables desde una fuente de energía eléctrica exterior. No se excluye la posibilidad de incluir, además, un sistema de frenado regenerativo que cargue las baterías durante las retenciones y frenadas (BEV).

   – Vehículo eléctrico que, reuniendo todas las condiciones de un vehículo eléctrico de baterías, incorpora además un motor de combustión interna (REEV).

   – Vehículo eléctrico híbrido, provisto de baterías que pueden ser recargadas de una fuente de energía eléctrica exterior, que a voluntad puede ser propulsado sólo por su(s) motor(es) eléctrico(s) (PHEV).

   El resto de vehículos ecológicos que no se correspondan con alguno de los citados (como los vehículos propulsados por motor de combustión de hidrógeno) no pueden amortizarse de forma acelerada.

2. Los vehículos deben ser nuevos.

3. Deben estar afectos a actividades económicas. Caso de que estos vehículos estuviesen en parte destinados a uso privado, lo razonable sería entender que no pueden amortizarse de forma acelerada.

4. Deben entrar en funcionamiento dentro de los períodos impositivos iniciados en los años 2023, 2024 y 2025, sin perjuicio de que la amortización acelerada alcance a períodos impositivos posteriores en los que el vehículo esté pendiente de amortizar.

5. El exceso de amortización fiscal sobre la contabilizada es deducible sin necesidad de su registro contable en el período impositivo (LIS art. 11.3), por lo que la aplicación práctica supondrá realizar ajustes negativos al resultado contable por el exceso de amortización fiscal sobre la contable. Cuando el vehículo esté completamente amortizado a efectos fiscales, no será deducible la amortización contabilizada en los períodos impositivos siguientes.

6. La aplicación del doble del coeficiente máximo de tablas no es obligatorio, por lo que el contribuyente podría utilizar un coeficiente de amortización inferior al doble de tablas e, incluso, no amortizar de forma acelerada en los períodos impositivos que considere el contribuyente en los que sería deducible la amortización contabilizada.

7. Puede aplicar la amortización acelerada cualquier contribuyente, dado que no está condicionada a ningún tipo de actividad ni al importe de la cifra de negocios. No obstante, las empresas de reducida dimensión tienen este mismo incentivo por su régimen fiscal específico (LIS art. 103), por lo que la aceleración de la amortización del doble del coeficiente máximo de tablas la pueden aplicar cualquiera que sea el período impositivo de entrada en funcionamiento.

Igualmente, las inversiones en nuevas infraestructuras de recarga de vehículos eléctricos, de potencia normal o de alta potencia (artículo 2 de la Directiva 2014/94/UE de 22 de octubre de 2014), afectas a actividades económicas, y que entren en funcionamiento en los períodos impositivos que se inicien en los años 2023, 2024 y 2025, podrán amortizarse en función del coeficiente que resulte de multiplicar por 2 el coeficiente de amortización lineal máximo previsto en las tablas de amortización oficialmente aprobadas. Para la aplicación de esta amortización acelerada, se exige el cumplimiento de los siguientes requisitos:

a) Aportación de la documentación técnica preceptiva, según las características de la instalación, en forma de Proyecto o Memoria prevista en el Real Decreto 842/2002, de 2 de agosto, por el que se aprueba el Reglamento electrotécnico para baja tensión, elaborada por el instalador autorizado debidamente registrado en el Registro Integrado Industrial, regulado en el título IV de la Ley 21/1992, de 16 de julio, de Industria, y en su normativa reglamentaria de desarrollo.

b) Obtención del certificado de instalación eléctrica diligenciado por la Comunidad Autónoma competente.

Legislación

LEY
(LIS disp. adic. 18ª redacc. L31/2022 y RDL 5/2023)

2.4.5. Deterioro

Cuando al cierre del ejercicio de que se trate, el valor de un bien o elemento patrimonial sea inferior a su valor razonable o de mercado, la empresa debe registrar en su contabilidad esa pérdida de valor, registrando el correspondiente gasto o pérdida por deterioro.

En algunos casos, la deducibilidad fiscal de estas pérdidas por deterioro está limitada. En otros, se encuentra condicionada al cumplimiento de determinados requisitos y condiciones.

La recuperación de esta pérdida de valor en un ejercicio posterior, es decir, la reversión de la corrección de valor por deterioro es un ingreso contable que se integrará o computará en la base imponible del Impuesto sobre Sociedades, siempre que la pérdida por deterioro de origen haya sido fiscalmente deducible pues, si no ha sido deducible el deterioro el ingreso corespondiente a su reversión no se integra en la base imponible.

Los gastos correspondientes a las pérdidas por deterioro no siempre son fiscalmente deducibles. En determinados casos están sometidos a limitación, mientras que en otros están sujetos al cumplimiento de requisitos o condiciones.
Tratándose de deterioros de existencias, el mismo es fiscalmente deducible pues la LIS no establece ninguna limitación a su deducción.

2.4.5.1. Deterioro de créditos derivado de las posibles insolvencias de los deudores

La norma fiscal no asume los criterios contables sobre correcciones de valor en relación con los créditos por operaciones de tráfico (créditos con clientes y deudores).

Los gastos correspondientes a las pérdidas por el deterioro de los créditos derivados de las posibles insolvencias de los clientes y deudores son fiscalmente deducibles, cuando en el momento del devengo del Impuesto (generalmente, al cierre del ejercicio) concurra alguna de las siguientes circunstancias:

- Que haya transcurrido el plazo de 6 meses desde el vencimiento de la obligación.
- Que el deudor el deudor esté declarado en situación de concurso.
- Que el deudor esté procesado por el delito de alzamiento de bienes.
- Que las obligaciones hayan sido reclamadas judicialmente o sean objeto de un litigio judicial o procedimiento arbitral de cuya solución dependa su cobro.

Por el contrario, aun cuando se presente alguna de las circunstancias anteriores, no son fiscalmente deducibles las siguientes pérdidas por deterioro de créditos:

- Las correspondientes a créditos adeudados por entidades de Derecho Público, excepto que sean objeto de un procedimiento arbitral o judicial que verse sobre su existencia o cuantía.
- Las correspondientes a créditos adeudados por personas o entidades vinculadas, salvo que estén en situación de concurso y se haya producido la apertura de la fase de liquidación por el juez, en los términos establecidos en la Ley 22/2003, de 9 de julio, Concursal.
- Las correspondientes a estimaciones globales del riesgo de insolvencias de clientes y deudores.

En todo caso, para que estas pérdidas por deterioro sean fiscalmente deducibles, debe respetarse el principio de inscripción contable, es decir, es necesario que el correspondiente gasto haya sido imputado (registrado) en la cuenta de pérdidas y ganancias de la entidad en el ejercicio en que se cumplen las condiciones para su deducibilidad o en algún ejercicio anterior.

No obstante, caso de que se haya dotado un deterioro sobre un crédito adeudado por una entidad vinculada y, por tanto, no haya sido fiscalmente deducible, si en un período impositivo posterior desaparece la vinculación, se recupera la deducción de ese deterioro, por lo que en ese período deberá realizarse un ajuste negativo al resultado contable por el importe del deterioro dotado y no deducido en un período anterior, al objeto de determinar la base imponible de dicho período impositivo (DGT 28-4-20, V1111-20). De no existir vinculación en el período impositivo en que el deterioro es deducible, no influye el hecho de que en algún ejercicio anterior o posterior aparezca la vinculación.

Supuesto de que se haya computado un deterioro contable sobre un crédito y no haya sido fiscalmente deducible, caso de que desaparezcan las condiciones de insolvencia del deudor en un ejercicio posterior, bien porque paga la deuda, se hayan aportado garantía eficaz del importe del crédito, etc. y, por tanto, revierta como ingreso el deterioro, ese ingreso no se integraría en la base imponible del ejercicio (ajuste negativo al resultado contable por el importe del ingreso). Caso de que el deterioro hubiese sido deducible, el ingreso procedente de la reversión contable del deterioro se integraría en la base imponible. Caso de que se transmita a terceros no vinculados el crédito sobre el que se ha computado un deterioro no deducible, el resultado contable de esa transmisión será superior el resultado fiscal en el importe del deterioro y, por tanto, el deterioro alcanza la deducción en el período en el que tiene lugar esa transmisión mediante un ajuste negativo al resultado contable para determinar la base imponible de ese período.

Ejemplo

La entidad ZETA tiene registrada en su contabilidad, al cierre del ejercicio 202X, una pérdida por deterioro para la cobertura de la insolvencia de un cliente, cuyo crédito vencía el día 3-9-202X, por un importe de 1.000 euros. La entidad no ha reclamado la cantidad judicialmente, ni existe litigio judicial o procedimiento arbitral.

Determinar si la citada pérdida por deterioro es fiscalmente deducible en los ejercicios 202X y 202X+1.

Solución:

La pérdida por deterioro derivada de la insolvencia del cliente no es fiscalmente deducible hasta que no hayan transcurrido 6 meses desde el vencimiento del crédito.

Por tanto, esta pérdida no será fiscalmente deducible en el ejercicio 202X, ya que al cierre del ejercicio (31-12-202X) no han trascurrido seis meses desde el vencimiento de la deuda (3-9-202X).

En el ejercicio 202X, la entidad ZETA debe efectuar, para la determinación de la base imponible de su Impuesto sobre Sociedades, un ajuste extracontable positivo de 1.000 euros.

Por el contrario, en el ejercicio 202X+1, una vez hayan transcurrido seis meses desde el vencimiento del crédito (circunstancia que se producirá el día 3-3-202X+1), el gasto cumple las condiciones para ser deducible, por lo que la entidad ZETA deberá realizar un ajuste extracontable negativo de – 1.000 euros, para determinar la base imponible del Impuesto sobre Sociedades de dicho ejercicio.

Adviértase que la deducción fiscal que se efectúa en el ejercicio 202X+1 cumple el principio de inscripción contable, ya que la pérdida por deterioro quedó registrada en la contabilidad de la entidad ZETA en el ejercicio 202X.

Ejemplo

La entidad BETA registra, en el ejercicio 202X, una pérdida por deterioro derivada de la insolvencia de un deudor por importe de 10.000 euros. El deudor es una entidad vinculada con BETA, que no se encuentra en situación de concurso. El crédito se cobra en el ejercicio 202X+1.

Determinar la deducibilidad fiscal de la citada pérdida en los ejercicios 202X y 202X+1.

Solución:

Las pérdidas por deterioro derivadas de la insolvencia de deudores, dotadas respecto de entidades vinculadas, si éstas no se encuentran declaradas en concurso de acreedores, no son fiscalmente deducibles. En consecuencia, en el ejercicio 202X, para la determinación de la base imponible del Impuesto sobre Sociedades, la entidad BETA debe efectuar un ajuste extracontable positivo de 10.000 euros.

El cobro de la deuda en el ejercicio 202X+1 dará lugar a un ingreso contable para la entidad BETA, que no deberá integrarse en la base imponible de su Impuesto sobre Sociedades de dicho ejercicio, ya que la pérdida por deterioro original no fue gasto deducible el ejercicio anterior. Por ello, la entidad BETA debe efectuar un ajuste extracontable negativo de – 10.000 euros, para calcular la base imponible de su Impuesto sobre Sociedades, en el ejercicio 202X+1.

Ejemplo

En el ejercicio 202X-2, la entidad JOTA registró contablemente la pérdida por el deterioro de un crédito derivado de una operación de inmovilizado por importe de 20.000. El deudor solicitó en dicho ejercicio la declaración de concurso. El concurso fue declarado por el Juez de lo Mercantil a mediados del ejercicio 202X-1. Finalmente, en el ejercicio 202X se ha fijado una quita del 40% y una espera del resto a 1 año.

Determinar la deducibilidad fiscal de la mencionada pérdida en los tres ejercicios citados.

Solución:

En el ejercicio 202X-2, JOTA registró el correspondiente gasto por deterioro, que no tuvo la consideración de fiscalmente deducible, al no haberse producido la declaración del concurso por el Juez de Mercantil. En consecuencia, la entidad debió efectuar, para la determinación de la base imponible del Impuesto sobre Sociedades, en el ejercicio 202X-2, un ajuste extracontable positivo de 20.000.

Con la declaración del concurso por el Juez de lo Mercantil, en el ejercicio 202X-1, la pérdida por deterioro es fiscalmente deducible. Por tanto, para determinar la base imponible del Impuesto sobre Sociedades de dicho ejercicio, JOTA debió efectuar un ajuste extracontable negativo de – 20.000.

Por último, en el ejercicio 202X, con el acuerdo de quita y espera, se produce la pérdida definitiva del 40% del crédito (0,40 × 20.000 = 8.000) y se producirá un ingreso por el resto (20.000 – 8.000 = 12.000).

En el ejercicio 202X, no procede practicar ningún ajuste extracontable, para determinar la base imponible de la entidad, ya que, por una parte, el gasto correspondiente a la pérdida definitiva de 8.000 euros se registró contablemente en el ejercicio 202X-2 y se dedujo fiscalmente en el ejercicio 202X-1 y, por otra, el ingreso de 12.000 del ejercicio 202X se integra en la base imponible de dicho ejercicio.

En resumen:

Deterioro deducible en 202X-1 = – 20.000 euros.

Ingreso integrado en la base imponible de 202X = 12.000 euros.

Pérdida final fiscalmente deducible = – 8.000 euros.

Ejemplo

1) Entidad ASA tiene un crédito de 1.000 con la entidad vinculada BESA, cuyo vencimiento de pago tuvo lugar en abril del ejercicio N, dotando un deterioro del importe de dicho crédito al cierre de ese ejercicio. En el ejercicio N+1: a) Entidad BESA satisface el importe de la deuda, b) Entidad ASA transmite ese crédito a un tercero por importe de 400, c) En el ejercicio N+2 desaparece la vinculación entre ambas entidades.

Solución:

a) Al existir vinculación entre ambas entidades, el deterioro dotado por ASA no es fiscalmente deducible en el ejercicio N. Procede un ajuste positivo al resultado contable de 1.000 para determinar la base imponible de ese ejercicio.

En el ejercicio N+1, al satisfacer BESA la deuda, necesariamente ASA debe revertir como ingreso contable el deterioro dotado en el ejercicio anterior. Dicho ingreso no se integra en la base imponible de ASA al proceder de un gasto no deducible. Procede un ajuste negativo al resultado contable de 1.000 para determinar la base imponible de ese ejercicio N+1.

b) En este otro supuesto caso, igualmente al existir vinculación entre ambas entidades, el deterioro dotado por ASA no es fiscalmente deducible en el ejercicio N. Procede un ajuste positivo al resultado contable de 1.000 para determinar la base imponible de ese ejercicio.

En el ejercicio N+1, dado que sobre todo el crédito se ha dotado un deterioro, la transmisión del crédito por 400 supondrá reconocer un ingreso contable de dicho importe. No obstante, dado que el deterioro no ha sido deducible, el valor fiscal del crédito es de 1.000 por lo que su transmisión en 400 genera una renta negativa de 600 (400-1.000).

Por tanto, procede un ajuste negativo al resultado contable de 1.000 para determinar la base imponible de ese ejercicio N+1.

c) Igualmente al existir vinculación entre ambas entidades, el deterioro dotado por ASA no es fiscalmente deducible en el ejercicio N, por lo que debe realizarse un ajuste positivo al resultado contable de 1.000 para determinar la base imponible de ese ejercicio.

En el ejercicio N+2, dado que desaparece la vinculación entre esas entidades, no hay causa que impida la deducción del deterioro y, por tanto, procede realizar un ajuste negativo al resultado contable de 1.000 para determinar la base imponible de dicho ejercicio.

Ejemplo

2) Entidad ASA tiene un crédito de 1.000 con la entidad BESA, cuyo vencimiento de pago tuvo lugar en abril del ejercicio N, dotando un deterioro del importe de dicho crédito al cierre de ese ejercicio. En el ejercicio N+1 ambas entidades pasan a estar vinculadas.

Solución:

Al no existir vinculación entre ambas entidades en el ejercicio N, el deterioro dotado por ASA es fiscalmente deducible en el ejercicio N, al cumplirse el plazo de seis meses de morosidad exigido por la LIS.

El hecho de que en el ejercicio N+1 ambas entidades pasen a estar vinculadas, no afecta a la deducibilidad del deterioro dotado y deducido en el ejercicio anterior. En definitiva, las condiciones de deducibilidad deben valorarse en el período impositivo en el que se dota el deterioro contable.

3) Entidad ASA tiene un crédito de 1.000 con la entidad BESA, cuyo vencimiento de pago tuvo lugar en septiembre del ejercicio N, dotando un deterioro del importe de dicho crédito al cierre de ese ejercicio. En diciembre de ese mismo ejercicio ASA plantea una reclamación judicial para su cobro. En el ejercicio N+1 se percibe el importe del crédito

Solución:

Aun cuando no haya transcurrido seis meses desde el vencimiento de la obligación al cierre del ejercicio N, sin embargo, dado que hay una reclamación judicial ello supone que el deterioro sea fiscalmente deducible.

En el ejercicio N+1, dado que se cobra el importe de la deuda, ese deterioro debe revertir como ingreso contable, siendo ese ingreso computable en la base imponible al proceder de un deterioro que tuvo la condición de deducible.

Los gastos correspondientes a las pérdidas por el deterioro de los créditos derivados de las posibles insolvencias de los clientes y deudores son fiscalmente deducibles cuando haya transcurrido el plazo de 6 meses desde el vencimiento de la obligación. También son fiscalmente deducibles cuando el deudor esté declarado en situación de concurso, procesado por el delito de alzamiento de bienes, o cuando exista la oportuna reclamación judicial o procedimiento arbitral. Por el contrario, no son fiscalmente deducibles dichos gastos cuando el deudor sea una entidad de Derecho Público, excepto si son objeto de un procedimiento judicial o arbitral. Tampoco son fiscalmente deducibles los mencionados gastos, cuando el deudor sea una persona o entidad vinculada, salvo que se encuentre en situación de concurso con apertura de la fase de liquidación, o cuando el riesgo se base en una estimación global (un determinado porcentaje).

2.4.5.2. Pérdidas por deterioro del valor de elementos patrimoniales que no son fiscalmente deducibles

No tienen la consideración de fiscalmente deducibles las siguientes pérdidas por deterioro del valor:

- Las pérdidas por deterioro del inmovilizado material, inversiones inmobiliarias e inmovilizado intangible, incluido el fondo de comercio.
- Las pérdidas por deterioro de los valores representativos de la participación en el capital o en los fondos propios de entidades.
- Las pérdidas por deterioro de los valores representativos de deuda.

La deducibilidad fiscal de estas pérdidas por deterioro se produce de la siguiente forma:

- Tratándose de elementos patrimoniales integrantes del activo circulante, en el período impositivo en que éstos motiven el devengo de un ingreso o un gasto.
- Tratándose de elementos patrimoniales no amortizables integrantes del inmovilizado, en el período impositivo en el que se transmitan o se den de baja.

- Tratándose de elementos patrimoniales amortizables integrantes del inmovilizado, en los períodos impositivos que resten de vida útil, aplicando a la citada diferencia el método de amortización utilizado respecto de los referidos elementos, salvo que sean objeto de transmisión o baja con anterioridad, en cuyo caso, se integrará con ocasión de la misma.
- Tratándose de servicios, en el período impositivo en que se reciban, excepto que su importe deba incorporarse a un elemento patrimonial, en cuyo caso se estará a lo previsto en los casos anteriores.

Por tanto, en el ejercicio en que se registra el deterioro procederá realizar un ajuste positivo al resultado contable por el importe del gasto contable para determinar la base imponible de ese período impositivo, mientras que en aquellos otros períodos posteriores donde el deterioro alcanza la deducción, deberá realizarse el ajuste negativo que corresponda al objeto de determinar la base imponible de los mismos.

Debe recordarse que las rentas negativas generadas en la transmisión de elementos del inmovilizado material, inversiones inmobiliarias, inmovilizado intangible y valores representativos de deuda, cuando el adquirente sea una entidad del mismo grupo de sociedades que la entidad transmitente, según los criterios establecidos en el artículo 42 del Código de Comercio, con independencia de la residencia y de la obligación de formular cuentas anuales consolidadas, se imputarán en el período impositivo en que dichos elementos patrimoniales sean dados de baja en el balance de la entidad adquirente, sea transmitidos a terceros ajenos al referido grupo de sociedades, o bien cuando la entidad transmitente o la adquirente dejen de formar parte del mismo.

En definitiva, se difiere la integración en la base imponible de la entidad transmitente de esa renta negativa a períodos impositivos posteriores en los que se manifieste alguna de esas condiciones.

Además, en este mismo supuesto de transmisión entre entidades de un mismo grupo, en el caso de elementos patrimoniales amortizables, las mencionadas rentas negativas deben integrarse, con carácter previo a dichas circunstancias, en los períodos impositivos de vida útil que resten a los elementos transmitidos, en función del método de amortización utilizado para los mismos.

Debe recordarse que en el caso de valores representativos de la participación en el capital de otras entidades, el deterioro nunca es fiscalmente deducible, con la particularidad de que en la transmisión de esas mismas participaciones debe calcularse la renta obtenida por diferencia entre el valor de transmisión y su valor fiscal (valor contable sin tener en cuenta el deterioro no deducido), de manera que si esa renta es negativa no se integra en la base imponible, excepto que esa participación no cumpla los requisitos establecidos en el artículo 21 LIS (participación inferior al 5%) en cuyo caso la renta negativa obtenida se integra en la base imponible de la entidad transmitente.

También debe recordarse que las rentas negativas deducibles generadas en la transmisión de valores representativos de la participación en el capital o en los fondos propios de entidades que no cumpla los requisitos establecidos en el artículo 21 LIS, cuando el adquirente sea una entidad del mismo grupo de sociedades, según los criterios establecidos en el artículo 42 del Código de Comercio, con independencia de la residencia y de la obligación de formular cuentas anuales consolidadas, se imputarán en el período impositivo en que dichos elementos patrimoniales sean transmitidos a terceros ajenos al referido grupo de sociedades, o bien cuando la entidad transmitente o la adquirente dejen de formar parte del mismo, minoradas en el importe de las rentas positivas obtenidas en dicha transmisión a terceros.

Asimismo, la norma precisa, que:

- La renta negativa será objeto de integración en el supuesto de extinción de la entidad transmitida, salvo que dicha extinción sea consecuencia de una operación de reestructuración empresarial acogida al régimen especial de diferimiento establecido en la LIS para las operaciones de reestructuración empresarial.

En consecuencia, teniendo en cuenta lo anterior, el tratamiento fiscal de las pérdidas por deterioro del valor de los elementos patrimoniales del inmovilizado material, de las inversiones inmobiliarias, del inmovilizado intangible (incluido el fondo de comercio), de los valores representativos de la participación en el capital o en los fondos propios de entidades que no cumplan los requisitos establecidos en el artículo 21 LIS y de los valores representativos de deuda, puede resumirse como sigue:

- Las pérdidas por deterioro del valor de todos estos elementos patrimoniales no tienen la consideración de gastos fiscalmente deducibles en el ejercicio en el que se producen tales pérdidas. Esta circunstancia determinará que el valor contable de tales elementos patrimoniales sea inferior a su valor fiscal en el importe del deterioro no deducido.
- Debido a esta diferencia de valores, la transmisión de estos elementos patrimoniales generará una renta fiscal negativa por diferencia entre el valor fiscal de los mismos y su valor de transmisión.
- Esta renta fiscal negativa no se integrará en la base imponible de la entidad que transmite el elemento patrimonial cuando la entidad adquirente pertenezca al mismo grupo de sociedades, según los criterios establecidos en el artículo 42 del Código de Comercio, con independencia de la residencia y de la obligación de formular cuantas anuales consolidadas.
- La integración de esta renta negativa generada en la transmisión entre entidades de un mismo grupo, en la base imponible de la entidad titular originaria del elemento patrimonial deteriorado, queda aplazada hasta que el elemento patrimonial sea dado de baja en el balance de la entidad adquirente, sea transmitido

a terceros ajenos al mencionado grupo de sociedades, o hasta que la entidad adquirente y la transmitente dejen de formar parte del mismo. En el caso de valores representativos de la participación en el capital o en los fondos propios de entidades, también se integrará en la base imponible en el supuesto de extinción de la sociedad transmitida, excepto que dicha extinción sea consecuencia de una operación de reestructuración empresarial acogida al régimen especial de diferimiento regulado en la LIS.

- Por último, en el supuesto de la transmisión a terceros ajenos al grupo de sociedades, en el sentido del artículo 42 del Código de Comercio, de valores representativos de la participación en el capital o en los fondos propios de entidades que no cumplan los requisitos establecidos en el artículo 21 LIS, la citada renta negativa debe minorarse en el importe de las rentas positivas obtenidas en dicha transmisión a terceros.

Ejemplo

1) En el ejercicio 202X, la entidad ALFA es titular de un elemento de Inmovilizado material cuyo valor es de 1.000 y es amortizable al porcentaje del 10%. Al final del ejercicio 202X+4 el valor de mercado es de 400, por lo que registra un deterioro de 100 [400-(1.000-500)].

Solución:

El gasto por deterioro de 100 en el ejercicio 202X+4 no es deducible, por lo que procede realizar un ajuste positivo de 100 al resultado contable para determinar la base imponible de la entidad ALFA de ese período impositivo. En los cinco ejercicios siguientes la amortización contable es de 80 (400/5) que sería deducible. Además, en cada uno de ellos sería deducible un importe de 20 (100/5) mediante un ajuste negativo al resultado contable para determinar la base imponible de la entidad ALFA de cada uno de esos períodos impositivos.

2) Mismo ejemplo anterior con la diferencia que al inicio del ejercicio 202X+6 se transmite ese elemento por importe de 380.

Solución:

A efectos contables el elemento tiene un valor de 320 (400-80), que se corresponde con el valor contable de 400 al cierre del ejercicio 202X+4 menos la amortización de 80 dotada en el ejercicio 2020X+5. Por tanto, en la transmisión se genera un beneficio contable de 60 (380-320).

Sin embargo, a efectos fiscales el elemento tiene un valor de 400 (500-80-20), que se corresponde con el valor fiscal de 500 al cierre del ejercicio 202X+4 menos la amortización de 80 dotada en el ejercicio 2020X+5 y la reversión de 20 de la quinta parte del deterioro no deducido. Por tanto, en la transmisión se genera una pérdida fiscal de 20 (380-400).

Por tanto, al resultado contable del ejercicio 202X+6 debe hacerse un ajuste negativo por importe de 80 para determinar la base imponible de ese ejercicio, que se corresponde con la parte del deterioro que no ha tenido efectos fiscales hasta el momento de la transmisión.

Ejemplo

Entidad ASA es titular de un solar que forma parte de su inmovilizado material, siendo 10.000 su precio de adquisición. En el ejercicio N el valor de mercado de dicho solar es de 6.000, por lo que dota un deterioro por la pérdida de valor. En el ejercicio N+1 el valor de mercado se recupera a 9.000, por lo que revierte como ingreso un importe de 3.000 del deterioro del ejercicio anterior. En el ejercicio N+2 transmite el solar por importe de 10.500.

Solución:

Ejercicio N: el deterioro de 4.000 (10.000-6.000) no es fiscalmente deducible. Ajuste positivo de 4.000 al resultado contable para determinar la base imponible de ese período. Valor fiscal del solar 10.000, valor contable 6.000.

Ejercicio N+1: el ingreso de 3.000 no se integra en la base imponible, al no haber sido deducible el deterioro. Ajuste negativo de 3.000 al resultado contable para determinar la base imponible de ese período. Valor fiscal del solar 10.000, valor contable 9.000.

Ejercicio N+2: se genera una renta positiva contable de 1.500 (10.500-9.000) en la transmisión de ese elemento. Sin embargo, la renta fiscal positiva es de 500 (10.500-10.000) al ser el valor fiscal del solar de 10.000. Ajuste negativo de 1.000 al resultado contable para determinar la base imponible de ese período.

Ejemplo

En el ejercicio 202X, la entidad ALFA es titular de valores representativos de deuda, por importe de 10.000.

En dicho ejercicio, los citados valores experimentaron un deterioro de – 4.000, registrando la entidad ALFA en su contabilidad la correspondiente pérdida por deterioro.

Al cierre del ejercicio 202X, ALFA transmite a la entidad BESA los mencionados valores representativos de deuda por su valor contable, es decir, por 6.000 euros. ALFA y BESA pertenecen al mismo grupo de sociedades, según los criterios establecidos en el artículo 42 del Código de Comercio, con independencia de la residencia y de la obligación de formular cuentas anuales consolidadas.

Por último, al cierre del ejercicio 202X+1, los valores representativos de deuda son transmitidos por la entidad BESA a la entidad JOTA, por su valor contable, esto es, por 6.000. Las entidades BESA y JOTA no pertenecen al mismo grupo de sociedades según los criterios establecidos en el artículo 42 del Código de Comercio.

Analizar las implicaciones fiscales de las operaciones descritas.

Solución:

La pérdida por deterioro de los valores representativos de deuda, por importe de – 4.000, de los que es titular la entidad ALFA, no tiene la consideración de gasto fiscalmente deducible, para la determinación de la base imponible de dicha entidad, en el período impositivo 202X. Por tanto, ALFA deberá efectuar un ajuste extracontable positivo de 4.000, para la determinación de la citada base imponible. El valor contable de los valores representativos de deuda será de 6.000, mientras que su valor fiscal ascenderá a 10.000, ya que el deterioro no ha sido fiscalmente deducible.

Al cierre del ejercicio 202X, la transmisión de los citados valores a la entidad BESA, por su valor contable, no generará renta contable, en sede de ALFA. Sin embargo, dicha transmisión generará, en principio, en sede de ALFA, una renta fiscal negativa de – 4.000, ya que se transmiten por 6.000, unos valores de deuda cuyo valor fiscal es de 10.000.

Pero esta renta negativa no debe integrarse en la base imponible de ALFA, correspondiente al periodo impositivo 202X, ya que la entidad adquirente BESA es una entidad que pertenece al mismo grupo de sociedades que ALFA, según los criterios establecidos en el artículo 42 del Código de Comercio, con independencia de la residencia y de la obligación de formular cuentas anuales consolidadas.

Esta renta negativa debe integrarse en la base imponible de ALFA correspondiente al período impositivo 202X+1, puesto que en dicho ejercicio es cuando los valores representativos de deuda son transmitidos a un tercero ajeno al grupo (la entidad JOTA).

En consecuencia, en el ejercicio 202X+1, la entidad ALFA, para la determinación de la base imponible de su Impuesto sobre Sociedades, deberá efectuar un ajuste extracontable negativo de – 4.000.

Ejemplo

La entidad ASA es titular del 1% del capital de la entidad BESA. Dicha participación está registrada en la contabilidad de ASA por 25.000 euros, importe que coincide con la cifra de capital social de BESA en proporción a la participación.

En el ejercicio 202X, BESA ha obtenido unas pérdidas de – 5.000. Como consecuencia de tales pérdidas, ASA ha registrado, como consecuencia de dichas pérdidas, una pérdida por el deterioro del valor de su participación en BESA de – 5.000.

En el ejercicio siguiente, es decir en 202X+1, ASA transmite el 1% de su participación en BESA a la entidad CESA. Dicha transmisión se efectúa por 20.000, es decir, por el valor contable de la participación. Las entidades ASA y CESA pertenecen al mismo grupo de sociedades, según los criterios establecidos en el artículo 42 del Código de Comercio, con independencia de la residencia y de la obligación de formular cuentas anuales consolidadas.

Por último, en el ejercicio 202X+2, CESA transmite el 1% de su participación en BESA a la entidad DESA. Dicha transmisión se efectúa por un importe de 23.000. Las entidades CESA y DESA no pertenecen al mismo grupo de sociedades, según los criterios establecidos en el artículo 42 del Código de Comercio. La renta derivada de esta transmisión se encuentra exenta del Impuesto sobre Sociedades.

Analizar las implicaciones fiscales de las operaciones descritas.

Solución:

La pérdida por deterioro registrada por la entidad ASA, por importe de – 5.000, en el ejercicio 202X, no tiene la consideración de gasto fiscalmente deducible, para la determinación de la base imponible del Impuesto sobre Sociedades de dicha entidad. Por tanto, para la determinación de su base imponible, ASA deberá efectuar un ajuste extracontable positivo de 5.000. Así, el valor contable de la participación de ASA en BESA será de 20.000, mientras que el valor fiscal de tal participación será de 25.000, ya que el deterioro no ha sido fiscalmente deducible.

En el ejercicio 202X+1, la transmisión por ASA a CESA del 1% de su participación en BESA, por su valor contable, no genera renta contable en sede de ASA. Sin embargo, fiscalmente se genera una renta negativa de – 5.000, ya que se transmite por 20.000 una participación cuyo valor fiscal es de 25.000. Pero esta renta negativa no debe integrarse en la base imponible de ASA del ejercicio 202X+1, ya que ASA y CESA pertenecen al mismo grupo de sociedades, según los criterios establecidos en el artículo 42 del Código de Comercio.

En el ejercicio 202X+2, la transmisión por CESA a DESA del 1% de su participación en BESA por 23.000 genera, en sede de CESA, una renta contable de 3.000. Esta renta está no está exenta del Impuesto sobre Sociedades. Por tanto, CESA no deberá efectuar ningún ajuste extracontable negativo, para determinar la base imponible de su IS correspondiente al ejercicio 202X+2.

Adicionalmente, en el ejercicio 202X+2, ASA debe integrar en su base imponible la renta negativa derivada del deterioro original de su participación en BESA (- 5.000), minorada en el importe de la renta positiva obtenida por CESA en la transmisión de su participación en BESA a DESA (3.000). Por tanto, el importe de la renta negativa a integrar por ASA será de – 2.000, a cuyos efectos deberá efectuar el correspondiente ajuste extracontable negativo.

Las pérdidas por deterioro del inmovilizado material, inversiones inmobiliarias, inmovilizado intangible (incluido el fondo de comercio), de los valores representativos de la participación en el capital o en los fondos propios de entidades y de los valores representativos de deuda, no tienen la consideración de gastos fiscalmente deducibles. Estas pérdidas se integrarán en la base imponible, con carácter general, cuando los mencionados elementos patrimoniales sean transmitidos a terceros ajenos al grupo de sociedades.

2.4.5.3. Deducción fiscal del precio de adquisición del activo intangible de vida útil definida, incluido el correspondiente a fondos de comercio

Para los ejercicios iniciados el 1 de enero de 2016, todos los activos intangibles pasan a tener una vida útil, es decir, tienen una vida útil definida y, en estas condiciones, se amortizan y se deterioran. Por lo tanto, se vuelve a considerar el fondo de comercio como un activo intangible susceptible de amortización, tanto a efectos contables como fiscales.

A efectos contables se presume que la vida útil del fondo de comercio es de 10 años, salvo que se pruebe lo contrario. Fiscalmente, la amortización del fondo de comercio se regula en el art. 12. 2 LIS y será deducible, fiscalmente hablando, con el límite anual máximo de la veinteava parte de su importe, es decir, el 5% anual.

Ejemplo

La entidad ZETA ha adquirido, en el ejercicio 202X, un negocio (la totalidad de los activos y pasivos del negocio), pagando un fondo de comercio de 20.000 euros. Contablemente, este fondo de comercio se amortiza en diez años (10% anual). Determinar la amortización fiscalmente deducible del fondo de comercio citado.

Solución:

La amortización del fondo de comercio será fiscalmente deducible con el límite anual máximo de la veinteava parte de su importe (5%). En consecuencia, teniendo en cuenta que la amortización contable del fondo de comercio es del 10% anual, deberán efectuarse los siguientes ajustes extracontables, para la determinación de la base imponible del Impuesto sobre Sociedades:

Ejercicio	Amortización contable (0,10 x 20.000 = 2.000)	Amortización fiscalmente deducible (0,05 × 20.000 = 1.000)	Ajuste extracontable
202X	2000	1.000	1.000
202X+1	2000	1.000	1.000
202X+2	2000	1.000	1.000
202X+3	2000	1.000	1.000
202X+4	2000	1.000	1.000
202X+5	2000	1.000	1.000
202X+6	2000	1.000	1.000
202X+7	2000	1.000	1.000
202X+8	2000	1.000	1.000
202X+9	2000	1.000	1.000
202X+10	0	1.000	– 1.000
202X+11	0	1.000	– 1.000
202X+12	0	1.000	– 1.000
202X+13	0	1.000	– 1.000
202X+14	0	1.000	– 1.000
202X+15	0	1.000	– 1.000
202X+16	0	1.000	– 1.000
202X+17	0	1.000	– 1.000
202X+18	0	1.000	– 1.000
202X+19	0	1.000	– 1.000
Total	20.000	20.000	0

Legislación

LEY

LIS, artículo 13.

Real Decreto-Ley 3/2016, artículo 3. Segundo. Dos.

2.4.6. *Gastos no deducibles*

Según la norma, para la determinación de la base imponible, no tienen la consideración de fiscalmente deducibles los gastos que se indican en los epígrafes siguientes. En estos casos, la no deducción supone un ajuste permanente, es decir, el ajuste positivo al resultado contable del período en el que se registra el gasto no revierte en ningún período impositivo posterior como ajuste negativo al corresponder con una diferencia permanente.

2.4.6.1. Deudas tributarias del Impuesto sobre Actos Jurídicos Documentados en constitución de préstamos hipotecarios

Para los períodos impositivos iniciados el 10 de noviembre de 2018, no será gasto deducible, la deuda tributaria que una entidad de crédito tiene que pagar, como prestamista y sujeto pasivo del Impuesto sobre Transmisiones Patrimoniales, modalidad de Actos Jurídicos Documentados, actos notariales, cuando constituye un préstamo hipotecario en escritura pública.

Todo ello, conforme a lo regulado en Real Decreto-ley 17/2018, de 8 de noviembre, por el que se modifica el Texto refundido de la Ley del Impuesto sobre Transmisiones Patrimoniales y Actos Jurídicos Documentados, aprobado por el Real Decreto Legislativo 1/1993, de 24 de septiembre. ("Boletín Oficial del Estado" de 9).

2.4.6.2. Retribución de los fondos propios

Los gastos que representen una retribución de los fondos propios, es decir, las cantidades destinadas a retribuir directa o indirectamente el capital propio aportado por los socios, cualquiera que sea su denominación, no tienen la consideración de gastos fiscalmente deducibles.

Así, por ejemplo, los dividendos y las primas de asistencia a las Juntas de Accionistas satisfechas en proporción a la participación del socio, se consideran una retribución del capital no deducible, que dará derecho, en el perceptor de la misma, a la aplicación de la correspondiente exención del 95% para evitar la doble imposición, en su caso.

Por el contrario, las participaciones en beneficios que retribuyan el trabajo personal, son fiscalmente deducibles, ya que, en realidad, se trata de un gasto de personal más, aunque su cuantificación se realice en función del importe de los beneficios de la entidad.

Además, la norma precisa que, a efectos del Impuesto sobre Sociedades, deberá tenerse presente lo siguiente:

- Tendrá la consideración de retribución de fondos propios la correspondiente a los valores representativos del capital o de los fondos propios de entidades, con independencia de su consideración contable. Por tanto, la norma fiscal se separa de la contabilidad respecto de aquellos instrumentos financieros que, mercantilmente hablando, representan participaciones en el capital o en los fondos propios de entidades y, sin embargo, contablemente tienen la consideración de pasivo financiero. En estos casos, la normativa fiscal opta por atribuir a estos instrumentos financieros, el tratamiento fiscal que corresponde a cualquier participación en el capital o fondos propios de entidades, con independencia de que la contabilidad altere dicha naturaleza, como pudiera ocurrir con las acciones sin voto o las acciones rescatables. Por tanto, para el pagador no es deducible el gasto contabilizado y, para el perceptor, estas rentas serán consideradas como dividendos, que podrán gozar, si cumplen los requisitos exigidos por la norma, de la oportuna exención del 95%.

- Tendrá la consideración de retribución de fondos propios la correspondiente a los préstamos participativos otorgados por entidades que formen parte del mismo grupo de sociedades, según los criterios establecidos en el artículo 42 del Código de Comercio, con independencia de la residencia y de la obligación de formular cuentas anuales consolidadas. En consecuencia, se atrae al tratamiento fiscal de la financiación propia a los préstamos participativos otorgados por entidades pertenecientes al mismo grupo de sociedades, equiparando el tratamiento fiscal que corresponde a la financiación vía aportaciones a los fondos propios o vía préstamo participativo dentro de un grupo mercantil. Para el perceptor, estas rentas serán consideradas como dividendos, que podrán gozar, si cumplen los requisitos exigidos por la norma, de la oportuna exención del 95% (este criterio no resulta de aplicación a los préstamos participativos otorgados con anterioridad al 20 de junio de 2015) y para el pagador no es deducible el gasto correspondiente a la contraprestación del préstamo participativo.

Por último, las participaciones preferentes se rigen por lo dispuesto en la Disposición Adicional Primera de la Ley 10/2014, de 26 de junio, de Ordenación, Supervisión y Solvencia de las entidades de crédito. Según dicha norma, la remuneración de las participaciones preferentes es un gasto deducible, para la entidad emisora de las mismas, y un rendimiento obtenido por la cesión a terceros de capitales propios, para sus titulares.

Las cantidades dedicadas a la retribución de los fondos propios, es decir, del capital aportado a la entidad por sus accionistas (dividendos, primas de asistencia a Juntas de accionistas, etc.) no son fiscalmente deducibles, con independencia de su calificación contable. Tampoco es deducible la retribución de los préstamos participativos otorgados entre entidades del mismo grupo. Sin embargo, la retribución de las participaciones preferentes es un gasto deducible.

2.4.6.3. Impuesto sobre beneficios devengado

No son fiscalmente deducibles los gastos derivados de la contabilización del Impuesto sobre Sociedades. Por tanto, el gasto contable correspondiente al Impuesto sobre beneficios devengado no tiene la consideración de fiscalmente deducible.

Tampoco tiene la consideración de ingreso computable el derivado de la contabilización del Impuesto (crédito por bases imponibles negativas a compensar en períodos impositivos siguientes y créditos por incentivos fiscales no deducibles en el período en que se genera la deducción).

Los gastos correspondientes a la contabilización del Impuesto sobre Sociedades no son fiscalmente deducibles. Del mismo modo, los ingresos asociados a dicha contabilización no son computables fiscalmente.

2.4.6.4. Multas y sanciones penales y administrativas, recargos del período ejecutivo y recargo por declaración extemporánea sin requerimiento previo

Las multas y sanciones penales y administrativas, incluidos los recargos del período ejecutivo y por declaración extemporánea sin requerimiento previo son gastos contables que no tienen la consideración de fiscalmente deducibles.

Por el contrario, son fiscalmente deducibles los intereses de fraccionamientos y aplazamientos y los intereses de demora de deudas fiscales, por ser todas ellas partidas de carácter financiero. Caso de intereses de demora percibidos por el contribuyente por ingresos fiscales, indebidos, tienen la consideración de ingreso contable que se integra en la base imponible.

Del mismo modo, son fiscalmente deducibles los gastos correspondientes a sanciones de carácter contractual, es decir, los que deriven del incumplimiento de las obligaciones asumidas contractualmente por la empresa con terceros (sanciones por incumplimiento de plazos, de calidades, etc.).

No son fiscalmente deducibles los gastos correspondientes a multas y sanciones penales y administrativas, incluidos los recargos de período ejecutivo y por declaración extemporánea sin requerimiento previo. Si son deducibles los intereses de demora y los de fraccionamientos a aplazamientos en el pago de impuestos. También son deducibles los gastos correspondientes a sanciones contractuales.

2.4.6.5. Pérdidas del juego

Las pérdidas del juego no tienen la consideración de gasto fiscalmente deducible. Sin embargo, los premios derivados del juego son ingresos computables.

No son deducibles las pérdidas del juego. Sin embargo, si son computables los ingresos asociados a premios en el juego.

2.4.6.6. Donativos y liberalidades

No tiene la consideración de gasto fiscalmente deducible los donativos y liberalidades (gastos en los que no existe contraprestación de ningún tipo).

No obstante, la norma considera deducibles los siguientes gastos:

- Gastos por atenciones a clientes o proveedores (por ejemplo, comidas con clientes y proveedores, obsequios a clientes y proveedores, manutención y estancia a cargo de le entidad como consecuencia de desplazamientos de clientes y proveedores, etc.) siempre que dichos gastos se encuentren relacionados con la actividad de la entidad y estén debidamente justificados. Ahora bien, el importe deducible de los gastos por atenciones a clientes o proveedores tiene un límite. Estos gastos no pueden superar, en ningún caso, el 1% del importe neto de la cifra de negocios del período impositivo.
- Gastos que, con arreglo a los usos y costumbres, se efectúen con respecto al personal de la empresa (por ejemplo, cestas de Navidad, obsequios por permanencia un determinado número de años en la empresa, etc.).
- Gastos realizados para promocionar, directa o indirectamente, la venta de bienes y prestaciones de servicios de la empresa (normalmente, gastos de corte o con componente publicitario) y los que se hallen correlacionados con los ingresos.

- ❒ Las retribuciones a los administradores por el desempeño de funciones de alta dirección, u otras funciones derivadas de un contrato de carácter laboral con la entidad.
- ❒ Las cantidades satisfechas a entidades a entidades sin fines lucrativos en virtud de Convenios de colaboración empresarial en actividades de interés general. En estos casos, a cambio de una ayuda económica, la entidad sin fines lucrativos difunde la participación del colaborador, siendo gasto deducible la cantidad satisfecha.
- ❒ Gastos en actividades de interés general. Se trata de gastos realizados por las empresas para fines de interés general (defensa de los derechos humanos, cívicos, educativos, etc.). Estos gastos son fiscalmente deducibles.

No son liberalidades y, por tanto, son deducibles los gastos financieros siguientes:

- ❒ Gasto financiero préstamo de la matriz a la filial para financiar distribución dividendos (STS 21-7-2022, Rec. 5309/2020).
- ❒ Gasto financiero filial para financiar distribución dividendos con cargo a prima de emisión (STS 26-7-2022, Rec. 4762/2020).
- ❒ Gasto financiero para financiar adquisición de acciones propias para su amortización (STS 30-3-21, Nrec 3454/2019) (STS 21-7-2022, Rec. 5309/2020).

Con carácter general, no son fiscalmente deducibles los donativos y las liberalidades. Pero sí son gastos fiscalmente deducibles los gastos por atenciones a clientes o proveedores (comidas con clientes y proveedores, obsequios a clientes y proveedores, etc.), siempre que dichos gastos estén relacionados con la actividad de la empresa y se encuentren debidamente justificados, sin que puedan sobrepasar el 1% del importe neto de la cifra de negocios.

También son deducibles los gastos que con arreglo a los usos y costumbres se efectúen con el personal de la empresa (cestas de Navidad, regalos por permanencia en la empresa, etc.) y los gastos realizados para promocionar, directa o indirectamente, los bienes y servicios de la empresa (gastos publicitarios, en general). Las retribuciones de los administradores por el desempeño de funciones de alta dirección o funciones derivadas de un contrato laboral son deducibles.

2.4.6.7. Gastos de actuaciones contrarias al Ordenamiento Jurídico

No tienen la consideración de fiscalmente deducibles los gastos derivados de actuaciones contrarias al Ordenamiento Jurídico, como pueden ser los gastos por sobornos. En este sentido, si no se cumplen los requisitos previstos en la normativa mercantil sobre la retribución de administradores, el gasto no es deducible por ser contrario al ordenamiento jurídico. En este sentido, la fijación de las retribuciones en los estatutos es aplicable a los consejeros que no realizan funciones ejecutivas y a los que las realizan y perciben por ellas retribución (TEAC 17-7-20, RG3156/19)

No son deducibles los gastos de actuaciones contrarias al Ordenamiento Jurídico.

2.4.6.8. Intereses de demora derivados de Actas de la Inspección de los Tributos

En relación con deducibilidad fiscal de los intereses de demora derivados de Actas de Inspección de los Tributos, la DGT ha dictado una Resolución, de fecha 4-4-2016, en la que se señala que teniendo los intereses de demora tributarios la calificación de gastos financieros, cuyo origen es único y está regulado en el artículo 26 de la LGT, y no encuadrándose en ninguna de las categorías posibles del artículo 15 de la LIS (no son gastos derivados de la contabilización del Impuesto sobre Sociedades, no se configuran jurídicamente como sanción ni como recargo, no tienen la condición de donativo o liberalidad y no son gastos contrarios al ordenamiento jurídico), deben considerarse todos los derivados del citado artículo 26 como gastos fiscalmente deducibles.

Además, dado el carácter financiero de los intereses de demora tributarios, estos están sometidos a los límites de deducibilidad establecidos en el artículo 16 de la LIS (limitación en la deducibilidad de gastos financieros).

Por otra parte, debe tenerse en cuenta la imputación temporal prevista en el artículo 11.3 de la LIS en relación con los intereses de demora. Respecto de los gastos registrados en el ejercicio en la cuenta de pérdidas y ganancias, estos son deducibles con los límites establecidos en el artículo 16 de la LIS. Respecto de los registrados en una cuenta de reservas por corresponder a un error contable, de acuerdo con el artículo 11.3 de la LIS serán deducibles en el período impositivo en que se registren contablemente con cargo a reservas, siempre que de ello no derive una tributación inferior, y sometidos al mismo límite previsto en el artículo 16 de la LIS conjuntamente con el resto de gastos financieros.

Finalmente, los intereses de demora que la Administración tributaria tenga la obligación de satisfacer a los contribuyentes tendrán la consideración de ingresos financieros y se integrarán en la base imponible del Impuesto sobre Sociedades del perceptor.

Ejemplo

La entidad ALFA ha registrado en su contabilidad, en el ejercicio 202X, los gastos que se indican a continuación:

a) Prima de asistencia, por importe de 30.000 euros, abonada a sus accionistas por acudir a la Junta General. El importe satisfecho a los socios no tiene relación con el número de acciones que cada uno poseen.

b) Participación en beneficios, por importe de 50.000 euros, concedida a los trabajadores de la entidad por el trabajo desarrollado.

c) Sanción, por importe de 1.000 euros, impuesta a la entidad por la Administración tributaria, por no atender un requerimiento de información.

d) Multa impuesta por la Consejería de Medio Ambiente de la Comunidad Autónoma, por importe de 8.000 euros, por vertido de aceite industrial en el río.

e) Recargo por presentación e ingreso fuera de plazo, por importe de 10.000 euros, de las retenciones a cuenta del Impuesto sobre la Renta de las Personas Físicas (IRPF), de los trabajadores de la entidad correspondientes al segundo trimestre del ejercicio.

f) Lotería de Navidad adquirida por la entidad para regalar a los clientes y proveedores, por importe de 3.000 euros.

g) Gastos de patrocinio de un equipo de baloncesto, por importe de 6.000 euros, para la promoción de la entidad y de sus productos.

h) Gastos por la realización de un evento educativo de interés general, por importe de 4.000 euros.

i) Gasto correspondiente a un crucero turístico para la familia del socio mayoritario.

j) Persona física tiene el 100% capital de una entidad la cual paga el coste de un master en favor de su hijo que ocupará en el futuro puestos de dirección de la entidad.

Determinar la deducibilidad fiscal de los gastos citados, para la determinación de la base imponible de la entidad ALFA en el ejercicio 202X, indicando los ajustes extracontables que, en su caso, proceda realizar.

Solución:

a) La prima de asistencia a la Junta General de Accionistas, satisfecha por la entidad, es una retribución de los fondos propios de la misma, que no tiene la consideración de gasto fiscalmente deducible. Debe efectuarse un ajuste extracontable positivo por importe de 30.000 euros.

b) La participación en beneficios satisfecha por la entidad a sus trabajadores es un gasto de personal que tiene la condición de fiscalmente deducible. No procede la realización de ajuste extracontable.

c) Sanción administrativa que no es fiscalmente deducible. Hay que efectuar un ajuste extracontable positivo por importe de 1.000 euros.

d) Sanción administrativa que no tiene la consideración de fiscalmente deducible. Debe realizarse un ajuste extracontable positivo por importe de 8.000 euros.

e) El recargo por presentación e ingreso fuera de plazo de las retenciones a cuenta del IRPF de los trabajadores de la entidad correspondientes al segundo trimestre del ejercicio es un gasto no deducible. Por tanto, procede efectuar un ajuste extracontable positivo por importe de 10.000 euros.

f) La cantidad dedicada a la compra de Lotería de Navidad para regalarla a los clientes y a los proveedores de la entidad es un gasto de promoción, que tiene la consideración de fiscalmente deducible. No procede la práctica de ajuste extracontable.

g) Los gastos de patrocinio del equipo de baloncesto son gastos de promoción, que tienen la condición de fiscalmente deducibles. No hay que realizar ajuste extracontable.

h) Los gastos realizados para el desarrollo del evento educativo de interés general, son gastos de mecenazgo fiscalmente deducibles. No debe realizarse ningún ajuste extracontable.

i) Este gasto no es deducible dado que la utilidad del mismo es en beneficio del socio y no de la entidad, por lo que se calificaría como retribución a los fondos propios.

j) Este gasto no es deducible pues no responde a ningún servicio recibido en favor de la entidad, es decir, puede calificarse como una liberalidad.

2.4.6.9. Gastos asociados a operaciones híbridas con personas o entidades vinculadas

La normativa del IS incorpora un precepto que trata de neutralizar los efectos fiscales de asimetrías generadas en operaciones con diferente calificación fiscal realizadas, principalmente, con personas o entidades vinculadas no residentes, con la particularidad de que de esas operaciones se derivan gastos fiscales que no van acompañados de la correlativa inclusión de un ingreso fiscal en la otra parte (deducción sin inclusión) o bien, se produce una doble deducción del mismo gasto en dos entidades (doble deducción).

Las principales asimetrías híbridas son las siguientes:

1ª. Gastos generados en virtud de operaciones con diferente calificación (deducción sin inclusión). La asimetría consiste en la deducción de un gasto sin inclusión del ingreso correlativo, lo cual puede estar motivada por una diferente calificación de la operación o del gasto derivado de la misma.

a) Si reside en territorio español el pagador de la renta, se establece la no deducción del gasto cuando, por la diferente calificación de dicho gasto o de la operación, en la otra parte resulta que no se genera un ingreso, se genera un ingreso exento, o se genera un ingreso sujeto a una reducción del tipo impositivo o se genera un ingreso sujeto a una deducción o devolución de impuestos siempre que, en este caso, esa deducción o devolución traiga causa distinta a la deducción para evitar la doble imposición jurídica.

b) Si reside en territorio español el perceptor de la renta, con la particularidad de que, de acuerdo con la normativa del IS se percibe una renta que es calificada como dividendo o participación en beneficios cuando, por el contrario, por esa diferente calificación su distribución ha determinado un gasto fiscalmente deducible en la entidad no residente pagadora, con independencia de su tratamiento contable, el art. 21 LIS niega la aplicación de la exención sobre esa renta.

2º. Doble deducción de un gasto. Responde al caso en que reside en territorio español una entidad vinculada que participa en el capital de una entidad hibrida residente en otro país que, de acuerdo con la LIS, aquella entidad se considera transparente mientras que, desde el punto de vista de la jurisdicción de esa misma entidad, se considera sujeto a tributación en ese otro país, de manera que la entidad hibrida no residente realiza una operación con un tercero que genera un gasto en esa entidad, así como también en el contribuyente por el régimen de transparencia. También regula el caso en que el contribuyente realice una operación con la entidad hibrida no residente en la que se genera un gasto, el cual también es deducible en el contribuyente por el régimen de transparencia. Concurriendo estas condiciones, el gasto no es fiscalmente deducible en el inversor entidad residente de la entidad hibrida.

No son deducibles los gastos correspondientes a operaciones híbridas realizadas con personas o entidades vinculadas.

2.4.6.10. Pérdidas por deterioro de los valores representativos de la participación en el capital o en los fondos propios de entidades

Para acomodarse al nuevo régimen de exención de rentas, tanto positivas como negativas, derivadas de la transmisión de valores representativos de los fondos propios de entidades residentes y no residentes en territorio español, con efectos para los períodos impositivos que se inicien a partir de 1 de enero de 2017, no tendrán la consideración de gastos fiscalmente deducibles las pérdidas por deterioro de los valores representativos de la participación en el capital o en los fondos propios de entidades cualquiera que sea el porcentaje de participación en el capital de la entidad y de su valor de adquisición:

En este caso, para la determinación de la base imponible de su impuesto sobre sociedades, el contribuyente deberá efectuar el correspondiente ajuste extracontable positivo.

Por tanto, de acuerdo con lo anterior, desde el 1 de enero de 2017, tampoco tienen la consideración de gastos fiscalmente deducibles los deterioros de todo tipo de participaciones, con independencia de que sea o no deducible la renta negativa generada en la transmisión de esas mismas participaciones.

Ejemplo

La sociedad ASA tiene el 4% del capital de la entidad X, así como el 10% del capital de la entidad Y por importes de 100.000 y 250.000 euros, respectivamente. Consecuencia de las pérdidas generadas por ambas entidades en el ejercicio 202X, la sociedad ASA registra un gasto por deterioro de dichas participaciones de 10.000 y 50.000 euros, respectivamente. En el ejercicio 202X+4 la sociedad ASA transmite dichas participaciones por 110.000 y 280.000 euros, respectivamente.

Solución:

Con independencia del porcentaje de participación que una sociedad tenga en el capital de otras entidades o del coste de adquisición de las mismas, el deterioro contable no es fiscalmente deducible, por lo que la sociedad ASA debe realizar sendos ajustes positivos de 10.000 y 50.000 euros, al resultado contable del ejercicio 202X para determinar la base imponible de dicho período. El valor contable de ambas participaciones es de 90.000 (100.000-10.000) y 200.000 (250.000-50.000), respectivamente, aun cuando el valor fiscal es de 100.000 y 250.000, respectivamente al no ser deducible el deterioro.

En el ejercicio 202X+4 el resultado contable de ambas transmisiones reconoce un beneficio de 20.000 (110.000-90.000) y 80.000 (280.000.200.000), respectivamente. No obstante, a efectos fiscales la renta generada es de 10.000 (110.000-100.000) y 30.000 (280.000-250.000), respectivamente.

Por tanto, respecto de la transmisión de la participación en la entidad X procede realizar un ajuste negativo de 10.000 para determinar su base imponible, dado que la renta positiva generada se integra en la base imponible de la sociedad ASA al no estar exenta dicha renta.

En cuanto a la renta generada en la transmisión de la participación en la entidad Y, procede realizar un ajuste negativo de 50.000 al resultado contable al objeto de que la renta sea de 30.000, sin perjuicio de que la misma estaría exenta en el 95%, por lo que procede realizar otro ajuste negativo por importe de 28.500 (0,95x30.000) al resultado contable para determinar la base imponible de ese período impositivo 202X+4.

Ejemplo

La sociedad ASA tiene el 10% del capital de la entidad X, siendo el coste de adquisición de 500.000 euros. En el ejercicio N sobre esa participación se registra un deterioro de 100.000 euros. En el ejercicio N+1 se transmite esa participación por importe de 350.000 euros.

Solución:

Ejercicio N: el deterioro de 100.000 no es fiscalmente deducible. Valor contable de la participación 400.000. Valor fiscal 500.000. Procede un ajuste positivo de 100.000 al resultado contable para determinar la base imponible de este período.

Ejercicio N+1: El resultado contable de la transmisión es una pérdida de 50.000 (350.000-400.000). El resultado fiscal obtenido en la transmisión es una pérdida de 150.000 (350.000-500.000).

Dado que no son deducibles las rentas negativas generadas en la transmisión de participaciones de al menos el 5% para determinar la base imponible de este período procede realizar un ajuste positivo al resultado contable por importe de 50.000.

2.4.6.11. Disminuciones de valor originadas por aplicación del valor razonable a valores representativos de la participación en el capital o en los fondos propios de entidades

Adaptándose al nuevo régimen de exención de rentas, tanto positivas como negativas, derivadas de la transmisión de valores representativos de los fondos propios de entidades residentes y no residentes en territorio español, con efectos para los períodos impositivos que se inicien a partir de 1 de enero de 2017, no tendrán la consideración de gastos fiscalmente deducibles, siempre que se imputen en la cuenta de pérdidas y ganancias, las disminuciones de valor originadas por aplicación del valor razonable correspondientes a valores representativos de la participación en el capital o en los fondos propios de entidades respecto de la que se de alguna de las siguientes circunstancias:

- Que, en el período impositivo en que se registre el deterioro, se cumplan los requisitos relativos al porcentaje de participación de, al menos, el 5%.
- Que, en el caso de participación en el capital o en los fondos propios de entidades no residentes en territorio español, en el período impositivo en que se registre el deterioro no se cumpla el requisito relativo a la tributación nominal mínima del 10%.

En consecuencia, desde el 1 de enero de 2017, no tienen la consideración de gastos fiscalmente deducibles las disminuciones de valor, originadas por aplicación del criterio del valor razonable, correspondientes a participaciones a las que, desde la perspectiva de las rentas negativas derivadas de la transmisión de las mismas, corresponde la aplicación del nuevo régimen de exención, es decir, participaciones cuya transmisión genera rentas negativas que no pueden ser objeto de integración en la base imponible.

En estos casos, para la determinación de la base imponible del impuesto sobre sociedades, el contribuyente deberá efectuar el correspondiente ajuste extracontable positivo.

Por lo demás, existe una excepción a la aplicación de esta regla general, para el caso de valores homogéneos. La disminución de valor, derivada de la aplicación del valor razonable, correspondiente a los mencionados valores, imputada en la cuenta de pérdidas y ganancias, tendrá la consideración de gasto fiscalmente deducible cuando, con carácter previo a dicha imputación, se haya integrado en la base imponible un incremento de valor correspondiente a valores homogéneos del mismo importe.

A efectos fiscales, se consideran valores o participaciones homogéneos procedentes de un mismo emisor aquellos que formen parte de una misma operación financiera o respondan a una unidad de propósito, incluida la obtención sistemática de financiación, sean de igual naturaleza y régimen de transmisión, y atribuyan a sus titulares un contenido sustancialmente similar de derechos y obligaciones.

2.4.6.12. Impuesto sobre Transmisiones Patrimoniales y Actos Jurídicos Documentados en escrituras de préstamo con garantía hipotecaria

Tratándose de préstamos con garantía hipotecaria, el prestamista es el sujeto pasivo del Impuesto sobre Transmisiones Patrimoniales y Actos Jurídicos Documentados en su modalidad de Actos Jurídicos Documentados, de manera que, si dicho prestamista en contribuyente del IS, esa deuda tributaria no es gasto fiscalmente deducible.

2.4.6.13. Gastos por deducciones por inversiones de las autoridades portuarias

Desde el 1 de enero de 2020, no son fiscalmente deducibles los gastos aplicados a las deducciones por inversiones de las autoridades portuarias, reguladas en el artículo 38 bis de la LIS, así como los relativos a la amortización de los activos cuya inversión haya generado el derecho a la mencionada deducción.

La no deducción se justifica en que esos gastos son deducibles de la cuota íntegra.

Legislación

LEY

LIS, artículo 15, 15 bis y DT decimoséptima.

Ley 49/2002, de 23 de diciembre, de Régimen fiscal de las entidades sin fines lucrativos y de los incentivos fiscales al mecenazgo, artículos 25 y 26.

Real Decreto-Ley 3/2016, artículo 3.Segundo.Tres.

Real Decreto-ley 17/2018, disp. final primera.

Real Decreto-ley 26/2020 disp. final 6.3.

2.4.7. *Valoración de determinadas operaciones*

Existen determinadas operaciones, cuya valoración fiscal difiere de su valoración contable, debiendo practicarse, en consecuencia, para la determinación de la base imponible los correspondientes ajustes extracontables positivos o negativos el resultado contable de aquellos ejercicios en los que se generen ingresos o gastos procedentes de aquellos elementos en los que su valoración contable difiere a su valor fiscal, según proceda para determinar la renta según el criterio de valoración fiscal.

2.4.7.1. Regla general de valoración en el Impuesto sobre Sociedades

La norma fiscal establece que, con carácter general, en el Impuesto sobre Sociedades, los elementos patrimoniales deben valorarse, de acuerdo con los criterios establecidos en la normativa contable.

Por tanto, en materia de valoración de elementos patrimoniales, la norma fiscal asume los criterios contables. Así, los elementos patrimoniales serán valorados fiscalmente o por su precio de adquisición (coste de producción, en su caso) o por su valor razonable (que puede identificarse con el valor normal de mercado), según la naturaleza de dichos elementos patrimoniales.

La empresa tiene que valorar, a efectos contables, por su valor razonable determinados activos y pasivos financieros.

Ahora bien, dicha valoración por el valor razonable, sólo es asumida fiscalmente, cuando la diferencia entre el valor razonable del bien y su valor contable se imputa directamente en la Cuenta de Pérdidas y Ganancias de la entidad (tal es el caso de las diferencias de valor correspondientes a de los activos y pasivos financieros que la empresa tenga para negociar con ellos) o bien se imputa a una cuenta de reservas en cumplimiento de una norma legal o reglamentaria.

En caso contrario, esto es, cuando la diferencia de valor que resulta deba registrarse en cuentas de ajustes por valoración integrantes del patrimonio neto que no son reservas, la valoración de los elementos patrimoniales por el valor razonable no tiene eficacia fiscal (como sucederá en el caso de las diferencias de valor correspondientes a los activos financieros a valor razonable con cambios en cuentas de patrimonio neto, ya que dichas variaciones de valor no se integran en la Cuenta de Pérdidas y Ganancias de la entidad, sino que se imputan directamente en el patrimonio neto de la misma). En estos supuestos, la valoración contable y fiscal de estos activos financieros no será coincidente. Contablemente, el activo estará valorado por su valor razonable, considerando el correspondiente ajuste, positivo o negativo, de valor. En cambio, la valoración fiscal del activo no recogerá dichos ajustes de valor (en el caso de los activos financieros disponibles para la venta, la eficacia fiscal de la valoración por el valor razonable queda aplazada hasta que se produzca la baja, el deterioro, la enajenación o la cancelación de dichos activos financieros, ya que cuando se produzca alguna de estas circunstancias la diferencia acumulada se imputará a la Cuenta de Pérdidas y Ganancias, integrándose, en dicho momento, en la base imponible del Impuesto sobre Sociedades, los correspondientes ajustes de valor, derivados de la aplicación del valor razonable).

Por otra parte, el importe de las revalorizaciones contables no debe integrarse en la base imponible, excepto cuando dichas revalorizaciones se lleven a cabo en virtud de normas legales o reglamentarias que obliguen a incluir su importe en la Cuenta de Pérdidas y Ganancias. En consecuencia, las revalorizaciones contables voluntarias de los elementos patrimoniales de la entidad no tienen eficacia fiscal. Si dicha revalorización voluntaria tuviese como contrapartida la Cuenta de Pérdidas y Ganancias, la entidad deberá efectuar el correspondiente ajuste extracontable negativo, en el ejercicio en el que se produce la revalorización. Además, una vez practicada dicha revalorización contable voluntaria, el valor contable y el valor fiscal del elemento patrimonial diferirán. Contablemente, el elemento patrimonial estará valorado incluyendo la revaloración. Sin embargo, su valor fiscal será menor, ya que no incluirá dicha revalorización. Esta circunstancia determinará la necesidad de practicar los oportunos ajustes extracontables como consecuencia de la amortización de dicho elemento patrimonial, de la renta generada en su transmisión, etc.

En este sentido, la interpretación administrativa (DGT 19-2-19, V0348-19) considera que la revalorización voluntaria de los inmuebles de una entidad, no genera renta a integrar en la base imponible, por lo que la revalorización no tiene efectos fiscales, determinándose los ingresos y gastos de los mismos de acuerdo con el valor previo a la revalorización.

En el Impuesto sobre Sociedades los bienes se valoran por su precio de adquisición (coste de producción, en su caso) o por su valor razonable (valor normal de mercado), aunque, en este último caso, sólo cuando la diferencia de valor entre el valor razonable del bien y su valor contable se impute directamente en la Cuenta de Pérdidas y Ganancias de la empresa (como es el caso de los activos y pasivos financieros que tenga la empresa para negociar con ellos). Además, el importe de las revalorizaciones contables voluntarias no debe incluirse en la base imponible.

Ahora bien, como consecuencia del nuevo régimen de exención del 95% de las rentas positivas derivadas de la transmisión de valores representativos de la participación de al menos el 5% en el capital o en los fondos propios de entidades residentes y no residentes en territorio español, dicha imputación fiscal no será posible cuando se trate de disminuciones de valor originadas por aplicación del valor razonable correspondientes a valores representativos de la participación en el capital o en los fondos propios de entidades respecto de la que se de alguna de las siguientes circunstancias:

- Que, en el período impositivo en que se registre el deterioro, se cumplan los requisitos relativos al porcentaje de participación de, al menos, el 5%.
- Que, en el caso de participación en el capital o en los fondos propios de entidades no residentes en territorio español, en el período impositivo en que se registre el deterioro no se cumpla el requisito relativo a la tributación nominal mínima del 10%.

En este caso, para la determinación de la base imponible del impuesto sobre sociedades, el contribuyente deberá efectuar el correspondiente ajuste extracontable positivo.

Recuérdese, finalmente, que existe una excepción a la aplicación de la regla general de no deducibilidad fiscal de estas disminuciones de valor, para el caso de valores homogéneos. La disminución de valor, derivada de la aplicación del valor razonable, correspondiente a los mencionados valores, imputada en la cuenta de pérdidas y ganancias, tendrá la consideración de gasto fiscalmente deducible cuando, con carácter previo a dicha imputación, se haya integrado en la base imponible un incremento de valor correspondiente a valores homogéneos del mismo importe.

Pues bien, en este último caso, es decir, cuando se cumpla la regla especial correspondiente a valore homogéneos, las disminuciones de valor, originadas por aplicación del valor razonable, correspondientes a los valores citados, tendrán eficacia fiscal.

Ejemplo

Entidad ASA tiene un resultado negativo en el ejercicio N por importe de 10.000, de manera que realiza una revalorización de un inmueble de su inmovilizado material hasta ponerlo a su valor de mercado de 200.000, de manera que, como consecuencia de esta revalorización voluntaria, registra un beneficio en resultados de 12.000, por lo que el resultado positivo contable neto de ese ejercicio es de 2.000.

Solución:

Al tratarse de una revalorización voluntaria sin amparo en ninguna norma, la revalorización no tiene efectos fiscales, es decir, no se computa la renta positiva de 12.000 registrada en su resultado contable, por lo que la base imponible de este ejercicio N sería negativa por importe de 10.000.

Por otra parte, el inmueble estaría valorado a efectos fiscales por un importe de 188.000, dado que el incremento de valor resultante de la revalorización no se asume a efectos fiscales, lo cual deberá tenerse en cuenta para determinar los ingresos y gastos fiscales derivados de dicho inmueble, como es la amortización en los ejercicios siguientes a la revalorización.

2.4.7.2. Operaciones de reestructuración empresarial acogidas al régimen especial de diferimiento

Las LIS dedica el Capítulo VII del Título VII al régimen especial de las fusiones, escisiones, aportaciones de activos, canje de valores y cambio de domicilio social de una Sociedad Europea o una Sociedad Cooperativa Europea de un Estado miembro a otro de la Unión Europea.

Son las denominadas comúnmente «operaciones de reestructuración empresarial». Este régimen especial es de aplicación preferente para este tipo de operaciones, salvo comunicación expresa en contrario del contribuyente a la Administración tributaria.

El fundamento de este régimen especial es el diferimiento del gravamen, por el Impuesto sobre Sociedades, de las plusvalías tácitas o latentes (diferencia entre el valor de mercado y el valor fiscal), atribuibles a los elementos patrimoniales de las entidades que actúan como transmitentes en la operación de reestructuración empresarial.

A diferencia de lo que sucede en el régimen general del Impuesto sobre Sociedades, las plusvalías tácitas, en el marco del régimen especial de diferimiento, no se gravan en el momento de la realización de la operación de reestructuración empresarial, en sede de las entidades que actúan como transmitentes en dichas operaciones, sino que dicho gravamen queda diferido al momento de su materialización efectiva, bien como consecuencia de la transmisión de los correspondientes elementos patrimoniales, bien en el proceso de amortización de los mismos, bien en el momento de la materialización del pertinente fondo de comercio.

El régimen especial de diferimiento para las operaciones de reestructuración empresarial puede sintetizarse como sigue:

- No se integrarán en la base imponible de la entidad transmitente, las rentas que se pongan de manifiesto como consecuencia de la transmisión de elementos patrimoniales realizadas mediante las operaciones de reestructuración empresarial (fusiones, escisiones, aportaciones de activos y canje de valores).
- Tampoco se gravan, en el momento de la realización de la operación, las rentas que pudiesen ponerse de manifiesto en los socios como consecuencia del correspondiente canje de títulos. El gravamen de estas rentas se aplaza hasta el momento de la transmisión futura de los títulos recibidos en la operación de reestructuración. Por supuesto que, en su caso, será de aplicación la exención prevista por la norma para las plusvalías derivadas de la transmisión de dichos títulos.
- La tributación futura de las plusvalías tácitas imputables a los citados elementos patrimoniales, así como el gravamen de las rentas imputables a los socios, se consigue mediante el mantenimiento, en términos fiscales, del valor fiscal que tenían tales elementos patrimoniales y tales acciones antes de la realización de la operación de reestructuración empresarial. En tal sentido, la norma establece lo siguiente:
  - Operaciones de fusión y escisión total o parcial:
    - √ Los bienes y derechos adquiridos en las operaciones de fusión y escisión total o parcial deben valorarse, a efectos fiscales, por los mismos valores fiscales que tenían en la entidad transmitente antes de realizarse la operación, manteniéndose igualmente la fecha de adquisición de la entidad transmitente.
    - √ Los valores recibidos en virtud de las operaciones de fusión, absorción y escisión, total o parcial, deben valorarse, a efectos fiscales, por el valor fiscal de los entregados, determinado de acuerdo con las normas del Impuesto sobre Sociedades. Además, los valores recibidos conservarán la fecha de adquisición de los entregados.
  - Operaciones de aportación de activos:
    - √ Los elementos patrimoniales recibidos en la aportación no dineraria deben valorarse, a efectos fiscales, por el mismo valor fiscal que tenían en la entidad transmitente antes de realizarse la operación, manteniéndose también la fecha de adquisición de la entidad transmitente.

√ Las acciones o participaciones recibidas como consecuencia de la aportación de los elementos patrimoniales deben valorarse, a efectos fiscales, por el mismo valor fiscal que tenían los elementos patrimoniales aportados.

- Operaciones de canje de valores:

√ Los valores recibidos por la entidad que realiza el canje de valores, deben valorarse, a efectos fiscales, por el valor fiscal que tenían en el patrimonio de los socios que efectúan la aportación, según las normas del Impuesto sobre Sociedades.

√ Los valores recibidos por los socios se valorarán, a efectos fiscales, por el valor fiscal de los entregados, determinado de acuerdo con las normas del Impuesto sobre Sociedades. Además, conservarán la fecha de adquisición de los entregados.

Mediante la aplicación de estas reglas de valoración, el régimen especial de diferimiento garantiza la tributación futura de las plusvalías tácitas, correspondientes a los elementos patrimoniales transmitidos en la operación de fusión y escisión total o parcial, que no fueron gravadas en el momento de la realización de la operación de reestructuración empresarial, así como el gravamen de las rentas correspondientes a los socios.

Como se indicó, en su caso, será de aplicación la exención del 95% prevista por la norma para las plusvalías derivadas de la transmisión de dichos títulos.

Por lo demás, la norma impide la aplicación de este régimen especial de diferimiento, cuando la operación de reestructuración empresarial tenga como principal objetivo el fraude o la evasión fiscal.

En particular, no será de aplicación este régimen especial, cuando la operación no se efectúe por motivos económicos válidos, tales como la reestructuración o racionalización de las actividades de las entidades que participen en la operación, sino con la mera finalidad de obtener una ventaja fiscal, como es el caso, entre otros, de operaciones de fusión donde una de las entidad que participan en la operación fuese inactiva y tuviese créditos fiscales pendientes de aplicar, como bases imponibles negativas pendientes de compensar o deducciones en la cuota íntegra pendientes de deducir.

En la práctica, una entidad que tenga bases imponibles negativas pendientes de compensar o deducciones de la cuota igualmente pendientes de deducir, caso de que participe en alguna operación de reestructuración empresarial como entidad transmitente de su patrimonio, puede ser más beneficioso a efectos fiscales aplicar el régimen general del IS a dicha operación de reestructuración, al objeto de que se generen las posibles plusvalías latentes en dicho patrimonio, dado que no tributarán de forma efectiva cuando puedan compensarse con las referidas bases imponibles negativas, en cuyo caso, los elementos patrimoniales transmitidos en esa operación se valoran a efectos fiscales por su valor de mercado en la entidad adquirente de los mismos.

Ejemplo

En el ejercicio 202X, la entidad ASA realiza una aportación no dineraria de un elemento patrimonial no amortizable a la entidad BESA. El valor fiscal de dicho elemento patrimonial, coincidente con su valor contable, en sede de la entidad ASA, es de 20.000, siendo su valor de mercado de 24.000.

La entidad BESA registra en su contabilidad el elemento patrimonial recibido por 24.000. Por su parte, la entidad ASA registra en su contabilidad las acciones recibidas en contraprestación de la aportación no dineraria realizada en 24.000.

En el ejercicio 202X+1, la entidad BESA transmite el elemento patrimonial recibido en la aportación no dineraria por su valor de mercado, es decir, por 24.000 y la entidad ASA también transmite, por su valor de mercado de 24.000, las acciones de BESA recibidas en contraprestación de la aportación no dineraria.

Analizar las consecuencias fiscales en el Impuesto sobre Sociedades de las operaciones indicadas, considerando que: 1° es de aplicación el régimen especial de diferimiento regulado en el Capítulo VII del Título VII de la LIS; 2: no es de dicho régimen especial de diferimiento. La entidad ASA tiene una base imponible negativa pendiente de compensar por importe de 4.000.

Solución:

1°:

a) Ejercicio 202X:

- Entidad transmitente ASA (entidad que realiza la aportación no dineraria):

  La entidad transmitente ASA no debe integrar en su base imponible las plusvalías tácitas atribuibles al elemento patrimonial aportado (diferencia entre el valor de mercado del elemento patrimonial transmitido 24.000 y su valor fiscal 20.000 = 4.000). Es decir, la base imponible de ASA imputable a la aportación no dineraria es de cero. Si el resultado contable de la aportación no coincide con la citada base imponible, la entidad deberá efectuar el correspondiente ajuste extracontable negativo.

  Adviértase que, en el régimen especial de diferimiento, las plusvalías tácitas imputables al elemento patrimonial transmitido mediante la aportación no dineraria no se gravan, en sede de la entidad transmitente, en el momento de la realización de la operación de aportación. Dicho gravamen se produce de forma diferida en el momento de la materialización futura de estas plusvalías.

Las acciones de BESA, recibidas por ASA en contraprestación de la aportación no dineraria, deben valorarse fiscalmente por el mismo valor fiscal que tenía el elemento patrimonial aportado, es decir, por 20.000, con independencia de su valor de mercado.

- Entidad adquirente BESA (entidad que recibe la aportación no dineraria):

  La ampliación de capital que efectúa la entidad BESA, no tiene consecuencias en el Impuesto sobre Sociedades de la misma, ya que dicha operación no integra el hecho imponible del Impuesto.

  El elemento patrimonial recibido en la aportación no dineraria debe valorarse, en sede de la entidad BESA, a efectos fiscales, por el mismo valor fiscal que tenía en sede de la entidad ASA antes de realizarse la operación, es decir, por 20.000. Además, esta entidad BESA asume el derecho a la compensación de la base imponible negativa de 4.000 pendiente en la entidad ASA.

b) Ejercicio 202X+1:

- Entidad BESA:

  La transmisión del elemento patrimonial por su valor de mercado (24.000) genera una renta fiscal, en sede de BESA de 4.000, ya que transmite por 24.000 un elemento patrimonial cuyo valor fiscal es de 20.000. La base imponible de BESA será, por tanto, de 4.000. Si el resultado contable de la transmisión no coincide con la citada base imponible, la entidad deberá efectuar el correspondiente ajuste extracontable. No obstante, esta renta no tributaría de forma efectiva dado que puede ser compensada con las bases imponibles negativas pendientes en la entidad ASA respecto de las que la entidad BESA se subroga al derecho a su compensación.

  Adviértase que, en el régimen especial de diferimiento, las plusvalías tácitas imputables al elemento patrimonial aportado, se gravan de forma diferida, en sede de la entidad BESA, en el momento de su materialización como consecuencia de la trasmisión posterior del mismo.

- Entidad ASA:

  La transmisión por la entidad ASA de su participación en la entidad BESA, recibida en contraprestación de la aportación no dineraria, por su valor de mercado (24.000), generará en ASA una renta fiscal de 4.000, ya que se transmite por 24.000 una participación cuyo valor fiscal es de 20.000. Pero esta renta está exenta en el Impuesto sobre Sociedades en el 95% de la misma, siempre que se pruebe que la entidad BESA ha integrado en su base imponible la renta diferida de 4.000. En consecuencia, la base imponible será de 200 (4.000x0,05). En su caso, la entidad deberá efectuar los correspondientes ajustes extracontables.

2º:

a) Ejercicio 202X:

- Entidad transmitente ASA (entidad que realiza la aportación no dineraria):

  La entidad transmitente ASA debe integrar en su base imponible la plusvalía tácita atribuible al elemento patrimonial aportado, es decir, la base imponible de ASA imputable a la aportación no dineraria es de 4.000, sin perjuicio de que esa renta no tribute de forma efectiva al poder ser compensada con la base imponible negativa de 4.000 que esta entidad tiene pendiente de compensar.

  Las acciones de BESA, recibidas por ASA en contraprestación de la aportación no dineraria, deben valorarse fiscalmente por el valor de mercado del elemento aportado, es decir, por 24.000.

- Entidad adquirente BESA (entidad que recibe la aportación no dineraria):

  La ampliación de capital que efectúa la entidad BESA, no tiene consecuencias en el IS de la misma, ya que dicha operación no integra el hecho imponible del Impuesto.

  El elemento patrimonial recibido en la aportación no dineraria debe valorarse, en sede de la entidad BESA, a efectos fiscales, por su valor de mercado, es decir, por 24.000.

b) Ejercicio 202X+1:

- Entidad BESA:

  La transmisión del elemento patrimonial por su valor de mercado (24.000) no genera una renta fiscal, al coincidir el valor de la transmisión con su valor fiscal.

- Entidad ASA:

  La transmisión por la entidad ASA de su participación en la entidad BESA, recibida en contraprestación de la aportación no dineraria, por su valor de mercado (24.000), tampoco genera en ASA ninguna renta, al coincidir el valor fiscal de la participación con el valor de la transmisión de dicha participación.

El régimen fiscal general aplicable a las operaciones de reestructuración, es el diferimiento de la tributación de las rentas generadas en la transmisión de los elementos patrimoniales afectados por la operación.

La realización de las operaciones de reestructuración empresarial debe ser comunicada a la Administración tributaria. Esta comunicación deberá indicar el tipo de operación que se realiza y si se opta por no aplicar el régimen especial de diferimiento.

Según establece el RIS, la citada comunicación deberá efectuarse por la entidad adquirente de las operaciones, salvo que la misma no sea residente en territorio español, en cuyo caso, dicha comunicación se efectuará por la entidad transmitente. En aquellas operaciones en las que ni la entidad adquirente ni la transmitente sean residentes en territorio español, la comunicación deberá ser presentada por los socios de la entidad transmitente, siempre que sean residentes en territorio español, que deberán indicar que la operación se ha acogido a un régimen fiscal similar al establecido en el Capítulo VII del Título VII LIS. Si los socios de la entidad transmitente no son residentes en territorio español, la comunicación deberá efectuarla la entidad transmitente.

El plazo para efectuar la comunicación es el siguiente:

- Con carácter general, en los 3 meses siguientes a la fecha de inscripción de la escritura pública en que se documente la operación.
- Cuando no sea necesaria la mencionada inscripción, el plazo de los 3 meses se computará desde la fecha en que se otorgue la escritura pública que documente la operación.
- Tratándose de operaciones de cambio de domicilio social, la comunicación deberá efectuarse dentro del plazo de los 3 meses siguientes a la fecha de inscripción en el registro del Estado miembro del nuevo domicilio social de la escritura pública o documento equivalente en que se documente la operación.
- Tratándose de operaciones en las cuales ni la entidad adquirente ni la transmitente sean residentes en territorio español, la comunicación debe realizarse en el plazo previsto para la presentación de las declaraciones o autoliquidaciones correspondientes a los socios de la entidad transmitente, siempre que sean residentes en territorio español. En caso contrario, la comunicación se presentará en el plazo general, es decir, dentro de los 3 meses siguientes a la fecha de inscripción de la escritura en que se documente la operación.

La comunicación debe dirigirse a la Delegación de la Agencia Estatal de la Administración Tributaria (AEAT) del domicilio fiscal de las entidades, o establecimientos permanentes si se trata de entidades no residentes, que estén obligadas a efectuarlas, o a las Dependencias Regionales de Inspección o a la Delegación Central de Grandes Contribuyentes, cuando se trate de contribuyentes adscritos a las mismas.

La comunicación deberá contener la siguiente información:

- Identificación de las entidades participantes en la operación y descripción de la misma.
- Copia de la escritura pública o documento equivalente que corresponda la operación.
- Cuando las operaciones se hubieran realizado mediante una oferta pública de adquisición de acciones, también deberá aportarse copia del correspondiente folleto informativo.

❐ Indicación, en su caso, de la no aplicación del régimen especial de diferimiento, regulado en el Capítulo VII del Título VII LIS.

En el régimen especial de diferimiento, las plusvalías tácitas (diferencia entre el valor de mercado y el valor fiscal) de los elementos patrimoniales transmitidos no se someten a gravamen, en sede de la entidad o entidades que actúan como transmitentes en los procesos de reestructuración empresarial (fusiones, escisiones, aportaciones de activos y canje de valores), en el momento de la realización de la operación, sino que dicho gravamen se difiere hasta el momento de la materialización efectiva de tales plusvalías tácitas en sede de la entidad o entidades adquirentes.

2.4.7.3. Reglas especiales de valoración en el Impuesto sobre Sociedades en los supuestos de transmisiones lucrativas y operaciones societarias

Para determinadas transmisiones lucrativas (no onerosas) y ciertas operaciones societarias, el Impuesto sobre Sociedades no admite el principio contable general de valoración de los elementos patrimoniales por el precio de adquisición, coste de producción o valor razonable.

En estos casos especiales, la valoración de los elementos patrimoniales, transmitidos o adquiridos, según proceda, se efectúa, a efectos puramente fiscales, por su valor normal de mercado.

A estos efectos, se entiende por valor normal de mercado el que hubiera sido acordado en condiciones normales de mercado entre partes independientes, aplicándose para su determinación cualquiera de los métodos que contiene la LIS.

En este tipo de transmisiones lucrativas y societarias, la norma fiscal considera que se produce, para la entidad transmitente, una renta de carácter fiscal, que se calcula en función del valor de mercado de los elementos patrimoniales transmitidos (o, en su caso, adquiridos), con independencia de la renta contable que se produzca en tales operaciones. La diferencia entre la renta fiscal y la contable dará lugar a la práctica del oportuno ajuste extracontable para determinar la base imponible del período impositivo en que se realiza la operación.

Por tanto, en este tipo de operaciones lucrativas y societarias, las plusvalías tácitas (diferencia entre el valor de mercado y el valor fiscal de los elementos patrimoniales), atribuibles al patrimonio de la entidad transmitente, se someten a tributación en el momento de realización de la operación en sede de la entidad transmitente de tales elementos.

No obstante, como se expuso en el epígrafe anterior, para determinadas operaciones societarias de reestructuración o reorganización empresarial (fusiones, escisiones, canjes de valores, aportaciones no dinerarias de activos y de ramas de actividad, etc.), existe también un régimen especial de tributación, basado en el diferimiento, en el que las plusvalías tácitas correspondientes a los elementos patrimoniales transmitidos no se gravan en el momento de la realización de la operación, sino que dicho gravamen se produce en el futuro, en el momento de la materialización de tales plusvalías.

Los elementos patrimoniales que, según la norma fiscal, deben valorarse por su valor de mercado son:

- Los transmitidos o adquiridos a título lucrativo. A estos efectos, no tienen esta consideración las subvenciones.
- Los aportados a entidades y los valores recibidos en contraprestación, salvo que resulte de aplicación el régimen especial de diferimiento.
- Los transmitidos a los socios por causa de disolución, separación de éstos, reducción del capital con devolución de aportaciones, reparto de la prima de emisión y distribución de beneficios (mediante entrega de bienes).
- Los transmitidos en virtud de fusión, y escisión total o parcial, salvo que resulte de aplicación el régimen especial de diferimiento.
- Los adquiridos por permuta.
- Los adquiridos por canje o conversión, salvo que resulte de aplicación el régimen especial de diferimiento.

En las operaciones indicadas en los cuatro primeros apartados, la entidad transmitente debe integrar en la base imponible de su Impuesto sobre Sociedades una renta fiscal, cuyo importe será la diferencia entre el valor de mercado y el valor fiscal de los elementos patrimoniales transmitidos en la operación, renta que se corresponde con la cuantía de las plusvalías tácitas atribuibles o imputables a dichos elementos patrimoniales.

Cuando esta renta fiscal no coincida con la renta contable de la operación, deberá efectuarse el correspondiente ajuste extracontable, positivo o negativo, según proceda para determinar la base imponible del período impositivo en que se realiza la operación.

En las operaciones recogidas en los dos últimos apartados (operaciones de permuta, canje o conversión), las dos entidades que interviene en la operación (entidad transmitente y entidad adquirente), deben integrar en la base imponible de su Impuesto sobre Sociedades una renta fiscal, cuyo importe será la diferencia entre el valor normal de mercado de los elementos adquiridos y el valor fiscal de los entregados, renta que también coincide con la cuantía de las plusvalías tácitas imputables a los elementos patrimoniales transmitidos en la operación.

También en este caso, cuando la renta fiscal no coincida con la renta contable, deberá efectuarse el oportuno ajuste extracontable, positivo o negativo, según proceda.

Además, en las adquisiciones a título lucrativo, la entidad adquirente debe integrar en su base imponible el valor de mercado del elemento patrimonial adquirido.

La integración en la base imponible de todas estas rentas debe efectuarse, como se señaló más arriba, en el período impositivo en el que se realicen las operaciones de las que derivan las mismas.

La norma fiscal, no sólo regula las consecuencias fiscales de estas operaciones para las entidades transmitentes o adquirentes mediante la aplicación del valor de mercado a los elementos transmitidos o adquiridos, sino que también contempla las consecuencias fiscales para los socios de las entidades intervinientes en las mencionadas operaciones, quienes deberán efectuar, en su caso, es decir, cuando la renta fiscal no coincida con la renta contable, el pertinente ajuste extracontable.

Así, en los supuestos de reducción de capital con devolución de aportaciones, los socios deben integrar en la base imponible de su Impuesto sobre Sociedades el exceso del valor normal de mercado de los elementos recibidos sobre el valor fiscal de la participación. Por tanto, el valor de mercado del bien recibido reduce el valor fiscal de la participación hasta su anulación, tributando el exceso. Cuando la reducción de capital no tenga por objeto la devolución de aportaciones, no existirá renta fiscal para los socios.

La regla indicada para los supuestos de reducción de capital con devolución de aportaciones también es de aplicación para los supuestos de distribución de la prima de emisión de acciones o participaciones.

En la distribución de beneficios (dividendos) mediante la entrega de elementos patrimoniales no dinerarios, los socios deben integrar en la base imponible de su Impuesto sobre Sociedades el valor normal de mercado de los elementos patrimoniales recibidos, salvo que esa renta esté exenta de cumplir la participación los requisitos del art. 21 LIS.

En la disolución de entidades y en la separación de socios, éstos deben integrar en la base imponible de su Impuesto sobre Sociedades una renta fiscal, cuyo importe es la diferencia entre el valor normal de mercado de los elementos recibidos y el valor fiscal de la participación anulada, salvo que esa renta esté exenta de cumplir la participación los requisitos del art. 21 LIS.

En los supuestos de fusión, absorción o escisión total o parcial, los socios deben integrar en la base imponible de su Impuesto sobre Sociedades una renta fiscal, siendo su importe la diferencia entre el valor de mercado de la participación recibida y el valor fiscal de la participación anulada, siempre que no se aplique el régimen especial de reestructuraciones empresariales.

Finalmente, para evitar que se produzcan situaciones de exceso o de defecto de tributación, cuando los elementos patrimoniales, trasmitidos o adquiridos, o los servicios tienen diferente valoración contable y fiscal, la norma fiscal establece una serie de reglas para la integración en la base imponible de la entidad adquirente de la diferencia entre ambos valores. En concreto, la citada integración debe producirse de la siguiente manera:

- Para los elementos patrimoniales pertenecientes al activo circulante, la integración de la diferencia debe producirse en el período impositivo en el que éstos motiven el devengo de un ingreso o un gasto.
- Cuando se trate de elementos patrimoniales del inmovilizado no amortizables, la integración de la diferencia debe producirse en el período impositivo en que éstos se transmitan o se den de baja.
- Si se trate de elementos patrimoniales del inmovilizado amortizables, la diferencia debe integrarse en los períodos impositivos que resten de vida útil, aplicando a la citada diferencia el método de amortización utilizado respecto de los referidos elementos, salvo que sean objeto de transmisión o baja con anterioridad, en cuyo caso, se integrará con ocasión de la misma.
- Tratándose de servicios, la diferencia se integrará en el período impositivo en que se reciban, salvo que su importe deba incorporarse a un elemento patrimonial, en cuyo caso se tendrán en cuenta las reglas anteriores.

Estas reglas de integración de la diferencia en la base imponible de la entidad adquirente darán lugar a que dicha entidad practique ajustes extracontables de signo contrario a los practicados por la entidad transmitente, eliminándose de esta forma el posible exceso de imposición.

Ejemplo

Entidad ASA ha recibido en el ejercicio N una donación de un local de uno de sus antiguos socios como consecuencia de su fallecimiento. El valor de mercado del inmueble es de 200.000, registrando este elemento por dicho importe, siendo la contrapartida cuentas de patrimonio neto.

Solución:

En el ejercicio N la entidad obtiene una renta fiscal por el valor de mercado del elemento adquirido a título gratuito, por lo que debe integrar en su base imponible un importe de 200.000 mediante un ajuste positivo de dicho importe al resultado contable de ese ejercicio, dado que ese importe no se ha reconocido como ingreso.

En los ejercicios siguientes, a medida en que el inmueble se amortice, a efectos contables, un importe equivalente a la amortización se traspasa de dicha cuenta de patrimonio neto en la que se ha reconocido la donación, a cuenta de resultados, de manera que este ingreso no se computaría a efectos fiscales, por lo que en tales ejercicios debe realizarse un ajuste negativo al resultado contable por el importe de ese ingreso, a los efectos de determinar la base imponible de dichos ejercicios.

Ejemplo

La entidad JOTA realiza una aportación no dineraria, en el ejercicio 202X, al capital de la entidad BETA. En concreto, aporta un elemento patrimonial no amortizable cuyo valor fiscal, coincidente con su valor contable, es de 20.000, ascendiendo el valor de mercado del mismo a 24.000.

La entidad BETA registra en su contabilidad el elemento patrimonial recibido por 24.000. Del mismo modo, la sociedad JOTA, registra en su contabilidad las acciones recibidas en contraprestación de la aportación no dineraria realizada por 24.000.

En el ejercicio 202X+1, la entidad BETA transmite el elemento patrimonial recibido en la aportación no dineraria y la entidad JOTA transmite las acciones recibidas como contraprestación de dicha aportación. Ambas transmisiones se realizan por su valor de mercado, es decir, por 24.000.

Determinar la base imponible del Impuesto sobre Sociedades de ambas entidades en los ejercicios 202X y 202X+1, considerando que no es de aplicación el régimen especial de diferimiento regulado en el Capítulo VII del Título VII de la LIS.

Solución:

a) Ejercicio 202X:

- Entidad JOTA:

  Debe integrar en la base imponible una renta fiscal, cuyo importe es la diferencia entre el valor de mercado (24.000) y el valor fiscal (20.000) del elemento patrimonial aportado. Por tanto, la renta a integrar en la base imponible será de 4.000. Si dicha renta no coincide con la renta contable de la operación, deberá efectuarse el correspondiente ajuste extracontable positivo para determinar la base imponible.

  Obsérvese que las plusvalías tácitas imputables al elemento patrimonial aportado (24.000 – 20.000 = 4.000) tributan en sede de la entidad JOTA en el momento de la aportación.

  Fiscalmente, las acciones recibidas deben valorarse por 24.000, valor que coincide, en este caso, con el valor contable de las acciones recibidas

- Entidad BETA:

  Las aportaciones al capital no forman parte del hecho imponible del Impuesto sobre Sociedades. En consecuencia, la operación no tiene implicaciones fiscales, desde el punto de vista del Impuesto sobre Sociedades, para la entidad.

  Ahora bien, el valor fiscal del bien, a efectos de su futura enajenación, será de 24.000, ya que por tal valor fue valorado en sede de la entidad JOTA en el momento de realizarse la aportación. Adviértase que, en este caso, ambos valores, contable y fiscal, coinciden.

b) Ejercicio 202X+1:

- Entidad JOTA:

  Las acciones se transmiten por 24.000, importe coincidente con el valor contable y el valor fiscal de las mismas. Por tanto, no se produce ni renta contable ni renta fiscal.

- Entidad BETA:

  El elemento patrimonial se transmite por 24.000, importe coincidente con el valor contable y el valor fiscal del elemento patrimonial. Por tanto, no se produce ni renta contable ni renta fiscal.

Ejemplo

La entidad DELTA se encuentra participada por dos socios (el socio 1 y el socio 2). El capital de la sociedad DELTA asciende a 10.000. El socio 1 tiene contabilizada su participación en 6.000 y el socio 2 en 4.500. Ambos valores coinciden con el valor fiscal de las respectivas participaciones.

La sociedad DELTA ha decidido reducir su capital en 7.000, entregando al socio 1 un elemento patrimonial cuyo valor contable es de 2.000, y al socio 2 un elemento patrimonial de valor contable es de 5.000. El valor de mercado de ambos elementos patrimoniales entregados en la reducción de capital es de 5.500.

Determinar los efectos fiscales en el Impuesto sobre Sociedades de la entidad DELTA y de los socios 1 y 2.

Solución:

a) Entidad DELTA:

	Valor mercado elemento patrimonial transmitido	Valor contable elemento patrimonial transmitido	Diferencia Renta fiscal a integrar en la base imponible
Socio 1	5.500	2.000	3.500
Socio 2	5.500	5.000	500
		Total	4.000

En función del registro contable de la operación, la sociedad DELTA efectuará el ajuste extracontable que proceda.

b) Socios 1 y 2.

	Valor mercado elemento patrimonial recibido	Valor fiscal de la participación	Exceso Renta fiscal	Valor fiscal final de la participación
Socio 1	5.500	6.000	0	500
Socio 2	5.500	4.500	1.000	0

En función del registro contable de la operación, los socios practicarán los ajustes extracontables que procedan con el fin de ajustar la renta contable a la fiscal.

Ejemplo

La entidad ASA es titular del 100% de capital de la entidad TESA. Dicha participación se encuentra contabilizada en ASA por 3.000, importe coincidente con el valor fiscal de dicha participación.

El balance de la sociedad TESA, en el ejercicio 202X, presenta unos Activos de 3.000 y unos Fondos Propios de 3.000 (Capital = 1.000; Reservas = 2.000). El valor contable de los Activos de TESA coincide con el valor fiscal de los mismos.

Se sabe que el valor normal de mercado de los activos de la sociedad TESA es de 8.000, lo que significa que existen plusvalías tácitas imputables a dichos activos de 5.000.

Se produce la disolución de la sociedad TESA.

Determinar los efectos, en el Impuesto sobre Sociedades, de la disolución de la sociedad TESA, suponiendo que la operación de disolución no genera renta contable ni en TESA ni en ASA.

Solución:

a) Sociedad TESA:

Aunque la disolución no produce renta contable en TESA, según indica el enunciado, fiscalmente TESA debe integrar en su base imponible una renta de 5.000, equivalente a la diferencia entre el valor normal de mercado de sus activos (8.000) y el valor fiscal de los mismos (3.000). Por tanto, TESA deberá efectuar un ajuste extracontable positivo de 5.000.

b) Sociedad ASA:

Tampoco existe, según el enunciado, renta contable en ASA, como consecuencia de la disolución de TESA. Sin embargo, en principio, ASA debería integrar en su base imponible una renta de 5.000, calculada por diferencia entre el valor contable de mercado de los activos recibidos de TESA (8.000) y el valor fiscal de su participación en TESA (3.000), que se anula como consecuencia de la disolución.

Ahora bien, para que no existan excesos de imposición, el Impuesto sobre Sociedades considera exenta dicha renta.

Por último, a efectos de futuras transmisiones o, en su caso, de su amortización, los activos recibidos de TESA en la disolución se valorarán fiscalmente en ASA por 8.000, para evitar también excesos de imposición.

Ejemplo

Las sociedades BESA y GESA realizan, en el ejercicio 202X, una permuta de elementos patrimoniales. La sociedad BESA entrega un elemento patrimonial cuyo valor contable y fiscal es de 5.000, siendo su valor de mercado de 8.000. La sociedad GESA entrega un elemento patrimonial cuyo valor contable y fiscal es de 2.000, siendo su valor de mercado de 8.000 también.

Ambas entidades registran en su contabilidad el elemento patrimonial recibido por el valor contable del elemento patrimonial entregado. Por tanto, la sociedad BESA registra el elemento patrimonial recibido por 5.000 y la sociedad GESA por 2.000.

Los elementos patrimoniales permutados son transmitidos en el ejercicio 202X+1 por la entidades BESA y GESA por su valor de mercado, es decir, por 8.000.

Determinar las implicaciones fiscales de la permuta en el Impuesto sobre Sociedades de las entidades BESA y GESA en los ejercicios 202X y 202X+1.

Solución:

a) Sociedad BESA por la permuta (ejercicio 202X):

El resultado contable de la permuta es cero, ya que el elemento patrimonial recibido se registra en la contabilidad por el valor contable del entregado (5.000).

Pero, fiscalmente, la entidad debe integrar en la base imponible de su impuesto sobre Sociedades una renta, cuyo importe es la diferencia entre el valor de mercado del elemento patrimonial recibido (8.000) y el valor fiscal del entregado (5.000). Es decir, debe integrar una renta de 3.000, para lo cual deberá efectuar un ajuste extracontable positivo de dicho importe.

El valor fiscal del elemento patrimonial recibido será, a efectos de futuras operaciones, de 8.000.

Adviértase que las plusvalías tácitas (3.000) del elemento patrimonial transmitido por la sociedad BESA tributan, en sede de dicha entidad, en el momento de la permuta.

b) Sociedad GESA por la permuta (ejercicio 202X):

El resultado contable de la permuta es cero, ya que el elemento patrimonial recibido se registra en la contabilidad por el valor contable del entregado (2.000).

Pero, fiscalmente, la entidad debe integrar en la base imponible de su impuesto sobre Sociedades una renta, cuyo importe es la diferencia entre el valor de mercado del elemento patrimonial recibido (8.000) y el valor fiscal del entregado (2.000). Es decir, debe integrar una renta de 6.000, para lo cual deberá efectuar un ajuste extracontable positivo de dicho importe.

El valor fiscal del elemento patrimonial recibido será, a efectos de futuras operaciones, de 8.000.

Adviértase que las plusvalías tácitas (6.000) del elemento patrimonial transmitido por la sociedad BESA tributan, en sede de dicha entidad, en el momento de la permuta.

c) Sociedad BESA por la transmisión del elemento patrimonial recibido en la permuta (ejercicio 202X+1):

El elemento patrimonial se transmite por 8.000, cuando su valor contable es de 5.000. Se genera, en consecuencia, una renta contable de 3.000.

Sin embrago, la renta fiscal derivada de dicha transmisión es nula, ya que el valor fiscal del elemento patrimonial transmitido es de 8.000.

Por tanto, la sociedad BESA debe efectuar un ajuste extracontable negativo de – 3.000, para determinar la base imponible de su Impuesto sobre Sociedades del ejercicio 202X+1.

d) Sociedad GESA por la transmisión del elemento patrimonial recibido en la permuta (ejercicio 202X+1):

El elemento patrimonial se transmite por 8.000, cuando su valor contable es de 2.000. Se genera, en consecuencia, una renta contable de 6.000.

Sin embargo, la renta fiscal derivada de dicha transmisión es nula, ya que el valor fiscal del elemento patrimonial transmitido es de 8.000.

Por tanto, la sociedad GESA debe efectuar un ajuste extracontable negativo de – 6.000, para determinar la base imponible de su Impuesto sobre Sociedades del ejercicio 202X+1.

Ejemplo

Entidad ASA realiza una distribución de reservas a la sociedad BESA titular de la totalidad de su capital social, mediante la entrega de un inmueble cuyo valor contable es de 200.000, aun cuando su valor de mercado es de 260.000.

Solución:

En la entidad ASA se genera una renta de 60.000 (260.000-200.000) por diferencia entre el valor de mercado del elemento entregado al socio en la distribución de reservas y su valor contable, por lo que, para determinar la base imponible del ejercicio, esa entidad debe realizar un ajuste positivo a su resultado contable de 60.000 en el caso de que la entrega de tal elemento no haya supuesto el reconocimiento de ningún ingreso en esa entidad.

En cuanto a la sociedad BESA, registraría como ingreso contable el valor de mercado de ese elemento recibido, de manera que ese ingreso estaría exento en el 95% al cumplir la participación los requisitos del art. 21 LIS, por lo que tendría que realizar un ajuste negativo a su resultado contable, por importe de 247.000 (260.000x0,95), para determinar la base imponible del período, por lo que el 5% de esa renta (13.000) no está exenta y se integra en la base imponible.

Para determinadas trasmisiones a título lucrativo (no onerosas) y ciertas operaciones societarias (aportaciones no dinerarias a sociedades, disolución de sociedades, reducción es de capital con devolución de aportaciones mediante la entrega de bienes, permutas, etc.) la norma fiscal no admite la valoración por el precio de adquisición de los bienes. En estos casos, los bienes transmitidos deben valorarse fiscalmente por su valor normal de mercado.

La diferencia entre el valor normal de mercado y el valor fiscal de dichos bienes debe integrarse en la base imponible del Impuesto sobre Sociedades de la entidad transmitente. Existen reglas para evitar que, en estas operaciones, se produzcan excesos de imposición (situaciones de doble gravamen).

El artículo 17 LIS regula el régimen fiscal particular para las operaciones de aumento de capital por compensación de créditos, es decir, cuando el acreedor aporta a la entidad deudora el crédito que tiene frente a la misma y esta última aumenta su capital mediante la compensación de la deuda que tiene con dicho acreedor, el cual pasa a ser accionista de esa entidad.

A efectos contables, la entidad deudora contabiliza el aumento de los fondos propios por el valor razonable del crédito que se cancela, registrándose un ingreso financiero en resultados por la diferencia entre el valor en libros de la deuda y su valor razonable. De aumentar el capital y, en su caso, la prima de emisión por un importe equivalente al valor en libros de la deuda, ese ingreso financiero se registra utilizando como contrapartida la cuenta de prima de emisión mediante un cargo a la misma.

A efectos fiscales, el aumento de capital se valora por el importe del aumento desde el punto de vista mercantil, con independencia de su valoración contable. Por tanto, de aumentar el capital por el valor nominal de la deuda, en la entidad deudora no se integraría en la base imponible el ingreso financiero que se haya podido registrar.

Respecto del socio, las acciones suscritas se registran por su valor razonable. Por tanto, no hay resultado contable si el aumento de los fondos propios se realiza por el valor razonable del crédito que se cancela. Por el contrario, de aumentar el capital y, en su caso, la prima de emisión por un importe equivalente al valor en libros de la deuda, se genera en el socio un ingreso por diferencia entre el valor razonable de las acciones recibidas y el valor contable del crédito.

A efectos fiscales, en el socio se genera una renta por diferencia entre el importe del aumento de capital y el valor fiscal del crédito capitalizado, de ampliar el capital por el valor nominal de la deuda.

Ejemplo

1) Entidad ASA tiene un crédito de 1.000 frente a la sociedad BESA, siendo el valor razonable de ese crédito de 800. La sociedad BESA capitaliza el crédito por su valor razonable.

Solución

La sociedad BESA genera un ingreso de 200, correspondiente a la diferencia entre el valor de la deuda dada de baja y el capital ampliado. A efectos fiscales igualmente se genera una renta de 200.

En la entidad ASA el deterioro de 200 dotado en un ejercicio anterior tuvo que ser deducible. En la capitalización del crédito no se genera renta contable ni fiscal.

2) Entidad ASA tiene un crédito de 1.000 frente a la sociedad BESA, siendo el valor razonable de ese crédito de 800. La sociedad BESA capitaliza el crédito por su valor nominal de 1.000.

Solución:

La sociedad BESA: amplía capital por 1.000 con prima de emisión negativa de 200. Se genera también un ingreso de 200 al dar de baja la deuda de 1.000. A efectos fiscales no se genera ninguna renta.

En la entidad ASA el deterioro de 200 dotado en un ejercicio anterior tuvo que ser deducible. En la capitalización del crédito no se genera renta contable, pero a efectos fiscales se genera una renta de 200 por diferencia entre el capital ampliado y el valor fiscal del crédito.

3) Entidad ASA tiene un crédito de valor nominal de 1.000 frente a la sociedad BESA adquirido por un importe de 800 que se corresponde con el valor razonable del mismo. La sociedad BESA capitaliza el crédito por su valor nominal de 1.000.

Solución:

La sociedad BESA: amplía capital por 1.000 con prima de emisión negativa de 200. Se genera también un ingreso de 200 al dar de baja la deuda de 1.000. No obstante efectos fiscales no se genera ninguna renta.

En la entidad que transmitió ese crédito a ASA generó una pérdida de 200 (800-1.000) que fue fiscalmente deducible. En la capitalización del crédito no se genera renta contable en ASA, pero a efectos fiscales se genera una renta de 200 por diferencia entre el capital ampliado y el valor fiscal del crédito. Se aprecia que la fiscalidad no se corresponde con la realidad económica, pues la renta positiva de 200 se ha generado en la realidad en la entidad BESA cuando, por el contrario el sujeto al que se le imputa esa renta es al socio ASA.

2.4.7.4. Valoración de operaciones vinculadas

2.4.7.4.1. Aplicación del valor normal de mercado

A efectos de determinar la base imponible, las operaciones efectuadas entre personas o entidades vinculadas deben valorarse por su valor normal de mercado, entendiendo por tal, aquél que se habría acordado por personas o entidades independientes en condiciones que respeten el principio de libre competencia o libre mercado.

El régimen de valoración de las operaciones vinculadas obliga a la aplicación del valor normal de mercado tanto a las personas o entidades vinculadas que intervienen en la operación, en el momento de realizar la misma, como a la Administración tributaria, en el momento de la oportuna comprobación administrativa.

El régimen fiscal de valoración de las operaciones vinculadas coincide con el criterio de valoración establecido en el ámbito contable para dichas operaciones. Por tanto, la aplicación del valor de mercado en las operaciones vinculadas no requerirá la práctica de ajustes extracontables por la entidad. La facultad de efectuar los correspondientes ajustes extracontables se sitúa, exclusivamente, en sede de la Administración tributaria, cuando, lógicamente, disponga de una mejor estimación del valor normal de mercado que el aplicado por las entidades que hayan participado en la operación vinculada.

En aquellos casos en los que la Administración tributaria corrija el valor aplicado por las partes, fijando el valor normal de mercado de la transacción, quedará vinculada por dicho valor en relación con todas las personas o entidades vinculadas que hayan participado en la operación.

Los ajustes extracontables que, en su caso, se practiquen por la Administración tributaria tendrán carácter bilateral. El ajuste de un signo determinado en una parte vinculada dará lugar al oportuno ajuste correlativo de signo contrario en la otra parte. Por tanto, la valoración administrativa no determinará la tributación por el Impuesto sobre Sociedades ni, en su caso, por el Impuesto sobre la Renta de las Personas Físicas o por el Impuesto sobre la Renta de No Residentes (en adelante IRNR), de una renta superior a la efectivamente derivada de la operación para el conjunto de las personas o entidades que la hubieran realizado.

Las operaciones realizadas entre personas o entidades vinculadas deben valorarse por su valor normal de mercado, siendo éste el que se habría acordado por personas o entidades independientes en condiciones que respeten el principio de libre competencia o libre mercado.

2.4.7.4.2. Personas o entidades vinculadas

Para la delimitación de las personas o entidades vinculadas deben tenerse en cuenta las siguientes consideraciones previas:

- Para referirse a las partes vinculadas, la norma utiliza los términos "entidad" y "socio o partícipe".
- El grupo familiar que, en determinados casos, da lugar a la existencia de vinculación, se configura en los términos siguientes: los cónyuges o personas unidas por relaciones de parentesco, en línea directa o colateral, por consanguinidad o afinidad hasta el tercer grado de los socios o partícipes, consejeros o administradores de la entidad.
- Se entiende que existe grupo, cuando una entidad ostente o pueda ostentar el control de otra u otras, según los criterios establecidos en el artículo 42 del Código de Comercio, con independencia de su residencia y de la obligación de formular cuentas anuales consolidadas.
- La mención a los administradores incluye tanto a los de derecho como a los de hecho.
- Cuando la vinculación se define en función de la relación socios o partícipes-entidad, la participación deberá ser igual o superior al 25%.

El catálogo de supuestos de vinculación que recoge la norma es el siguiente:

- Una entidad y sus socios o partícipes.
- Una entidad y sus consejeros o administradores, salvo en lo correspondiente a la retribución por el ejercicio de sus funciones.

❐ Una entidad y los miembros del grupo familiar de los socios o partícipes, consejeros o administradores.

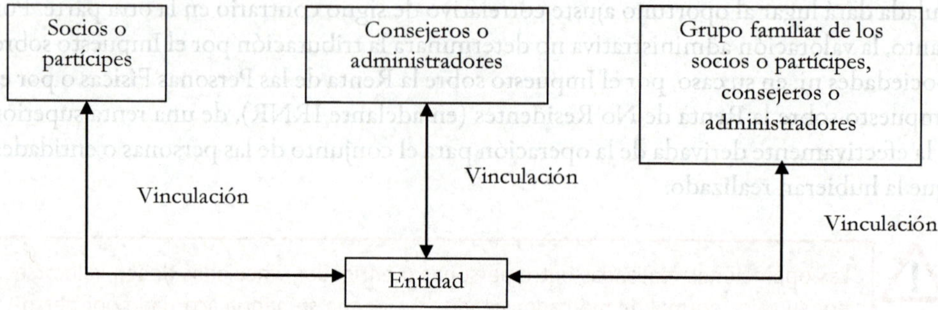

❐ Dos entidades que pertenezcan a un grupo.

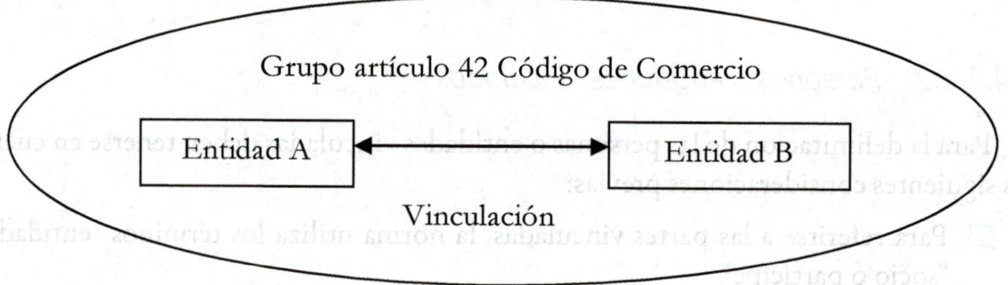

❐ Una entidad y los consejeros o administradores de otra entidad, cuando ambas pertenezcan a un grupo.

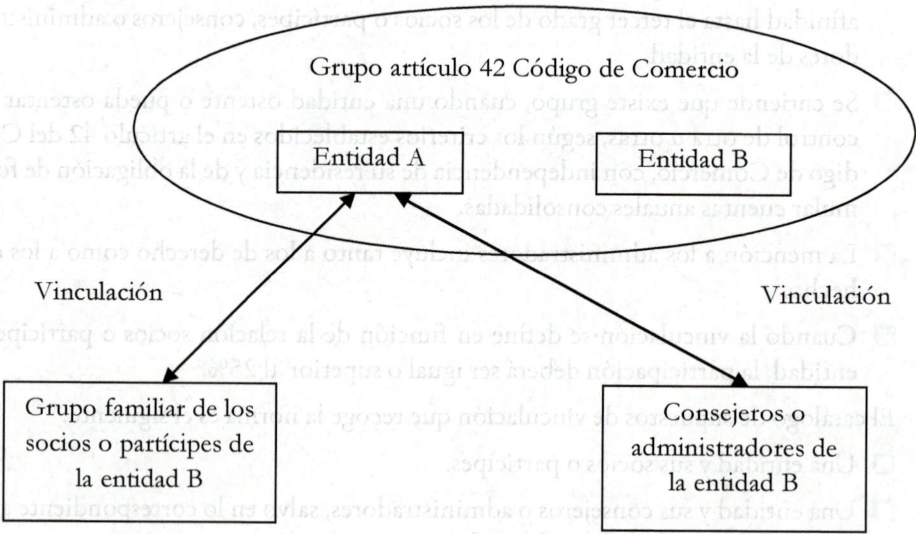

❒ Una entidad y otra entidad participada por la primera indirectamente en, al menos, el 25% del capital social o de los fondos propios.

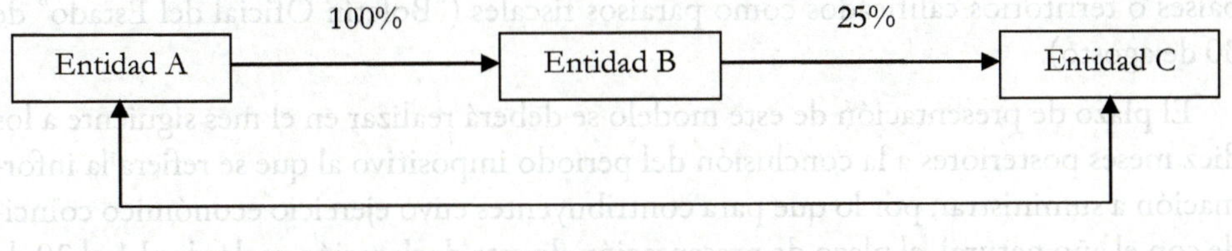

❒ Dos entidades en las cuales los mismos socios o partícipes o sus grupos familiares participen, directa o indirectamente en, al menos, el 25% del capital social o de los fondos propios.

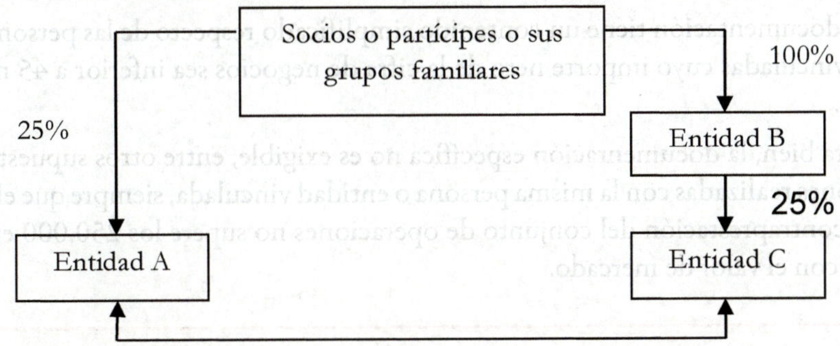

❒ Una entidad residente en territorio español y sus establecimientos permanentes en el extranjero.

La norma considera operaciones vinculadas, no sólo las realizadas entre sí por dos entidades pertenecientes a un mismo grupo, sino las realizadas por una entidad con sus socios o participes, con sus consejeros o administradores o con el grupo familiar de disco socios o participes y consejeros o administradores, así como las realizadas por una entidad con los consejeros o administradores y el grupo familiar de los socios o participes y de los consejeros o administradores de otra sociedad del grupo.

2.4.7.4.3. Documentación de las operaciones vinculadas

Antes de documentar las operaciones vinculadas y sus valoraciones, los contribuyentes afectados deben informar de las mismas en el modelo 232, regulado en la Orden

HFP/816/2017, de 28 de agosto, por la que se aprueba el modelo 232 de declaración informativa de operaciones vinculadas y de operaciones y situaciones relacionadas con países o territorios calificados como paraísos fiscales ("Boletín Oficial del Estado" de 30 de agosto).

El plazo de presentación de este modelo se deberá realizar en el mes siguiente a los diez meses posteriores a la conclusión del período impositivo al que se refiera la información a suministrar, por lo que para contribuyentes cuyo ejercicio económico coincide con el año natural, el plazo de presentación de esta declaración es desde el 1 al 30 de noviembre.

Las personas o entidades vinculadas, para justificar que las operaciones efectuadas se han valorado por su valor de mercado, están obligadas a mantener a disposición de la Administración tributaria, una documentación específica.

Esta documentación tiene un contenido simplificado respecto de las personas o entidades vinculadas cuyo importe neto de la cifra de negocios sea inferior a 45 millones de euros.

Ahora bien, la documentación específica no es exigible, entre otros supuestos, a las operaciones realizadas con la misma persona o entidad vinculada, siempre que el importe de la contraprestación del conjunto de operaciones no supere los 250.000 euros, de acuerdo con el valor de mercado.

La documentación de las operaciones vinculadas tiene un contenido simplificado respecto de las personas o entidades vinculadas cuyo importe neto de la cifra de negocios sea inferior a 45 millones de euros. Además, no se exigirá la documentación específica para las operaciones realizadas con la misma persona o entidad vinculada, siempre que el importe de la contraprestación del conjunto de operaciones no supere los 250.000 euros.

La regulación de la información y documentación sobre entidades y operaciones vinculadas aparece regulada, para los períodos impositivos que se inicien desde el 1 de enero de 2015, en el Capítulo V del Título I del RIS, arts. 13 a 16, ambos inclusive.

La gran novedad, respecto de la situación normativa anterior, es la incorporación de la obligación de informar país por país sobre determinadas operaciones realizadas por las entidades residentes en España que sean, a su vez, dominantes de un grupo o para las entidades residentes que dependan, a su vez, de una no residente en territorio español, el llamado «informe país por país».

Sin embargo, esta obligación de información país por país solo será obligatoria cuando el conjunto de la cifra de operaciones del grupo supere en los doce meses anteriores 750 millones de euros y, además, para los períodos impositivos posteriores al 1 de enero de 2016.

La normativa que regula la obligación "informe país por país", básicamente, el artículo 13 RIS, ha sido objeto de una modificación reglamentaria por el artículo dos. Uno del Real Decreto 1074/2017, de 29 de diciembre, que, entre otros, altera el RIS, con efectos desde el 1 de enero de 2016.

2.4.7.4.4. Métodos para la determinación del valor de mercado

La norma recoge 5 métodos para la determinación del valor normal de mercado: método del precio libre comprable, método del coste incrementado, método del precio de reventa, método de la distribución del resultado y método del margen neto operacional.

La entidad puede elegir cualquiera de los 5 métodos indicados. Ahora bien, la elección deberá tener en cuenta, entre otras circunstancias, la naturaleza de la operación vinculada, la disponibilidad de información fiable y el grado de comparabilidad entre las operaciones vinculadas y no vinculadas.

En aquellos casos en los que no resulte posible la aplicación de ninguno de los 5 métodos señalados, la entidad puede utilizar otros métodos y técnicas de valoración generalmente aceptados que respeten el principio de libre competencia.

2.4.7.4.4.1. Método del precio libre comparable

La determinación del valor normal de mercado, mediante la aplicación del método del precio libre comparable, se realiza comparando el precio del bien o servicio de que se trate, en una operación entre personas o entidades vinculadas, con el precio de un bien o servicio idéntico o de características similares, en una operación entre personas o entidades independientes en circunstancias equiparables.

2.4.7.4.4.2. Método del coste incrementado

En el método del coste incrementado, la determinación del valor normal de mercado de la operación vinculada se lleva a término, añadiendo al valor de adquisición o coste de producción del bien o servicio de que se trate el margen habitual en operaciones idénticas o similares con personas o entidades independientes o, en su defecto, el margen que personas o entidades independientes aplican a operaciones equiparables.

Ejemplo

Las entidades ALFA Y BETA son entidades vinculadas. ALFA transmite a BETA un elemento patrimonial, cuyo coste es de 1.000, por 1.100, es decir, con un margen del 10%, generándose, en consecuencia, en la transacción, un beneficio de 100.

Posteriormente, BETA transmite el elemento patrimonial a la entidad TERCERO, entidad no vinculada, por 1.500, obteniendo, por tanto un beneficio de 400.

Se sabe que el margen que utiliza la entidad ALFA con terceros no vinculados es del 8%.

Determinar el beneficio fiscal, a efectos del Impuesto sobre Sociedades, de ambas transacciones.

Solución:

La aplicación a la transacción realizada entre ALFA Y BETA del margen del 8%, que es el margen utilizado por ALFA con entidades no vinculadas, supone un beneficio para la operación vinculada de 80 (0,08 × 1.000). La Administración tributaria podrá efectuar, en el momento de la comprobación, un ajuste extracontable negativo de – 20, para la determinación de la base imponible de la entidad ALFA.

El coste del elemento patrimonial recibido por la entidad BETA, teniendo en cuenta el margen del 8%, será de 1.080 (1.000 + 80). Puesto que la trasmisión a la entidad no vinculada TERCERO se ha realizado por 1.500, el beneficio de la venta será de 420. La Administración tributaria podrá efectuar, en el momento de la comprobación, un ajuste extracontable positivo de 20, para la determinación de la base imponible de la entidad BETA.

2.4.7.4.4.3. Método del precio de reventa

La aplicación del método del precio de reventa, para determinar el valor normal de mercado correspondiente a una operación vinculada, implica sustraer del precio de venta de un bien o servicio el margen que aplica el propio revendedor en operaciones idénticas o similares con personas o entidades independientes o, en su defecto, el margen que personas o entidades independientes aplican a operaciones equiparables.

Ejemplo

Las entidades JOTA Y ZETA son entidades vinculadas. JOTA transmite a ZETA un elemento patrimonial, cuyo coste es de 1.000, por 1.100, generándose, en consecuencia, en la transacción, un beneficio de 100.

Posteriormente, ZETA transmite el elemento patrimonial a la entidad TERCERO, entidad no vinculada, por 1.265, obteniendo, por tanto, un beneficio de 165.

Se sabe que el beneficio habitual de ZETA en estas operaciones con terceros no vinculados es de 150.

Determinar el beneficio fiscal, a efectos del Impuesto sobre Sociedades, de ambas transacciones.

Solución:

La aplicación a la transacción realizada entre ZETA y la entidad no vinculada TERCERO del beneficio que ZETA obtiene habitualmente en dichas transacciones, es decir 150, implica considerar que el coste de adquisición del bien para dicha entidad es de 1.115 (1.265 – 150) y, por tanto, que el beneficio obtenido por JOTA en la transacción vinculada es de 115 (1.115 – 1.000).

La Administración tributaria podrá efectuar, en el momento de la comprobación, un ajuste extracontable negativo de – 15 (150 – 165), para la determinación de la base imponible de la entidad ZETA, y un ajuste extracontable positivo de 15 (115 – 100), para la determinación de la base imponible de la entidad JOTA.

2.4.7.4.4.4. Método de la distribución del resultado

Este método consiste en asignar, a cada persona o entidad vinculada que realice de forma conjunta una o varias operaciones, la parte del resultado común derivado de dicha operación u operaciones, en función de un criterio que refleje adecuadamente las condiciones que habrían suscrito personas o entidades independientes en circunstancias similares. Para la distribución del beneficio total, la contribución de cada empresa al mismo debe determinarse mediante el oportuno análisis funcional, esto es, conforme a las funciones efectuadas por cada empresa, teniendo en cuenta los activos empleados y los riesgos asumidos por cada una de ellas.

2.4.7.4.4.5. Método del margen neto operacional

Este método consiste en atribuir a las operaciones realizadas con una persona o entidad vinculada el resultado neto, calculado sobre costes, ventas o la magnitud que resulte más adecuada en función de las características de las operaciones, que el contribuyente o, en su caso, terceros habrían obtenido en operaciones idénticas o similares realizadas entre partes independientes. Por tanto, en este método se determina, a partir de una base adecuada o apropiada (costes, ventas, activos, etc.), el margen neto de beneficio que obtiene un contribuyente en una operación vinculada.

Para la determinación del valor normal de mercado, la entidad puede elegir entre los siguientes métodos: método del precio libre comprable, método del coste incrementado, método del precio de reventa, método de la distribución del resultado y método del margen neto operacional. Cuando no resulte posible la aplicación de ninguno de los 5 métodos señalados, la entidad puede utilizar otros métodos y técnicas de valoración generalmente aceptados que respeten el principio de libre competencia.

2.4.7.4.5. Prestación de servicios por un socio profesional, persona física, a una entidad vinculada

Cuando se produzca una prestación de servicios por un socio profesional, persona física, a una entidad vinculada, podrá considerarse que el valor convenido por las partes coincide con el valor de mercado, siempre que se cumplan los siguientes requisitos:

- ❒ Que más del 75% de los ingresos de la entidad procedan del ejercicio de actividades profesionales y cuente con los medios materiales y humanos adecuados para el desarrollo de la actividad. La consideración de actividad profesional es la que resulta de aplicar los criterios del IRPF.
- ❒ Que la cuantía de las retribuciones correspondientes a la totalidad de los socios-profesionales por la prestación de servicios a la entidad no sea inferior al 75% del resultado previo a la deducción de las retribuciones correspondientes a la totalidad de los socios profesionales por la prestación de sus servicios.
- ❒ Que la cuantía de las retribuciones correspondientes a cada uno de los socios-profesionales cumplan los siguientes requisitos:
  - Se determine en función de la contribución efectuada por estos a la buena marcha de la entidad, siendo necesario que consten por escrito los criterios cualitativos o cuantitativos aplicables.
  - No sea inferior a 1,5 veces el salario medio de los asalariados de la entidad que cumplan funciones análogas a las de los socios profesionales de la entidad. Si no existiesen asalariados del tipo indicado, la cuantía de tales retribuciones no podrá ser inferior a 5 veces el Indicador Público de Renta de Efectos Múltiples. El incumplimiento de este requisito en relación con alguno de los socios profesionales, no impedirá la aplicación del criterio (consideración del valor convenido como valor de mercado) a los restantes socios profesionales.

Cumpliéndose una serie de requisitos, el contribuyente puede considerar que el valor convenido coincide con el valor de mercado en el caso de una prestación de servicios por un socio profesional, persona física, a una entidad vinculada.

2.4.7.4.6. *Acuerdos previos de valoración de operaciones vinculadas*

Las entidades pueden solicitar de la Administración tributaria, con carácter previo a la realización de una operación vinculada, un acuerdo previo de valoración o APA.

El acuerdo surtirá efectos respecto de las operaciones realizadas con posterioridad a la fecha en que se apruebe, teniendo validez durante los ejercicios que se concreten en el propio acuerdo, sin que pueda exceder de los 4 ejercicios siguientes al de la fecha en que se apruebe.

Los efectos del acuerdo también pueden extenderse a las operaciones de períodos impositivos anteriores, siempre que no hubiese prescrito el derecho de la Administración a determinar la deuda tributaria mediante la oportuna liquidación ni hubiese liquidación firme que recaiga sobre las operaciones objeto de la solicitud.

Con carácter previo a la realización de una operación vinculada, las entidades pueden solicitar a la Administración tributaria un acuerdo previo de valoración.

La regulación del procedimiento para estos acuerdos aparece en el Capítulo VII del Título I del RIS, arts. 21 a 36, ambos inclusive.

La Orden HAP/1431/2015, de 16 de julio, por la que se modifica la Orden PRE/3581/2007, de 10 de diciembre, por la que se establecen los Departamentos de la Agencia Estatal de Administración Tributaria y se les atribuyen funciones y competencias, atribuye la competencia en materia de instrucción y aprobación de los acuerdos previos de valoración al Departamento de Inspección Financiera y Tributaria y a su Director.

2.4.7.4.7. *El ajuste secundario*

La norma contable considera que, en aquellos casos en los que, existiendo un valor fiable (valor de mercado, cuando exista un mercado representativo o, en otro caso, valor derivado de la aplicación de modelos y técnicas de valoración de general aceptación) para la transacción entre empresas del mismo grupo, el precio acordado por las sociedades del grupo difiera del mismo, se estará en presencia de una operación de naturaleza económica híbrida, que podría poner de manifiesto la existencia, junto con la transacción principal, de otras transacciones secundarias, tales como aportaciones (en su caso, donaciones) entre las empresas o repartos de dividendos entre las mismas.

En términos fiscales, la norma señala que, en aquellas operaciones en las que, como consecuencia de la comprobación por parte de la Administración tributaria, se determine que el valor convenido es distinto del valor de mercado, la diferencia entre ambos valores tendrá, para las personas o entidades vinculadas, el tratamiento fiscal que corresponda a la naturaleza de las rentas puestas de manifiesto como consecuencia de la existencia de dicha diferencia.

En aquellos casos en los que la vinculación queda definida por la relación socios o participes-entidad, el tratamiento fiscal aplicable a la diferencia entre el valor normal de mercado y el valor convenido en una operación vinculada es el siguiente:

- ❒ Supuestos en los que la diferencia de valor es a favor del socio o partícipe:
  - La parte de la diferencia que se corresponda con el porcentaje de participación en la entidad se considerará como una retribución de fondos propios para la entidad, que no tendrá la consideración de gasto fiscalmente deducible, y como una participación en beneficios de entidades para el socio, es decir, como un dividendo que, en su caso, podrá estar exento de ser el socio contribuyente del IS y cumplir la participación los requisitos del art. 21 LIS.
  - La parte de la diferencia que no se corresponda con el porcentaje de participación en la entidad, también tendrá, para la entidad, la consideración de retribución de los fondos propios, que no será fiscalmente deducible, pero para el socio o partícipe se calificará como utilidad percibida de una entidad por la condición de socio, accionista, asociado o partícipe, es decir, no tendrá la consideración de dividendo sino de ingreso que se integra en su base imponible.
- ❒ Supuestos en los que la diferencia de valor es a favor de la entidad:
  - La parte de la diferencia que se corresponda con el porcentaje de participación en la misma, tendrá la consideración de aportación del socio o partícipe a los fondos propios de la entidad, y aumentará el valor de adquisición de la participación del socio o partícipe. Desde el punto de vista de la entidad, la calificación de aportación a los fondos propios no tendrá incidencia fiscal, ya que tal calificación no encaja en la definición del hecho imponible del Impuesto sobre Sociedades.
  - La parte de la diferencia que no se corresponda con el porcentaje de participación en la entidad, tendrá la consideración de renta para la entidad que se integra en su base imponible y de liberalidad para el socio o partícipe por lo que de registrarse como gasto no sería deducible.

Finalmente, hay que señalar que el ajuste secundario no se aplicará en aquellos casos en los que se proceda a la restitución patrimonial entre las personas o entidades vinculadas, es decir, el importe de la diferencia de valor se reintegre a la parte que corresponda en la operación vinculada realizada, sin que esta restitución determine la existencia de renta en las partes afectadas.

El RIS indica que, para que no se aplique el ajuste secundario, es preciso que el contribuyente justifique la citada restitución, antes de que se dicte la liquidación que incluya el juste secundario.

Ejemplo

1) Una sociedad A presta un servicio en el ejercicio 202X a la sociedad B, de la que tiene el 90% de su capital social, por un importe de 1.400 aunque su valor de mercado es de 1.000. Esta última sociedad aplica el servicio adquirido en ese mismo ejercicio a su proceso productivo del que se derivan los ingresos del ejercicio.

Solución:

La Administración tributaria, al comprobar las liquidaciones presentadas por ambas sociedades del ejercicio 202X, aprecia que el valor pactado es diferente al valor normal de mercado.

En tal caso, la regularización fiscal que la Administración procede a realizar en ese ejercicio por la operación principal de la prestación del servicio es disminuir la base imponible declarada de la sociedad A en un importe de 400 (1.400 - 1.000) y aumentar por igual importe la base imponible declarada por la sociedad B.

En cuanto a la operación secundaria correspondiente al mayor patrimonio de la sociedad A de 400 respecto del que hubiere resultado de haber pactado la operación por su valor de mercado, un importe de 360 (0,9x400) se computaría como distribución de beneficios que no tributaria al aplicarse el régimen de exención (se cumplen requisitos artículo 21 LIS) y el resto de 40, por la parte que no se corresponde con la participación en B, se integraría en la base imponible de A como adquisición a título gratuito. En cuanto a la entidad B, la operación secundaria no tiene efectos fiscales.

2) Mismo ejemplo anterior con la diferencia que el importe pactado en la prestación del servicio es de 800.

Solución:

La regularización que procedería por Administración tributaria, al comprobar las liquidaciones presentadas por ambas sociedades del ejercicio 202X, consecuencia de que el valor pactado es diferente al valor normal de mercado, es la siguiente:

Por la operación principal de la prestación del servicio es aumentar la base imponible declarada de la sociedad A en un importe de 200 (800 - 1.000) y disminuir por igual importe la base imponible declarada por la sociedad B.

Respecto a la operación secundaria correspondiente al mayor patrimonio de la sociedad B de 200 respecto del que hubiere resultado de haber pactado la operación por su valor de mercado, un importe de 180 (0,9x200) se computaría como aportación a los fondos propios de B, lo cual supone que no tiene la consideración de renta en B ni de gasto deducible en A sino que se computaría como mayor valor de la participación de la entidad A en la entidad B y el resto de 20, por la parte que no se corresponde con la participación en B, se considera como una liberalidad para el entidad A, que no sería deducible. En cuanto a la entidad B, la operación secundaria ese importe de 20 se calificaría como una adquisición a título gratuito a integrar en su base imponible.

3) La entidad ASA tiene el 100% del capital de la entidad BESA, de manera que un elemento patrimonial cuyo valor contable y fiscal es de 1.000 se transmite al inicio del ejercicio N a la entidad BESA por importe de 3.000, cual su valor de mercado es de 4.000. En el ejercicio N+3 la Administración tributaria realiza una comprobación de esa operación.

Solución:

La Administración tributaria realizaría la siguiente regularización a ambas entidades en la siguiente forma:

ASA:

La transmisión realizada en el ejercicio N se valoraría por importe de 4.000, siendo la renta generada de 3.000 (4.000-1.000), por lo que aumentaría la base imponible de ese período en 1.000 respecto de la declarada.

BESA:

Igualmente, la valoración del elemento adquirido se valoraría a efectos fiscales en 4.000, por lo que la diferencia entre ese valor y el contabilizado es de 1.000 (4.000-3.000).

Caso de que ese elemento se estuviese amortizando al coeficiente del 10%, BESA habrá registrado un gasto contable de 300 (0,1x3.000) en los ejercicios N, N+1 y N+2, por lo que la Administración tributaria disminuiría la base imponible declarada en cada uno de esos tres períodos en un importe de 100 (0,1x1.000).

Respecto de los ejercicios N+3 y siguientes, dado que la amortización contabilizada en cada ejercicio sigue siendo de 300, a efectos fiscales en cada uno de esos ejercicios la entidad BESA computaría adicionalmente un gasto fiscal de 100 (0,1x1.000) mediante un ajuste negativo a su resultado contable para determinar la base imponible de cada uno de esos períodos hasta la completa amortización del elemento.

Cuando en una transacción entre personas o entidades vinculadas el valor convenido difiera del valor normal de mercado, la diferencia entre ambos valores puede poner de manifiesto la existencia, junto con la transacción principal, de una transacción secundaria, como puede ser una aportación al capital, un reparto de dividendos, una liberalidad, etc., que deberán contar con el tratamiento fiscal adecuado, dependiendo de su naturaleza. No procederá el ajuste secundario cuando existe restitución patrimonial entre las partes.

2.4.7.4.8. *Efectos del valor de mercado en otros impuestos*

Respecto de los efectos de la valoración por el valor de mercado en otros impuestos, la norma establece lo siguiente:

- El valor de mercado a efectos del Impuesto sobre Sociedades no producirá efectos respecto a otros impuestos, salvo disposición expresa en contrario.
- Del mismo modo, el valor a efectos de otros impuestos no producirá efectos respecto del valor de mercado de las operaciones entre personas o entidades vinculadas del Impuesto sobre Sociedades, salvo disposición expresa en contrario.

Mediante estas dos reglas, la norma establece un principio o criterio de estanqueidad para la aplicación del valor de mercado en las operaciones vinculadas, respecto de otros tributos. Así, el valor de mercado que resulte de la aplicación de la LIS, no podrá proyectarse a tributos distintos del Impuesto sobre Sociedades.

Y a la inversa, el valor atribuido por otros tributos (como puede ser el Valor en Aduana que se fije para la liquidación de los Derechos Arancelarios que deben pagarse en la importación de mercancías), no podrá considerarse como valor de mercado para una operación vinculada en el Impuesto sobre Sociedades.

Por supuesto, estas reglas no se aplicarán cuando así lo establezca de forma expresa una disposición.

El valor de mercado a efectos del Impuesto sobre Sociedades no producirá efectos respecto a otros impuestos. El valor a efectos de otros impuestos no producirá efectos respecto del valor de mercado de las operaciones entre personas o entidades vinculadas del Impuesto sobre Sociedades. Estas reglas no se aplicarán, cuando así lo establezca de forma expresa una disposición.

Legislación

LEY

LIS artículos 17, 18, 20 y Capítulo VII del Título VII (artículos 76 a 89).

REGLAMENTO

RIS artículos 13 al 36, ambos inclusive 48 y 49. Los artículos 13 y 14,2, e) han sido modificados, con efectos desde el 1 de enero de 2016, por el Real Decreto 1074/2017, de 29 de diciembre (BOE de 30).

Real Decreto-Ley 3/2016, artículo 3.Segundo.Cuatro.

2.4.8. Exención para evitar la doble imposición

2.4.8.1. Ámbito de aplicación

La LIS establece para los períodos impositivos iniciados a partir de 1-1-2015 el régimen de exención como método para evitar la doble imposición sobre las rentas derivadas de las participaciones tenidas en el capital o fondos propios de otras entidades (dividendos y plusvalías), siempre que la participación cumpla ciertos requisitos.

En particular, la exención alcanza tanto a los dividendos recibidos de la entidad participada como a las rentas positivas generadas en la transmisión de esas participaciones, con independencia de que la entidad participada resida en territorio español o bien en el extranjero. Con efectos para los períodos impositivos iniciados desde 1-1-2021 la exención no es total dado que la renta exenta es el 95% de la misma, por lo que se integra en la base imponible el 5% de la renta.

La aplicación del régimen de exención no se condiciona a que la entidad participada desarrolle o no actividades económicas, incluso pueden aplicar la exención entidades patrimoniales que perciban dividendos o generen plusvalías de las participaciones tenidas en otras entidades.

No obstante, la LIS establece una especialidad en la aplicación de este régimen en el caso de las rentas positivas generadas en la transmisión de participaciones en entidades patrimoniales.

2.4.8.2. Dividendos

A su vez, según que la entidad participada de la que se perciban los dividendos, resida en territorio español o extranjero, tenemos:

1º. Entidad participada residente en territorio español. En este caso están exentos el 95% de los dividendos o participaciones en beneficios procedentes de la entidad participada, siempre que se cumplan ciertos requisitos.

Requisitos. La exención del 95% del dividendo requiere que:

a) El porcentaje de participación, directo o indirecto, en el capital o en los fondos propios de la entidad participada debe ser al menos del 5%, o bien;

b) El valor de adquisición de la participación sea superior a 20 millones de euros, cualquiera que sea el porcentaje de participación, esto es, incluso si el mismo es inferior al 5%, siempre que, en este último caso, la adquisición de esa participación haya tenido lugar en períodos impositivos iniciados antes de 1-1-2021 de manera que, además, la exención solo se aplica a las rentas procedentes de tales participaciones generadas en los períodos impositivos iniciados en los años 2021, 2022, 2023, 2024 y 2025, por lo que una vez pasados esos períodos impositivos, los dividendos procedentes de dichas participaciones pasan a estar sujetas y no exentas en el IS. El cumplimiento de este requisito sobre el valor de adquisición debe ser en la participación directa, por lo que, de tener el contribuyente también una participación indirecta, esta última solo se tiene en cuenta a efectos de valorar el cumplimiento del requisito del porcentaje mínimo del 5%, sin que afecte, por tanto, a la valoración del precio de adquisición de la participación directa de la que procede el dividendo.

La posesión de la participación, tanto en el porcentaje o bien el valor de adquisición requerido, debe haberse tenido de forma ininterrumpida durante el año anterior al día en que sea exigible el beneficio que se distribuya o, en su defecto, debe mantenerse posteriormente durante el tiempo necesario para completar el plazo del año.

Ejemplo

1) La sociedad A, residente en territorio español, tiene una participación del 10% del capital en una entidad residente, de la que percibe un dividendo en julio de 2024, exigible desde la misma fecha. Aquella participación fue adquirida de la siguiente manera: un 5% en enero del 2022 y otro 5% en febrero del año 2024.

Solución:

En este caso, todo el dividendo goza de exención del 95% de su importe ya que, a la fecha en que es exigible el mismo, se tiene al menos un 5% de participación que se ha mantenido de forma ininterrumpida durante el año anterior a su distribución.

La aplicación no estaría condicionada al hecho de que, con posterioridad a julio de 2024, la sociedad A transmita toda o parte de la participación tenida sobre la entidad no residente.

2) La sociedad A, residente en territorio español, tiene una participación del 10% del capital en una entidad residente, de la que percibe un dividendo en julio de 2024, exigible desde la misma fecha. Aquella participación fue adquirida en su totalidad en enero del 2024. En diciembre de 2024 se transmite un 4%.

Solución:

En este caso, todo el dividendo goza de exención del 95% ya que, a la fecha en que es exigible el mismo, se tiene al menos un 5% de participación que se ha mantenido de forma ininterrumpida durante un año teniendo en cuenta el tiempo anterior y posterior a su distribución. La aplicación de la exención no está afectada por la transmisión del 4% realizada en diciembre de 2024, dado que el porcentaje de participación que permanece es un 6% y, por tanto, se cumple el requisito de porcentaje mínimo de tenencia del 5% con el año de antigüedad computado antes y después de la fecha de exigibilidad del dividendo.

3) La sociedad A, residente en territorio español, tiene una participación del 10% del capital en una entidad residente, de la que percibe un dividendo en julio de 2024, exigible desde la misma fecha. Aquella participación fue adquirida en su totalidad en enero del 2024. En diciembre de 2024 se transmite un 8%.

Solución:

En este otro caso, todo el dividendo estaría sujeto y no exento ya que, a la fecha en que es exigible el mismo, se tiene al menos un 5% de participación pero no se ha mantenido de forma ininterrumpida durante un año teniendo en cuenta el tiempo anterior y posterior a su distribución dado que después de la transmisión no se tiene el porcentaje mínimo del 5% durante el tiempo que resta para completar el año.

4) La sociedad A, residente en territorio español, tiene una participación del 2% del capital en una entidad residente, de la que percibe un dividendo en julio de 2024, exigible desde la misma fecha. Aquella participación fue adquirida en su totalidad en enero del 2020. El valor de adquisición de esa participación ha sido de 24 millones euros.

Solución:

En este caso, todo el dividendo goza de exención del 95% ya que, a la fecha en que es exigible el mismo, se cumple el requisito de que el valor de adquisición excede de 20 millones y, además, ha sido adquirida en un período impositivo iniciado antes de 1-1-2021, aun cuando el porcentaje de participación sea inferior al 5%, habiéndose mantenido ese valor de adquisición de forma ininterrumpida durante el año anterior a la fecha de distribución del dividendo.

5) La sociedad A, residente en territorio español, tiene una participación del 6% del capital en una entidad residente adquirida en 2019, habiendo transmitido un 2% al inicio de 2024, si bien adquiere un 3% el 1 de junio de 2024. Percibe un dividendo en julio de 2024, exigible desde la misma fecha.

Solución:

En julio de 2024 no se tiene una participación del 5% con el año de antigüedad, por lo que la aplicación de la exención sobre la totalidad del dividendo exige que toda esa participación se mantenga hasta el 1 de junio de 2025.

6) Sociedad A, residente en territorio español, tiene un 4% de participación del capital de otra entidad residente, cuyo precio de adquisición es inferior a 20 millones euros, de la que percibe un dividendo en julio de 2024. En agosto de ese mismo año adquiere otro 1%.

Solución:

No se puede aplicar la exención sobre el dividendo percibido, dado que, a la fecha de exigibilidad del dividendo, no se cumple con el porcentaje mínimo de participación requerido, sin que se vea afectado por el hecho de que posteriormente se adquiera otra participación que, en conjunto, permita alcanzar ese porcentaje mínimo.

7) Sociedad A, residente en territorio español, tiene un 10% de participación del capital de otra entidad residente adquirida en enero de 2024, de la que percibe un dividendo en julio de 2024. En junio de 2024 transmite un 6% y en agosto de ese mismo año adquiere otro 2%.

Solución:

No se puede aplicar la exención sobre el dividendo percibido, dado que, a la fecha de exigibilidad del dividendo, no se cumple con el porcentaje mínimo de participación requerido del 5% dado que tiene un 4% consecuencia de la transmisión realizad en junio, sin que se vea afectado por el hecho de que posteriormente se adquiera otra participación que, en conjunto, permita alcanzar ese porcentaje mínimo.

Caso de que la sociedad directamente participada tenga, a su vez, participaciones en el capital de otras entidades y reciba dividendos de estas últimas, la exención del 95% sobre los dividendos percibidos de aquella sociedad directamente participada no exige que la participación indirecta sobre las filiales residentes de segundo o ulterior nivel respete el porcentaje mínimo del 5%, siempre que se cumpla el requisito general de que el porcentaje de participación, directo o indirecto, del contribuyente en el capital o en los fondos propios de esa sociedad sea al menos del 5%, o bien que el valor de adquisición de esa participación sea superior a 20 millones de euros si el porcentaje de participación es inferior al 5%, siempre que, en este último caso, la adquisición de esa participación haya tenido lugar en períodos impositivos iniciados antes de 1-1-2021 con la particularidad de que la exención solo se aplica a las rentas procedentes de tales participaciones generadas en los períodos impositivos iniciados en los años 2021, 2022, 2023, 2024 y 2025.

No obstante lo anterior, supuesto de que la sociedad directamente participada por el contribuyente tenga participaciones en otras entidades, con la particularidad de que esa sociedad perciba dividendos de dichas entidades y el importe de aquellos represente más del 70% de los ingresos de dicha sociedad, la aplicación de la exención del 95% sobre los dividendos percibidos por el contribuyente exige que el porcentaje de participación indirecta sobre esas entidades sea de al menos el 5%. No obstante, la participación indirecta del 5% no es exigible en el caso de que la sociedad directamente participada y las entidades en las que participa formen un grupo en el sentido del artículo 42 del Código de Comercio y presenten estados contables consolidados.

Caso de que el dividendo se distribuya con cargo a reservas de la sociedad interpuesta, debe indicarse el ejercicio de procedencia del beneficio abonado a esas reservas, dado que el requisito de participación indirecta de al menos el 5% debe computarse no en el momento de la distribución del dividendo sino en el ejercicio en que la sociedad interpuesta ha obtenido el beneficio que ahora se distribuye. Así, la interpretación administrativa considera que la valoración de la fuente de ingresos de la entidad participada se computa en el período impositivo cuyos ingresos forman el beneficio que, con posterioridad, es objeto de distribución (DGT 13-6-16, V2626-16).

Aun cuando la exención no es total, la entidad que distribuye el dividendo no tiene que practicar retención en el caso de socios personas jurídicas que tengan una participación de al menos el 5% (DGT 29-4-21, V1154-21).

Ejemplo

1) Sociedad A tiene el 80% del capital de la sociedad H cuya única fuente de ingresos procede de una participación del 5% que esta última tiene en la entidad operativa C. La sociedad A recibe un dividendo de 1.000 de la sociedad H.

Solución:

Dado que todo el dividendo percibido por la sociedad A procede, de forma indirecta, de dividendos distribuidos por la entidad C previamente a la sociedad H, la exención del 95% del dividendo percibido por la sociedad A exige que la participación indirecta de la sociedad A en el capital de la entidad C sea de al menos el 5%, requisito que no se cumple pues dicho porcentaje es del 4% (80x5/100), por lo que todo el dividendo percibido por la sociedad A estaría plenamente sujeto y no exento.

2) Sociedad A tiene el 100% del capital de la entidad H. En el ejercicio N los ingresos de esta última están formados por dividendos de 400 procedentes de las participaciones que tiene en otras entidades y por 600 del resto de sus actividades. El beneficio de este ejercicio de la entidad H es de 500, que es objeto de distribución en el ejercicio N+1.

Solución:

Los ingresos de la entidad H procedente de dividendos representa el 40% de sus ingresos totales, por lo que no es necesario valorar la participación indirecta que la sociedad A tiene en las entidades participadas por la entidad H, por lo que el dividendo de 500 percibido por la sociedad A estaría exento en el 95% del mismo, dado que se cumple el requisito de tener una participación de al menos el 5% en la entidad que distribuye el dividendo. Por tanto, la sociedad A debe realizar un ajuste negativo de 475 (0,95x500) a su resultado contable para determinar la base imponible del período N+1 en el que percibe el dividendo.

3) Sociedad A tiene el 5% del capital de la sociedad H cuya única fuente de ingresos procede de una participación del 80% que esta última tiene en la entidad operativa C, formulando estados contables consolidados la sociedad H y la entidad C. La sociedad A recibe un dividendo de 1.000 de la sociedad H.

Solución:

Dado que todo el dividendo percibido por la sociedad A procede, de forma indirecta, de dividendos distribuidos por la entidad C previamente a la sociedad H, en este caso la exención del dividendo percibido por la sociedad A no exige que la participación indirecta de la sociedad A en el capital de la entidad C sea de al menos el 5%, dado que formulan estados contables consolidados, por lo que todo el dividendo percibido por la sociedad A estaría plenamente exento en el 95%, es decir, la exención es de 950 (0,95x1.000) lo cual exige realizar un ajuste negativo de dicho importe al resultado contable de la sociedad A para determinar su base imponible.

2º. Participada residente en el extranjero. En este caso, además de los requisitos comentados, es necesario que la entidad no residente directamente participada esté sujeta y no exenta por un impuesto extranjero de naturaleza idéntica o análoga al IS, a un tipo nominal de, al menos, el 10% en el ejercicio en que se hayan obtenido los beneficios que se reparten o en los que participa, con independencia de la aplicación de algún tipo de exención, bonificación, reducción o deducción sobre aquellos que puede hacer que su tipo efectivo de gravamen sea inferior a dicho porcentaje.

La LIS solo se remite el tipo nominal de gravamen de la entidad no residente participada, con independencia de cual haya sido el tipo de gravamen efectivo que realmente haya soportado como consecuencia de la aplicación de incentivos fiscales que hubiesen reducido esa tributación.

Es más, la LIS considera cumplido este requisito cuando la entidad participada sea residente en un país con el que España tenga suscrito un convenio para evitar la doble imposición internacional, que le sea de aplicación y que contenga cláusula de intercambio de información. En definitiva, el requisito de tributación de al menos el 10% solo debe justificarse en el caso de que la entidad participada resida en un territorio con el que no se haya suscrito un convenio para evitar la doble imposición.

Caso de que la entidad participada tenga su residencia en países o territorios calificados como paraísos fiscales, no se aplica la exención sobre los dividendos percibidos de esas entidades aun cuando estén sujetas a un tipo nominal de gravamen superior al 10%.

La interpretación administrativa considera que la exención se aplica a todas las rentas generadas por participaciones que cumplen los requisitos exigidos a la misma, aun cuando no sean dividendos de forma estricta, como es la generada en la transmisión de derechos de suscripción.

2.4.8.3. Plusvalías

Está exenta y, por tanto, no se integra en la base imponible, el 95% de la renta positiva obtenida por una sociedad residente en territorio español, cuando transmita la participación en el capital de otra entidad, residente en dicho territorio o en el extranjero.

Esta misma exención se aplica a la renta obtenida en operaciones de liquidación de la entidad, separación de socios, fusión, escisión total o parcial, reducción de capital, aportaciones no dinerarias o cesión global de activo y pasivo.

Requisitos generales de la exención. La exención del 95% de la renta positiva generada en la transmisión exige que concurran los siguientes requisitos:

1) Porcentaje de participación: El porcentaje de participación, directo o indirecto, en el capital o en los fondos propios de la entidad participada, residente o no en territorio español, ha de ser, al menos, del 5% y debe haberse tenido de forma ininterrumpida durante el año anterior al día en que se transmite la participación.

En su defecto, es necesario que el valor de adquisición de la participación sea superior a 20 millones euros, siempre que la adquisición de esa participación haya tenido lugar en períodos impositivos iniciados antes de 1-1-2021, con la particularidad de que la exención solo se aplica a las rentas procedentes de la transmisión de tales participaciones realizadas en los períodos impositivos iniciados en los años 2021, 2022, 2023, 2024 y 2025.

2) Tributación al tipo nominal mínimo del 10%. Si la entidad participada, cuya participación se transmite, no es residente en territorio español, debe haber estado sujeta y no exenta por un impuesto extranjero de naturaleza idéntica o análoga al IS a un tipo nominal de, al menos, el 10% en todos y cada uno de los ejercicios de tenencia de la participación transmitida.

Este requisito debe cumplirse en todos y cada uno de los períodos de tenencia de la participación pues, en caso contrario, sería aplicable una exención parcial, en el sentido de que no estaría exenta la parte de renta que se corresponda con los beneficios no distribuidos de la entidad no residente generados en aquellos períodos en los que no se cumple este requisito y, el resto de renta, se distribuye de forma lineal a lo largo de todos los períodos de tenencia de la participación, de manera que aquella parte de esa renta que se atribuya a esos períodos, no estaría exenta y, por tanto, se integraría en la base imponible de la entidad residente transmitente de la participación.

Este requisito se considera cumplido, sin que quepa prueba de la Administración tributaria en contrario, cuando la entidad participada sea residente en un país con el que España tenga suscrito un Convenio para evitar la doble imposición internacional que le sea de aplicación y que contenga una cláusula de intercambio de información.

Si la sociedad directamente participada por el contribuyente de la que se transmite la participación, tuviese, a su vez, participaciones en otras entidades, con la particularidad de que esa sociedad perciba dividendos de dichas entidades y el importe de aquellos represente más del 70% de los ingresos de dicha sociedad, la aplicación de la exención del 95% sobre la plusvalía obtenida por el contribuyente en la transmisión de la participaciones en esa entidad interpuesta, exige que el porcentaje de participación indirecta sobre esas otras entidades sea de al menos el 5%.

Una vez que se ha mantenido durante un año anterior a la transmisión un porcentaje de participación de al menos el 5% del capital de la entidad no residente, podrá disfrutar de la exención del 95% la totalidad de la renta positiva obtenida en la transmisión de toda la participación, incluso por aquella parte de la participación respecto de la que no haya transcurrido el citado plazo de tiempo de un año de mantenimiento de la participación (DGT 11-5-2006, V0926-06).

Ejemplo

1) La sociedad A, residente en territorio español, tiene una participación del 10% del capital en una entidad B residente desde el ejercicio 2014 en su constitución, siendo el precio de adquisición de 50.000. Esa participación se transmite en el ejercicio 2024 por importe de 160.000. Los fondos propios de la entidad B están integrados por un capital de: 500.000 y reservas de: 600.000.

Solución:

En este caso, la renta generada es de 110.000 (160.000-50.000), que estaría exenta en el 95%, aun cuando la misma no se corresponda en su totalidad con la parte de las reservas acumuladas durante el tiempo de tenencia de la participación, por lo que es necesario realizar un ajuste negativo de 104.500 (0,95x110.000) a su resultado contable para determinar la base imponible de la sociedad A, consecuencia de que esa renta estaría exenta en el 95%.

2) Sociedad A tiene el 80% del capital de la sociedad H, cuya única fuente de ingresos procede de una participación del 5% que esta última tiene en la entidad operativa C.

La sociedad A transmite esa participación en la sociedad H obteniendo una renta de 1.000.

Solución:

Dado que la sociedad H cumple el requisito de que más del 70% de sus ingresos procede de dividendos de la entidad participada C, es necesario en este caso que la participación indirecta de la sociedad A en el capital de la entidad C sea de, al menos, el 5%, requisito que no se cumple pues esa participación indirecta es del 4% (80x5/100), lo que supone que esa renta de 1.000 generada en la transmisión esté sujeta y no exenta.

3) Sociedad A tiene el 5% del capital de la sociedad H, cuya única fuente de ingresos procede de una participación del 90% que esta última tiene en la entidad operativa C.

La sociedad A transmite esa participación en la sociedad H obteniendo una renta de 1.000.

Solución:

Aun cuando la sociedad H cumple el requisito de que más del 70% de sus ingresos procede de dividendos de la entidad participada C, sin embargo, no es necesario en este caso que la participación indirecta de la sociedad A en el capital de la entidad C sea de, al menos, el 5%, siempre que la sociedad H y la entidad C formen un grupo y presenten estados contables consolidados, lo que supone que esa renta de 1.000 generada en la transmisión esté exenta en un importe de 950 (0,95x1.000), lo cual exige que la sociedad A deba realizar un ajuste negativo de dicho importe a su resultado contable para determinar su base imponible.

4) Sociedad A tiene el 8% de la entidad B, un 5% adquirido en 2017 y otro 3% adquirido inicio 2024. En octubre de 2024 se transmite toda la participación.

Solución:

Esta exenta el 95% de toda la plusvalía obtenida, pues en el momento de la transmisión se cumple el requisito de porcentaje de tenencia mínimo del 5% con un año de antelación a la fecha de transmisión.

5) Sociedad A tiene el 10% de la entidad B adquirido en enero de 2024. En octubre de 2024 se transmite el 4% de esa participación.

Solución:

No esta exenta la plusvalía obtenida, pues en el momento de la transmisión no se cumple el requisito de porcentaje de tenencia mínimo del 5% con un año de antelación a la fecha de transmisión, con independencia de que después de la transmisión se tenga un porcentaje del 6% y se mantenga sin transmitir.

2.4.8.4. Régimen fiscal de las rentas negativas obtenidas en la transmisión de participaciones en el capital de otras entidades

En función de la residencia de la entidad participada, las situaciones son las siguientes:

a) Entidad participada residente en territorio español. A su vez, según que la participación cumpla o no los requisitos exigidos en el art. 21 LIS para que estén exentos los dividendos y plusvalías procedentes de esa participación, tenemos:

1º. Participación cumple tales requisitos (participación de al menos el 5% o valor de adquisición superior a 20 millones euros, siempre que, en este último caso, la adquisición de esa participación haya tenido lugar en períodos impositivos iniciados antes de 1-1-2021, con vigencia exclusiva para los períodos impositivos iniciados en los años 2021,2022, 2023, 2024 y 2025). En tal caso, las rentas negativas que puedan obtenerse en la transmisión de esa participación no se integra en la base imponible de la entidad transmitente de la participación.

Ejemplo

1) Sociedad A residente en territorio español tiene el 10% de participación en el capital de otra entidad B igualmente residente siendo el precio de adquisición de esa participación de 1.000, habiendo percibido dividendos en ejercicios anteriores a 2021 por importe de 150 que han estado exentos en su totalidad. En el ejercicio 2023 se transmite esa participación por importe de 900.

Solución:

La renta obtenida es negativa por importe de 100 (900-1.000) la cual no se integra en la base imponible de la sociedad A, por lo que procede hacer un ajuste positivo de 100 al resultado contable del ejercicio 2024 de la sociedad A para obtener su base imponible.

2) Sociedad A residente en territorio español tiene el 100% de participación en el capital de otra entidad B igualmente residente, siendo el precio de adquisición de esa participación de 1.000, habiendo computado un deterioro de 200 en el ejercicio 2020. En el ejercicio 2023 se transmite esa participación por importe de 900.

Solución:

En el ejercicio 2021 el deterioro contabilizado como gasto no fue deducible, por lo que el valor contable de la participación es de 800 (1.000-200) mientras que el valor fiscal de esa misma participación es de 1.000.

En el ejercicio 2024 el resultado contable generado en la transmisión es un beneficio de 100 (900-800). No obstante, la renta fiscal generada es una pérdida de 100 (900-1.000), la cual no es deducible, por lo que, para determinar la base imponible de este ejercicio 2024, es necesario realizar un ajuste negativo al resultado contable por importe de 100 que se corresponde con el beneficio contable al objeto de que no se integre renta alguna en la base imponible de la sociedad A.

2º. Participación no cumple tales requisitos (participación inferior al 5% o valor de adquisición igual o inferior a 20 millones euros, siempre que, en este último caso, la fecha de adquisición de esa participación haya sido anterior a 1-1-2021). En este otro caso, las rentas negativas obtenidas en la transmisión de esa participación se integra en la base imponible de la entidad transmitente de la participación.

Ejemplo

1) Sociedad A residente en territorio español tiene el 4% de participación en el capital de otra entidad B igualmente residente siendo el precio de adquisición de esa participación de 1.500, habiendo percibido dividendos en ejercicios anteriores por importe de 150 que han estado sujetos y no exentos al no cumplir la participación los requisitos de porcentaje de participación ni coste de la misma. En el ejercicio 2023 se transmite esa participación por importe de 1.200.

Solución:

La renta obtenida es negativa por importe de 300 (1.200-1.500) (miles €) la cual se integra en la base imponible de la sociedad A, por lo que no procede realizar ningún ajuste al resultado contable del ejercicio 2023 de la sociedad A para obtener su base imponible.

2) Sociedad A residente en territorio español tiene el 4% de participación en el capital de otra entidad B igualmente residente, siendo el precio de adquisición de esa participación de 1.000, habiendo computado un deterioro de 200 en el ejercicio 2021. En el ejercicio 2024 se transmite esa participación por importe de 900.

Solución:

En el ejercicio 2021 el deterioro contabilizado como gasto no fue deducible siendo de 200 el ajuste positivo realizado a su resultado contable para determinar la base imponible de ese período, por lo que el valor contable de la participación es de 800 (1.000-200) mientras que el valor fiscal de esa misma participación es de 1.000.

En el ejercicio 2024 el resultado contable generado en la transmisión es un beneficio de 100 (900-800). No obstante, la renta fiscal generada es una pérdida de 100 (900-1.000), la cual sí es deducible, por lo que, para determinar la base imponible de este ejercicio 2024, es necesario realizar un ajuste negativo al resultado contable por importe de 200, por lo que se recupera la deducción del deterioro con ocasión de la transmisión de la participación.

3) Sociedad A tiene el 10% de la entidad B adquirido en enero de 2024. En octubre de 2024 se transmite el 4% de esa participación generándose una renta negativa.

Solución:

Es deducible la minusvalía obtenida pues en el momento de la transmisión no se cumple el requisito de porcentaje de tenencia mínimo del 5% con un año de antelación a la fecha de transmisión, con independencia de que después de la transmisión se tenga un porcentaje del 6% y se mantenga sin transmitir.

Caso de que esa participación se hubiese adquirido a otra entidad que forma parte del mismo grupo en el sentido del art. 42 CCom, con independencia de la residencia y de la obligación a formular estados contables consolidados, de forma que la renta obtenida en esa transmisión interna hubiese estado exenta, la renta negativa obtenida en esa otra transmisión se minoraría en el importe de esa renta exenta.

b) Entidad participada no residente en territorio español. A su vez, las situaciones son las siguientes: según que la participación cumpla o no, tenemos:

1º. Participación cumple los requisitos exigidos en el art. 21 LIS para que estén exentos los dividendos y plusvalías procedentes de esa participación (participación de al menos el 5% o valor de adquisición superior a 20 millones euros siempre que, en este último caso, la adquisición de esa participación haya tenido lugar en períodos impositivos iniciados antes de 1-1-2021, con vigencia exclusiva para los períodos impositivos iniciados en los años 2021,2022, 2023, 2024 y 2025, y tipo nominal de gravamen de al menos el 10%). En este caso, las rentas negativas obtenidas en la transmisión de esa participación no se integran en la base imponible de la entidad residente transmitente de la participación.

2º. Entidad participada no residente sujeta a un tipo nominal inferior al 10%, cualquiera que sea el porcentaje de participación y el valor de adquisición de la misma. Igualmente, las rentas negativas obtenidas en la transmisión de esa participación no se integran en la base imponible de la entidad residente transmitente de la participación.

3º. Entidad participada no residente en porcentajes inferiores al 5% y coste de adquisición inferior a 20 millones €, siempre que, en este último caso, haya sido la fecha de adquisición de esa participación haya sido anterior a 1-1-2021, sujeta a un tipo nominal de al menos del 10%. En este otro caso las rentas negativas obtenidas en la transmisión de esa participación se integran en la base imponible de la entidad residente transmitente de la participación.

c) Extinción de la entidad participada por causa distinta de participar en una operación de reestructuración.

Con independencia de que la entidad participada resida en territorio español o en el extranjero, aun cuando se cumplan las condiciones para que no sea deducible la renta negativa generada en la transmisión de la participación, sin embargo, se admite de forma especial que la renta negativa obtenida con ocasión de la extinción de la entidad participada se integre en la base imponible de la entidad que anula la participación consecuencia de la extinción de la entidad participada. No obstante, caso de que se hubiesen percibido dividendos de esa entidad dentro de los diez años anteriores a su extinción y que hubiesen estado exentos, la renta negativa se minorará en el importe de tales dividendos.

La liquidación de la entidad participada en la causa de extinción de la entidad que habilita a la deducción de la renta negativa generada en la sociedad que tiene participación en el capital de dicha entidad.

Ejemplo

1) Sociedad A, residente en territorio español, tiene el 5% de participación en el capital de otra entidad B, igualmente residente en territorio español, siendo el precio de adquisición de esa participación de 1.500, habiéndose deteriorado esa participación en el ejercicio 2021 por importe de 500. En el ejercicio 2024 se liquida la entidad B, recibiendo la entidad A una cuota de liquidación de 800.

Solución:

El gasto por deterioro de 500 contabilizado en 2021 no fue deducible, por lo que la entidad A tuvo que realizar un ajuste positivo al resultado contable de 2020 por importe de 500 para determinar su base imponible.

En el ejercicio 2024 la liquidación de la entidad B produce en la entidad A una pérdida contable de 200 (800-1.000), dado que el valor contable de la participación es de 1.000 después de computar el deterioro.

A efectos fiscales, la renta generada es negativa por importe de 700 (800-1.500), dado que el valor fiscal de la participación es de 1.500, al no haber sido deducible el deterioro del ejercicio 2020.

Dado que esta renta negativa tiene lugar por la extinción de la entidad B, la renta negativa es deducible, por lo que, para determinar la base imponible del ejercicio 2024, debe hacerse un ajuste negativo al resultado contable por importe de 500.

2) Mismo ejemplo anterior con la diferencia que la sociedad A percibió un dividendo de 200 en los ejercicios 2017 y 2018 que estuvo exento.

Solución:

En los ejercicios 2017 y 2018, los dividendos percibidos estuvieron exentos, dado que la participación cumplía los requisitos del art. 21 LIS.

Igualmente, en el período 2021, el deterioro de 500 no fue deducible.

En el ejercicio 2024, la liquidación de la entidad B produce un resultado contable negativo en la sociedad A de 200 (800-1.000). A efectos fiscales la renta negativa generada en la liquidación es de 700 (800-1.500).

No obstante, el importe de la renta negativa deducible es de 500 (700-200) dado que debe minorarse en el importe de los dividendos percibidos exentos, por lo que para determinar la base imponible del ejercicio 2024, debe hacerse un ajuste negativo al resultado contable por importe de 300.

2.4.8.5. Participación en capital de una entidad patrimonial

Caso de que la entidad participada, residente en territorio español o en el extranjero, no desarrolle una actividad económica, esto es, cuando más de la mitad de su activo esté constituido por valores o por otros activos no afectos a una actividad económica, esa entidad tiene la consideración de patrimonial, en cuyo caso, las rentas derivadas de las participaciones en esas entidades tienen el siguiente régimen fiscal:

1º. Dividendos. En este supuesto, el régimen de exención no tiene ninguna especialidad y, por tanto, de cumplirse los requisitos establecidos en ese precepto, estarían exentos en el 95% los dividendos recibidos de estas entidades patrimoniales.

2º. Plusvalías. Caso de transmitir la participación en estas entidades, la parte de la renta positiva que se corresponda con el incremento de los beneficios no distribuidos de la entidad patrimonial generados durante todo el tiempo de tenencia de la participación estaría exenta en el 95%, mientras que el resto de renta obtenida se integraría en la base imponible sin exención alguna.

En definitiva, la exención no alcanza a las rentas latentes en el patrimonio de la entidad patrimonial que se valoran y, por tanto, salen a relucir en el socio con ocasión de la transmisión de la participación.

Ejemplo

Entidad A, residente en territorio español, tiene el 100% del capital de la entidad B, igualmente residente, cuyo activo total está formado por instrumentos financieros, siendo menor del 5% el porcentaje de participación tenido en los casos de instrumentos de patrimonio, sin que la entidad tenga beneficios acumulados en forma de reservas, por cuanto que se distribuyen, a medida en que se obtienen. En definitiva, los fondos propios de esa entidad se corresponden con su capital social.

Solución:

Esta entidad tendría la condición de patrimonial, por lo que, en caso de transmisión de la participación, la totalidad de la renta obtenida estaría sujeta y no exenta en los socios contribuyentes del IS.

Sin embargo, el régimen fiscal de la entidad patrimonial es el general del IS, por lo que si esa entidad tuviese participaciones en el capital de otras entidades que cumplen los requisitos del artículo 21 LIS, las rentas (dividendos y plusvalías) derivadas de esas participaciones estarían exentas en el 95% en sede de la entidad patrimonial.

2.4.8.6. Otros supuestos en los que se aplica el régimen de exención a las rentas positivas procedentes de la realización de determinadas operaciones

Este mismo artículo 21 LIS regula el caso de la realización de determinadas operaciones en donde se generan rentas positivas asociadas a la participación que se tiene en el capital de otra entidad, extendiendo la exención a dichas rentas.

Tales operaciones son: liquidación de sociedades, separación de socios, fusión, escisión total o parcial, reducción de capital, aportación no dineraria o cesión global de activos y pasivos.

Ejemplo

Sociedad A, residente en territorio español, tiene el 5% de participación en el capital de otra entidad B, igualmente residente en territorio español, siendo el precio de adquisición de esa participación de 1.500. En el ejercicio 2023 se liquida la entidad B, recibiendo la entidad A una cuota de liquidación de 1.800.

Solución:

En la anulación de la participación que la sociedad A tiene en el capital de la entidad B, se genera una renta positiva de 300 (1.800-1.500) que estaría exenta en el 95% pues esa participación cumple los requisitos del artículo 21 LIS.

Por tanto, dado que, igualmente, la contabilidad registrará un resultado positivo de 300 en la anulación de la participación, para determinar la base imponible de la sociedad A correspondiente al ejercicio 2023 deberá realizarse un ajuste negativo al resultado contable por importe de 285 (0,95x300).

Legislación

LEY

LIS artículo 21 redacción Ley 11/2020.

2.4.9. Reducción de rentas procedentes de determinados activos intangibles

El art. 23 LIS establece un incentivo fiscal que tiene como finalidad estimular la realización de actividades de creación de conocimientos técnicos con aplicación industrial o comercial en el marco de una actividad innovadora, de forma que la explotación de tales conocimientos mediante la cesión de su uso a terceros tiene un tratamiento especial, en el sentido de que se integra en la base imponible una parte de la renta obtenida.

Con efectos de los períodos impositivos iniciados desde el 1-1-2018, se ha modificado el régimen, limitando el incentivo fiscal a la cesión de intangibles creados en el seno de una actividad de I+D.

2.4.9.1. Reducción de la renta

En particular, las rentas derivadas tanto de la cesión de estos activos intangibles como de la transmisión de los mismos, a efectos de su integración en la base imponible, se reducen en el porcentaje que resulte de multiplicar un 60% por el resultado del siguiente cociente:

a) En el numerador, los gastos incurridos por la entidad cedente directamente relacionados con la creación del activo intangible, incluidos los gastos derivados de la subcontratación con terceros no vinculados con la entidad cedente. Estos gastos se incrementarán en un 30%, sin que el numerado pueda superar el importe del denominador.

b) En el denominador, los gastos incurridos por la entidad cedente directamente relacionados con la creación del activo intangible, incluidos los gastos derivados de la subcontratación con terceros, vinculados o no con la entidad cedente y, en su caso, los derivados de la adquisición del activo.

En esta relación no se tiene en cuenta los gastos financieros, las amortizaciones de inmuebles ni otros gastos no relacionados directamente con la creación del activo.

Por tanto, la aplicación de la reducción de esta renta requiere que el contribuyente haya participado en la creación del activo intangible, por lo que, en la mera adquisición de estos activos para su cesión posterior, la renta obtenida en la cesión no podría ser objeto de reducción.

Esta reducción también se aplica a la renta generada en la transmisión de los activos intangibles siempre que esa transmisión no tenga lugar entre entidades vinculadas.

Además, se regula la forma de aplicar la exención parcial en el caso de que en unos períodos impositivos la renta obtenida en la cesión fuese positiva y en otros haya sido negativa.

En particular, si se ha generado renta positiva en períodos impositivos anteriores por la cesión de estos activos intangibles, dado que esta renta se ha integrado parcialmente en la base imponible consecuencia de aplicación del porcentaje de exención que corresponda, el importe de la renta negativa que, en su caso, se obtenga en períodos impositivos posteriores por la cesión de esos activos, se debe reducir igualmente en el mismo porcentaje de exención a efectos de determinar el importe de la renta negativa a integrar en la base imponible de dichos períodos, sin perjuicio de que, en su caso, el exceso de renta negativa sobre la positiva se integre en su totalidad en la base imponible, con independencia de que ese exceso tenga lugar en un período impositivo o en varios.

De no haberse generado renta positiva en períodos impositivos anteriores, el importe de la renta negativa obtenida en la cesión del activo intangible sería fiscalmente deducible, sin perjuicio de que si en los períodos impositivos siguientes la renta fuese positiva, la misma no sería objeto de reducción hasta el importe de la renta negativa integrada en la base imponible, esto es, se integra en su totalidad en la base imponible sin perjuicio de que al exceso, en su caso, le fuese de aplicación la reducción que corresponda.

2.4.9.2. Requisitos

La aplicación de la reducción de la renta exige el cumplimiento de los siguientes requisitos:

a) El cesionario debe utilizar los derechos de uso o explotación de los activos intangibles en el desarrollo de una actividad económica, de manera que el uso de los activos debe materializarse en la producción de bienes o prestación de servicios destinados al mercado, incluso al destinatario de los mismos puede ser la propia entidad cedente siempre que no esté vinculada con la entidad cesionaria.

b) El cesionario de los activos intangibles no puede ser residente en un país o territorio de nula tributación o considerado como paraíso fiscal, salvo que esté situado en un Estado miembro de la UE y el sujeto pasivo acredite de la operativa responde a motivos económicos válidos, por lo que el cesionario puede residir tanto en territorio español como en territorio extranjero.

c) Si el contrato de cesión de uso del activo intangible incorpora la prestación de servicios accesorios por la entidad cedente, se exige la identificación de tales servicios, así como la contraprestación de los mismos, al objeto de que la reducción sólo alcance a las rentas derivadas exclusivamente de la cesión de uso de los activos intangibles, quedando al margen la renta generada en la prestación de esos servicios accesorios.

d) Se exige que la entidad cedente disponga de los registros contables necesarios para poder determinar los ingresos y gastos, tanto directos como indirectos, que correspondan a los activos intangibles objeto de cesión.

2.4.9.3. Activos intangibles

Las rentas susceptibles de reducción son aquellas procedentes de la cesión del derecho de uso o de explotación o de la transmisión de los siguientes activos intangibles:

- Patentes;
- Modelos de utilidad.
- Certificados complementarios de protección de medicamentos y de productos fitosanitarios.
- Dibujos y modelos legalmente protegidos derivados de actividades de investigación y desarrollo o de innovación tecnológica.
- “Software” avanzado registrado que haya sido obtenido como resultado de proyectos de I+D.

Se observa que solo pueden acogerse a este incentivo fiscal, los activos intangibles resultantes de la actividad de investigación, desarrollo o de innovación tecnológica, estando al margen de este incentivo la cesión de intangibles asociados al "know-how", como son los derechos sobre informaciones relativas a experiencias industriales, comerciales o científicas, intangibles que podían acogerse al incentivo fiscal en períodos iniciados antes de 1-1-2018.

No obstante, se excluyen por la norma de forma expresa las rentas procedentes de la cesión del derecho de uso o de explotación, o de la transmisión, de los siguientes activos:

- **marcas,** entendiendo por tal todo signo susceptible de representación gráfica que sirve para distinguir en el mercado los productos o servicios de una empresa de los de otra (L 17/2001 art. 4);
- **obras literarias,** artísticas o científicas, incluidas las películas cinematográficas, es decir, los activos intangibles amparados en la Ley de Propiedad Intelectual Real Decreto Legislativo 1/1996 (en adelante RDLeg);
- **derechos personales** susceptibles de cesión, como los derechos de imagen;
- **programas informáticos,** equipos industriales, comerciales o científicos, ya que estos últimos no son realmente activos intangibles;
- **Planos, fórmulas o procedimientos secretos**
- **Derechos** sobre informaciones relativas a experiencias industriales, comerciales o científicas.
- cualquier **otro intangible** distinto de las patentes, modelos de utilidad, certificados complementarios de protección de medicamentos y de productos fitosanitarios, dibujos o modelos y "software" avanzado.
- **Know-how.**

Ejemplo

1) Una sociedad A ha desarrollado un activo intangible en el marco de una actividad de I+D. El coste de ese desarrollo ha sido de 1.000.000 que no ha sido amortizado libremente a efectos fiscales. Esta sociedad A concede a la sociedad B no vinculada el derecho a usar dicho proceso durante un plazo de cinco años, percibiendo en cada uno un importe de 400.000. La sociedad A contabiliza como inmovilizado intangible el coste del activo que amortiza en el período de diez años, coincidente con la vida útil del mismo. En cada ejercicio los gastos asociados al activo intangible ascienden a 30.000, siendo la amortización de 100.000.

Solución:

a) Sociedad cedente A: en cada uno de estos cinco períodos impositivos de cesión del activo intangible, debe computar como pasto un importe de 130.000 (100.000 + 30.000), el cual tiene la consideración de gasto fiscalmente deducible.

En cuanto a los ingresos, en cada uno de esos cinco periodos impositivos registrará un importe de 400.000, por lo que la renta generada en cada uno asciende a 270.000 (400.000 – 130.000). No obstante, esa renta se reduce en el 60%, dado que al ser creado el activo en su totalidad por el contribuyente, el coeficiente es la unidad, por lo que la misma se reduce en un importe de 162.000 (270.000 x 0,6) por lo que se deberá realizarse en cada ejercicio de cesión del activo un ajuste negativo al resultado contable por importe de 162.000 euros para determinar la base imponible de cada uno de ellos.

b) Sociedad cesionaria B: en cada uno de los períodos impositivos de cesión del activo intangible, debe computar como gasto un importe de 400.000 euros, el cual tiene la consideración de gasto fiscalmente deducible.

2) Mismo ejemplo anterior con la diferencia de que al inicio del sexto ejercicio, una vez finalizado el período de cesión, el activo intangible se transmite por importe de 650.000.

Solución:

En el momento de la transmisión el activo intangible tiene un valor contable y fiscal de 500.000 (1.000.000-500.000), dado que ha sido amortizado en cada uno de los cinco primeros ejercicios un importe anual de 100.000. Eb la transmisión la renta generada es de 150.000 (650.000-500.000), la cual está exenta el 60% de la misma y, por tanto, procede hacer un ajuste negativo al resultado contable por importe de 90.000 (150.000x0,6) para determinar la base imponible del período impositivo en el que tiene lugar la transmisión de ese intangible.

2.4.9.4. Régimen transitorio

1º. Cesiones de activos intangibles realizadas con anterioridad al 29-9-2013, que estén vigentes a 1-1-2018, el contribuyente puede optar por cualquiera de los dos regímenes fiscales siguientes:

a) Aplicar el régimen establecido antes del 29-6-2013 en todos los períodos impositivos que resten hasta la finalización del contrato de cesión.

Lo anterior es aplicable hasta el 30-6-2021, momento a partir del cual se aplicará la regulación prevista a partir del 1-1-2018.

b) Utilizar el régimen establecido para cesiones a partir del 1-1-2018 en todos los períodos impositivos que resten hasta la finalización del contrato de cesión.

Esta opción debe ejercitarse a través de la declaración del IS correspondiente al período impositivo 2016.

2º. Cesiones de activos intangibles realizadas entre el 29-9-2013 y el 30-6-2016, que estén vigentes a 1-1-2018; el contribuyente puede optar por cualquiera de los dos regímenes fiscales siguientes:

– Aplicar en todos los períodos impositivos que resten hasta la finalización del contrato de cesión el régimen vigente a 1-1-2015 (LIS art. 23 redacción original).

  Lo anterior es utilizable hasta el 30-6-2021, momento a partir del cual se aplicará la regulación prevista a partir del 1-1-2018 (LIS art. 23 redacción L 6/2018). No obstante, caso de que los activos intangibles se hayan adquirido entre el 1-1-2016 y 30-6-2016, de forma directa o indirecta a una entidad vinculada con el cedente y en el momento de la adquisición no hubieran estado acogidos los activos intangibles a un régimen de reducción de rentas, la opción para continuar aplicando el régimen vigente a 1-1-2015 hasta el 31-12-2017.

– Aplicar el régimen establecido para cesiones a partir del 1-1-2018 en todos los períodos impositivos que resten hasta la finalización del contrato de cesión.

  Esta opción debe ejercitarse a través de la declaración del IS correspondiente al período impositivo 2016.

3º. Las transmisiones de activos intangibles que se realicen desde el 1-7-2016 hasta el 30-6-2021 y que se hayan acogido a una de las dos opciones anteriores, pueden optar por utilizar el régimen vigente a 1-1-2015 (LIS art.23 redacción original), si bien esta opción debe ejercitarse en la declaración correspondiente al período impositivo en que se realice la transmisión.

No obstante, caso de que los activos intangibles se hayan adquirido entre el 1-1-2016 y 30-6-2016 de forma indirecta o indirecta a una entidad vinculada con el transmitente y en el momento de la adquisición no hubieran estado acogidos los activos intangibles a un régimen de reducción de rentas, solamente pueden aplicar el régimen vigente a 1-1-2015 las transmisiones que se realicen hasta el 31-12-2017.

Legislación

LEY

LIS artículo 23 y disposición transitoria 20.

2.4.10. Reserva de capitalización

De acuerdo con este régimen fiscal, los contribuyentes pueden disminuir la base imponible del período impositivo en el importe del 10% del importe del incremento de los fondos propios del contribuyente en ese mismo período impositivo, de manera de que la aplicación de los criterios para determinar ese incremento de fondos propios, resulta que el mismo se corresponde con los beneficios obtenidos en el período impositivo inmediato anterior que no sean objeto de distribución en ese otro período impositivo en el que se reduce la base imponible ni se distribuyan dividendos con cargo a reservas, siempre que el importe de tales beneficios no distribuidos se mantenga en los fondos propios de la entidad durante un período de cinco años desde el cierre del ejercicio que corresponde al período impositivo en que se ha practicado esta reducción.

El hecho de que la duración de un ejercicio social sea inferior a doce meses, no afecta al cálculo de la reserva de capitalización (DGT 29-11-22 V2541-22).

2.4.10.1. Entidades que pueden acogerse a la reserva de capitalización

Solo pueden acogerse a este incentivo fiscal las entidades sujetas al tipo general de gravamen del 25%, 23% y del 30%. En definitiva, no pueden acogerse a esta reducción las entidades que tributan a un tipo inferior al general, como pueden ser las instituciones de inversión colectiva, los fondos de pensiones y las asociaciones de utilidad pública y fundaciones acogidas al régimen especial (Ley 49/2002). Sí pueden aplicar esta reducción de la base imponible las entidades de nueva creación, aun cuando su tipo de gravamen sea del 15% en los dos primeros periodos impositivos en los que su base imponible sea positiva.

De acuerdo con la doctrina administrativa, pueden aplicar la reserva de capitalización:

- Las sucursales españolas de entidades extranjeras. A estos efectos, se debe equiparar a los fondos propios el importe que figure en la cuenta de pasivo no remunerado como capital libre de intereses (DGT 15-6-16, V2741-16);
- Las entidades patrimoniales (DGT 22-6-18, V1839-18);
- Las entidades parcialmente exentas (DGT 28-2-19, V0428-19).

Por el contrario, aun cuando las personas físicas realicen actividades económicas, sin embargo, la interpretación administrativa entiende que no pueden aplicar la reserva de capitalización para reducir su base imponible (DGT 22-6-16, V2868-16).

2.4.10.2. Importe de la reducción

La cuantía de la reducción de la base imponible es el 10% del importe del incremento de los fondos propios del período impositivo de la entidad.

El incremento de los fondos propios es la diferencia positiva entre los fondos propios de la entidad existentes al cierre del ejercicio, sin incluir en los mismos el resultado obtenido por la entidad en ese ejercicio, y los fondos propios existentes al inicio de ese ejercicio sin incluir en esos fondos propios los resultados obtenidos por la entidad en el ejercicio anterior.

En consecuencia, siempre que la alteración de los fondos propios proceda de la actividad económica desarrollada por la misma y no haya tenido lugar distribución de reservas en forma de dividendos generadas por resultados de ejercicios anteriores, el incremento de los fondos propios del ejercicio solamente puede proceder de los beneficios generados en el ejercicio inmediato anterior que no hayan sido objeto de distribución en el citado ejercicio, al que se refiere la reducción de la base imponible.

Los beneficios no distribuidos de la entidad que determinan el incremento de fondos propios, pueden proceder tanto de la realización de actividades económicas como de otras fuentes de rentas aun cuando no deriven de una actividad económica. Tampoco es impedimento el hecho de que haya contribuido a la formación de esos beneficios, rentas exentas o que hayan gozado de algún incentivo fiscal.

Importe reducción = 0,10 x Base reducción

Base reducción = (Fondos propios cierre ejercicio-resultados ejercicio) – (Fondos propios inicio ejercicio-resultados ejercicio anterior).

El ejercicio de este incentivo fiscal es voluntario para el contribuyente y, además, la interpretación administrativa entiende que se puede aplicar de forma parcial la reducción por la reserva de capitalización (DGT 10-7-19, V1765-19), es decir, tomar como base para aplicar el porcentaje del 10% un importe inferior al verdadero incremento de los fondos propios del período.

Por otra parte, dado que el incremento de fondos propios calculado de la forma establecida en el artículo 25 LIS, se corresponde con los beneficios no distribuidos obtenidos en el ejercicio inmediato anterior, la aplicación del incentivo no se vería afectada por el hecho de que el contribuyente haya generado pérdidas en el ejercicio en que se aplica la deducción. Por el contrario, si el resultado contable de un ejercicio es negativo, no se podrá reducir la base imponible positiva del ejercicio inmediato siguiente al no haber incremento de fondos propios en el ejercicio de referencia para calcular dicho incremento.

Por otra parte, la norma mercantil establece que, si existen pérdidas de ejercicios anteriores que hacen que el valor del patrimonio neto de la entidad sea inferior a la cifra del capital social, los beneficios obtenidos se deben destinar a la compensación de esas pérdidas que la parte del beneficio del ejercicio que no puede distribuirse libremente por tener que aplicarse a la compensación de pérdidas de ejercicios anteriores debe tener la consideración de una reserva de carácter legal (DGT CV 15-11-16V4962-16) (DGT 25-6-19, V1572-19), lo cual supone que el incremento de fondos propios por este concepto no se tenga en consideración a efectos de la reserva de capitalización.

Ejemplo

1) La evolución de los fondos propios de una entidad al inicio y cierre del ejercicio 2024 es la siguiente:

Solución:

Ejercicio	Inicio 2024	Cierre 2024
Capital	10.000	10.000
Reservas	40.000	40.000
Resultado ejercicio 2023	10.000	10.000
Resultado ejercicio 2024	—	8.000
Fondos propios	60.000	68.000

Determinar el importe de la reducción de la base imponible del ejercicio 2023, por la aplicación de la reserva de capitalización.

Solución:

De acuerdo con el importe y variaciones de los fondos propios del ejercicio 2023, la base de reducción de la base imponible de este período impositivo, es la siguiente:

Fondos propios cierre ejercicio 2024 menos resultados ejercicio 2024: 60.000 (68.000-8.000)

Fondos propios inicio ejercicio 2024 menos resultados ejercicio 2023: 50.000 (60.000-10.000)

Diferencia positiva fondos propios cierre e inicio ejercicio 2024: 10.000 (60.000-50.000)

Base de la reducción: 10.000

Importe reducción: 1.000 (0,1x10.000)

Se aprecia que la base de la reducción coincide con los beneficios obtenidos en el ejercicio anterior 2023 que no han sido objeto de distribución.

2) Mismo ejemplo anterior, con la diferencia que en 2024 se distribuye un dividendo de 3.000 con cargo a reservas.

Solución:

Ejercicio	Inicio 2024	Cierre 2024
Capital	10.000	10.000
Reservas	40.000	40.000
Resultado ejercicio 2023	10.000	10.000
Resultado ejercicio 2024	—	8.000
Fondos propios	60.000	65.000

De acuerdo con el importe y variaciones de los fondos propios del ejercicio 2024, la base de reducción de la base imponible de este período impositivo, es la siguiente:

Fondos propios cierre ejercicio 2024 menos resultados ejercicio 2024: 57.000 (65.000-8.000)

Fondos propios inicio ejercicio 2024 menos resultados ejercicio 2023: 50.000 (60.000-10.000)

Diferencia positiva fondos propios cierre e inicio ejercicio 2024: 7.000 (57.000-50.000)

Base de la reducción: 7.000 Importe reducción: 700 (0,1 x 7.000)

Se aprecia que la base de la reducción coincide con los beneficios obtenidos en el ejercicio anterior 2023 minorado en 3.000 correspondiente a los dividendos distribuidos en este ejercicio

2.4.10.3. Partidas que integran los fondos propios que no se tienen en cuenta en la base de la reducción

A efectos de determinar los fondos propios al inicio y final del período impositivo, no se tienen en cuenta en los mismos las siguientes partidas:

a) Las aportaciones de los socios. Representan el valor de mercado de los elementos patrimoniales entregados por los socios cuando actúen como tales, es decir, cuando no constituyan contraprestación por la entrega de bienes o la prestación de servicios realizados por la empresa en beneficio del socio. A efectos de valorar el alcance de esta partida, puede interpretarse que se deben excluir de los fondos propios inicial y final del ejercicio, todas las aportaciones de los socios, y no solo las habidas en el propio ejercicio. Esta interpretación flexibiliza el requisito de mantenimiento del incremento de los fondos propios, permitiendo la reducción de capital con devolución de aportaciones.

b) Las ampliaciones de capital o fondos propios por compensación de créditos. Es el contravalor del aumento de capital de una sociedad mediante la compensación de créditos que el aportante tiene frente a la sociedad.

c) Las ampliaciones de fondos propios por operaciones con acciones propias. De acuerdo con los criterios contables, si una entidad realiza cualquier tipo de transacción con sus propios instrumentos de patrimonio, el importe de estos instrumentos se registra en el patrimonio neto, como una variación de los fondos propios.

d) Las ampliaciones de fondos propios por operaciones de reestructuración. Tratándose de ampliaciones de fondos propios con motivo de operaciones de fusión y escisión, tal aumento no debe tenerse en cuenta a efectos de calcular el incremento de fondos propios.

e) Las reservas de carácter legal o estatutario. Aunque la interpretación administrativa (DGT 27-5-16, V2357-16; DG 15-11-16, V4962-16) entiende como reserva legal todas aquellas cuya dotación viene impuesta por una norma legal, que incluye tanto las normas fiscales como las mercantiles, sin embargo, ha considerado que la propia reserva de capitalización, aun cuando venga impuesta por una norma legal como es la LIS, se ha de considerar en los fondos propios tanto de inicio como de cierre del período impositivo (DGT 16-7-19, V1854-19.

f) Reserva de nivelación. Las empresas de reducida dimensión, pueden reducir su base imponible positiva hasta un importe del 10% de la misma, siempre que se dote una reserva indisponible por el importe de la reducción, que deberá dotarse con cargo a los resultados positivos del ejercicio en que se realice la minoración de la base imponible.

   Dado que esta reserva procede de beneficios que no han tributado, a efectos de aplicar el incentivo fiscal de la reserva de capitalización, la reserva de nivelación no se tiene en cuenta para calcular los fondos propios de cierre e inicio del ejercicio, esto es, el incremento de los fondos propios de cierre del ejercicio respecto de los de inicio motivado por la reserva de nivelación, no se considera como base de aplicación de ese incentivo.

g) La reserva para inversiones en Canarias, dotadas según el art. 27 de la Ley 19/1994.

   Al no establecer la LIS un concepto fiscal de fondos propios, hay que utilizar los que derivan de aplicar las normas contables y, en particular, los que se deduzcan del balance de las cuentas anuales de la entidad.

2.4.10.4. Requisitos exigidos

La reducción de la base imponible del 10% del importe del incremento de los fondos propios requiere el cumplimiento de los siguientes requisitos:

a) **Mantenimiento incremento fondos propios.** El importe del incremento de los fondos propios de la entidad que permitido reducir la base imponible de un período impositivo, debe mantenerse durante un plazo de 5 años a contar desde el cierre del período impositivo al que corresponda esta reducción, sin que, para valorar este requisito, se tengan en cuenta las pérdidas contables generadas por la entidad en alguno de los ejercicios concluidos en ese plazo de tiempo.

b) **Dotación reserva indisponible.** El segundo requisito exigido para consolidar la reducción es la necesidad de dotar una reserva por el importe de la reducción, que deberá figurar en el balance con absoluta separación y título apropiado, de manera que esa reserva es indisponible durante el plazo de 5 años exigido de mantenimiento del importe del incremento de los fondos propios. De acuerdo con la interpretación administrativa, la reserva de capitalización no es necesaria que figure en el balance de cierre del ejercicio en que se reduce la base imponible, de manera que en el ejercicio inmediato siguiente cuando se celebre la junta de accionistas que apruebe las cuentas de ese ejercicio debe reclasificarse de reservas de libre disposición a reserva de capitalización.

La disolución del contribuyente antes de cumplir el plazo de 5 años de mantenimiento de la reserva de capitalización supone el incumplimiento de este requisito de mantenimiento y, por tanto, debe hacerse la regularización correspondiente (DGT 6-4-22, V0752-22)

En determinadas operaciones, aunque contablemente ha de eliminarse todo o parte del saldo de la reserva de capitalización, sin embargo, se entiende, a efectos de no perder la reducción practicada, que no se ha dispuesto del saldo de aquella cuenta, no quedando dicha indisponibilidad sujeta a ningún límite temporal.

Dichas operaciones son las siguientes:

a) Cuando el socio o accionista ejerza su derecho de separación de la sociedad.

b) Cuando el saldo de la cuenta necesariamente deba eliminarse, total o parcialmente, como consecuencia de operaciones a las que sea de aplicación el régimen especial de las fusiones, escisiones, aportaciones de activos y canje de valores.

c) Cuando la entidad deba aplicar el saldo de la cuenta en virtud de una obligación de carácter legal. En concreto, cuando por mandato legal deba disponerse de la cuenta de reserva de capitalización, no supone incumplir la norma sobre indisponibilidad de la cuenta, por lo que no tiene ninguna consecuencia para el contribuyente.

Ejemplo

La evolución de los fondos propios de una entidad A en el ejercicio 2023 es la siguiente:

Ejercicio	Inicio 2024	Cierre 2024
Capital	10.000	10.000
Resultado ejercicio 2023	10.000	10.000
Resultado ejercicio 2024	—	15.000
Fondos propios	20.000	35.000

Determinar el importe de la reducción de la base imponible del ejercicio 2023, por la aplicación de la reserva de capitalización.

Solución:

Fondos propios cierre ejercicio 2024 menos resultados ejercicio 2024: 19.000 (34.000-15.000).

Fondos propios inicio ejercicio 2024 menos resultados ejercicio 2023: 10.000 (20.000-10.000)

Diferencia positiva fondos propios cierre e inicio ejercicio 2024: 9.000 (19.000-10.000)

Base de la reducción: 9.000

Importe reducción: 900 (0,1x9.000)

El incremento de fondos propios se corresponde con los beneficios (10.000) del ejercicio 2023 minorados por la parte de los mismos destinados a la reserva legal (1.000). La entidad A está obligada a dotar una reserva indisponible por importe de 900 con cargo a los resultados del ejercicio 2023, de manera que no es necesario que se dote la reserva al cierre del ejercicio 2024, pero en la junta de accionistas que se celebre el 2025 deberá reclasificarse un importe de 900 de reserva voluntaria procedente de los beneficios de 2023 a reserva de capitalización de acuerdo con la interpretación administrativa (DGT 22-12-2015, V4127-15) al respecto, por lo que esta reserva aparecería en el balance del ejercicio 2025 y no del ejercicio 2024.

2.4.10.5. Límite deducción

La reducción está limitada al importe del 10% de la base imponible positiva del período impositivo, previa a la reducción por la reserva de capitalización y a la compensación de bases imponibles negativas pendientes procedentes de períodos impositivos anteriores.

El exceso no deducido se podrá minorar de la base imponible de los períodos impositivos inmediatos y sucesivos que finalicen dentro de los dos años a contar desde la finalización del período impositivo en el que se haya generado el derecho a la reducción, de manera que la reducción de este exceso se realizará conjuntamente con la reducción que, en esos períodos impositivos, se genere por aplicación en los mismos de este incentivo fiscal, de manera que el importe de esa reducción conjunta está sujeta al límite del 10% de la base imponible previa que resulte en cada uno de esos períodos impositivos.

En estos casos, donde hay reserva de capitalización pendiente de aplicar y reserva de capitalización del propio período impositivo, el contribuyente puede aplicarlas en cualquier orden, al no haber nada regulado en la LIS (TEAC 22-9-21, RG 2984/2021).

Ejemplo

La evolución de los fondos propios de una entidad A en el ejercicio 2024 es la siguiente:

Ejercicio	Inicio 2024	Cierre 2024
Capital	10.000	10.000
Reservas	40.000	40.000
Resultado ejercicio 2023	10.000	10.000
Resultado ejercicio 2024	–	5.000
Fondos propios	60.000	55.000

Determinar el importe de la reducción de la base imponible del ejercicio 2023, por la aplicación de la reserva de capitalización, sabiendo que es negativa la base imponible de este período previa.

Solución:

De acuerdo con el importe y variaciones de los fondos propios del ejercicio 2024, la base de reducción de la base imponible de este período impositivo, es la siguiente:

Fondos propios cierre ejercicio 2024 menos resultados ejercicio 2024: 60.000 (55.000+5.000).

Fondos propios inicio ejercicio 2024 menos resultados ejercicio 2023: 50.000 (60.000-10.000)

Diferencia positiva fondos propios cierre e inicio ejercicio 2024: 10.000 (60.000-50.000)

Base de la reducción: 10.000

Importe reducción: 1.000 (0,1x10.000)

Se aprecia que la base de la reducción coincide con los beneficios obtenidos en el ejercicio anterior 2023 que no han sido objeto de distribución en el ejercicio 2024.

No obstante, dado que en el ejercicio 2024 la base imponible obtenida por la entidad es negativa, no podrá aplicarse la reducción por la reserva de capitalización en este período 2024, sin perjuicio de que pueda aplicarse la reducción en la determinación de la base imponible de los dos períodos impositivos siguientes (2025 y 2026), siempre con el límite del 10% de la base imponible previa a la reducción.

2.4.10.6. Incumplimiento requisitos

El incumplimiento de los requisitos previstos para este incentivo fiscal supone perder la reducción practicada, por lo que se debe realizar la regularización del importe indebidamente reducido, de manera que el contribuyente debe ingresar, junto con la cuota resultante de la liquidación del IS del período impositivo en el que tenga lugar el incumplimiento de los requisitos, la cuota íntegra correspondiente a esa reducción aplicada indebidamente en un período impositivo anterior, así como los correspondientes intereses de demora que correspondan.

Por tanto, la regularización tiene lugar a nivel de cuota y no de base imponible, por lo que debe realizarse dicha regularización y, por tanto, el ingreso correspondiente aun cuando la entidad tenga bases imponibles negativas en el período impositivo en el que se produce el incumplimiento.

Ejemplo

El incremento de los fondos propios del ejercicio N de una sociedad asciende a 10.000, por lo que el importe de la reducción de la base imponible de ese período es de 1.000 (10.000x0,1).

La entidad dota la reserva de capitalización por 1.000 con cargo a los beneficios del ejercicio N-1, por lo que figuran en el balance de cierre del ejercicio N+1. En el ejercicio N+3 la entidad aplica esa reserva a una distribución de dividendos.

Solución:

Si, en el ejercicio N+3, la entidad A se ve obligada a disponer de esa reserva, supone incumplir el requisito exigido de indisponibilidad de esa reserva durante el plazo de cinco años a contar desde el cierre del ejercicio N, por lo que, en la liquidación del ejercicio N+3, cualquiera que sea el resultado, incluso si la base imponible de ese período fuese negativa, la entidad estaría obligada a ingresar en esa liquidación un importe de 250,00 (1.000,00 × 0,25), que se corresponde con la cuota íntegra de la reducción aplicada en el período N, junto con los intereses de demora que correspondan.

2.4.10 bis. Reserva para inversiones en las Islas Baleares

Con efectos para los períodos impositivos que se inicien entre el 1-1-2023 y el 31-12-2028 se introduce un Régimen fiscal especial de las Illes Balears, en reconocimiento del hecho específico y diferencial de su insularidad, que tiene como finalidad disminuir la tributación efectiva de los contribuyentes que desarrollen en las islas actividades económicas, mediante la reducción de la base imponible por las dotaciones de los beneficios empresariales a la reserva para inversiones y mediante una bonificación de la cuota íntegra procedente de los rendimientos derivados de la venta de bienes corporales producidos en las islas.

Reserva para inversiones de las Illes Balears

1. Ámbito subjetivo. Alcanza a los contribuyentes del IS y del IRNR que dispongan en las Illes Balears de establecimientos que desarrollen actividades económicas generadoras de resultados imputables a los mismos, por lo que es indiferente que, caso de contribuyentes residentes en territorio español, el domicilio fiscal esté situado en las islas o en la península, pues el incentivo fiscal solo alcanza a los beneficios procedentes de tales establecimientos situados en las islas.

2. Ámbito objetivo. Dichos contribuyentes tienen derecho a la reducción en la base imponible de las cantidades que destinen a la reserva para inversiones de los beneficios de sus establecimientos situados en las islas. En particular, esa reducción se aplica a las dotaciones que en cada período impositivo se hagan a la reserva para inversiones hasta el límite del 90% de la parte de beneficio obtenido en el mismo período que no sea objeto de distribución, en cuanto proceda de tales establecimientos, de manera que la aplicación de la reducción nunca podrá determinar una base imponible negativa.

Los beneficios computables, a efectos de la reducción, son los procedentes de dichos establecimientos derivados de la realización de actividades económicas, incluidos los procedentes de la transmisión de los elementos patrimoniales afectos a las mismas, y que se destinen a nutrir las reservas, excluida la de carácter legal. No se computa en esos beneficios el que resulte de la transmisión de elementos patrimoniales cuya adquisición hubiera determinado la materialización de la reserva para inversiones, ni el que se derive de valores representativos de la participación en el capital o fondos propios de otras entidades, así como la cesión a terceros de capitales propios. No obstante, la asignación del beneficio a reservas se considera disminuida en el importe que se hubiese detraído de los fondos propios, ya en el ejercicio en el que se reduce la base imponible, ya en el que se adopta el acuerdo de realizar esas asignaciones, por lo que cualquier disminución de los fondos propios de estos dos ejercicios, incluso del capital por devolución de aportaciones, minora el importe de ese beneficio que es la base de la reducción.

La reserva para inversiones debe figurar en los balances con absoluta separación y título apropiado y es indisponible en tanto que los bienes en que se materialice deban permanecer en la entidad. La dotación de esta reserva no tendrá la consideración de incremento de fondos propios a los efectos de la reserva de capitalización (LIS art. 25), ni sirve para cumplir la obligación de dotar la reserva de capitalización ni de nivelación (LIS art. 105).

3. Materialización de la reserva. Las cantidades destinadas a esta reserva deben materializarse en el plazo máximo de tres años, contados desde la fecha del devengo del impuesto correspondiente al ejercicio en que se ha dotado la misma, en la realización de alguna de las siguientes inversiones:

a) La adquisición de elementos patrimoniales, nuevos o usados, del inmovilizado material o intangible (excepto marcas y conocimientos no patentados), de elementos patrimoniales que contribuyan a la mejora y protección del medio ambiente en el territorio de las Illes Balears, en los términos que reglamentariamente se determinen, así como los gastos de investigación y desarrollo derivados de actividades de investigación, desarrollo e innovación tecnológica (LIS art. 35.1 y 2).

Tratándose de suelo, edificado o no, este debe afectarse:

- A la promoción de viviendas protegidas, cuando proceda esta calificación de acuerdo con lo previsto en la normativa autonómica reguladora de las actuaciones del Plan de Vivienda de las Illes Balears, y sean destinadas al arrendamiento por la sociedad promotora.
- Al desarrollo de actividades industriales incluidas en las divisiones 1 a 4 de la sección primera de las tarifas del IAE (RDLeg. 1175/1990).
- A las actividades socio-sanitarias, centros residenciales de mayores, geriátricos y centros de rehabilitación neurológica y física,
- A las zonas comerciales que sean objeto de un proceso de rehabilitación.
- A las actividades turísticas reguladas en la L 8/2012, cuya adquisición tenga por objeto la rehabilitación de un establecimiento turístico.

A efectos de la materialización de la reserva el valor en suelo, se consideran obras de rehabilitación las actuaciones dirigidas a la renovación, ampliación o mejora de establecimientos turísticos, siempre que reúnan las condiciones necesarias para ser incorporadas al inmovilizado material como mayor valor del inmueble.

La inversión en elementos de transporte de pasajeros por vía marítima, deben dedicarse exclusivamente a servicios públicos en el ámbito de funciones de interés general que se correspondan con las necesidades públicas de las Illes Balears. Tratándose de vehículos de transporte de pasajeros por carretera será necesario que la empresa tenga el domicilio fiscal en el territorio de las Illes Balears.

b) La creación de puestos de trabajo relacionada de forma directa con las inversiones de materialización de la reserva, que se produzca dentro de un período de seis meses a contar desde la fecha de entrada en funcionamiento de dicha inversión.

La creación de puestos de trabajo se determina por el incremento de la plantilla media total del contribuyente producido en dicho período de seis meses respecto de la plantilla media de los 12 meses anteriores a la fecha de la entrada en funcionamiento de la inversión, siempre que dicho incremento se mantenga durante un período de cinco años, salvo en el caso de contribuyentes que cumplan las condiciones del art. 101 LIS (empresas de reducida dimensión) en el período impositivo en el que se obtiene el beneficio con cargo al cual se dota la reserva, en cuyo caso se deberá mantener el incremento durante tres años.

Para el cálculo de la plantilla media total de la empresa y de su incremento se tomarán las personas empleadas, en los términos que disponga la legislación laboral, teniendo en cuenta la jornada contratada en relación con la jornada completa.

c) La suscripción de acciones o participaciones en el capital emitidas por sociedades como consecuencia de su constitución o ampliación de capital que desarrollen en las islas su actividad, siempre que se cumplan los siguientes requisitos:

- Estas sociedades deben realizar las inversiones previstas en las letras a) y b), en las mismas condiciones exigidas al contribuyente. Siempre que tanto la entidad suscriptora del capital como la que efectúa la inversión cumplan las condiciones del art. 101 LIS (empresas de reducida dimensión) en el período impositivo en el que se obtiene el beneficio con cargo al cual se dota la reserva, será posible efectuar las inversiones de las letras a) y b) en los términos y condiciones previstos para este tipo de contribuyentes.
- Estas sociedades deberán efectuar estas inversiones en el plazo de tres años a contar desde la fecha del devengo del impuesto correspondiente al ejercicio en el que el contribuyente que adquiere las acciones o las participaciones en su capital hubiera dotado la reserva, es decir, no se amplía el plazo general del que dispone el contribuyente para materializar la inversión.
- Los elementos patrimoniales así adquiridos deberán mantenerse en funcionamiento en las Illes Balears en los términos generales.
- El importe del valor de adquisición de las inversiones realizadas por la sociedad participada deberá alcanzar, como mínimo, el importe desembolsado de las acciones o participaciones adquiridas por el contribuyente.

Las inversiones realizadas por la sociedad participada no darán lugar a la aplicación de ningún otro beneficio fiscal. La entidad suscriptora del capital procederá a comunicar fehacientemente a la sociedad emisora el valor nominal de las acciones o participaciones adquiridas, así como la fecha en que termina el plazo para la materialización de su inversión. La sociedad emisora comunicará fehacientemente a la entidad suscriptora de su capital las inversiones efectuadas con cargo a sus acciones o participaciones cuya suscripción haya supuesto la materialización de la reserva, así como su fecha. Las inversiones realizadas se entenderán financiadas con los fondos derivados de las acciones o participaciones emitidas según el orden en el que se haya producido su desembolso efectivo. En el caso de desembolsos efectuados en la misma fecha, se considerará que contribuyen de forma proporcional a la financiación de la inversión.

4. Situación de las inversiones objeto de la materialización de la reserva. Los elementos patrimoniales invertidos deben estar situados o ser recibidos en el archipiélago balear, utilizados en el mismo, afectos y necesarios para el desarrollo de actividades económicas del contribuyente, salvo en el caso de los que contribuyan a la mejora y protección del medio ambiente en el territorio balear.

Se entienden situados y utilizados en el archipiélago:

- Las aeronaves que, por su destino, contribuyan a mejorar las conexiones de las Illes Balears, en los términos que reglamentariamente se determinen.
- Los buques con pabellón español y con puerto base en las Illes Balears.
- Las redes de transporte y de comunicaciones que conecten el archipiélago balear con el exterior, por el tramo de la misma que se encuentre dentro del territorio de las Illes Balears y a la parte situada fuera del mismo que se utilice para conectar entre sí las distintas islas del archipiélago.
- Las aplicaciones informáticas y los derechos de propiedad industrial, que no sean meros signos distintivos del contribuyente o de sus productos, y que vayan a aplicarse exclusivamente en procesos productivos o actividades comerciales que se desarrollen en el ámbito territorial balear, así como los derechos de propiedad intelectual que sean objeto de reproducción y distribución exclusivamente en el archipiélago balear.
- Las concesiones administrativas de uso de bienes de dominio público radicados en las Illes Balears.
- Las concesiones administrativas de prestación de servicios públicos que se desarrollen exclusivamente en el archipiélago.
- Las concesiones administrativas de obra pública para la ejecución o explotación de infraestructuras públicas radicadas en las Illes Balears.

5. Importe de la materialización. Se corresponde con el precio de adquisición o coste de producción de los elementos patrimoniales, con exclusión de los intereses, impuestos estatales indirectos y sus recargos, sin que pueda resultar superior a su valor de mercado, con las siguientes especialidades:

- Caso de redes de transporte y comunicaciones que conecten el archipiélago balear con el exterior, el importe de la materialización alcanza al valor de adquisición o coste de producción del tramo de la misma que se encuentre dentro del territorio de las Illes Balears y a la parte situada fuera del mismo que se utilice para conectar entre sí las distintas islas del archipiélago.
- Para las inversiones previstas en la letra a), el importe de la materialización de la reserva en elementos patrimoniales del inmovilizado intangible no podrá exceder del 50% del valor total del proyecto de inversión del que formen parte, salvo que se trate de contribuyentes que cumplan las condiciones del art. 101 LIS (empresas de reducida dimensión) en el período impositivo en el que se obtiene el beneficio con cargo al cual se dota la reserva.
- Se computará el 50% del importe de los costes de estudios preparatorios y de consultoría, cuando estén directamente relacionados con las inversiones previstas en la letra a) y se trate de contribuyentes que cumplan las condiciones del art. 101 LIS (empresas de reducida dimensión) en el período impositivo en el que se obtiene el beneficio con cargo al cual se dota la reserva.
- En la creación de puestos de trabajo, se considera producida la materialización únicamente durante los dos primeros años desde que se produce el incremento de plantilla y se computará, en cada período impositivo, por el importe del coste medio de los salarios brutos y las cotizaciones sociales obligatorias que se corresponda con dicho incremento.
- El importe de la materialización de la reserva en gastos de investigación, desarrollo e innovación tecnológica también alcanzará a los proyectos contratados con universidades, organismos públicos de investigación o centros de innovación y tecnología, oficialmente reconocidos y registrados y situados en Illes Balears.
- Caso de los valores a que se refiere la letra c), se considera producida la materialización en el importe desembolsado con ocasión de su suscripción. También tendrá esta consideración el importe desembolsado en concepto de prima de emisión.

6. Mantenimiento inversión. Los elementos y valores objeto de materialización de la reserva para inversiones de las letras a) y c), deberán permanecer en funcionamiento en la empresa del adquirente durante cinco años como mínimo, sin ser objeto de transmisión, arrendamiento o cesión a terceros para su uso. Cuando su vida útil fuera inferior a dicho período, no se considera incumplido este requisito cuando se proceda a la adquisición de otro elemento patrimonial que lo sustituya por su valor contable, en el plazo de seis meses desde su baja en el balance que reúna los requisitos exigidos para la aplicación de la reducción y que permanezca en funcionamiento durante el tiempo necesario para completar dicho período. Esta nueva adquisición no supone la materialización de las cantidades destinadas a la reserva para inversiones, salvo por el importe de la misma que excede del valor neto contable del elemento patrimonial que se sustituye y que tuvo la consideración de materialización de la reserva. En el caso de la adquisición de suelo, el plazo será de diez años. Además, deben tenerse en cuenta las siguientes especialidades:

- En caso de pérdida del elemento patrimonial se deberá proceder a su sustitución en los mismos términos previstos para cuando la vida útil es inferior a cinco años.
- Los contribuyentes que se dediquen a la actividad económica de arrendamiento o cesión a terceros para su uso de elementos patrimoniales del inmovilizado pueden disfrutar del régimen de la reserva para inversiones, siempre que no exista vinculación, directa o indirecta, con los arrendatarios o cesionarios de dichos bienes, según art. 18 LIS, ni se trate de operaciones de arrendamiento financiero. A estos efectos, se entiende que el arrendamiento de inmuebles se realiza como actividad económica únicamente cuando concurran las circunstancias previstas en el art. 27.2 LIRPF.
- En los supuestos de arrendamiento de bienes inmuebles, además de las condiciones anteriores, el contribuyente deberá tener la consideración de empresa turística según L 8/2012, tratarse del arrendamiento de viviendas protegidas por la sociedad promotora, de bienes inmuebles afectos al desarrollo de actividades industriales incluidas en las divisiones 1 a 4 de la sección primera de las tarifas del IAE (RD Legis. 1175/1990), de actividades sociosanitarias, centros residenciales de mayores, geriátricos y centros de rehabilitación neurológica y física o de zonas comerciales situadas en áreas cuya oferta turística se encuentre en declive, por precisar de intervenciones integradas de rehabilitación de áreas urbanas, según L 8/2012 y el DL 1/2013.
- Cuando se trate de los valores de la letra c), deberán permanecer en el patrimonio del contribuyente durante cinco años ininterrumpidos, sin que los derechos de uso o disfrute asociados a los mismos puedan ser objeto de cesión a terceros.

7. Inversión anticipada. Los contribuyentes pueden realizar inversiones anticipadas, que se considerarán como materialización de la reserva para inversiones que se dote con cargo a beneficios obtenidos en el período impositivo en el que se realiza la inversión o en los tres posteriores, siempre que se cumplan los restantes requisitos exigidos.

La materialización y su sistema de financiación se comunicarán conjuntamente con la declaración del IS del período impositivo en que se realicen las inversiones anticipadas.

8. Incompatibilidades. La aplicación del beneficio de la reserva para inversiones es incompatible, para los mismos bienes y gastos, con las deducciones para incentivar la realización de determinadas actividades reguladas en la LIS. También es incompatible para los mismos bienes y gastos con cualquier beneficio fiscal o medida de distinta naturaleza que tenga la condición de ayuda estatal bajo el Derecho de la Unión Europea, si dicha acumulación excediera de los límites establecidos en el Ordenamiento comunitario que, en cada caso, resulten de aplicación.

Tratándose de activos usados y de suelo, estos no podrán haberse beneficiado anteriormente del régimen de la reserva para inversiones, ni de las deducciones para incentivar la realización de determinadas actividades reguladas en la LIS.

9. Información. Mientras no se cumpla el plazo de mantenimiento, los contribuyentes harán constar en la memoria de las cuentas anuales la siguiente información:

a) El importe de las dotaciones efectuadas a la reserva con indicación del ejercicio en que se efectuaron.

b) El importe de la reserva pendiente de materialización, con indicación del ejercicio en que se hubiera dotado.

c) El importe y la fecha de las inversiones, con indicación del ejercicio en que se produjo la dotación de la reserva, así como la identificación de los elementos patrimoniales en que se materializa.

d) El importe y la fecha de las inversiones anticipadas a la dotación, lo que se hará constar a partir de la memoria correspondiente al ejercicio en que las mismas se materializaron.

e) El importe correspondiente a cualquier otro beneficio fiscal devengado con ocasión de cada inversión realizada como consecuencia de la materialización de la reserva.

f) El importe de las subvenciones u otras medidas de apoyo solicitadas o concedidas por cualquier Administración pública con ocasión de cada inversión realizada como consecuencia de la materialización de la reserva.

g) Declaración fehaciente sobre el importe de todas las demás ayudas de minimis recibidas durante los dos ejercicios fiscales anteriores y, cuando acontezca la materialización de la reserva, que no se han aplicado otras ayudas estatales cuya concurrencia suponga exceder de los límites establecidos en el Ordenamiento comunitario que, en cada caso, resulten de aplicación.

Los contribuyentes que no tengan obligación de llevar cuentas anuales llevarán un libro registro de bienes de inversión, en el que figurará la información requerida en las letras a) a g) anteriores.

En relación con las inversiones previstas en la letra C del nº 3, la sociedad que realice las inversiones previstas en su letra A, mientras no se cumpla el plazo de mantenimiento hará constar en la memoria de las cuentas anuales el importe y la fecha de las inversiones efectuadas que supongan la materialización de la reserva dotada por la entidad suscriptora de sus acciones o participaciones, así como los ejercicios durante los cuales la misma deba mantenerse en funcionamiento.

10. Incumplimiento requisitos. La disposición de la reserva para inversiones con anterioridad a la finalización del plazo de mantenimiento de la inversión o para inversiones diferentes a las establecidas, así como el incumplimiento de cualquier otro de los requisitos exigidos, salvo el requisito de contabilización separada e información en la memoria, da lugar a que el contribuyente proceda a la integración, en la base imponible del IS del ejercicio en que ocurrieran estas circunstancias, de las cantidades que en su día dieron lugar a la reducción de aquella o a la deducción de esta, sin perjuicio de las sanciones que resulten procedentes.

Caso del incumplimiento de la obligación del ejercicio de la opción de compra prevista en los contratos de arrendamiento financiero, la integración en la base imponible tendrá lugar en el ejercicio en el que contractualmente estuviera previsto que esta debiera haberse ejercitado. Se liquidarán intereses de demora en los términos previstos en la LGT y en su normativa de desarrollo.

11. Infracciones. Constituyen infracciones tributarias graves los siguientes supuestos:

– La falta de contabilización de la reserva para inversiones, que será sancionada con multa pecuniaria proporcional del 2% de la dotación que debiera haberse efectuado.

– No hacer constar en la memoria de las cuentas anuales la información exigida, que será sancionada con multa pecuniaria proporcional del 2% del importe de las dotaciones a la reserva para inversiones que debieran haberse incluido.

– Incluir datos falsos, incompletos o inexactos en la memoria de las cuentas anuales, que será sancionada con multa pecuniaria fija de 100 euros por cada dato omitido, falso o inexacto, con un mínimo de 1.000 euros.

Constituye infracción tributaria leve la falta de comunicación de los datos o la comunicación de datos falsos, incompletos o inexactos a que se refiere la letra C del nº 3, que será sancionada con multa pecuniaria fija de 100 euros por cada dato omitido, falso o inexacto, con un mínimo de 500 euros.

Legislación

LEY

Ley 31/2022, disp. adic. 70ª.

2.4.11. Compensación de bases imponibles negativas

2.4.11.1. Plazo general

Una vez determinado el resultado contable del ejercicio, sobre el mismo se realizan los ajustes positivos y negativos que procedan por aplicación de los preceptos establecidos en la LIS, cuando establezcan algún criterio de calificación, valoración o imputación de ingresos y gastos, diferente al establecido en la norma contable, de manera que el importe que resulte de hacer estos ajustes determina la renta obtenida en el período impositivo por el contribuyente.

Dicha renta puede ser positiva o negativa, cuyo importe determina la base imponible del período impositivo, de manera que, en el primer caso, procederá realizar la liquidación sobre esa base imponible positiva, esto es, se determinará la cuota íntegra y sobre la misma se practicarán las deducciones que procedan para determinar la cantidad resultante a ingresar o, en su caso, a devolver a la entidad (caso de que los ingresos a cuenta realizados en el período impositivo sean superiores a la cuota que ha resultado de la liquidación).

Caso de que la renta del período impositivo sea negativa, ello determinará una base imponible negativa por igual importe, de manera que, en este caso, la liquidación del IS resultará una cantidad, en su caso, a devolver por el importe de los ingresos a cuenta realizados a lo largo del período impositivo por las retenciones soportadas sobre los ingresos o bien por los pagos fraccionados que se hubiesen realizado a lo largo del período impositivo.

No obstante, en este supuesto, la LIS permite que el importe de la base imponible negativa que haya resultado de la liquidación de un período impositivo, pueda compensarse con las rentas positivas obtenidas en los períodos impositivos siguientes sin límite temporal, es decir, la base imponible negativa representa un crédito fiscal que se materializa en las liquidaciones de los períodos impositivos futuros, anulando la tributación que resulte de los beneficios que la empresa obtenga en ejercicios posteriores.

En cuanto a la cantidad máxima a compensar, la LIS limita la compensación al importe del 70% de la base imponible previa a la aplicación de la reserva de capitalización y de la propia compensación de bases imponibles negativas, por lo que, en estos casos, siempre será positiva la base imponible.

Este crédito fiscal representa un derecho que la entidad puede ejercer de la forma que más le convenga, es decir, la LIS no obliga a que la compensación tenga que realizarse de forma imperativa en las liquidaciones del período impositivo inmediato y siguiente al de generación de esas pérdidas fiscales, sino que la empresa puede ejercitar ese derecho de compensación de la forma que mejor convenga a sus intereses, aun cuando lo más eficiente será realizar la compensación en el primer ejercicio en que se obtengan rentas positivas, salvo que se disponga de alguna deducción en la cuota íntegra con límite temporal que pueda absorber la totalidad de la cuota íntegra.

Dentro de los casos que pueden presentarse, si el contribuyente ha decidido, aun siendo positiva la base imponible previa, no compensar bases imponibles negativas pendientes o compensar por un importe inferior al límite máximo, puede posteriormente y fuera ya del plazo de autoliquidación del IS en período voluntario, bien sea por vía de rectificación de la autoliquidación o en fase de un procedimiento de comprobación, modificar la compensación ya ejercitada para que le resulte a ingresar una cantidad inferior o a devolver una cantidad superior por la compensación de esas bases imponibles negativas, ya que la compensación de bases imponibles negativas en un derecho del contribuyente y no una opción (STS 30-11-2021, Rec.4464/2020).

Ejemplo

Sociedad A tiene su ejercicio social coincidente con el año natural, obtiene en los períodos impositivos 2022 y 2023 una base imponible negativa de 4.000.000 y 2.500.000 euros, respectivamente. En los ejercicios 2024 y 2025, la renta generada es positiva por importe de 3.500.000 y 4.500.000 euros, respectivamente.

Solución:

Las bases imponibles negativas generadas en los períodos impositivos 2022 y 2023 pueden compensarse con las rentas positivas que esa sociedad obtenga en los períodos impositivos siguientes sin límite temporal.

Dado que, en los ejercicios 2024 y 2025, se obtienen rentas positivas, en esos períodos impositivos podrá realizarse la compensación, por lo que la liquidación que resulta es la siguiente:

Ejercicio 2024: En este período el importe compensable está limitado al 70% de la base imponible previa de este ejercicio, es decir, dicho límite es de 2.450.000 euros (0,7x3.500.000), por lo que la base imponible de este período es de 1.050.000 (3.500.000-2.450.000).

Por tanto, una vez realizada esa compensación, las bases imponibles negativas pendientes al cierre de ese período son de 1.550.000 euros (4.000.000-2.450.000) procedentes del ejercicio 2022 y 2.500.000 euros, procedentes del ejercicio 2023.

Ejercicio 2025: En este período el importe compensable está limitado igualmente al 70% de la base imponible previa de este ejercicio, es decir, dicho límite es de 3.150.000 euros (0,7x4.500.000), por lo que la base imponible de este período es de 1.350.000 (4.500.000-3.150.000).

La base negativa compensada procede 1.550.000 euros del ejercicio 2022 y 1.600.000 euros del ejercicio 2023, por lo que las bases imponibles negativas pendientes al cierre de este período 2025 son de 900.000 euros (2.500.000-1.600.000) procedentes del ejercicio 2023, que podrá compensarse en los períodos 2026 y siguientes sin límite temporal.

Ejemplo

Una sociedad ha generado bases imponibles positivas de una manera recurrente durante todos los ejercicios. No obstante, en los ejercicios 2022 y 2023 obtiene bases imponibles negativas de 200.000 y 150.000 euros, respectivamente, procedentes del desarrollo de su actividad económica. Dada la situación empresarial de esa sociedad, se decide cesar la actividad en su totalidad y liquidar la misma en el ejercicio 2024.

Solución:

Con independencia de que la sociedad haya generado rentas positivas en períodos impositivos anteriores a 2022, sin embargo, la LIS impide practicar la compensación hacia atrás y, por tanto, dado que la sociedad no genera rentas positivas con posterioridad, se pierde el derecho a la compensación de las bases imponibles negativas generadas en los ejercicios 2022 y 2023, aun cuando ello sea motivado por la liquidación de la sociedad, sin que ese derecho se traslade a los socios de la sociedad con posterioridad a su liquidación, pues la compensación de las bases imponibles negativas, al igual que cualquier otro crédito fiscal, es intransferible. No obstante, caso de que la entidad genere rentas positivas en el ejercicio 2024, incluyendo las que procedan, en su caso, de la transmisión de su patrimonio a los socios, por la diferencia entre el valor de mercado de los elementos entregados a los socios en la liquidación y el valor fiscal de tales elementos, esas bases imponibles negativas podrán compensarse en este último período impositivo sin que se aplique ningún límite cuantitativo.

Ejemplo

Mismo caso anterior, con la diferencia de que, en el proceso de liquidación de la sociedad, se ha transmitido en el ejercicio 2024 el inmueble en el que se desarrollaba la actividad por importe de 600.000 euros, siendo el valor contable del mismo de 320.000 euros.

Solución:

En este caso, en la transmisión de ese inmueble se genera una renta a efectos fiscales determinada por la diferencia entre el precio de transmisión y su valor contable coincidente, por tanto, con el resultado contable obtenido, siendo el mismo de 280.000 euros (600.000-320.000) que se corresponde con la renta generada.

No obstante, a efectos de determinar la base imponible de este ejercicio 2024, dicha renta puede compensarse con las bases imponibles negativas pendientes obtenidas en períodos impositivos anteriores, con independencia de que esa renta no proceda de la realización de la actividad ordinaria de la entidad. En este caso, dado que la liquidación de la entidad supone su extinción, en tal caso no es aplicable el límite a la compensación de bases imponibles negativas.

Por tanto, dado que la base imponible negativa total pendiente de compensar, asciende a 350.000 euros, ello supone que puede compensarse la totalidad de la renta obtenida y, en consecuencia, la base imponible de este período es nula, con la particularidad de que quedaría un importe de 70.000 euros (350.000-280.000) de base imponible negativa, cuya compensación no podrá agotarse como consecuencia de la extinción de la entidad motivada por la liquidación de la misma.

Si la entidad tuviese bases imponibles negativas pendientes de compensar procedentes de varios períodos impositivos, las primeras que deben compensarse son las más antiguas.

Excepciones a la limitación de la compensación de bases imponibles negativas

La LIS regula varios supuestos, en los que no se aplica la limitación a la compensación de bases imponibles negativas, es decir, se podrá compensar la totalidad de las mismas, siempre que la base imponible positiva previa a la compensación sea superior.

Tales supuestos son los siguientes:

a) **Importe mínimo de 1 millón euros.** En todo caso, la base imponible negativa mínima que puede compensarse es de un millón de euros. Caso de que el período impositivo tenga una duración inferior al año, el importe de la base imponible negativa mínima que podrán compensarse en ese período impositivo, será el resultado de multiplicar un millón euros por la proporción existente entre la duración del período impositivo respecto del año.

   Si la base imponible negativa es inferior a un millón euros, la totalidad de la misma puede compensarse siempre que la entidad obtenga en períodos impositivos posteriores rentas positivas de igual o superior importe.

Si la base imponible negativa es superior a un millón euros, en los períodos impositivos posteriores el importe de la compensación es el mayor de los dos siguientes:

- Un millón euros, siempre que el importe de la base imponible previa sea igual o superior a dicho importe, o
- El 70% de la base imponible previa, si este importe resulta ser superior a un millón euros.

b) **Extinción de la entidad.** Se excluye de la limitación de la compensación de bases imponibles negativas en el período impositivo en que tenga lugar la extinción de la sociedad, cualquiera que sea la causa que lo motive salvo que la entidad sea absorbida por otra entidad en una fusión acogida al régimen fiscal especial de subrogación.

Ejemplo

1) Sociedad A tiene su ejercicio social coincidente con el año natural, obtiene en el ejercicio 2023 una base imponible negativa de 1.100.000 euros. En el ejercicio 2024, la renta generada es positiva por importe de: a) 1.200.000; b) 900.000

Solución:

a) Aun cuando el límite a la compensación de esas bases imponibles negativas asciende a 840.000 euros (0,7x1.200.000), sin embargo, en todo caso puede compensarse hasta un importe de 1.000.000 euros, por lo que la base imponible definitiva del ejercicio 2024 es de 200.000 (1.200.000-1.000.000), quedando pendiente de compensar una base imponible negativa de 100.000 (1.100.000-1.000.l000).

b) En este otro caso, el límite a la compensación de esas bases imponibles negativas asciende a 630.000 euros (0,7x900.000), sin embargo, en todo caso puede compensarse hasta un importe de 1.000.000 euros, por lo que la base imponible definitiva del ejercicio 2024 es cero al poder compensarse toda la renta positiva del período, quedando pendiente de compensar una base imponible negativa de 200.000 (1.100.000-900.1000).

2) Sociedad A tiene su ejercicio social coincidente con el año natural, obtiene en el ejercicio 2023 una base imponible negativa de 900.000 euros. En el ejercicio 2024, la renta generada es positiva por importe de: a) 1.200.000; b) 800.000

Solución:

a) Dado que el importe de la base imponible negativa es inferior a un millón euros, en el período impositivo 2024 puede compensarse la totalidad de la misma, por lo que la base imponible de este período sería de 300.000 (1.200.000-900.000).

b) En este otro caso, igualmente puede compensarse la totalidad de la base imponible negativa hasta el importe de la base imponible positiva, esto es, un importe de 800.000, por lo que la base imponible del período 2024 sería nula, quedando una base imponible negativa pendiente de 100.000 (900.000-800.000).

2.4.11.2. Entidades de nueva creación

Las entidades de nueva creación, esto es, las nuevas entidades que se constituyan para realizar actividades económicas, además de tener un tipo reducido del 15%, aplicable exclusivamente en el primer período impositivo en el que la base imponible resulte positiva y en el período siguiente, también tienen una especialidad en materia de compensación de bases imponibles negativas, en el sentido de que el límite general a la compensación de bases imponibles negativas no es aplicable a estas entidades en los 3 primeros períodos impositivos en que se genere una base imponible positiva previa a su compensación.

En definitiva, las entidades de nueva creación pueden compensar la totalidad de las bases imponibles negativas sin limitación alguna en los tres primeros períodos impositivos en los que la base imponible previa sea positiva.

No obstante, lo razonable será que estas entidades no compensen tales bases imponibles negativas en los dos primeros períodos impositivos en los que su base imponible sea positiva, dado que en estos períodos el tipo de gravamen es del 15% y, por tanto, es más eficiente no compensar ningún importe de las bases imponibles negativas pendientes y aplazar tal compensación a partir del tercer período en el que la base imponible previa sea positiva, por cuanto que en estos períodos el tipo de gravamen es del 25% o del 23% (caso de que el importe neto de la cifra de negocios del período impositivo inmediato anterior sea inferior a 1 millón de euros), es decir, se consigue una menor tributación en el conjunto de todos esos períodos impositivos.

Ejemplo

En el ejercicio 2022, se constituye una entidad, iniciando en ese mismo período su actividad económica, con la particularidad de que, en los ejercicios 2022 y 2023, obtiene bases imponibles negativas por importe de 40.000 y 20.000 euros, respectivamente, siendo que, a partir del ejercicio 2024, obtiene bases imponibles positivas por importe de 10.000 euros y en los dos ejercicios siguientes de 30.000 y 50.000 euros, respectivamente.

Solución:

De decidir la entidad por la compensación de las bases imponibles negativas en su totalidad, a medida en que se obtienen bases imponibles positivas, la tributación que resulta en estos períodos sería la siguiente:

Período impositivo 2024:

Base imponible 0 (10.000-10.000), al compensar bases imponibles negativas, por lo que queda pendiente de compensar 50.000 (60.000-10.000).

Período impositivo 2025:

Base imponible 0 (30.000-30.000), al compensar bases imponibles negativas, por lo que queda pendiente de compensar 20.000 (50.000-30.000).

Período impositivo 2026:

Base imponible 30.000 (50.000-20.000), al compensar la totalidad de las bases imponibles negativas pendientes. Dado que este período impositivo 2026 es el primero en que la base imponible es positiva, podrá aplicar el tipo reducido del 15%. Este mismo tipo reducido se aplicará en el período 2026 de ser igualmente positiva la base imponible.

Cuota íntegra: 4.500 (0,15x30.000). Este período impositivo sería el primero en que su base imponible es positiva y, por tanto, el tipo de gravamen sería del 15%.

2.4.11.3. Limitación a la compensación de bases imponibles negativas

El artículo 26 LIS establece una limitación con carácter general a la compensación de las bases imponibles negativas generadas por una entidad cuando se trata de entidades inactivas y, además, se produce una modificación sustancial en la composición de sus accionistas respecto de la existente en el ejercicio en el que se generaron aquellas bases imponibles negativas.

En particular, la limitación a esa compensación requiere el cumplimiento simultáneo de los siguientes requisitos:

a) Que se adquiera una participación en la entidad que tiene bases imponibles negativas, siempre que esa participación adquirida otorgue la mayoría de su capital social o de los derechos a participar en sus resultados.

b) Que la adquisición de esa participación se realice con posterioridad a la conclusión del período impositivo en el que se generaron las bases imponibles negativas pendientes de compensar en la entidad adquirida.

c) Que, con anterioridad a la conclusión del período impositivo en el que se han generado las pérdidas, se tenga una participación inferior al 25% del capital de la entidad o de los derechos a participar en los resultados de la misma.

d) Que las condiciones, tanto de adquisición como de tenencia de las participaciones, se manifiesten en una misma persona o entidad o bien en un grupo de personas o entidades vinculadas.

e) Que la entidad participada se encuentre en alguna de las siguientes situaciones:

1ª. Que no haya realizado explotaciones económicas dentro de los tres meses anteriores a la adquisición de la participación que determina la mayoría del capital social de dicha entidad.

2ª. Que esta entidad realice en los dos años posteriores a la adquisición una actividad económica diferente o adicional a la realizada con anterioridad, la cual determine, en sí misma, un importe neto de la cifra de negocios en esos dos años siguientes superior al 50% del importe medio de la cifra de negocios de esa entidad correspondiente a los dos años anteriores.

Se entiende por actividad económica diferente o adicional, aquella que tenga asignado diferente Grupo a la realizada con anterioridad, según la Clasificación Nacional de Actividades Económicas, Real Decreto 475/2007 (en adelante RD).

Esta clasificación se desglosa en Divisiones/Grupos/Clases, de manera que debe tenerse en cuenta que es necesario que la actividad diferente sea por causa de pertenecer a un Grupo diferente.

3ª. Que la entidad tenga la consideración de entidad patrimonial, esto es, sea una entidad que no desarrolla ninguna actividad económica, al tener más de la mitad de su activo constituido por valores o bien por otros activos que no estén afectos al desarrollo de actividades económicas.

4ª. Que la entidad haya sido dada de baja en el índice de entidades.

Cuando se presenten alguna de esas situaciones, no son compensables las bases imponibles negativas que estuviesen pendientes de compensar en estas entidades, sin que esa limitación esté afectada por el valor de adquisición de la participación en relación con los fondos propios de esa entidad, con independencia de que la entidad pase a desarrollar actividades económicas con posterioridad.

Ejemplo

La Entidad A constituye una entidad B con un capital inicial de 100.000 euros, de manera que la entidad B en el desarrollo de su actividad obtiene unas pérdidas de 20.000 euros, por lo que la entidad A realiza una aportación dineraria del mismo importe al objeto de compensar dichas pérdidas y sanear su patrimonio.

No obstante, la entidad B vuelve a generar pérdidas en ejercicios posteriores por un importe de 40.000 euros, de manera que esta entidad deja de realizar actividad de forma paulatina, hasta convertirse en una entidad totalmente inactiva.

La entidad A transmite la totalidad de su participación en esta otra entidad por un importe de 70.000 euros a la entidad C.

Suponiendo que el importe de aquellas pérdidas coincide con la base imponible, resultaría que la entidad B tiene unas bases imponibles negativas pendientes de compensar acumuladas que ascienden a 60.000 euros (20.000 + 40.000) en el momento en el que el nuevo socio adquiere la mayoría de su capital social.

Solución:

Dado que se cumplen todos los requisitos exigidos, el importe total de 60.000 euros de dichas bases imponibles negativas no serían compensables con beneficios futuros.

Ejemplo

La Sociedad A, cuyo ejercicio coincide con el año natural, obtiene una base negativa de 80.000 euros a la conclusión del año 2022. En el ejercicio 2023, ha mantenido la misma actividad, aun cuando se ha reducido sustancialmente el volumen de negocios y, en el ejercicio 2024, un nuevo socio adquiere el 60% de su capital por un precio de 50.000 euros, de manera que se mantiene la misma actividad, aun cuando se incrementa significativamente el volumen de negocios.

El patrimonio neto de la sociedad A está formado por: capital 4.000; reservas 12.000 y pérdidas 80.000, cifras en euros.

Solución:

En este caso, no se cumplan los requisitos citados exigidos sobre la limitación a la compensación de las bases imponibles negativas, dado que la entidad no es inactiva ni se realiza una actividad diferente a la realizada anteriormente.

2.4.11.4. Acreditación de las bases imponibles negativas

Dado que el plazo de compensación de las bases imponibles negativas al ser ilimitado excede del plazo de prescripción general del IS (4 años), se imponen al contribuyente una serie de cargas al objeto de ejercer el derecho a la compensación.

En primer lugar, es necesario que la entidad haya realizado la autoliquidación del período impositivo en el que se han generado las bases imponibles negativas o bien que la Administración haya realizado la liquidación de ese período impositivo de la que resulte una base imponible negativa, por lo que si una entidad no ha presentado la declaración del IS de un período impositivo como consecuencia de que en el mismo el resultado contable ha sido negativo, la posible base imponible negativa que hubiera resultado de la declaración, no puede ser objeto de compensación con las rentas positivas que, en períodos impositivos futuros, obtenga esa misma entidad, al ser un requisito necesario que se haya presentado esa declaración.

Por tanto, en esta situación, la entidad debería regularizar su situación tributaria mediante la presentación de esa declaración, aun cuando sea fuera de plazo, siempre que no estuviese prescrito ese período impositivo en el momento de la presentación de esa declaración, lo cual habilita a que pueda ser compensada la base imponible negativa que haya resultado de esa liquidación

Por otra parte, aun cuando no prescribe con carácter general el derecho de comprobación e investigación de la Administración tributaria; sin embargo, tratándose de bases imponibles negativas, ese derecho prescribe a los diez años, a contar desde el día siguiente a la finalización del plazo establecido para presentar la declaración del IS correspondiente al período impositivo en que se generó el derecho a la compensación de las bases imponibles negativas.

Por tanto, el contribuyente debe acreditar la procedencia y cuantía de las bases imponibles negativas cuya compensación pretenda realizar. Para ello, debe exhibir a la Administración tributaria la correspondiente liquidación o autoliquidación de la que haya resultado la base imponible negativa, así como la contabilidad y los oportunos soportes documentales, cualquiera que sea el ejercicio en que se originaron las bases imponibles negativas.

En consecuencia, el contribuyente debe conservar las pruebas que acrediten el derecho a la compensación de las bases imponibles negativas, mientras no haya prescrito la acción de comprobación de las bases imponibles negativas.

Esta acreditación debe efectuarse en todo caso, aun en el supuesto en que al tiempo de comprobar la Administración tributaria la autoliquidación del período impositivo en el que se han compensado las bases imponibles negativas, sin embargo, haya prescrito el período impositivo en el que se generaron dichas bases imponibles negativas, pues aun cuando no se pueda regularizar este período impositivo, sin embargo, puede modificarse el importe de las bases imponibles negativas, incluso hasta su anulación, mediante la comprobación de las mismas, con la particularidad de que la modificación de tales bases negativas que, en su caso, resulte de esa comprobación, tendrá efectos en la regularización del período impositivo en el que se han compensado y es objeto de comprobación así como en los períodos impositivos siguientes de quedar bases imponibles negativas pendientes de compensación.

No obstante, una vez transcurrido ese plazo de 10 años donde la Administración puede ejercer el derecho de comprobación e investigación de tales bases imponibles negativas, esa comprobación no puede hacerse y, por tanto, a los efectos de la compensación, el contribuyente sólo debe acreditar que las bases imponibles negativas cuya compensación pretende realizar, resultan procedentes, así como su cuantía, para lo cual basta con exhibir la liquidación o autoliquidación y la contabilidad, con acreditación de su depósito en el Registro Mercantil.

Ejemplo

Una sociedad A tiene su ejercicio económico coincidente con el año natural, y ha generado una base imponible negativa en el ejercicio 2012.

Solución:

Si la compensación tiene lugar, por ejemplo, en el período impositivo correspondiente al año 2021 y la comprobación de la liquidación del impuesto de este último período se realiza por la Administración tributaria en el año 2024, aun cuando en el momento de la comprobación esté prescrito el período impositivo correspondiente al año 2014, la sociedad A deberá justificar la existencia y cuantía de las bases imponibles negativas que compensa mediante la acreditación de la contabilidad del año 2014, así como las declaraciones del impuesto de dicho período y siguientes, al objeto de probar que ejercita la compensación de las bases imponibles negativas correctamente, de manera que de esa comprobación la Administración puede modificar el importe de las bases imponibles negativas compensables, a los solos efectos de la comprobación y determinación de la base imponible del ejercicio 2021 no prescrito.

La comprobación de la Administración tributaria de un período impositivo en el que la entidad ha declarado bases imponibles negativas, puede determinar una liquidación del mismo, aumentando o reduciendo esas bases imponibles negativas, lo cual puede afectar a las liquidaciones de los períodos impositivos siguientes cuando se compensen esas bases imponibles negativas.

Al igual que, en general, en el nuevo artículo 68 bis.2 de la Ley General Tributaria, la Ley 34/2015, de 15 de septiembre, incluye en su Disposición final sexta. Tres, una leve modificación de la redacción del artículo 26.5 LIS, relativo a la compensación de bases imponibles negativas.

De esta forma, el período de prescripción de 10 años que la Administración tributaria dispone para comprobar la existencia de tales bases imponibles negativas y de su acreditación, hayan sido éstas compensadas o estén pendientes de compensar, se cuenta desde que la Administración tributaria inicie el procedimiento de comprobación de tales bases imponibles negativas.

Reglas similares incorpora la mencionada disposición final sexta en los apartados Tres, Cuatro y Cinco de la Ley 34/2015 para las deducciones en la cuota pendientes de compensar o ya aplicadas, artículos 31.7, 32. 8 y 39.6 LIS.

Todo ello, con efectos para los períodos impositivos iniciados el 1 de enero de 2015.

2.4.11.5. Límite de la compensación de bases imponibles negativas para las grandes empresas

Con efectos para los períodos impositivos iniciados a partir de 1-1-2016, tratándose de contribuyentes cuyo importe neto de la cifra de negocios durante los 12 meses anteriores a la fecha de inicio del período impositivo sea al menos de 20 millones €, la compensación de bases imponibles negativas tiene las siguientes especialidades:

a) Caso de que el referido importe neto de la cifra de negocios sea al menos 20 millones € pero inferior a 60 millones €, el límite de compensación es del 50% de la base imponible previa a la aplicación de la reserva de capitalización y a la compensación de las bases imponibles negativas.
b) Caso de que el referido importe neto de la cifra de negocios sea al menos de 60 millones €, el límite de compensación es del 25% de la base imponible previa a la aplicación de la reserva de capitalización y a la compensación de las bases imponibles negativas.

No obstante, en todo caso, cualquiera que sea el importe del límite el contribuyente podrá compensar bases imponibles negativas hasta el importe de 1 millón €.

Ejemplo

La cifra de negocios de la sociedad A en el ejercicio 2021 ha sido de 32 millones € siendo la base imponible negativa obtenida en ese período de 4.000.000 €. En los ejercicios 2023 y 2024 la base imponible positiva obtenida ha sido de 6.200.000 y 1.600.000 €, respectivamente.

Solución:

Período impositivo 2023: En este período el límite a la compensación es del 50% de la base imponible previa, es decir, el importe compensable es de 3.100.000 (0,5x6.200.000), por lo que la base imponible es de 3.100.000 (6.200.000-3.100.000), quedando pendiente de compensar una base imponible negativa de 900.000 (4.000.000-3.100.000).

Período impositivo 2024: En este otro período el límite a la compensación es igualmente del 50% de la base imponible previa, es decir, el importe compensable es de 800.000 (0,5x1.600.000) pero, sin embargo, podrá compensarse el resto de base imponible negativa pendiente dado que en todo caso puede ser compensada base imponible negativa hasta un importe de 1 millón €, por lo que la base imponible de este período asciende a 700.000 (1.600.000-900.000).

Legislación

LEY

LIS artículo 26 y disposiciones transitorias 34 y 36 (redacción Ley 36/2014).

2.4.12. Período impositivo

Dado que la base imponible del IS está constituida por el importe de la renta obtenida en el período impositivo minorada por la compensación de bases imponibles negativas obtenidas en períodos impositivos anteriores, es necesario delimitar la obtención de renta en un período de tiempo determinado, a los efectos de calcular el impuesto que debe satisfacerse sobre el resultado fiscal obtenido en ese período.

Esta parcelación temporal de la vida económica de cualquier entidad, no sólo se exige por la norma fiscal, también la legislación mercantil delimita un período temporal para cuantificar el resultado económico y formular y aprobar las correspondientes cuentas anuales en el caso de entidades mercantiles (Texto Refundido de la Ley de Sociedades de Capital; en adelante LSC art. 23), como es el ejercicio social.

Ese espacio temporal se denomina en el IS período impositivo, en el cual deberá determinarse la renta generada de las operaciones realizadas dentro del mismo a efectos de calcular la base imponible sometida a tributación, de manera que puede diferenciarse entre el período impositivo general y otros períodos impositivos especiales.

2.4.12.1. Período impositivo general

Con carácter general, el período impositivo coincide con el ejercicio económico de la entidad. Por tanto, de forma indirecta, hay una remisión a la legislación mercantil que regula las diferentes formas jurídicas de las entidades que son contribuyentes del IS, con la particularidad de que la LIS sólo establece un límite de tiempo sobre la duración del período impositivo, en el sentido de que el mismo no puede exceder de doce meses.

En consecuencia, a efectos de determinar el período impositivo de la entidad, ha de estarse, por tanto, a la legislación sustantiva de la entidad.

La normativa mercantil establece que, a falta de disposición estatutaria donde conste la fecha de cierre del ejercicio social, se entiende que el ejercicio termina el 31 de diciembre de cada año, esto es, en estos casos el ejercicio social coincide con el año natural texto refundido de la Ley de Sociedades de Capital (LSC art. 23).

No hay ninguna particularidad si el ejercicio social no coincide con el año natural, en cuyo caso igualmente el período impositivo coincidirá con el ejercicio social, denominado período impositivo quebrado, por el hecho de que se inicia a lo largo del año natural.

Los períodos impositivos cortos son aquellos que tienen una duración inferior al año, siendo un caso típico de esta situación el primer período impositivo en que se constituye una entidad.

2.4.12.2. Períodos impositivos especiales

También concluye un período impositivo y, por tanto, en ese período debe calcularse la renta obtenida por la entidad para determinar la base imponible de ese período, en los siguientes casos:

- Cuando la entidad se extinga;
- Cuando tenga lugar un cambio de residencia de la entidad residente en territorio español al extranjero;
- Cuando se produzca la transformación de la forma jurídica de la entidad o su régimen jurídico y ello determine la no sujeción a este impuesto de la entidad

resultante, la modificación de su tipo de gravamen o la aplicación de un régimen tributario distinto.

En todos estos casos, a efectos de determinar la base imponible, caso de que la contabilidad no concluya en la misma fecha en que tiene lugar la conclusión del período impositivo, el contribuyente deberá cerrar su contabilidad a los solos efectos de calcular el resultado contable de dicho período impositivo, dado que sobre el mismo se determina la base imponible mediante los ajustes fiscales que procedan.

La conclusión del período impositivo va íntimamente ligada a la obligación de presentar declaración del IS, ya que se establece un plazo de 25 días naturales siguientes a los seis meses posteriores a la conclusión del período impositivo para presentar dicha declaración.

2.4.12.2.1. Extinción de la entidad

En todo caso, concluye el período impositivo, cuando la entidad se extingue, de manera que las causas de extinción son las previstas en la normativa mercantil, entre otras, una entidad se disuelve por el transcurso del término de duración fijado en los estatutos, por la conclusión de la empresa que constituya su objeto, por acuerdo de la Junta General, etc., produciéndose la extinción de la entidad con el asiento de cancelación en el Registro Mercantil, ya que la entidad mientras dura el procedimiento de disolución conserva la personalidad jurídica y, por tanto, sigue siendo contribuyente del IS.

El período impositivo concluye en la fecha en que se extinga la personalidad jurídica, lo cual tiene lugar cuando se inscribe en el Registro Mercantil dicha extinción (DGT 31-7-19; V1981-19).

Consecuencia de la finalización del período impositivo, ello determina el devengo del IS el día en que tenga efectos jurídicos la extinción y, por tanto, debe calcularse la base imponible correspondiente al mismo, para lo cual, en primer lugar, se debe calcular el resultado contable correspondiente a ese período y sobre el mismo se realizan los ajustes fiscales que procedan de acuerdo con los preceptos establecidos en la LIS. Además, caso de que la extinción suponga la transmisión de su patrimonio, con o sin liquidación de la entidad, a efectos de determinar la base imponible del período impositivo que concluye con la extinción de la entidad, deberá integrarse en la misma la diferencia entre el valor de mercado de los elementos patrimoniales transmitidos y su valor fiscal, lo cual requerirá hacer un ajuste al resultado contable de ese período por el importe de esa diferencia, caso de que la misma no estuviese registrada en ese resultado contable.

2.4.12.2.2. Cambio de residencia

El cambio de residencia de la entidad desde el territorio español al extranjero supone, en primer lugar, que se genere a efectos fiscales una renta determinada por diferencia entre el valor de mercado y el valor fiscal de los elementos patrimoniales de la entidad residente y, en segundo lugar, también supone la conclusión del período impositivo de la entidad.

No obstante, si el cambio de residencia determina con posterioridad la existencia de un establecimiento permanente en territorio español, al que queden afectos los elementos patrimoniales de los que era titular la entidad residente, aun cuando concluya igualmente un período impositivo, sin embargo, en este caso, no se debe integrar en la base imponible el importe de las plusvalías latentes en el patrimonio de la sociedad (diferencia entre el valor de mercado de los elementos patrimoniales de la entidad y su valor fiscal), computándose exclusivamente las rentas derivadas de la actividad desarrollada por la sociedad desde el inicio del período impositivo hasta el momento en que tiene efectos el cambio de residencia. Si algún elemento de la entidad no quedase afecto a dicho establecimiento permanente, la renta latente en el mismo se deberá integrar en la base imponible de ese período impositivo.

En definitiva, en el período impositivo que finaliza con el cambio de residencia de la entidad, se integra en la base imponible del mismo las rentas generadas desde el inicio del mismo hasta su conclusión, derivadas de las operaciones realizadas en el mismo en el desarrollo de su actividad económica.

2.4.12.2.3. Transformación de la forma jurídica de la entidad

La tercera causa especial de finalización del período impositivo es la transformación de la forma jurídica, estatuto o régimen jurídico de la entidad, siempre que ello determine cualquiera de las situaciones siguientes:

1º. La no sujeción al IS de la entidad que resulta de la transformación. A estos efectos, se debe tener en cuenta que no tributan por el IS las entidades en régimen de atribución de rentas, entre las que se encuentran las sociedades civiles, que no tengan personalidad jurídica o teniéndola su objeto no sea mercantil, por lo que si la entidad resultante de la transformación es una de estas sociedades civiles, por tanto no sujeta al IS, ello supone que se cumpla este tercer supuesto y, en consecuencia, concluye un período impositivo para esa entidad en el momento en el que tenga la transformación efectos jurídicos frente a terceros.

Respecto de las sociedades civiles, debe advertirse que, a partir de los períodos impositivos que se inicien desde el 1-1-2016, las sociedades civiles que tengan personalidad jurídica y su objeto sea mercantil, pasan a tributar por el IS, al ser contribuyentes de dicho impuesto, por lo que dejan de tributar en régimen de atribución de rentas.

Como consecuencia de la finalización del período impositivo, ello determina el devengo del IS el último día de ese período y, por tanto, debe calcularse la base imponible correspondiente al mismo, para lo cual, en primer lugar, se debe calcular el resultado contable correspondiente a ese período y sobre el mismo se realizan los ajustes fiscales que procedan de acuerdo con los preceptos establecidos en la LIS.

Para determinar el resultado contable como paso previo para calcular la base imponible, es preciso que la entidad cierre su contabilidad en el momento de la transformación, aun cuando dicho cierre pueda tener carácter extracontable si la norma contable no exige la conclusión de un ejercicio económico, para aplicar sobre ese resultado los ajustes que procedan en el caso de que la entidad haya obtenido rentas cuyo criterio de imputación temporal a efectos fiscales difiera del contable o bien haya realizado operaciones cuya valoración a efectos fiscales también difiera del criterio contable de valoración de esa misma operación.

Aun cuando la operación de transformación llevada a cabo por la entidad, no suponga la extinción de la misma ni tampoco la transmisión de su patrimonio a sus socios, sin embargo, a efectos de calcular la base imponible del período impositivo que concluye como consecuencia de la transformación, esta operación se asimila a la de disolución, con los mismos efectos que dichas operaciones, lo cual implica que:

- Los elementos que integran el patrimonio de la sociedad transformada, se valoran por su valor normal de mercado;
- La sociedad transformada genera, a efectos fiscales, una renta por la diferencia entre el valor normal de mercado de los elementos que integran su patrimonio y el valor fiscal de los mismos;
- Dicha renta se integra en la base imponible de la entidad transformada correspondiente al período impositivo que concluye con la transformación.

En cuanto a la entidad que resulta de la transformación, a efectos contables, parece razonable que los elementos que integren su patrimonio conserven el mismo valor que tenían en la contabilidad de la entidad con anterior a la transformación, dado que aquella operación supone una sucesión en los derechos y obligaciones de la primitiva entidad.

No obstante, a efectos fiscales, esos mismos elementos se han valorado por su valor de mercado, valor que debe aplicarse tanto a la entidad transformada como a la resultante de la transformación, lo cual supone que sea de aplicación lo establecido respecto a los efectos de la sustitución del valor contable por el valor normal de mercado, al objeto de evitar que la plusvalía latente en el patrimonio de la entidad transformada se grave de nuevo en sede de la entidad resultante de la transformación pues, de lo contrario, dichas plusvalías tributarían dos veces, la primera, en sede de la entidad transformada y, una segunda vez, cuando se transmitiesen dichos elementos por la entidad resultante de la transformación.

Ejemplo

A mitad del año 2024 una entidad, cuyo ejercicio social coincide con el año natural, se transforma en una sociedad civil con personalidad jurídica pero que no tiene objeto mercantil, de manera que la renta generada hasta el momento por dicha transformación asciende a 100.000 euros.

Por otra parte, en su patrimonio figura un inmueble cuyo valor contable es de 200.000 euros cuando, por el contrario, el valor normal de mercado del mismo es de 250.000 euros. Al final de dicho año la sociedad civil transmite el inmueble por un importe de 260.000 euros.

La entidad tributa de acuerdo con el régimen general en el IS.

Solución:

Renta ordinaria	100.000
Renta latente inmueble (250.000-200.000)	50.000
Base imponible	150.000
Cuota íntegra (0,25x150.000)	37.500

Una vez realizada la transformación, la entidad no está sujeta al IS, tributando en régimen de atribución de rentas. La renta generada en la transmisión posterior del inmueble debe calcularse en función de la valoración que, a efectos fiscales, sirvió de referencia para calcular la renta obtenida en la transformación y, por tanto, la renta en la transmisión del inmueble es de 10.000 euros (260.000 – 250.000).

2º. Cuando se produzca la transformación de la forma jurídica de la entidad y ello determine la modificación de su tipo de gravamen o la aplicación de un régimen tributario distinto.

En definitiva, la transformación de la forma jurídica, con el resultado de que se modifica el tipo de gravamen o bien determina la aplicación de un régimen tributario diferente de la entidad resultante, supone la finalización del período impositivo el día en el que tiene efectos dicha transformación y, en consecuencia, ello implica el devengo del IS el último día de ese período, por lo que debe determinarse la base imponible correspondiente a dicho período, es decir, debe calcularse el resultado contable correspondiente a ese período y sobre el mismo deben practicarse los ajustes fiscales que procedan de acuerdo con los preceptos establecidos en la LIS.

Esta norma de conclusión del período impositivo va acompañada de una regla de imputación temporal, en el sentido de que la renta generada en la transmisión de los elementos patrimoniales existentes en el momento de la transformación, pero realizada con posterioridad a ésta, se entiende generada de forma lineal, salvo prueba en contrario, durante todo el tiempo de tenencia del elemento transmitido, por lo que la parte de dicha renta generada hasta el momento de la transformación se gravará aplicando el tipo de gravamen y el régimen tributario que hubiera correspondido a la entidad, de haber conservado su forma jurídica originaria y el resto de acuerdo con el nuevo régimen fiscal de la entidad resultante de la transformación.

Así, finaliza un período impositivo en el supuesto de transformación de una sociedad limitada en una sociedad cooperativa, así como la operación de transformación de una sociedad mercantil que, sin modificar su forma societaria, sin embargo, cambie su estatuto jurídico, por ejemplo, al de las instituciones de inversión colectiva, con lo que la entidad resultante tributa a un tipo de gravamen diferente al de la entidad originaria.

La interpretación administrativa más relevante sobre esta materia es la siguiente:

- La pérdida de la condición de SICAV determina la conclusión de un período impositivo cuando se produce la transformación. Las bases imponibles negativas pendientes pueden compensarse por la sociedad transformada, que tributa según el régimen general (DGT 12-5-04, 1220-04).
- La transformación de la forma social de SA a SL no determina la disolución de la sociedad y, por tanto, no implica la finalización de un período impositivo (DGT 12-11-97, 2336-97).

La transformación de una SAT en SL no supone la conclusión de un período impositivo en la SAT, ni la generación de renta alguna en dicha entidad ni en sus socios por el canje de participaciones (DGT 4-2-20, V0232-20).

Ejemplo

Una SL que tributaba por el régimen general:

a) Pasa a tributar según el régimen fiscal especial de las empresas de reducida dimensión.

b) Opta por aplicar el régimen de las empresas de arrendamiento de viviendas.

c) Se transforma en socieda cooperativa.

Solución:

a) No concluye período impositivo pues no hay modificación de su forma societaria ni de su régimen jurídico.

b) No concluye período impositivo pues no hay modificación de forma societaria ni de su régimen jurídico.

c) En este caso concluye un periodo impositivo cuando tenga efectos legales la transformación, dado que la cooperativa tributa a un tipo de gravamen diferente y según un régimen fiscal también diferente en el IS.

Legislación

LEY
LIS artículo 27.

2.4.13. Devengo

Con carácter general, el IS se devenga el último día del período impositivo, de manera que, si éste coincide con el año natural, se entiende producido el devengo el 31 de diciembre de cada año.

La fecha del devengo del impuesto determina el nacimiento de la obligación formal de satisfacer la deuda tributaria, aun cuando la obligación material de pago de la misma no tiene lugar hasta el momento en el que debe realizarse la declaración del impuesto con su correspondiente autoliquidación en el plazo general de los veinticinco días siguientes a los seis meses posteriores a la conclusión del período impositivo o en períodos anteriores que estuviesen pendientes de aplicar.

Por otra parte, la legislación vigente a la fecha de la conclusión del período impositivo y, por tanto, el devengo del IS, es la aplicable a efectos de calcular la liquidación del impuesto.

Legislación

LEY
LIS artículo 28.

2.4.14. Tipo de gravamen

2.4.14.1. Tipo de gravamen general

El tipo de gravamen del Impuesto sobre Sociedades es un porcentaje que se aplica a la base imponible obtenida en el período impositivo y el resultado de su aplicación determina la cuota íntegra, la cual representa el importe del ingreso que debe hacerse a la Hacienda Pública, aun cuando el importe definitivo de lo que debe ingresarse, es el resultado de minorar esa cuota íntegra en una serie de deducciones en la cuota que haya generado la empresa en ese mismo período impositivo.

Con carácter general, el tipo de gravamen es del 25%, aun cuando determinadas entidades están sujetas a tipos de gravamen inferiores al general por razón de la actividad que desarrollan y otras a un tipo de gravamen superior al general.

No obstante, las entidades cuyo importe neto de la cifra de negocios del período impositivo inmediato anterior sea inferior a 1 millón de euros, el tipo de gravamen es del 23%, de manera que en la práctica este tipo de gravamen reducido es aplicable a las entidades de reducida dimensión que tengan dicha cifra de negocios.

2.4.14.2. Tipos de gravamen especiales

No obstante, existe un tipo de gravamen más reducido para las empresas de nueva constitución. Por otra parte, el art. 29 LIS establece otros tipos de gravamen diferentes al general, superiores e inferiores al general, en función de la actividad que desarrollan o de la naturaleza jurídica del contribuyente.

Tributan al tipo del 30%:

- Las entidades que se dediquen a la exploración, investigación y explotación de yacimientos y almacenamiento subterráneos de hidrocarburos en los términos establecidos en la L 34/1998.
- Las entidades de crédito.

Tributan al tipo del 20% las sociedades cooperativas fiscalmente protegidas, excepto por lo que se refiere a los resultados extracooperativos, que tributan al tipo general.

Tributan al tipo del 10%, las entidades que reúnan los requisitos para disfrutar del régimen fiscal establecido en la Ley 49/2002 de entidades sin fines lucrativos y de los incentivos fiscales al mecenazgo.

Tributan al tipo del 1%:

- Las sociedades de inversión de capital variable reguladas por la Ley 35/2003, siempre que el número de accionistas sea igual o superior a 100.
- Los fondos de inversión de carácter financiero regulados por la Ley 35/2003, siempre que el número de partícipes requerido sea igual o superior a 100.
- Las sociedades de inversión inmobiliaria y los fondos de inversión inmobiliaria regulados por la Ley 35/2003, siempre que el número de accionistas o partícipes requerido sea igual o superior a 100 y que, con el carácter de instituciones de inversión colectiva no financieras, tengan por objeto exclusivo la inversión en cualquier tipo de inmueble de naturaleza urbana para su arrendamiento.
- El fondo de regulación del mercado hipotecario, establecido en la Ley 2/1981 art. 25.

❒ Los Fondos de Activos Bancarios (Ley 9/2012 disp. adic. 17ª).

Tributan al tipo del 0%:

❒ Los fondos de pensiones regulados por el RDLeg 1/2002.

❒ Las sociedades anónimas cotizadas de inversión en el mercado inmobiliario (SOCIMI).

2.4.14.2.1. Empresas de nueva constitución

Las entidades constituidas a partir de 1-1-2015 están sometidas al tipo de gravamen especial del 15%, cualquiera que sea el importe de la base imponible y de la actividad que desarrollen, siempre que no sea una entidad patrimonial.

Las condiciones exigidas para la aplicación de este tipo de gravamen reducido son las siguientes:

a) Actividad económica. Es necesario que la entidad desarrolle actividades económicas, es decir, ordene por cuenta propia medios de producción y recursos humanos o de uno de ambos, con la finalidad de intervenir en la producción o distribución de bienes o servicios.

   Dado que las entidades patrimoniales no desarrollan actividades económicas, la LIS expresamente excluye de la aplicación de este tipo reducido a las entidades de nueva creación que tengan la consideración de patrimoniales.

b) Volumen actividad. No se exige ninguna condición sobre la cifra de negocios de la entidad ni sobre el número de empleados, por lo que alcanza a cualquier contribuyente del IS de nueva constitución.

c) Ámbito temporal. La aplicación del tipo de gravamen reducido es aplicable de forma temporal exclusivamente, al primer período impositivo en el que la entidad de nueva constitución tenga bases imponibles positivas, así como en el período impositivo siguiente. En los períodos impositivos siguientes a éste último tributa al tipo general de gravamen.

d) Duración período impositivo. El tipo de gravamen del 15% no está afectado por la duración del período impositivo.

Exclusiones.

No se consideran entidades de nueva creación, a efectos de aplicar el tipo de gravamen reducido, cuando:

a) La entidad de nueva creación forme parte de un grupo en el sentido del artículo 42 del Código de Comercio (CCom), con independencia de la residencia y de la obligación de formular cuentas anuales consolidadas. Lo mismo ocurre si la inclusión en ese grupo tiene lugar con posterioridad a su constitución, pero dentro de los dos períodos impositivos en que tributa al tipo de gravamen reducido. Así, no se considera entidad de nueva creación la constituida por una entidad no residente como socio único (DGT 13-4-21, V0879-21).

b) La actividad de la entidad de nueva creación hubiera sido realizada con carácter previo por otras personas o entidades vinculadas en el sentido del artículo 18 LIS y transmitida, por cualquier título jurídico, a la entidad de nueva creación.

La actividad de la entidad de nueva creación hubiera sido ejercida, durante el año anterior a la constitución de la entidad, por una persona física que ostente una participación, directa o indirecta, en el capital o en los fondos propios de la entidad de nueva creación superior al 50%. La coincidencia de la misma actividad entre el socio y la entidad de nueva creación solo debe referirse al caso de socio con participación superior al 50%, por lo que la coincidencia en la actividad con los socios minoritarios no impide la calificación de entidad de nueva creación.

Ejemplo

1) Una entidad se constituye en el año 2023, de manera que, en los ejercicios 2024 y 2025, tiene, respectivamente, una base imponible de 210.000 y 520.000 euros.

Solución:

Esta entidad tiene la consideración de entidad de nueva creación. La cuota íntegra que resulta en cada uno de esos períodos es la siguiente:

Período 2024:

Base imponible	210.000
Cuota íntegra (210.000x0,15)	31.500

Período 2025:

Base imponible	520.000
Cuota íntegra (520.000x0,15)	78.000

A partir del ejercicio 2026 y siguientes esta entidad tributaría de acuerdo con el tipo general de gravamen del 25% o del 23% según corresponda en función de su cifra de negocios.

2) Una persona física desarrolla la actividad económica de restauración, de manera que constituye una entidad íntegramente por esa persona a la que transmite dicho negocio, con la finalidad de que se amplíe esa actividad en sede de esa entidad.

Solución:

Esa entidad no puede ser considerada de nueva creación al objeto de aplicar el tipo reducido del 15%, dado que la actividad de esa entidad ha sido realizada con carácter previo por el socio persona física, vinculado en el sentido del artículo 18 LIS y transmitida a la entidad de nueva creación.

3) Una persona física desarrolla la actividad profesional, de manera que constituye una entidad íntegramente por esa persona al objeto de que sea dicha entidad la que pase a prestar esos mismos servicios profesionales a terceros.

Solución:

Esa entidad no puede ser considerada de nueva creación al objeto de aplicar el tipo reducido del 15%, dado que la actividad de esa entidad ha sido realizada con carácter previo por el socio persona física que tiene mas del 50% de su capital.

Las entidades de nueva creación, que cumplan los requisitos para ser empresas de reducida dimensión, podrán aplicar los incentivos fiscales establecidos para estas empresas a nivel de base imponible.

Caso de que una entidad de nueva creación haya generado bases imponibles negativas en períodos anteriores al primero en que obtiene base imponible positiva, es más eficiente no realizar la compensación en ninguno de los dos períodos impositivos en los que la entidad puede aplicar la escala de gravamen reducida.

Ejemplo

Una entidad se constituye en el año 2023, de manera que, en los ejercicios 2023 y 2024, tiene, respectivamente, una base imponible negativa de 100.000 y 250.000 euros, respectivamente. En los ejercicios 2025, 2026 y 2027, la base imponible positiva generada asciende a 120.000, 350.000 y 400.000 euros, respectivamente. El tipo de gravamen de la entidad es del 25% según su cifra de negocios en todos los períodos impositivos.

La entidad decide compensar las bases negativas de la forma siguiente: a) en el ejercicio 2025 y 2027, b) toda en el ejercicio 2027.

Solución:

a) En este caso, las bases imponibles y cuota íntegra de todos esos períodos impositivos son las siguientes:

2025: Base imponible cero. Queda pendiente de compensar una base negativa de 230.000 (350.000-120.000).

2026: Base imponible 350.000. Cuota íntegra 52.500 (350.000x0,15)

2027: Base imponible 170.000 (400.000-230.000). Cuota íntegra 25.500 (170.000x0,15)

b) En este otro caso las bases imponibles y cuota íntegra de todos esos períodos impositivos son las siguientes:

2025: Base imponible 120.000. Cuota íntegra 18.000 (120.000x0,15). Queda pendiente de compensar una base negativa de 350.000 (100.000+250.000).

2026: Base imponible 350.000. Cuota íntegra 52.500 (350.000x0,15). Queda pendiente de compensar una base negativa de 350.000 (100.000+250.000).

2027: Base imponible 50.000 (400.000-350.000). Cuota íntegra 12.500 (50.000x0,25)

Se aprecia que la primera opción determina tributar en el conjunto de esos tres ejercicios un importe menor de 5.000.

Legislación

LEY

LIS art. 29 y disposición transitoria 34.

2.4.14.2.2. Empresas emergentes

Las entidades que tengan la condición de empresa emergente, cuyas condiciones se regulan en el art. 4 Ley 28/2022, y dispongan de la correspondiente certificación de tal condición emitida por la Empresa Nacional de Innovación, S.M.E., SA, (ENISA), tienen el siguiente régimen fiscal en el IS:

a) Tipo de gravamen. Tributan al tipo del 15% en el primer período impositivo en que, teniendo esa condición, la base imponible sea positiva y en los tres siguientes, siempre que mantengan dicha condición en estos últimos períodos impositivos.

Dado que la condición de empresa emergente concluye a los cinco o siete años desde su creación (L28/2022 art. 6 según tipo de empresa), caso de que la entidad hubiese generado bases imponibles negativas en los primeros períodos desde su constitución, sería más eficiente posponer la compensación de tales bases imponibles negativas a períodos posteriores en los que la entidad no pueda aplicar este tipo de gravamen reducido por haber superado el referido plazo de aplicación de este régimen fiscal. La AEAT tiene competencia para valorar si en estos períodos se cumplen y mantienen las condiciones exigidas para tener la condición de empresa emergente.

b) Aplazamiento de la tributación. Los contribuyentes que tengan la condición de empresa emergente, podrán solicitar a la Administración tributaria en el momento de la presentación de la autoliquidación del IS, el aplazamiento del pago de la deuda tributaria correspondiente a los dos primeros períodos impositivos en los que la base imponible del IS sea positiva. La Administración tributaria del Estado concederá el aplazamiento, con dispensa de garantías, por un período de doce y seis meses, respectivamente, desde la finalización del plazo de ingreso en período voluntario de la deuda tributaria correspondiente a esos dos períodos impositivos. El ingreso de la deuda tributaria aplazada se efectuará en el plazo de un mes desde el día siguiente al de vencimiento de cada uno de dichos plazos, sin que tenga lugar el devengo de intereses de demora.

Para disfrutar de este aplazamiento, será necesario que el solicitante se encuentre al corriente en el cumplimiento de sus obligaciones tributarias en la fecha en que se efectúe la solicitud de aplazamiento y, además, que la autoliquidación se presente dentro del plazo establecido (LIS art. 124). El ingreso de las autoliquidaciones complementarias del IS no puede acogerse a este aplazamiento.

c) Pagos fraccionados. Los contribuyentes que tengan la condición de empresa emergente, no tienen la obligación de efectuar los pagos fraccionados (LIS art. 40), que deban efectuar a cuenta de la liquidación correspondiente al período impositivo inmediato posterior a cada uno de los dos primeros períodos impositivos en los que la base imponible del IS sea positiva, siempre que en ellos se mantenga la condición de empresa emergente.

Legislación

LEY

Ley 28/2022, arts. 7 y 8.

2.4.15. Cuota íntegra

Se entiende por cuota íntegra la cantidad resultante de aplicar a la base imponible el tipo de gravamen. Por tanto, para que haya cuota íntegra, es necesario que sea positiva la base imponible del período impositivo, de manera que, es posible que la entidad pueda obtener beneficios o pérdidas contables pero, sin embargo, como consecuencia de la realización de ajustes fiscales a ese resultado contable, ello determine una base imponible negativa, en cuyo caso la cuota íntegra del período impositivo es nula.

Una vez determinada la cuota íntegra, sobre la misma se practican las deducciones y bonificaciones en la misma que procedan por aplicación de lo establecido en la LIS en función de su fuente de ingresos, dando lugar a la cuota líquida, con la particularidad de que esta cuota líquida siempre tiene que ser positiva, dado que las deducciones no pueden transformar en negativa la cuota líquida. Dicha cuota líquida no se ve afectada por las retenciones, pagos fraccionados o ingresos a cuenta que haya soportado el contribuyente.

El esquema de la liquidación del IS es el siguiente:

Resultado contable
+/− Ajustes extracontables (correcciones al resultado contable)
= Base imponible previa
Compensación bases imponibles negativas de ejercicios anteriores
Base imponible
X Tipo de gravamen
= Cuota íntegra
− Bonificaciones
− Deducción doble imposición
= Cuota íntegra ajustada positiva
− Deducción por inversiones y por creación de empleo
= Cuota líquida positiva
− Retenciones e ingresos a cuenta
= Cuota del ejercicio a ingresar o a devolver
− Pagos fraccionados
Cuota diferencial
+ Incremento por pérdida beneficios fiscales ejercicios anteriores
+ Intereses de demora
= Líquido a ingresar o a devolver

Ejemplo

1) Sociedad A tiene en el período impositivo correspondiente al ejercicio 2024 una base imponible de 280.000 euros.

En este caso, la cuota íntegra de ese ejercicio asciende a 70.000 euros (280.000x0,25)

2) Mismo ejemplo anterior, con la diferencia de que esta sociedad tiene bases imponibles negativas pendientes de compensar procedentes de ejercicios anteriores por importe de 100.000 euros.

En este otro caso, la base imponible definitiva es el resultado de minorar la renta de 280.000 euros obtenida en el ejercicio en el importe de las bases imponibles negativas pendientes, por lo que la base imponible asciende a 180.000 euros (280.000-100.000) y la cuota íntegra es de 45.000 euros (180.000x0,25). No se aplica el límite a la compensación de bases imponibles negativas dado que en todo caso puede compensarse hasta un millón de euros.

3) Mismo ejemplo anterior, con la diferencia que la base imponible negativa pendiente de compensar es de 300.000 euros.

Dado que la base imponible negativa pendiente es superior al importe de la renta positiva del período, la compensación máxima es hasta el importe de la renta positiva, lo cual supone que la base imponible del período se cero (280.000-280.000), quedando una base imponible negativa de 20.000 euros (300.000-280.000) que puede compensar la renta positiva obtenidas en los períodos impositivos posteriores. No se aplica el límite a la compensación de bases imponibles negativas dado que en todo caso puede compensarse hasta un millón de euros.

Con independencia de que haya o no cuota íntegra, debe realizarse la declaración del IS y la autoliquidación correspondiente del IS del período impositivo.

Legislación

LEY

LIS artículo 30 y disposición transitoria 34.

2.4.15.1. Tributación mínima

Con efectos para los períodos impositivos iniciados a partir de 1-1-2022, el importe de la cuota líquida positiva que resulta de la liquidación ordinaria del contribuyente en el correspondiente período impositivo, no puede ser inferior a la cuantía que resulta de aplicar la tributación mínima. Las características de esta tributación mínima son las siguientes:

1. Ámbito de aplicación. Solo es aplicable a los contribuyentes del IS cuyo importe neto de la cifra de negocios en los 12 meses anteriores a la fecha de inicio del período impositivo sea, al menos, de 20 millones euros.

Tratándose de grupos de sociedades que tributen en régimen de consolidación fiscal, en todo caso es aplicable la tributación mínima con independencia del importe neto de la cifra de negocios del grupo en el período de los 12 meses anteriores al inicio del período impositivo.

2. Exclusión de la tributación mínima. No es aplicable el régimen de tributación mínima a los siguientes contribuyentes:

- Entidades que tributan al tipo de gravamen del 10% a las que es de aplicación el régimen fiscal de la L49/2002.
- Instituciones de Inversión Colectiva que tributan al tipo de gravamen del 1%.
- Fondos de pensiones que tributan al tipo de gravamen del 0%.
- Sociedades Anónimas Cotizadas de Inversión en el Mercado Inmobiliario (SOCIMI) reguladas en la L11/2009.

3. Tributación mínima. La cuota líquida positiva resultante de la liquidación ordinaria del IS en el período impositivo (el resultado de minorar la cuota íntegra en las bonificaciones y deducciones que procedan) no puede ser inferior al resultado de aplicar el porcentaje del 15% a la base imponible, reducida o incrementada por la reserva de nivelación que corresponda para las empresas de reducida dimensión. A efectos de determinar esta base imponible, se tienen en cuenta todos los ajustes positivos y negativos al resultado contable que corresponda practicar en el período impositivo incluido, por tanto, el ajuste negativo por la RIC (L19/1994 art. 27), incluida la compensación de bases imponibles negativas.

El referido porcentaje es del:

- 10%, cuando se trate de contribuyentes de nueva creación que tributan al tipo de gravamen del 15%.
- 18%, cuando se trate de entidades de crédito o entidades que se dediquen a la exploración, investigación y explotación de yacimientos y almacenamiento subterráneos de hidrocarburos, que tributan el tipo de gravamen del 30%.

La cuota que resulte de aplicar el porcentaje que corresponda a la base imponible, tiene la consideración de cuota líquida mínima.

4. Procedimiento en la determinación de la tributación mínima. A los efectos de cuantificar el importe de la tributación mínima, el contribuyente debe seguir las reglas siguientes:

1. En primer lugar, la cuota íntegra que resulte de su liquidación se minorará en el importe de las bonificaciones que le sean de aplicación, incluidas las reguladas en la L 19/1994, así como por la deducción por inversiones realizadas por las autoridades portuarias (LIS art. 38 bis).

2. En segundo lugar, se aplicarán las deducciones por doble imposición reguladas en la LIS art. 31, 32, 100 y disp. trans. 23ª, con los límites que resulten aplicables en cada caso.

De la comparación de esta cuota íntegra minorada resultante de aplicar dichas reglas, respecto de la cuota líquida mínima, pueden presentarse las dos situaciones siguientes:

a) Cuota íntegra ajustada inferior a la cuota líquida mínima. En tal caso, la referida cuota íntegra ajustada tiene, a estos efectos, la consideración de cuota líquida mínima y, por tanto, sobre la misma no podrá aplicarse ninguna otra deducción en la cuota a la que tenga derecho el contribuyente.

b) Cuota íntegra ajustada superior a la cuota líquida mínima. En este otro caso, sobre la referida cuota íntegra ajustada se aplicarán las restantes deducciones que resulten procedentes, con los límites aplicables en cada caso, hasta el importe de dicha cuota líquida mínima.

Caso de que el contribuyente haya generado deducciones en la cuota íntegra y las mismas no se hubiesen podido practicar en la liquidación del período impositivo, consecuencia de la aplicación de la tributación mínima, tales deducciones podrán aplicarse en las liquidaciones de los períodos impositivos siguientes de acuerdo con la normativa aplicable a cada caso, en particular, dentro de los plazos establecidos en el art. 39 LIS.

Ejemplo

Entidad A cuyo importe de cifra neta de negocios supera los 20 millones euros, tiene una base imponible de 1.000.000 euros. Ha generado en este período impositivo deducciones por I+D por importe de 125.000 euros.

Cuota líquida mínima	150.000	(0,15x1.000.000)
Base imponible	1.000.000	
Cuota íntegra	250.000	
Cuota íntegra ajustada	250.000	
Deducciones cuota	100.000	
Cuota líquida	150.000	

En este otro caso, aunque la cuota íntegra ajustada (250.000) es superior a la cuota líquida mínima (150.000) y, por tanto, podría aplicarse la deducción por I+D con el límite del 50% de dicha cuota íntegra minorada, dado que la deducción por I+D generada en el período excede del 10% de dicha cuota íntegra ajustada, de manera que según la liquidación ordinaria podría deducirse el importe total de las deducciones (125.000) al ser igual al límite (125.000) resultante de aplicar el límite del 50% a la cuota íntegra ajustada, sin embargo, solo podría aplicarse una deducción de 100.000 para que la cuota líquida no sea inferior a la cuota líquida mínima. En definitiva, en este caso la liquidación ordinaria hubiese determinado una cuota líquida de 125.000 euros (25.000-125.000), pero sería aplicable la tributación mínima, por lo que la cuota líquida mínima sería de 150.000 euros, quedando, por tanto, pendiente de deducir un importe de 25.000 (125.000-100.000) para períodos impositivos siguientes.

Legislación

LEY

LIS artículo 30 bis redacc L22/2021.

2.4.16. Deducciones de la cuota íntegra

La LIS permite que se pueda reducir la cuota íntegra mediante deducciones que tienen por objeto, bien eliminar supuestos de doble imposición, o bien incentivar la realización de determinadas actividades que, por regla general, requieran realizar inversiones en elementos patrimoniales.

2.4.16.1. Deducciones para evitar la doble imposición internacional

Estas deducciones proceden cuando el contribuyente obtenga rentas positivas procedentes del extranjero y hayan sido gravadas igualmente en el extranjero por un impuesto análogo al IS.

Rentas de fuente extranjera. La situación de doble imposición internacional se manifiesta cuando una entidad residente en territorio español obtenga rentas procedentes del extranjero, con la particularidad de que esa entidad está sometida a tributación sobre esas rentas tanto en el Estado extranjero de la fuente de tales rentas como en territorio español.

Al objeto de evitar esa doble imposición internacional, cuando el contribuyente integre en su base imponible rentas gravadas en el extranjero, el art. 31 LIS permite deducir de la cuota íntegra la menor de las dos cantidades siguientes:

- El importe del impuesto efectivamente satisfecho en el extranjero cuando el mismo sea análogo al IS;
- El importe de la cuota íntegra que hubiese resultado de haber obtenido las rentas en territorio español.

Caso de que el importe del impuesto extranjero exceda del impuesto español, es deducible de la cuota este último y, por otra parte, dicho exceso es deducible de la base imponible, siempre que el impuesto extranjero proceda de actividades económicas desarrolladas en el extranjero, es decir, procedan de la realización material en el extranjero de la actividad económica del contribuyente a través de la ordenación de medios materiales y personales en el extranjero con independencia de que ello suponga o no la existencia de un establecimiento permanente en el extranjero.

Al objeto de aplicar esta deducción, la LIS obliga a integrar en la base imponible la totalidad del impuesto satisfecho en el extranjero, aun cuando parte del mismo no sea deducible de la cuota íntegra.

Para aplicar esta deducción se debe diferenciar, según que esas rentas de fuente extranjera se obtengan o no a través de un establecimiento permanente. En el primer caso, la deducción se aplica de forma independiente sobre la renta de cada establecimiento permanente considerado de forma independiente y, en caso contrario, la deducción se determina, agrupando todas las rentas obtenidas por cada Estado en que se obtienen y los impuestos extranjeros que han soportado esas mismas rentas, comparando la totalidad de esos impuestos extranjeros con la cuota íntegra que hubiese resultado de haberse obtenido la totalidad de esas mismas rentas en territorio español.

Dado que la actividad desarrollada a través de establecimientos permanentes cumple el requisito de la realización de actividades económicas en el extranjero por el contribuyente y que el régimen de imputación se aplica con tal de que la renta se integre en la base imponible, aun cuando pueda aplicarse el régimen de exención, caso de que el establecimiento permanente esté sujeto a un tipo efectivo de gravamen superior al 25% (caso de que el contribuyente esté sujeto al tipo general de gravamen), puede ser más eficiente optar por el régimen de imputación que el de exención pues el exceso de impuesto extranjero sobre el impuesto generado en España, que es el importe deducible en la cuota íntegra, puede deducirse en la base imponible, lo cual supone una menor tributación que aplicar el régimen de exención. Por tanto, si el tipo de gravamen que soporta el establecimiento permanente esté situado entre el 10 y el 25%, es mas eficiente fiscalmente aplicar el régimen de exención, siendo obligatorio aplicar el régimen de imputación cuando el tipo nominal de gravamen del establecimiento permanente sea inferior al 10% dado que, en tal caso, el artículo 22 LIS impide aplicar el régimen de exención.

Caso de que se disponga en el extranjero de un establecimiento permanente, las rentas negativas generadas por el mismo no se integran en la base imponible. No obstante, si en períodos impositivos posteriores la renta obtenida por ese establecimiento es positiva, esta no debe integrarse en la base imponible hasta el importe de aquellas otras rentas negativas no computadas, por lo que solo el exceso de esas rentas positivas sobre las negativas se integraría en la base imponible de esos períodos impositivos posteriores.

Si las rentas obtenidas en el extranjero no proceden de un establecimiento permanente y fuese negativa, la misma se integraría en la base imponible pero no sería deducible de la cuota íntegra el impuesto que, en su caso, se hubiese satisfecho en el extranjero.

Ejemplo

1) Sociedad A, residente en territorio español, dispone de un establecimiento permanente en el Estado 1, siendo la renta generada por el mismo en el ejercicio 2024 de 300.000 euros, habiendo satisfecho un impuesto sobre esos beneficios de 70.000 euros.

En el mismo Estado se obtienen en ese ejercicio intereses por un importe bruto de 20.000 euros, sobre los que se ha satisfecho un impuesto extranjero de 2.000 euros.

Igualmente, se dispone de un inmueble en ese Estado cedido en arrendamiento, habiéndose percibido un importe de 50.000 euros, pagando un impuesto sobre esos ingresos de 18.000 euros.

El resto de rentas obtenidas por esta sociedad A en este ejercicio ascienden a 800.000 euros. La entidad tributa de acuerdo con el régimen general del IS.

Solución:

Las rentas de fuente extranjera, aun cuando proceden del mismo Estado, sin embargo, a efectos de aplicar la deducción por doble imposición internacional, se deben computar de forma independiente las rentas del establecimiento permanente y, conjuntamente, el resto de rentas.

Por tanto, la liquidación que procede es la siguiente:

Base imponible 1.170.000 (800.000+300.000+20.000+50.000)

Cuota íntegra 292.500 (1.170.000 x 0,25)

Deducción doble imposición:

- establecimiento permanente 70.000
- resto rentas 17.500

Cuota a ingresar 205.000

En este caso, la renta del establecimiento permanente genera una cuota en territorio español de 75.000 (300.000 x 0,25), por lo que se deduce el impuesto satisfecho en el extranjero al ser inferior.

Respecto del resto de rentas, de forma conjunta, el importe de las mismas asciende a 70.000 euros (20.000+50.000), siendo el impuesto generado en España de 17.500 euros (70.000 x 0,25), (lo cual supone que se deduce el impuesto de haberse generado esas rentas en territorio español, al ser inferior al pagado en el extranjero 20.000 euros (2.000+18.000).

2) Sociedad A, residente en territorio español, dispone de un establecimiento permanente en el extranjero, siendo la renta generada por el mismo en el ejercicio 2024 de 500.000 euros, habiendo satisfecho un impuesto sobre esos beneficios de 175.000 euros.

El resto de rentas obtenidas por esta sociedad A en este ejercicio ascienden a 1.000.000 euros. La entidad tributa de acuerdo con el régimen general del IS.

Solución:

En este caso, el contribuyente obtiene rentas procedentes del extranjero a través de la realización de actividades económicas en el mismo, por lo que el exceso del impuesto satisfecho en el extranjero sobre la cuota íntegra generada sobre esas rentas por el IS sería deducible de la base imponible.

En este caso el impuesto extranjero es de 175.000 y la cuota íntegra que esas rentas generan es de 125.000 (500.000x0,25), por lo que el exceso de 50.000 es deducible en base imponible.

Por tanto, la liquidación que procede es la siguiente:

Base imponible: 1.450.000 (1.000.000+500.000-50.000)

Cuota íntegra: 362.500 (1.450.000x0,25)

Deducción doble imposición: 125.000

Cuota a ingresar: 237.500

Dividendos

Esta deducción trata de evitar la doble imposición económica internacional que se manifiesta cuando una sociedad matriz residente en territorio español percibe dividendos o participaciones en beneficios de sus filiales residentes en el extranjero, cuando el beneficio del cual proceden los dividendos ha tributado en sede de la filial y el dividendo se grava nuevamente en la matriz española cuando lo recibe, en el caso de que no estén exentos por no cumplir los requisitos establecidos en el art. 21 LIS.

Para evitar esta doble imposición, se permite deducir de la cuota íntegra de la matriz el importe del impuesto efectivamente pagado por la filial extranjera sobre los beneficios con cargo a los cuales se distribuyen los dividendos, siempre que el importe del impuesto extranjero se integre en la base imponible de la entidad matriz, con el límite de la cuota íntegra del IS que esos dividendos generan por su integración en la base imponible. Para calcular esta última cuota íntegra los dividendos percibidos deben reducirse en un 5%.

La aplicación de esta deducción exige que la matriz española tenga un porcentaje de participación directa o indirecta en el capital de la entidad no residente de, al menos, el 5%, y el mismo ha de haberse poseído de manera ininterrumpida durante el año anterior al día en que sea exigible el beneficio que se distribuye o, en su defecto, que se mantenga con posterioridad durante el tiempo que sea necesario para completar el año de tenencia.

También es aplicable esta deducción cuando el valor de la participación sea superior a 20 millones euros, siempre que la adquisición de esa participación haya tenido lugar en períodos impositivos iniciados antes de 1-1-2021, con vigencia exclusiva para los dividendos percibidos en períodos impositivos iniciados en los años 2021,2022, 2023, 2024 y 2025, y, además, este valor de la participación se mantenga de forma ininterrumpida durante el año anterior al día en que sea exigible el beneficio que se distribuye o, en su defecto, que se mantenga con posterioridad durante el tiempo que sea necesario para completar el año de tenencia.

Tanto el importe de la deducción sobre dividendos como sobre las demás rentas de fuente extranjera que haya sido generado en el período impositivo pero no se hubiese deducido en ese mismo período por insuficiencia de cuota íntegra, no se pierde el derecho a la deducción sino que podrá deducirse de las cuotas íntegras de los períodos impositivos siguientes sin límite temporal.

En la práctica, este régimen solo procede cuando el dividendo es distribuido por entidades no residentes que están en paraísos fiscales o en otros territorios donde el tipo nominal de gravamen de los beneficios empresariales son inferiores al 10% dado que, en caso contrario, es mas eficiente fiscalmente aplicar el régimen de exención sobre esos dividendos.

2.4.16.2. Límite a la deducción para evitar la doble imposición internacional para las grandes empresas

Con efectos para los períodos impositivos iniciados a partir de 1-1-2016, tratándose de contribuyentes cuyo importe neto de la cifra de negocios durante los 12 meses anteriores a la fecha de inicio del período impositivo sea al menos de 20 millones €, el importe de las deducciones por doble imposición internacional generadas en el período junto con las que estuviesen pendientes de practicar, no puede exceder del 50% de la cuota íntegra del contribuyente.

Ejemplo

La sociedad A su cifra de negocios supera en todos los ejercicios la cifra de 20 millones €, de manera que en el ejercicio 2024 tiene una base imponible de 400.000 €, habiendo obtenido rentas positivas en el extranjero sujetas a un impuesto análogo al IS por importe de 20.000 €. Además, tiene pendiente de practicar deducciones por doble imposición internacional por importe de 40.000 € procedentes de períodos anteriores.

Solución:

Base imponible	400.000
Tipo de gravamen	25%
Cuota íntegra	100.000
Deducción doble imposición	50.000
Cuota líquida	50.000

La deducción por doble imposición internacional del contribuyente en este ejercicio asciende a 60.000 (20.000 + 40.000) de manera que solo puede practicarse una deducción de 50.000 (0,5 x 100.000) que se corresponde con el límite del 50% de la cuota íntegra al ser inferior a la deducción acreditada. Por tanto, queda pendiente de deducir 10.000 (60.000-50.000) para períodos impositivos siguientes.

Esta deducción se aplica, siempre que se integren en la base imponible rentas o ingresos obtenidos en el extranjero, con independencia de que la base imponible del período sea negativa.

Ejemplo

Sociedad A, cuyo importe neto de la cifra de negocios en todos los ejercicios no alcanza los 20 millones de euros, tiene el 50% del capital de una entidad residente en un paraíso fiscal, de manera que esta última entidad ha obtenido en el ejercicio 2023 un beneficio bruto de 1.000.000 euros, sobre los que ha satisfecho un impuesto extranjero por importe de 200.000 euros.

En julio de 2024, la Junta General de esta entidad no residente aprueba las cuentas del ejercicio anterior, acordando distribuir un dividendo por importe de 450.000 euros con cargo a los beneficios del ejercicio anterior. El resto de rentas obtenidas por la sociedad A en este ejercicio 2024 asciende a 650.000 euros.

Solución:

De acuerdo con el porcentaje de participación, la sociedad A recibirá un dividendo de 225.000 euros (450.000 x 0,5), ingreso que se registra en el resultado contable de la sociedad A y, por tanto, se integra en la base imponible de la misma.

No obstante, puede deducir de la cuota íntegra el impuesto satisfecho por la entidad no residente sobre los beneficios obtenidos con cargo a los cuales ha repartido el dividendo.

Dado que el beneficio bruto del ejercicio 2023 soportó un impuesto de 200.000 euros, el beneficio obtenido es de 800.000 euros, por lo que sobre el dividendo distribuido de 450.000, el impuesto satisfecho por la entidad no residente fue de 112.500 euros, correspondiendo la mitad al dividendo percibido por la sociedad A.

En definitiva, la liquidación que procede es la siguiente:

Base imponible = 931.250 (650.000+225.000+56.250)

Cuota íntegra = 232.812,5 (931.250x0,25)

Deducción doble imposición = 56.250

Cuota a ingresar =176.562,5

Dado que el impuesto satisfecho por la entidad no residente sobre el beneficio del cual procede el dividendo recibido, ha sido de 56.250 euros, ese importe debe integrarse en la base imponible para que pueda deducirse.

Además, el impuesto español sobre ese dividendo es de 67.500 [0,25x (225.000x0,95+56.250)], por lo que es superior al impuesto extranjero y, por tanto, se deduce este último que es de 56.250 euros.

Ejemplo

La Sociedad ASA ha generado ingresos de fuente extranjera por un importe bruto de 100.000, habiendo satisfecho en el extranjero un importe de 10.000 por un impuesto análogo al IS. Asimismo, ha percibido un dividendo de 50.000, derivado de la participación del 50% en el capital de una entidad X que no cumple los requisitos del artículo 21 LIS, estando gravados los beneficios de esa entidad al tipo nominal del 8%. Además, la sociedad ASA ha generado otras rentas negativas por importe de 120.000.

Solución:

De acuerdo con estos datos, el beneficio antes de impuestos de la entidad X que se corresponde con ese dividendo es de 54.347,82, por lo que el impuesto satisfecho por la entidad X sobre ese beneficio es de 4.347,82, que deberá integrarse en la base imponible de la sociedad ASA al objeto de que pueda deducirse de la cuota íntegra.

Base imponible = 34.347,82 (100.000+50.000+4.347,82-120.000)

Cuota íntegra = 8.586,95 (0,25x34.347,82)

Deducción doble imposición = -8.586,95

Cuota líquida = 0

En este caso, los impuestos extranjeros que pueden deducirse de la cuota íntegra ascienden a 14.347,82 (10.000+4.347,82), que no pueden deducirse en su totalidad al ser la cuota íntegra inferior a dicho importe. Por tanto, queda pendiente un importe de 5.760,87 (14.347,82-8.586,95) que podrá deducirse en las liquidaciones que se presenten con posterioridad sin límite temporal.

2) La sociedad ASA tiene deducciones de 50.000 por rentas obtenidas en el extranjero pendientes de aplicar generadas en períodos impositivos anteriores. En este ejercicio la base imponible de esta entidad es de 300.000.

La cuota íntegra de este período es de 75.000 (0,25x300.000) por lo que puede deducirse la totalidad de la deducción pendiente, por lo que la cuota a ingresar asciende a 25.000 (75.000-50.000).

Legislación

LEY

LIS artículos 31 y 32 redacción Ley 11/2020.

2.4.16.3. Bonificaciones

El contribuyente puede reducir la cuota íntegra consecuencia de la bonificación de la que disfrutan las siguientes rentas:

a) Rentas obtenidas en Ceuta y Melilla.

Goza de una bonificación del 50% la parte de la cuota íntegra que corresponda a las rentas obtenidas por entidades que operen efectiva y materialmente en Ceuta, Melilla o sus dependencias.

Son entidades que operan efectiva y materialmente en Ceuta y Melilla y sus dependencias, considerando que cumplen dicho requisito aquellas que cierren en esos territorios un ciclo mercantil que determine resultados económicos. Así, tienen derecho a la bonificación:

– Las entidades españolas con domicilio fiscal en:

1. Ceuta y Melilla. Es decir, la entidad tiene su domicilio en Ceuta o Melilla y en él está efectivamente centralizada la gestión administrativa y la dirección de los negocios de la entidad.

2. El resto del territorio español que operan en Ceuta y Melilla mediante establecimiento permanente. En este caso, para valorar la existencia de establecimiento permanente debe estarse a lo que establezca el convenio para evitar la doble imposición

internacional, si alguno es aplicable; en caso contrario, debe estarse a lo establecido en la LIRNR art. 13.1.a.

Ejemplo

Entidad residente en la Península dispone de un establecimiento permanente en Ceuta, siendo el resultado contable diferenciado de las actividades económicas desarrolladas en uno y otro territorio el siguiente:

– Resultado contable Península	200.000
– Resultado contable establecimiento Ceuta	50.000
– Ajustes positivos imputables establecimiento Ceuta	5.000

Solución:

La liquidación que procede en este ejercicio será la siguiente:

– Base imponible: 200.000 + 50.000 + 5.000	255.000
– Cuota íntegra 25% x 255.000	63.750
– Bonificación (50.000 + 5.000) x 0,25 x 0,5	–6.875
– Cuota a ingresar	56.875

Legislación

LEY

LIS artículo 33.

b) Rentas de prestación de servicios públicos locales.

Se establece una bonificación del 99% respecto de la parte de cuota íntegra correspondiente a las rentas obtenidas por entidades derivadas de la prestación de servicios públicos de competencia propia y obligatoria de las entidades locales territoriales, municipales y provinciales, prestados en régimen de gestión directa a través de entidades participadas por las entidades locales, salvo que se explote por el sistema de empresa mixta o de capital íntegramente privado, en cuyo caso no hay bonificación. También es aplicable la bonificación cuando los servicios públicos locales se presten por entidades que dependan íntegramente del Estado o de las Comunidades Autónomas.

Ejemplo

Sociedad mercantil íntegramente participada por un Ayuntamiento tiene por objeto la prestación del servicio de transporte público, siendo la renta obtenida en el periodo impositivo de 200.000 euros

Solución:

La liquidación que procede en este ejercicio será la siguiente:

– Base imponible:	200.000
– Cuota íntegra 25% x 200.000	50.000
– Bonificación 50.000 x 0,99	49.500
– Cuota a ingresar	500

c) Rentas derivadas de la actividad de arrendamiento de viviendas.

Las sociedades que pretendan acogerse al régimen especial de las empresas dedicadas al arrendamiento de viviendas deben tener como actividad económica principal, no exclusiva, el arrendamiento de viviendas situadas en territorio español. Estas viviendas pueden haber sido adquiridas o bien construidas o promovidas por la entidad.

Los requisitos exigidos para poder aplicar este régimen, son los siguientes:

a) El número de viviendas arrendadas u ofrecidas en arrendamiento por el contribuyente en cada período impositivo debe ser en todo momento igual o superior a ocho, sin límite máximo.

b) El tiempo de arrendamiento o el tiempo en que las viviendas han estado ofrecidas en arrendamiento debe ser al menos de tres años para consolidar la bonificación.

c) La actividad de promoción inmobiliaria y la de arrendamiento de viviendas, así como las demás actividades complementarias que realice la entidad, deben ser objeto de una contabilización separada para cada inmueble adquirido o promovido, de manera que se disponga del desglose suficiente para conocer la renta imputable a cada vivienda, local o finca registral independiente en que el inmueble se divida.

d) En el caso de entidades que desarrollen actividades complementarias a la actividad económica principal de arrendamiento de viviendas, se debe cumplir que, al menos el 55% de las rentas del período impositivo, excluidas las derivadas de la transmisión de los inmuebles arrendados una vez transcurrido el período mínimo de mantenimiento de tres años, o, alternativamente que al menos el 55% del valor del activo de la entidad sea susceptible de generar rentas que tengan derecho a la aplicación de la bonificación a que se refiere el artículo 49.1 LIS. Caso de actividades de enseñanza, estudios y formación respecto de la actividad económica de arrendamiento de viviendas, no se aprecia la complementariedad entre ambas actividades, por lo que no sería compatible la realización de tales actividades a los efectos de la aplicación del régimen especial de las entidades dedicadas al arrendamiento de vivienda, por lo que no podría acogerse al mismo (DGT 12-8-20, V2637-20).

Este régimen fiscal especial exige que el contribuyente opte voluntariamente por su aplicación, debiendo comunicar a la Administración tributaria la opción por el mismo, sin que exista ninguna regulación específica sobre la forma de poner de manifiesto dicha opción, a diferencia de lo establecido para otros regímenes especiales en los que la comunicación y renuncia se formaliza a través de los modelos de declaración censal.

El régimen se aplica en el mismo período impositivo que finalice con posterioridad a la comunicación, siendo aplicable en los períodos impositivos posteriores, en tanto no se renuncie al mismo.

La renuncia debe igualmente comunicarse a la Administración tributaria, siendo el último período impositivo de aplicación del régimen el que haya finalizado antes de realizar la comunicación de dicha renuncia.

Si la entidad de arrendamiento de viviendas cumple los requisitos para ser considerada como empresa de reducida dimensión, no prevalece un régimen sobre otro, pudiendo la entidad optar por uno u otro. De optar por el régimen de arrendamiento de viviendas, la entidad no puede aplicar ninguno de los incentivos en base imponible establecidos para las empresas de reducida dimensión, es decir, son aplicables las normas del régimen general del IS sin perjuicio de que pueda aplicarse la bonificación correspondiente a las rentas procedentes del arrendamiento de viviendas. De no optar por el régimen de arrendamiento, se aplicaría el de las entidades de reducida dimensión en su totalidad.

Las entidades dedicadas al arrendamiento de viviendas que opten por aplicar el régimen especial, están sujetas al tipo de gravamen general del 25%, por lo que el tipo de gravamen no se modifica por el hecho de aplicar este régimen fiscal especial. No obstante, las entidades que se constituyan y opten por este régimen, pueden aplicar en el primer período impositivo en que la base imponible resulte positiva y en el siguiente, el tipo de gravamen reducido establecido para las entidades de nueva creación del 15% que realicen actividades económicas.

Este tipo reducido se aplica a la totalidad de la base imponible, aunque una parte de la misma no proceda del arrendamiento de inmuebles.

Las entidades dedicadas al arrendamiento de viviendas que hayan optado por aplicar el régimen especial, pueden aplicar una bonificación del 40% (85% en los períodos impositivos iniciados antes de 1-1-2022) de la parte de cuota íntegra correspondiente a las rentas derivadas del arrendamiento de viviendas que cumplan los requisitos exigidos para aplicar este régimen fiscal. La aplicación práctica de esta bonificación exige que sea positiva tanto la renta procedente del arrendamiento de viviendas como la renta procedente del resto de actividades que pueda realizar la entidad diferente al arrendamiento de viviendas.

La aplicación de esta bonificación determina que el tipo efectivo de gravamen sobre las rentas obtenidas por la entidad sea del 15% (0,25% × 0,6). Esta bonificación no es aplicable a la renta generada en la transmisión de cualquiera de las viviendas anteriores.

Ejemplo

Una sociedad que opta por el régimen especial de las entidades dedicadas al arrendamiento de viviendas, presenta los siguientes ingresos y gastos en el ejercicio:

- Ingresos por arrendamiento de viviendas: 300.000. Gastos directos imputables a estos ingresos: 80.000. Gastos generales imputables: 20.000. Esta renta goza de bonificación del 85%.
- Ingresos por arrendamiento de locales: 100.000. Gastos directos imputables a estos ingresos: 30.000. Gastos generales imputables: 10.000. Esta renta no goza de bonificación.
- Plusvalía obtenida en la venta de viviendas que fueron arrendadas en los tres años anteriores: 150.000. Esta renta no goza de bonificación.
- Resto de gastos de la sociedad: 10.000.

Solución:

Base imponible: (300.000 + 100.000 + 150.000 - 80.000 - 20.000 - 30.000 - 10.000) = 410.000.

Cuota íntegra: (0,25 × 410.000) = 102.500.

Bonificaciones: 0,40 × 0,25 × (300.000 - 80.000 - 20.000) = 20.000.

Cuota a ingresar: 82.500 (102.500 - 20.000).

En este caso, en el que la entidad desarrolla otras actividades complementarias, las rentas totales de la entidad, excluidas las derivadas de la transmisión de inmuebles arrendados durante más de tres años, ascienden a 260.000, de las que pueden gozar de bonificación un importe de 200.000, es decir, un 76,92%, lo cual supone que puede aplicarse este régimen especial sobre las rentas derivadas del arrendamiento de viviendas.

d) Régimen especial para empresas industriales, agrícolas, ganaderas y pesqueras.

Los contribuyentes del IS aplicarán una bonificación del 10% de la cuota íntegra correspondiente a los rendimientos derivados de la venta de bienes corporales producidos en las Illes Balears por ellos mismos, propios de actividades agrícolas, ganaderas, industriales y pesqueras, en este último caso en relación con las capturas efectuadas en su zona pesquera y acuícola. Se podrán beneficiar de esta bonificación las personas o entidades domiciliadas en las Illes Balears o en otros territorios que se dediquen a la producción de tales bienes en el archipiélago, mediante sucursal o establecimiento permanente.

Esta bonificación no es aplicable a los rendimientos derivados de la venta de bienes corporales producidos en las Illes Balears propios de actividades de construcción naval, fibras sintéticas, industria del automóvil, siderurgia e industria del carbón.

La aplicación de la bonificación en cada período impositivo requiere que la plantilla media de la entidad en dicho período no sea inferior a la plantilla media correspondiente a los doce meses anteriores al inicio del primer período impositivo en que tenga efectos el régimen previsto en este apartado. Cuando la entidad se haya constituido dentro de ese plazo anterior de doce meses se tendrá en cuenta la plantilla media que resulte de ese período.

Cuando la entidad se haya constituido en el primer período impositivo en que tenga efectos este régimen fiscal, la aplicación de la bonificación requerirá que dicha entidad cumpla los requisitos para que resulte de aplicación el tipo de gravamen reducido para entidades de nueva creación (LIS art. 29.1). En este caso, se seguirán las siguientes reglas:

- A efectos del cumplimiento del requisito previsto para aplicar la bonificación incrementada en un 25%, se considerará que la plantilla media de la entidad anterior al primer período impositivo de la entidad es cero.
- El cumplimiento del requisito de mantenimiento de empleo en períodos impositivos sucesivos vendrá referido a la plantilla media del primer período impositivo de la entidad.

Esta bonificación se incrementará hasta el 25% en aquellos períodos impositivos en los que, además de cumplirse el requisito de mantenimiento de empleo, se haya producido un incremento de plantilla media no inferior a la unidad respecto de la plantilla media del período impositivo anterior y dicho incremento se mantenga durante, al menos, un plazo de tres años a partir de la fecha de finalización del período impositivo en el que se aplique esta bonificación incrementada.

Para el cálculo de la plantilla media de la entidad se tomarán las personas empleadas, en los términos que disponga la legislación laboral, teniendo en cuenta la jornada contratada en relación con la jornada completa.

Legislación

LEY

LIS artículo 34, 48 y 49 (Ley 31/2022 disp. adic. 70ª).

2.4.16.4. Deducciones para incentivar la realización de determinadas actividades

La LIS permite reducir la cuota íntegra, minorada en las bonificaciones y deducciones por doble imposición internacional, como consecuencia de la realización de actividades o inversiones que, fiscalmente, se desea estimular, siendo las mismas las siguientes:

2.4.16.4.1. Actividades de investigación y desarrollo e innovación tecnológica

Los contribuyentes del IS tienen derecho a deducir de la cuota líquida del impuesto el resultado de aplicar un porcentaje sobre los gastos realizados en el ejercicio tanto en actividades de investigación y desarrollo (en adelante I+D) de nuevos productos o procedimientos industriales como en actividades de innovación tecnológica (en adelante IT), así como a determinadas inversiones.

a) Actividades de I+D. El importe de la deducción está relacionado con los gastos en estas mismas actividades realizados en ejercicios anteriores, de manera que:

- ❐ Con carácter general, la deducción asciende al 25% de los gastos efectuados en el período impositivo por este concepto;
- ❐ Cuando los gastos del período sean superiores a la media de los efectuados en los dos años anteriores, se aplica el 25% sobre la media y el 42% sobre los gastos del período que excedan de esa media.

Con independencia de estos porcentajes de deducción, puede practicarse otra deducción adicional del 17% sobre los gastos del período impositivo que correspondan a gastos de personal de la entidad correspondientes a investigadores cualificados adscritos en exclusiva a actividades de I+D.

Adicionalmente, puede aplicarse una deducción del 8% del importe de la inversión realizada en elementos del inmovilizado material o intangible (excluidos inmuebles y terrenos) que sean puestos en condiciones de funcionamiento en el período impositivo, con independencia de que sean nuevos o usados.

b) Actividades de innovación tecnológica. El porcentaje de deducción no está relacionado con los gastos de ejercicios anteriores por estas mismas actividades, siendo la deducción el resultado de aplicar el porcentaje del 12% a los gastos efectuados en el período impositivo por este concepto.

La base de la deducción se minorará en el importe de las subvenciones recibidas para el fomento de estas actividades que se hayan imputado como ingreso en el período impositivo.

Ejemplo

La sociedad ASA ha realizado gastos por actividades de I+D en el ejercicio N por importe de 400.000, en el que se incluye gastos por personal investigador de 120.000, habiendo iniciado esa actividad en el ejercicio anterior en el que tales gastos fueron de 300.000.

Solución:

La media de estos gastos en los dos años anteriores ala el ejercicio N es de 150.000 (300.000/2), por lo que en el ejercicio N se genera la siguiente deducción en la cuota Íntegra:

Base deducción al 25%: 150.000

Deducción: 37.500 (150.000x0,25)

Base deducción al 42%: 250.000 (400.000-150.000)

Deducción: 105.000 (250.000x0,42)

Deducción personal investigador: 20.400 (120.000x0,17)

2.4.16.4.2. Producciones cinematográficas. Espectáculos en vivo

Los diferentes incentivos a estas actividades son los siguientes:

1º. **Producciones cinematográficas.** Esta deducción es aplicable a las producciones españolas de largometrajes cinematográficos, cortometrajes cinematográficos y de series audiovisuales de ficción, animación o documental, que permitan la confección de un soporte físico previo a la producción industrial seriada.

La base de deducción sigue estando constituida por el coste de la producción, así como los gastos para la obtención de copias y a los gastos de publicidad y promoción a cargo del productor hasta el límite para ambos del 40% del coste de producción.

Para el productor de la obra o para el contribuyente que participe en la financiación de la misma, la deducción es del 30% del coste de producción hasta un millón euros y el exceso del 25%. Para poder aplicar la deducción, al menos el 50% de la base de la deducción deberá corresponder con gastos realizados en territorio español, no pudiendo exceder la deducción de 20 millones euros. En el caso de series audiovisuales, la deducción se determinará por episodio y el citado límite es de 10 millones de euros por cada episodio producido.

La base de la deducción se minora en el importe de las subvenciones recibidas para financiar las inversiones que generan derecho a esta deducción.

Esta deducción está sujeta al cumplimiento de los siguientes requisitos:

- que la producción obtenga el certificado de nacionalidad y el certificado que acredite el carácter cultural en relación con su contenido, su vinculación con la realidad cultural española o su contribución al enriquecimiento de la diversidad cultural de las obras cinematográficas que se exhiben en España, emitidos por el Instituto de Cinematografía y de las Artes Audiovisuales o por el órgano correspondiente de la Comunidad Autónoma con competencia en la materia. Estos certificados son vinculantes para la Administración tributaria competente en materia de acreditación y aplicación de estos incentivos fiscales e identificación del productor beneficiario, con independencia del momento de emisión de dichos certificados.
- que se entregue una copia nueva y en perfecto estado de la producción en la Filmoteca Española o la filmoteca oficialmente reconocida por la respectiva Comunidad Autónoma.

Esta deducción se generará en cada período impositivo por el coste de producción incurrido en el mismo, si bien se aplicará a partir del período impositivo en el que finalice la producción de la obra. No obstante, en el supuesto de producciones de animación, esta deducción se aplicará a partir del período impositivo en que se obtenga el referido certificado de nacionalidad.

El importe de esta deducción, conjuntamente con el resto de ayudas percibidas, no podrá superar el 50 por ciento del coste de producción.

No obstante, dicho límite se elevará hasta:

a) El 85% para los cortometrajes.

b) El 80% para las producciones dirigidas por una persona que no haya dirigido o codirigido más de dos largometrajes calificados para su explotación comercial en salas de exhibición cinematográfica, cuyo presupuesto de producción no supere 1.500.000 de euros.

c) El 80% en el caso de las producciones rodadas íntegramente en alguna de las lenguas cooficiales distintas al castellano que se proyecten en España en dicho idioma cooficial o subtitulado.

d) El 80% en el caso de producciones dirigidas exclusivamente por personas con un grado de discapacidad igual o superior al 33 por ciento reconocido por el órgano competente.

e) El 75% en el caso de producciones realizadas exclusivamente por directoras.

f) El 75% en el caso de producciones con un especial valor cultural y artístico que necesiten un apoyo excepcional de financiación según los criterios que se establezcan mediante Orden Ministerial o en las correspondientes convocatorias de ayudas.

g) El 75% en el caso de los documentales.

h) El 75% en el caso de las obras de animación cuyo presupuesto de producción no supere 2.500.000 de euros.

i) El 60% en el caso de producciones transfronterizas financiadas por más de un Estado miembro de la Unión Europea y en las que participen productores de más de un Estado miembro.

j) El 60% en el caso de coproducciones internacionales con países iberoamericanos.

2º.- **Producciones cinematográficas extranjeras.** Los productores registrados en el Registro de Empresas Cinematográficas del Instituto de la Cinematografía y de las Artes Audiovisuales que se encarguen de la ejecución de una producción extranjera de largometrajes cinematográficos o de obras audiovisuales que permitan la confección de un soporte físico previo a su producción industrial seriada, tienen derecho a una deducción sobre los gastos realizados en España.

La base de la deducción está formada por los siguientes gastos realizados en territorio español directamente relacionados con la producción:

- los gastos de personal creativo, siempre que tengan residencia fiscal en España o en algún Estado miembro del Espacio Económico Europeo, sin límite por persona y,

- los gastos de industrias técnicas y proveedores.

El importe de la deducción será:

a) Del 30% respecto del primer millón euros de base de deducción y del 25% sobre el exceso de dicho importe.

La deducción se aplicará siempre que los gastos realizados en territorio español sean, al menos, de 1 millón de euros. No obstante, para los gastos de preproducción y postproducción destinados a animación y efectos visuales realizados en territorio español, el límite se establece en 200.000 euros,

La deducción no puede exceder de 20 millones euros por cada producción realizada. En el caso de series audiovisuales, la deducción se determinará por episodio y el límite es de 10 millones de euros por cada episodio producido.

Todas las ayudas públicas, incluida el incentivo fiscal, no pueden exceder del 50% coste producción. Esta deducción no está sujeta a límite sobre cuota y por la deducción no practicada puede solicitarse su abono a la Administración tributaria.

b) Del 30% de la base de la deducción, cuando el productor se encargue de la ejecución de servicios de efectos visuales y los gastos realizados en el territorio español sean inferiores a 1 millón euros.

El importe de esta deducción no puede superar el importe que establece el Reglamento (UE) 1407/2013 de la Comisión, de 18 de diciembre de 2013 relativo a la aplicación de los artículos 107 y 108 del Tratado de Funcionamiento de la Unión Europea a las ayudas de minimis.

Esta deducción no está sujeta al límite de deducción sobre la cuota líquida a que se refiere el artículo 39 LIS.

3.º- **Producción y exhibición espectáculos en vivo de artes escénicas y musicales.** Deducción es del 20% costes directos para la realización de esas actividades. La deducción no puede exceder de 500.000 euros por contribuyente. El incentivo fiscal, junto con las subvenciones recibidas para financiar los gastos de estas actividades, no puede exceder del 80% gastos.

La Orden ECD/2836/2015, de 18 de diciembre, publicada en el BOE de 30/12, regula el procedimiento para la obtención del certificado del Instituto Nacional de las Artes Escénicas y de la Música, necesario para obtener la deducción del artículo 36.3 de la Ley 27/2014, de 27 de noviembre.

Las deducciones establecidas en los puntos 1º y 3º anteriores también son aplicables a los contribuyentes que participen en la financiación de producciones españolas de largometrajes y cortometrajes cinematográficos y de series audiovisuales de ficción, animación, documental o producción y exhibición de espectáculos en vivo de artes escénicas y musicales realizada por otro contribuyente, cuando aporte cantidades en concepto de financiación, para sufragar la totalidad o parte de los costes de la producción sin adquirir derechos de propiedad intelectual o de otra índole respecto de los resultados del mismo, cuya propiedad deberá ser en todo caso de la productora. Estas aportaciones se pueden realizar en cualquier fase de la producción hasta la obtención del certificado de nacionalidad.

El reintegro de las cantidades aportadas se realizará mediante las deducciones liquidas en cuota que, de acuerdo con el contrato formalizado y lo establecido en el artículo 36.1 y 3 LIS, el productor traspase al contribuyente que participa en la financiación.

Para aplicar esta deducción es necesario que tanto el productor como el contribuyente que participa en la financiación de la producción, suscriban un contrato de financiación en el que se precisen, entre otros, los siguientes extremos.

a) Identidad de los contribuyentes que participan en la producción.

b) Descripción de la producción.

c) Presupuesto de la producción con descripción detallada de los gastos y, en particular, de los que se vayan a realizar en territorio español.

d) Forma de financiación de la producción, especificando de forma separada las cantidades que aporte el productor, las que aporte el contribuyente que participe en su financiación y las que correspondan a subvenciones y otras medidas de apoyo.

e) Las demás cuestiones que reglamentariamente se establezcan.

El contribuyente que participa en la financiación de producciones españolas de largometrajes, cortometrajes cinematográficos, series audiovisuales de ficción, animación o documental, o en la producción y exhibición de espectáculos en vivo de artes escénicas y. musicales realizados por otros contribuyentes, tendrá derecho a acreditar en su autoliquidación la deducción prevista en el artículo 36.1 y 3 LIS, determinándose su importe en las mismas condiciones que se hubieran aplicado al productor, cuando aporte cantidades destinadas a financiar la totalidad o parte de los costes de la producción, así como para financiar los gastos para la obtención de copias, publicidad y promoción a cargo del productor hasta el límite del 30% de los costes de producción. Por tanto, la deducción acreditada por el financiador se aplicará en el período impositivo en el que finalice la producción de la obra.

Las cantidades para financiar costes de producción pueden aportarse en cualquier fase de la producción, con carácter previo o posterior al momento en que el productor incurra en los citados costes de producción, y hasta la obtención de los certificados de nacionalidad y de vinculación con la realidad cultural española (LIS art. 36.1) o del certificado emitido por el Instituto Nacional de las Artes Escénicas y de la Música (LIS art. 36.3), según proceda. Las cantidades para financiar gastos para obtención de copias, publicidad y promoción a cargo del productor a que se refiere el apartado anterior podrán aportarse con carácter previo o posterior al momento en que el productor incurra en los citados gastos, pero nunca después del período impositivo en que el productor incurra en los mismos.

No obstante, el contribuyente que participa en la financiación del coste de la producción o de los gastos de copias no podrá aplicar una deducción superior al importe correspondiente, en términos de cuota, resultante de multiplicar por 1,20 el importe de las cantidades por él desembolsadas para la financiación de tales costes o gastos.

El exceso podrá ser aplicado por el productor. La acreditación de la deducción por el contribuyente que participa en la financiación será incompatible, total o parcialmente, con la deducción a la que tendría derecho por parte del productor por aplicación del artículo 36.1 y 3 LIS.

Los contribuyentes que pretendan acogerse a esta deducción deben presentar el contrato de financiación y certificación del cumplimiento de los requisitos a´y b´del artículo 36.1 y a' del artículo 36.3 LIS, según corresponda, en una comunicación a la Administración tributaria, suscrita tanto por el productor como por el contribuyente que participa en la financiación de la producción, con anterioridad a la finalización del período impositivo en que este último tenga derecho a aplicar la deducción. con anterioridad a la finalización del período impositivo en que este último tenga derecho a aplicar la deducción.

Esta deducción no es aplicable cuando el contribuyente que participa en la financiación esté vinculado, en el sentido del artículo 18 LIS, con el contribuyente que genere el derecho a la deducción prevista en el artículo 36. 1 y 3 LIS.

El importe de la deducción que aplique el contribuyente que participa en la financiación debe tenerse en cuenta a efectos del límite conjunto del 25% establecido en el artículo 39.1 LIS. No obstante, dicho límite se elevará al 50% cuando el importe de la deducción prevista en el artículo 36.1 y 3 LIS, que corresponda al contribuyente que participa en la financiación, sea igual o superior al 25% de su cuota íntegra minorada en las deducciones para evitar la doble imposición internacional y las bonificaciones.

Ejemplo

1) En el ejercicio 2024 se inicia la producción de una película española que finaliza en el ejercicio 2025, siendo el coste total de la producción de 3 millones de euros, de los que 2 millones se han producido en el ejercicio 2024. En el ejercicio 2024 se ha recibido una subvención de 500.000 euros. En el ejercicio 2025 los gastos de copias de la película han ascendido a 50.000 euros y los gastos de publicidad y promoción a 200.000 euros.

Solución:

– Ejercicio 2024:

Base de deducción: 1.500.000 (2.000.000 - 500.000).

Importe de la deducción: 425.000 [(1.000.000 × 0,30) + (500.000 × 0,25)].

– Ejercicio 2025:

Base de la deducción: 1.250.000 (1.000.000 + 50.000 + 200.000)

Importe de la deducción: 312.500 (1.250.000 × 0,25).

La deducción del ejercicio 2024 se puede aplicar en el período impositivo correspondiente al ejercicio 2025.

2) Entidad A participa como financiador en la producción de una película española cuyo importe es de 6.000.000 euros, dando comienzo en el año 2023 pero se finalizará en junio de 2024. El importe de la financiación será de 1.000.000 euros que se aportará en junio de 2024 antes de que finalice la película. El contrato de financiación estipula que le corresponde al financiador una deducción de 1.100.000 euros.

Solución:

La deducción generada en la producción de la película asciende a 1.550.000 (1.000.000x0.3+5.000.000x0,25), de la que corresponde al financiador un importe de 1.100.000, quedando para el productor una deducción de 450.000 euros. El financiador podrá aplicar la deducción en la liquidación del período impositivo 2025.

La entidad A debe reconocer la financiación como una inversión financiera que se amortiza en el plazo de julio de 2025 a julio de 2026 que es la fecha de presentación de la declaración del IS del ejercicio 2025 donde se recupera la inversión realizada junto con la rentabilidad de la misma, por lo que en el ejercicio 2025 y 2026 deberá reconocerse el ingreso financiero devengado en cada ejercicio, siendo la rentabilidad obtenida de 100.000 euros que se imputaría de forma lineal desde la fecha de la aportación de la financiación a la fecha de la presentación de la declaración del IS correspondiente al período impositivo 2026.

El ingreso financiero de 100.000 euros obtenido por la entidad A devengado en los ejercicios 2025 y 2026 se integraría en su base imponible.

El productor genera una deducción de 450.000 euros que se aplicaría en la liquidación del IS del ejercicio 20242025.

Legislación

LEY

LIS art. 36.1 y 2; art. 39.7 redacc. L38/2022.

2.4.16.4.3. Deducción por creación de empleo para trabajadores con discapacidad

Las características de este incentivo fiscal son las siguientes:

a) Importe de la deducción. El importe de esta deducción es de 9.000 euros por cada persona/año de incremento del promedio de la plantilla de trabajadores con discapacidad en un grado igual o superior al 33% e inferior al 65% contratados por el contribuyente, experimentado en el período impositivo, respecto de la plantilla media de trabajadores con la misma naturaleza de discapacidad del período inmediato anterior.

El importe de esta deducción se eleva a 12.000 euros por cada persona/año de incremento del promedio de la plantilla de trabajadores con discapacidad superior al 65%, contratados por el contribuyente, experimentado en el período impositivo, respecto de la plantilla media de trabajadores con la misma naturaleza de discapacidad del período inmediato anterior.

b) Condiciones de las personas empleadas. Las personas discapacitadas contratadas no deben cumplir ningún requisito en lo que se refiere al tipo de contrato, es decir, el mismo puede ser por tiempo indefinido o temporal y, además, no es necesario que sea a jornada completa, es decir, la duración de la jornada de trabajo puede ser distinta que la del resto de trabajadores de la plantilla de la entidad.

No obstante, a efectos del cálculo del incremento de plantilla, caso de que la duración de la jornada sea diferente a la jornada completa habitual de la entidad, aquellos contratos deberían traducirse a esa jornada completa, al objeto de que el incentivo fiscal sea neutral, por lo que no parece razonable que computen de igual forma contratos con diferente duración de la jornada. La interpretación administrativa se decantado en este sentido (DGT 13-5-19, V1044-19).

En relación con las condiciones de permanencia de los trabajadores que han generado derecho a practicar esta deducción, la LIS no establece condición alguna, por lo que la deducción practicada no está supeditada a que los trabajadores permanezcan en la empresa en los períodos impositivos posteriores, es decir, podría aplicarse, incluso, en el supuesto de que en esos ejercicios posteriores disminuya la plantilla de la empresa de este colectivo de trabajadores.

Tampoco se ve afectada la deducción por el hecho de que la plantilla del resto de trabajadores disminuya en el propio período impositivo en el que aumenta la plantilla de trabajadores discapacitados.

Incompatibilidades. Los trabajadores con discapacidad que puedan acogerse a esta deducción por creación de empleo, no se computan a efectos de la libertad de amortización para inversiones realizadas por entidades de reducida dimensión acompañadas de empleo, en todos estos casos, los trabajadores con discapacidad contratados en el período impositivo pueden acogerse a la deducción por creación de empleo o bien pueden computarse a efectos de la creación de empleo necesaria para que puedan gozar de libertad de amortización las inversiones realizadas por esas entidades, pero no pueden computarse para ambos incentivos de forma simultánea.

Ejemplo

Entidad ASA contrata a un trabajador con un grado de discapacidad del 33% a mitad del ejercicio 2024, siendo este el único trabajador de estas condiciones.

Solución:

El incremento de plantilla del ejercicio 2024 de este colectivo de trabajadores respecto del ejercicio anterior es de 0,5. Igualmente, caso de que en el ejercicio 2025 se mantenga en la plantilla este trabajador, el incremento de plantilla en ese otro ejercicio 2025 es igualmente de 0,5, por lo que en cada uno de esos ejercicios la entidad genera una deducción en la cuota de 4.500 euros (9.000x0,5).

2.4.16.4 bis. Nueva deducción por contribuciones empresariales a sistemas de previsión social empresarial

Con efectos para los períodos impositivos que se inicien desde el 2-7-2022 se introduce una nueva deducción en el IS por contribuciones empresariales a sistemas de previsión social empresarial. Se trata de una deducción en la cuota íntegra del 10 por 100 de las contribuciones empresariales imputadas a favor de los trabajadores con retribuciones brutas anuales inferiores a 27.000 euros, siempre que tales aportaciones se produzcan en favor de planes de pensiones de empleo, planes de previsión social empresarial, planes de pensiones paneuropeos y a mutualidades de previsión social que actúen como instrumento de previsión social de los que sea promotor el contribuyente.

Cuando se trate de trabajadores con retribuciones brutas anuales iguales o superiores a 27.000 euros, la deducción anterior se aplicará sobre la parte proporcional de las contribuciones empresariales que correspondan al importe de la citada retribución bruta anual.

2.4.16.5. Reglas para aplicar las deducciones

Orden en la aplicación de las deducciones. La LIS no establece ningún orden en la aplicación de las deducciones que minoran la cuota íntegra, generadas en el período impositivo por las actividades e inversiones realizadas en el mismo.

No obstante, dichas deducciones se practican sobre la denominada "cuota líquida" que es el resultado de minorar la cuota íntegra en el importe de las deducciones para evitar la doble imposición interna (vigentes antes del 1 de enero de 2015 y que estuviesen todavía pendientes de deducir) e internacional y las bonificaciones que tenga derecho la entidad en el período impositivo.

Por otra parte, aun cuando no se establezca un orden en la aplicación de las deducciones, cuando existan deducciones procedentes de inversiones efectuadas en el ejercicio con saldos pendientes de aplicar procedentes de ejercicios anteriores, el orden natural a seguir en su aplicación es el siguiente:

a) En primer lugar, se consideran los saldos pendientes de deducción por inversiones de períodos anteriores, según su orden cronológico, empezando por los más antiguos.

b) En segundo lugar, se computan las deducciones por inversiones generadas en el propio período impositivo al que corresponde la liquidación y, caso de que se hayan generado deducciones por actividades de I+D o Innovación Tecnológica (en adelante IT), éstas se deberían practicar en último lugar pues, en caso de que no pueda aplicarse la totalidad de las deducciones en la liquidación del período impositivo, esas deducciones pueden practicarse en las liquidaciones de los períodos posteriores dentro de un plazo mayor (18 años) que el resto de las otras deducciones no practicadas (15 años).

Límites en la aplicación de la deducción

Caso de que en el mismo período impositivo existan deducciones generadas en el propio período y, además, haya deducciones generadas en períodos anteriores pendientes de aplicar, el importe de la deducción que puede practicarse en el período, es el resultado de aplicar un porcentaje a la cuota líquida, en particular, el importe máximo de todas las deducciones está limitado al coeficiente límite conjunto del 25% de la cuota líquida.

Dicho coeficiente se eleva al 50%, junto con las deducciones por producciones cinematográficas, producciones cinematográficas extranjeras y producción y exhibición de espectáculos en vivo de artes escénicas y musicales (artículos 35 y 36 LIS), por gastos efectuados en el propio ejercicio exceda, por sí misma, del 10% de la cuota líquida del período.

Deducciones no aplicadas en el período impositivo por insuficiencia de cuota

Caso de que la cuota líquida del período impositivo sea inferior a la totalidad de las deducciones a que tiene derecho el contribuyente por las inversiones realizadas en el período impositivo, bien porque el importe de la deducción exceda del límite sobre cuota líquida o porque el contribuyente tenga bases imponibles negativas en ese mismo período impositivo, la LIS permite trasladar los saldos pendientes de deducir a las liquidaciones de los períodos impositivos que concluyan en los 15 años inmediatos y sucesivos, cualquiera que sea la duración del ejercicio social.

Dicho plazo se eleva a 18 años, cuando las cantidades no deducidas en el período impositivo se correspondan con las deducciones por actividades de investigación científica e innovación tecnológica (I+D+IT).

Si durante este plazo tampoco existe cuota suficiente para efectuar la deducción, se pierde el derecho a la misma, una vez sobrepasado ese plazo.

Las deducciones generadas en períodos impositivos iniciados antes de 1-1-2015 pendientes de aplicar a dicha fecha, podrán deducirse en las liquidaciones de los períodos impositivos iniciados a partir de esa fecha, conjuntamente con el resto de deducciones generadas por el contribuyente en los períodos impositivos iniciados a partir de esa fecha, con el límite general del 25-50% sobre cuota líquida que corresponda.

Ejemplo

1) Sociedad que tiene en el ejercicio 2024 una base imponible de 900.000 euros, habiendo generado en ese ejercicio las siguientes deducciones: para evitar la doble imposición internacional de 20.000 euros, por actividades de innovación tecnológica 20.000 euros, por creación de empleo 30.000 euros y otros 40.000 euros por reinversión de beneficios extraordinarios pendientes de deducir generados en períodos impositivos anteriores.

Solución:

La liquidación de este ejercicio es la siguiente:

Base imponible 900.000

Cuota íntegra (900.000 x 0,25) 225.000

Deducciones doble imposición internacional 20.000

Cuota líquida 205.000 (225.0000-20.000)

Total deducciones por inversiones 90.000 (20.000+30.000+40.000)

Límite deducciones 51.250 (0,25x205.000)

Cuota ingresar 153.750 (205.000–51.250)

Aun cuando las deducciones generadas en el ejercicio ascienden a 90.000 euros, sin embargo, es aplicable el límite de deducción de 51.250 euros, resultado de aplicar el 25% sobre la cuota líquida, dado que la deducción por actividades de innovación tecnológica (20.000 euros) es inferior al 10% de la cuota líquida 20.500 euros (305.000 x 0.1).

No obstante, la deducción pendiente de aplicar asciende a 38.750 euros (90.000-51.250), que puede imputarse a 20.000 euros de la deducción por actividad de innovación que puede deducirse en las liquidaciones de los períodos impositivos que concluyan en los 18 años inmediatos y sucesivos y el resto, por importe de 18.750 euros, se deducirá de las liquidaciones de los períodos impositivos que concluyan en los 15 años siguientes.

2) Mismo ejemplo anterior, con la diferencia de que tiene bases imponibles negativas pendientes de compensar por importe de 1.200.000 euros.

Solución:

Con independencia de la cifra de negocios de la sociedad, esta tiene derecho a compensar sin limitación alguna hasta un importe de 1.000.000 euros, por lo que en uso de este derecho puede compensar la totalidad de la base imponible positiva previa a la compensación, es decir, puede compensar 900.000 euros, por lo que la base imponible sería nula, quedando un importe pendiente de compensar de 300.000 (1.200.000-900.000). Igualmente todas las deducciones generadas en este período impositivo podrán aplicarse en las liquidaciones de los períodos impositivos siguientes con el límite temporal que corresponda a cada deducción.

3) Sociedad que tiene en el ejercicio 2024 una base imponible de 1.200.000 euros, habiendo generado en ese ejercicio deducciones por actividades de innovación tecnológica 20.000 euros, por creación de empleo 50.000 euros. Tiene deducciones pendientes procedentes de períodos impositivos anteriores por importe de 30.000 euros. Además, tiene bases imponibles negativas pendientes de compensar por importe de 400.000 euros.

Solución:

La liquidación de este ejercicio es la siguiente:

Base imponible 800.000 (1.200.000-400.000)

Cuota íntegra (800.000 x 0,25) 200.000

Cuota líquida 200.000

Deducciones 80.000

Cuota a ingresar 120.000 (200.000-80.000)

Total deducciones por inversiones 80.000 (50.000+30.000)

Límite deducciones 100.000 (0,5x200.000)

En este caso el límite de las deducciones es el 50% de la cuota líquida, dado que el importe de las deducciones por actividades de IT superan el 10% de la cuota líquida. Por tanto, en la liquidación de este período impositivo puede aplicarse la totalidad de las deducciones pendientes así como la deducción generada en este mismo período.

Diferimiento del cómputo de los plazos de deducción

El cómputo de los plazos de los 15 y 18 años para la aplicación de la deducción por inversiones puede diferirse hasta el primer ejercicio en que, dentro del período de prescripción, se produzcan resultados positivos, en los casos siguientes:

- Empresas de nueva creación, deben ser aquellas de nueva constitución;
- Empresas que saneen pérdidas de ejercicios anteriores mediante la aportación efectiva de nuevos recursos, sin que se considere como tal la aplicación o capitalización de reservas.

Mantenimiento de las inversiones. Con carácter general, los elementos patrimoniales que hayan provocado deducciones en la cuota, deben permanecer en funcionamiento en la sociedad durante un plazo de 5 años, contados desde su adquisición, o bien durante su vida útil, si esta fuera inferior a 5 años.

No obstante, cuando se trate de bienes muebles, el plazo se reduce a 3 años, o a su vida útil si esta fuera inferior.

Incompatibilidades. Como regla general, una misma inversión no puede dar lugar a la aplicación de la deducción en más de una entidad. Además, tampoco una misma inversión puede dar lugar a más de una deducción por diferentes modalidades igualmente en la misma entidad, salvo disposición expresa en contrario.

Pérdida del disfrute de incentivos fiscales El derecho a disfrutar de exenciones, deducciones o cualquier incentivo fiscal en la base imponible o en la cuota íntegra está condicionado al cumplimiento de los requisitos exigidos en la normativa aplicable.

Para los contribuyentes que han disfrutado de alguna exención, deducción o incentivo fiscal que redujo su tributación, estando condicionado su disfrute al cumplimiento de determinados requisitos, si tales requisitos se incumplen posteriormente debe regularizarse el disfrute indebido de tales incentivos fiscales, para lo cual debe ingresar, junto con la cuota del período impositivo en el que tenga lugar el incumplimiento de los requisitos o condiciones exigidos, la cuota íntegra o cantidad deducida correspondiente a la exención, deducción o incentivo fiscal aplicado en períodos anteriores, además de los intereses de demora que correspondan.

Legislación

LEY

LIS artículo 40 y disposición transitoria 24.

2.4.17. Pagos fraccionados. Retenciones

2.4.17.1. Pagos fraccionados

Todos los contribuyentes del IS, salvo aquellos que tributan a los tipos del 0 y 1%, y desde 2018 las entidades que gozan del régimen fiscal especial del capital riesgo, están obligados a realizar pagos fraccionados a cuenta de la liquidación de cada período impositivo, es decir, el sistema de pagos fraccionados es una forma de periodificación anticipada de pago del IS.

El importe de los pagos fraccionados efectuados se acumula al de las retenciones efectivamente soportadas e ingresos a cuenta para el cálculo de la cuota a ingresar o a devolver por el IS a través de la declaración del IS de cada período impositivo.

Respecto del plazo para efectuar estos pagos, el art. 45 LIS dispone que en los primeros 20 días naturales de los meses de abril, octubre y diciembre de cada año, los contribuyentes deberán efectuar un pago fraccionado a cuenta de la liquidación correspondiente al período impositivo que esté en curso el día 1 de cada uno de los meses indicados.

2.4.17.1.1. Modalidades para realizar los pagos fraccionados

Existen dos modalidades para realizar los pagos fraccionados.

Primera modalidad

Según esta modalidad, dentro de los 20 primeros días naturales de los meses de abril, octubre y diciembre de cada año, las entidades deben efectuar un pago fraccionado del 18% de la cuota íntegra correspondiente al último período impositivo cuyo plazo reglamentario de declaración estuviese vencido el día uno de los citados meses.

Ese porcentaje se aplica sobre la referida cuota íntegra minorada en:

- Las deducciones para evitar la doble imposición;
- Las bonificaciones;
- Las deducciones para incentivar la realización de determinadas actividades;
- Las retenciones e ingresos a cuenta correspondientes a ese período impositivo. No se tienen en cuenta los pagos fraccionados de ese mismo período impositivo, aun cuando se consideraron para determinar la cuota a ingresar o devolver de dicho período.

Si el resultado anterior es cero o negativo, no existe obligación de presentar la declaración.

La mecánica del pago fraccionado no tiene previsto ninguna corrección en función de las rentas previsibles del ejercicio en curso, ni por las circunstancias especiales que pudieran haberse dado en las rentas del período cuya cuota sirve de base de cálculo del pago fraccionado.

Así, si en el ejercicio van a obtenerse pérdidas y en el anterior hubo beneficios, persiste la obligación de realizar los pagos, aunque posteriormente se solicite su devolución, junto con las retenciones e ingresos a cuenta, de obtenerse una base imponible negativa. Por tanto, existiría obligación de realizar pagos fraccionados incluso si no hay actividad en el período impositivo al que corresponden tales pagos a cuenta.

De acuerdo con esta modalidad, caso de entidades de nueva constitución, si el ejercicio social coincide con el año natural, en el primer período impositivo en el que se constituye la entidad, no hay obligación de efectuar pagos fraccionados, dado que no existe ejercicio base de referencia.

En cuanto al segundo período impositivo de estas entidades de nueva constitución, tampoco habrá obligación de realizar el pago fraccionado correspondiente al mes de abril por cuanto que tampoco existe período impositivo base de referencia.

Por el contrario, deberán realizarse los pagos fraccionados correspondientes a los meses de octubre y diciembre de este segundo período, siendo el período inmediato anterior el que deberá tenerse como referencia para calcular dichos pagos.

El período impositivo cuya cuota sirve de base para calcular el pago fraccionado, ha de tener una duración de 12 meses. Por tanto, si el último ejercicio cerrado fuese de duración inferior al año, se toma también la cuota correspondiente al ejercicio o ejercicios anteriores, en la parte que sea proporcional, hasta abarcar un período de 12 meses.

Para ello, la parte de cuota que corresponde al ejercicio más remoto hasta completar los 365 días, se calcula aplicando el coeficiente siguiente a la cuota íntegra de ese ejercicio: Coeficiente = [(Días que restan hasta 365)/ (Días que dura el ejercicio)]

La cuota íntegra base en estos casos para calcular los pagos fraccionados es la suma algebraica de las cuotas íntegras de los ejercicios anteriores considerados.

Ese mismo coeficiente se aplica a las deducciones, bonificaciones, retenciones e ingresos a cuenta de ese ejercicio más remoto, cuyo resultado minora también las cuotas íntegras de los ejercicios considerados, a efectos de determinar la base de cálculo del pago fraccionado.

Ejemplo

Una sociedad tiene los períodos impositivos coincidentes con el año natural y presenta las siguientes liquidaciones correspondientes a los dos últimos períodos impositivos concluidos con anterioridad al año 2024:

	Ejercicio 2022	Ejercicio 2023
Cuota íntegra	120.000	200.000
Deducciones y bonificaciones	20.000	10.000
Retenciones a cuenta	5.000	10.000
Pagos fraccionados	25.000	35.000
Fin plazo declaración	25-7-22	25-7-23

Determinar el importe de los pagos fraccionados a realizar en el año 2024.

Solución:

Los pagos fraccionados que esta sociedad está obligada a efectuar de acuerdo con la primera modalidad, son los siguientes:

- Pago fraccionado mes de abril del año 2024. Al primer día de este mes, el último período impositivo cuyo plazo de declaración ha vencido es el correspondiente al ejercicio 2022.

  Base del pago fraccionado: 120.000 – 20.000 – 5.000 = 95.000

  Importe del pago fraccionado: 95.000 x 18% = 17.100

- Pago fraccionado mes de octubre y diciembre del año 2024. Al primer día de cada uno de estos meses, el último período impositivo cuyo plazo de declaración ha vencido es el correspondiente al ejercicio 2023.

  Base del pago fraccionado: 200.000 – 10.000 – 10.000 = 180.000

  Importe del pago fraccionado: 180.000 x 18% = 32.400

Si el período impositivo que sirve de referencia, ha tenido bases imponibles negativas y, por tanto, no ha tenido cuota íntegra en el mismo, no hay que efectuar pagos fraccionados.

El porcentaje del pago fraccionado del 18% es aplicable cualquiera que sea el régimen fiscal de la entidad, incluso si la misma tributa de acuerdo con el régimen de las empresas de reducida dimensión.

Segunda modalidad

Por esta modalidad el importe de los pagos fraccionados se determina, aplicando un determinado porcentaje a la parte de base imponible de los 3, 9 u 11 primeros meses de cada año natural, deduciendo las bonificaciones que les sean de aplicación al contribuyente, las retenciones e ingresos a cuenta practicados sobre los ingresos del contribuyente, así como los pagos fraccionados efectuados (no se consideran las deducciones para evitar la doble imposición, ni siquiera aunque tengan el mismo importe que la cuota íntegra).

La reserva de capitalización no se tiene en consideración a efectos de la determinación de la base del pago fraccionado, según el método de la base imponible corrida, dado que el incremento de los fondos propios solo puede determinarse al cierre del período impositivo con ocasión de la conclusión del ejercicio económico del contribuyente, excepto que la misma se haya generado en períodos impositivos anteriores y estuviese pendiente de deducir al tiempo de determinar el pago fraccionado.

Por el contrario, la minoración de la base imponible por la reserva de nivelación sí se tiene en cuenta al tiempo de calcular los pagos fraccionados por esta modalidad.

La aplicación de los criterios fiscales que sean optativas (libertad de amortización, etc.), a efectos de determinar los pagos fraccionados, se pueden tomar o no en consideración, sin que ello condicione la opción que se tome al tiempo de realizar la liquidación del IS del período impositivo que corresponda a esos pagos fraccionados.

Este método de determinar los pagos fraccionados tiene relación directa con la renta generada en el propio período impositivo al que corresponde tales pagos a cuenta, por lo que si dicha renta es negativa no habrá que realizar pagos fraccionados.

No obstante, puede ocurrir que la renta correspondiente a alguno de esos períodos de cálculo del pago fraccionado sea positiva, en cuyo caso habría que realizar el pago fraccionado de ese período con independencia de que la renta definitiva del período impositivo sea negativa. En sentido contrario, si la renta correspondiente a alguno de esos períodos de cálculo del pago fraccionado fuese negativa, en cuyo caso no habría que realizar el pago fraccionado de ese período con independencia de que la renta definitiva del período impositivo sea positiva.

El ejercicio de la opción por esta otra alternativa de cálculo de los pagos requiere que sea efectuado por la entidad a través de la correspondiente declaración censal dentro del mes de febrero del año natural en que deba surtir efectos.

Si el período impositivo no coincide con el año natural, el pago fraccionado se realiza sobre la parte de base imponible correspondiente a los días transcurridos desde el inicio del período hasta el día anterior al inicio de los meses de abril, octubre y diciembre del año.

En estos casos, el pago fraccionado es a cuenta de la liquidación correspondiente al período impositivo que esté en curso el día anterior a cada uno de los referidos períodos de pago.

Para estos supuestos, la opción debe igualmente hacerse mediante la correspondiente declaración censal, pero dentro de los dos meses contados desde el inicio del período impositivo, o bien dentro del plazo comprendido entre el inicio del período impositivo y la finalización del plazo para efectuar el primer pago fraccionado de ese período impositivo, siempre que este último plazo fuese inferior a dos meses.

Ejercitada esta opción, todos los pagos fraccionados, correspondientes al mismo período impositivo y siguientes, deberán realizarse según esta modalidad.

No obstante, cabe la renuncia a la aplicación de esta modalidad a través de la correspondiente declaración censal, que deberá ejercitarse en los mismos plazos establecidos para optar por esta modalidad de determinación de los pagos fraccionados.

No obstante, están obligados a aplicar esta modalidad los contribuyentes cuyo importe neto de la cifra de negocios haya superado la cantidad de 6.000.000 de euros durante los doce meses anteriores a la fecha en que se inicie el período impositivo en el que se están efectuando los pagos fraccionados.

El cálculo del porcentaje para efectuar el pago fraccionado se efectúa, multiplicando por 5/7 el tipo de gravamen de la entidad redondeado por defecto.

Para el tipo de gravamen general del 25% el porcentaje a tomar para calcular el importe de los pagos fraccionados será: (5/7) x 25 = 17%. Si la cifra de negocios del contribuyente en los 12 meses anteriores al inicio del período impositivo, es de al menos 10 millones euros, ese porcentaje es del 24% (19/20 x 25 redondeado en exceso).

En el caso de entidades de nueva constitución en 2023, en el primer período impositivo, al no tener la entidad cifra de negocios en los doce meses anteriores al inicio del primer período impositivo, el porcentaje para determinar los pagos fraccionados en ese período es el general. En cuanto al segundo período impositivo, este va a tener siempre una duración inferior a doce meses. Debe tenerse en consideración el importe neto de la cifra de negocios realmente obtenida en ese primer período impositivo para determinar el porcentaje de determinación de los pagos fraccionados, sin elevarlo al año.

La Orden HFP/227/2017, de 13 de marzo, por la que se aprueba el modelo 202 para efectuar los pagos fraccionados a cuenta del Impuesto sobre Sociedades y del Impuesto sobre la Renta de no Residentes correspondiente a establecimientos permanentes y entidades en régimen de atribución de rentas constituidas en el extranjero con presencia en territorio español, y el modelo 222 para efectuar los pagos fraccionados a cuenta del Impuesto sobre Sociedades en régimen de consolidación fiscal y se establecen las condiciones generales y el procedimiento para su presentación electrónica, establece los nuevos modelos de pagos fraccionados del Impuesto sobre Sociedades a aplicar con posterioridad al 1 de abril de 2017.

La última modificación del modelo de pago fraccionado, modelos 202, declaración individual, y 222, régimen consolidado, figura en la Orden HFP/312/2023, de 28 de marzo, por la que se modifica la Orden HFP/227/2017, de 13 de marzo, por la que se aprueba el modelo 202 para efectuar los pagos fraccionados a cuenta del Impuesto sobre Sociedades y del Impuesto sobre la Renta de no Residentes correspondiente a establecimientos permanentes y entidades en régimen de atribución de rentas constituidas en el extranjero con presencia en territorio español, y el modelo 222 para efectuar los pagos fraccionados a cuenta del Impuesto sobre Sociedades en régimen de consolidación fiscal y se establecen las condiciones generales y el procedimiento para su presentación electrónica; y la Orden EHA/1658/2009, de 12 de junio, por la que se establecen el procedimiento y las condiciones para la domiciliación del pago de determinadas deudas a través de cuentas abiertas en las Entidades de crédito que prestan el servicio de colaboración en la gestión recaudatoria de la Agencia Estatal de Administración Tributaria.(BOE, 31-marzo-2023)

Ejemplo

1) Entidad que tributa de acuerdo con el régimen general del IS, tiene una cifra de negocios de 8 millones euros en el ejercicio 2023 y determina sus pagos fraccionados según esta segunda modalidad, siendo los datos de los tres, nueve y once primeros meses del ejercicio 2024 los siguientes:

Período	abril	octubre	diciembre
Base imponible	250.000	450.000	620.000
Cuota (17%)	42.500	76.500	105.400
Retenciones	2.000	4.000	6.000
Pagos fraccionados ingresados	—	40.500	72.500
Pago fraccionado a ingresar	40.500	32.000	26.900

El tipo de gravamen aplicable para determinar los pagos fraccionados es el 17% (25 x 5/7).

Ejemplo

2) Mismo ejemplo anterior, con la diferencia que la cifra de negocios en el ejercicio 2022 es de 11 millones euros.

Período	abril	octubre	diciembre
Base imponible	250.000	450.000	620.000
Cuota (17%)	60.000	108.000	148.800
Retenciones	2.000	4.000	6.000
Pagos fraccionados ingresados	—	58.000	104.000
Pago fraccionado a ingresar	58.000	46.000	38.800

El tipo de gravamen aplicable para determinar los pagos fraccionados es el 24% (25 x 19/20 redondeado por exceso).

No resultan pagos fraccionados por esta modalidad si la base imponible del período considerado es negativa.

No se tienen en cuenta para el cálculo del pago fraccionado las deducciones en la cuota íntegra a las que tenga derecho la entidad, salvo las retenciones y los propios pagos fraccionados realizados en el período considerado.

El cálculo del pago fraccionado no puede resultar a devolver pues, en tal caso, no hay que realizar ningún pago.

Pago fraccionado mínimo

Con efectos para los períodos impositivos iniciados a partir de 1-1-2018, se establece la obligación de realizar un pago fraccionado mínimo, siendo las características del mismo las siguientes:

- afecta solamente a las entidades que les sea de aplicación esta segunda modalidad de realizar pagos fraccionados y, además, el importe de la cifra neta de negocios habida en los 12 meses anteriores al inicio del período impositivo sea al menos de 10 millones euros.
- el importe del pago fraccionado mínimo es el resultado de aplicar el tipo del 23% (25% caso de entidades de crédito), al resultado positivo de la cuenta de pérdidas y ganancias de los 3, 9 u 11 primeros meses del año natural obtenida por el contribuyente del importe que resulte solo puede minorarse en los pagos fraccionados ingresados en el mismo período con anterioridad, por lo que las retenciones soportadas no se tienen en cuenta para calcular el pago fraccionado mínimo.
- las entidades obligadas a efectuar el pago fraccionado mínimo, el tipo de gravamen que deben aplicar en la segunda modalidad de calcular los pagos fraccio-

nados es el resultado de multiplicar por 19/20 su tipo de gravamen redondeado por exceso (24% para entidades sujetas al tipo general de gravamen del 25%).

Por tanto, estas entidades deben determinar el importe del pago fraccionado según esta segunda modalidad teniendo en cuenta el referido tipo de gravamen y compararlo con el importe que resulte del pago fraccionado mínimo, de manera que el pago fraccionado que debe ingresarse será el mayor de ambos importes.

No obstante, el pago fraccionado mínimo no es de aplicación a las siguientes entidades:

- las entidades que tributan al 10%, esto es, las entidades a las que es aplicable la normativa sobre el régimen fiscal de las entidades sin fines lucrativos y de los incentivos fiscales al mecenazgo (L 49/2002);
- las entidades que tributan al tipo de gravamen del 1%, como son las sociedades de inversión de capital variable, fondos de inversión de carácter financiero, sociedades de inversión inmobiliaria y los fondos de inversión inmobiliaria y los fondos de regulación del mercado hipotecario;
- las entidades que tributan al tipo de gravamen del 0%, como son los fondos de pensiones y las SOCIMI.
- las entidades de capital-riesgo.

El pago fraccionado mínimo fue introducido con efectos de los períodos impositivos iniciados a partir de 1-1-2016 por el RDL 2/2016. La STC 78/2020 declara inconstitucional y, por tanto, nulo lo regulado en ese RDL 2/2016 sobre el pago fraccionado mínimo, al ser aprobado por un instrumento jurídico inadecuado por su excepcionalidad, como es el RDL, que afecta a la esencia del deber de contribuir al sostenimiento de los gastos públicos, sin que se pronuncie esa sentencia acerca de la violación del principio de capacidad económica, que es otra posible causa de inconstitucionalidad, pues la forma de determinar el pago fraccionado puede suponer, por ejemplo, que se tenga que realizar ingresos por pagos fraccionados mínimos incluso cuando todas sus rentas puedan estar exentas.

Por tanto, dado que la Ley 8/2018 da nueva redacción a la disp. adic. 14ª LIS con efectos para los períodos impositivos iniciados a partir de 1-1-2018, a partir de este ejercicio el pago fraccionado mínimo no se ve afectado por dicha STC, por lo que debe entenderse que está actualmente vigente.

Ejemplo

Una sociedad tiene su ejercicio coincidente con el año natural y una cifra de negocios en todos los ejercicios superior a 10 millones euros. La sociedad no ha soportado retenciones sobre sus ingresos. La base imponible y el resultado contable de los tres, nueve y once primeros meses del ejercicio 2024 son los siguientes:

Período	Base imponible	Cuota (24%)	Resultado contable	Cuota (23%)
1/1 a 31/3/23	2.000	480	3.000	690
1/1 a 30/9/23	9.000	2.160	10.000	2.300
1/1 a 30/11/23	12.000	2.880	12.200	2.806

- Mes de abril del año 2024. El importe que resulta de aplicar el método general (480,00) es inferior al que resulta de aplicar el importe mínimo (690), por lo que se tomaría el segundo y, por tanto, el importe del pago fraccionado de este período es de 690.
- Mes de octubre del año 2024. El importe que resulta de aplicar el método general, 1.470 (2.160,00 – 690,00) es inferior al que resulta de aplicar el importe mínimo, 1.610 (2.300 – 690), por lo que se toma el segundo y, por tanto, el importe del pago fraccionado de este período es de 1.610, una vez descontado el importe del primer pago fraccionado.
- Mes de diciembre del año 2024. El importe que resulta de aplicar el método general, 580 (2.880 – 690 – 1.610) es superior al que resulta de aplicar el importe mínimo, 506 (2.806 – 690 – 1.610), por lo que se toma el primero y, por tanto, el importe del pago fraccionado de este período es de 580, una vez descontado el importe de los dos primeros pagos fraccionados de este.

2.4.17.1.2. Empresas de reducida dimensión

Caso de entidades que tributen de acuerdo con este régimen fiscal especial, dado que en los periodos impositivos iniciados en 2017 y siguientes, su tipo de gravamen es el general del 25%, al igual que el resto de contribuyentes del IS, el tipo de gravamen para calcular los pagos fraccionados será de un 17% (25x5/7), cualquiera que sea el importe de su base imponible, siempre que su cifra de negocios alcance los 6.000.000 euros.

Ejemplo

Entidad que tributa en el IS, según el régimen de las empresas de reducida dimensión, determina sus pagos fraccionados según esta segunda modalidad, siendo los datos de los tres, nueve y once primeros meses del ejercicio 2024 los siguientes:

Período	abril	octubre	diciembre
Base imponible	150.000	250.000	300.000
Cuota (17%)	25.500	42.500	51.000
Retenciones	2.500	4.500	6.500
Pagos fraccionados ingresados	–	20.000	38.000
Pago fraccionado a ingresar	20.000	18.000	6.500

Las empresas de reducida dimensión, que no hayan superado la cantidad de 6.000.000 euros de su cifra de negocios durante los doce meses anteriores, la modalidad para determinar los pagos fraccionados es la primera, salvo que hayan optado voluntariamente por esta segunda modalidad.

2.4.17.2. Retenciones

Representan un pago a cuenta del IS del perceptor de la renta que se recupera en el momento de realizar la liquidación del IS correspondiente al período impositivo en el que se han devengado las rentas sometidas a retención, de manera que, si el importe de las retenciones e ingresos a cuenta soportados a lo largo del período impositivo es superior a la cuota resultante de la liquidación del IS, nace el derecho a la devolución del exceso de retenciones e ingresos a cuenta practicados.

2.4.17.2.1. Sujetos obligados a practicar la retención

Están obligados a retener e ingresar en el Tesoro, en concepto de pago a cuenta, cuando satisfagan o abonen rentas sometidas a retención o ingreso a cuenta:

- Las personas jurídicas y demás entidades, incluidas las comunidades de bienes y de propietarios y las entidades en régimen de atribución de rentas que satisfagan o abonen rentas sujetas al IS o al IRPF.

- Los contribuyentes del IRPF que ejerzan actividades económicas (empresarios, profesionales, agricultores, etc.), respecto de las rentas que satisfagan o abonen en el ejercicio de sus actividades.
- Las personas físicas, jurídicas y demás entidades no residentes, que operen en España mediante establecimiento permanente.

2.4.17.2.2. Rentas sujetas a retención

Las rentas más importantes sometidas a retención sujetas al IS del perceptor son las siguientes:

- Rentas de capital mobiliario, como son los dividendos o participaciones en beneficios de cualquier tipo de entidad, intereses y demás rentas derivadas de la cesión a terceros de capitales propios y las restantes rentas establecidas en la LIRPF art. 25.
- Los premios derivados de la participación en juegos, concursos, rifas o combinaciones aleatorias, estén o no vinculados a la oferta, promoción o venta de determinados bienes, productos o servicios.
- Las contraprestaciones obtenidas por sociedades como consecuencia de la atribución del cargo de administrador o consejero en otras sociedades.
- Las rentas procedentes de la cesión del derecho a la explotación de la imagen o del consentimiento o autorización para su utilización, aun cuando constituyan ingresos derivados de explotaciones económicas.
- Las rentas procedentes del arrendamiento o subarrendamiento de inmuebles urbanos, aun cuando constituyan ingresos derivados de explotaciones económicas

No obstante, la LIS excluye de la obligación de practicar retención a determinadas rentas, bien porque representan ingresos de su actividad habitual o no tributan en su perceptor por estar exento o bien porque tiene derecho a practicar deducciones en la cuota que anulan la tributación efectiva sobre la renta. En particular, no están sujetos a retención los dividendos o participaciones en beneficios que están exentos en el 95% de su importe (DGT 29-4-21, V1154-21).

2.4.17.2.3. Nacimiento de la obligación de retener

Con carácter general, las obligaciones de retener y de ingresar a cuenta nacen en el momento de la exigibilidad de las rentas, dinerarias o en especie, sujetas a retención o ingreso a cuenta, respectivamente, o en el momento de su pago o entrega, si es anterior a la fecha de su exigibilidad.

2.4.17.2.4. Declaración de retenciones

Como obligación declarativa específica, el retenedor u obligado a ingresar a cuenta debe presentar, en los veinte primeros días naturales de abril, julio, octubre y enero, en los modelos oficiales, declaración de las cantidades retenidas y de los ingresos a cuenta que correspondan por el trimestre natural anterior.

Dicha declaración debe presentarse ante el órgano competente de la AEAT. La obligación de declaración e ingreso debe cumplirse en los 20 primeros días naturales de cada mes, por los retenedores u obligados cuyo volumen de operaciones hubiese excedido durante el año inmediatamente anterior de 6.010.121,04 euros.

2.4.17.2.5. Base de la retención

Con carácter general, constituye la base para el cálculo de la obligación de retener la contraprestación íntegra exigible o satisfecha, sobre la que se aplica el porcentaje de retención para determinar el importe de la retención o ingreso a cuenta.

2.4.17.2.6. Porcentaje de retención

El porcentaje al que se debe efectuar la retención o ingreso a cuenta es, con carácter general, el 19%.

Legislación

LEY

LIS, artículos 40 y 128.

REGLAMENTO

Real Decreto 634/2015, de 10 de julio, por el que se aprueba el Reglamento del Impuesto sobre Sociedades, Capítulo II del Título III. Gestión del impuesto, arts. 60 a 68, ambos inclusive.

2.4.18. Declaración del Impuesto sobre Sociedades

La renta obtenida en cada período impositivo debe regularizarse a través de la correspondiente declaración y liquidación del impuesto, siendo las características de esa regularización las siguientes.

2.4.18.1. Obligados a declarar

Como regla general, están obligados a presentar declaración todos los contribuyentes del impuesto. No obstante, existen las siguientes particularidades:

- Están exceptuados de la obligación de declarar las entidades totalmente exentas del impuesto.
- Las entidades sometidas al régimen fiscal especial de las entidades exentas sólo declararán el impuesto si cumplen alguna de las siguientes condiciones:
  a) Que el volumen de sus ingresos totales supere los 75.000 euros/año.
  b) Que las rentas que no estén exentas sean mayores de 2.000 euros/anuales, y
  c) Que las rentas no exentas que obtengan, estén sometidas a retención.

2.4.18.2. Modelos de declaración

Los modelos oficiales para efectuar la declaración-liquidación del IS y realizar el ingreso o solicitar la devolución, son aprobados por el Ministerio de Hacienda en los primeros meses de cada año, con referencia a los ejercicios comenzados dentro del año natural anterior.

El Modelo 200 es de uso general por los contribuyentes sometidos a la normativa común del IS, cualquiera que sea su actividad y el tamaño de la empresa, es decir, existe un modelo único en el IS. Con este modelo 200 es obligatoria su presentación en forma telemática para todos los contribuyentes.

La última modificación del modelo de autoliquidación del IS, modelo 200, aparece en Orden HFP/533/2023, de 21 de mayo, por la que se aprueban los modelos de declaración del Impuesto sobre Sociedades y del Impuesto sobre la Renta de no Residentes correspondientes a establecimientos permanentes y a entidades en régimen de atribución de rentas constituidas en el extranjero con presencia en territorio español, para los períodos impositivos iniciados entre el 1 de enero y el 31 de diciembre de 2022, se dictan instrucciones relativas al procedimiento de declaración e ingreso y se establecen las condiciones generales y el procedimiento para su presentación electrónica ("Boletín Oficial del Estado" de 29 de mayo).

Al tiempo de presentar la declaración, los contribuyentes tienen la obligación de ingresar la deuda tributaria resultante de la autoliquidación practicada mediante la utilización del documento de ingreso o devolución correspondiente.

El lugar de presentación del documento de ingreso o devolución es ante cualquier entidad colaboradora en la gestión recaudatoria (bancos, cajas de ahorro o cooperativas de crédito) situadas en territorio español, sin que se precisen etiquetas identificativas y sin que, con carácter general, la entidad colaboradora remita a la AEAT el ejemplar del documento de ingreso.

Los datos fiscales del Impuesto sobre Sociedades (modelo 200) correspondientes al ejercicio 2022, tanto para su consulta como para su descarga, están disponibles en el Portal de la AEAT, desde finales de junio de 2022, mediante el acceso a los siguientes "links":

- Visualización de datos fiscales
- Fichero de descarga de datos fiscales para empresas externas

2.4.18.3. Plazo de declaración

El plazo de declaración del IS es en los 25 días naturales siguientes a los 6 meses posteriores a la conclusión del período impositivo.

Si el período impositivo coincide con el año natural, el plazo de declaración son los primeros 25 primeros días de julio del año siguiente.

Si al inicio del plazo general de declaración no se hubiera determinado la forma de presentar la declaración, la misma puede presentarse dentro de los 25 días naturales siguientes a la fecha de entrada en vigor de la norma que determine dicha forma de presentación.

No obstante, en este supuesto el contribuyente puede optar por presentar la declaración en el plazo general de los 25 días naturales siguientes a los 6 meses posteriores a la conclusión del período impositivo cumpliendo los requisitos formales que se hubieran establecido para la declaración del período impositivo precedente.

El cómputo del plazo, cuando se fija en meses, se realiza de fecha a fecha. Si en el mes de vencimiento no hubiera día equivalente a aquel en que comienza el cómputo, se entiende que el plazo expira el último día del mes (Ley 39/2015, art. 30).

Ejemplo

Una sociedad concluye su período impositivo el a) 31-12-N; b) 28-2-N; c) 31-3-N. Establece el plazo de declaración del IS de la sociedad.

Solución:

a) Los 25 días naturales de plazo para presentar la declaración comienza desde el 30-6-N.

b) Los 25 días naturales de plazo para presentar la declaración comienzan desde el 28-8-N.
c) Los 25 días naturales de plazo para presentar la declaración comienzan desde el 30-9-N

Legislación

LEY
LIS, artículo 124.

2.4.19. Régimen fiscal especial de las empresas de reducida dimensión

Aun cuando la LIS considera a este régimen como especial, sin embargo, de acuerdo con el entramado empresarial español, puede decirse que éste es el régimen general por el número de entidades que caen bajo el mismo, al suponer más del 85% del censo de los contribuyentes del IS.

Las características de este régimen fiscal son las siguientes:

2.4.19.1. Concepto de empresa de reducida dimensión

Se entiende por empresa de reducida dimensión, aquella cuyo importe neto de cifra de negocios en el período impositivo inmediato anterior sea inferior a 10 millones de euros, cualquiera que sea el volumen de la cifra de negocios del propio período impositivo.

Cumpliéndose esta condición, el régimen de las empresas de reducida dimensión es de aplicación obligatoria y no es opcional.

El concepto de importe neto de la cifra anual de negocios está definido en la normativa mercantil, en particular en el Plan General de Contabilidad; PGC, Normas para la elaboración de las cuentas anuales, en adelante NECA 11ª, según el cual el importe neto de la cifra anual de negocios se determina deduciendo del importe de las ventas de los productos y de las prestaciones de servicios u otros ingresos correspondientes a las actividades ordinarias de la empresa, el importe de cualquier descuento (bonificaciones y demás reducciones sobre las ventas) y el del IVA y otros impuestos directamente relacionados con las mismas, que deban ser objeto de repercusión. En la Resol. ICAC 16-5-91 se fijan los criterios generales para determinar el importe neto de la cifra de negocios.

Entidad patrimonial. Si la entidad no desarrolla actividades económicas, aun cuando obtenga ingresos de su patrimonio, la LIS se ha decantado por entender que la reducción de la tributación efectiva de estas empresas de reducida dimensión por la aplicación de este régimen fiscal especial tiene como finalidad favorecer la implantación de estas entidades, lo cual sólo tiene sentido si estas empresas desarrollan actividades económicas y, por tanto, sus rentas no son meramente pasivas sino que proceden de una organización empresarial necesaria para desarrollar actividades económicas reales.

En definitiva, la ausencia de actividad económica en las entidades patrimoniales impide la aplicación de este régimen fiscal especial para las mismas. En particular, no pueden aplicar el régimen de las empresas de reducida dimensión las entidades patrimoniales, que son aquellas en la que más de la mitad de su activo esté constituido por valores o no esté afecto a una actividad económica.

No obstante, si la entidad no tiene la consideración de patrimonial y la misma desarrolla actividades económicas y, al mismo tiempo, tiene otros elementos patrimoniales no afectos a tales actividades pero que, sin embargo, generan rentas, la interpretación administrativa en este caso admite la aplicación del régimen fiscal especial, siempre que dicha actividad no sea una mera apariencia respecto de la totalidad de las actividades de la empresa con la única finalidad de simular la existencia de actividad económica.

En este sentido, la interpretación administrativa (DGT 27-9-11, V2286-11) entiende que, si se realizan dos actividades y una de ellas no es una actividad económica, se aplica el régimen de las empresas de reducida dimensión a ambas actividades, excepto para aquello en que se exija afectación a una actividad económica. En este caso, para determinar el importe de la cifra neta de negocios se tiene en consideración la totalidad de las actividades que desarrolla la entidad.

Supuesto de que la actividad sea el arrendamiento de bienes inmuebles, la existencia de actividad económica requiere la existencia de medios personales (al menos un empleado con contrato laboral y a jornada completa) mínimos, de manera que el cumplimiento de dichos requisitos se entiende cumplido cuando se cede la gestión de tal actividad a otra entidad del grupo que dispone de tales medios y, por tanto, podría aplicar el régimen fiscal especial, aun cuando forme parte de un grupo siempre que, en conjunto, su cifra de negocios no exceda de 10 millones euros.

Ejemplo

1) Entidad que tiene el 90% del valor de su activo constituido por inmuebles arrendados, sin que se disponga para su gestión de ningún empleado con contrato laboral, al ser realizada esta actividad directamente por el socio-administrador de la misma y el otro 10% por acciones de entidades cotizadas y depósitos bancarios.

Solución:

Esta entidad sería considerada como una entidad patrimonial al estar formado la mayor parte de su activo por elementos no afectos a una actividad económica, dado que no se dispone de ningún empleado con contrato laboral, por lo que esta entidad tributará de acuerdo con el régimen general y no por el régimen de las empresas de reducida dimensión.

2) Entidad cuyo activo el 80% del mismo está afecto al desarrollo de actividades económicas y el 20% restante son instrumentos financieros en los que se reinvierte los beneficios de la entidad.

Solución:

Esta entidad no sería considerada como una entidad patrimonial y, por tanto, puede aplicar el régimen de las empresas de reducida dimensión si cumple el requisito de el importe neto de la cifra de negocios del período impositivo anterior sea inferior a 10 millones de euros, para lo cual se computaría la totalidad de ingresos de la entidad, procedan o no de actividades económicas.

Período impositivo inmediato anterior inferior al año. Dado que la condición de empresa de reducida dimensión se determina en función del importe neto de la cifra de negocios habida en el período impositivo inmediato anterior y no del propio período impositivo, si la duración de aquel período impositivo anterior es inferior al año, el importe neto de la cifra de negocios de dicho período debe elevarse al año, sin que se tenga en cuenta la parte proporcional de la cifra de negocios del penúltimo período hasta completar el año del período impositivo inmediato anterior.

La misma regla se aplica, para los casos en los que la actividad se ha desarrollado durante un plazo también inferior al año en el período impositivo inmediato anterior, tanto si la duración de dicho período es igual o inferior a un año.

Ejemplo

1) Entidad cuyo ejercicio comienza el 1 de julio y finaliza el 30 de junio del año siguiente, modifica su ejercicio social en 2024, de manera que pasa a coincidir con el año natural, por lo que el ejercicio iniciado el 1 de julio de 2024 concluye el 31 de diciembre de 2024, siendo la cifra de negocios del ejercicio finalizado el 30 de junio de 2024 de 12 millones de euros y la cifra de negocios del ejercicio finalizado el 31 de diciembre de 2024 es de 4,5 millones euros.

Solución:

En el período impositivo iniciado el 1 de julio de 2024, la entidad no puede aplicar el régimen de las empresas de reducida dimensión, dado que la cifra de negocios del ejercicio inmediato anterior, que tiene una duración de un año, no es inferior a los 10 millones euros exigidos.

Respecto del período impositivo iniciado el 1 de enero de 2025, dado que la duración del período inmediato anterior es de 6 meses, la cifra de negocios de este ejercicio debe elevarse al año, lo cual supone que la misma es de 9 millones (4,5x12/6), lo que conlleva que esta entidad en el período impositivo 2025 tributaría de acuerdo con el régimen de las empresas de reducida dimensión.

2) Sociedad cuyo ejercicio social coincide con el año natural, se constituye a mitad del año 2024, empezando a realizar su actividad desde ese momento, siendo el importe neto de su cifra de negocios del año 2024 de: a) 4 millones euros; b) 5 millones euros.

Solución:

a) En este caso, dado que el período impositivo correspondiente al año 2024 ha sido inferior a doce meses, la cifra de negocios de ese período debe elevarse al año, lo cual supone un importe de 8 millones euros (4 x 2) y, por tanto, en el ejercicio 2024, esa entidad podrá tributar de acuerdo con el régimen de las empresas de reducida dimensión.

Esta entidad también podría tributar de acuerdo con este régimen fiscal especial en el ejercicio 2025, dado que es una entidad de nueva creación y su cifra de negocios elevada al año en el periodo anterior es inferior a 10 millones euros.

b) Igualmente, la cifra de negocios del período impositivo anterior debe elevarse al año, lo cual determina un importe de 10 millones euros (5 x 2), esto es, no es inferior a 10 millones euros, cifra límite, por lo que en el ejercicio 2024 esta entidad tributaría según el régimen fiscal general.

Esta entidad no podría tributar de acuerdo con este régimen fiscal especial en el ejercicio 2025, dado que es una entidad de nueva creación y su cifra de negocios en el ejercicio anterior elevada al año no es inferior a 10 millones euros.

Entidad de nueva creación

Cuando la entidad sea de nueva creación, el importe neto de la cifra de negocios debe referirse al primer período impositivo en el que se produzca el desarrollo efectivo de su actividad y, además, si el tiempo de duración en el que se desarrolla su actividad en dicho período es inferior al año, la cifra neta de negocios habida en dicho tiempo debe elevarse al año.

Una cuestión a considerar es el caso de una entidad de nueva constitución que inicia su actividad de forma efectiva en otro ejercicio posterior, en el sentido de si se considera empresa de reducida dimensión en el período de su constitución, sin que sea necesario esperar al inicio de su actividad para determinar el importe neto de su cifra de negocios del período de su constitución. Al respecto, de acuerdo con la doctrina administrativa (DGT 12-4-23, V0863-23), a efectos de considerar o no una entidad como patrimonial, hay que valorar si concurren indicios serios que permitan sostener que existe una clara voluntad de realizar una actividad económica, al margen de que se hayan o no iniciado las operaciones, dado que el inicio material de las mismas puede demorarse por diversas razones, lo cual sería trasladable a las entidades de nueva constitución que realizan inversiones en el período de su constitución pero su inicio material de la actividad tiene lugar en un período posterior, lo cual parece razonable entender que no es patrimonial la entidad en el período de su constitución y, por tanto, puede entenderse que es una entidad de reducida dimensión dado que es nulo el importe neto de la cifra de negocios de ese período, cualquiera que sea la cifra de negocios del período en que se inicie materialmente la actividad.

Ejemplo

Sociedad cuyo ejercicio social coincide con el año natural, se constituye a mitad del año 2024, empezando a realizar su actividad desde ese momento, siendo el importe neto de su cifra de negocios del año 2024 de 8 millones euros.

Solución:

Dado que el período impositivo correspondiente al año 2024 en el que se ha constituido su duración, ha sido inferior a doce meses, la cifra de negocios de ese período debe elevarse al año, lo cual supone un importe de 16 millones euros (8 x 2) y, por tanto, en el ejercicio 2024 esa entidad no puede tributar de acuerdo con el régimen de las empresas de reducida dimensión. Tampoco podría tributar por este régimen en el período impositivo 2025.

Entidad que forma parte de un grupo de sociedades

Caso de que una entidad forme parte de un grupo de sociedades en el sentido del artículo 42 del CCom (grupos mercantiles a efecto consolidación contable), con independencia de su residencia y de la obligación de formular cuentas anuales consolidadas, el importe neto de la cifra de negocios se ha de referir al conjunto de todas las entidades pertenecientes al grupo.

En definitiva, no se determina la cifra de negocios de forma aislada por cada entidad del grupo del período impositivo anterior, sino que se suma la cifra de negocios de todas las entidades integrantes del grupo, de manera que, si la suma determina un importe inferior a 10 millones euros, todas las entidades del grupo tienen la consideración de empresas de reducida dimensión y, por tanto, tributarían cada una de ellas de acuerdo con este régimen fiscal especial.

Por el contrario, si el importe global de la cifra de negocios es igual a superior a 10 millones euros, ninguna de las entidades del grupo tendría la consideración de empresa de reducida dimensión y, por tanto, todas tributarían de acuerdo con el régimen general, aun cuando haya una o varias que de forma individual su cifra de negocios el período impositivo anterior fuese inferior a 10 millones euros.

A efectos de determinar la cifra de negocios, se tienen en cuenta las eliminaciones e incorporaciones por las operaciones internas que hayan podido realizarse entre las entidades del grupo, es decir, esas operaciones internas se consideran como inexistentes a efectos de determinar la cifra de negocios.

En el caso de que la composición del grupo se modifique, la interpretación administrativa (DGT 15-9-09, V2021-09) entiende que la cifra de negocios en el período impositivo inmediato anterior es la referida al conjunto de entidades que integran el grupo en el período impositivo en que se pretende aplicar los incentivos fiscales para las empresas de reducida dimensión, aun cuando en ese período impositivo anterior no existiera tal grupo.

Ejemplo

1) Sociedad A tiene el 100% del capital de la sociedad B, así como el 80% del capital de la sociedad C, todas ellas residentes en territorio español. El importe neto de la cifra de negocios del ejercicio 2023 ha sido de 6, 3 y 2 millones euros, respectivamente.

Estas tres sociedades forman un grupo mercantil en el sentido del artículo 42 Código de Comercio, por lo que el importe neto de la cifra de negocios debe computarse a nivel de grupo, siendo dicha cifra de 11 millones euros (6 + 3 + 2), por lo que ninguna de ellas tiene la consideración de empresa de reducida dimensión en el ejercicio 2024 y, por tanto, tributan según el régimen general.

2) Mismo ejemplo anterior, con la diferencia que la cifra de negocios de la sociedad A es de 4 millones euros, en el ejercicio 2023.

El importe neto de la cifra de negocios computado a nivel de grupo es de 9 millones euros (4 + 3 + 2), por lo que todas ellas tienen la consideración de empresa de reducida dimensión y, por tanto, tributan según este régimen fiscal especial en el ejercicio 2024.

3) La entidad C está participada por las entidades A y B que tienen cada una de ellas el 50% de su capital social. La cifra de negocios de las entidades A y B superan los 10 millones euros.

Entidad C puede ser una empresa d reducida dimensión al no verse afectada por el importe de la cifra de negocios de las entidades A y B, dado que no se cumple que la entidad C forme parte de un grupo con ninguna de esas entidades A y B.

Entidades integrantes de un grupo familiar

El criterio establecido para los grupos de sociedades se aplica también al caso en que una persona física, por sí sola o conjuntamente con el cónyuge u otras personas físicas unidas por vínculos de parentesco en línea directa o colateral, consanguínea o por afinidad, hasta el segundo grado inclusive, se encuentren con relación a otras entidades de las que sean socios en alguna de las situaciones a que se refiere la normativa mercantil para la determinación de la existencia de grupo mercantil, con independencia de la residencia de las entidades y de la obligación de formular cuentas anuales consolidadas.

De esta regla se desprende que, si los integrantes de dicho grupo familiar tienen participaciones en todas y cada una de otras sociedades que les otorguen el control de las mismas, el cómputo del importe de la cifra de negocios debe referirse al conjunto de todas esas sociedades.

Cuando las personas físicas individualmente desarrollen también actividades económicas, para calcular el importe neto de la cifra de negocios global debe tenerse en consideración el volumen de negocios obtenido por esas personas físicas conjuntamente con la cifra de negocios de las sociedades que controlan ellas o bien el grupo familiar al que pertenecen (STS 21/12/2021, Rec 4013/2020; STS 7/11/2023, Rec 7202/2020).

Ejemplo

1) Dos hermanos participan cada uno de ellos en el 50% del capital de las sociedades A y B, siendo la cifra de negocios de esas sociedades de 3 y 4 millones de euros, respectivamente, en el ejercicio 2023.

El grupo familiar está formado por esos dos hermanos (segundo grado por línea colateral consanguínea), de manera que ambos controlan al 100% a esas dos sociedades en las que cada uno son socios, por lo que el importe de la cifra de negocios se determina a nivel de grupo, siendo dicha cifra de 7 millones euros (4 + 3), por lo que todas ellas tienen la consideración de empresa de reducida dimensión y, por tanto, tributan según este régimen fiscal especial en el ejercicio 2024.

2) Mismo ejemplo anterior, con la diferencia que la sociedad A está participada al 100% solo por uno de los hermanos y la sociedad B a 100% pertenece al otro hermano.

En este otro caso no hay grupo por cuanto que es necesario la existencia, no solo de grupo familiar sino también, de que todos y cada uno de los integrantes del grupo participen en el capital de todas y cada una de las sociedades integrantes del grupo, por lo que cada sociedad determinará de forma independiente su cifra de negocios a los efectos de tributar según el régimen general o bien por el régimen de las empresas de reducida dimensión.

Efectos fiscales de la superación de 10 millones de euros de cifra de negocios

a) Incremento de la cifra de negocios motivado por las operaciones realizadas por la entidad. Este régimen fiscal especial también es aplicable en los tres períodos impositivos inmediatos y siguientes a aquel período impositivo en el que se alcance la cifra de negocios de 10 millones de euros, con independencia del importe de la cifra de negocios habida en esos tres períodos impositivos adicionales.

La única condición exigida para aplicar el régimen fiscal especial en esos tres períodos impositivos adicionales es que, en el período impositivo en el que se alcanza la cifra de negocios de 10 millones de euros, y en los dos períodos impositivos anteriores a este último, la entidad haya cumplido las condiciones para ser considerada empresa de reducida dimensión, por lo que si en alguno de esos períodos la entidad tributó conforme al régimen general, no será de aplicación la prórroga comentada.

Por el contrario, el régimen fiscal aplicable en el cuarto período impositivo será el que corresponda en función de la cifra de negocios habida en el tercero de dichos períodos, de manera que, si dicha cifra no excede de 10 millones de euros, podrá seguir aplicándose este régimen fiscal especial, y, en caso contrario, se tributará conforme al régimen general del impuesto.

Ejemplo

1) Una sociedad cuyo ejercicio social coincide con el año natural, presenta la siguiente evolución de la cifra de negocios: 7, 8, 9 y 10 millones euros en los ejercicios 2020, 2021, 2022 y 2023, respectivamente.

Esta sociedad ha tenido la consideración de empresa de reducida dimensión en los ejercicios 2021, 2022 y 2023, dado que la cifra de negocios del ejercicio inmediato anterior a cada uno de ellos ha sido inferior a 10 millones euros, es decir, en el ejercicio 2023 y en los inmediatos anteriores ha tributado de acuerdo con este régimen fiscal especial.

La aplicación de la regla general supondría que en el ejercicio 2024 esta sociedad no tendría la consideración de empresa de reducida dimensión, pues en el ejercicio anterior (2023) la cifra de negocios no es inferior a 10 millones euros.

No obstante, a este caso le sería aplicable la regla especial, dado que en el ejercicio 2023, en el que se alcanza ese importe de cifra de negocios, la sociedad tiene la consideración de empresa de reducida dimensión, así como en los dos ejercicios anteriores (2021 y 2022), por lo que en los ejercicios 2024, 2025 y 2026 esta sociedad A seguirá tributando de acuerdo con el régimen de las empresas de reducida dimensión, con independencia de que en esos ejercicios su cifra de negocios sea superior a 10 millones euros.

2) Una sociedad cuyo ejercicio social coincide con el año natural, constituida al inicio del ejercicio 2012, presenta la siguiente evolución de la cifra de negocios: 7, 11, 9 y 10 millones euros en los ejercicios 2020, 2021, 2022 y 2023.

No obstante, no tuvo la condición de empresa de reducida dimensión en el ejercicio 2022, en donde tributó de acuerdo con el régimen general, dado que la cifra de negocios del ejercicio 2021 fue de 11 millones euros, sin perjuicio de que, en 2023, volviese a tener la condición de empresa de reducida dimensión.

Por tanto, aun cuando en el ejercicio 2023 se alcance la cifra de negocios de 10 millones euros, no se cumple el requisito de que, en el ejercicio 2023 y en los dos inmediatos anteriores (2021 y 2022), haya tributado de acuerdo con este régimen fiscal especial, por lo que no es de aplicación esta regla especial y, por tanto, en el ejercicio 2024 vuelve a tributar de acuerdo con el régimen general.

b) Incremento de la cifra de negocios consecuencia de realizar una operación de fusión. Cuando dos entidades proceden a realizar operaciones de fusión por la que una absorbe a la otra, caso de que las dos entidades cumplen las condiciones para ser consideradas empresas de reducida dimensión en el período impositivo en el que se realiza la fusión, la entidad absorbida aplicará por última vez este régimen fiscal especial en el período impositivo que concluye con la extinción de dicha entidad. En cuanto a la absorbente, igualmente podrá aplicar dicho régimen en ese período impositivo, cualquiera que sea la cifra de negocios de dicha entidad al tener en cuenta las operaciones realizadas por la absorbida desde la fecha de toma de control que son imputables a la entidad absorbente, tanto a efectos contables como fiscales.

No obstante, en el caso de que, como consecuencia de dicha imputación, la cifra de negocios alcance el importe de 10 millones de euros, esa entidad podrá seguir aplicando el régimen de las empresas de reducida dimensión en los tres períodos impositivos siguientes al ejercicio en el que se realiza la fusión, siempre que las dos entidades hayan sido empresas de reducida dimensión tanto en el período impositivo en el que se realiza la fusión como en los dos períodos impositivos inmediatos anteriores y, además, la operación de fusión se acoja al régimen fiscal especial de las operaciones de concentración.

2.4.19.2. Compatibilidad con otros regímenes especiales

La LIS no establece ninguna condición respecto a la actividad que tiene que desarrollar el contribuyente para poder aplicar este régimen especial, por lo que cualquier actividad económica es válida si se cumple la única condición exigida en cuanto al importe de la cifra de negocios del período impositivo anterior y la entidad no tenga la consideración de patrimonial.

De acuerdo con lo anterior, las actividades extractivas, de fabricación, comercio, prestación de servicios, artesanía, agrícolas, forestales, ganaderas, pesqueras, de construcción, mineras, profesionales, artísticas y deportivas pueden acogerse a este régimen.

Asimismo, es posible que algún contribuyente, aun teniendo su propio régimen fiscal especial, pueda también acogerse al régimen de las empresas de reducida dimensión, como las entidades cooperativas o fundaciones cuyo volumen de operaciones en el período impositivo anterior sea inferior a 10 millones de euros, en donde son perfectamente compatibles ambos regímenes, dado que el régimen de las empresas de reducida dimensión está concentrado en incentivos aplicables en base imponible, de manera que si los propios regímenes fiscales especiales a los que están sometidas esas entidades, tienen una mejor tributación en lo que se refiere al tipo de gravamen, ello no impide que dicho tipo sea el que se aplique a los efectos de determinar la cuota íntegra de tales entidades.

No obstante, en el caso de que la entidad cumpla los requisitos de las entidades dedicadas al arrendamiento de viviendas (LIS art. 48) y, al mismo tiempo, las condiciones, en cuanto a su cifra de negocios para ser considerada como de reducida dimensión, la LIS establece una incompatibilidad entre ambos regímenes, en el sentido de que el contribuyente puede optar por cualquiera de ellos.

2.4.19.3. Libertad de amortización para inversiones con creación de empleo

El primero de los incentivos que pueden aplicar las empresas de reducida dimensión, es la libertad de amortización para las inversiones realizadas en elementos nuevos del inmovilizado material e inversiones inmobiliarias, siempre que dichas inversiones vayan acompañadas de creación de empleo.

Las condiciones que deben cumplirse son las siguientes:

a) Empresa de reducida dimensión. La entidad debe tener la calificación de reducida dimensión en el período impositivo en el que se realiza la inversión, es decir, en el período impositivo inmediato anterior el importe neto de la cifra de negocios debe ser inferior a 10 millones de euros, con independencia de cuál sea el volumen de operaciones del propio período impositivo en que se realiza la inversión. También sería aplicable en las entidades a las que se extiende este régimen durante esos tres períodos adicionales a aquel en que se ha alcanzado la cifra de 10 millones euros.

b) Elementos aptos. La inversión debe realizarse en elementos del inmovilizado material o inversiones inmobiliarias, siempre que sean nuevos, es decir, sean utilizados o se pongan en condiciones de funcionamiento por primera vez, siendo la puesta a disposición de la empresa del elemento el momento en que se considera realizada la inversión, que ha de tener lugar dentro del período impositivo en el que tiene la condición de reducida dimensión.

c) Incremento de empleo. La inversión debe ir acompañada de un incremento de la plantilla media de la empresa referida a los 24 meses siguientes a la fecha del inicio del período impositivo en que los bienes adquiridos entren en funcionamiento, en relación a la plantilla media de los 12 meses anteriores y, además, dicho incremento ha de mantenerse durante un período posterior de otros 24 meses adicionales.

d) Límite de la libertad de amortización. La cuantía máxima de la inversión que puede beneficiarse del régimen de libertad de amortización, es la que resulte de multiplicar la cifra de 120.000 euros por ese incremento de plantilla calculado con dos decimales.

e) Modo de aplicar la libertad de amortización. Para determinar la base imponible de la entidad siempre es gasto deducible la amortización contabilizada en el ejercicio, dado que se corresponde con la depreciación efectiva del elemento y, además, el contribuyente puede amortizar fiscalmente la parte de inversión que no estuviese amortizada contablemente, por lo que la aplicación de la libertad de amortización requiere hacer ajustes negativos al resultado contable para determinar la base imponible.

f) Contabilización. Aun cuando es un requisito la contabilización del gasto en la Cuenta de Pérdidas y Ganancias, para que el mismo sea deducible en el Impuesto sobre Sociedades, sin embargo, para aplicar la libertad de amortización, la LIS permite la deducción de una amortización fiscal superior a la contable, aun cuando el exceso no esté contabilizado, por lo que esa deducción se formaliza de manera práctica realizando un ajuste negativo al resultado contable por el exceso de amortización fiscal sobre la contable, es decir, este incentivo fiscal supone amortizar fiscalmente la inversión en un plazo más corto que a efectos contables, por lo que cuando el elemento esté totalmente amortizado a efectos fiscales, la amortización contabilizada que se registre en ejercicios posteriores, no sería fiscalmente deducible, lo cual supondrá que se tenga que realizar ajustes positivos al resultado contable para determinar la base imponible de esos ejercicios posteriores.

En definitiva, el efecto práctico de este incentivo es que la cuota a pagar por el Impuesto sobre Sociedades sea menor en los ejercicios en los que se aplica la libertad de amortización y, por el contrario, sea mayor en los ejercicios posteriores en relación con la cuota que hubiese resultado de no aplicar este incentivo fiscal.

g) Incumplimiento requisitos. La libertad de amortización puede aplicarse en el propio período impositivo en el que se realiza la inversión, sin esperar a la conclusión ni de los 24 meses posteriores para calcular el incremento de plantilla, ni de los 24 meses adicionales de mantenimiento de la plantilla.

No obstante, si concluidos esos plazos, resulta que no se ha cumplido el incremento de plantilla previsto o el mantenimiento de la misma, resultará que se ha amortizado en exceso a efectos fiscales y, por tanto, la cuota íntegra correspondiente a ese exceso de amortización debe ingresarse conjuntamente con la cuota que resulte de la liquidación del IS correspondiente al período impositivo en el que se ha manifestado el incumplimiento.

h) Personas empleadas. Para el cálculo de la plantilla media total de la empresa y de su incremento se deben tomar las personas empleadas por la empresa en los términos que disponga la legislación laboral, teniendo en cuenta la jornada contratada en relación a la jornada completa.

El derecho a la libertad de amortización lo puede ejercitar el contribuyente de la forma que le convenga, es decir, puede optar por no amortizar toda la inversión en el período en el que se realiza la inversión y amortizar libremente la inversión en algún período impositivo posterior, lo cual hace que el incentivo fiscal pierda parte de su eficacia dado que lo más eficiente desde un punto de vista financiero es amortizar toda la inversión en el mismo período en que esta se realiza. No se pierde este incentivo fiscal si en algún período impositivo posterior la entidad pasa a tributar de acuerdo con el régimen general del IS al perder la condición de empresa de reducida dimensión.

De acuerdo con la normativa laboral, no tienen la condición de empleados por cuenta ajena:

- Los comuneros de comunidades de bienes.
- Los socios de sociedades civiles irregulares.
- Los consejeros o administradores.
- Quien preste servicios para una entidad mercantil a título lucrativo y de forma habitual, personal y directa, cuando posean el control efectivo, directo o indirecto de aquélla.

Se presume cumplida esta situación de control cuando:

- Al menos la mitad del capital de la sociedad para la que presta sus servicios, esté distribuido entre socios, con los que conviva, unido por vínculo conyugal o parentesco por consanguinidad, afinidad o adopción, hasta el segundo grado.
- Su participación en capital sea, al menos, la tercera parte.
- Participación al menos de la cuarta parte si tiene atribuidas funciones de dirección y gerencia de la sociedad.

Ejemplo

Entidad que, en el ejercicio 2024, cumple las condiciones para ser considerada como empresa de reducida dimensión, realiza una inversión en un elemento del inmovilizado material nuevo por importe de 180.000 euros, amortizable al coeficiente anual del 10%. La entidad tiene dos trabajadores durante todo el año 2023, siendo que contrata un trabajador a mitad del año 2024, otro al inicio del año 2025 y otro a mitad de 2026. A mitad del año 2027, un trabajador causa baja voluntaria en la empresa.

Solución:

Al ser la inversión de 180.000 euros, para que la misma pueda amortizarse libremente en su totalidad, es necesario que el incremento de plantilla sea al menos de 1,5 (180.000/120.000).

Plantilla media ejercicio 2023: esa plantilla media es de 2 trabajadores.

Plantilla media ejercicio 2024-2025: la plantilla medida de esos dos años es de 3,5 (2 x 6 + 3 x 6 + 4 x 6 + 5 x 6)/24.

Plantilla medida ejercicios 2026-2027: la plantilla media de esos dos años adicionales es de 4,75 (5 x 18 + 4 x 6)/24.

Si la empresa amortiza libremente en el ejercicio 2024 la totalidad de la inversión, se cumplen todos los requisitos exigidos para aplicar este incentivo, dado que es, justamente, 1,5 el incremento de plantilla del período 2024-2025 respecto de la plantilla media de 2023 y, además, ese incremento de plantilla, no solo se mantiene en el período 2026-2027, sino que se incrementa.

Por lo tanto, en el ejercicio 2024, el gasto contable por amortización sería de 18.000 (180.000 x 0,1) pero a efectos fiscales se puede amortizar por encima del gasto contable hasta, en su caso, el importe total de la inversión, esto es, por 162.000 euros (180.000-18.000), para lo cual el ajuste negativo a practicar al resultado contable de ese ejercicio sería de 162.000 euros para determinar la base imponible, por lo que en ese ejercicio 2024 estaría la inversión totalmente amortizada a efectos fiscales.

En los ejercicios siguientes 2023 a 2031, la amortización contable sería igualmente de 18.000 euros, pero este gasto no sería deducible al estar toda la inversión amortizada fiscalmente, por lo que, en todos y cada uno de esos ejercicios, el ajuste positivo a realizar al resultado contable sería de 18.000 euros para determinar la base imponible de cada uno de esos períodos impositivos.

2) Mismo ejemplo anterior, con la diferencia que la libertad de amortización se ejerce en el ejercicio 2024.

Solución:

Igualmente, el importe de la inversión que puede acogerse a la libertad de amortización es de 180.000 euros. Dado que ese elemento se amortiza en los ejercicios 2023 y 2024 por importe de 18.000 euros en cada uno de ellos, la inversión pendiente de amortizar es de 144.000 (180.000-18.000x2), por lo que el ajuste negativo a practicar al resultado contable del ejercicio 2024 sería de 144.000 euros para determinar la base imponible de ese período.

2.4.19.4. Libertad de amortización para inversiones de escaso valor

La libertad de amortización se extiende a las inversiones que realicen las empresas de reducida dimensión, siempre que el importe de las mismas sea de escasa cuantía, con la particularidad de que, en este caso, la aplicación del incentivo es independiente de la evolución de la plantilla de la empresa.

La aplicación de la libertad de amortización para estos elementos de escaso valor está sujeta al cumplimiento de los siguientes requisitos:

a) Entidad de reducida dimensión. La sociedad puede tener la condición de empresa de reducida dimensión en el período impositivo en el que la inversión se ponga a disposición de la empresa.

No obstante, cualquier tipo de entidad puede aplicar este incentivo fiscal sin necesidad de que necesariamente sea una empresa de reducida dimensión, ya que la libertad de amortización de bienes de escaso valor es aplicable con carácter general por todos los contribuyentes del impuesto, según art. 12 LIS.

b) Inversión. La inversión debe ser en elementos del inmovilizado material nuevos cuyo valor unitario no exceda de 300 euros.

Debe entenderse como nuevos aquellos elementos adquiridos por la empresa, siempre que ésta sea la primera que los utilice o bien que sean puestos en funcionamiento por primera vez en ella.

Por valor unitario, según las normas del PGC sobre valoración del inmovilizado material, debe entenderse el precio de adquisición, esto es, el importe facturado por el vendedor más todos los gastos adicionales a la compra que se produzcan hasta su puesta en condiciones de funcionamiento.

c) Límite. Con independencia de cuál sea el volumen total de inversión en elementos nuevos que haya realizado la empresa en un mismo período impositivo, la libertad de amortización está limitada a un importe máximo de inversión de 25.000 euros, lo cual significa que, si la inversión del período impositivo es superior a este importe, el exceso no puede amortizarse libremente, con independencia de que en ejercicios anteriores la inversión no hubiese alcanzado dicho importe.

Como en todos los demás supuestos de libertad de amortización, la deducción del exceso de amortización fiscal sobre la contable no necesita la contabilización en la Cuenta de Pérdidas y Ganancias y, por tanto, su deducción se formaliza a través de ajustes negativos al resultado contable para determinar la base imponible.

Ejemplo

Una sociedad en el ejercicio 2024 tiene la condición de empresa de reducida dimensión, siendo de 35.000 euros el importe de los elementos adquiridos en el ejercicio con valor unitario inferior a 300 euros.

Solución:

Dado que la inversión total supera el límite de 25.000 euros, sólo puede acogerse a la libertad de amortización hasta un importe de 25.000 euros, mientras que el exceso de inversión de 10.000 euros, no puede amortizarse libremente.

2.4.19.5. Amortización del inmovilizado material, inversiones inmobiliarias nuevas y activos intangible

El régimen fiscal de las entidades de reducida dimensión se completa con un régimen de aceleración de las amortizaciones a efectos fiscales, para las inversiones realizadas en activos materiales fijos e inversiones inmobiliarias nuevas y en activos del inmovilizado intangible, aun cuando dichas inversiones no vayan acompañadas de creación de empleo.

Los requisitos para aplicar este incentivo fiscal son los siguientes:

a) Entidad de reducida dimensión. La sociedad debe tener la condición de empresa de reducida dimensión en el período impositivo en el que la inversión se ponga a disposición de la empresa. Es indiferente que, en los períodos posteriores, conserve o pierda esta condición, pues ello no afecta a la aplicación de la aceleración de las amortizaciones, pues sólo se exige para aplicar este incentivo fiscal que la entidad sea de reducida dimensión en el ejercicio en el que los elementos se pongan a su disposición. También sería aplicable en las entidades a las que se extiende este régimen durante tres períodos adicionales a aquel en que se ha alcanzado la cifra de 10 millones euros.

b) Inversión. La inversión debe ser en elementos tanto del inmovilizado material como inversiones inmobiliarias y, en los dos casos, deben ser nuevos, así como en elementos del inmovilizado intangibles, sin que se exija ningún requisito en cuanto al importe de la inversión.

c) Aceleración amortización. Las inversiones en elementos del inmovilizado material e inversiones inmobiliarias nuevos y del inmovilizado intangible pueden amortizarse a efectos fiscales en función del porcentaje que resulte de multiplicar por 2 el coeficiente de amortización lineal máximo previsto en las tablas de amortización oficialmente aprobadas.

Al igual que en la libertad de amortización, la deducción de la amortización fiscal que resulte de aplicar la aceleración de amortizaciones, no está condicionada a que se contabilice en la Cuenta de Pérdidas y Ganancias el exceso de amortización fiscal sobre la contable, por lo que el exceso se deduce mediante ajustes negativos al resultado contable para determinar la base imponible del período impositivo.

Cuando el elemento esté amortizado totalmente a efectos fiscales pero no contablemente, no será deducible el gasto por amortización del elemento, lo cual supondrá que se tengan que hacer ajustes positivos al resultado contable por el importe de la amortización contabilizada para determinar la base imponible.

Tratándose de inversiones realizadas por empresas de reducida dimensión en elementos del inmovilizado intangible, la aplicación de este incentivo fiscal depende del tipo del elemento en el que se ha efectuado la inversión.

a) El elemento figura en las tablas de amortización. En tal caso, este incentivo fiscal se aplica en la misma forma que para los elementos de inmovilizado material e inversiones inmobiliarias (doble del coeficiente de amortización lineal máximo previsto en las tablas de amortización).

b) El elemento de inmovilizado intangible no figura en las tablas de amortización. Si la vida útil se ha estimado de forma fiable, el coeficiente de amortización fiscal es igualmente el doble del coeficiente que resulte según esa vida útil. Por el contrario, los activos intangibles cuya vida útil no se pueda estimar de forma fiable, así como el fondo de comercio, pueden amortizarse en un 150% del importe que resulte deducible de aplicar lo establecido en la LIS art. 12.2 (un máximo anual de la veinteava parte de su importe) (DGT 30-10-19, V3057-19)

Ejemplo

Empresa de reducida dimensión invierte 100.000 euros al inicio del ejercicio 2024 en la adquisición de un elemento nuevo de su inmovilizado material, el cual se amortiza al porcentaje del 12% según tablas oficiales.

Solución:

Aun cuando a efectos contables el elemento se amortice durante su vida útil al porcentaje del 12%, sin embargo, a efectos fiscales el porcentaje de amortización es del 24%, esto es, el doble, por lo que el gasto fiscal es mayor que el gasto contable en los ejercicios 2024 al 2027, por lo que para su deducción es necesario hacer ajustes negativos por el exceso de amortización fiscal, mientras que, por el contrario, en los ejercicios 2028 al 2032, el gasto contable por amortización es mayor que el gasto fiscal al estar el elemento completamente amortizado, por lo que para su deducción es necesario hacer ajustes positivos por el exceso de amortización contable.

En definitiva, la amortización contable es de 12.000 euros y la amortización fiscal asciende a 24.000 euros, por lo que procede realizar un ajuste negativo al resultado contable de 12.000 euros para determinar la base imponible del ejercicio 2024. Este ajuste negativo procedería en aquellos períodos hasta que el elemento esté totalmente amortizado y, a partir de los períodos impositivos siguientes, el ajuste a realizar sería positivo al resultado contable por el importe de la amortización contable que no sería fiscalmente deducible al estar totalmente amortizado el elemento a efectos fiscales.

2.4.19.6. Pérdida por deterioro por posibles insolvencias de deudores

Las empresas de reducida dimensión, de la misma manera que cualquier otro contribuyente del IS, tienen la posibilidad de poder deducir las pérdidas de créditos por insolvencias de sus deudores contabilizadas en el período impositivo, de acuerdo con los criterios establecidos con carácter general en el artículo 13 LIS, esto es, con carácter general cuando haya pasado seis meses desde el vencimiento de la obligación y el deudor no ha satisfecho la deuda.

No obstante, además de aplicar los criterios generales sobre esta materia, pueden deducir un porcentaje sobre el saldo de los deudores aunque no haya un riesgo cierto de insolvencia de los mismos, en los términos establecidos en el art. 13 LIS.

En definitiva, estas entidades pueden dotar contablemente una pérdida por deterioro individualizada por los créditos en situación de posible insolvencia y, además, otra pérdida global sobre el saldo de deudores no afectados por la pérdida por deterioro directa cuando, por el contrario, el resto de entidades no pueden deducir gastos que se correspondan con pérdidas basadas en estimaciones globales del riesgo de insolvencias de clientes y deudores.

En este sentido, el importe de la dotación global para la cobertura del riesgo derivado de posibles insolvencias de deudores, deducible a efectos de determinar la base imponible del IS, no puede sobrepasar el 1% del saldo de los deudores existentes a la conclusión del período impositivo.

Por tanto, las pérdidas dotadas por este concepto no son acumulativas sino que, en caso de que hubiese pérdidas de períodos anteriores, el saldo de éstas, junto con la pérdida dotada en el propio período impositivo, no puede exceder del citado límite.

No obstante, a diferencia del resto de incentivos fiscales establecidos para las empresas de reducida dimensión sobre aceleración de las amortizaciones de los elementos adquiridos por estas entidades, en donde para deducir fiscalmente el exceso de amortización fiscal sobre la contable, no es necesaria la contabilización del mismo para que sea deducible, por el contrario, la deducción de la dotación global de deterioro de los deudores está condicionada a su contabilización.

Ejemplo

Empresa de reducida dimensión que tiene al cierre de los ejercicios 2023 y 2024 un saldo de deudores sobre los que no hay riesgo de insolvencia de 4.000.000 y 5.000.000 euros, respectivamente.

El saldo de dotación por este concepto al inicio del ejercicio 2023 asciende a 35.000 euros.

Solución:

Al objeto de aprovechar la totalidad de la deducción permitida por la LIS para estas empresas, esta entidad podría dotar un gasto de 5.000 euros (0,01 x 4.000.000 – 35.000) al objeto de que el saldo global al cierre del ejercicio 2023 alcance el 1% de los deudores existentes al cierre del ejercicio. Caso de que dote un importe inferior, también sería deducible y, además, en ejercicios posteriores podría dotar una cantidad mayor, siempre que no se supere el referido límite del 1% del saldo de los deudores. Por el contrario, de dotar en este ejercicio un importe superior a 5.000 euros, el exceso no sería fiscalmente deducible en este ejercicio.

En el ejercicio 2024, podría dotar un gasto por deterioro de hasta 10.000 euros (50.000 – 40.000), dado que este importe, junto con el saldo existente al inicio del ejercicio, alcanza el límite del 1% (5.000.000 x 0,01).

Caso de que la entidad en algún período impositivo posterior no cumpla los requisitos para ser considerada de reducida dimensión y, por tanto, pase a tributar según el régimen general del IS, en ese período no podrá dotar a efectos fiscales la pérdida por deterioro global sobre el saldo de deudores existentes a la conclusión de los mismos, sin perjuicio de que pueda dotar la pérdida individualizada sobre los créditos que sean considerados como de dudoso cobro en los términos establecidos en el art. 13 LIS y, además, no se integra en la base imponible la totalidad del saldo de la pérdida global del primer período impositivo en el que la entidad deja de ser considerada como de reducida dimensión, sino que la LIS regula una integración escalonada en la base imponible en función de la cuantía de la pérdida por insolvencias individualizada dotada en el período impositivo, en el sentido de que se considera como no deducible fiscalmente el gasto por las pérdidas del ejercicio para la cobertura del riesgo derivado de las posibles insolvencias de los deudores, hasta el importe del saldo global procedente de períodos impositivos anteriores que se dotó por aplicación del régimen de las empresas de reducida dimensión.

2.4.19.7. Reserva de nivelación de bases imponibles

Las entidades que, en el período impositivo, cumplan las condiciones para ser consideradas empresas de reducida dimensión (importe neto de cifra de negocios en el período impositivo inmediato anterior inferior a 10 millones de euros) y, además, tributen al tipo del 25% (lo cual impide que el incentivo fiscal referente a la reserva de nivelación lo puedan aplicar otras entidades que, aun cuando cumplan el requisito exigido sobre importe de cifra de negocios, sin embargo, tributen a un tipo de gravamen diferente al 25%), pueden minorar su base imponible positiva hasta un 10% de su importe. También sería aplicable en las entidades a las que se extiende este régimen durante esos tres períodos adicionales a aquel en que se ha alcanzado la cifra de 10 millones euros.

Las características de esta reducción de la base imponible son las siguientes:

a) Voluntaria. La reducción de la base imponible es voluntaria, es decir, la empresa de reducida dimensión puede decidir voluntariamente minorar o no su base imponible y, de optar por minorarla, puede decidir la cuantía hasta un importe máximo del 10% de la base imponible positiva previa a esta reducción.

Por tanto, si la entidad tiene una base imponible negativa, no puede acogerse a esta reducción.

b) Límite. El importe de esta reducción tiene un límite cuantitativo, dado que no puede exceder de 1 millón euros.

No obstante, caso de que la duración del período impositivo sea inferior a un año, el importe máximo de la minoración sería el resultado de multiplicar un millón euros por la proporción existente entre la duración del período impositivo respecto del año.

c) Minoración temporal. La minoración de la base imponible tiene carácter temporal, es decir, el importe reducido se integra en la base imponible de un período impositivo posterior, en particular, se integra en la base imponible de los períodos impositivos que concluyan en los 5 años inmediatos y sucesivos a la finalización del período impositivo en que se realiza esa minoración, siempre que la entidad tenga en esos períodos bases imponibles negativas, siendo el importe a integrar la cuantía de la base imponible negativa.

Por tanto, la cantidad que minora la base imponible del período impositivo que, por tanto, no tributa, tiene por finalidad compensar bases imponibles negativas de períodos impositivos siguientes.

Caso de que, en ese período de tiempo, no se haya incorporado la totalidad de la minoración, el importe restante se integraría en su totalidad en la base imponible del período impositivo correspondiente a la fecha de conclusión de ese plazo de cinco años.

d) Reserva. Una cantidad equivalente al importe que minore la base imponible, debe destinarse a una reserva indisponible con cargo a los beneficios del ejercicio en que se minora la base imponible.

De no poderse dotar esa reserva por insuficiencia de beneficios, la misma deberá dotarse con cargo a los primeros resultados contables positivos que se obtengan en ejercicios siguientes, por lo que, de no generarse beneficios en ese periodo de tiempo, la imposibilidad de dotar la reserva no supone perder la minoración realizada.

De no dotarse esta reserva, no puede aplicarse la minoración de la base imponible. Esta reserva es indisponible hasta el período impositivo en el que se produzca la incorporación en la base imponible del importe que redujo dicha base en un período anterior.

e) Pago fraccionado. Caso de que la empresa de reducida dimensión determine los pagos fraccionados de acuerdo con el método de la base imponible obtenida en los 3,9 y 11 meses de cada año (art. 40.3 LIS), la minoración por la reserva de nivelación debe tenerse en cuenta para calcular dichos pagos fraccionados.

f) Incompatibilidad. Caso de que la entidad se haya acogido también a la reserva de capitalización (art. 25 LIS) y, por tanto, deba dotar otra reserva indisponible por ese otro incentivo fiscal, la dotación de la reserva de nivelación no sirve también para cumplir el requisito de dotar la reserva de capitalización.

En definitiva, deben dotarse los importes que corresponda de estas dos reservas de forma independiente.

g) Incumplimiento requisitos. De haberse minorado la base imponible de un período impositivo y se incumpla alguno de los requisitos exigidos, como puede ser la disposición indebida de la reserva de nivelación, ello supone perder la minoración practicada, para lo cual se deberá integrar en la cuota íntegra del período impositivo en el que tenga lugar el incumplimiento la cuota íntegra correspondiente a las cantidades que se destinaron a minorar la base imponible, incrementadas en un 5%, además de los intereses de demora que correspondan.

Caso de que la entidad tenga bases imponibles negativas pendientes de compensar, a efectos de aplicar la reserva de nivelación, debe tenerse en cuenta que la reducción es el 10% de la base imponible, siendo que la base imponible es la renta del período impositivo (resultado contable con los ajustes fiscales que procedan) minorada en la compensación de las bases imponibles negativas pendientes.

En definitiva, la minoración por la reserva de nivelación se realiza después de efectuar la compensación de bases imponibles negativas

Ejemplo

1) Empresa de reducida dimensión tiene en el ejercicio 2024 una base imponible positiva de: a) 400.000 euros, b) 12.000.000 euros. En todos los ejercicios posteriores la base imponible es positiva.

Solución:

a) En este caso la minoración de la base imponible es de 40.000 euros (400.000x0,1), de manera que, con cargo a los beneficios del ejercicio 2024, debe dotar una reserva indisponible de 40.000 euros.

La base sometida a tributación sería de 360.000 euros. En el ejercicio 2029 debe integrarse en su base imponible un importe de 40.000 euros.

b) En este otro caso, aun cuando el importe de minoración que resulta, es de 1.200.000 (0,1x12.000.000), sin embargo, la minoración de la base imponible estaría limitada a 1.000.000 euros al ser este último importe la minoración máxima que puede practicarse, de manera que, con cargo a los beneficios del ejercicio 2024, debe dotar una reserva indisponible de 1.000.000 euros. La base sometida a tributación sería de 11.000.000 euros. En el ejercicio 2029 debe integrarse en su base imponible un importe de 1.000.000 euros.

2) Empresa de reducida dimensión que tiene en el ejercicio 2024 una base imponible positiva de 200.000 euros y, en el ejercicio 2025, obtiene una base imponible negativa de 30.000 euros.

Solución:

La minoración de la base imponible de ejercicio 2024 es de 20.000 euros (200.000x 0,1), de manera que, con cargo a los beneficios del ejercicio 2024, debe dotar una reserva indisponible de 20.000 euros. La base sometida a tributación sería de 180.000 euros.

En el ejercicio 2025 debe integrarse en su base imponible un importe de 20.000 euros, por lo que la base imponible negativa definitiva de este ejercicio sería de 10.000 euros (30.000-20.000), que podrá compensarse con las rentas positivas obtenidas en los períodos impositivos siguientes.

3) Empresa de reducida dimensión tiene en el ejercicio 2024 una base imponible positiva de 1.800.000 € y en los ejercicios 2025, 2026 y 2027 obtiene una base imponible negativa de 60.000, 40.000 y 30.000 €, respectivamente, siendo positiva la base imponible de los ejercicios siguientes.

Solución:

La minoración de la base imponible de ejercicio 2024 es de 180.000 € (1.800.000x0,1), de manera que con cargo a los beneficios del ejercicio 2024 debe dotar una reserva indisponible de 180.000 €. La base sometida a tributación sería de 1.620.000 €.

En el ejercicio 2025 debe integrarse en su base imponible un importe de 60.000 €, por lo que la base imponible sería nula. En los ejercicios 2026 y 2027 la integración en la base imponible sería de 40.000 y 30.000 €, respectivamente, siendo igualmente nula la base imponible de esos períodos.

En el ejercicio 2029 debe integrarse en su base imponible el importe restante de 50.000 € (180.000-60.000-40.000-30.000).

2.4.19.8. Amortización de elementos patrimoniales objeto de reinversión

En los períodos impositivos iniciados antes de 1-1-2015 el régimen fiscal especial de las empresas de reducida dimensión se completaba con otro régimen igualmente de aceleración de las amortizaciones, en el sentido de que los elementos patrimoniales del inmovilizado material e inversiones inmobiliarias en los que se materialice la reinversión del importe total obtenido en la transmisión onerosa de otros elementos igualmente del inmovilizado material o inversiones inmobiliarias, pueden amortizarse en función del coeficiente que resulte de multiplicar por 3 el coeficiente lineal máximo previsto en las tablas de amortización oficialmente aprobadas.

Las condiciones para aplicar este incentivo fiscal eran las siguientes:

1) Entidad de reducida dimensión. En el período impositivo en que se transmita el elemento del inmovilizado material o inversión inmobiliaria, la entidad debe cumplir las condiciones para ser considerada de reducida dimensión, siendo indiferente que la entidad conserve esta condición tanto en los períodos impositivos en los que se realiza la reinversión como en los períodos impositivos en los que se amortizan aceleradamente los elementos objeto de la reinversión.

2) Transmisión onerosa. El negocio jurídico debe ser una transmisión onerosa, por lo que las transmisiones lucrativas no pueden acogerse a este régimen especial.

3) Elemento transmitido. Los elementos patrimoniales transmitidos han de pertenecer al inmovilizado material o bien a las inversiones inmobiliarias, por lo que no pueden aplicar este incentivo las transmisiones de activos tanto intangibles como financieros, aun cuando ambos elementos pertenezcan al activo fijo de la empresa.

Además, un requisito exigido es que el elemento transmitido esté afecto a explotaciones económicas, es decir, debe ser necesario para el desarrollo de las actividades realizadas por el sujeto pasivo, por lo que están excluidas de este incentivo fiscal las transmisiones de meros elementos patrimoniales de la entidad.

4) Importe de la reinversión. La cuantía que debe reinvertirse es el importe total de la transmisión.

5) Materialización de la reinversión. La reinversión debe materializarse en otros elementos del inmovilizado material o inversiones inmobiliarias afectos igualmente a las explotaciones económicas desarrolladas por la entidad, con la particularidad de que es válida la reinversión tanto en elementos nuevos como usados siempre que sean alguno de esos activos fijos.

6) Plazo de reinversión. La reinversión debe realizarse en el plazo comprendido entre el año anterior a la fecha de entrega o puesta a disposición del elemento transmitido y los tres años posteriores. La reinversión se entiende efectuada en la fecha en que se produzca la puesta a disposición de los elementos patrimoniales en que se materialice el importe obtenido en la transmisión.

7) Contabilización. Como el resto de incentivos fiscales establecidos para las inversiones de las empresas de reducida dimensión, la deducción del exceso de amortización fiscal que resulte de aplicar este incentivo, no está condicionada a que se contabilice en la Cuenta de Pérdidas y Ganancias, por lo que ese exceso se deduce mediante ajustes negativos al resultado contable para determinar la base imponible del período impositivo.

8) Cuantificación de la aceleración de la amortización. Las inversiones en elementos del inmovilizado material o inversiones inmobiliarias pueden amortizarse, a efectos fiscales, al porcentaje que resulte de multiplicar por 3 el coeficiente de amortización lineal máximo previsto en las tablas de amortización.

Cuando el importe invertido sea superior o inferior al obtenido en la transmisión, la amortización se aplica sólo sobre el importe de la transmisión que sea objeto de reinversión, es decir, los casos que pueden presentarse son los siguientes:

- Si el importe de la reinversión es superior, la amortización acelerada resultante del coeficiente multiplicador de 3 sólo se aplica al importe de la transmisión, sin perjuicio de que sobre el exceso, si el elemento fuese nuevo, pueda aplicarse la amortización acelerada (ver 2.4.19.5).

- Si el importe de la reinversión es inferior, la amortización acelerada sólo se aplica sobre el importe reinvertido. Por tanto, la reinversión de un importe inferior al obtenido en la transmisión de un elemento del inmovilizado material o inversión inmobiliaria no supone la pérdida de la aplicación de este régimen fiscal, sino sólo su aplicación limitada al importe reinvertido.

Aun cuando se deroga este incentivo fiscal para los períodos impositivos iniciados a partir de 1-1-2015, sin embargo, dicho régimen continúa vigente en los períodos impositivos iniciados desde esa fecha, en los casos en que al inicio del primer período impositivo que comience en el año 2015, estuviese pendiente bien de realizarse la inversión, al estar pendiente de vencer el plazo para hacerlo o, de haber realizado la inversión, todavía no se hubiese amortizado fiscalmente en su totalidad la inversión realizada.

Los ajustes negativos practicados por la aplicación de este incentivo fiscal revierten como ajustes positivos cuando el elemento esté totalmente amortizado a efectos fiscales pero no contables.

Ejemplo

Una empresa tiene la consideración de empresa de reducida dimensión en el ejercicio 2014 y siguientes. En el ejercicio 2014, transmite por importe de 300.000 euros un local donde desarrolla su actividad, de manera que adquiere otro local nuevo al inicio del ejercicio 2015 por importe de a) 300.000 euros; b) 250.000 euros; c) 400.000 euros.

El valor del suelo representa el 50% del precio de adquisición del inmueble.

Solución:

a) En este caso, el coeficiente de amortización según tablas del inmueble es del 2%, por lo que el local adquirido puede amortizarse a efectos fiscales al coeficiente del 6% (3 x 2%).

Por tanto, en el ejercicio 2015 y siguientes, aun cuando el gasto por amortización sea de 3.000 euros (300.000 x 0,5 x 0,02), sin embargo, a efectos fiscales, el gasto deducible asciende a 9.000 euros (300.000 x 0,5 x 0,06), por lo que para determinar la base imponible de esos períodos impositivos debe realizarse un ajuste negativo al resultado contable por importe de 6.000 euros, esto es, por el exceso de gasto fiscal sobre el gasto contable (9.000-3.000).

En aquellos otros períodos impositivos futuros en donde estuviese totalmente amortizado el inmueble a efectos fiscales, sin embargo, no lo estará a efectos contables, por lo que en ellos el gasto contabilizado en concepto de amortización no sería fiscalmente deducible, lo que supone que en estos períodos deba hacerse un ajuste positivo al resultado contable por el gasto contabilizado no deducible.

b) En este otro caso, donde el importe de la inversión es inferior al importe de la transmisión, la aceleración de la amortización solo se aplicaría al importe invertido al ser inferior al valor de la transmisión.

En consecuencia, en el ejercicio 2015 y siguientes, el gasto por amortización será de 2.500 euros (250.000 x 0,5 x 0, 02), aunque a efectos fiscales el gasto deducible asciende a 7.500 euros (250.000 x 0,5 x 0,06), por lo que, para determinar la base imponible de esos períodos impositivos, debe realizarse un ajuste negativo al resultado contable por importe de 5.000 euros, que se corresponde al exceso de gasto fiscal sobre el gasto contable (7.500-2.500).

Como en el caso anterior, en aquellos otros períodos impositivos posteriores en donde estuviese totalmente amortizado el inmueble a efectos fiscales pero, sin embargo, no lo esté a efectos contables, el gasto contabilizado en concepto de amortización no sería fiscalmente deducible, por lo que en estos períodos deba hacerse un ajuste positivo al resultado contable por el gasto contabilizado no deducible.

c) A diferencia del caso anterior, el importe de la inversión es superior al importe obtenido en la transmisión, por lo que la aceleración de la amortización solo se aplicaría al importe obtenido en la transmisión al ser inferior al valor de la inversión.

Por tanto, en el ejercicio 2015 y siguientes, el gasto por amortización será de 4.000 (400.000 x 0,5 x 0,02), aunque, a efectos fiscales, el gasto deducible asciende a 11.000 (300.000 x 0,5 x 0,06 +100.000 x 0,5 x 0,4), por lo que para determinar la base imponible de esos períodos impositivos debe realizarse un ajuste negativo al resultado contable por importe de 7.000 euros, que se corresponde al exceso de gasto fiscal sobre el gasto contable. Debe tenerse en cuenta que en este ejemplo sobre el exceso de inversión de 100.000 euros se dan las condiciones para aplicar la aceleración de la amortización del doble del coeficiente de tablas al tratarse la inversión de un elemento de inmovilizado material nuevo.

Como en los casos anteriores, en aquellos otros períodos impositivos posteriores en donde estuviese totalmente amortizado el inmueble a efectos fiscales pero, sin embargo, no lo esté a efectos contables, el gasto contabilizado en concepto de amortización no sería fiscalmente deducible, por lo que en estos períodos deba hacerse un ajuste positivo al resultado contable por el gasto contabilizado no deducible.

2.4.19.9. Tipo de gravamen. Empresa de reducida dimensión. Microempresa

El tipo de gravamen de las empresas de reducida dimensión depende del importe neto de la cifra de negocios del período impositivo inmediato anterior:

a) Cifra de negocios inferior a 10 millones euros pero igual o superior a 1 millón euros. El tipo de gravamen es el general del 25%.

b) Cifra de negocios inferior a 1 millón euros. El tipo de gravamen es del 23%. Este grupo de entidades (microempresas), cumplen los requisitos para ser consideradas como empresas de reducida dimensión, por lo que pueden aplicar todos los incentivos establecidos para estas empresas, incluido la reserva de nivelación. El importe de la cifra de negocios se determina en las condiciones generales establecidas para las empresas de reducida dimensión.

Caso de que una entidad patrimonial tenga un importe neto de cifra de negocios en el período impositivo anterior que no alcance el millón euros, no puede aplicar los incentivos fiscales reservados para las empresas de reducida dimensión (LIS art. 101.1) y, además, debe tributar al tipo general de gravamen del 25% sin que pueda aplicar el tipo reducido del 23%.

Legislación

LEY

LIS, art. 21.1 redacc. L31/2022.

2.5. El Impuesto sobre la Renta de no Residentes

2.5.1. Introducción

Si el empresario es un obligado tributario no residente en territorio español, sea este persona física o entidad jurídica, sus rendimientos no quedan sujetos al IRPF (persona física) o al IS (entidades), sino a un tributo diferente: el Impuesto sobre la Renta de no Residentes (en adelante IRNR).

Si el empresario es no residente en España, sus rentas estarán sujetas al Impuesto sobre la Renta de No Residentes.

2.5.2. *La ausencia de residencia fiscal en España*

Una persona física no es residente en territorio español si no reúne alguno de los requisitos para ser calificado como contribuyente del IRPF, de acuerdo a lo regulado en el art. 9 LIRPF, es decir:

- Si no ha estado más de 183 días durante el año en el territorio español,
- No radica en España el núcleo principal de sus actividades o intereses económicos y
- No son residentes en el territorio español ni él ni su cónyuge, excepto si se encuentra separado legalmente del mismo, ni sus hijos menores.

Con fecha 25 de abril de 2023, el Tribunal Económico-Administrativo Central (TEAC) ha dictado una resolución (RG 04812/2020), relativa al cómputo de los días de permanencia en territorio español a los efectos de determinar la residencia fiscal en España. En esta resolución, el TEAC reitera el criterio establecido en otra resolución anterior, de 28 de marzo de 2023 (RG 4045/2020).

El TEAC comienza analizando el artículo 9.1 de la Ley 35/20016, de Impuesto sobre la Renta de las Personas Físicas (LIRPF). Según este artículo, un contribuyente tiene su residencia habitual en territorio español cuando se dé cualquiera de las siguientes circunstancias: a) que permanezca más de 183 días durante el año natural en territorio español o, b) que radique en España el núcleo principal o la base de sus actividades o intereses económicos, de forma directa o indirecta. Para interpretar esta normativa, el TEAC también tiene en cuenta los Comentarios al artículo 15 del Modelo de Convenio de la Organización para la Cooperación y el Desarrollo Económico; en adelante OCDE, con el objeto de interpretar el artículo 9.1.a) LIRPF citado anteriormente.

El TEAC parte de la base de que la fijación del número de días de permanencia en territorio español debe atender a criterios objetivos, prescindiendo de las posibles voluntades que manifiesten los obligados tributarios, de forma que se fije la residencia fiscal de una persona física cuando se haya verificado previamente que estuvo más de 183 días en territorio español en un año natural concreto, con independencia de si esos días son consecutivos o si se interrumpen por entradas y salidas continuas de nuestro territorio.

En esta resolución, RG 04812/2020, reitera el criterio fijado en la anterior (RG 4045/2020) y se aclara que el concepto de permanencia según el artículo 9.1.a) de la LIRPF se integra por el cómputo agregado de tres estadios: presencia certificada, días presuntos y ausencias esporádicas. Seguidamente el TEAC vuelve a definir cada etapa de la siguiente forma:

"Presencia certificada: la acreditada mediante medio de prueba incuestionable. Acreditada la presencia un día por el pertinente medio de prueba, se computa asépticamente, sin que sea preciso que se pruebe (ni por la Administración ni por el contribuyente) una estancia de varios días seguidos. El día se computa íntegramente, sin que se requiera un número mínimo de horas. (Comentario 5 al art. 15 del Modelo Convenio OCDE).

Días presuntos: los que transcurren razonablemente entre dos presencias certificadas; pese a que no se conoce por prueba certificada que el interesado estuviera en España, al tratarse de un numero razonable de días consecutivos y encontrarse entre días de presencia certificada, pueden computarse como días de permanencia del art. 9.1.a), salvo que se pruebe una presencia certificada fuera de territorio español.

Ausencias esporádicas: Como resulta del propio tenor literal del artículo 9.1 a) LIRPF, las ausencias esporádicas son un elemento a adicionar a los días de presencia efectiva (integrados por la adición de los días de presencia certificada y los días presuntos) para, así, determinar si la permanencia agregada en España es superior a los 183 días. Son, en definitiva, un refuerzo a las conclusiones de permanencia en territorio español o en el extranjero, pero, claro está, no estrictamente imprescindibles cuando con los días de presencia efectiva ya se ha alcanzado el umbral mínimo exigido por la Ley de 184 días".

Una entidad no es residente en territorio español, si no puede ser calificada como contribuyente del IS, lo cual, conforme a lo regulado en el artículo 8.1 LIS, conlleva que no se considerarán residentes en territorio español, las entidades en las que no concurra alguno de los siguientes requisitos:

a) Que se hubieran constituido conforme a las leyes españolas.

b) Que tengan su domicilio social en territorio español.

c) Que tengan su sede de dirección efectiva en territorio español.

A estos efectos, se entenderá que una entidad tiene su sede de dirección efectiva en territorio español cuando en él radique la dirección y control del conjunto de sus actividades (Ver epígrafe 2.4.1 de esta obra).

Ejemplo

La Sociedad Limitada PHB se ha constituido en Francia, su domicilio social se encuentra ubicado en París y su gestión empresarial se desarrolla íntegramente desde sus oficinas en la capital francesa ¿Puede calificarse como residente en territorio español?

Solución:

La entidad es residente a efectos fiscales en Francia, al reunir tres requisitos de la residencia fiscal: el lugar de constitución, el domicilio social y el lugar donde se encuentran localizados sus centros de interés.

2.5.3. La obtención de rentas en España

Pero, además, de no ser residente en territorio español, una persona natural o entidad empresarial ha de obtener rentas en ese territorio, para encontrarse sometida al IRNR por sus explotaciones económicas y los rendimientos derivados de las mismas.

Se considerarán rentas empresariales obtenidas en territorio español:

a) Las rentas de actividades o explotaciones económicas realizadas mediante establecimiento permanente en territorio español.

Para las actividades empresariales, el concepto de establecimiento permanente (en adelante, EP) resulta esencial, pues su existencia asimila prácticamente la tributación del no residente al gravamen de la empresa residente de acuerdo a las reglas del IS, como luego veremos.

A la hora de gravar las rentas empresariales obtenidas en territorio español por un contribuyente no residente resulta esencial determinar, previamente, si el empresario no residente dispone o no de un establecimiento permanente en España.

Se entenderá que una persona física o entidad opera mediante EP en territorio español cuando, por cualquier título, disponga en este, de forma continuada o habitual, instalaciones o lugares de trabajo de cualquier índole, en los que realice toda o parte de su actividad o actúe en él por medio de un agente autorizado para contratar, en nombre y por cuenta del contribuyente, que ejerza con habitualidad dichos poderes.

Ejemplo

El Sr. Johnson X., *barrister* de nacionalidad británica, con domicilio y despacho en Londres, donde realiza la mayor parte de su cifra de negocios y con la familia viviendo en Reading, Inglaterra; dispone de una oficina en Benidorm que atiende durante sus vacaciones y en visitas esporádicas que no exceden de 100 días durante el año.

¿Tributan las rentas que obtiene en España?

Solución:

Sí, porque aun no siendo posible calificarlo como residente en el territorio español, al no reunir ningún requisito para calificarlo como contribuyente del IRPF, obtiene rentas de su actividad económica en España que deben estar sometidas, en principio, a la soberanía española.

Dado que posee una instalación fija, una oficina, en España, las citadas rentas derivadas de sus prestaciones de servicios como abogado se atribuirán a un establecimiento permanente: la oficina sita en Benidorm.

En particular, se entenderá que constituyen EP las sedes de dirección, las sucursales, las oficinas, las fábricas, los talleres, los almacenes, tiendas u otros establecimientos, las minas, los pozos de petróleo o de gas, las canteras, las explotaciones agrícolas, forestales o pecuarias o cualquier otro lugar de exploración o de extracción de recursos naturales, y las obras de construcción, instalación o montaje cuya duración exceda de seis meses.

b) Las rentas de explotaciones económicas realizadas en territorio español, incluyendo las prestaciones de servicios utilizadas en España y las derivadas de las actuaciones, directa o indirectamente, ejecutadas en territorio español de artistas o deportistas o de cualquier otra actividad relacionada con dicha actuación, aun cuando se perciban por una persona o entidad diferente del artista o deportista.

Ejemplo

El famoso cantante pop Jutin Biebero, de nacionalidad y residencia en Tayikistán, está de gira por España, mediante diversos conciertos por los cuales ha recibido jugosas retribuciones.

Sin embargo, el citado cantante afirma que tales retribuciones son percibidas por la BV *(Besloten Vennootschap)* Netherlanden, con domicilio fiscal en Amsterdam, a la cual tiene cedidos todos sus derechos de imagen y propiedad intelectual.

¿Cómo tributan los rendimientos derivados de sus conciertos? (No se tiene en cuenta la existencia de un Convenio de Doble Imposición sobre la Renta y el Patrimonio; en adelante, CDI, firmado con Holanda).

Solución:

Se trata de rentas derivadas de actuaciones artísticas realizadas en España, que sólo pueden ejecutarse de forma personal y, en consecuencia, se califican como rentas obtenidas por un no residente, de carácter artístico y sujetas al IRNR, con independencia de la calificación que merezcan las relaciones entre el cantante y la entidad BV.

En el caso de una entidad dedicada a la distribución de bebidas refrescantes que recibía de su matriz, sita en Holanda, el concentrado de sus productos, sin pagar el IRNR y, por el contrario, abonaba el IRNR por la cesión de marca de esa matriz sobre productos elaborados en el territorio español, se considera que también debe valorarse la existencia de una cesión de marca en las primeras transmisiones del producto, desglosable de la cantidad pagada por el concentrado y sometida a retención por cánones conforme al CDI firmado entre España y Holanda (RTEAC de 7 de junio de 2018, RG: 3217/2014).

2.5.4. La normativa que regula la imposición de las rentas de no residentes

2.5.4.1. En general

Un sujeto no residente en España, empresario persona física o jurídica, que obtiene rentas en nuestra patria, puede ver que tales rentas se someten:

a) Si pertenece a un país con el que España tiene firmado un Convenio de Doble Imposición sobre la Renta y el Patrimonio (CDI), este CDI resulta ser la legislación a la que debemos acudir para ver cómo tributan estas rentas empresariales.

La mayoría de los rendimientos de explotaciones económicas obtenidas en España por contribuyentes no residentes vienen gravados por un Convenio de Doble Imposición Internacional, dado el amplio grado de globalización de la economía española y la extensa red de Tratados de esta naturaleza firmados por España.

Ello es así porque un CDI es un Tratado Internacional y los Tratados Internacionales de cualquier clase, firmados y ratificados por el Estado Español, priman y constituyen fuente normativa de superior jerarquía jurídica que las Leyes tributarias españolas, de acuerdo a lo regulado en los artículos 93, 94.1 y 96 de la Constitución Española y 7.1, b).

b) De no existir un CDI y en aquellas materias: representación, obligaciones formales, procedimientos de aplicación de los tributos, etc., no reguladas por el CDI, son de aplicación las Leyes tributarias internas españolas que hacen tributar las rentas de los no residentes.

Nos referimos concretamente a:

1. El Texto Refundido de la Ley del Impuesto sobre la Renta de no Residentes, aprobado por el Real Decreto-Legislativo 5/2004, de 5 de marzo (en adelante TRLIRNR), y

2. Su Reglamento, aprobado por el Real Decreto 1776/2004, de 30 de julio (en adelante RIRNR).

Cuando se trata de sujetos residentes de los Estados con los cuales España tiene firmado un CDI, la aplicación del IRNR es puramente subsidiaria.

Es importante, asimismo, señalar que si se trata de relaciones fiscales entre España y residentes en otros Estados miembros de la Unión Europea (UE) pueden ser de aplicación principios esenciales del Derecho Europeo que priman sobre el Derecho nacional interno, por ejemplo, el principio de no discriminación por razón de la nacionalidad o el respeto a las libertades básicas europeas, caso de la libre circulación de personas.

Asimismo, hay (si bien en número limitado) un conjunto de normas europeas, las Directivas de armonización fiscal, que resultan de aplicación en determinados casos de rentas abonadas o pagadas entre residentes de estados miembros de la UE.

En este sentido, la STS de 16 de octubre de 2019 considera que va en contra del principio de libre circulación de capitales en la UE, si la tributación de una institución de inversión colectiva de Derecho irlandés es diferente al tipo de gravamen del 1% aplicable en el IS para las instituciones de inversión colectiva españolas, aunque la entidad irlandesa no demuestre que cumple idénticas condiciones que las exigidas a las instituciones españolas, verbigracia, que disponga de 100 socios para gozar del régimen especial que para estas entidades existe en el IS español.

Por otro lado, la STS de 24 de febrero de 2021, rec. de casación 3829/2019, afirma que el gravamen, sin exención, en el IRNR, de los dividendos pagados por entidades residentes en España a una entidad pública no residente y sin establecimiento permanente (en adelante, EP) en nuestro país, la cual gestionar una institución de inversión colectiva destinada a cubrir compromisos por pensiones futuras en el otro país (como sería el caso de Norges Bank), es contrario a la libertad de circulación de capitales reconocida en el artículo 40 del Acuerdo del Espacio Económico Europeo y artículo 63 del TFUE; toda vez que, según lo regulado en la normativa actual, artículo 9 LIS, las mismas rentas estarían exentas de tributación de haber sido recibidas por las entidades gestoras y servicios comunes de la Seguridad Social española.

Más recientemente, la STS dictada el 25 de abril de 2023 por la Sala de lo Contencioso Administrativo del Tribunal Supremo (recurso de casación 8494/2021), pone fin a la discriminación de los fondos de inversión libre (en adelante FIL) establecidos en la UE.

Los FIL residentes están gravados al 1%, mientras que los FIL residentes en otros Estados soportan una retención del 19% (o al tipo más reducido que resulte, en su caso, en aplicación del convenio para evitar la doble imposición pertinente) al percibir dividendos de las entidades españolas en las que invierten.

Pues bien, si los FIL no residentes reúnen características comparables a los FIL residentes en España, el principio de libre circulación de capitales en la UE, cuyo tenor tiene carácter "erga omnes", conlleva que, por razones de no discriminación, el tipo de gravamen tiene que ser, asimismo, del 1%.

Por último, el Tribunal Supremo ha señalado en esa sentencia cuáles son los criterios para acreditar que los FIL no residentes son comparables (que no idénticos) a los FIL residentes.

Ejemplo

El Sr. P., residente fiscal en Francia, ha prestado servicios profesionales a diferentes empresas españolas. ¿Qué normativa establece su tributación?

Solución:

España y Francia tienen firmado un CDI, concretamente, el "Convenio entre el Reino de España y la República Francesa a fin de evitar la doble imposición y de prevenir la evasión y el fraude fiscal en materia de impuestos sobre la renta y sobre el patrimonio, firmado en Madrid el 10 de octubre de 1995". ("Boletín Oficial del Estado" de 12 de junio de 1997), actualmente en proceso de renegociación y ésta es la norma a aplicar para conocer cómo se sujetan las rentas derivadas de estos servicios.

Sólo subsidiariamente y, en las materias no reguladas en el CDI, nos remitiremos al TRLIRN.

Legislación

LEY

Artículo 4 TRLIRNR.

2.5.4.2. Los CDI sobre la renta y el patrimonio firmados por España

España tiene firmada una amplia red de CDI, además en expansión; lo cual asegura que, en la inmensa mayoría de los casos, la tributación de las rentas obtenidas por los empresarios no residentes en España vendrá regulada por el CDI firmado entre el Estado Español y la nación de la residencia del empresario.

La Red de CDI puede encontrarse en: https://www.hacienda.gob.es/es-ES/Normativa%20y%20doctrina/Normativa/CDI/Paginas/CDI_Alfa.aspx

En la actualidad están rubricados 103 convenios para evitar la doble imposición, estando en vigor 99. Los otros 4 se encuentran en distintas fases de tramitación (Montenegro, Namibia, Perú y Siria). El CDI con Ucrania ha sido publicado en el "Boletín Oficial de las Cortes Generales" en 2021. Desde el 1 de enero de 2009 no se aplica el CDI con Dinamarca y, en la actualidad, existen diferentes procesos de renegociación de otros CDI, por ejemplo, con Holanda. Asimismo, Kirguistán ha denunciado el CDI que tiene firmado con España.

En la página web citada, asimismo, se pueden encontrar:

- Listado alfabético de convenios de doble imposición
- Listado cronológico de convenios de doble imposición
- Acceso a la normativa de no residentes
- Límites de imposición sobre dividendos, intereses y cánones en los convenios de doble imposición suscritos por España, https://www.hacienda.gob.es/Documentacion/Publico/NormativaDoctrina/Tributaria/CDI/Documentacion/Limites_Imposicion_CDI.pdf

Documentos de enorme interés para conocer la tributación de los no residentes en el territorio español.

Por otra parte, el listado de los CDI vigentes, sus fechas de publicación en el BOE y otras disposiciones a utilizar para la tributación de los no residentes puede obtenerse también en: www.agenciatributaria.es/AEAT.internet/Inicio/La_Agencia_Tributaria/Normativa/Fiscalidad_Internacional/Convenios_de_doble_imposicion_firmados_por_Espana/Convenios_de_doble_imposicion_firmados_por_Espana.shtml

CONVENIOS DE DOBLE IMPOSICIÓN (10-11-2023)

Convenios	Rúbrica (a)	Firma (b)	Publicación BOCG (c)	Publicación BOE (d)	Canje de notas y acuerdos amistosos	Órdenes y formularios	Textos sintéticos
Albania				15/03/11			1/06/22
Alemania (Convenio y Protocolo)				08/04/68 30/07/12	03/10/12	04/12/75 17/01/78 Formularios anexos	
Andorra				07/12/15			1/06/22
Arabia Saudí				14/07/08			1/06/22

Convenios	Rúbrica (a)	Firma (b)	Publicación BOCG (c)	Publicación BOE (d)	Canje de notas y acuerdos amistosos	Órdenes y formularios	Textos sintéticos
Argelia				22/07/05			
Argentina (Convenio y Protocolo) (4)				09/09/94 14/01/14			
Armenia				17/04/12			
Australia				29/12/92			1/06/22
Austria (Convenio y Protocolo)	15/04/13			06/01/68 02/10/95		29/04/71	1/06/22
Azerbaiyán				06/11/20			
Bahrein	28/11/13						
Barbados				14/09/11			1/06/22
Bélgica (Convenio y Protocolos)				04/07/03 23/05/18 02/08/18		Formularios anexos	1/06/22
Bielorrusia				02/03/21			
Bolivia				10/12/98			
Bosnia Herzegovina				05/11/10			1/06/22
Brasil				31/12/75	02/10/03		
Bulgaria				12/07/91			1/06/23
Cabo Verde				02/12/20			
Canadá (Convenio y Protocolo)				06/02/81 08/10/15			1/06/22
Catar				15/12/17			1/06/22
República Checa (Convenio antigua Checoslovaquia)				14/07/81			1/06/22

Convenios	Rúbrica (a)	Firma (b)	Publicación BOCG (c)	Publicación BOE (d)	Canje de notas y acuerdos amistosos	Órdenes y formularios	Textos sintéticos
Chile				02/02/04	01/01/07		1/06/22
China (Renegociado)				25/06/92 30/03/21			
Chipre				26/05/14			1/06/22
Colombia				28/10/08			
Corea				15/12/94			1/06/22
Costa Rica				01/01/11			1/06/22
Croacia				23/05/06			1/06/22
Cuba				10/01/01			
Dinamarca (Convenio y Protocolo) (1)				28/01/74 17/05/00 19/11/08		05/01/79 Formularios anexos	
Ecuador				05/05/93			
EE.UU. (Convenio y Protocolo)				22/12/90 23/10/19	13/08/09		
Egipto				11/07/06			1/06/22
El Salvador				05/06/09			
Emiratos Árabes Unidos				23/01/07	01/03/17		1/06/22
Eslovaquia (Convenio antigua Checoslovaquia)				14/07/81			1/06/22
Eslovenia				28/06/02			1/06/22
Estonia				03/02/05	14/06/16		1/06/22
Filipinas				15/12/94			

Convenios	Rúbrica (a)	Firma (b)	Publicación BOCG (c)	Publicación BOE (d)	Canje de notas y acuerdos amistosos	Órdenes y formularios	Textos sintéticos
Finlandia (Renegociado)				11/12/68 29/05/18	24/04/74 28/07/92		1/06/22
Francia (Renegociado)				12/06/97	29/10/99 06/08/09	06/09/78	1/06/22
Georgia				01/06/11			1/06/22
Grecia				02/10/02			1/06/22
Hong Kong				14/04/12			21/02/23
Hungría				24/11/87			1/06/22
India (Convenio y Protocolo)				07/02/95 09/07/20			1/06/22
Indonesia				14/01/00			10/11/22
Irán				02/10/06			
Irlanda				27/12/94			1/06/22
Islandia				18/10/02			1/06/22
Israel				10/01/01			1/06/22
Italia				22/12/80			
Jamaica				12/05/09			
Japón (renegociado)				02/12/74 26/02/21			
Kazajstán				03/06/11			1/06/22
Kirguizistán (2)							
Kuwait				05/06/13			
Letonia				10/01/05			1/06/22

Convenios	Rúbrica (a)	Firma (b)	Publicación BOCG (c)	Publicación BOE (d)	Canje de notas y acuerdos amistosos	Órdenes y formularios	Textos sintéticos
Lituania				02/02/04			1/06/22
Luxemburgo (Convenio y Protocolo)				04/08/87 31/05/10	26/04/2000 13/05/2015		1/06/22
Macedonia				03/01/06			
Malasia				13/02/08			1/06/22
Malta				07/09/06			1/06/22
Marruecos				22/05/85	15/07/16		
México (Protocolo)				27/10/94 07/7/17			10/11/23
Moldavia				11/04/09			
Montenegro	24/06/14						
Namibia	04/02/05						
Nigeria				13/04/15			
Noruega (Renegociado)				10/01/01			
Nueva Zelanda				11/10/06			1/06/22
Omán				8/09/15			1/06/22
Países Bajos	17/12/21			16/10/72	18/12/12	13/02/75 Formularios anexos	
Pakistán				16/05/11			1/06/22
Panamá				04/07/11			1/06/22
Paraguay	07/11/22						
Polonia				15/06/82			1/06/22

Convenios	Rúbrica (a)	Firma (b)	Publicación BOCG (c)	Publicación BOE (d)	Canje de notas y acuerdos amistosos	Órdenes y formularios	Textos sintéticos
Portugal (Renegociado)				07/11/95		14/07/73	1/06/22
Reino Unido (Renegociado)				18/11/76 15/05/14	25/05/95 28/08/14	11/10/77 Formularios anexos	1/06/22
República Dominicana				02/07/14			
Rumanía (Renegociado)				02/10/80 03/12/20			06/03/23
Rusia				06/07/00			07/02/23
Senegal				29/12/14			10/11/22
Serbia				25/01/10			1/06/22
Singapur				11/01/12			1/06/22
Siria	08/05/08						
Sudáfrica				15/02/08			1/06/23
Suecia				22/01/77		01/03/80 Formularios anexos	
Suiza (Convenio y Protocolos)				03/03/67 27/03/07 11/06/13		26/11/68	
Tadzhikistán(2)							
Tailandia				09/10/98	06/05/2010		10/11/22
Timor Oriental (Convenio Indonesia)				14/01/00			
Trinidad y Tobago				08/12/09			
Túnez				03/03/87			10/11/23

Convenios	Rúbrica (a)	Firma (b)	Publicación BOCG (c)	Publicación BOE (d)	Canje de notas y acuerdos amistosos	Órdenes y formularios	Textos sintéticos
Turkmenistán (3)							
Turquía				19/01/04			
Ucrania (2)			19/02/21				
U.R.S.S. (3)				22/09/86	23/06/10 (España y Armenia) 23/06/10 (España y Azerbayán) 23/06/10 (España y Georgia) 23/06/10 (España y Kazajstán) 23/06/10 (España y Moldavia) 11/10/10		
Uruguay				12/04/11			1/06/22
Uzbekistán				10/09/15			
Venezuela				15/06/04			
Vietnam				10/01/06			10/11/23

(1) Con efectos de 1 de enero de 2009, este CDI está denunciado por Dinamarca

(2) Ver convenio para evitar la doble imposición entre España y la URSS

(3) El presente Convenio para evitar la doble imposición entre España y la URSS, se encuentra en vigor para los países antiguos miembros de la URSS, excepto para aquellos con los que existe Convenio en vigor. Asimismo este convenio ha dejado de estar en vigor para los siguientes países:
ARMENIA (desde el 10/10/2007), AZERBAYÁN (desde el 28/01/2008), GEORGIA (desde el 10/10/2007), KAZAJSTÁN (desde el 08/07/2008), UZBEKISTÁN (desde el 21/07/2010), MOLDAVIA (desde el 01/10/2007), TURKMENISTÁN (01/01/2000).

(4) Nuevo CDI firmado el 11/03/2013 que entró en vigor el 23/12/2013, con efectos desde 01/01/2013, y que sustituye al CDI firmado el 21/07/1992 que había sido denunciado, de manera unilateral, por Argentina.

(a) RUBRICA: Símbolo gráfico en forma manuscrita que cumple las funciones que los convencionalismos jurídicos y sociales atribuyen a la firma (en este caso compromiso de no alteración en términos sustanciales de lo acordado en la mesa de negociación) que confiere al texto negociado el carácter de definitivo a expensas de las modificaciones, susceptibles de ulterior negociación, que puedan derivarse de los informes y autorizaciones preceptivas durante la tramitación del texto rubricado en instancias paralelas o superiores.

(b) FIRMA: Tras la remisión al Ministerio de Asuntos Exteriores del texto de negociación y de su traducción al castellano, cuando corresponda, de conformidad con lo dispuesto en el art. 5.1 de la Ley 50/1997 del Gobierno, debe solicitarse al Consejo de Ministros la correspondiente autorización para proceder a la firma del Convenio. La solicitud debe presentarla el Ministro de Asuntos Exteriores. Reunidos los signatarios de los países que forman parte del Convenio, se procede a la firma del mismo, previa a su tramitación en las Cámaras legislativas. Esta firma es el momento de autenticación del texto.Tras la firma del texto se remite el expediente al Consejo de Estado, solicitando el dictamen previsto en el art. 22.1 de su Ley Orgánica, sobre la necesidad de autorización de las Cortes con carácter previo a la prestación del consentimiento del Estado. El Dictamen no es vinculante para el Gobierno, en el que reside la competencia calificadora, pero no puede dejar de solicitarlo. Dado que el Consejo de Estado ha venido manteniendo que los convenios para evitar la doble imposición y prevenir la evasión fiscal requieren autorización previa de las Cortes por quedar incluidos en el art. 94.1.e) de la Constitución, en ese momento se inicia la tramitación parlamentaria.

(c) Boletín Oficial de las Cortes Generales

(d) Boletín Oficial del Estado

AVISO: la versión en idioma inglés de los Convenios para evitar la doble imposición que aparecen en esta página web, tienen carácter meramente informativo, dado que no se trata de la versión oficial en custodia de la Oficina de Tratados del Ministerio de Asuntos Exteriores y de Cooperación.

Como hemos advertido con anterioridad en la citada página web se incluyen también otros elementos de interés para la tributación de los no residentes en España.

Destacamos: https://www.hacienda.gob.es/Documentacion/Publico/NormativaDoctrina/Tributaria/CDI/Documentacion/Limites_Imposicion_CDI.pdf

LÍMITES DE IMPOSICIÓN SOBRE DIVIDENDOS, INTERESES Y CÁNONES RESULTANTES DE LOS CONVENIOS DE DOBLE IMPOSICIÓN SUSCRITOS POR ESPAÑA (FECHA ÚLTIMA ACTUALIZACIÓN: 01/01/2018)

La Dirección General de Tributos del Ministerio de Hacienda, con la finalidad de facilitar a los obligados tributarios el ejercicio de sus derechos y el cumplimiento de sus obligaciones tributarias, hace pública la siguiente tabla que contiene los tipos de retención que operan como límite máximo de imposición aplicable por el país de la fuente a los pagos en concepto de dividendos, intereses y cánones, sea por disposición directa de los Convenios para evitar la doble imposición (CDI) firmados por España con otros países o, en su caso, indirectamente, como consecuencia de que resulte operativa una cláusula de nación más favorecida (CNMF) contenida en dichos Convenios. En términos generales, las cláusulas CNMF que puedan existir en un CDI firmado por España con otro país implican que éste debe hacer extensible a España el mismo trato, más favorable, que ese país haya otorgado a algún tercer país con el que haya concluido un CDI con posterioridad al firmado con España, y viceversa. Cuando concurre esta circunstancia, el tipo de retención indicado en la tabla se resalta en negrita y con fondo sombreado. La tabla no recoge otras posibles ventajas derivadas de la aplicación de CNMF distintas de las que puedan afectar a dividendos, intereses y cánones (por ejemplo, por haberse modificado el alcance de la definición del concepto de establecimiento permanente). Las notas a pie de página indican, de forma sintética, los supuestos a los que es aplicable cada tipo de retención, siendo necesario acudir al texto de la norma para conocer el detalle de los mismos. En su caso, se explica el fundamento de la CNMF que resulte aplicable y la fecha a partir de la cual se puede aplicar. La publicación de esta tabla tiene valor meramente informativo, siendo los textos auténticos de los CDI los únicos con valor jurídico. En la actualización de fecha 01/01/2018 se han puesto al día y/o se han corregido errores en relación con Chile, India, Letonia, México y Vietnam. MINISTERIO DE HACIENDA SECRETARÍA DE ESTADO DE HACIENDA DIRECCIÓN GENERAL DE TRIBUTOS Alcalá 5 CORREO ELECTRÓNICO 28014 MADRID registro@tributos.minhafp.es TEL: 91 595 80 00 FAX: 91 595 84 86 PAIS Dividendos [1] Intereses [2] Cánones [3] General Matriz-Filial (%) (%) (%) (%)% Part. Min. Albania 10 5/0 10/75 0/6 [6] 0 Alemania 15 5 10 0 0 Andorra 15 5 10 0/5 [7] 5 Arabia Saudí 5 0 25 0/5 [8] 8 Argelia 15 5 10 0/5 [9] 7/14 [10] Argentina 15 10 25 0/12 [11] 3/5/10/15 [12] Armenia 10 0 [13] 25 5 5/10 [14] Australia 15 15 - 10 10 Austria 15 10 [15] 50 5 5 Barbados 5 0 25 0 0 Bélgica 15 0 25 0/10 [16] 5 Bielorrusia [4] 18 18 - 0 0/5 [17] Bolivia 15 10 25 0/15 [18] 0/15 [17][19] Bosnia y Herzegovina 10 5 20 0/7 [20] 7 Brasil 15 10 [21] 25 0/10/15 [22] 10/15 [23] Bulgaria 15 5 25 0 0 Canadá 15 5/0 [24] 10/PP 0/10 [25] 0/10 [17] Chile 10 5 20 4/5/15 [26] 2/10 [27] China 10 10 - 10 6/10 [28] Chipre 5 0 10 0 0 Colombia 5 0 20 0/5/10 [29] 10 [30] Corea 15 10 25 10 [31] 10 Costa Rica 12 5 [32] 20 0/5 [33] 10 [34] Croacia 15 0 25 0 [35] 0 [35] Cuba 15 5 25 0/10 [36] 0/5 [17] Ecuador 15 15 - 0/5/10 [37] 5/10 [17] Egipto 12 9 25 0/10 [38] 12 Emiratos Árabes Unidos 15 5 10 0 0 Eslovaquia [5] 15 5 25 0 0/5 [17] Eslovenia 15 5 25 0/5 [39] 5 Estados Unidos 15 10 25 0/10 [40] 5/8/10 [41] MINISTERIO DE HACIENDA SECRETARÍA DE ESTADO DE HACIENDA DIRECCIÓN GENERAL DE TRIBUTOS Alcalá 5 CORREO ELECTRÓNICO 28014 MADRID registro@ tributos.minhafp.es TEL: 91 595 80 00 FAX: 91 595 84 86 PAIS Dividendos [1] Intereses [2] Cánones [3] General Matriz-Filial (%) (%) (%) (%)% Part. Min. Estonia 15 5 25 0 [42] 0 [43] Filipinas 15 10 10 0/10/15 [44] 10/15/20 [45] Finlandia 15 10 25 10 5 Francia 15 0 10 0/10 [46] 0/5 [47] Georgia 10 0 10 0 0 Grecia 10 5 25 0/8 [48] 6 Hong Kong 10 0 25 0/5 [49] 5 Hungría 15 5 25 0 0 India 15 15 - 0/15 10 [50] Indonesia 15 10 25 0/10 [51] 10 Irán 10 5 20 0/7,5 [52] 5 Irlanda 15 0 25 0 5/8/10 [53] Islandia 15 5 25 0/5 [54] 5

Israel 10 10 - 0/5/10 [55] 5/7[56] Italia 15 15 - 0/12 [57] 4/8 [17] Jamaica 10 5 [58] 25 0/10 [59] 10 [60] Japón 15 10 25 10 10 Kazajstán 15 5 10 0/10 [61] 10 Kirguizistán [4] 18 18 - 0 0/5 [17] Kuwait 5 0 10 0 5 Letonia 10 5 25 0/5/10 [62] 0% [63] Lituania 15 5 25 0/10 [64] 5/10 [65] Luxemburgo 15 10 25 10 10 Macedonia 15 5 10 0/5 [66] 5 Malasia 5 0 5 0/10 [67] 5/7 [68] Malta 5 0 25 0 0 Marruecos 15 10 25 10 5/10 [69] México 10 0 10/FP 0/4,9/10 [70] 0/10 [71] Moldavia 10 5/0 25/50 0/5 [72] 8 Nigeria 10 7,5 [73] 10 0/7,5 [74] 3,75/7,5 [75] Noruega 15 10 25 0/10 [76] 5 MINISTERIO DE HACIENDA SECRETARÍA DE ESTADO DE HACIENDA DIRECCIÓN GENERAL DE TRIBUTOS Alcalá 5 CORREO ELECTRÓNICO 28014 MADRID registro@tributos.minhafp.es TEL: 91 595 80 00 FAX: 91 595 84 86 PAIS Dividendos [1] Intereses [2] Cánones [3] General Matriz-Filial (%) (%) (%) (%)% Part. Min. Nueva Zelanda 15 15 [77] - 10 [78] 10 [79] Omán 10 0 20 0/5 [80] 8 Países Bajos 15 10 (Esp)/5 (Hol) [81] 50 (o 25+25) 10 6 Pakistán 10 7,5/5 25/50 0/10 [82] 7,5 Panamá 10 5/0 [83] 40/80 (o FP) 0/5 [84] 5 Polonia 15 5 25 0 0/10 [17] Portugal 15 10 25 15 5 Reino Unido 10 0 [85] 10 (o PP) 0 0 República Checa [5] 15 5 25 0 0/5 [17] República Dominicana 10 0 75 0/10 [86] 10 Rumanía 15 10 25 10 10 Rusia (Federación Rusa) 15 10/5 [87] Vol. Inversión 0/5 [88] 5 Salvador (El) 12 0 [89] 50 0/10 [90] 10 [91] Senegal 10 10 - 0/10 [92] 10 Serbia 10 5 [93] 25 0/10 [94] 5/10 [95] Singapur 5 0 [96] 10 0/5 [97] 5 Sudáfrica 15 5 25 0/5 [98] 5 Suecia 15 10 50 15 10 Suiza 15 0 [99] 10 (o PP/FP) 0 0/5 [100] Tailandia 10 10 [101] - 0/10/15 [102] 5/8/15 [103] Tayikistán [4] 18 18 - 0 0/5 [17] Trinidad y Tobago 10 5/0 25/50 0/8 [104] 5 Túnez 15 5 50 5/10 [105] 10 Turkmenistán [4] 18 18 - 0 0/5 [17] Turquía 15 5 25 10/15 [106] 10 Ucrania [4] 18 18 - 0 0/5 [17] Uruguay 5 0 75 0/10 [107] 5/10 [108] Uzbekistán 10 5/0 [109] 25 0/5 [110] 5 Venezuela 10 0 25 0 [111] 5 Vietnam 15 10/7/5 [112] 25/50/70 0/10 [113] 5/10 [114] MINISTERIO DE HACIENDA SECRETARÍA DE ESTADO DE HACIENDA DIRECCIÓN GENERAL DE TRIBUTOS Alcalá 5 CORREO ELECTRÓNICO 28014 MADRID registro@tributos.minhafp.es TEL: 91 595 80 00 FAX: 91 595 84 86 NOTAS [1] Ver, en general, artículo 10, apartado 2, del correspondiente CDI. [2] Ver, en general, artículo 11, apartados 2 y 3, del correspondiente CDI. [3] Ver, en general, artículo 12, apartado 2, del correspondiente CDI. [4] El CDI entre España y la URSS se encuentra en vigor para los países antiguos miembros de la URSS, excepto para aquellos con los que ya existe un nuevo CDI en vigor, y para algún otro país con el que ha dejado de estar en vigor y para el que por el momento no existe otro CDI en vigor. En concreto, únicamente se sigue aplicando a Bielorrusia, Kirguizistán, Tayikistán, Turkmenistán, y Ucrania. [5] Tanto a la República Checa como a Eslovaquia se les aplica el CDI con la antigua Checoslovaquia. [6] La exención se aplica en relación con: intereses pagados, percibidos, o garantizados por AAPP; instituciones financieras; ventas a crédito de cualquier equipo o material, mercancía o servicio; fondos de pensiones exentos. [7] La exención se aplica en relación con: intereses pagados o percibidos por AAPP. [8] La exención se aplica en relación con: intereses pagados o percibidos por AAPP (incluidas instituciones financieras públicas). [9] La exención se aplica en relación con: intereses pagados o percibidos por AAPP; ventas a crédito de mercancías o equipos; préstamos otorgados por bancos o entidades de crédito. [10] El tipo más alto se aplica para derechos de autor, incluidas películas. [11] La exención se aplica en relación con: intereses pagados o percibidos por AAPP; préstamos concluidos entre Estados a plazo igual o superior a 5 años; ventas a crédito de equipos industriales, comerciales o científicos. [12] Los tipos aplicables son: 3% (noticias); 5% (derechos de autor); 10% (patentes, diseños y modelos, planos, fórmulas o procedimientos secretos, programas de ordenador, equipos comerciales, industriales o científicos, informaciones relativas a experiencias industriales, comerciales o científicas, prestación de servicios de asistencia técnica); 15% en los demás casos. [13] La aplicación de la exención requiere una participación mínima del 25% durante al menos los 2 años anteriores al pago del dividendo, y que dichos dividendos no estén sujetos al impuesto sobre los beneficios en el Estado contratante de residencia del beneficiario efectivo [14] El tipo más bajo se aplica para derechos de autor, incluidas películas. Subir MINISTERIO DE HACIENDA SECRETARÍA DE ESTADO DE HACIENDA DIRECCIÓN GENERAL DE TRIBUTOS Alcalá 5 CORREO ELECTRÓNICO 28014 MADRID registro@tributos.minhafp.es TEL: 91 595 80 00 FAX: 91 595 84 86 [15] La aplicación del tipo del 10% requiere una participación mínima del 50% durante al menos el año anterior al pago del dividendo. [16] La exención se aplica en relación con: intereses de créditos comerciales, garantizados por AAPP, determinados intereses entre bancos. [17] El tipo más bajo se aplica para derechos de autor, excluidas películas. [18] La exención se aplica en relación con: intereses pagados o percibidos por AAPP; préstamos concluidos entre Estados a plazo igual o superior a 5 años; ventas a crédito de equipos industriales, comerciales o científicos. [19] El Protocolo 2 del CDI contiene una CNMF para cánones que por el momento no se ha activado. [20] La exención se aplica en relación con: intereses pagados, percibidos, o garantizados por AAPP; instituciones financieras públicas; fondos de pensiones exentos. [21] El Protocolo 3 del CDI con Brasil contiene una CNMF para dividendos cuando existe una participación superior al 25% del capital con derecho a voto; el Acuerdo entre Autoridades competentes de España y Brasil alcanzado mediante intercambio de Cartas de 17 y 26 de febrero de 2003 establece, en interpretación de esta cláusula, un tipo del 10% para dividendos con participación superior al 25% del capital con derecho a voto (en lugar del 15% que fija el CDI), reconociendo así a España el mismo trato que Brasil da a Finlandia; sus efectos son "automáticos", debiendo entenderse que alcanzan a los pagos de dividendos que se produzcan desde la entrada en vigor del CDI entre Brasil y Finlandia, el día 01/01/1998. [22] La exención se aplica en relación con: intereses pagados o percibidos por AAPP; el tipo reducido del 10% se aplica en relación con préstamos bancarios a plazo mínimo de 10 años con objeto de financiar la adquisición de bienes de equipo y utillaje; para el resto de casos se aplica el tipo general del 15%. [23] Según el CDI con Brasil se aplica un tipo del 10% a los pagos de cánones por derechos de autor, incluidas películas, y un 15% para el resto de los cánones (lo que incluye lógicamente marcas de fábrica o de comercio). Sin embargo, en virtud de la CNMF para cánones prevista en el Protocolo 4 del CDI, la declaración interpretativa 04/2006 de la Reçeita Federal de Brasil establece la aplicación de un 15% únicamente para marcas de fábrica o de comercio, y un 10% para el resto de cánones, reconociendo así a España el mismo trato que Brasil da a Israel, mejorando incluso lo previsto en el Acuerdo entre Autoridades competentes de España y Brasil alcanzado mediante intercambio de Cartas de 17 y 26 de febrero de 2003 en interpretación de esta cláusula; sus efectos son "automáticos" debiendo entenderse que alcanzan a los pagos de cánones que se produzcan desde la entrada en vigor del CDI entre Brasil e Israel, el día 16/09/2005. [24] Los tipos de retención aplicables a dividendos distribuidos son: 15% en general; 5% si el beneficiario efectivo es una sociedad (distinta de una sociedad de personas "partnership") que posea directamente al menos el 10 por ciento del capital; la aplicación del tipo del 0% requiere que el beneficiario efectivo sea un plan de pensiones (PP) o un plan de jubilación que reúna ciertos requisitos. [25] La exención relativa a intereses se aplica cuando el beneficiario efectivo de los intereses sea un residente del otro Estado contratante y opere en condiciones de plena competencia con el deudor de los mismos; y en relación con intereses garantizados por AAPP relacionados con la exportación. [26] Según el CDI con Chile, el tipo de interés del 5% se aplica para intereses de préstamos bancarios o de compañías de seguros, intereses de bonos y valores cotizados, e intereses de venta a crédito de maquinaria o equipo, y se aplica un 15% al resto de los casos. Sin embargo, en virtud del Protocolo × del CDI, que contiene una CNMF para intereses, como consecuencia del CDI firmado entre Chile y Japón en 2016, con efectos a partir de 01/01/2017 resultan aplicables los siguientes tipos: un 4% para intereses obtenidos por bancos, compañías de seguros, intereses pagados en relación con ventas de maquinaria y equipo, intereses obtenidos por determinadas empresas que realizan activa y regularmente actividades comerciales de crédito o financiamiento con partes no relacionadas, o intereses obtenidos por determinadas empresas que en los tres años anteriores generan sus pasivos mayoritariamente mediante emisión de bonos en mercados financieros o captación de depósitos a interés y cuyos activos consistan mayoritariamente en créditos a personas con las que no se encuentran relacionadas; un 5% para intereses de bonos y valores cotizados; y un 15% en el resto de los casos. Además, a partir de 01/01/2019, el tipo residual se reduce del 15% al 10%. Se sugiere comprobar el nuevo texto del artículo 11 del convenio entre España y Chile, tal y como debe leerse tras las modificaciones operadas en el mismo como consecuencia de la CNMF y la entrada en vigor en 2016 del convenio entre Chile y Japón, que se puede encontrar en un intercambio de cartas firmado entre las autoridades competentes de España y Chile, colgado en la web del Ministerio de Hacienda. [27] El tipo más bajo (5%) se aplica en relación con equipos industriales, comerciales o científicos. Sin embargo, en virtud del Protocolo × del CDI, que contiene una CNMF para cánones, como consecuencia del CDI firmado entre Chile y Japón en 2016, con efectos a partir de 01/01/2017 dicho tipo (5%) pasa ser del 2%. El texto del nuevo artículo 12 del convenio entre España y Chile, tal y como debe leerse tras las modificaciones operadas en el mismo como consecuencia de la CNMF y la entrada en vigor en 2016 del convenio entre Chile y Japón se puede encontrar en un intercambio de cartas firmado entre las autoridades competentes de España y Chile, colgado en la web del Ministerio de Hacienda. Subir MINISTERIO DE HACIENDA SECRETARÍA DE ESTADO DE HACIENDA DIRECCIÓN GENERAL DE TRIBUTOS Alcalá 5 CORREO ELECTRÓNICO 28014 MADRID registro@tributos.minhafp.es TEL: 91 595 80 00 FAX: 91 595 84 86 [28] El tipo más bajo se aplica en relación con equipos industriales, comerciales o científicos. [29] Según el CDI con Colombia, se aplica el tipo del 0% en relación con intereses cuyo beneficiario sea una AAPP, en ventas a crédito de mercancías o equipos y en préstamos bancarios, y un 10% en los demás casos. Sin embargo, en virtud del Protocolo VII. 2 del CDI, que contiene una CNMF para intereses, resultan también aplicables los siguientes tipos: un 0% a los intereses pagados por AAPP (en lugar del 10% previsto en el CDI), como consecuencia del CDI firmado entre Colombia y México, aplicable desde la fecha de producción de efectos de dicho CDI que, para Colombia y para este caso, era desde la fecha de entrada en vigor, el 11/07/2013; un 0% a los intereses de préstamos garantizados por AAPP del país de residencia (en lugar del 10% previsto en el CDI), como consecuencia del CDI firmado entre Colombia y República Checa, aplicable desde la fecha de producción de efectos de dicho CDI, el 01/01/2016; y un 5% a los intereses de préstamos de compañías de seguros (en lugar del 10% previsto en el CDI), como consecuencia del CDI firmado entre Colombia y Chile, aplicable desde la fecha de producción de efectos de dicho CDI, el 01/01/2010. [30] El Protocolo VIII. 3 del CDI contiene una CNMF para cánones, que por el momento no se ha activado. [31] La exención se aplica en relación con: intereses percibidos o garantizados por AAPP; ventas a crédito de equipos y mercancías. [32] El Protocolo XIV del CDI contiene una CNMF para dividendos, que por el momento no se ha activado. [33] Según el CDI con Costa Rica, se aplica el tipo del 0% en relación con intereses percibidos por AAPP, ventas a crédito de mercancía o equipos y préstamos bancarios; el 5% en relación con intereses de préstamos de plazo igual o superior a 5 años; y el 10% para el resto de casos. Sin embargo, en virtud del Protocolo XIV del CDI, que contiene una CNMF para intereses, resultan también aplicables los siguientes tipos: un 0% a los intereses de préstamos garantizados por AAPP de residencia y vinculados a la exportación o inversión extranjera directa (en lugar del 10% previsto en el CDI), como consecuencia del CDI firmado entre Colombia y Alemania, aplicable desde la fecha de producción de efectos de ese CDI, el 01/01/2017; y el 5% con carácter residual (en lugar del 10% previsto en el CDI), en virtud del mismo CDI con Alemania, y desde la misma fecha, el 01/01/2017. [34] El Protocolo XIV del CDI contiene una CNMF para cánones, que por el momento no se ha activado. [35] Habiendo transcurrido el plazo de 5 años a que se refiere el Protocolo, todos los intereses y cánones están exentos. [36] La exención se aplica en relación con: intereses percibidos por AAPP, ventas a crédito de equipos y mercancías, o de créditos a plazo mínimo de 5 años. [37] Los tipos aplicables son: el 0% para intereses de préstamos de plazo igual o superior a 5 años; el 5% para intereses de venta a crédito de mercancía o equipos, y de proyectos de construcción, instalación o montaje; el 10% en el resto de los casos. [38] La exención se aplica en relación con: intereses percibidos por AAPP. [39] La exención se aplica en relación con: intereses pagados o percibidos por AAPP. [40] La exención se aplica en relación con: intereses pagados, percibidos, o garantizados por AAPP; préstamos a largo plazo (mínimo 5 años) concedidos por instituciones financieras; venta a crédito de equipos industriales, comerciales o científicos. [41] El tipo del 5% se aplica para determinados derechos de autor, excluidas películas; el tipo del 8% se aplica en relación con películas, equipos, y ciertos derechos de autor; en los demás casos se aplica el 10%. [42] Según el CDI con Estonia, la exención se aplica en relación con: intereses percibidos por AAPP o de préstamos garantizados por AAPP (incluidas instituciones financieras públicas), ventas a crédito (no vinculadas) de equipos y mercancías; para el resto de los casos se aplica en principio un 10%. Sin embargo, en virtud del Protocolo VII del CDI, que contiene una CNMF para intereses, todos los intereses están exentos, como consecuencia del CDI firmado entre Estonia y Suiza, con efectos desde la fecha de producción de efectos del mismo, el día 01/01/2016 (aunque también podría haberse considerado el CDI con Luxemburgo); aun así, los intereses pagados a bancos derivados de préstamos ya estaban exentos desde una fecha anterior, como consecuencia del CDI firmado entre Estonia y los Países Bajos, con efectos desde la fecha de producción de efectos del mismo, el día 01/01/2005. [43] Conforme al CDI con Estonia, el tipo más bajo (5%) se aplica en relación con el uso o concesión de uso de equipos industriales, comerciales o científicos, y el resto de los cánones tributan al 10%. Sin embargo, en virtud del Protocolo VIII del CDI, que contiene una CNMF para cánones, el uso o concesión de uso de equipos industriales, comerciales o científicos deja de formar parte de la definición del término "cánones" y todos los cánones pasan a estar exentos, como consecuencia del CDI firmado entre Estonia y Suiza, con efectos desde la fecha de producción de efectos del mismo, el día 01/01/2016 (aunque también podría haberse considerado el CDI con Luxemburgo). [44] Los tipos aplicables son: 0% (deuda pública, intereses o garantizados por AAPP); 10% (venta a crédito de equipos, bonos, obligaciones o títulos análogos); 15% en los demás casos. Subir MINISTERIO DE HACIENDA SECRETARÍA DE ESTADO DE HACIENDA DIRECCIÓN GENERAL DE TRIBUTOS Alcalá 5 CORREO ELECTRÓNICO 28014 MADRID registro@tributos.minhafp.es TEL: 91 595 80 00 FAX: 91 595 84 86 [45] El tipo del 10% se aplica a cánones que se paguen por una sociedad registrada en el Consejo Filipino de Inversiones; el 20% en relación con películas; el 15% en el resto de casos. [46] La exención se aplica en relación con: intereses pagados por AAPP, por una empresa en el marco de una actividad industrial o comercial, por ventas a crédito de equipos, por préstamos de entidades de crédito. [47] La exención en cánones se aplica a los derechos de autor sobre una obra literaria o artística (con exclusión de las películas cinematográficas y de obras sonoras o visuales grabadas), y también, conforme al Protocolo 10, a los cánones pagados por el uso o la concesión de uso de contenedores, buques o aeronaves a casco desnudo, explotados en tráfico internacional. [48] La exención se aplica en relación con: intereses pagados o percibidos por AAPP; préstamos concluidos entre Estados. [49] La exención se aplica en relación con: intereses pagados, percibidos, o garantizados por AAPP; instituciones financieras; fondos de pensiones exentos. [50] Según el CDI de 1993 con India, los cánones por el uso o concesión de uso de equipos industriales, comerciales o científicos tributan al 10%, mientras que el resto de cánones, y todos los servicios técnicos, tributan al 20%. Sin embargo, en virtud del Protocolo 7 del CDI, que contiene una CNMF para cánones y servicios técnicos, aparentemente el tipo residual aplicable al resto de cánones, y a todos los servicios técnicos, debería pasar también a ser del 10% (en lugar del 20% previsto en el CDI), como consecuencia de los CDI firmados entre la India y Austria, República Checa, Estonia, Finlandia, Alemania, Islandia, Irlanda, Israel, Letonia, Lituania, Luxemburgo, México, Nueva Zelanda, Noruega, Portugal, Eslovenia, Suecia, entre otros; este tipo resultaría aplicable desde la fecha de entrada en vigor del más antiguo de entre los pertenecientes a la OCDE (Alemania), es decir, desde el día 26/10/1996. Sin embargo, debe aclararse que aunque España, para los pagos de fuente española así lo entiende, no necesariamente sucede lo mismo con los pagos de fuente india, ya que si bien las autoridades indias también aplican en la práctica ese mismo tipo de retención del 10%, no lo hacen por aplicación del convenio, sino por aplicación de su normativa interna (no habiendo aceptado hasta la fecha la interpretación de que dicho tipo debe ser aplicable por convenio). Por otro lado, y por este mismo motivo, no es posible por el momento confirmar si, como consecuencia de la CNMF, podría entenderse también que el ámbito de los servicios técnicos es en realidad más reducido que el que figura en el CDI. [51] La exención se aplica en relación con: intereses percibidos por AAPP. [52] La exención se aplica en relación con: intereses percibidos por AAPP, ventas a crédito de equipos y mercancías, préstamos bancarios. Subir MINISTERIO DE HACIENDA SECRETARÍA DE ESTADO DE HACIENDA DIRECCIÓN GENERAL DE TRIBUTOS Alcalá 5 CORREO ELECTRÓNICO 28014 MADRID registro@tributos.minhafp.es TEL: 91 595 80 00 FAX: 91 595 84 86 [53] Los tipos aplicables son: 5% (derechos de autor sobre obras literarias, de teatro, musicales o artísticas); 8% (películas cinematográficas o películas, cintas y otros medios de transmisión o reproducción de la imagen o el sonido; equipos industriales, comerciales o científicos; y derechos de autor sobre obras científicas); 10% en los demás casos. [54] La exención se aplica en relación con: intereses percibidos por AAPP. [55] Los tipos aplicables son: 0% (intereses de préstamos concedidos o garantizados por AAPP); 5% (ventas a crédito de equipos y mercancías, préstamos bancarios); 10% en los demás casos. [56] El tipo más bajo se aplica para derechos de autor, incluidas películas, y equipos industriales, comerciales o científicos. [57] La exención se aplica en relación con: intereses pagados o percibidos por AAPP; préstamos concluidos entre Estados. [58] El Protocolo II del CDI contiene una CNMF para dividendos y remesas, que por el momento no se ha activado. [59] La exención se aplica en relación con: intereses pagados, percibidos, o garantizados por AAPP; instituciones financieras públicas; fondos de pensiones exentos. El Protocolo II del CDI contiene una CNMF para intereses, que por el momento no se ha activado. [60] El Protocolo II del CDI contiene una CNMF para cánones, por el momento no activada. [61] La exención se aplica en relación con: intereses pagados, percibidos, o garantizados por AAPP; instituciones financieras públicas. [62] Según el CDI con Letonia, la exención se aplica en relación con: intereses percibidos o garantizados por AAPP (incluidas instituciones financieras públicas), ventas a crédito (no vinculadas) de equipos y mercancías, y el resto de los intereses tributarían en principio al tipo general del 10%. Sin embargo, en virtud del Protocolo VIII del CDI, que contiene una CNMF para intereses, también se aplicará un tipo de retención del 5% (en lugar del 10% previsto en el CDI), a los intereses pagados a bancos y por bancos, como consecuencia del CDI firmado entre Letonia y México; esta cláusula se aplica desde la fecha de producción de efectos de dicho CDI, el 01/01/2014. [63] Conforme el CDI, se aplica un tipo del 5% en relación con equipos industriales, comerciales o científicos, y un 10% en el resto de los casos. Sin embargo, en virtud del Protocolo IX del CDI, que contiene una CNMF para cánones, como consecuencia del CDI firmado entre Letonia y Japón, y con efectos desde la fecha de producción de efectos de dicho CDI, el 01/01/2018, por un lado salen de la definición de cánones del CDI hispanoletón (artículo 12.3) las cantidades de cualquier clase pagadas por el uso o la concesión de uso de "películas o cintas o cualquier otro método de reproducción de la imagen o el sonido para su emisión por radio o televisión", y "de equipos industriales, comerciales o científicos"; por otro lado, a partir de esa fecha comienza aplicarse un tipo único del 0% para todo tipo de cánones. Subir MINISTERIO DE HACIENDA SECRETARÍA DE ESTADO DE HACIENDA DIRECCIÓN GENERAL DE TRIBUTOS Alcalá 5 CORREO ELECTRÓNICO 28014 MADRID registro@tributos.minhafp.es TEL: 91 595 80 00 FAX: 91 595 84 86 [64] La exención se aplica en relación con: intereses percibidos o garantizados por AAPP (incluidas instituciones financieras públicas), ventas a crédito (no vinculadas) de equipos y mercancías. El Protocolo VIII del CDI contiene una CNMF para intereses, que por el momento no se ha activado. [65] El tipo más bajo se aplica en relación con equipos industriales, comerciales o científicos. El Protocolo IX del CDI contiene una CNMF para cánones, que por el momento no se ha activado. [66] La exención se aplica en relación con: ventas a crédito de equipos y mercancías; préstamos bancarios a plazo mínimo de 5 años. [67] La exención se aplica en relación con: intereses percibidos por AAPP. El Protocolo 3 del CDI contiene una CNMF para intereses, que por el momento no se ha activado. [68] El tipo más alto es el aplicable a los cánones; el tipo más bajo se aplica a servicios técnicos. [69] El tipo más bajo se aplica en relación con derechos de autor, excluidas películas; el tipo más alto se aplica en relación con patentes, diseños y modelos, planos, fórmulas o procedimientos secretos, marcas de fábrica o comerciales, películas, informaciones referentes a experimentos, estudios técnicos o económicos, equipos agrícolas, industriales, portuarios, comerciales o científicos. [70] Según el Protocolo de 2017 de modificación del CDI con México, se aplican los siguientes tipos de retención: 0% en relación con intereses pagados o percibidos por AAPP, intereses de préstamos por plazo superior o igual a 3 años garantizados por AAPP relacionados con exportaciones, e intereses percibidos por fondos de pensiones exentos; 4,9% para los intereses percibidos por bancos o instituciones financieras o instituciones aseguradoras, e intereses de bonos y otros títulos de crédito cotizados; y 10% con carácter residual. La cláusula 6 del Protocolo del CDI contiene una CNMF para intereses, que por el momento no se ha activado. [71] El tipo más bajo se aplica para derechos de autor, excluidas películas. La cláusula 6 del Protocolo del CDI contiene una CNMF para cánones, que por el momento no se ha activado. [72] La exención se aplica en relación con: intereses pagados, percibidos, o garantizados por AAPP; instituciones financieras públicas; fondos de pensiones exentos. [73] El Protocolo III del CDI contiene una CNMF para dividendos que por el momento no se ha activado. [74] La exención se aplica en relación con: intereses pagados a AAPP (incluidas instituciones financieras públicas). El Protocolo III del CDI contiene una CNMF para intereses que por el momento no se ha activado. Subir MINISTERIO DE HACIENDA SECRETARÍA DE ESTADO DE HACIENDA DIRECCIÓN GENE-

RAL DE TRIBUTOS Alcalá 5 CORREO ELECTRÓNICO 28014 MADRID registro@tributos.minhafp.es TEL: 91 595 80 00 FAX: 91 595 84 86 [75] El tipo del 7,5% se aplica cuando el perceptor de los cánones es una sociedad; en los demás casos se aplica el 3,75%. El Protocolo III del CDI contiene una CNMF para cánones que por el momento no se ha activado. [76] La exención se aplica en relación con: intereses pagados, percibidos, o garantizados por AAPP; créditos a largo plazo (mínimo 5 años) concedidos por instituciones financieras; venta a crédito de equipos. [77] El Protocolo IV del CDI contiene una CNMF para dividendos que por el momento no se ha activado. [78] El Protocolo IV del CDI contiene una CNMF para intereses que por el momento no se ha activado. [79] El Protocolo IV del CDI contiene una CNMF para cánones que por el momento no se ha activado. [80] La exención se aplica en relación con intereses pagados a AAPP. [81] Lo que, en el caso del CDI con Países Bajos, significa la referencia incluida en la tabla es que cuando es Holanda quien aplica el CDI, puede retener hasta un 5% si la participación en el capital es igual o superior al 50% (aunque se permite que dicho porcentaje lo alcancen conjuntamente dos empresas residentes en España, con al menos un 25% cada una de ellas); mientras que cuando es España quien aplica el CDI puede retener hasta un 10% si la participación en el capital es igual o superior al 50% (aunque se permite que dicho porcentaje lo alcancen conjuntamente dos empresas residentes en Holanda, con al menos un 25% cada una de ellas) [82] La exención se aplica en relación con: intereses pagados, percibidos, o garantizados por AAPP; instituciones financieras públicas. [83] Los tipos de retención aplicables a los dividendos distribuidos son: 10% en general; la aplicación del tipo del 5% requiere una participación superior al 40%; la aplicación del tipo del 0% requiere una participación superior al 80% y el cumplimiento de una serie de condiciones, o que se trate de un fondo de pensiones (FP). Ver artículo 10 del CDI. [84] La exención se aplica en relación con: intereses pagados, percibidos, o garantizados por AAPP; instituciones financieras públicas; venta a crédito de cualquier equipo, mercancía o servicio; fondos de pensiones exentos. [85] Los tipos de retención aplicables a los dividendos distribuidos son: 10% en general (ver en el art. 10 del CDI régimen especial aplicable a las entidades tipo REIT-SOCIMI). La aplicación del tipo del 0% requiere una participación superior al 10%, o que se trate de un plan de pensiones (PP). Subir MINISTERIO DE HACIENDA SECRETARÍA DE ESTADO DE HACIENDA DIRECCIÓN GENERAL DE TRIBUTOS Alcalá 5 CORREO ELECTRÓNICO 28014 MADRID registro@tributos.minhafp.es TEL: 91 595 80 00 FAX: 91 595 84 86 [86] La exención se aplica en relación con: intereses pagados, percibidos, o garantizados por AAPP; fondos de pensiones exentos; venta a crédito de cualquier equipo, mercancía o servicio. [87] La aplicación del tipo reducido no requiere de la existencia de un porcentaje de participación mínimo sino de un determinado volumen de inversión mínimo. Ver artículo 10 del CDI. [88] La exención se aplica en relación con: intereses pagados o percibidos por AAPP; créditos a largo plazo (mínimo 7 años) concedidos por instituciones financieras. [89] La aplicación del tipo del 0% requiere una participación mínima del 50% y que los beneficios de la participada hayan sido gravados. El Protocolo X.1 del CDI contiene una CNMF para dividendos, que por el momento no se ha activado. [90] La exención se aplica en relación con: intereses pagados, percibidos, o garantizados por AAPP; instituciones financieras públicas; fondos de pensiones (FP) exentos. El Protocolo X.1 del CDI contiene una CNMF para intereses, que por el momento no se ha activado. [91] El Protocolo X.1 del CDI contiene una CNMF para cánones, que por el momento no se ha activado. [92] La exención se aplica en relación con: intereses pagados o percibidos por AAPP. [93] El Protocolo II del CDI contiene una CNMF para dividendos, que por el momento no se ha activado. [94] La exención se aplica en relación con: intereses percibidos por AAPP (incluidas instituciones financieras públicas). El Protocolo II del CDI contiene una CNMF para intereses, que por el momento no se ha activado. [95] El tipo más bajo se aplica para derechos de autor, incluidas película; el tipo más alto se aplica en relación con patentes, marcas de fábrica o de comercio, dibujos o modelos, planos, fórmulas o procedimientos secretos y programas informáticos, equipos, información relativa a experiencias industriales, comerciales o científicas. El Protocolo II del CDI contiene una CNMF para cánones, que por el momento no se ha activado. [96] Ver en art. 10 CDI régimen especial aplicable a las entidades tipo REIT-SOCIMI. [97] La exención se aplica en relación con: intereses pagados, percibidos, o garantizados por AAPP; instituciones financieras; fondos de pensiones exentos; Government of Singapore Investment Corporation Pte. Ltd. [98] La exención se aplica en relación con: intereses percibidos por AAPP; venta a crédito de mercancías o equipos; créditos a largo plazo (mínimo 7 años) concedidos por instituciones financieras. Subir MINISTERIO DE HACIENDA SECRETARÍA DE ESTADO DE HACIENDA DIRECCIÓN GENERAL DE TRIBUTOS Alcalá 5 CORREO ELECTRÓNICO 28014 MADRID registro@tributos.minhafp.es TEL: 91 595 80 00 FAX: 91 595 84 86 [99] La aplicación del tipo del 0% requiere que los dividendos se paguen a un fondo (FP) o plan de pensiones (PP) reconocido. Ver art. 10 CDI redacción dada por el Protocolo firmado en 2011. [100] El tipo de retención aplicable a los cánones es el 5% con carácter general; no obstante, los cánones pagados entre sociedades asociadas no están sujetos a imposición en el Estado de la fuente (ver artículo 12.7 del CDI) [101] El Protocolo VII del CDI contiene una CNMF para el gravamen de las remesas de los EP a que se refiere el artículo 10.5 del CDI, que por el momento no se ha activado. [102] Los tipos aplicables son: 0% (intereses percibidos por AAPP); 10% (intereses percibidos por instituciones financieras, incluidas compañías de seguros); 15% en los demás casos. [103] Los tipos aplicables son: 5% (derechos de autor, excluidas películas y cintas de video o audio); 8% ("leasing financiero" relativo al uso o concesión de uso de equipos industriales, comerciales o científicos); 15% en los demás casos. [104] La exención se aplica en relación con: intereses pagados, percibidos, o garantizados por AAPP; instituciones financieras públicas; fondos de pensiones exentos; venta a crédito de cualquier equipo o material, mercancía o servicio. [105] El tipo del 5% se aplica en el caso de que los intereses procedan de préstamos cuya duración exceda de 7 años. [106] El tipo del 10% se aplica en relación con: préstamos bancarios; venta a crédito de mercancías o equipos. [107] La exención se aplica en relación con: intereses pagados, percibidos, otorgados o garantizados por AAPP por AAPP; préstamos a largo plazo (mínimo 3 años) concedidos por instituciones financieras; venta a crédito de cualquier equipo, mercancía o servicio; fondos de pensiones (FP) exentos. [108] El tipo del 5% se aplica para derechos de autor, incluidas películas; en los demás casos se aplica el 10%. [109] Conforme al Protocolo III, el tipo de retención sobre dividendos del 5% (aplicable si el beneficiario efectivo de los dividendos es una sociedad, distinta de una sociedad de personas, que posea directamente al menos el 25 por ciento del capital de la sociedad que paga los dividendos) quedará reducido a 0% cuando los dividendos percibidos por una sociedad residente de España de una sociedad residente en Uzbekistán no tributen por el Impuesto sobre Sociedades español. [110] La exención se aplica en relación con: intereses pagados, percibidos, o garantizados por AAPP. Subir MINISTERIO DE HACIENDA SECRETARÍA DE ESTADO DE HACIENDA DIRECCIÓN GENERAL DE TRIBUTOS Alcalá 5 CORREO ELECTRÓNICO 28014 MADRID registro@tributos.minhafp.es TEL: 91 595 80 00 FAX: 91 595 84 86 [111] Según el CDI con Venezuela, la exención se aplica en relación con: intereses pagados, percibidos, otorgados o garantizados por AAPP; fondos de pensiones exentos; venta a crédito de equipos industriales, comerciales o científicos; el tipo del 4,95% se aplica cuando el beneficiario efectivo son instituciones financieras; y en los demás casos aplica en principio un 10%. Sin embargo, en virtud del Protocolo VII del CDI, que contiene una CNMF para intereses, se aplicará un tipo de retención del 0% (en lugar del 4,95% y del 10% previstos en el CDI), para todos los casos de intereses, como consecuencia del CDI firmado entre España y Malta, que sería aplicable a los pagos en concepto de intereses que se produzcan a partir de la fecha de su entrada en vigor, el 12/09/2006. [112] Según el CDI con Vietnam, si el beneficiario efectivo es una sociedad (distinta de una sociedad de personas) que posea directamente al menos el 50 por ciento del capital de la sociedad que paga los dividendos, el tipo de retención aplicable a los dividendos es del 7%; si el beneficiario efectivo es una sociedad (distinta de una sociedad de personas) que posea directamente como mínimo el 25 por ciento pero menos del 50 por ciento del capital de la sociedad que paga los dividendos, el tipo será del 10%; y en todos los demás casos se aplicará un 15% (participaciones de hasta el 25%, o de cualquier porcentaje pero detentadas por sociedades de personas o por personas físicas). Sin embargo, el Protocolo VI del CDI con Vietnam contiene una CNMF para dividendos en virtud de la cual, como consecuencia del CDI entre Vietnam e Irlanda, en todos los casos en que la participación detentada por una sociedad (no de personas) sea de al menos el 70%, el tipo aplicable será el 5% (en lugar del 7% previsto en el CDI); para el caso concreto en que el beneficiario efectivo sea una sociedad (distinta de una sociedad de personas) que posea directamente al menos el 50 por ciento del capital de la sociedad que paga los dividendos y sin llegar al 70%, seguirá siendo más interesante seguir aplicando el CDI entre España y Vietnam, que prevé el 7%; para el caso en que el beneficiario efectivo sea una sociedad (distinta de una sociedad de personas) que posea directamente al menos el 25 por ciento del capital de la sociedad que paga los dividendos y sin llegar al 50%, es indistinto aplicar el CDI de Vietnam con España o con Irlanda, procediendo el tipo del 10%; y para todos los demás casos (participaciones de sociedades no de personas inferiores al 25%, o cualquier porcentaje de participación detentado por personas físicas o sociedades de personas) el tipo aplicable será el 10% (en lugar del 15% residual previsto en el CDI), en virtud del CDI entre España y Vietnam. Los nuevos tipos previstos en el CDI entre Vietnam e Irlanda serán aplicables desde la fecha de entrada en vigor del citado CDI, el día 24/12/2008. [113] La exención se aplica en relación con: intereses percibidos o garantizados por AAPP (incluidas instituciones financieras públicas). El Protocolo VI del CDI contiene una CNMF para intereses, que por el momento no se ha activado. [114] Según el CDI con Vietnam, el tipo de retención para cánones en el país de la fuente no podrá exceder del 10%. Sin embargo, el Protocolo VI del CDI contiene una CNMF para cánones, en virtud de la cual los tipos aplicables serán los siguientes: el 5% (en lugar del 10% previsto en el CDI) en relación con patentes, diseños, modelos, planos, secretos, fórmulas, procesos, experiencias científicas o industriales (no comerciales), en virtud del CDI firmado entre Vietnam e Irlanda, aplicable desde la fecha de su entrada en vigor, el día 24/12/2008; el 5% (en lugar del 10% previsto en el CDI) en relación con equipos industriales, comerciales o científicos, en virtud del CDI firmado entre Vietnam y Eslovaquia, aplicable desde la fecha de su entrada en vigor, el día 29/07/2009. En los demás casos se aplica el 10% previsto con carácter residual en el CDI.

2.6.1. En general

Definición

Los CDI son Tratados internacionales bilaterales, entre dos naciones soberanas que se reparten, respecto de los residentes que obtienen rentas en el otro Estado, la soberanía fiscal sobre tales rentas.

La inmensa mayoría de los CDI firmados por España y, en general, de los existentes en el mundo (más de 3.000) siguen el Modelo de CDI que actualiza periódicamente laOCDE.

Para interpretar los CDI se parte, sustancialmente, del texto del Modelo de CDI de la OCDE, a partir del cual se redactó el CDI particular entre los dos Estados y de los llamados "Comentarios al Modelo de CDI", publicados por la OCDE, y que se califican como la interpretación auténtica y oficial del Modelo de CDI.

La última edición del Modelo de CDI de la OCDE, cuyo tenor sirve de base para la negociación de los CDI mundiales, es del ejercicio 2017, así como sus Comentarios y se produce en dos variedades: sucinta ("condensed") e íntegra ("full version").

La OCDE publica el modelo en dos versiones oficiales: inglés, https://www.oecd.org/tax/treaties/model-tax-convention-on-income-and-on-capital-2017-full-version-g2g972ee-en.htm y francés, aunque existen diversas traducciones al castellano de ediciones anteriores, siendo oficiosa la realizada por el Instituto de Estudios Fiscales.

La edición de 2017 responde a la necesidad de integrar en el Modelo de CDI diversas medidas auspiciadas en el marco del denominado proyecto BEPS, "Base Erosion and Profit System", "Erosión de las Bases Imponibles y Traslado de Beneficios (ver epígrafe 2.8.2)".

En cualquier caso, es importante señalar que la normativa vigente es el CDI que, específicamente, hayan firmado los dos Estados contratantes, ratificada por sus Parlamentos nacionales y publicada en los respectivos Diarios Oficiales.

Su contenido puede incluir algunas variaciones y especificaciones respecto del modelo oficial de CDI publicado por la OCDE que es una Guía de redacción de los restantes CDI y un mecanismo de interpretación de los mismos.

2.6.2. *Tributación de las rentas empresariales según los CDI*

Está regulada por el CDI la fiscalidad de las rentas de carácter empresarial que hayan obtenido alguno de los residentes en uno de los dos países firmantes del CDI en el otro Estado.

De acuerdo al artículo 4 del modelo de CDI, el criterio general es que un obligado tributario es residente en un Estado contratante:

a) Si se trata de una persona física: donde tenga la vivienda permanente, su centro de intereses vitales o económicos. En caso de duda, se atenderá a la nacionalidad.
b) Si se trata de una entidad o persona jurídica: donde la entidad disponga de su sede, domicilio o centro de gestión de los intereses empresariales.

La residencia se prueba mediante el certificado de residencia que emite la Administración Tributaria del país afectado a los efectos, precisamente, de la aplicación del CDI.

En su sentencia de 12 de junio de 2023 (rec. 915/2022), el Tribunal Supremo confirmó que la Administración tributaria española no puede cuestionar un certificado de residencia fiscal emitido por otra Administración a los efectos de la aplicación de los convenios para evitar la doble imposición (CDI).

El retenedor o pagador de una renta sometida al IRNR y cuya tributación está regulada por un CDI y la aplicación de un tipo reducido sobre alguna modalidad de rentas sometida a un CDI necesita, inexorablemente, la aportación de la certificación de residencia emitida por la autoridad fiscal del país de la residencia a los efectos de la aplicación del CDI, sin que ésta pueda sustituirse por otro medio de prueba (sentencia de la Audiencia Nacional de 13 de marzo de 2018, Rec. 23/2015) *(Tol 6571866).*

Conforme a la STS de 5 de noviembre de 2020 (recurso de casación número 3000/2018), el artículo 9.1 del Convenio de Doble Imposición sobre la Renta y el Patrimonio firmado entre España y Francia es un instrumento jurídico suficiente para justificar los ajustes de valor de las operaciones vinculadas a precios de mercado sin necesidad de acudir a los métodos previsto para determinar el valor de mercado en las operaciones vinculadas y al procedimiento establecido a tal efecto en la regulación interna.

El CDI sigue un criterio analítico para distribuir las rentas entre el Estado de la residencia y el Estado de la fuente.

En materia de rentas empresariales, se diferencia:

a) Si existe un establecimiento permanente, EP, en el Estado de la fuente, entonces, se tributará en tal nación, de manera equivalente a una empresa residente.

El concepto de establecimiento permanente se regula en el artículo 5 del Modelo de CDI, redacción adaptada en 2017 a las propuestas de BEPS.

En general, la expresión "establecimiento permanente" significa un lugar fijo de negocios mediante el cual una empresa realiza toda o parte de su actividad.

La expresión "establecimiento permanente" comprende, en especial: a) las sedes de dirección; b) las sucursales; c) las oficinas; d) las fábricas; e) los talleres; y f) las minas, los pozos de petróleo o de gas, las canteras o cualquier otro lugar de extracción de recursos naturales.

Una obra o un proyecto de construcción o instalación sólo constituye establecimiento permanente si su duración excede de doce meses.

Ejemplo

La empresa Bachélor, residente en Francia, dedicada a la construcción de equipamientos comerciales, ha realizado un edificio en Madrid. La duración de las obras ha sido de ocho meses.

¿Dónde tributan las rentas obtenidas por esta construcción?

Solución:

En Francia, porque la duración de las obras de construcción ha sido inferior a doce meses y, en consecuencia, no constituyen un establecimiento permanente según el CDI firmado en Francia.

Sin embargo, un almacén o depósito de mercancías no constituye un establecimiento permanente, ni tampoco lo produce la realización de actividades económicas en un país mediante un agente comercial dependiente, aunque el concepto de "dependencia" del agente ha de atender a la sustancia económica de sus operaciones. Asimismo, hay reglas para evitar el fraccionamiento de las actividades empresariales.

b) Si se realizan actividades en otra jurisdicción fiscal y las mismas no conforman un establecimiento permanente, las rentas empresariales (incluyendo las de naturaleza profesional) tributan en el país de la residencia fiscal de la empresa.

El CDI contiene, asimismo, diferentes reglas para tributar otras modalidades de rentas: dividendos, intereses, etc. que suelen gravarse a parte, de manera independiente, respecto de la fiscalidad de las rentas empresariales y que siguen sus propios criterios de tributación.

Acerca del porcentaje de tributación los dividendos e interés obtenidos por no residentes, de acuerdo a las reglas de los CDI firmados por España, nos remitimos al Cuadro oficialmente aprobado por el Ministerio de Hacienda español que se integra en el epígrafe 2.5.4.2. anterior.

Tributan en España, según las reglas de los CDI firmados con Brasil y Argentina, las ganancias de capital derivadas del traspaso de jugadores por parte de un club de fútbol residente en esos Estados a clubes españoles. Además, no se deducen de esa renta ni los pagos por comisiones de agentes ni otros conceptos, por ejemplo, los porcentajes del "mecanismo de solidaridad" de la FIFA (RRTEAC de 10 de julio de 2019; RG 4227-2018, RG. 5844-2018).

Asimismo, el CDI establece reglas para:

a) Eliminar la doble imposición sobre cualquier renta, es decir, si una misma renta está gravada, parcial o totalmente, en los dos Estados: el de la fuente y el de la residencia, entonces, ha de procederse a la eliminación de esa doble tributación, bien mediante una regla de exención bien mediante la deducción del impuesto pagado por tales rendimientos en el otro país (método de imputación o de crédito de impuesto).

b) Principio de no discriminación por razón de la nacionalidad entre las rentas empresariales de los no residentes y de los residentes.

c) Principio de acuerdo amistoso entre los Estados contratantes para resolver las dudas que surjan de la aplicación del CDI.

d) Hay cláusulas de intercambio de información y mecanismos de asistencia mutua entre las dos Administraciones Tributarias implicadas.

e) En los CDI más modernos, siguiendo a BEPS (ver epígrafe 2.8.2) se introducen medidas anti-fraude e instrumentos amistosos para la resolución de conflictos entre los Estados firmantes (procedimiento amistoso y arbitraje).

En general, la nueva tendencia e interpretación de los CDI es atender a la sustancia económica de la renta sujeta y no a la forma y a gravar al "beneficiario efectivo" de la renta y no al titular formal del ingreso.

Así, no es aplicable la exención para el pago de dividendos y primas de asistencia a Juntas de una entidad residente en España a otra entidad de sede luxemburguesa, porque se ha demostrado la ausencia de una actividad económica real de esta última, la cual no es, además, la beneficiaria efectivos de tales dividendos y que se ha constituido como intermediaria con el único propósito de recibir los beneficios de la Directiva 2003/123/CEE (conocida como Directiva matrices-filiales en el seno de la UE) en materia de dividendos.

De esta manera, se puede aplicar a este caso la cláusula anti-abuso fiscal específica que incluye el artículo 14.1, h) del TRLIRNR (RTEAC, Sala Primera, de 8 de octubre de 2019, procedimiento: 00-02188-2017).

Ahora bien, la reciente jurisprudencia del TS afirma que la prueba del abuso corresponde a la Administración Tributaria española.

Legislación

LEY

Prólogo y artículos 4, 5, 7, 9, 23, 24, 25 y 26 del Modelo de CDI de la OCDE.

2.7. Tributación de las rentas empresariales de acuerdo al IRNR

En este supuesto se diferencia también entre si existe establecimiento permanente en España, en cuyo caso, tributará por las rentas obtenidas por este establecimiento, EP, de acuerdo a las reglas del Impuesto sobre Sociedades español y las otras rentas empresariales o profesionales que se consideren obtenidas en España sin establecimiento permanente.

2.7.1. Tributación de las rentas empresariales obtenidas mediante establecimiento permanente en España

En este caso se tributa por las rentas imputadas a cada establecimiento permanente (un empresario no residente puede disponer de varios establecimientos permanentes en España).

Son rentas imputadas al mismo:

a) Los rendimientos de las actividades o explotaciones económicas desarrolladas por dicho establecimiento permanente.

b) Los rendimientos derivados de elementos patrimoniales afectos al establecimiento permanente.

c) Las ganancias o pérdidas patrimoniales obtenidas de los elementos patrimoniales afectos al establecimiento permanente.

Se consideran elementos patrimoniales afectos al establecimiento permanente los vinculados funcionalmente al desarrollo de la actividad que constituye su objeto.

Los activos representativos de la participación en fondos propios de una entidad sólo se considerarán elementos patrimoniales afectos al establecimiento permanente cuando éste sea una sucursal registrada en el Registro Mercantil y se cumplan los requisitos establecidos reglamentariamente.

La base imponible del establecimiento permanente se determinará a partir de la contabilidad que ha de llevar el mismo, siguiendo las reglas del IS, con dos excepciones:

a) No serán deducibles los pagos que el establecimiento permanente efectúe a la casa central o a alguno de sus establecimientos permanentes en concepto de cánones, intereses, comisiones y otros conceptos, abonados en contraprestación de servicios de asistencia técnica o por el uso o la cesión de bienes o derechos.

b) Será deducible la parte razonable de los gastos de dirección y generales de administración que corresponda al establecimiento permanente, siempre que se cumplan los siguientes requisitos:

1.º Reflejo en los estados contables del establecimiento permanente.

2.º Constancia, mediante memoria informativa presentada con la declaración, de los importes, criterios y módulos de reparto.

3.º Racionalidad y continuidad de los criterios de imputación adoptados.

Se entenderá cumplido el requisito de racionalidad de los criterios de imputación, cuando estos se basen en la utilización de factores realizada por el establecimiento permanente y en el coste total de dichos factores.

En ningún caso, resultarán imputables cantidades correspondientes al coste de los capitales propios de la entidad afectos, directa o indirectamente, al establecimiento permanente.

A esa base imponible se le aplicará el tipo de gravamen del IS y, en general, los incentivos fiscales y las deducciones en la cuota del IS.

Ejemplo

La entidad P, con residencia fiscal en Mongolia, dispone de una oficina de ventas en España.

Conforme a su contabilidad, que lleva de acuerdo al Código de Comercio, los beneficios netos de la oficina en el período impositivo 2024 ascienden a 1 millón de euros.

Entre los gastos figuran, por intereses pagados a la casa central, 100.000 euros.

Tributación en España.

Solución:

La República de Mongolia no tiene firmado un CDI con España, en consecuencia, se aplican plenamente las reglas del IRNR.

La base imponible del establecimiento permanente será, con los datos aportados en el ejemplo:

Beneficio neto: 1.000.000 euros + gastos no deducibles, fiscalmente hablando (intereses pagados a la casa central): 100.000 euros.

Base imponible: 1.100.000 euros.

Tipo de gravamen: 25% (suponemos que la cifra de negocios del EP en el ejercicio anterior superó el millón de euros).

Cuota íntegra: 275.000 euros

Por lo demás, se le aplican idénticas reglas que a los contribuyentes del IS, teniendo que efectuar, anualmente, la pertinente autoliquidación por este gravamen.

Legislación

Capítulo III del TRLIRNR, artículos 16 a 23, ambos inclusive.

2.7.2. Tributación de las rentas empresariales obtenidas sin mediación de establecimiento permanente

En este caso, las rentas sometidas a imposición serán las obtenidas de forma íntegra por el no residente, siguiendo para su cálculo las normas del IRPF en ED.

En los casos de prestaciones de servicios, asistencia técnica, obras de instalación o montaje derivados de contratos de ingeniería y, en general, de actividades o explotaciones económicas realizadas en España sin mediación de establecimiento permanente, la base imponible será igual a la diferencia entre los ingresos íntegros y los gastos de personal, de aprovisionamiento de materiales incorporados a las obras o trabajos y de suministros, en las condiciones que se establezcan reglamentariamente.

Las ganancias patrimoniales se cuantifican también de manera idéntica al IRPF (Ver epígrafe 2.2.9 de este libro).

La tributación de las rentas obtenidas por sujetos o entidades no residentes que, a su vez, sean residentes en un Estado miembro de la UE, dispone de reglas especiales que no son abordadas en este texto.

En general, sobre la base imponible así cuantificada, se aplica una alícuota de gravamen del 24%.

Los sujetos pasivos del IRNR están obligados a presentar declaración-liquidación por este impuesto, en atención a la modalidad de rentas sujetas; en general, se trata de los modelos 210 y 216, con la correspondiente declaración informativa, resumen anual, para este último supuesto, modelo 296.

Las últimas modificaciones normativas que afectan a diferentes modelos de declaración y liquidación del IRPNR se han producido, en primer lugar, mediante la entrada en vigor de la Orden HFP/915/2021, de 1 de septiembre, por la que se modifican la Orden EHA/2027/2007, de 28 de junio, por la que se desarrolla parcialmente el Real Decreto 939/2005, de 29 de julio, por el que se aprueba el Reglamento General de Recaudación, en relación con las entidades de crédito que prestan el servicio de colaboración en la gestión recaudatoria de la Agencia Estatal de Administración Tributaria; la Orden EHA/1658/2009, de 12 de junio, por la que se establecen el procedimiento y las condiciones para la domiciliación del pago de determinadas deudas a través de cuentas abiertas en las entidades de crédito que prestan el servicio de colaboración en la gestión recaudatoria de la Agencia Estatal de Administración Tributaria; la Orden EHA/3316/2010, de 17 de diciembre, por la que se aprueban los modelos de autoliquidación 210, 211 y 213 del Impuesto sobre la Renta de No Residentes, que deben utilizarse para declarar las rentas obtenidas sin mediación de establecimiento permanente, la retención practicada en la adquisición de bienes inmuebles a no residentes sin establecimiento permanente y el gravamen especial sobre bienes inmuebles de entidades no residentes, y se establecen las condiciones generales y el procedimiento para su presentación y otras normas referentes a la tributación de no residentes; y la Orden de 4 de junio de 1998, por la que se regulan determinados aspectos de la gestión recaudatoria de las tasas que constituyen derechos de la Hacienda Pública (BOE de 3).

La siguiente gran novedad en declaraciones informativas del IRNR es la incorporada en la Orden HFP/1284/2023, de 28 de noviembre, por la que se aprueba el modelo 430 de "Impuesto sobre las primas de seguros. Autoliquidación" y se determina la forma y procedimiento para su presentación, y se modifican las órdenes ministeriales que aprueban los diseños de registro de los modelos 165, 180, 184, 188, 189, 193, 194, 196, 198, 296 y se actualiza el contenido de los anexos I y II de la orden ministerial que aprueba el modelo 289 (BOE de 30).

En esta última Orden ministerial se alteran las redacciones de los modelos 216 y 296.

De esta forma, el artículo 9 de la Orden Ministerial modifica la Orden EHA/3290/2008, de 6 de noviembre, por la que se aprueban el modelo 216 "Impuesto sobre la Renta de no Residentes. Rentas obtenidas sin mediación de establecimiento permanente. Retenciones e ingresos a cuenta. Declaración-documento de ingreso" y el modelo 296 "Impuesto sobre la Renta de no Residentes. No residentes sin establecimiento permanente. Declaración anual de retenciones e ingresos a cuenta".

Así, con el objetivo de identificar los registros de perceptor, en el registro de tipo 2, registro de perceptor, del modelo 296, se crea un nuevo campo denominado "Identificador de registro o número de orden" y se añade un Anexo al registro de tipo 2, registro de perceptor, denominado "Anexo de desglose de retenciones e ingresos a cuenta ingresados en el Estado, en las Diputaciones Forales del País Vasco y en la Comunidad Foral de Navarra" para informar de manera diferenciada las retenciones e ingresos a cuenta ingresados en el Estado, en las Diputaciones Forales del País Vasco y en la Comunidad Foral de Navarra, a cumplimentar exclusivamente en el caso de que las retenciones e ingresos a cuenta deban ser ingresadas en proporción al volumen de operaciones según lo dispuesto en el segundo párrafo del apartado 2 del artículo 30 del Convenio Económico entre el Estado y la Comunidad Foral de Navarra y en el apartado Cuatro del artículo 22 y el apartado Dos del artículo 23 del Concierto Económico con la Comunidad Autónoma del País Vasco. Con ello se pretende disponer de una información de contraste completa y reducir el número de requerimientos tanto a las entidades pagadoras como a los perceptores de estos rendimientos exigibles de forma conjunta por el Estado y/o Diputaciones Forales del País Vasco y/o la Comunidad Foral de Navarra.

Legislación

LEY
Capítulo IV TRIRNR, artículos 24 a 33, ambos inclusive.

2.8. Otras cuestiones de fiscalidad internacional

2.8.1. Otras cuestiones

Los sujetos pasivos no residentes que obtengan rentas en el territorio español mediante establecimiento permanente, tendrán que designar a un representante ante la Administración tributaria española.

La Comisión de la Unión Europea consideraba que esta exigencia, para el caso de sujetos pasivos no residentes que, a su vez, residan en un Estado miembro de la Unión Europea, era discriminatoria y contraria a las libertades básicas del Derecho Europeo, empezando por la libertad de establecimiento.

El "principio de no discriminación" a la hora de tributar entre los residentes de la UE es esencial como criterio de tributación de las rentas en la UE; asimismo, hay que tener en cuenta la aplicación de otras libertades básicas de la UE; por ejemplo, la libre circulación de capitales tiene efectos "erga omnes", es decir, también es utilizable por entidades no residentes en jurisdicciones de la UE.

Pues bien, la Ley 10/2021, de 9 de julio, conocida como Ley de Prevención y Represión del Fraude Fiscal (BOE de 10), modificó la redacción del artículo 10 del TRLIRN, dejando esta obligación de designar representante a los contribuyentes no residentes que, a su vez, no sean residentes en otros Estados miembros de la UE.

De esta forma, desde 2022, la redacción del artículo 10 del TRLIRN dice lo siguiente:

> *Los contribuyentes por este Impuesto que no sean residentes en otro Estado miembro de la Unión Europea estarán obligados a nombrar, antes del fin del plazo de declaración de la renta obtenida en España, una persona física o jurídica con residencia en España, para que les represente ante la Administración Tributaria en relación con sus obligaciones por este Impuesto, cuando operen por mediación de un establecimiento permanente, en los supuestos a que se refieren los artículos 24.2 y 38 de esta Ley, o cuando, debido a la cuantía y características de la renta obtenida o a la posesión de un bien inmueble en territorio español, así lo requiera la Administración Tributaria.*
>
> *En el caso de Estados que formen parte del Espacio Económico Europeo que no sean Estado miembro de la Unión Europea, lo anterior no será de aplicación cuando exista normativa sobre asistencia mutua en materia de intercambio de información tributaria y de recaudación en los términos previstos en la Ley 58/2003, de 17 de diciembre, General Tributaria.*
>
> *Esta obligación será, asimismo, exigible a las personas o entidades residentes en países o territorios con los que no exista un efectivo intercambio de información tributaria de acuerdo con lo dispuesto en el apartado 3 de la disposición adicional primera de la Ley 36/2006, de 29 de noviembre, de medidas para la prevención del fraude fiscal, que sean titulares de bienes situados o de derechos que se cumplan o ejerciten en territorio español, excluidos los valores negociados en mercados secundarios oficiales.*
>
> *El contribuyente, o su representante, estarán obligados a poner en conocimiento de la Administración Tributaria el nombramiento, debidamente acreditado, en el plazo de dos meses a*

partir de la fecha de éste.

La designación se comunicará a la Delegación de la Agencia Estatal de Administración Tributaria en la que hayan de presentar la declaración por este Impuesto. A la comunicación acompañará la expresa aceptación del representante.

...

En caso de incumplimiento de la obligación de nombramiento que establece el apartado 1, la Administración Tributaria podrá considerar representante del establecimiento permanente o del contribuyente a que se refiere el artículo 5.c) de esta Ley a quien figure como tal en el Registro Mercantil. Si no hubiese representante nombrado o inscrito, o fuera persona distinta de quien esté facultado para contratar en nombre de aquéllos, la Administración Tributaria podrá considerar como tal a este último.

En el caso de incumplimiento de la obligación de nombramiento de representante exigible a las personas o entidades residentes en países o territorios con los que no exista un efectivo intercambio de información tributaria de acuerdo con lo dispuesto en el apartado 3 de la disposición adicional primera de la Ley 36/2006, de 29 de noviembre, de medidas para la prevención del fraude fiscal, la Administración Tributaria podrá considerar que su representante es el depositario o gestor de los bienes o derechos de los contribuyentes.

4. El incumplimiento de la obligación a que se refiere el apartado 1 se considerará infracción tributaria grave, y la sanción consistirá en multa pecuniaria fija de 2.000 euros.

Cuando se trate de contribuyentes residentes en países o territorios con los que no exista un efectivo intercambio de información tributaria de acuerdo con lo dispuesto en el apartado 3 de la disposición adicional primera de la Ley 36/2006, de 29 de noviembre, de medidas para la prevención del fraude fiscal, dicha multa ascenderá a 6.000 euros.

La sanción impuesta, de acuerdo con lo previsto en este apartado, se reducirá conforme a lo dispuesto en el artículo 188.3 de la Ley 58/2003, de 17 de diciembre, General Tributaria.

También como una manifestación más del principio de libre circulación de capitales, las SSTTS números 1581/2019, de 13 de noviembre de 2019 y 1588/2019, de 14 de noviembre, sobre tributación en el IRNR de las rentas obtenidas en España por instituciones de inversión colectivas residentes en los Estados Unidos de Norteamérica consideran discriminatoria e ilegal, conforme al Derecho de la UE, el diferente tratamiento tributario de los dividendos percibidos de sociedades residentes en España en función de que la institución de inversión colectiva que perciba tales rendimientos resida en España, en una jurisdicción de la UE o en los Estados Unidos de Norteamérica.

En el IRNR, en muchos casos, la responsabilidad del pago del tributo y las actuaciones de la Administración tributaria se efectúan, no con el propio sujeto pasivo, sino con un responsable, generalmente, el pagador de la renta al no residente.

De esta forma, responderán solidariamente del ingreso de las deudas tributarias correspondientes a los rendimientos que haya satisfecho o a las rentas de los bienes o derechos cuyo depósito o gestión tenga encomendado, respectivamente, el pagador de los rendimientos devengados sin mediación de establecimiento permanente por los contribuyentes o el depositario o gestor de los bienes o derechos de los contribuyentes no afectos a un establecimiento permanente.

Esta responsabilidad no existirá cuando resulte de aplicación la obligación de retener e ingresar a cuenta por tales rentas.

No se entenderá que una persona o entidad satisface un rendimiento cuando se limite a efectuar una simple mediación de pago.

Se entenderá por simple mediación de pago el abono de una cantidad por cuenta y orden de un tercero.

La nueva restricción a la designación de representante ha afectado también al alcance de la responsabilidad; de esta manera, el artículo 9.4 del TRLIRN, dice ahora: Responderán solidariamente del ingreso de las deudas tributarias correspondientes a los contribuyentes que hayan designado representante, que operen por mediación de un establecimiento permanente o en los supuestos del artículo 38, quienes hayan sido designados como sus representantes.

Como consecuencia de la nueva redacción del artículo 9.4 del texto refundido de la Ley IRNR dada por la Ley 11/2021, de 9 de julio, de medidas de prevención y lucha contra el fraude fiscal, para períodos que se inicien a partir de 1 de enero de 2021, desaparece la responsabilidad solidaria de los representantes de los contribuyentes del IRNR que sean residentes en otro Estado miembro de la Unión Europea o del Espacio Económico Europeo que no sea Estado miembro de la UE cuando exista normativa sobre asistencia mutua en materias de intercambio de información cuando actúen mediante establecimiento permanente en España (consulta INFORMA 143724, enero de 2022).

En general, las actuaciones con los obligados no residentes se regulan en el art. 109 RGAT.

En el caso obligados tributarios no residentes que operen en España mediante establecimiento permanente, las actuaciones de la Administración se realizarán con el representante designado por el obligado tributario, de acuerdo con lo establecido en el artículo 47 de la Ley 58/2003, de 17 de diciembre, General Tributaria.

En el caso de incumplimiento de la obligación de nombrar representante, la Administración tributaria podrá considerar representante del establecimiento permanente a la persona que figure como tal en el Registro Mercantil. Si no hubiera representante nombrado o inscrito, o fuera una persona distinta de quien esté facultado para contratar en nombre de aquellos, la Administración tributaria podrá considerar como tal a este último.

En el caso de incumplimiento de la obligación de nombramiento de representante exigible a las personas o entidades residentes en países o territorios con los que no exista un efectivo intercambio de información tributaria, de acuerdo con lo dispuesto en el apartado 3 de la disposición adicional primera de la Ley 36/2006, de 29 de noviembre, de medidas para la prevención del fraude fiscal, la Administración tributaria podrá considerar que su representante es el depositario o gestor de los bienes o derechos de los obligados tributarios.

En el caso de tributos que deban satisfacer los obligados tributarios no residentes que operen en España sin establecimiento permanente, las actuaciones podrán entenderse con el obligado tributario no residente, con el representante, en su caso, designado al efecto o, cuando la ley así lo prevea, con el responsable solidario con quien puedan realizarse las actuaciones directamente. En este último supuesto, las liquidaciones se podrán practicar directamente al responsable solidario, el cual podrá utilizar todos los motivos de impugnación que se deriven de la liquidación practicada o de la responsabilidad a él exigida.

En el IRNR también cabe la distinción entre devoluciones de ingresos indebidos, artículo 32.1 de la LGT y las devoluciones derivadas de la normativa del tributo, artículo 31.1 LGT. Si la retención, cuya devolución solicita el reclamante fue indebida, esto es, por cuantía superior a la legalmente establecida en el Ordenamiento jurídico vigente en el instante de realizar tales retenciones, lo correcto es instar mediante el procedimiento de devolución de ingresos indebidos; por el contrario, si la retención es ajustada a Derecho pero procede su devolución, la vía adecuada será la presentación de la declaración del impuesto, al tratarse de una devolución de oficio (RTEAC de 11 de marzo de 2019, RG 13191/2016).

En el caso del pagador de rendimientos devengados sin mediación de establecimiento permanente por los contribuyentes de este Impuesto, así como cuando se trate del depositario o gestor de bienes o derechos no afectos a un establecimiento permanente y pertenecientes a personas o entidades residentes en países o territorios considerados como paraísos fiscales, las actuaciones de la Administración tributaria podrán entenderse directamente con el responsable, al que será exigible la deuda tributaria, sin que sea necesario el acto administrativo previo de derivación de responsabilidad, previsto en el artículo 41.5 de la LGT.

Por último, los modelos de autoliquidación del IRNR más importantes son los siguientes:

- Modelo 210. IRNR. Impuesto sobre la Renta de no Residentes sin establecimiento permanente.
- Modelo 211. IRNR. Impuesto sobre la Renta de no Residentes. Retención en la adquisición de bienes inmuebles a no residentes sin establecimiento permanente.
- Modelo 213. IRNR. Gravamen especial sobre bienes inmuebles de entidades no residentes.

– Modelo 216. IRNR. Impuesto sobre la Renta de no Residentes. Rentas obtenidas sin mediación de establecimiento permanente. Retenciones e ingresos a cuenta (declaración - documento de ingreso).

Legislación

LEY

Artículos 9 y 10 del TRIRNR.

Artículo 41.5 de la LGT.

ÓRDENES MINISTERIALES

Orden EHA/3300/2008, de 7 de noviembre, por la que se aprueba el modelo 196, del Impuesto sobre la Renta de las Personas Físicas, Impuesto sobre Sociedades e Impuesto sobre la Renta de no Residentes (establecimientos permanentes). Retenciones e ingresos a cuenta sobre rendimientos del capital mobiliario y rentas obtenidos por la contraprestación derivada de cuentas en toda clase de instituciones financieras, incluyendo las basadas en operaciones sobre activos financieros, declaración informativa anual de personas autorizadas y de saldos en cuentas de toda clase de instituciones financieras (ha sufrido varios cambios).

Orden EHA/3316/2010, de 17 de diciembre, por la que se aprueban los modelos de autoliquidación 210, 211 y 213 del Impuesto sobre la Renta de no Residentes, que deben utilizarse para declarar las rentas obtenidas sin mediación de establecimiento permanente, la retención practicada en la adquisición de bienes inmuebles a no residentes sin establecimiento permanente y el gravamen especial sobre bienes inmuebles de entidades no residentes, y se establecen las condiciones generales y el procedimiento para su presentación y otras normas referentes a la tributación de no residentes, varias veces modificada.

2.8.2. BEPS y su significado

La globalización creciente y el impacto acelerado de las tecnologías de la información y las telecomunicaciones (en adelante TIC) han obligado a reformular los principios de la fiscalidad internacional.

Por un lado, existe un creciente reconocimiento de que no es posible gestionar bases imponibles móviles y empresas multinacionales de vocación mundial y carentes ya de cualquier base física en un país o jurisdicción fiscal determinada, supuesto de las empresas tecnológicas punteras que conforman la llamada "economía digital", por ejemplo, Amazon, Facebook (ahora, Meta) o Google, con unas Administraciones Tributarias nacionales, compitiendo entre sí, fraccionadas en sus instituciones y procedimientos.

Esa contradicción creciente entre las Administraciones Tributarias, todavía centradas en una obsoleta visión de la denominada "soberanía nacional" y unas empresas y personas móviles, disociadas de dónde se produce el valor añadido y con enormes facilidades para trasladar sus beneficios y rentas de uno a otro país, pagando los mínimos tributos posibles; llevó al convencimiento en la primera década del siglo XXI de que era preciso alterar los parámetros y principios de la fiscalidad internacional.

Para ello, la OCDE, que es la institución internacional puntera en la configuración y creación del Derecho Internacional Tributario, alteró su visión de los problemas fiscales internacionales; de esta manera, de unos principios centrados en evitar la doble imposición internacional mediante el desarrollo de una amplia red de CDI (ver epígrafe 2.5.4 anterior) y de tratar las empresas multinacionales como unidades funcionales independientes y autónomas que operan entre sí en autonomía funcional, cabiendo solo ajustar sus operaciones mediante la problemática de los precios de transferencia; se pasó a considerar como el problema más preocupante de la fiscalidad internacional la utilización de métodos y técnicas, generalmente, de arbitraje fiscal, para erosionar las bases imponibles nacionales, verbigracia, mediante la deducción arbitraria de intereses por pago de deudas en el seno del mismo grupo fiscal o para trasladar los beneficios a las jurisdicciones con menor imposición, por ejemplo, Irlanda, mediante la creación de pagos exorbitantes por cánones o la manipulación de los precios de transferencia.

Estas estrategias BEPS de las empresas multinacionales, acrónimo de las voces inglesas "base erosion and profit shifting", cuya traducción en español es "erosión de las bases imponibles y traslados de beneficios", se deberían combatir, en general, mediante una intensa colaboración y cooperación entre las Administraciones tributarias nacionales, cuya base era el intercambio de información tributaria internacional, poseyéndose de esta manera los datos económicos en todo el mundo de las empresas multinacionales y por medio de diferentes modificaciones legislativas, tanto en la normativa interna de los Estados, caso de restricciones a la deducibilidad de los intereses pagados o por medio de la incorporación de reglas de transparencia fiscal internacional y mediante la modificación de la redacción del Modelo de la OCDE para la redacción de los CDI, introduciendo en el mismo disposiciones anti-fraude fiscal.

Tales disposiciones integran el denominado Programa BEPS, compuesto de 15 Acciones, la denominación de las cuales refleja los problemas de la fiscalidad internacional que este Programa pretendía superar, centrándose en la lucha contra la no imposición internacional.

ACCCIONES BEPS

- ❒ Acción 1. Abordar los retos de la economía digital para la imposición.
- ❒ Acción 2. Neutralizar los efectos de los mecanismos híbridos.
- ❒ Acción 3. Refuerzo de la normativa sobre transparencia fiscal internacional (normas CFC).

- ❒ Acción 4. Limitar la erosión de la base imponible por vía de deducciones en el interés y otros pagos financieros.
- ❒ Acción 5. Combatir las prácticas fiscales perniciosas, teniendo en cuenta la transparencia y la sustancia.
- ❒ Acción 6. Impedir la utilización abusiva de convenios fiscales.
- ❒ Acción 7. Impedir la elusión artificiosa del estatuto de establecimiento permanente (EP)
- ❒ Acciones 8 – 10. Asegurar que los resultados de los precios de transferencia están en línea con la creación de valor.
- ❒ Acción 11. Evaluación y seguimiento de BEPS.
- ❒ Acción 12. Exigir a los contribuyentes que revelen sus mecanismos de planificación fiscal agresiva.
- ❒ Acción 13. Reexaminar la documentación sobre precios de transferencia.
- ❒ Acción 14. Hacer más efectivos los mecanismos de resolución de controversias.
- ❒ Acción 15. Desarrollar un instrumento multilateral que modifique los convenios fiscales bilaterales.

Ver https://www.oecd.org/ctp/beps-resumenes-informes-finales-2015.pdf

Con posterioridad, la OCDE ha ido expandiendo a múltiples jurisdicciones estas medidas, a través del desarrollo del llamado "programa inclusivo de BEPS", reforzando el intercambio automático de información tributaria internacional, introduciendo un estándar, conocido como el "common reporting system", CRS, potenciando la transparencia fiscal, etc.

Asimismo, el bilateralismo de los CDI está siendo sustituido por un Tratado Internacional Multilateral, el conocido por las siglas MLI, cuya denominación oficial es: Convenio Multilateral para aplicar las medidas relacionadas con los tratados fiscales para prevenir la erosión de las bases imponibles y el traslado de beneficios, el cual ha sido firmado por España pero que, en estos momentos, todavía no ha entrado en vigor y cuyo texto, en inglés, puede obtenerse en: https://www.hacienda.gob.es/Documentacion/Publico/NormativaDoctrina/Tributaria/CDI/Documentacion/Convenio%20 multilateral_EN.PDF.

España es uno de los Estados que ha ratificado el MLI.

La ratificación del MIL por España aparece recogida en el BOE de 21 de diciembre de 2021, Instrumento de ratificación del Convenio multilateral para aplicar las medidas relacionadas con los tratados fiscales para prevenir la erosión de las bases imponibles y el traslado de beneficios, hecho en París el 24 de noviembre de 2016.

Por su parte, en el BOE de 21 de junio de 2022 se ha publicado la notificación de España al Secretario General de la Organización para la Cooperación y el Desarrollo Económicos (OCDE), como depositario del Convenio, de conformidad con las disposiciones de su artículo 35.7.

La entrada en vigor en España del MIL se produce, en consecuencia, desde el 1 de enero de 2023.

Por otro lado, la incidencia del MIL en los diferentes CDI, a partir del 1 de enero de 2023, se encuentra recogida en el Portal del Ministerio de Hacienda y Función Pública, mediante la publicación de las "Reservas y notificaciones con arreglo al MIL para aplicar las medidas relacionadas con los Tratados Fiscales BEPS", https://www.hacienda.gob.es/Documentacion/Publico/NormativaDoctrina/Tributaria/CDI/Documentacion/Convenio%20multilateral_ES_Posicion%20espanola.PDF

La fecha de los efectos del MIL para cada uno de los CDI firmados por España se encuentra regulada en: https://www.hacienda.gob.es/Documentacion/Publico/NormativaDoctrina/Tributaria/CDI/Documentacion/Cuadro-fecha-efectos-MLI.pdf

En otro orden de cosas, la ampliación del MIL a tres nuevos CDI firmados por España se ha producido mediante la publicación de la siguiente disposición: Convenio multilateral para aplicar las medidas relacionadas con los tratados fiscales para prevenir la erosión de las bases imponibles y el traslado de beneficios, hecho en París el 24 de noviembre de 2016. Notificación de España al Secretario General de la Organización para la Cooperación y el Desarrollo Económicos (OCDE), como depositario del Convenio, de conformidad con las disposiciones de su artículo 35.7 ("Boletín Oficial del Estado" de 20 de diciembre de 2022).

En ese sentido, para Singapur, nos encontramos con el "texto sintético del Convenio Multilateral y del CDI firmado entre el Reino de España y la República de Singapur para evitar la doble imposición y la prevención de la evasión fiscal", https://www.hacienda.gob.es/Documentacion/Publico/NormativaDoctrina/Tributaria/CDI/Textos-Sinteticos/CDI-TS-Singapur-SP.pdf

Asimismo, en el BOE de 10 de junio de 2023 se publica la notificación de la confirmación de la conclusión de los procedimientos internos para que surtan efecto las disposiciones del MIL respecto de Bulgaria y Sudáfrica.

Por último, en lo que respecta a las extensiones de la aplicación del MIL por parte de España, tenemos la Notificación de España el 10 de noviembre de 2023 al Secretario General de la Organización para la Cooperación y el Desarrollo Económicos (OCDE), como depositario del Convenio, de conformidad con las disposiciones de su artículo 35.7, la cual afecta a Túnez, México y Vietnam.

2.8.3. *La tributación de la fiscalidad digital*

Sin embargo, BEPS tiene sus limitaciones y restricciones de todo tipo: carácter no compulsivo de muchas de sus Acciones, imprecisión de alguna de las medidas propuestas, dado su contenido de Derecho blando o "soft Law", ausencia de preocupación por la fiscalidad indirecta, conservación de ciertos principios tradicionales del Derecho Internacional Tributario, por ejemplo, la búsqueda de un valor de mercado comparable a la hora de combatir los precios de transferencia, etc.

Asimismo, el dinamismo económico, la expansión de la globalización y la velocidad de la transformación tecnológica están revolucionando todos los ámbitos de nuestra vida: "blockchain", nanotecnología, economía circular, inteligencia artificial, criptomonedas, etc., son manifestaciones de una Revolución Tecnológica cuyos impactos en todos los órdenes de la vida humana, incluyendo el fiscal, no son conocidos todavía en toda su plenitud y que la pandemia de la COVID-19 no ha hecho sino acelerar, por ejemplo, mediante la expansión y generalización del teletrabajo.

En particular, la llamada "economía digital", es decir, aquella en que los operadores económicos no necesitan una base física para conquistar el mercado mundial y donde, además, el mayor valor no es el beneficio o la renta generada por la propia actividad económica, sino el número de usuarios a los que alcanza (verbigracia, Facebook cuenta con más de 2,96 miles de millones de cuentas en 2023) y el conocimiento y utilización de los datos personales de estos usuarios, manifiestan en toda su crudeza las limitaciones de las Administraciones Tributarias nacionales para sujetar efectivamente la capacidad económica que se genera en esta modalidad empresarial, totalmente desmaterializada.

Ello ha movido a muchos países a proponer impuestos muy variados sobre los servicios digitales, con características y contenidos muy diversos, desde la configuración de establecimientos permanentes "virtuales" o digitales hasta el gravamen "equivalente" de las prestaciones de servicios realizadas en el país respecto a las empresas domésticas, pasando por retenciones a las adquisiciones de bienes y servicios digitalizados.

La OCDE ha buscado, frente al unilateralismo de estos impuestos sobre servicios digitales o del IVA sobre prestaciones de servicios digitales realizadas por no residentes, un consenso internacional respecto a un modelo de gravamen de la economía digital. Por su parte, la propuesta de Directiva europea sobre servicios digitales de la UE no ha logrado el acuerdo unánime necesario en Europa, siendo sustituida por una pléyade de impuestos nacionales, a veces contradictorios entre sí, conocidos como "Impuestos sobre los Servicios Digitales", o ISDS.

El desarrollo de posiciones unilaterales por parte de los Estados Unidos de Norteamérica impedía el logro de ese consenso; por ello y por otros factores como es la defensa del mercado único, la UE ha propuesto diversos iniciativas para implantar un ISDS a nivel europeo que tampoco han logrado la unanimidad, lo que, al final, se ha traducido en la proliferación de gravámenes nacionales sobre determinados servicios digitales.

España, en este sentido, ha implementado un ISDS desde el 16 de enero de 2021 (ver epígrafe 2.11. abajo).

Ahora bien, la situación anterior ha cambiado radicalmente desde el 1 de julio de 2021, cuando 136 jurisdicciones fiscales, incluyendo los Estados Unidos de Norteamérica, firmaron un acuerdo en el marco de BEPS, por el que se comprometían a implementar hacia 2023 un enfoque unificado de fiscalidad internacional, centrado en dos PILARES: el Pilar 1 y el Pilar 2.

El Pilar 1 consiste en la introducción de diferentes criterios de reparto de los beneficios extraordinarios que están obteniendo las grandes empresas digitales, es decir, aquellas que hayan obtenido una cifra de negocios superior a 20.000 millones de euros en el ejercicio anterior y el Pilar 2 conlleva la implementación de medidas para que los beneficios de las grandes empresas multinacionales tributen una cuantía mínima que, en principio, se situará en el 15% del beneficio mundial.

En octubre de 2021, 136 jurisdicciones han ratificado el acuerdo para implementar los denominados Pilares I y 2, encontrándonos, en estos momentos, en la etapa del desarrollo técnico de tales propuestas.

Durante el año 2022, en otro orden de cosas, continuaron los trabajos técnicos para perfilar los mencionados Pilares 1 y 2, cuya entrada en vigor se prevé para 2024. Asimismo, la UE ha aprobado una Directiva para incorporar el Pilar 2 en los 27 Estados miembros de la Unión Europea.

Nos referimos a la Directiva 2022/2523 del Consejo de 15 de diciembre de 2022 relativa a la garantía de un nivel mínimo global de imposición para los grupos de sociedades multinacionales y los grupos nacionales de gran magnitud en la Unión ("Diario Oficial de la Unión Europea", de 22 de diciembre de 2022, serie L, número 328), cuyo contenido ya ha sido objeto de consulta pública para su trasposición en España.

Continuando con los trabajos de desarrollo de la implementación de los Pilares 1 y 2, el 11 de julio de 2023, los 143 miembros del marco inclusivo BEPS de la OCDE aprobaron, salvo pequeños matices y a falta de algunos asuntos técnicos por desarrollar, la implantación de los Pilares 1 y 2.

Pues bien, durante 2023, determinados Estados (cerca de 50 a nivel mundial) han implantado ya el Pilar 2, cuyo eje es que los rendimientos netos de determinadas multinacionales tributen como mínimo un 15%.

En este sentido, la UE ha aprobado una Directiva, de obligado cumplimiento para sus 27 Estados miembros, en la cual se introduce esta imposición mínima.

Se trata de la Directiva (UE) 2022/2523 del Consejo de 15 de diciembre de 2022 relativa a la garantía de un nivel mínimo global de imposición para los grupos de empresas multinacionales y los grupos nacionales de gran magnitud en la Unión, publicada en el "Diario Oficial de la Unión Europea", serie L, número 328, de 22 de diciembre de 2023 y que, en principio, conllevaría la entrada en vigor del Pilar 2 para los períodos impositivos que se devengasen a 31 de diciembre de 2023.

España no ha traspuesto todavía esta Directiva, sí bien ha publicado en consulta pública el Anteproyecto de Ley pertinente, el 20 de diciembre de 2023, bajo la denominación: "Anteproyecto de ley por la que se establece un impuesto complementario para garantizar un nivel mínimo global de imposición para los grupos multinacionales y los grupos nacionales de gran magnitud".

En otro orden de cosas, en el ámbito de la OCDE se han seguido desarrollando los trabajos técnicos y jurídicos necesarios, tanto para completar el nuevo Tratado Multilateral que introduciría el Pilar 2 como los elementos técnicos del Pilar 1, verbigracia el denominado "importe B".

Una síntesis del estado de tales trabajos y de la documentación conexa puede encontrarse en: https://www.oecd.org/tax/beps/

2.8.4. El procedimiento amistoso en la fiscalidad internacional

Los conflictos entre dos jurisdicciones fiscales, que compiten para atribuirse una renta o un capital en el área internacional, disponen de instrumentos propios de solución de conflictos entre las partes que, bajo la égida de BEPS, Acción 14, han sido objeto de un gran desarrollo.

Se trata de resolver a qué Estado de los firmantes de un Convenio de Doble Imposición o de un Tratado Internacional corresponde la sujeción de una renta disputada entre los Estados firmantes de una manera amistosa o de interpretar convencionalmente un artículo del Tratado o de resolver cualquier duda interpretativa derivada del CDI o del Tratado Internacional.

En general, existen dos fórmulas:

- El procedimiento amistoso, en el cual, las autoridades firmantes de los Convenios, a petición de una de las partes, resuelven amigablemente una duda o un conflicto de interpretación de un Convenio de Doble Imposición,
- El arbitraje, mediante el cual, un árbitro independiente o una Comisión resuelve tales conflictos.

La regulación de estos instrumentos figura bien en los propios Convenios, básicamente, artículo 25 del Modelo de Convenio de la OCDE para evitar la doble imposición sobre la renta y el patrimonio, ejercicio 2017 o en otros Tratados "ad hoc".

Su regulación en España ha sido alterada por la trasposición de la Directiva de la UE, Directiva (UE) 2017/1852 del Consejo de 10 de octubre de 2017, relativa a los mecanismos de resolución de litigios fiscales en la Unión Europea, armonizando así el marco de resolución de procedimientos amistosos y reforzando la seguridad jurídica, trasposición ejecutada mediante el Real Decreto-ley 3/2020, de 4 de febrero, de medidas urgentes por el que se incorporan al ordenamiento jurídico español diversas directivas de la Unión Europea en el ámbito de la contratación pública en determinados sectores; de seguros privados; de planes y fondos de pensiones; del ámbito tributario y de litigios fiscales.

El procedimiento se encuentra recogido en el Real Decreto 1794/2008, de 3 de noviembre, por el que se aprueba el Reglamento de Procedimientos amistosos en materia de imposición directa y ha sido adaptado a la nueva normativa por medio del Real Decreto 399/2021, de 8 de junio, por el que se modifican el Reglamento de procedimientos amistosos en materia de imposición directa, aprobado por el Real Decreto 1794/2008, de 3 de noviembre, y otras normas tributarias.

Este Real Decreto modifica la normativa española acerca de los procedimientos amistosos para fundamentalmente:

- La incorporación del Derecho de la Unión Europea al ordenamiento interno en el ámbito de los mecanismos de resolución de litigios fiscales;
- La introducción de determinadas medidas derivadas del Informe final de la Acción 14, relativa a los mecanismos de resolución de controversias, del Proyecto G20/OCDE «BEPS»; y
- La resolución de determinados problemas detectados en el desarrollo de este tipo de procedimientos, garantizando así una mayor seguridad jurídica.

Por otro lado, España ha aceptado la aplicación del arbitraje en los nuevos CDI que está firmando y en los supuestos regulados en la mencionada Directiva de la UE.

Una descripción del procedimiento, fases, formulario, etc. del procedimiento amistoso en España puede encontrarse en el Portal del MEH: https://www.hacienda.gob.es/es-ES/El%20Ministerio/Paginas/Procedimientos%20administrativos/ProcAdministrativos.aspx?idProcAdmin=1374

En otro orden de cosas, la reciente Ley 13/2023, de 24 de mayo, por la que se modifican la Ley 58/2003, de 17 de diciembre, General Tributaria, en transposición de la Directiva (UE) 2021/514 del Consejo de 22 de marzo de 2021, por la que se modifica la Directiva 2011/16/UE relativa a la cooperación administrativa en el ámbito de la fiscalidad, y otras normas tributarias (BOE de 25), incorpora en su DF tercera una alteración en la regulación de los procedimientos amistosos.

El principal cambio introducido afirma que el resultado alcanzado en aquellos procedimientos que aborden litigios con otros Estados miembros de la Unión Europea deberá ser aplicado con independencia de los plazos previstos en el derecho interno.

Por otra parte, la modificación incorporada reconoce a miembros de la comisión consultiva o de la comisión de resolución alternativa constituida en el marco de un procedimiento amistoso la consideración de autoridad respecto de sus obligaciones de sigilo por las informaciones de que tengan conocimiento en esas instancias, en aplicación de las garantías previstas en el artículo 13.3 de la Directiva.

Se incluye, además, una nueva disposición transitoria tercera, relativa al régimen transitorio aplicable a determinados procedimientos amistosos. En particular, se prevé que los procedimientos iniciados antes del 6 de febrero de 2020, fecha de entrada en vigor de la redacción otorgada por el Real Decreto-ley 3/2020, de 4 de febrero, se regirán, salvo en determinadas cuestiones, por la normativa anterior.

La última alteración normativa de la regulación de los procedimientos amistosos en España se ha producido mediante la aprobación del Real Decreto 1171/2023, de 27 de diciembre, por el que se modifican el Reglamento del Impuesto sobre el Valor Añadido, aprobado por el Real Decreto 1624/1992, de 29 de diciembre; el Reglamento de los Impuestos Especiales, aprobado por el Real Decreto 1165/1995, de 7 de julio, y el Reglamento de procedimientos amistosos en materia de imposición directa, aprobado por el Real Decreto 1794/2008, de 3 de noviembre (BOE de 28 de diciembre de 2023)

El cambio en la disposición reglamentaria se debe a la necesidad de recoger la obligación de que las autoridades competentes comuniquen las causas de terminación del procedimiento amistoso a las demás autoridades competentes de los Estados miembros afectados, completando así la adecuada transposición de la Directiva (UE) 2017/1852 del Consejo, de 10 de octubre de 2017, relativa a los mecanismos de resolución de litigios fiscales en la Unión Europea.

2.9. Regímenes de tributación en el IVA

2.9.1. Esquema general de tributación del Impuesto sobre el Valor Añadido (IVA)

2.9.1.1. Visión general del IVA

Definición

El Impuesto sobre el Valor Añadido (IVA) es un impuesto indirecto que recae sobre el consumo de bienes y servicios, y grava:

- Las entregas de bienes y prestaciones de servicios realizadas por empresarios o profesionales en el ejercicio de la actividad.
- Las adquisiciones intracomunitarias de bienes.
- Las importaciones de bienes.

La aplicación de este impuesto sigue un esquema de liquidación que parte de la repercusión del IVA por los empresarios o profesionales al realizar entregas de bienes o prestaciones de servicios en el ejercicio de su actividad. Esta repercusión la harán a los destinatarios de sus operaciones. Finalmente, al presentar sus liquidaciones, tendrán dos partidas: el impuesto que han repercutido, y el que han soportado al realizar sus adquisiciones de bienes y servicios, siendo el resultado de la liquidación la diferencia entre ambas.

A efectos del IVA, como veremos más adelante, la condición de empresario viene definida en el art. 5 LIVA, centrándose en quien realice actividades empresariales o profesionales, y excluyendo a quienes realicen exclusivamente operaciones a título gratuito.

Si bien, generalmente, se requiere la habitualidad a efectos de determinar la condición de empresario o profesional, existen varios supuestos en los que la realización de una operación aislada otorga la condición de empresario a quien la realiza, como es el caso de los urbanizadores, arrendadores y promotores de edificaciones.

También tienen la condición de empresarios, quienes realicen adquisiciones de bienes o servicios con la intención de destinarlos al desarrollo de estas actividades (art. 5. Dos LIVA).

Ejemplo

Supongamos que un empresario realiza la venta de bienes por importe de 100 euros a los que suponemos que se aplica el tipo general del 21%

Empresario 1	
Precio	100
Impuesto 21%	21
Precio venta	121

El empresario 1 repercute IVA por importe de 21, es decir, el resultado de aplicar el tipo general del IVA (21%, aunque también existen supuestos en los que se aplica el 10% o el 4%) sobre la contraprestación de la operación. Al adquirente de estos bienes (Empresario 2) que, como veremos, normalmente puede deducir el IVA soportado (21), le habrán costado los bienes 100 ya que el impuesto no es un coste para él.

Si el empresario 2 revende los bienes adquiridos y añade un margen comercial del 10%, su venta a otro empresario se hará de la siguiente forma:

Empresario 2	
Coste	100
Margen 10%	10
Total	110
Impuesto 21%	23,10
Precio venta	133,10

El adquirente de estos bienes (empresario 3), al igual que en la operación anterior, normalmente puede deducir el IVA soportado (23,10), por lo que los bienes le han costado 110.

Si este último empresario 3, añade, a su vez, un margen comercial del 10%, su venta a otro adquirente será de la siguiente forma:

Empresario 3	
Coste	110
Margen 10%	11,
Total	121
Impuesto 21%	25,41
Precio venta	146,41

Si el empresario 3 ha realizado la venta a consumidores finales, normalmente particulares, que no pueden deducir el impuesto, les repercutirá IVA por importe de 25,41 euros.

Por tanto, cada vendedor de bienes o prestador de servicios que tenga la condición de empresario o profesional repercutirá las cuotas al destinatario de las entregas de bienes y prestaciones de servicios que realice, salvo que haya alguna exención de las que estudiaremos en este capítulo, pudiendo deducir las cuotas del IVA el destinatario de la operación que sea empresario o profesional y reúna los requisitos legales para ejercitar este derecho.

Para deducir las cuotas del IVA hay que ser empresario o profesional y acreditar que se han soportado las cuotas mediante una factura que debe tener todos los requisitos establecidos en el Real Decreto 1619/2012, de 30 de noviembre (BOE núm. 289, de 1 de diciembre de 2012).

Un particular no puede repercutir cuotas del IVA a un tercero salvo que sea calificado como empresario por realizar operaciones de esta naturaleza, como puede ser el alquiler de una plaza de garaje, lo que le convierte en empresario.

2.9.1.1.1. *Esquema general de liquidación del IVA*

La liquidación del IVA, y el estudio del impuesto, están directamente ligados ya que todo el proceso de cálculo de la cuota del impuesto pasa a través del Modelo más habitual, el modelo 303, que se estudia en el apartado 2.9.8.2.

Este modelo, después de hacernos una serie de preguntas para encajar a cada contribuyente dentro de unas circunstancias que pueden delimitar su tributación, nos solicita los datos de las operaciones realizadas en el periodo de liquidación a que corresponde la declaración-liquidación.

Hay dos grandes apartados, "IVA devengado" e IVA deducible", siendo la diferencia de ambas cuantías lo que va a determinar el "Resultado del régimen general".

Aparte de otros ajustes, de este resultado se restarán las "cuotas a compensar de periodos anteriores".

El resultado de estas operaciones va a determinar un resultado positivo o negativo.

Si es negativo, el importe puede compensarse en periodos de liquidación posteriores, como indicaremos en el desarrollo del impuesto, o bien solicitar la devolución en los plazos establecidos al respecto.

Si el resultado es a ingresar, corresponde hacer el pago correspondiente.

Alternativamente, el resultado puede ser cero o bien sin actividad cuando no ha habido ninguna operación devengada durante el periodo de liquidación a que corresponde la declaración-liquidación.

Volviendo al "IVA devengado", se determina esta cuantía mediante la aplicación del tipo impositivo correspondiente a la base imponible de las diferentes operaciones realizadas, entregas de bienes o prestaciones de servicios, realizadas en el periodo de liquidación (casillas de la 01 a la 11).

El apartado de Recargo de equivalencia corresponde a las operaciones en las que, además de liquidar las cuotas correspondientes al régimen general, hay que liquidar estas cuotas del recargo de equivalencia por estar el destinatario aplicando este régimen especial. (Casillas de la 16 a la 24).

Hay casos en los que la liquidación la hace el destinatario de la operación, como es cuando hay adquisiciones intracomunitarias, así como en los supuestos de inversión de sujeto pasivo. (Casillas de la 10 a la 13)

El resto de las casillas de este apartado del modelo 303 corresponden a rectificaciones o anulaciones de operaciones realizadas.

En el apartado correspondiente al "IVA deducible" se harán constar las cuotas que, reuniendo los requisitos que se indicarán para que tengan la condición de deducibles, sean objeto de deducción este periodo de liquidación, teniendo en cuenta que hay un plazo de cuatro años desde el devengo para proceder a la deducción de las mismas.

Las casillas 28 a 30 recogen las cuotas que pueden deducirse como consecuencia de adquisiciones de bienes corrientes y bienes de inversión. En relación con estos últimos bienes, en las casillas 43 y 44 se harán constar las regularizaciones, positivas o negativas, que proceda realizar en estos bienes por haber deducido en el momento de su adquisición mayor o menor cuantía de IVA del que proceda de acuerdo con las reglas que se explicarán.

En cuando a otras cuotas deducibles, hay que mencionar las relacionadas con otros territorios, ya sean comunitarios (casillas 36 a 39) como territorios terceros (casillas 32 a 35).

Las cuotas deducibles correspondientes a las operaciones intracomunitarias son las que previamente se habrán puesto en las casillas 10 y 11 como devengadas, aunque deduciendo solo aquellas que cumplan los requisitos para ser deducibles.

En cuanto a las cuotas de las importaciones, podrán deducirse las que nos habrán liquidado en la aduana, sin perjuicio de la aplicación de un procedimiento especial en el que el ingreso se realizaría a través de este modelo 303, y haciendo constar las cuotas devengadas en la casilla 77 de la página 3 del impreso.

Por último, queda la deducción de las compensaciones del régimen especial de la agricultura, ganadería y pesca, que se explicarán en el capítulo correspondiente.

El resto de las casillas del impreso no afectan a la liquidación, y son casillas informativas de gran importancia para la gestión del IVA.

ANEXO V

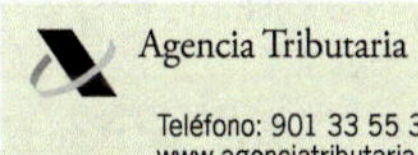

Teléfono: 901 33 55 33
www.agenciatributaria.es

Impuesto sobre el Valor Añadido

Autoliquidación

Modelo **303**

Identificación (1)

Devengo (2) Ejercicio ☐ Período ☐

NIF | Apellidos y Nombre o Razón social

	SI	NO
¿Está inscrito en el Registro de devolución mensual (Art. 30 RIVA)?	☐	☐
¿Tributa exclusivamente en régimen simplificado?	☐	☐
¿Es autoliquidación conjunta?	☐	☐
¿Ha sido declarado en concurso de acreedores en el presente período de liquidación?	☐	☐
¿Ha optado por el régimen especial del criterio de Caja (art. 163 undecies LIVA)?	☐	☐
¿Es destinatario de operaciones a las que se aplique el régimen especial del criterio de caja?	☐	☐
Opción por la aplicación de la prorrata especial (artículo 103.Dos.1° LIVA)	☐	
Revocación de la opción por la aplicación de la prorrata especial (artículo 103.Dos.1° LIVA)	☐	
Exonerados de la Declaración-resumen anual del IVA, modelo 390: ¿Existe volumen de operaciones (art. 121 LIVA)?	☐	☐

Espacio reservado para numeración por código de barras

Fecha en que se dictó el auto de declaración de concurso .... Día Mes Año

Si se ha dictado auto de declaración de concurso en este período indique el tipo de autoliquidación .... Preconcursal ☐ Postconcursal ☐

Liquidación (3)

Régimen general

IVA devengado

	Base imponible	Tipo %	Cuota
Régimen general	01	02	03
	04	05	06
	07	08	09
Adquisiciones intracomunitarias de bienes y servicios	10		11
Otras operaciones con inversión del sujeto pasivo (excepto. adq. intracom)	12		13
Modificación bases y cuotas	14		15
Recargo equivalencia	16	17	18
	19	20	21
	22	23	24
Modificaciones bases y cuotas del recargo de equivalencia	25		26
Total cuota devengada ([03] + [06] + [09] + [11] + [13] + [15] + [18] + [21] + [24] + [26])			27

IVA deducible

	Base	Cuota
Por cuotas soportadas en operaciones interiores corrientes	28	29
Por cuotas soportadas en operaciones interiores con bienes de inversión	30	31
Por cuotas soportadas en las importaciones de bienes corrientes	32	33
Por cuotas soportadas en las importaciones de bienes de inversión	34	35
En adquisiciones intracomunitarias de bienes y servicios corrientes	36	37
En adquisiciones intracomunitarias de bienes de inversión	38	39
Rectificación de deducciones	40	41
Compensaciones Régimen Especial A.G. y P.		42
Regularización bienes de inversión		43
Regularización por aplicación del porcentaje definitivo de prorrata		44
Total a deducir ([29] + [31] + [33] + [35] + [37] + [39] + [41] + [42] + [43] + [44])		45

Resultado régimen general ([27] - [45])	46

Ejemplar para el sujeto pasivo

Modelo **303** | NIF | Apellidos y Nombre o Razón social | Página 2

Régimen simplificado

A Actividades agrícolas, ganaderas y forestales

Actividad A_1

Código | Volumen ingresos | Índice cuota | Cuota devengada

1T, 2T, 3T: Porcentaje ingreso a cuenta ___ % | Ingreso a cuenta A

4T: Cuota soportada operaciones corrientes | Cuota anual derivada del Régimen simplificado B

Actividad A_2

Código | Volumen ingresos | Índice cuota | Cuota devengada

1T, 2T, 3T: Porcentaje ingreso a cuenta ___ % | Ingreso a cuenta A

4T: Cuota soportada operaciones corrientes | Cuota anual derivada del Régimen simplificado B

B Actividades en régimen simplificado (excepto agrícolas, ganaderas y forestales)

Actividad B_1 Epígrafe IAE

	Nº unidades de módulo	Importe
Módulo 1		
Módulo 2		
Módulo 3		
Módulo 4		
Módulo 5		
Módulo 6		
Módulo 7		

Cuota devengada operaciones corrientes C

Reducciones ..... D

1T, 2T, 3T:

Índice corrector de actividades de temporada ..... Z

Porcentaje ingreso a cuenta..... E ___ %

Ingreso a cuenta* ([C] - [D]) x [E]..... F

* Ver instrucciones para actividades de temporada y accesorias

Actividad B_2 Epígrafe IAE

	Nº unidades de módulo	Importe
Módulo 1		
Módulo 2		
Módulo 3		
Módulo 4		
Módulo 5		
Módulo 6		
Módulo 7		

Cuota devengada operaciones corrientes C

Reducciones ..... D

1T, 2T, 3T:

Índice corrector de actividades de temporada ..... Z

Porcentaje ingreso a cuenta..... E ___ %

Ingreso a cuenta* ([C] - [D]) x [E]..... F

* Ver instrucciones para actividades de temporada y accesorias

Suma de ingresos a cuenta del conjunto de actividades ($A_1 + A_2 + A_3 + ... + F_1 + F_2 + F_3 + ...$) 47

4T (B_1):

Cuotas soportadas operaciones corrientes ..... G

Índice corrector de actividades de temporada ..... H

RESULTADO ([C] - [D] - [G]) x [H]..... I

Porcentaje cuota mínima..... J ___ %

Devolución cuotas soportadas otros países.... K

Cuota mínima..... L

Cuota anual derivada régimen simplificado..... M

4T (B_2):

Cuotas soportadas operaciones corrientes ..... G

Índice corrector de actividades de temporada ..... H

RESULTADO ([C] - [D] - [G]) x [H]..... I

Porcentaje cuota mínima..... J ___ %

Devolución cuotas soportadas otros países.... K

Cuota mínima..... L

Cuota anual derivada régimen simplificado..... M

Actividades A + B:

Suma de cuotas derivadas régimen simplificado del conjunto de actividades ($B_1 + B_2 + ... + M_1 + M_2 + ...$) 48

Suma de ingresos a cuenta realizados en el ejercicio 49

Resultado ([48] - [49]) 50

Cuotas devengadas

Adquisiciones intracomunitarias de bienes..... 51

Entregas de activos fijos..... 52

IVA devengado por inversión del sujeto pasivo..... 53

Total cuota resultante: Si 1T, 2T, 3T: ([47] + [51] + [52] + [53])..... 54
Si 4T: ([50] + [51] + [52] + [53]).....

IVA deducible

Adquisición o importación de activos fijos 55

Regularización bienes de inversión 56

Total IVA deducible ([55] + [56])..... 57

Resultado régimen simplificado ([54] - [57])..... 58

Ejemplar para el sujeto pasivo

Modelo **303**

NIF | Apellidos y Nombre o Razón social

Página 3

Información adicional

Concepto	Casilla	
Entregas intracomunitarias de bienes y servicios	59	
Exportaciones y operaciones asimiladas	60	
Operaciones no sujetas o con inversión del sujeto pasivo que originan el derecho a deducción	61	

Exclusivamente para aquellos sujetos pasivos acogidos al régimen especial del criterio de caja y para aquéllos que sean destinatarios de operaciones afectadas por el mismo:

	Base imponible		Cuota	
Importes de las entregas de bienes y prestaciones de servicios a las que habiéndoles sido aplicado el régimen especial del criterio de caja hubieran resultado devengadas conforme a la regla general de devengo contenida en el art. 75 LIVA	62		63	

	Base imponible		Cuota soportada	
Importes de las adquisiciones de bienes y servicios a las que sea de aplicación o afecte el régimen especial del criterio de caja	74		75	

Resultado

Concepto	Casilla	
Regularización cuotas art. 80.Cinco.5ª LIVA	76	
Suma de resultados ([46] + [58] + [76])	64	
Atribuible a la Administración del Estado 65 %	66	
IVA a la importación liquidado por la Aduana pendiente de ingreso	77	
Cuotas a compensar de periodos anteriores	67	
Resultado ([66] + [77] - [67] + [68])	69	
A deducir (exclusivamente en caso de autoliquidación complementaria): Resultado de la anterior o anteriores declaraciones del mismo concepto, ejercicio y periodo	70	
Resultado de la liquidación ([69] - [70])	71	

Exclusivamente para sujetos pasivos que tributan conjuntamente a la Administración del Estado y a las Diputaciones Forales. Resultado de la regularización anual. 68 euros

Compensación (4)

Si resulta 71 negativa consignar el importe a compensar

72 C

Sin actividad (5)

Sin actividad -

Devolución (6)

Manifiesto a esa Delegación que el importe a devolver reseñado deseo me sea abonado mediante transferencia bancaria a la cuenta indicada de la que soy titular:

Importe: 73 D

Código SWIFT-BIC

Código IBAN

Ingreso (7)

Ingreso efectuado a favor del Tesoro Público, cuenta restringida de colaboración en la recaudación de la AEAT de autoliquidaciones.

Importe: I

Código IBAN

Complementaria (8)

Si esta autoliquidación es complementaria de otra autoliquidación anterior correspondiente al mismo concepto, ejercicio y período, indíquelo marcando con una "X" esta casilla.

Autoliquidación complementaria

En este caso, consigne a continuación el número de justificante identificativo de la autoliquidación anterior.

Nº. de justificante

Exclusivamente a cumplimentar en el último período de liquidación por aquellos sujetos pasivos que queden exonerados de la Declaración-resumen anual del IVA

	A **Actividades a las que se refiere la declaración** (de mayor a menor importancia por volumen de operaciones)	B **Clave**	C **Epígrafe IAE**
Principal			
Otras			

Si ha efectuado operaciones por las que tenga obligación de presentar la declaración anual de operaciones con terceras personas, marque una "X" D

Información de la tributación por razón de territorio (sólo para sujetos pasivos que tributan a varias Administraciones)

Álava 89 % Guipúzcoa 90 % Vizcaya 91 % Navarra 92 %

Operaciones realizadas en el ejercicio

Concepto	Casilla	
Operaciones en régimen general	80	
Operaciones a las que habiéndoles sido aplicado el régimen especial del criterio de caja hubieran resultado devengadas conforme a la regla general de devengo contenida en el art. 75 LIVA	81	
Entregas intracomunitarias exentas	93	
Exportaciones y otras operaciones exentas con derecho a deducción	94	
Operaciones exentas sin derecho a deducción	83	
Operaciones no sujetas por reglas de localización o con inversión del sujeto pasivo	84	
Entregas de bienes objeto de instalación o montaje en otros Estados miembros	85	
Operaciones en régimen simplificado	86	
Operaciones en régimen especial de la agricultura, ganadería y pesca	95	
Operaciones realizadas por sujetos pasivos acogidos al régimen especial del recargo de equivalencia	96	
Operaciones en Régimen especial de bienes usados, objetos de arte, antigüedades y objetos de colección	97	
Operaciones en régimen especial de Agencias de Viajes	98	
Entregas de bienes inmuebles y operaciones financieras no habituales	79	
Entregas de bienes de inversión	99	
Total volumen de operaciones (Art. 121 Ley IVA) (80 + 81 + 93 + 94 + 83 + 84 + 85 + 86 + 95 + 96 + 97 + 98 - 79 - 99)	88	

Ejemplar para el sujeto pasivo

Modelo **303** | NIF | Apellidos y Nombre o Razón social | Página 4

Prorrata

	CNAE (3 cifras)	Importe total de las operaciones	Importe de las operaciones con derecho a deducción	Tipo	% prorrata
1	500	501	502	503	504
2	505	506	507	508	509
3	510	511	512	513	514
4	515	516	517	518	519
5	520	521	522	523	524

Actividades con regímenes de deducción diferenciados

IVA deducible: Grupo 1

		Base imponible	Cuota deducible
IVA deducible en operaciones interiores	Bienes y servicios corrientes	700	701
	Bienes de inversión	702	703
IVA deducible en importaciones	Bienes corrientes	704	705
	Bienes de inversión	706	707
IVA deducible en adquisiciones intracomunitarias	Bienes corrientes y servicios	708	709
	Bienes de inversión	710	711
Compensaciones en régimen especial de la agricultura, ganadería y pesca		712	713
Rectificación de deducciones		714	715
Regularización de bienes de inversión			716
Suma de deducciones (701+ 703+ 705 + 707 + 709 + 711 + 713 + 715 + 716)			717

IVA deducible: Grupo 2

		Base imponible	Cuota deducible
IVA deducible en operaciones interiores	Bienes y servicios corrientes	718	719
	Bienes de inversión	720	721
IVA deducible en importaciones	Bienes corrientes	722	723
	Bienes de inversión	724	725
IVA deducible en adquisiciones intracomunitarias	Bienes y servicios corrientes	726	727
	Bienes de inversión	728	729
Compensaciones en régimen especial de la agricultura, ganadería y pesca		730	731
Rectificación de deducciones		732	733
Regularización de bienes de inversión			734
Suma de deducciones (719 + 721+ 723 + 725 + 727+ 729 + 731 + 733 + 734)			735

Ejemplar para el sujeto pasivo

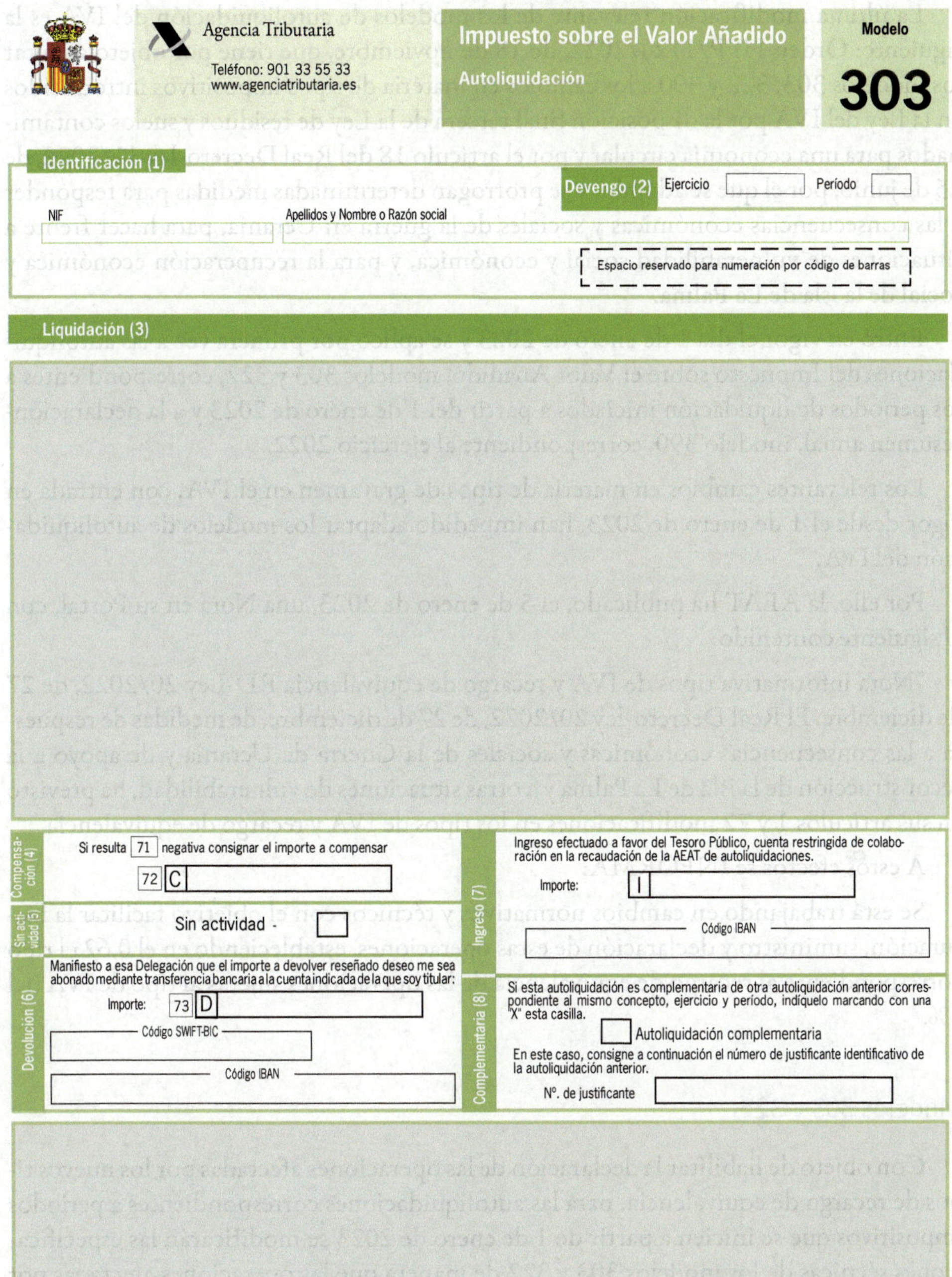

Agencia Tributaria
Teléfono: 901 33 55 33
www.agenciatributaria.es

Impuesto sobre el Valor Añadido
Autoliquidación

Modelo **303**

Identificación (1)

Devengo (2) Ejercicio Período

NIF | Apellidos y Nombre o Razón social

Espacio reservado para numeración por código de barras

Liquidación (3)

Compensación (4): Si resulta 71 negativa consignar el importe a compensar 72 C

Sin actividad (5): Sin actividad -

Devolución (6): Manifiesto a esa Delegación que el importe a devolver reseñado deseo me sea abonado mediante transferencia bancaria a la cuenta indicada de la que soy titular:
Importe: 73 D
Código SWIFT-BIC
Código IBAN

Ingreso (7): Ingreso efectuado a favor del Tesoro Público, cuenta restringida de colaboración en la recaudación de la AEAT de autoliquidaciones.
Importe: I
Código IBAN

Complementaria (8): Si esta autoliquidación es complementaria de otra autoliquidación anterior correspondiente al mismo concepto, ejercicio y período, indíquelo marcando con una "X" esta casilla.
Autoliquidación complementaria
En este caso, consigne a continuación el número de justificante identificativo de la autoliquidación anterior.
Nº. de justificante

Ejemplar para la Administración-Entidad financiera

La última modificación relevante de los modelos de autoliquidación del IVA es la siguiente: Orden HFP/1124/2022, de 18 de noviembre, que tiene por objeto adaptar los modelos 303, 322 y 390 a los cambios en materia de tipos impositivos introducidos en la Ley del IVA por la disposición final tercera de la Ley de residuos y suelos contaminados para una economía circular y por el artículo 18 del Real Decreto-ley 11/2022, de 25 de junio, por el que se adoptan y se prorrogan determinadas medidas para responder a las consecuencias económicas y sociales de la guerra en Ucrania, para hacer frente a situaciones de vulnerabilidad social y económica, y para la recuperación económica y social de la isla de La Palma.

Entró en vigor el día 1 de enero de 2023 y se aplicó por primera vez a las autoliquidaciones del Impuesto sobre el Valor Añadido, modelos 303 y 322, correspondientes a los periodos de liquidación iniciados a partir del 1 de enero de 2023 y a la declaración-resumen anual, modelo 390, correspondiente al ejercicio 2022.

Los relevantes cambios en materia de tipos de gravamen en el IVA, con entrada en vigor desde el 1 de enero de 2023, han impedido adaptar los modelos de autoliquidación del IVA.

Por ello, la AEAT ha publicado, el 5 de enero de 2023, una Nota en su Portal, con el siguiente contenido:

"Nota informativa tipos de IVA y recargo de equivalencia RD-Ley 20/2022, de 27 de diciembre. El Real Decreto-ley 20/2022, de 27 de diciembre, de medidas de respuesta a las consecuencias económicas y sociales de la Guerra de Ucrania y de apoyo a la reconstrucción de la isla de La Palma y a otras situaciones de vulnerabilidad, ha previsto en sus artículos 1 y 72 modificaciones en los tipos de IVA y recargo de equivalencia.

A estos efectos se INFORMA:

Se está trabajando en cambios normativos y técnicos con el objetivo facilitar la facturación, suministro y declaración de estas operaciones, estableciendo en el 0,62 el tipo correspondiente al recargo de equivalencia de las operaciones sujetas al tipo de IVA del 5%.

Modelos 303 y 322

Con objeto de habilitar la declaración de las operaciones afectadas por los nuevos tipos de recargo de equivalencia, para las autoliquidaciones correspondientes a periodos impositivos que se inicien a partir de 1 de enero de 2023 se modificarán las especificaciones técnicas de los modelos 303 y 322 de manera que las operaciones afectadas por los nuevos tipos se incluyan en las casillas 156 y 158 junto con las operaciones actualmente sujetas al tipo del recargo de equivalencia del 0,5 por ciento.

Suministro Inmediato de Información (SII):

Tipo impositivo del 0 por ciento del IVA para las entregas, importaciones y adquisiciones intracomunitarias establecidas en el artículo 72.2 del RD-ley 20/2022, de 27 de diciembre:

Se han modificado las validaciones de los libros registro llevados a través de la Sede electrónica (SII), con la finalidad de admitir para cualquier operación sujeta y no exenta, con independencia del NIF que la realiza, operaciones al tipo de 0 por ciento con fecha de operación ≥ 1 de enero de 2023 con las limitaciones temporales establecidas en el citado artículo 72.

Nuevos tipos de recargo de equivalencia previstos en el artículo 1 y 72 del RD-ley 20/2022, de 27 de diciembre:

Las validaciones de los libros registro llevados a través de la Sede electrónica (SII) estarán disponibles a partir de la semana del 9 de enero.

Las incidencias técnicas que tengan su origen en la actualización de estas validaciones se tendrán en cuenta a efectos del cómputo del plazo de suministro de los registros de facturación".

Dada la existencia de importantes novedades legislativas en el IVA publicadas a finales del ejercicio 2022 en materia de tipos de gravamen del recargo de equivalencia, no se pudo aprobar en plazo un modelo 303 adaptado a esos cambios.

Por ello, provisionalmente, la AEAT publicó en su Portal una "Nota informativa", el 12 de enero de 2023, del siguiente tenor:

Nota informativa sobre los nuevos tipos de recargo de equivalencia en el IVA

Información y declaración de operaciones con los nuevos tipos de recargo de equivalencia en el IVA

Con efectos desde el 1 de enero de 2023, la disposición adicional decimosexta del Real Decreto-ley 1/2023, de 10 de enero, de medidas urgentes en materia de incentivos a la contratación laboral y mejora de la protección social de las personas artistas, establece que el tipo del recargo de equivalencia aplicable en el Impuesto sobre el Valor Añadido a las operaciones a que se refieren el apartado 2 del artículo 1 y el párrafo cuarto del apartado 1 del artículo 72 del Real Decreto-ley 20/2022, de 27 de diciembre, de medidas de respuesta a las consecuencias económicas y sociales de la Guerra de Ucrania y de apoyo a la reconstrucción de la isla de La Palma y a otras situaciones de vulnerabilidad, será del 0,62 por ciento, resultando de aplicación durante la vigencia de dichos preceptos.

Este nuevo tipo de recargo de equivalencia, junto con el recargo de equivalencia del 0 por ciento, se implementarán técnicamente del siguiente modo:

Modelo 303

Con objeto de habilitar la declaración de las operaciones gravadas con los nuevos tipos de recargo de equivalencia, para las autoliquidaciones correspondientes a 2023 se modifican las especificaciones técnicas del modelo 303 de manera que:

Se incluirán en las casillas 16 y 18 del modelo 303 las bases imponibles y cuotas correspondientes a las operaciones gravadas con el tipo de recargo de equivalencia del 0,62%.

Se incluirán en las casillas 16 y 18 del modelo 303 las bases imponibles y cuotas correspondientes a las operaciones gravadas con el tipo de recargo de equivalencia del 0%.

En el caso de que en una misma autoliquidación deban incluirse simultáneamente operaciones a los tipos de recargo de equivalencia del 0%, 0,5% y 0,62%, se incluirán en la casilla 16 del modelo 303 la suma de las BI correspondiente a todos los tipos, en la casilla 18 del modelo 303 la suma de las cuotas correspondientes a todos los tipos y en la casilla 17 del modelo 303 se indicará el tipo al que corresponda una mayor cuota.

Modelo 322

Con objeto de habilitar la declaración de las operaciones gravadas con los nuevos tipos de recargo de equivalencia, para las autoliquidaciones correspondientes a 2023 se modifican las especificaciones técnicas de los modelos 322 de manera que:

En las casillas reservadas a "Recargo de equivalencia" se harán constar las bases imponibles gravadas, en su caso, a los tipos del 0%, 0,5%, 0,62%, 1,4%, 5,2% y 1,75%, el tipo aplicable y las cuotas resultantes.

En caso de ser imprescindible el uso de casillas para declarar simultáneamente por más de cuatro tipos de recargo, las operaciones a los tipos del 0%, 0,5% y del 0,62% se consignarán en una única casilla de Base imponible y de Cuota, respectivamente, y en la casilla destinada al Tipo se hará constar aquel al que corresponda la mayor cuota.

Suministro inmediato de información.

Con el objeto de permitir informar las facturas que documenten operaciones gravadas con los nuevos tipos de recargo de equivalencia se modificarán las validaciones de los libros registro de facturas emitidas y recibidas llevados a través de la Sede electrónica (SII), admitiendo los tipos de recargo del 0% y 0,62% si la Fecha de operación = 1 de enero de 2023 (con los límites temporales previstos para cada uno de los tipos de recargo).

En los próximos días se publicará en el apartado "Información Técnica" del portal "SII - Suministro Inmediato de Información del IVA", una nueva versión del documento de validaciones "Documento de validaciones y errores". Estas validaciones estarán implementadas el día 16 de enero.

En el caso de que se haya emitido una factura con recargo del 0,625%, independientemente de la factura rectificativa que proceda (emitida por sustitución o por diferencias), se podrá remitir un único registro de facturación con el tipo de recargo del 0,62%.

Esquema de liquidación del IVA

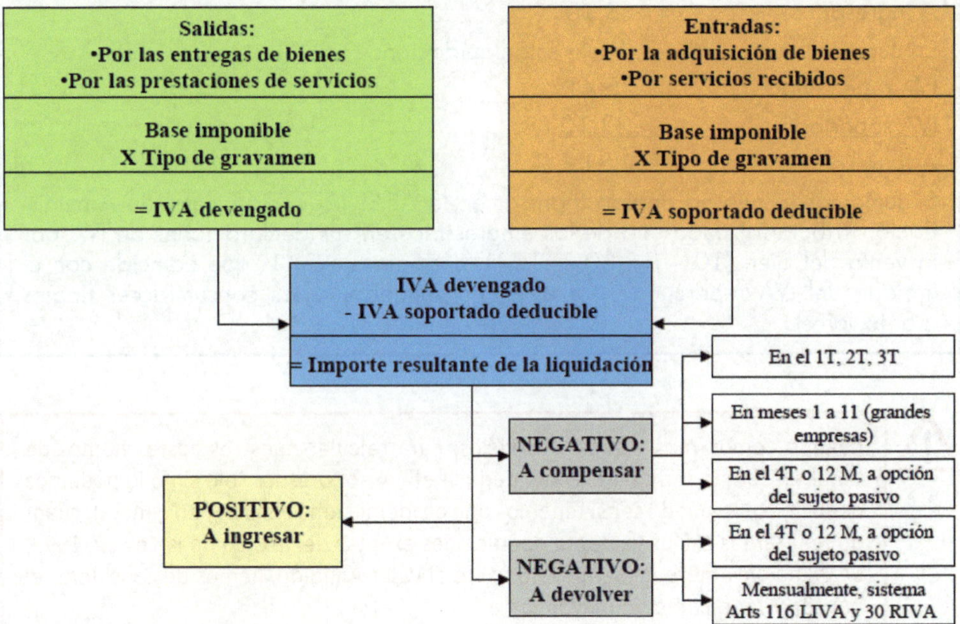

2.9.1.2. Declaraciones-Liquidaciones del IVA. Periodo de liquidación

Hemos partido de que, en cada operación, se repercute IVA y pueden deducirse las cuotas del impuesto que se haya soportado en la fase anterior o, en general, en las adquisiciones de bienes o servicios relacionadas con la actividad.

Ejemplo

En concreto, el empresario 1 del ejemplo del apartado 2.9.1.1. anterior habrá repercutido IVA por importe de 10, y suponemos que no ha soportada ninguna cuantía de IVA, por lo que su liquidación sería:

IVA repercutido 10
IVA soportado - 0
A ingresar 10
El empresario 2 del mismo ejemplo tendrá que hacer esta liquidación
IVA repercutido 23,10
IVA soportado - 10
A ingresar 13,10
En cuanto al empresario 3, haría esta liquidación:
IVA repercutido 25,41
IVA soportado - 23,10
A ingresar 2,31
Si sumamos lo que ha debido ingresar en la AEAT (Agencia Estatal de Administración Tributaria) cada una de los empresarios en sus declaraciones de IVA por la venta del bien (10 + 13,10 + 2,31) tendríamos 25,41, que coincide con el importe del IVA repercutido por el último vendedor a los consumidores finales (particulares).

Cuando compramos bienes y servicios, para calcular nuestros costes hemos de tener en cuenta si podemos o no deducir el IVA soportado. Sólo si no lo podemos deducir, como puede ser si tenemos una academia, una clínica y, en general, cuando realizamos exclusivamente operaciones exentas del art. 20 de la Ley 37/1992, de 28 de diciembre, del Impuesto sobre el Valor Añadido, hemos de considerar el IVA soportado como un mayor coste.

Las declaraciones-liquidaciones a presentar por los sujetos pasivos del IVA ante la Agencia Tributaria han de realizarse cada periodo de liquidación, incluyendo en ellas las operaciones realizadas (devengadas) en cada uno de ellos, deduciendo las cuotas soportadas que reúnan los requisitos de deducibilidad, en tanto no haya transcurrido el plazo de cuatro años desde que nació el derecho a deducirlas que, normalmente, coincide con la fecha del devengo.

En general, el período de liquidación es trimestral, coincidiendo con el trimestre natural, salvo (art. 71.3 RIVA) para aquéllos cuyo volumen de operaciones hubiese excedido durante el año natural inmediato anterior de 6.010.121,04 euros, los autorizados a solicitar la devolución del saldo existente a su favor al término de cada período de liquidación y los que apliquen el régimen especial del grupo de entidades, cuyas declaraciones-liquidaciones serán mensuales.

Los sujetos pasivos presentarán periódicamente declaraciones-liquidaciones cuyo resultado puede ser positivo, dando lugar a un ingreso, o negativo, dando en este caso derecho a compensar las cuotas en cualquier declaración posterior siempre que no hayan transcurrido más de cuatro años desde la presentación de la declaración en la que se origina este saldo. El resultado también puede ser cero, obviamente.

En la declaración correspondiente al último periodo de liquidación de cada año (trimestral o mensual) podrá solicitarse la devolución del saldo existente a favor del sujeto pasivo, siempre que no hubiese transcurrido un plazo superior a cuatro años desde que se produjo el saldo a favor del sujeto pasivo, aunque puede solicitarse mensualmente la devolución del IVA, si se está inscrito en el registro de devolución mensual.

Ejemplo

Supongamos que un empresario ha efectuado diversas operaciones, repercutiendo y soportado las siguientes cuotas a lo largo de un año, con periodos de liquidación trimestrales.

	Primer trimestre	Segundo trimestre	Tercer trimestre	Cuarto trimestre
IVA repercutido	1.000	900	1.000	1.000
-IVA soportado	1.100	500	900	1.300
Diferencia	-100	400	100	-300
Cuotas compensar anteriores	0	-100	0	0
Resultado	-100	300	100	-300

En el primer trimestre (1T) el saldo a favor del sujeto pasivo es por importe de 100, saldo que podrá compensar en las posteriores declaraciones trimestrales, hasta un plazo de 4 años a partir de este trimestre. Como se ha indicado, si solicitase la inscripción en el Registro de devolución mensual (en adelante REDEME) podría pedir la devolución de IVA con esta última periodicidad, lo que implicaría que, en adelante su periodo de liquidación sería mensual, incluso cuando el resultado sea a ingresar.

En el periodo de liquidación correspondiente al segundo trimestre (2T), al tener un resultado positivo (a ingresar) puede compensar el saldo a su favor (100) que tenía del periodo anterior (1T).

En el tercer periodo (3T) tiene un saldo positivo, sin arrastrar cuotas a compensar de periodos anteriores, por lo que debe ingresar las correspondientes cuotas al tiempo de presentar la declaración-liquidación.

En el último periodo de liquidación del año (4T) tiene un saldo a su favor de 300, pudiendo tomar dos alternativas a.- Solicitar la devolución de la totalidad del saldo (300).

b.- Dejar el saldo a compensar, pudiendo compensarlo en las posteriores declaraciones-liquidaciones, sin perjuicio de solicitar devolución del saldo pendiente en la última declaración-liquidación del año siguiente o posteriores, hasta cuatro años.

En numerosos casos es conveniente dejar para compensar en el año siguiente las cuotas correspondientes al último periodo de liquidación, sobre todo cuando se prevé que en el siguiente periodo de liquidación el resultado sea a ingresar, ya que de esta forma podrían compensarse las cuotas del IVA sin esperar a la devolución del saldo por parte de la Administración tributaria, con el consiguiente ahorro financiero.

2.9.1.3. ¿Dónde se aplica el IVA?

Se aplica el IVA en el territorio peninsular español e Islas Baleares, incluido el mar territorial hasta 12 millas náuticas y el espacio aéreo que corresponde al citado ámbito. En adelante, lo denominaremos "territorio de aplicación del IVA" (en adelante TAI).

A efectos de este impuesto es preciso hacer ciertas precisiones de cara al posterior desarrollo de la materia:

- En España están excluidos del territorio del IVA, Canarias, Ceuta y Melilla.
- El término "Unión Europea", a efectos de este Impuesto, comprende lo que es territorio de aplicación del IVA de cada uno de los Estados miembros de la Unión Europea.
- El concepto de "territorio tercero" corresponde a los territorios que no constituyen "Unión Europea" en términos del IVA, entre los que se encuentran Canarias, Ceuta y Melilla.

Ejemplo

- Una prestación de servicios que se considere realizada en Las Palmas, no está sujeta al IVA por no ser territorio de aplicación de este impuesto.
- Una operación que se considere realizada en Alemania o en Japón, no está sujeta al IVA español, sin perjuicio de cómo tenga que tributar en otros países.

¿Cuál es la normativa aplicable?

Legislación

En el territorio español se aplica la Ley 37/1992, de 28 de diciembre (Ley del IVA) (BOE núm. 312, de 29/12/1992) y el Real Decreto 1624/1992, de 29 de diciembre (Reglamento del IVA) (BOE núm. 314, de 31 de diciembre de 1992).

La Ley 37/1992 ha sido objeto de importantes reformas (cuyas modificaciones más relevantes han entrado en vigor el 1 de enero de 2015) por medio de la Ley 28/2014, de 27 de noviembre, por la que se modifican la Ley 37/1992, de 28 de diciembre, del IVA, la Ley 20/1991, de modificación de los aspectos fiscales del Régimen Económico fiscal de Canarias, la Ley 38/1992, de 28 de noviembre, de Impuestos Especiales, y la Ley 16/3013, de 29 de octubre, por la que se establecen determinadas medidas en materia de fiscalidad medioambiental y se adoptan otras medidas tributarias y financieras (BOE de 28).

Con posterioridad, han continuado las modificaciones de la Ley del IVA, incluyendo las contenidas en la Ley de Presupuestos Generales del Estado de cada año.

El Real Decreto 1624/1992 ha sido objeto de numerosas modificaciones, siendo la más reciente la introducida desde 1 de enero de 2018 por el Real Decreto 1075/2017, de 29 de diciembre (BOE del 30 de diciembre).

Por su parte, con entrada en vigor el 1 de julio de 2017, el Real Decreto 596/2016, de 2 de diciembre, ha incorporado un sistema de facturación y llevanza de los Libros Registro del IVA por medios electrónicos, el conocido como SII, Suministro Inmediato de Información.

También es de interés el Real Decreto 1619/2012, de 30 de noviembre, por el que se aprueba el Reglamento de facturación, el cual en materia de facturación electrónica y otras cuestiones ha sido objeto de modificación por el Real Decreto 596/2016, de 2 de diciembre, y más recientemente por el Real Decreto 1075/2017, de 29 de diciembre.

Asimismo, hay que hacer referencia a las modificaciones establecidas en el año 2020 con el fin incorporar a nuestra normativa la constante adaptación del tratamiento de las operaciones intracomunitarias, como pueden ser los acuerdos de ventas de bienes en consigna y la trasposición de Directivas comunitarias relativas a prestaciones de servicios y ventas a distancia. Estas últimas han entrado en vigor el 1 de julio de 2021.

Por último, durante los ejercicios 2021 y 2022 se han producido importantes modificaciones fiscales en la legislación del impuesto, en particular, en materia de tipos de gravamen, las cuales han continuado y ampliado a lo largo del año 2023.

De hecho, puede decirse que una de las características del IVA español, tras el 1 de enero de 2023, es la proliferación de tipos de gravamen.

En ese sentido, conviene destacar los cambios incluidos en el Real Decreto-ley 20/2022, de 27 de diciembre, de medidas de respuesta a las consecuencias económicas y sociales de la Guerra de Ucrania y de apoyo a la reconstrucción de la isla de La Palma y a otras situaciones de vulnerabilidad, cuyo tenor ha previsto en sus artículos 1 y 72 modificaciones en los tipos de IVA y recargo de equivalencia y en la LPGE para 2023.

2.9.1.4. Hecho imponible

Están sujetas al IVA las entregas de bienes y prestaciones de servicios realizadas por empresarios y profesionales en el desarrollo de su actividad, ya sean operaciones habituales u ocasionales.

Ejemplo

Si un empresario vende habitualmente zapatos, la operación está sujeta, por lo que también estará sujeta al IVA la venta que realice este empresario de la maquinaria de envasado que tenga en desuso.
En el momento en que se adquiere la condición de empresario o profesional están sujetas las demás operaciones relacionadas con su actividad.

El concepto de empresario o profesional abarca a todos los que realicen operaciones para obtener ingresos de forma continuada en el tiempo, como es el que pone un taller mecánico o abre un despacho de abogacía.

Existen determinados supuestos en los que, aunque se trate de una operación realizada de forma aislada, al efectuarla se adquiere la condición de empresario a efectos del IVA, como es el caso concreto de los arrendadores, los urbanizadores y los promotores de edificaciones.

El arrendamiento de un local comercial está sujeto al IVA, cualquiera que sea el que realice la operación, ya que el mero hecho de alquilar convierte al que lo hace en empresario a efectos de este impuesto, con lo que debe cumplir las obligaciones de registro y presentación de declaraciones-liquidaciones.

Quien, sin ser previamente empresario, lleva a cabo la promoción de una vivienda puede hacerlo con una triple finalidad: el arrendamiento, la venta o bien utilizarla a título personal. Cuando el objeto es la venta o el alquiler, se convierte en empresario a efectos del IVA, aunque sea una operación realizada de forma esporádica. No adquiere esta condición cuando el destino es utilizarla para uso familiar. No obstante, en los casos anteriores se tiene la condición de promotor a efectos del IVA por lo que podrá beneficiarse de que le repercutan el tipo reducido del IVA con ocasión de la construcción de la vivienda o edificio de viviendas como veremos en capítulo de tipos impositivos.

Ejemplo

Una persona que alquila una plaza de garaje, aunque sea una operación ocasional, está realizando una operación que, a efectos de este impuesto, otorga la condición de empresario o profesional a quien la realiza, por lo que debe repercutir las correspondientes cuotas del IVA al 21 por ciento y presentar las declaraciones-liquidaciones del impuesto.

El arrendamiento de una vivienda para uso familiar veremos que está exento del IVA, por lo que, aunque se adquiere la condición de empresario a efectos de este impuesto por el mero hecho de arrendar, al margen de que sea una operación aislada, no hay obligación de presentar declaraciones-liquidaciones ni cumplimentar las obligaciones formales del IVA.

En suma, existen diferencias entre cuándo una persona es calificada como empresario o profesional a efectos del IVA y cuándo es calificada como tal en otros impuestos, existiendo "estanqueidad" en esta materia.

Incluso si en el IRPF las rentas obtenidas por un socio de una sociedad que realiza actividades profesionales son calificadas "ex lege", artículo 27.1 LIRPF, como rentas de la explotación económica, ello no quiere decir que ese socio sea, automáticamente, sujeto pasivo del IVA.

En este sentido hay que tener en cuenta que el concepto de empresario o profesional a efectos del IVA se encuentra armonizado a nivel europeo, por lo que el tratamiento fiscal nacional de los ingresos percibidos por el contribuyente no es determinante a la hora de calificar sus actividades como actividades económicas a efectos de la Directiva IVA. Por tanto:

a) El hecho de que el rendimiento obtenido por el socio se califique como actividad profesional en IRPF en base a su inclusión en el Régimen Especial de Trabajadores Autónomos (en adelante RETA) no implica que, automáticamente, sea sujeto pasivo del IVA, aunque se trata de un indicio a tener en cuenta dados los requisitos que la Seguridad Social exige para la inclusión en este régimen especial; en todo caso, habrá que analizar las circunstancias que concurren en cada supuesto.

b) Si el socio lleva a cabo la ordenación por cuenta propia de factores de producción para el desarrollo de su actividad profesional, las prestaciones de servicios efectuadas por el mismo a la sociedad estarán sujetas al IVA.

La calificación como empresario o profesional a efectos, tanto del IRPF como del IVA, supondrá que deberá estar dado de alta en el censo de empresarios, profesionales y retenedores mediante la presentación de la correspondiente declaración censal.

Por otra parte, como sujeto pasivo del IVA estará obligado a emitir factura por los servicios prestados a la sociedad, o en su caso, a los clientes de la misma, y presentar las autoliquidaciones por dicho impuesto (art. 164 LIVA).

c) Si la relación socio-sociedad debe calificarse como laboral por concurrir las notas de dependencia y ajenidad, los servicios prestados por el socio a la sociedad estarán no sujetos al IVA en virtud de lo dispuesto en el artículo 7.5° LIVA.

2.9.1.4.1. Entregas de bienes

Con las premisas anteriores, se considera entrega de bienes la transmisión del poder de disposición de bienes corporales, entre los que se hay que incluir las diferentes modalidades de energía, como el gas o la energía eléctrica, siendo a efectos del IVA el concepto de entrega de bienes más amplio que el de la simple transmisión de la propiedad.

También se considera entregas de bienes la entrega de productos informáticos normalizados (no hechos a medida del cliente).

En concreto:

El suministro de un "software" estándar efectuado mediante cualquier soporte físico tiene la consideración de entrega de bienes.

Si dicho suministro se efectúa sin la utilización de un soporte físico, tiene la consideración de prestación de servicios.

El suministro de productos informáticos que hayan sido confeccionados previo encargo de su destinatario conforme a las especificaciones de éste, tendrá la consideración de prestación de servicios.

Ejemplo

La entrega de un programa informático que se vende al público en general, es una entrega de bienes. Si se suministra vía internet, descargándolo de la web, es prestación de servicios. Si fuese una aplicación informática realizada por encargo de una empresa, estaríamos ante una prestación de servicios.

En concreto, el art. 8 LIVA considera entregas de bienes, entre otras, las ejecuciones de obra de edificaciones o construcciones si el que realiza la obra aporta materiales de más del 40 por ciento del importe de la operación; las aportaciones no dinerarias de bienes por empresarios o profesionales a sociedad o comunidades de bienes, así como las adjudicaciones con ocasión de la disolución o liquidación; las operaciones entre comitente y comisionista; la entrega de productos informáticos normalizados, y determinas operaciones de "leasing" o arrendamiento financiero.

Ejemplo

Si una persona vende azulejos en su tienda, está realizando una entrega de bienes sujeta al IVA.

Por el contrario, si lo que vende es su vivienda particular, no hay hecho imponible a efectos del IVA ya que no está afecta a ninguna actividad empresarial o profesional.

Desde 1-7-2021 se incorporan las conceptos de "ventas a distancia intracomunitarias de bienes" y "ventas a distancia de bienes importados de países o territorios terceros" (art. 8.tres LIVA) al tiempo que se define lo que se considera una entrega de bienes facilitada a través de una interfaz digital (art. 8 bis LIVA), conceptos que van a tener importancia en lo que respecta al régimen del comercio electrónico.

En concreto, las ventas a distancia intracomunitarias de bienes corresponden a bienes trasladados por el vendedor desde un Estado miembro (EM) distinto del EM de llegada de mercancías con destino al cliente.

Las ventas a distancia de bienes importados de países o territorios terceros (Tº 3º) se corresponden con bienes trasladados por el vendedor desde un Tº 3º para cliente situado en un EM.

En ambos casos el destinatario ha de ser una persona cuyas AIB estuviesen no sujetas por el art. 14 LIVA, o bien no empresarios. En todo caso se excluyen determinados bienes (medios de transporte nuevos, bienes que son objeto de instalación o montaje y los bienes sujetos a impuestos especiales).

En cuanto a las ventas de bienes facilitadas a través de un interfaz digital son aquellas en las que un empresario facilite:

a) Venta a distancia de bienes importados con valor <150 euros, o

b) Entregas en la UE de bienes de proveedores no establecidos en la UE a no empresarios

2.9.1.4.2. *Prestaciones de servicios*

La definición de prestación de servicios es residual con respecto al concepto de entrega de bienes, al tener la consideración de prestación de servicios toda operación sujeta que no tenga la consideración de entrega de bienes, adquisición intracomunitaria o importación de bienes. En general, tendrá este tratamiento, aquella operación en la que los bienes no son objeto de transmisión al destinatario, como puede ser la cesión temporal de un bien para uso por este último.

En cuanto a las adquisiciones intracomunitarias y las importaciones, son conceptos que serán ampliados más adelante, haciendo referencia, el primero, a las operaciones realizadas entre el resto de los Estados miembros de la Unión Europea (en adelante UE) y el territorio español, limitándose el concepto de importación a la entrada en territorio comunitario de bienes procedentes de territorios que no pertenecen al concepto de Unión Europea, que hemos delimitado anteriormente.

Ejemplo

La adquisición por un empresario español de bienes procedentes de Francia da lugar a una adquisición intracomunitaria. La entrada en territorio peninsular español de bienes procedentes de China o de las Islas Canarias dan lugar a una importación (las Islas Canarias no pertenecen al concepto de Unión Europea a efectos del IVA)

Entre otras operaciones que tienen la consideración de prestaciones de servicios, está el ejercicio de una profesión, el arrendamiento, los traspasos de locales, las operaciones de seguro, el transporte, la hostelería, la hospitalización y lo servicios financieros.

También están sujetos al IVA los autoconsumos de bienes y de servicios, a los que se refieren los artículos 9 y 12 LIVA, como puede ser el caso de un empresario transfiera bienes de su empresa para su uso particular o bien cuando se prestan servicios de forma gratuita, ya que se trataría de operaciones por las que el empresario habría podido deducir previamente el IVA soportado pero no habría repercutido IVA con ocasión de haber destinado los bienes para consumo privado o bien prestado los servicios sin contraprestación.

Ejemplo

Si un empresario lleva muebles de su tienda para amueblar su domicilio particular, se produce un autoconsumo. Lo mismo sucede si un abogado defiende a un amigo en un pleito sin cobrarle.

En ambos casos, habría podido deducir el IVA soportado, pero no habría repercutido nada, por lo que hay que gravar el autoconsumo.

Una persona física que arrienda un local comercial dedicado a la actividad de cafetería, decidió no cobrar la renta mientras estuviera vigente el estado de alarma por el COVID-19.

A efectos del IVA, la Dirección General de Tributos indica que no están sujetos al IVA los autoconsumos derivados de la condonación de la renta de un local de negocios, cuando el arrendatario no pueda desarrollar su actividad económica como consecuencia de la aplicación de las disposiciones establecidas durante la vigencia del estado de alarma (DGT V2053-20 del 23-6-20).

2.9.1.4.3. Operaciones no sujetas

Dentro del esquema de funcionamiento del IVA existen determinadas operaciones (art. 7 LIVA y 1 del RIVA) que, por razones de técnica del impuesto, quedan al margen del gravamen. Destacaremos las más habituales:

1. La transmisión de un conjunto de elementos corporales y, en su caso, incorporales que, formando parte del patrimonio empresarial o profesional del sujeto pasivo, constituyan o sean susceptibles de constituir una unidad económica autónoma en el transmitente, capaz de desarrollar una actividad empresarial o profesional por sus propios medios.

Este supuesto de no sujeción excluye determinadas transmisiones, que están sujetas al IVA:

- La mera cesión de bienes o derechos, como es el caso de su transmisión sin ir acompañada de una organización que permita considerarla como una unidad económica autónoma con medios materiales y humanos, o bien uno de ellos.

  Bajo este esquema podríamos considerar la mera transmisión de una licencia de taxi, cuando no va acompañada de del vehículo o bien la transmisión aislada de un inmueble o de una marca comercial.

Si se transmite solo la licencia de auto-taxi, se produce una mera cesión de bienes o derechos, lo que no constituye por sí sola una unidad económica autónoma capaz de desarrollar una actividad empresarial o profesional por sus propios medios, por lo que no se puede aplicar el supuesto de no sujeción previsto en la norma (DGT V3460-19 de 18/12/2019).

Por su parte el Tribunal Supremo, Sala de lo Contencioso-administrativo, Sentencia 1147/2020 de 10 Septiembre, dice que, a efectos de la no sujeción, es irrelevante al respecto el vehículo con el que realizaba, antes de su jubilación, su actividad. En concreto, el TS declara que la transmisión onerosa de una licencia de auto-taxi por razón de la jubilación del titular a favor de un solo adquirente, que continúa en el ejercicio de la actividad de transporte por auto-taxi, aunque sea sin acompañar la transmisión del vehículo, debe ser considerada como una operación no sujeta al Impuesto sobre el Valor Añadido porque el vehículo es un elemento patrimonial irrelevante o secundario.

- Las realizadas por quienes tengan la condición de empresario o profesional exclusivamente conforme a lo dispuesto por el artículo 5, apartado uno, letra c) de esta Ley, es decir, quienes, como los arrendadores de bienes, entregan bienes o prestan servicios con el fin de obtener ingresos continuados en el tiempo, cuando dichas transmisiones tengan por objeto la mera cesión de bienes.

Ejemplo

Un particular arrienda un piso. Por el mero hecho de arrendarlo se considera empresario a efectos del IVA. Si posteriormente lo vende, la operación no cabe considerarla como no sujeta por los criterios antes comentados, sin perjuicio de su posible exención a efectos del IVA.

- Las efectuadas por quienes tengan la condición de empresario o profesional exclusivamente por la realización ocasional de las operaciones a que se refiere el artículo 5, apartado uno, letra d) de esta Ley, es decir, la de quienes adquieran esta condición por realizar solo operaciones de promoción, construcción o rehabilitación de edificaciones con destino a la venta, adjudicación o cesión por cualquier título.

2. Los servicios prestados por personas físicas en régimen de dependencia.

3. El autoconsumo de bienes y servicios cuando no hubo derecho a deducir las cuotas soportadas

4. Las entregas de bienes o prestaciones de servicios realizadas por las Administraciones Públicas en operaciones realizadas sin contraprestación o con contraprestación tributaria

5. Concesiones y autorizaciones administrativas.

6. Los servicios de carácter gratuito prestados con carácter obligatorio por norma jurídica o convenio colectivo.

7. Las entregas de objetos publicitarios y muestras gratuitas, donde figure la publicidad de forma clara.

2.9.2. *Exenciones en operaciones interiores*

2.9.2.1. Introducción

Las exenciones en el IVA abarcan un amplio capítulo de operaciones, pudiendo hacerse una primera división entre exenciones interiores y exenciones relacionadas con el comercio exterior.

Las exenciones en operaciones interiores que recoge el art. 20 de la Ley del IVA (LIVA) (operaciones realizadas en territorio español del IVA) requieren una consideración previa por el efecto final que producen en la posibilidad de deducir las cuotas soportadas, ya que si una operación está exenta, puede dar lugar a que el coste de los bienes o servicios prestados sea más elevado por el efecto de las cuotas no deducibles, lo que, si el mercado lo permite, redundaría en un mayor precio de venta.

En efecto, en el apartado de deducción de las cuotas del IVA veremos que, cuando se realiza una operación que no está exenta, normalmente se pueden deducir las cuotas del IVA soportadas en la adquisición de los bienes y servicios necesarios para su fabricación o producción.

Por el contrario, en una exención interior del art. 20 LIVA, que son las que veremos en este apartado, el resultado de su aplicación va a dar lugar a que el que realiza la transmisión de un bien o presta un servicio exento no pueda deducir las cuotas del IVA soportadas que estén relacionadas con la entrega o servicio realizado.

Esa misma operación, si fuese una operación interior sujeta y no exenta, y reuniese todos los requisitos exigidos, daría derecho a deducir las cuotas soportadas, lo que significaría la posibilidad de recuperarlas el vendedor a través del mecanismo de las deducciones.

Ejemplo

Si soportamos cuotas de IVA por importe de 100, y prestamos servicios de asesoramiento (sujeto y no exento) por importe de 10.000 euros, la liquidación que se haríamos del IVA sería:

IVA repercutido 10.000 x 21%=	2.100
- IVA soportado	-100
A ingresar	2.000

Por tanto, las cuotas soportadas las hemos podido deducir de las repercutidas, dando lugar a un menor ingreso de cuotas de IVA en la liquidación periódica.

Si, con las mismas cuotas de IVA soportado (100) prestásemos servicios de enseñanza a través de una academia por importe de 3.000 euros, al ser esta una operación exenta de IVA, no solo no se repercute IVA sino que tampoco pueden deducirse las cuotas soportadas, con lo que el IVA soportado, por importe de 100, se convierte en un mayor coste de la academia.

Por último, hay que referirse a las exenciones que se producen habitualmente en las operaciones exteriores (exportaciones y entregas intracomunitarias) y servicios localizados fuera de nuestro territorio que, normalmente, van a dar derecho a deducir el IVA soportado.

Ejemplo

Si soportamos cuotas de IVA por importe de 100 en la fabricación de bienes que, posteriormente, los vendemos a una empresa de Portugal por importe de 10.000 euros, la liquidación sería:

IVA repercutido	0	La entrega intracomunitaria está exenta de IVA
- IVA soportado	-100	Podemos deducir el IVA soportado
A devolver	100	

Esta operación, al igual que la del ejemplo anterior, está exenta, pero al ser esta última una operación intracomunitaria exenta, pueden deducirse las cuotas soportadas, dando lugar, si no hay otras operaciones, a la devolución de cuotas por parte de la AEAT al empresario.

A la hora de conocer los costes de nuestros bienes y servicios es importante saber si las cuotas del IVA soportadas son o no deducibles en una declaración liquidación de este impuesto.

Desarrollaremos algunas de las exenciones interiores del art. 20 de la Ley del IVA.

2.9.2.2. Enseñanza

La exención de la enseñanza (aptos 9º y 10º del art. 20 LIVA) abarca la correspondiente a todos los grados y niveles del sistema educativo. En esta exención se incluyen los servicios, como puede ser el comedor escolar, y entregas de bienes accesorias y complementarias de los servicios de enseñanza realizados por los propios centros educativos, aplicándose la exención con independencia del medio a través del cual se imparta la enseñanza, presencial o a distancia.

También está exenta la atención a niños en los centros docentes en tiempo interlectivo durante el comedor escolar o en aulas en servicio de guardería fuera del horario escolar.

Ejemplo

- Un máster de fiscalidad a través de internet está exento de IVA, si no se trata de un servicio prestado por vía electrónica. (DGT V1496-14).
- Si una empresa ajena al colegio presta servicio deportivo, este servicio no se incluye en la exención del servicio de enseñanza.
- La estancia en un Colegio Mayor universitario no está exento de IVA, como tampoco lo está la venta de libros por un centro escolar.

En relación con la exención de los cursos a través de internet, en el que los temarios y textos del curso los descargan los alumnos en la web y donde los alumnos tienen un sistema tutorial "on line", de la consulta DGT V0507-18 destacamos algunos párrafos:

"Si el servicio prestado por la consultante se califica de un servicio prestado por vía electrónica no sería aplicable la referida exención, puesto que ni la Directiva 2006/112/CE ni la Ley 37/1992 contemplan exención alguna aplicable para los servicios prestados por vía electrónica y quedarían gravados al tipo general del 21 por ciento, a tenor de lo dispuesto en los artículos 90 y 91 de la Ley 37/1992", y

"A estos efectos debe tenerse en cuenta que el suministro y descarga de archivos, cursos grabados o automatizados, programas y, en general, de contenidos formativos a través de internet, o el acceso a los datos y programas a través una plataforma formativa, constituye un servicio prestado por vía electrónica, incluso si el destinatario o usuario tiene la posibilidad de recibir tutorías o sesiones de apoyo en línea de profesores a través de la misma, siempre que esta parte de intervención humana sea accesoria al suministro o al acceso a los contenidos y programas. Por el contrario, constituye un servicio educativo la prestación de servicios docentes por profesores a través de internet o una red electrónica similar utilizada como medio de comunicación entre el profesor y el usuario, incluso cuando el profesor se apoye en contenidos digitales para prestar los servicios educativos siempre que estos últimos sean accesorios respecto de la comunicación en línea entre profesores y alumnos".

2.9.2.3. Sanidad

La aplicación de la exención en los servicios de sanidad (aptdos. 2º, 3º,4º, 5º,7º y 9º del art. 20 LIVA) comprende, entre otros:

- La hospitalización y asistencia sanitaria llevada a cabo en los centros médicos y hospitalarios, en general.

  Por el contrario, no está exenta del IVA la entrega de medicamentos para consumir fuera de los centros hospitalarios, así como el servicio de alimentación o alojamiento a personas no internadas, el arrendamiento de bienes (como puede ser ceder una sala a los médicos para pasar su consulta privada) y los servicios veterinarios.

- La asistencia sanitaria prestada a personas físicas cuando la realicen profesionales médicos o sanitarios, odontólogos, mecánicos dentistas y protésicos dentales, siempre que tenga por objeto el diagnóstico, prevención y tratamiento de las enfermedades. La exención abarca los servicios prestados por los ATS y auxiliares de clínica.

Ejemplo

- Está exento el servicio de un médico que presta servicios como profesional a una clínica, siendo ésta la que factura a los clientes.
- No están exentos los servicios prestados por personas que no tengan la condición de profesionales médicos o sanitarios, como son los acupuntores o quiromasajistas, entre otros.
- Si un médico emite un dictamen que pudiera tener efectos jurídicos, como puede ser si elabora un dictamen que se va a presentar ante un Tribunal, no está prestando un servicio médico, por lo que se trata de un servicio sujeto y no exento.

Estarán exentos del IVA, los servicios de reconocimiento médico deportivo que impliquen un reconocimiento médico de la persona física sobre la que se ha de certificar su estado de salud con el fin de proteger la misma en la práctica deportiva, estando sujetos y no exentos del IVA, los servicios médico deportivos, prestados por profesionales médicos o sanitarios, cuando los mismos no tengan por objeto el diagnóstico, prevención y tratamiento de enfermedades(DGT V0901-06 de 10/05/2006).

Los servicios telefónicos prestados con el objetivo de proteger, mantener o restablecer la salud de las personas, por lo tanto, aquellas consultas en que se explican los diagnósticos y terapias posibles así como en las que se propone modificaciones de los tratamientos seguidos, están comprendidos en el concepto de "asistencia a personas físicas" y por tanto exentas del IVA.

No tienen, por el contrario, esta finalidad aquellas llamadas telefónicas en las que se transmite información sobre enfermedades o terapias pero que no pueden contribuir, por su carácter general, a proteger, mantener o restablecer la salud de las personas. (TJUE 5-3-20, asunto C-48/19).

El Tribunal de Justicia de la UE manifiesta que, en relación con la aplicación de la exención a la práctica de la quiropráctica y la osteopatía, dicha exención no queda subordinada a que la titulación para la práctica de la profesión se encuentre incluida entre la de los profesionales sanitarios regulados por la legislación del Estado miembro. No obstante, el Tribunal señala que será necesario que el profesional que quiera aplicar la exención, posea las cualificaciones profesionales requeridas. DGT V2467-20, de 20 de julio de 2020.

La exención de los servicios sanitarios se aplica con independencia de que la facturación se realice o no a través de una sociedad.

- Se incluye dentro de la exención el transporte de enfermos, siempre que sea realizado en vehículos especialmente adaptados, como una ambulancia.

Ejemplo

Si una persona accidentada es trasladada en un taxi a un centro sanitario el servicio no está exento por no ser un vehículo adaptado al transporte de enfermos.

- Otras operaciones relacionadas con las anteriores, a las que se aplica la exención, son las entregas de bienes y prestaciones de servicios realizadas por la Seguridad Social para el cumplimiento de sus funciones, sin alcanzar la exención a las entregas de medicamentos con cargo a la Seguridad Social, como puede ser las que se efectúan en una farmacia a un beneficiario.
- Desde el día 23 de abril (fecha de entrada en vigor del Real Decreto-ley 15/2020, de 21 de abril) y hasta el 30 de abril de 2021, se aplicará el tipo 0 por ciento del IVA a las entregas, importaciones y adquisiciones intracomunitarias de bienes previstos en el Anexo del citado Real Decreto ley, cuyos destinatarios sean enti-

dades de Derecho Público, clínicas o centros hospitalarios, o entidades privadas de carácter social (art. 20.Tres de la Ley del IVA).

Asimismo la disp. final 7ª, del RDL 35/2020 (BOE 23-12-20), y con efectos desde el 24-12-2020 hasta el 31-12-2022 establece la aplicación del IVA a tipo 0% a diferentes entregas de bienes y prestaciones de servicios relacionados con el COVID-19.

Este tipo del 0% ha extendido su aplicación en el tiempo, incluyendo el año 2023.

De esta forma, el Real Decreto-Ley 20/2022, de 27 de diciembre, conserva el tipo impositivo del 0 por ciento del IVA para las entregas, importaciones y adquisiciones intracomunitarias de determinados bienes y prestaciones de servicios necesarios para combatir los efectos del SARS-CoV-2, así como a efectos del régimen especial del recargo de equivalencia (recargo de equivalencia del 0 por ciento), prevista en la disposición final séptima del Real Decreto-ley 35/2020, de 22 de diciembre, prorrogando la alícuota del 0% hasta el 30 de junio de 2023.

Se trata de los productos sanitarios para diagnóstico "in vitro" del SARS-CoV-2, las vacunas contra el SARS-CoV-2 autorizadas por la Comisión Europea y los servicios de transporte, almacenamiento y distribución relacionados.

Estas operaciones se documentarán en factura como operaciones exentas.

No obstante, la aplicación de un tipo impositivo del cero por ciento no determina la limitación del derecho a la deducción del IVA soportado por el sujeto pasivo que realiza la operación.

2.9.2.4. Operaciones inmobiliarias

2.9.2.4.1. Entregas de terrenos (Art. 20. Uno. 20º LIVA)

Si la entrega la realiza quien no es empresario, no hay hecho imponible.

Si la entrega la realiza un empresario, la entrega estará sujeta al IVA, con las siguientes precisiones:

1. Estará exenta la entrega de terrenos rústicos y los no edificables, así como la de los destinados a parques y jardines públicos o bien a viales de uso público.

2. Está sujeta y no exenta la entrega de terrenos urbanizados o en curso de urbanización. Las entregas de terrenos con edificaciones tienen la misma tributación que la de la edificación con la que se entrega.

Ejemplo

VENTA DE TERRENOS POR PARTICULARES

Si un particular vende un solar, y no realiza otra actividad, la entrega no está sujeta al IVA, por no ser realizada por quien sea empresario a efectos del IVA.

Si el particular lo hubiese urbanizado y después lo vendiese, la operación de urbanización le otorgaría la condición de empresario, por lo que la entrega estaría sujeta y no exenta del IVA.

Una persona física, sujeto pasivo del IVA por ser arrendador de garajes, si vende un terreno que no está afecto ni forma parte de su patrimonio empresarial está realizando una venta de un bien de su patrimonio particular, no sujeta al IVA sino al ITP y AJD (DGT V0746-16 de 25/02/2016).

El tipo impositivo aplicable a la entrega de terrenos es el 21 por ciento.

En todas las operaciones, en especial en las inmobiliarias, es importante saber si la operación la realiza un particular o un empresario. Si la realiza un particular, hay que tener en cuenta que, en muchos casos, adquiere la condición de empresario aunque se trate de una operación aislada, como es el supuesto de un arrendamiento.

La entrega de los terrenos afectos a la actividad empresarial o profesional del transmitente puede realizarse en tres momentos diferentes, lo que determinará distinto tratamiento a efectos del Impuesto sobre el Valor Añadido:

a) Antes de que se haya iniciado el proceso urbanizador, en cuyo caso el objeto de la entrega serán terrenos que se encuentran en la situación básica de suelo rural conforme a lo previsto en el artículo 21 del Real Decreto Legislativo 7/2015, de 30 de octubre, estando la entrega de estos terrenos, bien por ser no urbanizables o porque, aunque tienen la calificación de urbanizables, no se ha iniciado su urbanización, sujeta y exenta del impuesto.

b) Una vez que ya se ha iniciado el proceso urbanizador o cuando esté ya finalizado, pero sin tener los terrenos la condición de solares, en cuyo caso, el objeto de entrega son terrenos en curso de urbanización o urbanizados. Al incorporarse en la transmisión de forma total o parcial los costes de urbanización, la operación se encuentra sujeta y no exenta del impuesto.

c) Cuando los terrenos objeto de transmisión son ya solares u otros terrenos edificables, en los términos previstos en la Ley, por contar con la pertinente licencia administrativa para edificar, por lo que no cabe la aplicación de la exención prevista por el impuesto. (DGT V0157-20 de 21-1-2020).

Como síntesis de las entregas de terrenos, tenemos:

- ❒ Si lo entrega quien no es empresario (un particular): No sujeta al IVA
- ❒ Si lo entrega un empresario, y está afecto a su actividad:
  a. Si es edificable (solares y con licencia de edificación): Entrega sujeta y no exenta.
  b. Si es rústico o cualquiera no edificable, estará sujeta y no exenta.
  b1: Excepción: La entrega de terrenos con edificaciones en curso o de terrenos urbanizados o en curso de edificación, que estará sujeta y no exenta (Salvo lo destinados a parques, jardines públicos o viales públicos, que estará exenta).

2.9.2.4.2. Entrega de edificaciones (20.Uno.22º LIVA)

Antes de ver la tributación de las entregas de edificaciones es importante ver la relación entre el Impuesto sobre Transmisiones Patrimoniales y Actos Jurídicos Documentados (en adelante ITP) y el IVA, ya que si bien el ITP grava las transmisiones realizadas por particulares, y el IVA las realizadas por empresarios, solo últimos pueden deducir el IVA soportado, por lo que el ITP se convierte para ellos en un mayor coste de las operaciones sujetas.

Las operaciones empresariales no están sujetas al ITP, con las siguientes excepciones (que determinarían tributación por el ITP)

- ❒ Las entregas y arrendamientos de bienes inmuebles (incluida la constitución o transmisión de derechos reales de goce o disfrute) que estuviesen sujetas y exentas del IVA, salvo que hubiese renuncia a la exención del IVA
- ❒ Determinadas transmisiones no sujetas de inmuebles

Con esta premisa, hay que partir de que las entregas de edificaciones están sujetas al IVA cuando las realiza un empresario, estando exentas las segundas y posteriores transmisiones de edificaciones.

Es, por tanto, necesario definir lo qué es primera transmisión a efectos de estas operaciones, ya que las posteriores serán las que podrían estar exentas del IVA.

Para que haya una primera transmisión a efectos del IVA, debe ser realizada por el promotor de la edificación con posterioridad a su terminación o rehabilitación.

A estos efectos, se considera rehabilitación la realización de obras de consolidación o tratamiento de fachadas, estructuras o cubiertas, así como obras análogas o conexas, (más del 50 por ciento del coste del proyecto corresponderá a estas obras), debiendo ser el importe de la obra superior al 25% del precio de adquisición de la edificación (si fue en los dos años anteriores) o del valor de mercado antes de la rehabilitación, debiendo descontarse, del precio de adquisición o de mercado de la edificación, la parte que corresponda al suelo.

Con esta definición de rehabilitación pueden tener este tratamiento a efectos del IVA obras como la instalación de ascensores, entre otras, por lo que, como veremos en el apartado de los tipos impositivos, puede aplicársele a estas obras el tipo reducido del 10 por ciento cuando la rehabilitación sea de viviendas.

Ejemplo

VENTA DE INMUEBLES ENTRE PROMOTORES

Las ventas de inmuebles entre promotores, sin estar terminada la edificación, no se consideran primeras transmisiones a efectos del IVA, por lo que están sujetas y no exentas, cualquiera que sea el número de entregas realizadas antes de la terminación y tributan al tipo general del 21%.

Un particular cuando vende su vivienda no está realizando una operación sujeta al IVA porque no es empresario o profesional a efectos del IVA. La operación estará sujeta al Impuesto sobre Transmisiones Patrimoniales y Actos Jurídicos Documentados (ITP y AJD), concepto "transmisiones patrimoniales onerosas".

Aun sin producirse una transmisión previa, a efectos de la aplicación de la exención, se considera que se ha realizado una primera transmisión cuando:

- La edificación ha estado ocupada o utilizada por el promotor durante dos años de forma ininterrumpida.
- Cuando ha sido objeto de utilización durante dos años por el titular del derecho de goce o disfrute (arrendatario), y sea transmitida a persona diferente del arrendatario.

Lo anterior significa que se considera segunda transmisión, exenta de IVA, cuando se realiza después de haberse dado alguna de las dos circunstancias anteriores.

A estos efectos, hay que tener en cuenta que, si se hubiese producido una transmisión no sujeta por el promotor, no tendría la consideración de primera entrega.

Ejemplo

VENTA DE INMUEBLE AL ARRENDATARIO

La inmobiliaria A, ha promovido la construcción de un inmueble, arrendando una vivienda al Sr. B, que la ocupa en 2018.

Tres años después, el Sr. B le compra la vivienda a la inmobiliaria A.

La entrega que le efectúa la inmobiliaria A al Sr B es una primera transmisión, sujeta y no exenta al IVA, ya que el comprador es el propio arrendatario.

Si la vivienda, una vez transcurrido ese plazo de tres años, fuese comprada por otra persona, el Sr. C, la transmisión estaría sujeta y exenta, porque la vivienda la estaría adquiriendo una persona distinta del arrendatario, y después de haber estado, al menos, dos años arrendada.

No están exentas las entregas de edificaciones cuando el destino que le da el adquirente es la rehabilitación o su demolición con carácter previo a una nueva edificación.

Ejemplo

VENTA DE INMUEBLE PARA DESTINARLO A LA REHABILITACIÓN

La inmobiliaria Z adquiere un inmueble de dos plantas para destinarlo a la rehabilitación.

En un piso está la oficina y sede central de una empresa (B), siendo el otro piso propiedad de la una familia que lo ocupa como vivienda.

Aunque la venta de cada planta del edificio sea una segunda o posterior transmisión, ya que la primera transmisión se produjo cuando lo adquirieron los que la están vendiendo, no está exenta la entrega que realiza la empresa (B) a la inmobiliaria Z ya que el adquirente de la vivienda la va a destinar a la rehabilitación.

No obstante, en la entrega que realiza la familia, no hay hecho imponible a efectos del IVA ya que esta operación no está realizada por quien tenga la condición de empresario o profesional a efectos del IVA, estando la operación sujeta al ITP y AJD.

Se transmite un edificio de oficinas, el cual constituye una única unidad registral, que no ha sido objeto de división horizontal. El vendedor lo ha rehabilitado, y desde ese momento solo una de las oficinas ha estado arrendada más de dos años. En la venta de todo el edificio a un tercero distinto de los arrendatarios que actualmente utilizan los distintos espacios que conforman el inmueble, estará exenta la parte del edificio que ha estado arrendada más de dos años, estando sujeta y no exenta la entrega de las partes independientes del edificio respecto de las que concurran los requisitos para tener la consideración de primera entrega de edificación. (DGT V0625-19 de 22/03/2019).

Ejemplo

Un promotor vende en el año 2023 varios pisos construidos en el año 2019:

Piso 1°. Siempre desocupado, salvo su utilización desde hace un año como oficina del promotor.

Se considera primera entrega ya que, al no haberse ocupado durante dos años, no pierde la calificación de primera transmisión a efectos del IVA. Si lo hubiese ocupado dos años, estaríamos ate una segunda transmisión exenta

Piso 2°. Lo tuvo arrendado el promotor al señor Pérez un año, y ahora lo vende al Sr. Martínez.

Al haber estado arrendado menos de dos años, se considera primera entrega la realizada actualmente. Si hubiese estado arrendado dos años o más tiempo al mismo arrendatario, al venderlo ahora a persona distinta del arrendatario, estaríamos ante una segunda transmisión, exenta del IVA. Y si, aun transcurriendo al menos dos años, lo vendiese al sr Pérez, sería una primera transmisión, sujeta y no exenta del IVA.

2.9.2.4.3. Renuncia a la exención (art. 20. Dos. LIVA)

En general, toda operación sujeta al IVA (art. 5. Cuatro LIVA), no lo está al ITP y AJD, aunque, y es una importante excepción, si estuviese exenta de IVA, la entrega o el arrendamiento de un inmueble, al igual que la constitución de derechos reales de goce o disfrute que recaigan sobre los mismos, la operación estaría sujeta al ITP (Transmisiones patrimoniales onerosas).

Un empresario que adquiera un inmueble y soporte el IVA, podría, si cumple los requisitos de la deducibilidad, deducir las cuotas soportadas, en tanto que si lo que soporta es el ITP, por estar la operación exenta de IVA, las cuotas del ITP no pueden deducirse en la liquidación declaración-liquidación del IVA.

Este inconveniente, que encarece las operaciones, puede salvarse con la posibilidad de renunciar a la exención del IVA en las transmisiones de terrenos rústicos y no edificables, y en las segundas y ulteriores transmisiones de edificaciones, de tal forma que la operación estará sujeta y no exenta del IVA, con lo que el destinatario podría deducir las cuotas de este impuesto.(Ver apartado 2.9.6.3 sobre el concepto de sujeto pasivo).

Aplicación práctica de la renuncia a la exención

En cada operación, el adquirente, siempre que sea empresario o profesional y tenga derecho a deducir la totalidad o parte de las cuotas del IVA soportado al realizar la adquisición, así como cuando, sin cumplir este requisito, en función del destino previsible los bienes y servicios adquiridos, los utilizase total o parcialmente en operaciones que den derecho a deducir, aunque no hubiese iniciado de forma efectiva las operaciones de su actividad, deberá comunicarle al transmitente el cumplimiento de los requisitos necesarios para poder renunciar a la exención, con lo que el transmitente podría renunciar a la misma.

Una vez cumplidos estos requisitos, el transmitente, antes o simultáneamente a la realización de la operación, notificará expresa y fehacientemente al destinatario la renuncia a la exención por cada operación realizada.

No es un requisito para la renuncia que ésta conste esta de forma expresa en la escritura de venta, siendo suficiente que figure la repercusión del IVA en la propia escritura de compraventa, ya que, de esta forma, es patente que adquirente y transmitente manifiestan su intención de que la operación quede sujeta al IVA.

Lo que verdaderamente interesa no es la constancia en la escritura del término "renuncia" sino el dato real del cumplimiento del fin perseguido en la norma, que no es otro que garantizar la posición del adquirente frente a repercusiones no queridas, y este fin puede alcanzarse bien mediante la utilización del término "renuncia" en la escritura o a través de cualquier otro del que pueda ponerse de manifiesto que el transmitente renuncia, explícita o implícitamente, a la exención, que propicia una opción en favor de la mecánica del tributo y no, la exoneración del gravamen.

Ejemplo

VENTA DE INMUEBLE CON RENUNCIA A LA EXENCIÓN DEL IVA

La sociedad A vende una edificación, que ha utilizado durante 15 años, a una empresa que la va a dedicar a almacén. Al ser la segunda transmisión de una edificación está exenta del IVA, por lo que está sujeta al ITP.

Si la empresa adquirente comunica a la sociedad A su condición de empresario con derecho a deducir total o parcialmente las cuotas soportadas, la empresa vendedora podrá comunicar al comprador la aplicación de la renuncia a la exención, lo que determinará la aplicación del 21% en concepto de IVA, que podrá deducir el destinatario (a su vez habrá inversión de sujeto pasivo).

Si el comprador fuese un médico, o cualquier destinatario que no pudiese deducir total o parcialmente las cuotas soportadas, no sería posible la renuncia a la exención, ya que el médico, en principio, no puede deducir ninguna cuota debido a que las operaciones que realiza están exentas. Si realizase también operaciones sujetas y no exentas, podría aplicar la renuncia a la exención.

Si hay renuncia a la exención en la venta del inmueble, se va a producir la llamada "inversión de sujeto pasivo" que, como se verá en el apartado 2.4.6.3.2, da lugar a que el que vende no tenga que repercutir el IVA, sino que será el destinatario el que debe liquidar las cuotas del impuesto en su declaración del IVA.

Si un economista que realiza la actividad asesoramiento fiscal y económico, con el fin de trasladarse a otra ciudad, vende su despacho profesional y su vivienda, situados en lugares diferentes, a un profesional del derecho, cada operación tendría una tributación diferente:

- La transmisión de la vivienda, al no estar afecta a la actividad profesional, no estaría sujeta al IVA.
- La transmisión del despacho profesional estaría sujeta pero exenta (segunda o posterior transmisión), siendo posible la renuncia a la exención si el destinatario comunica el cumplimiento de los requisitos para ello al vendedor, en cuyo caso, habría inversión de sujeto pasivo(el obligado a liquidar el IVA sería el comprador).

2.9.2.4.4. Arrendamiento de terrenos y edificaciones (art. 20.uno. 23º LIVA)

Están exentos los arrendamientos de inmuebles utilizados exclusivamente como viviendas, incluidos los anexos, garajes y muebles en ellos incluidos. Esto requiere que el arrendamiento de estos elementos sea conjunto y que la vivienda sea utilizada como residencia familiar.

Por el contrario, no está exento el arrendamiento de viviendas amuebladas cuando el arrendador preste servicios propios de la industria hotelera, ni cuando la vivienda va a ser objeto de subarriendo, así como los terrenos para exposiciones, estacionamiento de vehículos e instalaciones industriales.

Ejemplo

ALQUILER DE VIVIENDAS

- El arrendamiento de una vivienda a quien la destina para utilizarla como despacho profesional, está sujeto y no exento, al tipo del 21%.
- Si se alquila una plaza de garaje al margen del arrendamiento de una vivienda, estará sujeta y no exenta al tipo del 21%, aunque sea una operación puntual.

El arrendamiento de un inmueble, cuando se destine para su uso exclusivo como vivienda, estará sujeto y exento del IVA.

Si el arrendatario no es el usuario de dicha vivienda porque permita el uso a otra persona, no tiene la condición de empresario o profesional cuando realiza exclusivamente entregas de bienes o prestaciones de servicios a título gratuito, o actúa, por cualquier otra razón, como consumidor final, ya sea persona física o jurídica, en este caso el arrendamiento de la vivienda estará exento, sin perjuicio de que este consumidor final permita el uso de la vivienda a otras personas.

El arrendamiento de viviendas, que a su vez son objeto de una cesión posterior por parte de su arrendatario en el ejercicio de una actividad empresarial, deja de estar exento con independencia de que la ulterior cesión de los mismos se realice en virtud de un nuevo contrato de arrendamiento. Hay que entender que existe cesión posterior por el arrendatario en el ejercicio de una actividad empresarial y profesional, de forma que el arrendamiento resulta sujeto y no exento, entre otros, en los siguientes supuestos:

- Cesión de la edificación destinada a vivienda por un empleador a favor de sus empleados o de los familiares de éstos.
- Cesión de la edificación destinada a vivienda para el ejercicio de una actividad empresarial o profesional.
- Cesión de la edificación destinada a vivienda por cualquier otro título oneroso.

Por lo tanto, con independencia de que el arrendamiento del inmueble que realiza una persona para su posterior subarrendamiento esté sujeto y no exento, en la medida en que tiene lugar una cesión o subarrendamiento posterior que impide la aplicación de la exención prevista en el artículo 20.Uno.23º de la Ley del Impuesto, los distintos subarrendamientos posteriores que realiza el consultante como viviendas de uso turístico encontrarán exentos en tanto no preste servicios propios de la industria hotelera. (DGT V0690-19 de 27/03/2019).

En el arrendamiento de una vivienda a una persona jurídica, es de aplicación la exención si, en el propio contrato, consta expresamente quién va a ser la persona usuaria, de tal forma que no pueda subarrendarse o cederse a otras personas no designadas en el contrato.

Ejemplo

Una empresa es arrendadora de varias plazas de garaje:

Una de ellas, conjuntamente con una vivienda, la arrienda a una persona que la va a utilizar para su actividad de abogado y uso particular: El arrendamiento de la vivienda y de la plaza de garaje estarán sujetos y no exentos, por no destinarse exclusivamente a uso familiar.

Otra plaza de garaje la arrienda a un particular para uso privado. Este arrendamiento estará sujeto y no exento, al igual que toda plaza de garaje no arrendada conjuntamente con una vivienda destinada exclusivamente a uso familiar.

Si este último inquilino de la plaza de garaje la subarrienda, cobrando 100 euros al mes a otro vecino, el arrendamiento, aunque sea ocasional, estará sujeto y no exento, al tipo del 21%.

2.9.2.5. Deporte

Está exento el servicio prestado a quienes practiquen el deporte cuando lo presten Entidades de Derecho Público, federaciones, entidades privadas de carácter social o Comités Olímpicos.

En esta exención no se incluye la entrada a los espectáculos deportivos.

2.9.2.6. Otras exenciones

En el art. 20 de la Ley del IVA se recogen otras exenciones, como pueden ser los servicios gratuitos de asistencia social, apartado 8º (en adelante aptdo.), entidades sin finalidad lucrativa (aptdo. 6º), juego (aptdo. 19º), operaciones financieras (aptdo. 18º), operaciones de seguro (aptdo. 16º), propiedad intelectual (aptdo. 26º).

También hay que tener en cuenta dos importantes exenciones de carácter general.

A.- Está exenta la entrega de bienes utilizados exclusivamente en operaciones exentas sin derecho a deducir (aptdo. 25º).

Ejemplo

VENTA DE BIENES POR QUIEN REALIZA SOLO OPERACIONES EXENTAS

Un centro de enseñanza realiza exclusivamente operaciones exentas del IVA, por lo que no puede deducir las cuotas del impuesto.

Si vende un ordenador que había adquirido para uso del centro, la entrega estará exenta por haberlo utilizado en una actividad que no daba derecho a deducir las cuotas del impuesto.

B.-También está exenta de IVA la venta de bienes en cuya adquisición no se pudieron deducir las cuotas soportadas

Cuando se estudie el apartado correspondiente a las cuotas del IVA que pueden ser objeto de deducción, se verá que no pueden deducirse las cuotas soportadas en algunas, como pueden ser las de bienes que no estén destinados a la actividad empresarial, por lo que su posterior transmisión también estará exenta.

Ejemplo

VENTA DE BIENES POR LOS QUE NO SE PUDO DEDUCIR EL IVA

Una tienda de alimentación compra una embarcación para disfrute de su propietario.

Como no está destinada a la actividad, las cuotas no son deducibles. La posterior transmisión de la embarcación estará exenta de IVA.

Según el art. 20 bis, desde el 1 de julio de 2021 está exenta la entrega al empresario titular de la interface digital en los términos a que se refiere el art. 8.bis LIVA, que facilite las entregas, si estas se consideran realizadas en el TAI.

2.9.3. Lugar donde se consideran realizadas las operaciones

La correcta aplicación del IVA, para evitar problemas como la doble imposición de la misma operación en dos Estados miembros de la UE, requiere conocer previamente donde se localiza, es decir, ver en qué lugar se considera efectuada a efectos del IVA, por ser el territorio donde se localice el que va a determinar su posterior gravamen a efectos de este impuesto, ya que deben aplicarse las normas del territorio donde, a efectos del IVA, se considera realizada cada operación.

Ejemplo

OPERACIONES NO LOCALIZADAS EN TERRITORIO ESPAÑOL

- Una operación que se localice fuera del territorio español del IVA no está sujeta al IVA español, sin perjuicio de cuál sea la tributación en el país en que se localice, que no es objeto de tratamiento en este Manual, ya que cada territorio tiene sus peculiaridades en la aplicación del impuesto.
- Una operación realizada por un profesional español en Italia para un empresario italiano, si se considerase localizada en ese territorio, estaría sujeta al IVA italiano, por lo que el profesional español no tendría que repercutir IVA español al destinatario, ni tampoco IVA italiano si el empresario español no está establecido en Italia.

En este caso la responsabilidad de la liquidación del IVA italiano corresponde al destinatario.

La Directiva 2006/112/CE, del Consejo, de 28 de noviembre de 2006, relativa al sistema común del Impuesto sobre el Valor Añadido ("Diario Oficial de la Unión Europea" de 11 de diciembre de 2006) (en adelante "Directiva del IVA"), localiza las operaciones exclusivamente en un territorio comunitario, por lo que, salvo alguna excepción aplicable a algún Estado miembro (en adelante EM), la operación que, estando sujeta, no tributa en un Estado miembro, lo hace en otro, pero en ningún caso en los dos.

Ejemplo

TRANSPORTISTA ESPAÑOL QUE REALIZA SERVICIOS EN OTRO ESTADO MIEMBRO

Un transportista español realiza un servicio para otro empresario de Luxemburgo, estando el servicio, según las reglas que veremos, localizado en este último país. Por tanto no está sujeto al IVA español, por lo que, si el transportista español no está establecido en Luxemburgo, no tiene que repercutir tampoco IVA de este último país, dándose un supuesto de inversión de sujeto pasivo, lo que significa que será el destinatario luxemburgués el que tenga que liquidar el IVA en su país.

Es preciso tener en cuenta que, en la normativa española del IVA, se indica cuáles son las operaciones que tributan en territorio español, sin hacer referencia a la forma de tributar en otros territorios, si bien el que realiza la operación debe tener en cuenta la legislación de otros territorios en el supuesto de que la localización sea en otro Estado miembro y él sea sujeto pasivo, aunque, por una lógica armonización del IVA en la Unión Europea, habitualmente una operación tiene en el Estado miembro donde se localice una tributación similar a la que tendría cuando se localizase en territorio español, aunque esto no puede seguirse de una forma literal.

En todo caso, si el destinatario es un empresario o profesional, cuando una operación realizada por quien está establecido en territorio español del IVA no se considere localizada en este territorio, el empresario no suele tener ninguna obligación a la hora de liquidar el impuesto en el territorio donde se localice la operación, salvo algunas informaciones a proporcionar para el posterior control de las operaciones.

Cuando prestemos un servicio a un profesional de otro país, es preciso determinar en qué territorio tributa la operación, ya que habitualmente si el destinatario es empresario de otro país no hay que repercutirle IVA.

En muchos supuestos, la localización de una operación está en función de la condición con la que actúe el destinatario (empresario o particular), y de la acreditación de esta circunstancia, por lo que es preciso tener en cuenta determinadas precisiones para saberlo:

a. El prestador de un servicio puede considerar que su cliente europeo es sujeto pasivo, salvo información en contra, cuando:

1) El cliente facilita el NIF IVA (número de identificación que otorga cada país a efectos del IVA), y el prestador del servicio puede comprobar la veracidad de esta información y,

2) Cuando el cliente no ha recibido el NIF IVA, pero acredita al que realiza la entrega o le presta un servicio, haberlo solicitado y, de alguna forma, se comprueba por los medios comerciales habituales. No obstante, a efectos prácticos, puede considerarse que el cliente comunitario no es sujeto pasivo si no ha comunicado el NIF IVA (salvo que haya información en sentido contrario).

Cuando una entidad pueda demostrar que alguno de sus clientes comunitarios no le ha comunicado su NIF-IVA, puede considerar que dicho cliente no tiene la condición de empresario o profesional.
Por tanto, el lugar de realización de las operaciones se determinaría en este caso con arreglo a las normas relativas a los servicios prestados a particulares, siempre que los destinatarios de los servicios no comuniquen NIF/IVA y la entidad no disponga de información de que se trata de una empresa o profesional. (DGT V0648-12, de 29/03/2012).

b. Si el cliente no es de la Unión Europea, se considera sujeto pasivo (salvo que haya información en sentido contrario):

1) Cuando tiene un certificado de las autoridades fiscales de su país que le da derecho a obtener la devolución del IVA, según las reglas especiales de los no establecidos o,

2) Si tiene un NIF IVA u otro número similar de su país, o cualquier otro elemento de prueba.

La localización de una operación dependerá, además de la condición del destinatario, de que los bienes o servicios recibidos los destine a usos de la actividad y no a fines privados.

Por consiguiente, a la hora de localizar un servicio, el prestador deberá tener en cuenta la condición del cliente y el lugar en el que éste se encuentra establecido, debiendo determinarse según las circunstancias que concurran en el momento del devengo del Impuesto. Ningún cambio posterior en la utilización del servicio recibido afectará a la determinación del lugar de realización de la prestación, siempre que no existan prácticas abusivas.

Si le prestamos servicios en otro país a una persona sin actividad empresarial o profesional, la operación tributa teniendo en cuenta las reglas aplicadas a los particulares. Si una vez prestado el servicio el destinatario pone un despacho profesional, la operación anterior no debe ser objeto de rectificación ya que no era un profesional cuando se le prestó el servicio.

El prestador del servicio deberá basarse en la información que le comunique el cliente, cuya exactitud se comprobará a través de medidas normales de seguridad comercial.

Esta delimitación entre cliente empresario o particular no tiene trascendencia en una operación interior, a efectos de su localización, por lo que no es preciso que, salvo operaciones puntuales, nos indique el destinatario si actúa o no como empresario.

El desarrollo que hacemos de regla de localización de las operaciones se hará distinguiendo entre entregas de bienes y prestaciones de servicios. A su vez, en cada una de dichas operaciones, hay reglas generales y especiales.

2.9.3.1. Entregas de bienes

2.9.3.1.1. Regla general (Art. 68. Uno LIVA)

Si los bienes entregados no son objeto de transporte, la entrega se considera realizada en el Territorio español de Aplicación del IVA (TAI) cuando los bienes se ponen a disposición del adquirente en este territorio.

Ejemplo

- ❒ Cuando una empresa española compra mercancías en Francia y las entrega en dicho país a otro empresario, no se considera que realiza la entrega en España, por lo que no está sujeta al IVA español. Estará, en su caso, sujeta al IVA francés, tributación que no es objeto de este Manual.
- ❒ Si un empresario belga se traslada Valencia y vende bienes en esta ciudad, se considera que está realizando una entrega en nuestro territorio, tanto cuando el destinatario es un empresario como si es un particular.

- ❒ Si los bienes han de transportarse, la entrega se localiza donde se inicia el transporte con destino al adquirente.
- ❒ Si han de ser objeto de instalación o montaje, la entrega se considera realizada donde se realiza la instalación si ésta la realiza el que efectúa la entrega o un tercero en nombre de éste. Caso de no cumplirse estas condiciones, la entrega se considera realizada donde se inicie el transporte.

También se localizan en el TAI las entregas de bienes inmuebles situados en este territorio.

Hay reglas específicas para las ventas a distancia, entregas de bienes a viajeros en trayectos internacionales y para las entregas de gas y electricidad a través de redes.

Ejemplo

Está sujeta al IVA la entrega de un local comercial situado en Lugo propiedad de una empresa residente en Alemania, que lo vende a otra empresa residente en Francia.
Si una empresa española tiene un almacén el Lisboa y se lo vende a otra empresa española, la venta tributará con arreglo a la legislación portuguesa.

- ❒ Si un empresario español entrega en España mercancías a un empresario de Argelia, en la medida en que éstas no sean objeto de expedición fuera de España, será una entrega sujeta al IVA, pues es en este territorio dónde se ponen a disposición del comprador. Si este mismo empresario tuviese depositadas las mercancías en Argelia, la entrega a una empresa de ese país no se localizaría en territorio español, por lo que no estaría sujeta al IVA español.

- Si una empresa española construye un edificio en Bruselas y, posteriormente, lo vende a una empresa francesa, la entrega no se localiza en España ya que el inmueble no está situado en este territorio. Se localizará en Bélgica, donde está el inmueble.

2.9.3.1.2. Concepto de establecimiento permanente (Art. 69. Cinco. LIVA)

A efectos del IVA, tiene esta consideración cualquier lugar fijo de negocios en el que se realicen actividades económicas. Se considera lugar fijo de negocios aquel donde con estabilidad y continuidad se realice una actividad empresarial o profesional, lo que excluye la actividad esporádica realizada por una empresa en un territorio o bien la actividad realizada sin presencia física y una mínima organización que ponga de manifiesto la realización de una actividad independiente.

Entre otros lugares que se consideran establecimientos permanentes, la Ley concreta algunos de ellos como:

- Las obras de construcción de duración superior a doce meses. El cómputo del plazo de duración de las obras tendrá en cuenta los trabajos preparatorios, así como los trabajos subcontratados con otras empresas españolas.
- La sede de la dirección, sucursales, oficinas, fábricas, y lugares para contratar en nombre y por cuenta del sujeto pasivo.

Ejemplo

Si una empresa constructora española realiza una obra de construcción de una nave industrial en Francia, se considera que tiene establecimiento permanente en ese territorio si la obra dura más de doce meses.

El "establecimiento permanente" denota una característica de continuidad y habitualidad, que es evidente se excluye cuando la representación que se otorga se ha limitado a una sola operación, ya que es contrario a la idea básica que define la permanencia.

- Los bienes inmuebles explotados en arrendamiento.

En este sentido la DGT y el TEAC mantienen el criterio de que si no hay medios materiales y humanos para realizar la actividad no hay un establecimiento permanente. La mera tenencia de un inmueble arrendado no permite concluir que exista un establecimiento permanente, salvo que la cesión o el arrendamiento de este se efectúe en presencia de un conjunto de medios materiales y humanos necesarios para prestar los servicios de arrendamiento de forma independiente, sean estos medios propios o subcontratados.

Ejemplo

Una empresa reside en España y arrienda un local comercial de su propiedad en París. Por el mero hecho de arrendar se considera que el arrendador está establecido en Francia, a lo que cabe añadir la exigencia de tenga en ese país medios materiales y humanos con intención de continuidad en la actividad, ya que el inmueble está situado en ese territorio, lo que da lugar a que tenga que presentar sus declaraciones-liquidaciones en dicho país en su condición de sujeto pasivo en Francia.

Una persona física no residente que tiene una vivienda arrendada en territorio español del IVA, tiene un establecimiento permanente en este territorio por tener subcontratado unos servicios externos de mantenimiento del inmueble y una agencia que se encarga de recibir a los inquilinos y atender cualquier imprevisto que pudiera surgir durante el servicio, así como de su limpieza una vez ha terminado el arrendamiento. DGT V0116-20 de 21/01/2020.

Para buscar las consultas vinculantes de la Dirección General de Tributos, utilizar este enlace: http://petete.minhap.es/Scripts/know3.exe/tributos/CONSUVIN/consulta.htm

- Instalaciones para el almacenamiento y distribución de mercancías.

Según el art. 69. Tres LIVA y art. 84. Dos LIVA, en relación con los establecimientos permanentes, estos deben intervenir en las entregas de bienes y prestaciones de servicios para que el sujeto pasivo se considere establecido en un determinado territorio. En otro caso, el concepto de establecido se definirá en función de la sede de la actividad o del domicilio fiscal. A estos efectos, se entiende que el establecimiento permanente interviene en la realización de entregas de bienes o prestaciones de servicios cuando ordene sus factores de producción materiales o humanos con la finalidad de realizar cada una de ellas.

El Reglamento de Ejecución (UE) nº 282/2011 del Consejo de 15 de marzo de 2011, por el que se establecen disposiciones de aplicación de la Directiva 2006, Diario Oficial de la Unión Europea (en adelante DOUE, serie L, número 77, de 23 de marzo de 2011), ha realizado importantes precisiones a estos efectos, de tal forma que para localizar un servicio, se considera sede de la actividad el lugar donde se ejerce la administración de una empresa, no considerándose sede de la actividad una simple dirección postal.

2.9.3.2. Prestaciones de servicios

2.9.3.2.1. Regla general (art. 69 LIVA)

Es preciso tener en cuenta que en la mayor parte de las prestaciones de servicios habituales en la actividad empresarial habrá que acudir a las reglas generales de localización, aunque previamente será preciso ver si hay una regla especial aplicable a cada caso, por lo que la regla general hay que tomarla en consideración exclusivamente cuando no haya una regla especial que afecte a la operación.

Las reglas de localización distinguen entre servicios prestados a empresarios y a particulares.

a.- Servicios prestados a empresarios o profesionales: Salvo que haya una regla especial, tributan en nuestro territorio cuando el servicio lo presta un empresario, con independencia del lugar desde el que lo preste y el lugar donde esté establecido, siempre que el destinatario sea empresario o profesional establecido en el TAI y los servicios sean para el establecimiento permanente, domicilio o sede en el TAI. Cabe por tanto decir que la regla general de localización de los servicios es en la sede del destinatario que sea empresario o profesional, con excepción de los supuestos que veremos del art. 70. Dos LIVA.

Siguiendo la misma regla, desde la óptica del empresario español que presta el servicio, como regla general cabe indicar que no tributa en el territorio español el servicio que le presta a un empresario no establecido.

Ejemplo

SERVICIOS A CLIENTES DE OTROS PAÍSES

- No está sujeta al IVA una campaña publicitaria diseñada por una empresa española para un cliente que tiene su sede en Italia y va a utilizar la campaña en Italia.
- Si una empresa española cede personal propio a una empresa alemana para que le ayude a realizar determinadas gestiones con clientes españoles, el servicio no se encuentra localizado en territorio español del IVA.

Si la operación no se localiza en nuestro territorio, no está sujeta al IVA español.

b.- Servicios prestados a particulares y a quien no actúe como empresario o profesional: Salvo reglas especiales, se localizan en nuestro territorio cuando se presten por un empresario desde su establecimiento permanente, domicilio o residencia en el TAI, con la excepción de algunos servicios, que no se consideran prestados en nuestro territorio si el cliente no es empresario y está establecido fuera de la Unión Europea. Cabe por tanto hablar de tributación en la sede del prestador, salvo que el destinatario esté establecido fuera de la UE y se trate de servicios de las letras a) a la l) del art. 69.Dos LIVA, que tributarán en la sede del destinatario.

Entre estos, que recoge el art. 69.Dos, en los apartados a) la l), están los servicios de publicidad, asesoramiento, auditoría, seguro, traducción y cesión de derechos de autor.

Ejemplo

SERVICIOS PRESTADOS A PARTICULARES

No está sujeto al IVA español el servicio prestado por un abogado francés a un particular residente en Barcelona.

No está sujeto al IVA español el servicio de un abogado español a un particular de Venezuela, aunque sí lo estaría cuando el cliente particular residiese en Alemania.

No están sujetos al IVA en territorio español los servicios de un guía profesional a empresarios de la Unión Europea o de terceros países no establecidos en el territorio español (DGT V2489-15).

2.9.3.2.2. Regla especiales. (Art. 70 LIVA)

Según hemos anticipado, para localizar una operación se aplica en primer lugar la regla especial y, si no la hay, se acude a la regla general.

No obstante, cuando se trate de una prestación de servicios compleja, que comprenda diversas prestaciones que se realicen simultáneamente, se aplicará la regla general de localización (Consulta vinculante de la Dirección General de Tributos; DGT V1191-11, de 12/05/2011) (DGT V2261-11, de 27/09/2011). (DGT V5360-16).

2.9.3.2.2.1. Servicios relacionados con bienes inmuebles (70. Uno.1º)

Los servicios relacionados con bienes inmuebles que radiquen en el TAI, se consideran localizados en nuestro territorio con independencia de quien sea el destinatario del servicio (empresario o particular).

Entre otros supuestos que se incluyen en esta regla, cabe citar el arrendamiento; los servicios de carácter técnico, como arquitectos e ingenieros; los de gestión de bienes inmuebles y operaciones inmobiliarias; vigilancia y seguridad de los inmuebles, así como el alojamiento en establecimientos hoteleros.

Una persona física no residente que tiene una vivienda arrendada en el TAI, para determinar si tiene establecimiento permanente en este territorio, habrá que partir de los siguientes criterios:

a) El arrendamiento de inmuebles determina la condición de empresario o profesional del arrendador, encontrándose su actividad sujeta al IVA.
b) Los arrendamientos de inmuebles dedicados exclusivamente a su uso como vivienda se encuentran sujetos pero exentos.
c) Se entienden localizados en TAI, los servicios de arrendamiento de inmuebles que se encuentren en el TAI.
d) La existencia, o no, de un establecimiento permanente, viene caracterizada porque exista una estructura adecuada en términos de medios humanos y técnicos, propios o subcontratados, con un grado suficiente de permanencia.
e) La mera tenencia de un inmueble arrendado no permite concluir que exista un establecimiento permanente, salvo que la cesión o el arrendamiento de aquél se efectúe en presencia de un conjunto de medios materiales y humanos necesarios para prestar los servicios de arrendamiento de forma independiente, sean estos medios propios o subcontratados (DGT V0116-20 de 21-1-20).

Ejemplo

SERVICIOS RELACIONADOS CON BIENES INMUEBLES

No se considera prestado en territorio español el servicio de diseño de una edificación a construir en Berlín, efectuado por un arquitecto residente en Zaragoza.

Se considera realizado en territorio español, el servicio prestado por un administrador de fincas establecido en Francia relativo a un inmueble situado en Burgos.

Se considera realizado en territorio español del IVA, el alquiler de un local comercial realizado por un empresario residente en Londres; en este caso, y de acuerdo con los criterios de localización vistos anteriormente, se considera que el empresario residente en Londres tiene, a efectos del IVA, establecimiento permanente en el TAI, por lo que debe ser el arrendador quien repercuta el IVA.

El servicio de hostelería prestado en Portugal a un empresario español no está sujeto al IVA español, por lo que no tiene incidencia en la tributación el hecho de identificarse como empresario establecido en España.

2.9.3.2.2.2. Servicios de transporte (Art. 70. Uno. 2º)

A.- Los servicios de transporte se localizan en territorio español por la parte del trayecto realizado en este territorio en estos casos:

a.- El transporte de pasajeros y sus equipajes, cualquiera que sea el destinatario del servicio (empresario o particular).

b.- El transporte de bienes (no intracomunitario) realizado exclusivamente para quien no sea empresario.

Los transportes contemplados en estos dos apartados se consideran prestados en el territorio español del IVA por la parte del trayecto realizada en el TAI (territorio peninsular español, Islas Baleares y 12 millas de mar territorial). El resto del trayecto tributará en donde se realice, de acuerdo con la legislación del territorio donde se localice, pudiendo dar lugar a la obligación de liquidar un transporte en varios territorios.

La Resolución 3/2004, de 21 de julio, de la Dirección General de Tributos, por la que se determina la parte del trayecto de un transporte entre la Península y las Islas Baleares que se entiende comprendida en el ámbito territorial del Impuesto sobre el Valor Añadido (BOE de 4 de agosto de 2004) determina, en términos de un porcentaje sobre la distancia total, la parte del trayecto entre la Península y las Islas Baleares que se entiende comprendida en el ámbito territorial del IVA.

B.- Si el transporte de bienes para no empresarios es intracomunitario (el que se inicia y termina en diferentes Estados miembros) la tributación es por la totalidad del trayecto del transporte, tributando el servicio en el territorio español si éste es el lugar de partida del transporte (art. 72 LIVA).

Ejemplo

TRANSPORTE DE VIAJEROS Y MERCANCÍAS POR VARIOS ESTADOS MIEMBROS DE LA UNIÓN EUROPEA

El transporte de viajeros en autocar entre Lugo y Berlín está sujeto al IVA por la parte del trayecto realizada en territorio español del IVA. El resto del trayecto estará sujeto en Alemania, Francia y los países por los que pase, aplicando la normativa de cada país.

El transporte de viajeros realizado por un taxista desde Barcelona hasta Paris está sujeto al IVA español por la parte del trayecto realizada en este territorio. El resto del trayecto está sujeto en Francia.

El transporte de mercancías para particulares dentro de la Unión Europea, tributa por la totalidad de trayecto realizado, localizándose según el lugar de partida del transporte.

C.- Si el transporte de bienes se realiza para empresarios, al no haber una regla especial de localización se aplica la regla general que, recordamos, localiza el servicio en nuestro territorio cuando el destinatario está establecido o tienen sede o domicilio en el territorio español del IVA (TAI) y el transporte se realiza para esta sede, no estando sujeto al IVA, si el destinatario no está establecido en el TAI. Por tanto, cuando el destinatario del transporte es un empresario, carece de relevancia el hecho de que el transporte sea o no intracomunitario.

Ejemplo

SERVICIO DE TRANSPORTE PARA EMPRESARIOS

El transporte realizado por un transportista español por cuenta de un empresario italiano por el traslado de mercancías desde Irún hasta Bilbao tributa en Italia, sede del destinatario del servicio. Por tanto, el transporte para quien es empresario, no tiene en cuenta el lugar de inicio o de destino del traslado.

Como síntesis tenemos:

a) Transporte de bienes:
   - Para empresarios, en todo caso tributa en la sede del destinatario.
   - Para no empresarios (particulares), tributa en territorio español por la parte de trayecto realizada en este territorio. Si el transporte es intracomunitario, tributará donde se inicie el transporte.
   - Si es de importación, el transporte estará exento, en tanto que está incluido en la base imponible de la importación y, si es de exportación, estará exento.

b) Transporte de viajeros y sus equipajes:
   - En general, tributa en territorio español del IVA por la parte del trayecto realizada en este territorio.
   - Si es internacional, el transporte terrestre estará sujeto y no exento por la parte del trayecto en territorio español del IVA y exento si es transporte marítimo o aéreo, con las condiciones del art. 22.trece.LIVA.

2.9.3.2.2.3. Servicios culturales, deportivos y ferias (Art. 70. Uno. 3º y 70. Uno. 7º)

Para empresarios: Los servicios relacionados con manifestaciones culturales, deportivas y ferias comerciales, incluida la organización, así como los servicios de los organizadores de ferias, se entienden realizados en la sede del destinatario. La única excepción está en el acceso a manifestaciones culturales, deportivas, ferias, que se localiza a efectos del IVA donde se preste el servicio.

Para no empresario: Los servicios relacionados con manifestaciones culturales, deportivas y ferias comerciales, incluida la organización y el acceso a estas manifestaciones, se entienden prestados donde se realicen efectivamente.

Ejemplo

SERVICIOS CULTURALES, DEPORTIVOS Y FERIAS COMERCIALES

Está sujeto al IVA español el servicio prestado en Burgos por un cantante francés para un organizador de conciertos establecido en territorio español

No está sujeto al IVA español el servicio prestado por un deportista español que gana un torneo de tenis en Alemania.

Está sujeto al IVA el premio obtenido por un deportista profesional, de cualquier nacionalidad, al ganar un torneo de golf en Valencia.

Los servicios relacionados con un puesto en una feria o exposición se calificarán atendiendo a las características propias del "stand". (DGT V0052-12, de 17/01/2012). (DGT V1445-18 de 30/05/2018).

En las ferias comerciales los organizadores de las ferias les prestan a los expositores servicios que incluyen el arrendamiento del espacio en la feria, el montaje e instalación de un stand individualizado y personalizado y otros servicios íntimamente relacionados con la presencia del expositor en la respectiva feria.

Teniendo en cuenta que el servicio de organización de ferias, congresos o eventos empresariales tendrá la consideración de un servicio único de organización de los referidos servicios empresariales, estos servicios se entenderán realizados en el territorio de aplicación del Impuestos cuando el destinatario sea un empresario o profesional que actúe como tal y radique en el citado territorio la sede de su actividad económica, o tenga en el mismo un establecimiento permanente.

Para aplicar en estos servicios el tipo reducido del IVA se requiere que sean servicios prestados en el marco de ferias o exposiciones de carácter comercial, y que los preste el promotor de la feria o exposición. (DGT V2032-18).

Recordad una vez más la importancia de delimitar si el destinatario es empresario o profesional, para lo cual será el destinatario el que tenga que acreditarlo.

Ejemplo

El organizador de una feria comercial en Valencia realiza el montaje de los "stands" que le encarga cada uno de los expositores. También presta los servicios propios de la feria a empresarios tanto españoles como del resto de la UE.

El servicio de acceso a la feria, tanto a empresarios como a quien no tiene esta condición, está sujeto y no exento por considerarse realizado donde se presta materialmente el servicio.

El montaje de los "stands" encargados por cada cliente se considera un servicio de publicidad, por lo que se aplicaría la regla general de localización y tributarían en la sede del destinatario, es decir, para el cliente que es empresario español sería un servicio sujeto y no exento, y para los clientes que sean empresarios de otros Estados miembros no estaría sujeto al IVA en España sino en el EM del destinatario.

En todo caso hay que tener en cuenta otros supuestos que podrían darse:

- Si el montaje de los stands es según un modelo igual para todos los expositores, se consideraría un servicio accesorio a la organización de la feria.
- Si el servicio relacionado con los "stands" fuese diferente a alguno de los anteriores se calificaría como arrendamiento de bienes muebles.

2.9.3.2.2.4. Servicios prestados por vía electrónica (Art. 70. Uno. 4º)

Se consideran servicios de esta naturaleza (art. 69.Tres. 4º LIVA) los prestados y recibidos por medio de equipos de procesamiento de datos, transmitidos en su totalidad por cable, radio u otros medios electrónicos, como el suministro de imágenes y la puesta a disposición de bases de datos; suministro de música, películas y demás manifestaciones culturales, así como el suministro y alojamiento de sitios informáticos, y la enseñanza a distancia, entre otros, aunque la mera comunicación a través de correo electrónico no significa, por esta única circunstancia, que estemos ante un servicio prestado por vía electrónica.

Se incluyen entre los servicios prestados por vía electrónica los prestados a través de Internet o de una red electrónica, que estén básicamente automatizados, siendo mínima la intervención humana y no sea posible su ejecución al margen de la tecnología de la información.

Ejemplo

INFORME REALIZADO A TRAVÉS DE INTERNET

La solicitud de un informe técnico a una empresa de Holanda, y remitido a través del correo electrónico, no se considera por esta razón un servicio prestado por vía electrónica, sino que tributará por la regla general de los servicios profesionales.

Además de la regla general, que localiza estos servicios en la sede del destinatario cuando éste sea empresario o profesional, si el destinatario es tanto empresario como particular de fuera de la Unión Europea el servicio se entiende prestado también en la sede del destinatario, aunque en este caso puede ser aplicable la regla del art. 70. Dos LIVA, según la cual se consideran prestados en el nuestro territorio los servicios prestados por vía electrónica, los de telecomunicación, de radiodifusión y televisión cuando no se encuentren localizados en la Unión Europea, Canarias, Ceuta o Melilla, según sus reglas específicas, pero su utilización efectiva sea en nuestro territorio, cualquiera que sea el destinatario.

Ejemplo

SERVICIOS PRESTADOS POR VÍA ELECTRÓNICA

No se considera un servicio prestado en el territorio español, el realizado por una empresa española consistente en mantener a través de Internet los programas informáticos de una empresa de alimentación situada en Portugal.

Se considera prestado en territorio español el servicio de acceso a la red de Internet prestado por una empresa americana que facilita acceso a servicios musicales a un particular residente en Albacete.

A partir de 1 de enero de 2019, hay una regla especial que recoge el art. 70.uno.4º LIVA, para las PYME:

Cuando los servicios se presten por empresarios establecidos solo en un Estado miembro (EM) a destinatarios de otros Estados miembros que no sean empresarios y no superen 10.000 euros anuales, tributarán en la sede del prestador del servicio, aunque puede optar el prestador por tributar en destino.

Todo esto está motivado en la búsqueda de rebaja en las cargas administrativas de los pequeños empresarios que estuviesen establecidos solo en un Estado miembro y presten ocasionalmente estos servicios a consumidores finales de otros Estados miembros, de tal forma que este límite de 10.000 euros (sin incluir el IVA) permite tributar en el Estado miembro de establecimiento, pero con la posibilidad de optar por la tributación en el Estado miembro del destinatario del servicio, aunque debe justificarse (art. 22 RIVA) que los servicios han sido declarados en otro EM.

Por consiguiente, los servicios de telecomunicaciones, radiodifusión, televisión y electrónicos prestados por empresarios españoles a particulares establecidos en otro Estado miembro tributarán en destino:

- Si el prestador se encuentra establecido en más de un Estado miembro.

- Si el prestador se encuentra establecido solo en territorio español y el importe total de este tipo de servicios prestados a consumidores finales de otros Estados miembros ha excedido de 10.000 euros (IVA excluido). No se computan los servicios prestados en el EM del prestador.
- Si el prestador se encuentra establecido solo en territorio español y, aunque el importe total de este tipo de servicios prestados a consumidores finales de otros Estados miembros no ha excedido de 10.000 euros (IVA excluido), opta por la tributación en el país de destino.

NOTA. En todos estos casos, el sujeto pasivo podrá optar por tributar a través del régimen de mini ventanilla única (en adelante MOSS) en el Estado miembro donde esté identificado.

Ejemplo

Una empresa de servicios por vía electrónica, establecida únicamente en España, lleva a cabo servicios de esta naturaleza a clientes nacionales, y también a particulares establecidos en Portugal, por importe global de 3.500 euros de su cifra de negocios.

Solución:

Los servicios citados tributan en territorio español (IVA al 21%) puesto que los servicios prestados a clientes de otros EM no llegan a superar la cuantía de los 10.000 euros, aunque, como hemos anticipado, el sujeto pasivo puede optar por tributar en Portugal, pero presentando en España sus declaraciones del IVA por estos servicios, a través del servicio de Mini Ventanilla Única o MOSS.

Desde 1-7-2021, se produce una modificación en el tratamiento de estas operaciones en el siguiente sentido.

Se entienden localizados en el TAI los servicios prestados por vía electrónica, de telecomunicaciones y de radiodifusión y televisión si el destinatario no es empresario, y está establecido en el TAI, en estos dos casos:

- ❒ Cuando el servicio lo preste un empresario establecido solo en otro EM y haya superado el límite de prestaciones de servicios a que se refiere el art. 73 LIVA o haya optado por tributar en destino.
- ❒ Que lo haya prestado un empresario que no esté establecido solo en otro EM (uno solo)

En el art. 73. LIVA se establece en 10.000 euros el límite de las E.de B. o P. de S. realizadas en la Comunidad el año anterior, de tal forma que si se superan la tributación será en todo caso en destino.

También puede optarse, en el E.M. de inicio de expedición, o en el E.M. donde estén establecidos, por tributar como si hubiesen superado el límite de 10.000 euros.

2.9.3.2.2.5. Servicios de restaurante y "catering" (Art. 70. Uno. 5º)

- Estos servicios se localizan en el territorio español cuando se presten en este territorio, es decir, tributan donde se presten los servicios, al margen de donde esté establecido el prestador del servicio y de quien sea el destinatario. Cuando el servicio es prestado durante el transporte de pasajeros en buques, aeronaves o tren, tributan en el lugar de partida del transporte.

Ejemplo

- Si en el curso de un viaje por Alemania un empresario utiliza servicios de hotel y restaurante, soportará el IVA alemán. Por el servicio del hotel en aplicación de la regla de localización de los bienes inmuebles, y por el servicio de restaurante por la regla que recoge este apartado.
- Si un restaurante español presta en España un servicio de esta naturaleza a un cliente que dice que es empresario en Francia, tiene que repercutirle IVA ya que el servicio se considera prestado en territorio español cualquiera que sea el destinatario (empresario o particular).

2.9.3.2.2.6. Servicios de mediación en nombre y por cuenta ajena (Art. 70. Uno. 6º)

a.- Si el destinatario no es empresario, se entiende prestado el servicio en territorio español del IVA (TAI) cuando la operación en la que se medie a su vez se entienda localizada en este territorio.

b.- Si el destinatario es empresario se aplicará la regla general, es decir, se localiza el servicio donde esté la sede del destinatario del servicio.

Ejemplo

Servicios de mediación

- Está sujeta al IVA español la mediación realizada por un empresario danés para un empresario español al que le está buscando clientes.
- No está sujeta al IVA la mediación de un profesional español para un empresario alemán que busca clientes en España.

No obstante, también se consideran prestados en el TAI estos servicios cuando el destinatario es un empresario o profesional y los servicios se utilizan en el TAI y no están localizados en la Unión Europea, según sus reglas específicas (70.Dos LIVA).

Si la mediación en una exportación, según el art. 21.6º LIVA, el servicio estará exento.

2.9.3.2.2.7. Servicios accesorios al transporte, y ejecuciones de obra sobre bienes muebles (Art. 70. Uno. 7º)

a. Se localizan en el TAI los servicios accesorios a los transportes, tales como la carga y descarga, transbordo, manipulación y servicios similares, cuando se prestan materialmente en este territorio a destinatarios que no sean empresarios o profesionales.

b. Se aplica la misma regla a los trabajos y ejecuciones de obra sobre bienes muebles corporales. Incluye los informes periciales, valoraciones, y dictámenes sobre los mismos.

c. Si el destinatario es empresario o profesional, se aplica la regla general (tributación donde esté el destinatario del servicio), al margen de cuál sea el trayecto del vehículo que realice transporte o de a donde se envíen posteriormente los trabajos terminados.

Ejemplo

TRABAJOS SOBRE BIENES MUEBLES

Si una empresa alemana envía bienes a España para que efectuemos el montaje de las piezas, quedando posteriormente el trabajo a disposición de la empresa alemana, el servicio no se localizará en España por ser realizado el trabajo para un empresario de otro territorio, limitándonos a expedirle una factura sin repercusión de IVA, al margen de otras obligaciones formales de información que serán posteriormente examinadas.

Ejemplo

SERVICIOS ACCESORIOS AL TRANSPORTE

Para descargar las mercancías que envía una empresa alemana a otra española, utilizando los servicios de un transportista alemán, nos encarga la empresa de transporte que le ayudemos en la descarga con nuestros medios, facturándole al transportista alemán.

Al ser el destinatario del servicio un transportista no establecido en nuestro territorio, el servicio no se localiza en España, por lo que no hay que repercutirle el IVA

2.9.3.2.2.8. Servicios de telecomunicaciones, de radiodifusión y de televisión (Art. 70. Uno. 8º)

En este apartado se incluyen los servicios de telecomunicaciones (transmisión, emisión y recepción de señales, imágenes y sonidos, por hilo, radio u otros medios electromagnéticos), radiodifusión y televisión, estos últimos definidos en el art. 69.Tres.5º LIVA.

Estos servicios se entienden prestados en el TAI cuando el destinatario no actúe como empresario o profesional y esté establecido o domiciliado en el TAI, cualquiera que sea el país en el que esté establecido el empresario prestador de estos servicios.

En el resto de los supuestos no contemplados en la regla especial se aplica la regla general de localización de estos servicios, es decir, se entienden localizados en el TAI, cuando el destinatario es empresario establecido, con sede o domicilio en el TAI, con independencia de dónde se encuentre establecido el prestador de los servicios y del lugar desde el que los preste. Asimismo, hay que considerar prestados en el TAI estos servicios, cualquiera que sea el destinatario, cuando se utilice en el TAI y no se encuentren localizados en la Unión Europea (Art. 70. Dos LIVA).

Ejemplo

PRESTACIÓN DE SERVICIOS DE TELECOMUNICACIÓN

Una empresa de un territorio tercero que presta un servicio de telecomunicaciones a empresas establecidos en el TAI, está prestando un servicio localizado en el TAI, sujeto al IVA, tanto cuando el destinatario es empresario establecido como cuando lo es un particular.

A partir de 1 de enero de 2019, se aplica lo mismo que hemos comentado con anterioridad (2.9.3.2.2.4) para los servicios prestados por vía electrónica, es decir:

Regla general aplicable: Tributación en destino.

Regla especial: Tributación en el territorio español, cuando los servicios se presten por empresarios establecidos solo en un EM a destinatarios de otros Estados miembros que no sean empresarios y no superen 10.000 euros anuales, aunque puede optar el prestador por tributar en destino.

2.9.3.2.2.9. Arrendamiento a corto plazo de medios de transporte (art. 70. Uno. 9º)

Supuestos en los que se localiza el arrendamiento en el territorio español:

- ❒ A corto plazo.- Para cualquier destinatario, se localiza en TAI si aquí se ponen en posesión del destinatario los medios de transporte. En general, donde se pongan en posesión del destinatario.
- ❒ A largo plazo.- Para particulares establecidos o domiciliados en el TAI

Resto de supuestos a largo plazo: Se localizan la sede del destinatario.

A estos efectos, se entenderá por corto plazo la tenencia o el uso continuado de los medios de transporte durante un periodo ininterrumpido no superior a treinta días (para los buques, noventa días), y a largo plazo cuando supera estos periodos.

A los efectos de las reglas de localización del hecho imponible, la actividad de alquiler de vehículos con conductor constituye una modalidad de transporte de viajeros, y no de alquiler de vehículos.

2.9.3.2.2.10. Cláusula general de localización de determinados servicios (art. 70. Dos)

Cuando los servicios que se indican a continuación no se entiendan localizados en la Unión Europea, Islas Canarias, Ceuta o Melilla, pero se utilicen efectivamente en la península o Baleares, se considerarán localizados y tributarán en el TAI. Son los siguientes:

- ❒ Los del art. 69.Dos (ver 2.9.3.2.1), cuando el destinatario no sea empresario o profesional.
- ❒ Y, cualquiera que sea el destinatario, los de arrendamiento de medios de transporte.

La reforma de esta regla de localización para el ejercicio 2023 ha sido muy profunda.

Desde forma, desde el 1 de enero de 2023, y con vigencia indefinida, el artículo 73 de la LPGE para 2023 modifica la aplicación de la regla de utilización o explotación efectiva, que permite la sujeción en el territorio español de aplicación del impuesto (TAI) de aquellos servicios que, conforme a las reglas referentes al lugar de realización del hecho imponible se entienden realizados fuera de la Comunidad, pero cuyo uso efectivo se produce en el mismo:

- ❒ Se suprime cuando se trata de servicios entre empresarios en aquellos sectores y actividades generadoras del derecho a la deducción con el fin de no limitar la competitividad internacional de las empresas españolas.
- ❒ Se mantiene en sectores que no generan tal derecho, como el sector financiero y el de seguros. No obstante, con efectos desde el 26 de mayo de 2023, el apartado Segundo. Uno de la Disposición final primera de la Ley 13/2023, de 24 de mayo modifica la aplicación de la regla de utilización o explotación efectiva, excluyendo las operaciones financieras y de seguros entre empresarios.
- ❒ Se extiende su aplicación a los servicios intangibles a consumidores finales para garantizar la tributación en destino.

  Por ejemplo, los servicios prestados por un abogado establecido en el TAI a un particular residente fuera de la Comunidad pasan a tributar por el IVA español si su uso efectivo se produce en el TAI.
- ❒ Se mantiene en el caso de los servicios de arrendamiento de medios de transporte para evitar situaciones de fraude y garantizar la competencia de este mercado.

2.9.4. Base imponible

2.9.4.1. Determinación (Art. 81 LIVA)

Para el cálculo de la cuota del IVA es preciso conocer previamente la base imponible, sobre la cual aplicaremos posteriormente el tipo de gravamen. Para su correcta determinación se requiere la aplicación de diversas reglas en relación con los conceptos que forman parte de una factura.

Su cálculo se realizará en el momento del devengo de la operación y, si no fuese posible conocer la cuantía en ese momento, se determinará según las reglas de la lógica, modificándose cuando se concrete el importe final al conocer todas las circunstancias que puedan tener relevancia en la operación.

Ejemplo

BASE IMPONIBLE: ENTREGA DE UVA SIN CONOCER EL PRECIO

Si se acuerda la entrega de uva a una cooperativa, que nos pagará en función de cómo resulte la calidad final del vino, la base imponible se calculará provisionalmente según el precio estimado, rectificándose posteriormente cuando se conozca el precio final.

2.9.4.2. Conceptos que se incluyen en la base imponible

Si compramos bienes por importe de 1.000 euros, y nos incluyen en la factura otros conceptos, como transporte, envases, intereses de aplazamiento, seguros, etc., es preciso saber cuáles de estos conceptos son los que se añaden al precio de los bienes para aplicar el IVA.

Si bien la base imponible es la contraprestación (procedente del destinatario o de terceras personas) de las operaciones sujetas al IVA, es preciso delimitar cuáles son los conceptos que se incluyen, por lo que estudiaremos los criterios más habituales para su cálculo.

❒ Se incluyen en la base imponible los gastos accesorios como seguros, transportes, y cualquier crédito a favor del que realiza la operación, sin tener en cuenta la tributación que, de forma independiente, tenga el concepto cuya inclusión en la base imponible estamos analizando.

Ejemplo

BASE IMPONIBLE. INCLUSIÓN DE SEGUROS Y TRANSPORTE

Una empresa vende bienes por importe de 1.000 euros, cobrando al cliente, además, 100 en concepto de transporte y 50 por el seguro de la operación. La base imponible es 1.150 euros, sin tener en cuenta la tributación independiente del servicio de transporte o del seguro, ya que en lo que se está planteando es la tributación de la entrega de bienes y no la de los servicios accesorios que se le han prestado al vendedor, y que éste le carga posteriormente a sus clientes formando parte de la base imponible.

En este caso, el seguro contratado entre la empresa de seguros y la empresa vendedora estará exento del IVA, y el servicio de transporte entre el transportista y el vendedor de los bienes tendrá sus propias reglas de localización, que no afectan a la base imponible de la entrega realizada.

❒ Los intereses sólo se incluyen en la base imponible de las entregas de bienes o prestaciones de servicios cuando son anteriores a la operación. Los intereses ocasionados con posterioridad no forman parte de la base imponible siempre que no excedan de los habituales del mercado.

Veremos más adelante que se excluyen de la base imponible del Impuesto las indemnizaciones, esto es, las cantidades que tienen por finalidad reparar daños y perjuicios.

Los intereses por mora procesal son indemnizaciones que no se han de incluirse en la base imponible del Impuesto sobre el Valor Añadido de operación alguna, debido a su naturaleza indemnizatoria y a no ser contraprestación de ninguna operación sujeta al citado tributo. (DGT V1238-19 de 30/05/2019).

Ejemplo

INTERESES QUE SE INCLUYEN EN LA BASE IMPONIBLE

En una operación a pagar en dos años de forma aplazada, siendo 100 de principal y 100 de intereses, está claro que los intereses en dos años son superiores a los habituales del mercado, por lo que se incluyen en el cálculo de la base imponible.

❒ Las subvenciones recibidas forman parte de la base imponible de las operaciones realizadas por el que recibe la subvención, no del que la otorga, cuando la determinación de la subvención, o la forma de determinarla, es anterior a la operación, y su cuantía está en función del número de unidades entregadas o de los servicios prestados. Estas son las denominadas subvenciones vinculadas al precio.

Son factores a tener en cuenta para ver si una subvención hay que incluirla en la base imponible (Ver consulta DGT V1182-08, de 09/06/2008):

- El número de intervinientes en la operación.
- La incidencia en el precio de la concesión de la subvención.
- La previsibilidad de la subvención para el empresario o profesional que la percibe.
- La proporcionalidad entre el importe de la subvención y la cantidad de bienes o servicios a cuya provisión se condiciona la concesión de la subvención.

Por el contrario, no se incluyen en la base imponible las subvenciones no vinculadas al precio, como son aquellas que son concedidas a tanto alzado, no siguiendo los criterios indicados para las subvenciones que estuviesen vinculadas al precio.

Para mayor aclaración, se indica en la Ley que no se consideran como subvenciones vinculadas al precio, por lo que no se incluyen en la base imponible, las aportaciones dinerarias realizas por las Administraciones Públicas para financiar servicios públicos o de fomento de la cultura que no supongan distorsión de la competencia, o bien cuando se destinen a financiar actividades de interés general de los destinatarios que no sean identificables y estos no satisfagan contraprestación alguna.

Antes de esta modificación se incluían en la base imponible, en sentido amplio, las contraprestaciones que hubiese pagado un tercero.

Ejemplo

BASE IMPONIBLE: SUBVENCIÓN VINCULADA AL PRECIO

Se presta un servicio, representación teatral, por el que se cobra 20 euros (más IVA) a cada espectador. Antes de prestar el servicio se sabe que se va recibir una subvención de 2 euros por persona. La base imponible del servicio será 22 euros, la suma de ambos concepto.

Precio de la entrada sin subvención	20
Subvención recibida	2
Base imponible	22
IVA 10% de 22	2,2
Precio final	22,2 (20 + 2,2)

Debido a la incidencia que tienen las subvenciones en relación con el derecho a deducir el IVA, en esta reforma de noviembre de 2017, Ley 9/2017, de noviembre, de Contratos del Sector Público, se aclaran las reglas de deducción del IVA (art. 93.Cinco Ley IVA) cuando estamos ante actividades de gestión de servicios públicos o de fomento de la cultura en las que no exista distorsión significativa de la competencia.

- Se incluyen en base imponible, los tributos y gravámenes que recaigan sobre la operación, salvo el IVA. De los Impuestos Especiales, no se incluirá en la base imponible el Impuesto Especial sobre Determinados Medios de Transporte.

Ejemplo

BASE IMPONIBLE: INCLUSIÓN DE LOS IMPUESTOS

Se alquila un local en 2.000 euros mensuales, cobrándose al arrendatario diversos gastos, en concreto, 200 euros por gastos de comunidad, 50 euros de Impuesto sobre Bienes Inmuebles (IBI) y 121 euros por el suministro de electricidad que, previamente, ha satisfecho el arrendador a la compañía suministradora.

La base imponible del arrendamiento es 2.371 €, que es la suma de todos estos conceptos.

Aunque en el recibo de electricidad que se le incluye al arrendatario en el recibo de alquiler ya ha pagado IVA el arrendador, esta cantidad no minora la contraprestación, ya que si se pone como mayor importe en la factura de arrendamiento forma parte de la base imponible del arrendamiento.

En su caso, el arrendador podría haber deducido en su declaración de IVA el importe del IVA soportado por la luz y, por tanto, restar este importe de la cuantía que le vuelve a girar al cliente.

Por tanto, el arrendador podría haberle cobrado al arrendatario 2.000 de alquiler, más 200 de comunidad, 50 del IBI y 100 de electricidad, resultando una base imponible de 2.350.

- En cuanto a los envases y embalajes, se incluyen en la contraprestación de la operación, aunque sean susceptibles de devolución. Si, posteriormente, son devueltos al vendedor por el cliente, procederá la modificación de la base imponible de la entrega de bienes realizada, lo que daría lugar a una menor repercusión rectificando la factura previamente emitida.
- Se incluyen también en la base imponible las deudas asumidas por el destinatario de la operación.

Ejemplo

BASE IMPONIBLE: DEUDAS ASUMIDAS POR EL DESTINATARIO

Se vende un local comercial. Se pagan 200.000 euros al contado, asumiendo el comprador una hipoteca de 100.000 euros que había contratado el promotor. La base imponible son 300.000 euros, ya que la hipoteca es un mayor precio del piso.

En todo caso hay que tener en cuenta (art. 78.cuatro LIVA) que la no repercusión expresa del IVA en la factura determina que el impuesto no está incluido, salvo en los casos en los que la repercusión expresa no fuese obligatoria o en los supuestos en los que se trate de percepciones retenidas con arreglo a derecho por quien esté obligado a realizar tales prestaciones.

2.9.4.3. Conceptos que no se incluyen en la base imponible

Al contrario que en el apartado anterior, detallaremos conceptos que, aunque cobrados al cliente, e incluidos en la factura, no forman parte de la base imponible:

- No se incluyen las indemnizaciones que no sean compensación de operaciones sujetas al impuesto.

Ejemplo

BASE IMPONIBLE: NO SE INCLUYEN INDEMNIZACIONES

Si se recibe una indemnización de 12.000 euros por los desperfectos sufridos en las instalaciones de nuestra empresa como consecuencia de un incendio, esta percepción recibida de la compañía de seguros no está sujeta al IVA.

Ejemplo

BASE IMPONIBLE: SUPUESTOS DE INCLUSIÓN DE LAS INDEMNIZACIONES

Si se reciben determinadas cantidades por renunciar a derechos, como puede ser el caso del arrendatario que recibe dinero del arrendador por dejar libre el local comercial, esta contraprestación forma parte de la base imponible, ya que supone la renuncia a un derecho.

Si es el arrendatario el que debe satisfacer al arrendador una cuantía por cancelación anticipada de contrato, la cantidad no forma parte de la base imponible ya que no corresponde a una contraprestación por una operación sujeta al IVA

Los importes percibidos por un operador económico en caso de resolución anticipada, por motivos imputables al cliente, de un contrato de prestación de servicios que prevé la observancia de un periodo de permanencia como contraprestación de la concesión a ese cliente de condiciones comerciales ventajosas, constituyen la retribución de una prestación de servicios realizada a título oneroso, y, por tanto, deben quedar sujetos al Impuesto sobre el Valor Añadido. (DGT V1985-20 de 17/06/2020).

- No se incluyen en la base imponible los descuentos que se realicen con carácter previo o simultáneo a la realización de la operación, en tanto que no obedezcan al pago de otras operaciones.

Ejemplo

BASE IMPONIBLE: DESCUENTO EN VENTA DE VEHÍCULO

Se vende un vehículo nuevo a una empresa en 20.000 euros, aunque el vendedor va a cobrar en efectivo 18.000 euros ya que el comprador le entrega un vehículo usado valorado en 2.000 euros.

En este caso, no cabe considerar que ha habido un descuento de 2.000 euros, ya que el comprador le ha entregado un vehículo cuya entrega está sujeta, por lo que la base imponible del vehículo nuevo de será 20.000 euros.

A su vez, la entrega del vehículo usado por la empresa compradora, en la medida en que se haya deducido el IVA soportado del mismo, será una operación sujeta y no exenta, debiendo repercutir IVA sobre 2.000 euros.

Si el descuento de 2.000 euros fuese por razones promocionales y no se recibiese un vehículo del comprador, podría minorar la base imponible, en cuyo caso, ésta sería de 18.000 euros.

- Un importante concepto a tener en cuenta son los suplidos, que son cantidades pagadas en nombre del cliente, previo mandato de éste, y que no se van a incluir en la base imponible.

Ejemplo

BASE IMPONIBLE: NO INCLUSIÓN DE LOS SUPLIDOS

Se encarga una campaña publicitaria a una empresa especializada que nos cobra 8.000 euros por el servicio. A la empresa de publicidad también le encargamos que inserte anuncios en prensa y otros medios de comunicación, solicitando que las facturas de los anuncios de prensa se emitan a nuestro nombre, aunque pagándolas previamente la empresa de publicidad, por importe de 40.000 euros.

Si la empresa de publicidad nos entrega las facturas de estos servicios complementarios (anuncios en prensa) facturados a nuestro nombre, tendrán la consideración de suplidos, por lo que la base imponible del servicio que nos presta, es de 8.000 euros.

Si las facturas de los anuncios fuesen a nombre de la compañía de publicidad y ésta las incluye como un mayor coste del servicio que nos presta, la base imponible sería 48.000 euros.

2.9.4.4. Reglas especiales (Art. 79 LIVA)

1. Operaciones vinculadas.

Si hay vinculación entre las partes que intervienen en la operación, para el cálculo de la base imponible se aplica el valor normal de mercado. Ello requiere que, de una u otra forma, exista un perjuicio para la Hacienda Pública.

Los supuestos en los que hay vinculación entre las partes, son:

a. Cuando una parte es sujeto pasivo del Impuesto sobre Sociedades, Impuesto sobre la Renta de las Personas Físicas o Impuesto sobre la Renta de no Residentes, y de las normas de estos impuestos se deduzca que existe vinculación.

b. Cuando son operaciones entre un sujeto pasivo del IVA y personas ligadas por relaciones laborales, familiares (cónyuge y parientes hasta tercer grado), así como operaciones de empresarios o profesionales con sus socios o asociados.

c. También cuando se trata de operaciones de entidades sin fin de lucro (art. 2 Ley 49/2002, de 23 de diciembre, de régimen fiscal de las entidades sin fines lucrativos y de los incentivos fiscales al mecenazgo. BOE núm. 307, de 24/12/2002) con sus fundadores, asociados o partícipes.

Se entiende por valor de mercado el aplicado al mismo bien o servicio en una operación comparable, entre partes independientes. Si se tratase de una operación que no tuviese otra con la que compararse, el valor de mercado sería:

- En las entregas de bienes, al menos el coste de adquisición de los bienes o, si no lo hubiese, su coste en el momento de la entrega.
- En una prestación de servicios, serían los costes que tuviese el empresario a la hora de prestarlo.

Ejemplo

BASE IMPONIBLE: OPERACIÓN ENTRE PARTES VINCULADAS

Se regala a un socio de una empresa un bien que costó fabricarlo 500 €, y que habitualmente se vende al público en 1.000 €. El socio al que se le regala no realiza una actividad empresarial ni profesional

En este caso, se trata de una operación vinculada, por lo que se aplica el valor normal de mercado, es decir, 1.000 euros.

La regla de valoración entre partes vinculadas se aplica cuando el precio acordado entre las partes difiere del que podríamos llamar valor de mercado, cuando se den algunos de estos requisitos:

I. Cuando el destinatario tiene prorrata menor de 100 (se verá esta problemática en el capítulo de las deducciones) y el precio acordado es inferior al precio de mercado.

II. Si el que realiza la operación, tiene que aplicar la regla de prorrata que comentamos, y además:

a. Si la operación no da derecho a deducir todo el IVA al transmitente y el precio pactado es menor que el de mercado.

b. Si la operación da derecho a deducir todo el IVA al transmitente y el precio pactado es mayor que el de mercado.

2. Contraprestación no dineraria.

Cuando la contraprestación no sea en dinero, como puede ser una permuta de bienes, la base imponible es el importe (en dinero) que hubiesen acordado las partes y, a falta de concreción, se aplicarían las reglas del autoconsumo, que nos llevarían a aplicar el coste de adquisición o de fabricación de los bienes entregados.

2.9.4.5. Modificación de la base imponible (Art. 80 LIVA)

Una vez determinada la base imponible con arreglo a los criterios indicados en los apartados anteriores, y con posterioridad al devengo, puede modificarse la base imponible previamente calculada, dando lugar a una rectificación de la repercusión inicial.

Son supuestos que dan lugar a una modificación de la base imponible:

a. La devolución de envases (en la entrega hubo que incluirlos en la base imponible), o la realización de descuentos con posterioridad a la operación.

b. Cuando las operaciones han quedado sin efecto, o bien cuando se altere el precio con posterioridad a la operación.

Ejemplo

BASE IMPONIBLE: MODIFICACIÓN

Se envía una partida de bienes valorados en 1.000 euros. Varios no funcionan pasados unos días, por lo que se reduce el precio en 500 euros. En este caso, procede rebajar, en el importe indicado, la base imponible inicialmente facturada.

Por el contrario, si se trata de una prestación de servicios, como puede ser un arrendamiento, y pasados unos meses no se paga el alquiler por el arrendatario de un local, no puede modificarse la base imponible de la operación por esta única causa, ya que se había devengado el servicio y no procede dejar sin efecto un servicio ya prestado hasta que, por acuerdo o sentencia judicial, se rescinda el contrato.

c.- En el supuesto de no cobrarse una parte del importe de las cuotas repercutidas, la Ley contempla diversos supuestos de minoración de la base imponible por el que realizó la repercusión:

c.1.- Cuando, con posterioridad al devengo de la operación, se dicta auto de declaración de concurso en los términos de la Ley 22/2003, de 9 de julio, Concursal (BOE núm. 164, de 10/07/2003) pueden modificarse las cuotas repercutidas al deudor. La

Ley de Presupuestos generales del Estado para 2023 amplía esta posibilidad para procesos de insolvencia declarados por un órgano jurisdiccional de otro Estado miembro de la UE.

Después de la declaración de concurso puede modificarse la base imponible en el plazo de tres meses desde el día siguiente a la publicación en el BOE de auto de declaración de concurso, no pudiendo modificarse una vez transcurrido dicho plazo.

La deuda que puede ser objeto de modificación por el acreedor, es la contraída antes de la declaración de concurso.

c.2.- Cuando hay créditos correspondientes a cuotas incobrables de destinatarios que sean empresarios o profesionales, así como, cuando cualquiera que sea el destinatario, la base imponible de la operación cuyas cuotas resultan incobrables sean superiores a 300 euros (50 euros desde 2023), y haya transcurrido un año desde el devengo, estando la operación contabilizada y se hubiese reclamado judicialmente el cobro al deudor,se hubiese realizado requerimiento notarial al deudor o por cualquier otro medio que acredite fehacientemente la reclamación del cobro a aquel. Si el crédito es adeudado por un Ente Público, la reclamación o requerimiento se sustituirá por la certificación expedida por el órgano competente del Ente Público. Si son Pequeñas y Medianas Empresas (en adelante PYME), el plazo puede ser de seis meses o de un año.

Se considera PYME a estos efectos la entidad que no facture el año anterior más de 6.010.121,04 euros

No cumplen la función del requerimiento notarial otros tipos de actas como las de presencia o las de remisión de documentos por correo, ya que en ellas el notario puede presenciar la formulación de un requerimiento verbal o escrito, pero se priva al requerido del derecho de contestación inherente al acta de requerimiento. (DGT V2534-10, de 24/11/2010).

Un procedimiento de mediación civil-mercantil tampoco cumple los requisitos para poder modificar la base imponible (DGT V0275-16 de 25/01/2016).

No obstante, la Ley de Presupuestos Generales del Estado para 2023 amplia los medios para instar el cobro a cualquier otro medio que acredite fehacientemente la reclamación del cobro al deudor, por lo que habrá que estar pendiente al desarrollo de este apartado.

Si el Ente público deudor no expide la certificación una vez que se haya solicitado por el titular del crédito, la ausencia de su emisión no es susceptible de producir los efectos propios del silencio administrativo.

Si el certificado se ha solicitado en el plazo previsto, y su expedición se realiza cumplido el plazo legal previsto para la reducción de la base imponible, la posibilidad de proceder a la reducción de la base imponible no puede verse impedida por la inacción administrativa, por lo que se entenderá que el plazo para la reducción de la base imponible a que se refiere el citado apartado Cuatro del artículo 80, queda interrumpido hasta que se disponga del mismo. (DGT V2752-10, 17/12/2010).

En las operaciones a plazo o con precio aplazado, que son aquellas en las que el periodo transcurrido entre el devengo del IVA y el vencimiento del último o único pago sea superior a un año, el periodo de un año o seis meses requerido para poder proceder a minorar la base imponible se computará desde el vencimiento del plazo impagado.

En cuanto a la reclamación judicial, es suficiente instar el cobro de uno de los plazos para proceder a la modificación de la base imponible en la proporción que corresponda por el plazo o plazos impagados.

La modificación de la base imponible se hará en los tres meses siguientes a la finalización del periodo de un año desde el devengo (seis meses o un año para las PYME). Desde el 1 de enero de 2023 la Ley de Presupuestos Generales del Estado amplia este plazo para modificar la base imponible de tres a seis meses.

En general, los cambios relativos a la modificación de la base imponible en el IVA incorporados en la LPGE para 2023 son los siguientes:

- Se rebaja el importe mínimo de la base imponible cuando el destinatario moroso es un consumidor final (pasa de 300 a 50 euros IVA excluido).
- Posibilidad de sustituir la reclamación judicial o requerimiento notarial previo al deudor por cualquier otro medio que acredite fehacientemente la reclamación del cobro a este deudor.
- Se amplía a 6 meses el plazo para recuperar el IVA desde que el crédito es declarado incobrable, incluyendo un régimen transitorio para que puedan acogerse al nuevo plazo los empresarios cuyos plazos de modificación no hubieran caducado a fecha 1 de enero de 2023.

La Agencia Tributaria ha incorporado en su Sede electrónica una versión actualizada de la "Calculadora de plazos modificación BI y otras rectificaciones", donde puede consultarse este nuevo plazo.

En estos dos casos, concurso e incobrables, no procede modificar la base imponible con respecto a créditos que gocen de garantía real, los afianzados por entidades de crédito o por entes públicos y los que correspondan a personas vinculadas según los criterios vistos en la base imponible.

Fuera de los supuestos, y sin el cumplimiento de los requisitos indicados, no cabe modificar la base imponible en base a criterios más o menos lógicos. Es preciso seguir el requisito establecido al efecto.

En los supuestos de modificación de la base imponible a que se refiere el art. 80 LIVA, la disminución de cuotas o, en su caso, las mayores deducciones por el destinatario, está condicionada a la remisión de la factura al destinatario, si bien solo es preciso acreditar la remisión en los supuestos de concurso e incobrados a que se refieren los apartados tres y cuatro del art. 80 LIVA.

2.9.5. Tipos de gravamen

2.9.5.1. Introducción

Los tipos de gravamen dentro de determinados límites establecidos por la Directiva del IVA, están armonizados en los distintos Estados miembros, siendo aplicables en territorio español cuatro: el general del 21%, el reducido del 10% y los súper reducidos del 4% y del 5%.

Este último tipo de gravamen corresponde, en 2022 y 2023, por ejemplo a las entregas de energía eléctrica, gas y briquetas de pellet y leña.

Asimismo, existe en tipo cero, artículo 91.Cuatro LIVA, para las entregas de bienes realizadas en concepto de donativos a las entidades sin fines lucrativos definidas de acuerdo con lo dispuesto en el artículo 2 de la Ley 49/2002, de 23 de diciembre, de régimen fiscal de las entidades sin fines lucrativos y de los incentivos fiscales al mecenazgo, siempre que se destinen por las mismas a los fines de interés general que desarrollen de acuerdo con lo dispuesto por el artículo 3, apartado 1.º, de dicha Ley.

Las alícuotas de gravamen en el IVA han sido objeto de frecuentes cambios durante los últimos años.

Históricamente, uno de los cambios radicales en materia de alícuotas de gravamen se produjo el 1 de septiembre de 2012. Por su parte, el cambio incluido en la Ley 28/2014 ha afectado sustancialmente a los productos sanitarios y a la venta de productos de floricultura, tal y como se indica más abajo.

Hay que tener en cuenta que, para hacer frente a las consecuencias del COVID-19, el Real Decreto-ley 15/2020, de 21 de abril, ha introducido para el período 23 de abril al 31 de octubre de 2020, el tipo cero para una serie de entregas, importaciones y adquisiciones de productos sanitarios que figuran en el Anexo del citado Real Decreto-Ley. Posteriormente el Real Decreto-Ley 35/2020, de 22 de diciembre, y para el periodo del 24 de diciembre de 2020 hasta el 31 de diciembre de 2022, estableció el tipo cero para las entregas, importaciones y adquisiciones intracomunitarias de productos sanitarios para diagnóstico in vitro del SARS-COV-2 y vacunas contra el SARS-COV-2 autorizadas por la Comisión Europea, así como las prestaciones de servicios de transporte, almacenamiento y distribución relacionados con las operaciones anteriores. Durante este plazo el tipo del recargo de equivalencia será también cero. El Real Decreto-ley 20/2022, de 27 de diciembre, prorroga hasta el 30 de junio 2023 el tipo del 0% aplicable a estos bienes y servicios para combatir el SARS-CoV-2.

Con posterioridad en los años 2022, 2023 y 2024 se han producido importantes modificaciones en los tipos de gravamen del IVA para hacer frente a las consecuencias económicas de la guerra ruso-ucraniana y por otras circunstancias.

Entre ellas destacamos las siguientes:

- – Desde el 1 de julio de 2022 hasta el 31 de diciembre de 2023 se aplica el tipo de gravamen del 5% para los contratos de energía eléctrica cuyo término de potencia no supere los 10 KW, cuando el precio medio mensual del mercado mayorista en el mes anterior al de la facturación haya superado los 45 euros por Mkv.

  Asimismo, también se aplicará esta alícuota de gravamen cuando los titulares de los contratos tengan la condición de perceptores del bono social y, además, tengan reconocida la condición de vulnerable severo o vulnerable severo en riesgo de exclusión social, con independencia del precio de la electricidad en el mercado mayorista.

  Durante el año 2024 se incrementa el tipo de estos contratos al 10%. Sin embargo desde el 1 de marzo de 2024 el tipo ha subido al 21% al cerrar el mes de febrero por debajo de 45 euros por megavatio hora.

- Desde el 1 de octubre de 2022 hasta 31 de diciembre de 2023, se introduce también el tipo del 5% para las entregas, importaciones y adquisiciones intracomunitarias de gas natural y de briquetas y pellets procedentes de la biomasa o la madera para leña.

  Con efectos desde el 1 de enero de 2024 y vigencia hasta el 31 de marzo de 2024, se aplicará el tipo del 10% a las entregas, importaciones y adquisiciones intracomunitarias de gas natural.

  Con efectos desde el 1 de enero de 2024 y vigencia hasta el 30 de junio de 2024, se aplicará el tipo del 10% a las entregas, importaciones y adquisiciones intracomunitarias de briquetas y «pellets» procedentes de la biomasa y a la madera para leña.

  Sobre los tipos reducidos en el IVA hay que tener en cuenta que la Directiva IVA, recientemente modificada por la Directiva 2022/542 del Consejo de 5 de abril de 2022, introduce en su artículo 98 las entregas de bienes que pueden gravarse con tipos inferiores al 5%.

También hay alteraciones en los siguientes tipos de gravamen:

- Con efectos desde 1 de enero de 2023, se modifica la disposición adicional primera del Real Decreto-ley 29/2021, de 21 de diciembre, por el que se adoptan medidas urgentes en el ámbito energético para el fomento de la movilidad eléctrica, el autoconsumo y el despliegue de energías renovables, con los efectos siguientes:

La aplicación del tipo impositivo del 4 por ciento del IVA a las entregas, importaciones y adquisiciones intracomunitarias de las mascarillas quirúrgicas desechables referidas en el Acuerdo de la Comisión Interministerial de Precios de los Medicamentos, de 12 de noviembre de 2020, prevista en el artículo 7 del Real Decreto-ley 34/2020, de 17 de noviembre, de medidas urgentes de apoyo a la solvencia empresarial y al sector energético, y en materia tributaria, se prorroga hasta el 30 de junio de 2023.

- La aplicación del tipo impositivo del 0 por ciento del IVA a las entregas, importaciones y adquisiciones intracomunitarias de determinados bienes y prestaciones de servicios necesarios para combatir los efectos del SARS-CoV-2, así como a efectos del régimen especial del recargo de equivalencia (recargo de equivalencia del 0 por ciento), prevista en la disposición final séptima del Real Decreto-ley 35/2020, de 22 de diciembre, se prorroga hasta el 30 de junio de 2023. Se trata de los productos sanitarios para diagnóstico "in vitro" del SARS-CoV-2, las vacunas contra el SARS-CoV-2 autorizadas por la Comisión Europea y los servicios de transporte, almacenamiento y distribución.
- Con efectos desde 1 de enero de 2023 y vigencia hasta 30 de junio de 2024:

  Se aplicará el tipo del 5 por ciento del IVA a las entregas, importaciones y adquisiciones intracomunitarias de los siguientes productos:

  Los aceites de oliva y de semillas. Las pastas alimenticias.

  El tipo del recargo de equivalencia aplicable a estas operaciones será del 0,62 por ciento.

  Se aplicará el tipo del 0 por ciento del IVA a las entregas, importaciones y adquisiciones intracomunitarias de los siguientes productos:

  El pan común, así como la masa de pan común congelada y el pan común congelado destinados exclusivamente a la elaboración del pan común.

  Las harinas panificables.

  Los siguientes tipos de leche producida por cualquier especie animal: natural, certificada, pasterizada, concentrada, desnatada, esterilizada, UHT, evaporada y en polvo.

  Los quesos.

  Los huevos.

  Las frutas, verduras, hortalizas, legumbres, tubérculos y cereales, que tengan la condición de productos naturales de acuerdo con el Código Alimentario y las disposiciones dictadas para su desarrollo.

El tipo del recargo de equivalencia aplicable a estas operaciones será del 0 por ciento.

Por último, en la LPGE del año 2023 se introduce un tipo del 4% para las entregas de a los tampones, compresas y protegeslips, los preservativos y otros anticonceptivos no medicinales, los cuales pasan a tributar del 10% al 4%.

Cuando una operación está sujeta y no exenta, se aplica el 21%, salvo que la Ley indique expresamente la aplicación de alguno de los otros tipos impositivos, ya que no existe una relación de bienes o servicios a los que se aplica el tipo general.

Para cada operación sujeta, se aplicará el tipo impositivo vigente sobre la base imponible, previamente cuantificada según los criterios vistos en los apartados precedentes.

Los tipos impositivos los estudiaremos agrupándolos por materias, e indicaremos para cada bien o servicio cual es el apartado de la Ley del IVA en el que se desarrolla con detalle, si bien debido a la amplia casuística que puede darse en cada operación es aconsejable acudir a la doctrina de la Dirección General de Tributos para determinar el tipo aplicable en cada supuesto.

Para cada operación en la que se devengue el IVA en el territorio español de aplicación del Impuesto, se aplica el tipo vigente en nuestro territorio, cualquiera que sea el vigente en el país de donde provengan los bienes o donde esté establecido del prestador de los servicios.

Es importante saber el momento en que se devengó una operación, ya que este momento determinará el tipo aplicable. Si una operación se realizó el 31 de diciembre de 2022, y el 1 de enero subió el tipo de gravamen, se aplica el tipo vigente el 31 de diciembre, si ha sido la fecha de devengo, aunque la factura y el cobro se realicen posteriormente.

En el año 2015 se produce un cambio en diferentes operaciones:

Los productos sanitarios quedan, en el 4%, los medicamentos de uso humano y, en el 10%, los medicamentos de uso animal, los productos de uso farmacéutico, como vendas, y los productos de higiene femenina.

Se añade un Anexo a la LIVA con un listado de bienes de uso para personas con discapacidad, como gafas, muletas, a las que se les aplica el 10%.

Suben al 21% los equipos médicos que no están en el Anexo, el cual detalla, asimismo, aquellos a los que les es aplicable el 10%, como los de uso veterinario y mobiliario hospitalario.

Se reduce al 10% el tipo aplicable a las flores, plantas vivas y otros productos de origen vegetal.

En 2017, se rebaja al 10% el tipo impositivo de los servicios de hostelería y restaurantes, así como el correspondiente a la entrada a teatros, conciertos y demás espectáculos teatrales en vivo. También tributan al 10% las monturas de gafas.

De acuerdo con la disposición final trigésima del Real Decreto-ley 6/2022, de 29 de marzo, por el que se adoptan medidas urgentes en el marco del Plan Nacional de respuesta a las consecuencias económicas y sociales de la guerra en Ucrania (BOE de 30), la aplicación del tipo impositivo del 10 por ciento del Impuesto sobre el Valor Añadido a las entregas, importaciones y adquisiciones intracomunitarias de energía eléctrica, prevista en el artículo 1 del Real Decreto-ley 12/2021, de 24 de junio, por el que se adoptan medidas urgentes en el ámbito de la fiscalidad energética y en materia de generación de energía, y sobre gestión del canon de regulación y de la tarifa de utilización del agua, así como la aplicación del tipo impositivo del 0,5 por ciento del Impuesto Especial sobre la Electricidad establecida en la disposición adicional sexta del Real Decreto-ley 17/2021, de 14 de septiembre, de medidas urgentes para mitigar el impacto de la escalada de precios del gas natural en los mercados minoristas de gas y electricidad, se prorrogaron hasta el 30 de junio de 2022 y, posteriormente, como se ha visto se ha prorrogado esta medida.

El Real Decreto-ley 20/2022, de 27 de diciembre, establece que desde el 1 de julio de 2022 y vigencia hasta el 31 de diciembre de 2023, se aplicará el tipo del 5 por ciento del Impuesto sobre el Valor Añadido a las entregas, importaciones y adquisiciones intracomunitarias de energía eléctrica efectuadas a favor de titulares de contratos de suministro de electricidad, cuya potencia contratada (término fijo de potencia) sea inferior o igual a 10 kW, así como a los perceptores del bono social considerados vulnerables.

En otro orden de cosas, la Ley 6/2018, de 3 de julio, de Presupuestos Generales del Estado para 2018, incorpora una reducción de los tipos de gravamen, situándolos en el 10% y con efectos desde el día 5 de julio de 2018, para las entradas en salas cinematográficas.

Asimismo, se reducen al 4% los casos en los que puede aplicarse el tipo reducido en los servicios de teleasistencia y ayuda a domicilio, de forma tal que pueden utilizarse cuando la prestación económica vinculada a tales servicios cubra más del 10% de su precio (antes del 75%) y bajo ciertos requisitos.

2.9.5.2. Entregas de bienes

2.9.5.2.1. Alimentos

a) Se aplica el 10 por ciento a:

- Los productos susceptibles de utilización en la alimentación humana o animal, en las condiciones en que son objeto de entrega. No se aplica a las bebidas alcohólicas ni a las bebidas refrescantes, zumos y gaseosas con azúcares o edulcorantes añadidos, sin afectar este apartado a las prestaciones de servicios como las consumiciones en bares y restaurantes, que continúan siendo al tipo impositivo del 10 por ciento. (Art. 91. Uno. 1. 1º).

  El Real Decreto-ley 20/2022, de 27 de diciembre, baja al 5% el tipo de IVA y el recargo de equivalencia al 0,62% de los aceites de oliva y de semillas y de las pastas alimenticias, desde el 1 de enero de 2023 hasta el 31 de diciembre de 2023. Este tipo del 5% ha sido prorrogado hasta el 30 de junio de 2024 por el Real Decreto-Ley 8/2023 de 27 de diciembre. Productos, animales y vegetales susceptibles de utilizarse en la obtención de los alimentos.

- Productos, animales y vegetales susceptibles de utilizarse en la obtención de los alimentos (Art. 91. uno. 2º).
- Aguas para alimentación humana o animal, incluso para riego (91. uno. 1. 4º).

Ejemplo

TIPO IMPOSITIVO DEL 10 POR CIENTO EN ALIMENTOS

Se aplica este tipo impositivo a los animales reproductores de aquéllos destinados a ser consumidos, o a su engorde previo.

Se aplica este tipo impositivo a la entrega de hielo.

b) Se aplica el 4 por ciento a productos concretos como el pan común, harinas panificables, leche natural, quesos, huevos, así como las frutas, verduras, hortalizas, legumbres, tubérculos y cereales que sean, según el Código Alimentario, productos naturales, es decir, aquellos que se encuentra en el mismo estado que se obtuvieron, o bien ha sido objeto de simples operaciones que no dan lugar a un cambio en sus características. (Art. 91. Dos. 1. 1º). El pan integral se incluye desde julio de 2019 dentro de la categoría de pan común.

El Real Decreto-ley 20/2022, de 27 de diciembre, baja al 0% el tipo de IVA y del recargo de equivalencia de estos productos desde el 1 de enero de 2023 hasta el 31 de diciembre de 2023. Este tipo del 0% ha sido prorrogado hasta el 30 de junio de 2024 por el Real Decreto-Ley 8/2023 de 27 de diciembre.

c) Desde 1 de enero de 2021 se incrementa el tipo de gravamen del 10% al 21% (de reducido a normal) aplicable a las bebidas azucaradas y edulcoradas.

- El incremento del gravamen solo afecta a la venta de estos productos en supermercados, pero la consumición en bares y restaurantes seguirá tributando al 10%.

Ejemplo

> TIPO IMPOSITIVO: ALIMENTOS
>
> Se aplica el tipo del 4 por ciento a los huevos frescos; el 10 por ciento a los huevos líquidos y el 21 por ciento a los huevos incubados.
>
> Se aplica el 4 por ciento al pan común, y el 10 por ciento al pan de molde. 0 por ciento desde 1 de enero al 30 de junio de 2023.

2.9.5.2.2. *Actividades agrícolas, forestales o ganaderas*

- Se aplica el tipo del 10% a los productos utilizables en las actividades de esta naturaleza, como las semillas, fertilizantes y herbicidas, siempre que por sus características, presentación y estado de conservación sean susceptibles de utilización directa en estas actividades.
- A la maquinaria, utensilios o herramientas para estas actividades se les aplica el tipo del 21% (Art. 91. Uno. 1. 3º).

En cuanto a las flores y plantas vivas ornamentales, se les aplica el tipo del 10%, al igual que a las semillas, bulbos, esquejes y productos de origen vegetal utilizables en obtener flores y plantas vivas. (91. Uno.1.8º).

Ejemplo

> TIPO IMPOSITIVO. BIENES PARA ACTIVIDADES AGRÍCOLAS
>
> Cuando el fertilizante se presenta en forma de bolsas de pequeña capacidad, no se pone de manifiesto un uso con destino a una actividad agrícola, por lo que no se le aplica el tipo del 10%.

2.9.5.2.3. *Medicina y sanidad*

a) Se aplica el 10 por ciento a los medicamentos para uso veterinario (art. 91.Uno.1.5º), así como (art. 91.Uno.1.6º) a los equipos médicos, aparatos e instrumental (ver apartado octavo del Anexo de la Ley) para aliviar deficiencias, para uso exclusivo de personas con deficiencias físicas o mentales, sin incluir los accesorios y recambios.

Se aplica también el 10 por ciento a los servicios de asistencia sanitaria, dental y curas terminales, cuando no estén exentas de IVA, de acuerdo con el art. 20.Uno.LIVA.

A la entrega de repuestos y a las reparaciones de material de equipos médicos, al no tener por sus características la condición de instrumentos sanitarios, se les aplica el tipo del 21%, como puede ser el caso de las pilas para audífonos. (Art. 91.Uno.1.6º),

b) Se aplica el 4 por ciento a los medicamentos para uso humano, así como a las fórmulas magistrales y preparados medicinales (Art. 91.Dos.1.3º).

La Ley de Presupuestos Generales del Estado para 2023, con efectos desde el 1 de enero de 2023, reduce al 4% la tributación de las entregas de las compresas, tampones, protegeslips, preservativos y otros anticonceptivos no medicinales que anteriormente tributaban al 10%.

La Ley 3/2017, de 27 de junio, de Presupuestos Generales del Estado para 2017 (BOE del 29 de junio de 2017), ha modificado, desde el 29 de junio de 2017, el apartado octavo del Anexo de la Ley, incluyendo las monturas para gafas graduadas entre los bienes a los que les es de aplicación el tipo impositivo reducido del 10 por ciento.

Hay que tener en cuenta que, para hacer frente a las consecuencias del COVID-19, el Real Decreto-Ley 15/2020, de 21 de abril, ha introducido para el período 23 de abril al 31 de octubre de 2020, el tipo cero para una serie de entregas, importaciones y adquisiciones de productos sanitarios que figuran en el Anexo del citado Real Decreto-Ley, cuyos destinatarios sean entidades de Derecho Público, clínicas o centros hospitalarios, o entidades privadas de carácter social a las que se refiere el art. 20.Tres de la Ley del IVA.

Estas operaciones se documentarán en factura como operaciones exentas.

Desde el 19-11-2020 y hasta el 31-12-2021, el tipo impositivo en IVA de las mascarillas quirúrgicas desechables se reduce al 4% —con anterioridad el 21%— (Art. 7 del RDL 34/2020).

Este tipo se ha ido prorrogando y el Real Decreto-ley 20/2022, de 27 de diciembre, amplía hasta el 30 de junio 2023 el tipo del 4% aplicable a las mascarillas quirúrgicas desechables.

La disp. final 7ª, del RDL 35/2020 (BOE 23-12-20), y con efectos desde el 24-12-2020 hasta el 31-12-2022 incorpora la aplicación del IVA a tipo 0% a las siguientes entregas de bienes y prestaciones de servicios.

- Las entregas, importaciones y adquisiciones intracomunitarias de productos sanitarios para diagnóstico in vitro de la COVID-19 que sean conformes con los requisitos establecidos en Directiva 98/79/CE.

- Las entregas de vacunas contra la COVID-19 autorizadas por la CE.
- Las prestaciones de servicios de transporte, almacenamiento y distribución relacionados con las entregas, importaciones y adquisiciones intracomunitarias, previstas en las los guiones anteriores, que deben ser facturadas como operaciones exentas que no limitan el derecho a deducir el IVA soportado.

El tipo del 0% anterior es también aplicable a estas entregas de bienes por los sujetos pasivos que apliquen el recargo de equivalencia (2.9.9.4.3).

El Real Decreto-ley 29/2021, de 21 de diciembre, por el que se adoptan medidas urgentes en el ámbito energético para el fomento de la movilidad eléctrica, el autoconsumo y el despliegue de energías renovables, en su Disposición adicional primera, establece la prorroga hasta el 30 de junio de 2022 de la aplicación del tipo impositivo del 4 por ciento del a las entregas, importaciones y adquisiciones intracomunitarias de las mascarillas quirúrgicas desechables y de un tipo del cero por ciento a las entregas interiores, importaciones y adquisiciones intracomunitarias de material sanitario para combatir la COVID-19, relacionado en el Anexo del Real Decreto-ley 7/2021, de 27 de abril, y cuyos destinatarios sean entidades públicas, sin ánimo de lucro y centros hospitalarios.

Como se ha indicado anteriormente, el Real Decreto-Ley 11/2022, de 25 de junio, prorroga hasta el 31 de diciembre de 2022 la aplicación del tipo del 4 por ciento del IVA a las entregas, importaciones y adquisiciones intracomunitarias de las mascarillas quirúrgicas desechables referidas en el Acuerdo de la Comisión Interministerial de Precios de los Medicamentos, de 12 de noviembre de 2020.

El Real Decreto-ley 20/2022, de 27 de diciembre, prorroga hasta el 30 de junio 2023 el tipo del 4% aplicable a las mascarillas quirúrgicas desechables y el tipo impositivo del 0 por ciento del IVA a las entregas, importaciones y adquisiciones intracomunitarias de determinados bienes y prestaciones de servicios necesarios para combatir los efectos del SARS-CoV-2, así como a efectos del régimen especial del recargo de equivalencia (recargo de equivalencia del 0 por ciento), prevista en la disposición final séptima del Real Decreto-ley 35/2020, de 22 de diciembre, se prorroga hasta el 30 de junio de 2023.

Se trata de los productos sanitarios para diagnóstico "in vitro" del SARS-CoV-2, las vacunas contra el SARS-CoV-2 autorizadas por la Comisión Europea y los servicios de transporte, almacenamiento y distribución relacionados.

2.9.5.2.4. Relacionados con la discapacidad y la movilidad reducida

Se aplica el tipo impositivo del 4% a las siguientes entregas de bienes (Art. 91. Dos. 1. 4º).

- Los coches de discapacitados y sillas de ruedas para su uso exclusivo.

Los taxis especialmente adaptados para el transporte de personas con discapacidad en silla de ruedas, no perdiendo este derecho aunque transporten a otras personas.

- Los vehículos a motor que deban transportar habitualmente a personas con discapacidad en silla de ruedas o con movilidad reducida, con independencia de quien sea el conductor.

A estos efectos, debe acreditarse la habitualidad en el transporte de las personas a las que se refiere la LIVA, y obtener de la Agencia Estatal de Administración Tributaria el reconocimiento del derecho a adquirir el vehículo aplicando el tipo reducido del IVA.

- Las prótesis, órtesis e implantes internos para personas con discapacidad (Art. 91. dos. 1. 5º). Si no se acredita este destino, el tipo aplicable es el 10 por ciento.

También se aplica el 4 por ciento a los servicios de reparación de los coches y sillas de discapacitados (Art. 91. dos. 2.1º), así como a la adaptación de autotaxis y autoturismos para personas con discapacidad.

Más allá de los preceptos citados anteriormente, no existen en nuestra normativa del IVA otras operaciones relacionadas con personas con movilidad reducida a las que pueda serles aplicables el tipo superreducido del 4 por ciento, por lo que no les es de aplicación a la realización de cursos especiales de conducción, así como a la realización de exámenes y al pago de tasas de los mismos (DGT V0010-19).

Desde el 5 de julio de 2018 se amplían los casos en los que puede aplicarse el tipo reducido en los servicios de teleasistencia y ayuda a domicilio, de forma tal que pueden utilizarse cuando la prestación económica vinculada a tales servicios cubra más del 10% de su precio (antes del 75%) y bajo ciertos requisitos.

2.9.5.2.5. Viviendas. (Art. 91. Uno. 1. 7º). (Art. 91. Dos. 1. 6º)

a) Tipo del 10%.

Es de aplicación a las entregas de edificaciones aptas para su utilización como viviendas, incluidos anexos, y hasta dos plazas de garaje cuando la transmisión de unos y otros se realice conjuntamente. No es preciso que la vivienda se destine a este uso. Es suficiente con la calificación administrativa como tal. (Art. 91. Uno. 1. 7º).

Ejemplo

TIPO IMPOSITIVO. ENTREGA DE VIVIENDAS

La venta de vivienda, conjuntamente con plaza de garaje, tributa al tipo del 10%.

La venta de una vivienda en un momento diferente al de la plaza de garaje no da lugar a aplicar el tipo reducido a ambos, por lo que a la vivienda se le aplica el 10 por ciento y a la plaza de garaje al 21%.

Si se vende una vivienda para instalar una oficina, el tipo es el 10 por ciento.

Si, por el contrario, la parte de la edificación vendida para oficina no tuviese la calificación de vivienda, el tipo aplicable sería el 21 por ciento

b) Tipo del 21%:

Se aplica el tipo general, cuando el inmueble transmitido no tiene la calificación administrativa de vivienda, o cuando las viviendas transmitidas están destinadas a su demolición por el adquirente.

Para que un inmueble o una parte del mismo tenga la consideración de apto para su utilización como vivienda, es preciso que disponga de la correspondiente cédula de habitabilidad o licencia de primera ocupación en el momento de la entrega y, objetivamente considerado, sea susceptible de ser utilizado como tal. Si no se tiene, se aplica el tipo general.

c) Tipo 4%:

El tipo superreducido se aplica a la entregas de viviendas de protección oficial en régimen especial o de promoción pública, en las mismas condiciones de las que le es aplicable el tipo del 10%, así como a las entregas de viviendas a entidades dedicadas al arrendamiento de viviendas a las que les sea de aplicación el régimen especial del Impuesto sobre Sociedades.

2.9.5.2.6. Libros y material escolar. (Art. 91. Dos. 1. 2º)

Tipo del 4%: Se aplica a los libros, revistas y periódicos que no contengan fundamentalmente publicidad, así como los trabajos que tengan por resultado inmediato su obtención. Asimismo, se aplica a los libros que se sean entregados en cualquier soporte físico, en particular, los entregados a través de archivos electrónicos dispuestos para su volcado a herramientas de lectura o dispositivos portátiles que permitan almacenar y leer libros digitalizados. Dicho suministro podrá realizarse, a través de CD-ROM, memorias USB (pendrives) o directamente a través de su descarga desde equipos de "hardware".

❒ También se aplica a las partituras, mapas y cuadernos de dibujo.

Ejemplo

Una imprenta que entregue libros terminados a una editorial, aplica el tipo del 4%. Si realiza la impresión de un folleto publicitario sobre un libro aplica el tipo del 21%.

Por el contrario, se aplica el tipo del 21% a los servicios prestados por vía electrónica y, entre otros, a los siguientes:

a) El suministro y alojamiento de sitios informáticos.

b) El mantenimiento a distancia de programas y de equipos.

c) El suministro de programas y su actualización.

d) El suministro de imágenes, texto, información y la puesta a disposición de bases de datos.

e) El suministro de música, películas, juegos, incluidos los de azar o de dinero, y de emisiones y manifestaciones políticas, culturales, artísticas, deportivas, científicas o de ocio.

f) El suministro de enseñanza a distancia.

A los dispositivos portátiles que permitan almacenar y leer libros digitalizados, así como reproductores de libros electrónicos y otros elementos de "hardware", es decir, componentes que integran la parte material de un ordenador o que se puedan conectar al mismo, y los servicios consistentes en el acceso electrónico a bases de datos, periódicos, revistas y semejantes y, en general, a páginas "web", se les aplica el 21 por ciento.

Al material escolar (salvo a los libros, a los que se aplica el 4 por ciento) le es de aplicación el tipo del 21%, al margen de que lleve o no impresa la leyenda "material escolar", así como al material de oficina.

En la entrega de libros y manuales para un curso en el que no es necesaria la participación de profesores presenciales ni en línea, la operación principal será la entrega de los libro y manuales sin que el acceso en línea a los contenidos audiovisuales y al foro para comunicarse con otros usuarios parezca constituir un fin en sí mismo, distinto e independiente de la propia adquisición de los manuales y libros diseñados para el auto-aprendizaje de una materia.

En consecuencia, puede concluirse que la entrega de los libros y manuales constituyen la prestación principal que tributa al tipo impositivo del 4 por ciento, constituyendo el acceso en línea una prestación accesoria de ésta, cuya tributación seguirá a la principal, es decir tributará todo al tipo impositivo del 4 por ciento. (DGT-V0218-19 de 01/02/2019).

Con efectos desde el 23 de abril de 2020, se modifica el número 2.º del apartado dos.1 del artículo 91 de la Ley del IVA, de forma que se aplicará el tipo del 4% también a los libros periódicos y revistas incluso cuando tengan la consideración de servicios prestados por vía electrónica.

Todo ello, conforme a lo regulado en el Real Decreto-Ley 15/2020, de 21 de abril, BOE de 22, artículo 8.

De este modo, se elimina la diferencia existente en materia de tipos impositivos entre el libro físico y el libro electrónico y, en consecuencia, parte de la doctrina anterior que hacía tributar las prestaciones de servicios (pues no pueden calificarse como entregas de bienes, debido a su desmaterialización) de libros electrónicos y material escolar al 21%, ha quedado derogada.

En cuanto al acceso a material virtual de aprendizaje que se utiliza en los cursos, caben las siguientes alternativas:

1. Dentro del concepto de libro se incluye toda obra literaria o de cualquier otra índole que puede aparecer impresa o en cualquier otro soporte susceptible de lectura El soporte físico, papel o cualquier soporte susceptible de lectura, en el que aparezca un libro, es indiferente para que sea considerado como tal.
2. Los servicios de enseñanza a distancia no tienen la consideración de servicios prestados por vía electrónica, cuando ésta no se encuentre automatizada y dependa de Internet o de una red electrónica similar para funcionar, y cuya prestación no necesite o apenas necesite, de intervención humana, lo cual incluye aulas virtuales, salvo cuando Internet o la red electrónica similar se utilicen como simple medio de comunicación entre el profesor y el alumno.

   Si los servicios prestados son considerados como servicio educativo, estarán exentos del IVA. Por el contrario, a los servicios calificados como prestados por vía electrónica se les aplica el tipo general.
3. Si la operación principal que realiza la entidad, es el suministro de libros electrónicos, se aplica el tipo reducido del 4%.
4. Si la operación principal consiste en la impartición de enseñanza a través de internet, siendo una operación esencialmente automatizada mediante y el acceso en línea al conjunto de material audiovisual de naturaleza heterogénea, se considera una prestación única de servicios prestados por vía electrónica de enseñanza a distancia, que debe tributar al tipo del 21%.

Si con este curso se suministrase un libro electrónico que no constituya un fin en sí mismo sino el medio para disfrutar en mejores condiciones del servicio de enseñanza a distancia, se aplica igualmente el tipo del 21% al suministro del libro electrónico, al tratarse de un servicio accesorio de la prestación principal.

5. Si el servicio prestado por la consultante tuviera la consideración de servicio educativo, el mismo estaría exento del IVA.(DGT V2509-20 de 22-7-20).

2.9.5.2.7. *Electricidad, gas y otros*

El Real Decreto-ley 29/2021, de 21 de diciembre, por el que se adoptan medidas urgentes en el ámbito energético para el fomento de la movilidad eléctrica, el autoconsumo y el despliegue de energías renovables, en su Disposición adicional primera, establece la prorroga hasta el 30 de abril de 2022 de la aplicación del tipo impositivo del 10 por ciento a las entregas, importaciones y adquisiciones intracomunitarias de energía eléctrica, prevista en el artículo 1 del Real Decreto-ley 12/2021, de 24 de junio.

El Real Decreto-ley 11/2022, de 25 de junio, por el que se adoptan y se prorrogan determinadas medidas para responder a las consecuencias económicas y sociales de la guerra en Ucrania, para hacer frente a situaciones de vulnerabilidad social y económica, y para la recuperación económica y social de la isla de La Palma ("Boletín Oficial del Estado" de 26), introduce, hasta el 31 de diciembre de 2022, un tipo de gravamen del 5% para determinadas entregas de electricidad, a saber, para los contratos cuyo término fijo de potencia no supere los 10 kW cuando el precio medio mensual del mercado mayorista en el mes anterior al de la facturación haya superado los 45 €/MWh; así como la aplicación del tipo impositivo del 5 por ciento del IVA para los suministros efectuados a favor de los titulares de contratos de suministro de electricidad que sean perceptores del bono social y, además, tengan reconocida la condición de vulnerable severo o vulnerable severo en riesgo de exclusión social, con independencia del precio de la electricidad del mercado mayorista.

El Real Decreto-ley 20/2022, de 27 de diciembre, prorroga hasta el 31 de diciembre de 2023 el tipo del 5 por ciento del IVA a estos suministros de electricidad.

El Real Decreto-Ley 8/2023 de 27 de diciembre eleva al 10% durante el año 2024 el tipo de estas entregas de electricidad. Sin embargo desde el 1 de marzo de 2024 el tipo ha subido al 21% al cerrar el mes de febrero por debajo de 45 euros por megavatio hora.

El artículo 5 del Real Decreto-ley 17/2022, de 20 de septiembre, por el que se adoptan medidas urgentes en el ámbito de la energía, en la aplicación del régimen retributivo a las instalaciones de cogeneración y se reduce temporalmente el tipo del Impuesto sobre el Valor Añadido aplicable a las entregas, importaciones y adquisiciones intracomunitarias de determinados combustibles ("Boletín Oficial del Estado" de 21), con ánimo de reducir los costes de la energía, introduce dos medidas que reducen el tipo de gravamen del IVA para dos modalidades de combustibles.

Así, en el artículo 5, se regula que el tipo del Impuesto sobre el Valor Añadido aplicable temporalmente a las entregas, importaciones y adquisiciones intracomunitarias de gas natural, Con efectos desde el 1 de octubre de 2022 y vigencia hasta el 31 de diciembre de 2022, se aplicará el tipo del 5 por ciento del Impuesto sobre el Valor Añadido a las entregas, importaciones y adquisiciones intracomunitarias de gas natural y, en el artículo 6, se indica que el tipo del Impuesto sobre el Valor Añadido aplicable temporalmente a las entregas, importaciones y adquisiciones intracomunitarias de briquetas y pellets procedentes de la biomasa y a la madera para leña.

El Real Decreto-ley 20/2022, de 27 de diciembre, prorroga durante todo 2023 el tipo del 5% aplicable al gas natural, briquetas, pellets y madera para leña. El recargo de equivalencia de estos productos se reduce al 0,62 por ciento.

El Real Decreto-Ley 8/2023 de 27 de diciembre eleva al 10% del 1 de enero al 31 de marzo de 2024 las entregas, importaciones y adquisiciones intracomunitarias de gas natural. A su vez, eleva al 10% del 1 de enero al 30 de junio de 2024 las entregas, importaciones y adquisiciones intracomunitarias de briquetas, pellets y madera para leña.

2.9.5.3. Prestaciones de servicios

2.9.5.3.1. Transporte

Tipo del 10%: El único transporte al que se aplica exclusivamente el tipo reducido es el de viajeros y sus equipajes. (Art. 91. Uno. 2. 1º), al margen de cuál sea el medio de transporte.

Ejemplo

TIPO IMPOSITIVO. TRANSPORTE

Al arrendamiento de medios de transporte se le aplica el tipo general del 21%.

Al servicio de utilización de autopistas se le aplica el tipo del 21%.

2.9.5.3.2. Hostelería. (Art. 91. Uno. 2. 2º)

El tipo del 10% se aplica a la hostelería, restaurantes y suministro de comidas para consumir en el acto, aunque se confeccionen por encargo del destinatario.

Hasta el 28 de junio de 2017 se aplicaba el 21% a los servicios mixtos de hostelería, espectáculos, salas de fiestas, barbacoas y otros análogos. En la Resolución de 2/8/2012 de la DGT, se indicaba que la aplicación del tipo general a los servicios de hostelería requería que fuese un servicio mixto, es decir, un servicio de hostelería conjuntamente con un servicio recreativo, por lo que se excluían aquellos en los que este último fuese una actividad accesoria a la de hostelería, es decir, que complemente la actividad de hostelería y no fuese una actividad autónoma de la principal.

2.9.5.3.3. *Explotaciones agrícolas. (91. Uno.2. 3º)*

Se aplica el tipo del 10% a los servicios prestados a titulares de explotaciones agrícolas, forestales o ganaderas (no incluye las pesqueras). Comprende la siembra, recolección, almacenamiento, cría, guarda y engorde de ganado y asistencia técnica.

Por el contrario, se aplica el tipo del 21%a la cesión de uso o disfrute o arrendamiento de bienes.

Ejemplo

TIPO IMPOSITIVO. TRABAJOS AGRÍCOLAS

Si una persona encarga un arreglo a efectuar en el jardín de su casa, al no ser titular de una explotación agrícola le repercutirán IVA al 21%.

Si la misma persona encarga la siembra de una explotación agraria, en la que realiza una actividad empresarial, le repercutirán el tipo del 10 por ciento.

2.9.5.3.4. *Limpieza. (art. 91. Uno.2 4º) (Art. 91. Uno. 2. 5º)*

Se aplica el tipo del 10% a los servicios de limpieza de vías y jardines públicos y los servicios de recogida, transporte y eliminación de residuos, alcantarillados públicos, cesión y mantenimiento de recipientes normalizados para residuos. Para la aplicación del tipo de gravamen debe estarse al concepto de residuos que establece la Ley de Residuos.

2.9.5.3.5. *Cultura. (art. 91. Uno 2. 6º)*

a) Tipo del 10%: Se aplica en la entrada a bibliotecas, archivos, museos, galerías de arte, teatros, circos, festejos taurinos, conciertos, y a los demás espectáculos culturales en vivo.

La última actualización de este apartado ha sido la introducida por la Ley 3/2017 de Presupuestos Generales del Estado para 2017, que ha incorporado, desde el 29 de junio de 2017, a los teatros, circos, festejos taurinos, conciertos, y a los demás espectáculo culturales en vivo, entre aquellos servicios a los que les es de aplicación el tipo impositivo reducido del 10 por ciento, y la Ley 6/2018 de PGE para 2018 estableció desde el 5 de julio en el 10% el tipo impositivo de la entrada a salas cinematográficas.

Según el artículo 91, apartado Uno.2, número 13º de la Ley del IVA, que se aplicará el tipo impositivo del 10 por ciento a los servicios "prestados por intérpretes, artistas, directores y técnicos, que sean personas físicas, a los productores de películas cinematográficas susceptibles de ser exhibidas en salas de espectáculos y a los organizadores de obras teatrales y musicales".

No obstante a los servicios prestados por una persona física al organizador del espectáculo musical, no en su calidad de intérprete o artista, sino como la de un empresario individual que gestiona la actuación de grupos musicales a favor del organizador, se les aplica el tipo impositivo general del 21 por ciento. (DGT V0982-12. DGT V1625-19 de 28/06/2019).

Desde el 5 de julio de 2018 las entradas en salas cinematográficas se gravan al 10%.

2.9.5.3.6. Deporte

a) Tipo 10%:

Espectáculos deportivos de carácter aficionado (Art. 91. Uno. 2. 8º).

b) Tipo 21%:

Servicios a personas físicas que practiquen el deporte o la educación física, cuando no estén exentos según el Art. 20. Uno. 13º LIVA.

Según la Resolución de la DGT 2/8/2012, se aplica el tipo general, entre otros, a las clases de deporte, alquiler de pistas deportivas, uso de piscinas, servicios de clubs náuticos y alquiler de material deportivo, entre otros servicios.

2.9.5.3.7. Servicios sociales. (Art. 91. Uno. 2. 7º). (Art. 91. Dos.2.3º)

a) Tipo del 10%:

Se aplica a los servicios sociales que recoge el Art. 20.Uno.8º LIVA, siempre que no estén exentos, con la excepción del apartado siguiente.

b) Tipo del 4%:

Se aplica el tipo del 4 por ciento a los servicios sociales, no exentos por el art. 20.Uno 8º, de promoción de la autonomía personal y de atención a la dependencia, cuando se presten en plazas concertadas en centro o residencia, o bien mediante precios derivados de concursos administrativos, o bien como consecuencia de una prestación económica vinculada a tales servicios que cubra más del 75 por ciento de su precio. Incluye los servicios de teleasistencia, ayuda a domicilio, centros de día y de noche, así como los servicios de atención residencial.

Desde 5 de julio de 2018, se ampliaron los supuestos en que puede aplicarse el tipo impositivo del 4 por ciento en los servicios de teleasistencia y ayudas a domicilio, de tal forma que puede aplicarse el citado tipo de gravamen súper reducido, cuando la prestación económica vinculada a tales servicios cubra más del 10 por ciento de su precio (antes el 75 por ciento) y, todo ello, con la salvedad de que puedan cumplirse determinados requisitos que darían lugar a que estos servicios estuviesen exentos.

2.9.5.3.8. Ferias. (Art. 91. Uno. 2. 9º)

Tipo 10%: Se aplica a las exposiciones y ferias comerciales.

La delimitación de una feria como comercial requiere que el objetivo sea la promoción de los bienes de los participantes en la misma.

2.9.5.3.9. Construcción

Tipo del 10% (91.Uno.3) (Art. 91. Uno. 2. 10º)

- Obras realizadas entre el promotor y el contratista que tengan como finalidad construir o rehabilitar edificaciones destinadas en más del 50% de la superficie construida a ser utilizadas como viviendas. En una obra puede haber varios contratistas, pero solo se aplica a los que contraten directamente con el promotor.

Ejemplo

TIPO IMPOSITIVO CONSTRUCCIÓN DE VIVIENDAS

Una obra inicialmente estaba prevista que fuese fundamentalmente para viviendas, por lo que se empezó repercutiendo el 10 por ciento.

Si se cambia el proyecto pasando a ser más del 50% de la superficie destinada a locales comerciales, debe rectificarse la repercusión realizada y repercutir el 21 por ciento a la totalidad de la obra.

A los servicios de los aparejadores y arquitectos, entre otros, se les aplica el tipo del 21%.

Las ejecuciones de obra consistentes en la construcción o rehabilitación de residencias para personas mayores, o residencias de estudiantes, tributarán al tipo impositivo del 10 por ciento, siempre que más del 50 de la superficie de estas edificaciones tenga como uso el de vivienda y, además, las obras sean concertadas directamente entre el promotor y el contratista.

- También se aplica el 10 por ciento en las obras de renovación y reparación de viviendas cuando sea el destinatario una persona física que la utilice para uso particular, así como para comunidades de propietarios, siempre que hayan transcurridos al menos dos años desde la finalización de la construcción o rehabilitación. Para su correcta aplicación, si aporta materiales quien realice las obras su coste no debe exceder del 40% de la base imponible de la operación, ya que si lo supera toda la obra será una entrega de bienes y tributaría al 21 por ciento.

Ejemplo

TIPO IMPOSITIVO. MANTENIMIENTO DE VIVIENDAS

No tiene la consideración de ejecución de obra, por lo que se aplica el tipo general del 21%, el servicio de mantenimiento de calderas consistente en la inspección técnica, revisión y realización de determinadas tareas de conservación y puesta a punto, que se presta de forma continuada en el tiempo, mediante la visita periódica y, generalmente, programada a las correspondientes instalaciones y cuya contraprestación se realiza mediante pagos periódicos de carácter anual

- En el arreglo de una vivienda como consecuencia de un siniestro, se factura al 10 por ciento, si el destinatario es el propietario de la vivienda, y al 21% si se factura a la compañía de seguros.

En relación con las actividades de mantenimiento periódico, revisión y reparación o sustitución, en su caso, de instalaciones eléctricas (alumbrado, cuadros de luz, instalaciones solares, alimentación de bombas, video portero, etc.), para comunidades de propietarios, ver la consulta DGT V0693-11 de 17/03/2011. Para los servicios de desinsectación y desratización de edificios ver DGT V0842-11 de 31/03/2011, y en relación con los ascensores, ver DGT V1203-11 de 12/05/2011.

El arreglo de una vivienda destinada por su propietario, persona física, al arrendamiento, tributa al tipo del 21 por ciento ya que el destinatario de la obra la utiliza en su calidad de empresario (arrendador).

- ❒ Cuando se realiza la venta con instalación de muebles de cocina, en contratos con el promotor, para las viviendas de este apartado. Si se trata de la entrega de muebles de cocina, sin instalación, la operación tributa al tipo general del impuesto.
- ❒ Asimismo, se aplica el tipo reducido a las ejecuciones de obra para comunidades de propietarios de los edificios a que se refiere este apartado, que tengan por objeto construir garajes complementarios de las edificaciones en terrenos comunes a dichas comunidades.

Ejemplo

Un constructor que repara la vivienda, adquirida hace 12 años, la cual un asesor fiscal utiliza solo como vivienda, facturándole 40.000 euros, de los que 10.000 corresponden a materiales, acuerdan un pago al inicio de las obras (abril de 2023) de 20.000 euros, y el resto al terminar la obra, previsto para junio de 2023.

Al no haber superado los materiales el 40% del importe de la obra, y ser una vivienda de uso familiar adquirida hace más de dos años, la operación tributa al tipo del 10%, produciéndose el devengo de 20.000 euros en abril de 2023 y el resto en junio de 2023.

2.9.5.3.10. Arrendamientos de inmuebles (art. 91.uno.2.12º)

Cuando el inmueble no está calificado como vivienda, el tipo aplicable es el general del 21%.

Si la operación consiste en la cesión de los derechos de aprovechamiento por turno de edificios inmobiliarios, el tipo aplicable es el 10%.

2.9.6. Devengo, repercusión y sujeto pasivo

2.9.6.1. ¿Cuándo hay que gravar una operación? El devengo (Art. 75 LIVA)

El devengo es el momento en que nace la obligación de gravar con el IVA una determinada operación, cuya liquidación se hará posteriormente al presentarlas declaraciones-liquidaciones del impuesto.

Cuando se produce el devengo nace el derecho a deducir las cuotas soportadas por parte del destinatario de las distintas operaciones gravadas, siempre que haya cumplido los requisitos de la deducibilidad y esté en poder del documento acreditativo de haber soportado el impuesto.

En general, el devengo es el momento en que se va determinar cuál es la legislación aplicable a cada operación, como el hecho imponible y el tipo aplicable, entre otros aspectos que iremos desarrollando.

2.9.6.1.1. Entregas de bienes

En las entregas de bienes se produce el devengo cuando se realiza la transmisión del poder de disposición de los bienes objeto de la operación. Si la entrega fuese sin transmitir la propiedad, el devengo sería cuando los bienes se ponen en posesión del destinatario de la operación.

Si hay pagos anticipados, anteriores a la entrega, se produce un devengo cuando se cobra de manera efectiva, total o parcialmente, la contraprestación.

Si hay pagos posteriores a la entrega del bien, no se va a producir un devengo en el momento de realizarse estos pagos posteriores, ya que el devengo se habrá producido, como muy tarde, en el momento de la entrega del bien.

En el apartado de este Manual dedicado a regímenes especiales, veremos las reglas de devengo del régimen especial del criterio de caja.

Ejemplo

DEVENGO: ENTREGA DE BIENES

Se venden bienes, con los siguientes pagos:

- 21 de enero: Nos entregan 2.000 euros anticipadamente.
- 12 de abril: Se entrega la mercancía y nos pagan 8.000 euros.
- 4 de noviembre: Nos pagan 3.000 euros, resto del pago de la entrega de bienes.

Solución:

El 21 de enero se produce un devengo del IVA, con una base imponible de 2.000 euros (pago anticipado).

El 12 de abril se devenga del IVA con una base imponible de 11.000 euros, es decir, la correspondiente a todos los pagos a realizar a partir de la entrega, por lo que en el pago a realizar el 4 de noviembre no habrá devengo de IVA.

En cada devengo se aplica el tipo de gravamen vigente en ese momento.

2.9.6.1.2. *Prestaciones de servicios*

El devengo del IVA en las prestaciones de servicios se produce en el momento en que se considere prestado el servicio de acuerdo con los pactos establecidos entre las partes intervinientes en la operación.

Al igual que en las entregas de bienes, si hubiese pagos anticipados habría que seguir las mismas reglas en relación con el devengo del impuesto, aunque en muchos casos estos pagos pueden ser provisiones de fondos para prestar un servicio, en cuyo caso no darían lugar a un devengo.

Como ejemplo, pueden citárselas las cantidades entregadas a un gestor administrativo para que realice diversas gestiones en nuestro nombre. Lo que corresponda a honorarios anticipados da lugar a devengo del IVA, pero lo entregado al gestor para que realice un pago en nuestro nombre no se corresponde con un devengo de IVA.

Si el servicio se prestase durante un plazo superior a un año, el sujeto pasivo por inversión fuese el destinatario y no existiesen pagos anticipados, el devengo sería a 31 de diciembre por la parte proporcional del servicio prestado cada año.

2.9.6.1.3. *Ejecuciones de obra*

Cuando hay una ejecución de obra con aportación de materiales, que tendría la calificación de entrega de bienes, se produce el devengo al poner la obra a disposición del dueño de la obra. Si tuviese la consideración de prestación de servicios, el devengo sería con ocasión de la puesta de la obra a disposición del cliente si el que realiza la obra aporta material. En otro caso, se produciría el devengo cuando se entienda finalizado el trabajo.

Ejemplo

DEVENGO: EJECUCIONES DE OBRA

Si se encarga elevar un piso a un edificio, se devenga el IVA en el momento de ponerlo a disposición del promotor de la edificación. Si hubiese pagos anticipados, en el momento del cobro se produciría el devengo del IVA por la cantidad cobrada, que sería a cuenta del IVA que se devengaría en el momento de la entrega y puesta del piso a disposición del promotor.

Cuando el destinatario de las ejecuciones de obra es una Administración Pública, se produce el devengo al recepcionarlas, según el art. 235 del Real Decreto Legislativo

3/2011, de 14 de noviembre, por el que se aprueba el texto refundido de la Ley de Contratos del Sector Público (BOE núm. 276, de 16/11/2011)

Las certificaciones de obra parciales, en tanto no supongan entrega de la obra, ni den lugar a un pago anticipado, no determinan la existencia de un devengo.

Ejemplo

Se construye una carretera para una Comunidad Autónoma:

- El 10/1/2023 se emite una certificación por 200.000 euros, IVA incluido
- El 9/4/2023 se recibe en la cuenta bancaria el cobro de la certificación anterior.
- El 9/4/2024 se entrega y recepciona la carretera, estando conforme con lo contratado.
- El 9/10/2024 se cobran 3.000.000 euros pendientes, IVA incluido.

El 9/4/2024 se produce un devengo del IVA con una base imponible de 200.000 euros, ya que es cuando se considera cobrada la certificación emitida el 10/1/2023.

El 9/4/2024 se devenga el IVA sobre una base imponible de 3.000.000 euros, ya que en ese momento se recepciona la obra, devengándose el IVA de los pagos que estuviesen pendientes en el momento de la entrega de la carretera.

Con el cobro del 9/10/2024 no hay ningún devengo del IVA, por haberse producido el devengo con anterioridad (el 9/4/2024).

La simple expedición de una certificación no tiene consecuencias a efectos del IVA si no ha habido entrega de la obra o percepción de pago.

En cada uno de los pagos anteriores a la realización de una operación se aplica el tipo de gravamen vigente en el momento del devengo, no debiendo rectificarse el tipo impositivo correspondiente a los pagos a cuenta cuando la realización de la operación y, por tanto, el devengo, tenga lugar con posterioridad al momento en que haya entrado en vigor un cambio en el tipo de gravamen.

Ejemplo

DEVENGO Y TIPO IMPOSITIVO

En abril de 2017 nos hicieron un pago anticipado de 10.000 euros, para un servicio mixto de hostelería, estando vigente el tipo general del 21% de IVA

En julio de 2017 se prestó un servicio, estando pendiente un pago de 20.000 euros. El tipo vigente es el 10 por ciento.

Aunque se haya reducido el tipo de gravamen de estos servicios en junio de 2017, no procede rectificar la tributación de los pagos anticipados ya que se les aplicó el tipo vigente en el momento del devengo. Por tanto, al pago de abril se la aplicó el tipo del 21%, y al de julio el tipo del 10 por ciento.

2.9.6.1.4. Arrendamientos, suministros y operaciones de tracto sucesivo

Si nos encontramos con operaciones que se van realizando de una forma periódica a lo largo del tiempo, como puede ser el suministro de luz o el pago de un alquiler, se produce el devengo en el momento de ser exigible la parte del precio estipulado, según las condiciones establecidas en el contrato realizado entre las partes.

En los contratos de tracto sucesivo se produce el devengo cuando sea exigible la contraprestación, con independencia del mes en qué se determine su importe.

Ejemplo

DEVENGO: SUMINISTRO DE AGUA

Por las condiciones contractuales establecidas por la compañía que suministra agua, nos factura cada dos meses el consumo realizado, en concreto, el día 15 de los meses impares.

Por tanto, cualquiera que sea el momento dentro del período bimensual citado en que hayamos procedido al consumo del agua, será el día 15 de los meses impares el momento en que se determinará la base imponible, devengándose el IVA y aplicando el tipo impositivo vigente en ese momento.

Cuando en los arrendamientos, suministros y en las operaciones de tracto sucesivo no se hubiese pactado un precio, o bien cuando el precio haya sido pactado sin determinar el momento de su exigibilidad (como puede ser fijarlo en 5.000 euros mensuales, a pagar cuando acuerden las partes), así como cuando la exigibilidad se hubiese determinado por un período superior al año natural (como puede ser fijar la contraprestación en 10.000 euros a pagar dentro de 3 años), el devengo se producirá a 31 de diciembre de cada año por la parte proporcional desde el anterior devengo. Este mismo devengo se establece para cuando no se hubiese pactado precio o bien cuando no se hubiese concretado el momento de su exigibilidad.

Ejemplo

DEVENGO: OPERACIONES DE TRACTO SUCESIVO

En el mes de enero se lleva a cabo un contrato de prestación de servicios, estipulándose un pago de 1.000 euros mensuales que serán exigibles cada dos años. En estas operaciones se producirá el devengo del IVA el 31 de diciembre de cada año, siendo la base de cálculo 12.000 euros, importe correspondiente a cada periodo anual.

Según el art. 75.Uno.2º LIVA, en las prestaciones de servicios en las que se produce inversión de sujeto pasivo, en supuestos distintos de las entregas de gas y electricidad, y siempre que las operaciones sean realizadas de forma continuada en el tiempo por plazo superior a un año sin haberse producido pagos anticipados, se producirá el devengo a 31 de diciembre por la parte proporcional correspondiente al periodo transcurrido desde el inicio o anterior devengo hasta dicha fecha.

2.9.6.1.5. Contratos estimatorios

Cuando se entreguen bienes a un empresario que debe procurar la posterior venta en un plazo determinado, momento en el que devolverá los bienes no vendidos y el importe de la venta realizada, se devenga el IVA de las diferentes operaciones en el momento en que el vendedor los pone a disposición del adquirente final.

Ejemplo

VENTA DE MOTO A TRAVÉS DE CONCESIONARIO

Un vendedor de motos recibe varias para su posterior venta. El fabricante se las deja en depósito, sin exigir contraprestación. Al cabo de un mes el vendedor vende una de ellas.

En la venta de esta moto se produce el devengo de ambas entregas, tanto del fabricante al vendedor como de éste a los consumidores finales, en el momento en que el vendedor ha entregado la moto a su cliente.

2.9.6.1.6. Pagos anticipados

En algunos de los ejemplos que acabamos de ver de operaciones interiores, se han producido pagos previos a la realización de la operación, para los que hemos indicado que el devengo del IVA se produce en el momento del cobro por parte del destinatario. Como ejemplos más habituales destacamos los siguientes:

- Si el pago anticipado se realiza mediante efectos bancarios, se produce el devengo de este pago en el momento del vencimiento del efecto, salvo que antes del vencimiento se haya producido la entrega del bien o la prestación del servicio, en cuyo caso el devengo se produce cuando se entrega el bien o se presta el servicio.
- Si se realiza una provisión de fondos anterior a una prestación de servicios que debe efectuar un profesional, su entrega podría no dar lugar a devengo del IVA siempre que no se corresponda con el pago del servicio. Se considera que la contraprestación es un pago anticipado, con el correspondiente devengo del IVA, si el importe entregado no está destinado a realizar, por parte del prestador del servicio, gastos por cuenta del cliente, como podrían ser los suplidos que se han visto en el apartado de este Manual correspondiente a la base imponible.

Ejemplo

PAGO ANTICIPADO

Se entrega a un ingeniero la cantidad de 3.000 euros a cuenta de un proyecto cuyos honorarios finales se estiman en 30.000 euros. Esta entrega anticipada de efectivo, salvo que sea destinada a realizar por el ingeniero gastos por cuenta del cliente, y que cumplan los requisitos para ser considerados como suplidos, tendrá la consideración de pago anticipado, lo que determina una exigibilidad del IVA sobre una base de 3.000 euros.

DEVENGO: CERTIFICACIÓN DE OBRA

Si se emite una certificación de obra el 20-07-2012, por importe de 100.000 euros, estando vigente el IVA al 18% y no ha habido todavía entrega de ninguna obra, ya que ésta consiste en hacer un edificio que está sin terminar, y el cliente realiza el pago de la certificación el 20-01-2013, momento en que el tipo impositivo del IVA se ha elevado al 21%, la certificación no da lugar a un devengo ya que no ha habido todavía entrega de la obra.

Al cobrarse la certificación, antes de terminar la obra, pero estando vigente el tipo del 21 por ciento, se aplica este tipo de gravamen aunque la certificación se haya emitido estando vigente el 18 por ciento.

En el supuesto de que la obra se hubiese terminado y entregado el 30-07-2012, el tipo aplicable sería el 18%, cualquiera que fuese el momento en que realizase el pago el cliente.

Ejemplo

Se entregan bienes a un cliente el día 1 de mayo de 2023, pero este decide dejarlo depositados en el almacén del vendedor, en tanto no los vaya necesitando. Posteriormente, los retira el día 15 de octubre de 2023 y los paga el día 1 de noviembre del citado año.

El devengo de la entrega se produce el día 1 de mayo de 2023, ya que los bienes están a disposición del cliente, corriendo este con los posibles riesgos del deterioro que pudieran sufrir las mercancías, sin afectar al devengo el momento en que las retira del almacén ni el momento de cobro, ya que este no es anterior al momento en que se ponen los bienes a disposición del cliente.

2.9.6.1.7. Permutas

Cuando las partes intervinientes en una operación realizan entre ellas entregas de bienes o prestaciones de servicios recíprocas, debe analizarse cada una de las operaciones de forma independiente, puesto que no puede realizarse una compensación entre ellas.

Si una de las partes de la operación (1), entrega un bien o presta un servicio a su cliente (2), realizando este último la entrega de un bien equivalente al proveedor (1), se están produciendo dos operaciones en el mismo momento, siendo simultáneo el devengo de cada una de ellas, la entrega de 1 a 2 y la de 2 a 1.

Ejemplo

PERMUTA DE SOLAR POR PISOS

Una empresa vende en 500.000 euros, en enero de 2023, un solar a una empresa inmobiliaria para proceder a la promoción de viviendas. Ambas empresas acuerdan, como forma de pago, la entrega de dos pisos de la futura promoción a construir, valorados en 250.000 euros cada uno, entrega que está previsto realizar en julio de 2023.

Cuando se entrega el solar, se devenga en enero de 2022 el IVA, ya que es cuando se entrega, con independencia de cuál sea la forma de pago.

La empresa promotora debería repercutir el IVA cuando se entreguen los pisos, en julio de 2023. Pero, como en este caso, la entrega del solar es un pago anticipado a cuenta de los pisos, el promotor deberá repercutir el impuesto al tipo impositivo vigente en el momento del devengo, enero de 2022.

En cuanto a la base imponible de dicho pago anticipado, será la contraprestación que se hubiese acordado entre las partes, en este caso 500.000 euros, sin proceder a realizar un recálculo del valor de los pisos en el supuesto de haber experimentado un cambio en su valor de mercado en julio de 2023.

En las operaciones intracomunitarias no es de aplicación la regla de devengo relativa a los pagos anticipados.

Estas últimas operaciones, que serán explicadas brevemente al final de este Capítulo destinado al IVA, son aquellas que se realizan entre empresarios de los distintos Estados miembros de la Unión Europea, que van a tributar donde esté el destinatario de la entrega.

❐ Devengo en las entregas intracomunitarias Art. 75.Uno. 7º y 8º LIVA.

A- Regla general: Devengo el día 15 del mes siguiente al inicio del transporte (Art. 75.Uno.8º).

B.- Si ha habido factura con anterioridad a estas operaciones: Devengo en la fecha de expedición de la factura.

C.- Si es un suministro que sea entrega intracomunitaria de bienes (agua, gas, etc.), y:

a) El precio no se ha pactado o,

b) No se determinó la exigibilidad del precio o,

c) La exigibilidad es superior a un mes: El devengo será el último día de cada mes por la parte proporcional desde el inicio de la operación hasta dicha fecha (78. Uno. 7º Ley IVA).

D.- En cuanto a las adquisiciones intracomunitarias, el devengo se produce cuando se considere realizada la entrega interior de bienes similares, sin ser de aplicación la regla de devengo con ocasión de los pagos anticipados.

Ejemplo

Una empresa construye un edificio para un promotor.

El 2 de enero de 2022 emite una certificación de obra por importe de 100.000 euros.

El 2 de febrero de 2022 expide la factura de la obra certificada.

El 2 de febrero de 2023 le pagan la factura.

El 2 de marzo de 2023 le entrega el constructor la obra.

El 2 de julio de 2023 el promotor paga 300.000 euros pendientes.

Solución:

El devengo se produce el 2 de febrero de 2023 con una base imponible de 100.000 ya que antes no ha habido ninguna entrega de bienes.

El 2 de marzo de 2023 se pone la obra a disposición del cliente, produciéndose el devengo de los pagos pendientes (300.000 euros).

En cuanto al sujeto pasivo, será, por inversión, el promotor, por ser ejecución de obra de construcción de un edificio, entre promotor y contratista. (art. 84.uno.2° f LIVA)

2.9.6.1.8. Entregas de bienes facilitadas a través de una interfaz digital

En estas entregas a las que se refiere el art 8.bis LIVA, se establece que el devengo del impuesto de la entrega efectuada a favor del empresario o profesional que facilite la venta o las entregas, así como la efectuada por el mismo, se producirá con la aceptación del pago del cliente final. Esto es, ambas entregas tienen lugar en el mismo momento si bien la primera estará exenta.

2.9.6.2. Repercusión: Concepto y aplicación (Art. 88 LIVA)

En las operaciones sujetas se devengan unas cuotas de IVA que es obligatorio repercutir al destinatario, teniendo éste último la obligación de soportarlas cualesquiera que sean las estipulaciones que hayan establecido las partes. La repercusión se hará consignando en la factura la cuota del IVA separadamente de la base imponible de la operación.

Para repercutir el IVA hay un plazo que se inicia con el devengo y finaliza un año después, no teniendo el destinatario obligación de soportar el IVA antes del devengo.

Si bien puede producirse el devengo del IVA en un momento y expedirse posteriormente la factura, ya que, cuando el destinatario es empresario, puede realizarse la expedición hasta el día 15 del mes siguiente al devengo del IVA, puede darse el caso de que el IVA se devengue con posterioridad a la emisión de la factura, pero en este supuesto se producen dos circunstancias importantes:

a.- Que no se puede obligar al destinatario a soportar la cuota hasta el momento en que se produzca dicho devengo

b.- El destinario no podría deducir del IVA soportado hasta que se produzca el devengo, aunque tenga la factura, ya que las cuotas se entienden soportadas cuando se devengue el impuesto.

En el caso de que la entidad destinataria de las operaciones gravadas no estuviera obligada a soportar la repercusión por haber caducado (por el transcurso de un año desde el devengo) el derecho de las entidades prestadoras a repercutir el mismo, no se impide que aquélla pueda aceptar voluntariamente soportar la repercusión extemporánea del IVA. Por tanto, son deducibles las cuotas repercutidas extemporáneamente que sean soportadas voluntariamente por el destinatario. En todo caso, aunque no se repercuta en plazo, subsiste la obligación de ingresar la cuota (DGT V0451-12, de 29/02/2012).

Ejemplo

DEVENGO: VENTA DE MAQUINARIA Y COBRO POSTERIOR

Se vende maquinaria a un empresario, firmando el contrato en enero de 2023, y produciéndose la entrega de la maquinaria en marzo de 2024. Por acuerdo entre las partes se cobra todo el importe en agosto de 2024, momento en el que se expedirá la factura y se repercutirá el IVA.

La firma del contrato no determina que exista ningún hecho imponible, por no haber entrega de bienes.

La entrega de la máquina determina que, en esa fecha, se devenga el IVA de la totalidad de los pagos pendientes, por producirse el hecho imponible, cualquiera que sea el momento de cobro.

La emisión de la factura en agosto de 2024 determina que el IVA no podrá ser deducido hasta que tenga la factura. No obstante, al entregarse la máquina en marzo de 2024, el que la entregó tiene que incluir las cuotas en la declaración-liquidación correspondiente el mes de marzo.

En todo caso el **derecho a repercutir** las cuotas del INVA sobre el destinatario supone para este último la obligación de soportarlas.

Este contenido normativo opera en favor de quien realiza la entrega o presta el servicio de tal forma que, salvo aquellas operaciones en las que se ha hecho constar la expresión «IVA incluido» o similares, y aquellas cuyos destinatarios son los entes públicos, no existe precepto que obligue a considerar incluido el IVA en el precio que publicita para un determinado bien (art. 88.2 LIVA). A falta de repercusión expresa del IVA en una operación sujeta y no exenta se entiende, salvo que sea una operación con un Ente público, que la contraprestación no incluyó las cuotas, sin perjuicio de que existiesen pactos o contratos entre las partes sobre la inclusión o no del impuesto. (Ver consulta V0274-19).

Ante la duda de si se había pactado o no la inclusión del IVA de la operación dentro del precio, la ausencia de documento de facturación podría presuponer el derecho del emisor a cobrar el IVA que, si se hubiese emitido en su momento la factura, incluso cuando se cumplimentase ésta haciendo constar la expresión «IVA incluido», habría evitado todos los problemas al destinatario.

Todo ello con la salvedad de algunos regímenes especiales como el de las Agencias de viajes, o el de bienes usados.

2.9.6.2.1. La Administración Pública como destinataria

Si en una operación no nos dicen que se ha incluido el IVA, hay que entenderlo así, salvo que, entre las partes, se haya acordado lo contrario.

Si el destinatario de una operación es un ente público, se entenderá que las propuestas económicas realizadas por quien contrata con ella han sido realizadas incluyendo el IVA que corresponda, por lo que a la hora de efectuar la repercusión la operación no debe sufrir ningún incremento, debiendo ser repercutido el IVA como partida desglosada.

El artículo 25 del RIVA indica que, en la contratación administrativa los pliegos de condiciones particulares harán mención expresa a que, en la contraprestación, está incluido el IVA.

Ejemplo

En un concurso público, un profesional realiza una oferta a una Diputación, en abril de 2023, para realizar un informe por 1.210 euros (tipo vigente el 21 por ciento).

Se termina el informe en agosto de 2023:

<u>Precio ofertado X 100</u> = Base imponible

100+ tipo gravamen

1.210 X 100/(100+21)= 1.000

Factura:

Base imponible: 1.000

IVA 21% de 1.000: 210

Total factura: 1.210

La Circular 2/1992, de 22 de enero de 1992 ("Boletín Oficial del Ministerio de Hacienda"; en adelante BOMEH nº 4/1992), dicta los criterios para la aplicación del IVA en los contratos del Estado cuando se produce una variación del tipo impositivo.

En las operaciones realizadas desde otros Estados miembros o bien desde territorios terceros, y según se trate de entregas de bienes o de prestaciones de servicios, es preciso tener en cuenta estas reglas que van a determinar de forma significativa cuál es el importe total de una operación.

A estos efectos, la Resolución 6/1997, de 10 de julio (BOE del 17), de la DGT, establece las reglas a seguir en cada una de las operaciones.

2.9.6.2.2. Rectificación de la repercusión (Art. 89 LIVA)

Puede rectificar la repercusión realizada, siempre que no hubiesen transcurrido cuatro años desde el devengo del impuesto o desde el momento en que se produjeron determinadas circunstancias modificativas de la base imponible que recoge el art.80 LIVA, como son la devolución de envases, descuentos posteriores a la operación, operaciones que han quedado sin efecto, situaciones de concurso, incobrados, o cuando la contraprestación es desconocida.

Esto puede hacerse también, cuando, sin haber repercutido correctamente el IVA, se hubiese emitido factura. Por ello, cuando no ha habido repercusión ni factura, no estaríamos ante un supuesto de rectificación, sino simplemente de repercusión, que tiene plazos diferentes a los de la rectificación.

Si no se repercutió a los clientes el IVA en las entregas realizadas ni tampoco se emitió factura, y ha transcurrido más de un año desde el devengo del impuesto, se ha perdido el derecho a proceder a la repercusión. Dicho comportamiento implica una renuncia voluntaria a su derecho a obtener del cliente el importe correspondiente al IVA devengado, por lo que se califica como liberalidad, y no tiene el carácter de gasto deducible a efectos de la determinación del rendimiento de la actividad económica desarrollada.

- ❐ No puede efectuarse la rectificación cuando no obedece a las causas del art. 80 LIVA indicadas anteriormente y hubiese que repercutir más cuotas a un destinatario que actúa como particular. No obstante, cuando la rectificación es por subida legal del IVA, puede efectuarse la rectificación en el mes del cambio de tipo y el siguiente.

Ejemplo

REPERCUSIÓN. EMISIÓN DE RECIBOS ANTES DEL DEVENGO

Una vez emitido el 30 de julio, antes de devengo, el recibo de una sociedad deportiva correspondiente al mes de agosto se ha producido una modificación del tipo impositivo en el mes de agosto. En este supuesto puede rectificarse la cuota repercutida durante los meses de agosto y septiembre.

- Tampoco puede rectificarse la repercusión cuando es la Administración tributaria la que pone de manifiesto cuotas no repercutidas mayores que las declaradas por el sujeto pasivo, y resulte acreditado que el sujeto pasivo sabía o debía haber sabido que participaba de una operación que formaba parte de un fraude.

Ejemplo

REPERCUSIÓN

Supongamos que se repercute IVA al tipo del 4 por ciento, y la Administración, en una comprobación rectifica la declaración del sujeto pasivo, al observar que el tipo aplicable era del 21%. Si la Administración no determina que la actuación formaba parte de un fraude, puede repercutirse IVA al destinatario si está dentro de los plazos establecidos

No es obligatoria la minoración de las cuotas soportadas deducidas como consecuencia de la resolución de un contrato, hasta que el destinatario no haya recibido la factura rectificativa. TEAC 0230/2013.

La rectificación de la repercusión se hará con una factura rectificativa, de acuerdo con el RD 1619/2012. Si no se hubiese repercutido el impuesto expresamente en factura, se entenderá que no se incluyeron dichas cuotas, salvo el supuesto visto de operaciones con las Administraciones Públicas (art. 78.Cuatro LIVA).

No obstante, es preciso estar a los pactos establecidos entre las partes, ya que si se hubiese acordado una contraprestación total, incluido el IVA, la ausencia de repercusión expresa en factura no presupone que la contraprestación no incluyó dichas cuotas, no pudiendo incrementarse posteriormente el importe cuando rectifique la factura.

Si no se hubiesen pactado otras condiciones, la no repercusión del IVA en factura permite, dentro de los plazos establecidos, una posterior rectificación de la misma incluyendo las cuotas no repercutidas.

Para la regularización de una repercusión incorrecta caben diversas situaciones:

- Si la rectificación da lugar a una mayor repercusión, se presentará declaración-liquidación complementaria de la anteriormente presentada, aunque si hay error de Derecho o la rectificación es por las causas vistas del art. 80 LIVA, pueden incluirse las cuotas en la declaración del periodo en que se efectúela rectificación.

Cuando la rectificación supone menores cuotas repercutidas, caben dos opciones:

a. Iniciar ante la Administración Tributaria el procedimiento de rectificación de autoliquidaciones, previsto en el art. 120.3 de la LGT (Ley 58/2003) y en su normativa de desarrollo.

b. Regularizar en un año desde que debió efectuarse la rectificación, con reintegro de las cuotas repercutidas en exceso al sujeto pasivo.

Nota: En el apartado de las deducciones se estudiará la rectificación a efectuar por el destinatario como consecuencia de la rectificación de las cuotas inicialmente repercutidas.

2.9.6.3. Sujetos pasivos

Definición

En el IVA son sujetos pasivos quienes, teniendo la condición de empresarios o profesionales a efectos de este impuesto, realicen operaciones, entregas de bienes o prestaciones de servicios, sujetas al mismo. En concreto, son sujetos pasivos las herencias yacentes, comunidades de bienes y demás entidades sin personalidad jurídica que realicen operaciones sujetas al IVA.

En las adquisiciones intracomunitarias, será sujeto pasivo el que realiza la adquisición (art. 85 LIVA), y en las importaciones es sujeto pasivo el importador, aunque en este caso no se requiere que sea empresario o profesional.

Ejemplo

Si dos hermanos son propietarios proindiviso de un local de oficinas y lo arriendan, al ser una comunidad de bienes, será ésta la que, por esta actividad, sea sujeto pasivo del IVA, no teniendo los comuneros ninguna obligación en relación con este impuesto.
Una comunidad de vecinos de un edificio que alquila varias plazas de garaje propiedad de todos los propietarios de viviendas está prestando un servicio sujeto al IVA, siendo la comunidad de vecinos el sujeto pasivo obligado a cumplir las obligaciones formales derivadas del impuesto.

2.9.6.3.1. Inversión de sujeto pasivo

También pueden tener, en muchas ocasiones, la condición de sujetos pasivos los destinatarios de las operaciones que sean empresarios o profesionales, lo que se producirá, en la mayor parte de las ocasiones, por no estar establecido en el TAI quien realiza la entrega o presta el servicio, aunque se produce también en muchas operaciones interiores.

Coordinando los conceptos de lugar de realización del hecho imponible y el de sujeto pasivo tenemos que, una vez que se ha llegado a la localización de una operación en el TAI, hay que ver si quién la realiza está o no establecido en donde se localiza la operación, para determinar quién es sujeto pasivo y ver si se produce inversión de sujeto pasivo:

a.- Si la operación, aplicando las reglas de localización del hecho imponible, se localiza en el TAI, está sujeta al IVA al margen de posibles exenciones.

b.- Si la persona que realiza la operación sujeta está establecida en territorio español del IVA, será ella quien tenga, salvo excepciones, la condición de sujeto pasivo; en cambio, si el que realiza la operación no está establecido en este territorio (salvo las excepciones que veremos), será sujeto pasivo, por inversión, el destinatario, lo que determinará que será éste el obligado a liquidar el impuesto.

La consideración de un empresario como sujeto pasivo por inversión es independiente del régimen de tributación que tenga a efectos del IVA y del volumen de operaciones realizado. En este sentido, puede ser sujeto pasivo un empresario en el régimen especial de la agricultura del IVA al que un ingeniero agrónomo italiano le presta un servicio relacionado con su explotación.

Cuando el destinatario tenga la condición de sujeto pasivo, tendrá este último la obligación de incluir las cuotas devengadas por estas operaciones en la declaración-liquidación del período en que se ha devengado la operación.

El único documento de facturación será la factura que debe expedir quien realice la operación, si la realiza quien esté establecido en la Unión Europea, o bien un documento contable si está establecido fuera de la Unión Europea, en la que se tendrá que hacer referencia a que se trata de una operación en la que hay inversión de sujeto pasivo. Como se indica en el Reglamento de facturación, el destinatario podría hacer la factura, si existe autorización del obligado a expedirla.

El destinatario, al recibir la factura o justificantes de la operación, debe anotarlos en el Libro Registro de facturas recibidas, en el que debe hacer el cálculo de la cuota del IVA correspondiente a las operaciones en ellas documentadas. Posteriormente, si las cuotas son deducibles, puede ejercitar el derecho a deducir con la factura o el justificante contable que le haya entregado quien realizó la entrega o prestó el servicio, pero debiendo estar consignada previamente la operación en la declaración-liquidación.

Ejemplo

Si un abogado alemán establecido en Alemania envía un informe a una empresa española, cobrándole por el servicio 1.000 euros, se producen los siguientes hechos:

a. La operación se considera localizada en España, estando sujeta al IVA español, al tipo general (21 por ciento)
b. Al no estar establecido en el TAI el abogado alemán, habrá inversión de sujeto pasivo, siendo sujeto pasivo, por inversión, la empresa española que recibe el servicio.
c. La empresa española debe registrar la factura recibida del abogado alemán en el Libro Registro de facturas recibidas.
d. En el Modelo 303, hará constar las cuotas devengadas, en las casillas 10 a 13.
e. Si estas cuotas tienen la condición de deducibles, las hará constar en el apartado correspondiente, casillas 36 y 37.
f. Por último, quedaría por cumplimentar el Modelo 349, resumen recapitulativo de operaciones intracomunitarias, que se verá en otros Capítulos, para cruzar la información con la que, sobre la misma operación, debe entregar el prestador del servicio en su Estado miembro.

Los distintos supuestos que pueden plantearse a la hora de determinar quién es el sujeto pasivo en una operación, son los siguientes:

1. En las operaciones realizadas por un empresario no establecido, la regla general es que cuando la operación se localiza en el TAI y el destinatario es otro empresario, hay inversión del sujeto pasivo (en adelante ISP), existiendo varias excepciones puntuales
2. También se produce ISP en una operación realizada entre cualquier empresario o profesional, estén establecidos o no en el TAI, entre otras operaciones en las siguientes:

   a.- Entrega de oro sin elaborar así como en la entrega de determinados desechos industriales y desperdicios, a lo que hay que añadir los servicios relacionados con la emisión de gases de efecto invernadero.

   b.- Entregas de bienes inmuebles efectuadas como consecuencia de un proceso concursal, siempre que el destinatario sea empresario o profesional.

   c.- Entrega de terrenos que no sean edificables (20.uno.20º LIVA) y edificaciones (20.uno.22º LIVA), cuando haya renuncia a la exención en los términos del art. 20.Dos LIVA. En este caso quien realice la entrega debe comunicar expresamente al adquirente la renuncia a la exención para cada operación, y previamente el adquirente debe acreditar que cumple los requisitos en cuanto al derecho a deducir total o parcialmente el IVA.

   d.- Entregas de inmuebles en ejecución de garantías sobre los mismos (así se entiende cuando se ejecuta la garantía a cambio de la extinción de la deuda), que se extiende expresamente a las operaciones de dación en pago del inmueble y cuando el adquirente asume la obligación de extinguir la deuda garantizada.

La Dirección General de Tributos ha publicado dos consultas vinculantes (V1415-13 y V1416-13, ambas de 24 de abril de 2013) en las que precisa el ámbito de aplicación, subjetivo y objetivo de este supuesto de inversión de sujeto pasivo.

e.- Cuando se trate de ejecuciones de obra, con o sin aportación de materiales, así como las cesiones de personal para su realización, consecuencia de contratos directamente formalizados entre el promotor y el contratista que tengan por objeto la urbanización de terrenos o la construcción o rehabilitación de edificaciones.

Lo establecido en el párrafo anterior será también de aplicación cuando los destinatarios de las operaciones sean, a su vez, el contratista principal u otros subcontratistas en las condiciones señaladas.

Como en cualquier supuesto de inversión de sujeto pasivo, para que la haya debe ser el destinatario empresario o profesional.

La consulta V2583-12 de la Dirección General de Tributos, de 27 de diciembre de 2012, ha aclarado qué supuestos se encuentran comprendidos dentro del artículo 84 de la Ley 37/1992, en su redacción dada por la Ley 7/2012, en relación con el sujeto pasivo de las ejecuciones de obra inmobiliaria.

Ejemplo

Si una particular promueve su vivienda para uso privado, encargando las obras a un constructor, que a su vez subcontrata parte de la obra, habrá inversión de sujeto pasivo en las operaciones entre el subcontratista y el contratista, pero no entre el contratista y el particular, ya que este último no tiene la condición de empresario a efectos del IVA.

Si un organismo público encarga una obra a un constructor, habrá inversión de sujeto pasivo, si el organismo público le comunica al constructor que actúa en su condición de empresario o profesional.

También se aplica la inversión de sujeto pasivo en las siguientes operaciones:

- Entregas de plata, platino y paladio, a las que no les sea de aplicación el régimen especial de bienes usados y objetos de colección.
- Entregas de teléfonos móviles, ordenadores portátiles, consolas de videojuegos y tabletas digitales, cuando el destinatario sea un revendedor (cualquiera que

sea el importe de la operación), o bien otro empresario o profesional (cuando el importe de las entregas en una misma factura exceda de 10.000 euros). A estos efectos el Reglamento del IVA establece la forma de acreditar ante el vendedor las circunstancias que determinan la aplicación de la inversión de sujeto pasivo.

En el supuesto de la entrega de teléfonos móviles, consolas de videojuegos, ordenadores portátiles por importe superior a 10.000 euros en la misma factura, o bien cuando sea un revendedor de estos bienes (cualquiera que sea el importe), a que se refiere el art. 84.Uno.2º g) LIVA, es preciso acreditar ante el vendedor las circunstancias para aplicar la inversión de sujeto pasivo.

Si es revendedor se exige la aportación al proveedor de un certificado de la AEAT. En concreto, se establece la forma de acreditar la condición de revendedor mediante comunicación a la AEAT a través de la declaración censal (noviembre de año anterior o al comenzar la actividad). El certificado tiene validez de un año.

Si no nos han repercutido cuotas del IVA español por considerar erróneamente que había inversión de sujeto pasivo, y el destinatario liquidó las cuotas aplicando este procedimiento, una vez recibida la factura del proveedor repercutiendo el IVA deberemos proceder a rectificar tanto las cuotas devengadas por la inversión de sujeto pasivo como las deducidas en aplicación de este procedimiento, procediendo posteriormente a deducir las que nos ha repercutido el proveedor. (DGT2909-15).

Ejemplo

Una empresa vende ordenadores portátiles a un gran almacén, para revenderlos, por importe de 6.000 euros. A un particular le vende un equipo muy sofisticado en 13.000 euros. A un revendedor le vende varios ordenadores por importe de 70.000 euros

Los vendidos al gran almacén, cualquiera que sea el importe de la operación, dan lugar a que el cliente es el sujeto pasivo de la entrega.

En el equipo vendido a un particular, cualquiera que sea el importe, será sujeto pasivo el vendedor.

En la última operación, al superar los 10.000 euros la adquisición realizada por el revendedor, será este último sujeto pasivo.

La LPGE para el año 2023 ha incorporado diferentes modificaciones en las reglas de inversión del sujeto pasivo, ampliando su ámbito de aplicación.

En estas circunstancias, con efectos desde el 1 de enero de 2023 y vigencia indefinida, el artículo 75 de la LPGE para 2023 introduce los siguientes cambios en el mecanismo de inversión del sujeto pasivo:

- Extiende su aplicación a las entregas de desechos y desperdicios de plástico y de material textil, debiendo ingresar el IVA de estas operaciones los adquirentes de dichos bienes.
- Excluye de su aplicación, pasando a ingresar el IVA el prestador del servicio, a:
  a) los servicios de arrendamientos de inmuebles sujetos y no exentos efectuados por personas o entidades no establecidas en el TAI con el objeto de que puedan acogerse al procedimiento general de deducción y devolución.
- Los servicios de intermediación en el arrendamiento de inmuebles efectuados por empresarios o profesionales no establecidos en el TAI para garantizar la recaudación del IVA y reducir las cargas administrativas cuando el arrendador presta servicios de arrendamiento exentos y, con carácter general, no debe presentar autoliquidaciones por este impuesto.

2.9.6.3.2. Responsables del Impuesto (art. 87 LIVA)

Responsabilidad solidaria

Tiene responsabilidad solidaria el destinatario de una operación, siempre que la repercusión efectuada sea inferior a la que hubiese debido realizarse, y ello sea imputable a que el destinatario ha ocasionado la incorrecta aplicación del impuesto debido a una acción u omisión culposa o dolosa.

Ejemplo

Si el arrendatario indica falsamente al arrendador que va a destinar la vivienda a uso familiar en vez de a una actividad profesional, dando lugar a una incorrecta exención en el arrendamiento, el arrendatario será responsable solidario de la deuda tributaria derivada de la incorrecta aplicación del IVA.

Esta responsabilidad afecta, asimismo, a quien no es sujeto pasivo, como es el caso de un particular que manifiesta que una obra de reforma a efectuar en su vivienda particular cumple los requisitos para que la ejecución de obra tribute al tipo del 10% en vez de al 21 por ciento.

En las importaciones se consideran responsables solidarios las asociaciones garantes, RENFE cuando actúe en nombre de terceros, y a todo el que actúe en nombre propio y por cuenta de los importadores.

Otros supuestos de responsabilidad solidaria son los que se producen (Anexo Sexto 3º LIVA) por la salida de las áreas a que se refiere el art. 23 LIVA (zonas francas, depósitos francos y otros depósitos) o el abandono de los regímenes comprendidos en el art. 24 (regímenes aduaneros y fiscales) por determinados bienes que recoge el art. 19.5.º, párrafo segundo LIVA, y cuando a las empresas (art. 26.bis RIVA) que adquieran viviendas para destinarlas al arrendamiento, se les haya repercutido el 4% por haber comunicado incorrectamente al transmitente el cumplimiento de los requisitos que exige el art. 91.Dos.1.6º LIVA.

Responsabilidad subsidiaria

Tendremos en cuenta dos supuestos:

- Las personas o entidades que actúen en nombre y por cuenta del importador.
- Los empresarios o profesionales que adquieran mercancías a tramas organizadas, en aquellos casos en los que, por las condiciones en que se desarrolló la operación, debiera presumirse que no será objeto de ingreso el impuesto devengado en la operación, lo que debe presumirse cuando el precio satisfecho sea notoriamente anómalo, lo que debe ser calificado por la Administración.
- Los titulares de los depósitos distintos del aduanero responderán de la deuda por razón de la salida o abandono de los bienes de estos depósitos, salvo los que sean objeto de Impuestos Especiales (Anexo Quinto b) LIVA).

2.9.7. Ejercicio del derecho a deducir

2.9.7.1. Introducción

Las cuotas soportadas por un empresario o profesional pueden ser deducidas cuando se cumplan determinados requisitos, tanto en relación con su justificación como con el tipo de actividad realizada, sin perjuicio de tomar en consideración otros aspectos como el plazo que existe para ejercitar el derecho a deducir, entre otros.

- La deducción de las cuotas en una declaración-liquidación puede conducir a un resultado que puede ser, además de cero, a ingresar o a devolver.

2.9.7.2. Personas que tienen derecho a deducir las cuotas soportadas (Art. 93 Ley 37/1992)

La deducción de las cuotas está vinculada a la condición de empresario o profesional del destinatario, y a que haya soportado las cuotas en el ejercicio de su actividad.

Ejemplo

DEDUCCIÓN DE CUOTAS. REQUISITOS

Un empresario español que soporta cuotas del IVA por los gastos ocasionados al acudir a una feria de muestras en Bruselas, como pueden ser los gastos de hotel, no puede deducir las cuotas del IVA soportadas en Bélgica por no ser IVA español. Tan solo puede recuperarlas a través de un procedimiento regulado en los arts. 119 y siguientes de la Ley del IVA, siempre que hayan sido cuotas correctamente repercutidas.

La condición de empresario o profesional se adquiere, además de por la realización habitual de operaciones de esta naturaleza, cuando se realice la adquisición de bienes o servicios con la intención, confirmada por elementos objetivos, de destinarlos al desarrollo de tales actividades, por lo que en este caso las cuotas soportadas serían deducibles.

Ejemplo

DEDUCCIÓN ANTERIOR AL INICIO DE LA ACTIVIDAD

Quien esté realizando compras de bienes y servicios con la intención probada de iniciar una actividad, como puede ser la compra de un local comercial para poner un taller, puede deducir las cuotas soportadas en su adquisición antes de iniciar las prestaciones de servicios propias de su actividad.

De acuerdo con el Tribunal de Justicia de la Unión Europea (en adelante TJUE), en los asuntos acumulados C-439/04 y C-440/04, cuando el empresario o el profesional sabe o debe saber que, al realizar la adquisición de bienes, participa en una operación que forma parte de un fraude en el IVA, puede verse privado del derecho a la deducción del Impuesto, aun cuando la operación de que se trata, cumpla los criterios objetivos en los que se basan los conceptos de entregas de bienes efectuadas por un sujeto pasivo que actúa como tal y de actividad económica.

2.9.7.3. Cuotas del IVA que pueden ser objeto de deducción (art. 92 LIVA)

Para ser deducibles las cuotas, han debido ser soportadas en territorio español, en algunas de las siguientes operaciones:

- ❒ Entregas de bienes y prestaciones de servicios efectuadas por otro sujeto pasivo.

- ❒ Importaciones de bienes.
- ❒ Autoconsumos y operaciones en las que sea sujeto pasivo por inversión.
- ❒ Adquisiciones intracomunitarias y operaciones asimiladas.

En cada caso es preciso disponer de la justificación acreditativa de las cuotas, no pudiendo ejercitarse el derecho a deducir hasta que, dentro del periodo de prescripción, se disponga de la misma.

Las cuotas soportadas en otros territorios Estados miembros o en otros países donde se aplique el IVA no son deducibles, aunque existen procedimientos para su recuperación que se verán en el apartado de las declaraciones y devoluciones del IVA.

Ejemplo

DEDUCCIÓN DE CUOTAS: IVA SOPORTADO EN OTROS PAÍSES

Un empresario español que soporta cuotas del IVA por los gastos ocasionados al acudir a una feria de muestras en Bruselas, como pueden ser los gastos de hotel, no puede deducir las cuotas del IVA soportadas en Bélgica por no ser IVA español.

Tan solo puede recuperarlas a través de un procedimiento regulado en los arts. 119 y siguientes de la Ley del IVA, siempre que las cuotas hayan sido correctamente repercutidas.

2.9.7.4. Documentos justificativos de las cuotas soportadas

- ❒ La deducción de las cuotas soportadas por quien realiza actividades empresariales o profesionales, requiere el cumplimiento de una serie de requisitos sin los cuales no pueden deducirse las cuotas en tanto no se justifiquen, ya que estamos en un impuesto en el que la exigencia de las obligaciones formales cobra gran importancia:

Los documentos justificativos para poder deducir las cuotas soportadas son:

- ❒ La factura expedida, con todos sus requisitos, por quien efectuó la entrega o prestó el servicio aunque también pueden hacerlo en su nombre, el cliente o un tercero.

Ejemplo

GASTOS DE TAXI

Un empresario utiliza un taxi para trasladarse a una reunión con un cliente. Recibe como justificante un documento en el que consta el nº de la licencia del taxi y la matrícula del vehículo, sin hacer referencia, entre otros, a los datos del cliente.

Al no reunir los requisitos de una factura (ya sea ordinaria o simplificada), este documento no da derecho a deducir las cuotas soportadas.

- Cuando se trate de una adquisición intracomunitaria de bienes (bienes provenientes de otro Estado miembro de la UE), que se estudiarán más adelante, la justificación de la operación será la factura expedida por quien realizó la entrega, que debe estar registrada en los Libros Registro del destinatario. Y, si se trata de una importación (bienes procedentes de territorios que no se consideran UE), la acreditación es el documento en el que conste la liquidación que haya practicado la Administración.
- La factura original o justificante contable expedida por quien realiza la operación en los supuestos de inversión del sujeto pasivo.
- El recibo firmado por el titular de una explotación en régimen especial de la agricultura.

En el supuesto de que recibamos una factura que no cumple los requisitos del RD 1619/2012, no podrán deducirse las cuotas soportadas hasta que se haya producido la correspondiente rectificación.

- Las cuotas soportadas deben ser cuotas que nos hayan repercutido con arreglo a Derecho, por lo que no es posible deducir una cuota por un importe superior al que legalmente corresponda ni superior al que se haya soportado.

Ejemplo

CUOTAS DEDUCIBLES: IMPUESTO REPERCUTIDO INCORRECTAMENTE

En una factura nos repercuten IVA, aplicando el tipo del 10 por ciento en la entrega de libros. Como el tipo correcto es el 4 por ciento, no se podrán ser objeto de deducción más cuotas que las que, legalmente, podrían habernos repercutido (4 por ciento).

De acuerdo con la doctrina del TEAC (6486/2012), si se repercute un IVA inferior al devengado, no hay duda que debe declararse el impuesto devengado realmente, pero cuando se trata de un IVA repercutido superior al devengado, la normativa española sólo exige declarar e ingresar el devengado. Y así como la normativa comunitaria cubre este supuesto, exigiendo el ingreso de todo IVA repercutido en factura, sin distinguir si el repercutido tiene o no la condición de empresario o profesional sujeto pasivo del impuesto (plasmación de la idea que subyace en el sistema común del IVA en el sentido de que el sujeto pasivo del impuesto no es sino un recaudador por cuenta de la Hacienda Pública respecto del impuesto repercutido y, por tanto, tiene la obligación material de ingresar toda cuota repercutida que conste en una factura), la normativa interna española no recoge esta previsión, clara en cuanto a sus términos que recoge la norma comunitaria.

En el supuesto de que sean varias personas las destinatarias de una operación, cada una de ellas podrá deducir la parte proporcional de las cuotas soportadas, siempre que en el original y duplicados de las facturas conste la parte de base y cuota correspondiente a cada uno de ellos.

Ejemplo

DEDUCCIÓN DE CUOTAS POR LOS MIEMBROS DE UNA COMUNIDAD DE PROPIETARIOS

En una comunidad de propietarios de un edificio de viviendas, que no realice ninguna actividad empresarial, los comuneros que realicen alguna actividad empresarial o profesional, podrían solicitar la expedición de duplicados de las facturas donde conste la parte correspondiente a cada comunero en función de su participación en los gastos de comunidad.

También cabe la posibilidad de acreditar la cuota de cada comunero a través de su porcentaje de participación en la comunidad.

2.9.7.5. Requisitos que han de cumplirse para poder deducir las cuotas soportadas (Arts. 94 y 95 Ley 37/92)

Una vez acreditadas las cuotas soportadas según los criterios anteriores, hay reglas diferentes, según sean soportadas al adquirir bienes o servicios corrientes o, por contrario, bienes de inversión.

a) Regla general: Adquisición de bienes y servicios corrientes.

En la medida en que se afecten directa y exclusivamente a la actividad, son deducibles las cuotas soportadas o satisfechas en adquisiciones o importaciones de bienes o servicios corrientes. Entre otros supuestos en los que la utilización no es exclusiva en la actividad y, por consiguiente, las cuotas no son deducibles, cabe citar:

- Bienes o servicios destinados simultáneamente a la actividad empresarial o profesional y a otros fines no empresariales.
- Bienes o servicios que no figuren en la contabilidad o registros oficiales de la actividad, que están regulados en los arts. 62 y siguientes del Reglamento del IVA.
- Bienes y derechos que no estén integrados en el patrimonio empresarial o profesional.
- Bienes destinados a satisfacer necesidades personales o particulares del empresario o profesional, de sus familiares o del personal dependiente, con la excepción del alojamiento de vigilantes y servicios económicos y socioculturales del personal.

Ejemplo

DEDUCIBILIDAD DEL IVA: CONSUMOS DE SUMINISTROS

Las cuotas del IVA correspondientes al consumo de gas de una vivienda cuyo uso es simultáneamente el de despacho de un empresario y su uso como vivienda particular del mismo, no pueden ser objeto de deducción en ninguna cuantía por no ser bienes de inversión.

No obstante, la Resolución de unificación de criterio del TEAC de 19 de julio de 2023 dispone que cabe la deducción por el sujeto pasivo de las cuotas de IVA soportadas por los gastos de suministros (agua, luz, gas) a bienes inmuebles que formando parte del patrimonio de la empresa se utilicen tanto en las actividades empresariales como para uso privado. La deducción de dichas cuotas deberá efectuarse de manera proporcional a su utilización a efectos de las actividades de la empresa.

b) Bienes de inversión

En primer lugar, hay que tener en cuenta el art. 108 de la Ley del IVA, que considera bienes de inversión, aquellos bienes que tengan un valor superior a 3.005,06 euros y estén destinados a ser utilizados en la actividad empresarial o profesional por un período superior a un año. Quedan excluidos de esta consideración, entre otros, los accesorios y recambios para reparar los bienes de inversión, así como los envases y embalajes.

Una empresa ha comprado una máquina por valor de 50.000 euros y además existen unos gastos de montaje y puesta a punto de 2.000 y 2.500 euros que facturan otros proveedores.

En relación con la posibilidad de que los gastos de montaje y puesta a punto formen parte del precio de adquisición de la maquina a efectos de su regulación como bien de inversión, la DGT ha dicho que el artículo 108.Dos.5º de la Ley 37/1992 excluye de la consideración de bien de inversión todos aquellos cuyo valor de adquisición sea inferior a 3.005,06 euros, pero dado que según la norma 2º del Plan General de Contabilidad, en el valor de adquisición deben incluirse todos los gastos necesarios para la puesta en condiciones de funcionamiento de la máquina, los gastos que cumplan estos requisitos podrán formar parte del valor de adquisición del inmovilizado, y por tanto incrementarán el valor de la máquina, que excediendo el valor de 3.005,06 euros y siempre que se cumplan el resto de los requisitos previstos en el artículo 108 de la Ley del Impuesto, por lo que tendrán tendrá la consideración de bien de inversión y deberán ser objeto de regularización conforme a lo previsto en la normativa del Impuesto. (DGT V0055-19 de 04/01/2019).

Ejemplo

EQUIPO INFORMÁTICO: CONSIDERACIÓN COMO BIEN DE INVERSIÓN

Un equipo informático de 4.000 euros es un bien de inversión, no teniendo esta consideración un ordenador que ha costado 2.000 euros y ha sido adquirido de forma aislada. La Administración concluye que, si el precio de adquisición no supera los 3.005,06 euros, solo en caso de que este se afecte de forma directa y exclusiva a la actividad, la cuota será deducible.

En relación con los bienes de inversión, no es de aplicación la regla que exige la afectación total a la actividad para que puedan deducirse las cuotas soportadas en su adquisición, importación, arrendamiento o cesión de uso. Para estos bienes, la deducción de las cuotas soportadas en su adquisición o fabricación puede efectuarse en proporción al grado de afectación de los bienes de inversión en la actividad.

Ejemplo

BIENES DE INVERSIÓN: DEDUCCIÓN DE CUOTAS

Las cuotas soportadas por un economista en la compra de un piso que es utilizado a partes iguales como despacho y como vivienda, son deducibles en la misma proporción que su utilización en la actividad profesional.

Como excepción a lo anterior, no se consideran afectados a la actividad, por lo que sus cuotas no son deducibles en ninguna proporción, los bienes no contabilizados o no incluidos en los registros oficiales, así como aquellos no estén integrados en el patrimonio empresarial o profesional del sujeto pasivo.

c.- Reglas específicas para automóviles de turismo, remolques, ciclomotores y motocicletas.

Si se prueba que están efectos a la actividad, se presume que están afectos a la misma en un 50 por 100, por lo que podría deducirse este porcentaje de las cuotas soportadas. Si se pretende deducir cuotas del IVA en mayor cuantía, debe probarse por el sujeto pasivo esta mayor utilización. Por el contrario, si es la Administración la que quiere minorar el grado de afectación del 50 por ciento que aplica el empresario que reúna los requisitos anteriores, debe ser ella quien lo pruebe.

Esta presunción de utilización puede ser del 100 por 100 cuando los vehículos se utilicen en determinadas actividades como transporte de mercancías, enseñanza de conductores, pruebas, vigilancia y agentes o representantes de comercio y, como en el caso anterior, para poder reducir este porcentaje de deducción debe probar la Administración que la afectación es menor.

La deducibilidad de las cuotas soportadas por el consumo de combustible, las reparaciones o revisiones de los vehículos debe desvincularse de la deducción aplicable a las cuotas soportadas en la adquisición del vehículo, por lo que serán deducibles, siempre que su consumo se afecte al desarrollo de la actividad empresarial o profesional del sujeto pasivo y, en la medida en que vaya a utilizarse previsiblemente en el desarrollo de dicha actividad económica.

Ejemplo

VEHÍCULOS DESTINADOS A LA ACTIVIDAD EMPRESARIAL

Una empresa de transportes tiene varios vehículos destinados al transporte de mercancías, disponiendo el gerente de un automóvil para ir a visitar a los clientes.

Si los vehículos están destinados a la actividad, las cuotas soportadas son deducibles al probarse su afectación. Las cuotas correspondientes a los vehículos de transporte pueden deducirse en su totalidad, pero las del automóvil no destinado al transporte pueden deducirse en un 50 por ciento, salvo que la empresa pruebe un grado de utilización mayor.

2.9.7.6. Cuotas que están excluidas del derecho a la deducción (Art. 96 Ley 37/92)

Entre las cuotas que no son deducibles en ninguna cuantía, están las soportadas por las siguientes adquisiciones:

- Joyas, alhajas, piedras preciosas, perlas naturales o cultivadas y objetos elaborados total o parcialmente con oro o platino.
- Alimentos, bebidas y tabaco.
- Espectáculos y servicios recreativos.
- Bienes y servicios destinados a atenciones a clientes, asalariados o a terceras personas.
- Servicios de desplazamiento o viajes, hostelería y restauración cuyo importe no sea gasto fiscalmente deducible en el IRPF o en el Impuesto de Sociedades.

No obstante, las cuotas a que se refiere este apartado, podrán ser deducibles, siempre que su finalidad sea realizar su entrega o cesión de uso a título oneroso por quien realice una actividad empresarial o profesional.

Ejemplo

DEDUCCIÓN DE CUOTAS: CUOTAS EXCLUIDAS DEL DERECHO A DEDUCIR

Aunque las cuotas soportadas por la compra de objetos elaborados con oro no son deducibles, si los adquiere un joyero las cuotas serian deducibles ya que no tienen esta limitación cuando estén destinados a su venta por quien se dedica a la actividad de joyería.

Lo mismo sucede con las compras de alimentos, cuya deducción puede realizar quien se dedique, entre otras actividades, a la hostelería.

2.9.7.7. Operaciones que dan derecho a deducir el IVA

Aunque las cuotas reúnan los requisitos para la deducibilidad vistos anteriormente, es preciso además que los bienes y servicios adquiridos se destinen a la realización de operaciones que originen el derecho a deducir, es decir, a un tipo concreto de operaciones ya que, no en todos los casos, pueden deducirse las cuotas, como puede ser el supuesto de quien realice sólo operaciones exentas del art. 20 de la Ley del IVA, como es el caso de un médico. (Art. 94 LEY 37/92).

Las operaciones cuya realización da derecho a deducir el IVA, son las siguientes:

- Entregas de bienes y prestaciones de servicios, sujetas y no exentas.
- Servicios exentos cuyo valor esté incluido en la base de las importaciones.
- Exportaciones y operaciones asimiladas exentas.
- Operaciones exentas en relación con zonas francas, depósitos francos y otros depósitos y con los regímenes aduaneros y fiscales.
- Entregas intracomunitarias exentas.
- Servicios exentos realizados por agencias de viajes.
- Operaciones realizadas fuera del territorio español del IVA, que originarían el derecho a deducir, si se hubieran realizado dentro de nuestro territorio
- Operaciones de seguro y financieras para un destinatario establecido fuera de la Unión Europea o en relación con exportaciones.

Ejemplo

OPERACIONES QUE NO DAN DERECHO A DEDUCIR EL IVA

- Quien tiene una agencia de seguros, y sólo realiza operaciones de esta naturaleza en territorio español, no tiene derecho a deducir las cuotas del IVA soportadas en la actividad, por tratarse de una actividad exenta de IVA.
- Quien realice la actividad de abogacía en territorio español, puede deducir las cuotas del IVA soportadas.
- Quien preste un servicio a una empresa italiana, podrá deducir en territorio español las cuotas soportadas en este territorio que estén relacionadas con el servicio prestado.

2.9.7.8. ¿Cuándo pueden deducirse las cuotas soportadas?

El derecho a deducir las cuotas soportadas sólo podrá ejercitarse en la declaración-liquidación (trimestral o mensual) del período en que su titular haya soportado las cuotas deducibles, o bien en las correspondientes a los sucesivos periodos de liquidación, siempre que no hubiera transcurrido un plazo de cuatro años contados a partir del nacimiento del derecho, que se habrá producido en el momento del devengo de las cuotas deducibles

Las cuotas se entienden soportadas en el momento de recibir la correspondiente factura u otro documento justificativo, aunque en los supuestos de inversión del sujeto pasivo las cuotas se entenderán soportadas cuando se expida la factura correspondiente por quien realiza la entrega o presta el servicio, siempre que estén reflejadas el Libro Registro de facturas recibidas e incluidas en la declaración-liquidación del IVA.

- En las adquisiciones intracomunitarias de bienes serán deducibles las cuotas en la declaración-liquidación del período de liquidación en el que se han incorporado las correspondientes cuotas devengadas.

Cuando las cuotas soportadas lo han sido en virtud de facturas rectificativas, es preciso que, si ha habido una actuación previa de la Administración Tributaria, el proveedor no haya participado en un proceso de fraude en los términos del art. 89. Tres.2º de la Ley del IVA (DGT V1484-16).

Ejemplo

FACTURA RECIBIDA ANTES DEL DEVENGO

Se compran bienes el 1 de agosto, que nos entregan el día 30 de septiembre.

Previamente, sin realizar el pago hasta que recibamos las mercancías, nos envía la factura el proveedor.

Aunque tengamos la factura desde el 1 de agosto, no podemos deducir el IVA hasta que se produzca el devengo que, al no haber pagos anticipados, se producirá el día 30 de septiembre.

2.9.7.9. Deducciones de cuotas soportadas antes del comienzo de las entregas de bienes y prestaciones de servicios objeto de la actividad (Art. 111 Ley 37/92)

La condición de empresario o profesional, que se adquiere desde el momento en que se efectúe la adquisición o importación de bienes o servicios con la "intención", confirmada por elementos objetivos, de destinarlos a actividades empresariales o profesionales, determina la posibilidad de deducir cuotas soportadas o satisfechas con anterioridad al momento en que se inicien las entregas de bienes o prestaciones de servicios que constituirán el objeto de la actividad.

Los medios de acreditar la intención de destinar los bienes y servicios adquiridos a una actividad económica (Art. 27 RIVA), son:

- Cualquier medio de prueba admitido en Derecho.
- La naturaleza de los bienes y servicios adquiridos ha de ser acorde con la actividad.

- El cumplimiento de obligaciones formales, registrales y contables exigidas tanto por la normativa del IVA como por el Código de Comercio u otras normas.
- La presentación de la declaración censal de comienzo que están obligados a presentar los empresarios o profesionales según el RD 1065/2007, de 27 de julio, se trata de una circunstancia a tener en cuenta, aunque su falta de presentación no impide deducir las cuotas si la intención relativa al destino de los bienes o servicios queda acreditada mediante otros elementos objetivos.
- Solicitar o disponer de autorizaciones, permisos o licencias administrativas necesarias para el ejercicio de la actividad.
- Presentar declaraciones tributarias por impuestos distintos del IVA y en relación con la actividad.

Si un bien o servicio no fue adquirido con la intención de destinarlo a la actividad empresarial o profesional, las cuotas soportadas con anterioridad al inicio de la actividad no serán deducibles aunque, posteriormente, se decida darle ese destino.

Ejemplo

CUOTAS SOPORTADAS ANTES DE INICIAR LA ACTIVIDAD

En el mes de noviembre comienzan los estudios previos para poner un taller de carpintería. Se adquiere un local, se pagan arreglos, se adquiere maquinaria, y no se comienza la actividad hasta el mes de enero.

Acreditando la intención de iniciar la actividad por alguno de los medios indicados, como puede ser la declaración censal, pueden deducirse las cuotas soportadas y presentar la solicitud de devolución del IVA en la declaración del último periodo de liquidación del año.

En todo caso, hay que tener justificación documental de las cuotas soportadas, llevar los registros y cumplir las mismas obligaciones formales que si hubiese iniciado la actividad, ya que se ha adquirido la condición de empresario.

2.9.7.10. Rectificación de deducciones (Art. 114 Ley 37/92)

- A lo largo del desarrollo de la actividad se han soportado cuotas que, en muchos casos, han producido errores en la repercusión, tanto por repercusiones superiores como inferiores a lo correcto. Esto puede dar lugar a que el destinatario tenga que minorar o aumentar las deducciones previamente practicadas.

A) Incremento de la deducción

- Si se modifican las cuotas repercutidas como consecuencia de la modificación de la base imponible en virtud del art. 80 de la Ley 37/92, en este supuesto el aumento de la deducción por parte del destinatario se realizará en la declaración-liquidación corriente del período en que se reciba la nueva factura o en las declaraciones siguientes dentro del plazo de cuatro años desde el devengo o desde que se produjeron las causas de modificación de la base imponible.
- Si se modifican las cuotas repercutidas por una causa distinta, el aumento de la deducción se realizará en la declaración-liquidación correspondiente al período en el cual se reciba la nueva factura, o de los siguientes en el plazo de un año desde su expedición.

Ejemplo

RECTIFICACIÓN DE REPERCUSIÓN. HAY QUE REPERCUTIR MÁS DE LO REPERCUTIDO INICIALMENTE

El arrendador de un local se da cuenta de que el mes anterior repercutió erróneamente el 10 por 100 en lugar del tipo correcto del 21 por 100. Este empresario deberá efectuar la rectificación de la repercusión efectuada, mediante la emisión de una factura rectificativa. Por su parte, el arrendatario podrá rectificar al alza la deducción practicada, a partir del período en el cual reciba el documento justificativo de la rectificación.

B) Disminución de la deducción

- Si se modifica la cuota repercutida como consecuencia de un error fundado de Derecho o por modificación de la base imponible en virtud del art. 80 de la Ley 37/92, la minoración de las deducciones se realizará en la declaración-liquidación del período en el cual se reciba la nueva factura.
- Si la rectificación de la cuota repercutida es como consecuencia de un simple error, la disminución se realizará mediante una declaración-liquidación complementaria, siendo aplicados el recargo y, en su caso, los intereses de demora.

2.9.7.11. Realización simultánea de operaciones con derecho a deducir y otras que no dan este derecho. Regla de prorrata

- Si se realizasen simultáneamente dos actividades, una que no da derecho a deducir y otra que da derecho a deducir, es preciso ver la proporción que guardan las operaciones que dan derecho a deducir con respecto a la totalidad de operaciones realizadas. Este porcentaje se aplica sobre las cuotas soportadas que tuviesen la condición de deducibles, dando como resultado la cuantía de las cuotas que se podrán restar en la declaración-liquidación del IVA.

El porcentaje de deducción de las cuotas soportadas se determina multiplicando por cien el resultado de la fracción siguiente:

Numerador: importe total de las operaciones que originan el derecho a deducir, teniendo en cuenta los criterios antes indicados.

Denominador: importe total de las operaciones realizadas, originen o no el derecho a deducir.

Nota: el resultado decimal se redondeará a la unidad superior.

No se computan a efectos de este cálculo:

- Las cuotas del IVA que llevan incorporadas las operaciones.
- Las entregas de bienes de inversión utilizados en la actividad.
- Las operaciones inmobiliarias y financieras no habituales.
- Operaciones no sujetas del art. 7 de la Ley 37/92 (transmisión de la totalidad del patrimonio empresarial etc.).
- Autoconsumos derivados de la afectación de existencias como bienes de inversión.
- Operaciones realizadas desde establecimientos permanentes situados fuera del TAI sin cargo a otros situados dentro.

Procedimiento de aplicación

El porcentaje de deducción aplicable provisionalmente cada año natural será el determinado con carácter definitivo el año anterior.

- Como la prorrata de un ejercicio concreto se calcula con los volúmenes de operaciones del mismo y éstos no se conocen hasta el final del mismo, deberá utilizarse, con carácter provisional, el porcentaje que resultó definitivo en el ejercicio anterior y, en la última declaración-liquidación, en su caso, practicar la correspondiente regularización.

Ejemplo

- Prorrata definitiva del año 2021: 60%
- Prorrata definitiva del año 2022: 80%

Períodos de liquidación de 2022	1° trimestre	2° trimestre	3° trimestre	4° trimestre
Cuotas soportadas	100	80	200	40
Prorrata provisional de 2022	60%	60%	60%	
Cuotas deducibles	60	48	120	108 (1)

(1) En el último período de liquidación del año habrá calculado la prorrata definitiva del año 2022 (hemos supuesto en el enunciado que era del 80%). Esto determina que las cuotas reales que habría podido deducir en el año 2022 serían el 80% de (100+80+200+40) = 336. No obstante, como en los tres primeros trimestres ha deducido la prorrata provisional del 60% (60+48+120) = 228, en este 4° trimestre de 2022 deducirá 336-228 = 108

- Cuando existan circunstancias que lo justifiquen, es posible solicitar la aplicación de un porcentaje provisional diferente del que resultó definitivo en el ejercicio anterior, para poder deducir mayores cuotas en cada declaración-liquidación.
- El año en que da comienzo la actividad, el porcentaje provisional de prorrata aplicable será el utilizado provisionalmente en las deducciones anteriores al inicio de las entregas de bienes o prestaciones de servicios, cuando se hubiese dado esta situación, o bien el propuesto por el sujeto pasivo a la Administración.

Deducción de las cuotas soportadas por entes públicos duales.

La Ley 9/2017, de 8 de noviembre, de Contratación Pública, da nueva redacción al apartado Cinco del artículo 93 LIVA con el objetivo de facilitar la determinación del régimen de deducción de las entidades del sector público que realizan simultáneamente operaciones sujetas y no sujetas al Impuesto.

En concreto como criterio razonable y homogéneo de imputación de las cuotas correspondientes a bienes y servicios destinados simultáneamente a ambos tipos de operaciones podrá utilizarse la proporción que represente en cada año natural el importe total, excluido el IVA, de las entregas de bienes y prestaciones de servicios de las operaciones sujetas al impuesto, respecto del total de ingresos que obtenga el sujeto pasivo por el conjunto de su actividad.

2.9.7.11.1. Bienes de inversión (Art. 107 y ss. Ley 37/1992)

La deducción de las cuotas soportadas en la adquisición o importación de los bienes que tengan esta consideración (definidos en el art. 108 LIVA), se realizará en el momento en que se soporten las cuotas, aunque si se diese la circunstancia de que, por razón de las operaciones realizadas, se modificase el porcentaje de deducción de un año a otro, deberán regularizarse las deducciones practicadas a lo largo de los cuatro años siguientes, o nueve, si se trata de terrenos o edificaciones.

A) Regularización

Se practicará una regularización de las deducciones de las cuotas que hayan sido realizadas cuando haya una diferencia de más de diez puntos porcentuales entre la prorrata definitiva del año de adquisición del bien de inversión y la de cada uno de los años del período de regularización:

- Cuando se conozca el porcentaje definitivo de deducción aplicable en cada uno de los años en que deba practicarse regularización, se determinará el importe de la deducción que procedería si la deducción de las cuotas se hubiese producido en el año que se está considerando.
- El importe resultante se restará de la deducción efectuada en el año en que tuvo lugar la repercusión.
- La diferencia, positiva o negativa, se dividirá por cinco o, tratándose de edificios o edificaciones, por diez, y el cociente resultante será la cuantía del ingreso o deducción complementaria a efectuar.
- Los ingresos y deducciones complementarias consecuencia de las regularizaciones serán practicados en la declaración-liquidación del último período del año natural.

Ejemplo

Año de compra de una máquina: 2018
Cuotas soportadas en la compra de una máquina: 1.000 euros.
Prorrata definitiva de 2018: 60%
Regularización:

$$\frac{\text{IVA soportado x (\% del año de entrada en funcionamiento –\% del año en curso) x 100}}{\text{5 (10, sí son inmuebles)}}$$

Año	Prorrata definitiva	Regularización	Resultado
2019	55	No: No hay diferencia superior a 10 puntos con la prorrata de 2008	
2020	80	Si: Diferencia superior a 10 puntos	$\frac{(0,6\text{-}0,8) \times 1.000}{5}$ = -40
2021	65	No: No hay diferencia superior a 10 puntos con la prorrata de 2008	

Año	Prorrata definitiva	Regularización	Resultado
2022	40	Si: Diferencia superior a 10 puntos	(0,6-0,4) x1.000 = 40 5
2023	30	No: Ya han transcurrido 5 años desde que se adquirió el bien	

Hemos supuesto que, desde 2019 a 2023, tiene unos porcentajes de prorrata según el ejemplo.

En el año 2020, habrá resultado una mayor deducción de 40, que se realizará en la declaración liquidación del último periodo de liquidación del año. En los modelos de declaración-liquidación periódica hay una casilla específica al respecto.

En el año 2022, habrá resultado una menor deducción de 40, que se plasmará en la declaración liquidación periódica del último periodo de liquidación del año.

- A efectos de la regularización, sólo procede efectuarla en relación con los bienes de inversión, de tal forma que no pueden regularizarse en ejercicios futuros las cuotas soportadas por bienes y servicios corrientes, cuando en el ejercicio en que se soportaron resultó una prorrata del cero por ciento.

B) Entregas de bienes de inversión durante el período de regularización (art. 110 Ley 37/92)

Si durante los cuatro años (con carácter general) o nueve años posteriores (si son inmuebles) a la entrada en funcionamiento, en los que indicamos que había que regularizar las deducciones, se transmite un bien de inversión, se efectuará una regularización única por el tiempo del período de regularización que quede por transcurrir.

- Reglas:

  1. Si la entrega está sujeta y no exenta: se considerará que el bien se empleó exclusivamente en la realización de operaciones que originan el derecho a deducir durante el año de la entrega y los restantes hasta la terminación del período de regularización.

  Esta regla será de aplicación también en el supuesto de entregas con exención plena (exportaciones, etc.) o no sujetas que originen el derecho a deducir

- Límite:
- No será deducible, en su caso, la diferencia positiva entre la deducción adicional consecuencia del ajuste y la cuota devengada en la entrega del bien de inversión.
- Deducción = <u>IVA soportado x (Prorrata año adquisición - 1) x N</u>

5 o 10, según el bien

- N = años pendientes de regularizar, incluido en año en que se realza la entrega

Ejemplo

Maquinaria adquirida en 2021, soportando 1.000 euros de IVA.
Prorrata de 2021: 60%.
Venta en 2023 en una operación sujeta y no exenta.

$$\frac{1.000\ (0{,}6-1) \times 3}{5} = -240 \text{ Deducción adicional.}$$

- 2. Si la entrega resultara exenta (con exención limitada) o no sujeta, se considerará que el bien de inversión se empleó exclusivamente en la realización de operaciones que no originan el derecho a deducir durante el año de la entrega y los restantes del período de regularización.
- <u>IVA soportado x (Prorrata año adquisición) x N</u> = INGRESO

5 o 10, según el bien

Ejemplo

Inmueble adquirido en 2021, soportando 1.000 euros de IVA.
Prorrata de 2021: 90%.
Venta en 2023 en operación sujeta y exenta.

$$\frac{1.000 \times 0{,}9 \times 8}{10} = 720 \text{ Ingreso.}$$

Ejemplo

Operaciones realizadas por un asesor fiscal desde su despacho profesional:
a.- Compra un ordenador el 1 de marzo, lo paga el 1 de abril y se lo entregan el 1 de mayo.
Puede deducir las cuotas a partir del 1 de abril, que es cuando se produce el devengo de la entrega.
b.- Le paga 10.000 euros a un despacho profesional francés por un informe que necesita para un expediente.

Puede deducir el IVA, que debe autorepercutirse el abogado por ser una operación en la que se produce inversión de sujeto pasivo.

c.- Compra libros para su despacho profesional, y le repercuten IVA, aplicando el 21 por ciento

Le han repercutido IVA a un tipo superior al que establece la Ley para los libros, por lo que sólo podrá deducir el 4 por ciento.

d.- Por avería de su vehículo privado, alquila durante un plazo de 1 mes un vehículo que utilizará para fines privados y de la actividad de forma simultánea.
No puede deducir nada del IVA soportado por el arrendamiento por no ser un bien de inversión y no estar afecto solo a su uso como profesional.

e.- Para una gestión relacionada con el despacho, un empleado suyo viaja a Valencia, expidiendo el hotel la factura a nombre del empleado.
El abogado no puede deducir el IVA de la factura ya que no está expedida a su nombre, sino al del empleado. Caso de rectificarse la factura, podría deducirse el IVA en el plazo de cuatro años a partir del devengo (fecha de pernoctación), ejercitando el derecho cuando tenga en su poder la factura rectificada.

2.9.8. Las declaraciones y las devoluciones

2.9.8.1. Introducción

En este apartado se estudiarán los modelos de las declaraciones tributarias en el ámbito del Impuesto, tanto los modelos de presentación periódica como aquellos que se presentan en situaciones puntuales, así como los plazos y lugares de presentación.

Se complementa el apartado con el estudio de los distintos supuestos de devolución del Impuesto, en concreto, los supuestos generales de devolución; la devolución a los voluntariamente inscritos en el registro de devolución mensual y, por último, la devolución a los empresarios no establecidos, donde se contemplan las formas de recuperar el IVA soportado en otros países.

Todas las operaciones realizadas por un sujeto pasivo han anotarse en los correspondientes Libros Registro específicos del IVA y, posteriormente presentar una declaración-liquidación única en cada período de liquidación, en la que se incluyan todas las actividades realizadas, al margen de cuál sea el régimen de tributación de aquéllas y el lugar donde se realicen.

Cada declaración-liquidación se presenta el mes siguiente a cada periodo de liquidación, que puede ser mensual o trimestral, coincidiendo con el mes o trimestre natural.

Salvo excepciones puntuales, como los inscritos en el Registro de Devolución mensual, grandes empresas y los que apliquen el régimen especial del grupo de entidades, los sujetos pasivos del IVA presentarán sus declaraciones-liquidaciones trimestrales, en las que determinarán la deuda tributaria, utilizando los modelos y formularios aprobados al efecto, e ingresando la deuda tributaria en el lugar, forma y plazos establecidos.

De los sujetos pasivos que se indicaba al principio de este Capítulo del IVA que tienen la condición de empresarios o profesionales a efectos de este impuesto, no tienen obligación de presentar declaraciones-liquidaciones, ni cumplimentar las obligaciones formales del mismo, aquellos sujetos pasivos que realicen exclusivamente las operaciones exentas de los artículos 20 (exenciones en operaciones interiores) y 26 (adquisiciones intracomunitarias exentas) de la Ley del Impuesto.

En cuanto a las importaciones de bienes, el IVA se liquidará en la forma prevista por la legislación aduanera para los derechos arancelarios aunque también se prevé, en algunos supuestos, la posibilidad de diferir tales liquidaciones.

2.9.8.2. Las declaraciones-liquidaciones del IVA

Como hemos anticipado, cada sujeto pasivo presentará un único modelo de declaración-liquidación en cada período de liquidación con independencia de cuál sea el tipo de actividad realizada a efectos del IVA, presentación que se realizará, incluso en los períodos de liquidación en los que no exista actividad o cuando el resultado de la liquidación sea cero, salvo cuando se trate de declaraciones no periódicas que sólo se presentarán cuando se realice el hecho que motiva su presentación.

Para quien vaya a deducir las cuotas soportadas antes del inicio de la actividad empresarial o profesional, hemos indicado que, a raíz de la presentación de la declaración censal previa al inicio de la actividad, tiene la condición de empresario a efectos del IVA, por lo que desde ese momento tiene obligación de presentar declaraciones-liquidaciones cada periodo de liquidación

El modelo más habitual de presentación periódica es el 303, aprobado por Orden EHA/3786/2008, de 29 de diciembre (BOE del 30 de diciembre de 2008), que ha sido objeto de diversas modificaciones para adaptarlo a los diversos cambios producidos en la legislación, siendo modificado en 2021 por la Orden HAC/646/2021, de 22 de junio (BOE del 24 de junio), debido a diversas adaptaciones, entre las que hay que destacar el nuevo Sistema de Suministro de información de datos para determinadas empresas a través de la Sede de la AEAT y otros cambios en el impuesto. Finalmente la Orden HFP/1395/2021, de 9 de diciembre (BOE de 14 de diciembre) introduce una modificación importante en el modelo 303 para 2023, de modo que a partir del 1 de enero de 2023 y aplicable a las autoliquidaciones correspondientes al ejercicio 2023 y siguientes se suprime la presentación del modelo 303 mediante papel impreso generado mediante el servicio de impresión desarrollado por la Agencia Tributaria en su Sede electrónica, por lo que a partir de esa fecha sólo se podrán presentar telemáticamente.

Presentarán este modelo quienes tengan periodo de liquidación coincidente con el trimestre natural, incluso los que apliquen el régimen simplificado, con excepción de los que presenten autoliquidaciones de carácter no periódico. También lo presentarán quienes tengan periodo de liquidación mensual.

Con la presentación de la declaración-liquidación del último mes o trimestre natural se presentará también una declaración resumen anual, modelo 390, por quienes presenten autoliquidaciones periódicas, en la que se acumulan todas las operaciones del año con un mayor detalle que en las declaraciones periódicas previamente presentadas. Determinados colectivos quedan exonerados de su presentación, como es el caso de quienes realicen sólo actividades en régimen simplificado y/o arrendamiento de bienes inmuebles urbanos, así como los que lleven los libros registros a través de la Sede Electrónica de la AEAT (ver nota del apartado 2.9.8.4).

El modelo 303, después de solicitarnos información para determinar nuestras circunstancias a la hora de presentar declaración, tiene dos aparados claramente diferenciados en la primera página, el IVA devengado y el IVA deducible.

La diferencia determina el resultado del régimen general, que puede ser, además de cero, a ingresar o bien a compensar, sin perjuicio de la posibilidad de solicitar devolución cuando se esté inscrito en el registro de devolución mensual o bien sea la declaración correspondiente al último periodo de liquidación anual.

El resto de la información solicitada no afecta a la liquidación, si bien es de gran importancia para facilitar información sobre las diferentes operaciones realizadas.

Los que apliquen el régimen simplificado del impuesto presentarán igualmente el Modelo 303.

Modelos de presentación no periódica

	Modelo	Periodicidad
Modelo general de ingreso	309	
Solicitud de devolución	308	Trimestral
Reintegro de compensaciones del régimen especial de la agricultura	341	

Deberán presentar declaración-liquidación especial de carácter no periódico, los siguientes sujetos pasivos por las operaciones sujetas indicadas y en los modelos que se señalan a continuación:

√ Los particulares, por las entregas intracomunitarias de medios de transporte nuevos, presentarán el Modelo 308 para solicitar la devolución del IVA. Por la adquisición intracomunitaria de medios de transporte nuevos presentarán el Modelo 309 para su liquidación e ingreso.

- √ Las personas jurídicas no empresarios, por la entrega intracomunitaria de medios de transporte nuevos, presentarán el Modelo 308.
- √ Por la adquisición intracomunitaria de medios de transporte nuevos, por la adquisición intracomunitaria de bienes y en los supuestos de inversión del sujeto pasivo, presentarán el Modelo 309.
- √ Los sujetos pasivos que realicen sólo operaciones sin derecho a deducción, por la adquisición intracomunitaria de medios de transporte nuevos, por la adquisición intracomunitaria de bienes y por la inversión del sujeto pasivo presentarán el Modelo 309.
- √ Los sujetos pasivos acogidos al recargo de equivalencia, por la adquisición intracomunitaria de medios de transporte nuevos, por la adquisición intracomunitaria de bienes, por la inversión del sujeto pasivo y por las entregas de bienes inmuebles con renuncia a la exención presentarán el Modelo 309. Por el reintegro de cuotas reembolsadas a viajeros presentarán el Modelo 308.
- √ Los sujetos pasivos acogidos al régimen especial de la agricultura, ganadería y pesca, por la adquisición intracomunitaria de medios de transporte nuevos, por la adquisición intracomunitaria bienes, por la inversión del sujeto pasivo y por las entregas de bienes de inversión de naturaleza inmobiliaria sujetas y no exentas, por el reintegro de las compensaciones indebidamente percibidas y por el ingreso de las regularizaciones practicadas como consecuencia del inicio en la aplicación del régimen especial, presentarán el Modelo 309.
- √ Por los reintegros de compensaciones a sujetos pasivos acogidos al régimen especial de la agricultura, ganadería y pesca presentarán el Modelo 341.
- √ Los empresarios o profesionales adjudicatarios en subastas administrativas o judiciales por las entregas de bienes o prestaciones de servicios en el marco de los procedimientos de ejecución forzosa presentarán el Modelo 309.
- √ Los sujetos pasivos que estén en régimen simplificado y soliciten la devolución, antes de la última declaración-liquidación, de las cuotas soportadas por la adquisición de medios de transporte, por realizar la actividad de transporte de mercancías o viajeros por carretera, utilizarán el Modelo 308

También presentarán el Modelo 309:

Las personas o entidades que no actúen como empresarios o profesionales.

Los sujetos pasivos que realicen exclusivamente operaciones exentas de los arts. 20 o 26 LIVA, que sean deudores frente a la Hacienda Pública por modificación de bases imponibles en operaciones impagadas.

Los beneficiarios del tipo reducido del IVA por vehículos para personas con movilidad reducida que, no siendo sujetos pasivos, incumplan los requisitos.

Las personas que incumplan beneficios fiscales y tengan que regularizar la situación tributaria.

Fuera de estos supuestos no se presenta declaración no periódica.

2.9.8.3. Plazos de presentación de los modelos de declaración-liquidación

a) Los plazos de presentación para las declaraciones-liquidaciones (modelo 303) son los siguientes:

Del 1 al 20 del mes siguiente al período de liquidación.

La declaración del cuarto trimestre (o último mes) del año, se presentará del 1 al 30 de enero. Junto con la declaración del cuarto trimestre de quienes presenten autoliquidaciones periódicas, ha de presentarse también el resumen anual modelo 390, aunque existen excepciones que indicamos al final de este apartado.

Quienes presenten autoliquidaciones mensuales, lo harán de 1 al 30 del mes siguiente al período de liquidación. Las del mes de enero tienen plazo hasta el último día de febrero.

Las entidades que apliquen el procedimiento de suministro de información, SII, (art. 62.6 del Reglamento del IVA) a través de la web de la AEAT (Ver nota el final del apartado 2.9.8.4), presentarán las declaraciones-liquidaciones en los 30 primeros días del mes siguiente al periodo de liquidación mensual, y la declaración del mes de enero hasta el último día de febrero.

Regla general

Período de liquidación del IVA: **trimestre** natural

Presentación de declaraciones – liquidaciones: Del 1 al 20 de abril, julio y octubre, y del 1 al 30 de enero la del 4º trimestre. Si el ultimo día es un sábado, domingo o día festivo, el vencimiento del plazo se traslada al día siguiente hábil.

Junto con la declaración del 4º trimestre ha de presentarse también el resumen anual, modelo 390. Quedan **excluidos** de la obligación de presentar el **resumen anual** los siguientes sujetos pasivos:

1) Aquellos respecto de los que la Administración tributaria ya posea información suficiente a efectos de las actuaciones y procedimientos de comprobación o investigación.

2) Aquellos que realicen exclusivamente operaciones exentas interiores y adquisiciones intracomunitarias exentas de bienes, y aquellos para los que así se determine por Orden ministerial

3) Los obligados a la presentación de liquidaciones trimestrales, que realicen exclusivamente actividades que tributen en **régimen simplificado** o actividad de **arrendamiento** de bienes inmuebles urbanos.

   Tampoco tienen obligación de presentarla los sujetos pasivos realicen, además, actividades por las que no exista obligación de presentar autoliquidaciones periódicas.

4) Los que apliquen el sistema de llevanza de los libros registro a través de la Sede electrónica de la AEAT (**SII**), salvo cuando no existe obligación de presentar la autoliquidación correspondiente al último periodo de liquidación del ejercicio por haber presentado la baja en el Censo de Empresarios antes del inicio del mismo.

En todo caso los excluidos de la obligación de presentar el Modelo 390 deben cumplimentar un apartado específico en el modelo 303 correspondiente al último periodo de liquidación del año, en el que facilitarán información sobre las actividades que realizan, porcentaje de prorrata aplicable (en su caso), y volumen total de operaciones realizadas en el ejercicio.

Regla especial:

El período de liquidación coincide con el **mes natural** cuando se trate de los siguientes **sujetos pasivos**:

a) Aquellos cuyo **volumen de operaciones**, hubiese excedido durante el año natural inmediato anterior de 6.010.121,04 €, así como los que hubiesen efectuado la **adquisición de la totalidad o parte de un patrimonio empresarial o profesional**, si la suma de su volumen de operaciones del año natural inmediato anterior y la del volumen de operaciones que hubiese efectuado en el mismo período el transmitente de dicho patrimonio mediante la utilización del patrimonio transmitido, hubiese excedido de 6.010.121,04 €.

b) Los sujetos pasivos autorizados para solicitar la **devolución del saldo** existente a su favor del término de **cada período** de liquidación, e inscritos en el Registro de devolución mensual REDEME.

c) Los sujetos pasivos que apliquen el régimen especial del **grupo de entidades** del IVA.

   Para estos sujetos pasivos el **plazo** de presentación de las declaraciones-liquidaciones, es del 1 al 30 del mes siguiente a cada período de liquidación mensual, (hasta el último día del mes de febrero para la liquidación del mes de enero.

b) Los plazos de presentación para las declaraciones no periódicas son los mismos que los establecidos para las declaraciones trimestrales: del 1 al 20 de abril, julio y octubre, y del 1 al 30 de enero.

√ Excepciones:

Cuando se trate de adquisición intracomunitaria de medios de transporte nuevos, el plazo es de treinta días naturales desde la operación y, en cualquier caso, antes de su matriculación definitiva (modelo 309).

Para los sujetos pasivos ocasionales por las entregas de medios de transporte nuevos, el plazo es de treinta días naturales desde la entrega (modelo 308).

En los procedimientos judiciales o administrativos de ejecución forzosa, el plazo es de un mes a contar desde el pago del importe de la adjudicación, no pudiendo procederse a dicha presentación con anterioridad a la emisión de la factura que documenta la operación (modelo 309).

Para los sujetos pasivos en régimen simplificado que ejerzan la actividad de transporte de mercancías o viajeros por carretera, y soliciten la devolución de las cuotas al margen de las declaraciones periódicas del régimen simplificado, el plazo es del 1 al 20 del mes siguiente a la adquisición de los vehículos (Modelo 308).

Nota. Declaración - Resumen Anual del IVA. Modelo 390

Este Modelo, aprobado por Orden EHA/3111/2009, de 5 de noviembre, que ha tenido su última modificación en la Orden HAC/646/2021, de 22 de junio (BOE del 24 de junio), será presentado del 1 al 30 de enero del año siguiente por quienes tengan obligación de presentar autoliquidaciones periódicas del IVA.

Para el ejercicio 2020 se ha incorporado una nueva modificación del modelo 390 mediante la publicación de la Orden HAC/1274/2019, de 18 de diciembre, BOE de 31.

Se excluyen de esta obligación (salvo que no tuviesen que presentar autoliquidación del último periodo de liquidación del año)

a) Quienes presenten declaraciones trimestrales y realicen exclusivamente actividades en régimen simplificado y/o arrendamiento de bienes inmuebles urbanos.
b) Los que lleven los libros registro a través de la Sede electrónica de la AEAT (ver 2.9.8.4).

Esta exoneración no es aplicable cuando no hay obligación de presentar autoliquidación en el último periodo de liquidación del ejercicio.

Esta exclusión de presentar el Modelo 390 requiere la cumplimentación, en el último periodo de liquidación, de determinados datos informativos que aparecen en la página 3 del Modelo 303.

2.9.8.4. Lugar y forma de presentación de las declaraciones-liquidaciones

La presentación de las declaraciones-liquidaciones del modelo 303 puede ser:

a.- Por Internet

Carácter general, se presentarán utilizando la firma electrónica avanzada. Entre otros que, obligatoriamente, tienen que presentarla por Internet, están los adscritos a la Delegación Central de Grandes Contribuyentes, los que tengan forma de sociedad anónima o sociedad de responsabilidad limitada, así como los que presenten autoliquidación con periodicidad mensual.

Las personas físicas pueden utilizar en la presentación un sistema de firma con clave de acceso a un registro previo como usuario (salvo que estén adscritos a la Delegación Central de Grandes Contribuyentes, o tengan que presentar el IVA mensualmente).

b.- Si no se está en los supuestos de presentación obligatoria por Internet, también puede presentarse mediante papel impreso generado utilizando el servicio de impresión desarrollado por la AEAT.

No obstante la Orden HFP/1395/2021, de 9 de diciembre (BOE de 14 de diciembre) ha modificado las formas de presentación del modelo 303 para 2023. A partir del 1 de enero de 2023 y aplicable a las autoliquidaciones correspondientes al ejercicio 2023 y siguientes se suprime la presentación del modelo 303 mediante papel impreso generado mediante el servicio de impresión desarrollado por la Agencia Tributaria en su Sede electrónica, por lo que sólo se podrá presentar telemáticamente a partir de 2023.

Las declaraciones a ingresar se presentarán en las entidades colaboradoras de todo el territorio nacional, en la que se desee recibir el importe. También puede presentarse directamente en la AEAT. Los modelos 308 y 341 se presentarán exclusivamente en la Delegación o Administración correspondiente al domicilio fiscal.

Las declaraciones negativas, a compensar o con renuncia a la devolución se presentarán en las Delegaciones o Administraciones de la AEAT, o bien por correo certificado.

Las declaraciones a devolver se presentarán en la entidad colaboradora donde se desee recibir el importe. También, directamente en la AEAT.

Nota en relación con la forma de presentar las declaraciones, y otras obligaciones de quienes tienen periodo de liquidación mensual

De acuerdo con el Real Decreto 696/2016, de 2 de diciembre, desarrollado por la Orden HFP/417/2017, de 12 de mayo (BOE del 15 de mayo), los sujetos pasivos que tengan **periodo de liquidación mensual** llevarán los **libros registro del IVA a través de la web de la AEAT**, pudiendo optar otros contribuyentes por la llevanza de los libros por este procedimiento que es aplicable desde julio de 2017.

A estos efectos, tienen periodo de liquidación mensual las grandes empresas, las entidades integradas en el régimen especial de grupo de entidades del IVA, así como los empresarios que están en el registro de devolución mensual (REDEME).

La opción, en su caso, se realizará con la declaración censal en noviembre del año anterior, o bien con la declaración de comienzo de la actividad, y obliga al menos durante el año natural de la opción.

Para los que opten por aplicar esta forma de registro de las operaciones, el periodo de liquidación pasa a ser mensual.

Los libros registro de quienes lleven los libros registro a través de la web de la AEAT, además de la información que ya recogía el reglamento del IVA, tienen que poner mayor número de datos para un mejor seguimiento de las operaciones por parte de la AEAT.

A modo de ejemplo, del libro registro de facturas expedidas se informará, entre otros aspectos, si se trata de una factura rectificativa; si la factura sustituye a otras facturas simplificadas anteriores; si corresponde a un asiento resumen de facturas, o si ha sido emitida por el destinatario o un tercero

La amplia información que hay que facilitar requiere una codificación que facilite tanto su remisión como su posterior aplicación por la AEAT para agilizar la gestión del IVA, lo que se consigue con las claves que se incluyen en la Orden HFP/417/2017, de 12 de mayo, todo ello dentro del marco de controlar y prevenir el fraude fiscal y ofrecer a los contribuyentes una herramienta de asistencia para cumplimentar sus declaraciones del IVA.

Para quienes deban cumplir con este nuevo sistema de llevanza de libros desaparece la obligación de presentar otros modelos como el 347 (operaciones económicas con terceras personas), el modelo 340, y la declaración resumen anual Modelo 390, aunque es preciso identificar las facturas de las agencias de viajes; las de arrendamiento de locales de negocios; cobros por cuenta de terceros de honorarios profesionales y transmisiones de inmuebles sujetas al IVA, entre otras.

Toda esta información, que se extiende a los libros registro de facturas recibidas, de bienes de inversión y de determinadas operaciones intracomunitarias, se suministrará a través de la Sede electrónica de la AEAT en el plazo de 4 días desde la expedición de las facturas o desde el registro contable de las recibidas, salvo que las facturas las expida el destinatario, o un tercero, en cuyo caso habrá ocho días. En todo caso se hará antes del día 16 del mes siguiente al devengo de la operación.

Las dificultades iniciales para remitir la información, pueden resolverse acudiendo a la web de la AEAT en la que puede encontrarse solución a numerosas problemas prácticos.

El Real Decreto 529/2017, de 26 de mayo (BOE de 27 de mayo y en vigor el día 28 de mayo), por el que se modifica el RIVA, añadió un régimen transitorio, en virtud del cual los sujetos pasivos que estuviesen solo en régimen especial simplificado en 2017 no podían optar por aplicar el sistema de SII.

También establecía que los inscritos en el REDEME y las entidades que apliquen el régimen especial del grupo de entidades podrán solicitar la baja en el REDEME o la renuncia a la aplicación del régimen especial, presentando la solicitud, con efectos a partir de 1 de julio de 2017, hasta el día 15 de junio de 2017 mediante el modelo 036.

El TS declara nulo de pleno derecho este Real Decreto 529/2017, de 26 de mayo, quedando sin efecto, aunque no afectará a los actos administrativos firmes anteriores a la anulación, salvo que la anulación supusiera la exclusión o la reducción de las sanciones aún no ejecutadas completamente.

2.9.8.4.1. Presentación de declaraciones por quienes estén incluidos en el SII

Como síntesis de los plazos en que debe facilitarse la información en este sistema de suministro electrónico de los registros, tenemos:

Facturas expedidas: se facilitará la información de cada operación en el plazo de 4 días naturales desde su expedición (8 días naturales si las facturas las expide el destinatario o un tercero). En todo caso debe realizarse antes del día 16 del mes siguiente a aquel en que se hubiera producido el devengo del IVA de la operación.

En este caso y en los que siguen más adelante, el plazo de 4 u 8 días que se indica, excluye los sábados, domingos y los festivos de carácter nacional.

Facturas recibidas: se facilitará la información en un plazo de 4 días naturales desde la fecha de su registro contable. Como en el caso anterior, con el límite de ser antes del día 16 del mes siguiente al periodo de liquidación en que se hayan incluido las operaciones objeto de anotación.

Importaciones de bienes: En este caso los 4 días naturales a que nos referimos en el apartado anterior se computará desde el registro contable del documento en el que conste la cuota liquidada por las aduanas e, igualmente, antes del día 16 del mes siguiente al final del periodo al que se refiera la declaración en la que se hayan incluido.

Operaciones intracomunitarias: La información de correspondiente a las operaciones incluidas en el libro registro de determinadas operaciones intracomunitarias debe facilitarse en el plazo de 4 días naturales desde el momento de inicio de la expedición o transporte o, en su caso, desde el momento de la recepción de los bienes a que se refieran dichas operaciones.

Facturas rectificativas (tanto expedidas como recibidas). Debe facilitarse la información en el plazo de 4 días naturales desde la fecha en que se produzca la expedición o el registro contable de la factura.

Documento electrónico de reembolso (DER) del régimen de viajeros. Se facilitará la información antes del 16 del mes siguiente al periodo de liquidación en que minoren en la declaración la devolución de la cuota repercutida al viajero.

Libro registro de bienes de inversión Debe facilitarse la información dentro del plazo de presentación correspondiente al último periodo de liquidación de cada año natural, con algunas peculiaridades cuando se produzca baja en el censo de empresarios.

Si la obligación de llevar los libros se inicia en fecha diferente al primer día del año natural, deben remitirse los registros de facturación del periodo anterior a dicha fecha correspondientes al mismo año natural.

2.9.8.5. Las devoluciones del IVA

2.9.8.5.1. Supuesto general de devolución del IVA (art. 115 Ley 37/1992)

Cuando las cuotas a deducir excedan de las cuotas devengadas, se origina un saldo a favor del sujeto pasivo que podrá compensar en las posteriores declaraciones-liquidaciones hasta un plazo de cuatro años desde la declaración en la que se originó dicho saldo. No obstante, puede solicitarse en la declaración-liquidación correspondiente al último período de liquidación de cada año la devolución del saldo a su favor existente a 31 de diciembre.

Una vez presentada la declaración a través de la entidad bancaria colaboradora en la que pretenden recibir la devolución (también puede presentarse en la AEAT), la Administración está obligada a practicar liquidación provisional en el plazo de seis meses desde que termine el plazo de presentación de la declaración. Si la liquidación provisional no se practica en este plazo, procederá a devolver de oficio el importe total de la cantidad solicitada.

Transcurrido el plazo de 6 meses citado sin que se haya ordenado el pago de la devolución por causa imputable a la Administración, se aplicará a la cantidad pendiente de devolución el interés de demora desde el día siguiente a la finalización de dicho plazo y hasta la fecha de ordenamiento del pago de la devolución sin necesidad de que se reclame por el sujeto pasivo.

Las devoluciones se realizarán por transferencia bancaria, aunque puede autorizarse la devolución por cheque cruzado cuando concurran circunstancias que lo justifiquen.

Si se opta por la compensación de las cuotas, hay derecho a obtener la devolución (dentro) del saldo a su favor dentro del plazo de prescripción.

Ejemplo

Declaraciones-liquidaciones periódicas

Supongamos las siguientes cuantías de cuotas devengadas y deducibles a lo largo de un año en euros:

Primer trimestre

IVA repercutido:	80
IVA soportado:	50
Resultado a ingresar:	30

Segundo trimestre

IVA devengado:	100	
– IVA soportado:	150	
Resultado a compensar:	-50	(Tiene 4 años para compensar las cuotas)

Tercer trimestre

IVA devengado:	100
IVA deducible:	80
Diferencia:	20
Cuotas a compensar de periodos anteriores:	-20
Resultado:	0

(Quedan pendientes 30 de cuota a compensar)

Cuarto trimestre

IVA devengado:	100
IVA deducible:	90
Diferencia:	10
Cuotas a compensar de periodos anteriores	-30
Resultado	-20

Con este resultado del cuarto trimestre por importe de -20, caben dos alternativas:

– Compensar el saldo en periodos posteriores

– Solicitar la devolución del saldo.

2.9.8.5.2. Devoluciones mensuales a inscritos en el registro de devolución mensual (Art. 116 Ley 37/1992 Art. 30. RD 1624/1992)

También puede solicitarse devolución del IVA con periodicidad mensual, sin necesidad de esperar a la última declaración-liquidación, con el consiguiente ahorro financiero. Para ello, es preciso estar inscrito en el Registro de devolución mensual, lo que requiere los siguientes trámites y requisitos:

- Solicitud de la inscripción en el registro mediante la declaración censal (Modelo 036 o 039).
- Estar al corriente de las obligaciones tributarias.
- No realizar operaciones en régimen simplificado del IVA.

La solicitud de inscripción se presentará en el mes de noviembre del año anterior, surtiendo efectos desde el 1 de enero siguiente Puede solicitarse fuera de este plazo, junto con la declaración-liquidación, y surtirá efectos desde el inicio del periodo de liquidación siguiente y el año posterior.

Si se dejan de cumplir los requisitos para la devolución mensual, ello da lugar a la exclusión, que no permite una nueva solicitud en tres años.

Puede solicitarse la baja en el mes de noviembre o bien en plazo de presentación de la declaración mensual si la baja es por causa de realizar actividades en régimen simplificado. La baja no permite solicitar de nuevo la inscripción el mismo año natural.

La solicitud de devolución se hará en el Modelo 303 por vía telemática, realizándose la devolución por transferencia.

Quienes tengan periodo de liquidación mensual tendrán obligación de llevar los libros registro a través de la Web de la AEAT (Ver 2.9.8.4) y no tendrán que presentar el Modelo 340 ni el 347.

2.9.8.5.3. Devolución a exportadores en régimen de viajeros (art. 21.2º.A Ley 37/1992, y art. 9.1.2º.B RD 1624/1992)

La Ley del Impuesto declara exentas las entregas de bienes a viajeros, haciendo efectiva esta exención mediante el reembolso del impuesto soportado al viajero. Por tanto, el viajero en el momento de la compra soporta el Impuesto, pero puede obtener el reintegro de las cuotas.

La devolución de las cuotas de IVA soportadas en las adquisiciones de bienes por aquellos viajeros no establecidos en el territorio de la Unión Europea, se realiza mediante el reembolso de las cantidades satisfechas, siempre y cuando cumplan los siguientes requisitos:

1. Que los viajeros tengan su residencia habitual fuera del territorio de la Unión Europea, lo que se acreditará mediante el pasaporte, un documento de identidad u otro medio de prueba.
2. Que los bienes adquiridos salgan efectivamente del territorio de la Unión Europea, presentándolos en la Aduana de salida en el plazo de tres meses desde la adquisición de los bienes.

3. Que el conjunto de bienes adquiridos no constituya una expedición comercial, es decir, que se trate de bienes adquiridos ocasionalmente para uso personal o familiar o para ser ofrecidos como regalos, siempre que por su naturaleza y cantidad no pueda presumirse su utilización comercial.

4. Desde el 5 de julio de 2018, los bienes que consten en la factura no deben superar ninguna cuantía (antes, era del 90,15 euros). A partir de esa fecha, cumpliéndose los requisitos, cualquier operación da derecho a la devolución del IVA.

El vendedor habrá expedido una factura y un documento electrónico de reembolso disponible en la web de la AEAT. Una vez diligenciado el documento electrónico y remitido al proveedor, éste dispone de un plazo de 15 días para reembolsar las cuotas a su cliente, pudiendo realizarse mediante el abono mediante cheque, transferencia bancaria, tarjeta de crédito u otro medio que permita su acreditación.

Otro procedimiento para obtener la devolución de las cuotas es realizando las adquisiciones en determinados establecimientos asociados a entidades colaboradoras autorizadas para la devolución de las cuotas, que efectúan el reintegro, una vez diligenciada la factura en la Aduana, sin necesidad de que el viajero remita la factura al proveedor. En este caso, la devolución de las cuotas soportadas en las adquisiciones efectuadas en régimen de viajeros, reguladas en el art. 21.2º LIVA, puede realizarse a través del procedimiento de art. 9.1.2º RIVA.

La síntesis del procedimiento es como sigue:

- El viajero hace una compra a un proveedor afiliado a una entidad autorizada.
- El viajero presenta para su diligencia las facturas en la aduana de exportación.
- Posteriormente, las presenta al cobro en la oficina de reembolso de la entidad autorizada.
- La entidad abona el importe del IVA al viajero, previo descuento de unas comisiones.

La Orden HAP/2652/2012, de 5 de diciembre, aprueba las tablas de devolución mínima que deberán aplicar las entidades autorizadas, o que sean autorizadas en el futuro, para intervenir como entidades colaboradoras en el procedimiento de devolución del IVA en el régimen de viajeros.

En la actualidad están vigentes las tablas, cuyas cuantías se modifican por Orden HAC/748/2018, de 4 de julio (BOE de 14 de julio).

Posteriormente, la entidad colaboradora remite las facturas a los proveedores, que deben reembolsar el importe del IVA a la entidad.

En todo caso el proveedor, o la entidad colaboradora, deben comprobar el visado en la página de la AEAT haciendo constar que han realizado el reembolso.

En el Boletín Oficial del Estado de 5 de enero de 2016 se publican diversas autorizaciones a entidades para operar en este régimen.

Desde el 1 de enero de 2018, el vendedor debe expedir en todo caso la factura y el documento electrónico de reembolso, remitiendo el viajero al proveedor, una vez seguidos los trámites antes indicados, el documento electrónico de reembolso visado por la Aduana. Si utilizase el servicio de las entidades colaboradoras autorizadas por la AEAT presentará el documento electrónico de reembolso a las citadas entidades, que lo remitirán posteriormente en formato electrónico a los proveedores, que son los obligados a efectuar el reembolso una vez comprobado el visado del documento en la sede electrónica de la AEAT.

No obstante, y según la D.T. sexta del RD 1624/1992, durante 2018 pudo seguir utilizándose la factura en lugar del documento electrónico de reembolso.

Desde el 1 de enero de 2019 el reembolso se efectuará obligatoriamente mediante documento electrónico en todo el territorio español.

2.9.8.5.4. Solicitudes de devolución de empresarios o profesionales establecidos en el territorio de aplicación del impuesto correspondientes a cuotas soportadas por operaciones efectuadas en la Unión Europea con excepción de las realizadas en dicho territorio (Art. 117. bis. LIVA y 30 ter RIVA)

Los empresarios o profesionales que estén establecidos en el territorio de aplicación del Impuesto, pueden solicitar la devolución de las cuotas soportadas por adquisiciones o importaciones de bienes o servicios efectuadas en otros territorios de la Unión Europea, mediante la presentación por vía electrónica de una solicitud a través del formulario 360 dispuesto al efecto en el portal electrónico de la Agencia Estatal de Administración Tributaria, según modelo establecido por el Estado miembro donde se hayan soportado las cuotas.

Una vez recibida la solicitud, la AEAT la remitirá, en el plazo de 15 días contados desde dicha recepción, por vía electrónica al Estado miembro en el que se hayan soportado las cuotas. En su caso, se notificará por vía electrónica al solicitante que no procede la remisión de su solicitud cuando concurra cualquiera de las siguientes circunstancias:

a) Que no haya tenido la condición de empresario o profesional, puesto que sólo puede solicitarse la devolución de cuotas relacionadas con la actividad.

b) Que haya realizado exclusivamente operaciones que no originen el derecho a la deducción total del Impuesto, pues en este caso no tendría derecho a ninguna devolución tampoco en el territorio español del IVA.

c) Que realice exclusivamente actividades que tributen por los regímenes especiales de la agricultura, ganadería y pesca o del recargo de equivalencia, ya que son actividades que en territorio español no dan derecho a deducir las cuotas soportadas.

Las posteriores comunicaciones administrativas en esta materia con el solicitante serán realizadas por parte de la Administración tributaria del Estado miembro en el que se hayan soportado las cuotas cuya devolución se solicita.

Para conocer cuáles son los requisitos que deberían cumplirse para tener derecho a obtener la devolución en otro Estado miembro, podemos acudir los arts. 119 LIVA y 31 RIVA, donde se regulan los requisitos que se exigen en nuestro territorio para llevar a cabo las devoluciones a los empresarios o profesionales no establecidos en territorio peninsular español o islas baleares, pero establecidos en la Unión Europea, Canarias, Ceuta o Melilla, y que son bastante similares a las exigidas en otros Estados miembros

En concreto, los empresarios o profesionales no establecidos en territorio peninsular español o Islas Baleares, pero establecidos en la Unión Europea, Islas Canarias, Ceuta o Melilla, pueden solicitar la devolución del IVA que hayan satisfecho o que les haya sido repercutido en el territorio peninsular español o Islas Baleares por aquellos empresarios o profesionales que cumplan los siguientes requisitos:

1º Que estén establecidos en la Unión Europea, Canarias, Ceuta o Melilla.

2.º No tener en territorio peninsular español o Islas Baleares un establecimiento permanente o, si fuera titular de uno, no haber realizado desde dicho establecimiento entregas de bienes ni prestaciones de servicios.

3.º Que, durante el período a que se refiere la solicitud, no hayan realizado en el territorio de aplicación operaciones sujetas al mismo distintas de:

a) Las entregas de bienes y prestaciones de servicios en las que los sujetos pasivos del Impuesto sean los destinatarios de las mismas por inversión.

b) Los servicios de transporte y los servicios accesorios a los transportes, exentos del Impuesto, en virtud de lo dispuesto en los artículos 21, 23, 24 y 64 de esta Ley.

4.º Que, durante el período a que se refiere la solicitud, los interesados no hayan sido sujetos pasivos del IVA español por aplicación del mecanismo de "inversión del sujeto pasivo" regulado en el artículo 84.uno.2º y 4º de la Ley del Impuesto.

5.º Cumplirán los requisitos y limitaciones del derecho a deducir según la Ley 37/1992, debiendo destinar los bienes y servicios adquiridos a operaciones con derecho a deducir en el E.M. donde estén establecidos.

Para determinar el importe a devolver se aplican las reglas de la prorrata especial. Estas reglas se aplican también a los empresarios o profesionales establecidos en Canarias, Ceuta y Melilla.

Como contenido específico de la solicitud, hay que destacar, al margen de la identificación del solicitante:

a) La indicación de una dirección de correo electrónico y

b) La descripción y codificación de cada factura o documento.

Hay un plazo de cuatro meses para resolver la solicitud, pudiendo durar hasta ocho meses cuando se pidan al solicitante datos adicionales.

Una vez reconocido el derecho, se devolverá la cuantía procedente en 10 días, aplicándose el interés de demora, una vez transcurrido este plazo.

2.9.8.5.4.1. Solicitud de devolución de cuotas soportadas fuera de la Unión Europea

Si bien las cuotas soportadas en la UE pueden ser objeto de devolución en todos los Estados miembros en los que se hayan soportado, cuando se soporten fuera de la Unión Europea la solicitud requiere que exista reciprocidad de trato a favor de los empresarios o profesionales establecidos en nuestro territorio, lo que actualmente existe con Mónaco, Suiza, Canadá, Japón, Noruega e Israel.

Para hacer esta solicitud, que debe efectuarse en cada uno de los países en los que se hayan soportado cuotas, se seguirá un procedimiento similar al que contempla el art. 119. bis. LIVA y 31.bis. RIVA en relación con las solicitudes de devolución en nuestro territorio por parte de los empresarios o profesionales los no establecidos en nuestro territorio ni en la Unión Europea, Canarias, Ceuta o Melilla.

Cuando un empresario no establecido solicita por este procedimiento la devolución de las cuotas soportadas en España, se requiere la acreditación de que no realiza en territorio español operaciones que determinen la presentación de declaraciones en territorio español, requisito este último no exigido a los empresarios no establecidos que estén acogidos a los regímenes especiales de telecomunicaciones, radiodifusión, televisión o por vía electrónica.

Al margen de estos supuestos, puede solicitarse en España por parte de los empresarios no establecidos, sin ser preciso que exista reciprocidad, la devolución las cuotas por adquisiciones de plantillas, moldes y equipos destinados a ser utilizados por un empresario establecido para fabricar bienes que serán posteriormente enviados al empresario no establecido, así como por los servicios, de acceso, hostelería, restauración y transporte relacionados con ferias comerciales realizadas en España.

2.9.8.6. La declaración resumen anual. Modelo 390

La declaración resumen anual del IVA (Modelo 390) es una declaración tributaria de carácter informativo que contiene el conjunto de las operaciones realizadas a lo largo del año natural.

Están obligados a presentar la declaración resumen anual todos aquellos sujetos pasivos del IVA que tengan obligación de presentar declaraciones-liquidaciones periódicas del impuesto, incluidos los sujetos pasivos acogidos al procedimiento de declaración conjunta.

Al haberse unificado los modelos, todos los obligados a presentar el resumen anual utilizarán el Modelo 390.

Se excluye de la obligación de presentar la Declaración-resumen anual del Impuesto sobre el Valor Añadido a los siguientes sujetos pasivos del Impuesto:

a) Sujetos pasivos del Impuesto obligados a la presentación de autoliquidaciones periódicas, con periodo de liquidación trimestral que, tributando solo en territorio común realicen exclusivamente las actividades siguientes:

i) Actividades que tributen en régimen simplificado del Impuesto sobre el Valor Añadido o

ii) Actividad de arrendamiento de bienes inmuebles urbanos.

La exclusión de la obligación de presentar la Declaración-resumen anual del Impuesto sobre el Valor Añadido prevista en esta letra a) se mantendrá en el caso de que los sujetos pasivos realicen, además, actividades por las que no exista obligación de presentar autoliquidaciones periódicas.

b) Sujetos pasivos que lleven los libros registro a través de la Sede electrónica de la Agencia Estatal de Administración Tributaria de acuerdo con lo previsto en el artículo 62.6 del Reglamento del Impuesto sobre el Valor Añadido, aprobado por el Real Decreto 1624/1992, de 29 de diciembre.

4. Los sujetos pasivos excluidos de la obligación de presentar la Declaración-resumen anual del Impuesto sobre el Valor Añadido deberán cumplimentar el apartado específico reservado a los mismos, requerido a estos efectos en el modelo de autoliquidación del Impuesto correspondiente al último periodo de liquidación del año, en relación, con la información sobre el tipo de actividades económicas a las que se refiere su declaración. También se informará del porcentaje de prorrata aplicable, sectores diferenciados y porcentajes de tributación a varias Administraciones, así como del detalle del volumen total de operaciones realizadas en el ejercicio.

El modelo 390 ha sido aprobado por Orden EHA/3111/2009 (BOE del 20 de noviembre).

La última modificación normativa del modelo 390, aplicable en 2022, se contiene en la Orden HAC/646/2021, de 22 de junio, por la que se modifican la Orden EHA/3434/2007, de 23 de noviembre, por la que se aprueban los modelos 322 de autoliquidación mensual, modelo individual, y 353 de autoliquidación mensual, modelo agregado, y el modelo 039 de Comunicación de datos, correspondientes al Régimen especial del Grupo de Entidades en el Impuesto sobre el Valor Añadido, la Orden EHA/3786/2008, de 29 de diciembre, por la que se aprueban el modelo 303 Impuesto sobre el Valor Añadido, Autoliquidación, la Orden EHA/3111/2009, de 5 de noviembre, por la que se aprueba el modelo 390 de declaración-resumen anual del Impuesto sobre el Valor Añadido y la Orden HFP/417/2017, de 12 de mayo, por la que se regulan las especificaciones normativas y técnicas que desarrollan la llevanza de los Libros registro del Impuesto sobre el Valor Añadido a través de la Sede electrónica de la Agencia Estatal de Administración Tributaria establecida en el artículo 62.6 del Reglamento del Impuesto sobre el Valor Añadido, aprobado por el Real Decreto 1624/1992, de 29 de diciembre, y se modifica otra normativa tributaria (BOE de 24 de junio de 2021).

2.9.9. Los regímenes especiales del IVA

2.9.9.1. Introducción

Lo visto en los apartados anteriores corresponde al régimen general del IVA.

Definición

En el Impuesto sobre el Valor Añadido, existen los siguientes regímenes especiales:

1. Régimen simplificado.
2. Régimen especial de la agricultura, ganadería y pesca.
3. Régimen especial de los bienes usados, objetos de arte, antigüedades y objetos de colección.
4. Régimen especial aplicable a las operaciones con oro de inversión.
5. Régimen especial de agencias de viajes.
6. Régimen especial del recargo de equivalencia.
7. Régimen especial de los servicios de telecomunicaciones, de radiodifusión o de televisión y a los prestados por vía electrónica.
8. Régimen especial del grupo de entidades.
9. Régimen especial del criterio de caja.

Como característica principal de los regímenes especiales destaca su voluntariedad, salvo el régimen especial aplicable a las agencias de viajes y el régimen del recargo de equivalencia.

Hay regímenes que son aplicables directamente, salvo renuncia del sujeto pasivo: el régimen especial de bienes usados, objetos de arte, antigüedades y objetos de colección; el régimen especial aplicable a las operaciones con oro de inversión; el régimen simplificado y el régimen especial de la agricultura, ganadería y pesca.

Las opciones y renuncias a estos regímenes especiales, así como su revocación, cuando deban comunicarse a la Administración Tributaria, se efectuarán a través de la declaración censal, Modelos 036 o 037, entendiéndose que están en vigor año tras año, mientras no se revoquen expresamente, sin perjuicio de las normas específicas de los sujetos pasivos que apliquen el régimen especial del grupo de entidades, que utilizarán el Modelo 039, o el Modelo 034 para las diferentes opciones por los regímenes especiales aplicables a los servicios de telecomunicaciones, de radiodifusión o de televisión y a los prestados por vía electrónica.

En el régimen especial aplicable a los servicios de telecomunicaciones, de radiodifusión o de televisión o a los servicios prestados por vía electrónica, existen dos modalidades, según se presten:

A.- Por empresarios o profesionales no establecidos en la Comunidad a personas que no tengan la condición de empresarios o profesionales y estén establecidos en la Comunidad (régimen exterior de la Unión). A su vez, el prestador del servicio puede optar porque sea lugar de identificación España u otro Estado miembro distinto.

B.- Por empresarios o profesionales establecidos en la Comunidad, pero no en el Estado miembro de consumo (régimen interior de la Unión), a personas que no tengan la condición de empresarios o profesionales y estén establecidos en la Comunidad.

Nota: Cuando estos servicios se prestan en territorio español del IVA por empresarios establecidos en este territorio se aplica el régimen general del IVA.

2.9.9.2. Régimen especial simplificado (artículos 122 y 123 LIVA y artículos 34 a 42 RIVA)

La aplicación del régimen simplificado para el ejercicio 2024, que mantiene las mismas características y cuotas mínimas que las del año 2023, se encuentra regulada en la Orden HFP/1359/2023, de 19 de diciembre (BOE del 21 de diciembre de 2023).

En la práctica, el régimen simplificado nos permite determinar las cuotas del IVA, aplicando unos módulos en función de determinados parámetros como puede ser los metros de local, el personal empleado, los vehículos utilizados, etc., que facilitan en gran medida el cálculo de la cuota de este régimen, y reducen las obligaciones formales propias del impuesto.

Las reglas para la aplicación del régimen simplificado son las siguientes:

- Este régimen es incompatible con cualquier otro régimen del Impuesto sobre el Valor Añadido, salvo con los regímenes especiales de la agricultura, ganadería y pesca, con el del recargo de equivalencia y con la realización de actividades exentas del art. 20 de la Ley del IVA, o bien el arrendamiento de inmuebles cuando no constituyan actividad empresarial a efectos del IRPF.
- Existe coordinación a entre el régimen simplificado y el régimen de estimación objetiva en el IRPF, de tal manera que todas las actividades que estén acogidas al régimen simplificado del IVA determinarán su rendimiento neto por el régimen de estimación objetiva del IRPF.
- En cuanto a la coordinación con el régimen especial de la agricultura, ganadería y pesca del IVA, la renuncia que se realice al régimen simplificado implica que el sujeto pasivo que ha renunciado, queda excluido del régimen especial de la agricultura, ganadería y pesca si ejerce alguna actividad acogida a este régimen. Si se renuncia al régimen especial de la agricultura, ganadería y pesca, ello igualmente determina la exclusión del régimen simplificado como consecuencia de realizar alguna actividad en régimen general.

2.9.9.2.1. *Ámbito de aplicación del régimen simplificado (Artículo 36 RIVA)*

El régimen simplificado del IVA se aplica a quienes cumplan los siguientes requisitos:

- Que sean personas físicas o entidades en régimen de atribución de rentas en el Impuesto sobre la Renta de las Personas Físicas, siempre que, en este último caso, todos sus socios, herederos, comuneros o partícipes sean personas físicas.
- Que realicen cualquiera de las actividades incluidas en la Orden Ministerial que, para cada año, regula este régimen especial, y no superen los límites establecidos para cada una de ellas. Para el año 2024, los módulos han sido aprobados por la Orden HFP/1359/2023, de 19 de diciembre (BOE del 21 de diciembre de 2023).
- Que no superen en el año natural anterior un volumen de ingresos de 250.000 euros para el conjunto de actividades ejercidas, con excepción de las agrícolas, ganaderas y forestales, computándose a estos efectos las siguientes operaciones:
  - Todas las operaciones al margen de que exista o no obligación de expedir factura, aunque no podrá aplicarse cuando el volumen de los rendimientos íntegros del año anterior de operaciones por las que deba expedir factura, cuando el destinatario sea empresario o profesional, supere 125.000 euros anuales.

- Que las operaciones para las actividades agrícolas, forestales y ganaderas que se determinen, no superen el año anterior 250.000 euros anuales.

  Para este cálculo, sólo se computarán las operaciones que deban ir en el libro de ingresos del art. 68.7 del RIRPF o en los libros a que se refiere el art. 40.1, tercer párrafo y 47.1, del RIVA.

- ❒ Que el importe de las compras de bienes y servicios no supere, en el año natural y para el conjunto de actividades económicas desarrolladas, la cantidad de 250.000 euros el año anterior.
- ❒ Que no hayan superado los límites en cuanto a las magnitudes específicas que determina la Orden de aplicación de los Módulos.
- ❒ Que no haya renunciado a la aplicación del régimen simplificado.
- ❒ Que no haya renunciado ni esté excluido de la estimación objetiva en el IRPF.
- ❒ Que ninguna de las actividades que ejerza el contribuyente, se encuentre en estimación directa en el IRPF o en alguno de los regímenes del IVA incompatibles con el simplificado, según lo indicado en la introducción.

Para el cómputo de los límites anteriores se tendrán en cuenta las operaciones del contribuyente, así como las del cónyuge, descendientes, ascendientes y entidades en régimen de atribución de rentas, en las que concurran los requisitos a que se refiere el artículo 31.3º.b de la Ley 35/2006 del IRPF y el artículo 32 de RD 439/2007 (Reglamento del IRPF), es decir, que sean actividades similares con dirección común, compartiendo medios materiales o personales.

En cuanto a los supuestos de exclusión, surten efectos:

a.- El haber superado 250.000 euros de facturación, el año inmediato anterior al que se produzca

b.- El haber queda excluido del régimen de estimación objetiva del IRPF, el mismo año en que se produzca la exclusión de la Estimación objetiva del IRPF.

c.- El estar excluido por haber realizado actividades no acogidas a los regímenes especiales simplificado, de la agricultura o recargo de equivalencia, surte efectos el año inmediato posterior a aquél en que se produzca la realización de las actividades.

Magnitudes excluyentes que aplicar el régimen simplificado:

a) En función del volumen de ingresos del año inmediato anterior:

- Para el conjunto de sus actividades económicas, excepto las agrícolas, ganaderas y forestales, se establece en 150.000 euros anuales (Art. 122.Dos. 2º LIVA), que la D.T. 13º de la Ley 37/1992, modificada por la LPGE para 2023 eleva a 250.000 euros, como viene sucediendo desde 2016.

– Para el conjunto de actividades agrícolas, forestales y ganaderas, se establece en 250.000 euros anuales.

b) En el volumen de compras de bienes y servicios en el ejercicio anterior, excluidas las adquisiciones de inmovilizado, la magnitud excluyente se establece en 150.000 euros anuales (art. 122. Dos 3º LIVA), que la D.T. 13ª de la Ley 37/1992, modificada por la LPGE para 2023, eleva a 250.000 euros, como viene sucediendo desde 2016.

2.9.9.2.2. Renuncia al régimen simplificado (Artículo 33 RIVA)

La renuncia al régimen simplificado hay que realizarla:

a.- Al tiempo de presentar la declaración de comienzo de la actividad, surtiendo efectos desde que se inicie.

b.- En el mes de diciembre anterior al año natural en que deba surtir efectos, mediante la presentación de la correspondiente declaración censal, Modelo 036. Para el año 2022, para ejercitar la renuncia el plazo ha sido desde el 3 al 31 de diciembre de 2021.

c.- También se entenderá realizada la renuncia cuando se presente en plazo la declaración-liquidación del primer trimestre del año, aplicando el régimen general del IVA y, en caso de inicio de actividad, se entenderá efectuada la renuncia si se aplica el régimen general en la primera declaración-liquidación que presente.

La renuncia produce efectos durante un período mínimo de tres años y se entenderá prorrogada tácitamente en los años siguientes, salvo que sea revocada en el mes de diciembre anterior al año natural en que deba producir efectos.

No obstante, los contribuyentes de IRPF que determinen su rendimiento neto de actividades económicas con arreglo al método de estimación objetiva, y en el plazo para la presentación del pago fraccionado correspondiente al primer trimestre del 2023, renuncien a la aplicación del mismo, podrán volver a determinar el rendimiento con arreglo al método de estimación objetiva en el ejercicio 2023 siempre que cumplan los requisitos para su aplicación y revoquen la renuncia al método de estimación objetiva en el plazo reglamentario (art. 33.1. del Reglamento de IRPF).

De esta forma, el artículo 6 de la Orden ministerial que regula la aplicación del régimen simplificado del IVA para el ejercicio 2024, Orden HFP/1359/2023, de 19 de diciembre, por la que se desarrollan para el año 2024 el método de estimación objetiva del Impuesto sobre la Renta de las Personas Físicas y el régimen especial simplificado del Impuesto sobre el Valor Añadido (BOE de 1 de diciembre), regula los plazos de renuncias o revocaciones al régimen especial simplificado.

El precitado artículo afirma que los sujetos pasivos del Impuesto sobre el Valor Añadido que desarrollen actividades a las que sea de aplicación el régimen especial simplificado y deseen renunciar a él o revocar su renuncia para el año 2023, dispondrán para ejercitar dicha opción desde el día siguiente a la fecha de publicación de esta orden en el "Boletín Oficial del Estado", que fue el 1 de diciembre de 2022, hasta el 31 de diciembre del año 2022.

La renuncia o revocación deberá efectuarse de acuerdo con lo previsto en el capítulo I del título II del Reglamento General de las actuaciones y los procedimientos de gestión e inspección tributaria y de desarrollo de las normas comunes de los procedimientos de aplicación de los tributos, aprobado por el Real Decreto 1065/2007, de 27 de julio.

No obstante lo anterior, también se entenderá efectuada la renuncia cuando se presente en plazo la declaración-liquidación correspondiente al primer trimestre del año natural en que deba surtir efectos aplicando el régimen general.

En caso de inicio de la actividad, también se entenderá efectuada la renuncia cuando la primera declaración que deba presentar el sujeto pasivo después del comienzo de la actividad se presente en plazo aplicando el régimen general.

Esta renuncia y la posterior revocación de la misma tendrán los mismos efectos en los regímenes especiales de IVA o IGIC que se encuentran vinculados inexorablemente con los anteriores.

2.9.9.2.3. Determinación del importe a ingresar o a devolver

El régimen simplificado se aplicará a cada una de las actividades desarrolladas por el sujeto pasivo que se encuentren recogidas en la Orden HFP/1359/2023, de 19 de diciembre, que regula este régimen, entendiéndose por actividades independientes cada una de las recogidas específicamente en dicha Orden.

El resultado de la liquidación del régimen simplificado del IVA se determina al término de cada ejercicio, aunque el sujeto pasivo realizará un ingreso a cuenta con periodicidad trimestral.

Con carácter general, la liquidación del Impuesto sobre el Valor Añadido por la realización de cada actividad acogida al régimen simplificado resultará de la diferencia entre "cuotas devengadas por operaciones corrientes" y "cuotas soportadas por operaciones corrientes" relativas a dicha actividad, con un importe mínimo de cuota a ingresar que será el determinado para cada actividad por la Orden de aprobación de los índices y módulos para ese ejercicio.

Podemos establecer el siguiente esquema para liquidar el IVA en este régimen especial:

Cuota devengada por operaciones corrientes
(menos) cuotas soportadas o satisfechas por operaciones corrientes
(menos) 1 por ciento de la cuota devengada por operaciones corrientes
Diferencia= Cuota derivada del régimen simplificado
(más) Cuotas devengadas por operaciones del art. 123 LIVA
(menos) Cuotas soportadas por adquisición de activos fijos
(diferencia)= CUOTA DEL RÉGIMEN SIMPLIFICADO

Desarrollando cada uno de los apartados en que dividimos la liquidación, tenemos:

A) Cálculo de la cuota devengada por operaciones corrientes

La cuota devengada por operaciones corrientes será la suma de las cuantías correspondientes a los módulos aplicables cada año en cada actividad, y se calculará, multiplicando la cantidad asignada a cada módulo en la Orden aplicable cada año, por el número de unidades del mismo que hayan sido utilizadas en la actividad.

Inicialmente, se aplicarán los módulos existentes al principio del año, aunque si uno de los módulos hubiese experimentado variaciones a lo largo del año, como puede ser el nº de empleados, los metros del local, la potencia instalada, o cualquiera de los aplicables a una determinada actividad, en la última declaración-liquidación del año deberá calcularse el promedio de los diferentes módulos.

B) Cuotas soportadas por operaciones corrientes

Las cuotas soportadas por operaciones corrientes, que podrán deducirse de las cuotas devengadas anteriormente calculadas, serán la suma de todas las cuotas soportadas o satisfechas por la adquisición o importación de bienes y servicios, distintos de los activos fijos, destinados al desarrollo de la actividad, en la medida en que sean deducibles por aplicación de los criterios generales de deducción de las cuotas soportadas en el Impuesto sobre el Valor Añadido.

Serán deducibles también las compensaciones satisfechas a sujetos pasivos acogidos al régimen especial de la agricultura, ganadería y pesca.

Asimismo, será deducible, en concepto de cuotas soportadas de difícil justificación, el 1% del importe de la cuota devengada por operaciones corrientes.

No serán deducibles, sin embargo, las cuotas soportadas fuera del ejercicio cuyas cuotas se están calculando (las cuotas soportadas el año anterior y no deducidas, no pueden deducirse en el año siguiente), ni las cuotas soportadas por los servicios de desplazamiento o viajes, hostelería y restauración en el supuesto que los sujetos pasivos desarrollen su actividad en local determinado. La deducción exclusiva de las cuotas soportadas cada año, al contrario que el régimen general en el que hay cuatro años para deducir, tiene por objeto que no se trasladen las cuotas deducibles de un ejercicio a otro, cuando, una vez deducidas las cuotas soportadas, se hubiese superado la cuota mínima de este régimen.

Cuando se realicen adquisiciones de bienes para su utilización en común en varias actividades sujetas a este régimen, la cuota a deducir en cada una de ellas será la que resulte del prorrateo en función de su utilización efectiva y, si no fuera posible aplicar dicho procedimiento, por partes iguales.

Por último, es preciso indicar que la deducción de las cuotas soportadas o satisfechas por operaciones corrientes no se verá afectada por la percepción de subvenciones en la actividad en régimen simplificado.

Para poder deducir las cuotas soportadas hace falta, en todo caso, una factura con todos los requisitos. En el supuesto de no tener la factura a la hora de presentar la declaración-liquidación no se pueden trasladar las cuotas a otro año, como sucede en el régimen general. En su caso, debería rectificar la declaración presentada.

C) Cuota del régimen simplificado

La cuota derivada del régimen simplificado del IVA será la mayor de las dos cantidades siguientes:

a. La resultante de restar a la cuota devengada por operaciones corrientes, las cuotas soportadas por operaciones corrientes en los términos descritos anteriormente. En las actividades de temporada, esta cantidad se multiplicará por el índice corrector de temporada.

b. La cuota mínima, resultante de aplicar el porcentaje establecido para cada actividad en la Orden de aprobación de los módulos, sobre la cuota devengada por operaciones corrientes, que en su caso debe ser incrementada en el importe de las cuotas soportadas fuera del territorio de aplicación del impuesto y devueltas al sujeto pasivo en el ejercicio por un procedimiento especial previsto para los empresarios establecidos en territorio español pero no establecidos en otros territorios de la Unión Europea, que se ve en el Capítulo de las devoluciones del IVA.

Si se realizasen actividades de temporada, la cuota mínima se multiplicaría por el índice corrector de temporada, y si se realizasen de actividades agrícolas, ganaderas y forestales, no existiría cuota mínima.

D) Resultado del régimen simplificado

Una vez calculada la cuota derivada del régimen simplificado por el procedimiento que hemos indicado, habrá que restar los ingresos a cuenta realizados en el ejercicio.

El último cálculo que hay que hacer sobre la cuota derivada del régimen simplificado, es incrementarla en el importe de las cuotas devengadas en las siguientes operaciones:

- Las cuotas devengadas por operaciones a las que se refiere el art. 123 de la Ley 37/1992.
- Las adquisiciones intracomunitarias de bienes.
- Entregas de activos fijos materiales y transmisión de activos fijos inmateriales.
- Operaciones en las que el destinatario es sujeto pasivo por inversión.

Podrá, igualmente, deducir las cuotas soportadas o satisfechas en la adquisición o importación de activos fijos destinados al desarrollo de la actividad.

E) Cuotas trimestrales del régimen simplificado

Los sujetos pasivos acogidos al régimen simplificado tienen que presentar declaraciones-liquidaciones realizando un ingreso a cuenta de la cuota resultante en la última declaración del año. En concreto, en los veinte primeros días de los meses de abril, julio y octubre, efectuarán declaraciones-liquidaciones ordinarias (Modelo 303), en las que realizarán el ingreso a cuenta de una parte de la cuota derivada del régimen simplificado, correspondientes al primero, segundo y tercer trimestre, respectivamente.

La declaración-liquidación final (Modelo 303), en la que se determina la cuota derivada del régimen simplificado del ejercicio, se presenta durante los treinta primeros días del mes de enero del año posterior.

El ingreso a cuenta resultará de aplicar un porcentaje señalado para cada actividad en la Orden de aprobación de los módulos del régimen simplificado, sobre la cuota devengada por operaciones corrientes.

A los efectos del cálculo del ingreso correspondiente a cada uno de los tres primeros trimestres, se tomarán los módulos e índices correctores referidos al día 1 de enero de cada año, y si no pudieran determinarse en esa fecha, se tomarán los del año anterior, o bien los existentes a la fecha del inicio de la actividad si éste es posterior al 1 de enero.

Ejemplo de Liquidación del Régimen simplificado

Enunciado:

Don "XX" ejerce en el año 2023, sin empleados, la actividad de reparación de calzado, epígrafe 691.9, desarrollando la actividad en un local arrendado de 30 metros cuadrados.

En 2022 ha consumido 1.000 KWH de energía y realizaba la actividad sólo el titular.

Al finalizar el año 2023, el importe total del IVA soportado en operaciones corrientes asciende a 1.800 euros, por las compras de materiales, y pagos de alquileres, luz, etc.

El consumo de energía ha sido 1200 KWH, entrando en el mes de julio un empleado a jornada completa, que permanece a final de año. También ha adquirido una máquina de coser que le han costado 1.000 euros (más 210 de IVA)

1.° Calcular el ingreso a cuenta de los tres primeros trimestres.

2.° Determinar la cuota anual por la actividad.

3.° Determinar el resultado de la declaración-liquidación del 4° trimestre.

Solución:

1.° Cálculo del ingreso a cuenta, teniendo en cuenta la Orden HFP/1359/2023, de 19 de diciembre, que desarrolla para 2024 el régimen simplificado del IVA.

Reparación de calzado Epígrafe 691.9 Cuota mínima por operaciones corrientes: 48% Ingreso a cuenta: 15 por ciento		
Modulo	Unidad	Cuotas devengada, euros.
Personal empleado	Persona	3.000,89
Consumo de energía	100 KWH	36,37

Datos base a 1 de enero:

Personal empleado: 1 persona x 3.000,89 = 3.000,89 euros

Consumo de energía 10 x 36,37 = 363,70 euros

Total 3.364,59 euros

Ingreso a cuenta: 15% x 3.364,59 = 504,69 euros

trimestral

2.° Cuota anual de la actividad:

Suponemos que los datos base a 1 de enero han sufrido modificación durante el año, de tal forma que, en el día 1 de julio, empieza a trabajar otra persona, que trabajará medio año, y el consumo de energía en 2023 ha sido de 1200 KWH.

Hay que calcular la media de los módulos "personal empleado", de tal forma que resulta una media anual de 1,5 empleados

La cuota devengada por operaciones corrientes será:

Personal empleado: 1,5 x 3.000,89 =	4.501,34
Consumo de energía: 12 x 36,37 =	436,44
Total	4.937,78 euros

Cuota derivada del régimen simplificado: Es la mayor de las siguientes cantidades:

A) Diferencia entre cuotas devengadas y soportadas:

Cuota devengada por operaciones corrientes:	4.937,78 euros
❐ Cuotas soportadas por operaciones corrientes:	- 1.800,00 euros
❐ 1% difícil justificación:	- 49,38 euros
Diferencia:	3.088,40 euros

Cuota mínima:

48% de 4.937,78 euros = 2.370,13 euros

Por tanto, la cuota derivada del régimen simplificado es la mayor: 3.088,40 euros.

Cuota anual: Para su cálculo hay que restar el IVA soportado en la adquisición de activos fijos.

3.088,40

- 210

Cuota anual 2.878,40 euros

3° Resultado de la declaración–liquidación final:

Cuota anual:	2.878,40 euros
❐ Ingresos a cuenta del ejercicio (504,69 x 3):	- 1.514,07 euros
Resultado de la declaración 4.° trimestre:	1.364,33 euros

En cuanto al año 2021, se permite a los empresarios que realicen las actividades relacionadas en la Orden ministerial HAC/1155/2020, anexo II, reducir un 20% los porcentajes para el cálculo del ingreso a cuenta (nº 3 de las instrucciones para aplicar los módulos) correspondiente a la primera cuota trimestral del ejercicio 2021. Ese porcentaje se incrementa hasta el 35% para las actividades vinculadas al sector turístico, la hostelería y el comercio relacionadas en el cuadro anterior (RDL 35/2020, art. 9.5).

F) Cambios retroactivos para 2020 RDL 35/2020

Respecto al año 2020:

a) Se reduce en un 20% el importe de las cuotas devengadas por operaciones corrientes del año 2020 de las actividades relacionadas en la Orden ministerial HAC/1164/2019 anexo II (Actividades en régimen simplificado de IVA)

Ese porcentaje se eleva hasta el 35% para actividades vinculadas al sector turístico, la hostelería y el comercio, que aparecen en este art. 9.4

b) A los efectos de los números 7 y 8 de las instrucciones para aplicar los módulos del año 2020, en el cálculo de la cuota devengada se debe computar en ningún caso como periodo en que se ha ejercido la actividad:

- los días en que estuvo declarado el estado de alarma en el primer semestre de 2020; y,
- los días del segundo semestre de 2020 en los que, estando declarado o no el estado de alarma, el ejercicio efectivo de la actividad económica se hubiera visto suspendido como consecuencia de las medidas tomadas contra la COVID-19 por las autoridades.

En particular, y para el cálculo de los módulos "personal asalariado", "personal no asalariado" y "personal empleado", no se computarán como horas trabajadas las correspondientes a esos periodos.

Para la cuantificación de los módulos "distancia recorrida" y "consumo de energía eléctrica" no se computarán los kilómetros recorridos ni los kilovatios/hora que proporcionalmente correspondan a esos días. (RDL 35/2020, art. 11.1).

2.9.9.2.4. *Régimen especial simplificado aplicado a las actividades agrícolas, ganaderas y forestales*

Están incluidas en el régimen simplificado del Impuesto sobre el Valor Añadido las siguientes actividades agrícolas y ganaderas:

Ganadería independiente. Los servicios de cría, guarda y engorde de ganado. Otros trabajos, servicios y actividades prestados por agricultores, ganaderos y titulares de explotaciones forestales que estén excluidos o no incluidos en el régimen especial de la agricultura, ganadería y pesca (en adelante REAGP). Los aprovechamientos que corespondan al cedente en las actividades agrícolas y forestales desarrolladas en régimen de aparcería. Los procesos de transformación, elaboración o manufactura de productos naturales.

No obstante, quedarán excluidas del régimen simplificado cuando la suma de los ingresos correspondientes a estas actividades, supere la cuantía de 250.000 euros, sin incluir subvenciones corrientes o de capital, ni las indemnizaciones, así como tampoco el IVA ni, en su caso, el Recargo de Equivalencia.

Si quedan excluidos, la cuota del IVA se calculará según el régimen general de impuesto

En el caso de las actividades "Otros trabajos, servicios y actividades accesorios realizados por agricultores y/o ganaderos que estén excluidos o no incluidos en el REAGP", y "Otros trabajos, servicios y actividades accesorios realizados por titulares de actividades forestales que estén excluidos o no incluidos en el REAGP", sólo quedarán excluidas de este régimen simplificado si el conjunto de ingresos imputable a ellas resulta superior al correspondiente a las actividades agrícolas y/o ganaderas o forestales principales.

2.9.9.2.4.1. Cálculo de la cuota

Para el cálculo de la cuota devengada por operaciones corrientes en estas actividades agrícolas, si se trata de actividades en las que se realice la entrega de productos naturales, o los trabajos, servicios y actividades accesorios, se multiplicará el volumen total de ingresos, excluidas las subvenciones, las indemnizaciones, así como el IVA y, en su caso, el recargo de equivalencia que grave la operación, por el "índice de cuota devengada por operaciones corrientes" que corresponda a la actividad desarrollada.

En el caso de que la actividad sea de transformación, elaboración o manufactura de productos naturales, el volumen total de ingresos se sustituirá por el valor de los productos naturales utilizados en el proceso, a precios de mercado.

La imputación de la cuota devengada por operaciones corrientes en estas actividades se producirá en el momento en que los productos naturales sean incorporados a los citados procesos de elaboración, transformación o manufactura.

Respecto a la deducción de las cuotas soportadas por operaciones corrientes, no hay especialidad en relación con las demás actividades del régimen simplificado.

En la determinación de la cuota derivada del régimen simplificado de estas actividades, conviene destacar que no existe cuota mínima y, por tanto, será la diferencia entre cuotas devengadas y cuotas soportadas por operaciones corrientes.

Para el cálculo del ingreso a cuenta a efectuar en las declaraciones-liquidaciones correspondientes a los tres primeros trimestres, se aplicará el "índice de cuota devengada por operaciones corrientes" al volumen total de ingresos del trimestre, y al resultado se le aplicará un porcentaje determinado para cada actividad en la Orden por la que se aprueban los índices o módulos para cada ejercicio.

2.9.9.2.5. Obligaciones formales del régimen simplificado

Los sujetos pasivos acogidos al régimen simplificado del IVA deberán cumplirlas siguientes obligaciones formales:

Llevar un Libro Registro de facturas recibidas, donde anotarán las facturas relativas a las adquisiciones e importaciones de bienes y servicios por los que se haya soportado o satisfecho el Impuesto. Se anotarán separadamente las adquisiciones e importaciones de activos fijos, así como los datos necesarios para efectuar las regularizaciones si fuera preciso.

Si realizasen otras actividades no acogidas al régimen simplificado, deberán anotar separadamente las adquisiciones correspondientes a cada sector diferenciado.

Si realizan alguna de las actividades cuyos índices o módulos operen sobre el volumen de operaciones, deberán llevar un Libro Registro de operaciones.

Deberán conservar los justificantes de los índices o módulos aplicados.

2.9.9.2.6. Gestión del impuesto

Los sujetos pasivos acogidos al régimen simplificado tendrán que presentar las siguientes declaraciones-liquidaciones:

Declaraciones-liquidaciones ordinarias: las presentarán durante los veinte primeros días de los meses de abril, julio y octubre, en el Modelo 303, en una hoja específica para estas operaciones.

En dichas declaraciones-liquidaciones efectuarán los ingresos a cuenta de la cuota del régimen simplificado, así como la liquidación de las operaciones indicadas en el artículo 123, apartado uno, letra B (adquisiciones intracomunitarias, inversión del sujeto pasivo y transmisión y adquisición de activos fijos), LIVA, si no se ha optado por la liquidación de tales operaciones en el último trimestre.

Declaración-liquidación final: se presentará durante los treinta primeros días del mes de enero del año posterior.

Declaración resumen anual del Impuesto sobre el Valor Añadido. Modelo 390:

Se excluyen de esta obligación (salvo que no tuviesen que presentar autoliquidación del último período de liquidación del año) quienes presenten declaraciones trimestrales y realicen exclusivamente actividades en simplificado y/o arrendamiento de bienes inmuebles urbanos (ver 2.9.8.3).

Esta exclusión de presentar el Modelo 390 requiere la cumplimentación, en el último periodo de liquidación, de determinados datos informativos que aparecen en la página 3 del Modelo 303.

Modelo **303**

NIF | Apellidos y Nombre o Razón social | **Página 3**

Información adicional

Entregas intracomunitarias de bienes y servicios	59		
Exportaciones y operaciones asimiladas	60		
Operaciones no sujetas o con inversión del sujeto pasivo que originan el derecho a deducción	61		

Exclusivamente para aquellos sujetos pasivos acogidos al régimen especial del criterio de caja y para aquéllos que sean destinatarios de operaciones afectadas por el mismo:

	Base imponible		Cuota
Importes de las entregas de bienes y prestaciones de servicios a las que habiéndoles sido aplicado el régimen especial del criterio de caja hubieran resultado devengadas conforme a la regla general de devengo contenida en el art. 75 LIVA	62	63	

	Base imponible		Cuota soportada
Importes de las adquisiciones de bienes y servicios a las que sea de aplicación o afecte el régimen especial del criterio de caja	74	75	

Resultado

Regularización cuotas art. 80.Cinco.5ª LIVA	76	
Suma de resultados ([46] + [58] + [76])	64	
Atribuible a la Administración del Estado 65 %	66	
IVA a la importación liquidado por la Aduana pendiente de ingreso	77	
Cuotas a compensar de periodos anteriores	67	
Resultado ([66] + [77] - [67] + [68])	69	
A deducir (exclusivamente en caso de autoliquidación complementaria): Resultado de la anterior o anteriores declaraciones del mismo concepto, ejercicio y periodo	70	
Resultado de la liquidación ([69] - [70])	71	

Exclusivamente para sujetos pasivos que tributan conjuntamente a la Administración del Estado y a las Diputaciones Forales. Resultado de la regularización anual.

68 euros

Compensación (4)

Si resulta 71 negativa consignar el importe a compensar

72 C

Sin actividad (5)

Sin actividad -

Devolución (6)

Manifiesto a esa Delegación que el importe a devolver reseñado deseo me sea abonado mediante transferencia bancaria a la cuenta indicada de la que soy titular:

Importe: 73 D

Código SWIFT-BIC

Código IBAN

Ingreso (7)

Ingreso efectuado a favor del Tesoro Público, cuenta restringida de colaboración en la recaudación de la AEAT de autoliquidaciones.

Importe: I

Código IBAN

Complementaria (8)

Si esta autoliquidación es complementaria de otra autoliquidación anterior correspondiente al mismo concepto, ejercicio y período, indíquelo marcando con una "X" esta casilla.

Autoliquidación complementaria

En este caso, consigne a continuación el número de justificante identificativo de la autoliquidación anterior.

Nº. de justificante

Exclusivamente a cumplimentar en el último periodo de liquidación por aquellos sujetos pasivos que queden exonerados de la Declaración-resumen anual del IVA

	A **Actividades a las que se refiere la declaración** (de mayor a menor importancia por volumen de operaciones)	B **Clave**	C **Epígrafe IAE**
Principal			
Otras			

Si ha efectuado operaciones por las que tenga obligación de presentar la declaración anual de operaciones con terceras personas, marque una "X" .... D

Información de la tributación por razón de territorio (sólo para sujetos pasivos que tributan a varias Administraciones)

Álava	89	%	Guipúzcoa	90	%	Vizcaya	91	%	Navarra	92	%

Operaciones realizadas en el ejercicio

Operaciones en régimen general	80	
Operaciones a las que habiéndoles sido aplicado el régimen especial del criterio de caja hubieran resultado devengadas conforme a la regla general de devengo contenida en el art. 75 LIVA	81	
Entregas intracomunitarias exentas	93	
Exportaciones y otras operaciones exentas con derecho a deducción	94	
Operaciones exentas sin derecho a deducción	83	
Operaciones no sujetas por reglas de localización o con inversión del sujeto pasivo	84	
Entregas de bienes objeto de instalación o montaje en otros Estados miembros	85	
Operaciones en régimen simplificado	86	
Operaciones en régimen especial de la agricultura, ganadería y pesca	95	
Operaciones realizadas por sujetos pasivos acogidos al régimen especial del recargo de equivalencia	96	
Operaciones en Régimen especial de bienes usados, objetos de arte, antigüedades y objetos de colección	97	
Operaciones en régimen especial de Agencias de Viajes	98	
Entregas de bienes inmuebles y operaciones financieras no habituales	79	
Entregas de bienes de inversión	99	
Total volumen de operaciones (Art. 121 Ley IVA) (80 + 81 + 93 + 94 + 83 + 84 + 85 + 86 + 95 + 96 + 97 + 98 - 79 - 99)	88	

Ejemplar para el sujeto pasivo

2.9.9.2.7. *Solicitud de devolución antes de la última declaración del año (Artículo 30.bis. RIVA)*

Los sujetos pasivos que ejerzan actividades en régimen simplificado, no tienen derecho a la inscripción en el registro de devolución mensual del IVA que da derecho a obtener la devolución del IVA con esta periodicidad.

Si el resultado de la liquidación es a favor del sujeto pasivo, pueden hacer la solicitud de devolución en la última declaración-liquidación del año, presentando el Modelo 303.

No obstante, los que estén en este régimen y ejerzan la actividad de transporte de viajeros o mercancías por carretera, habiendo soportado cuotas por la adquisición de medios de transporte afectos a tales actividades (vehículos de la categoría N1 con menos de 2.500 Kg de masa autorizada, o bien categorías N2 y N3), pueden solicitar en el mes siguiente a su adquisición la devolución de las cuotas soportadas por su adquisición, en tanto no hayan incluido estas cuotas en las liquidación del régimen simplificado.

La devolución la solicitarán presentando el Modelo 308 a través de Internet, del 1 al 20 del mes siguiente a la adquisición del medio de transporte.

2.9.9.3. Régimen especial de la agricultura, ganadería y pesca. (Artículos 124 a 134 LIVA y 43 a 49 RIVA)

Este régimen especial se caracteriza porque los sujetos pasivos incluidos en el mismo no tienen obligación de repercutir ni ingresar el impuesto. Al no poder deducir el IVA soportado en sus adquisiciones, tienen derecho a obtener una compensación a tanto alzado cada vez que venden sus productos o prestan servicios incluidos en este régimen, que a su vez es deducible por el empresario que la tiene que pagar.

Por las ventas de sus productos, así como por las entregas de bienes de inversión que no sean inmuebles utilizados exclusivamente en las actividades incluidas en el régimen especial, los sujetos pasivos no tienen obligación de repercutir, liquidar ni ingresar el IVA.

Se exceptúan las siguientes operaciones, en las que tendrán que liquidar el IVA:

Las importaciones de bienes. Las adquisiciones intracomunitarias de bienes, y las operaciones en que se produzca la inversión del sujeto pasivo.

En la adquisición o importación de bienes o servicios destinados a la actividad incluida en el régimen especial no pueden deducir el IVA soportado.

Tienen derecho a percibir una compensación del 12 por 100 en la entrega de productos de las explotaciones agrícolas, y del 10,5 por 100 en las entregas de productos de las explotaciones ganaderas o pesqueras.

En concreto, hay derecho al cobro de la compensación cuando entreguen productos naturales a otros empresarios (salvo que estén acogidos al mismo régimen especial o que realicen exclusivamente operaciones exentas sin derecho a deducir el IVA), entregas intracomunitarias exentas o servicios accesorios incluidos en este régimen.

Cuando se trata de exportaciones, entregas intracomunitarias exentas o a destinatarios de fuera del TAI, es la Hacienda Pública la obligada al reintegro de la compensación.

Para el cobro de la compensación, el destinatario debe expedir un recibo que debe ser firmado por el que realiza la entrega o presta el servicio estando acogido a este régimen especial.

Este régimen especial no es tratado con más detalle en este Manual, pues no es objeto del mismo.

2.9.9.4. Régimen especial del recargo de equivalencia (Artículos 148 a 163 LIVA y 54 a 61 RIVA)

Este régimen es aplicable de forma obligatoria exclusivamente a los comerciantes minoristas, que sean personas físicas o bien entidades en régimen de atribución de rentas del IRPF con todos sus miembros personas físicas.

A estos efectos, tiene la condición de comerciante minorista, aquél en el que concurran los siguientes requisitos:

1.º Cuando se entregan bienes muebles o semovientes, sin haberlos sometido a ningún proceso de fabricación, elaboración o manufactura por sí mismo o por medio de terceros.

2.º Cuando las ventas realizadas en el año anterior a la Seguridad Social y sus entidades gestoras o colaboradoras o a particulares sean superiores al 80 por 100 de las ventas realizadas.

La aplicación de este régimen supone:

1.º Los proveedores que entreguen bienes a los minoristas a los que les sea de aplicación este régimen especial, les repercutirán, además del IVA, el recargo de equivalencia.

2.º En las ventas que realicen los que estén en recargo de equivalencia, así como en las transmisiones de bienes o derechos utilizados exclusivamente en dicha actividad, los minoristas a los que sea aplicable este régimen, deben repercutir el IVA a sus clientes, pero no el recargo, sin estar obligados a consignar las cuotas del IVA repercutidas en una declaración–liquidación ni a ingresar el Impuesto. Tampoco pueden deducir el IVA soportado en estas actividades.

Si se vendan bienes inmuebles afectos a esta actividad y la operación sea considerada una segunda transmisión exenta a efectos este Impuesto, cabe la posibilidad de renunciar a la exención, debiendo liquidar en este caso el IVA el destinatario por ser un supuesto de inversión de sujeto pasivo.

Desde enero de 2020 en el portal de la AEAT existe un sistema de inteligencia artificial que permite conocer cuándo un empresario se encuentra sometido al régimen especial de recargo de equivalencia.

2.9.9.4.1. Requisitos

Se aplica, sólo y con carácter obligatorio, a los comerciantes minoristas que sean personas físicas o a entidades en régimen de atribución de rentas en el IRPF, en las que todos sus miembros sean personas físicas.

Exclusiones del régimen especial:

No es aplicable a la venta de determinados productos como vehículos, embarcaciones, aviones, accesorios y piezas de recambio de medios de transporte, joyas, prendas de piel, objetos de arte, antigüedades y objetos de colección, bienes usados, aparatos de avicultura y apicultura, productos petrolíferos, maquinaria industrial, materiales de construcción de edificaciones, minerales, metales y al oro de inversión.

2.9.9.4.2. Aplicación del recargo de equivalencia

El recargo de equivalencia se aplica a las siguientes operaciones:

Entregas de bienes muebles o semovientes por empresarios a comerciantes minoristas.

Los proveedores de los minoristas les repercutirán, además del IVA, el recargo de equivalencia de forma independiente en la factura y sobre la misma base.

La liquidación e ingreso del recargo de equivalencia se efectuará por el proveedor conjuntamente con el IVA y ajustándose a las mismas normas.

Para su correcta aplicación, los minoristas están obligados a indicar a sus proveedores, o a la Aduana, la circunstancia de estar o no incluidos en este régimen.

Caso de no repercutirle un proveedor el recargo de equivalencia a un minorista que esté en este régimen, el minorista debe ponerlo en conocimiento de la Delegación o Administración de la AEAT correspondiente a su domicilio fiscal, para no incurrir en infracción.

Si un comerciante minorista en régimen de recargo de equivalencia realiza adquisiciones intracomunitarias, importaciones, así como adquisiciones de bienes en los que el minorista sea sujeto pasivo por inversión, tiene la obligación de liquidar y pagar el Impuesto y el recargo.

Supuestos de no aplicación del recargo de equivalencia:

- Entregas a comerciantes que acrediten no estar sometidos al régimen especial.
- Entregas por sujetos pasivos acogidos al régimen especial de la agricultura, ganadería y pesca.
- Entregas, adquisiciones intracomunitarias e importaciones de bienes que no son objeto de comercio por el adquirente.
- Entregas, adquisiciones intracomunitarias e importaciones de artículos excluidos de la aplicación del régimen especial.

2.9.9.4.3. *Tipos impositivos del recargo de equivalencia*

Los tipos de recargo de equivalencia han sido objeto de algunas reformas, durante los años 2022 y 2023, como consecuencia de la introducción de nuevas alícuotas de gravamen en el IVA.

El último cambio ha tenido lugar, con efectos desde el 1 de enero de 2023, como consecuencia de la entrada en vigor de la disposición adicional decimosexta del Real Decreto-ley 1/2023, de 10 de enero, de medidas urgentes en materia de incentivos a la contratación laboral y mejora de la protección social de las personas artistas, establece que el tipo del recargo de equivalencia aplicable en el Impuesto sobre el Valor Añadido a las operaciones a que se refieren el apartado 2 del artículo 1 y el párrafo cuarto del apartado 1 del artículo 72 del Real Decreto-ley 20/2022, de 27 de diciembre, de medidas de respuesta a las consecuencias económicas y sociales de la Guerra de Ucrania y de apoyo a la reconstrucción de la isla de La Palma y a otras situaciones de vulnerabilidad, será del 0,62 por ciento, resultando de aplicación durante la vigencia de dichos preceptos.

Con cada tipo impositivo del IVA hay un tipo correspondiente al recargo de equivalencia.

Tipo impositivo	Recargo de equivalencia
21%	5,20%
10%	1,40%
4%	0,5%
Tabaco	1,75%
5%	0,62%
0%	0%

Ejemplo

VENTA A COMERCIANTE EN RECARGO DE EQUIVALENCIA

Un comercio de ropa en recargo de equivalencia, adquiere ropa en por importe de 2.000 euros y una máquina registradora por importe de 300 euros. Vende ropa por importe de 1.000 euros.

- Al comprar ropa soportará IVA al 21% y recargo de equivalencia al 5,20%.
- Al comprar la máquina registradora, que no forma parte de su comercio habitual, soportará IVA al 21 por ciento, pero no recargo de equivalencia.
- Al vender la ropa debe repercutir IVA al 21%, no recargo de equivalencia, pero sin tener que presentar liquidación por estas cuotas.

2.9.9.4.4. Obligaciones formales

Quienes realicen exclusivamente operaciones en este régimen especial, no tienen, a efectos del IVA, obligación de emitir documento de facturación por las ventas, salvo que se trate de uno de los supuestos de facturación obligatoria que recoge el Reglamento de facturación, como puede ser cuando le sea solicitada factura por el destinatario, cuando el destinatario sea empresario, en las exportaciones, y otros supuestos que recoge el art. 2 del RD 1619/2012, un cuyo caso, deben emitir una factura.

Los sujetos pasivos están obligados a acreditar ante sus proveedores o ante la Aduana el hecho de estar o no sometidos al régimen especial, no estando obligados a llevar registros contables en relación con el IVA.

Excepciones:

Si realizan otras actividades acogidas al régimen especial de la agricultura, ganadería y pesca o el régimen simplificado deberán llevar el Libro Registro de facturas recibidas, anotando separadamente las facturas que correspondan a las adquisiciones de cada sector de la actividad, incluidas las del recargo de equivalencia.

Si realizan otras actividades acogidas al régimen general o a cualquier otro régimen distinto de los anteriores, deben cumplir respecto de ellas las obligaciones generales o específicas. En el Libro Registro de facturas recibidas deben anotar separadamente las facturas relativas a adquisiciones correspondientes a actividades a las que sea aplicable el régimen especial del recargo de equivalencia.

Cuando importen bienes, deberán presentar en la Aduana las declaraciones aduaneras correspondientes. Cuando realicen adquisiciones intracomunitarias o se produzcan supuestos de inversión del sujeto pasivo, deberán liquidar el Impuesto y, en su caso, el recargo de equivalencia presentando el Modelo 309.

Cuando entreguen bienes a viajeros con derecho a la devolución del Impuesto, presentarán declaración en el Modelo 308, solicitando la devolución de los reembolsos realizados a los viajeros, acreditados con las transferencias a los interesados o a las entidades colaboradoras.

Cuando realicen simultáneamente actividades económicas en otros sectores de la actividad empresarial o profesional, deberán tener documentadas en facturas diferentes las adquisiciones de mercancías destinadas a cada una de las distintas actividades por ellos realizadas.

2.9.9.4.5. Comienzo o cese de actividades en recargo de equivalencia

Cuando se produzca el inicio o cese en este régimen especial, deberá confeccionarse un inventario de existencias a las que se aplique este régimen, y remitirlo a la AEAT.

En el caso de cese en el recargo de equivalencia, podrán aplicar lo previsto en el art. 155 LIVA y 60 RIVA, es decir, podrán deducir el IVA y el recargo de equivalencia soportado en estos bienes.

Ejemplo

Supongamos un minorista en recargo de equivalencia que a final de 2022 tiene unas existencias de 100.000 euros (IVA incluido) de productos a los que les es de aplicación el tipo general de 21%.

Si en 2023 pasa a aplicar el régimen general del IVA, los cálculos que puede hacer son:

$$100 \times \frac{100.000}{100 + 21 + 5,2} = 79.239,30.$$

Base imponible	79.239,30
IVA 21%	16.640,25
Recargo Equiv. 5,2%	4.120,45
Total	100.000

Es decir, este empresario podrá deducir al iniciar la actividad en régimen general las cuotas del IVA y recargo de equivalencia antes indicadas.

2.9.9.5. Régimen especial del criterio de caja

(Arts. 163 decies al sexiesdecies de la Ley 37/1992 y arts. 61 septies a 61 undecies del RD 1624/1992.).

Con entrada en vigor el 1 de enero de 2014, se introduce un nuevo régimen especial en el IVA que podrán aplicar aquellos sujetos pasivos que no hayan superado la cuantía de 2.000.000 de euros de cifra de operaciones en el año natural anterior.

Estarán excluidos del mismo los que hayan realizado cobros en efectivo a un mismo destinatario por más de 100.000 euros en un año natural, produciendo efectos el año siguiente, pudiendo volver a optarse a aplicar el régimen si no se superan los límites

La opción puede hacerse, mediante la declaración censal, tanto al iniciar la actividad como en el mes de diciembre del año natural anterior, y afecta a todas las actividades que no estén excluidas del régimen especial.

La renuncia, que surte efectos durante tres años, puede hacerse en la declaración censal de diciembre del año anterior

Operaciones a las que se aplica:

Serán operaciones que se consideren realizadas en territorio español del IVA, quedando excluidas:

a) Las acogidas a los regímenes especiales simplificado, de la agricultura, ganadería y pesca, del recargo de equivalencia, del oro de inversión, aplicable a los servicios prestados por vía electrónica y del grupo de entidades.
b) Las exportaciones y entregas intracomunitarias de bienes.
c) Las adquisiciones intracomunitarias de bienes.
d) Aquellas operaciones en las que se produzca un supuesto de inversión del sujeto pasivo.
e) Las importaciones y las operaciones asimiladas a importaciones.
f) Los autoconsumos tanto de bienes como de servicios.

2.9.9.5.1. Aplicación del régimen especial

a.- Devengo

En una operación a la que se aplique este régimen, el IVA no se devengará según la regla general (momento de la entrega de bien o prestación del servicio), sino en el momento del cobro de precio (total o parcial) y por lo realmente percibido. Si no se ha recibido la totalidad de precio, se produce el devengo a 31 de diciembre del año inmediato posterior.

A estos efectos, en el Libro Registro de facturas expedidas se indicará la fecha de cobro, cuenta bancaria y medio de cobro utilizado, debiendo hacer referencia, en las facturas expedidas, a la aplicación del régimen especial.

A su vez, los destinatarios de estas operaciones que no estuviesen aplicando este régimen especial, en el Libro Registro de facturas recibidas harán referencia a las fechas y medios de pago utilizados. Las facturas de las operaciones a las que se aplique este régimen, se expedirán, con carácter general al realizar la operación, aunque si el destinatario es empresario o profesional, la expedición puede ampliarse hasta el día 15 del mes siguiente.

b.- Deducción de las cuotas

Se aplica el mismo criterio en relación con la deducción de las cuotas soportadas por quienes apliquen el régimen, no naciendo el derecho a deducir hasta que el pago total o cada pago parcial y, si no lo ha satisfecho, pueden deducir las cuotas a 31 de diciembre del año siguiente. Igualmente, debe hacer constar en el Libro Registro de facturas recibidas la referencia a la aplicación de este régimen especial.

Siguiendo la regla general, puede ejercitar el derecho a deducir en la declaración-liquidación en que haya nacido el derecho (devengo), o en las de los sucesivos hasta cuatro años desde el nacimiento del derecho.

El destinatario de operaciones a las que se aplique este régimen, pero que no estuviese acogido al mismo, podrá deducir las cuotas en el momento del pago total o parcial de precio (por los importes realmente satisfechos), o bien a 31 de diciembre del año siguiente si no se hubiese realizado la totalidad del pago, para lo que debe acreditar los pagos realizados.

Tanto las facturas expedidas como las recibidas en aplicación de este régimen especial deberán estar anotadas en los Libros Registro como si a las mismas no se les hubiese aplicado este régimen especial y, cuando se vayan realizando los correspondientes cobros y pagos, se complementarán las anotaciones.

Ejemplo

Un empresario realiza la venta de bienes por importe de 3.000 euros el 15 de enero de 2022 que entrega en ese momento.

Pacta el pago en tres plazos: a finales de 2022, 2023 y 2024, habiéndose acogido al régimen especial del criterio de caja.

La factura, al ser el destinatario empresario, puede expedirse hasta el día 15 de febrero, indicando en la misma que se está aplicando el régimen especial del criterio de caja

El impuesto no se devengará en el momento de la entrega (15/01/2022), sino con ocasión de cada uno de los cobros (1.000 euros el 31/12/2022), aunque a 31 de diciembre de 2023 se producirá el devengo del IVA correspondiente a las cantidades pendientes, 2.000 euros, por no haberse recibido antes del final de año siguiente la totalidad de los cobros pendientes.

Por cada una de las operaciones, expedirá una factura, indicando en el Libro Registro de facturas expedidas cuándo se ha producido el cobro, así como la fecha y medio de pago.

2.9.9.6. Regímenes especiales aplicables a las ventas a distancia y a determinadas entregas interiores de bienes y prestaciones de servicios

Estos regímenes sustituyen a los vigentes de ventanilla única para los servicios prestados por vía electrónica y telecomunicaciones.

Con ellos, y con una declaración-liquidación única ante el EM de identificación, se puede ingresar el IVA devengado en todos el EM donde quedan sujetas las operaciones de consumo (trimestral o anualmente).

Generalmente son operaciones en las que el que presta el servicio no está establecido en el EM donde quedan sujetas las operaciones Se repercute el IVA correspondiente a cada país de consumo, pero se declara e ingresa solo en el EM de identificación.

Régimen exterior de la Unión. Servicios de empresarios NO ESTABLECIDOS EN LA COMUNIDAD a NO EMPRESARIOS.

Régimen de la Unión. Se aplica a:

– Servicios de empresarios ESTABLECIDOS EN LA COMUNIDAD, pero NO en el E.M. de Consumo a NO EMPRESARIOS; (han de ser servicios localizados en el E.M. de consumo),
– Ventas a distancia intracomunitarias de bienes y,
– Entregas interiores de bienes facilitadas a través de una interfaz digital por proveedor no establecido en la Comunidad a consumidores finales.

Régimen de importación. Se aplica a:

– Ventas a distancia de bienes importados por empresarios, cuyo valor no exceda de 150 euros.

2.9.10. *Obligaciones de facturación y registro (RD 1619/2012, de 30 de noviembre de 2012)*

2.9.10.1. Obligación de facturar (art. 2)

Los empresarios y profesionales están obligados a expedir una factura y copia de ésta por cada entrega de bienes o prestación de servicios que realicen en el desarrollo de su actividad, incluso cuando realicen operaciones no sujetas o exentas del impuesto o cuando estén acogidos a los regímenes especiales del IVA.

a) Supuestos de expedición obligatoria de factura:

Los empresarios y profesionales están obligados a expedir una factura y copia en los siguientes casos:

- ❒ Cuando el destinatario es empresario o profesional, cualquiera que sea el régimen de tributación del que realiza la operación.
- ❒ Cuando el destinatario de la operación así lo exija para el ejercicio de cualquier derecho de naturaleza tributaria.
- ❒ Ventas a distancia que se entiendan realizadas en España.
- ❒ Entregas de bienes que deban ser objeto de instalación o montaje antes de la puesta a disposición.
- ❒ Operaciones de las que sean destinatarios personas jurídicas que no actúen como empresarios, con independencia de que se encuentren o no establecidas en el territorio español del IVA.
- ❒ Exportaciones, salvo entregas en tiendas libres de impuestos.
- ❒ Entregas intracomunitarias.
- ❒ Cuando el destinatario sea una Administración Pública.

Es importante resaltar que no existe obligación de expedir factura por el destinatario cuando hay un supuesto de inversión de sujeto pasivo. Tan sólo podrá expedirla este último cuando el que realice la operación le autorice a hacerlo en nombre del obligado a expedirla. A falta de tal autorización, la expedirá el que efectúa la operación indicando en la misma "inversión de sujeto pasivo".

b) Excepciones a la obligación de expedir factura:

No existe obligación de expedir factura, entre otras, en las siguientes operaciones (con las salvedades del apartado anterior):

- ❒ Operaciones realizadas por los sujetos pasivos acogidos al régimen especial del recargo de equivalencia. (Aunque sí en las entregas de inmuebles sujetas y no exentas al Impuesto).

- ❒ Operaciones realizadas por los sujetos pasivos acogidos al régimen simplificado del IVA, salvo por la transmisión de los activos fijos o cuando las cuotas devengadas se determinen en función de las ventas.
- ❒ Determinadas operaciones exentas del impuesto, en virtud de lo establecido en el artículo 20 de la Ley del IVA, con las excepciones contempladas en el artículo 3.1.a) del Reglamento de facturación, como, entre otras, los servicios médicos.
- ❒ Quienes estén en el régimen especial de la agricultura, ganadería y pesca. (Aunque sí en la entrega de inmuebles a que se refiere el art.129 LIVA).

Ejemplo

FACTURA DE UN TRABAJO REALIZADO POR QUIEN ESTÁ EN RÉGIMEN SIMPLIFICADO

Un empresario en régimen simplificado, como puede ser una cafetería, no tiene obligación de expedir una factura. No obstante, debe expedirla de forma obligatoria cuando, entre otros supuestos, el destinatario es empresario o bien cuando la solicita el destinatario.

FACTURA DE UN MÉDICO

Un médico realiza operaciones exentas del IVA. Aunque no tenga que repercutir este impuesto, tiene que expedir obligatoriamente factura ya que es uno de los supuestos que recoge el Reglamento de facturación como de expedición obligatoria, sin tener que solicitarla el destinatario.

2.9.10.1.1. Contenido de la factura (art. 6)

Todas las facturas y sus copias deben contener, como mínimo, los siguientes datos o requisitos:

1. Numeración correlativa y, en su caso, serie. Pueden establecerse series diferentes, en especial si existen distintos centros de facturación. Entre otros supuestos, es obligatoria serie diferente para las facturas rectificativas y cuando las expide el destinatario o tercero en nombre del que realizó la operación.
2. Fecha de su expedición. Si no coincide con la de devengo, se harán constar las dos. En su caso, se hará constar la fecha del pago anticipado.
3. Nombre y apellidos razón o denominación social completa del expedidor y del destinatario.
4. NIF del expedidor. El NIF del destinatario se hará constar en las entregas intracomunitarias exentas; cuando sea sujeto pasivo el destinatario, y cuando una

operación se localice en el TAI, estando establecido en este territorio el obligado a expedirla.

5. Domicilio del expedidor y del destinatario.
6. Descripción de la operación, consignando todos los datos necesarios para la determinación de la base imponible del IVA
7. Tipo o tipos impositivos aplicados a las operaciones.
8. Cuota tributaria que se repercute.
9. Otro contenido de las facturas:

- Datos para poder determinar si cuando se realiza una entrega intracomunitaria se trata de un medio de transporte nuevo.
- Identificación de los artículos de la normativa en los que se ampare una entrega exenta.
- La expresión "factura por destinatario", si éste lo hiciese por autorización del que realiza la operación.
- "Inversión de sujeto pasivo", si se produce esta circunstancia que, recordamos, no da lugar a obligación de expedir factura por el destinatario.
- "Régimen especial de......", cuando sean operaciones a las que sea de aplicación el régimen especial de las agencias de viajes; bienes usados; objetos de arte o, antigüedades y objetos de colección, o bien el régimen especial del criterio de caja.

2.9.10.1.2. Las facturas simplificadas (art. 7)

La obligación de expedir factura puede cumplirse expidiendo una factura simplificada, en estos casos:

a. Para cualquier operación inferior a 400 euros, IVA incluido, y cuando debe expedirse factura rectificativa.
b. Para determinadas operaciones de importe inferior a 3.000 euros, IVA incluido, como las siguientes:
    - Ventas al por menor. Ventas o servicios en ambulancia. Ventas o servicios a domicilio del consumidor. Transporte de personas y sus equipajes.
    - Servicios de hostelería y restauración prestados por restaurantes, bares y establecimientos similares. Salas de baile y discotecas. Servicios de peluquerías e institutos de belleza. Utilización de instalaciones deportivas. Aparcamiento de vehículos. Tintorería y lavandería. Autopistas de peaje
    - Aquéllos que autorice el Departamento de Gestión Tributaria de la A.E.A.T.

Las facturas simplificadas deben contener, al menos, los siguientes datos:

- ❒ Número y, en su caso, serie. La numeración será correlativa.
- ❒ Fecha de expedición, fecha de la operación y, en su caso, pago anticipado.
- ❒ NIF, nombre y apellidos razón o denominación social completa del expedidor.
- ❒ Identificación de los bienes o servicios.
- ❒ Tipo impositivo aplicado y, opcionalmente, "IVA incluido". Si hay operaciones a diferentes tipos se hará constar la base de cada una de ellas.
- ❒ Contraprestación total.
- ❒ Indicación de si se trata de facturas rectificativas.

Al igual que para las facturas completas se harán constar, en su caso:

- ❒ Datos para poder determinar si cuando se realiza una entrega intracomunitaria, si se trata de un medio de transporte nuevo.
- ❒ Identificación de los artículos de la normativa en los que se ampare una entrega exenta.
- ❒ La expresión "factura por destinatario", si éste lo hiciese por autorización del que realiza la operación.
- ❒ "Inversión de sujeto pasivo", si se produce esta circunstancia que, recordamos, no da lugar a obligación de expedir factura por el destinatario.
- ❒ "Régimen especial de......", cuando sean operaciones a las que sea de aplicación el régimen especial de las agencias de viajes; bienes usados; objetos de arte o, antigüedades y objetos de colección, o el régimen especial del criterio de caja.

Las facturas simplificadas no dan derecho a deducir.

No obstante, si tuviesen el contenido adicional que sigue, estarían dotadas de validez para poder ejercitar, en su caso, el derecho a deducir.

- ❒ NIF del destinatario
- ❒ Cuota repercutida, separada del resto de conceptos.

Un documento sin la identificación del expedidor y del destinatario no da derecho a deducir las cuotas soportadas, cualquiera que sea el bien o servicio adquirido.

El plazo para expedir una factura, con ocasión del canje de una factura simplificada, es el de cuatro años desde que se produjo el devengo del IVA de la operación documentada en dicha factura simplificada.

2.9.10.1.3. Plazo de expedición de las facturas (art. 11)

La cumplimentación de las facturas se hará en el momento en que se realice la operación.

Si el destinatario tiene la condición de empresario o profesional, puede efectuarse la expedición hasta el día 15 del mes siguiente a aquél en que se produjo el devengo de la operación.

En las operaciones intracomunitarias la expedición será hasta el día 15 del mes siguiente a aquél en que se inició el transporte con destino al destinatario.

La expedición será en papel o por medios electrónicos, debiendo garantizarse en todo caso su origen, la integridad del contenido y la legibilidad durante el plazo de conservación (art. 8).

En este sentido, las facturas electrónicas (art. 9) tendrán el mismo contenido que las facturas en papel, si bien expedidas y recibidas en formato electrónico, requiriéndose el consentimiento por parte del destinatario.

Una vez expedidas, las facturas se remitirán al destinatario, aunque si éste es empresario o profesional, se dispone de un mes para hacerlo.

El plazo para remitir las facturas a los destinatarios que sean empresarios o profesionales es hasta antes del día 16 del mes siguiente a la fecha de devengo (arts. 17 y 18).

De cada factura solo se expedirá un original, pudiendo expedirse duplicados (art. 14), en los que conste esta circunstancia, cuando se pierda el original y cuando haya varios destinatarios en la operación

Para facilitar la expedición de las facturas (art. 13), podrán incluirse en una sola factura las operaciones realizadas para un mismo destinatario en el plazo máximo de un mes natural, debiendo expedirse la factura recapitulativa el último día del mes natural en el que se realizaron las operaciones, aunque si el destinatario es empresario se realizará la expedición antes del día 16 del mes siguiente a aquel en que se realizaron las operaciones.

Cualquier error producido al efectuar las anotaciones debe ser rectificado en cuanto se tenga constancia del mismo, mediante anotaciones por cada periodo de liquidación que permitan determinar para cada uno de ellos las cuotas devengadas y deducibles después de la rectificación.

La rectificación (art. 5)se hará mediante una nueva factura que recoja los datos de la factura rectificada, pudiendo rectificarse varias facturas en un único documento, aunque cuando tengan su origen en descuentos o autorización de la AEAT es suficiente delimitar el periodo a que se refieren, sin necesidad de identificarlas individualmente.

2.9.10.1.4. Expedición, conservación y remisión de facturas

Como regla general, debe expedir la factura el que realice la operación (art. 2), pudiendo cumplir esta obligación el destinatario o un tercero que actúe en nombre y por cuenta del obligado (art. 5), para lo que deberá acreditarse que hay un acuerdo previo y garantizarse la aceptación, por el empresario en cuyo nombre y por su cuenta se emitan, de cada una de las facturas expedidas por su cliente. Posteriormente, se remitirán las facturas al obligado a expedirlas.

Los empresarios y profesionales están obligados a conservar (art. 19) las facturas expedidas durante el período de prescripción del derecho de la Administración para determinarlas deudas tributarias afectadas por las operaciones:

Los documentos deben conservarse con su contenido original y ordenadamente.

Al igual que en la expedición, la obligación de conservar las facturas puede cumplirse materialmente por un tercero, que actuará en nombre y por cuenta del obligado, siendo éste último el responsable del cumplimiento de la obligación.

Si lo hace un tercero, es preciso comunicarlo a la AEAT, cuando el que realice la conservación no esté establecido en la Unión Europea.

Las entidades que deben llevar los registros a través de la Sede Electrónica de la AEAT (ver 2.5.8.4) presentarán declaración censal comunicando que optan por la expedición de las facturas por el destinatario o un tercero.

La conservación, tanto en papel como en formato electrónico, debe garantizar la autenticidad del origen, la integridad del contenido y la legibilidad, así como el acceso inmediato de la Administración a su contenido.

Una vez expedidas, las facturas deben remitirse a los destinatarios (arts. 17 y 18), lo que se hará en el mismo momento de la expedición, aunque si el destinatario es empresario se hará antes del día 16 del mes siguiente a aquel en que se haya producido el devengo del impuesto.

2.9.10.2. Obligaciones en materia de Libros Registro (art. 62 RIVA)

Los empresarios o profesionales, sujetos pasivos del IVA, han de llevar los siguientes Libros Registros:

1º Libro Registro de facturas expedidas.

2º Libro Registro de facturas recibidas.

3º Libro Registro de bienes de inversión.

4º Libro Registro de determinadas operaciones intracomunitarias.

5º Libros Registro especiales:

- ❐ Régimen especial de bienes usados, objetos de arte, antigüedades y objetos de colección.
- ❐ Compensaciones a sujetos pasivos en el régimen especial de la agricultura, ganadería y pesca.
- ❐ Libro Registro de operaciones realizadas en el régimen simplificado.

En relación con los Libros Registro de facturas expedidas, facturas recibidas y bienes de inversión, es válida la realización de asientos o anotaciones por cualquier procedimiento idóneo, sobre hojas separadas que, después de numeradas y encuadernadas correlativamente, formarán el libro.

Si los sujetos pasivos son titulares de diversos establecimientos situados en el territorio de aplicación del Impuesto, pueden llevar, en cada uno de ellos, los Libros Registro, en los que anotarán por separado las operaciones efectuadas desde dichos establecimientos, siempre que los asientos resúmenes de los mismos se trasladen a los correspondientes Libros Registro generales que deberán llevarse en el domicilio fiscal del sujeto pasivo.

Los Libros Registro, previa autorización del Departamento de Gestión Tributaria de la AEAT, pueden sustituirse por sistemas de registro diferentes en tanto quede garantizada la comprobación de sus obligaciones tributarias.

Asimismo, puede autorizarse que no conste toda la información que exige el reglamento o hacer agrupaciones de facturas mediante asientos resúmenes cuando las prácticas comerciales o administrativas de un sector dificulten su realización en los términos reglamentarios.

Los empresario o profesionales que tengan periodo de liquidación mensual (ver 2.9.8.3) llevarán los libros a través de la Sede Electrónica de la AEAT mediante el suministro electrónico de los registros de facturación. También llevarán este registro quienes hayan optado por su llevanza. A su vez, hay que tener en cuenta que quienes lleven los registros por este procedimiento, llevarán unos únicos libros registro por todos los establecimientos en territorio nacional.

2.9.10.2.1. Libro Registro de facturas expedidas (art. 63 RIVA)

Deben anotarse en el Libro Registro las facturas expedidas, incluso las de operaciones exentas y de autoconsumo.

Los documentos de facturación se registrarán separadamente uno a uno, haciendo constar su número, en su caso, serie, fecha de expedición, fecha de la operación (si es diferente) nombre del destinatario, NIF, base imponible, tipo impositivo y cuota tributaria. También pueden agruparse en asientos resúmenes las facturas correlativas expedidas en la misma fecha, haciendo constar el número inicial y final, siempre que no sea obligatorio identificar al destinatario de la factura, que se hayan devengado el mismo mes natural y tengan el mismo tipo impositivo.

Puede dividirse una sola factura en varios asientos correlativos, cuando incluya operaciones que tributen a tipos distintos.

Igualmente, deberán anotarse por separado las facturas rectificativas.

Los que tengan periodo de liquidación mensual, en este Libro Registro debe poner una mayor información, como descripción de la operación o periodo de liquidación, entre otros.

En el marco de la adaptación a la entrada en vigor del SII, y con efectos desde el 1 de enero de 2018, el Real Decreto 1075/2017, de 29 de diciembre, ha incorporado una serie de cambios en el RIVA y en el Real Decreto de facturas, relativos a las facturas emitidas y expedidas, que se exponen a continuación:

2.9.10.2.2. Libro Registro de facturas recibidas (art. 64 RIVA)

Deben anotarse las facturas o documentos aduaneros recibidos numerados correctamente por el destinatario. También se reflejarán las facturas que den lugar a adquisiciones intracomunitarias sujetas y los justificantes contables recibidos.

Los documentos de facturación recibidos se anotarán uno a uno, haciendo constar los mismos datos que se indicaron en el Libro Registro de facturas expedidas, aunque las facturas recibidas tendrán número de recepción, pero se admite hacer un asiento resumen por todas las facturas recibidas en la misma fecha del mismo proveedor cuyo importe individual sea inferior a 500 euros IVA no incluido y, siempre que el importe de todas ellas conjuntamente sea inferior a 6.000 euros, IVA no incluido. Se harán constar los números de facturas recibidas asignados, suma global de la base imponible y cuota importe global.

También se permite registrar una misma factura en varios asientos correlativos cuando incluya operaciones a las que resulten aplicables distintos tipos de IVA.

Los que tengan periodo de liquidación mensual, en este Libro Registro debe poner una mayor información, como número que conste en la factura (que sustituirá al número de recepción), descripción de la operación y cuotas deducibles en el periodo en que se realiza la anotación, ente otras.

2.9.10.2.3. Libro Registro de bienes de inversión (art. 65 RIVA)

Deben llevarlo los sujetos pasivos que tengan que practicar la regularización de las deducciones por bienes de inversión.

Se registrarán los bienes de inversión debidamente individualizados; los datos precisos para identificar las facturas y documentos de Aduanas de cada bien; la fecha del comienzo de su utilización, prorrata anual definitiva y la regularización anual, si procede, de las deducciones.

En los casos de entregas de bienes durante el período de regularización, se darán de baja del Libro, anotando la referencia al apunte en el Libro Registro de facturas emitidas que recoge la entrega, así como la regularización de la deducción efectuada con motivo de la misma.

2.9.10.2.4. Requisitos formales de los Libros Registro

Los Libros deben llevarse:

- Con claridad y exactitud.
- Por orden de fechas.
- Sin espacios en blanco, interpolaciones, raspaduras ni tachaduras. En el Libro Registro de bienes de inversión se dejarán espacios en blanco en previsión de los posibles cálculos y ajustes de la prorrata definitiva.
- Los errores u omisiones deben salvarse a continuación, inmediatamente que se adviertan.
- Las anotaciones deberán ser hechas, expresando los valores en euros, debiendo efectuarse la conversión cuando la factura se hubiese expedido en una divisa distinta.
- Las páginas deben estar numeradas correlativamente.

Si hubiese errores al realizar los registros, deben rectificarse en cuanto se tenga constancia del error, mediante anotaciones que permitan conocer para cada periodo de liquidación el IVA devengado y soportado al practicar la rectificación.

Para cada periodo de liquidación los libros registro de permitir conocer:

- El IVA repercutido a los clientes.
- El IVA soportado y la cuota tributaria deducible.

2.9.10.2.5. Plazos para las anotaciones registrales

Facturas expedidas: las operaciones deben estar anotadas cuando se realice la liquidación y pago del Impuesto relativo a dichas operaciones y, en cualquier caso, antes de que finalice el plazo legal para realizar la referida liquidación y pago en período voluntario.

Cuando no se expida factura o se expidan documentos sustitutivos, deben anotarse en el plazo de 7 días desde la realización de las operaciones o de la expedición de los documentos, siempre que este plazo venza antes que el expuesto en el párrafo anterior.

Facturas recibidas: deben anotarse por el orden en que se reciban, y dentro del período de liquidación en que proceda efectuar su deducción.

Operaciones intracomunitarias: deben anotarse en el plazo de 7 días desde el momento de inicio de la expedición o transporte de los bienes a que se refieren.

Otros aspectos de interés en cuanto a los libros registro

Rectificaciones registrales: los errores registrales deberán rectificarse tan pronto el obligado tributario tenga constancia de que se han producido. Si se tratara de bienes de inversión, y la rectificación afectase a la regularización de las deducciones realizadas, la anotación en el libro se hará junto a la anotación del bien a que se refiere.

2.9.11. Breve referencia al comercio exterior

2.9.11.1. Importaciones

Están sujetas al IVA las importaciones de bienes, cualquiera que sea el fin a que se destinen y la condición del importador, ya que el sujeto pasivo no necesita ser empresario o profesional.

Serán sujetos pasivos tanto los empresarios y los profesionales como los particulares.

A estos efectos, está sujeta la entrada en territorio peninsular español e Islas Baleares (TAI) de bienes que no sean originarios de la Unión Europea, así como bienes que no hayan sido comunitarizados mediante el pago de derechos arancelarios y el despacho a libre práctica (bien comunitarizado es aquél procedente de un tercer país, que ha sido introducido en la Unión Europea a través de otro Estado miembro donde ha pagado los derechos de importación).

Si los bienes proceden de Ceuta y Melilla, al no pertenecer estos territorios a la unión aduanera, la entrada en la Península o Baleares de bienes con ese origen está sujeta como importación.

Si los bienes proceden de Canarias está gravada la entrada ya que tiene la condición de territorio tercero por estar excluido de la armonización de los impuestos sobre el volumen de negocios.

Entre las diversas exenciones aplicables están los servicios cuya contraprestación esté incluida en la base imponible de las importaciones. Esta exención tiene carácter técnico y su finalidad es evitar la doble imposición que se derivaría del hecho de formar parte de la base imponible de la importación todos los gastos accesorios que se produzcan hasta el primer lugar de destino.

Con efectos desde el 1 de julio de 2021 el Real Decreto-ley 7/2021, de 27 de abril suprime la exención de las importaciones de escaso valor, según la cual hasta esa fecha las importaciones de bienes de valor inferior a 22 euros estaban exentas.

La exención de los servicios relacionados con las importaciones a que se refiere el artículo 64 de la Ley del Impuesto, se justificará con cualquier medio de prueba admitido en Derecho. En particular, se puede hacer con el DUA (Documento Único Administrativo) y la acreditación de haberse incluido el importe del servicio en la base imponible.

En las importaciones de bienes, el devengo del impuesto se producirá en el momento en que hubiera tenido lugar el devengo de los derechos de importación, estén o no sujetas a los mencionados derechos. Este momento es el de la admisión a despacho de la declaración de importación.

La Resolución de 5 de marzo de 2015, de la Dirección General de la Agencia Estatal de Administración tributaria, aprueba el registro y gestión de las autorizaciones de despacho aduanero (BOE de 17), con entrada en vigor el día 15 de abril de 2015.

Nota: Para el régimen diplomático, consular y de organismos internacionales ver Real Decreto 3485/2000, de 29 de diciembre, el cual ha sido ampliamente modificado por el Real Decreto 1075/2017, de 29 de diciembre.

2.9.11.1.1. Base imponible (art. 83 LIVA)

La base está integrada por la suma de los conceptos siguientes:

a.- Valor en aduana.

b.- Impuestos, derechos, exacciones y demás gravámenes que se devenguen fuera del TAI, así como los que se devenguen con motivo de la importación, salvo el propio IVA.

c.- Gastos accesorios.

a) Valor en aduana

Existen diversos procedimientos para su cálculo, como son:

1.º Valor de transacción, que es el precio efectivamente pagado o por pagar por las mercancías cuando se venden para la exportación, más los gastos desde el lugar de procedencia hasta la frontera del país de destino.

2.º Valor de transacción de mercancías idénticas.

3.º Valor de transacción de mercancías similares.

4.º Procedimiento deductivo, consistente en minorar el precio de venta en los gastos y el beneficio.

5.º Valor calculado, que es el resultado de incrementar el coste de producción en el beneficio del proveedor.

6.º Procedimiento del último recurso, consistente en la utilización de criterios razonables compatibles con los principios del comercio mundial.

En el valor en aduana se incluyen los gastos de transporte y seguro hasta la entrada de los bienes en la Unión Europea, y los envases y embalajes, entre otros.

No se incluyen en el valor en aduana los gastos de trasporte posteriores a la entrada en la UE y derechos aduaneros, entre otros.

b) Impuestos, derechos, exacciones y demás gravámenes. Se tienen en cuenta los que se devenguen fuera del TAI y los que se devenguen con motivo de la importación, salvo el propio IVA.

c) Gastos accesorios, como las comisiones, transportes y los seguros que se produzcan hasta el primer lugar de destino en el interior de la Unión Europea, que será el que figure en la carta de porte o cualquier otro documento que ampare la entrada de los bienes en el interior de la Unión Europea.

2.9.11.1.2. Sujetos pasivos (art. 86 LIVA)

Los sujetos pasivos del impuesto son los que realicen las importaciones, tanto si son empresarios o profesionales como particulares.

A estos efectos, se consideran importadores los destinatarios de los bienes importados, es decir, los adquirentes, cesionarios, propietarios o consignatarios en nombre propio; los viajeros, para los bienes que conduzcan; los propietarios de los bienes en los casos no contemplados anteriormente; los adquirentes, propietarios, arrendatarios o fletadores en las operaciones asimiladas a importaciones.

Ejemplo

LIQUIDACIÓN DE UNA IMPORTACIÓN

Se importan bienes desde China, siendo el valor en aduana de las mercancías 20.000 euros. Como conceptos adicionales, tenemos:

Derechos arancelarios del 10 por ciento

Gastos de descarga de las mercancías en el puerto: 300 euros

Transporte hasta los almacenes de la empresa importadora: 200 euros

Agente de aduanas: 1.000 euros

Valor en aduana	20.000
Derechos arancelarios 10% de 20.000	2.000
Gastos de descarga	300
Base imponible	22.300
IVA 21%	4.683
Total	26.983 euros

Tanto los gastos de transporte desde la aduana hasta los almacenes del importador, como los honorarios del agente de aduanas, no se incluyen en la base imponible del IVA.

En cuanto al valor en aduana, habrá incluido el valor de los bienes más los gastos de transporte hasta la aduana.

En las importaciones de bienes el Impuesto se liquidará en la forma prevista por la legislación aduanera para los derechos arancelarios, y desde 2015 los empresarios o profesionales con periodo de liquidación mensual pueden optar por incluir las cuotas liquidadas por la Administración en la declaración liquidación en que reciban el documento liquidatorio de la Administración.

La opción la harán al comienzo de la actividad o mes de noviembre del año anterior, pudendo renunciarse en el mes noviembre año anterior, surtiendo efectos al menos tres años, quedando excluidos de la aplicación desde el momento en que cese la obligación de presentar declaración-liquidación mensual.

Si el sujeto pasivo no tributase íntegramente en la Administración del Estado, como podría ser el caso de tributar en una Administración Foral, liquidará estas cuotas en la Administración del Estado.

2.9.11.2. Exportaciones (arts. 21 Ley 37/92 y 9 RD 1624/92)

La exportación es un régimen aduanero que permite la salida de mercancías comunitarias fuera del territorio aduanero de la Unión Europea, aunque a efectos del IVA la exención relativa a las exportaciones de bienes hace referencia a las entregas de bienes enviados o transportados fuera de la Unión Europea (que hemos indicado que excluye algunos territorios de los Estados miembros que, en el caso de España, son: Canarias, que si bien pertenece a la Unión Europea, no está incluida en la armonización de impuestos sobre el volumen de negocios, y Ceuta y Melilla, en cuanto territorios no comprendidos en la Unión Aduanera.)

Por tanto, la exención en la exportación hace referencia a la entrega de bienes enviados o transportados a un "territorio o país tercero", entre los que se encuentran Canarias, Ceuta y Melilla.

- El hecho imponible es una entrega de bienes localizada en el territorio de aplicación del Impuesto y sujeta al mismo.
- Debe existir un transporte o envío de los bienes a un territorio o país tercero:

a.- El transporte o envío puede ser realizado el transmitente o un tercero que actúe en su nombre y por su cuenta (Arts. 21. 1º Ley 37/1992 y 9.1. 1º RD 1624/1992)

Esto requiere cumplir, como requisitos:

- Que haya una salida efectiva de los bienes del territorio de la Unión Europea.
- La conservación durante el plazo de prescripción del Impuesto de copias de las facturas, contratos o notas de pedidos, documentos de transporte, documentos acreditativos de la salida y demás justificantes de las operaciones

b.- El transporte o envío puede realizarse por el adquirente, pudiendo darse diversos supuestos:

b.1 Entregas en régimen comercial (Arts. 21.2º Ley 37/92 y 9.1.2º RD 1624/92). En concreto, están exentas las entregas de bienes expedidos o transportados fuera de la Unión Europea por el adquirente no establecido en el TAI o por un tercero que actúe en nombre y por cuenta de él. Son las habituales entregas entre empresarios:

En este caso se exigen como requisitos:

- Que el adquirente no esté establecido en la Península o Islas Baleares (TAI).
- La salida efectiva de los bienes de la Unión Europea.
- La conservación de justificantes: (copias de facturas, contratos, notas de pedidos, documentos de transporte...etc.) durante el plazo de prescripción.
- La presentación de los bienes en la Aduana y del DUA en el plazo de un mes desde la entrega o puesta a disposición.
- Por último, la remisión al proveedor de una copia del DUA diligenciada por la Aduana de salida.

b.2. Entregas en régimen de viajeros (Arts. 21.2°. A Ley 37/92 y 9.1. 2°. B RD 1624/92). Este tipo de entregas son las relativas a bienes habitualmente adquiridos por los viajeros de manera ocasional, y destinados al uso personal y familiar o como regalos. En estas entregas, el viajero tiene derecho a que le devuelvan el Impuesto que, previamente, ha soportado cuando se cumplan determinados requisitos que se han hecho constar en el apartado 8.5.3 de las devoluciones del IVA.

Un último aspecto a destacar de las exportaciones es la referencia a los servicios relacionados con exportaciones (arts. 21. 5° Ley 37/1992 y 9.1. 5° RD 1624/1992, que están exentos cuando están directamente relacionados con las exportaciones de bienes. El más habitual de estos servicios es el transporte y operaciones accesorias al mismo, tales como carga, descarga y conservación; custodia, almacenaje y embalaje; alquiler de medios de transporte y contenedores, materiales de protección y otros análogos.

Para que estén exentos, deben cumplirse determinados requisitos:

- ❑ Los servicios deben prestarse a los exportadores, a destinatarios, sus representantes aduaneros, o a los transitorios y consignatarios que actúen en nombre y por cuenta de unos u otros. Los bienes han de salir fuera de la Unión Europea en tres meses desde que el servicio sea prestado. Se justificará la salida de los bienes con cualquier medio de prueba admitido en Derecho. Por último, deben remitirse los justificantes al prestador del servicio en el plazo de tres meses desde la salida.

2.9.11.3. Operaciones intracomunitarias

Las operaciones intracomunitarias se caracterizan por ser realizadas entre distintos Estados miembros de la Unión Europea, existiendo dos grandes tipos de operaciones de esta naturaleza:

a. Las entregas intracomunitarias de bienes entre empresarios, con transporte a otro Estado miembro. Estas entregas estarán exentas en el país de origen y tributarán en el Estado miembro de destino de las mercancías, como adquisiciones intracomunitarias de bienes, cuando se cumplan determinados requisitos.

Ejemplo

COMPRA DE BIENES POR EMPRESA ESPAÑOLA DESDE ALEMANIA

Cuando un empresario de Málaga adquiere bienes a una empresa alemana, que ésta le remite a España, la empresa alemana realiza una entrega intracomunitaria, sujeta y exenta al IVA de Alemania, realizando el adquirente una adquisición intracomunitaria, sujeta y no exenta en España.

b. Operaciones, respecto de las cuales la normativa establece unas reglas para la localización de la operación en uno de los Estados miembros implicados, y donde la operación quedará sujeta al Impuesto, con reglas diferentes a las anteriores, que corresponden a las ventas a distancia a particulares, transporte de bienes, servicios accesorios a los transportes de bienes y la mediación en estas dos últimas.

2.9.11.3.1. Entregas intracomunitarias de bienes (art. 25 Ley 37/92)

Son entregas localizadas y sujetas en el territorio español, que estarán exentas cuando concurren tres requisitos:

a) Transporte del bien a otro Estado miembro.

b) Destinatario que tenga la naturaleza de empresario o profesional, o persona jurídica no actúe como tal, que tenga NIF IVA asignado por otro Estado miembro.

c) En todo caso la exención está condicionada a la inclusión de las operaciones en la declaración recapitulativa de operaciones intracomunitarias, Modelo 349 (2.9.11.3.5).

En estas operaciones la expedición o transporte puede realizarse por el vendedor, el adquirente o por un tercero en nombre y por cuenta de cualquiera de ellos, al territorio de otro Estado miembro. Si no se produjese el transporte, no se cumpliría uno de los requisitos para que la entrega intracomunitaria tributase en destino y se trataría de una operación interior, sujeta al IVA en España.

La expedición o transporte a otro Estado miembro, imprescindible para la exención, se justificará por los medios que indica el art. 45.bis del Reglamento de Ejecución (UE) nº 282/2011, así como por cualquier medio de prueba admitido en derecho.

a) Si el transporte lo realiza el vendedor o un tercero en su nombre, caben los siguientes medios de prueba a aportar por el vendedor:

1º CMR; Conocimiento de embarque; Factura de flete aéreo; Factura del transportista (Tendrá al menos dos de estos elementos de prueba).

2º Póliza de seguro de transporte o documento bancario de pago del transporte. Documento de notario o autoridad pública que acredite la llegada a EM de destino. Recibo del depositario en el Estado miembro (EM) de destino confirmando almacenamiento (Tendrá un documento de apartado 1º y alguno de este apartado 2º).

b) Si vendedor tiene una declaración del adquirente certificando el transporte por él o un tercero en su nombre, indicando el EM de destino, y además aporta estos elementos de prueba.

1º CMR; Conocimiento de embarque; Factura de flete aéreo; Factura del transportista (Tendrá al menos dos de estos elementos de prueba).

2º Póliza de seguro de transporte o documento bancario de pago de transporte. Documento de notario o autoridad pública que acredite la llegada a EM de destino. Recibo del depositario en el EM de destino confirmando almacenamiento (Tendrá un documento de apartado 1º y alguno de este apartado 2º)

Según STJUE C-84/09, la calificación de una operación como entrega o adquisición intracomunitaria no depende de que se respete un plazo determinado dentro del cual debe iniciarse o terminar el transporte del bien en cuestión desde el Estado miembro de entrega al Estado miembro de destino.

En cuanto al adquirente de los bienes en otro Estado miembro, como hemos indicado, ha de ser un empresario o profesional o una persona jurídica que no actúe como empresario o profesional (por ejemplo, un Ministerio o un Ayuntamiento) que estuviese identificado a efectos del IVA, con NIF IVA comunitario, en un Estado miembro distinto de España, de tal forma que se pueda verificar que está incluido en el Sistema de intercambio de información (VIES).

Ejemplo

ENVÍO DE BIENES A EMPRESA FRANCESA

Está exenta la entrega de maquinaria realizada por un fabricante riojano a un empresario que aporta un NIF-IVA de Francia, siendo enviada la mercancía desde la factoría de aquél en Logroño a un establecimiento del último en Francia.

La tributación en destino no afecta a las compras realizadas por particulares, los cuales soportarán el impuesto en el país donde los bienes sean vendidos.

A efectos de aplicar la exención, el vendedor puede dirigirse a la Administración Tributaria de su país, para que le confirmen la autenticidad del NIF comunitario de otro Estado miembro facilitado por el comprador. Puede consultarse en la aplicación VIES de la página “web” de la Agencia Tributaria la certeza del número de IVA de un empresario de cualquier Estado miembro.- https://aeat.es/viesdist.html

El incumplimiento de alguno de estos requisitos determina que la operación no sea una entrega intracomunitaria exenta, por lo que la entrega estaría sujeta en el territorio español del IVA.

2.9.11.3.1.1. Las transferencias de bienes. (Art. 9.uno. 3º LIVA)

Se consideran operaciones asimiladas a las entregas de bienes las transferencias por un empresario de bienes de su empresa a otro Estado miembro (EM) para afectarlos a sus necesidades en este otro EM.

En la práctica es como una entrega intracomunitaria exenta en la que el empresario español A envía bienes a otro Estado miembro B en el que él también tiene un NIF, pero de este último Estado miembro, de tal forma que en el Estado miembro B está realizando una Adquisición intracomunitaria de bienes. Al margen de que la Ley regula gran número de operaciones quedan excluidas del concepto de transferencia, vamos a hacer especial referencia, por su importancia comercial, a los denominados acuerdos de ventas en consigna (art. 9.bis LIVA).

La reforma de la Ley del IVA desde enero de 2020, ha regulado los denominados acuerdos de ventas en consigna, que suponen un cambio con la legislación precedente.

Consisten estas operaciones en venta de bienes a destinatarios de otro EM sin transmitirles la propiedad hasta que el adquirente retira los bienes en un momento posterior a la llegada.

Hasta enero de 2020, el proveedor (PR) hacía una transferencia en el EM de partida y una operación asimilada a una adquisición intracomunitaria de bienes en el EM de llegada y, posteriormente, en el EM de llegada realizaría una entrega interior al cliente, sujeta al IVA del EM de este último, con inversión de sujeto pasivo. (Lo que requería que el PR estuviese identificado con NIF IVA del EM de llegada).

Con la nueva regulación de estas operaciones a la que puede acogerse el PR si se cumplen los requisitos (art. 9. Bis. LIVA), si se transportan (solo por el proveedor o por su cuenta) desde España a otro EM en virtud de un acuerdo de ventas en consigna, se producirá una entrega intracomunitaria de bienes exenta en el momento de entregarlos al cliente.

Simultáneamente, para el cliente será una adquisición intracomunitaria de bienes. Para ello es preciso que el PR no tenga establecimiento permanente (EP) o sede en el EM de llegada, y conozca previamente el NIF IVA del destinatario final.

Como síntesis de esta operación de acuerdo de ventas en consigna, que tiene un amplio desarrollo normativo, tenemos los siguientes pasos:

- El envío previo de los bienes de un EM a otro no da lugar a ningún hecho imponible (ni transferencia en los términos antes indicados, art. 9.3º LIVA).
- El PR anotará el envío en el Libro Registro de determinadas operaciones intracomunitarias, así como en el Modelo 349.

- Se requiere entrega al cliente en 12 meses al cliente (desde llegada al EM de destino). Alternativamente, y en el mismo plazo:
  - Los puede adquirir otro cliente identificado con NIF IVA en el EM de llegada (Se anotará en el Libro Registro de determinadas operaciones intracomunitarias, así como en el Modelo 349).
  - Se devuelven los bienes al TAI y el proveedor lo anotará en el Libro Registro de determinadas operaciones intracomunitarias.
  - Si no se cumpliesen estos requisitos se produciría una transferencia.

2.9.11.3.2. Adquisición intracomunitaria (art. 13 LIVA)

Es la obtención del poder de disposición sobre bienes muebles corporales, expedidos o transportados al TAI con destino al adquirente desde otro Estado miembro, realizada por un empresario o profesional, el propio adquirente o un tercero, en nombre y por cuenta de cualquiera de ellos.

La sujeción de las adquisiciones intracomunitarias, que lleva aparejada la exención de las entregas en el Estado miembro de origen de la mercancía, permite la tributación en destino de las ventas de bienes entre Estados miembros realizadas en el ámbito empresarial o profesional.

Para aplicar correctamente la exención en la entrega intracomunitarias desde otro Estado miembro, el destinatario debe estar identificado, con NIF IVA comunitario, teniendo el transmitente que verificar esta identificación en la aplicación VIES antes comentada. En el supuesto de que no estuviese identificado, o no fuese comunicada esta referencia al vendedor, éste deberá repercutir al comprador el IVA del Estado miembro de origen, sin perjuicio de que si el destinatario está identificado y cumple los requisitos para que la adquisición intracomunitaria esté sujeta, tenga que liquidar el impuesto en destino, debido a que no le ha facilitado la identificación al vendedor.

Si posteriormente el comprador facilita al vendedor los datos necesarios para que la entrega intracomunitaria estuviese exenta, el vendedor deberá rectificar la operación, reintegrarle las cuotas del IVA repercutidas e incluir la operación en el modelo equivalente al 349 de España.

Base imponible (art. 82 LIVA)

Para las operaciones intracomunitarias son aplicables las mismas reglas de determinación de la base imponible que establecidas para las entregas interiores de bienes. Por tanto, en general, la base estará integrada por el importe total de la contraprestación (art. 78 LIVA).

Ejemplo

Si la compra de bienes es por importe de 10.000 € y el vendedor repercute unos gastos de transporte por importe de 5.000 €, la base imponible de la adquisición intracomunitaria es la totalidad, 15.000 €.

Devengo (art. 75.Uno. 7º y 8º LIVA)

En las operaciones intracomunitarias no es de aplicación la regla de devengo relativa a los pagos anticipados

Entregas intracomunitarias Art. 75.Uno. 7º y 8º LIVA.

- A-Regla general: Devengo el día 15 del mes siguiente al inicio del transporte (Art. 75.Uno.8º).
- B.-Si ha habido factura con anterioridad a estas operaciones: Devengo en la fecha de expedición de la factura.
- C.- Si es un suministro que sea entrega intracomunitaria de bienes (agua, gas...), y:
  a) El precio no se ha pactado o,
  b) No se determinó la exigibilidad del precio o,
  c) La exigibilidad es superior a un mes:

En las operaciones de este apartado C el devengo se produce el último día de cada mes por la parte proporcional desde el inicio de la operación hasta dicha fecha (78. Uno. 7º Ley IVA).

No obstante, existe una importante diferencia y es la de que no se producirá el devengo con ocasión de la realización de pagos anticipados.

En las adquisiciones intracomunitarias se producirá el devengo en el momento en que se consideren realizadas las entregas similares según la regla general del impuesto, aunque sin ser de aplicación las reglas de devengo correspondientes a los pagos anticipados.

Cuando estemos **ante acuerdos de ventas en consigna**, el devengo se produciría el 15 de mes siguiente a la puesta a disposición del cliente (o fecha de la factura, si esta es anterior).

Ejemplo

ENTREGA INTRACOMUNITARIA EXENTA

Se venden el 15 de enero bienes por importe de 100.000 euros a dos empresarios, uno de León y otro de Burdeos. La entrega se realizará dentro de tres meses, el 15 de abril, habiendo anticipado cada uno de ellos 2.000 euros a la hora de realizar el pedido.

La entrega del anticipo por el empresario de León determina el devengo del IVA por la cuantía de los 2.000 euros recibidos, ya que se trata de una operación interior, devengándose el resto de la operación el día 15 de abril.

En cuanto a la entrega intracomunitaria, no hay devengo por el anticipo recibido de la empresa de Burdeos, devengándose la operación el 15 de mayo (día 15 del mes siguiente al inicio del transporte), salvo que exista una factura con anterioridad, en cuyo caso el devengo sería en a fecha de la factura.

En todo caso, deberíamos hacer una previa verificación del NIF comunitario del comprador, para saber que actúa en su condición de empresario a efectos del IVA.

Una empresa belga nos vende bienes por 10.000 euros, más 1.000 de gastos de transporte.

Firmamos el contrato el 15 de abril; nos envía la maquina el 30 de abril; la factura la remite el 13 de mayo y recibimos la maquina el mismo día.

Si se cumplen los requisitos en cuanto a identificación de ambas partes, y se acredita el transporte, en España se produce una AIB, siendo la base imponible 11.000 euros y produciéndose el devengo el 13 de mayo (ya que es anterior al día 15 del mes siguiente al inicio del transporte).

2.9.11.3.2. Adaptación de la normativa del IVA a la nueva regulación aduanera de la Unión Europea desde el 1 de enero de 2023

La LPGE para 2023 ha modificado la regulación de diversos hechos imponibles del IVA vinculados a las operaciones de comercio exterior para adaptar su regulación a cambios en la normativa aduanera de la Unión Europea.

Estas alteraciones han afectado a las siguientes operaciones de tráfico exterior:

- Al hecho imponible importación, incluyendo en el mismo la ultimación del régimen de depósito distinto del aduanero de bienes previamente importados aplicando la exención prevista en el artículo 65 LIVA.
- A las operaciones asimiladas a las importaciones, eliminando la mención a la salida de áreas exentas como un espacio físico determinado.

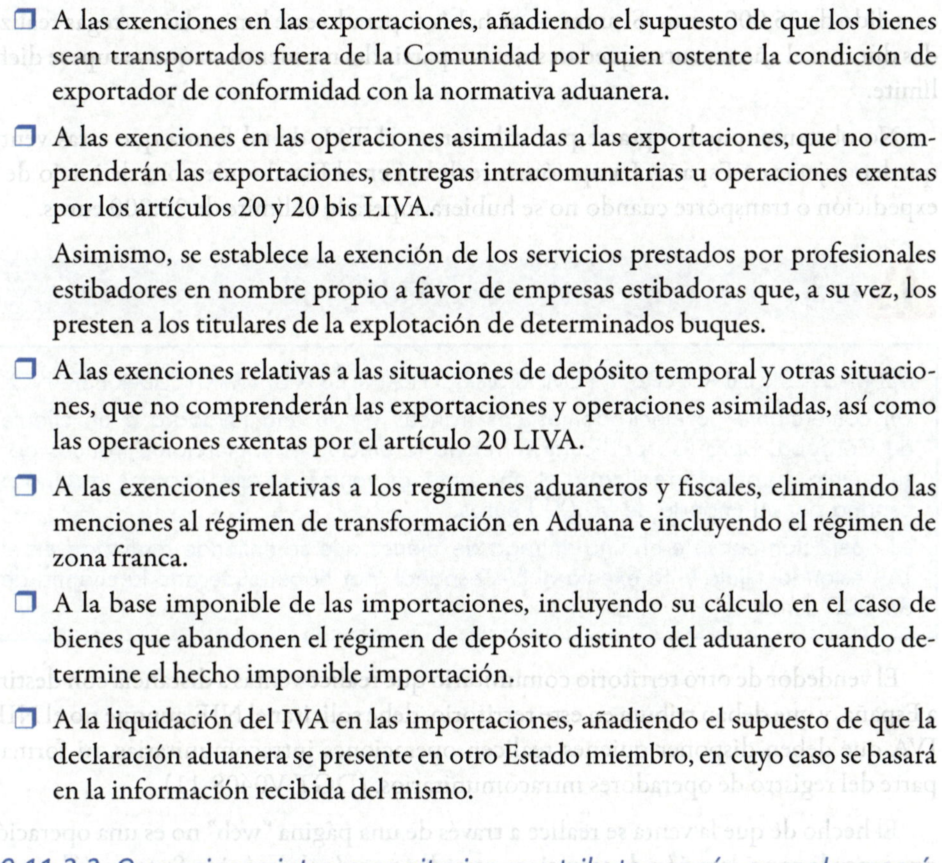

- A las exenciones en las exportaciones, añadiendo el supuesto de que los bienes sean transportados fuera de la Comunidad por quien ostente la condición de exportador de conformidad con la normativa aduanera.
- A las exenciones en las operaciones asimiladas a las exportaciones, que no comprenderán las exportaciones, entregas intracomunitarias u operaciones exentas por los artículos 20 y 20 bis LIVA.

  Asimismo, se establece la exención de los servicios prestados por profesionales estibadores en nombre propio a favor de empresas estibadoras que, a su vez, los presten a los titulares de la explotación de determinados buques.
- A las exenciones relativas a las situaciones de depósito temporal y otras situaciones, que no comprenderán las exportaciones y operaciones asimiladas, así como las operaciones exentas por el artículo 20 LIVA.
- A las exenciones relativas a los regímenes aduaneros y fiscales, eliminando las menciones al régimen de transformación en Aduana e incluyendo el régimen de zona franca.
- A la base imponible de las importaciones, incluyendo su cálculo en el caso de bienes que abandonen el régimen de depósito distinto del aduanero cuando determine el hecho imponible importación.
- A la liquidación del IVA en las importaciones, añadiendo el supuesto de que la declaración aduanera se presente en otro Estado miembro, en cuyo caso se basará en la información recibida del mismo.

2.9.11.3.3. Operaciones intracomunitarias que tributan según su regla específica de localización

2.9.11.3.3.1. Ventas a distancia (art. 68. Tres y Cuatro Ley 37/92) (art. 22 RIVA)

Tienen esta consideración, las ventas de bienes expedidos o transportados de un Estado miembro a otro, siendo realizando el transporte el vendedor, o por su cuenta, y siendo el adquirente, normalmente, quien no es empresario a efectos del IVA, como es el caso de los particulares.

Están excluidos de la aplicación del régimen aplicable a estas ventas los medios de transporte nuevos, bienes objeto de instalación o montaje y bienes en régimen especial de bienes usados.

Hasta el 1 de julio de 2021, si las ventas son desde otro Estado miembro con destino a España, se considera que las ventas están localizadas y sujetas en el TAI cuando el importe, excluido el Impuesto, de las entregas efectuadas desde otro Estado miembro al TAI por el empresario que realiza la entrega durante el año natural precedente haya excedido de 35.000 euros. Si antes no se había superado este límite, las entregas realizadas durante el año en curso quedan sujetas a partir del momento en que se supere dicho límite.

No obstante, puede optarse por tributar en el TAI, de tal forma que estas ventas queden sujetas en España. La opción se realizará en el Estado miembro de inicio de la expedición o transporte cuando no se hubiera superado el límite de 35.000 euros.

Ejemplo

VENTAS A DISTANCIA DE UN EMPRESARIO FRANCÉS A UN PARTICULAR ESPAÑOL

Un comerciante de electrodomésticos francés vende una lavadora a un cliente de Córdoba, para uso particular. El envío lo efectúa el comerciante francés por su cuenta, habiendo realizado el año anterior ventas de este tipo con destino a España por un importe de 50.000 euros.

La operación consiste en una entrega de bienes que se entiende realizada en el TAI, estando sujeta y no exenta al IVA español, por haber superado la cuantía de 35.000 euros.

El vendedor de otro territorio comunitario que realice ventas a distancia con destino a España, y que deban tributa en este territorio, debe solicitar el NIF, aunque no el NIF/IVA que deben disponer quienes realicen operaciones intracomunitarias, ni formará parte del registro de operadores intracomunitarios. (DGT V0408-11).

El hecho de que la venta se realice a través de una página "web" no es una operación que tenga la consideración de servicios prestados por vía electrónica. Se tratará de entregas de bienes que seguirán el régimen general del Impuesto. (DGT V1279-20)

Las ventas desde territorio español a otro Estado miembro están sujetas al IVA, salvo cuando el importe, excluido el impuesto, de las entregas haya excedido durante el año natural precedente del límite fijado en el Estado miembro de destino.

Las entregas realizadas durante el año en curso, una vez superado el límite fijado en el Estado miembro de destino, tributarán es este último territorio, así como cuando haya optado por tributar estas operaciones en destino, y en todo caso debe justificarse ante las Administración tributaria que estas operaciones han sido declaradas en otro Estado miembro.

La opción por tributar en destino cuando no se superen los límites, será realizada en España y comprenderá como mínimo dos años naturales.

Desde el 1 de julio de 2021 se elimina el anterior tratamiento de las ventas a distancia y los sustituye por este otro del que quedan excluidos los bienes que tributan en el Régimen especial de Bienes usados (REBU) en el EM de inicio del transporte.

Se consideran realizadas en el TAI (y devengarán IVA español):

a) Las Ventas a distancia intracomunitarias, si el TAI es el lugar de destino, salvo cuando se den estos dos requisitos:
   - Ventas por empresarios establecidos solo en otro EM.
   - Que no superen 10.000 euros ni se haya optado por tributar en destino.

b) Las Ventas a distancia intracomunitarias realizadas por empresario establecido solo en el TAI y,

   a') la expedición se inicie en el TAI, y

   b') no supere 10.000 euros ni haya optado por tributar en destino

c) Las Venta a distancia de bienes importados en un EM distinto del de llegada del transporte, si el transporte llega al TAI.

d) Venta a distancia de bienes importados en el EM distinto del de llegada del transporte, si el transporte llega al TAI y se declare mediante régimen especial del Título IX capítulo XI), sección 4ª.

No se localizan en el TAI las E. de B. desde el TAI a otro E.M. si son ventas a distancia intracomunitarias del apartado b) anterior y no se cumple el requisito del apartado b').

Estas E. de B. no se entenderán realizadas en el TAI si los bien son objeto de II.EE. son destinatarios son las personas cuyas AIB estarían no sujetas por el art 14 LIVA.

Ejemplo

VENTAS A DISTANCIA DE UN EMPRESARIO FRANCÉS A UN PARTICULAR ESPAÑOL (desde 1 de julio de 2021)

Un comerciante de electrodomésticos francés vende una lavadora a un cliente de Córdoba, para uso particular. El envío lo efectúa el comerciante francés por su cuenta, habiendo realizado el año anterior ventas de este tipo con destino a España por un importe de 50.000 euros.

La operación consiste en una entrega de bienes que se entiende realizada en el TAI, estando sujeta y no exenta al IVA español, por haber superado la cuantía de 10.000 euros. El empresario francés repercutirá IVA español pero podrá ingresarlo en Francia, su país de establecimiento.

2.9.11.3.3.2. Transporte intracomunitario de bienes (arts. 69, 70. Uno. 2º y 72 LIVA)

Son transportes intracomunitarios de bienes, aquellos cuyos lugares de inicio y llegada están situados en dos Estados miembros diferentes. El lugar de inicio es el de comienzo del transporte, sin tener en cuenta los trayectos realizados hasta el lugar donde se encuentren los bienes. Lugar de llegada es donde termine efectivamente el transporte.

Si el transporte intracomunitario se realiza para no empresarios, tributa en el TAI, si éste es el lugar de partida del transporte.

Si el transporte intracomunitario se realiza para empresarios, al no haber una regla especial de localización, se aplica la regla general que, recordamos, localiza el servicio en el TAI cuando el destinatario está establecido o tiene sede o domicilio en el TAI y el transporte se realiza para esta sede, no estando sujeto si el destinatario no está establecido en el TAI.

Por tanto, cuando el servicio de transporte, con la excepción del transporte de viajeros, es a empresarios, consideramos que el servicio se localiza en donde está establecido el destinatario.

Ejemplo

SERVICIO DE TRANSPORTE PARA EMPRESARIO FRANCÉS

Un transportista español realiza un transporte de ladrillos de Lisboa a París, facturando el servicio a un empresario portugués que vende productos a una empresa francesa.

El servicio de transporte se entiende realizado en Portugal por estar establecido en ese territorio el destinatario del servicio, por lo que no procede repercutir IVA español. (Con la regla de localización vigente desde enero de 2010 no se tiene en cuenta el trayecto realizado sino la identificación del destinatario).

Si ese mismo servicio se prestase a un español, el servicio estaría localizado en territorio español y, por tanto, sujeto al IVA al tipo del 21 por ciento.

Los servicios accesorios al transporte (Arts. 69 y 70. Uno.7º. LIVA), tales como la carga y descarga, transbordo, manipulación y servicios similares, se localizan en nuestro territorio cuando se presten materialmente en este territorio a quien no sea empresario o profesional.

Si el destinatario es empresario, se aplica la regla general: localización en la sede del destinatario del servicio, aplicándose la misma regla que a los servicios de transporte, que también es aplicable a los servicios de mediación por cuenta ajena en los servicios de transporte. (Art. 69 LIVA), para los que la localización del servicio se realiza en función de la localización del destinatario del servicio.

2.9.11.3.4. Liquidación de las operaciones intracomunitarias

Cuando se realiza una adquisición intracomunitaria, debe hacerse constar la operación en las casillas 10 y 11 del Modelo 303. Si, a su vez, las cuotas fuesen deducibles, se harán constar en las casillas 36 a 39 del citado modelo.

En cuanto a la facturación, el único documento existente es la factura expedida por quien realizó la entrega, que el adquirente anotará en el Libro Registro de facturas recibidas.

Cuando se efectúa una entrega intracomunitaria, se reflejará la operación en la casilla 59 del Modelo 303, debiendo expedirse una factura por quien realizó la operación.

2.9.11.3.5. Declaración recapitulativa. Modelo 349 (arts. 79 al 81 RIVA)

El objeto de esta declaración es poder cruzar las operaciones intracomunitarias (entregas y adquisiciones de bienes y servicios) realizadas entre todos los Estados miembros con el fin de verificar la correcta liquidación de las operaciones, siempre que se localicen en distinto territorio de donde estén prestados y sea sujeto pasivo el destinatario del servicio.

DEBERÁN PRESENTARLA:

Los sujetos pasivos que realicen cualquiera de las operaciones siguientes:

- Entregas intracomunitarias exentas, incluidas las transferencias.
- Adquisiciones intracomunitarias sujetas, incluidas las transferencias.
- Prestaciones intracomunitarias de servicios, en las que concurran estos requisitos:
    a. Que no se localicen en el TAI.
    b. Que tributen en otro Estado miembro.
    c. Que el destinatario sea empresario con sede o establecimiento permanente en dicho EM.
    d. Que el sujeto pasivo sea el destinatario.
- Las adquisiciones intracomunitarias de servicios realizadas desde otro Estado miembro de la Unión Europea y que estuviesen sujetas y no exentas en territorio español.

- Las entregas subsiguientes a las adquisiciones intracomunitarias realizadas en otros Estados miembros en virtud de una operación triangular.

Los datos se reflejarán en la declaración correspondiente al periodo en que se hayan devengado.

PLAZO DE PRESENTACIÓN

- Del 1 al 20 del mes inmediato siguiente al correspondiente período mensual, salvo la correspondiente al mes de julio que podrá presentarse durante el mes de agosto y los veinte primeros días naturales del mes de septiembre, y la correspondiente al mes de diciembre, que deberá presentarse durante los 30 primeros días naturales del mes de enero.
- Trimestral: Cuando durante un trimestre y ninguno de los cuatro anteriores el importe de las entregas de bienes y prestaciones de servicios a consignar haya superado 50.000 euros (sin IVA), presentándose durante los veinte primeros días naturales del mes siguiente al correspondiente período trimestral, salvo la del último trimestre, que se presentará durante los treinta primeros días del mes de enero.
- Desde el año 2020 se elimina la presentación anual de este Modelo.

CONTENIDO DE LA DECLARACIÓN.

Se harán constar los datos de identificación de los proveedores y adquirentes de los bienes y los prestadores y destinatarios de los servicios, así como la base imponible de las operaciones realizadas por cada uno de ellos.

Los diferentes tipos de operaciones serán identificadas con una clave, de gran importancia para el control de las mismas.

Modelo de declaración: Modelo 349, aprobado por Orden EHA/769/2010, de 18 de marzo, en el que se recogen las diferentes claves con las que se identifican las diferentes operaciones que pueden realizarse.

Ejemplo

Diversas operaciones realizadas por un empresario con NIF IVA español, establecido en Zaragoza:

A. Adquiere a una empresa italiana una licencia para poder fabricar unos bienes en España.

   En este caso se está llevando a cabo una prestación de servicios que tributa conforme con las regla de localización de los servicios, es decir, en territorio español. Como el prestador del servicio no está establecido en España, se produce la inversión del sujeto pasivo.

B. Compra un ordenador a un particular residente en Luxemburgo.

Al no realizar la entrega un empresario, no habrá adquisición intracomunitaria de bienes.

C. Para el transporte de unos bienes adquiridos en Bélgica, contrata a un transportista francés que le trae los bienes desde Bruselas hasta Zaragoza.

El transporte tributa en España, sede del destinatario, que debe liquidar la empresa española por producirse inversión del sujeto pasivo.

D. Compra mercancías a una empresa portuguesa, y las traslada hasta Zaragoza.

Se produce una adquisición intracomunitaria de bienes, que debe liquidar el comprador e incluir la operación, además de en el Modelo 303, en el modelo 349, resumen recapitulativo de las operaciones intracomunitarias.

Ejemplo

En el año 2024 la sociedad "Naranjo", con NIF A15000000, y domicilio fiscal en Menorca, calle Madrid 500, ha realizado las operaciones que se indican a continuación. El volumen de operaciones del año anterior determina que su periodo de liquidación sea trimestral y, a efectos didácticos, salvo que se indique otra cosa, consideraremos que las facturas han sido expedidas en el momento del devengo y que el tipo aplicable es el general del 21%.

Los datos se facilitan sin las cuotas del IVA que, en su caso, llevaría incorporado la correspondiente factura en los supuestos en que la normativa del Impuesto así lo entendiese.

Operaciones del primer trimestre

1. La empresa adquiere una nave industrial nueva en 300.000 euros, que le es entregada en el mismo momento de la escrituración. La mitad del importe de la nave se paga en dicho momento y el resto se pagará dentro de un año mediante un efecto bancario. (Ver nota 1 de comentarios).

2. Compra muebles para las oficinas de la empresa por importe de 15.000 euros a distintos comerciantes, que le son remitidos junto con las correspondientes facturas en el plazo de 15 días, aunque el pago se pospone a 120 días. Ninguna de las facturas supera los 2.000 euros. (Ver nota 2 de comentarios).

3. Se realiza el anticipo de 3.000 euros a un gestor administrativo para que lleve a cabo diversos trámites de puesta en marcha de un nuevo proyecto de la empresa, desconociéndose cuál es el importe de los gastos que tendrá que realizar por cuenta de la empresa, y que serán facturados con posterioridad. En todo caso el gestor tiene autorización de la empresa para realizar pagos por cuenta de ésta. (Ver nota 3 de comentarios).

4. Se recibe la liquidación de los pagos que ha realizado el gestor en nombre de la empresa, con el siguiente detalle (le envía a la empresa las correspondientes facturas):

Tasas municipales: 325 euros

Gastos notariales: 1.100 euros

Registros: 280 euros

Liquidaciones ITP y AJD: 1.000 euros

Gastos de locomoción pagados por el gestor, 250 euros, que a su vez factura el gestor al cliente.

(Ver nota 4 de comentarios).

5. Recibe un anticipo de 20.000 euros de un cliente para el pago de mercancías que serán remitidas en el primer trimestre de 2024. (Ver nota 5 de comentarios).

6. Recibe un anticipo de 10.000 euros de un empresario alemán con NIF/IVA DE111111111, a cuenta de un posterior envío de mercancías a realizar en el segundo trimestre. (Ver nota 6 de comentarios).

Cuotas devengadas

Operación	Base imponible	Tipo	Cuota
5	20.000	21%	4.200
Total	20.000		4.200

Cuotas deducibles

Operación	Base imponible	Tipo	Cuota
1	300.000	21%	63.000
2	15.000	21%	3.150
3	3.000	21%	630
4	250	21%	52,5
Total	318.250		66.832,50

Notas a tener en cuenta

1. La compra de la nave industrial tiene la consideración de bien de inversión (108 LIVA), devengándose las cuotas del IVA (al no haber pagos anticipados) en el momento de la puesta a disposición del bien. No tiene ninguna relevancia a efectos del IVA el hecho de que parte del importe se pague de forma aplazada, ni los intereses que pudiesen incrementar estos pagos aplazados, ya que los intereses posteriores a la entrega no forman parte de la base imponible.

La deducibilidad de las cuotas del IVA está supeditada, además de por el tipo de actividad realizada, a tener documentada la operación mediante la correspondiente factura con todos los requisitos del RD 1619/2012.

2. Como ninguno de los muebles adquiridos tiene un valor superior a 3.005,06 euros, no tiene la consideración de bien de inversión a efectos de este Impuesto.

El devengo (75 LIVA), al igual que en el apartado anterior, se produce cuando le son entregados los muebles, con independencia de que el pago se realice con posterioridad.

3. Los pagos anticipados realizados al profesional que va a efectuar diversos trámites administrativos, determinan el devengo del impuesto en el momento de realizar el correspondiente anticipo (75.dos LIVA). No pueden tener la consideración de suplidos (78.tres.3° LIVA) en tanto no pueda determinarse o estimarse la cuantía de los gastos que va a realizar por cuenta de la empresa. Caso de poder estimarse la cuantía previsible de los suplidos no habría devengo del IVA por las provisiones de fondos que hubiese percibido.

No puede considerarse que estos pagos anteriores son provisiones de fondos, ya que estas cuantías, para que no supongan un devengo han de estar destinadas a la realización de pagos por cuenta del cliente, circunstancia que no se da en este caso.

4. Los gastos realizados por el gestor mediando autorización previa de la empresa, y con factura de los gastos expedida a nombre de la empresa, tienen la consideración de suplidos, por lo que no forman parte de la base imponible del IVA (prescindimos a efectos didácticos de la deducción de las cuotas del IVA que llevarían incorporados la factura de notario y registro, cuya deducción podía hacer la empresa). En consecuencia, el único gasto de los girados por el gestor a la empresa por el cual debe repercutir IVA, son los de locomoción pagados directamente por el gestor.

5. El pago anticipado (75.dos LIVA) determina el devengo del impuesto, debiendo repercutir las cuotas al destinatario, expidiendo la correspondiente factura. En el supuesto de que el pago fuese realizado mediante un documento cuyo vencimiento fuese posterior a la entrega del bien, el devengo se produciría en la fecha de la entrega del mismo. Si el vencimiento fuese anterior a la entrega del bien, el devengo se produciría en la fecha de vencimiento y cobro de éste. El hecho de descontar el efecto no cambia la fecha de devengo, no pudiendo deducirse el IVA en tanto no se hubiese producido el correspondiente devengo del Impuesto, aunque hubiese recibido la factura antes del devengo.

6. Al contrario que en el apartado anterior, no se produce el devengo con ocasión del pago anticipado, por tratarse de una operación intracomunitaria (76 LIVA).

Liquidación del primer trimestre

Cuotas devengadas: 4.200

Cuotas deducibles: 66.832,5

Cuotas a compensar: - 62.632,5

Con el saldo a su favor no tiene otra alternativa que compensar las cuotas en las declaraciones-liquidaciones posteriores dentro del plazo de los cuatro años siguientes, sin perjuicio de la opción por la devolución que puede ejercitar al presentar la declaración- liquidación correspondiente al último periodo de liquidación del año.

Operaciones del segundo trimestre

7. Entrega mercancías al empresario de la operación número 5, por importe de 30.000 euros, incluyéndose en la factura gastos de transporte por importe de 300 euros, que han sido a cargo del vendedor, y embalajes por importe de 1.000 euros, que pueden ser devueltos. (Ver nota 7 de comentarios).

8. Realiza un envío de bienes, a los que les es aplicable el tipo impositivo del 10%, al empresario alemán a que se refiere la operación número 6. El importe de los bienes es de 20.000 euros, facturando igualmente gastos de acondicionamiento de mercancías por importe de 500 euros. El transporte lo realiza un transportista alemán con cargo a la empresa española. Los gastos de transporte ascienden a 400 euros más IVA. (Ver nota 8 de comentarios).

9. Vende productos por importe de 6.000 euros, a los que es aplicable el tipo del 10%, a un comerciante minorista en recargo de equivalencia.

10. Vende productos, a los que es aplicable el tipo del 10%, por importe de 9.000 euros a un cliente portugués con NIF PT888888, que es quien recoge las mercancías en las instalaciones del vendedor, estando pendiente de que le notifique el NIF/IVA portugués y de que acredite la salida de los bienes con destino a Portugal.

11. Recibe productos agrícolas, por importe de 3.000 euros, de un agricultor al que le es de aplicación el Régimen especial de la agricultura, ganadería y pesca, incluyendo en el correspondiente recibo gastos de embalaje por importe de 300 euros y de transporte por importe de 100 euros.

12. Se venden productos a un ayuntamiento, en virtud de un concurso público del que hemos sido adjudicatarios, por importe de 18.000 euros, siendo el tipo aplicable el 21%. En este trimestre se realizan entregas por importe de 5.000 euros, estando pendiente de entrega el resto de suministro, cuyo pago se realizará según vayan entregándose los bienes.

Cuotas devengadas

Operación	Base imponible	Tipo	Cuota
7	11.300	21%	2.373
8 A	400	21%	84
8 B	20.500		
9	6.000	10%	600
9	6.000	1,4%	84
10	9.000	10%	900
12	4.132,2	21%	867,8
Total			4.908,8

Cuotas deducibles

Operación	Base imponible	Tipo	Cuota
8 A	400	21%	84
11	3.000	12%	360
Total			444

Notas a tener en cuenta

7. La contraprestación es la suma del importe de las mercancías, 30.000 euros, más los gastos de transporte a cargo del vendedor y los embalajes, aunque sean susceptibles de devolución. Posteriormente, cuando le sean devueltos los embalajes, minorará la base imponible haciendo una factura rectificativa, aunque puede hacer la rectificación en una factura correspondiente a una operación posterior. Si los gastos de transporte fuesen realizados por el vendedor por cuenta del cliente, de tal forma que el transportista expidiese la factura a nombre del cliente, tendrían la condición de suplidos por lo que no formarían parte de la base imponible de esta operación (art. 13 RD 1496/2003)

A su vez hay que tener en cuenta que ha habido un anticipo por el cual se han devengado las correspondientes cuotas de IVA, y por el que habrá repercutido el impuesto, así como expedido la factura a nombre del cliente, cantidades que restará de la contraprestación de esta operación.

30.000 (precio) – 20.000 (anticipo) + 300 (transporte)
+ 1.000 (embalajes) = 11.300.

8. La operación comprende dos hechos imponibles:

A) Los gastos de transporte, que al ser prestado el servicio con cargo a una empresa española, están sujetos en su totalidad al IVA español, ya que se trata de un transporte intracomunitario por estar vinculado a una entrega de esta naturaleza. En este caso, el transportista alemán expedirá una factura al vendedor español por importe de 400 euros, sin repercutir cuotas del IVA, siendo sujeto pasivo de la operación la empresa española debido a que la operación se localiza en territorio español y el transportista no está establecido en este territorio. La empresa española tendrá que reflejar esta factura en el Libro registro de facturas recibidas (por las cuotas devengadas, que debe reflejar en este libro). Estas cuotas pueden ser deducidas.

B) En el envío de las mercancías al cliente alemán se está produciendo una entrega intracomunitaria exenta en tanto suponemos que el vendedor habrá verificado a través de la aplicación VIES (www.aeat.es) la inclusión del cliente en el Registro de operadores intracomunitarios. La base imponible de esta operación es la totalidad de la contraprestación, aplicándose las mismas reglas que para las operaciones interiores.

En consecuencia, el importe de la venta habrá de incrementarse en los gastos de acondicionamiento de la mercancía. Además, hay que tener en cuenta, según se ha indicado anteriormente, que los pagos anticipados no habían dado lugar al devengo de la operación intracomunitaria, por lo que no serán objeto de deducción a la hora de calcular la base imponible de la operación.

20.000 (contraprestación) + 500 (acondicionamiento) = 20.500

C) Además, al tratarse de operaciones intracomunitarias, en este caso una AIB y un servicio localizado en territorio español, deben reflejarse de forma independiente en el resumen recapitulativo modelo 349, a presentar trimestralmente.

9. Las entregas de bienes a comerciantes que acrediten estar en recargo de equivalencia serán repercutiendo, además del IVA, el correspondiente recargo de equivalencia, que debe aparecer desglosado en la factura. En este caso, al ser productos a los que se les aplica el tipo impositivo del 10%, el recargo de equivalencia a incluir en la factura es del 1,4%. A falta de comunicación del comerciante al que le sea de aplicación este régimen, y siendo productos a los que le es aplicable el régimen especial, el proveedor debe repercutir en todo caso el correspondiente recargo (art. 154 Ley 37/1992).

10. A falta de notificación por parte del destinatario de un NIF/IVA facilitado por una administración tributaria distinta de la española, así como de la acreditación del traslado, el vendedor debe considerar que se trata de una entrega interior por la que debe repercutir las correspondientes cuotas del IVA. Expedirá factura, y no debe incluir la operación en el resumen recapitulativo, Modelo 349, ya que se trata a todos los efectos de una operación interior.

Si posteriormente se acreditaran por el comprador los requisitos correspondientes, la operación tendría la consideración de entrega intracomunitaria exenta, rectificando toda la tributación aplicada.

11. En las compras a agricultores a los que es de aplicación el REAGP será el destinatario el que tiene que expedir el correspondiente recibo para pagar las compensaciones al agricultor que realizó la entrega, debiendo este último firmar el correspondiente recibo.

La cuantía de las compensaciones es del 12%, calculada sobre una base que incluye exclusivamente el importe de los productos adquiridos (art. 130.cinco Ley 37/1992).

12. En las operaciones con los entes públicos la contraprestación incluye las cuotas del IVA vigentes en el momento del devengo. Por consiguiente, el pago de 5.000 euros correspondiente al suministro realizado en este trimestre debe desglosarse para determinar cuál es la base imponible y las cuotas del IVA que lleva incorporadas (art. 88.uno Ley 37/1992).

Base imponible = [Contraprestación / (1+ tipo de gravamen)] x 100

Base imponible = (5.000/ 1,21) x 100 = 4.132,2

Cuota = 4.132,2 x 21% = 867,8

Liquidación del segundo trimestre

Cuotas devengadas: 4.908,8 (incluido el recargo de equivalencia)

Cuotas deducibles: - 444

Diferencia: 4.464,8

Cuotas a compensar anteriores: - 62.632,5

Cuotas a compensar: - 58.167,7

Operaciones del tercer trimestre

13. Enviamos bienes a una empresa portuguesa con NIF PT222222, por importe de 30.000 euros para que realice el montaje de diversas piezas. Pasados 15 días nos es devuelto el trabajo realizado, cobrándonos 5.000 euros. (Ver nota 13 de comentarios).

14. La empresa francesa "Publicité" les realiza una campaña publicitaria que se va a desarrollar en España. El importe de la factura incluye los servicios de la empresa y los pagos realizados a medios de comunicación de por un total de 100.000 euros. (Ver nota 14).

15. Entrega bienes a una empresa por importe de 20.000 euros. El cliente no le paga, considerando el crédito incobrable. (Ver nota 15).

16. Una vez transcurrido el periodo de regularización, vende una vivienda en la que estaban instaladas las oficinas de la empresa a un particular que le indica que posteriormente va a alquilar la vivienda su hijo. El adquirente solicita la renuncia a la exención. El importe de la venta es de 300.000 euros. (Ver nota 16).

17. Envía mercancías a un almacén de su propiedad en Zaragoza, por importe de 100.000 euros, desde donde procederá a distribuirlas a sus clientes. (Ver nota 17).

18. Regala a unos amigos bienes producidos en la empresa. El coste de los bienes entregados es de 20.000 euros, siendo su valor de mercado 25.000 euros. (Ver nota 18).

Cuotas devengadas

Operación	Base imponible	Tipo	Cuota
13	5.000	21%	1.050
14	100.000	21%	21.000
15	20.000	21%	4.200
18	20.000	21%	4.200
Total	145.000		30.450

Cuotas deducibles

Operación	Base imponible	Tipo	Cuota
13	5.000	21%	1.050
14	100.000	21%	21.000
Total	105.000		22.050

Notas a tener en cuenta

13. El envío de bienes para realizar un trabajo, cuyo resultado posteriormente le será remitido, no da lugar a ningún hecho imponible a efectos del IVA, debiendo reflejarse la operación en el Libro Registro de determinadas operaciones intracomunitarias. (66 RD 1624/1992).

La recepción del trabajo terminado da lugar a una prestación de servicios que se entiende localizada en el territorio español del IVA (art. 70.uno.7° LIVA), por haber notificado el empresario español el NIF/IVA comunitario. Simultáneamente se anotará en el Libro registro citado anteriormente la recepción de los correspondientes bienes.

Como obligaciones formales, está la expedición de la factura por el que realiza de la operación, cumpliendo los mismos requisitos que se han comentado en la operación 8A).

Hay obligación de incluir esta operación en el modelo 349 por ser una prestación de servicios intracomunitaria.

14. Los servicios de publicidad se entienden localizados, según el art.70.uno.5°.B) c) de la Ley 37/1992, en el territorio español del IVA, al tener el destinatario la condición de empresario y radicar su actividad en este territorio. En consecuencia, el sujeto pasivo de la operación es la empresa española, que debe liquidar el IVA a partir de la factura que previamente le habrá expedido el prestador del servicio, e incluir la operación en el modelo 349.

15. La circunstancia de cobrar con posterioridad al devengo de la operación no retrasa el devengo de la misma.

16. Se trata de una segunda transmisión sujeta y exenta de IVA (art. 20.uno.22° LIVA). Al ser vendida a un particular, que no la destina a la realización de una actividad empresarial o profesional en la que pudiera deducir parte de las cuotas soportadas, no podrá este último comunicar el cumplimiento de los requisitos para renunciar a la exención del IVA. Esta operación no se incluye en el volumen de operaciones por ser la venta ocasional de un bien de inversión.

17. Al no haber ninguna transmisión del poder de disposición sobre las mercancías, ya que siguen siendo de su propiedad hasta que proceda a su venta, no existe ningún hecho imponible a efectos del Impuesto, sin que se requiera la cumplimentación de ninguna obligación formal del Impuesto.

18. Se trata de un supuesto de autoconsumo de bienes. Al haber sido bienes elaborados por el transmitente, la base imponible será el coste de los bienes o servicios utilizados para su obtención, incluidos los gastos de personal efectuados con la misma finalidad (art. 79.tres.2° LIVA). Debe expedir la correspondiente factura (ver RD 1496/2003).

Liquidación del tercer trimestre

Cuotas devengadas:	30.450
Cuotas deducibles:	22.050

Diferencia: 8.400
Cuotas a compensar anteriores: - 58.167,7
Cuotas a compensar: - 49.767,7

Operaciones del cuarto trimestre

19. Recibe una subvención de 25.000 euros para comprar maquinaria

20. Entrega a un comisionista que actúa en nombre propio productos por importe de 30.000 euros. Este mismo mes, el comisionista ha vendido todos los bienes, teniendo derecho a una comisión del 8 por ciento.

21. Adquiere a una empresa de Argelia maquinaria que debe ser objeto de instalación en su fábrica. El importe de la máquina es 100.000 euros, teniendo unos gastos adicionales de 300 euros en concepto de embalaje, y 500 por gastos de descarga, así como un 10 por ciento en concepto de derechos de importación.

22. Vende productos a una empresa francesa con NIF/IVA FR444444 por importe de 100.000 euros que no traslada a Francia ya que se los va a entregar a un cliente suyo en España. Los gastos de transporte son de 1.000 euros, realizando el transporte un transportista español con cargo a la empresa francesa a la que le cobra directamente el importe.

23. En un viaje de varios empleados a una feria comercial en Bélgica, soportaron cuotas del IVA belga, correctamente repercutidas, por importe de 500 euros, teniendo las correspondientes facturas expedidas a nombre de la empresa.

24. Compra un camión por importe de 70.000 euros. El concesionario le hace un descuento por diversas promociones, de 1.000 euros, le carga 2.000 euros por diversas mejoras que ha solicitado el cliente y 300 euros en concepto de transporte del vehículo desde la fábrica. Para realizar el pago, le vende al concesionario un camión usado, una vez transcurrido el periodo de regularización, en 2.000 euros.

Cuotas devengadas

Operación	Base imponible	Tipo	Cuota
20.	27.600	21%	5.796
22	100.000	21%	21.000
24	2.000	21%	420
Total	129.600		27.216

Cuotas deducibles

Operación	Base imponible	Tipo	Cuota
21	110.830	21%	23.274,3
24	71.300	21%	14.973
Total	182.130		38.247,3

Notas al supuesto

19. La mera percepción de la subvención no determina la existencia de ningún hecho imponible a efectos del IVA, ya que no corresponde a una entrega de bienes o prestación de servicios del destinatario a favor del otorgante.

20. En esta operación entre la empresa y el comisionista la base imponible es la contraprestación correspondiente a la entrega de los bienes, menos el importe de la comisión. (Art. 79.seis. LIVA).

30.000 - 8% 30.000 (2.400) = 27.600

Cuota devengada 27.600 x 21% = 5.796

21. Base imponible de la importación 100.000 (valor de la mercancía) mas 300 en concepto de embalaje = Valor en aduana (100.300). (Art. 83 LIVA).

El cálculo de la base imponible es la suma del valor en aduana	100.300
Derecho de importación 10% de 100.300	10.030
Gastos de descarga	500
	110.830
IVA 21% de 110.830	23.274,3

22. Al no haber salido los productos del territorio español del IVA se considera que a todos los efectos es una operación interior, con independencia de que el destinatario haya facilitado el NIF/IVA otorgado por otro Estado miembro.

Los gastos de transporte, al ser por cuenta del destinatario, no incrementan la base imponible ya que en este caso hay una relación directa entre el transportista y el cliente. Este transporte en todo caso es un servicio que está sujeto al IVA francés ya que el destinatario está identificado y establecido es ese territorio.

23. Al no ser IVA español, no son deducibles estas cuotas en una declaración-liquidación en nuestro territorio. Podrá recuperar las cuotas soportadas que reúnan los requisitos de deducibilidad, siempre que cumpla los requisitos establecidos, que se indican en apartado de solicitudes de devolución de empresarios o profesionales establecidos en el territorio de aplicación del impuesto correspondientes a cuotas soportadas por operaciones efectuadas en la Unión Europea con excepción de las realizadas en dicho territorio (Art. 117. bis. LIVA y 30 ter RIVA)

24. Cada una de las operaciones tiene un tratamiento diferente no siendo posible la compensación entre ellas, ya que la entrega del camión usado por parte del comprador no deja de ser más que una forma de pago del camión nuevo, no pudiendo considerarse en ningún caso como un descuento. En la entrega del camión nuevo, la base imponible es la totalidad de la contraprestación menos los descuentos que realiza el vendedor, que deben constar en la factura. La venta del camión usado, al estar afecto a la actividad, está sujeta, siéndole de aplicación el tipo del 21%. Al ser la venta de un bien de inversión, no se tendrá en cuenta a efectos del cálculo del volumen de operaciones.

70.000 (precio) – 1.000 (descuento) + 2.000 (mejoras) + 300 (transporte)= 71.300

Venta del vehículo usado 2.000 x 21% 420

Liquidación del cuarto trimestre

Cuotas devengadas: 27.216

Cuotas deducibles: 38.447,3

Diferencia: - 11.031,3

Cuotas a compensar anteriores: - 49.676,7

Devolución: 60.799

En la declaración del último periodo de liquidación del año puede solicitar la devolución de la totalidad de las cuotas a su favor, no cabiendo la posibilidad de solicitar la devolución de una parte y la compensación del resto.

Declaración resumen anual

Al tiempo de presentar el Modelo 303 trimestral, se presentará el Modelo 390, resumen anual de las operaciones realizadas durante el año.

2.10. El Impuesto sobre Transmisiones Patrimoniales y Actos Jurídicos documentados

Definición

El Impuesto sobre Transmisiones Patrimoniales y Actos Jurídicos Documentados es un tributo de naturaleza indirecta que grava diversos hechos imponibles, agrupados en tres modalidades:

- Transmisiones patrimoniales onerosas: que grava el tráfico patrimonial de carácter civil o entre particulares.
- Operaciones societarias: que tiene en cuenta los aspectos derivados del contrato de sociedad y los desplazamientos patrimoniales ligados al mismo.
- Actos jurídicos documentados: mediante documentos notariales o mercantiles.

Legislación

La regulación estatal aparece recogida en el Real Decreto Legislativo 1/1993, de 24 de septiembre, por el que se aprueba el Texto Refundido de la Ley del Impuesto sobre Transmisiones Patrimoniales y Actos Jurídicos Documentados y en el Real Decreto 828/1995, de 29 de mayo, por el que se aprueba el Reglamento del Impuesto sobre Transmisiones Patrimoniales y Actos Jurídicos Documentados.

La última gran reforma del ITP y AJD ha tenido lugar con la publicación de la Ley 11/2021, de 9 de julio, conocida como Ley de Prevención y Represión del Fraude Fiscal (BOE de 10), la cual ha incorporado las siguientes modificaciones relevantes en la normativa del gravamen:

- Se modifica la regla general de cuantificación de su base imponible que, antes se centraba en el llamado "valor real" del bien o derecho transmitido, sustituyendo el valor real por valor, concepto que se equipara al valor de mercado.

La causa de tal reforma, que rompe con una amplia tradición histórica del sistema tributario español es que la determinación del valor real ha sido fuente de buena parte de litigios de estos impuestos por su inconcreción. A este respecto, el Tribunal Supremo ha manifestado que no existe un valor real, entendido este como un carácter o predicado ontológico de las cosas, y ha establecido como doctrina jurisprudencial que, cuando exista un mercado de los bienes de que se trate, el valor real coincide con el valor de mercado.

Por otra parte, este mismo órgano, en diversos pronunciamientos, entre ellos la sentencia 843/2018, de 23 de mayo de 2018, ha determinado que el método de comprobación consistente en la estimación por referencia a valores catastrales, multiplicados por índices o coeficientes, que recoge la Ley 58/2003, de 17 de diciembre, General Tributaria, no era idóneo, por su generalidad y falta de relación con el bien concreto de cuya estimación se trata, para la valoración de bienes inmuebles en aquellos impuestos en que la base imponible viene determinada legalmente por su valor real, salvo que tal método se complemente con la realización de una actividad estrictamente comprobadora directamente relacionada con el inmueble singular que se someta a avalúo, lo que dificulta en gran medida la facultad comprobadora de la Administración Tributaria.

Esta dificultad se añadía a la ya existente respecto de otros medios de comprobación de valores, como es el caso de la que se realiza mediante dictamen de peritos, sobre la que el Tribunal Supremo exige una comprobación "in situ", con visita del inmueble en cuestión, requisito exigido en diversas sentencias, entre las que cabe citar la sentencia 5306/2015, de 26 de noviembre de 2015. Por ello, se conceptúa como base imponible de estos impuestos el valor de mercado del bien o derecho que se transmita o adquiera.

La Orden HFP/1104/2021, de 7 de octubre, por la que se aprueba el factor de minoración aplicable para la determinación de los valores de referencia de los inmuebles, introduce el coeficiente 0,9 para los valores de referencia incorporados por la mencionada Ley para los ejercicios 2022 y siguientes.

- Además, en aras de la seguridad jurídica, en el caso de bienes inmuebles, se establece que la base imponible es el valor de referencia previsto en el texto refundido de la Ley del Catastro Inmobiliario, aprobado por el Real Decreto Legislativo 1/2004, de 5 de marzo.
- Aclarar, ante la existencia de interpretaciones contradictorias entre sí, tanto en el ámbito judicial, como en el administrativo, respecto a la sujeción o no a la modalidad de transmisiones patrimoniales de este impuesto de las operaciones de las compras a particulares de artículos de oro y joyería por parte de comerciantes de este sector empresarial, justifica la modificación que se introduce en la normativa de aquel con el fin de despejar cualquier duda en la delimitación del hecho imponible del tributo.

De esta manera, estas transmisiones de particulares a empresarios de oro y joyería con metales preciosos queda sometida al ITP y AJD y se incorpora a nuestro Ordenamiento la jurisprudencia consolidada al respecto; así, RTEAC de 23 de enero de 2020 recoge la jurisprudencia del Tribunal de Justicia de la Unión Europea (en adelante TJUE) y del TS (STS 11 y 17 de diciembre de 2019, Recursos de casación números 163/2016, (*Tol 7680217, Tol 6528139)* y 3749/2017 *(Tol 648545*), según la cual, en el caso de compraventas a particulares de objetos usados de oro y otros metales precisos por parte de quien ostenten la condición de empresarios o profesionales, la operación se somete al Impuesto sobre Transmisiones Patrimoniales, transmisiones onerosas.

Tras la citada Ley 11/2021, las transmisiones de bienes muebles (incluyan o no metales preciosos) de particulares a empresarios están sometidas al ITP.

Por último, la nueva Ley 6/2023, de 17 de marzo, de los Mercados de Valores y de los Servicios de Inversión (BOE de 18), ha dado nueva redacción, manteniéndola, a la exención en el ITP para las transmisiones de valores, admitidos o no a negociación, ver *infra*.

En la sentencia n.º 1011/2023, de 17 de julio, ECLI:ES:TS:2023:3308, el Tribunal Supremo fija como doctrina jurisprudencial que no es ajustado a derecho sustituir el valor catastral determinado a partir de la ponencia de valores por el valor comprobado en el seno de un procedimiento de comprobación de un impuesto ajeno.

Ello sin perjuicio de que resulta posible desvirtuar la relación entre valor catastral, calculado conforme a los criterios de la ponencia de valores y el valor de mercado, aportando las pruebas que el interesado tenga por conveniente, y acreditativas de que el valor catastral así fijado es superior al valor de mercado. Mientras no sea así, la Ponencia de Valores, como acto administrativo, despliega todos sus efectos.

El Tribunal Supremo en su sentencia señala que los métodos de valoración son distintos: el valor catastral se determina aplicando la normativa catastral, como resultado de la aplicación de la ponencia de valores, en tanto el valor comprobado a efectos del

ITPyAJD se determina por alguno de los medios previstos en el art. 57 LGT, entre los que se encuentra el dictamen de peritos de la Administración.

En el caso del valor catastral se aplica la ponencia de valores a una finca que es la resultante de la operación de agrupación, en la que se integra tanto la valoración del suelo como de la edificación, y en el hecho imponible de la agrupación, a efectos de ITPyAJD, constituye la base imponible el valor real de las fincas agrupadas, en el estado previo y, además, en la situación registral que tengan las misma.

RELACIONES ENTRE LAS MODALIDADES

Nunca un mismo acto podrá ser liquidado por el concepto de Transmisiones Patrimoniales Onerosas y por el de Operaciones Societarias, ya que éstos son incompatibles entre sí.

La relación entre la modalidad de Actos Jurídicos Documentados con las dos anteriores solo puede producirse en el ámbito de los documentos notariales. Dentro de éstos, los derechos de cuota fija son compatibles con el resto de modalidades del impuesto, mientras que los de cuota gradual son incompatibles y tienen el carácter de residual respecto a otras modalidades.

Ejemplo

La disolución de una comunidad hereditaria que ha realizado actividades empresariales y cuya adjudicación de bienes se realiza de forma proporcional a las titularidades de los comuneros estará sujeta a la modalidad de Operaciones Societarias. Por el contrario, si una comunidad de bienes inmuebles no hubiera realizado actividades empresariales, la disolución estará sujeta a la cuota gradual de Actos Jurídicos Documentados por documentos notariales. Cuando se produce un exceso de adjudicación en favor de algunos de los condueños quedarían sujetos a la modalidad Transmisiones Patrimoniales Onerosas siempre que fuera inevitable dicha compensación por indivisibilidad. Si los excesos de adjudicación fueran lucrativos, es decir, sin contraprestación por parte del beneficiado por ellos, quedaría sujeto al Impuesto sobre Sucesiones y Donaciones. Y además, si de la adjudicación de los bienes de esta comunidad resultase una nueva comunidad que realizase actividades empresariales, su constitución quedaría sujeta a la modalidad de Operaciones Societarias del ITP y AJD.

El rendimiento del Impuesto se encuentra cedido a las Comunidades Autónomas, que poseen amplias competencias normativas sobre el mismo y que, además, se encargan de la mayoría de las cuestiones gestoras de este tributo, por lo que el conocimiento de la legislación autonómica del impuesto es esencial.

En todo caso, siguen existiendo problemas de interpretar a la hora de concretar si una operación empresarial inmobiliaria o asimilada está sometida al IVA o al ITP y AJD; de esta manera, la STS 3966/2020, de fecha 26 de noviembre de 2020, número de recurso: 3631/2019, reitera un criterio jurisprudencial anterior, según el cual en las transmisiones onerosas de oficinas de farmacias, sometidas al IVA, ha de gravarse también el Impuesto sobre Actos Jurídicos Documentados, modalidad documentos notarias, cuota variable.

No hace sino reproducir jurisprudencia ya consolidada; en el sentido de que la transmisión de oficinas de farmacias está sometida al IVA y, dada su compatibilidad, al Impuesto sobre Actos Jurídicos Documentados, modalidad de documentos notariales, cuota variable, porque reúne los tres requisitos del art. 31.2 del Texto Refundido: estar la transmisión recogida en un documento notarial (escritura pública), tener precio o cosa valuable (precio de mercado pagado por la transmisión) y ser el acto "inscribible" en este supuesto en el Registro de Bienes Muebles, ello con independencia de que la inscripción sea potestativa o obligatoria y de que, efectivamente, esa inscripción se haya ejecutado o no.

Dado que las CC.AA. disponen de legislación propia en muchos parámetros del ITPAJD, también es preciso acudir a su doctrina administrativa a la hora de conocer la interpretación oficial que la AT de cada CC.AA. compete realiza de estos parámetros.

Por poner un ejemplo, las consultas que emite la DGT de la CC.AA. de Madrid respecto de este gravamen, pueden encontrarse en: https://www.comunidad.madrid/ servicios/atencion-contribuyente/consultas-tributarias-relacion-impuesto-transmisiones-patrimoniales-actos-juridicos-documentados-0

2.10.1. Impuesto sobre Transmisiones Patrimoniales, transmisiones patrimoniales onerosas

El Impuesto sobre Transmisiones Patrimoniales, en la modalidad Transmisiones Patrimoniales Onerosas, ITP, gira exclusivamente sobre las operaciones onerosas "inter vivos" que impliquen desplazamiento patrimonial de contenido económico, que no constituyan actos, habituales o no, del tráfico empresarial, limitando su ámbito a las operaciones entre particulares.

Quedan pues excluidas patrimoniales "mortis causa" que tributan por el Impuesto sobre Sucesiones y Donaciones.

Esto justifica que se establezca la incompatibilidad con el IVA de este impuesto, que es tratada en el Capítulo que desarrolla este último tributo.

La STS de 3 de marzo de 2021 (Rec. Número 3983/2019) establece que la aportación a título gratuito de bienes privativos a favor de la sociedad de gananciales está exenta del ITP y AJD y no sujeta al ISD.

Por su parte, las CDGTVV1920-22 y 20232-22, modifican la doctrina anterior, en aplicación de la STS 295/2021, de 3 de marzo, aclarando la tributación de la aportación de bienes de carácter privativo a la sociedad de gananciales.

Esta aportación puede ser a título gratuito, oneroso o disponer de un carácter mixto.

En los supuestos de aportación de dinero, al tener carácter de transmisión lucrativa, no se sujeta a la modalidad TPO del ITP, ni al ISD, al no ser la sociedad de gananciales sujeto pasivo de estos gravámenes.

Tampoco quedará sometida a la modalidad de AJD, en su vertiente de actos notariales, porque dicha aportación no cumple con los requisitos del art. 31.1 TRLITPPAJD.

En el supuesto de aportación de inmuebles, con carácter lucrativo, tampoco tributaría en el ISD y quedaría sometida, por lo contrario, al ITPAJD, en su modalidad de AJD, pero resultaría exenta por lo regulado en el número 3 del art. 45.I.B) del TRLITPAJD.

En suma, la aportación a título gratuito de bienes de carácter privativo a favor de la sociedad de gananciales está exenta del ITP y AJD y no sujeta al ISD (STS de 3 de marzo de 2021 rec. número 3893/2019).

Toda vez que esta modalidad del impuesto se encuentra fuera del ámbito empresarial, no se considera significativo para el ámbito de esta obra su estudio detallado, objeto del presente Manual. Hay que decir que, con carácter general, el primer elemento a tener en cuenta a la hora de valorar la sujeción a uno u otro impuesto es la condición del transmitente.

Por último, la reciente STS, Sala Tercera, de 10 de enero de 2024, ratifica que la aportación de bienes privativos a la sociedad de gananciales ni está sometida al ISD ni al ITPAJD.

Ejemplo

Don Juan Manuel compra un piso a Don Pedro, ambos particulares, por 300.000 euros. Si el inmueble estuviera en la Comunidad de Madrid, para calcular el impuesto a pagar por el adquirente, el tipo que se aplicaría es del 6 por ciento sobre 300.000 euros, en el caso de que coincidiera con el valor de referencia del inmueble, establecido de acuerdo a los datos del Catastro y multiplicado por el coeficiente reductor 0,9; es decir, el valor de referencia sería de 333.333 euros. El inmueble, por otra parte, no constituye la vivienda habitual del adquirente.

Hay que tener en cuenta, además, que se trata de un impuesto cedido a las CC.AA. y, en consecuencia, todos los aspectos relativos a la gestión del tributo y algunas cuestiones sustantivas, caso de los tipos de gravamen, son de la competencia de las CC.AA., así como la implementación de determinados beneficios tributarios; de esta manera, algunas Comunidades Autónomas tienen tipos de gravamen específicos para los inmuebles que tienen la condición de vivienda habitual.

La base imponible del impuesto partía del concepto de "valor real", término de larga historia en el tributo, que se identifica con el valor oficial que cada CC.AA. establece para el bien o derecho transmitido y sujeto al ITP. Ahora bien, tras la entidad en vigor de la Ley 11/2021, de 9 de junio, este concepto ha sido sustituido por el valor de mercado y, en lo relativo a inmuebles, por el valor de referencia establecido por el Catastro que operaría como valor mínimo de la base imponible de la transmisión sujeta al impuesto multiplicado por el coeficiente reductor que se establezca por Orden Ministerial, actualmente, el 0,9.

En cualquier supuesto, si el valor declarado por las partes es superior al valor de referencia, prevalecerá aquél.

Este valor es comprobable por la Administración Tributaria y, en todo caso, cada Comunidad Autónoma pone a disposición de los contribuyentes valores mínimos para la liquidación del impuesto, mediante acuerdos previos de valoración.

De acuerdo con la nueva legislación, tras la entrada en vigor de la Ley 11/2021, de 9 de julio, la base imponible de las transmisiones de bienes inmuebles deja de ser el "valor real", sino el valor de mercado de esos bienes en el momento de la transmisión, entendiéndose que, como mínimo, ese valor de mercado será el establecido como valor de referencia para los inmuebles por la Dirección General del Catastro multiplicado, como hemos dicho, por el coeficiente 0,9.

La base imponible de la transmisión de un inmueble será el valor pendiente por amortizar de la hipoteca que recae sobre el mencionado bien, cuando dicha deuda sea superior al valor real del bien inmueble transmitido (STS de 13 de febrero de 2023, rec. casación 4647/2021).

Ejemplo

El exceso originado por la adjudicación a uno de los comuneros cuando se compensa en metálico generalmente está sujeto a la modalidad de Transmisiones Patrimoniales Onerosas del ITP y AJD.

La excepción por indivisibilidad por la imposibilidad de formar dos lotes equivalentes por la existencia de un bien indivisible supone la no tributación por el Impuesto sobre Transmisiones Patrimoniales en su modalidad TPO.

En todo caso, en las disoluciones de comunidades de bienes sin excesos de adjudicación, es decir, cuando cada comunero recibe como valor individualiza de su alícuota su cuota específica dentro de la comunidad, no está sometida al ITP, modalidad de transmisiones onerosas, sino al Impuesto sobre Actos Jurídicos Documentados.

La permuta es un contrato por el cual cada uno de los contratantes se obliga a dar algún bien para recibir otro.

Por tanto, se producen dos transmisiones y una dualidad de sujetos pasivos. Así, en la entrega de un solar a cambio de una vivienda —teniendo siempre en cuenta la condición de particulares de los transmitentes— tributará cada permutante por el valor comprobado de los bienes que adquiera, salvo que el declarado sea mayor y aplicando el tipo de gravamen que corresponda a la naturaleza, mueble o inmueble, de los bienes o derechos adquiridos.

Si lo transmitido son inmuebles, el valor mínimo de las dos operaciones sometías al impuesto será el valor de referencia que establezca el Catastro multiplicado por 0,9.

Los arrendamientos son siempre operaciones sujetas a IVA aunque en algunos casos pueden resultar exentas del mismo.

Así, sólo estarán sujetos a TPO los arrendamientos sujetos y exentos de IVA, según se prevé en el número 23 del punto uno del artículo 20 de la ley 37/1992 del IVA, sin que, en estos supuestos, quepa la renuncia a la exención.

También se someten al ITP, las transmisiones de:

- Terrenos, con las excepciones de "parkings", almacenes, …

Se sujetan al ITP los arrendamientos de:

- Viviendas, incluidos los garajes y trasteros, y muebles arrendados conjuntamente, excepto si van a ser subarrendados o el arrendador presta servicios complementarios de hostelería

La base imponible del ITP, modalidad transmisiones patrimoniales onerosas, habrá de fijarse en función del importe de la deuda hipotecaria pendiente de amortizar que se extingue con la operación, cuando dicha deuda sea superior al valor real del bien inmueble que se transmite (RTEAC de 21 de enero de 2020).

Es importante traer a colación, por su transcendencia, la excepción de la exención de los valores admitidos o no a negociación en un mercado secundario oficial regulada en el artículo 338 de la Ley 6/2023, de 17 de marzo, de los Mercados de Valores y de los Servicios de Inversión (BOE de 18), que dice lo siguiente:

"Exención del Impuesto sobre el Valor Añadido y del Impuesto sobre Transmisiones Patrimoniales y Actos Jurídicos Documentados.

1. La transmisión de valores, admitidos o no a negociación en un mercado secundario oficial, estará exenta del Impuesto sobre el Valor Añadido y del Impuesto sobre Transmisiones Patrimoniales y Actos Jurídicos Documentados.

2. Quedan exceptuadas de lo dispuesto en el apartado anterior las transmisiones de valores no admitidos a negociación en un mercado secundario oficial realizadas en el mercado secundario, que tributarán en el impuesto al que estén sujetas como transmisiones onerosas de bienes inmuebles, cuando mediante tales transmisiones de valores se hubiera pretendido eludir el pago de los tributos que habrían gravado la transmisión de los inmuebles propiedad de las entidades a las que representen dichos valores.

Sin perjuicio de lo dispuesto en el párrafo anterior, se entenderá, salvo prueba en contrario, que se actúa con ánimo de elusión del pago del impuesto correspondiente a la transmisión de bienes inmuebles en los siguientes supuestos:

a) Cuando se obtenga el control de una entidad cuyo activo esté formado en al menos el 50 por ciento por inmuebles radicados en España que no estén afectos a actividades empresariales o profesionales, o cuando, una vez obtenido dicho control, aumente la cuota de participación en ella.

b) Cuando se obtenga el control de una entidad en cuyo activo se incluyan valores que le permitan ejercer el control en otra entidad cuyo activo esté integrado al menos en un 50 por ciento por inmuebles radicados en España que no estén afectos a actividades empresariales o profesionales, o cuando, una vez obtenido dicho control, aumente la cuota de participación en ella.

c) Cuando los valores transmitidos hayan sido recibidos por las aportaciones de bienes inmuebles realizadas con ocasión de la constitución de sociedades o de la ampliación de su capital social, siempre que tales bienes no se afecten a actividades empresariales o profesionales y que entre la fecha de aportación y la de transmisión no hubiera transcurrido un plazo de tres años.

3. En los supuestos en que la transmisión de valores quede sujeta a los impuestos citados sin exención, según lo previsto en el apartado 2 anterior, se aplicarán las siguientes reglas:

1.ª Para realizar el cómputo del activo, los valores netos contables de todos los bienes contabilizados se sustituirán por sus respectivos valores de mercado determinados a la fecha en que tenga lugar la transmisión o adquisición. A estos efectos, el sujeto pasivo estará obligado a formar un inventario del activo en dicha fecha y a facilitarlo a la Administración Tributaria a requerimiento de esta.

En el caso de bienes inmuebles, los valores netos contables se sustituirán por los valores que deban operar como base imponible del impuesto en cada caso, conforme a lo dispuesto en el texto refundido de la Ley del Impuesto sobre Transmisiones Patrimoniales y Actos Jurídicos Documentados, aprobado por el Real Decreto Legislativo 1/1993, de 24 de septiembre.

2.ª Tratándose de sociedades mercantiles, se entenderá obtenido dicho control cuando directa o indirectamente se alcance una participación en el capital social superior al

50 por ciento. A estos efectos se computarán también como participación del adquirente los valores de las demás entidades pertenecientes al mismo grupo de sociedades.

3.ª En los casos de transmisión de valores a la propia sociedad tenedora de los inmuebles para su posterior amortización por ella, se entenderá a efectos fiscales que tiene lugar el supuesto de elusión definido en las letras a) o b) del apartado anterior. En este caso será sujeto pasivo el accionista que, como consecuencia de dichas operaciones, obtenga el control de la sociedad, en los términos antes indicados.

4.ª En las transmisiones de valores que, conforme al apartado 2, estén sujetas al Impuesto sobre el Valor Añadido y no exentas, que tendrán la consideración de entrega de bienes a efectos del mismo, la base imponible se determinará en proporción al valor de mercado de los bienes que deban computarse como inmuebles. A este respecto, en los supuestos recogidos en el apartado 2.c), la base imponible del impuesto será la parte proporcional del valor de mercado de los inmuebles que fueron aportados en su día correspondiente a las acciones o participaciones transmitidas.

5.ª En las transmisiones de valores que, de acuerdo a lo expuesto en el apartado 2, deban tributar por la modalidad de transmisiones patrimoniales onerosas del Impuesto sobre Transmisiones Patrimoniales y Actos Jurídicos Documentados, para la práctica de la liquidación, se aplicarán los elementos de dicho impuesto a la parte proporcional del valor de los inmuebles, calculado de acuerdo con las reglas contenidas en su normativa. A tal fin se tomará como base imponible:

- En los supuestos a los que se refiere el apartado 2.a), la parte proporcional sobre el valor de la totalidad de las partidas del activo que, a los efectos de la aplicación de este precepto, deban computarse como inmuebles, que corresponda al porcentaje total de participación que se pase a tener en el momento de la obtención del control o, una vez obtenido, onerosa o lucrativamente, dicho control, al porcentaje en el que aumente la cuota de participación.
- En los supuestos a los que se refiere el apartado 2.b), para determinar la base imponible solo se tendrán en cuenta los inmuebles de aquellas cuyo activo esté integrado al menos en un 50 por ciento por inmuebles no afectos a actividades empresariales o profesionales.
- En los supuestos a que se refiere el apartado 2.c), la parte proporcional del valor de los inmuebles que fueron aportados en su día correspondiente a las acciones o participaciones transmitidas."

Por su lado, el art. 339 siguiente manifiesta:

*"**Obligación de comunicación a la Administración Tributaria.***

1. Las entidades emisoras de valores, las sociedades y agencias de valores y los demás intermediarios financieros quedan obligados a comunicar a la Administración Tributaria

cualquier operación de emisión, suscripción y transmisión de valores en la que hubieran intervenido. Esta comunicación implicará la presentación de relaciones nominales de compradores y vendedores, clase y número de los valores transmitidos, precios de compra o venta, fecha de la transmisión y número de identificación fiscal del adquirente y transmitente en los plazos y en la forma que reglamentariamente se determine.

2. A los efectos previstos en el apartado anterior, quien pretenda adquirir o transmitir valores deberá comunicar, al tiempo de dar la orden correspondiente, su número de identificación fiscal a la entidad emisora e intermediarios financieros respectivos, que no atenderán aquella hasta el cumplimiento de dicha obligación".

En estas condiciones, la Administración Tributaria dispone de información actualizada sobre todas las transmisiones de valores realizadas en España de cierta entidad.

La exención de las transmisiones de valores en estas condiciones responde a una tradición del impuesto, así como la norma anti-elusión que incluye, reproduciendo la anterior redacción regulada a este respecto en el artículo 314 del Texto Refundido de 2015 de la Ley del Mercado de Valores.

Como se observa, la redacción ya incorpora el concepto de valor de mercado como criterio general de valoración, con el valor de referencia como valoración mínima en el supuesto de los inmuebles."

Ejemplo

El señor A es dueño del 100 por 100 del capital social de la sociedad X, cuyo único activo es un inmueble en una prestigiosa calle de la ciudad que se dedica a arrendar sin persona contratada al efecto.

El señor A vende las acciones de la sociedad X al señor B.

Solución:

En principio, se aplicaría la exención del Impuesto sobre Transmisiones, al tratarse de valores no admitidos a cotización.

Sin embargo, al obtenerse más de la mitad del control de la entidad tenedora del inmueble, se tendría en cuenta la excepción de la exención y la operación, de probarse el carácter elusor de la misma, tributaría por el Impuesto sobre Transmisiones Patrimoniales.

2.10.1.1. Base imponible

En general es el valor de mercado del bien o derecho, pudiendo la Administración, en todo caso, comprobar el valor declarado.

Se entenderá por valor de mercado el precio más probable por el cual podría venderse, entre partes independientes, un bien libre de cargas.

No obstante, si el valor declarado por los interesados, el precio o contraprestación pactada o ambos son superiores al valor de mercado, la mayor de esas magnitudes se tomará como base imponible.

En el caso de los bienes inmuebles, su valor será el valor de referencia previsto en la normativa reguladora del catastro inmobiliario, a la fecha de devengo del impuesto y multiplicado por el coeficiente reductor del 0,9.

No obstante, si el valor del bien inmueble declarado por los interesados, el precio o contraprestación pactada o ambos son superiores a su valor de referencia, se tomará como base imponible la mayor de estas magnitudes.

Cuando no exista valor de referencia o este no pueda ser certificado por la Dirección General del Catastro, la base imponible, sin perjuicio de la comprobación administrativa, será la mayor de las siguientes magnitudes: el valor declarado por los interesados, el precio o contraprestación pactada o el valor de mercado.

Ejemplo

El Sr. Pepe ha vendido a su vecino Mariano una vivienda. En la escritura pública se refleja como precio pagado 250.000 euros. El valor de referencia, según el catastro, es de 225.000 euros. La CCAA del lugar del inmueble ha comprobado el valor de éste y le ha atribuido 235.000 euros ¿Cuál es la base imponible de la transmisión?

Solución:

El mayor de los valores mencionados, es decir, el declarado por las partes: 250.000 euros.

Del valor de mercado, únicamente serán deducibles las cargas (censos, pensiones, servidumbres, etc.) que disminuyan el valor real de los bienes, pero no por las deudas, aunque estén garantizadas por prenda o hipoteca.

Téngase en cuenta, como se ha indicado anteriormente, que tras la entrada en vigor de la llamada Ley de Prevención y Represión del Fraude Fiscal, el valor de mercado de los inmuebles será la nueva base imponible y ese valor, como mínimo, será el valor de referencia que le haya atribuido la Dirección General del Catastro en el momento de la transmisión.

Existen, por otras partes, reglas específicas para cuantificar la base imponible en determinadas operaciones, verbigracia, las concesiones.

2.10.1.2. Cuota tributaria

La cuota se obtiene aplicando sobre la base liquidable los siguientes tipos de gravamen. A continuación se enumeran los tipos de la regulación estatal, aplicable exclusivamente en defecto de regulación autonómica. Esta materia ha sido desarrollada ampliamente por cada Comunidad Autónoma en uso de sus competencias normativas.

Algunas Comunidades Autónomas han regulado escalas con tipos crecientes teniendo en cuenta el valor de bien inmueble adquirido. Y, en otros casos, se aplican tipos reducidos, teniendo en cuenta la categoría de los bienes o derechos transmitidos cuestiones como: la naturaleza y la utilización del inmueble transmitido, por ejemplo, se aplican alícuotas de gravamen reducidas para las adquisiciones como de vivienda habitual del bien adquirido y las circunstancias especiales del adquirente como pueden ser: la edad, algún grado de discapacidad en el sujeto pasivo o la condición de familia numerosa.

Tipo general y mínimo del 6% que grava:

- ❒ Transmisión de bienes inmuebles.
- ❒ Constitución y cesión de derechos reales sobre inmuebles (excepto los de garantía).
- ❒ Actos o contratos que comprendan muebles e inmuebles, sin especificar la parte de valor que a cada uno corresponda.

Tipo especial y mínimo del 4% que somete:

- ❒ Transmisión de bienes muebles y semovientes.
- ❒ Constitución y cesión de derechos reales sobre los bienes anteriores (salvo los de garantía).
- ❒ Concesiones administrativas.

Tipo especial del 1% que grava:

- ❒ Otros actos no gravados específicamente al 6% ni al 1%.
- ❒ Constitución de derechos reales de garantía, pensiones, fianzas.
- ❒ Constitución de préstamos, incluso los representados por obligaciones.
- ❒ Cesión de derechos de cualquier naturaleza.

Una recopilación de las normas autonómicas que regulan el ITP y AJD puede encontrarse en: https://www.hacienda.gob.es/DocLeyes/onlinelt/c07.03.cd.transmisiones.autonomias_te_23162.htm

Recuérdese que los tipos de gravamen anteriores son los mínimos estatales, pues cada CC.AA. establece su propia regulación de las alícuotas.

2.10.2. Operaciones societarias

Esta modalidad del Impuesto sobre Transmisiones Patrimoniales, el denominado Impuesto sobre Operaciones Societarias (en adelante IOS), grava la realización de determinadas operaciones realizadas por sociedades y ciertas entidades asimiladas a las mismas.

Este gravamen es incompatible:

- ❒ Con el correspondiente a Transmisiones Patrimoniales Onerosas.
- ❒ Con el de Actos Jurídicos Documentados.

En cambio, es compatible con el IVA.

2.10.2.1. Hecho Imponible

El IOS sujeta:

a) Constitución de sociedades, aumento de capital, las aportaciones efectuadas por los socios para reponer pérdidas sociales, la fusión y la escisión de sociedades. El obligado al pago a título de contribuyente es la sociedad.

b) Disolución de sociales y reducción de capital social. El sujeto pasivo es el socio o partícipe de la entidad disuelta.

La exclusión o separación de socios conlleva la amortización de la participación del socio y la consiguiente reducción del capital social, estando obligada la sociedad a reembolsarle su valor real y estará sujeta al IOS.

c) El traslado a España de la sede de dirección efectiva o del domicilio social de una sociedad cuando, ni una ni otro, estuviesen previamente situados en un Estado miembro de la Unión Europea.

A los efectos de este Impuesto se equipararán a sociedades:

1.º Las personas jurídicas no societarias que persigan fines lucrativos.

2.º Los contratos de cuentas en participación.

3.º La copropiedad de buques.

4.º La comunidad de bienes, constituida por «actos inter vivos», que realice actividades empresariales, sin perjuicio de lo dispuesto en la Ley del Impuesto sobre la Renta de las Personas Físicas.

5.º La misma comunidad constituida u originada por actos «mortis causa», cuando continúe en régimen de indivisión la explotación del negocio del causante por un plazo superior a tres años. La liquidación se practicará, desde luego, sin perjuicio del derecho a la devolución que proceda si la comunidad se disuelve antes de transcurrir el referido plazo.

No define la normativa del impuesto lo que haya de entenderse por actividad empresarial. La doctrina tributaria acude a la regulación que de dicho concepto se contiene en otros tributos (IRPF, IVA e IAE). En el caso de los arrendamientos de bienes inmuebles se recuerda el requisito de tener a una persona contratada a tiempo completo como requisito para calificar esta actividad como empresarial:

Se hace mención aquí a las Juntas de Compensación como entidades que, al carecer de finalidad lucrativa, ya sean de naturaleza fiduciaria o no, su constitución no dará lugar a la exigencia del ITP y AJD en la modalidad de Operaciones Societarias, al faltar uno de los requisitos para equiparar a las entidades a las sociedades que tributan por dicho gravamen. En cambio, las Uniones Temporales de Empresas (UTE) sí han sido calificadas como sujetos pasivos del IOS por la jurisprudencia del Tribunal Supremo (STS 358/2020, 30 de enero, recurso de casación 3578/2017).

2.10.2.2. Sujeto pasivo

Estará obligado al pago del impuesto a título de contribuyente y cualesquiera que sean las estipulaciones establecidas por las partes en contrario:

a) En la constitución de sociedades, aumento de capital, traslado de sede de dirección efectiva o domicilio social y aportaciones de los socios que no supongan un aumento del capital social, la sociedad.

b) En la disolución de sociedades y reducción de capital social, los socios, copropietarios, comuneros o partícipes por los bienes y derechos recibidos.

Serán subsidiariamente responsables del pago del impuesto, en la constitución de sociedades, aumento y reducción de capital social, aportaciones de los socios que no supongan un aumento del capital social, disolución y traslado de la sede de dirección efectiva o del domicilio social de sociedades, los promotores, administradores, o liquidadores de las mismas que hayan intervenido en el acto jurídico sujeto al impuesto, siempre que se hubieran hecho cargo del capital aportado o hubiesen entregado los bienes.

Las UTE son sujetos pasivos del impuesto con independencia de sus partícipes (STS 358/2020, de 30 de enero).

2.10.2.3. Base Imponible

En la constitución y aumento de capital de sociedades que limiten de alguna manera la responsabilidad de los socios, la base imponible coincidirá con el importe nominal en que aquél quede fijado inicialmente o ampliado con adición de las primas de emisión, en su caso, exigidas.

Cuando se trate de operaciones realizadas por sociedades distintas de las anteriores y en las aportaciones de los socios que no supongan un aumento del capital social, la base imponible se fijará en el valor neto de la aportación, entendiéndose como tal el valor real de los bienes y derechos aportados minorado por las cargas y gastos que fueren deducibles y por el valor de las deudas que queden a cargo de la sociedad con motivo de la aportación.

En los traslados de sede de dirección efectiva o de domicilio social, la base imponible coincidirá con el haber líquido que la sociedad, cuya sede de dirección efectiva o domicilio social se traslada, tenga el día en que se adopte el acuerdo.

En la disminución de capital y en la disolución, la base imponible coincidirá con el valor de mercado de los bienes y derechos entregados a los socios, sin deducción de gastos y deudas:

- La reducción de capital por condonación de dividendos pasivos, queda sujeta a OS, si bien carece de base imponible, por lo que su tributación es nula.
- La reducción de capital para compensar pérdidas, supone un acto sujeto pero desprovisto de base imponible pues no hay entrega de bienes a los socios.
- La disminución de capital para dotar reservas legales o voluntarias merece el mismo comentario que el supuesto anterior: constituye hecho imponible del impuesto, pero su base imponible es nula, por no verificarse desplazamiento patrimonial alguno de la sociedad a los socios.

2.10.2.4. Exención

Están exentas del IOS las operaciones societarias relativas a la constitución de sociedades, el aumento de capital, las aportaciones que efectúen los socios que no supongan aumento de capital y el traslado a España de la sede de dirección efectiva o del domicilio social de una sociedad, cuando ni una ni otro estuviesen previamente situados en un Estado miembro de la Unión Europea.

2.10.2.5. Cuota tributaria

La cuota tributaria se obtendrá aplicando a la base liquidable el tipo de gravamen del 1 por 100. Este tipo de gravamen es invariable en todo el territorio español; las CCAA no pueden modificarlo.

Ejemplo

Se constituye la S. A. X con un capital inicial de 300.000 euros que subscriben y desembolsan a partes iguales los socios A, B y C.

A y B efectúan su aportación en metálico, 100.000 euros cada uno. C, aporta una finca urbana, valorada a precios de mercado y a efectos de la constitución en 100.000 euros.

Determinar la tributación por el IOS.

Por el concepto operaciones societarias:

Hecho Imponible: Constitución de sociedad.

Sujeto pasivo: S.A X. Base imponible: 300.000 €

Tipo: 1%

Cuota: 0. La operación está exenta.

Ejemplo

Los socios de una SA, con capital social de 300.000 euros, acuerdan reducir el capital, fijándolo en 220.000 euros, recibiendo 80.000 euros en metálico, a cuyo efecto otorgan la correspondiente escritura pública.

Sometimiento de la operación al IOS:

Hecho Imponible: Reducción de capital

Sujeto pasivo: cada socio, por el importe que reciba.

Base imponible: 80.000 Euros.

Tipo: 1%

Cuota: 800 euros.

Dado que los socios reciben dinero, no tiene sentido la existencia de comprobación de valor por parte de la Administración Tributaria.

Ejemplo

Una SA, con capital social de 300.000 euros, acumula pérdidas de varios ejercicios por importe de 100.000 Euros. Los socios, para restablecer el equilibrio patrimonial, acuerdan reducir el capital, fijándolo en 200.000 euros, a cuyo efecto otorgan la correspondiente escritura pública.

Sometimiento de la operación al IOS:
Hecho Imponible: Reducción de capital
Sujeto pasivo: cada socio, por el importe que reciba.
Base imponible: 0 €
Cuota: 0 €, puesto que no existe devolución dineraria o en especie alguna a los socios.

2.10.3. Actos jurídicos documentados

1. Se sujetan a gravamen:

a) Los documentos notariales.

b) Los documentos mercantiles.

c) Los documentos administrativos.

2. El tributo se satisfará mediante cuotas variables o fijas, atendiendo a que el documento que se formalice, otorgue o expida, tenga o no por objeto cantidad o cosa valuable en algún momento de su vigencia.

La cuota variable es incompatible con las otras modalidades del impuesto, transmisiones patrimoniales onerosas y operaciones societarias, pero no con el IVA.

Ejemplo

Cuando se renuncia a la exención del IVA en las segundas o ulteriores transmisiones de inmuebles y se produce la inversión del sujeto pasivo, la operación quedaría gravada adicionalmente por el tipo regulado por cada Comunidad Autónoma por la modalidad Actos Jurídicos Documentados Documentos Notariales.

En la transmisión de una vivienda entre particulares, se tributa por la modalidad Transmisiones Patrimoniales Onerosas y no por la de Actos Jurídicos Documentados.

Los arrendamientos sujetos a IVA y no exentos quedan sujetos a AJD cuando se documentan en escritura pública.

2.10.3.1. Sujeto pasivo

De acuerdo con el artículo 20 del texto refundido, en el IAJD, modalidad de documentos notariales, el sujeto pasivo del tributo es la persona o personas que insten o soliciten los documentos notariales o aquellos en cuyo interés se expidan.
Cuando se trate de escrituras de préstamo con garantía hipotecaria, se considerará sujeto pasivo al prestamista, generalmente, la entidad de crédito que concede el préstamo.

2.10.3.2. Documentos notariales

Será sujeto pasivo el adquirente del bien o derecho y, en su defecto, las personas que insten o soliciten los documentos notariales, o aquellos en cuyo interés se expidan.

Dentro de esta modalidad de documentos notariales, debe diferenciarse entre un gravamen de cuota fija y otro de cuota variable.

Esta primera modalidad de AJD tiene como presupuesto de hecho la documentación de escrituras, actas o testimonios notariales. En este caso se grava exclusivamente el soporte documental en el que se recoge la actividad notarial. La cuota fija significa, por lo tanto, un verdadero gravamen documental en el que se prescinde por completo del contenido del documento.

Este derecho o cuota fija —de 0,30 euros por pliego ó 0,15 euros por folio a elección del fedatario— se aplica en las matrices y copias de escrituras, actas y testimonios. No están sujetas las copias simples.

El gravamen variable —del 0,50 por 100, salvo que, la CCAA apruebe otro distinto— es aplicable adicionalmente sobre ciertos documentos y en la medida en que concurran estos requisitos:

1º Que se trate de primeras copias de escrituras y actas notariales.

2º Que contengan actos o contratos.

3º Que esos actos o contratos no estén sujetos a ISD, ITP o IOS.

4º Que esos actos o contratos sean inscribibles en el Registro de la Propiedad, Mercantil y en de la Propiedad Industrial.

5º Que el acto o contrato sea valuable o susceptible de cuantificación económica.

La cuota variable supone la tributación del contenido y cuantía del documento.

2.10.3.2.1. Base imponible

En las primeras copias de escrituras públicas que tengan por objeto directo cantidad o cosa valuable, servirá de base el valor declarado, sin perjuicio de la comprobación administrativa.

La base imponible en los derechos reales de garantía y en las escrituras que documenten préstamos con garantía, estará constituida por el importe de la obligación o capital garantizado, comprendiendo las sumas que se aseguren por intereses, indemnizaciones, penas por incumplimiento u otros conceptos análogos.

Si no constare expresamente el importe de la cantidad garantizada, se tomará como base el capital y tres años de intereses.

En la posposición y mejora de rango de las hipotecas o de cualquier otro derecho de garantía, la base imponible estará constituida por la total responsabilidad asignada al derecho que empeore de rango. En la igualación de rango, la base imponible se determinará por el total importe de la responsabilidad correspondiente al derecho de garantía establecido en primer lugar.

Cuando la base imponible se determine en función del valor de bienes inmuebles, el valor de estos no podrá ser inferior al determinado de acuerdo con lo dispuesto en el artículo 10 de este texto refundido, lo cual supone, en general, que el valor de referencia establecido por la Dirección General del Catastro actuará como valor mínimo de la operación.

2.10.3.2.2. Cuota tributaria

Las matrices y las copias de las escrituras y actas notariales, así como los testimonios, se extenderán, en todo caso, en papel timbrado de 0,30 euros por pliego o 0,15 euros por folio, a elección del fedatario. Las copias simples no estarán sujetas al impuesto.

Se trata de la denominada cuota fija del impuesto.

Las primeras copias de escrituras y actas notariales, cuando tengan por objeto cantidad o cosa valuable, contengan actos o contratos inscribibles en los Registros de la Propiedad, Mercantil, de la Propiedad Industrial y de Bienes Muebles no sujetos al Impuesto sobre Sucesiones y Donaciones o a los conceptos comprendidos en los números 1 y 2 del artículo 1 de esta Ley, es decir, al Impuesto sobre Transmisiones Patrimoniales o al Impuesto sobre Operaciones Societarias, tributarán, además, al tipo de gravamen que, conforme a lo previsto en la Ley 21/2001, de 27 de diciembre, por la que se regulan las medidas fiscales y administrativas del nuevo sistema de financiación de las Comunidades Autónomas de régimen común y Ciudades con Estatuto de Autonomía, haya sido aprobado por la Comunidad Autónoma.

Este tipo mínimo es del 0,5%, pero cada CC.AA. establece su propia alícuota de gravamen. Por ejemplo, en la CC.AA. de Galicia la alícuota general es del 1,5%, incrementada al 2%, en los supuestos de renuncias a la exención del IVA y reducida al 1%, si los contratos hacen referencia a la vivienda habitual e, incluso, del 0,5% en atención a determinadas particularidades de los sujetos pasivos, por ejemplo, tener la calificación de persona con discapacidad o tener menos de 36 años para la compra de vivienda habitual.

Ejemplo

Don Javier compra a una promotora el 24 de mayo de 2022 en documento privado un inmueble que tiene previsto destinar a su vivienda habitual. El precio del inmueble es de 460.000 euros. El 2 de enero de 2024 se eleva el contrato privado a escritura pública.

Esta operación está sujeta y no exenta de IVA y no sujeta a ITP, ya que el que transmite es un empresario y se trata de una primera entrega de bienes.

En cambio, existe una total compatibilidad entre el IVA y el Impuesto sobre Actos Jurídicos Documentados.

La base imponible en el Impuesto sobre Actos Jurídicos Documentados, modalidad documentos notariales sería de 460.000 euros, si es mayor que el valor de referencia regulado por el Catastro para este inmueble y sin perjuicio de la comprobación administrativa y el tipo de gravamen dependería de la normativa de la Comunidad donde se inscriba el inmueble.

En la Comunidad Autónoma de Madrid, por ejemplo, el tipo general es del 0,75 por ciento.

El devengo se produciría en el momento de la formalización del acto gravado.

Si la Comunidad Autónoma no hubiese aprobado un tipo de gravamen propio, se aplicará el 0,50 por 100, en cuanto a tales actos o contratos.

Por el mismo tipo a que se refiere el apartado anterior y mediante la utilización de efectos timbrados tributarán las copias de las actas de protesto.

Es importante señalar que, tras una gran polémica doctrinal y jurisprudencial, el Real Decreto-ley 17/2018, de 8 de noviembre, por el que se modifica el Texto refundido de la Ley del Impuesto sobre Transmisiones Patrimoniales y Actos Jurídicos Documentados, aprobado por el Real Decreto Legislativo 1/1993, de 24 de septiembre, establece que el sujeto pasivo de este IAJD en su modalidad documentos notariales, sea el prestamista, en el supuesto de la concesión de préstamos con garantía hipotecaria, es decir, la entidad crediticia.

De esta forma, cuando se trate de escrituras de préstamo con garantía hipotecaria, se considerará sujeto pasivo al prestamista.

2.10.3.3. Documentos mercantiles

Están sujetas las letras de cambio, los documentos que realicen función de giro o suplan a aquéllas, los resguardos o certificados de depósitos transmisibles, así como los pagarés, bonos, obligaciones y demás títulos análogos emitidos en serie, por plazo no superior a dieciocho meses, representativos de capitales ajenos por los que se satisfaga una contraprestación establecida por diferencia entre el importe satisfecho por la emisión y el comprometido a reembolsar al vencimiento.

Se entenderá que un documento realiza función de giro, cuando acredite remisión de fondos o signo equivalente de un lugar a otro, o implique una orden de pago, aun en el mismo lugar en que ésta se haya dado, o en él figure la cláusula «a la orden».

2.10.3.4. Documentos administrativos

Están sujetas:

1. La rehabilitación y transmisión de grandezas y títulos nobiliarios.

2. Las anotaciones preventivas que se practiquen en los Registros públicos, cuando tengan por objeto un derecho o interés valuable y no vengan ordenadas de oficio por la autoridad judicial o administrativa competente.

2.10.4. Exenciones comunes a las tres modalidades

Las operaciones exentas que afectan a las tres modalidades del impuesto y que tienen más interés para el tráfico empresarial son las siguientes:

- Las transmisiones y demás actos y contratos a que dé lugar la concentración parcelaria, las de permuta forzosa de fincas rústicas, las permutas voluntarias autorizadas por el Instituto de Reforma y Desarrollo Agrario, así como las de acceso a la propiedad derivadas de la legislación de arrendamientos rústicos y las adjudicaciones del Instituto de Reforma y Desarrollo Agrario a favor de agricultores en régimen de cultivo personal y directo, conforme a su legislación específica.
- Las transmisiones de terrenos que se realicen como consecuencia de la aportación a las Juntas de Compensación por los propietarios de la unidad de ejecución y las adjudicaciones de solares que se efectúen a los propietarios citados, por las propias Juntas, en proporción a los terrenos incorporados. Los mismos

actos y contratos a que dé lugar la reparcelación en las condiciones señaladas en el párrafo anterior. Esta exención estará condicionada al cumplimiento de todos los requisitos urbanísticos. Las ya mencionadas antes, transmisiones de valores, admitidos o no a negociación en un mercado secundario oficial, de conformidad con lo dispuesto en la Ley del Mercado de Valores.

- ❒ Operaciones societarias de reestructuración, traslados de la sede de dirección efectiva o del domicilio social de sociedades de un Estado miembro de la Unión Europea a otro, modificación de la escritura de constitución o de los estatutos de una sociedad y, en particular, el cambio del objeto social, la transformación o la prórroga del plazo de duración de una sociedad y la ampliación de capital que se realice con cargo a la reserva constituida exclusivamente por prima de emisión de acciones, en cuanto al gravamen de transmisiones patrimoniales onerosas y actos jurídicos documentados.
- ❒ La ya mencionada antes para la modalidad de operaciones societarias, la constitución de sociedades, el aumento de capital, las aportaciones que efectúen los socios que no supongan aumento de capital y el traslado a España de la sede de dirección efectiva o del domicilio social de una sociedad cuando ni una ni otro estuviesen previamente situados en un Estado miembro de la Unión Europea.
- ❒ Distintas operaciones relacionadas con las viviendas de protección oficial.
- ❒ Las transmisiones de edificaciones a las empresas que realicen habitualmente las operaciones de arrendamiento financiero a que se refiere la Disposición Adicional séptima de la Ley 26/1988, de 29 de julio, para ser objeto de arrendamiento con opción de compra a persona distinta del transmitente, cuando dichas operaciones estén exentas del Impuesto sobre el Valor Añadido. Será requisito imprescindible para poder disfrutar de este beneficio que no existan relaciones de vinculación directas o indirectas.
- ❒ Las transmisiones de vehículos usados con motor mecánico para circular por carretera, cuando el adquirente sea un empresario dedicado habitualmente a la compraventa de los mismos y los adquiera para su reventa. La exención se entenderá concedida con carácter provisional y, para elevarse a definitiva, deberá justificarse la venta del vehículo adquirido dentro del año siguiente a la fecha de su adquisición.
- ❒ Las primeras copias de escrituras notariales que documenten la cancelación de hipotecas de cualquier clase, en cuanto al gravamen gradual de la modalidad "Actos Jurídicos Documentados" que grava los documentos notariales. La exención de las escrituras públicas que documenten las operaciones de constitución, subrogación y novación modificativa de "hipotecas inversas" mantiene plenamente su vigencia, con independencia de que, ahora, el sujeto pasivo sea el prestamista, al tratarse de una exención objetiva, pues lo exonerado es la operación en sí misma (CVDGTV3151-19, de 11 de noviembre de 2019).

- Las escrituras de préstamo con garantía hipotecaria en las cuales el sujeto pasivo sea alguna de las entidades exentas del propio artículo 45.I.A).
- Los arrendamientos de vivienda para uso estable y permanente, del artículo 2 de la Ley 29/1994, de 24 de noviembre, de Arrendamientos Urbanos.
  - Las escrituras de formalización de las novaciones contractuales de préstamos y créditos hipotecarios que se produzcan al amparo del Real Decreto-ley 8/2020, de 17 de marzo, de medidas urgentes extraordinarias para hacer frente al impacto económico y social del COVID-19, quedarán exentas de la cuota gradual de documentos notariales de la modalidad de actos jurídicos documentados de este Impuesto, siempre que tengan su fundamento en los supuestos regulados en los artículos 7 a 16 del citado real decreto-ley, referentes a la moratoria de deuda hipotecaria para la adquisición de vivienda habitual.
  - Las escrituras de formalización de las moratorias previstas en artículo 13.3 del Real Decreto-ley 8/2020, de 17 de marzo, de medidas urgentes extraordinarias para hacer frente al impacto económico y social del COVID-19, así como en el artículo 24.2 del Real Decreto-ley 11/2020, de 31 de marzo, por el que se adoptan medidas urgentes complementarias en el ámbito social y económico para hacer frente al CO-VID-19, y de las moratorias convencionales concedidas al amparo de Acuerdos marco sectoriales adoptados como consecuencia de la crisis sanitaria ocasionada por el COVID-19 previstas en el artículo 7 del Real Decreto-ley 19/2020, de 26 de mayo.
  - Las escrituras de formalización de las moratorias de préstamos y créditos hipotecarios y de arrendamientos sin garantía hipotecaria que se produzcan en aplicación de la moratoria hipotecaria para el sector turístico, regulada en los artículos 3 a 9 del Real Decreto-ley 25/2020, de 3 de julio, de 2020.

Ejemplo

Don Javier acaba de pagar el préstamo con garantía hipotecaria para adquirir su vivienda habitual. La hipoteca asciende a 150.000 euros sobre dicho inmueble.

Si no existiera la exención sobre primeras copias de las escrituras notariales que documenten la cancelación de hipotecas, a la hora de formalizar la escritura de cancelación, Don Javier debería liquidar el tipo de gravamen que hubiera establecido la CCAA en Actos Jurídicos Documentados sobre una cantidad superior a 150.000 euros, pues la base imponible de las operaciones con hipotecas es mayor que el nominal de las mismas.

Recuérdese que, desde el 10 de noviembre de 2019, la constitución de hipotecas en garantía de un préstamo hipotecario conlleva que el sujeto pasivo es la entidad prestamista, Real Decreto-ley 17/2019.

En cualquier caso, la cancelación de hipotecas, como se indica en el ejemplo, está exenta de Actos Jurídicos Documentados.

- Las escrituras que contengan quitas o minoraciones de las cuantías de préstamos, créditos u otras obligaciones del deudor que se incluyan en los acuerdos de refinanciación o en los acuerdos extrajudiciales de pago establecidos en la Ley Concursal, siempre que, en todos los casos, el sujeto pasivo sea el deudor.
- Las operaciones de constitución y aumento de capital de las Sociedades de Inversión en el Mercado Inmobiliario, reguladas en la Ley 11/2009, por la que se regulan las Sociedades Anónimas Cotizadas de Inversión en el Mercado Inmobiliario, así como las aportaciones no dinerarias a dichas sociedades, quedarán exentas en la modalidad de operaciones societarias del Impuesto sobre Transmisiones Patrimoniales y Actos Jurídicos Documentados.
- Asimismo, gozarán de una bonificación del 95 por ciento de la cuota de este impuesto por la adquisición de viviendas destinadas al arrendamiento y por la adquisición de terrenos para la promoción de viviendas destinadas al arrendamiento, siempre que, en ambos casos, cumplan el requisito específico de mantenimiento establecido en el apartado 3 del artículo 3 de la Ley 11/2009.
- Las escrituras de formalización de las novaciones contractuales de préstamos y créditos hipotecarios que se produzcan al amparo del Real Decreto-ley 6/2012, de 9 de marzo, de medidas urgentes de protección de deudores hipotecarios sin recursos, quedarán exentas de la cuota gradual de documentos notariales de la modalidad de actos jurídicos documentados de este Impuesto.

Ejemplo

Don Amadeo, a lo largo del año 2024, pasa por dificultades para hacer frente a su deuda con el banco para adquirir su vivienda habitual. Acuerda con dicha entidad financiera en escritura pública el cambio del tipo de interés y del plazo de devolución del préstamo.

Dicho documento notarial no está gravado por la modalidad de Actos Jurídicos Documentados, al tratarse de una de las exenciones citadas con anterioridad.

- Las transmisiones de activos y, en su caso, de pasivos, así como la concesión de garantías de cualquier naturaleza, cuando el sujeto pasivo sea la Sociedad de Gestión de Activos Procedentes de la Reestructuración Bancaria, SAREB, regulada en la Disposición adicional séptima de la Ley 9/2012, de 14 de noviembre, de reestructuración y resolución de Entidades de Crédito, por cualquiera de sus modalidades.

- Las transmisiones de activos o, en su caso, pasivos efectuadas por la Sociedad de Gestión de Activos Procedentes de la Reestructuración Bancaria, SAREB, a entidades participadas directa o indirectamente por dicha Sociedad, en al menos el 50 por ciento del capital, fondos propios, resultados o derechos de voto de la entidad participada en el momento inmediatamente anterior a la transmisión, o como consecuencia de la misma.
- Las transmisiones de activos y pasivos realizadas por la Sociedad de Gestión de Activos Procedentes de la Reestructuración Bancaria, SAREB, o por las entidades constituidas por esta para cumplir con su objeto social, a los Fondos de Activos Bancarios, a que se refiere la disposición adicional décima de la citada Ley 9/2012, de 14 de noviembre.
- Las transmisiones de activos y pasivos realizadas por los Fondos de Activos Bancarios, a otros Fondos de Activos Bancarios.
- Las operaciones de reducción del capital y de disolución de la Sociedad de Gestión de Activos Procedentes de la Reestructuración Bancaria, SAREB, de sus sociedades participadas en, al menos, el 50 por ciento del capital, fondos propios, resultados o derechos de voto de la entidad participada en el momento inmediatamente anterior a la transmisión, o como consecuencia de la misma, y de disminución de su patrimonio o disolución de los Fondos de Activos Bancarios.

El tratamiento fiscal previsto en los párrafos anteriores, respecto a las operaciones entre los Fondos de Activos Bancarios, resultará de aplicación, solamente, durante el período de tiempo de mantenimiento de la exposición del Fondo de Reestructuración Ordenada Bancaria, FROB, a los citados fondos, previsto en el apartado 10 de la Disposición Adicional Décima de la citada Ley 9/2012.

También existen muchas exenciones para operaciones de carácter privado, es decir, de las denominadas" objetivas", en atención a la naturaleza de la operación previamente sometida al ITPAJD.

Por ejemplo:

- Las aportaciones de bienes y derechos verificadas por los cónyuges a la sociedad conyugal y las adjudicaciones que a su favor se verifiquen a su disolución.
- Los préstamos entre particulares.

Ejemplo

X le presta a su hijo P 500.000 euros, los cuales este destina a la adquisición de un local comercial. Para ello formalizan un contrato privado de préstamo, en el cual se pactan las condiciones de devolución del principal durante 25 años y sin devengo de intereses, tal y como permite el Código Civil para los préstamos entre particulares.

Solución:

La constitución del préstamo está sujeta pero exenta a la modalidad de TPO. No obstante lo anterior, debe presentarse igualmente a liquidación en la Oficina Liquidadora correspondiente junto al "modelo 600" de autoliquidación, en el que se hará constar dicho beneficio fiscal.

En cualquier caso, para conocer la tributación en el Impuesto sobre Transmisiones Patrimoniales y Actos Jurídicos Documentados, es imprescindible acudir a legislación de la Comunidad Autónoma correspondiente.

2.10.5. Otras cuestiones de interés

A los efectos de prescripción, es destacable que, en los documentos que deban presentarse a liquidación, se presumirá que la fecha de los privados es la de su presentación, a menos que con anterioridad concurra cualquiera de las circunstancias previstas en el artículo 1.227 del Código Civil, en cuyo caso se computará la fecha de la incorporación, inscripción, fallecimiento o entrega, respectivamente.

En los contratos no reflejados documentalmente, se presumirá, a iguales efectos, que su fecha es la del día en que los interesados presenten el documento ante la Administración Tributaria.

La fecha del documento privado que prevalezca a efectos de prescripción, conforme a lo dispuesto en este apartado, determinará el régimen jurídico aplicable a la liquidación que proceda por el acto o contrato incorporado al mismo.

Ningún documento que contenga actos o contratos sujetos a este impuesto, se admitirá ni surtirá efecto en Oficina o Registro Público sin que se justifique el pago de la deuda tributaria a favor de la Administración Tributaria competente para exigirlo, conste declarada la exención por la misma o, cuando menos, la presentación en ella del referido documento.

2.11. El Impuesto sobre Determinados Servicios Digitales

2.11.1. Introducción

Como hemos señalado en Capítulos anteriores (ver Capítulo 2.8, en especial, epígrafes 2.8.2 y 2.8.3) el desarrollo de la denominada "economía digital" obliga a replantearse la tributación de las empresas multinacionales más relevantes en este terreno: Google, Apple, Facebook, ahora, Meta, Amazon (conocidas como GAFA).

Estas entidades no necesitan presencia física en una jurisdicción (el "nexo") para entregar o prestar sus servicios, generalmente, de forma desmaterializada o como intermediarios (caso de Amazon) en todo el Mundo, lo cual conlleva enormes dificultades para que las AATT hagan tributar los rendimientos obtenidos por tales empresas en sus territorios y obliga a replantear los esquemas de tributación internacional, por ejemplo, por resultar completamente inaplicable el concepto de EP (Ver epígrafes 2.5.3 y 2.7.1).

En ese sentido, cabe señalar que las actuales normas fiscales internacionales se basan sobre todo en la presencia física y no fueron concebidas para hacer frente a modelos de negocio sustentados principalmente en activos intangibles, datos y conocimientos. Así, no tienen en cuenta los modelos de negocio en los que las empresas pueden prestar servicios digitales o desmaterializados en un país sin estar físicamente presentes en él, tienen dificultades para impedir la deslocalización de activos intangibles a jurisdicciones de escasa o nula tributación, y tampoco reconocen el papel que desempeñan los usuarios en la generación de valor para las empresas más digitalizadas mediante el suministro de datos o la generación de contenidos o como componentes de las redes en que se basan muchos modelos de negocio digitales.

Asimismo, resulta necesario adaptar el IVA a la tributación de los servicios digitales, gravando la prestación de tales servicios en el lugar de destino, incluso, si el receptor de estos servicios es un consumidor final y el prestador del servicio no se encuentra localizado en el interior de la jurisdicción fiscal.

La ausencia de acuerdo internacional respecto de cómo gravar estas entidades digitales y sus servicios desmaterializados, hasta julio de 2021 y la falta también de una Directiva europea que armonizase la tributación a nivel de los 27 Estados de la UE ha conllevado la proliferación de gravámenes nacionales sobre los servicios digitales, los ISDS, como alternativa para someter a imposición efectiva estas transacciones.

España había aceptado que, en 2023, de haberse implementado los Pilares 1 y 2 de la nueva fiscalidad internacional, el ISD sería eliminado, por incompatible.

Ahora bien, el desarrollo técnico de los citados Pilares 1 y 2 se ha retrasado algo en el tiempo, el ISDS mantiene su vigencia.

2.11.2. El Impuesto español sobre Determinados Servicios Digitales

Desde el 16 de enero de 2021 España cuenta con un particular ISDS, que sigue, en general, las líneas de las propuestas de la UE en este terreno.

Se implementa por medio de la Ley 4/2020, de 15 de octubre, del Impuesto sobre Determinados Servicios Digitales (BOE de 16).

El objeto imponible del Impuesto sobre Determinados Servicios Digitales son las prestaciones de determinados servicios digitales.

En concreto, se trata de servicios digitales en relación con los cuales existe una participación de los usuarios que constituye una contribución al proceso de creación de valor de la empresa que presta los servicios, y a través de los cuales la empresa monetiza esas contribuciones de los usuarios.

Es decir, los servicios contemplados por este impuesto son aquellos que no podrían existir en su forma actual sin la implicación de los usuarios. El papel que desempeñan los usuarios de estos servicios digitales es único y más complejo que el adoptado tradicionalmente por un cliente de un servicio "offline".

El gravamen no sujeta todos los servicios digitales, sino que se restringe a gravar únicamente las siguientes prestaciones de servicios:

a) La inclusión, en una interfaz digital, de publicidad dirigida a los usuarios de dicha interfaz ("servicios de publicidad en línea");

Respecto del concepto de "interfaz digital", la AEAT señala que:

El artículo 4.4 de la Ley del impuesto define interfaz digital como "cualquier programa, incluidos los sitios web o partes de los mismos, o aplicación, incluidas las aplicaciones móviles, o cualquier otro medio, accesible a los usuarios, que posibilite la comunicación digital".

De esta definición se infieren las siguientes características:

– La interfaz debe permitir la comunicación digital.

– Es una definición abierta que incluye ejemplos a título ilustrativo.

Las interfaces digitales pueden ser accesibles a través de distintos tipos de dispositivos, como, por ejemplo, un teléfono móvil, un ordenador, un televisor, una tablet, un electrodoméstico o un vehículo.

Por ejemplo, constituyen interfaces digitales a efectos de la Ley del impuesto las utilizadas a través de un televisor para acceder a contenidos digitales, ya estén preinstaladas en el propio televisor, sean objeto de descarga, o se ejecuten en algún otro dispositivo conectado al propio televisor (por ejemplo, una videoconsola o un descodificador).

b) La puesta a disposición de interfaces digitales multifacéticas que permitan a sus usuarios localizar a otros usuarios e interactuar con ellos, o incluso facilitar entregas de bienes o prestaciones de servicios subyacentes directamente entre esos usuarios ("servicios de intermediación en línea"); y

c) La transmisión, incluidas la venta o cesión, de los datos recopilados acerca de los usuarios que hayan sido generados por actividades desarrolladas por estos últimos en las interfaces digitales ("servicios de transmisión de datos").

Precisamente, uno de los conceptos más debatidos en el gravamen ha sido el de "intermediario".

De esta forma, la DGT ha emitido varias consultas tributarias vinculantes.

Así, tenemos del año 2021 (V2153-21, V2214-21, V2535-21) y una, a principios de 2022 (V0272-22), donde, esencialmente, diferenciaba entre dos supuestos de intermediación:

a) Intermediación en nombre propio y por cuenta propia

b) Intermediación en nombre y por cuenta de terceros.

De acuerdo con lo anterior, en síntesis, la DGT viene interpretando (véase, por ejemplo, V2214-21) que cuando una entidad actúa en nombre propio y por cuenta propia, "están vendiendo un servicio propio a los viajeros y, por lo tanto, no actúan como un intermediario".

Consecuentemente, en su actuación frente a los viajeros, las agencias de viajes prestan servicios no sujetos conforme al artículo 6.a) de la LIDSD y no realizan el hecho imponible «intermediación en línea»".

No obstante, en la nueva CVDGT 2295-22, la DGT analiza un nuevo supuesto de hecho, "ampliando" en la práctica la interpretación hasta ahora existente y posibilitando la aplicación de este hecho imponible a casi cualquier servicio prestado a través de una interfaz digital en el que exista una mínima intervención que pudiera ser considerada como de "intermediación".

Ejemplo

¿Qué es "contenido digital" a efectos de la Ley 4/2020?:

Solución:

El artículo 4.1 de la ley del impuesto define contenidos digitales como "los datos suministrados en formato digital, como programas de ordenador, aplicaciones, música, vídeos, textos, juegos y cualquier otro programa informático, distintos de los datos representativos de la propia interfaz digital".

De esta definición se infieren las siguientes características:

- Debe tratarse de datos suministrados en formato digital distintos de la propia interfaz.
- Es una definición abierta que incluye ejemplos a título ilustrativo.

El suministro de los datos que constituyen el contenido digital puede hacerse mediante su descarga, su utilización simultánea a la descarga ("streaming") o mediante el acceso a la interfaz digital.

Tal suministro puede tener lugar por una sola vez, durante un periodo de tiempo concreto o a perpetuidad.

El suministro del contenido digital debe realizarse a través de una interfaz digital. Por lo tanto, no tienen carácter de contenido digital los datos suministrados en un soporte físico como, por ejemplo, los CDs, DVDs, o memorias externas *(pen drives)*.

El hecho de que estos soportes físicos se transmitan a través de una interfaz digital no convierte a los datos en cuestión en contenido digital, sin perjuicio de la posible realización de un servicio de intermediación en línea.

Son contribuyentes de este impuesto las personas jurídicas y entidades a que se refiere el artículo 35.4 de la Ley General Tributaria, ERA, ya estén establecidas en España, en otro Estado miembro de la Unión Europea o en cualquier otro Estado o jurisdicción no perteneciente a la Unión Europea que, al inicio del periodo de liquidación, superen los dos siguientes umbrales:

a) Que el importe neto de su cifra de negocios en el año natural anterior resulte superior a 750 millones de euros; y

b) Que el importe total de sus ingresos derivados de prestaciones de servicios digitales sujetas al impuesto, una vez aplicadas las reglas previstas para la determinación de la base imponible (para así determinar la parte de dichos ingresos que se corresponde con usuarios situados en territorio español), correspondientes al año natural anterior, supere 3 millones de euros.

De esta manera, solamente grandes empresas multinacionales serán objeto de este impuesto.

Solo se sujetarán al impuesto aquellas prestaciones de servicios digitales que se puedan considerar vinculadas de algún modo con el territorio de aplicación del impuesto, lo que se entenderá que sucede cuando haya usuarios de dichos servicios situados en ese territorio, lo que constituye, precisamente, el nexo que justifica la existencia del gravamen.

Ejemplo

Medios de prueba admisibles para la localización de los usuarios.

Solución:

La Ley del impuesto en su artículo 7.4 establece la presunción «iuris tantum» de localización del dispositivo del usuario en favor de la dirección IP.

No obstante, podrá concluirse que el lugar es otro diferente, para lo que se podrán usar medios de geolocalización, o cualquier otro medio de prueba admisible en derecho, salvo los exceptuados en el artículo 7.3 de la Ley del impuesto, a saber, el lugar donde se lleve a cabo la entrega de bienes o prestación de servicios subyacente, en los casos de servicios de intermediación en línea con operación subyacente, o el lugar desde el cual se realice cualquier pago relacionado con un servicio digital.

Los instrumentos de geolocalización que se entenderán como medios de prueba válidos figuran en el artículo 1 del Real Decreto 400/2021, de 8 de junio, por el que se desarrollan las reglas de localización de los dispositivos de los usuarios y las obligaciones formales del IDSD.

Otros medios de prueba que pueden valorarse son, por ejemplo:

– En el caso los servicios de publicidad en línea, servicios de intermediación en línea sin subyacente y servicios de transmisión de datos: los datos del usuario que visualiza el anuncio según su perfil de usuario, tales como su dirección de registro, el prefijo nacional del móvil del usuario o la información del domicilio obtenida de datos recurrentes relativos a la geolocalización de su dispositivo.

– En el caso de servicios de intermediación con subyacente, podrían valorarse como medios de prueba los citados anteriormente tanto para localizar el dispositivo del comprador como el del vendedor, pudiendo considerarse asimismo para este último el domicilio donde se encuentra establecido en el caso de tratarse de una persona jurídica.

Supuestos de no sujeción. No estarán sujetas al impuesto:

a) Las ventas de bienes o servicios contratados en línea a través del sitio web del proveedor de esos bienes o servicios, en las que el proveedor no actúa en calidad de intermediario;

b) Las entregas de bienes o prestaciones de servicios subyacentes que tengan lugar entre los usuarios, en el marco de un servicio de intermediación en línea;

c) Las prestaciones de servicios de intermediación en línea, cuando la única o principal finalidad de dichos servicios prestados por la entidad que lleve a cabo la puesta a disposición de una interfaz digital sea suministrar contenidos digitales a los usuarios o prestarles servicios de comunicación o servicios de pago;

d) Las prestaciones de servicios financieros regulados por entidades financieras reguladas;

e) Las prestaciones de servicios de transmisión de datos, cuando se realicen por entidades financieras reguladas;

f) Las prestaciones de servicios digitales cuando sean realizadas entre entidades que formen parte de un grupo con una participación, directa o indirecta, del 100 por cien.

La base imponible del impuesto estará constituida por el importe de los ingresos, excluidos, en su caso, el Impuesto sobre el Valor Añadido u otros impuestos equivalentes, obtenidos por el contribuyente por cada una de las prestaciones de servicios digitales sujetas al impuesto, realizadas en el territorio de aplicación del mismo.

A efectos de cálculo de la base se establecen unas reglas para poder gravar exclusivamente la parte de los ingresos que se corresponde con usuarios situados en el territorio aplicación del impuesto en relación con el total de usuarios.

Ejemplo

¿Qué referencia a los umbrales deben tenerse en cuenta para considerar obligado a la presentación del modelo 490 en el año 2024 y siguientes?

Solución:

En este caso, las referencias son las correspondientes al año natural anterior. Por ejemplo, respecto del año 2024, la referencia a los umbrales son las relativas a 2023, tanto la referente al importe anual de la cifra de negocios como la de los servicios digitales sujetos al impuesto, si bien en este último caso, computados desde el 16 de enero de 2021, fecha de entrada en vigor de la Ley 4/2020.

El impuesto se devengará cuando se presten, ejecuten o efectúen las operaciones gravadas.

El impuesto se exigirá al tipo del 3 por ciento.

La cuota íntegra será la cantidad resultante de aplicar a la base imponible el tipo impositivo.

En materia de obligaciones formales, resultará que los contribuyentes del impuesto estarán obligados, con los requisitos, límites y condiciones que se determinen reglamentariamente, a:

a) Presentar declaraciones relativas al comienzo, modificación y cese de las actividades que determinen su sujeción al impuesto.

b) Solicitar de la Administración el número de identificación fiscal, y comunicarlo y acreditarlo en los supuestos que se establezcan.

c) Solicitar de la Administración su inscripción en el registro de entidades creado a efectos de este impuesto.

d) Llevar los registros que se establezcan reglamentariamente.

Las primeras autoliquidaciones no se presentaron hasta el 1 de julio de 2021.

El modelo de autoliquidación es el 490.

El ISDS ha sido concertado con el País Vasco mediante la Ley 1/2022, de 8 de febrero, por la que se modifica la Ley 12/2002, de 13 de mayo, por la que se aprueba el Concierto Económico con la Comunidad Autónoma del País Vasco.

Las reglas de conexión del ISDS con la Comunidad Foral de Navarra, por su parte, figuran recogidas en la Ley 22/2022, de 19 de octubre, por la que se modifica la Ley 28/1990, de 26 de diciembre, por la que se aprueba el Convenio Económico entre el Estado y la Comunidad Foral de Navarra (BOE de 22).

El punto de conexión para establecer que AT es la competente para la recaudación del impuesto: territorio común o foral es el lugar en el que se encuentren situados los usuarios de los servicios digitales.

2.11.3. *Otra normativa*

En cuanto a la restante normativa del ISDS, además de la precitada Ley 4/2020, tenemos la siguiente:

- Real Decreto 400/2021, de 8 de junio, por el que desarrollan las reglas de localización de los dispositivos de los usuarios y las obligaciones formales del Impuesto sobre Determinados Servicios Digitales, y se modifica el Reglamento General de las actuaciones y los procedimientos de gestión e inspección tributaria y de desarrollo de las normas comunes de los procedimientos de aplicación de los tributos, aprobado por el Real Decreto 1065/2007, de 27 de julio (BOE de 9).
- Orden HAC/590/2021, de 9 de junio, por la que se aprueba el modelo 490 de "Autoliquidación del Impuesto sobre Determinados Servicios Digitales" y se determinan la forma y procedimiento para su presentación (BOE de 11).
- Resolución de 25 de junio de 2021, de la Dirección General de Tributos, relativa al Impuesto sobre Determinados Servicios Digitales (BOE de 29).

La Orden HFP/480/2022, de 23 de mayo, por la que se modifica la Orden HAC/590/2021, de 9 de junio, por la que se aprueba el modelo 490 de "Autoliquidación del Impuesto sobre Determinados Servicios Digitales" y se determina la forma y procedimiento para su presentación, BOE del 31, ha modificado el modelo de autoliquidación del impuesto, para adaptarlo a su carácter de tributo compartido con el País Vasco.

Por su parte, la Orden HFP/307/2023, de 28 de marzo, por la que se modifica la Orden HAC/590/2021, de 9 de junio, por la que se aprueba el modelo 490 de "Autoliquidación del Impuesto sobre Determinados Servicios Digitales" y se determina la forma y procedimiento para su presentación (BOE de 29), ajusta este modelo a las reglas del Convenio con Navarra.

Por último, para conocer la doctrina administrativa relacionada con el ISDS, nos remitimos a la colección de "Preguntas y cuestiones frecuentes", publicada por la AEAT, https://sede.agenciatributaria.gob.es/static_files/Sede/Procedimiento_ayuda/GC45/castellano/FAQ490.pdf

El repertorio de preguntas y respuestas, FAQ, relacionado con el ISDS y publicado por la AEAT en su Portal, está actualizado a 23 de enero de 2024.

2.12. El Impuesto sobre las Transacciones Financieras

2.12.1. Cuestiones generales

La preocupación por la crisis económica de 2006/2007 que provocó la especulación y el riesgo financiero, los problemas derivados de los movimientos incontrolados de capital, la necesidad de avanzar hacia el mercado único financiero en el seno de la UE, como paso intermedio en el proceso de construcción de la Unión Económica y Monetaria, especialmente, entre los países que gozan de una divisa común: el euro, necesidades recaudatorias y también el convencimiento de que el sector financiero debía, de alguna forma, pagar por las consecuencias negativas de la crisis financiera, están detrás de los movimientos que, en el mundo, han abogado por una imposición mínima sobre las transacciones financieras, conocida popularmente como "tasa Tobin" y, en el interior de la UE, por el establecimiento de un tributo armonizado sobre determinadas transacciones financieras.

En el seno de la UE, sin embargo, no se ha alcanzado el grado de unanimidad necesario para aprobar la propuesta de Directiva correspondiente, expuesta en 2013, concretamente, la propuesta de Directiva del Consejo implementado una cooperación reforzada en el área de un impuesto sobre las transacciones financieras, SWD (2013) 28 final, SWD (2103) 29 final, Bruselas, 14 de febrero de 2013, COM (2013) 71 final, 2013/0045 (CNS).

Sin embargo, determinadas naciones europeas (Francia, Italia) sí han implementado sus propios gravámenes sobre determinadas transacciones financieras (en adelante ITF) y España ha hecho lo propio desde el 16 de enero de 2021, a través de la Ley 5/2020, de 15 de octubre, del Impuesto sobre las Transacciones Financieras (BOE de 16).

Es importante señalar que la jurisprudencia del TJUE ha establecido la compatibilidad del ITF italiano, parejo al español, con el Derecho de la UE.

En este sentido, la STJUE (Sala Segunda), de 30 de abril de 2020, en el Procedimiento prejudicial —Artículo 63 TFUE— Libre circulación de capitales —Impuesto sobre transacciones financieras— Operaciones que tienen por objeto instrumentos financieros derivados cuyo activo subyacente es un título emitido por una sociedad residente en el Estado miembro de tributación —Impuesto adeudado con independencia del lugar donde se celebre la transacción— Obligaciones de carácter administrativo y de declaración», ha dictado sentencia en el asunto C-565/18, que tiene por objeto una petición de decisión prejudicial planteada, con arreglo al artículo 267 TFUE, por la Commissione tributaria regionale per la Lombardia (Comisión Tributaria Regional de Lombardía, Italia), mediante resolución de 2 de julio de 2018, recibida en el Tribunal de Justicia el 6 de septiembre de 2018, en el procedimiento entre la entidad Société Générale SA y la Agenzia delle Entrate — Direzione Regionale Lombardia Ufficio Contenzioso, que es la AT italiana; afirmando que:

"El artículo 63 TFUE debe interpretarse en el sentido de que no se opone a la normativa de un Estado miembro que grava con un impuesto las transacciones financieras que tienen por objeto instrumentos financieros derivados, el cual debe ser abonado por las partes de la operación, con independencia del lugar donde se celebre la transacción o del Estado de residencia de las partes o de los eventuales intermediarios que participen en su ejecución, cuando dichos instrumentos tienen como activo subyacente un título emitido por una sociedad establecida en ese Estado miembro.

Sin embargo, las obligaciones de carácter administrativo y de declaración que acompañan a este impuesto y que incumben a las entidades no residentes no deben ir más allá de lo necesario para su recaudación".

Por su parte, la LPGE 2023 incorporó en el Impuesto sobre las Transacciones Financieras una pequeña alteración normativa, pues resultaba necesario realizar una mejora técnica de la redacción existente, introducida por la Ley 12/2022, de 30 de junio, de regulación para el impulso de los planes de pensiones de empleo, por la que se modifica el texto refundido de la Ley de Regulación de los Planes y Fondos de Pensiones, aprobado por Real Decreto Legislativo 1/2002, de 29 de noviembre, delimitando con precisión el ámbito subjetivo de aplicación de la exención a las adquisiciones realizadas por fondos de pensiones de empleo, mutualidades de previsión social o entidades de previsión social voluntaria, con la finalidad de reforzar la seguridad jurídica.

2.12.2. El ITF español

El Impuesto sobre las Transacciones Financieras es un tributo de naturaleza indirecta que grava las adquisiciones onerosas de acciones de sociedades españolas, con independencia de la residencia de las personas o entidades que intervengan en la operación, o del lugar en que se negocien.

Por tanto, se establece como principio de imposición el denominado principio de emisión, por considerarse que de esta manera se minimiza el riesgo de deslocalización de los intermediarios financieros en comparación con el principio de residencia, habida cuenta de que se someten a tributación acciones de sociedades españolas, cualquiera que sea la residencia del intermediario financiero o el lugar en que se realicen las adquisiciones.

Asimismo, se someten a gravamen los certificados de depósito representativos de las acciones anteriormente citadas.

Ahora bien, el impuesto no se aplica a toda adquisición de acciones sociedades españolas, sino que se limita a aquellas que hayan sido admitidas a negociación en un mercado regulado, con independencia de que la transacción se ejecute o no en un centro de negociación, y que además tengan un valor de capitalización bursátil superior a 1.000 millones de euros.

Con este umbral se pretende que el impuesto afecte lo menos posible a la liquidez del mercado, al tiempo que se garantiza un porcentaje muy elevado de la recaudación potencial del impuesto.

Para el año 2022, de acuerdo con lo previsto en la disposición adicional segunda del Real Decreto 366/2021, de 25 de mayo, por el que se desarrolla el procedimiento de presentación e ingreso de las autoliquidaciones del Impuesto sobre las Transacciones Financieras y se modifican otras normas tributarias, se procede a publicar en el Portal de la AEAT, el 16 de diciembre de 2021, la relación de sociedades españolas cuyas acciones, a fecha 1 de diciembre de 2022, tienen un valor de capitalización bursátil superior a 1.000 millones de euros: https://sede.agenciatributaria.gob.es/static_files/ Sede/ Procedimiento_ayuda/GC44/castellano/Relacion_Sociedades_web-01-12-22. pdf

Por su parte, para la aplicación del ITF durante el año 2023, el listado anterior fue publicado en el Portal de la AEAT, el 14 de diciembre de 2022, https://sede.agenciatributaria.gob.es/static_files/Sede/Procedimiento_ayuda/GC44/castellano/Relacion_Sociedades_web-01-12-22.pdf

Por último, para la aplicación del ITF durante el ejercicio 2024, el listado anterior figura expuesto en el Portal de la AEAT, el 13 de diciembre de 2023, https://sede.agenciatributaria.gob.es/static_files/Sede/Tema/Declaraciones_informativas/I_Transacciones_Financieras/RELACION_SOCIEDADES_EJER_2024.pdf

Ejemplo

Como consecuencia de una oferta pública de venta, una sociedad cotiza por primera vez en Bolsa en el ejercicio 2024, ¿estarán sus acciones sometidas al ITF?

Solución:

No se cumpliría para ese año el elemento temporal dispuesto en la letra b) del artículo 2.1 de la Ley del Impuesto, ya que la sociedad carecería de capitalización bursátil el 1 de diciembre del año anterior a la adquisición.

En consecuencia, las referidas acciones no quedarán sujetas hasta el año natural siguiente, siempre y cuando se cumplan las restantes condiciones: tratarse de acciones representativas del capital social de sociedades de nacionalidad española y estar admitidas a negociación en los términos de la letra a) del artículo 2.1 de la Ley del Impuesto, además del cumplimiento del requisito de capitalización bursátil a 1 de diciembre del año anterior a la adquisición, superior a 1.000 millones de euros.

El concepto de adquisición onerosa se ha considerado en un sentido amplio, de forma que integra el hecho imponible no sólo la adquisición de las acciones por compraventa, sino también las realizadas mediante otros contratos onerosos, como por ejemplo, permutas, o cuando deriven de liquidación de otros valores o ejecuciones de instrumentos y contratos financieros, que puedan dar lugar a su adquisición.

De esta forma, solamente la emisión de valores cotizada en mercados regulados y por parte de grandes empresas quedan sometidos al tributo, por lo cual la inmensa mayoría del tejido empresarial español, incluyendo todas las SRL y sus participaciones, no están sujetos a este nuevo impuesto.

Ejemplo

¿Constituye hecho imponible del Impuesto la adquisición de los siguientes instrumentos financieros?

a) Bonos u obligaciones convertibles o canjeables

b) Instrumentos financieros derivados sobre las acciones reguladas en el artículo 2.1. de la Ley del Impuesto

c) «Warrants»
d) Derechos de suscripción preferente
e) Participaciones preferentes

Solución:

La regulación del hecho imponible en la Ley del Impuesto es clara y solo sujeta al impuesto las adquisiciones a título oneroso de acciones definidas en los términos del artículo 92 del texto refundido de la Ley de Sociedades de Capital y las adquisiciones onerosas de los valores negociables constituidos por certificados de depósito representativos de estas acciones.

Por tanto, las adquisiciones de los instrumentos financieros que, por su naturaleza, no sean susceptibles de ser considerados acciones conforme a dicho texto refundido o certificados de depósito representativos de dichas acciones no se entienden incluidos en el ámbito de aplicación del impuesto.

Solo en el momento en que la ejecución o liquidación de dichos instrumentos financieros de lugar a una entrega de acciones o de valores negociables constituidos por certificados de depósito representativos de esas acciones se produciría la sujeción al impuesto.

Por otro lado, se declaran exentas determinadas operaciones propias del mercado primario, las necesarias para el cumplimiento de las funciones de las entidades que gestionan las infraestructuras de los mercados, las realizadas con el fin de favorecer la liquidez de los mercados, las que vengan originadas por operaciones de reestructuración empresarial o de medidas de resolución, las que se realicen entre sociedades del mismo grupo y las cesiones de carácter temporal.

La base imponible estará constituida, con carácter general, por el importe de la contraprestación, sin incluir los gastos asociados a la transacción y, en defecto de importe, se definirá conforme al valor de mercado.

La cuantía del impuesto se determinará aplicando a la base imponible el tipo impositivo del 0,2 por ciento.

El sujeto pasivo será, con carácter general, el miembro del mercado que ejecuta la adquisición, ya actúe en nombre o por cuenta propia o de terceros.

No se prevé la repercusión legal del tributo.

En el devengo del impuesto se atiende al ámbito en el que se efectúe la adquisición, de forma que, en las realizadas en un mercado o con un internalizador sistemático, el impuesto se devengará en el momento que la operación se liquide, y para las realizadas fuera de dichos ámbitos, se establece el devengo en el momento del registro de los valores a favor del adquirente.

Por último, la declaración e ingreso del impuesto se deberá realizar mediante autoliquidación del sujeto pasivo conforme a la forma, lugar y plazos que establezca el Ministro de Hacienda; no obstante, para facilitar el pago del impuesto y lograr cierta automatización en su gestión, se prevé que, reglamentariamente, se introduzca un procedimiento para que dicha liquidación e ingreso se pueda canalizar a través del depositario central de valores en España que mantenga el registro de los valores objeto del impuesto, procedimiento que podría extenderse a depositarios centrales de valores extranjeros.

Un elenco relevante de preguntas y respuestas acerca del impuesto se encuentra recogido en: https://www.agenciatributaria.es/static_files/Sede/Procedimiento_ayuda/GC44/castellano/FAQ_ITF_09_07_21.pdf

El procedimiento de presentación e ingreso del ITF dispone de relevantes singularidades y se ubica regulado en el Real Decreto 366/2021, de 25 de mayo, por el que se desarrolla el procedimiento de presentación e ingreso de las autoliquidaciones del Impuesto sobre las Transacciones Financieras y se modifican otras normas tributarias.

El citado procedimiento de presentación e ingreso de autoliquidaciones a través de un depositario central de valores establecido en territorio español, distinguiendo los distintos supuestos en los que resulta aplicable tal procedimiento y detallando la canalización de la información y del importe de la deuda tributaria desde el sujeto pasivo hasta la Administración tributaria.

Se trata de un procedimiento novedoso en nuestro ordenamiento tributario, mediante el cual el depositario central de valores presentará en nombre y por cuenta del sujeto pasivo una autoliquidación por cada sujeto pasivo e ingresará el importe de la deuda tributaria correspondiente.

La adopción de este procedimiento se justifica por las especiales características de este impuesto, y cuenta como antecedente el sistema de recaudación del impuesto análogo francés.

Su periodo de liquidación es mensual y el plazo de presentación ordinario es del 10 al 20 del mes siguiente al correspondiente periodo de liquidación mensual.

El modelo de autoliquidación es el 604, cuyo tenor ha sido aprobado por la Orden HAC/510/2021, de 26 de mayo, por la que se aprueba el modelo 604 "Impuesto sobre las Transacciones Financieras. Autoliquidación" y se determinan la forma y procedimiento para su presentación (BOE de 28).

El ITF ha sido concertado con el País Vasco mediante la Ley 1/2022, de 8 de febrero, por la que se modifica la Ley 12/2002, de 13 de mayo, por la que se aprueba el Concierto Económico con la Comunidad Autónoma del País Vasco.

El punto de conexión para establecer que AT es la competente para la recaudación del impuesto: territorio común o foral es la proporción al volumen de operaciones que realicen los sujetos pasivos en cada territorio durante el período de liquidación.

Los puntos de conexión con la Comunidad Foral de Navarra se han establecido a través de la Ley 22/2022, de 19 de octubre, por la que se modifica la Ley 28/1990, de 26 de diciembre, por la que se aprueba el Convenio Económico entre el Estado y la Comunidad Foral de Navarra (BOE de 20).

Los citados cambios normativos han llevado a la última modificación del modelo 604 de autoliquidación del tributo a través de la Orden HFP/308/2023, de 28 de marzo, por la que se modifica la Orden HAC/510/2021, de 26 de mayo, por la que se aprueba el modelo 604 "Impuesto sobre las Transacciones Financieras. Autoliquidación" y se determinan la forma y procedimiento para su presentación (BOE de 31 de marzo de 2023).

3 Puesta en marcha de la actividad

3.1. Aspectos mercantiles de la puesta en marcha de la actividad

Con carácter general, para constituir una sociedad mercantil y demás entidades inscribibles en los Registros correspondientes, es necesario realizar los trámites que se indican a continuación:

3.1.1. Solicitud de certificación negativa del RMC

Inicialmente, habrá que consultar al RMC si la denominación social que se pretende para la entidad que se va a constituir está disponible. En cada consulta se puede incluir un máximo de tres denominaciones, por orden de preferencia.

No podrán incluirse en la denominación términos o expresiones que resulten contrarios a la Ley, ni tampoco exclusivamente el nombre de España, sus Comunidades Autónomas, provincias o municipios ni los adjetivos "nacional", "estatal", "oficial" o similares, a no ser que la correspondiente Administración posea la mayoría del capital social. No podrán incluirse las denominaciones que induzcan a error.

Si la denominación deseada no está registrada, será el socio fundador el que proceda a solicitar la certificación al RMC.

La certificación tendrá una vigencia de tres meses a efectos de otorgamiento de escritura. Cumplido este plazo, deberá renovarse. La denominación social queda reservada durante seis meses contados a partir de la fecha de expedición originaria.

Queda prohibido inscribir en el Registro Mercantil sociedades o entidades cuya denominación sea idéntica a alguna de las incluidas en la Sección de Denominaciones del RMC, según el concepto de identidad que contempla el vigente Reglamento del Registro Mercantil.

La denominación asignada a la sociedad en la escritura de constitución habrá de coincidir exactamente con la que conste en la certificación negativa expedida por el Registrador Mercantil Central.

La certificación presentada deberá ser la original, estar vigente y haber sido expedida a nombre de un fundador o promotor o, en caso de modificación de la denominación, a nombre de la propia sociedad o entidad.

No podrá autorizarse la escritura de constitución de sociedades y demás entidades inscribibles (o de modificación de la denominación social), sin que se presente al notario la certificación que acredite que no figura registrada la denominación elegida.

El RMC reserva la denominación solicitada por un plazo máximo de seis meses y la certificación deberá estar expedida a nombre de uno de los socios fundadores.

3.1.2. Ingreso del capital social

Las aportaciones dinerarias efectuadas por el socio para la constitución de la sociedad deberá ingresarlas en una cuenta bancaria a nombre de la sociedad.

Una vez realizado este trámite, deberá solicitar a la entidad bancaria en la que se ha materializado el depósito, un certificado de haberlo efectuado, necesario para el otorgamiento de la escritura de constitución.

No podrá autorizarse la escritura de constitución de sociedades y demás entidades inscribibles sin que se presente al notario la certificación que acredite el ingreso realizado.

Cada socio tendrá que entregar al notario la certificación bancaria a su nombre que acredite el importe aportado como capital de la sociedad en constitución.

3.1.3. Firma de la escritura pública de constitución

Los socios fundadores acuden a la firma del acuerdo de constitución de la sociedad ante notario, que será quien otorgue la escritura pública. En el mismo momento se procederá a la aprobación de los Estatutos de la sociedad, que contendrán las reglas de funcionamiento de la misma.

La firma deberá hacerse antes de la puesta en funcionamiento de la sociedad, y antes de que caduque la certificación negativa de denominación expedida.

La escritura de constitución y los Estatutos Sociales contemplarán, como mínimo, los contenidos definidos para cada uno de los tipos de sociedades mercantiles, en sus respectivas normas reguladoras. Los socios fundadores podrán incluir todos aquellos pactos lícitos y condiciones especiales que estimen convenientes.

Al acto se presentarán:

- ❒ La certificación negativa de denominación del RMC.
- ❒ Los Estatutos Sociales.
- ❒ El certificado bancario del ingreso del capital social inicial aportado por los socios.

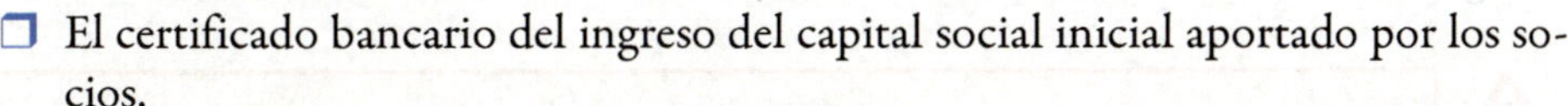

Deberá prestarse atención al contenido de los Estatutos Sociales ya que será el "código" que regirá la vida de la sociedad y las relaciones entre socios. Cuestiones significativas a tener en cuenta son el régimen de transmisión de las participaciones sociales, el modo de administrar la sociedad, la retribución o no del Órgano de Administración y los requisitos para efectuar modificaciones de objeto social o de ampliación de capital, entre otros.

3.1.4. Impuesto sobre Transmisiones Patrimoniales Onerosas y Actos Jurídicos Documentados (modelo 600)

Definición

El Impuesto sobre Transmisiones Patrimoniales y Actos Jurídicos Documentados (ITP y AJD) es un tributo de naturaleza indirecta que grava las transmisiones patrimoniales onerosas, las operaciones societarias y los actos jurídicos documentados.

La operación de constitución de sociedad se encuadra en el ámbito de las operaciones societarias, y es la sociedad la que está obligada a su liquidación y pago. La base imponible del impuesto coincide con el importe nominal del capital social fijado inicialmente. La cuota tributaria se obtendrá aplicando a la base liquidable el tipo de gravamen del 1 por 100.

En la actualidad, las operaciones de aumento de capital, aportación de socios y constitución de sociedades están exentas de pago de este impuesto.

La liquidación del impuesto se presentará en la Delegación de Hacienda de la Comunidad Autónoma correspondiente a la provincia en la que se encuentra domiciliada la sociedad o en la oficina liquidadora correspondiente, en su caso. En la mayor parte de los casos, este trámite habrá de hacerse a través de la oficina virtual tributaria.

Los documentos necesarios para su presentación son:

- El modelo 600 cumplimentado.
- El original y la copia simple de la escritura de constitución sujeta a gravamen.
- El Número de Identificación Fiscal (NIF) del sujeto pasivo del impuesto.

El plazo de presentación de la autoliquidación será de treinta días hábiles, o un mes natural, en función de la Comunidad Autónoma competente, a contar desde la fecha de otorgamiento de la escritura pública ante notario.

La liquidación del ITP y AJD (Operaciones Societarias) es imprescindible para que el Registro Mercantil inscriba la sociedad.

3.1.5. Solicitud del Número de Identificación Fiscal

Definición

El Número de Identificación Fiscal (NIF) sirve para identificar a la sociedad a efectos fiscales. Están obligados a solicitarlo todas las personas jurídicas, cualquiera que sea su actividad.

La solicitud de NIF provisional se realizará a la Delegación Provincial de Hacienda que le corresponda mediante una declaración censal (modelo 036 ó 037), solicitud que deberá realizar quien ostente representación legal de la sociedad, junto con la correspondiente escritura pública de constitución.

Cuando la escritura de constitución esté inscrita en el Registro correspondiente, habrá de solicitarse el NIF definitivo, aportando el citado documento.

El plazo de solicitud del NIF provisional será de treinta días naturales después de la constitución de la sociedad.

El NIF de la sociedad es el equivalente al DNI de un ciudadano.

3.1.6. Inscripción en el Registro Mercantil

La inscripción de la escritura de constitución de la sociedad en el Registro Mercantil otorga personalidad jurídica a la entidad.

Legislación

Como ya hemos visto en el epígrafe 1.1 anterior en cada uno de los medios para ejercer la actividad económica, la inscripción en el Registro Mercantil tendrá carácter obligatorio, salvo en los casos en que expresamente se disponga lo contrario.

No podrá practicarse la inscripción en el Registro Mercantil de quien pretenda realizar actividades que requieran licencia o autorización administrativa (por ejemplo, sociedades laborales), si no se acredita su obtención. La misma regla se aplicará a la inscripción de actos posteriores sujetos a licencia o autorización administrativa.

La inscripción se realizará en el Registro Mercantil de la provincia en la que está domiciliada la sociedad.

En la primera inscripción de las sociedades o entidades quedarán recogidos en el Registro Mercantil los siguientes datos:

- La denominación y el Número de Identificación Fiscal.
- La calle y número o lugar de situación, la localidad y el municipio del domicilio social.
- La cifra de capital, indicando en su caso la parte no desembolsada.
- La fecha de comienzo de sus operaciones. Si estuviera pendiente de algún condicionamiento administrativo, se indicará.
- El plazo de duración, si no fuera indefinido.
- El objeto social o, en su caso, la actividad descrita por el Registrador en forma extractada.
- La estructura del órgano de administración.
- Los apellidos y nombre o la denominación de quienes integren los órganos legal o estatutariamente previstos para la administración y representación, indicando el cargo.
- Los apellidos y nombre o la denominación de los auditores, en su caso.

En el momento de inscripción será necesario presentar en el Registro Mercantil:

- La escritura pública de constitución (documento original).
- El impreso del modelo 600 (ITP y AJD) ya presentado en la oficina liquidadora correspondiente.

La inscripción habrá de solicitarse en el plazo de un mes siguiente al otorgamiento de la escritura de constitución, pudiendo ampliarse a dos en el caso de sociedades mercantiles.

En el supuesto de que el Registro Mercantil observe deficiencias en la escritura de constitución, otorgará un plazo de dos meses para su subsanación.

3.1.6 bis. Inscripción de los proveedores de determinados servicios profesionales de asesoramiento a empresas en el Registro Mercantil

Los profesionales, personas jurídicas o físicas, que prestan determinados servicios de asesoramiento a empresas vienen obligados a inscribirse y a declarar los servicios prestados en el Registro Mercantil, así como la titularidad real de la entidad, como medida para luchar contra el blanqueo de capitales.

En este sentido, la Instrucción de 30 de agosto de 2019, la Dirección General de los Registros y del Notariado, sobre la inscripción en el Registro Mercantil de las personas físicas profesionales que prestan servicios descritos en el artículo 2.1.o) de la Ley 10/2010, de 28 de abril, de prevención del blanqueo de capitales y financiación del terrorismo. ("Boletín Oficial del Estado" de 4 de septiembre), regula esta obligación formal de declaración.

3.1.7. Inscripción de determinadas sociedades en Registros especiales

No será necesaria la previa inscripción en los Registros administrativos para la inscripción en el Registro Mercantil, salvo las excepciones marcadas por la Ley.

Constituida la sociedad e inscrita en el Registro Mercantil, se inscribirá también en los Registros especiales si así le corresponde según sea su forma jurídica.

Los lugares a los que deben acudir los distintos tipos de sociedades son:

- Las cooperativas, al Registro General de Cooperativas.
- Las sociedades anónimas y limitadas laborales, al Registro Administrativo de las Sociedades Laborales.
- Las sociedades profesionales, al Registro de Sociedades Profesionales del Colegio de cada una de las profesiones que constituyan su objeto y que corresponda a su domicilio social.
- Las Sociedades de Garantía Recíproca, al Registro Especial del Banco de España.
- Las Sociedades Agrarias de Transformación, al Registro General de las Sociedades Agrarias de Transformación del Ministerio de Agricultura, Pesca y Alimentación.

3.1.8. Procedimiento telemático de constitución de una Sociedad de Responsabilidad Limitada

Los fundadores de una sociedad de responsabilidad limitada podrán optar por la constitución de la sociedad mediante escritura pública con formato estandarizado y estatutos tipo, cuyo contenido se desarrollará reglamentariamente.

Se utilizará en este caso:

- El Documento Único Electrónico (DUE).
- El sistema de tramitación telemática del Centro de Información y Red de Creación de Empresas (CIRCE).
- Los modelos simplificados de los estatutos tipo en el formato estandarizado, cuyo contenido se desarrollará reglamentariamente.
- Se podrán utilizar modelos simplificados de apoderamientos en el formato estandarizado.

En los Puntos de Atención al Emprendedor y de manera simultánea:

- Se cumplimentará el DUE y se iniciará la tramitación telemática, enviándose a cada organismo interviniente por vía electrónica.
- Se solicitará la reserva de denominación al Registro Mercantil Central, incluyendo hasta cinco denominaciones sociales alternativas, de entre las cuales el RMC emitirá el correspondiente certificado negativo de denominación siguiendo el orden propuesto por el solicitante, dentro de las 6 horas hábiles siguientes a la solicitud.
- Se concertará inmediatamente la fecha de otorgamiento de la escritura de constitución mediante una comunicación en tiempo real con la agenda electrónica notarial. La fecha y hora del otorgamiento en ningún caso será superior a doce horas hábiles desde que se inicia la tramitación telemática.

El notario:

a) En la fecha determinada autorizará la escritura de constitución en formato electrónico aportándose el documento justificativo de desembolso de capital.

No obstante, no será necesario acreditar la realidad de las aportaciones dinerarias si los fundadores manifiestan en la escritura que responderán solidariamente frente a la sociedad y frente a los acreedores sociales de la realidad de las mismas.

Se utilizará la escritura de constitución con un formato estandarizado y con campos codificados.

b) Enviará de forma inmediata, a través del sistema de tramitación telemática del CIRCE, copia de la escritura a la AEAT solicitando la asignación provisional de un NIF.

c) Remitirá copia autorizada de la escritura de constitución al RM del domicilio social a través del sistema de tramitación telemática del CIRCE.

d) Entregará a los otorgantes, si lo solicitan, una copia simple electrónica de la escritura, sin coste adicional.

El registrador mercantil, una vez recibida del CIRCE copia electrónica de la escritura de constitución junto con el NIF provisional asignado y la acreditación de la exención del ITP y AJD, en su modalidad de Operaciones Societarias, procederá a la calificación e inscripción dentro del plazo de seis horas hábiles siguientes a la recepción telemática de la escritura, remitirá al CIRCE certificación de la inscripción practicada el mismo día de la inscripción, y solicitará el NIF definitivo a la AEAT a través del CIRCE.

La AEAT notificará telemáticamente al sistema de tramitación telemática del CIRCE el carácter definitivo del NIF.

Desde el PAE se procederá a realizar los trámites relativos al inicio de actividad mediante el envío de la información contenida en el DUE a la AEAT, a la TGSS y, en su caso, a las administraciones locales y autonómicas para llevar a cabo las comunicaciones, registros y solicitudes de autorizaciones y licencias necesarias para la puesta en marcha de la empresa.

La publicación de la inscripción de la sociedad en el Boletín Oficial del Registro Mercantil estará exenta del pago de tasas.

La Ley 11/2023, de 8 de mayo, de trasposición de Directivas de la Unión Europea en materia tributaria y digitalización de actuaciones notariales y registrales, ha introducido modificaciones en la Ley de Sociedades de Capital en lo que respecta a la constitución de una SL. Podrán ser constituidas mediante el procedimiento íntegramente en línea sin perjuicio de la posibilidad de utilizar cualquier otro tipo de procedimiento legalmente establecido. En este procedimiento los otorgantes podrán utilizar en la escritura pública notarial el modelo de constitución de estatutos tipo, cuyo contenido se determinará reglamentariamente.

Este procedimiento no podrá utilizarse cuando la aportación de los socios al capital se realice mediante aportaciones que no sean dinerarias.

El Ministerio de Industria, Comercio y Turismo conjuntamente con el Ministerio de Justicia, procederán a introducir las modificaciones necesarias en el DUE, estatutos tipo y escritura pública estandarizada, e incluirlos en su respectiva sede electrónica. Estos documentos habrán de ser accesibles, también, a través de la pasarela digital única europea.

Las aportaciones dinerarias serán efectuadas mediante un instrumento de pago electrónico de amplia disposición en la Unión Europea. El instrumento ha de permitir la identificación de la persona que realizó el pago y debe ser proporcionado por un prestador de servicios de pago electrónico o entidad financiera establecida en un Estado Miembro.

La documentación, valoración y transmisión de las aportaciones dinerarias serán instrumentadas electrónicamente. El notario, sin perjuicio de la calificación registral, comprobarán, cuando sea necesario, que se ha acreditado la realidad y valoración de las aportaciones efectuadas al capital social de la entidad. No obstante, no será necesario acreditarlo si los fundadores manifiestan en la escritura que responderán solidariamente frente a la sociedad y acreedores sociales de la realidad de las mismas.

El RM competente para recibir la escritura será el del domicilio social de la sociedad que se constituya. El procedimiento en línea, cuando se utilicen escritura en formato estandarizado con campos codificados y estatutos tipo, se llevará a cabo en el plazo de las seis horas hábiles contadas desde el día siguiente al de la fecha del asiento de presentación o, en su caso, al de la fecha de devolución del documento retirado. En los demás casos, la calificación en inscripción se llevará a cabo en un plazo máximo de cinco días laborables, contados desde el día siguiente al asiento de presentación o de devolución del documento retirado.

En caso de existencia de causa justificada por razones técnicas o por especial complejidad del asunto que impida el cumplimiento de dicho plazo, el Registrador Mercantil deberá notificar esa circunstancia al interesado.

Tal como indicamos, la constitución de S.L. puede efectuarse íntegramente en línea, sin necesidad de que los fundadores comparezcan presencialmente ante el notario, pero éste podrá requerir la comparecencia física de los mismos por las siguientes causas:

- ❒ Razones de interés público, en orden a evitar falsificación de identidad.
- ❒ Completa comprobación de sus capacidades y, en su caso, de sus efectivos poderes de representación.

En estos supuestos, el notario deberá anexar a la escritura los motivos por los que se ha exigido la presencia de los comparecientes.

3.2. Administraciones a las que hay que acudir cuando se inicia una actividad

Los trámites que se han de realizar para iniciar una actividad ante las distintas Administraciones son los siguientes:

3.2.1. AEAT

Con carácter previo al inicio de actividad, el empresario o profesional que vaya a desarrollar su actividad en territorio español, deberá acudir a la Agencia Estatal de Administración Tributaria para comunicar el inicio de su actividad empresarial o profesional. Para ello es necesario presentar los siguientes documentos:

3.2.1.1. Declaración censal de inicio de actividad

Para proceder a comunicar el alta en el censo de obligados tributarios se utilizará el modelo 036 o 037, que deberá presentarse antes del inicio de la actividad o de realización de las operaciones, en el que se hará constar:

- Comunicación de inicio de actividad.
- Datos identificativos del empresario o profesional.
- Datos tributarios.
- Datos relativos a actividades y locales.
- Datos relativos a la relación de socios, herederos, etc.
- Otros datos.

El modelo 036 podrá presentarse en impreso o por vía telemática a través de Internet:

- La presentación en impreso se realizará mediante entrega directa en las oficinas de la Administración o Delegación de la AEAT correspondiente al domicilio fiscal en el momento de la presentación.
- La presentación telemática del modelo 036 podrá ser efectuada por el propio declarante o bien por un representante a través de Internet. Para ello es necesario disponer del Número de Identificación Fiscal y del certificado de firma digital admitido por la AEAT.

La presentación telemática será obligatoria para aquellos obligados tributarios que tengan forma de sociedad anónima o sociedad de responsabilidad limitada, entre otros.

El declarante deberá conservar la declaración aceptada, debidamente validada con el correspondiente código electrónico.

Especialidad para las sociedades de constitución telemática. Las sociedades en constitución que presenten el Documento Único Electrónico (DUE) para realizar telemáticamente los trámites de constitución de la Sociedad de responsabilidad limitada quedarán exoneradas de la obligación de presentar la declaración de alta censal (modelo 036).

Es muy importante cumplimentar correctamente la declaración censal de inicio de actividad, ya que en ella se recogen las obligaciones de declaraciones a presentar por el empresario.

3.2.1.2. Impuesto sobre Actividades Económicas (IAE)

Los contribuyentes sujetos al impuesto y no exentos deberán presentar el modelo 840 de declaración del Impuesto sobre Actividades Económicas, utilizable tanto si se tributa por cuota municipal, provincial o nacional. Las declaraciones de alta deberán presentarse en el transcurso de un mes desde el inicio de la actividad.

Estarán exentos del impuesto los siguientes:

- El Estado, las Comunidades Autónomas y las entidades locales, así como los Organismos Autónomos del Estado y las entidades de Derecho Público de análogo carácter de las Comunidades Autónomas y de las entidades locales.
- Los sujetos pasivos que inicien el ejercicio de su actividad en territorio español, durante los dos primeros períodos impositivos de este impuesto en que se desarrolle aquélla.

A estos efectos, se considerará que no se ha producido el inicio del ejercicio de una actividad, cuando ésta se haya desarrollado anteriormente bajo otra titularidad, circunstancia que se entenderá que concurre, entre otros supuestos, en los casos de fusión, escisión o aportación de ramas de actividad.

- Los siguientes sujetos pasivos:
  - Las personas físicas.
  - Los sujetos pasivos del Impuesto sobre Sociedades, las sociedades civiles y las entidades del artículo 35.4 de la Ley 58/2003, de 17 de diciembre, General Tributaria, que tengan un importe neto de la cifra de negocios inferior a 1.000.000 de euros.
  - En cuanto a los contribuyentes por el Impuesto sobre la Renta de no Residentes, la exención sólo alcanzará a los que operen en España mediante establecimiento permanente, siempre que tengan un importe neto de la cifra de negocios inferior a 1.000.000 de euros.

El modelo 840 podrá presentarse en impreso o por vía telemática:

- La presentación en impreso se realizará en las oficinas de la Administración o Delegación de la Agencia Estatal de Administración Tributaria (AEAT) correspondiente al domicilio fiscal, en caso de cuota nacional, o en la que corresponda al lugar de realización de la actividad o donde estén ubicados los locales, en caso de cuota municipal.

- ❒ La presentación telemática del modelo 840 podrá ser efectuada por el propio declarante o bien por un representante a través de Internet. Para ello es necesario disponer del Número de Identificación Fiscal y del certificado de firma digital admitido por la Agencia Estatal de Administración Tributaria.

El declarante deberá conservar la declaración aceptada, debidamente validada con el correspondiente código electrónico.

Se trata de un impuesto de devengo periódico y carácter anual, que el organismo encargado de su gestión procede a recaudar mediante la emisión al contribuyente del correspondiente recibo.

Es importante que anualmente se comunique a la AEAT las variaciones de aquellos factores utilizados para adecuar la cuota a pagar (metros cuadrados del local, potencia eléctrica contratada, etc.).

3.2.1.3. Impuesto sobre Bienes Inmuebles

El Impuesto sobre Bienes Inmuebles (IBI) es un tributo directo de carácter real que grava el valor de los bienes inmuebles.

Son sujetos pasivos, a título de contribuyentes, las personas físicas y jurídicas así como las entidades, que ostenten la titularidad del derecho que, en cada caso, sea constitutivo del hecho imponible de este impuesto.

Los trámites relativos a este impuesto se realizarán, entre otros, en las gerencias o unidades locales del catastro o las delegaciones de Economía y Hacienda en que se integren. La liquidación y recaudación serán competencia exclusiva de los Ayuntamientos.

La documentación necesaria para todos los casos es:

- ❒ Fotocopia del NIF.
- ❒ Documento o escritura que origina la transmisión o alteración catastral.
- ❒ Fotocopia del último recibo del impuesto, en el caso de que exista.
- ❒ Modelos 901 (Declaración de alteración de titular catastral de bienes inmuebles de naturaleza urbana) o 902 (Declaración de alteración de bienes inmuebles de naturaleza rústica), según corresponda.
- ❒ Dependiendo de los casos, se necesitará documentación adicional. El impuesto se devengará el primer día del período impositivo.

El período impositivo coincide con el año natural, excepto cuando se trate de declaraciones de alta, en cuyo caso abarcará desde la fecha de inicio de la titularidad hasta el final del año natural.

Se trata de un impuesto de devengo periódico y carácter anual, que el organismo encargado de su gestión procede a recaudar mediante la emisión al contribuyente del correspondiente recibo.

3.2.1.4. Sistema de notificaciones electrónicas

La AEAT ha establecido un sistema de comunicación con el contribuyente por vía electrónica/telemática. Mediante la Dirección Electrónica Habilitada (en adelante DEH) cualquier persona física o jurídica dispondrá de una dirección electrónica para la recepción de las notificaciones administrativas que, por vía telemática, pueda practicar la AEAT.

En este apartado se explica el sistema utilizado por la AEAT, si bien otras Administraciones también utilizan sistemas de notificaciones electrónicas similares.

Para utilizar este servicio, que tiene carácter gratuito, el interesado deberá disponer de un certificado digital estándar emitido a su nombre o de la empresa que representa (a continuación veremos los trámites para su obtención). Para la creación de una DEH, el obligado tributario, previamente, deberá comprobar si su equipo informático cumple con los requisitos mínimos para el uso del servicio y, posteriormente, procederá a darse de alta en el servicio, para acceder a las notificaciones.

Asociado a la DEH, dispondrá de un buzón electrónico donde se recibirán todas las notificaciones correspondientes a los procedimientos que se haya suscrito, o de aquellos organismos de los que, obligatoriamente (por disposición legal), deba recibir notificaciones por este medio. Únicamente el titular o un autorizado de la DEH (con el debido apoderamiento inscrito en el sistema) podrán acceder a su contenido.

Para consultar las notificaciones electrónicas, se han de seguir los siguientes pasos:

1. Acceder al buzón electrónico. En las pestañas Notificaciones y Comunicaciones encontrará todas las notificaciones y comunicaciones recibidas, clasificadas según el Organismo Público que las emitió y, para cada una de ellas, podrá conocer su estado y la fecha electrónica de la puesta a disposición en su buzón. En la pestaña Autorizadas podrá consultar las notificaciones y comunicaciones enviadas a otras DEH, pero a las que tiene autorizado el acceso.

2. Leer o rechazar las notificaciones. Antes de consultar las notificaciones se podrá decidir si leerlas y guardarlas en el ordenador personal o rechazarlas y devolverlas al

organismo emisor. En cualquier caso, esta decisión se enviará validada con la firma electrónica y fechada electrónicamente al organismo emisor.

3. Organizar las notificaciones, personalizando el orden de las notificaciones y su clasificación en carpetas personales o borrándolas, una vez leídas o rechazadas.

Los efectos de la notificación en la DEH se producen en el momento del acceso al contenido del acto notificado, o bien, si este acceso no se efectúa, por el transcurso del plazo de diez días naturales desde su puesta a disposición en dicha dirección electrónica. Transcurridos los diez días indicados sin acceder al buzón, se entiende producida la notificación, al igual que si rechazase la notificación en mano. El plazo comenzará a contar a partir del día después de su puesta a disposición.

Todas las comunicaciones y notificaciones estarán disponibles durante un plazo de noventa días naturales en la DEH. Se podrá visualizar su contenido cuantas veces se desee, siempre y cuando se haya abierto la notificación en el plazo conferido a tal efecto. Con posterioridad a ese plazo, sólo se podrá consultar en la sede electrónica de la AEAT.

En el caso de que fueran rechazadas expresamente o hubiera expirado el plazo de diez días sin haber accedido, la consulta completa de las comunicaciones y notificaciones sólo podrá realizarse a través de la sede electrónica de la Agencia Tributaria.

Los obligados tributarios que estén incluidos, con carácter obligatorio o voluntario, en el sistema de DEH en relación con la AEAT, podrán señalar hasta un máximo de 30 días naturales en cada año natural durante los cuales dicha Agencia no podrá poner notificaciones a su disposición en la DEH. También podrán realizar el señalamiento de los mencionados días aquellas personas que figuren en el registro de apoderamientos de la AEAT como apoderados para la recepción de notificaciones del obligado tributario destinatario de las notificaciones.

Los días en los que no se pondrán a disposición del obligado tributario las notificaciones en la DEH deberán solicitarse con una antelación mínima de 7 días naturales al primer día en que vaya a surtir efecto y, una vez señalados, podrán ser objeto de modificación mediante solicitud expresa que dejará sin efecto el período inicialmente elegido.

Desde el 06/09/2021, todas las notificaciones y comunicaciones de la AEAT estarán disponibles en la Dirección Electrónica Habilitada Única (DEHú), que es un servicio electrónico de notificaciones para facilitar a los ciudadanos el acceso y comparecencia a sus notificaciones y/o comunicaciones emitidas por las Administraciones Públicas adheridas.

A la DEH se envían para comparecer únicamente las notificaciones electrónicas, mientras que a la DEHú se enviarán todas las notificaciones, tal como se está haciendo actualmente en la sede electrónica.

Para poder utilizar la DEHú, no es necesario darse de alta, simplemente cualquier ciudadano o empresa puede acceder a través del portal https://dehu.redsara.es/, utilizando alguno de los medios electrónicos de autenticación.

3.2.1.5. Obligados a recibir comunicaciones y notificaciones electrónicas

El Real Decreto 1363/2010, de 29 de octubre, ha regulado supuestos de notificaciones y comunicaciones administrativas obligatorias por medios electrónicos en el ámbito de la AEAT, en los cuales ésta pondrá a disposición del contribuyente las notificaciones y comunicaciones pertinentes, exclusivamente, por medios electrónicos.

Según la normativa del Procedimiento Administrativo Común de las Administraciones Públicas (Ley 39/2015, de 1 de octubre) y el mencionado Real Decreto 1363/2010, de 29 de octubre, las personas y entidades que están obligadas a recibir notificaciones y comunicaciones de la AEAT de forma electrónica, son las siguientes:

- Sociedades anónimas y de responsabilidad limitada.
- Personas jurídicas y entidades sin personalidad jurídica (comunidades de bienes, herencias yacentes y comunidades de propietarios).
- Establecimientos permanentes y sucursales de entidades no residentes en territorio español.
- Entidades cuyo NIF empiece por la letra V y corresponda con uno de los siguientes tipos: Agrupación de interés económico, Agrupación de interés económico europea, Fondo de pensiones, Fondo de capital riesgo, Fondo de inversiones, Fondo de titulización de activos, Fondo de regularización del mercado hipotecario, Fondo de titulización hipotecaria, Fondo de garantía de inversiones.
- Uniones temporales de empresas.
- Contribuyentes inscritos en el Registro de grandes empresas.
- Contribuyentes que tributen en el régimen de consolidación fiscal del IS.
- Contribuyentes que tributen en el régimen especial del grupo de entidades del IVA.
- Contribuyentes inscritos en el Registro de Devolución Mensual (REDEME).
- Contribuyentes con autorización para la presentación de declaraciones aduaneras mediante el sistema de transmisión electrónico de datos (EDI).

Reglamentariamente, las administraciones podrán establecer la obligación de practicar electrónicamente las notificaciones para determinados procedimientos y para ciertos colectivos de personas físicas que por razón de su capacidad económica, técnica, dedicación profesional u otros motivos quede acreditado que tienen acceso y disponibilidad de los medios electrónicos necesarios.

El acceso a la DEH puede ser realizado directamente por el obligado tributario o mediante un apoderado con poder expreso para recibir las citadas notificaciones. En ambos casos se requiere acreditación de la personalidad de quien accede al sistema, lo que se logra mediante la utilización de los certificados electrónicos legalmente admitidos.

Tras la entrada en vigor de la Ley 34/2015, de 21 de septiembre, de modificación parcial de la Ley General Tributaria que, en general, se ha producido el 12 de octubre de 2015, los contribuyentes obligados a recibir comunicaciones y notificaciones por vía electrónica, realizarán la interposición de una reclamación en vía administrativa obligatoriamente a través de la sede electrónica del órgano que haya dictado el acto. Asimismo, también han de presentar por esta vía alegaciones, pruebas y cualquier otro escrito.

Esta relación electrónica comprende tanto las notificaciones como la presentación de documentos y solicitudes a través de registro.

En cualquier caso, cabe tener en cuenta que, conforme a lo dispuesto en el Real Decreto-Ley 11/2018, de 31 de agosto, que modifica, entre otras Leyes, la citada Ley 39/2015, del Procedimiento Administrativo Común, resulta que las previsiones relativas al registro electrónico de apoderamientos, registro electrónico, registro de empleados públicos habilitados, punto de acceso general electrónico de la Administración y archivo único electrónico producirán efectos a partir del día 2 de octubre de 2020. La Disposición Final Novena del Real Decreto Ley 28/2020, de 22 de septiembre, amplió el plazo de entrada en vigor hasta el 2 de abril de 2021.

3.2.1.6. Obtención del certificado electrónico

Para la obtención del certificado electrónico, puede dirigirse a las entidades emisoras de certificados acreditados por la AEAT, entre las que se encuentra la Fábrica Nacional de Moneda y Timbre (FNMT), en la que se puede solicitar:

– Certificado de persona física.

– Certificado de representante.

Los pasos a seguir para solicitar el certificado de persona física, mediante acreditación presencial en oficina, son:

1. Comprobar la configuración previa del software.

2. Solicitud del certificado vía internet. Al finalizar el proceso de solicitud, recibirá en su cuenta de correo electrónico de solicitud que será requerido en el momento de acreditar la identidad.

3. Acreditación de la identidad en una Oficina de acreditación de identidad. Las oficinas de la AEAT y SS, entre otras, son oficinas de acreditación.

El solicitante deberá acreditar su identidad con el DNI y el código de solicitud que le ha sido remitido, según el punto 2 anterior.

4. Descargar el certificado de usuario, que estará disponible en aproximadamente una hora después de haber acreditado la identidad.

El procedimiento descrito es con la modalidad presencial, en el que requiere presencia en la oficina correspondiente para acreditación. El trámite también se puede realizar con DNI electrónico o vídeo de identificación, y en ambos casos se evita la presencialidad en las oficinas para acreditar la identidad.

En cuanto al certificado de representante, existen tres modalidades:

A. Certificado de representación de administrador único y/o solidario.

Este certificado puede ser obtenido por sociedades anónimas y limitadas, si el representante de la sociedad es administrador único o solidario, tenga inscritas sus facultades de representación en el Registro Mercantil y éstas no hayan sido revocadas. Este certificado no puede ser solicitado por administradores mancomunados, apoderados, consejeros, administradores conjuntos, liquidadores ni sociedades que tengan como administrador a otra sociedad, debiendo en este caso solicitar un certificado de representación de persona jurídica.

Los pasos para su obtención son los siguientes:

1. Configuración previa del software.

2. Solicitud vía internet del certificado. Este certificado sólo puede pedirse de forma on line con un certificado de persona física de la FNMT o DNI electrónico.

Esta opción es válida si en el momento de la solicitud no se ha superado el plazo máximo de cinco años desde la personación e identificación física del representante, es decir, el certificado utilizado no debe proceder de una renovación on line.

3. Descarga de su certificado, aproximadamente una hora después de haberse solicitado y haciendo uso del código de solicitud.

B. Certificado de representación de persona jurídica.

Este certificado se expide a las personas físicas como representantes (cuando no se trate de administradores únicos o solidarios) de las personas jurídicas para su uso en las relaciones con aquellas Administraciones Públicas, Entidades y Organismos Públicos, vinculados o dependientes de las mismas.

Según la letra inicial del NIF de su entidad, podrán solicitar este tipo de certificado, con las excepciones ya comentadas:

– Las sociedades que tengan como administrador único/solidario a otra sociedad.

– A y B: sociedades anónimas y limitadas.

– C: sociedades colectivas.

– D: sociedades comanditarias.

– F: sociedades cooperativas.

– G: asociaciones.

– J: sociedades civiles.

– N: sociedades extranjeras con personalidad jurídica.

– P: ayuntamientos o diputaciones.

– Q: organismos públicos.

– R: congregaciones e instituciones religiosas.

– S: gobiernos de las Comunidades Autónomas.

– V: sociedad agraria de transformación, agrupaciones de interés económico, ...

Los pasos para su obtención son los siguientes:

1. Configuración previa del software.

2. Solicitud vía internet del certificado. Al finalizar el proceso de solicitud, recibirá en su cuenta de correo electrónico un código de solicitud que le será requerido en el momento de acreditar su identidad y posteriormente a la hora de descargar el certificado.

3. Acreditación de la identidad. Puede llevarse a cabo de dos formas:

– On line (recomendada): sólo para entidades con NIF A, B, C y D.

La documentación a presentar es certificado electrónico (cotejable con CSV) reciente (15 días previos) del RM relativo a los datos de constitución y personalidad jurídica de la entidad, y certificado electrónico (cotejable con CSV) reciente (15 días previos) del RM relativo al nombramiento y vigencia del cargo de representante.

– En una oficina de acreditación de identidad. En este caso será necesario aportar la siguiente documentación:

a) Documentación relativa al representante.

Si el solicitante es administrador sujeto a inscripción registral, certificado reciente relativo a nombramiento y vigencia de su cargo, expedido en los quince días hábiles anteriores a la solicitud del certificado de persona jurídica. Es válida una nota simple con todas las hojas selladas por el RM.

Si la representación es voluntaria, además de lo recogido en el párrafo anterior, será necesario presentar un poder notarial que contenga cláusula especial para solicitar el certificado.

b) Documentación relativa a la sociedad.

Si son sociedades mercantiles y demás cuya inscripción sea obligatoria en el RM, certificado reciente relativo a datos de constitución y personalidad jurídica, expedido en los quince días hábiles anteriores a la solicitud del certificado de persona jurídica. Es válida una nota simple con todas las hojas selladas por el RM.

Si son asociaciones, fundaciones, etc, no inscribibles en RM, certificado reciente del registro público, donde conste inscrita, relativo a su constitución.

Si son sociedades civiles y demás personas jurídicas, documento público que acredite su condición de manera fehaciente.

4. Descarga de su certificado, aproximadamente una hora después de haberse solicitado y haciendo uso del código de solicitud.

C. Certificado de representante de entidad sin personalidad jurídica.

Este certificado se expide a las personas físicas como representantes de las entidades sin personalidad jurídica para su uso en sus relaciones con aquellas Administraciones Públicas, Entidades y Organismos Públicos, vinculados o dependientes de las mismas.

Según la letra inicial del NIF de su entidad, podrán solicitar este tipo de certificado, entre otros:

- E: comunidades de bienes, herencias yacentes, ...
- H: comunidades de propietarios.
- P: juntas vecinales.
- U: unión temporal de empresas.
- W: entidades no residentes con establecimiento permanente en España.

Los pasos a seguir para solicitar el certificado de representante sin personalidad jurídica son:

1. Comprobar la configuración previa del software.

2. Solicitud del certificado vía internet. Al finalizar el proceso de solicitud, recibirá en su cuenta de correo electrónico de solicitud que será requerido en el momento de acreditar la identidad.

3. Acreditación de la identidad en una Oficina de acreditación de identidad.

Será necesario aportar tanto documentación relativa a la entidad como al representante:

– Entidad: si debe inscribirse en un registro público o especial, certificado acreditativa de su inscripción en el registro, expedido en los quince días anteriores. Si no debe inscribirse, escrituras públicas, contratos, estatutos, pactos o cualesquiera otros documentos que puedan acreditar su constitución, vigencia e identificación de los miembros que las integran.

– Representante: certificados o notas simples expedido en los quince días anteriores por los registros públicos en los que la sociedad deba estar inscrita, si es el caso. Si no está obligada a su inscripción, documentos notariales que acrediten las facultades de representación del solicitante del certificado, o sino mediante poder especial otorgado al efecto.

4. Descargar el certificado de usuario, que estará disponible en aproximadamente una hora después de haber acreditado la identidad.

3.2.1.7. Acceso a las notificaciones electrónicas a través de apoderamiento

Otra posibilidad, compatible con la anterior, consiste en que las notificaciones y comunicaciones electrónicas enviadas por la Agencia Tributaria sean recibidas en la DEH de un apoderado, persona física o jurídica, que disponga de certificado de usuario y a quien el interesado haya apoderado expresamente para la recepción de dichas notificaciones.

Si se dispone de certificado electrónico, el apoderamiento puede ser otorgado por:

❒ Internet, mediante el uso de firma electrónica admitida por la AEAT. Esta opción permite a cualquier obligado tributario, apoderar a un tercero (persona física o jurídica) para que este último (el apoderado) pueda realizar por Internet, con su propio certificado electrónico de usuario, cualquiera de los trámites y actuaciones en materia tributaria, que se encuentren habilitados al efecto, relativos a quien ha otorgado el poder (el poderdante). Tanto poderdante como apoderado deben disponer de certificado electrónico para otorgar y confirmar el apoderamiento, respectivamente.

Se trata de facilitar e incentivar la realización de trámites y actuaciones a través de la Sede Electrónica de la Agencia Tributaria, puesto que permite que no sólo el propio obligado tributario sea quien pueda realizar el trámite o actuación, sino que también su apoderado pueda realizarlo con su propio certificado electrónico en nombre del poderdante.

❒ Comparecencia personal del poderdante en las Delegaciones y Administraciones de la Agencia Estatal de Administración Tributaria.

Si el poderdante opta por comparecer personalmente en las Delegaciones y Administraciones de la Agencia Estatal de Administración Tributaria para otorgar el apoderamiento a una tercera persona, ello se formalizará mediante el empleo del formulario del Anexo I de la Resolución de 9 de marzo de 2018 (BOE de 19 de marzo de 2018), de la Dirección General de la Agencia Estatal de Administración Tributaria, por la que se modifica la de 18 de mayo de 2010, en relación con el registro y gestión de apoderamientos y el registro y gestión de las sucesiones y de las representaciones legales de menores incapacitados, para la realización de trámites y actuaciones por Internet ante la Agencia Tributaria.

- Documento público o documento privado con firma legitimada notarialmente, presentado ante la AEAT.

La Resolución prevé adicionalmente que el poder pueda ser otorgado mediante documento público o documento privado, con firma notarialmente legitimada, presentado ante la AEAT.

En estos casos el documento de acreditación del apoderamiento deberá ajustarse al contenido recogido en el formulario del Anexo I de la Resolución de 9 de marzo de 2018, de la Dirección General de la Agencia Estatal de Administración Tributaria citada anteriormente.

Hay que prestar atención a la comprobación periódica (máximo cada diez días naturales) de la recepción de notificaciones, ya que si no se hace así, es posible que se inicie el cómputo del plazo de un procedimiento administrativo sin que el contribuyente pueda alegar lo que considere necesario.

3.2.1.8. Registro y archivo electrónico de las Administraciones

La Ley 39/2015, de 1 de Octubre, del Procedimiento Administrativo Común de las Administraciones Públicas (BOE de 2 de octubre), establece que cada Administración dispondrá de un Registro Electrónico General, en el que se hará el correspondiente asiento de todo documento que sea presentado o que se reciba en cualquier órgano administrativo, Organismo público o entidad vinculada o dependiente de éstos.

El Registro Electrónico General de cada Administración funcionará como un portal que facilitará el acceso a los registros electrónicos de cada Organismo. Tanto el Registro Electrónico General de cada Administración como los registros electrónicos de cada Organismo cumplirán con las garantías y medidas de seguridad previstas en materia de protección de datos de carácter personal.

Las disposiciones de creación de los registros electrónicos se publicarán en el diario oficial correspondiente y su texto íntegro deberá estar disponible para consulta en la sede electrónica de acceso al registro.

En todo caso, las disposiciones de creación de registros electrónicos especificarán el órgano o unidad responsable de su gestión, así como la fecha y hora oficial y los días declarados como inhábiles. En la sede electrónica de acceso a cada registro figurará la relación actualizada de trámites que pueden iniciarse en el mismo.

Los registros electrónicos de todas y cada una de las Administraciones, deberán ser plenamente interoperables, de modo que se garantice su compatibilidad informática e interconexión, así como la transmisión telemática de los asientos registrales y de los documentos que se presenten en cualquiera de los registros.

Asimismo, en la misma normativa se regula que cada Administración deberá mantener un archivo electrónico único de los documentos electrónicos que correspondan a procedimientos finalizados, en los términos establecidos en la normativa reguladora aplicable.

El Real Decreto Ley 11/2018, de 31 de agosto, de transposición de directivas en materia de protección de los compromisos por pensiones con los trabajadores, prevención del blanqueo de capitales y requisitos de entrada y residencia de nacionales de países terceros, y por el que se modifica la Ley 39/2015, de 1 de octubre, del procedimiento administrativo común de las Administraciones Públicas (BOE de 4 de septiembre), altera también la Disposición final séptima de dicha ley, relativa a la entrada en vigor de la Ley 39/2015, estableciendo que las previsiones relativas al registro electrónico de apoderamientos, registro electrónico, registro de empleados públicos habilitados, punto de acceso general electrónico de la Administración y archivo único electrónico producirán efectos a partir del día 2 de octubre de 2020. La Disposición Final Novena del Real Decreto Ley 28/2020, de 22 de septiembre, y la Ley 10/2021, de 9 de julio amplió el plazo de entrada en vigor hasta el 2 de abril de 2021.

3.2.2. Seguridad Social

3.2.2.1. Inscripción de la empresa en la Seguridad Social

Legislación

Toda persona física o jurídica que, por primera vez, vaya a contratar trabajadores, deberá solicitar su inscripción en el Sistema de la Seguridad Social como empresa antes del comienzo de la actividad, en la Administración de la Tesorería General de la Seguridad Social más próxima a su domicilio o si dispone de certificado digital, accediendo a través de la sede electrónica de esta Administración Pública. Con la inscripción se asigna al empresario un número para su identificación que se considera el Código de Cuenta de Cotización.

El empresario deberá solicitar un Código de Cuenta de Cotización en cada una de las provincias en las que ejerza su actividad, y también para identificar colectivos con peculiaridades de cotización, si los hubiera.

Se presentará en las Tesorerías Territoriales, Agencias o Administraciones de la Seguridad Social pertenecientes a la Administración de la Tesorería General de la Seguridad Social.

La documentación necesaria varía en función de si se inscribe un empresario individual o una sociedad:

Empresario individual

- ❐ Modelo oficial de solicitud.
- ❐ Documento identificativo del titular de la empresa, empresario individual o titular del hogar familiar.
- ❐ Documento emitido por el Ministerio de Economía y Hacienda asignando el NIF en el que conste la actividad económica de la empresa.

Sociedad

- ❐ Modelo oficial de solicitud (modelo TA 6, solicitud Código de Cuenta de Cotización Principal, por triplicado).
- ❐ Documento identificativo de la sociedad.
- ❐ Documento emitido por el Ministerio de Economía y Hacienda asignando el NIF en el que conste la actividad económica de la empresa.
- ❐ Escritura de Constitución debidamente registrada o certificado del Registro correspondiente (Libro de Actas en el caso de Comunidades de Propietarios).
- ❐ Fotocopia del NIF de la sociedad y del DNI de quien firma la solicitud de inscripción.
- ❐ Documento que acredite los poderes del firmante, si no están especificados en la escritura.

La solicitud de inscripción deberá hacerse antes del comienzo de la actividad.

3.2.2.2. Afiliación y número de la Seguridad Social

La afiliación a la Seguridad Social es un acto administrativo que sirve para incluir en el Sistema de la Seguridad Social a todas las personas físicas que vayan a trabajar en la empresa y que no estuvieran afiliadas con anterioridad. Todas las personas incluidas en el Sistema de la Seguridad Social están obligadas a afiliarse a efectos de derechos y obligaciones contributivos.

La afiliación es exclusiva, válida de por vida y única, sin perjuicio de las altas, bajas y modificaciones en los distintos Regímenes que integran el Sistema.

La afiliación y el alta en el Sistema de la Seguridad Social puede realizarse de forma conjunta o simultánea.

El número de la Seguridad Social es asignado por la Tesorería General de la Seguridad Social a cada ciudadano para identificar al mismo. Es obligatorio y debe ser anterior a la solicitud de la primera vez que causa alta un trabajador en cualquiera de los regímenes de la Seguridad Social. Es también obligatorio en el caso de beneficiarios de pensiones u otras prestaciones.

El número figurará en la tarjeta de la Seguridad Social en la que también figurarán el nombre, los apellidos, y el DNI del beneficiario.

El número de la Seguridad Social de los afiliados coincide con su número de afiliado.

La solicitud del número de la Seguridad Social se tramita a través del modelo TA1 (Solicitud de Afiliación/Número de Seguridad Social).

La afiliación a la Seguridad Social puede practicarse:

- A petición de las personas y entidades obligadas, es decir, empresarios y sociedades.
- A instancia de los interesados, trabajadores por cuenta ajena o asimilados, que no estuvieran afiliados.
- De oficio por las Direcciones Provinciales de la TGSS o administraciones de la misma, cuando, a raíz de las actuaciones de los Servicios de Inspección o por cualquier otro procedimiento, se compruebe el incumplimiento de la obligación de solicitar la afiliación.

Los solicitantes deben dirigirse a la Dirección Provincial de la Tesorería General de la Seguridad Social o a la Administración de la provincia en la que está domiciliada la Sociedad para la que trabaja el futuro afiliado o en la que está establecido el trabajador autónomo.

Deberá presentarse:

- Modelo TA 1 (Solicitud de Afiliación/Número de Seguridad Social).
- Fotocopia del NIF del trabajador.
- Modelo P1 (inclusión de familiares) si el trabajador tiene personas a su cargo.
- Deberá hacerse antes de que comience la prestación de servicios por parte del trabajador.

3.2.2.3. Alta en el Régimen Especial de Trabajadores Autónomos de la Seguridad Social (RETA)

Trabajador por cuenta propia o autónomo es todo aquél que realiza de forma habitual, personal y directa una actividad económica a título lucrativo, sin sujeción por ella a contrato de trabajo y aunque utilice el servicio remunerado de otras personas.

El 25 de octubre de 2017 se ha publicado en el BOE la Ley 6/2017, de 24 de octubre, de reformas urgentes del trabajo autónomo, que incorpora modificaciones importantes en este régimen, tales como reducción de cargas administrativas, ampliación temporal de aplicación de cuotas de la SS reducidas y seguridad jurídica en la deducibilidad de determinados gastos, entre otros.

El alta en el Régimen Especial de Autónomos de la Seguridad Social es obligatoria para todos los empresarios personas físicas y opcional para los trabajadores de Sociedades Cooperativas, y el alta será única aunque se desarrollen varias actividades.

Los casos más comunes en los que resulta obligatorio darse de alta en el RETA son, entre otros:

- Trabajadores mayores de 18 años, que, de forma habitual, personal y directa, realizan una actividad económica a título lucrativo, sin sujeción a contrato de trabajo. Se presumirá, salvo prueba en contrario, que en el interesado concurre la condición de trabajador por cuenta propia o autónomo si el mismo ostenta la titularidad de un establecimiento abierto al público como propietario, arrendatario, usufructuario u otro concepto análogo.
- Cónyuge y familiares hasta el segundo grado inclusive (en el caso de trabajadores del Sistema Especial de Trabajadores Autónomos, hasta el tercer grado) por consanguinidad, afinidad y adopción que colaboren con el trabajador autónomo de forma personal, habitual y directa y no tengan la condición de asalariados.
- Los trabajadores autónomos extranjeros que residan y ejerzan legalmente su actividad en territorio español.
- Profesionales que ejerzan una actividad por cuenta propia, que requiera la incorporación a un Colegio Profesional cuyo colectivo se haya integrado en el Régimen Especial de Trabajadores Autónomos.
- Los socios trabajadores de las Cooperativas de Trabajo Asociado, cuando éstas opten por este régimen en sus estatutos. En este caso, la edad mínima de inclusión en el Régimen Especial es de 16 años.
- Comuneros o socios de comunidades de bienes y sociedades civiles irregulares.
- Quienes ejerzan funciones de dirección y gerencia que conllevan el desempeño del cargo de consejero o administrador, o presten otros servicios para una socie-

Se necesita el formulario oficial, que es facilitado en los mismos lugares en los que se presenta la comunicación, o en caso de disponer de certificado electrónico reconocido por el Organismo correspondiente, podrá efectuarse la presentación por vía telemática.

La comunicación debe ser presentada con carácter previo o dentro de los 30 días siguientes a que se produzca cualquiera de las situaciones que den lugar a esta obligación.

3.2.2.6. Libro de Visitas

Haciendo historia, el Libro de Visitas es un libro obligatorio para todas las empresas, tengan o no trabajadores a su servicio, en el que se anotan las diligencias que los Inspectores de Trabajo practican en las visitas a la empresa. Habrá un libro de visitas por cada centro de trabajo.

Las empresas y trabajadores autónomos podrán solicitar la sustitución de la obligación de disponer del libro de visitas en cada centro de trabajo por el alta en la aplicación del Libro de Visitas Electrónico. La autorización de tal sustitución corresponde otorgarla a la Autoridad Central de la Inspección de Trabajo y Seguridad Social.

Se mantiene activa y en funcionamiento la aplicación informática para el acceso y uso por aquellas empresas y trabajadores autónomos que ya estén dados de alta en la aplicación. Esta aplicación únicamente está disponible en las Comunidades Autónomas de Galicia, Asturias, Cantabria, La Rioja y Navarra.

Con la entrada en vigor de la Ley 14/2013, se suprime la obligación de que las empresas tengan en cada centro de trabajo un libro de visitas a disposición de la Inspección de Trabajo y Seguridad Social, siendo la propia Inspección de Trabajo la que se encargue de mantener esa información a partir del libro electrónico de visitas que desarrolle la autoridad central de la Inspección de Trabajo y Seguridad Social. El acuerdo del Consejo de Ministros de 10 de julio de 2015 incluye entre sus propuestas la supresión del libro electrónico.

La Ley 23/2015, de 21 de julio, Ordenadora del Sistema de Inspección de Trabajo y Seguridad Social, supuso la esperada desaparición de los libros de visita físicos con objeto de reducir la carga administrativa y establece que mediante Orden Ministerial se determinarán los hechos y actos que deban incorporarse a las diligencias, su formato y su remisión a los sujetos inspeccionados, teniendo en cuenta que, en lo posible, se utilizarán medios electrónicos y que no se impondrán obligaciones a los interesados para adquirir o diligenciar cualquier clase de libros o formularios para la realización de dichas diligencias. El BOE del día 12 de septiembre de 2016 ha publicado la Orden ESS/1452/2016, de 10 de junio, por la que se regula el modelo de diligencia de actuación de la Inspección de Trabajo y Seguridad Social.

Esta novedad se aplicó para todos los centros de trabajo creados a partir de la aprobación de esta normativa, que no debían adquirir un nuevo libro de visitas.

Según esta Orden, deberán conservarse a disposición de la Inspección de Trabajo y Seguridad Social los libros de visita así como los modelos de diligencia extendidos con anterioridad a la entrada en vigor de la presente orden por un período de cinco años, a contar desde la última diligencia realizada.

3.2.2.7. Calendario laboral

La empresa elaborará un calendario de trabajo en el que estarán señaladas las fiestas de carácter nacional, las autonómicas y las locales. Dicho calendario deberá colocarse en un lugar visible en cada centro de trabajo, estando a disposición de la Inspección Provincial de Trabajo.

Anualmente, la Dirección General de Trabajo establece la relación de fiestas laborales para el ejercicio siguiente. Así, el 27 de octubre de 2023, se ha publicado en el BOE, la Resolución de 23 de octubre de 2023 de este organismo con el listado de las fiestas laborales para el año 2024, y por tanto, el calendario laboral para dicho ejercicio.

Por su parte, el BOE del 22 de noviembre de 2023 publica la Resolución de 16 de noviembre de 2023, de la Secretaría de Estado de Función Pública, por la que se establece a efectos de cómputo de plazos, el calendario de días inhábiles en el ámbito de la Administración General del Estado para el año 2024.

El 12 de marzo de 2019 se ha publicado en el BOE el Real Decreto Ley 8/2019, de 8 de marzo, de medidas urgentes de protección social y de lucha contra la precariedad laboral en la jornada de trabajo, por el que se establece la obligación para todas las empresas de garantizar el registro diario de la jornada laboral de los empleados, que deberá incluir el horario concreto de inicio y finalización de la jornada de trabajo de cada persona trabajadora. Asimismo, la empresa conservará dichos registros durante cuatro años y permanecerán a disposición de las personas trabajadoras, de sus representantes legales y de la Inspección de Trabajo y Seguridad Social. Esta medida entró en vigor el 12 de mayo de 2019.

3.2.2.8. Servicio de Notificaciones Telemáticas de la Tesorería General de la Seguridad Social. Sujetos obligados

La Orden Ministerial ISM/903/2020, de 24 de septiembre, por la que se regulan las notificaciones y comunicaciones electrónicas en el ámbito de la Administración de la Seguridad Social (BOE de 29 de septiembre), aplicable desde el 2 de Octubre de 2020, regula esta materia. Esta orden sustituye a la Orden ESS/485/2013, de 26 de marzo.

Estarán obligados a recibir por medios electrónicos las notificaciones y comunicaciones que, en el ejercicio de sus competencias, les dirija la Administración de la Seguridad Social:

a) En todo caso, las personas jurídicas y las entidades sin personalidad jurídica, así como quienes ejerzan una actividad profesional para la que se requiera colegiación obligatoria, cuando la notificación o comunicación se produzca por razón del ejercicio de dicha actividad profesional.

b) Las personas físicas no incluidas en el párrafo a) que estén obligadas a incorporarse al Sistema de remisión electrónica de datos en el ámbito de la Seguridad Social (en adelante Sistema RED), y las que, sin estar obligadas se hayan adherido voluntariamente al mismo, según lo previsto en la normativa señalada.

Dichas personas quedarán obligadas a comparecer en la SEDESS, a efectos de recibir las notificaciones y comunicaciones electrónicas a que se refiere esta Orden, desde el momento en que deban estar incorporadas al sistema RED o desde el momento de su incorporación a dicho sistema, respectivamente.

c) Las personas físicas no incluidas en los párrafos a) y b) que sean solicitantes o perceptoras de prestaciones por nacimiento y cuidado de menor, riesgo durante el embarazo y riesgo durante la lactancia natural.

d) Quienes figuren inscritos en el Registro electrónico de apoderamientos de la Seguridad Social como apoderados para recibir notificaciones y comunicaciones de la Administración de la Seguridad Social, u ostenten un poder general inscrito en el Registro electrónico de apoderamientos de la Administración General del Estado, aun cuando sus poderdantes no estén obligados a relacionarse electrónicamente con la misma.

Las personas físicas no incluidas en los apartados anteriores podrán manifestar su voluntad de recibir las notificaciones y comunicaciones de la Administración de la Seguridad Social, exclusivamente por medios electrónicos, a través del servicio correspondiente de la SEDESS, quedando automáticamente obligadas a recibirlas mediante comparecencia en dicha sede electrónica desde que hayan ejercitado su opción por esa forma de notificación. No obstante, en cualquier momento podrán manifestar a través de dicho servicio su voluntad de que las notificaciones sucesivas dejen de practicarse exclusivamente por medios electrónicos.

En todo caso, las notificaciones y comunicaciones que se practiquen por medios no electrónicos, también se pondrán a disposición de sus destinatarios en la SEDESS para que puedan acceder a su contenido de manera voluntaria, desplegando los correspondientes efectos, en el caso de las notificaciones.

3.2.2.9. Registro electrónico de apoderamientos.

La Orden ISM/189/2021, de 3 de marzo, por la que se regula el Registro electrónico de apoderamientos de la Seguridad social (BOE de 5 de marzo), tiene por objeto regular los requisitos y condiciones de funcionamiento del registro electrónico, en el que se inscribirán los apoderamientos que de forma voluntaria se otorguen «apud acta» a favor de un tercero, presencial o electrónicamente, por quien ostente la condición de interesado en un procedimiento administrativo, para actuar en su nombre ante la Administración de la Seguridad Social.

Los tipos de apoderamiento a inscribir en el registro son:

1. Apoderamiento general, para que el apoderado pueda llevar a cabo cualquier actuación administrativa en todas las materias, trámites y grupos de trámites.

2. Apoderamiento por materias, para que el apoderado pueda actuar en nombre del poderdante y llevar a cabo cualquiera de los trámites en la materia seleccionada.

3. Apoderamiento por trámites, para que el apoderado pueda actuar en nombre del poderdante sólo en aquellos trámites seleccionados.

Podrán otorgar apoderamiento las personas físicas, jurídicas y entidades sin personalidad jurídica con capacidad de obrar y que tengan la condición de interesados en relación con materias y/o trámites relacionados en el Anexo I de la Orden.

A su vez, podrán ser apoderados las personas físicas que ostenten capacidad de obrar, así como personas jurídicas cuando, además, tengan previsto en sus estatutos la posibilidad de actuar en representación de un tercero ante las administraciones públicas.

A efectos de su inscripción en el registro, los apoderamientos que se otorguen «apud acta» podrán efectuarse de las siguientes formas:

a) Mediante comparecencia electrónica en la SEDESS, a través del uso de los métodos de identificación y firma admitidos en ella.

b) Mediante comparecencia de la persona física en las oficinas de asistencia en materia de registros de la SS, donde el compareciente, una vez identificado por el funcionario, firmará la solicitud.

c) Mediante comparecencia de la persona física en las oficinas de asistencia en materia de registros de otras administraciones públicas u organismos, para la posterior remisión del poder al registro electrónico de apoderamientos de la SS.

El apoderado deberá aceptar expresamente el apoderamiento en el plazo máximo de un mes desde su otorgamiento, en las formas previstas en los apartados a) a c) anteriores. La aceptación expresa del apoderado resultará necesaria en los supuestos en los que el apoderamiento comprenda la recepción de comunicaciones o notificaciones.

Los poderes inscritos en el registro tendrán una vigencia máxima de cinco años, a contar desde la fecha de su inscripción, salvo que se solicite la modificación de su vigencia.

3.2.2.10. Receptores de notificaciones

Las notificaciones se pondrán a disposición en todo caso tanto del sujeto responsable obligado a recibirlos como del autorizado que en cada momento tenga asignada la gestión en el sistema RED del Código de Cuenta Cotización Principal. Sin embargo, los sujetos responsables podrán optar por ser los únicos receptores de las notificaciones, desasignando de esta función al autorizado RED a través del servicio que a este fin está disponible en la sede electrónica.

Si el sujeto responsable desea que un tercero distinto del autorizado RED también sea receptor de las notificaciones, podrá realizar la gestión a través del Registro Electrónico de Apoderamiento Telemático.

En cualquier caso, sólo puede haber un receptor de notificaciones adicional al sujeto responsable, ya sea el autorizado RED o el apoderado.

En los supuestos de multiplicidad de posibles receptores, se tomará como fecha de notificación o comunicación aquella en que se hubiera producido en primer lugar el acceso al contenido de los actos, actuaciones, hechos o circunstancias puestos a disposición en SEDESS o su rechazo.

Los regímenes de la SS que están obligados al sistema RED son los siguientes:

- Régimen general.
- Régimen Especial de Trabajadores Autónomos.
- Régimen Especial del mar (cuenta ajena).
- Régimen Especial de la minería del carbón.
- Régimen de artistas.
- Sistema especial de frutas, hortalizas e industria de conservas vegetales.
- Sistema especial de manipulado y empaquetado de tomate fresco destinado a la exportación.
- Sistema especial de trabajadores fijos discontinuos de cines, salas de baile y de fiesta y discotecas.
- Sistema especial de trabajadores fijos discontinuos de empresas de estudio de mercado y opinión pública.
- Régimen de servicios extraordinarios de hostelería.

- Sistema especial de trabajadores por cuenta ajena agrarios.

3.2.2.11. Actos notificables

Los actos de gestión recaudatoria de la TGSS objeto de notificación telemática son, entre otros, los siguientes:

- Reclamaciones de deuda.
- Providencias de apremio.
- Comunicación del inicio del procedimiento de deducción.
- Actos de procedimiento de apremio por cuotas y conceptos de recaudación conjunta y otros recursos.
- Actos del procedimiento administrativo de aplazamiento del pago de deudas con la SS.
- Actos del procedimiento de devolución de ingresos indebidos a la SS y saldos acreedores emitidos por la TGSS.

Los actos del procedimiento administrativo son, entre otros, los siguientes:

- Concesión de moratorias y exenciones previsto en el artículo 24.2.b) de la Ley 17/2015, de 9 de julio, del Sistema Nacional de Protección Civil, o en cualquier otra disposición legal específicamente dictada al efecto y en la que se contemple la concesión de cualquiera de estas medidas.
- Diferimiento, regulado en el artículo 56.2 del Reglamento general de recaudación de la Seguridad Social, aprobado por el Real Decreto 1415/2004, de 11 de junio.

Son también objeto de notificación telemática, las siguientes resoluciones en materia de Seguridad Social:

- Las resoluciones sobre la elevación a definitivas de las actas de liquidación de cuotas de la Seguridad Social, así como de las actas de liquidación conjuntas con las actas de infracción levantadas por la Inspección de Trabajo y Seguridad Social.
- Las resoluciones sobre imposición de sanciones por infracciones en materia de Seguridad Social que afecten al ámbito de competencia de la Tesorería General de la Seguridad Social.
- Las resoluciones de las impugnaciones administrativas formuladas frente a los actos dictados por la Tesorería General de la Seguridad Social en las materias de su competencia, salvo en materia de recursos humanos.

Asimismo, se encuentran los subsidios de incapacidad temporal pago directo y los estudios informativos de jubilación y prestación de jubilación para los trabajadores del mar.

3.2.2.12. Práctica de la notificación electrónica

La Administración de la SS practicará las notificaciones electrónicas mediante el sistema de comparecencia en su sede Electrónica, en la dirección https://sede.seg-social.gob.es.

Para el acceso y firma será necesario cumplir con los requisitos técnicos de «software» en el equipo así como tener configurado el navegador para el uso de funcionalidades de firma electrónica.

La identificación de los interesados necesariamente se realizará mediante certificado electrónico que garantice la identidad del usuario, la integridad de los documentos electrónicos y el no repudio de los mismos. A efectos de identificación, para acceder al sistema de notificaciones los interesados podrán utilizar los certificados electrónicos admitidos por la Administración de la SS.

Una vez puesta a disposición la notificación o comunicación en la sede electrónica de la SS, el interesado deberá acceder en el plazo de 10 días naturales. Transcurrido ese período sin que se acceda a su contenido, se entenderá rechazada, dándose por cumplido el trámite de notificación y continuándose con el procedimiento.

A partir de ese momento, y durante los dos años siguientes, las notificaciones se mostrarán en el Histórico de notificaciones, integrado dentro del servicio de Consulta y firma de notificaciones.

En este apartado solo es posible la consulta de documentos y su estado, no su firma, por lo que el acceso a las notificaciones no tiene ningún efecto jurídico.

El sistema acreditará la fecha y hora en que tenga lugar la puesta a disposición del interesado del acto objeto de la notificación, así como la fecha y hora del acceso a su contenido y dejará constancia de su concreta actuación administrativa comunicada o notificada y de su contenido.

Es importante destacar que los efectos jurídicos de la notificación se desplegarán una vez se acepte/rechace la notificación, con independencia de que lo haga la propia empresa, el autorizado RED o el apoderado, o bien se rechace automáticamente por no acceder a su contenido en el plazo de 10 días.

Como cortesía con el usuario, la TGSS enviará avisos de disponibilidad de notificación en la sede electrónica a los distintos receptores posibles.

Sin perjuicio de lo anterior, la Administración de la SS podrá practicar las notificaciones y comunicaciones por medios no electrónicos.

Las notificaciones de los actos administrativos de la Seguridad Social en los supuestos del artículo 44 de la Ley 39/2015, de 1 de octubre, del procedimiento administrativo común de las Administraciones Públicas (cuando no sea posible notificar el acto administrativo en última instancia) se efectuarán también en el Tablón edictal único y gratuito que para todas las Administraciones Públicas se establece a través del "Boletín Oficial del Estado".

Se mantiene, sin embargo, un Tablón edictal propio para otros anuncios y comunicaciones de la Seguridad Social, regulado por la Orden ESS/1222/2015, de 22 de junio, por la que se regula el tablón de anuncios de la Seguridad Social, BOE de 24.

3.2.2.13. Liquidación e ingreso de cuotas de la SS. Sistema de Liquidación Directa (Siltra)

El Sistema de Liquidación Directa de cotizaciones a la Seguridad Social es una reforma del sistema de cotización y recaudación impulsado por la TGSS, que modifica todos los trámites y gestiones que se venían realizando, a través del uso intensivo de medios telemáticos.

La TGSS está implantando de manera progresiva un sistema que le permite adoptar un papel activo en el proceso de recaudación, pasando de un modelo de autoliquidación a un modelo de facturación, así como proporcionar mayor información sobre las cotizaciones a empresas y trabajadores a través de un modelo de atención personalizado y multicanal. Este proceso, que comenzó en enero de 2015, se realizará íntegramente de manera telemática, lo que permitirá una mayor comodidad y eficacia en lo que respecta a la gestión liquidatoria de cuotas.

La TGSS dispondrá de una base de datos única que nivelará con organismos como el Servicio Público de Empleo Estatal, las mutuas y el Instituto Nacional de la Seguridad Social, lo cual le permitirá conocer la situación del trabajador en todo momento y validar directamente los datos de cotización. Consecuentemente, se reducen los datos que las empresas comunican a la TGSS, debiendo estas remitir aquellos datos de que no disponga o que no pueda calcular.

Este sistema de liquidación aporta mejoras tanto para los cotizantes como para la Seguridad Social, tales como:

- El uso de medios telemáticos simplifica los trámites administrativos y gestiones actuales.

- Proporciona información más detallada sobre las cotizaciones a empresas y trabajadores, a través de un modelo de atención personalizada y multicanal.
- Gracias a un mayor control de recaudación, contrastada en colaboración con otros organismos participantes, hay una reducción de los plazos de gestión así como una disminución de incidencias en cotización.

Los cambios más destacables del Sistema son:

- Aparece el concepto Tramo, que es la fracción por la que se divide cada período de liquidación del trabajador, en el que las condiciones del trabajador son idénticas (períodos de alta, incapacidad temporal, ...).
- Se modifica el cálculo de las liquidaciones, que se hará por cada uno de los trabajadores en lugar de hacerse por Códigos de Cuenta Cotización (en adelante CCC).
- Las liquidaciones pasan a ser parciales o totales, es decir, se rechaza únicamente aquel trabajador que contenga discrepancias, debiendo enviar únicamente sólo ese trabajador con la corrección de errores.
- Se simplifican los datos a comunicar, debiendo enviar únicamente los datos de los que no disponga la TGSS, como son horas de trabajadores a tiempo parcial, importe de la formación continua, subvención por formación, etc.
- Nueva estructura de la comunicación, que se hará mediante nuevos ficheros en formato XML.

Conforme a la Resolución de la Secretaría de Estado para la Seguridad Social de 8 de enero de 2015 (BOE de 14/01/2015), mediante notificaciones electrónicas a las empresas afectadas se les irá indicando el momento de incorporación al sistema de liquidación directa de cuotas de la Seguridad Social. Para ello, cada mes la TGSS seleccionará los Códigos de Cuenta de Cotización agrupados por Autorizado RED para proceder a notificar la incorporación obligatoria a este sistema. La notificación de obligatoriedad se depositará en la Sede Electrónica de la SS y su recepción sigue las mismas reglas que el resto de notificaciones. La incorporación de los sujetos responsables a este sistema se produce a partir del día primero del mes natural siguiente a aquél en que se notifica la obligatoriedad en la sede. Desde el momento de la incorporación, las empresas disponen de un periodo de prácticas de tres meses. Durante este tiempo de prácticas para el cumplimiento de las obligaciones los autorizados RED deben continuar liquidando las cotizaciones en el actual sistema de autoliquidación. Transcurrido ese período, a partir del tercer mes siguiente a aquél en que se recibió la notificación, el Sistema de Liquidación Directa se aplica con carácter obligatorio, debiendo liquidar las cotizaciones por este sistema y abandonar definitivamente el sistema de autoliquidación.

La Resolución de la TGSS de 26 de diciembre de 2014 (BOE de 14/01/2015) amplía las posibilidades de pagar las liquidaciones de la Seguridad Social mediante tarjetas de crédito o débito.

El BOE de 31 de enero de 2015 publica la Orden ESS/86/2015, de 30 de enero, por la que se desarrollan las normas legales de cotización a la Seguridad Social, desempleo, protección por cese de actividad, Fondo de Garantía Salarial y formación profesional, contenidas en la Ley 36/2014, de 26 de diciembre, de Presupuestos Generales del Estado para el año 2015.

El Real Decreto 708/2015, de 24 de julio, por el que se modifican diversos reglamentos generales en el ámbito de la Seguridad Social para la aplicación y desarrollo de la Ley 34/2014, de 26 de diciembre, de medidas en materia de liquidación e ingreso de cuotas de la Seguridad Social, y de otras disposiciones legales (BOE de 25), constituye la adaptación de varios Reglamentos del régimen de ingreso de cuotas de la Seguridad Social y de la gestión de las mismas para implantar de manera consistente el nuevo modelo de gestión de cuotas de la Seguridad Social.

3.2.3. Ayuntamiento

3.2.3.1. Licencia municipal de apertura

La licencia municipal de apertura es necesaria para abrir por primera vez el establecimiento en el que se desarrollará la actividad empresarial. Existen dos tipos de licencia, según la actividad que se vaya a desarrollar sea una actividad calificada como molesta, insalubre, nociva o peligrosa (hostelería, actividades industriales, determinados comercios y servicios, etc.) y que requieren adoptar medidas correctivas sanitarias, de seguridad y/o medioambientales, o una actividad inocua o no calificada en las anteriores (pequeños comercios de moda, de productos de alimentación no perecederos, pequeñas oficinas para prestación de servicios diversos, etc.).

La solicitud de la licencia ha de realizarla la persona física o jurídica que desee desarrollar la actividad. Ha de dirigirse al Departamento de Urbanismo del Ayuntamiento en el que esté domiciliada la entidad o sociedad.

Las actividades inocuas tienen un procedimiento de legalización más sencillo, con menores requisitos y costes asociados. Aun así, en la solicitud, generalmente, será necesario adjuntar un informe técnico que incluya planos del local realizados por un profesional.

De esta manera, la documentación exigida para solicitar la licencia de apertura de estas actividades es:

- ❒ Formulario Municipal de solicitud.
- ❒ Fotocopia del DNI o Escritura de Constitución y NIF, según sean personas físicas o sociedades.
- ❒ Planos de planta y sección, acotados, con el máximo detalle posible (indicando el uso de cada dependencia, las luces de emergencia, colocación de extintores, etc.).
- ❒ Plano de situación del local respecto a las calles donde se halla ubicado.
- ❒ Plano de emplazamiento del local en relación con el resto de los locales del edificio, sólo en algunos Ayuntamientos.
- ❒ Escritura de Propiedad o contrato de arrendamiento del inmueble, si lo exige el Ayuntamiento en el que radica la actividad.

En el caso de actividades calificadas, será necesario aportar un proyecto técnico más completo que permita emitir los correspondientes informes municipales.

Así, la documentación exigida para solicitar la licencia de apertura para desarrollar una actividad calificada como molesta, insalubre, nociva o peligrosa será:

- ❒ Formulario Municipal de solicitud.
- ❒ Relación de vecinos colindantes.
- ❒ Proyecto Técnico de las instalaciones firmado por un técnico competente y visado por el Colegio Oficial que corresponda, y con Dirección Facultativa.
- ❒ Fotocopia del alta en el Impuesto sobre Actividades Económicas.

No obstante lo establecido anteriormente, la Ley 12/2012, de 27 de diciembre, introduce la inexigibilidad de determinadas licencias para el desarrollo de actividades comerciales y servicios previstos en la citada Ley, tales como, entre otros, industria textil, del cuero, del calzado y vestido, del papel, comercio al por menor de productos alimenticios, bebidas y tabaco, de productos industriales no alimenticios, comercio mixto o integrado, reparaciones, alquiler de bienes muebles e inmuebles, educación e investigación, etc., realizados a través de establecimientos permanentes situados en cualquier parte del territorio nacional y cuya superficie útil de exposición y venta al público no sea superior a 750 metros cuadrados.

Por tanto, para el inicio y desarrollo de las actividades comerciales y servicios determinados en esa Ley, no podrá exigirse por parte de las Administraciones o entidades del sector público la obtención de licencia previa de instalaciones, funcionamiento o de actividad, ni otras de clase similar que sujeten el ejercicio de la actividad comercial a desarrollar o la posibilidad de la apertura del establecimiento correspondiente a previa autorización del organismo correspondiente.

Las licencias previas que no puedan ser exigidas, serán sustituidas por declaraciones responsables o bien por comunicaciones previas al Ayuntamiento relativas al cumplimiento de las previsiones legales establecidas en la normativa vigente. En todo caso, el declarante deberá estar en posesión del justificante de pago del tributo correspondiente cuando sea preceptivo.

La declaración responsable deberá contener una manifestación explícita del cumplimiento de aquellos requisitos que resulten exigibles de acuerdo con la normativa vigente, y estar en posesión de la documentación que así lo acredite y del proyecto cuando corresponda.

La Ley 18/2022, de 28 de septiembre, de creación y crecimiento de empresas (BOE de 29), conocida como Ley crea y crece, ha ampliado el Anexo de la citada Ley 12/2012, de 26 de diciembre, de las empresas que no necesitan licencia de apertura para iniciar su actividad.

Estas empresas están identificadas con las claves y en los términos establecidos por el Real Decreto Legislativo 1175/1990, de 28 de septiembre, por el que se aprueban las tarifas y la instrucción del Impuesto sobre Actividades Económicas y son las siguientes:

Grupo 857. Alquiler de aparatos de medida.

Grupo 922. Servicios de limpieza.

Epígrafe 843.3 Servicios técnicos de prospecciones y estudios geológicos.

Epígrafe 843.4 Servicios técnicos de topografía.

Grupo 846. Empresas de estudios de mercado.

Grupo 847. Servicios integrales de correos y telecomunicaciones.

Epígrafe 849.4 Servicios de custodia, seguridad y protección.

Epígrafe 849.5 Servicios de mensajería, recadería y reparto y manipulación de correspondencia.

Epígrafe 849.6 Servicios de colocación y suministro de personal.

Epígrafe 849.8 Multiservicios intensivos en personal.

Epígrafe 849.9 Otros servicios independientes, NCOP.

Estos puntos son exigidos para la obtención de la licencia, junto con el pago de tasas, sin perjuicio de que no sea indispensable contar con dicha licencia en el momento de apertura del establecimiento.

La presentación de la declaración responsable, con el consiguiente efecto de habilitación a partir de ese momento para ejercer la actividad, no prejuzgará en modo alguno la situación y efectivo acomodo de las condiciones del establecimiento a la normativa aplicable, ni limitará el ejercicio de las potestades administrativas, de comprobación, inspección, sanción y control que el Organismo correspondiente tenga atribuidas.

El coste de la licencia de apertura vendrá determinado por los dos componentes siguientes:

- Tasas del Ayuntamiento. Se calculan para cada local considerando la relevancia comercial de la calle donde se encuentra ubicado, el tamaño del mismo y el tipo de actividad a desarrollar. Las tasas son mayores para actividades calificadas y a mayor relevancia y superficie del local. Este importe varía en función de los ayuntamientos.
- Coste del informe o proyecto técnico. Dependerá del tipo de actividad y de la complejidad del proyecto a realizar.

En resumen, el procedimiento habitual de solicitud de la licencia de apertura es el siguiente:

- Elaboración del informe o proyecto técnico de licencia de apertura.
- Visado del proyecto por el correspondiente Colegio Oficial.
- Pago de las tasas municipales correspondientes.
- Presentación de la declaración responsable y la solicitud de licencia de apertura, junto con el proyecto técnico y el resguardo del abono de las tasas municipales, en el registro del área de urbanismo.
- Visita del técnico competente del ayuntamiento para verificar que el local cumple con lo estipulado y ratificar la concesión de licencia de apertura.

3.2.3.2. Licencia municipal de obras

La licencia municipal de obras es necesaria para realizar obras de acondicionamiento interior, exterior y de nueva edificación, entre otras, en locales, naves o edificios situados en municipios. El Departamento de Urbanismo del Ayuntamiento en el que se encuentra domiciliada la sociedad deberá comprobar que las obras propuestas se adecuan a lo establecido por la normativa urbanística municipal.

La documentación necesaria para la solicitud de la licencia en el Departamento de Urbanismo del Ayuntamiento será:

- Formulario Municipal de solicitud.
- Proyecto realizado por un técnico competente, visado por el Colegio Profesional correspondiente y con dirección facultativa de las obras.

- ❒ NIF del solicitante, en caso de persona física, o NIF del apoderado, si se trata de Sociedades.
- ❒ Título de propiedad del inmueble o contrato de arrendamiento, sólo en algunos Ayuntamientos.

La licencia será de obra menor o mayor dependiendo de la envergadura del proyecto, lo que influirá en la cuantía de las tasas a pagar. En función de si se trata de obras mayores o menores, la documentación exigida variará (por ejemplo, en caso de obra mayor, habrá que presentar un proyecto técnico firmado y visado por un perito o arquitecto técnico autorizado).

La solicitud de la licencia de obras se tramitará obligatoriamente antes de empezar dichas obras, que deben empezar en los seis meses siguientes a la obtención de la licencia.

No obstante, la Ley 12/2012 regula la inexigibilidad por parte de las administraciones del sector público de obtención de la licencia o autorización previa para la realización de las obras ligadas al acondicionamiento de los locales para desempeñar la actividad comercial cuando no requieran de la redacción de un proyecto de obra de conformidad con la Ley de Ordenación de la Edificación, cumpliendo con los requisitos ya comentados en el epígrafe 3.2.3.1. anterior.

La inexigibilidad de licencia no regirá respecto de las obras de edificación que fuesen precisas conforme al ordenamiento vigente, las cuales se seguirán regulando, en cuanto a la exigencia de licencia previa, requisitos generales y competencia para su otorgamiento, por su normativa correspondiente.

En todas las actividades será muy importante observar todos los requerimientos de la Ley de Accesibilidad para personas discapacitadas y de licencias de obras en el caso de que sea necesario proceder a efectuar reformas y obras en el local.

3.2.3.3. Impuesto sobre Construcciones, Instalaciones y Obras (ICIO)

El ICIO es un tributo indirecto, municipal, de establecimiento voluntario y de gestión exclusiva atribuida al municipio que lo establezca.

El hecho imponible del impuesto lo constituye la realización de cualquier construcción, instalación u obra para la que se exija la obtención de la correspondiente licencia de obras o urbanística, se haya obtenido o no dicha licencia, o para la que se exija la presentación de declaración responsable o comunicación previa, siempre que la expedición de la licencia o la actividad de control corresponda al ayuntamiento de la imposición.

Se podrá iniciar la ejecución de obras e instalaciones con la presentación de una declaración responsable o comunicación previa, según el caso, en la que el empresario declara cumplir los requisitos exigidos por la normativa vigente y disponer de los documentos que se exijan, además de disponer del justificante del pago del tributo correspondiente cuando sea preceptivo.

Este impuesto no sustituye ni a la licencia de obras o urbanística ni a la tasa que grava su expedición, ni tampoco a la declaración responsable o comunicación previa, y la exigencia de dicha licencia o la actividad de control vendrá determinada por la legislación urbanística estatal o autonómica.

El hecho imponible vendrá delimitado por las siguientes notas:

- Es necesario que se realice una construcción, instalación u obra.
- La referida obra debe requerir licencia de obras, o declaración responsable o comunicación previa.
- No es necesario que se obtenga o se solicite dicha licencia, basta con que legalmente sea exigible o declaración responsable o comunicación previa.
- La competencia se atribuye al Ayuntamiento para el otorgamiento de la licencia o para realizar la actividad de control.

Será sujeto pasivo la persona física, jurídica o entidades del artículo 35.4 de la Ley General Tributaria (herencias yacentes, comunidades de bienes y demás entidades que carentes de personalidad jurídica, constituyan una unidad económica o un patrimonio separado susceptible de imposición) que sean dueños de la construcción, instalación u obra, sean o no propietarios del inmueble sobre el que se realice aquella. A estos efectos, tendrá la consideración de dueño de la construcción, instalación u obra quien soporte los gastos o el coste que comporte su realización.

La base imponible de este impuesto está constituida por el coste real y efectivo de la construcción, instalación u obra, es decir, por el coste de ejecución material de aquella, del que no forman parte en ningún caso el Impuesto sobre el Valor Añadido y demás impuestos análogos propios de regímenes especiales, las tasas, precios públicos y honorarios de profesionales, entre otros, ni cualquier otro concepto que no integre estrictamente el coste de ejecución material.

El tipo de gravamen será fijado por los Ayuntamientos, sin que pueda exceder del 4%.

La cuota tributaria se obtiene de aplicar el tipo de gravamen a la base imponible.

Las ordenanzas fiscales podrán regular las siguientes bonificaciones sobre la cuota:

- Bonificación de hasta el 95% de la cuota del impuesto a favor de las construcciones, instalaciones u obras que sean declaradas de especial interés o utilidad municipal por concurrir circunstancias sociales, culturales, histórico-artísticas o de fomento del empleo que justifiquen tal declaración. El acuerdo corresponderá al Pleno de la Corporación, previa solicitud del sujeto pasivo, por voto favorable de la mayoría simple de sus miembros.

- Bonificación de hasta el 95% a favor de construcciones, instalaciones u obras en las que se incorporen sistemas para el aprovechamiento térmico o eléctrico de la energía solar. La aplicación de esta bonificación estará condicionada a que las instalaciones para la producción de calor incluyan colectores que dispongan de la correspondiente homologación de la Administración competente. Esta bonificación se aplicará a la cuota resultante de aplicar, en su caso, la bonificación anterior.
- Bonificación de hasta el 50% a favor de las construcciones, instalaciones u obras vinculadas a los planes de fomento de las inversiones privadas en infraestructuras. Esta bonificación se aplicará a la cuota resultante de aplicar, en su caso, las bonificaciones anteriores.
- Bonificación de hasta el 50% a favor de las construcciones, instalaciones u obras referentes a las viviendas de protección oficial. Esta bonificación se aplicará a la cuota resultante de aplicar, en su caso, las bonificaciones anteriores.
- Bonificación de hasta el 90% a favor de las construcciones, instalaciones u obras que favorezcan las condiciones de acceso y habitabilidad de los discapacitados. Esta bonificación se aplicará a la cuota resultante de aplicar, en su caso, las bonificaciones anteriores.

La regulación de los restantes aspectos sustantivos y formales de las bonificaciones expuestas se establecerá en la ordenanza fiscal. Entre otras materias la Ordenanza fiscal determinará si todas o algunas de las citadas bonificaciones son o no aplicables simultáneamente.

El devengo del impuesto se produce en el momento de iniciarse la construcción, instalación u obra. No obstante, la jurisprudencia considera que el devengo debe situarse al finalizar las obras, momento en el que pueda determinarse el coste real y efectivo de las obras.

Así, lo que dispone la normativa al fijar el devengo del impuesto al inicio de las obras es sólo un devengo adelantado que genera un ingreso a cuenta, pero éste no es el momento en el que nace la obligación tributaria.

La gestión del ICIO es una competencia municipal.

Se lleva a cabo mediante la práctica de una liquidación provisional a cuenta y una liquidación definitiva:

- La primera se practica al conceder la licencia urbanística o se presente la declaración responsable o la comunicación previa, o cuando no habiéndose solicitado, concedido o denegado aquella o presentado éstas, se inicie la construcción, instalación u obra, en función del presupuesto presentado por los interesados, siempre que el mismo hubiera sido visado por el Colegio Profesional correspondiente, cuando ello constituya un requisito preceptivo o cuando la Ordenanza así lo prevea, en función de los índices o módulos que la misma establezca al efecto. Esta liquidación puede dar lugar a supuestos de devolución de ingresos indebidos, por ejemplo, cuando luego no se realice la construcción.

- La segunda se realiza una vez concluidas las obras y comprobado administrativamente el coste real y efectivo, modificando en su caso la base imponible, practicando la correspondiente liquidación definitiva y exigiendo del sujeto pasivo o reintegrándole, en su caso, la cantidad que corresponda.
- Las Ordenanzas fiscales podrán regular como deducción de la cuota íntegra o bonificada del impuesto, el importe satisfecho o que deba satisfacer el sujeto pasivo en concepto de tasa por el otorgamiento de la licencia urbanística correspondiente a la construcción, instalación u obra de que se trate.
- En definitiva, los Ayuntamientos podrán establecer en sus Ordenanzas fiscales sistemas de gestión conjunta y coordinada de este impuesto y de la tasa correspondiente al otorgamiento de la licencia.

3.2.4. Otros organismos

3.2.4.1. Registro de la Propiedad Inmobiliaria

El Registro sirve para inscribir y dar publicidad a la propiedad de los bienes inmuebles y de los derechos que recaen sobre los mismos, tales como hipotecas o servidumbres y resoluciones judiciales o administrativas que les pueden afectar como embargos.

En España no existe la obligación de inscribir, éste es un acto voluntario pero recomendable ya que se obtiene seguridad jurídica. Además, el Registro es público para aquellos que tienen interés legítimo respecto a una finca concreta y, así conocer quién es el dueño y si existen hipotecas, embargos u otro tipo de cargas sobre la misma.

El documento debe presentarse en el Registro de la Propiedad Inmobiliaria donde radique la finca.

Documentación necesaria para formalizar la inscripción en el Registro de la Propiedad:

- ❒ Escrituras de compra-venta de la finca.
- ❒ Justificante de pago del Impuesto sobre Transmisiones Patrimoniales y Actos Jurídicos Documentados (modelo 600).

- ❒ Justificante del pago del Impuesto sobre el Incremento del Valor de los Terrenos de Naturaleza Urbana.

Al no existir obligación de inscripción tampoco existe plazo para hacerlo.

3.2.4.2. Registro Industrial

Este registro sólo es obligatorio para aquellas empresas que vayan a desarrollar una actividad de las consideradas industriales por la Ley 21/1992, de 16 de julio, de Industria.

El Registro Industrial sirve para inscribir el establecimiento en el que se desarrolla la actividad y para conseguir la autorización de la puesta en marcha de la actividad industrial. En el Registro Industrial deben inscribirse las nuevas industrias, las ampliaciones o modificaciones de las ya inscritas, los traslados de industrias, los cambios de titularidad, los cambios de actividad, así como las modificaciones de cualquier dato inscrito en el Registro Industrial.

La inscripción ha de realizarse en el Registro Industrial de la Comunidad Autónoma que corresponda. La documentación necesaria es la siguiente:

- ❒ Formulario de solicitud.
- ❒ DNI, en caso de empresario individual o Escritura de Constitución, en caso de sociedades.
- ❒ Proyecto de instalaciones firmado por un técnico competente, visado en el Colegio Oficial que corresponda o las características por escrito de las instalaciones si no es necesario presentar el proyecto.
- ❒ Boletín de Instalaciones eléctricas firmado por el instalador autorizado.
- ❒ Proyecto económico-industrial.
- ❒ Justificación de las condiciones higiénico-sanitarias.

En el plazo de un mes, a partir de la fecha de presentación de la solicitud, el solicitante recibirá una comunicación con los inconvenientes que pueda suscitar la instalación. Si ésta no se recibiera, se entenderá que no hay inconveniente para la ejecución del proyecto, sin que ello suponga, en ningún caso, la aprobación técnica del citado proyecto.

3.3. La declaración censal (artículos 1 a 28 del Real Decreto 1065/2007)

3.3.1. *Qué es la declaración censal*

Definición

La Administración Tributaria dispone de un censo en el que figuran los principales datos de los contribuyentes. Este censo cobra especial relevancia para los empresarios y profesionales que deberán incluir a través del modelo de declaración censal los datos identificativos, la actividad que van a desempeñar y las obligaciones fiscales que se derivan de su ejercicio.

En este Capítulo sólo se tratarán cuestiones censales y para profundizar en el conocimiento de la parte material de los impuestos habrá que acudir a la parte de la Guía donde se trata de cada uno de ellos.

En la actualidad existen dos modelos de declaración censal:

- 037 Declaración censal simplificada.
- 036 Declaración censal modelo normal.

Además, existe el modelo 030, utilizado por las personas físicas que no tienen la consideración de empresario o profesional.

El modelo 037 está previsto para las operaciones más usuales que pueda realizar una persona física: alta, baja y modificaciones de cuestiones relacionadas con el domicilio fiscal, datos identificativos, actividades económicas, IVA, IRPF de retenciones e ingresos a cuenta, siempre que no sean grandes empresas, no figuren inscritos en el ROI o en el REDEME, no estén incluidos en los regímenes especiales de IVA distintos del simplificado, especial de la agricultura, ganadería y pesca, régimen especial del recargo de equivalencia, y especial del criterio de caja, no realicen adquisiciones no sujetas de las reguladas en el artículo 14 de la Ley 37/1992 LIVA, no realicen ventas a distancia, no sean sujetos pasivo de Impuestos Especiales ni del Impuesto sobre Primas de Seguros, y que no satisfagan rendimientos del capital mobiliario.

El arrendador de viviendas exento de IVA, que no constituya actividad económica según el IRPF, no está obligado a presentar esta declaración censal.

El modelo 036 puede ser utilizado, con carácter general por cualquier obligado tributario que deba cumplir con la obligación tributaria formal de presentar dicha declaración.

La presentación de los modelos 036 o el modelo 037, se puede hacer:

- Acudiendo a una Administración de la Agencia Estatal de la Administración Tributaria ya con el impreso manifestando la actuación censal solicitada, ya con la impresión del formulario ajustado al modelo 036 o 037, en la página web de la Agencia Tributaria —www.agenciatributaria.es/modelos y formularios/Censos, certificados y otros/036 o 037— previa cumplimentación y validación, sin que sea necesario disponer de certificado de usuario. Este documento electrónico en formato PDF podrá guardarse en el ordenador personal, y deberá imprimirse para su presentación en la Administración correspondiente, antes del trascurso de un mes.
- Bien se dispone de certificado electrónico o DNI electrónico, bien a través de colaborador social o apoderado, se puede presentar la declaración censal por vía telemática por Internet en www.agenciatributaria.es o en su Sede Electrónica www.agenciatributaria.gob.es.

La presentación electrónica por Internet basada en certificados electrónicos reconocidos, es de carácter obligatorio para las declaraciones censales de aquellos obligados tributarios que, bien tengan la condición de Administración Pública, bien estén adscritos a la Delegación Central de Grandes Contribuyentes o a alguna de las Unidades de Gestión de Grandes Empresas de la Agencia Estatal de Administración Tributaria, o bien tengan la forma de sociedad anónima o sociedad de responsabilidad limitada, así como en el supuesto de que el modelo 036 se utilice para solicitar la inscripción en el registro de devolución mensual.

Esta obligatoriedad no resultará aplicable cuando el modelo 036 se utilice para solicitar la asignación del número de identificación fiscal provisional.

Cuando la declaración censal deba acompañarse de otros documentos como, por ejemplo, la escritura pública de constitución de la entidad o sus estatutos sociales, se presentarán en el Registro Electrónico de la Agencia Estatal de Administración Tributaria. Para ello, el obligado tributario o, en su caso, el presentador, deberá acceder, a través de la Sede electrónica de la Agencia Tributaria, al trámite de aportación de documentación complementaria del modelo 036.

Si la declaración es aceptada por la Administración Tributaria, se recibe un justificante de la presentación del modelo con un Código Seguro de Verificación.

En el modelo censal existe la posibilidad de incorporar entre los datos identificativos la condición de emprendedor de responsabilidad limitada según la Ley 14/2003, que permite al empresario persona física evitar, bajo determinadas condiciones, que la responsabilidad derivada de sus deudas empresariales o profesionales afecte a su vivienda habitual, y la fecha de inscripción o de la cancelación de dicha condición en el Registro Mercantil.

Las últimas modificaciones incluidas en la regulación de los modelos censales son:

- La inclusión de la referencia catastral del inmueble en el que se localiza el domicilio fiscal, así como la dirección en Internet o página web mediante la que se desarrolla parcial o totalmente la actividad. Esta modificación consiste en reducir el contenido de los datos solicitados y la precisión de indicar que el suministro del número de teléfono y/o la dirección de correo electrónico, implican la concesión de la autorización para que los mismos sean utilizados por la Agencia Estatal de Administración Tributaria para realizar avisos de carácter meramente informativo (Orden HFP 1247/2017 de 20 de diciembre).
- La obligación de comunicar los sucesores en la declaración de baja del Censo de Empresarios, Profesionales y Retenedores, en caso de fallecimiento de personas físicas o extinción de entidades. La entrada en vigor de esta modificación censal, relativa a la incorporación de la información de sucesores, se producirá a partir del 1 de julio de 2018 (RD 1070/2017 de 29 de diciembre desarrollado por la Orden HFP 1307/2017 de 29 de diciembre)
- La posibilidad de la utilización del Documento Único Electrónico para presentar las declaraciones de modificación y baja en dicho censo, y no sólo la declaración de alta como hasta ahora, adaptándose la norma reglamentaria a la Ley 14/2013, de 27 de septiembre, de Apoyo a los Emprendedores y su Internacionalización (RD 1070/2017 de 29 de diciembre).
- La inclusión de una marca especial en el modelo de autoliquidación del Impuesto sobre el Valor Añadido, modelo 303, que permita identificar en la autoliquidación a aquellos sujetos pasivos que voluntariamente lleven los Libros registro del Impuesto sobre el Valor Añadido a través de la Sede electrónica de la Agencia Estatal de Administración Tributaria (Orden HFP 417/2017 de 12 de mayo).
- Asimismo, y dado que la opción por el diferimiento del Impuesto sobre el Valor Añadido para los sujetos pasivos que tributen exclusivamente ante una Administración tributaria Foral debe ejercerse a través de una declaración censal ante la Agencia Estatal de Administración Tributaria, se ha considerado adecuado que esta opción específica también se ejerza a través de la Declaración censal de alta, modificación y baja en el Censo de empresarios, profesionales y retenedores, modelo 036 (Orden HFP 1307/2017 de 29 de diciembre).
- Se permite que los cónyuges cumplimenten un único modelo censal 030 (Orden HFP 1247/2017de 20 de diciembre).
- La aprobación del formulario 035 «Declaración de inicio, modificación o cese de operaciones comprendidas en los regímenes especiales aplicables a los sujetos pasivos que presten servicios a personas que no tengan la condición de sujetos pasivos o que realicen ventas a distancia de bienes o determinadas entregas nacionales de bienes» y se determinan la forma y procedimiento para su presentación (Orden HAC/611/2021, de 16 de junio).

Siempre que se presente una declaración censal, se deberá consignar la causa o causas que motivan su presentación, dentro del apartado A) alta, B) modificación o C) baja, según proceda.

Los modelos 036 o 037 son imprescindibles para darse de alta en una actividad económica.

La Orden HAC/609/2021, de 16 de junio, modifica los modelos 036 y 037 de declaración censal y se aprueba el modelo 030 de declaración censal de alta en el censo de obligados tributarios, cambio de domicilio y/o variación de datos personales, que pueden utilizar las personas físicas.

Esta orden introduce modificaciones en los modelos 036 de "Declaración censal de alta, modificación y baja en el Censo de empresarios, profesionales y retenedores", 037 de "Declaración censal simplificada de alta, modificación y baja en el Censo de empresarios, profesionales y retenedores" y 030 de "Declaración censal de alta en el Censo de obligados tributarios, cambio de domicilio y/o variación de datos personales, que pueden utilizar las personas físicas".

Por lo que se refiere al modelo 036:

- Incorpora al modelo 036 tanto el ejercicio de la opción por la no sujeción al Impuesto sobre el Valor Añadido de las entre-gas de bienes a que se refiere el artículo 68.Cuatro y de las prestaciones de servicios a que se refiere el artículo 70.Uno.8.º de la Ley 37/1992, de 28 de diciembre, del Impuesto sobre el Valor Añadido, como la comunicación de la sujeción de las entregas de bienes a que se refieren el artículo 68.Tres.a) y Cinco de la Ley de dicho impuesto y de las prestaciones de servicios a que se refiere el artículo 70.Uno.4.º.a) de la misma Ley.
- Introduce en el modelo 036 los cambios necesarios para permitir la declaración de inicio, modificación y cese de las actividades sujetas al Impuesto sobre Determinados Servicios Digitales, de conformidad con lo dispuesto en el artículo 13 de la Ley 4/2020, de 15 de octubre, del Impuesto sobre Determinados Servicios Digitales.
- Introduce una casilla para informar de la situación del inmueble en cuanto a su referencia catastral (inmuebles con referencia catastral en territorio común, con referencia catastral en el País Vasco o en la Comunidad Foral de Navarra, inmuebles sin dicha referencia asignada por la Dirección General del Catastro, o inmuebles situados en el extranjero).
- Incorpora la fecha de constitución y la fecha de inscripción en el Registro Mercantil entre los datos a facilitar respecto de los establecimientos permanentes de personas jurídicas o entidades no residentes.
- Incorpora la posibilidad de dar de baja el domicilio de gestión administrativa.

3.3.1.1. El alta censal (artículo 9 del Real Decreto 1065/2007)

A partir del 31 de enero de 2015, la totalidad de los impresos y modelos requeridos para la presentación de declaraciones y autoliquidaciones cuya presentación electrónica no sea obligatoria, podrán ser descargados directamente de la página web de la Agencia Estatal de Administración Tributaria, www.agenciatributaria.es, o bien podrán ser proporcionados en la Delegaciones o Administraciones de la misma. Se dejan de vender los modelos en papel en las oficinas de la Administración tributaria.

El apartado A) Alta se utilizará para seleccionar los siguientes fines:

- Solicitud de NIF
- Declaración de alta en el censo de empresarios, profesionales y retenedores.

Con carácter general, la declaración censal de alta deberá presentarse con anterioridad al inicio de las correspondientes actividades, a la realización de las operaciones, al nacimiento de la obligación de retener o ingresar a cuenta sobre las rentas que se satisfagan, abonen o adeuden.

Página 1

Datos identificativos

* N.I.F. [101] B00000000 — * Apellidos y nombre, razón o denominación social [102] GPS FISCAL,S.L.

1. CAUSAS DE PRESENTACIÓN

A) Alta

[110] ☐ Solicitud de Número de Identificación Fiscal (N.I.F.)
[111] ☑ Alta en el censo de empresarios, profesionales y retenedores

B) Modificación

[120] ☐ Solicitud de N.I.F. definitivo, disponiendo de N.I.F. provisional.
[121] ☐ Solicitud de nueva tarjeta acreditativa del N.I.F.
[122] ☐ Modificación domicilio fiscal. (páginas 2A, 2B y 2C)
[123] ☐ Modificación domicilio social o de gestión administrativa. (páginas 2A y 2B)
[124] ☐ Modificación domicilio a efectos de notificaciones. (páginas 2A, 2B y 2C)
[125] ☐ Modificación otros datos identificativos. (páginas 2A, 2B y 2C)
[126] ☐ Modificación datos representantes. (página 3)
[127] ☐ Modificación datos relativos a actividades económicas y locales. (página 4)
[128] ☐ Modificación de la condición de Gran Empresa o Admón. Pública de presupuesto superior a 6.000.000 de euros. (página 5)
[129] ☐ Solicitud de inscripción/baja en el registro de devolución mensual. (página 5)
[130] ☐ Solicitud de alta/baja en el registro de operadores intracomunitarios. (página 5)
[131] ☐ Modificación datos relativos al Impuesto sobre el Valor Añadido. (página 5)
[132] ☐ Modificación datos relativos al Impuesto sobre la Renta de las Personas Físicas. (página 6)
[133] ☐ Modificación datos relativos al Impuesto sobre Sociedades. (página 6)
[134] ☐ Modificación datos relativos al Impuesto sobre la Renta de no Residentes correspondiente a establecimientos permanentes o a entidades en atribución de rentas constituidas en el extranjero con presencia en territorio español. (página 6)
[135] ☐ Opción/renuncia por el Régimen fiscal especial del Título II de la Ley 49/2002. (página 6)
[136] ☐ Modificación datos relativos a retenciones e ingresos a cuenta. (página 7)
[137] ☐ Modificación datos relativos a otros impuestos. (página 7)
[138] ☐ Modificación datos relativos a regímenes especiales del comercio intracomunitario. (página 7)
[139] ☐ Modificación datos relativos a la relación de socios, miembros o partícipes. (página 8)
[140] ☐ Dejar de ejercer todas las actividades empresariales y/o profesionales (personas jurídicas y entidades, sin disolución. Entidades inactivas).
[141] Fecha efectiva del cese ___ / ___ / ___

C) Baja

[150] ☐ Baja en el censo de empresarios, profesionales y retenedores.
[151] Causa
[152] Fecha efectiva de la baja ___ / ___ / ___

LUGAR, FECHA Y FIRMA

* Lugar: MADRID — Fecha: 20 / 10 / 2016 — * Firma en calidad de: Representante

* Firmado: D/D.ª: NOMBRE APELLIDO1 APELLIDO2

Según la Consulta de la Dirección General de Tributos V3692-16, aunque el rendimiento que se perciba sea ocasional y de escasa cuantía hay que presentar la declaración censal de alta y cumplir con las obligaciones fiscales. Y según la Consulta de la Dirección General de Tributos V495-10, los gastos realizados antes de la presentación del alta censal no serían deducibles.

3.3.1.2. El NIF: provisional y definitivo (artículo 24 del Real Decreto 1065/2007)

Para las personas físicas, con carácter general, el NIF es el número de su Documento Nacional de Identidad (en adelante DNI), para los españoles, o el Número de Identificación de Extranjeros (en adelante NIE), para las personas que carecen de nacionalidad española.

Las personas físicas que deban estar de alta en el censo de empresarios, profesionales y retenedores y no dispongan de DNI o NIE, solicitarán a la Agencia Tributaria la asignación de un NIF. Aquí se hace mención a los extranjeros que necesitan el NIF para realizar operaciones con trascendencia tributaria como la compra de un inmueble o la adquisición de acciones o participaciones de una sociedad; en este caso, pueden solicitar, y se asigna por la Administración Tributaria, un NIF que comienza por la letra M.

Para las personas jurídicas y entidades sin personalidad jurídica que vayan a realizar actividades empresariales o profesionales, deberán solicitar su Número de Identificación Fiscal antes de llevar a cabo entregas, prestaciones o adquisiciones de bienes o servicios, de la percepción de cobros o el abono de pagos, o de la contratación de personal laboral, efectuados para el desarrollo de su actividad. En todo caso, la solicitud se formulará dentro del mes siguiente a la fecha de su constitución.

El Número de Identificación Fiscal de las personas jurídicas y entidades sin personalidad tendrá carácter provisional, mientras la entidad interesada no haya aportado copia de la escritura pública o documento fehaciente de su constitución y de los estatutos sociales o documento equivalente, así como certificación de su inscripción, cuando proceda, en un registro público.

Para la solicitud del NIF provisional, hay que acompañar al modelo 036 de, bien la escritura de constitución, bien de un acuerdo de voluntades, plasmado en un documento privado que acredite la intención de constituir la entidad.

Legislación

La regulación del NIF aparece en el artículo 35.4 de la Ley General Tributaria 58/2003 de 17 de diciembre, que se remite al RD 1065/2007, que se remiten a la Orden EHA/451/2008, de 20 de febrero, siendo su última modificación la incluida en la Orden HAP/5/2016, de 12 de enero.

ACUERDO DE VOLUNTADES

REUNIDOS

Dña. *********, D.N.I. nº. ***** y con domicilio en ****** (**), en la calle *************.

D. **********, con D.N.I. nº. ******** y con domicilio en ****** (**********), en la calle *********.

D. **********, con D.N.I. nº. ******** y con domicilio en ****** (**********), en la calle *********.

Dña. *********, D.N.I. nº. ***** y con domicilio en ****** (**), en la calle *************.

Dña. *********, D.N.I. nº. ***** y con domicilio en ****** (**), en la calle *************.

ACUERDAN

PRIMERO; Que tienen la voluntad de constituirse en Sociedad Limitada, bajo la denominación social: "**************, S.L.", cuya reserva de denominación ha sido efectuada en el Registro Mercantil Central, con el número de certificación **********.

SEGUNDO; Que tendrá como objeto social inicialmente el de: "****************", pudiendo ejercer la actividad de comercio mayor, de toda clase de productos que quedan integrados en este epígrafe de I.A.E. *****************.

TERCERO; Que el domicilio social y fiscal se fijará en **** (*******) en el ********* nº. ****_**

CUARTO; Que la fecha del cierre del ejercicio social y fiscal será a 31 de diciembre de cada año.

QUINTO: Esta sociedad se constituirá con un capital social inicial de ***********euros, siendo conforme a lo dispuesto en el art. 4 de la Ley 2/1995, de 23 de marzo, de Sociedades de Responsabilidad Limitada.

SEXTO; Asimismo, acuerdan los comparecientes, que Dña. *********, es nombrada como ADMINISTRADORA ÚNICA, quien llevará a cabo todo tipo de actos, contratos y tramites en nombre de la Sociedad, conforme dispone el Capitulo V de la Ley 2/1995, de 23 de marzo, de Sociedades de Responsabilidad Limitada.

Cuando se obtenga un Número de Identificación Fiscal provisional, la entidad quedará obligada a la aportación de la documentación pendiente necesaria para la asignación del Número de Identificación Fiscal definitivo en el plazo de un mes desde la inscripción en el registro correspondiente:

- Original y fotocopia de la escritura pública de constitución.
- Certificado de inscripción de la sociedad en el Registro Mercantil o, en su defecto aportación de la escritura con sello de inscripción registral.
- Fotocopia del NIF del representante de la sociedad —el que firme la declaración censal—.
- Original y fotocopia del documento que acredite la capacidad de representación del que firma la declaración censal —salvo que figure como tal en la escritura de constitución o en los estatutos—.

Para evitar que el número de identificación fiscal provisional pueda devenir permanente en el caso de entidades que no se hayan constituido de manera efectiva, se establece un período de validez del mismo de seis meses, a efectos de aplicar los correspondientes procedimientos de rectificación censal y de revocación del número de identificación fiscal.

El NIF provisional permite realizar operaciones como abrir una cuenta bancaria, realizar compras o gastos, antes de la efectiva constitución de la sociedad.

En general la distinción entre el NIF provisional y el definitivo tiene sentido para las sociedades mercantiles en las que la inscripción es esencial para tener la personalidad jurídica y para que se pueda asignar el NIF definitivo.

El NIF de las entidades comienza por una letra según la siguiente lista:

A: Sociedades anónimas

B: Sociedades de responsabilidad limitada

C: Sociedades colectivas

D: Sociedades comanditarias

E: Comunidades de bienes, herencias yacentes y demás entidades carentes de personalidad jurídica no incluidas expresamente en otras claves

F: Sociedades cooperativas

G: Asociaciones

H: Comunidades de propietarios en régimen de propiedad horizontal

J: Sociedades civiles

P: Corporaciones Locales

Q: Organismos públicos

R: Congregaciones e instituciones religiosas

S: Órganos de la Administración del Estado y de las Comunidades Autónomas

U: Uniones temporales de empresas

V: Otros tipos no definidos en el resto de claves

N: Entidades extranjeras

W: Establecimientos permanentes de entidades no residentes en España

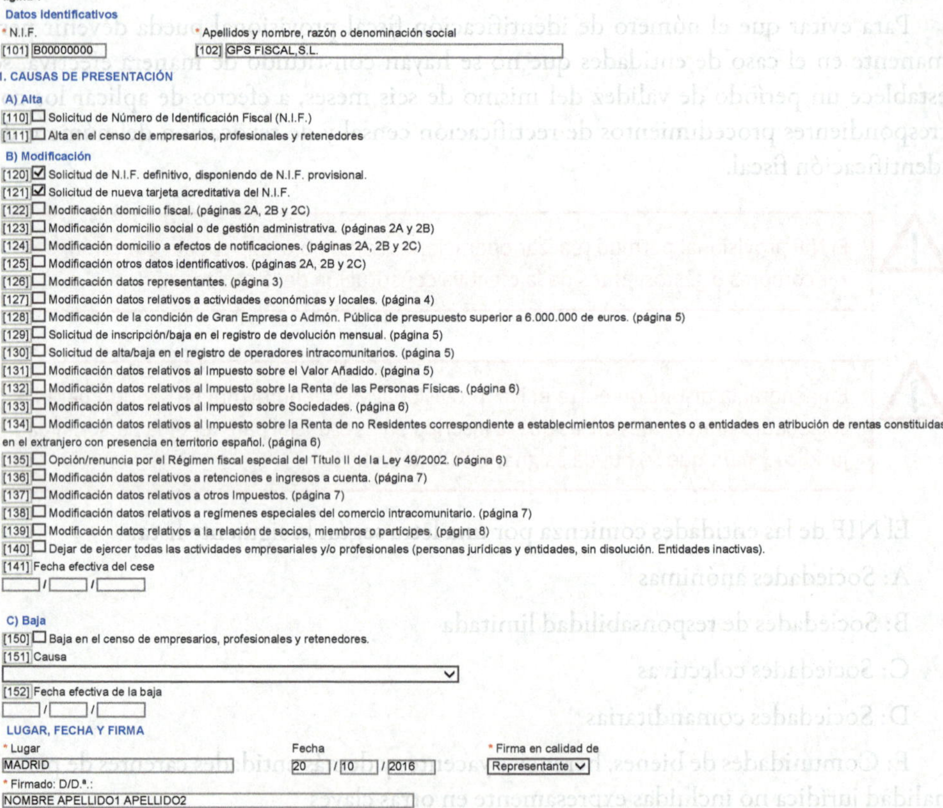

Página 1

Datos identificativos

* N.I.F. [101] B00000000

* Apellidos y nombre, razón o denominación social [102] GPS FISCAL,S.L.

1. CAUSAS DE PRESENTACIÓN

A) Alta

[110] ☐ Solicitud de Número de Identificación Fiscal (N.I.F.)

[111] ☐ Alta en el censo de empresarios, profesionales y retenedores

B) Modificación

[120] ☑ Solicitud de N.I.F. definitivo, disponiendo de N.I.F. provisional.

[121] ☑ Solicitud de nueva tarjeta acreditativa del N.I.F.

[122] ☐ Modificación domicilio fiscal. (páginas 2A, 2B y 2C)

[123] ☐ Modificación domicilio social o de gestión administrativa. (páginas 2A y 2B)

[124] ☐ Modificación domicilio a efectos de notificaciones. (páginas 2A, 2B y 2C)

[125] ☐ Modificación otros datos identificativos. (páginas 2A, 2B y 2C)

[126] ☐ Modificación datos representantes. (página 3)

[127] ☐ Modificación datos relativos a actividades económicas y locales. (página 4)

[128] ☐ Modificación de la condición de Gran Empresa o Admón. Pública de presupuesto superior a 6.000.000 de euros. (página 5)

[129] ☐ Solicitud de inscripción/baja en el registro de devolución mensual. (página 5)

[130] ☐ Solicitud de alta/baja en el registro de operadores intracomunitarios. (página 5)

[131] ☐ Modificación datos relativos al Impuesto sobre el Valor Añadido. (página 5)

[132] ☐ Modificación datos relativos al Impuesto sobre la Renta de las Personas Físicas. (página 6)

[133] ☐ Modificación datos relativos al Impuesto sobre Sociedades. (página 6)

[134] ☐ Modificación datos relativos al Impuesto sobre la Renta de no Residentes correspondiente a establecimientos permanentes o a entidades en atribución de rentas constituidas en el extranjero con presencia en territorio español. (página 6)

[135] ☐ Opción/renuncia por el Régimen fiscal especial del Título II de la Ley 49/2002. (página 6)

[136] ☐ Modificación datos relativos a retenciones e ingresos a cuenta. (página 7)

[137] ☐ Modificación datos relativos a otros Impuestos. (página 7)

[138] ☐ Modificación datos relativos a regímenes especiales del comercio intracomunitario. (página 7)

[139] ☐ Modificación datos relativos a la relación de socios, miembros o partícipes. (página 8)

[140] ☐ Dejar de ejercer todas las actividades empresariales y/o profesionales (personas jurídicas y entidades, sin disolución. Entidades inactivas).

[141] Fecha efectiva del cese

/ /

C) Baja

[150] ☐ Baja en el censo de empresarios, profesionales y retenedores.

[151] Causa

[152] Fecha efectiva de la baja

/ /

LUGAR, FECHA Y FIRMA

* Lugar: MADRID

Fecha: 20 / 10 / 2016

* Firma en calidad de: Representante

* Firmado: D/D.ª.: NOMBRE APELLIDO1 APELLIDO2

El Real Decreto 1070/2017, de 29 de diciembre (BOE de 30) y con el objeto de evitar que el número de identificación fiscal provisional pueda devenir permanente en el caso de entidades que no se hayan constituido de manera efectiva, establece un período de validez del mismo de seis meses, a efectos de aplicar los correspondientes procedimientos de rectificación censal y de revocación del número de identificación fiscal.

Las sociedades anónimas, limitadas, colectivas, comanditarias y cooperativas, pueden solicitar la asignación del NIF provisional y definitivo por vía telemática también a través de los Fedatarios Públicos.

La presentación de la declaración de alta en el censo de empresarios, profesionales y retenedores podrá sustituirse por la presentación del Documento Único Electrónico (DUE), cuando la normativa lo autorice.

Recordar que, desde el 1 de enero de 2018, tras la entrada en vigor del Real Decreto 1070/2017, de 29 de diciembre, BOE de 30, cuyo tenor modifica el RGAT en este tenor, se permite la utilización del Documento Único Electrónico para presentar las declaraciones de modificación y baja en dicho censo, y no sólo la declaración de alta como hasta ahora, adaptándose la norma reglamentaria a la Ley 14/2013, de 27 de septiembre, de Apoyo a los Emprendedores y su Internacionalización.

Se puede tramitar telemáticamente la constitución de sociedades de responsabilidad limitada, sociedades limitadas nueva empresa y de empresas individuales. El procedimiento telemático requiere la visita a un "Punto de atención al emprendedor" (PAE) que informan e inician la creación de la sociedad. http://www.ipyme.org/es-ES/CreacionEmpresas/Paginas/ReddePuntosdeTramitacionEmpresarial.aspx

Existe la posibilidad de que la Administración tributaria pueda revocar el NIF asignado, cuando, en el curso de las actuaciones de comprobación censal o en otras actuaciones y procedimientos de comprobación o investigación, se incumplan gravemente obligaciones formales o materiales o existan indicios de la inexistencia de las actividades económicas declaradas.

Tras la reforma de la Ley General Tributaria, debida a la Ley 34/2015, de 21 de septiembre, es posible también revocar los NIF de las personas físicas.

Los efectos de la revocación del NIF se resumen en:

- Publicación de la revocación del NIF en el «Boletín Oficial del Estado".
- Pérdida de validez a efectos identificativos de dicho NIF en el ámbito fiscal.
- Imposibilidad de realizar inscripciones en el Registro Público correspondiente.
- Imposibilidad de realizar cargos y abonos en cuentas o depósitos abiertos en entidades de crédito.

Como especialidades podemos enumerar las siguientes:

- Las sociedades profesionales son aquellas que tienen por objeto social el ejercicio en común de una actividad profesional y deberán constituirse como tal en los términos de la Ley 2/2007, de 15 de marzo, de Sociedades Profesionales.

A los efectos de esta Ley, es actividad profesional, aquélla para cuyo desempeño se requiere titulación universitaria oficial, o titulación profesional para cuyo ejercicio sea necesario acreditar una titulación universitaria oficial, e inscripción en el correspondiente Colegio Profesional.

Se deben inscribir, tanto en el Registro Mercantil haciendo constar su calificación, como en Registro de Sociedades Profesionales del Colegio Profesional que corresponda a su domicilio.

- Las sociedades cooperativas, que se inscriben en el Registro de Cooperativas.
- Las Uniones Temporales de Empresas (en adelante UTE), en las que el NIF será siempre definitivo con alta en la obligación del Impuesto sobre Sociedades desde su constitución, y en las que la inscripción en el Registro de UTE es voluntaria, para optar o no a su régimen especial en el Impuesto sobre Sociedades.
- Las Asociaciones y Fundaciones pueden obtener el NIF provisional hasta la inscripción en el Registro de la Comunidad Autónoma o del Ministerio correspondiente, si es de ámbito nacional.

3.3.1.3. La declaración censal de modificación y baja (artículos 10 y 11 del Real Decreto 1065/2007)

La declaración censal de modificación sirve para entre otros motivos:

- Modificar el domicilio fiscal, social u otros datos identificativos.
- Modificación de las actividades económicas.
- Modificación de los datos relativos al IRPF, IVA o Impuesto sobre Sociedades.

La declaración censal de baja se presentará cuando cesen las actividades económicas.

La baja de las sociedades sólo se podrá solicitar cuando se disuelvan y liquiden conforme a la normativa mercantil, inscripción de la disolución en el Registro Mercantil. Mientras esto no se cumpla se podrá presentar una declaración de modificación, dando de baja todas las obligaciones fiscales salvo la del Impuesto sobre Sociedades.

Los herederos presentarán la declaración de baja de las personas físicas fallecidas.

La declaración censal de modificación deberá presentarse con carácter general, en el plazo de un mes, a contar desde el día siguiente a aquel en que se hayan producido los hechos que determinan su presentación.

La declaración censal de baja deberá presentarse en el plazo de un mes desde que se cumplan las condiciones previstas. Cuando una sociedad o entidad se disuelva y liquide, la declaración de baja deberá ser presentada en el plazo de un mes desde que se haya realizado, en su caso, la cancelación efectiva de los correspondientes asientos en el Registro Mercantil.

Desde 1 de enero de 2018 se establece la obligación de comunicar los sucesores en la declaración de baja del Censo de Empresarios, Profesionales y Retenedores, en caso de fallecimiento de personas físicas o extinción de entidades.

En caso de fallecimiento del obligado tributario los herederos deberán presentar la declaración de baja correspondiente en el plazo de seis meses desde el fallecimiento.

Cuando se deja de presentar durante tres periodos el Impuesto sobre Sociedades, la Administración tributaria tramita la baja provisional en el índice de entidades inscribiendo una nota en el Registro mercantil. La sociedad posteriormente puede presentar las declaraciones y la Administración tributaria acuerda la cancelación de la nota y la rehabilitación. (Artículo 1.1 del RD 1065/2017, artículo 118 de la Ley 27/2014 del Impuesto sobre Sociedades y el 57 del RD 634/2014 Reglamento del Impuesto sobre Sociedades).

3.3.1.4. Las comunidades de bienes y las sociedades civiles

Por comunidad de bienes se entiende cuando la propiedad de una cosa o un derecho pertenece proindiviso a varias personas (artículo 392 del Código Civil). Cada propietario lo es de cuotas abstractas o ideales.

La sociedad civil es el contrato por el cual dos o más personas se obligan a poner en común dinero, bienes o industria, con ánimo de partir entre sí las ganancias (artículo 1665 del Código Civil).

Las diferencias fundamentales entre ambas figuras son las siguientes:

- La comunidad de bienes carece de personalidad jurídica, mientras que a la sociedad civil, que no mantenga sus pactos secretos, se le puede otorgar dicha personalidad.
- En cuanto, en su caso, el documento privado de constitución, se haya aportado a la Administración tributaria para la asignación del NIF, se entiende que el pacto deja de ser secreto y, por tanto, la sociedad civil tiene personalidad jurídica.
- Mientras la comunidad de bienes está dirigida al mantenimiento y aprovechamiento de una propiedad común, la sociedad civil, aun también teniendo un patrimonio común, pretende intervenir en el tráfico mercantil para obtener lucro para sus socios. Se puede hablar de un concepto estático de los bienes en la comunidad y un aprovechamiento dinámico, en el caso de la sociedad civil.

Las sociedades civiles con personalidad jurídica y con objeto mercantil desde 1 de enero de 2016 están sometidas al Impuesto sobre Sociedades.

La Dirección General de Tributos acepta una distinción formal entre las comunidades de bienes y las sociedades civiles. Interpreta, en las consultas vinculantes V2383-15,

V2385-15, V2386-15, V2387-15, V0142-16 y V0589-16 que las comunidades de bienes existentes, a pesar de que su sustancia corresponda a la de sociedades civiles, siguen tributando como entidad en atribución de rentas, conforme al régimen especial regulado en la Sección 2ª del Título X de la LIRPF.

Una vez exteriorizada la existencia de una sociedad civil y, en consecuencia, disponga de personalidad jurídica, la Dirección General de Tributos entiende que esa entidad, sólo se convierte en contribuyente del Impuesto sobre Sociedades, cuando tenga objeto mercantil, y quedan fuera de este ámbito las actividades profesionales, agrícolas, ganaderas, forestales y mineras.

En consecuencia, no son contribuyentes del Impuesto sobre Sociedades, aquellas sociedades civiles que explotan ganado vacuno (V2381-15), desarrollan actividades profesionales incluidas en la Sección Segunda de las tarifas del IAE (V2377-15) o que inviertan en productos financieros (V2431-15).

En cambio, serán contribuyentes de dicho impuesto, las sociedades civiles dedicadas a la venta al por menor de juguetes (V2378-15), la fabricación de carpintería metálica (V2379-15), a la enseñanza teórica y práctica de conducción de todo tipo de vehículo, autoescuela (V5239-16) y a la gestión de los gastos comunes derivados de un despacho de abogados (V0268-17).

A partir de 2016, las sociedades civiles con personalidad jurídica y objeto mercantil cesan de los regímenes del recargo de equivalencia y de estimación simplificada de IVA, y de estimación objetiva de IRPF, toda vez que ya no son entidades sin personalidad jurídica que tributan en atribución de rentas.

A pesar de lo anterior se están tramitando por la administración tributaria y dando un NIF que comience por "E" como "otras entidades sin personalidad jurídica no comprendidos en el resto de las claves" cuando no figure identificado claramente el bien poseído en común para considerarla comunidad de bienes.

3.3.1.5. Domicilio fiscal (artículo 48 Ley General Tributaria 58/2003 y 47 del Real Decreto 1065/2007)

El domicilio fiscal es otro de los datos identificativos a tener en cuenta en la declaración censal. Se define como el lugar de localización del obligado tributario en sus relaciones con la Administración tributaria. Constituye un lugar físico concreto donde la Administración tributaria puede localizarle y al que debe enviar las notificaciones de los actos administrativos si el obligado tributario no indica un domicilio distinto del fiscal a efectos de notificaciones. Hay que distinguirlo del lugar del ejercicio de las actividades económicas.

Para las personas físicas, es el lugar donde tienen su residencia habitual. Pero no obstante, para las personas físicas que desarrollen principalmente actividades económicas, la Administración tributaria puede considerar como domicilio fiscal: el lugar donde esté efectivamente centrada la gestión administrativa y la dirección de las actividades económicas y, si no pudiera establecerse dicho lugar, prevalecerá donde radique el mayor valor del inmovilizado en el que se realicen las actividades económicas.

El domicilio fiscal de las personas jurídicas se hace recaer en el domicilio social siempre que en él esté centralizada la gestión administrativa y la dirección de los negocios. Cuando no pueda determinarse el lugar del domicilio fiscal de acuerdo con los criterios anteriores, prevalece el lugar donde radique el mayor valor del inmovilizado. Así, en las sociedades mercantiles hay que distinguir entre domicilio social y domicilio fiscal. En un procedimiento de comprobación o inspección posterior la Administración tributaria puede valorar la realidad de ese domicilio fiscal y tiene la potestad de iniciar de oficio un procedimiento para cambiarlo.

Para cambiar el domicilio social en el modelo 036 hace falta aportar la modificación de los Estatutos que lo acredite, mientras que para cambiar el domicilio fiscal, no hay que entregar documentación alguna.

Para las entidades sin personalidad jurídica, comunidades de bienes, sociedades civiles o herencias yacentes, el domicilio fiscal es, igualmente, el lugar desde el que se lleva la gestión administrativa y la dirección de los negocios.

El cambio de domicilio social y fiscal es otra de las cuestiones que se debe hacer a través de la declaración censal. Además, se puede señalar un domicilio a efectos de notificaciones para los procedimientos tributarios.

El cambio de domicilio o el de datos identificativos para las personas jurídicas implica la emisión de una nueva tarjeta acreditativa del NIF.

Página 1

Datos identificativos

* N.I.F.

[101] B00000000

* Apellidos y Nombre, Razón o denominación social

[102] GPS FISCAL, S.L. Nombre [103]

1. CAUSAS DE PRESENTACIÓN

A) Alta

[110] ☐ Solicitud de Número de Identificación Fiscal (N.I.F.)
[111] ☐ Alta en el censo de empresarios, profesionales y retenedores

B) Modificación

[120] ☐ Solicitud de N.I.F. definitivo, disponiendo de N.I.F. provisional.
[121] ☐ Solicitud de nueva tarjeta acreditativa del N.I.F.
[142] ☐ Modificación y baja de datos de teléfonos y direcciones electrónicas para recibir avisos de la AEAT. (páginas 2A, 2B y 2C)
[122] ☑ Modificación domicilio fiscal. (páginas 2A, 2B y 2C)
[123] ☑ Modificación domicilio social o de gestión administrativa. (páginas 2A y 2B)
[124] ☑ Modificación y baja domicilio a efectos de notificaciones. (páginas 2A, 2B y 2C)
[125] ☐ Modificación otros datos identificativos / Dominio (páginas 2A, 2B y 2C)
[126] ☐ Modificación datos representantes. (página 3)
[127] ☐ Modificación datos relativos a actividades económicas y locales. (página 4)
[128] ☐ Modificación de la condición de Gran Empresa o Admón. Pública de presupuesto superior a 6.000.000 de euros. (página 5)
[129] ☐ Solicitud de inscripción/baja en el registro de devolución mensual. (página 5)
[130] ☐ Solicitud de alta/baja en el registro de operadores intracomunitarios. (página 5)
[143] ☐ Comunicación de opción y renuncia a la llevanza de los Libros registro del IVA a través de la Sede electrónica de la AEAT. (página 5)
[131] ☐ Modificación datos relativos al Impuesto sobre el Valor Añadido. (página 5)
[132] ☐ Modificación datos relativos al Impuesto sobre la Renta de las Personas Físicas. (página 6)
[133] ☐ Modificación datos relativos al Impuesto sobre Sociedades. (página 6)
[134] ☐ Modificación datos relativos al Impuesto sobre la Renta de no Residentes correspondiente a establecimientos permanentes o a entidades en atribución de rentas constituidas en el extranjero con presencia en territorio español. (página 6)
[135] ☐ Opción/renuncia por el Régimen fiscal especial del Título II de la Ley 49/2002. (página 6)
[136] ☐ Modificación datos relativos a retenciones e ingresos a cuenta. (página 7)
[137] ☐ Modificación datos relativos a otros Impuestos. (página 7)
[138] ☐ Modificación datos relativos a regímenes especiales del comercio intracomunitario. (página 7)
[139] ☐ Modificación datos relativos a la relación de socios, miembros o partícipes. (página 8)
[140] ☐ Dejar de ejercer todas las actividades empresariales y/o profesionales (personas jurídicas y entidades, sin disolución. Entidades inactivas).
[141] Fecha efectiva del cese

/ /

C) Baja

[150] ☐ Baja en el censo de empresarios, profesionales y retenedores.
[151] Causa

[152] Fecha efectiva de la baja

/ /

LUGAR, FECHA Y FIRMA

* Lugar: MADRID
Fecha: 20 / 10 / 2019
* Firma en calidad de: Representante
* Firmado: D/D.ª.: NOMBRE APELLIDO 1 APELLIDO 2

3.3.1.6. Representantes (artículos 45, 46 y 47 Ley General Tributaria)

Entre los datos que deberán constar en el censo de obligados tributarios se encuentran los de los representantes, ya sean legales o voluntarios.

La representación puede ser:

- ❒ Legal, cuando la normativa ordena que, en determinados casos ciertas personas deben tener un representante, siempre para sociedades y personas físicas sin capacidad de obrar, o
- ❒ Voluntaria, cuando no existe obligación legal de tener un representante pero, por propia voluntad, se confiere la representación a una tercera persona.

Se hará constar si la representación es de tipo individual, mancomunada o solidaria:

- Mancomunada es aquella en la que debe concurrir la voluntad de todos los representantes.
- Solidaria en la que basta con la manifestación de uno de ellos.

Página 1

Datos identificativos

* N.I.F.

[101] B00000000

* Apellidos y Nombre, Razón o denominación social — Nombre

[102] GPS FISCAL, S.L. [103]

1. CAUSAS DE PRESENTACIÓN

A) Alta

[110] ☐ Solicitud de Número de Identificación Fiscal (N.I.F.)

[111] ☐ Alta en el censo de empresarios, profesionales y retenedores

B) Modificación

[120] ☐ Solicitud de N.I.F. definitivo, disponiendo de N.I.F. provisional.

[121] ☐ Solicitud de nueva tarjeta acreditativa del N.I.F.

[142] ☐ Modificación y baja de datos de teléfonos y direcciones electrónicas para recibir avisos de la AEAT. (páginas 2A, 2B y 2C)

[122] ☐ Modificación domicilio fiscal. (páginas 2A, 2B y 2C)

[123] ☐ Modificación domicilio social o de gestión administrativa. (páginas 2A y 2B)

[124] ☐ Modificación y baja domicilio a efectos de notificaciones. (páginas 2A, 2B y 2C)

[125] ☐ Modificación otros datos identificativos / Dominio (páginas 2A, 2B y 2C)

[126] ☑ Modificación datos representantes. (página 3)

[127] ☐ Modificación datos relativos a actividades económicas y locales. (página 4)

[128] ☐ Modificación de la condición de Gran Empresa o Admón. Pública de presupuesto superior a 6.000.000 de euros. (página 5)

[129] ☐ Solicitud de inscripción/baja en el registro de devolución mensual. (página 5)

[130] ☐ Solicitud de alta/baja en el registro de operadores intracomunitarios. (página 5)

[143] ☐ Comunicación de opción y renuncia a la llevanza de los Libros registro del IVA a través de la Sede electrónica de la AEAT. (página 5)

[131] ☐ Modificación datos relativos al Impuesto sobre el Valor Añadido. (página 5)

[132] ☐ Modificación datos relativos al Impuesto sobre la Renta de las Personas Físicas. (página 6)

[133] ☐ Modificación datos relativos al Impuesto sobre Sociedades. (página 6)

[134] ☐ Modificación datos relativos al Impuesto sobre la Renta de no Residentes correspondiente a establecimientos permanentes o a entidades en atribución de rentas constituidas en el extranjero con presencia en territorio español. (página 6)

[135] ☐ Opción/renuncia por el Régimen fiscal especial del Título II de la Ley 49/2002. (página 6)

[136] ☐ Modificación datos relativos a retenciones e ingresos a cuenta. (página 7)

[137] ☐ Modificación datos relativos a otros Impuestos. (página 7)

[138] ☐ Modificación datos relativos a regímenes especiales del comercio intracomunitario. (página 7)

[139] ☐ Modificación datos relativos a la relación de socios, miembros o partícipes. (página 8)

[140] ☐ Dejar de ejercer todas las actividades empresariales y/o profesionales (personas jurídicas y entidades, sin disolución. Entidades inactivas).

[141] Fecha efectiva del cese

/ /

C) Baja

[150] ☐ Baja en el censo de empresarios, profesionales y retenedores.

[151] Causa

[152] Fecha efectiva de la baja

/ /

LUGAR, FECHA Y FIRMA

* Lugar	Fecha	* Firma en calidad de
MADRID	20 / 10 / 2019	Representante

* Firmado: D/D.ª:

NOMBRE APELLIDO 1 APELLIDO 2

Página 3

N.I.F.	Apellidos y Nombre, Razón o denominación social
B00000000	GPS FISCAL, S.L.

3. REPRESENTANTES

Representante Nº ..../....

Causa de presentación

[300] / [301] / [302] ○ Alta representante ○ Baja representante ◉ [303] Fecha 20 / 10 / 2019

Modificación de la representación [Borrar]

Identificación del representante

[304] N.I.F. 0000000 [305] Apellidos y nombre o razón social APELLIDO 1 APELLIDO 2 NOMBRE

[306] Residente ◉ SÍ ○ NO [Borrar]

Identificación de la persona física designada por la persona jurídica administradora (sólo en caso de que el representante sea una persona jurídica administradora de la sociedad titular)

[311] ○ Alta ○ Baja [Borrar] [313] Fecha / /

[307] N.I.F. [308] Apellido 1 [309] Apellido 2 [310] Nombre

Causa de la representación

[330] ◉ Legal ○ Voluntaria [Borrar] [331] Clave 02 Personas jurídicas residentes o constituidas en España.

Tipo de representación [333] Clave 10 Solidaria Título de la representación [334] Clave 11 Documento público

Representante Nº ..../....

Causa de presentación

[350] / [351] / [352] ○ Alta representante ○ Baja representante ○ [353] Fecha / /

Modificación de la representación [Borrar]

Identificación del representante

[354] N.I.F. [355] Apellidos y nombre o razón social

[356] Residente ○ SÍ ○ NO [Borrar]

Identificación de la persona física designada por la persona jurídica administradora (sólo en caso de que el representante sea una persona jurídica administradora de la sociedad titular)

[361] ○ Alta ○ Baja [Borrar] [363] Fecha / /

[357] N.I.F. [358] Apellido 1 [359] Apellido 2 [360] Nombre

Causa de la representación

[380] ○ Legal ○ Voluntaria [Borrar] [381] Clave

Tipo de representación [383] Clave Título de la representación [384] Clave

Si el administrador de una persona jurídica es otra entidad mercantil, ésta es la que debería figurar como representante en el modelo censal, independientemente, de que tenga que designar a una persona física para el ejercicio permanente de las funciones propias del cargo.

3.3.1.7. Socios, miembros y partícipes

La relación de socios, miembros o partícipes constituye información censal complementaria que debe constar en el censo, en el caso de determinadas personas jurídicas y entidades sin personalidad jurídica, excepto en las comunidades de propietarios en régimen de propiedad horizontal.

Por su parte, cada socio, miembro o partícipe deberá presentar una declaración censal para comunicar las obligaciones tributarias que se deriven de su condición de miembro de tales entidades.

Así, en el caso de comunidades de bienes o sociedades civiles que realicen una actividad empresarial, el alta del Impuesto de Actividades Económicas (IAE) y de la obligación de IVA es de la entidad en régimen de atribución de rentas, y cada partícipe se debe dar de alta en otro modelo censal de la obligación de presentar el pago fraccionado a cuenta del IRPF, optando además por el régimen de estimación del rendimiento en el IRPF que sea coherente con el alta de IVA de la entidad.

Las entidades en régimen de atribución de rentas deben presentar en febrero de cada año una declaración informativa, modelo 184, en la que relacionan los rendimientos y, en su caso, la retención atribuida a cada partícipe.

A partir de 1 de enero de 2016, las sociedades civiles que tengan objeto mercantil son contribuyentes del Impuesto sobre Sociedades y, por tanto, a sus socios se les dejará de atribuir los rendimientos para que tributen en el IRPF.

Página 1

Datos identificativos

* N.I.F.
[101] B00000000

* Apellidos y Nombre, Razón o denominación social
[102] GPS FISCAL, S.L.

Nombre
[103]

1. CAUSAS DE PRESENTACIÓN

A) Alta

[110] ☐ Solicitud de Número de Identificación Fiscal (N.I.F.)
[111] ☐ Alta en el censo de empresarios, profesionales y retenedores

B) Modificación

[120] ☐ Solicitud de N.I.F. definitivo, disponiendo de N.I.F. provisional.
[121] ☐ Solicitud de nueva tarjeta acreditativa del N.I.F.
[142] ☐ Modificación y baja de datos de teléfonos y direcciones electrónicas para recibir avisos de la AEAT. (páginas 2A, 2B y 2C)
[122] ☐ Modificación domicilio fiscal. (páginas 2A, 2B y 2C)
[123] ☐ Modificación domicilio social o de gestión administrativa. (páginas 2A y 2B)
[124] ☐ Modificación y baja domicilio a efectos de notificaciones. (páginas 2A, 2B y 2C)
[125] ☐ Modificación otros datos identificativos / Dominio (páginas 2A, 2B y 2C)
[126] ☐ Modificación datos representantes. (página 3)
[127] ☐ Modificación datos relativos a actividades económicas y locales. (página 4)
[128] ☐ Modificación de la condición de Gran Empresa o Admón. Pública de presupuesto superior a 6.000.000 de euros. (página 5)
[129] ☐ Solicitud de inscripción/baja en el registro de devolución mensual. (página 5)
[130] ☐ Solicitud de alta/baja en el registro de operadores intracomunitarios. (página 5)
[143] ☐ Comunicación de opción y renuncia a la llevanza de los Libros registro del IVA a través de la Sede electrónica de la AEAT. (página 5)
[131] ☐ Modificación datos relativos al Impuesto sobre el Valor Añadido. (página 5)
[132] ☐ Modificación datos relativos al Impuesto sobre la Renta de las Personas Físicas. (página 6)
[133] ☐ Modificación datos relativos al Impuesto sobre Sociedades. (página 6)
[134] ☐ Modificación datos relativos al Impuesto sobre la Renta de no Residentes correspondiente a establecimientos permanentes o a entidades en atribución de rentas constituidas en el extranjero con presencia en territorio español. (página 6)
[135] ☐ Opción/renuncia por el Régimen fiscal especial del Título II de la Ley 49/2002. (página 6)
[136] ☐ Modificación datos relativos a retenciones e ingresos a cuenta. (página 7)
[137] ☐ Modificación datos relativos a otros Impuestos. (página 7)
[138] ☐ Modificación datos relativos a regímenes especiales del comercio intracomunitario. (página 7)
[139] ☑ Modificación datos relativos a la relación de socios, miembros o partícipes. (página 8)
[140] ☐ Dejar de ejercer todas las actividades empresariales y/o profesionales (personas jurídicas y entidades, sin disolución. Entidades inactivas).
[141] Fecha efectiva del cese
/ /

C) Baja

[150] ☐ Baja en el censo de empresarios, profesionales y retenedores.
[151] Causa

[152] Fecha efectiva de la baja
/ /

LUGAR, FECHA Y FIRMA

* Lugar
MADRID

Fecha
20 / 10 / 2019

* Firma en calidad de
Representante

* Firmado: D/D.ª.:
NOMBRE APELLIDO 1 APELLIDO 2

Página 8

N.I.F.	Apellidos y Nombre, Razón o denominación social
B00000000	**GPS FISCAL, S.L.**

12. RELACIÓN DE SOCIOS, MIEMBROS O PARTÍCIPES

Socio, miembro o partícipe Nº ..../....

Causa de presentación

[802] ◉ Alta ○ Baja ○ Modificación [Borrar] — [805] 20 / 10 / 2019 Fecha

[800] N.I.F. 00000000 — [801] Apellidos y Nombre, Razón o denominación social: APELLIDO 1 APELLIDO 2 NOMBRE

A cumplimentar exclusivamente por los miembros (personas físicas) de entidades en atribución de rentas

	Renuncia	Revocación			Renuncia	Revocación	
IRPF Estimación objetiva [819] / [820]	○	○	Borrar	Estimación directa simplificada [821]	○	○	Borrar
IVA Régimen simplificado [823] / [824]	○	○	Borrar	Rég. Especial de agricultura, ganadería y pesca [825]	○	○	Borrar

Cuota o % de participación [818] ____ , ____ % — **Cuota o % de atribución** [859] ____ , ____ %

Socio, miembro o partícipe Nº ..../....

[802] ○ Alta ○ Baja ○ Modificación [Borrar] — [805] ____ / ____ / ____ Fecha

[800] N.I.F. ____ — [801] Apellidos y Nombre, Razón o denominación social

A cumplimentar exclusivamente por los miembros (personas físicas) de entidades en atribución de rentas

	Renuncia	Revocación			Renuncia	Revocación	
IRPF Estimación objetiva [819]	○	○	Borrar	Estimación directa simplificada [821]	○	○	Borrar
IVA Régimen simplificado [823]	○	○	Borrar	Rég. Especial de agricultura, ganadería y pesca [825]	○	○	Borrar

Cuota o % de participación [818] ____ , ____ % — **Cuota o % de atribución** [859] ____ , ____ %

Socio, miembro o partícipe Nº ..../....

[802] ○ Alta ○ Baja ○ Modificación [Borrar] — [805] ____ / ____ / ____ Fecha

[800] N.I.F. ____ — [801] Apellidos y Nombre, Razón o denominación social

A cumplimentar exclusivamente por los miembros (personas físicas) de entidades en atribución de rentas

	Renuncia	Revocación			Renuncia	Revocación	
IRPF Estimación objetiva [819]	○	○	Borrar	Estimación directa simplificada [821]	○	○	Borrar
IVA Régimen simplificado [823]	○	○	Borrar	Rég. Especial de agricultura, ganadería y pesca [825]	○	○	Borrar

Cuota o % de participación [818] ____ , ____ % — **Cuota o % de atribución** [859] ____ , ____ %

Socio, miembro o partícipe Nº ..../....

[802] ○ Alta ○ Baja ○ Modificación [Borrar] — [805] ____ / ____ / ____ Fecha

[800] N.I.F. ____ — [801] Apellidos y Nombre, Razón o denominación social

A cumplimentar exclusivamente por los miembros (personas físicas) de entidades en atribución de rentas

	Renuncia	Revocación			Renuncia	Revocación	
IRPF Estimación objetiva [819]	○	○	Borrar	Estimación directa simplificada [821]	○	○	Borrar
IVA Régimen simplificado [823]	○	○	Borrar	Rég. Especial de agricultura, ganadería y pesca [825]	○	○	Borrar

Cuota o % de participación [818] ____ , ____ % — **Cuota o % de atribución** [859] ____ , ____ %

3.3.1.8. Relación de sucesores (artículo 7 e), introducido por el Real Decreto 1070/2017 que modifica el Real Decreto 1065/2007, de 27 de julio)

En el modelo 037, se utilizará la página 4 para comunicar la relación de sucesores de personas físicas.

En el modelo 036, se utilizará la página 9 para comunicar la relación de sucesores de personas jurídicas y entidades sin personalidad jurídica.

3.3.1.9. La condición de gran empresa (artículo 121 Ley 37/1992 LIVA)

Tener la condición de Gran Empresa (volumen de operaciones en el ejercicio anterior superior a 6.010.121,04 millones de euros) trae consigo efectos gestores importantes, entre otros, las autoliquidaciones 111, 115 y 123 y 303 deben presentarse mensualmente en vez de trimestralmente, los pagos fraccionados se calculan obligatoriamente sobre la base imponible del año en curso y no sobre la cuota íntegra de períodos anteriores y desde 1 de julio de 2017 están incluidas de forma obligatoria en el Suministro Inmediato de Información (SII), mediante el suministro cuasi inmediato de los registros de facturación.

Se debe comunicar censalmente a través del modelo 036 la inclusión o la baja en el régimen de grandes empresas. El plazo es de un mes desde que el conocimiento del volumen de operaciones del ejercicio hasta el fin del plazo de la primera autoliquidación periódica afectada por la modificación.

3.3.2. Las actividades económicas (Real Decreto legislativo 2/2004, de 5 de marzo, por el que se aprueba el texto refundido de la Ley Reguladora de las Haciendas Locales, artículos 78 a 91)

En los modelos censales se deben relacionar igualmente las actividades económicas que se desarrollen. Así, se pueden dar de alta, de baja o modificar aspectos relativos a las mismas.

Legislación

Se utilizará como regla general la clasificación del Impuesto sobre Actividades Económicas. Este impuesto ha quedado configurado con una finalidad más censal que recaudadora, una vez que se regula una exención para las personas físicas y entidades con y sin personalidad jurídica, cuya cifra de negocio sea inferior a 1.000.000 euros. Los sujetos pasivos obligados al pago del IAE comunican el alta, la variación o la baja en sus actividades a través de las declaraciones propias del IAE, el modelo 840.

La codificación en epígrafes del Impuesto sobre Actividades Económicas se realiza en las Tarifas que ofrecen una descripción, contenido y clasificación de las actividades económicas, diferenciando las empresariales, sección 1ª, las profesionales, sección 2ª, y las artísticas, sección 3ª y la forma de cálculo de las cuotas de cada actividad. Además hay una Instrucción para la correcta aplicación de las tarifas del IAE. Esta clasificación del año 1990 no pretende ser exhaustiva ni calificar todas y cada una de las categorías de las actividades económicas. La tipificación de cada actividad económica tampoco va implicar directamente una u otras obligaciones fiscales o una u otra forma de cálculo de la base imponible. Las actividades, cuando no estén contempladas en las Tarifas, deben ser clasificadas provisionalmente en el grupo o epígrafe dedicado a las actividades no clasificadas en otras partes (en adelante NCOP) a las que se asemejen por naturaleza.

Una forma de distinguir entre las actividades empresariales y profesionales puede ser la siguiente:

- Las actividades empresariales son las que suponen la ordenación de factores de producción, que producen bienes o servicios.
- Las actividades profesionales son las que se desarrollan personalmente ejerciéndolas como una manifestación de la capacidad personal que pueden necesitar titulación universitaria oficial o profesional e inscripción en el correspondiente Colegio profesional.

Como podemos observar, el límite entre unas y otras es sutil y será en cada caso concreto en el que vamos a ejercer la calificación de las mismas.

Ejemplo

Transporte por autotaxi: actividad **empresarial**
Albañilería: actividad **empresarial**
Arquitecto: actividad **profesional**
Economista: actividad **profesional**
Servicios jurídicos prestados por una sociedad: actividad **empresarial**

El artículo 70 de la LPGE para el año 2023 ha modificado el título de la Agrupación 86 del IAE, denominándolo:

"Agrupación 86. Profesiones liberales, artísticas, literarias y culturales".

El cambio ha consistido en la aparición de la modalidad de actividades culturales.

Las actividades profesionales están sometidas a retención cuando el destinatario es un empresario y las empresariales generalmente no.

El lugar de la realización de las actividades económicas es otro de los elementos a tener en cuenta en la confección del modelo censal:

1. Cuando las actividades se ejerzan en local determinado, éste será el lugar de realización de las mismas.

2. Cuando las actividades se desarrollen fuera de un local determinado, el lugar de realización será el término municipal o la provincia donde se desarrolle mayoritariamente la misma.

Cuando un bien se destine conjuntamente a vivienda y al ejercicio de una actividad económica, sólo tendrá la consideración de local, la parte del bien en la que efectivamente se ejerza la actividad de que se trate. La declaración de los metros cuadrados afectos a la actividad económica va a ser una prueba para acreditar la deducibilidad de gastos o cuotas, con especial relevancia desde el 1 de enero de 2018 tras la entrada en vigor de la Ley 6/2017, de 24 de octubre, de Reformas Urgentes del Trabajo Autónomo, art. 11.

Página 4

N.I.F.	Apellidos y nombre, razón o denominación social
B00000000	**GPS FISCAL,S.L.**

4. DECLARACIÓN DE ACTIVIDADES ECONÓMICAS Y LOCALES

A) Actividad

[403] Cód y tipo de actividad: A03 RESTO EMPRESARIALES
[402] Sección I.A.E./Grupo o epígrafe: EMPRESARIOS / 6732 OTROS CAFES Y BARES
[400] Descripción de la actividad: OTROS CAFES Y BARES

B) Lugar de realización de la actividad

La actividad se desarrolla fuera de un local determinado

Causa de presentación

[405] ☑ Alta — [406] Fecha 20 / 10 / 2016
[408] ☐ Baja — [409] Fecha / / — [410] Nº de referencia

Indique el municipio en el que desarrolla, fundamentalmente, su actividad económica:

Provincia: MADRID — [411] Municipio: MADRID

La actividad se desarrolla en local determinado (locales directamente afectos a la actividad)

LOCAL Número .../... — [412] Referencia catastral

[413] S.G.: CALLE — [414] Nombre de la vía pública: PRUEBA — [415] Núm.: 0 — [416] Piso — [417] Pta.
[420] Provincia: MADRID — [418] Cód. Postal: 28000 — [419] Municipio — Cód. Municipal
[422] Superf. (m2): 150 — [423] Grado de afec.: 100 %

Causa de presentación

[424] ☐ Alta — [425] Fecha / /
[427] ☐ Baja — [428] Fecha / / — [429] Nº referencia alta
[430] ☐ Variación — [431] Fecha / / — [432] Nº referencia alta

LOCAL Número .../... — [433] Referencia catastral

[434] S.G. — [435] Nombre de la vía pública — [436] Núm. — [437] Piso — [438] Pta.
[441] Provincia — [439] Cód. Postal — [440] Municipio — Cód. Municipal
[443] Superf. (m2) — [444] Grado de afec. %

Causa de presentación

[445] ☐ Alta — [446] Fecha / /
[448] ☐ Baja — [449] Fecha / / — [450] Nº referencia alta
[451] ☐ Variación — [452] Fecha / / — [453] Nº referencia alta

Locales indirectamente afectos a la actividad (almacenes, depósitos, centros dirección, ...)

LOCAL Número .../... — [454] Referencia catastral

[455] S.G. — [456] Nombre de la vía pública — [457] Núm. — [458] Piso — [459] Pta.
[462] Provincia — [460] Cód. Postal — [461] Municipio — Cód. Municipal
[464] Superf. (m2) — [465] Grado de afec. % — [466] Uso o destino

Causa de presentación

[468] ☐ Alta — [469] Fecha / /
[471] ☐ Baja — [472] Fecha / / — [473] Nº referencia alta
[474] ☐ Variación — [475] Fecha / / — [476] Nº referencia alta

LOCAL Número .../... — [477] Referencia catastral

[478] S.G. — [479] Nombre de la vía pública — [480] Núm. — [481] Piso — [482] Pta.
[485] Provincia — [483] Cód. Postal — [484] Municipio — Cód. Municipal
[487] Superf. (m2) — [488] Grado de afec. % — [489] Uso o destino

Causa de presentación

[491] ☐ Alta — [492] Fecha / /
[494] ☐ Baja — [495] Fecha / / — [496] Nº referencia alta
[497] ☐ Variación — [498] Fecha / / — [499] Nº referencia alta

Página 4

N.I.F.	Apellidos y nombre, razón o denominación social
B00000000	GPS FISCAL,S.L.

4. DECLARACIÓN DE ACTIVIDADES ECONÓMICAS Y LOCALES

A) Actividad

[403] Cód y tipo de actividad: A05 PROFESIONALES
[402] Sección I.A.E./Grupo o epígrafe: 3-PROFESIONALES — 731 ABOGADOS
[400] Descripción de la actividad: ABOGADOS

B) Lugar de realización de la actividad

La actividad se desarrolla fuera de un local determinado

Causa de presentación

[405] ☑ Alta — [406] Fecha 20 / 10 / 2016
[408] ☐ Baja — [409] Fecha / / — [410] Nº de referencia

Indique el municipio en el que desarrolla, fundamentalmente, su actividad económica:

Provincia: MADRID — [411] Municipio: MADRID

La actividad se desarrolla en local determinado (locales directamente afectos a la actividad)

LOCAL Número .../... — [412] Referencia catastral

[413] S.G.: CALLE — [414] Nombre de la vía pública: PRUEBA — [415] Núm. — [416] Piso — [417] Pta.
[420] Provincia: MADRID — [418] Cód. Postal: 28000 — [419] Municipio — Cód. Municipal
[422] Superf. (m2): 100 — [423] Grado de afec.: 30 %

Causa de presentación

[424] ☐ Alta — [425] Fecha / /
[427] ☐ Baja — [428] Fecha / / — [429] Nº referencia alta
[430] ☐ Variación — [431] Fecha / / — [432] Nº referencia alta

LOCAL Número .../... — [433] Referencia catastral

[434] S.G. — [435] Nombre de la vía pública — [436] Núm. — [437] Piso — [438] Pta.
[441] Provincia — [439] Cód. Postal — [440] Municipio — Cód. Municipal
[443] Superf. (m2) — [444] Grado de afec. %

Causa de presentación

[445] ☐ Alta — [446] Fecha / /
[448] ☐ Baja — [449] Fecha / / — [450] Nº referencia alta
[451] ☐ Variación — [452] Fecha / / — [453] Nº referencia alta

Locales indirectamente afectos a la actividad (almacenes, depósitos, centros dirección, ...)

LOCAL Número .../... — [454] Referencia catastral

[455] S.G. — [456] Nombre de la vía pública — [457] Núm. — [458] Piso — [459] Pta.
[462] Provincia — [460] Cód. Postal — [461] Municipio — Cód. Municipal
[464] Superf. (m2) — [465] Grado de afec. % — [466] Uso o destino

Causa de presentación

[468] ☐ Alta — [469] Fecha / /
[471] ☐ Baja — [472] Fecha / / — [473] Nº referencia alta
[474] ☐ Variación — [475] Fecha / / — [476] Nº referencia alta

LOCAL Número .../... — [477] Referencia catastral

[478] S.G. — [479] Nombre de la vía pública — [480] Núm. — [481] Piso — [482] Pta.
[485] Provincia — [483] Cód. Postal — [484] Municipio — Cód. Municipal
[487] Superf. (m2) — [488] Grado de afec. % — [489] Uso o destino

Causa de presentación

[491] ☐ Alta — [492] Fecha / /
[494] ☐ Baja — [495] Fecha / / — [496] Nº referencia alta
[497] ☐ Variación — [498] Fecha / / — [499] Nº referencia alta

Los locales indirectamente afectos a la actividad son aquellos en los que el sujeto pasivo no ejerza directamente la actividad, tales como centros de dirección, oficinas administrativas, centros de cálculo, almacenes o depósitos.

3.3.3. *Las obligaciones fiscales*

Una vez tenidos en cuenta los aspectos identificativos, entre los que se han tratado la forma jurídica, la identificación, el domicilio, los representantes y los socios, miembros o partícipes, y conocemos la actividad o actividades concretas que se van a realizar, es el momento de valorar las obligaciones fiscales que se generan y se van a dar de alta.

Como se ha anticipado a la hora de tratar las actividades económicas y el Impuesto de Actividades Económicas, el hecho de darse de alta en un epígrafe u otro no implica directamente unas u otras obligaciones fiscales.

Ejemplo

La actividad de traducción puede estar exenta o no de IVA, según la materia a traducir, exenta para textos literarios o científicos, cuando hay una aportación original del traductor y no exenta para el resto.

Así que, a continuación vamos a repasar las obligaciones fiscales más comunes a las que se va a enfrentar un empresario.

3.3.3.1. Las obligaciones fiscales en el IVA

Legislación

Como regla general, los sujetos pasivos establecidos en el territorio de aplicación del Impuesto que tengan en el mismo la sede de su actividad económica, su domicilio fiscal o un establecimiento permanente que intervenga en la realización de las entregas de bienes y prestaciones de servicios sujetas al Impuesto, deberán darse de alta de la obligación del IVA.

Sin embargo, no estarán obligados a presentar autoliquidaciones, los sujetos pasivos que realicen exclusivamente:

- Operaciones no sujetas al impuesto, por ejemplo, abogado que presta sus servicios a cambio de un salario para una empresa dentro de una relación laboral.
- Operaciones interiores exentas, por ejemplo, agente de seguros o médico.

La declaración censal cuando se trata de las obligaciones que impone el Impuesto sobre el Valor Añadido, configuran el desarrollo de la actividad económica en dos etapas. Una primera etapa en la que se realizan los actos preparatorios, que consisten en la adquisición de bienes y servicios para utilizarlos en la actividad económica. Y una segunda etapa en la que se realizan de modo habitual las entregas de bienes y prestaciones de servicios que constituyen el objeto de la actividad económica.

Sin perjuicio de lo anterior, a efectos del Impuesto sobre el Valor Añadido, las actividades empresariales o profesionales se considerarán iniciadas desde el momento en que se realice la adquisición de bienes o servicios con la intención, confirmada por elementos objetivos, de destinarlos al desarrollo de tales actividades. Y, por tanto, las cuotas soportadas antes de dicho inicio serían plenamente deducibles.

El alta censal del IVA se materializa en la obligación de presentar autoliquidaciones generalmente trimestrales, modelo 303, durante los 20 primeros días de abril, julio y octubre, mientras la del último trimestre, se presenta del 1 al 30 de enero. Del 1 al 30 de enero se presenta la Declaración-resumen anual de IVA, modelo 390.

Las grandes empresas, los sujetos pasivos inscritos en el Registro de devolución mensual y las entidades acogidas al régimen especial del grupo de entidades, presentarán mensualmente y de forma obligatoria por vía electrónica, el modelo 303 o, en el caso de grupos de entidades los modelos 322 y 353, en los treinta primeros días naturales del mes siguiente a la finalización del correspondiente período de liquidación mensual, o hasta el último día del mes de febrero en el caso de la declaración-liquidación correspondiente al mes de enero.

Estos sujetos pasivos, además, estarán obligados a la llevanza de los Libros registro de IVA a través de la sede electrónica de la AEAT mediante el Suministro Inmediato de Información (SII), quedando exonerados de presentar el modelo 390.

Para facilitar la implantación del Suministro Inmediato de Información, SII, el Real Decreto 1075/2017, de 29 de diciembre, BOE de 30; permite que, desde el 1 de enero de 2018, los sujetos pasivos que, voluntariamente, ingresen en tal sistema de información de sus operaciones puedan seguir presentando trimestralmente sus declaraciones del IVA.

Desde 1 de enero de 2015 se exonera de la obligación de presentar el modelo 390 a los sujetos que realicen exclusivamente actividades que tributen en el régimen simplificado del Impuesto sobre el Valor Añadido, o la actividad de arrendamiento de bienes inmuebles urbanos, siempre que no se haya declarado la baja en el Censo de Empresarios, Profesionales y Retenedores antes del inicio del último trimestre.

Página 5

N.I.F.	Apellidos y Nombre, Razón o denominación social
B00000000	**GPS FISCAL, S.L.**

5. SUJETO PASIVO GRAN EMPRESA Y ADMONES. PÚBLICAS

	SÍ	NO		Fecha
[541] ¿Tiene la condición de Gran Empresa (volumen de operaciones en el ejercicio anterior superior a 6.010.121,04 euros?	O	O	Borrar	[545] / /
[577] ¿Es Administración Pública cuyo último presupuesto anual aprobado supera los 6.000.000 de euros?	O	O	Borrar	[578] / /

6. IMPUESTO SOBRE EL VALOR AÑADIDO

A) Información obligaciones

	SÍ	NO		Fecha
[500] ¿Está establecido en el territorio de aplicación del Impuesto sobre el Valor Añadido o tiene en él un establecimiento permanente?.	O	O	Borrar	
[501] ¿Realiza exclusivamente operaciones no sujetas o exentas que no obligan a presentar autoliquidación periódica (art. 20 y 26 Ley IVA)?	O	O	Borrar	
[513] ¿Tiene la condición de revendedor de teléfonos móviles consolas de videojuegos, ordenadores portátiles y tabletas digitales de acuerdocon el art. 84.Uno.2º) LIVA??	O	O	Borrar	
[740] Comunicación de que el cumplimiento de la obligación de expedir factura se realiza por los destinatarios de las operaciones o por terceros	O	O	Borrar	[739] / /

Inicio de actividad

	Fecha
[502] ☐ Comunicación de inicio de actividad. Entregas de bienes o prestaciones de servicios previa o simultánea a adquisición de bienes o servicios.	[503] / /
[504] ☐ Comunicación de inicio de actividad. Entregas de bienes o prestaciones de servicios posterior a adquisición de bienes o servicios.	[505] / /
[506] ☐ Comunicación de inicio de nueva actividad que constituya sector diferenciado con comienzo de entregas de bienes o prestaciones de servicios posterior a adquisición de bienes o servicios destinados al desarrollo de la misma.	[507] / /
[508] ☐ Comunicación de comienzo habitual de entregas de bienes o prestaciones de servicios (habiendo marcado la casilla [504] o la casilla [506] en una declaración censal presentada anteriormente).	[509] / /

C) Regimenes aplicables

Identifique la actividad o actividades incluidas en cada régimen:

Alta Baja	Actividad	Grupo o epígrafe/sección I.A.E. o código de actividad	Fecha
[510] O O Borrar	General	[511]	[512] / /
[514] O O Borrar	Régimen especial recargo de equivalencia	[515]	[516] / /
[518] O O Borrar	Régimen especial bienes usados, objetos de arte, antigüedades y objetos de colección, determinación base imponible operación por operación	[519]	[520] / /
[522] O O Borrar	Régimen especial bienes usados, objetos de arte, antigüedades y objetos de colección, determinación base imponible mediante margen de beneficio global	[523]	[524] / /
[526] O O Borrar	Régimen especial agencias de viajes	[527]	[528] / /
	Régimen especial agricultura, ganadería y pesca [534] / [538] / [542] / [546] / [570] [534] O Incluido O Excluido O Renuncia O Revocación O Baja Borrar	[535] / [539] / [543] / [547] / [571]	[536] / [540] / [544] / [548] / [572] / /
	Régimen especial simplificado [550] / [554] / [558] / [562] / [566] [550] O Incluido O Excluido O Renuncia ● Revocación O Baja Borrar	[551] / [555] / [559] / [563] / [567] 6732/1	[552] / [556] / [560] / [564] / [568] 31 / 12 / 2019
[574] O O Borrar	Régimen especial oro de inversión, realización de operaciones que puedan tributar por este régimen	[575]	[576] / /
	Régimen especial del criterio de Caja [521] / [533] / [553] / [581] / [565] [517] O Incluido O Excluido O Renuncia O Revocación O Baja Borrar	[521] / [533] / [553] / [581] / [565]	[525] / [537] / [557] / [585] / [569] / /

D) Registros

Solicitud de inscripción/baja en el registro de devolución mensual

[579] / [580] O Alta O Baja Borrar

Solicita alta/baja en el Registro de operadores intracomunitarios [584] Fecha 20 / 10 / 2019

[582] / [583] ● Alta O Baja Borrar

E) Deducciones

586 Propone porcentaje provisional de deducción, a efectos del artículo 111.dos de la L.I.V.A.: , %

				Opción prorrata especial SÍ	NO	
Sectores diferenciados y prorrata especial:						
No tiene sectores diferenciados				[587] O	O	Borrar
Sí tiene sectores diferenciados:	Código C.N.A.E.	Código C.N.A.E.	Código C.N.A.E.			
Sector I, actividades comprendidas:	[588]	[589]	[590]	[591] O	O	Borrar
Sector II, actividades comprendidas:	[592]	[593]	[594]	[595] O	O	Borrar

3.3.3.1.1. Regímenes aplicables

REGÍMENES APLICABLES EN IVA
Régimen general
Régimen especial del recargo de equivalencia
Régimen especial de bienes usados, objetos de arte, antigüedades y objetos de colección
Régimen especial de Agencias de Viaje
Régimen especial de agricultura, ganadería y pesca
Régimen especial simplificado
Régimen especial del oro de inversión
Regímenes especiales de servicios de telecomunicaciones, de radiodifusión o de televisión y a los prestados por vía electrónica: exterior a la Unión y de la Unión
Régimen especial del grupo de entidades
Régimen especial del criterio de caja

Definición

Las cuestiones censales que se plantean sobre el IVA, están centradas en la relación entre los distintos regímenes.

Régimen especial del recargo de equivalencia (artículos 148 a 163 de la Ley 37/1992 LIVA, 54 a 61 del Real Decreto 1624/1992 RIVA, y 16.4 del Real Decreto 1619/2012)

Se trata de un régimen obligatorio para los comerciantes minoristas que sean persona física, de aplicación automática, cuando se inicia la actividad y al que no se puede renunciar. Es un régimen compatible con todos los demás. Por las operaciones realizadas en este régimen no existe obligación de presentar declaraciones de IVA.

Ejemplo

Una persona física puede realizar la actividad de mercería en el régimen del recargo de equivalencia y, además ejercer la abogacía en el régimen general.

Las sociedades civiles que, desde el 1 de enero de 2016, pasen a tener la condición de contribuyentes en el Impuesto sobre Sociedades y, por tanto, cesen en el régimen especial de recargo de equivalente, podrán deducir en la autoliquidación correspondiente al período en que se produzca dicho cese, la cuota resultante de aplicar al valor de adquisición de sus existencias inventariadas en la fecha del cese, IVA y el recargo de equivalencia excluidos, los tipos de dicho impuesto y recargo vigentes en la misma fecha.

Régimen especial de bienes usados, objetos de arte, antigüedades y objetos colección (artículos 135 a 139 de la Ley 37/1992 LIVA, 50 a 51 del Real Decreto 1624/1992 RIVA y 6 del Real Decreto 1619/2012)

Se trata de un régimen voluntario e incompatible con el régimen simplificado.

Ejemplo

El que está de alta en la actividad de comercio de vehículos de segunda mano, en el régimen de bienes usados, no puede ejercer una actividad como la de autotaxi en el régimen simplificado.

Régimen especial de agencias de viajes (artículos 141 a 147 de la Ley 37/1992 LIVA, 52 y 53 del Real Decreto 1624/1992 RIVA y 6 del Real Decreto 1619/2012)

Es un régimen aplicable a las operaciones realizadas por agencias de viajes y por los organizadores de circuitos turísticos, en nombre propio, respecto de los viajeros, cuando utilicen en la realización del viaje bienes entregados o servicios prestados por otros empresarios o profesionales sin excluir a la venta al público efectuada por agencias minoristas de viajes organizados por mayoristas. Es incompatible con el régimen simplificado. Excepcionalmente se podrá no aplicar el régimen especial y aplicar el régimen general del IVA, operación por operación, respecto aquellos servicios que realicen y de los que sean destinatarios empresarios o profesionales que tengan derecho a la deducción o devolución del Impuesto.

Régimen especial de agricultura, ganadería y pesca (artículos 124 a 134 bis de la Ley 37/1992, 33, 43 a 49 bis del Real Decreto 1624/1992 RIVA, 3.3 y 16.1 del Real Decreto 1619/2012 LIVA, de 30 de noviembre)

El régimen especial de la agricultura, ganadería y pesca es un régimen voluntario, de aplicación automática salvo renuncia y compatible con el régimen simplificado, siempre y cuando no se renuncie a su aplicación.

Este régimen es aplicable a los titulares de explotaciones agrícolas, ganaderas, forestales o pesqueras que no renuncien ni hayan sido excluidos del mismo.

Quedarán excluidos, entre otros del régimen especial de la agricultura, ganadería y pesca:

1. Las sociedades mercantiles.

2. Las sociedades cooperativas y las sociedades agrarias de transformación.

La renuncia se realizará al tiempo de presentar la declaración de comienzo de la actividad o, en su caso, durante el mes de diciembre anterior al inicio del año natural en que deba surtir efecto.

Se entenderá también realizada la renuncia, cuando se presente en plazo la autoliquidación correspondiente al primer trimestre del año natural en que deba surtir efectos aplicando el régimen general.

La renuncia tendrá efecto para un período mínimo de tres años y se entenderá prorrogada para cada uno de los años siguientes en que pudiera resultar aplicable el respectivo régimen especial, salvo que se revoque expresamente en el mes de diciembre anterior al inicio del año natural en que deba surtir efecto.

La renuncia al método de estimación objetiva del Impuesto sobre la Renta de las Personas Físicas supondrá la renuncia a los regímenes especiales simplificado y agricultura, ganadería y pesca (REAGP) en el Impuesto sobre el Valor Añadido por todas las actividades empresariales y profesionales ejercidas por el sujeto pasivo. A la inversa, la renuncia al REAGP en IVA también implicará la renuncia al régimen de estimación objetiva en IRPF.

Régimen especial del oro de inversión (artículos 140 a 140 sexies de la Ley 37/1992, 51 bis a 51 quater del Real Decreto 1624/1992 RIVA y 6 del Real Decreto 1619/2012 LIVA)

El régimen especial aplicable a las operaciones con oro de inversión se configura como obligatorio, salvo renuncia operación por operación e incompatible con el régimen simplificado.

Regímenes especiales aplicables a las ventas a distancia y a determinadas entregas interiores de bienes y prestaciones de servicios (artículo 70 Uno 4 y 8 y LIVA art. 163 septiesdecies a 163 octovicies Ley 37/1992 LIVA)

El 1 de julio de 2021 han entrado en vigor los regímenes especiales aplicables a las ventas a distancia y a determinadas prestaciones de servicios.

Estos regímenes son opcionales y se aplican solo a las operaciones realizadas por empresarios o profesionales para consumidores finales. Se recogen tres regímenes:

1. Régimen exterior de la Unión: aplicable a los servicios prestados por empresarios o profesionales no establecidos en la Unión.

2. Régimen de la Unión: aplicable a los servicios prestados por empresarios o profesionales establecidos en la Unión, pero no en el Estado miembro de consumo; a las ventas a distancia intracomunitarias de bienes y a las entregas interiores de bienes realizadas por interfaces digitales.

3. Régimen de importación: aplicable a las ventas a distancia de bienes importados de países o territorios terceros efectuadas por el empresario o profesional. Pueden acogerse al mismo los empresarios o profesionales que realicen ventas a distancia de bienes importados de países o territorios terceros en envíos cuyo valor intrínseco no exceda de 150 euros, a excepción de los productos que sean objeto de impuestos especiales, siempre que sean:

- empresarios o profesionales establecidos en la Unión;
- empresarios o profesionales, establecidos o no en la Unión, que estén representados por un intermediario establecido en la Unión;
- empresarios o profesionales establecidos en un país tercero con el que la UE haya celebrado un acuerdo de asistencia mutua y que realicen ventas a distancia de bienes procedentes de ese país tercero.

Para poder acogerse a estos regímenes los operadores deben presentar el formulario 035 para declarar el inicio de las operaciones comprendidas en los regímenes especiales aplicables a las ventas a distancia y a determinadas entregas interiores de bienes y prestaciones de servicios. Este formulario también debe ser utilizado por los operadores para comunicar cualquier modificación en su situación o cese.

Este régimen es opcional. Debe presentarse un formulario 035 por cada uno de los regímenes en los que desee registrarse en España.

El formulario 035 debe presentarse, siempre que se designe a España como Estado miembro de identificación, por:

- Los empresarios o profesionales que deseen acogerse o ya estuviesen acogidos a cualquiera de los regímenes especiales aplicables a los servicios de telecomunicaciones, de radiodifusión o de televisión y a los prestados por vía electrónica. En particular:
  - Régimen exterior a la Unión;
  - Régimen de la Unión;

- o Régimen de importación, cuando el empresario o profesional no haya designado a un intermediario.

- Las personas que actúen o deseen actuar como intermediarios a efectos del régimen especial de declaración liquidación y pago del IVA ante la Aduana de las importaciones de bienes en los supuestos en que no se opte por la utilización del régimen de importación cuando el valor intrínseco del envío no supere los 150 euros, que se trate de bienes que no sean objeto de impuestos especiales y que el destino final de la expedición o transporte de los bienes sea el territorio de aplicación del impuesto que opten o deban optar por España como Estado miembro de identificación.

Régimen especial del criterio de caja (artículo 163 decies a sexiesdecies de la Ley 37/1992 LIVA)

Con efectos desde el 1 de enero de 2014, se introduce el régimen especial del criterio de caja.

Los elementos censales del régimen especial del criterio de caja son:

Requisitos subjetivos: Podrán aplicar este régimen especial los sujetos pasivos del impuesto cuyo volumen de operaciones durante el año natural anterior no haya superado los 2.000.000 de euros, estando excluidos los sujetos pasivos cuyos cobros en efectivo respecto de un mismo destinatario durante el año natural anterior superen la cuantía de 100.000 Euros.

Régimen optativo: la aplicación de este criterio será voluntaria y que, una vez adoptado, no se podrá volver al criterio del devengo hasta que transcurran tres ejercicios. Quien quiera acogerse a este régimen especial, deberá comunicarlo a la Agencia Tributaria al inicio de la actividad o bien durante el mes de diciembre anterior al inicio del año natural en el que se desee que surta efecto.

Página 5

N.I.F.	Apellidos y Nombre, Razón o denominación social
B00000000	GPS FISCAL, S.L.

5. SUJETO PASIVO GRAN EMPRESA Y ADMONES. PÚBLICAS

	SÍ	NO		Fecha
[541] ¿Tiene la condición de Gran Empresa (volumen de operaciones en el ejercicio anterior superior a 6.010.121,04 euros?	O	O	Borrar	[545] / /
[577] ¿Es Administración Pública cuyo último presupuesto anual aprobado supera los 6.000.000 de euros?	O	O	Borrar	[578] / /

6. IMPUESTO SOBRE EL VALOR AÑADIDO

A) Información obligaciones

	SÍ	NO		Fecha
[500] ¿Está establecido en el territorio de aplicación del Impuesto sobre el Valor Añadido o tiene en él un establecimiento permanente?.	O	O	Borrar	
[501] ¿Realiza exclusivamente operaciones no sujetas o exentas que no obligan a presentar autoliquidación periódica (art. 20 y 26 Ley IVA)?	O	O	Borrar	
[513] ¿Tiene la condición de revendedor de teléfonos móviles consolas de videojuegos, ordenadores portátiles y tabletas digitales de acuerdocon el art. 84.Uno.2º) LIVA??	O	O	Borrar	
[740] Comunicación de que el cumplimiento de la obligación de expedir factura se realiza por los destinatarios de las operaciones o por terceros	O	O	Borrar	[739] / /

Inicio de actividad

		Fecha
[502] ☐	Comunicación de inicio de actividad. Entregas de bienes o prestaciones de servicios previa o simultánea a adquisición de bienes o servicios.	[503] / /
[504] ☐	Comunicación de inicio de actividad. Entregas de bienes o prestaciones de servicios posterior a adquisición de bienes o servicios.	[505] / /
[506] ☐	Comunicación de inicio de nueva actividad que constituya sector diferenciado con comienzo de entregas de bienes o prestaciones de servicios posterior a adquisición de bienes o servicios destinados al desarrollo de la misma.	[507] / /
[508] ☐	Comunicación de comienzo habitual de entregas de bienes o prestaciones de servicios (habiendo marcado la casilla [504] o la casilla [506] en una declaración censal presentada anteriormente).	[509] / /

C) Regímenes aplicables

Identifique la actividad o actividades incluidas en cada régimen:

	Alta / Baja		Actividad	Grupo o epígrafe/sección I.A.E. o código de actividad	Fecha
[510]	◉ O	Borrar	General	[511] 6732/1	[512] 1 / 1 / 2020
[514]	O O	Borrar	Régimen especial recargo de equivalencia	[515]	[516] / /
[518]	O O	Borrar	Régimen especial bienes usados, objetos de arte, antigüedades y objetos de colección, determinación base imponible operación por operación	[519]	[520] / /
[522]	O O	Borrar	Régimen especial bienes usados, objetos de arte, antigüedades y objetos de colección, determinación base imponible mediante margen de beneficio global	[523]	[524] / /
[526]	O O	Borrar	Régimen especial agencias de viajes	[527]	[528] / /
			Régimen especial agricultura, ganadería y pesca [534] / [538] / [542] / [546] / [570] [534] O Incluido O Excluido O Renuncia O Revocación O Baja Borrar	[535] / [539] / [543] / [547] / [571]	[536] / [540] / [544] / [548] / [572] / /
			Régimen especial simplificado [550] / [554] / [558] / [562] / [566] [550] O Incluido O Excluido ◉ Renuncia O Revocación O Baja Borrar	[551] / [555] / [559] / [563] / [567] 6732/1	[552] / [556] / [560] / [564] / [568] 31 / 12 / 2019
[574]	O O	Borrar	Régimen especial oro de inversión, realización de operaciones que puedan tributar por este régimen	[575]	[576] / /
			Régimen especial del criterio de Caja [521] / [533] / [553] / [581] / [565] [517] O Incluido O Excluido O Renuncia O Revocación O Baja Borrar	[521] / [533] / [553] / [581] / [565]	[525] / [537] / [557] / [585] / [569] / /

D) Registros

Solicitud de inscripción/baja en el registro de devolución mensual

[579] / [580] O Alta O Baja Borrar

Solicita alta/baja en el Registro de operadores intracomunitarios [584] Fecha 20 / 10 / 2019

[582] / [583] ◉ Alta O Baja Borrar

E) Deducciones

586 Propone porcentaje provisional de deducción, a efectos del artículo 111.dos de la L.I.V.A.: , %

Sectores diferenciados y prorrata especial:				Opción prorrata especial SÍ NO	
No tiene sectores diferenciados				[587] O O	Borrar
Sí tiene sectores diferenciados:	Código C.N.A.E.	Código C.N.A.E.	Código C.N.A.E.		
Sector I, actividades comprendidas:	[588]	[589]	[590]	[591] O O	Borrar
Sector II, actividades comprendidas:	[592]	[593]	[594]	[595] O O	Borrar

Régimen especial simplificado (artículos 122 y 123 de la Ley 37/1992 LIVA, 34 a 42 del Real Decreto 1624/1992 RIVA)

Este régimen especial será tratado de forma conjunta con el régimen de estimación objetiva de IRPF.

3.3.3.1.2. Otras opciones censales para el IVA

Además, en la declaración censal se pueden tomar las siguientes opciones:

1. En el Apartado de Deducciones, se puede proponer el porcentaje provisional de deducción, antes de la venta de bienes o prestación de servicios (artículo 111 Ley 37/1992 LIVA).

2. Asimismo, se puede ejercer la opción por la regla de prorrata especial (artículo 103 Ley 37/1992 LIVA).

Los sujetos pasivos del IVA pueden optar por la aplicación de la regla de prorrata especial en el Impuesto sobre el Valor Añadido, en los siguientes supuestos:

a) En general, en la última declaración-liquidación del Impuesto correspondiente a cada año natural, procediéndose en tal caso, a la regularización de las deducciones practicadas durante el mismo.

b) En los supuestos de inicio de actividades empresariales o profesionales, y en los de inicio de una actividad que constituya un sector diferenciado respecto de las que se venían desarrollando con anterioridad, hasta la finalización del plazo de presentación de la autoliquidación correspondiente al período en el que se produzca el comienzo en la realización habitual de las entregas de bienes o prestaciones de servicios correspondientes a tales actividades.

La opción por la aplicación de la regla de prorrata especial surtirá efectos en tanto no sea revocada por el sujeto pasivo. Dicha revocación podrá efectuarse durante el mes de diciembre del año anterior a aquel a partir del cual se desea que la misma comience a surtir efectos.

3. Se regula a partir de 1 de enero de 2015 la figura del empresario o profesional revendedor, destinatario de determinadas entregas de bienes, en particular, teléfonos móviles, consolas de video juegos, ordenadores portátiles y tabletas digitales, o que excedan de 10.000 euros, así como plata, platino, paladio y productos similares, en las que se produce la inversión del sujeto pasivo, que debe comunicar a la Agencia Estatal de Administración Tributaria su condición de revendedor mediante la presentación de la correspondiente declaración censal al tiempo de comienzo de la actividad, o bien durante el mes de noviembre anterior al inicio del año natural en el que deba surtir

efecto. Igualmente debe comunicar la pérdida de la condición de revendedor mediante la oportuna declaración censal de modificación.

4. Igualmente, a partir de 1 de enero de 2015, se regula de opción consistente en que aquellos importadores que sean empresarios o profesionales actuando como tal, cuyo periodo de liquidación coincida con el mes natural, puedan incluir la cuota liquidada por las Aduanas en la declaración-liquidación correspondiente al periodo en que reciba el documento en el que conste dicha liquidación, difiriendo así el ingreso del Impuesto. Esta opción debe ejercerse al tiempo de presentar la declaración censal de comienzo de la actividad, o bien durante el mes de noviembre anterior al inicio del año natural en el que deba surtir efecto. La renuncia a esta opción debe ejercerse también mediante presentación de la correspondiente declaración censal en el mes de noviembre anterior al inicio del año natural en el que deba surtir efecto (artículo 167 Dos Ley 37/1992 LIVA).

Serán rechazadas por la Administración tributaria las comunicaciones de la opción para el diferimiento del IVA a la importación ejercitadas a través del modelo 036, siempre que, a la fecha de la presentación de dicho modelo, el contribuyente no tuviese reconocido el período mensual de presentación de autoliquidaciones de IVA por no estar inscrito previamente en el Registro de Devolución Mensual (REDEME), entidades que apliquen el Régimen Especial de Entidades en Grupos de IVA (en adelante REGE) o que tuvieran ya la condición de Grandes Empresas.

5. A partir de julio 2017 se crea la opción por la llevanza de libros registro del IVA a través del Suministro Inmediato de Información para los contribuyentes que no estuvieran obligados al mismo, empresarios y profesionales y otros sujetos pasivos cuyo periodo de liquidación coincida con el mes natural: grandes empresas (facturación superior a 6.010.121,04€ en el año anterior), grupos de IVA e inscritos en el REDEME (Registro de Devolución mensual del IVA) (artículo 68 bis RD 1624/1992 RIVA, Disp. transitoria primera RD 596/2016).

La opción implica que el período de declaración pasa a ser mensual y se deberá ejercer durante el mes de noviembre anterior al inicio del año natural en el que deba surtir efecto mediante la presentación de la correspondiente declaración censal (modelo 036) o en el momento de presentar la declaración de comienzo de actividad surtiendo efecto, en este caso, en el año natural en curso. La opción para aplicar el Suministro Inmediato de Información desde el 1 de julio de 2017 se deberá realizar durante el mes de junio. La opción se entenderá prorrogada para los años siguientes en tanto no se produzca la renuncia a la misma, debiendo cumplir con las obligaciones del Suministro Inmediato de Información al menos el año en que se opte. La renuncia se deberá ejercer mediante la presentación de declaración censal (modelo 036) en el mes de noviembre anterior al inicio del año natural en el que deba surtir efecto. La exclusión del REDEME supondrá la exclusión del Sistema Inmediato de Información con efectos desde el primer día del período de liquidación en el que se haya notificado el acuerdo de exclusión, salvo que el periodo de liquidación siga siendo mensual. El cese en el régimen especial del grupo de entidades determinará el cese en el SII con efectos desde que se produzca aquel, salvo que el periodo de liquidación siga siendo mensual.

La obligación de suministrar los libros registro implica la supresión del deber de la presentación de las declaraciones informativas modelos 347 a partir de 2017 y 340 a partir de julio de 2017. A estas declaraciones se unirá la exoneración de la presentación del resumen anual de IVA modelo 390.

Desde el 1 de enero de 2018, tras la entrada en vigor del Real Decreto 1075/2017, de 29 de diciembre, BOE de 30, cuyo tenor modifica, entre otros, el RIVA, se permite a aquellos sujetos pasivos que hayan optado voluntariamente por aplicar el SII seguir manteniendo sus declaraciones a efectos del IVA con carácter trimestral.

6. Igualmente, se implementa la opción censal para el cumplimiento de la obligación de expedir factura por el destinatario o por tercero (artículo 5 RD 1619/2012).

7. Con carácter general los sujetos pasivos podrán optar al régimen de diferimiento del IVA a la importación durante el mes de noviembre del año anterior al que deba surtir efecto. No obstante, los sujetos pasivos que tributan exclusivamente ante una Administración tributaria Foral podrán optar para su aplicación en el año 2018 (cuotas liquidadas por la Aduana correspondientes al periodo del mes de febrero y siguientes) hasta el día 15 de enero de 2018, tal y como se señala en el Real Decreto 1075/2017, de 29 de diciembre, ya citado, que modifica el RIVA en ese sentido.

3.3.3.1.3. El registro de devolución mensual (REDEME) y el registro de operadores intracomunitarios (en adelante ROI)

3.3.3.1.3.1. El Registro de Devolución Mensual (REDEME) (artículos 163 nonies de la Ley 37/1992 LIVA y 30 y 61 del RD 1624/1992 RIVA)

De acuerdo con la ley del IVA, los sujetos pasivos de este impuesto podrán optar por solicitar la devolución del saldo a su favor existente al término de cada período de liquidación, en los términos establecidos en el Reglamento del IVA.

Cuando por el perfil del contribuyente, el saldo del IVA de sus autoliquidaciones sea recurrentemente a su favor, ya por tratarse de un exportador, ya por ejercer una actividad no sujeta o exenta con derecho a deducción, ya por la aplicación de los tipos impositivos reducidos o superreducidos, etc. La regulación prevé que el contribuyente no tenga que esperar a final de año para solicitar la devolución, con los problemas financieros que puede llevar, sino que lo pueda hacer al término de cada período, que se acorta al mes en lugar del trimestre.

Para poder ejercer el citado derecho a la devolución, los sujetos pasivos deberán estar inscritos en el Registro de Devolución Mensual (REDEME). En otro caso, sólo podrán solicitar la devolución del saldo a su favor al término del último período de liquidación de cada año natural.

Definición

Serán inscritos en el REDEME, previa solicitud, los sujetos pasivos en los que concurran los siguientes requisitos:

a) Que soliciten la inscripción,

b) Que se encuentren al corriente de sus obligaciones tributarias,

c) Que no se encuentren en alguno de los supuestos que podrían dan lugar a la baja cautelar en el registro de devolución mensual o a la revocación del Número de Identificación Fiscal,

d) Que no realicen actividades que tributen en el régimen simplificado.

Las solicitudes de inscripción en el Registro se presentarán en el mes de noviembre del año anterior a aquél en que deban surtir efectos. La inscripción en el Registro se realizará desde el día 1 de enero del año en el que deba surtir efectos. Podrán igualmente solicitar su inscripción en el registro durante el plazo de presentación de las declaraciones-liquidaciones periódicas.

Los sujetos pasivos inscritos en el Registro de devolución mensual estarán obligados a permanecer en él al menos durante el año para el que se solicitó la inscripción o, tratándose de sujetos pasivos que hayan solicitado la inscripción durante el plazo de presentación de las declaraciones-liquidaciones periódicas o de empresarios o profesionales que no hayan iniciado la realización de entregas de bienes o prestaciones de servicios correspondientes a actividades empresariales o profesionales, al menos durante el año en el que solicitan la inscripción y el inmediato siguiente.

Las solicitudes de baja voluntaria en el Registro se presentarán en el mes de noviembre del año anterior a aquél en que deban surtir efectos.

Los sujetos pasivos inscritos en el Registro de devolución mensual deberán presentar sus declaraciones-liquidaciones del Impuesto exclusivamente por vía telemática y con periodicidad mensual.

A partir de julio de 2017, fecha en la que entra en vigor el Suministro Inmediato de Información, obligatorio para los sujetos pasivos de IVA incluidos en el REDEME, la obligación de presentar el modelo 340 se sustituye por la de llevar los libros registro por este sistema que implica la contabilización y remisión de los libros registro de facturas emitidas y recibidas a la administración tributaria.

La devolución que corresponda, se efectuará exclusivamente por transferencia bancaria a la cuenta que indique al efecto el sujeto pasivo en cada una de sus solicitudes de devolución mensual.

Página 1

Datos identificativos

* N.I.F. [101] B00000000

* Apellidos y nombre, razón o denominación social [102] GPS FISCAL,S.L.

1. CAUSAS DE PRESENTACIÓN

A) Alta

[110] ☐ Solicitud de Número de Identificación Fiscal (N.I.F.)
[111] ☐ Alta en el censo de empresarios, profesionales y retenedores

B) Modificación

[120] ☐ Solicitud de N.I.F. definitivo, disponiendo de N.I.F. provisional.
[121] ☐ Solicitud de nueva tarjeta acreditativa del N.I.F.
[122] ☐ Modificación domicilio fiscal. (páginas 2A, 2B y 2C)
[123] ☐ Modificación domicilio social o de gestión administrativa. (páginas 2A y 2B)
[124] ☐ Modificación domicilio a efectos de notificaciones. (páginas 2A, 2B y 2C)
[125] ☐ Modificación otros datos identificativos. (páginas 2A, 2B y 2C)
[126] ☐ Modificación datos representantes. (página 3)
[127] ☐ Modificación datos relativos a actividades económicas y locales. (página 4)
[128] ☐ Modificación de la condición de Gran Empresa o Admón. Pública de presupuesto superior a 6.000.000 de euros. (página 5)
[129] ☑ Solicitud de inscripción/baja en el registro de devolución mensual. (página 5)
[130] ☐ Solicitud de alta/baja en el registro de operadores intracomunitarios. (página 5)
[131] ☐ Modificación datos relativos al Impuesto sobre el Valor Añadido. (página 5)
[132] ☐ Modificación datos relativos al Impuesto sobre la Renta de las Personas Físicas. (página 6)
[133] ☐ Modificación datos relativos al Impuesto sobre Sociedades. (página 6)
[134] ☐ Modificación datos relativos al Impuesto sobre la Renta de no Residentes correspondiente a establecimientos permanentes o a entidades en atribución de rentas constituidas en el extranjero con presencia en territorio español. (página 6)
[135] ☐ Opción/renuncia por el Régimen fiscal especial del Título II de la Ley 49/2002. (página 6)
[136] ☐ Modificación datos relativos a retenciones e ingresos a cuenta. (página 7)
[137] ☐ Modificación datos relativos a otros Impuestos. (página 7)
[138] ☐ Modificación datos relativos a regímenes especiales del comercio intracomunitario. (página 7)
[139] ☐ Modificación datos relativos a la relación de socios, miembros o partícipes. (página 8)
[140] ☐ Dejar de ejercer todas las actividades empresariales y/o profesionales (personas jurídicas y entidades, sin disolución. Entidades inactivas).
[141] Fecha efectiva del cese
___ / ___ / ___

C) Baja

[150] ☐ Baja en el censo de empresarios, profesionales y retenedores.
[151] Causa
[152] Fecha efectiva de la baja
___ / ___ / ___

LUGAR, FECHA Y FIRMA

* Lugar: MADRID

Fecha: 20 / 10 / 2016

* Firma en calidad de: Representante

* Firmado: D/D.ª.: NOMBRE APELLIDO1 APELLIDO2

Página 5

N.I.F.	Apellidos y nombre, razón o denominación social
B00000000	**GPS FISCAL,S.L.**

5. SUJETO PASIVO GRAN EMPRESA Y ADMONES. PÚBLICAS

	SÍ	NO		Fecha
[541] ¿Tiene la condición de Gran Empresa (volumen de operaciones en el ejercicio anterior superior a 6.010.121,04 euros?	O	O	Borrar	[545] / /
[577] ¿Es Administración Pública cuyo último presupuesto anual aprobado supera los 6.000.000 de euros?	O	O	Borrar	[578] / /

6. IMPUESTO SOBRE EL VALOR AÑADIDO

A) Información obligaciones

	SÍ	NO	
[500] ¿Está establecido en el territorio de aplicación del Impuesto sobre el Valor Añadido o tiene en él un establecimiento permanente?.	O	O	Borrar
[501] ¿Realiza exclusivamente operaciones no sujetas o exentas que no obligan a presentar autoliquidación periódica (art. 20 y 26 Ley IVA)?	O	O	Borrar
[513] ¿Tiene la condición de revendedor de teléfonos móviles consolas de videojuegos, ordenadores portátiles y tabletas digitales de acuerdocon el art. 84.Uno.2º) LIVA??	O	O	Borrar

Inicio de actividad

		Fecha
[502] ☐	Comunicación de inicio de actividad. Entregas de bienes o prestaciones de servicios previa o simultánea a adquisición de bienes o servicios.	[503] / /
[504] ☐	Comunicación de inicio de actividad. Entregas de bienes o prestaciones de servicios posterior a adquisición de bienes o servicios.	[505] / /
[506] ☐	Comunicación de inicio de nueva actividad que constituya sector diferenciado con comienzo de entregas de bienes o prestaciones de servicios posterior a adquisición de bienes o servicios destinados al desarrollo de la misma.	[507] / /
[508] ☐	Comunicación de comienzo habitual de entregas de bienes o prestaciones de servicios (habiendo marcado la casilla [504] o la casilla [506] en una declaración censal presentada anteriormente).	[509] / /

C) Regímenes aplicables

Identifique la actividad o actividades incluidas en cada régimen:

	Alta	Baja		Actividad	Grupo o epígrafe/ sección I.A.E. o código de actividad	Fecha
[510]	O	O	Borrar	General	[511]	[512] / /
[514]	O	O	Borrar	Régimen especial recargo de equivalencia	[515]	[516] / /
[518]	O	O	Borrar	Régimen especial bienes usados, objetos de arte, antigüedades y objetos de colección, determinación base imponible operación por operación	[519]	[520] / /
[522]	O	O	Borrar	Régimen especial bienes usados, objetos de arte, antigüedades y objetos de colección, determinación base imponible mediante margen de beneficio global	[523]	[524] / /
[526]	O	O	Borrar	Régimen especial agencias de viajes	[527]	[528] / /
				Régimen especial agricultura, ganadería y pesca[534] / [538] / [542] / [546] / [570]		
				[534] O Incluido O Excluido O Renuncia O Revocación O Baja Borrar	[535] / [539] / [543] / [547] / [571]	[536] / [540] / [544] / [548] / [572] / /
				Régimen especial simplificado[550] / [554] /[558] /[562] /[566]		
				[550] O Incluido O Excluido O Renuncia O Revocación O Baja Borrar	[551] / [555] / [559] / [563] / [567]	[552] / [556] / [560] / [564] / [568] / /
[574]	O	O	Borrar	Régimen especial oro de inversión, realización de operaciones que puedan tributar por este régimen	[575]	[576] / /
				Régimen especial del criterio de Caja[521] / [533] / [553] / [581] / [565]		
				[517] O Incluido O Excluido O Renuncia O Revocación O Baja Borrar	[521] / [533] / [553] / [581] / [565]	[525] / [537] / [557] / [585] / [569] / /

D) Registros

Solicitud de inscripción/baja en el registro de devolución mensual

[579] / [580] ◉ Alta O Baja Borrar

Solicita alta/baja en el Registro de operadores intracomunitarios [584] Fecha / /

[582] / [583] O Alta O Baja Borrar

E) Deducciones

586 Propone porcentaje provisional de deducción, a efectos del artículo 111.dos de la L.I.V.A.: , %

Sectores diferenciados y prorrata especial:				Opción prorrata especial SÍ	NO	
No tiene sectores diferenciados				[587] O	O	Borrar
Sí tiene sectores diferenciados:	Código C.N.A.E.	Código C.N.A.E.	Código C.N.A.E.			
Sector I, actividades comprendidas:	[588]	[589]	[590]	[591] O	O	Borrar
Sector II, actividades comprendidas:	[592]	[593]	[594]	[595] O	O	Borrar
Sector III, actividades comprendidas:	[596]	[597]	[598]	[599] O	O	Borrar

F) Ingreso IVA importación

Ingreso cuotas IVA a la importación liquidado por la Aduana en la declaración-liquidación correspondiente al periodo en que se reciba la liquidación (art. 167.Dos LIVA)

[530]/[531]/[532] O Opción O Renuncia Exclusión Borrar [736] Fecha

La inclusión en el Registro de Devolución Mensual implica unas obligaciones contables y formales que pueden desaconsejar su inscripción para determinados contribuyentes.

3.3.3.1.3.2. Registro de Operadores Intracomunitarios (artículo 25 RD 1065/2007)

El Registro de Operadores Intracomunitarios estará formado por las personas o entidades que tengan asignado el Número de Identificación Fiscal que se encuentren en alguno de los siguientes supuestos:

a) Las personas o entidades que vayan a efectuar entregas o adquisiciones intracomunitarias de bienes, sujetas a dicho tributo.

b) Las personas o entidades que realicen adquisiciones intracomunitarias no sujetas según la Ley del IVA.

c) Los empresarios o profesionales que sean destinatarios de servicios intracomunitarios respecto de los cuales sean sujetos pasivos.

d) Los empresarios o profesionales que presten servicios que, conforme a las reglas de localización, se entiendan realizados en el territorio de otro Estado miembro cuando el sujeto pasivo sea el destinatario de los mismos.

Resumiendo, habría que solicitar el alta en el Registro de Operadores Intracomunitarios en los casos de compra o venta de bienes y prestación o recepción de servicios de empresarios de la Unión Europea, cuando se pretenda la tributación en destino, en el país del destinatario. A través de los servicios de las Administraciones tributarias de cada Estado miembro se puede comprobar el hecho de que un contribuyente esté inscrito o no en este Registro. Así, si un contribuyente español recibe un servicio, podrá cotejar que el NIF IVA del prestador del mismo está de alta en el censo de operadores intracomunitarios de su país para que no tenga que pagar el impuesto equivalente al IVA del lugar de residencia del vendedor o del prestador del servicio y el empresario español se lo autorrepercuta y se lo deduzca, en su caso.

La solicitud de alta en el Registro de Operadores Intracomunitarios se realiza en el Modelo 036 y la Administración Tributaria tiene la potestad de realizar comprobaciones para acreditar la necesidad de dicha inscripción.

La competencia de la Administración tributaria para limitar la inscripción en el ROI por falta de requisitos materiales, técnicos o financieros y dar de baja de oficio se interpreta de forma restrictiva por la jurisprudencia europea (TJUE 14-3-13) y del TEAC (22-1-15). La apreciación de indicios de utilización fraudulenta debe ir acompañada de la apreciación global de las circunstancias para dar denegar el alta y dar de baja por el transcurso de 12 meses sin realizar operaciones intracomunitarias.

En general, se podrá verificar la validez de un NIF-IVA de un operador intracomunitario de cualquier Estado miembro de la Unión Europea en el portal de la Unión Europea (www.europa.eu), accediendo a través de la pestaña "Instituciones y organismos", a "Comisión Europea". Una vez situado en este ámbito optar por "Direcciones generales y servicios de la Comisión Europea" y dentro de éste elegir "Fiscalidad y Unión Aduanera (Taxud)". Finalmente, en la pestaña "Online Databases", se deberá seleccionar la opción "VIES".

También la Agencia Tributaria informará sobre la validez de un NIF-IVA, tanto de operadores intracomunitarios españoles como no españoles, en su página web: https://sede.agenciatributaria.gob.es/, en "Censos, NIF y domicilio fiscal", "Trámites censales relacionados con empresarios, profesionales y retenedores (Modelos 036/037)" y dentro de Gestiones seleccionar la opción 6. "VIES" sin que para consultar el NIF-IVA de operadores españoles, sea necesario que el consultante disponga de certificado de firma electrónica. Además, se podrá solicitar a través de la Sede Electrónica de la Agencia Tributaria, o en la Administración o Delegación correspondiente a su domicilio fiscal un certificado que acredite su alta en el ROI y la fecha de su inclusión.

Ejemplo

Compra de maquinaria en Alemania. El sujeto pasivo español comprueba en la página de la Agencia Tributaria española que el vendedor está dado de alta en el registro equivalente al ROI de Alemania, para que el contribuyente alemán haga la factura sin IVA y el destinatario español se autorrepercuta la cuota, al tratarse de una adquisición intracomunitaria.

El NIF-IVA será el NIF asignado anteriormente al que se antepondrá el prefijo ES.

La asignación del NIF-IVA supondrá que el operador constará en el censo VIES.

La Administración denegará la inscripción cuando entienda que no hay actividad económica, el domicilio sea desconocido o cuando el contribuyente incumpla sus obligaciones de comercio exterior.

Página 1

Datos identificativos

* N.I.F. [101] B00000000

* Apellidos y nombre, razón o denominación social [102] GPS FISCAL,S.L.

1. CAUSAS DE PRESENTACIÓN

A) Alta

[110] ☐ Solicitud de Número de Identificación Fiscal (N.I.F.)

[111] ☐ Alta en el censo de empresarios, profesionales y retenedores

B) Modificación

[120] ☐ Solicitud de N.I.F. definitivo, disponiendo de N.I.F. provisional.

[121] ☐ Solicitud de nueva tarjeta acreditativa del N.I.F.

[122] ☐ Modificación domicilio fiscal. (páginas 2A, 2B y 2C)

[123] ☐ Modificación domicilio social o de gestión administrativa. (páginas 2A y 2B)

[124] ☐ Modificación domicilio a efectos de notificaciones. (páginas 2A, 2B y 2C)

[125] ☐ Modificación otros datos identificativos. (páginas 2A, 2B y 2C)

[126] ☐ Modificación datos representantes. (página 3)

[127] ☐ Modificación datos relativos a actividades económicas y locales. (página 4)

[128] ☐ Modificación de la condición de Gran Empresa o Admón. Pública de presupuesto superior a 6.000.000 de euros. (página 5)

[129] ☐ Solicitud de inscripción/baja en el registro de devolución mensual. (página 5)

[130] ☑ Solicitud de alta/baja en el registro de operadores intracomunitarios. (página 5)

[131] ☐ Modificación datos relativos al Impuesto sobre el Valor Añadido. (página 5)

[132] ☐ Modificación datos relativos al Impuesto sobre la Renta de las Personas Físicas. (página 6)

[133] ☐ Modificación datos relativos al Impuesto sobre Sociedades. (página 6)

[134] ☐ Modificación datos relativos al Impuesto sobre la Renta de no Residentes correspondiente a establecimientos permanentes o a entidades en atribución de rentas constituidas en el extranjero con presencia en territorio español. (página 6)

[135] ☐ Opción/renuncia por el Régimen fiscal especial del Título II de la Ley 49/2002. (página 6)

[136] ☐ Modificación datos relativos a retenciones e ingresos a cuenta. (página 7)

[137] ☐ Modificación datos relativos a otros Impuestos. (página 7)

[138] ☐ Modificación datos relativos a regímenes especiales del comercio intracomunitario. (página 7)

[139] ☐ Modificación datos relativos a la relación de socios, miembros o partícipes. (página 8)

[140] ☐ Dejar de ejercer todas las actividades empresariales y/o profesionales (personas jurídicas y entidades, sin disolución. Entidades inactivas).

[141] Fecha efectiva del cese

__ / __ / __

C) Baja

[150] ☐ Baja en el censo de empresarios, profesionales y retenedores.

[151] Causa

[152] Fecha efectiva de la baja

__ / __ / __

LUGAR, FECHA Y FIRMA

* Lugar: MADRID

Fecha: 20 / 10 / 2016

* Firma en calidad de: Representante

* Firmado: D/D.ª.: NOMBRE APELLIDO1 APELLIDO2

Página 5

N.I.F. **B00000000** — Apellidos y nombre, razón o denominación social **GPS FISCAL,S.L.**

5. SUJETO PASIVO GRAN EMPRESA Y ADMONES. PÚBLICAS

	SÍ	NO		Fecha
[541] ¿Tiene la condición de Gran Empresa (volumen de operaciones en el ejercicio anterior superior a 6.010.121,04 euros?	O	O	Borrar	[545] / /
[577] ¿Es Administración Pública cuyo último presupuesto anual aprobado supera los 6.000.000 de euros?	O	O	Borrar	[578] / /

6. IMPUESTO SOBRE EL VALOR AÑADIDO

A) Información obligaciones

	SÍ	NO	
[500] ¿Está establecido en el territorio de aplicación del Impuesto sobre el Valor Añadido o tiene en él un establecimiento permanente?.	O	O	Borrar
[501] ¿Realiza exclusivamente operaciones no sujetas o exentas que no obligan a presentar autoliquidación periódica (art. 20 y 26 Ley IVA)?	O	O	Borrar
[513] ¿Tiene la condición de revendedor de teléfonos móviles consolas de videojuegos, ordenadores portátiles y tabletas digitales de acuerdocon el art. 84.Uno.2º) LIVA??	O	O	Borrar

Inicio de actividad

		Fecha
[502] ☐	Comunicación de inicio de actividad. Entregas de bienes o prestaciones de servicios previa o simultánea a adquisición de bienes o servicios.	[503] / /
[504] ☐	Comunicación de inicio de actividad. Entregas de bienes o prestaciones de servicios posterior a adquisición de bienes o servicios.	[505] / /
[506] ☐	Comunicación de inicio de nueva actividad que constituya sector diferenciado con comienzo de entregas de bienes o prestaciones de servicios posterior a adquisición de bienes o servicios destinados al desarrollo de la misma.	[507] / /
[508] ☐	Comunicación de comienzo habitual de entregas de bienes o prestaciones de servicios (habiendo marcado la casilla [504] o la casilla [506] en una declaración censal presentada anteriormente).	[509] / /

C) Regimenes aplicables

Identifique la actividad o actividades incluidas en cada régimen:

	Alta	Baja		Actividad	Grupo o epígrafe/ sección I.A.E. o código de actividad	Fecha
[510]	O	O	Borrar	General	[511]	[512] / /
[514]	O	O	Borrar	Régimen especial recargo de equivalencia	[515]	[516] / /
[518]	O	O	Borrar	Régimen especial bienes usados, objetos de arte, antigüedades y objetos de colección, determinación base imponible operación por operación	[519]	[520] / /
[522]	O	O	Borrar	Régimen especial bienes usados, objetos de arte, antigüedades y objetos de colección, determinación base imponible mediante margen de beneficio global	[523]	[524] / /
[526]	O	O	Borrar	Régimen especial agencias de viajes	[527]	[528] / /
				Régimen especial agricultura, ganadería y pesca[534] / [538] / [542] / [546] / [570]		
				[534] O Incluido O Excluido O Renuncia O Revocación O Baja Borrar	[535] / [539] / [543] / [547] / [571]	[536] / [540] / [544] / [548] / [572] / /
				Régimen especial simplificado[550] / [554] /[558] /[562] /[566]		
				[550] O Incluido O Excluido O Renuncia O Revocación O Baja Borrar	[551] / [555] / [559] / [563] / [567]	[552] / [556] / [560] / [564] / [568] / /
[574]	O	O	Borrar	Régimen especial oro de inversión, realización de operaciones que puedan tributar por este régimen	[575]	[576] / /
				Régimen especial del criterio de Caja[521] / [533] / [553] / [581] / [565]		
				[517] O Incluido O Excluido O Renuncia O Revocación O Baja Borrar	[521] / [533] / [553] / [581] / [565]	[525] / [537] / [557] / [585] / [569] / /

D) Registros

Solicitud de inscripción/baja en el registro de devolución mensual

[579] / [580] O Alta O Baja Borrar

Solicita alta/baja en el Registro de operadores intracomunitarios — [584] Fecha 20 / 10 / 2016

[582] / [583] ● Alta O Baja Borrar

E) Deducciones

586 Propone porcentaje provisional de deducción, a efectos del artículo 111.dos de la L.I.V.A.: ____ , ____ %

Sectores diferenciados y prorrata especial:					Opción prorrata especial SÍ	NO	
No tiene sectores diferenciados				[587]	O	O	Borrar
Sí tiene sectores diferenciados:	Código C.N.A.E.	Código C.N.A.E.	Código C.N.A.E.				
Sector I, actividades comprendidas:	[588]	[589]	[590]	[591]	O	O	Borrar
Sector II, actividades comprendidas:	[592]	[593]	[594]	[595]	O	O	Borrar
Sector III, actividades comprendidas:	[596]	[597]	[598]	[599]	O	O	Borrar

F) Ingreso IVA Importación

Ingreso cuotas IVA a la importación liquidado por la Aduana en la declaración-liquidación correspondiente al periodo en que se reciba la liquidación (art. 167.Dos LIVA)

[530]/[531]/[532] O Opción O Renuncia Exclusión Borrar — [736] Fecha

3.3.3.2. Las obligaciones fiscales en el IRPF

En cuanto al Impuesto sobre la Renta de las Personas Físicas, dos son las cuestiones básicas que habrá que tener en cuenta a la hora de dar de alta o modificar las obligaciones fiscales:

- ❒ Los pagos fraccionados y
- ❒ La modalidad de cálculo de la base imponible.

3.3.3.2.1. Los pagos fraccionados (artículos 105 Ley 35/2006 LIRPF y 109 a 112 RD 439/2007 RIRPF)

Los contribuyentes del Impuesto sobre la Renta de las Personas Físicas que ejerzan actividades económicas, estarán obligados a autoliquidar e ingresar en el Tesoro, en concepto de pago a cuenta, la cantidad que resulte de lo establecido reglamentariamente, sin perjuicio de las excepciones siguientes:

Los contribuyentes que desarrollen actividades profesionales, actividades agrícolas o ganaderas, y forestales, no estarán obligados a efectuar pagos fraccionados en relación con las mismas si, en el año natural anterior, al menos el 70 por ciento de los ingresos de la actividad fueron objeto de retención o ingreso a cuenta.

Ejemplo

Abogado que factura 100.000 euros anuales, 80.000 euros a una sociedad que le practica retención y 20.000 euros a particulares. No estaría obligado a la obligación del pago fraccionado a cuenta del IRPF, Modelo 130.

El pago fraccionado es un ingreso a cuenta que se autoliquida el contribuyente, cuando no hay tercero pagador obligado a practicar retención en el límite que marca la norma, que en este caso es el 70 por ciento del total de los ingresos.

Cuando de lo dispuesto reglamentariamente para el cálculo del importe del fraccionamiento, no resulten cantidades a ingresar, los contribuyentes presentarán una declaración negativa.

Pagos fraccionados IRPF por ser miembro de entidad en régimen de atribución de rentas

El pago fraccionado correspondiente a las entidades en régimen de atribución de rentas, que ejerzan actividades económicas, se efectuará por cada uno de los socios, herederos, comuneros o partícipes, a los que proceda atribuir rentas de esta naturaleza, en proporción a su participación en el beneficio de la entidad.

Los citados socios, herederos, comuneros o partícipes deben presentar una declaración censal para comunicar esta obligación.

3.3.3.2.2. Las modalidades de cálculo de los rendimientos de actividades económicas

Y, en cuanto a la forma de cálculo del rendimiento de actividades económicas, que se integra en la base imponible.

La determinación de los rendimientos de actividades económicas en el IRPF se llevará a cabo a través de los siguientes métodos:

a) Estimación directa, que tendrá dos modalidades: normal y simplificada.

b) Estimación objetiva, que será tratado de forma conjunta con el régimen de estimación simplificada de IVA.

Estimación directa normal (artículo 16 Ley 35/2006 LIRPF)

El método de estimación directa normal se aplica, con carácter general, a los empresarios y profesionales, salvo que estén acogidos a la modalidad simplificada o al régimen de estimación objetiva.

Se aplicará siempre que el importe de la cifra de negocio del conjunto de actividades ejercidas por el contribuyente supere los 600.000 euros anuales en el año inmediato anterior o cuando se hubiera renunciado a la estimación directa simplificada.

Estimación directa simplificada (artículo 16 y 30 Ley 35/2006 LIRPF y 28 a 30 del RD 439/2007)

Los contribuyentes que ejerzan actividades económicas, determinarán el rendimiento neto de todas sus actividades por la modalidad simplificada del método de estimación directa siempre que cumplan los siguientes requisitos:

a) No determinen el rendimiento neto de estas actividades por el método de estimación objetiva.

b) El importe neto de la cifra de negocios del conjunto de estas actividades no exceda, el año inmediato anterior, 600.000 €, considerando el conjunto de actividades desarrolladas por el contribuyente

c) No renuncien a esta modalidad.

Ejemplo

Abogado que se da de alta en la actividad. Al tratarse de una actividad profesional, está excluido del régimen de estimación objetiva. Si no renuncia a la modalidad de la estimación directa simplificada, se aplicará este método.

El importe neto de la cifra de negocios que se establece como límite para la aplicación de la modalidad simplificada del método de estimación directa, tendrá como referencia el año inmediato anterior a aquel en que deba aplicarse esta modalidad.

Cuando en el año inmediato anterior, no se hubiese ejercido actividad alguna, se determinará el rendimiento neto por esta modalidad para el primer año de actividad, salvo que se renuncie a la misma.

Ejemplo

Carpintero que se da de alta por primera vez el día 1 de enero de 2022. Toda vez que, en 2022, la actividad de carpintero no está en la relación de actividades susceptibles de tributar a través de los regímenes de estimación objetiva del IRPF y simplificado de IVA, si no se renuncia a la estimación directa simplificada, calculará su rendimiento a través de esta modalidad.

Cuando en el año inmediato anterior se hubiese iniciado una actividad, el importe neto de la cifra de negocios se elevará al año.

Renuncia al método de estimación directa simplificada (artículo 29.1 y 3 del RD 439/2007 RIRPF)

La renuncia a la modalidad simplificada del método de estimación directa deberá efectuarse mediante la presentación de la correspondiente declaración censal durante el mes de diciembre anterior al inicio del año natural en que deba surtir efecto. En caso de inicio de actividad, la renuncia se efectuará utilizando la declaración censal de inicio.

La renuncia tendrá efectos para un período mínimo de tres años. Transcurrido este plazo, se entenderá prorrogada tácitamente para cada uno de los años siguientes en que pudiera resultar aplicable la modalidad, salvo que en el plazo previsto en el párrafo anterior se revoque aquélla.

La renuncia supondrá que el contribuyente determinará durante los tres años siguientes el rendimiento neto de todas sus actividades económicas por la modalidad normal del método de estimación directa.

En el caso de entidades en atribución de rentas, la renuncia a la modalidad deberá efectuarse por todos los socios, herederos, comuneros o partícipes.

Exclusión del método de estimación directa simplificada (artículo 29.2 y 3 del RD 439/2007 RIRPF)

Será causa determinante de la exclusión de la modalidad simplificada del método de estimación directa haber rebasado en el año inmediato anterior el límite de 600.000 euros anuales en el importe de cifra de negocios.

La exclusión producirá efectos desde el inicio del año inmediato posterior a aquel en que se produzca dicha circunstancia.

La exclusión de la modalidad simplificada del método de estimación directa supondrá que el contribuyente determinará durante los tres años siguientes el rendimiento neto de todas sus actividades económicas por la modalidad normal de este método.

3.3.4. El régimen de estimación simplificada de IVA y el de estimación objetiva de IRPF

3.3.4.1. Características censales de los regímenes de estimación simplificada de IVA y de estimación objetiva de IRPF (artículos 31 Ley 35/2006 LIRPF y 122 Ley 37/1992 LIVA)

El régimen simplificado de IVA y el de estimación objetiva de IRPF son regímenes voluntarios, de aplicación automática, salvo renuncia.

Estos regímenes se aplicarán a las personas físicas y a las entidades en régimen de atribución de rentas en el Impuesto sobre la Renta de las Personas Físicas que cumplan los siguientes requisitos:

1. Que sean personas físicas o entidades en régimen de atribución de rentas en el Impuesto sobre la Renta de las Personas Físicas, siempre que, en este último caso, todos sus socios, herederos, comuneros o partícipes sean personas físicas.

2. Que realicen cualquiera de las actividades económicas incluidas en la Orden Ministerial que regula este régimen.

La actividad económica se debe calificar conforme a las normas del Impuesto sobre Actividades Económicas en las tarifas del IAE

Ejemplo

Hasta 31 de diciembre de 2015, el epígrafe 501.3 del IAE «albañilería y pequeños trabajos de construcción en general» estaba incluido en la relación de actividades susceptibles de tributar en los regímenes de estimación objetiva en IRPF y estimación simplificada en IVA. Este epígrafe no autoriza la ejecución de obras con presupuesto superior a 36.000 euros ni una superficie de obra nueva o ampliación que exceda a 600 metros cuadrados. Cuando supere estos límites, se tributará por el 501.1. Construcción completa, reparación y conservación de edificaciones, que sólo puede tributar en el régimen general de IVA y en estimación directa de IRPF.

A partir de 2016 este epígrafe está excluido de módulos, al no relacionarse en la Orden que se aprueba para dicho ejercicio.

Ejemplo

La actividad que recoge el epígrafe 511, «agente comercial», de la Sección Segunda de las Tarifas del IAE está excluida de los regímenes de estimación objetiva y estimación simplificada por tratarse de una actividad profesional. El epígrafe 631 de la Sección Primera, «intermediarios de comercio», no está incluido en la relación de la Orden de módulos para el ejercicio 2024. Sin embargo, el epígrafe 653.1, «comercio al por menor de muebles» entre otros, está incluido en la relación de actividades susceptibles de tributar en los regímenes de estimación objetiva de IRPF, siendo compatible con el régimen del recargo de equivalencia.

Los límites entre estas tres actividades son sutiles. Las actividades empresariales se distinguen de las profesionales por el mayor peso de los medios de producción materiales dirigidos a la producción de bienes y servicios. Los epígrafes de comercio al por menor se caracterizan por el hecho de que los sujetos pasivos sean propietario de los bienes con los que se comercia.

Desde 2016 no se incluyen en la Orden de módulos las actividades de las Divisiones 3, 4 y 5 de las Tarifas del Impuesto sobre Actividades Económicas a las que sea de aplicación la retención del 1 por ciento.

La División 3 reúne epígrafes referidos a industrias transformadoras de los metales y mecánica de precisión; la 4, otras industrias manufactureras, y la División 5 agrupa epígrafes de actividades de construcción. La relación figura más adelante.

La aplicación del régimen especial simplificado a las entidades en atribución de rentas en el Impuesto sobre la Renta de las Personas Físicas se efectuará con independencia de las circunstancias que concurran individualmente en las personas que las integren.

Desde el 1 de enero de 2016, los regímenes simplificado del IVA y de estimación objetiva del IRPF no son aplicables a las sociedades civiles con personalidad jurídica y objeto mercantil, al devenir contribuyentes del Impuesto sobre Sociedades.

3.3.4.2. Exclusión de estimación simplificada de IVA y de estimación objetiva de IRPF (artículos 31 Ley 35/2006 LIRPF, 34 del RD 439/2007 RIRPF, 122 Ley 37/1992 LIVA, 36 RD 1624/1992 RIVA y Orden HAC/1359/2023)

Quedarán **excluidos** del régimen simplificado de IVA y del régimen de estimación objetiva de IRPF:

1. Los empresarios o profesionales que realicen otras actividades económicas no comprendidas en el régimen especial simplificado de IVA, salvo que por tales actividades estén acogidos a los regímenes especiales de la agricultura, ganadería y pesca o del recargo de equivalencia.

Que determinen el rendimiento neto de alguna actividad económica por el método de estimación directa de IRPF es igualmente causa de exclusión.

Como excepción hay que decir que se puede estar incluido en el régimen simplificado de IVA y ejercer la **actividad de arrendador de local de negocio** en régimen general, cuando ésta no tenga la consideración de actividad económica según las normas del IRPF.

Ejemplo

Un taxista puede tributar en la estimación simplificada de IVA y en estimación objetiva de IRPF por la actividad de transporte en autotaxi y arrendar un local de negocio, sin disponer de una persona contratada a tiempo completo; esto no le excluye de estos regímenes y liquidaría el IVA en el régimen general y el rendimiento del alquiler en IRPF como rendimientos del capital inmobiliario.

Para los ejercicios desde 2016 hasta 2024 que el volumen de ingresos en el año inmediato anterior, supere cualquiera de los siguientes importes:

a) Para el conjunto de sus actividades económicas, excepto las agrícolas, ganaderas y forestales, 250.000 euros anuales.

Sin perjuicio del límite anterior, el método de estimación objetiva del IRPF no podrá aplicarse cuando el volumen de los rendimientos íntegros del año inmediato anterior, que corresponda a operaciones por las que estén obligados a expedir factura cuando el destinatario sea un empresario o profesional que actúe como tal, supere 125.000 euros anuales.

Ejemplo

Transportista que factura en el año 2023, 130.000 euros a otros empresarios, estaría excluido en 2024 del régimen de estimación simplificada de IVA y estimación objetiva de IRPF, al superar los 125.000 euros facturados a otros empresarios o profesionales en el año anterior, independientemente del rendimiento íntegro generado.

Ejemplo

Peluquería que factura 260.000 euros a particulares en 2023. Estaría excluido del régimen de estimación simplificada de IVA y estimación objetiva de IRPF para 2024 al superar los 250.000 euros de ingresos en el año anterior.

Ejemplo

Empresario dado de alta en el epígrafe 757, servicios de mudanza, que tiene 2 camiones y factura 200.000 euros a empresarios en 2023 y 15.000 euros a particulares. En el ejercicio 2024 estaría excluido de módulos, a pesar de no superar la facturación los 250.000 euros, toda vez que ha facturado a empresarios más de 125.000 euros en el ejercicio anterior.

b) Para el conjunto de sus actividades agrícolas, ganaderas y forestales, 250.000 euros anuales.

Deberán computarse, no sólo las operaciones correspondientes a las actividades económicas desarrolladas por el contribuyente, sino también las correspondientes a las desarrolladas por el cónyuge, descendientes y ascendientes, así como por entidades en régimen de atribución de rentas en las que participen cualquiera de los anteriores, en las que concurran las siguientes circunstancias:

- Que las actividades económicas desarrolladas sean idénticas o similares. A estos efectos, se entenderán que son idénticas o similares las actividades económicas clasificadas en el mismo grupo en el Impuesto sobre Actividades Económicas (tres dígitos).
- Que exista una dirección común de tales actividades, compartiéndose medios personales o materiales.

Cuando en el año inmediato anterior se hubiese iniciado una actividad, el volumen de ingresos se elevará al año

Ejemplo

Contribuyente que, en 2023, ejerce una actividad en el régimen de estimación simplificada de IVA y estimación objetiva de IRPF y factura 70.000 euros a otros empresarios. Su cónyuge factura otros 70.000 euros también a empresarios, ejerciendo la misma actividad.

Estarían excluidos de estimación simplificada de IVA y estimación objetiva de IRPF en el ejercicio 2024, al superar la suma de lo facturado por los dos, los 125.000 facturados a otros empresarios en el año anterior.

3. Que el volumen de las compras en bienes y servicios, excluidas las adquisiciones de inmovilizado, en el ejercicio anterior supere la cantidad de 250.000 euros anuales.

El límite de 250.000 euros para las compras se ha aplicado de manera transitoria durante los ejercicios desde 2016 hasta 2014.

4. Que se superen los límites establecidos para magnitudes específicas de cada actividad, determinadas en la Orden Ministerial que desarrolla el método de estimación objetiva del IRPF y el régimen especial simplificado del IVA.

Ejemplo

El contribuyente que ejerce la actividad de otros cafés y bares, según la Orden de Módulos para el ejercicio 2023, no puede tener más de 8 personas empleadas. En otro caso, estaría excluido en el ejercicio 2024.

5. Que las actividades económicas sean desarrolladas, total o parcialmente, fuera del ámbito de aplicación del IVA: el territorio español, excepto Canarias, Ceuta y Melilla.

Ejemplo

Contribuyente con domicilio fiscal en Huesca, que realiza alguna actividad en Francia. Está excluido del régimen de estimación objetiva.

En los supuestos de renuncia o exclusión de la estimación simplificada de IVA y estimación objetiva de IRPF, el contribuyente determinará el rendimiento neto de todas sus actividades económicas por el método de estimación directa durante los tres años siguientes.

La Orden Ministerial por la que se desarrolla para los ejercicios 2017, 2018, 2019, 2020, 2021, 2022 y 2023 el método de estimación objetiva del Impuesto sobre la Renta de las Personas Físicas y el régimen especial simplificado del Impuesto sobre el Valor Añadido no incluye en su ámbito de aplicación las actividades incluidas en la División 3, 4 y 5 de la Sección Primera de las Tarifas del Impuesto sobre Actividades Económicas sometidas a la retención del 1 por ciento en el período impositivo 2015.

Son las siguientes:

I.A.E.	Actividad económica
314 y 315	Carpintería metálica y fabricación de estructuras metálicas y calderería.
316.2, 3, 4 y 9	Fabricación de artículos de ferretería, cerrajería, tornillería, derivados del alambre, menaje y otros artículos en metales N.C.O.P.
453	Confección en serie de prendas de vestir y sus complementos, excepto cuando su ejecución se efectúe mayoritariamente por encargo a terceros.
453	Confección en serie de prendas de vestir y sus complementos ejecutada directamente por la propia empresa, cuando se realice exclusivamente para terceros y por encargo.
463	Fabricación en serie de piezas de carpintería, parqué y estructuras de madera para la construcción.
468	Industria del mueble de madera.
474.1	Impresión de textos o imágenes.
501.3	Albañilería y pequeños trabajos de construcción en general.
504.1	Instalaciones y montajes (excepto fontanería, frío, calor y acondicionamiento de aire).
504.2 y 3	Instalaciones de fontanería, frío, calor y acondicionamiento de aire.

I.A.E.	Actividad económica
504.4, 5, 6, 7 y 8	Instalación de pararrayos y similares. Montaje e instalación de cocinas de todo tipo y clase, con todos sus accesorios. Montaje e instalación de aparatos elevadores de cualquier clase y tipo. Instalaciones telefónicas, telegráficas, telegráficas sin hilos y de televisión, en edificios y construcciones de cualquier clase. Montajes metálicos e instalaciones industriales completas, sin vender ni aportar la maquinaria ni los elementos objeto de instalación o montaje.
505.1,2,3 y 4	Revestimientos, solados y pavimentos y colocación de aislamientos.
505.5	Carpintería y cerrajería.
505.6	Pintura de cualquier tipo y clase y revestimientos con papel, tejido o plásticos y terminación y decoración de edificios y locales.
505.7	Trabajos en yeso y escayola y decoración de edificios y locales.

3.3.4.3. La renuncia y revocación a la renuncia al régimen simplificado de IVA y RIRPF al de estimación objetiva de IRPF (artículos 33 del RD 439/2007, RDL 18/2019, Orden HFP/1359/2023, 122 Ley 37/1992 LIVA y 35 RD 1624/1992 RIVA)

La renuncia puede ser expresa, que se realizará al tiempo de presentar la declaración de comienzo de la actividad o, en su caso, durante el mes de diciembre anterior al inicio del año natural en que deba surtir efecto. La renuncia presentada con ocasión del comienzo de la actividad a la que sea de aplicación el régimen simplificado, surtirá efectos desde el momento en que se inicie la misma.

En cuanto a los plazos de renuncias y revocaciones para 2024 tanto al método de estimación objetiva como al régimen simplificado hay que decir que los sujetos pasivos que deseen renunciar al régimen o revocar su renuncia para el año 2024 dispondrán para ejercitar dicha opción desde el día 22 de diciembre de 2023 hasta el día 31 de enero de 2024, plazo ampliado por medio del Real Decreto-ley 8/2023, de 27 de diciembre.

Página 5

N.I.F.	Apellidos y Nombre, Razón o denominación social
B00000000	**GPS FISCAL, S.L.**

5. SUJETO PASIVO GRAN EMPRESA Y ADMONES. PÚBLICAS

	SÍ	NO		Fecha
[541] ¿Tiene la condición de Gran Empresa (volumen de operaciones en el ejercicio anterior superior a 6.010.121,04 euros?	O	O	Borrar	[545] / /
[577] ¿Es Administración Pública cuyo último presupuesto anual aprobado supera los 6.000.000 de euros?	O	O	Borrar	[578] / /

6. IMPUESTO SOBRE EL VALOR AÑADIDO

A) Información obligaciones

	SÍ	NO		Fecha
[500] ¿Está establecido en el territorio de aplicación del Impuesto sobre el Valor Añadido o tiene en él un establecimiento permanente?.	O	O	Borrar	
[501] ¿Realiza exclusivamente operaciones no sujetas o exentas que no obligan a presentar autoliquidación periódica (art. 20 y 26 Ley IVA)?	O	O	Borrar	
[513] ¿Tiene la condición de revendedor de teléfonos móviles consolas de videojuegos, ordenadores portátiles y tabletas digitales de acuerdocon el art. 84.Uno.2º) LIVA??	O	O	Borrar	
[740] Comunicación de que el cumplimiento de la obligación de expedir factura se realiza por los destinatarios de las operaciones o por terceros	O	O	Borrar	[739] / /

Inicio de actividad

	Fecha
[502] ☐ Comunicación de inicio de actividad. Entregas de bienes o prestaciones de servicios previa o simultánea a adquisición de bienes o servicios.	[503] / /
[504] ☐ Comunicación de inicio de actividad. Entregas de bienes o prestaciones de servicios posterior a adquisición de bienes o servicios.	[505] / /
[506] ☐ Comunicación de inicio de nueva actividad que constituya sector diferenciado con comienzo de entregas de bienes o prestaciones de servicios posterior a adquisición de bienes o servicios destinados al desarrollo de la misma.	[507] / /
[508] ☐ Comunicación de comienzo habitual de entregas de bienes o prestaciones de servicios (habiendo marcado la casilla [504] o la casilla [506] en una declaración censal presentada anteriormente).	[509] / /

C) Regimenes aplicables

Identifique la actividad o actividades incluidas en cada régimen:

	Alta Baja		Actividad	Grupo o epigrafe/sección I.A.E. o código de actividad	Fecha
[510]	◉ O	Borrar	General	[511] 6732/1	[512] 1 / 1 / 2020
[514]	O O	Borrar	Régimen especial recargo de equivalencia	[515]	[516] / /
[518]	O O	Borrar	Régimen especial bienes usados, objetos de arte, antigüedades y objetos de colección, determinación base imponible operación por operación	[519]	[520] / /
[522]	O O	Borrar	Régimen especial bienes usados, objetos de arte, antigüedades y objetos de colección, determinación base imponible mediante margen de beneficio global	[523]	[524] / /
[526]	O O	Borrar	Régimen especial agencias de viajes	[527]	[528] / /
			Régimen especial agricultura, ganadería y pesca [534] / [538] / [542] / [546] / [570] [534] O Incluido O Excluido O Renuncia O Revocación O Baja Borrar	[535] / [539] / [543] / [547] / [571]	[536] / [540] / [544] / [548] / [572] / /
			Régimen especial simplificado [550] / [554] / [558] / [562] / [566] [550] O Incluido O Excluido ◉ Renuncia O Revocación O Baja Borrar	[551] / [555] / [559] / [563] / [567] 6732/1	[552] / [556] / [560] / [564] / [568] 31 / 12 / 2019
[574]	O O	Borrar	Régimen especial oro de inversión, realización de operaciones que puedan tributar por este régimen	[575]	[576] / /
			Régimen especial del criterio de Caja [521] / [533] / [553] / [581] / [565] [517] O Incluido O Excluido O Renuncia O Revocación O Baja Borrar	[521] / [533] / [553] / [581] / [565]	[525] / [537] / [557] / [585] / [569] / /

D) Registros

Solicitud de inscripción/baja en el registro de devolución mensual

[579] / [580] O Alta O Baja Borrar

Solicita alta/baja en el Registro de operadores intracomunitarios [584] Fecha 20 / 10 / 2019

[582] / [583] ◉ Alta O Baja Borrar

E) Deducciones

586 Propone porcentaje provisional de deducción, a efectos del artículo 111.dos de la L.I.V.A.: , %

				Opción prorrata especial	
Sectores diferenciados y prorrata especial:				SÍ NO	
No tiene sectores diferenciados				[587] O O	Borrar
Sí tiene sectores diferenciados:	Código C.N.A.E.	Código C.N.A.E.	Código C.N.A.E.		
Sector I, actividades comprendidas:	[588]	[589]	[590]	[591] O O	Borrar
Sector II, actividades comprendidas:	[592]	[593]	[594]	[595] O O	Borrar

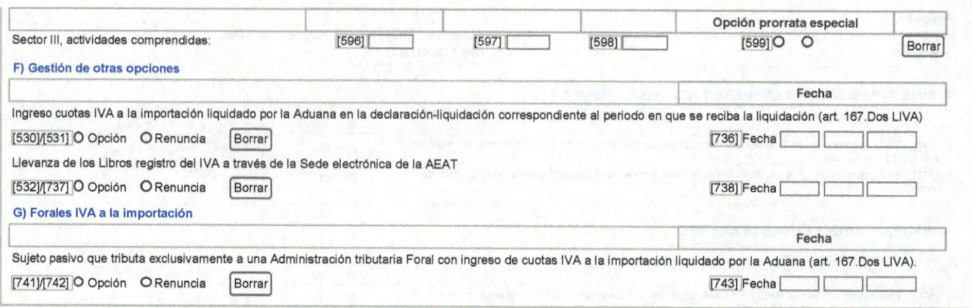

				Opción prorrata especial	
Sector III, actividades comprendidas:	[596]	[597]	[598]	[599] O O	Borrar

F) Gestión de otras opciones

	Fecha

Ingreso cuotas IVA a la importación liquidado por la Aduana en la declaración-liquidación correspondiente al periodo en que se reciba la liquidación (art. 167.Dos LIVA)

[530]/[531] O Opción O Renuncia Borrar [736] Fecha

Llevanza de los Libros registro del IVA a través de la Sede electrónica de la AEAT

[532]/[737] O Opción O Renuncia Borrar [738] Fecha

G) Forales IVA a la importación

	Fecha

Sujeto pasivo que tributa exclusivamente a una Administración tributaria Foral con ingreso de cuotas IVA a la importación liquidado por la Aduana (art. 167.Dos LIVA).

[741]/[742] O Opción O Renuncia Borrar [743] Fecha

También se puede renunciar de forma tácita, cuando se presente en plazo la autoliquidación correspondiente al primer trimestre del año natural en que deba surtir efectos aplicando el régimen general. Asimismo, en caso de inicio de la actividad, se entenderá efectuada la renuncia cuando la primera declaración-liquidación que deba presentar el sujeto pasivo después del comienzo de la actividad se presente en plazo aplicando el régimen general.

A la hora de renunciar a los regímenes de estimación simplificada de IVA y estimación objetiva de IRPF es aconsejable valorar el ahorro fiscal que genera uno u otro régimen, las cargas formales y los posibles efectos de una comprobación o inspección por la Administración Tributaria.

La renuncia tendrá efecto para un período mínimo de tres años y se entenderá prorrogada para cada uno de los años siguientes en que pudiera resultar aplicable el respectivo régimen especial, salvo que se revoque expresamente en el mes de diciembre anterior al inicio del año natural en que deba surtir efecto.

Página 5

N.I.F.	Apellidos y Nombre, Razón o denominación social
B00000000	**GPS FISCAL, S.L.**

5. SUJETO PASIVO GRAN EMPRESA Y ADMONES. PÚBLICAS

	SÍ	NO		Fecha
[541] ¿Tiene la condición de Gran Empresa (volumen de operaciones en el ejercicio anterior superior a 6.010.121,04 euros?	O	O	Borrar	[545] / /
[577] ¿Es Administración Pública cuyo último presupuesto anual aprobado supera los 6.000.000 de euros?	O	O	Borrar	[578] / /

6. IMPUESTO SOBRE EL VALOR AÑADIDO

A) Información obligaciones

	SÍ	NO		Fecha
[500] ¿Está establecido en el territorio de aplicación del Impuesto sobre el Valor Añadido o tiene en él un establecimiento permanente?.	O	O	Borrar	
[501] ¿Realiza exclusivamente operaciones no sujetas o exentas que no obligan a presentar autoliquidación periódica (art. 20 y 26 Ley IVA)?	O	O	Borrar	
[513] ¿Tiene la condición de revendedor de teléfonos móviles consolas de videojuegos, ordenadores portátiles y tabletas digitales de acuerdocon el art. 84.Uno.2º) LIVA??	O	O	Borrar	
[740] Comunicación de que el cumplimiento de la obligación de expedir factura se realiza por los destinatarios de las operaciones o por terceros			Borrar	[739] / /

Inicio de actividad

	Fecha
[502] ☐ Comunicación de inicio de actividad. Entregas de bienes o prestaciones de servicios previa o simultánea a adquisición de bienes o servicios.	[503] / /
[504] ☐ Comunicación de inicio de actividad. Entregas de bienes o prestaciones de servicios posterior a adquisición de bienes o servicios.	[505] / /
[506] ☐ Comunicación de inicio de nueva actividad que constituya sector diferenciado con comienzo de entregas de bienes o prestaciones de servicios posterior a adquisición de bienes o servicios destinados al desarrollo de la misma.	[507] / /
[508] ☐ Comunicación de comienzo habitual de entregas de bienes o prestaciones de servicios (habiendo marcado la casilla [504] o la casilla [506] en una declaración censal presentada anteriormente).	[509] / /

C) Regimenes aplicables

Identifique la actividad o actividades incluidas en cada régimen:

	Alta Baja		Actividad	Grupo o epígrafe/sección I.A.E. o código de actividad	Fecha
[510]	O O	Borrar	General	[511]	[512] / /
[514]	O O	Borrar	Régimen especial recargo de equivalencia	[515]	[516] / /
[518]	O O	Borrar	Régimen especial bienes usados, objetos de arte, antigüedades y objetos de colección, determinación base imponible operación por operación	[519]	[520] / /
[522]	O O	Borrar	Régimen especial bienes usados, objetos de arte, antigüedades y objetos de colección, determinación base imponible mediante margen de beneficio global	[523]	[524] / /
[526]	O O	Borrar	Régimen especial agencias de viajes	[527]	[528] / /
			Régimen especial agricultura, ganadería y pesca [534] / [538] / [542] / [546] / [570] [534] O Incluido O Excluido O Renuncia O Revocación O Baja Borrar	[535] / [539] / [543] / [547] / [571]	[536] / [540] / [544] / [548] / [572] / /
			Régimen especial simplificado [550] / [554] / [558] / [562] / [566] [550] O Incluido O Excluido O Renuncia ● Revocación O Baja Borrar	[551] / [555] / [559] / [563] / [567] 6732/1	[552] / [556] / [560] / [564] / [568] 31 / 12 / 2019
[574]	O O	Borrar	Régimen especial oro de inversión, realización de operaciones que puedan tributar por este régimen	[575]	[576] / /
			Régimen especial del criterio de Caja [521] / [533] / [553] / [581] / [565] [517] O Incluido O Excluido O Renuncia O Revocación O Baja Borrar	[521] / [533] / [553] / [581] / [565]	[525] / [537] / [557] / [585] / [569] / /

D) Registros

Solicitud de inscripción/baja en el registro de devolución mensual

[579] / [580] O Alta O Baja Borrar

Solicita alta/baja en el Registro de operadores intracomunitarios [584] Fecha 20 / 10 / 2019

[582] / [583] ● Alta O Baja Borrar

E) Deducciones

586 Propone porcentaje provisional de deducción, a efectos del artículo 111.dos de la L.I.V.A.: ___ , ___ %

				Opción prorrata especial SÍ	NO	
Sectores diferenciados y prorrata especial:						
No tiene sectores diferenciados				[587] O	O	Borrar
Sí tiene sectores diferenciados:	Código C.N.A.E.	Código C.N.A.E.	Código C.N.A.E.			
Sector I, actividades comprendidas:	[588]	[589]	[590]	[591] O	O	Borrar
Sector II, actividades comprendidas:	[592]	[593]	[594]	[595] O	O	Borrar

				Opción prorrata especial	
Sector III, actividades comprendidas:	[596]	[597]	[598]	[599] O O	Borrar

F) Gestión de otras opciones

	Fecha
Ingreso cuotas IVA a la importación liquidado por la Aduana en la declaración-liquidación correspondiente al periodo en que se reciba la liquidación (art. 167.Dos LIVA)	
[530]/[531] O Opción O Renuncia Borrar	[736] Fecha
Llevanza de los Libros registro del IVA a través de la Sede electrónica de la AEAT	
[532]/[737] O Opción O Renuncia Borrar	[738] Fecha

G) Forales IVA a la importación

	Fecha
Sujeto pasivo que tributa exclusivamente a una Administración tributaria Foral con ingreso de cuotas IVA a la importación liquidado por la Aduana (art. 167.Dos LIVA).	
[741]/[742] O Opción O Renuncia Borrar	[743] Fecha

La renuncia o revocación deberá efectuarse de acuerdo con lo previsto en el capítulo I del título II del Reglamento General de las actuaciones y los procedimientos de gestión e inspección tributaria y de desarrollo de las normas comunes de los procedimientos de aplicación de los tributos, aprobado por el Real Decreto 1065/2007, de 27 de julio.

No obstante lo anterior, también se entenderá efectuada la renuncia cuando se presente en el plazo reglamentario la declaración correspondiente al pago fraccionado y la primera autoliquidación del primer trimestre del año natural en que deba surtir efectos en la forma dispuesta para el método de estimación directa y régimen general de IVA. En caso de inicio de la actividad, también se entenderá efectuada la renuncia cuando se efectúe en el plazo reglamentario el pago fraccionado correspondiente al primer trimestre de ejercicio de la actividad en la forma dispuesta para el método de estimación directa.

Ejemplo

Si renuncia a los regímenes de estimación objetiva de IRPF y simplificado de IVA en diciembre de 2020, y después se da de baja en septiembre de 2021 de la actividad de transporte de mercancías para darse de alta en otra a la que es de aplicación el régimen de estimación simplificada de IVA y estimación objetiva de IRPF, transporte por autotaxi, ¿podrá aplicar el régimen de módulos en 2022? No, la renuncia es para un periodo mínimo de tres años para todas las actividades (DGT V1505-18).

La renuncia al régimen especial simplificado por las entidades en régimen de atribución deberá formularse por todos los socios, herederos, comuneros o partícipes. Con tal fin, la entidad presentará una declaración censal.

Según el RDL 15/2020 los contribuyentes que determinen su rendimiento neto de actividades económicas con arreglo al método de estimación objetiva de IRPF y simplificado de IVA, y en el plazo para la presentación del pago fraccionado correspondiente al primer trimestre del 2020, (plazo que se ha amplió hasta el 20 de mayo), renuncien a la aplicación del mismo, podrán volver a determinar el rendimiento con arreglo al método de estimación objetiva en el ejercicio 2021 siempre que cumplan los requisitos para su aplicación y revoquen la renuncia al método de estimación objetiva en el plazo reglamentario (art. 33.1. del Reglamento de IRPF). De igual manera, aquellos contribuyentes que renunciaran a la aplicación del método de estimación objetiva para 2020 o 2021 pueden volver a aplicar este método en el ejercicio 2022 si cumplen los requisitos para su aplicación y revocan la renuncia durante este mes de diciembre o presentan en plazo la declaración correspondiente al pago fraccionado del primer trimestre del ejercicio 2022 en la forma dispuesta para el método de estimación objetiva (modelo 131), aunque no hayan transcurrido los tres periodos impositivos establecidos con carácter general tras la renuncia.

Mientras la renuncia se puede hacer de forma tácita, la revocación a la renuncia debe ser expresa (TEAC 21-3-18).

3.3.4.4. Incompatibilidades de los regímenes simplificado de IVA y estimación objetiva de IRPF (artículo 31 Ley 35/2006 LIRPF y 122 Ley 37/1992 LIVA)

Un sujeto pasivo no puede estar en régimen simplificado de IVA si tiene alguna actividad en régimen general, en el de agencias de viaje, en el de bienes usados, en el de oro de inversión, en los regímenes especiales aplicables a los servicios de telecomunicaciones, de radiodifusión o de televisión y a los prestados por vía electrónica, en el régimen del criterio de caja o en el régimen especial del grupo de entidades. Excepto si se trata del régimen general por la actividad de arrendamiento de local de negocio que no constituya actividad económica para el IRPF.

No obstante, cuando un sujeto pasivo que estuviera realizando una actividad empresarial en régimen simplificado, inicie otra, a la que sea aplicable el régimen general o uno especial incompatible con el simplificado, durante el año natural en que inició la nueva actividad seguirá tributando, por la actividad que ya ejercía, en el régimen simplificado.

Ejemplo

La actividad de transporte por autotaxi por la que no se ha renunciado a módulos o al régimen simplificado de IVA es incompatible con la actividad profesional de agente comercial, que sólo puede tributar en el régimen general de IVA. A pesar de ello, si durante un ejercicio el que viene ejerciendo la actividad de transporte público en autotaxi, se da de alta en la de agente comercial, hasta final del año, los dos regímenes son compatibles, el régimen simplificado y el régimen general.

La actividad que tributa en estimación objetiva de IRPF, sólo puede tributar en IVA con arreglo a alguno de estos tres regímenes especiales: el simplificado, el de recargo de equivalencia o el de agricultura, ganadería y pesca.

En definitiva, no hay una relación biunívoca entre los regímenes simplificado y de estimación objetiva, es decir, si bien todo aquel contribuyente que está incluido en el régimen simplificado en el IVA, necesariamente, está en estimación objetiva en el IRPF, la inversa no siempre es cierta.

Ejemplo

Una mercería puede estar en módulos en IRPF y en recargo de equivalencia en IVA.

3.3.5. Las obligaciones censales y el Impuesto sobre Sociedades

El Impuesto sobre Sociedades es un tributo de carácter directo y naturaleza personal que grava la renta de las sociedades y demás entidades jurídicas, de acuerdo con las normas contenidas en la Ley del Impuesto sobre Sociedades.

A partir de 1 de enero de 2016 las sociedades civiles son contribuyentes del Impuesto sobre Sociedades, si realizan actividades de objeto mercantil.

Las actividades ajenas al ámbito mercantil son las actividades agrícolas, ganaderas, forestales, mineras y las de carácter profesional.

Legislación

De conformidad con lo dispuesto en el artículo 1669 del Código Civil, la sociedad civil tiene personalidad jurídica, siempre que los pactos entre sus socios no sean secretos. Para su constitución no se requiere una solemnidad determinada.

Para considerarse contribuyente del Impuesto sobre Sociedades, es necesario que la sociedad civil se haya manifestado como tal frente a la Administración Tributaria. Por tal motivo, a efectos de la consideración como contribuyentes del Impuesto sobre Sociedades, las sociedades civiles habrán de constituirse, bien en escritura pública, bien en documento privado, siempre que, en este último caso, dicho documento se haya aportado ante la Administración Tributaria a efectos de la asignación del Número de Identificación Fiscal de las personas jurídicas y entidades sin personalidad.

Las cuestiones censales que genera su aplicación son las siguientes:

3.3.5.1. Régimen de las sociedades en formación

La sociedad en formación constituye un patrimonio separado o unidad económica que puede actuar en el tráfico mercantil, pero que carece de personalidad jurídica plena o corporativa, de ahí que no tenga la condición de sujeto pasivo del Impuesto sobre Sociedades y, en consecuencia, las rentas obtenidas serán objeto de atribución a los socios.

Si finalizara un período impositivo, una vez que la sociedad ha sido constituida, pero no inscrita, las rentas obtenidas en este período se atribuirán a los socios y tributarán en el IRPF.

Ejemplo

NIF provisional que se solicita el 1 de octubre de 2020 con el 036 al que se adjunta el acuerdo de voluntades. La sociedad no se inscribe hasta el 1 de febrero de 2021. En el ejercicio 2020, no habría que presentar el Impuesto sobre Sociedades, ya que no hay personalidad jurídica. Se trataría de una entidad sin personalidad jurídica que atribuye el rendimiento a los miembros, socios o comuneros.

La obligación de presentar declaración por el Impuesto sobre Sociedades surge desde el momento en que la entidad adquiere personalidad jurídica, al inscribirse en el Registro Público correspondiente.

A su vez, para poder dar de baja la obligación de presentar declaración por el Impuesto sobre Sociedades, es necesario que la misma esté efectivamente disuelta, lo cual en el caso de las entidades mercantiles exige la correspondiente inscripción en el Registro Mercantil, ya que si lo que hay, es un cese sin disolución hay que dejar de alta dicha obligación. En estos casos la casilla “baja en el censo de empresarios y profesionales”, no se podrá marcar.

Ejemplo

Sociedad que deja de ejercer la actividad económica el 30 de junio de 2021. En ese momento, deberá presentar un 036, dando de baja las obligaciones fiscales, generalmente, la obligación de presentar los modelos de IVA y practicar e ingresar las retenciones. En el ejercicio 2022 debe presentar la declaración del Impuesto sobre Sociedades del ejercicio 2021. En junio de 2022 firma e inscribe en el Registro Mercantil la escritura de disolución. También debe presentar la declaración del Impuesto sobre Sociedades de 2022. Es en 2023, cuando ya ha desaparecido la personalidad jurídica, cuando ya no tiene que presentar el Impuesto sobre Sociedades.

3.3.5.2. Pagos fraccionados del Impuesto sobre Sociedades (artículo 40 Ley 27/2014 LIS)

Los contribuyentes del Impuesto sobre Sociedades deberán efectuar en los primeros veinte días naturales de los meses de abril, octubre y diciembre, un pago fraccionado a cuenta de la liquidación correspondiente al período impositivo que esté en curso el día 1 de cada uno de los meses indicados.

Para obtener la cuota diferencial se tienen en cuenta los pagos fraccionados.

Legislación

Artículo 40 de la Ley 27/2014, de 27 de noviembre, del Impuesto sobre Sociedades LIS
Están obligados a efectuar pagos fraccionados a cuenta de la liquidación del IS, los residentes en España y los establecimientos permanentes en territorio español de sociedades no residentes a cuenta del IRNR.

Modalidades de pagos fraccionados

Hay dos modalidades para determinar la base de los pagos fraccionados.

1. Modalidad aplicable con carácter general

El pago fraccionado se calcula aplicando el 18% sobre la cuota íntegra del último período impositivo cuyo plazo de declaración estuviese vencido el primer día de los 20 naturales de abril, octubre o diciembre minorada por las deducciones y bonificaciones a las que tenga derecho el sujeto pasivo y por las retenciones e ingresos a cuenta.

2. Modalidad opcional (obligatoria si el volumen de operaciones es superior a 6 millones de euros)

El pago fraccionado se calcula sobre la base imponible del período de los 3, 9 u 11 primeros meses de cada año natural. El porcentaje será el resultado de multiplicar por 5/7 el tipo de gravamen redondeado por defecto.

Se opta por la segunda modalidad, presentando el Modelo 036 de declaración censal, en febrero del año a partir del cual debe surtir efectos, siempre que el período impositivo al que se refiere la citada opción coincida con el año natural.

Modelo 202, modelo de pago fraccionado general: Su presentación será obligatoria para aquellos contribuyentes cuyo importe neto de la cifra de negocios sea superior a 6 millones de euros durante los 12 meses anteriores a la fecha en que se inicie el período impositivo al que corresponda el pago fraccionado.

Para el resto de entidades, en los supuestos en que, de acuerdo con sus normas, no deba efectuarse ingreso alguno en concepto de pago fraccionado en el período correspondiente, no será obligatoria la presentación del modelo 202.

Tampoco existe obligación de practicar pagos fraccionados en el primer ejercicio económico de la entidad, ya que no es posible aplicar la primera modalidad, al ser la cuota igual a cero. No obstante, se puede optar por aplicar la segunda modalidad.

No deberán efectuar el referido pago fraccionado ni estarán obligadas a presentar la correspondiente declaración las entidades que, de acuerdo con los apartados 4 y 5 del artículo 29 de la LIS, tributen al tipo del 1% y al 0%.

Modelo 222, modelo de pago fraccionado en el régimen de consolidación fiscal: Deberá presentarse en todo caso, aunque no deba efectuarse ingreso alguno.

Se permite con carácter excepcional, para los períodos impositivos iniciados a partir de 1 de enero de 2020 y con efectos exclusivos para dicho período, que los contribuyentes cuyo volumen de operaciones no haya superado la cantidad de 600.000 euros ejerzan la opción por realizar los pagos fraccionados sobre la parte de la base imponible del período de los 3, 9 u 11 primeros meses, mediante la presentación en el plazo ampliado, hasta el 20 de mayo de 2020, a que se refiere el artículo único del Real Decreto-ley 14/2020, del primer pago fraccionado determinado por aplicación de la citada modalidad de base imponible.

El contribuyente que ejercite la opción con arreglo a lo dispuesto en el párrafo anterior quedará vinculado a esta modalidad de pago fraccionado respecto de los pagos correspondientes al mismo periodo impositivo.

Los contribuyentes que no tengan obligación de presentar el primer pago fraccionado de 2020 porque su resultado es cero o negativo, si su período impositivo se ha iniciado a partir de 1 de enero de 2020 y su volumen de operaciones no ha superado la cantidad de 600.000 euros, podrán ejercitar la opción extraordinaria presentando en plazo ampliado la autoliquidación aplicando la modalidad prevista en el apartado 3 del artículo 40 LIS.

Según el artículo 9 Real Decreto Ley 15 / 2020, de 21 de abril de 2020 los contribuyentes, cuyo período impositivo se haya iniciado a partir del 1 de enero de 2020, cuyo importe neto de la cifra de negocio no haya superado la cantidad de 6 millones de euros, que no hayan tenido derecho a la opción extraordinaria prevista en el Real Decreto-Ley 14/2020, por tener un volumen de operaciones superior a 600.000 euros, por el que se extiende el plazo para la presentación e ingreso de determinadas declaraciones y autoliquidaciones tributarias, podrán ejercitar la opción prevista en el apartado 3 del artículo 40 de la Ley 27/2014, de 27 de noviembre, del Impuesto sobre Sociedades, mediante la presentación en plazo del segundo pago fraccionado a cuenta de la liquidación correspondiente a dicho período impositivo que deba efectuarse en los primeros 20 días naturales del mes de octubre de 2020 determinado por aplicación de la modalidad de pago fraccionado regulado en dicho apartado. En el caso de que el resultado de la autoliquidación sea negativo, será necesario presentar el modelo 202 durante los 20 primeros días del mes de octubre para optar por la modalidad regulada en el artículo 40. 3 de la Ley 27/2014.

De la cuota resultante del pago fraccionado que deba efectuarse en los 20 primeros naturales del mes de octubre de 2020, determinada con arreglo a lo señalado en el párrafo anterior, se deducirá el pago fraccionado efectuado en los 20 días naturales del mes de abril de 2020.

No será de aplicación esta medida excepcional para los grupos fiscales que apliquen el régimen especial de consolidación fiscal regulado en el Capítulo VI del Título VII de la Ley 27/2014, de 27 de noviembre, del Impuesto sobre Sociedades.

Por último, cabe considerar que uno de los beneficios fiscales incluidos en la Ley 28/2022, de 21 de diciembre, de fomento del ecosistema de empresas emergentes, Ley de "startups", es el de que los contribuyentes del Impuesto sobre Sociedades y del Impuesto sobre la Renta de no Residentes que obtengan rentas mediante establecimiento permanente situado en territorio español, que tengan la condición de empresa emergente, no tendrán la obligación de efectuar los pagos fraccionados regulados en el artículo 40 de la LIS y en el TRLIRN, respectivamente, que deban efectuar a cuenta de la liquidación correspondiente al período impositivo inmediato posterior a los dos primeros períodos impositivos en los cuales tengan base imponible positiva, siempre que en ellos se mantenga la condición de empresa emergente.

Página 6

N.I.F.	Apellidos y Nombre, Razón o denominación social
B00000000	**GPS FISCAL, S.L.**

7. IMPUESTO SOBRE LA RENTA DE LAS PERSONAS FÍSICAS, IMPUESTO SOBRE SOCIEDADES E IMPUESTO SOBRE LA RENTA DE NO RESIDENTES.

A) Impuesto sobre la Renta de las Personas Físicas

	Alta	Baja		Fecha
[600] Obligación de realizar pagos fraccionados a cuenta del I.R.P.F. derivados del desarrollo de actividades económicas propias	O	O	Borrar	[602] ___ / ___ / ___
[601] Obligación de realizar pagos fraccionados a cuenta del I.R.P.F. derivados de su condición de miembro de una entidad en régimen de atribución de rentas	O	O	Borrar	[603] ___ / ___ / ___

Método de estimación en el I.R.P.F.:		Fecha
- Estimación objetiva	[604] / [605] / [606] / [607] / [615] O Inclusión O Renuncia O Revocación O Exclusión O Baja Borrar	[616] ___ / ___ / ___
- Estimación directa normal	[608] O Inclusión O Baja Borrar	[618] ___ / ___ / ___
simplificada	[609] / [610] / [611] / [612] / [619] O Inclusión O Renuncia O Revocación O Exclusión O Baja Borrar	[650] ___ / ___ / ___

1. Si determinaba el rendimiento neto de sus actividades económicas por el método de estimación objetiva y ha iniciado durante el año alguna actividad económica no incluida o por la que se renuncie a dicho método, marcando las casillas [605] ó [607], indique el grupo o epígrafe/sección de I.A.E. o el código de aquéllas actividades, a las que continuará aplicando el método de estimación objetiva hasta el final del periodo impositivo.

[613]

1. Si determinaba el rendimiento neto de sus actividades económicas por la modalidad simplificada del método de estimación directa y ha iniciado durante el año alguna actividad económica por la que haya renunciado a esta modalidad, marcando la casilla [610], indique el grupo o epígrafe/sección de I.A.E. o el código de aquéllas actividades, a las que continuará aplicando la modalidad simplificada hasta el final del periodo impositivo.

[614]

B) Impuesto sobre Sociedades

	Alta	Baja		Fecha
[620] Obligación de presentar declaración por el Impuesto sobre Sociedades	◉	O	Borrar	[641] 20 / 10 / 2019
Fecha de cierre del próximo ejercicio económico				[640] 31 / 12 (dd/mm)
[621] Opción por el sistema de cálculo previsto en el artículo 40.3 de la Ley I.S. para la realización de los pagos fraccionados a cuenta del Impuesto sobre Sociedades	◉	O	Borrar	[642] 20 / 10 / 2019
[622] Condición de entidad exenta en el impuesto sobre Sociedades	O	O	Borrar	

En su caso, marque la casilla que corresponda:

[623]	O Exención total (artículo 9.1 Ley I.S.)	[643] / [644] / [645] / [647]
[624]	O Exención parcial (artículo 9.2 Ley I.S.)	___ / ___ / ___
[625]	O Exención parcial (artículo 9.3 Ley I.S.)	
[627]	O Exención parcial (artículo 9.4 de la Ley I. S.) Borrar	
[626] Ejercitada la opción por el régimen de consolidación fiscal, renuncia a su aplicación	☐	[646] ___ / ___ / ___

C) Impuesto sobre la Renta de no Residentes correspondiente a establecimientos permanentes o a entidades en atribución de rentas constituidas en el extranjero con presencia en territorio español

Modalidad de establecimiento permanente:

[630] O Régimen general

[631] O Actividades art. 18.3 texto refundido Ley I.R.N.R.

[632] O Actividades art. 18.4 texto refundido Ley I.R.N.R.

Borrar

	Alta	Baja		Fecha
[633] Opción por el régimen general, en los términos del artículo 18.5 del texto refundido Ley I.R.N.R.	O	O	Borrar	[636] ___ / ___ / ___
[634] Obligación de presentar declaración por el I.R.N.R., correspondiente a establecimientos permanentes o a entidades en atribución de rentas constituidas en el extranjero con presencia en territorio español	O	O	Borrar	[637] ___ / ___ / ___
[635] Opción por el sistema de cálculo previsto en el artículo 40.3 de la Ley I.S. para la realización de los pagos fraccionados a cuenta del I.R.N.R., correspondiente a establecimientos permanentes o a entidades en atribución de rentas constituidas en el extranjero con presencia en terrirorio español	O	O	Borrar	[638] ___ / ___ / ___

8. RÉGIMEN FISCAL ESPECIAL DEL TÍTULO II DE LA LEY 49/2002.

	Fecha
[651] ☐ Ejerce la opción por el Régimen fiscal especial del Título II de la Ley 49/2002.	[653] ___ / ___ / ___

	Fecha
[652] ☐ Ejercitada la opción por el Régimen fiscal especial de la Ley 49/2002, renuncia a su aplicación	[654] ___ / ___ / ___

3.3.5.3. Entidades exentas, parcialmente exentas y sin fines lucrativos

Gozan de exención total del Impuesto sobre Sociedades determinados entes del sector público que quedan exonerados de presentar la declaración del Impuesto sobre Sociedades.

Los sujetos pasivos en el régimen tributario especial de entidades parcialmente exentas en el Impuesto sobre Sociedades estarán obligados a declarar la totalidad de sus rentas, exentas y no exentas (artículo 120.1 Ley 27/2014 LIS).

No estarán obligadas a declarar el Impuesto sobre Sociedades las entidades para los ejercicios que se inicien a partir de 1 de enero de 2015, según el artículo 124.3 de la ley 27/2014 LIS siempre:

a) Que sus ingresos totales no superen 75.000 euros anuales.

b) Que los ingresos totales correspondientes a rentas no exentas sometidas a retención no superen 2.000 euros anuales.

c) Que todas las rentas no exentas estén sometidas a retención.

Ejemplo

Una asociación en 2020 que se financia con 50.000 euros de aportaciones de los socios, 20.000 euros de subvenciones y obtiene 1.000 euros de rendimientos de las cuentas sometidos a retención no está obligada a presentar el Impuesto sobre Sociedades con estos datos para el ejercicio 2020.

Además, la Ley 49/2002, de 23 de diciembre, de régimen fiscal de las entidades sin fines lucrativos y de los incentivos fiscales al mecenazgo, se aprueba para regular el régimen fiscal propio de las entidades sin fines lucrativos, así como el conjunto de incentivos que son aplicables a la actividad de mecenazgo realizada por particulares. En lo no previsto en dicha Ley, se aplicarán las normas tributarias generales.

A los efectos de esta Ley, se consideran entidades sin fines lucrativos, siempre que cumplan determinados requisitos:

a) Las fundaciones

b) Las asociaciones declaradas de utilidad pública

c) Las Organizaciones No Gubernamentales de desarrollo a que se refiere la Ley 23/1998, de 7 de julio, de Cooperación Internacional para el Desarrollo, siempre que tengan alguna de las formas jurídicas a que se refieren los párrafos anteriores

d) Las delegaciones de fundaciones extranjeras inscritas en el Registro de Fundaciones

e) Las federaciones deportivas españolas, las federaciones deportivas territoriales de ámbito autonómico integradas en aquellas, el Comité Olímpico Español y el Comité Paralímpico Español

f) Las federaciones y asociaciones de las entidades sin fines lucrativos a que se refieren los párrafos anteriores

El régimen es voluntario, de tal manera que pueden aplicarlo las entidades que cumplan los requisitos necesarios, opten por él y comuniquen la opción a la Administración tributaria a través del Modelo 036 de declaración censal.

3.3.6. Retenciones (artículos 99 a 101 Ley 35/2006 y 128 y 129 Ley 27 / 2014 LIS)

Otras de las cuestiones que hay que tener en cuenta, cuando se rellena la declaración censal es el alta, la baja o las modificaciones de las obligaciones de retener.

Las Leyes del IRPF y del IS establecen, que determinadas personas o entidades que abonen ciertas rentas, deben retener e ingresar en el Tesoro, como pago a cuenta del impuesto personal del que percibe las rentas, una cuantía preestablecida.

Legislación

Con carácter general, estarán obligados a retener o ingresar a cuenta del Impuesto personal correspondiente al perceptor, en cuanto satisfagan rentas sometidas a esta obligación (artículos 99.2 y 100 Ley 35/2006, 76 del RD 439/2007 RIRPF, 128 y 129 de la Ley 27/2014 LIS, 62 del RD 634/2015 RIS, y 35 y 37 LIRPF de la Ley 58/2003 LGT):

a) Las personas jurídicas y demás entidades, incluidas las comunidades de propietarios y las entidades en régimen de atribución de rentas.

b) Los contribuyentes por el IRPF que ejerzan actividades económicas, cuando satisfagan rentas en el ejercicio de sus actividades.

c) Las personas físicas, jurídicas y demás entidades no residentes en territorio español, que operen en él mediante establecimiento permanente.

d) Las personas físicas, jurídicas y demás entidades no residentes en territorio español, que operen en él sin mediación de establecimiento permanente, en cuanto a los rendimientos del trabajo que satisfagan, así como respecto de otros rendimientos sometidos a retención o ingreso a cuenta que constituyan gasto deducible para la obtención de las rentas.

El retenedor u obligado al ingreso a cuenta, debe:

- Detraer de los rendimientos que abone, el porcentaje que corresponda, según la naturaleza de las rentas pagadas.
- Presentar las declaraciones de las cantidades retenidas e ingresadas.
- Ingresar en el Tesoro las retenciones e ingresos a cuenta que hubiera practicado o debido practicar.

Estarán sujetas a retención o ingreso a cuenta las siguientes rentas (artículos 89.2 Ley 35/2006 LIRPF, 75 del RD 439/2007 RIRPF, 128.1 Ley 27/2014 LIS y 60 del RD 634/2015 RIS):

a) Los rendimientos del trabajo.

b) Los rendimientos del capital mobiliario. Tendrán la consideración de rendimientos íntegros del capital mobiliario, entre otros, los siguientes:

- Rendimientos obtenidos por la participación en los fondos propios de cualquier tipo de entidad.
- Rendimientos obtenidos por la cesión a terceros de capitales propios.
- Rendimientos dinerarios o en especie procedentes de operaciones de capitalización y de contratos de seguro de vida o invalidez.

c) Los rendimientos de las siguientes actividades económicas

- Los rendimientos de actividades profesionales.
- Los rendimientos de actividades agrícolas y ganaderas:
- Los rendimientos de actividades forestales.
- Los rendimientos de determinadas actividades empresariales, cuando se determine su rendimiento por el método de estimación objetiva:

I.A.E.	Actividad económica
722	Transporte de mercancías por carretera.
757	Servicios de mudanzas.

d) Las ganancias patrimoniales, obtenidas como consecuencia de las transmisiones o reembolsos de acciones y participaciones representativas del capital o patrimonio de las instituciones de inversión colectiva.

e) Los rendimientos procedentes del arrendamiento o subarrendamiento de inmuebles urbanos.

f) Los rendimientos procedentes de la propiedad intelectual, industrial, de la prestación de asistencia técnica, del arrendamiento de bienes muebles, negocios o minas, del subarrendamiento sobre los bienes anteriores y los procedentes de la cesión del derecho a la explotación del derecho de imagen.

g) Los premios que se entreguen como consecuencia de la participación en juegos, concursos, rifas o combinaciones aleatorias, estén o no vinculados a la oferta, promoción o venta de determinados bienes, productos o servicios.

Las autoliquidaciones pueden ser trimestrales y mensuales.

- Trimestral. Respecto de las cantidades retenidas y de ingresos a cuenta del trimestre natural inmediato anterior: entre el 1 y el 20 de abril, julio, octubre y enero.
- Mensual. Los retenedores u obligados a ingresar a cuenta que sean grandes empresas por las cantidades retenidas y los ingresos a cuenta del mes anterior: entre el 1 y el 20 de cada mes.

Existe obligación de presentar declaración negativa, cuando, satisfechas rentas sujetas a retención o ingreso a cuenta, no se hubiese practicado retención con los límites establecidos.

Ejemplo

Empresario persona física que contrata laboralmente a una persona a la que por sus circunstancias personales no tiene que retener. Debe presentar el Modelo 111 negativo.

No procederá presentación de declaración negativa, cuando no se hubieran satisfecho en el período de declaración rentas sometidas a retención e ingreso a cuenta. En este caso, deberá presentar una declaración censal, para comunicar a la Administración Tributaria que no está obligado a presentar declaración.

Ejemplo

El mismo empresario persona física, deja de contar con la persona contratada laboralmente. Debe dar de baja la obligación de presentar el Modelo 111 y no presentar un modelo negativo.

También se presentará la declaración anual informativa de retenciones e ingresos a cuenta efectuados durante el ejercicio, entre el 1 y el 20 de enero del año siguiente. Para determinados modelos hasta el 31 de enero si la forma de presentación se realiza en soporte magnético, por Internet o en impreso generado utilizando el módulo de impresión desarrollado por la AEAT.

Junto a estas obligaciones formales, el retenedor u obligado a ingresar a cuenta debe expedir y entregar al contribuyente, antes del inicio del plazo de declaración del impuesto, un certificado acreditativo de los datos que figuren en la declaración anual y comunicarle la retención o ingreso a cuenta practicados en el momento en que satisfagan las rentas, indicando el porcentaje aplicado.

3.3.6.1. Las rentas objeto de retención más comunes y los modelos en las que se declaran y a través de los que se ingresan

Retenciones e ingresos a cuenta de rendimientos del trabajo, actividades económicas, premios y determinadas imputaciones de renta. Modelos 111 y 190

Página 6

N.I.F.	Apellidos y Nombre, Razón o denominación social
B00000000	GPS FISCAL, S.L.

7. IMPUESTO SOBRE LA RENTA DE LAS PERSONAS FÍSICAS, IMPUESTO SOBRE SOCIEDADES E IMPUESTO SOBRE LA RENTA DE NO RESIDENTES.

A) Impuesto sobre la Renta de las Personas Físicas

	Alta	Baja		Fecha
[600] Obligación de realizar pagos fraccionados a cuenta del I.R.P.F. derivados del desarrollo de actividades económicas propias	O	O	Borrar	[602] / /
[601] Obligación de realizar pagos fraccionados a cuenta del I.R.P.F. derivados de su condición de miembro de una entidad en régimen de atribución de rentas	O	O	Borrar	[603] / /

Método de estimación en el I.R.P.F.:		Fecha
- Estimación objetiva	[604] / [605] / [606] / [607] / [615] O Inclusión O Renuncia O Revocación O Exclusión O Baja Borrar	[616] / /
- Estimación directa		
normal	[608] O Inclusión O Baja Borrar	[618] / /
simplificada	[609] / [610] / [611] / [612] / [619] O Inclusión O Renuncia O Revocación O Exclusión O Baja Borrar	[650] / /

1. Si determinaba el rendimiento neto de sus actividades económicas por el método de estimación objetiva y ha iniciado durante el año alguna actividad económica no incluida o por la que se renuncie a dicho método, marcando las casillas [605] ó [607], indique el grupo o epígrafe/sección de I.A.E. o el código de aquéllas actividades, a las que continuará aplicando el método de estimación objetiva hasta el final del periodo impositivo.

[613]

1. Si determinaba el rendimiento neto de sus actividades económicas por la modalidad simplificada del método de estimación directa y ha iniciado durante el año alguna actividad económica por la que haya renunciado a esta modalidad, marcando la casilla [610], indique el grupo o epígrafe/sección de I.A.E. o el código de aquéllas actividades, a las que continuará aplicando la modalidad simplificada hasta el final del periodo impositivo.

[614]

B) Impuesto sobre Sociedades

	Alta	Baja		Fecha
[620] Obligación de presentar declaración por el Impuesto sobre Sociedades	◉	O	Borrar	[641] 20 / 10 / 2019
Fecha de cierre del próximo ejercicio económico				[640] 31 / 12 (dd/mm)
[621] Opción por el sistema de cálculo previsto en el artículo 40.3 de la Ley I.S. para la realización de los pagos fraccionados a cuenta del Impuesto sobre Sociedades	O	O	Borrar	[642] / /
[622] Condición de entidad exenta en el Impuesto sobre Sociedades	◉	O	Borrar	

En su caso, marque la casilla que corresponda:

[623] O Exención total (artículo 9.1 Ley I.S.)
[624] ◉ Exención parcial (artículo 9.2 Ley I.S.)
[625] O Exención parcial (artículo 9.3 Ley I.S.)
[627] O Exención parcial (artículo 9.4 de la Ley I. S.)
Borrar

[643] / [644] / [645] / [647]
20 / 10 / 2019

[626] Ejercitada la opción por el régimen de consolidación fiscal, renuncia a su aplicación ☐ [646] / /

C) Impuesto sobre la Renta de no Residentes correspondiente a establecimientos permanentes o a entidades en atribución de rentas constituidas en el extranjero con presencia en territorio español

Modalidad de establecimiento permanente:

[630] O Régimen general
[631] O Actividades art. 18.3 texto refundido Ley I.R.N.R.
[632] O Actividades art. 18.4 texto refundido Ley I.R.N.R.
Borrar

	Alta	Baja		Fecha
[633] Opción por el régimen general, en los términos del artículo 18.5 del texto refundido Ley I.R.N.R.	O	O	Borrar	[636] / /
[634] Obligación de presentar declaración por el I.R.N.R., correspondiente a establecimientos permanentes o a entidades en atribución de rentas constituidas en el extranjero con presencia en territorio español	O	O	Borrar	[637] / /
[635] Opción por el sistema de cálculo previsto en el artículo 40.3 de la Ley I.S. para la realización de los pagos fraccionados a cuenta del I.R.N.R., correspondiente a establecimientos permanentes o a entidades en atribución de rentas constituidas en el extranjero con presencia en terrirorio español	O	O	Borrar	[638] / /

8. RÉGIMEN FISCAL ESPECIAL DEL TÍTULO II DE LA LEY 49/2002.

	Fecha
[651] ☐ Ejerce la opción por el Régimen fiscal especial del Titulo II de la Ley 49/2002.	[653] / /
[652] ☐ Ejercitada la opción por el Régimen fiscal especial de la Ley 49/2002, renuncia a su aplicación	[654] / /

Están obligados a practicar e ingresar retenciones, los empresarios, profesionales y agricultores o ganaderos que satisfagan retribuciones dinerarias o en especie, entre otras, las siguientes rentas:

- Rendimientos del trabajo.
- Rendimientos de actividades profesionales, agrícolas o ganaderas y forestales y de algunas actividades empresariales que determinen el rendimiento neto del IRPF en estimación objetiva.
- Ganancias de los aprovechamientos forestales de los vecinos en montes públicos.

Las retenciones se ingresarán trimestralmente como regla general y mensualmente los con contribuyentes con la condición de gran empresa, presentando el Modelo 111.

Además, se presentará un resumen anual de las retenciones e ingresos a cuenta efectuados, Modelo 190.

Retenciones por arrendamiento de bienes inmuebles. Modelos 115 y 180

Los empresarios y profesionales están obligados a practicar retención, cuando satisfagan rentas por el arrendamiento o subarrendamiento de bienes inmuebles urbanos. No deberá practicarse retención o ingreso a cuenta, en los siguientes supuestos (artículos 101.8 Ley 35/2006 LIRPF, 75.2 RD 439/2007 RIRPF, 128.6 Ley 27/2014 LIS y 60.1 y 61 del RD:634/2015 RIS):

- Arrendamiento de viviendas por empresas para sus empleados.
- Cuando las rentas satisfechas por el arrendatario a un mismo arrendador no superen los 900 euros anuales.
- Cuando la actividad del arrendador esté clasificada en alguno de los epígrafes de las tarifas del IAE que faculte para la actividad de arrendamiento o subarrendamiento de inmuebles urbanos, y el valor catastral de los inmuebles destinados al arrendamiento o subarrendamiento supere los 600.000 euros, para que la cuota del IAE establecida en los epígrafes del citado grupo, no resultase cero.
  - Rendimientos de entidades en régimen de arrendamiento financiero.
  - Rentas de entidades totalmente exentas en el IS.

Las retenciones correspondientes a cada trimestre o mes (gran empresa), se ingresarán presentando el Modelo 115. Además, se presentará un resumen anual de las retenciones practicadas por el arrendamiento de bienes inmuebles en el Modelo 180.

Página 1

Datos identificativos

* N.I.F. [101] B00000000

* Apellidos y nombre, razón o denominación social [102] GPS FISCAL,S.L.

1. CAUSAS DE PRESENTACIÓN

A) Alta

[110] ☐ Solicitud de Número de Identificación Fiscal (N.I.F.)

[111] ☐ Alta en el censo de empresarios, profesionales y retenedores

B) Modificación

[120] ☐ Solicitud de N.I.F. definitivo, disponiendo de N.I.F. provisional.

[121] ☐ Solicitud de nueva tarjeta acreditativa del N.I.F.

[122] ☐ Modificación domicilio fiscal. (páginas 2A, 2B y 2C)

[123] ☐ Modificación domicilio social o de gestión administrativa. (páginas 2A y 2B)

[124] ☐ Modificación domicilio a efectos de notificaciones. (páginas 2A, 2B y 2C)

[125] ☐ Modificación otros datos identificativos. (páginas 2A, 2B y 2C)

[126] ☐ Modificación datos representantes. (página 3)

[127] ☐ Modificación datos relativos a actividades económicas y locales. (página 4)

[128] ☐ Modificación de la condición de Gran Empresa o Admón. Pública de presupuesto superior a 6.000.000 de euros. (página 5)

[129] ☐ Solicitud de inscripción/baja en el registro de devolución mensual. (página 5)

[130] ☐ Solicitud de alta/baja en el registro de operadores intracomunitarios. (página 5)

[131] ☐ Modificación datos relativos al Impuesto sobre el Valor Añadido. (página 5)

[132] ☐ Modificación datos relativos al Impuesto sobre la Renta de las Personas Físicas. (página 6)

[133] ☐ Modificación datos relativos al Impuesto sobre Sociedades. (página 6)

[134] ☐ Modificación datos relativos al Impuesto sobre la Renta de no Residentes correspondiente a establecimientos permanentes o a entidades en atribución de rentas constituidas en el extranjero con presencia en territorio español. (página 6)

[135] ☐ Opción/renuncia por el Régimen fiscal especial del Título II de la Ley 49/2002. (página 6)

[136] ☑ Modificación datos relativos a retenciones e ingresos a cuenta. (página 7)

[137] ☐ Modificación datos relativos a otros Impuestos. (página 7)

[138] ☐ Modificación datos relativos a regímenes especiales del comercio intracomunitario. (página 7)

[139] ☐ Modificación datos relativos a la relación de socios, miembros o partícipes. (página 8)

[140] ☐ Dejar de ejercer todas las actividades empresariales y/o profesionales (personas jurídicas y entidades, sin disolución. Entidades inactivas).

[141] Fecha efectiva del cese

__ / __ / __

C) Baja

[150] ☐ Baja en el censo de empresarios, profesionales y retenedores.

[151] Causa

[152] Fecha efectiva de la baja

__ / __ / __

LUGAR, FECHA Y FIRMA

* Lugar: MADRID

Fecha: 20 / 10 / 2016

* Firma en calidad de: Representante

* Firmado: D/D.ª.: NOMBRE APELLIDO1 APELLIDO2

Página 7

N.I.F.	Apellidos y Nombre, Razón o denominación social
B00000000	**GPS FISCAL, S.L.**

9. RETENCIONES E INGRESOS A CUENTA

Retenciones e ingresos a cuenta

		Alta	Baja			Fecha
Obligación de realizar retenciones o ingresos a cuenta sobre rendimientos del trabajo personal (modelos 111)	[700]	○	○	Borrar	[720]	__/__/____
Obligación de realizar retenciones o ingresos a cuenta sobre rendimientos de actividades profesionales, agrícolas, ganaderas, forestales u otras actividades económicas, premios, determinadas imputaciones de renta o determinadas ganancias patrimoniales (modelos 111)	[701]	○	○	Borrar	[721]	__/__/____
Obligación de realizar retenciones o ingresos a cuenta sobre rendimientos procedentes del arrendamiento o subarrendamiento de inmuebles urbanos (modelo 115)	[702]	●	○	Borrar	[722]	20/10/2019
Obligación de realizar retenciones o ingresos a cuenta o a efectuar pagos a cuenta sobre las transmisiones o reembolsos de acciones o participaciones representativas del capital o patrimonio de las instituciones de inversión colectiva (modelo 117)	[703]	○	○	Borrar	[723]	__/__/____
Obligación de realizar retenciones o ingresos a cuenta sobre rentas o rendimientos del capital mobiliario derivados de la transmisión, amortización, reembolso, canje o conversión de cualquier clase de activos representativos de la captación y utilización de capitales ajenos (modelo 124)	[704]	○	○	Borrar	[724]	__/__/____
Obligación de realizar retenciones o ingresos a cuenta sobre rentas o rendimientos del capital mobiliario obtenidos por la contraprestación derivada de cuentas en toda clase de instituciones financieras, incluyendo las basadas en operaciones sobre activos financieros (modelo 126)	[705]	○	○	Borrar	[725]	__/__/____
Obligación de realizar retenciones o ingresos a cuenta sobre rentas o rendimientos del capital mobiliario procedentes de operaciones de capitalización o de contratos de seguro de vida o invalidez (modelo 128)	[706]	○	○	Borrar	[726]	__/__/____
Obligación de realizar retenciones o ingresos a cuenta sobre otras rentas o rendimientos del capital mobiliario (modelo 123)	[707]	○	○	Borrar	[727]	__/__/____

10. OTROS IMPUESTOS

A) Impuestos Especiales

		Alta	Baja			Fecha
Obligación de inscribir sus establecimientos en el registro territorial de la oficina gestora en relación con los productos objeto de los Impuestos Especiales de Fabricación	[710]	○	○	Borrar	[730]	__/__/____
Obligado a presentar autoliquidación por el Impuesto sobre la Electricidad (Modelo 560)	[711]	○	○	Borrar	[731]	__/__/____
Obligado a presentar declaración resumen anual de operaciones del Impuesto Especial sobre el Carbón	[712]	○	○	Borrar	[732]	__/__/____

B) Impuesto sobre las Primas de seguros

		Alta	Baja			Fecha
Obligación de presentar declaración por el Impuesto sobre Primas de Seguros (Modelo 430)	[713]	○	○	Borrar	[733]	__/__/____

C) Impuestos Medioambientales

		Alta	Baja			Fecha
Obligado a presentar autoliquidación por el Impuesto sobre el valor de la producción de energía eléctrica (Modelo 583)	[708]	○	○	Borrar	[709]	__/__/____

11. REGÍMENES ESPECIALES COMERCIO INTRACOMUNITARIO (VENTAS A DISTANCIA Y NO SUJECIÓN ART. 14 LEY I.V.A.)

A) Regímenes especiales de comercio intracomunitario. Ventas a distancia

Gravamen en origen o en destino, en el caso de ventas a distancia (artículo 68 de la Ley del I.V.A.):
A otros estados miembros (artículo 68, apartado cuatro de la Ley del I.V.A.):

	Superado límite						Superado límite				
	900 SÍ	901 NO		902 Destino	903 Revocación		900 SÍ	901 NO		902 Destino	903 Revocación
1.- Alemania	○	○	Borrar	□	□	15.- Irlanda	○	○	Borrar	□	□
2.- Austria	○	○	Borrar	□	□	16.- Italia	○	○	Borrar	□	□
3.- Bélgica	○	○	Borrar	□	□	17.- Letonia	○	○	Borrar	□	□
4.- Bulgaria	○	○	Borrar	□	□	18.- Lituania	○	○	Borrar	□	□
5.- Chipre	○	○	Borrar	□	□	19.- Luxemburgo	○	○	Borrar	□	□
6.- Croacia	○	○	Borrar	□	□	20.- Malta	○	○	Borrar	□	□
7.- Dinamarca	○	○	Borrar	□	□	21.- Países Bajos	○	○	Borrar	□	□
8.- Eslovaquia	○	○	Borrar	□	□	22.- Polonia	○	○	Borrar	□	□
9.- Eslovenia	○	○	Borrar	□	□	23.- Portugal	○	○	Borrar	□	□
10.- Estonia	○	○	Borrar	□	□	24.- Reino Unido	○	○	Borrar	□	□
11.- Finlandia	○	○	Borrar	□	□	25.- República Checa	○	○	Borrar	□	□
12.- Francia	○	○	Borrar	□	□	26.- Rumanía	○	○	Borrar	□	□
13.- Grecia	○	○	Borrar	□	□	27.- Suecia	○	○	Borrar	□	□
14.- Hungría	○	○	Borrar	□	□						

Desde otros estados miembros:

	900 SÍ	901 NO		902 Destino	903 Revocación
- Bienes sujetos a impuestos especiales (artículo 68, apartado cinco de la Ley del I.V.A.)				□	
- Otros bienes (artículo 68, apartado tres de la Ley del I.V.A.)	○	○	Borrar	□	□

Retenciones del capital mobiliario. Modelos 123 y 193

Las retenciones correspondientes a cada trimestre o mes (gran empresa), se ingresarán presentando el Modelo 123. Además, se presentará un resumen de las cantidades abonadas y retenidas por este tipo de rendimientos durante el ejercicio, en el Modelo 193.

3.4. Ejemplos de constitución de entidades. Trámites a realizar

A continuación exponemos una serie de ejemplos de los trámites a realizar para la constitución de algunos de los vehículos indicados anteriormente para ejercer una actividad:

3.4.1. Constitución de una SRL

Dos amigos, Pedro y Juan, deciden emprender un negocio de compra venta de muebles y artículos de decoración, bajo la forma jurídica de sociedad de responsabilidad limitada. Constituirán la sociedad con un capital de 12.000,00€, efectuando aportaciones dinerarias y no dinerarias, a partes iguales. Han decidido que la administración de la sociedad se encomiende a dos Administradores Solidarios, recayendo el cargo en los socios.

Para el desarrollo del negocio, la sociedad arrienda un inmueble de 600 m^2 en el que efectuarán una serie de obras para adecuarlo a la actividad desarrollada.

Los pasos a seguir para constituir la sociedad son los siguientes:

- ❒ Uno de los socios deberá solicitar al RMC la certificación negativa de denominación de la sociedad, indicando un máximo de tres denominaciones en la solicitud, que el RMC asignará por orden de preferencia.

Con carácter previo, es conveniente que los socios efectúen consulta al RMC sobre las denominaciones elegidas, que en este caso han sido:

1º Muebles La Moderna

2º El Encanto Muebles

3º Decoraciones A Su Gusto

El RMC, como resultado de la consulta, indica que la 1ª y la 2ª denominación no están disponibles, pero sí lo está la 3ª. Por tanto, uno de los socios fundadores de la sociedad deberá solicitar la certificación negativa al RMC de la denominación “Decoraciones a Su Gusto”, pudiendo incluir en esa solicitud hasta un máximo de tres denominaciones (que previamente serían consultadas al RMC para una mayor seguridad). El RMC asignará la denominación solicitada por orden de preferencia para proceder a la constitución de la mercantil. Esta certificación tendrá una validez de tres meses desde la fecha de su expedición.

- ❒ En el plazo de vigencia de la certificación negativa de denominación social emitida por el RMC (tres meses), los socios deben realizar las aportaciones que constituyen el capital social de Decoraciones A Su Gusto, S.L.

a) Pedro ingresará en una cuenta corriente abierta a nombre de la sociedad, con indicación de que se encuentra "en constitución", los 6.000,00 € que corresponden al 50% de su participación. La entidad financiera ha de emitir un certificado de la aportación dineraria efectuada para adjuntar a la escritura de constitución de la sociedad.

b) Juan efectúa a la sociedad una aportación no dineraria consistente en un ordenador, un programa informático de diseño de proyectos en 3D y una impresora de su propiedad, valorados en 6.000,00 € que corresponden al 50% de su participación, valoración que aceptan ambos socios, y que así constará en la escritura pública de constitución de la sociedad.

- ❒ Una vez obtenida la certificación negativa de la denominación Decoraciones A Su Gusto, S.L., y la certificación de la entidad financiera de la aportación al capital social realizada por uno de los socios (ambos documentos originales), éstos han de acudir al notario para formalizar el acuerdo de constituir la sociedad mercantil.

En la escritura pública figura la identidad de los socios, el importe del capital social (12.000,00 €), el número de participaciones en que se divide el capital y el nominal de cada una de ellas (12.000 participaciones de 1,00 €/participación de valor nominal), la suscripción de las mismas, indicando expresamente la aportación realizada por cada socio y con expresa aceptación de la valoración de lo aportado (en caso de la aportación no dineraria), la forma de administración de la sociedad (administradores solidarios) con la identidad de las personas en que recae el cargo, y adjuntando, en todo caso, los Estatutos Sociales que regirán la vida societaria.

- ❒ Cuando se disponga de la escritura pública de constitución, mediante una declaración censal (modelo 036) se solicitará a la AEAT el NIF provisional, y se comunicará el inicio de la actividad, siempre con carácter previo al inicio de la misma. No se presentará el modelo 840 al estar exento del pago del IAE por inicio de actividad los dos primeros períodos impositivos.

- ❒ Se procederá a la liquidación del modelo 600 relativo al ITP y AJD, en su modalidad operaciones societarias, actualmente exento de gravamen. Es decir, hay que presentar el modelo 600 pero no supone tributación.

- Posteriormente, se presentará la escritura de constitución en el RM correspondiente al domicilio social de la sociedad, acompañada del modelo 600 liquidado.
- Una vez que el RM confirme la inscripción de la sociedad, deberá de solicitarse a la AEAT el NIF definitivo de la sociedad.

Desde el momento en que la sociedad está constituida, podrá efectuarse el contrato de arrendamiento del local en el que va a desarrollar la actividad.

En el Ayuntamiento de la localidad donde esté ubicado el inmueble donde se desarrollará la actividad, se han de solicitar las correspondientes licencias de obras y de apertura, puesto que el local tiene una superficie útil de exposición y venta al público superior a 300 m^2.

- La sociedad, con el fin de adecuar el local comercial arrendado a su actividad, necesita efectuar determinadas obras, para lo que es necesaria la solicitud de licencia municipal de obras a presentar en el Departamento de Urbanismo del Ayuntamiento en el que está ubicado el local, adjuntando al formulario de solicitud, el proyecto realizado por un técnico visado por el Colegio Profesional, el NIF del solicitante y el contrato de arrendamiento, abonando la tasa correspondiente estipulada por el ente local en su Ordenanza.

Una vez obtenida la licencia, las obras deben comenzar en el plazo de seis meses.

- La sociedad asimismo procederá a solicitar la licencia de apertura del local, debiendo presentar en el Departamento de Urbanismo del Ayuntamiento en el que está ubicado el local, adjuntando al formulario de solicitud, la fotocopia de la escritura de constitución y NIF, planos de planta y sección con el máximo detalle posible, plano de situación del local, plano de emplazamiento y contrato de arrendamiento, abonando la tasa correspondiente estipulada por el ente local en su ordenanza.

En la Administración de la Seguridad Social, los socios y administradores de la sociedad “Decoraciones A Su Gusto, S.L.”, procederán a darse de alta en el régimen especial de trabajadores autónomos en su calidad de socios y miembros del Órgano de Administración de la entidad.

La sociedad tributará en el IS, en principio, por el régimen de empresas de reducida dimensión, por el resultado (base imponible) obtenido en cada ejercicio económico.

3.4.2. Constitución de una Comunidad de Bienes (en adelante CB)

Dos hermanos, Manuel y Elisa, ostentan la plena propiedad de una nave industrial a partes iguales que han adquirido por el título de herencia. Han decidido proceder al arrendamiento del citado inmueble.

- Desde el momento en que la titularidad del inmueble es común a varios individuos, es decir, es en proindiviso, existe una comunidad de bienes, siendo los comuneros los titulares del inmueble.
- En primer lugar, deberán proceder a efectuar el cambio de titularidad en el Registro de la Propiedad en el que se encuentre inscrito el bien, así como comunicar la alteración de la titularidad del inmueble en el catastro inmobiliario.
- En este caso, la CB es la titular del inmueble que se va a destinar al arrendamiento, operación por la que tendrá que emitir las correspondientes facturas. La CB puede adoptar cualquier denominación, siendo conveniente que aparezca una referencia a cada uno de los comuneros.
- Será necesario que la entidad solicite a la AEAT que se le asigne un NIF, a través de la declaración censal (modelo 036), distinto del NIF de los comuneros que integran la entidad, debiendo adjuntar al modelo 036 el DNI de los miembros integrantes de la entidad y la escritura o documento equivalente en el que conste la titularidad del inmueble.
- Al destinar el inmueble al arrendamiento, la CB deberá presentar una declaración censal (modelo 036) en la que comunique el inicio de la actividad económica de arrendamiento, que estará exenta de tributación por IAE los dos primeros ejercicios de inicio de actividad. Además, al tratarse de una entidad del artículo 35.4 de la LIRPF, seguirá exenta de IAE cuando su cifra de negocios no supere el millón de euros.
- La CB no dispone de personalidad jurídica propia, por lo que serán sus socios (comuneros) los que deberán imputar los rendimientos en su declaración de IRPF y tributar por los mismos.

3.4.3. Constitución de un empresario individual

Jesús decide emprender una actividad de fontanería como empresario individual. Trámites a realizar.

- El NIF de un empresario individual coincide con su NIF particular, por lo que no procede solicitud alguna.
- Mediante una declaración censal (modelo 036), ha de comunicar a la AEAT el inicio de la actividad desarrollada. En esta declaración podrá darse de alta en las obligaciones tributarias que le afectan, solicitando el régimen de estimación de rentas aplicable para la determinación del rendimiento de su actividad económica (estimación directa normal, estimación directa simplificada o estimación objetiva).

- ❒ Estará exento de la presentación y pago del IAE (modelo 840) por ser persona física.
- ❒ Procederá a darse de alta en el Régimen Especial de Trabajadores Autónomos de la Seguridad Social, fijando la base de cotización que desee, adjuntando la copia del NIF y la declaración censal de inicio de actividad en la actividad de fontanería.
- ❒ Jesús tributará por sus rendimientos como actividad económica en el IRPF, en principio, en el régimen de estimación directa simplificada.

4 Fiscalidad de las actividades del emprendedor

4.1. Operaciones más habituales

4.1.1. Venta de mercancías, a empresarios, en España

IVA

La venta de mercancías realizada por un empresario está sujeta al IVA, aplicándose el tipo de gravamen que corresponda a las mismas vigente en el momento del devengo, que puede ser el 0%, 4%, el 5%, el 10% y el 21% (Ver epígrafe 2.9.5).

Pueden ser de aplicación diversos regímenes de tributación en función del tipo de operación realizada o de la opción que haya realizado el empresario entre las diversas que contempla la Ley, como puede ser el régimen simplificado, el régimen de la agricultura o el régimen de bienes usados, entre otros.

Si está en el régimen general, de las cuotas repercutidas en cada operación, y que debe incluir en una declaración-liquidación periódica Modelo 303 (trimestral o mensual), puede deducir las cuotas que le hayan repercutido sus proveedores, para lo que debe tener la correspondiente factura y cumplir los requisitos de deducibilidad (epígrafe 2.9.7).

Si estuviese en el régimen simplificado repercutiría las cuotas de la misma forma, aunque tiene que liquidar el IVA por un procedimiento diferente basado en datos objetivos de la actividad realizada, aunque puede deducir determinadas cuotas soportadas. (aptado 2.9.9.2).

Ejemplo

Se venden productos por importe de 1.000 euros, incluyendo en la factura gastos de transporte por importe de 100 euros y envases por importe de 50 euros.

Solución:

La base imponible es la totalidad de la contraprestación, 1.150 euros, aplicando sobre la totalidad el tipo graven correspondiente al producto entregado.

Legislación

Arts. 90, 91, 120 y 122 LIVA

Al ser el destinatario un empresario, deben expedirle una factura con todos los requisitos ya que, en otro caso, el comprador no podría deducir las cuotas hasta que la tenga en su poder.

IRPF

Cuando un empresario, persona física, vende las mercancías que constituyen el objeto de su actividad económica, está obteniendo rendimientos íntegros de la misma. Es decir, se trata de los ingresos de la actividad.

Para la determinación del rendimiento neto de la actividad el empresario tendrá que tener en consideración el método de estimación de rendimientos que esté utilizando: estimación directa, en cualquiera de sus modalidades o estimación objetiva (epígrafe 2.2.7).

En el método de estimación directa, estas ventas formarán parte del importe de la cifra de negocios, por lo que, además de tener incidencia en el cálculo del rendimiento neto, incidirán en la modalidad de este método que puede utilizar el empresario para determinar su rendimiento neto (epígrafe 2.2.6).

En el caso de determinar el rendimiento neto por el método de estimación objetiva, las ventas realizadas, únicamente, tendrán incidencia en el cómputo de la magnitud por volumen de ingresos, pues el rendimiento neto se determinará en función de los módulos previstos para cada actividad en la Orden Ministerial que, anualmente, desarrolla el método (epígrafe 2.2.7).

En principio, el IVA repercutido no se considera como ingreso de la actividad. Esta regla general tiene una excepción, que afecta a los empresarios que tributen, en el IVA, por el régimen especial del recargo de equivalencia.

En estos casos, el IVA repercutido a sus clientes tendrá la consideración de ingresos de la actividad, pues estas personas no tienen que liquidar este Impuesto.

Legislación

Arts. 27, 28, 30 y 31 LIRPF

En el método de estimación objetiva, todas las operaciones, con otros empresarios, se tendrán en consideración para la aplicación del límite excluyente general por volumen de ingresos.

Ejemplo

Un empresario en estimación directa, modalidad simplificada, ha facturado a otro, por importe de 10.000 euros más 2.100 euros de IVA.

Cuantificar el ingreso obtenido en los casos siguientes: a) Tributa por el régimen general del IVA; b) Tributa por el régimen especial simplificado; c) Tributa por el régimen del recargo de equivalencia.

Solución:

A todos los efectos (cuantificación del importe neto de la cifra de negocios y determinación del rendimiento neto), en los casos a) y b), el importe del ingreso será 10.000 euros, y, en el caso c) 12.100 euros.

Impuesto sobre Sociedades

El ingreso de esta venta se integra en la base imponible del IS del período impositivo en que se ha devengado y contabilizado dicho ingreso, con independencia de la forma de cobro pactada en la operación.

Los descuentos comerciales minoran el precio de la venta. Cualquier gasto derivado de la operación asumido por el vendedor, como pueden ser los gastos de transporte, no afecta al importe de la venta, sino que se registra como gasto de forma separada.

Caso de que la venta se realice a plazos y, entre la fecha de la venta y el último cobro, la duración sea superior al año, la renta generada en la venta puede incorporarse a la base imponible, a medida en que se perciben los cobros, lo cual supone, en la práctica, diferir el pago del IS. Llegado la exigibilidad del cobro, la renta se integra en la base imponible, se perciba o no el correspondiente cobro. Para ello, para determinar la base imponible del período impositivo en el que se realiza la venta, es necesario realizar un ajuste negativo al resultado contable por el importe de la renta contabilizada en ese período pero que se grava en períodos impositivos posteriores, así como ajustes positivos al resultado contable de aquellos otros períodos posteriores en los que son exigibles los correspondientes cobros a efectos de determinar la base imponible de estos último períodos impositivos.

Legislación

Arts. 10 y 11 LIS

Ejemplo

Se venden mercancías por importe de 20.000 euros, realizando un descuento en esta venta de 1.000 euros al cliente. Los gastos de transporte asumidos por el vendedor ascienden a 1.500 euros. El importe de la venta se cobra a un mes.

Solución:

El ingreso generado en esta venta es de 19.000 euros y el gasto por transporte de 1.500 euros se registra de forma separada. Esta venta no es una operación a plazos y, por tanto, toda la renta generada en la venta se integra en la base imponible del período impositivo en el que se ha realizado la operación.

4.1.2. Venta de mercancías, a empresarios de otros Estados miembros de la Comunidad

IVA

La venta de mercancías a empresarios de otros Estados miembros de la Unión Europea da lugar a una entrega intracomunitaria exenta siempre que los bienes salgan del territorio español del IVA (el IVA se aplica en el territorio peninsular español e Islas Baleares) con destino a otro Estado miembro, y el adquirente sea un empresario (art. 25 LIVA)

Estas operaciones tributan en el Estado miembro donde lleguen las mercancías, de tal forma que el vendedor enviará las mercancías exentas de IVA español, debiendo liquidar el impuesto el destinatario (epígrafe 2.9.11.3)

Para que puedan comprobarse las operaciones por las autoridades tributarias de todos los países, hay que cumplimentar una declaración informativa (Modelo 349), de tal forma que las operaciones serán cruzadas con la información que facilite, en su Estado miembro, el destinatario. También se reflejará la entrega en el Modelo 303 (epígrafe 2.9.8.2.)

Con el fin de saber que el destinatario es empresario en otro Estado miembro, es preciso verificar el Número de Identificación Fiscal a efectos del IVA del adquirente mediante la aplicación VIES (siglas en inglés del "sistema de intercambio de información en el IVA") de la página web de la Agencia Estatal de Administración Tributaria, de tal forma que si el destinatario no puede acreditar este dato deberá repercutírsele el IVA español ya que no se estaría produciendo una entrega intracomunitaria exenta. En este caso se reflejaría la entrega en el Modelo 303, pero no en el modelo 349 de operaciones intracomunitarias.

En cuanto al IVA soportado por la adquisición de bienes y servicios necesarios para producir los bienes que son objeto de entrega intracomunitaria, será deducible en la declaración liquidación en la que se hayan soportado las cuotas, o en las posteriores hasta un plazo de cuatro años desde que se hayan soportado las cuotas (aptdo. 2.9.7.8).

Ejemplo

Vendemos bienes a una empresa portuguesa con NIF IVA PT203278, por importe de 1.000 euros. Como gastos de envío le cobramos al cliente 100 euros. Asimismo incluimos envases por importe de 50 euros.

Solución:

En la medida en que el destinatario nos ha facilitado (y hemos comprobado) el NIF IVA que tiene en su Estado miembro de residencia, y los bienes han salido de territorio español con destino a otro Estado miembro distinto de España, se habrá producido una entrega intracomunitaria de bienes exenta de IVA.

Incluiremos esta operación en el Modelo 303, así como en el Modelo 349.

Aunque sea una entrega intracomunitaria exenta, hay que expedir una factura al destinatario.

Ejemplo

Entregamos bienes por importe de 10.000 euros a un empresario francés. Si no nos comunica un NIF a efectos del IVA otorgado por otro Estado miembro, le repercutiremos IVA español. Si posteriormente nos comunica el NIF de otro Estado miembro, y lo comprobamos en la aplicación VIES, en ese caso consideraremos que la entrega intracomunitaria está exenta y reflejaremos la operación en los Modelos 303 y 349, rectificando la repercusión previamente realizada.

Legislación

Art. 25 LIVA.

IRPF

En el IRPF, que las ventas de mercancías se realicen a empresarios de otros Estados miembros de la Unión Europea no tiene ninguna incidencia especial con respecto a que las mismas se efectúen a empresarios residentes en España.

Por tanto, es plenamente aplicable a estas operaciones lo expresado para la venta de mercancías a empresarios residentes en España en el epígrafe anterior, a cuyo comentario nos remitimos.

No obstante, como se trata de una operación exenta de IVA, la problemática sobre el cómputo o no del IVA repercutido desaparece.

En estos casos, al no repercutirse IVA, el régimen de tributación en este Impuesto no tiene incidencia en el volumen de ingresos que obtiene el empresario.

Legislación

Arts. 27, 28, 30 y 31 LIRPF.

Impuesto sobre Sociedades

El ingreso de esta venta se integra en la base imponible del IS del período impositivo en que se ha devengado y contabilizado el ingreso, con independencia de la forma de cobro pactada en la operación y de la residencia del adquirente.

Las partidas que reducen el importe de la venta o bien los gastos asumidos por el vendedor que no alteran el importe del ingreso, no se ven afectados por el hecho de la residencia del adquirente. Igualmente, de cumplir esta venta la condición de operaciones a plazos, puede gravarse la renta generada de acuerdo con el criterio de cobro, es decir, en proporción a los cobros exigibles en cada período impositivo.

Ejemplo

Se hace una venta a una empresa residente en Francia por importe de 30.000 euros a pagar a los 60 días. No obstante, el cliente paga de forma anticipada a los 30 días, por lo que se realiza un descuento del 2% por pronto pago.

Solución:

El ingreso por la venta es de 30.000 euros, de manera que por el descuento por pronto pago debe reconocerse un gasto de 600 euros. Tanto ese ingreso como el gasto se integran en la base imponible del período impositivo.

Legislación

Arts. 10 y 11 LIS

4.1.3. Exportación de mercancías

IVA

La exportación es un régimen aduanero que permite la salida de mercancías comunitarias fuera del territorio aduanero de la Unión Europea, aunque a efectos del Impuesto la exención relativa a las exportaciones de bienes hace referencia a las entregas de bienes enviados o transportados fuera de la UE.

La exención en la exportación hace referencia a la entrega de bienes enviados o transportados a un “territorio o país tercero”, entre los que se encuentran, a efectos del IVA, Canarias, Ceuta y Melilla (aptdo. 2.9.11.2)

Como requisitos para la exención, hay que mencionar: a) que se trate de una entrega de bienes, y b) que exista un transporte a un país o territorio tercero.

Todo ello debe estar suficientemente acreditado y tener la documentación correspondiente a disposición de la Administración tributaria.

En cuanto al IVA soportado, y su deducibilidad, estaremos a los mismos criterios que se han indicado en las entregas intracomunitarias exentas, aunque sin tener que cumplimentar el modelo 349 por no ser una operación intracomunitaria

Tanto en la entrega intracomunitaria como en la exportación es preciso expedir una factura al destinatario de la entrega (aptdo. 2.9.10.1).

Ejemplo

Si entregamos bienes a una empresa brasileña, que dice que los va a llevar a Brasil, la entrega estaría exenta. Si el adquirente no acredita la salida de los bienes con destino a un territorio tercero, no sería aplicable la exención, por lo que habría que rectificar la operación.
Al margen de la documentación aduanera, hay que entregar factura al destinatario.

Legislación

Art. 21 LIVA.

IRPF

En el IRPF, las ventas de mercancías que se realicen a empresarios fuera de la Unión Europea, tampoco tienen ninguna incidencia especial con respecto a que las mismas se hagan a empresarios residentes en España o en la Unión Europea.

Por tanto, es plenamente aplicable a estas operaciones lo expresado para la venta de mercancías a empresarios residentes en España o en la Unión Europea con anterioridad, a cuyo comentario nos remitimos.

No obstante, como ya se ha mencionado para las ventas a la Unión Europea, como se trata de una operación exenta de IVA, la problemática sobre el cómputo o no del IVA repercutido desaparece.

En estos casos, al estar la operación exenta del IVA, el régimen de tributación en este Impuesto no tiene incidencia en el volumen de ingresos que obtiene el empresario.

Legislación

Arts. 27, 28, 30 y 31 LIRPF

Impuesto sobre Sociedades

El ingreso de esta venta se integra en la base imponible del IS del período impositivo en que se ha devengado y contabilizado el ingreso, con independencia de la forma de cobro pactada en la operación y de la residencia del adquirente. Caso de que el vendedor asuma costes por cuenta del cliente, estos costes pagados no son gastos ni afectan al importe del ingreso por la venta, sino que se reconoce como un crédito frente al cliente que se dará de baja cuando el mismo abone la totalidad de la operación. Si se satisface algún impuesto en el extranjero de naturaleza análoga al IS asociado a esa exportación, dicho impuesto puede deducirse de la cuota íntegra del IS con el límite de la cuota generada por esa renta de fuente extranjera.

Ejemplo

Se realiza una venta a una empresa extranjera por importe de 40.000 euros, pactando que los costes de importación de 2.000 euros del país de destino los abone el vendedor, que serán reembolsados por el cliente.

Solución:

El ingreso será de 40.000 euros, sin que el pago de 2.000 euros por los costes de la importación sea gasto para el vendedor.

Legislación

Arts. 10 y 11 LIS

4.1.4. Venta a un particular de España

IVA

Las ventas a particulares de España tienen la misma tributación que si se tratase de un destinatario que fuese empresario o profesional. No hay diferente tipo de gravamen.

La única diferencia está en la facturación de la operación, ya que la normativa actual autoriza a expedir facturas simplificadas en las ventas a quienes no sean empresarios, en unos casos, o a no expedir documento en otros, sin perjuicio de la posibilidad que tiene un particular de exigir una factura completa en cualquier momento (aptdo. 2.9.10.2.1).

Legislación

Arts. 90, 91 LIVA

La tributación no cambia por el hecho de que sean ventas a empresarios o particulares, o a quien realice operaciones exentas. La venta de zapatos está sujeta al IVA al tipo del 21 por ciento, aunque la compra la realice una entidad benéfica que aplicase la exención en sus operaciones.

IRPF

En este Impuesto, las ventas a particulares residentes en España tampoco tienen una diferencia sustancial con las realizadas a empresarios, a cuyo comentario nos remitimos.

En ambos casos, son ingresos de la actividad económica y, como tales, se tratarán en el Impuesto, en función del método de estimación de rendimientos utilizado por el empresario (epígrafe 2.2.5).

La única diferencia que se puede destacar, se produce en el ámbito de aplicación del método de estimación objetiva, para el cómputo del cumplimiento del límite excluyente general por volumen de ingresos.

Para la definición del ámbito de aplicación del método de estimación objetiva se tendrán en cuenta, por un lado todas las operaciones realizadas y, por otro, aquellas a operaciones por las que estén obligados a expedir factura cuando el destinatario sea un empresario o profesional que actúe como tal, de acuerdo con lo dispuesto en el artículo 2.2.a) del Reglamento por el que se regulan las obligaciones de facturación.

Ejemplo

Persona física que desarrolla la actividad de "transporte de mercancías por carretera", epígrafe 722 del IAE.

En 2023, ha facturado a empresarios por un importe total de 200.000 euros ¿Puede, en 2024, aplicar el método de estimación objetiva?

Solución:

Una vez que se comprueba que es una actividad recogida dentro de las que se puede aplicar el régimen de estimación objetiva, habrá que estar a lo dispuesto para estas actividades en relación con el volumen de ingresos.

Por una parte, el volumen de facturación total no supera 250.000 euros, pero el importe facturado a empresarios a los que, obligatoriamente, debe emitir factura (200.000€) es superior a 125.000€.

Por tanto, en 2024, no podrá aplicar el método de estimación objetiva.

Legislación

Arts. 27, 28, 30 y 31 LIRPF.

Orden HFP/1359/2023, de 19 de diciembre, por la que se desarrollan para el año 2024 el método de estimación objetiva del Impuesto sobre la Renta de las Personas Físicas y el régimen especial simplificado del Impuesto Sobre el Valor Añadido.

Impuesto sobre Sociedades

El ingreso de esta venta se integra en la base imponible del IS del período impositivo en que se ha devengado y contabilizado el ingreso, con independencia de la forma de cobro pactada en la operación, de la naturaleza jurídica del adquirente (persona física o jurídica) y de su residencia.

Ejemplo

Se realiza una venta a un particular por importe de 10.000 euros, de manera que, con posterioridad, se acuerda entre las partes una devolución de parte de la misma por importe de 2.000 euros.

Solución:

Se trata de dos operaciones diferentes y, por tanto, deben reconocerse de forma separada, es decir, se registra el ingreso por 10.000 euros y la devolución como menores ventas de 2.000 euros.

Esta situación es aplicable con carácter general, con independencia de que el adquirente sea una persona física o jurídica, residente en España o en el extranjero.

Legislación

Arts. 10 y 11 LIS

4.1.5. Venta a un particular de la Unión Europea

IVA

Las ventas a particulares de otros Estados miembros de la Unión Europea tributan, en principio, igual que las realizadas a particulares españoles, es decir, se les repercute el IVA en idénticas condiciones y supuestos que a los particulares españoles. (aptdo. 2.9.11.3.3.1)

No obstante, cuando el particular adquiere los bienes, ya sea personalmente o por Internet, y los bienes son enviados al Estado miembro del adquirente por el vendedor, se está produciendo lo que la normativa del IVA denomina "ventas a distancia", es decir, ventas de bienes expedidos o transportados de un Estado miembro a otro, realizando el transporte el vendedor, o por su cuenta, y siendo el adquirente, normalmente, quien no es empresario a efectos del IVA, como es el caso de los particulares.

En este tipo de operaciones, las ventas tributan:

- Si el volumen de ventas a distancia y servicios prestados a todos los particulares de la Unión Europea no excede de 10.000 euros, aplicando el IVA español No obstante, cabe la posibilidad de que el vendedor opte por tributar en el país del destinatario, sin ser preciso haber superado el límite de ventas antes indicado, lo que daría lugar, como en el caso anterior, a tributar estas entregas en destino. Aplicando el IVA del país del comprador particular.
- Si el volumen de ventas a distancia y servicios prestados a todos los particulares de la Unión Europea excede de 10.000 euros deberá repercutir el IVA del país donde esté establecido el comprador particular.

Legislación

Art. 68.3 LIVA

La opción por tributar en destino suele aplicarse cuando los tipos aplicable en el Estado miembro de destino son inferiores a los de nuestro país, lo que permitiría vender a nuestros clientes comunitarios a un precio final más reducido, si aplicamos el IVA del país de destino. Con este régimen se consigue que tiendan a equipararse los tipos de gravamen entre distintos Estado miembros.

Ejemplo

Supongamos que el IVA en Francia es el 15%. Si vendemos CD de música a particulares franceses por importe de 1.000 euros, venderíamos más barato a nuestros clientes si les aplicásemos el IVA francés del 15 por ciento, en vez del español que es del 21 por ciento.

Hay que tener en cuenta que, al no ser el cliente empresario o profesional, no puede deducir el IVA soportado.

IRPF

También las ventas a particulares, residentes en la Unión Europea, no tienen ninguna especialidad en relación con las ventas a particulares residentes en España.

Por ello, nos remitimos al comentario realizado al respecto con anterioridad.

Si el empresario aplica la tributación en el país de destino, al tener que liquidar el IVA en dicho país, el IVA repercutido no tendrá ninguna incidencia en el IRPF.

Legislación

Arts. 27, 28, 30 y 31 LIRPF.

Orden HFP/1359/2023, de 19 de diciembre, por la que se desarrollan para el año 2024 el método de estimación objetiva del Impuesto sobre la Renta de las Personas Físicas y el régimen especial simplificado del Impuesto Sobre el Valor Añadido.

Impuesto sobre Sociedades

El ingreso de esta venta se integra en la base imponible del IS del período impositivo en que se ha devengado y contabilizado el ingreso, con independencia de la forma de cobro pactada en la operación, de la naturaleza jurídica del adquirente (persona física o jurídica) y de su residencia. Si se satisface algún impuesto en el extranjero de naturaleza análoga al IS asociado a esa exportación, dicho impuesto puede deducirse de la cuota íntegra del IS con el límite de la cuota generada por esa renta de fuente extranjera.

Legislación

Arts. 10 y 11 LIS

4.1.6. Venta a un particular de un territorio tercero

IVA

Si se cumplen los requisitos propios de las exportaciones, vistos anteriormente, las entregas estarían exentas de IVA.

Sin cumplir estos trámites, las entregas de bienes a particulares de territorios terceros son operaciones en la que procede la repercusión del IVA igual que en las ventas a particulares españoles.

Pero estas últimas entregas estarían también exentas si se cumplen determinados requisitos del régimen de viajeros, como que el viajero resida fuera de la Unión Europea; y que los bienes salgan de la UE en el plazo de tres meses desde la entrega (epígrafe 2.9.11). A estos efectos, además de la factura debe expedirse el documento electrónico de reembolso.

Cumpliendo estos requisitos, y con la factura diligenciada en la Aduana, el vendedor tiene que reintegrar al viajero las cuotas del IVA que, posteriormente, puede recuperar el vendedor a través de sus declaraciones (epígrafe 2.9.8.5.3).

Aunque el vendedor tiene un plazo de 15 días desde que recibe la factura para reintegrar el IVA al viajero que cumple los requisitos, cabe la posibilidad de realizar el reembolso a través de entidades colaboradoras, lo que les evita los costes administrativos. Como medio de pago cabe utilizar el abono en tarjeta de crédito u otro medio que permita su acreditación.

Sobre el sistema de devolución del IVA a viajeros residentes fuera de la UE, hay que tomar en consideración el nuevo sistema, conocido como DIVA.

Esos viajeros tendrán derecho a la devolución del IVA por las compras que realices en España, si:

- Tienen tu residencia habitual fuera de la Unión Europea (o en Canarias, Ceuta o Melilla),
- Sus compras no constituyen expediciones comerciales
- Y abandonan la UE dentro de los tres meses siguientes a su adquisición.

En España todo el proceso de devolución de IVA a viajeros es digital, a través del sistema DIVA de la Agencia Tributaria.

Por esta razón es importante que, en el momento de realizar tus compras solicites al vendedor el formulario electrónico "Tax Free" (denominado "documento electrónico de reembolso" en España, o por sus abreviaturas DER). Para que la tienda pueda dártelo, debes facilitarle tus datos identificativos (principalmente, el nombre completo, fecha de nacimiento y número de pasaporte u otro documento acreditativo).

En el momento de abandonar nuestro país y siempre antes de facturarel equipaje en el puerto o aeropuerto, el viajero debe validar electrónicamente los documentos electrónico de reembolso de tus compras. Para ello acude a los kioscos debidamente señalizados al efecto o bien, a las oficinas de sellado de Tax Free.

El viajero debe presentar, además:

El pasaporte

- Los bienes por los que solicitas la devolución
- La tarjeta de embarque o el ticket de la compañía aérea con su ruta de viaje

Una vez efectuado el trámite de validación electrónica del DER, ya puedes solicitar tu dinero a tu empresa de "Tax Free" ubicada en la zona de embarque (sujeta a comisión) o directamente a través de la tienda en la que hiciste las compras.

Legislación

Arts. 21.2º y 117 LIVA 9.1.2º1 b) RIVA

IRPF

Las ventas a particulares, residentes fuera de la Unión Europea, tampoco tienen en el IRPF tienen ninguna especialidad en relación con las ventas a particulares residentes en España.

Por ello, nos remitimos al comentario realizado al respecto anteriormente.

Para los empresarios que tributan por el régimen del recargo de equivalencia del IVA, la devolución del IVA correspondiente al régimen de viajeros sería un menor ingreso de la actividad, pues el IVA inicialmente repercutido se ha tratado como un mayor ingreso de la actividad.

Legislación

Arts. 27, 28, 30 y 31 LIRPF.

Orden HFP/1359/2023, de 19 de diciembre, por la que se desarrollan para el año 2024 el método de estimación objetiva del Impuesto sobre la Renta de las Personas Físicas y el régimen especial simplificado del Impuesto Sobre el Valor Añadido.

Impuesto sobre Sociedades

El ingreso de esta venta se integra en la base imponible del IS del período impositivo en que se ha devengado y contabilizado el ingreso, con independencia de la forma de cobro pactada en la operación, de la naturaleza jurídica del adquirente (persona física o jurídica) y de su residencia.

Legislación

Arts. 10 y 11 LIS

4.1.7. Prestaciones de servicios

IVA

Las prestaciones de servicios son hechos imponibles del IVA que dan lugar a la repercusión del impuesto sobre el destinatario de los mismos, aunque deben tenerse en cuenta no solo las reglas de localización de los servicios (para saber en qué país debe tributar) sino las numerosas exenciones contempladas a lo largo del articulado de la Ley y Reglamento (aptdo 2.9.1.4.2).

Si los servicios los prestamos a quien no está establecido en territorio español, no se puede hablar de exportaciones de servicios puesto que los servicios tributan en función de las reglas de localización que, como regla general, aunque existen numerosas reglas especiales, tributan donde esté establecido el destinatario que sea empresario o profesional y si está establecido en el territorio de aplicación del tributo, entonces, se utiliza como regla general la regla de inversión del sujeto pasivo.

En cuanto a la facturación, no hay ninguna diferencia con respecto a una entrega de bienes.

Si el servicio no se localiza en territorio español, se expedirá la factura sin incluir las cuotas del IVA ya que el destinatario, empresario, será el obligado a liquidar el impuesto en su país aplicando el tipo de gravamen vigente en el mismo.

La factura que tenemos que expedir puede hacerse, en nuestro nombre, por el destinatario de la operación.

Ejemplo

Si prestamos un servicio de asesoramiento a una empresa alemana nuestro servicio se considera prestado en la sede del destinatario, Alemania, siendo el destinatario el obligado a liquidar el IVA. Nuestra obligación sería cumplimentar el modelo 303, y el 349 para el cruce de información entre los Estados miembros

Legislación

Art. 11 LIVA

IRPF

En este Impuesto, las prestaciones de servicios constituyen rendimientos íntegros de la actividad.

Para la determinación del rendimiento neto de la actividad, el empresario tendrá que tener en consideración el método de estimación de rendimientos que esté utilizando; estimación directa, en cualquiera de sus modalidades o estimación objetiva (epígrafe 2.2.5).

En el método de estimación directa, estas prestaciones de servicios formarán parte del importe neto de la cifra de negocios, por lo que, además de tener incidencia en el cálculo del rendimiento neto, incidirán en la modalidad de este método que puede utilizar el empresario para determinar su rendimiento neto (epígrafe 2.2.6).

En el caso de determinar el rendimiento neto por el método de estimación objetiva, las prestaciones de servicios realizadas, únicamente, tendrán incidencia en el cómputo de la magnitud por volumen de ingresos, pues el rendimiento neto se determinará en función de los módulos previstos para cada actividad en la Orden Ministerial que, anualmente, desarrolla el método (epígrafe 2.2.7).

En cualquier caso, conviene conocer que las prestaciones de servicios no están incluidas dentro de las actividades empresariales que pueden utilizar el régimen de EO.

En las prestaciones de servicios, el IVA repercutido no se considerará como ingreso de la actividad, pues estas actividades tributarán o por el régimen general o por el régimen simplificado.

En las prestaciones de servicios, al no tributar por el régimen del recargo de equivalencia del IVA, el IVA repercutido no tiene ninguna trascendencia en la determinación de los rendimientos íntegros del IRPF.

Legislación

Arts. 27, 28, 30 y 31 LIRPF

Impuesto sobre Sociedades

El ingreso de la prestación de un servicio se integra en la base imponible del IS del período impositivo en que se ha devengado y contabilizado el mismo, con independencia de la forma de cobro pactada en la operación, de la naturaleza jurídica del adquirente del servicio (persona física o jurídica) y de su residencia. Caso de que transcurra más de un año entre la prestación del servicio y, en su caso, el último cobro, la renta puede gravarse de acuerdo con el criterio de las operaciones a plazos, es decir, se integra la renta en el período impositivo en el que sean exigibles los correspondientes cobros, en proporción a cada uno de ellos.

Ejemplo

Empresa dedicada al asesoramiento fiscal que presta un servicio a un cliente referente a los efectos fiscales de una determinada operación por importe de 15.000 euros. Para prestar dicho servicio, a su vez, esa empresa contrata con un tercero un informe sobre esta misma operación, siendo el coste de este informe de 4.000 euros.

Solución:

El ingreso del servicio es de 15.000 euros, con independencia de que para prestar el mismo haya asumido un gasto de 4.000 euros.

Legislación

Arts. 10 y 11 LIS

4.1.8. *Compra de mercancías, a empresarios, en España*

IVA

La compra de mercancías realizada por un empresario está sujeta al IVA, aplicándose el tipo de gravamen que corresponda a las mismas que, como hemos indicado, puede ser el 0%, el 4%, el 5%, el 10% y el 21%.

Quien realiza la entrega puede aplicar diversos regímenes de tributación pero, cualquiera que sea el régimen aplicable, para que podamos deducir las cuotas que nos repercuten, necesitaremos una factura con el IVA desglosado y la correcta identificación de las partes intervinientes.

Las cuotas soportadas, si reúnen los requisitos exigidos por la Ley para ser deducibles, pueden ser restadas en la declaración-liquidación en que se hayan soportado las cuotas, o en las siguientes hasta cuatro años desde que se produjo el devengo, siempre que estemos en poder de la factura y, a su vez, esté debidamente anotada en los Libros Registro del IVA.

Si recibimos una factura de compra, repercutiéndonos un tipo de gravamen mayor que el que corresponde, como puede ser vendernos pescado, aplicando el tipo general del IVA, no podremos deducir más de lo que, legalmente, podrían repercutirnos (el 10 por ciento). El vendedor tiene que rectificar la factura previamente expedida.

Legislación

Arts. 92 y ss. LIVA

IRPF

Las compras de las mercancías, objeto de la actividad económica, constituyen gastos deducibles de la actividad, siempre que tengan correlación con los ingresos obtenidos y se pruebe la realidad de la transacción.

Ahora bien, el gasto deducible no se calculará en base al importe de las compras realizadas, sino en función de las mercancías consumidas en el período impositivo.

La incidencia que tienen estas compras en la determinación del rendimiento neto de la actividad, estará en función del método de estimación de rendimientos que esté utilizando el empresario: estimación directa, en cualquiera de sus modalidades o estimación objetiva (epígrafe 2.2.5).

En el método de estimación directa, en cualquiera de sus modalidades, las compras de mercancías tendrán el tratamiento de gastos deducibles, en los términos descritos anteriormente (epígrafe 2.2.6), debiendo estar contabilizadas.

En el caso de determinar el rendimiento neto por el método de estimación objetiva, las compras de mercancías tendrán, únicamente, incidencia en el cómputo de la magnitud por volumen de compras y servicios pues el rendimiento neto se determinará en función de las instrucciones y módulos previstos para cada actividad en la Orden Ministerial que, anualmente, desarrolla el método y, en base a éstas, no pueden deducirse de forma expresa ningún gasto deducible (epígrafe 2.2.7).

En relación con el cómputo del importe deducible, el IVA soportado, en general, no se considerará como un mayor importe del gasto, dada la deducibilidad que las cuotas soportadas tienen en este Impuesto.

Ahora bien, las cuotas soportadas de IVA no deducibles en este Impuesto, ya sea por no ser deducibles (p.e., actividades exentas del Impuesto sin derecho a deducción), ser solamente parcialmente deducibles (p.e. si el empresario adquirente se encuentra sometido a la regla de prorrata) o por tributar el empresario en el régimen especial del recargo de equivalencia, se considerarán como un mayor importe de la compra y, en consecuencia, del gasto deducible.

Los comerciantes minoristas que tributen por el recargo de equivalencia del IVA, integrarán como mayor valor de compra tanto el IVA soportado como el recargo de equivalencia.
Si determinan su rendimiento neto por el método de estimación objetiva, para poder declarar o no por este régimen de determinación de bases imponibles dichos conceptos se tendrán en consideración para el cómputo del límite excluyente por volumen de compras y servicios.

Legislación

Arts. 27, 28, 30 y 31 LIRPF

Impuesto sobre Sociedades

El gasto de esta adquisición se integra en la base imponible del IS del período impositivo en que se ha devengado y contabilizado el mismo, con independencia de la forma de pago pactada en la operación, de la naturaleza jurídica del transmitente (persona física o jurídica) y de su residencia. Las mercancías que formen parte de las existencias al final del ejercicio, se valoran de acuerdo con los criterios contables cuyos efectos en el resultado contable se asumen a efectos fiscales, al determinarse la base imponible a partir de dicho resultado.

Ejemplo

Entidad que adquiere mercancías por importe de 20.000 euros, realizando el vendedor un descuento de 500 euros. El gasto de transporte los asume el adquirente y asciende a 1.000 euros, y los seguros a 400 euros. Los descuentos reducen el valor de las mercancías mientras que se incorporan al precio de las mismas los gastos de transporte y seguros.

Solución:

El valor de las mercancías es de 20.900 euros (20.000-500+1.000+400) que se registra como gasto en el ejercicio en que se han adquirido las mismas.

Legislación

Arts. 10 y 11 LIS

4.1.9. *Compra de mercancías, a empresarios de otros Estados miembros de la Unión Europea*

IVA

La compra de mercancías a empresarios de otros Estados miembros de la Unión Europea da lugar a una adquisición intracomunitaria, siempre que los bienes salgan de otro Estado miembro y lleguen a nuestro territorio (u otro comunitario distinto del país de origen) siendo también necesario que el adquirente tenga la condición de empresario y tenga asignado, por la Administración Tributaria, un número de identificación a efectos de las operaciones intracomunitarias (epígrafe 2.9.11.3.2).

Con el fin de que el vendedor sepa que somos empresarios, es preciso que le facilitemos el Número de Identificación Fiscal a efectos del IVA que nos haya asignado la AEAT (tenemos que haber solicitado previamente el alta en el Registro de operadores Intracomunitarios), que el vendedor podrá verificar a través de Internet mediante la aplicación VIES en la página web de la Agencia Estatal de Administración Tributaria, de tal forma que, si no podemos acreditar este dato, el vendedor nos deberá repercutir el IVA del Estado miembro del vendedor ya que no se estarían cumpliendo los requisitos para que se produjese una entrega intracomunitaria exenta.

Estas operaciones tributan en nuestro territorio de tal forma que nosotros recibiremos las mercancías sin IVA del Estado miembro del vendedor, debiendo liquidar nosotros el IVA de la operación al presentar la declaración-liquidación del IVA.

Para que puedan comprobarse las operaciones por las autoridades tributarias de todos los Estados miembros afectados, hay que cumplimentar una declaración informativa (modelo 349) en base a la cual las operaciones serán cruzadas con la información que facilite, en su Estado miembro, el vendedor (aptdo. 2.9.11.3.5).

En cuanto al IVA que hayamos liquidado en España al hacer la adquisición intracomunitaria, será deducible en la declaración liquidación en la que se hayan liquidado la adquisición, o en las posteriores hasta un plazo de cuatro años desde que se ha devengado el IVA.

Como justificante de la operación el vendedor tiene que entregarnos una factura con arreglo a la legislación de su país, en la que no repercutirá IVA si se hubiesen cumplido los requisitos para que la adquisición intracomunitaria tributase en España. Si no se cumpliesen los requisitos y nos hubiese repercutido IVA de su Estado miembro, las cuotas no serían deducibles en España por no tratarse de IVA español.

En la adquisición se aplicará el tipo de gravamen correspondiente al Estado miembro en el que tributa la operación, debiendo reflejar la factura recibida, así como el IVA correspondiente a la adquisición intracomunitaria, en el Libro Registro de facturas recibidas.

Ejemplo

Si realizamos una adquisición intracomunitaria por importe de 1.000 euros, más 100 de gastos de transporte que nos cobra el vendedor, la base imponible de la adquisición intracomunitaria es de 1.100 euros, ya que se aplica la misma regla de cálculo de la base imponible que en las operaciones interiores.

Incluiremos la operación en el Modelo 303, en el que pondremos las cuotas en el apartado de cuotas devengadas, sin perjuicio de deducir también las cuotas soportadas siempre que reúnan los requisitos de deducibilidad.

También reflejaremos la adquisición en el Modelo 349 para realizar la administración la comprobación de las operaciones entre los distintos países comunitarios.

Legislación

Arts. 13 y ss. LIVA

IRPF

La compra de mercancías a empresarios, residentes en otros Estados miembros de la Unión Europea, no tiene un tratamiento distinto que el descrito arriba para las compras de mercancías a empresarios residentes en España.

Por ello, nos remitimos al comentario realizado *ut supra* al respecto.

Legislación

Arts. 27, 28, 30 y 31 LIRPF

Impuesto sobre Sociedades

El gasto de esta adquisición de mercancías se integra en la base imponible del IS del período impositivo en que se ha devengado y contabilizado el mismo, con independencia de la forma de pago pactada en la operación, de la naturaleza jurídica del transmitente (persona física o jurídica) y de su residencia. Las mercancías que formen parte de las existencias al final del ejercicio, se valoran de acuerdo con los criterios contables cuyos efectos en el resultado contable se asumen a efectos fiscales, al determinarse la base imponible a partir de dicho resultado.

Ejemplo

En todas las adquisiciones, internas o intracomunitarias, el IVA devengado en la operación no afecta al gasto de las mercancías adquiridas, siempre que ese IVA sea deducible.

Legislación

Arts. 10 y 11 LIS

4.1.10. Importación de mercancías

IVA

La realización de una importación de bienes procedentes de territorios terceros, que se introducen en el territorio español del IVA, determina la obligación de liquidar el impuesto cuando se produce el devengo de los derechos de importación, es decir, con la presentación y aceptación del Documento Único Administrativo, DUA (aptdo. 2.9.11.1). Esta obligación nace cualquiera que sea el importador, tanto un empresario como un particular.

Si las cuotas del IVA de los bienes importados reúnen los requisitos para que sean deducibles, puede ejercitarse el derecho a deducir a partir del devengo del IVA a la importación.

La liquidación del IVA en la importación no se realiza en el modelo 303 de declaración-liquidación del IVA, y el cálculo de la base imponible sigue unos criterios diferentes que los aplicables para las operaciones interiores y las intracomunitarias. No obstante, a partir de enero de 2015, se pueden realizar en el Modelo 303 la recaudación e ingreso de las cuotas. A estos efectos, previa opción, los empresarios o profesionales con periodo de liquidación mensual podrán incluir las cuotas liquidadas por la Administración en la declaración liquidación en que reciban el documento liquidatorio de la Administración.

Legislación

Arts. 17 a 19 LIVA

IRPF

La importación de mercancías en el ámbito del IRPF por un empresario no tiene un tratamiento distinto que el descrito para las compras de mercancías a empresarios residentes en España.

Por ello, nos remitimos al comentario realizado al respecto.

Legislación

Arts. 27, 28, 30 y 31 LIRPF

Impuesto sobre Sociedades

El gasto de esta adquisición se integra en la base imponible del IS del período impositivo en que se ha devengado y contabilizado el mismo, con independencia de la forma de pago pactada en la operación, de la naturaleza jurídica del transmitente (persona física o jurídica) y de su residencia.

Legislación

Arts. 10 y 11 LIS

4.1.11. Adquisición de los bienes corrientes y suministros

IVA

El IVA soportado en su adquisición será deducible, siempre que estos bienes estén destinados a la actividad y su compra esté documentada con la correspondiente factura.

Se incluyen, dentro de concepto de adquisición de bienes, los suministros de gas, calor, frío y cualquier modalidad de energía (aptdo. 2.9.3.1).

Si no se utilizan exclusivamente en la actividad económica, no son deducibles las cuotas soportadas en su adquisición. Entre otros supuestos está los bienes utilizados simultáneamente a una actividad empresarial y a otra que no tenga esta consideración, o bien los bienes utilizados simultáneamente para necesidades privadas y empresariales.

Ejemplo

Si compramos un ordenador que no tenga la condición de bien de inversión a efectos del IVA y lo destinamos a una actividad profesional y a fines privados, no son deducibles, en ninguna cuantía, las cuotas soportadas.

Legislación

Arts. 92 y ss. LIVA

IRPF

La adquisición de bienes corrientes y los distintos suministros tendrán la consideración de gastos deducibles de la actividad económica, siempre que estén correlacionados con la misma. Además, la compra tiene que estar contabilizada y disponerse de los medios de prueba correspondientes a su adquisición.

En el caso de determinar el rendimiento neto por el método de estimación objetiva, estas partidas tendrán, únicamente, incidencia en el cómputo de la magnitud por volumen de compras y servicios pues el rendimiento neto se determinará en función de las instrucciones y módulos previstos para cada actividad en la Orden Ministerial que, anualmente, desarrolla el método y, en base a éstas, no pueden deducirse de forma expresa ningún gasto deducible (epígrafe 2.2.7).

En relación con el cómputo del importe deducible, el IVA soportado por estos conceptos, en general, no se considerará como un mayor importe del gasto, dada la deducibilidad que las cuotas soportadas tienen en este Impuesto.

Ahora bien, las cuotas soportadas de IVA no deducibles en este Impuesto, ya sea por no ser deducibles (p.e., actividades exentas del Impuesto sin derecho a deducción), por ser deducibles solamente con carácter parcial (p.e. actividades en las cuales se aplica la regla de prorrata) o por tributar el empresario en el régimen especial del recargo de equivalencia, se considerarán como un mayor importe del gasto y, en consecuencia, gastos deducibles.

Legislación

Arts. 27, 28, 30 y 31 LIRPF

Los suministros que correspondan a inmuebles que se encuentren parcialmente afectos a la actividad (p.e., vivienda destinada, por una parte, a residencia habitual, y, por otra, a despacho profesional), solamente serán deducibles cuando los mismos se destinen exclusivamente al ejercicio de la actividad, no pudiendo aplicarse, en este caso, la misma regla de prorrateo que se aplicará a los gastos derivados de la titularidad de la vivienda (IBI, seguro, comunidad).

Desde 1 enero 2018, cuando el contribuyente afecte parcialmente su vivienda habitual al desarrollo de su actividad económica, los gastos de suministros de dicha vivienda, tales como agua, gas, electricidad, telefonía e Internet, serán deducibles en el porcentaje resultante de aplicar el 30 por 100 a la proporción existente entre los metros cuadrados de la vivienda destinados a la actividad respecto a su superficie total, salvo que se pruebe un porcentaje superior o inferior.

Impuesto sobre Sociedades

El gasto de estas adquisiciones se integra en la base imponible del IS del período impositivo en que se ha devengado y contabilizado los mismos, con independencia de la forma de pago pactada en la operación, de la naturaleza jurídica del transmitente (persona física o jurídica) y de su residencia. Las mercancías que formen parte de las existencias al final del ejercicio, se valoran de acuerdo con los criterios contables cuyos efectos en el resultado contable se asumen a efectos fiscales, al determinarse la base imponible a partir de dicho resultado.

Ejemplo

Son gastos del ejercicio la adquisición de bienes y suministros cuando sean consumidos en el ejercicio y no tengan la consideración de bienes de inmovilizado material. Los bienes adquiridos no consumidos deben formar parte de las existencias finales del ejercicio.

Legislación

Arts. 10 y 11 LIS

4.1.12. Adquisición de servicios

IVA

Al igual que con los bienes corrientes, el IVA soportado en su adquisición será deducible cuando estén relacionados con la actividad y esté debidamente justificado con la correspondiente factura.

Si se trata de bienes y servicios corrientes, para que las cuotas del IVA sean deducibles se requiere que sean utilizados exclusivamente en la actividad. Cualquier utilización en fines distintos a la misma da lugar a la imposibilidad de deducir las cuotas.

Las cuotas de IVA soportadas en las facturas de agua, luz, calefacción, basuras, teléfono derivadas de los suministros contratados en la vivienda, así como de teléfono móvil, en la medida que el servicio no se afecte, directa y exclusivamente, a su actividad empresarial o profesional, no podrán ser deducidas en ninguna medida ni cuantía. Ahora bien, recientes Resoluciones del TEAC aceptan que, en el supuesto de probarse la afectación parcial de la vivienda a la actividad empresarial o profesional del sujeto pasivo, puedan deducirse (en idéntica proporción al porcentaje de afectación del inmueble) los IVA de los suministros utilizados en la vivienda.

Legislación

Arts. 92 y ss. LIVA

IRPF

La adquisición de servicios por un empresario, persona física, tendrá la consideración de gasto deducible de la actividad económica, siempre que estén correlacionados con la misma y se pruebe su realidad.

En el caso de determinar el rendimiento neto por el método de estimación objetiva, estas partidas tendrán, únicamente, incidencia en el cómputo de la magnitud por volumen de compras y servicios pues el rendimiento neto se determinará en función de las instrucciones y módulos previstos para cada actividad en la Orden Ministerial que anualmente desarrolla el método y, en base a éstas, no pueden deducirse de forma expresa ningún gasto deducible (epígrafe 2.2.7).

En relación con el cómputo del importe deducible, el IVA soportado por estos conceptos, en general, no se considerará como un mayor importe del gasto, dada la deducibilidad que las cuotas soportadas tienen en este Impuesto.

Ahora bien, las cuotas soportadas de IVA no deducibles en este Impuesto, ya sea por no ser deducibles (p.e., actividades exentas del Impuesto sin derecho a deducción), por tributar bajo la regla de prorrata o por tributar el empresario en el régimen especial del recargo de equivalencia, se considerarán como un mayor importe del gasto y, en consecuencia, gastos deducibles.

En estimación objetiva, los servicios, de cualquier índole, se computarán para la aplicación del límite excluyente por volumen de compras y servicios.

Legislación

Arts. 27, 28, 30 y 31 LIRPF

Impuesto sobre Sociedades

El gasto de estas adquisiciones se integra en la base imponible del IS del período impositivo en que se ha devengado y contabilizado el mismo, con independencia de la forma de pago pactada en la operación, de la naturaleza jurídica del prestador del servicio (persona física o jurídica) y de su residencia.

Ejemplo

Entidad que arrienda un vehículo que es utilizado por el comercial, con la particularidad de que también es utilizado por el socio único de la entidad para fines particulares.

Solución:

El gasto por arrendamiento sería deducible siempre que el vehículo fuese utilizado de forma exclusiva por el comercial en el desarrollo de su trabajo, por lo que la parte de ese gasto imputable a la utilización del vehículo por el socio no sería deducible al ser considerado como una retribución a los fondos propios.

Legislación

Arts. 10 y 11 LIS

4.1.13. Gastos bancarios

IVA

Dentro del apartado de las operaciones financieras, nos encontramos con un amplio capítulo de exenciones. En el supuesto de no estar exentas de IVA, las cuotas soportadas serían deducibles, si se corresponden con la actividad realizada.

Legislación

Arts. 92 y ss. LIVA

IRPF

Los servicios bancarios realizados por un empresario, persona física, tendrán la consideración de gasto deducible de la actividad económica, siempre que estén correlacionados con la misma y se pruebe su existencia.

En el caso de determinar el rendimiento neto por el método de estimación objetiva, estas partidas tendrán, únicamente, incidencia en el cómputo de la magnitud por volumen de compras y servicios pues el rendimiento neto se determinará en función de las instrucciones y módulos previstos para cada actividad en la Orden Ministerial que anualmente desarrolla el método y, en base a éstas, no pueden deducirse de forma expresa ningún gasto deducible (epígrafe 2.2.7).

En el supuesto de estar sometidos al IVA, el IVA soportado, en general, no se considerará como un mayor importe del gasto, dada la deducibilidad que las cuotas soportadas tienen en este Impuesto.

Ahora bien, las cuotas soportadas de IVA no deducibles en este Impuesto, ya sea por no ser deducibles (p.e., actividades exentas del Impuesto sin derecho a deducción), por aplicarse la regla de prorrata o por tributar el empresario en el régimen especial del recargo de equivalencia, se considerarán como un mayor importe del gasto y, en consecuencia, gastos deducibles.

En ningún caso, serán deducibles de los rendimientos de actividades económicas, los gastos de administración de cuentas bancarias, activos financieros y de acciones o participaciones en entidades jurídicas, pues estos elementos no tienen la consideración de elementos patrimoniales afectos.

Legislación

Arts. 27, 28, 29, 30 y 31 LIRPF

Impuesto sobre Sociedades

Estos gastos se integran en la base imponible del IS del período impositivo en que se han devengado y contabilizado. No obstante, tratándose de intereses de deudas, el importe máximo deducible es del 30% del beneficio operativo del ejercicio, siendo deducibles en todo caso esos gastos hasta un millón euros en cada período impositivo cualquiera que sea el importe de dicho beneficio.

Legislación

Arts. 10 y 16 LIS

Ejemplo

Una entidad ha satisfecho 1.000 euros en el ejercicio por las comisiones de transferencias bancarias. Este gasto es fiscalmente deducible sin ninguna particularidad.

Los gastos por servicios bancarios son distintos de los gastos financieros por utilización de recursos ajenos, aunque tanto unos como otros son deducibles para determinar la base imponible del IS.

En relación al gasto de amortización, no obstante, cualquiera que sea el tamaño de la empresa, caso de que el valor unitario de estos elementos que sean objeto de amortización no exceda de 300 euros, pueden amortizarse libremente hasta un importe máximo de 25.000 euros en cada período impositivo, por lo que el exceso de amortización fiscal sobre la contable se integra en la base imponible mediante ajustes negativos al resultado contable.

4.1.14. Pago de alquileres

IVA

Por los alquileres de locales, naves industriales, oficinas y maquinaria se habrán soportado IVA que, en la medida en que estén relacionados con la actividad empresarial o profesional las cuotas serán deducibles. En concreto, cuando se vaya a utilizar una vivienda arrendada simultáneamente para su actividad profesional y para necesidades privadas, podrán deducir las cuotas soportadas por el arrendamiento en la proporción en la que utilice la vivienda para la actividad profesional. A estos efectos, el grado de utilización deberá ser probado por el sujeto pasivo por cualquier medio de prueba admitido en Derecho.

Si en el recibo de alquiler nos incluyen otros conceptos como agua, IBI, gastos de comunidad, agua, etc., todos ellos forman parte de la base imponible del alquiler, sobre la que debe repercutirse IVA al tipo general.

Legislación

Arts. 95 y ss. LIVA

IRPF

Los alquileres satisfechos por los locales u otros inmuebles donde se desarrolla la actividad económica, así como por otros elementos de activo material, por un emprendedor, persona física, tendrán la consideración de gasto deducible de la actividad económica.

En el caso de alquiler de inmuebles, cuando, éstos, se utilicen indistintamente para la actividad y para actividades privadas, se podrá deducir la parte proporcional del alquiler que corresponda a la parte del local que se utilice para fines empresariales, siempre que esta parte sea susceptible de aprovechamiento separado e independiente del resto.

En el caso de determinar el rendimiento neto por el método de estimación objetiva, los alquileres tendrán, únicamente, incidencia en el cómputo de la magnitud por volumen de compras y servicios pues el rendimiento neto se determinará en función de las instrucciones y módulos previstos para cada actividad en la Orden Ministerial que anualmente desarrolla el método y, en base a éstas, no pueden deducirse de forma expresa ningún gasto deducible (epígrafe 2.2.7).

En relación con el cómputo del importe deducible, el IVA soportado por estos conceptos, en general, no se considerará como un mayor importe del gasto, dada la deducibilidad que las cuotas soportadas tienen en este Impuesto.

Ahora bien, las cuotas soportadas de IVA no deducibles en este Impuesto, ya sea por no ser deducibles (p.e., actividades exentas del Impuesto sin derecho a deducción), por aplicarse la regla de prorrata o por tributar el empresario en el régimen especial del recargo de equivalencia, se considerarán como un mayor importe del gasto y, en consecuencia, gastos deducibles.

Cuando el local alquilado se utilice indistintamente para la actividad y para actividades privadas, se podrá deducir la parte proporcional del alquiler que corresponda a la parte del local que se utilice para fines empresariales, siempre que esta parte sea susceptible de aprovechamiento separado e independiente del resto.

Legislación

Arts. 27, 28, 29, 30 y 31 LIRPF

Impuesto sobre Sociedades

Estos gastos se integran en la base imponible del IS del período impositivo en que se han devengado y contabilizado el mismo, con independencia de la forma de pago pactada en la operación, de la naturaleza jurídica del propietario del inmueble (persona física o jurídica) y de su residencia. No serían deducibles los gastos por alquileres de bienes cuando sean utilizados por los socios, dado que se consideraría como una retribución a los fondos propios

Ejemplo

Una entidad formaliza a mitad del año un contrato de arrendamiento de un local por cinco años, pagando al inicio de cada año de duración del contrato una cuota de 5.000 euros anuales.

El gasto derivado de este contrato debe registrarse de acuerdo con el principio del devengo, por lo que, en el primer ejercicio en el que se realiza el contrato, el gasto que debe contabilizarse y deducirse a efectos fiscales sería de 2.500 euros al ser utilizado en ese primer ejercicio la mitad del mismo.

Legislación

Arts. 10 y 11 LIS

4.1.15. Compra de bienes de inversión. Especial referencia a los vehículos

IVA

A efectos del IVA, se consideran bienes de inversión, aquellos que, normalmente, están destinados a su utilización en la actividad por un periodo superior a un año, debiendo tener un valor de adquisición de, al menos, 3.005, 06 euros. (aptdo. 2.9.7.11.1)

La deducción del IVA soportado en la adquisición de un vehículo, sólo procederá en la medida en que se utilice en la actividad empresarial o profesional.

Al ser un bien de inversión, las cuotas pueden deducirse en función del grado de afectación a la actividad, aunque cuando se trate de vehículos automóviles de turismo y sus remolques, ciclomotores y motocicletas, se presumirán afectados al desarrollo de la actividad empresarial o profesional en la proporción del 50 por ciento.

No obstante, determinados se vehículos se presumirán afectados al desarrollo de la actividad empresarial o profesional en la proporción del 100 por cien, entre los que se encuentran los vehículos mixtos utilizados en el transporte de mercancías, los utilizados en la prestación de servicios de transporte de viajeros mediante contraprestación, los destinados a la enseñanza de conductores, y los utilizados en los desplazamientos profesionales de los representantes o agentes comerciales, entre otros.

En todo caso, será necesario que dichos vehículos estén integrados en el patrimonio empresarial o profesional del sujeto pasivo, así como debidamente contabilizados e incluidos en los registros oficiales de la actividad desarrollada.

Independientemente de lo anterior, cuando se acredite un grado efectivo de utilización en el desarrollo de la actividad empresarial o profesional diferente del previsto según la correspondiente presunción legal, procederá la regularización de las deducciones practicadas inicialmente sobre la base de la citada presunción.

Legislación

Arts. 95 y 108 LIVA

IRPF

La adquisición de bienes de inversión para la actividad, constituye la adquisición de elementos patrimoniales afectos a la actividad económica, cuyo importe no se deducirá totalmente como gasto en el momento de la adquisición (salvo que exista libertad de amortización), sino a través de las amortizaciones.

La consideración como elemento patrimoniales afectos se ha tratado anteriormente en el epígrafe 2.2.4.

Por lo que se refiere a los vehículos de turismo, éstos tienen en el IRPF un tratamiento especial en relación con otros elementos patrimoniales afectos a la actividad económica.

Al tratarse de un elementos indivisible, no se puede afectar parcialmente a la actividad, por lo que o estará afecto totalmente a la misma o no lo estará.

Para considerar que un vehículo está afecto, la normativa del impuesto exige que, con carácter general, se utilice exclusivamente en la actividad. Es decir, que no puede destinarse a otros fines que no sean los estrictamente empresariales.

Esta dedicación exclusiva en la actividad no debe cumplirse en determinadas actividades económicas, enumeradas en el artículo 22.4 del RIRPF, en las que puede concurrir una utilización particular, siempre que esta utilización se produzca de forma accesoria y notoriamente irrelevante, dedicándose el vehículo, exclusivamente, al uso personal en días u horas inhábiles durante los cuales se interrumpa el ejercicio de dicha actividad.

Si se cumple lo expresado en el párrafo anterior, el vehículo se entenderá plenamente afecto a la actividad, aunque, en estos casos, la utilización no sea exclusiva para fines empresariales.

Cuando un empresario, persona física, desarrolle una actividad que no se encuentre recogida en el artículo 22.4 del RIRPF, si ha decidido deducir el 50 por 100 del IVA soportado, está manifestando, tácitamente, que la utilización del vehículo en la actividad no es exclusiva, lo que implica que no se entenderá afecto a la misma.

En lo que hace referencia al tratamiento del IVA soportado en la adquisición o el arrendamiento de vehículos destinados al uso del personal de una empresa, así como de la deducibilidad de los gastos correspondientes y de los conexos, p.e. combustibles, la AEAT acaba de manifestar su posición oficial en la denominada "Nota sobre las cuestiones relativas a los vehículos de uso mixto cedidos a empleados", de 28 de julio de 2023, https://sede.agenciatributaria.gob.es/static_files/Sede/Tema/Normativa/Doctrina_Criterios/Criterios/IVA/CESION__VEHICULOS_WEB.pdf

Ejemplo

Un empresario, dedicado al comercio al por menor de carnes, ha adquirido un vehículo de turismo. Éste se destina tanto a fines empresariales (visitar clientes) como particulares. La utilización para fines particulares se produce, exclusivamente, en los fines de semana (días inhábiles).

Solución:

El vehículo no se puede considerar elemento patrimonial afecto, pues la utilización en la actividad no es exclusiva y, en consecuencia, no son deducibles en el IRPF las cuotas de amortización del automóvil.

Ejemplo

El mismo supuesto, pero la actividad desarrollada es la de auto taxi.

Solución:

En este caso, el vehículo se entenderá plenamente afecto a la actividad económica, pues estamos ante una de las actividades que se excepcionan en el RIRPF y la utilización privada es accesoria y notoriamente irrelevante, al utilizarse en días inhábiles de la actividad.

Legislación

Art. 28 LIRPF; art. 22 RIRPF

Impuesto sobre Sociedades

La adquisición de estos elementos representa bienes del inmovilizado material a efectos contables y fiscales, por lo que los gastos derivados de su utilización se integran en la base imponible del período impositivo en el que se han devengado y contabilizado, como son las amortizaciones de los mismos, mantenimiento, combustible, etc., sin perjuicio de que puedan amortizarse libremente o de forma acelerada, en el caso de que la entidad sea una empresa de reducida dimensión y el bien de inversión adquirido sea nuevo. No obstante, cualquiera que sea el tamaño de la empresa, caso de que el valor unitario de estos elementos no exceda de 300 euros, pueden amortizarse libremente hasta un importe máximo de 25.000 euros en cada período impositivo, por lo que el exceso de amortización fiscal sobre la contable se integra en la base imponible mediante ajustes negativos al resultado contable.

Caso de vehículos que sean utilizados por los empleados en parte para fines particulares, igualmente los gastos asociados a esos vehículos serían fiscalmente deducibles en el IS, aun cuando ello pueda suponer una retribución en especial al trabajo de esos empleados.

Ejemplo

Entidad que tiene la condición de empresa de reducida dimensión, por tener una cifra de negocios en todos los ejercicios inferior a 10 millones de euros, adquiere al inicio de un ejercicio un vehículo nuevo de transporte de mercancías por importe de 50.000 euros, de manera que esta entidad no tiene previsto incrementar su plantilla ni en el ejercicio en el que ha realizado la inversión ni en el ejercicio siguiente.

Solución:

En tal caso, no podrá amortizar libremente el vehículo al no incrementar su plantilla, sin perjuicio de que pueda amortizar el vehículo de forma acelerada al doble del coeficiente de tablas, es decir, el porcentaje de amortización sería del 32% (16x2), por lo que la amortización contable sería de 8.000 euros (50.000x0,16), mientras que la amortización fiscal sería de 16.000 euros (50.000x0,32), por lo que, para determinar la base imponible del ejercicio, podrá realizarse un ajuste negativo al resultado contable por importe de 8.000 que se corresponde con el exceso de amortización fiscal sobre la contable.

Legislación

Arts. 10, 11, 12, 102 y 103 LIS

4.1.16. Gastos de los vehículos

IVA

En cuanto al ejercicio del derecho a la deducción de las cuotas soportadas por la adquisición de combustible o por las reparaciones o revisiones a que se someta el vehículo, debe desvincularse del derecho a la deducción aplicable a la propia adquisición del mismo, por lo que las cuotas soportadas por la adquisición de combustible serán deducibles siempre que su consumo se afecte al desarrollo de la actividad empresarial o profesional del sujeto pasivo y, en la medida en que vaya a utilizarse previsiblemente en el desarrollo de dicha actividad económica.

Cualquiera de los gastos de un vehículo, como peajes de autopistas, aparcamientos, combustibles, que son deducibles, en la medida que estén vinculados al vehículo, requieren una factura con todos los requisitos en cuanto a desglose del IVA e identificación del destinatario del servicio

Legislación

Art. 95. Tres. LIVA

IRPF

La deducibilidad de los gastos ocasionados por los vehículos dependerá de su afectación o no a la actividad, en los términos previstos en la operación anterior.

En el caso en que el vehículo se considere un elemento patrimonial afecto a la actividad económica, todos los gastos derivados del mismo, entre los que se comprenderían las amortizaciones, se podrán deducir para la determinación del rendimiento neto de la misma. Entre estos gastos deducibles, se encontrarían, entre otros, los de carburante, autopistas, reparaciones, "parkings", seguros, impuestos.

En caso de no estar el vehículo afecto a la actividad, no sería deducible ningún gasto derivado del vehículo.

Lógicamente, la deducibilidad de estos gastos se realizará de acuerdo con el método de estimación de rendimientos utilizada y el cumplimiento del resto de requisitos que, con carácter general, se exigen para los gastos deducibles.

Todos los gastos derivados de un vehículo que se encuentre afecto a la actividad, tendrán la consideración de gastos fiscalmente deducibles.

Legislación

Arts. 27, 28, 29, 30 y 31 LIRPF

Impuesto sobre Sociedades

Los gastos derivados de la utilización de vehículos se integran en la base imponible del período impositivo en el que se han devengado y contabilizado, cuando el mismo esté afecto a las actividades económicas de la empresa y su uso se realice en desarrollo de las mismas. Caso de que se utilice para usos particulares del socio, puede considerarse que su uso responde a una retribución encubierta del capital y, por tanto, estos gastos no serían deducibles en la entidad, excepto que el socio preste servicios retribuidos por trabajo para la entidad, en cuyo caso, el gasto es deducible y esa utilización supone una retribución en especie al trabajo del socio. También serían deducibles estos gastos cuando el vehículo se utilice por los trabajadores y tenga la consideración de retribución en especie para ellos.

Ejemplo

Una entidad satisface en el ejercicio 1.000 euros por el impuesto de circulación de la flota de vehículos, 5.000 euros por los gastos de combustible y 500 euros de multas de tráfico.

Solución

Todos esos gastos serían deducibles en el IS, excepto las multas, por lo que, para determinar la base imponible del período, deberá realizarse un ajuste positivo de 500 euros al resultado contable de ese ejercicio.

Legislación

Arts. 10, 11 y 15 LIS

4.1.17. Gastos de viajes y comidas

IVA

Las cuotas del IVA soportadas en los servicios de desplazamiento o viajes, hostelería y restauración, no serán deducibles salvo que el importe de los mismos tuviera la consideración de gasto fiscalmente deducible a efectos del Impuesto sobre la Renta de las Personas Físicas o del Impuesto sobre Sociedades.

Por consiguiente, cuando el gasto correspondiente sea deducible a los efectos citados (IRPF o Impuesto sobre Sociedades), las cuotas del Impuesto sobre el Valor Añadido correspondientes a los servicios de desplazamiento o viajes y de hostelería y restauración serán deducibles, siempre que se cumplan el resto de requisitos de deducibilidad y, en particular, el estar en posesión de la factura original expedida por el prestador de los servicios y en la que ha de figurar como destinatario de los mismos la empresa o profesional que vaya a deducirlo.

En el supuesto de que estos gastos sean deducibles, según los criterios anteriores, se requiere una factura con todos los requisitos. Si se expidiese una factura simplificada, sería necesario un desglose del VA y la identificación del destinatario.

Legislación

Art. 96. Uno.6º LIVA

IRPF

En atención al principio de correlación de ingresos y gastos, los gastos correspondientes a viajes y comidas ocasionados por el desarrollo de la actividad, se considerarán fiscalmente deducibles cuando vengan exigidos por el desarrollo de la misma, siempre que, además, cumplan los demás requisitos legales y reglamentarios, y tengan la correspondiente justificación documental.

En el caso de que no existiese vinculación o ésta no fuese suficientemente probada, tales gastos no podrán considerarse fiscalmente deducibles de la actividad económica.

En la valoración de esta correlación, también deberá tenerse en cuenta el importe individualizado de los gastos de manera que aquellos que sean excesivos o desmesurados, respecto de los que, con arreglo a los usos y costumbres, puedan considerarse gastos normales, pueden considerarse como no deducibles, pues se trata de conceptos fronterizos entre los gastos exigidos por el desarrollo de la actividad y aquéllos que vienen a cubrir necesidades particulares.

No debe olvidarse que la normativa del Impuesto establece unas cuantías máximas exceptuadas de gravamen en el caso, por ejemplo, de gastos de manutención, cuando se trata de gastos producidos por desplazamientos laborales, a través del régimen de dietas exentas (art. 9 RIRPF), las cuales podrían servir de límite a estos efectos.

A partir de 1 de enero de 2018, la Ley 6/2017 prevé que sean deducibles los gastos de manutención del propio contribuyente incurridos en el desarrollo de la actividad económica, siempre que se produzcan en establecimientos de restauración y hostelería y se abonen utilizando cualquier medio electrónico de pago, con los límites cuantitativos establecidos reglamentariamente para las dietas y asignaciones para gastos normales de manutención de los trabajadores. Así, se objetiviza el derecho a la deducción de este tipo de gastos para las personas físicas siempre que se den estos requisitos:

- Que se trate de gastos del propio contribuyente y no de terceros.
- Que sean incurridos en el desarrollo de la actividad económica, remitiéndonos a lo dicho antes.
- Que se produzcan en establecimientos de restauración y hostelería.
- Que sean abonados mediante medio electrónico de pago, y
- Limitados a los importes de las dietas exentas fijados reglamentariamente.

Ejemplo

Empresario persona física que incurre en los siguientes gastos en servicios de hostelería:

- Comida con 4 clientes: 50 euros por persona: 200 euros en total. Pagado en efectivo: el gasto será deducible, una vez que pueda acreditar el carácter necesario del mismo, independientemente de la forma de pago, siempre que disponga de factura con todos los requisitos formales.
- 10 comidas de 10 euros, pagadas a través de tarjeta de crédito en un restaurante situado debajo de su despacho: una vez que se acredita que ese gasto se incurre en el desarrollo de su actividad económica, serán deducibles los 100 euros.
- Cena con su esposa pagada con tarjeta de crédito: no es deducible, toda vez que no puede justificar la relación con su actividad.

Legislación

Arts. 27, 28, 30 y 31 LIRPF

Impuesto sobre Sociedades

Los gastos se integran en la base imponible del período impositivo en el que se han devengado y contabilizado, siempre que se justifique que estos gastos se han realizado con la finalidad de obtener ingresos para la entidad. Caso de que estos gastos se consideren como atenciones con clientes, la deducción del gasto estaría limitado al 1% del importe de la cifra de negocios de la entidad.

Ejemplo

Una entidad ha satisfecho 5.000 euros por gastos de comida de sus trabajadores consecuencia del desplazamiento a otras localidades para realizar el trabajo. También ha satisfecho 2.000 euros por un gasto de viaje del socio único durante el período vacacional en el que la empresa cesa en su actividad totalmente.

Solución:

El gasto por comida sería deducible al estar justificado su relación con los ingresos de la entidad y su actividad económica. No obstante, el gasto de viaje del único socio no parece que sea deducible al no estar relacionado con la obtención de ingresos, sino que se realiza en beneficio exclusivo del socio único.

Legislación

Arts. 10, 11 y 15 LIS

4.1.18. Pagos a los trabajadores. Las nóminas

IVA

No están sujetos al IVA los servicios prestados por personas físicas en régimen de dependencia derivado de relaciones laborales, incluidas las de carácter especial.

Si quien presta los servicios a la empresa, es una persona que trabaja por cuenta propia, empresario o profesional, facturando sus servicios al destinatario, serían servicios sujetos al IVA.

Legislación

Art. 7.5º LIVA

IRPF

Los sueldos y salarios satisfechos a los trabajadores de una actividad económica, desarrollada por una persona física, tendrán la consideración de gasto deducible de la misma.

En el caso de determinar el rendimiento neto por el método de estimación objetiva, estos sueldos no tendrán ninguna incidencia en el cálculo del rendimiento neto, pues éste se determinará en función de las instrucciones y módulos previstos para cada actividad en la Orden Ministerial que, anualmente, desarrolla el método y, en base a éstas, no pueden deducirse de forma expresa ningún gasto deducible (epígrafe 2.2.7).

No obstante, el número de personas asalariadas en la actividad tendrá su incidencia en el ámbito de aplicación de este método de EO, pues la mayoría de actividades incluidas en el mismo tienen la magnitud específica excluyente definida en función del número de personas empleadas en la actividad (epígrafe 2.2.7).

Por último, conviene recordar que los rendimientos de trabajo son una de las rentas sometidas a retención o a ingreso a cuenta, por lo que el empresario tendrá que tener en consideración este aspecto, antes de satisfacer estas rentas (epígrafe 2.2.12).

Las retribuciones del personal al servicio de la actividad estarán sometidas a la obligación de retener o de ingresar a cuenta del IRPF de los trabajadores. Esta obligación es autónoma y su incumplimiento puede acarrear las correspondientes sanciones tributarias.

Legislación

Arts. 27, 28, 30 y 31 LIRPF; arts. 80 a 88 RIRPF

Impuesto sobre Sociedades

Estos gastos se integran en la base imponible del período impositivo en el que se han devengado y contabilizado.

Ejemplo

La Junta de Accionistas aprueba abonar a los trabajadores una paga excepcional en el ejercicio, del 5% de los beneficios del ejercicio, consecuencia de que los mismos han superado las previsiones iniciales.

Solución:

Esta paga debe registrarse como gasto del ejercicio y, por tanto, sería fiscalmente deducible.

Legislación

Arts. 10 y 19 LIS

4.1.19. Gastos de la vivienda habitual

IRPF

A partir de 2018, según el artículo 11 de la Ley 6/2017 que reforma el artículo 30 de la Ley 35/2006 del IRPF, en los casos en que el contribuyente afecte parcialmente su vivienda habitual al desarrollo de la actividad económica, serán deducibles los gastos de suministros de dicha vivienda, tales como agua, gas, electricidad, telefonía e Internet, en el porcentaje resultante de aplicar el 30 por ciento a la proporción existente entre los metros cuadrados de la vivienda destinados a la actividad económica respecto a su superficie total, salvo que se pruebe un porcentaje superior o inferior.

Por tanto, el legislador objetiva la deducibilidad de una categoría de gastos que generan controversia a la hora de calificarlos como necesarios para la obtención del rendimiento. Una vez que se cumplan los requisitos formales, es la Administración tributaria la que debe probar un porcentaje inferior o el contribuyente el que, en caso de deducir un porcentaje mayor, debe acreditarlo.

Al iniciar la actividad o modificar los datos censales, al cumplimentar el modelo 036 de alta (o en su versión simplificada el 037), se debe declarar el grado de afectación de la vivienda que se dedica al negocio o, lo que es lo mismo, el número total de metros cuadrados que se destina a la actividad.

Ejemplo

Contribuyente que realiza programas radiofónicos desde su vivienda que tiene una superficie total de 200 metros cuadrados. El estudio que se encuentra en la misma, es de 50 metros cuadrados. Y por las características de la actividad, el contribuyente puede acreditar que la mitad de los consumos de electricidad, telefonía e internet anuales que ascienden a 8.000 euros, corresponden a la actividad ejercida.

Solución:

Una vez que el contribuyente puede justificar que la mitad de los gastos de luz, teléfono y acceso a internet son necesarios para el ejercicio de la actividad, independientemente de la norma que clarifica la deducción en el IRPF de estos gastos a partir de 2018, serían deducibles 4.000 euros en el IRPF.

Ejemplo

Persona física que ejerce la actividad de abogacía en su vivienda habitual. La misma tiene una superficie de 100 metros cuadrados y el despacho en el que se realiza la actividad 25 metros cuadrados. Los consumos anuales de la vivienda de agua, gas, electricidad, telefonía e internet suponen 5.000 euros.

Solución:

Una vez que el contribuyente no está en disposición de acreditar una deducción mayor a la que presume la norma, sería deducible el 30 por ciento de la cuarta parte (25/100) de estos gastos: 375 euros.

Impuesto sobre Sociedades

Un caso concreto relacionado con la vivienda habitual, es el supuesto en el que un inmueble es propiedad de una sociedad y sus socios o administradores viven habitualmente en ella.

Según el artículo 18 de la Ley 27/2014, de 27 de noviembre, del Impuesto sobre Sociedades, las operaciones entre socios o partícipes y administradores o consejeros y una entidad tienen la consideración de vinculadas.

Las operaciones efectuadas entre personas o entidades vinculadas se valorarán por su valor de mercado.

Así, en la situación que nos ocupa, la sociedad debe integrar en su base imponible una renta por un importe equivalente al valor del mercado del alquiler de la vivienda que podría incluir, en caso de que responda a condiciones de mercado, la repercusión de los gastos derivados de dicho inmueble que satisfaga la entidad y disfrute el socio o administrador.

Una vez que la persona física pudiera ejercer una actividad económica en esa vivienda habitual propiedad de la sociedad de la que es socio o administrador, se aplicarán las normas de deducibilidad del IRPF sobre los suministros asociados a dicho inmueble.

Ejemplo

Inmueble propiedad de una sociedad en la que tiene fijado el domicilio fiscal y la vivienda habitual el administrador de la misma. El precio de mercado del alquiler son 1.000 euros mensuales y los consumos de agua, gas, electricidad, telefonía e internet ascienden a 5.000 euros anuales y son de cuenta de la sociedad. La vivienda dispone de 100 metros cuadrados y el administrador ejerce una actividad económica en 10 metros cuadrados.

Solución:

La sociedad debe integrar 12.000 euros adicionales en su base imponible que se corresponde con el valor de mercado de la operación vinculada derivada del uso de la vivienda por el administrador; así como los suministros que sean normales en el mercado de repercutir al arrendador, por lo que por una parte serán ingreso y, por otra, gasto para la sociedad. Mientras, la persona física se podrá deducir el 30 por ciento de la décima parte (10/100) de los suministros repercutidos por la sociedad: 150 euros.

Otra problemática posible es que la AEAT considere que la sociedad carece de auténtica actividad económica, es decir, que se trata de una entidad simulada, art. 16 LGT; en cuyo supuesto, tras desconocer la personalidad jurídica de la entidad, puede imputar al administrador todos los rendimientos obtenidos, teóricamente, por la sociedad.

IVA

La normativa del IVA tiene criterios diferentes a los del IRPF a la hora de deducir las cuotas soportadas por las adquisiciones de bienes y servicios para la realización de la actividad empresarial o profesional en el domicilio privado del sujeto pasivo, destinando parte de la vivienda a la actividad.

Según la doctrina de la DGT, cuando el sujeto pasivo adquiere un bien que no afecta directa y exclusivamente a su actividad empresarial o profesional, las cuotas soportadas no podrán ser deducidas en ninguna medida ni cuantía, salvo que se trate de bienes de inversión, en cuyo supuesto, la afectación parcial de tales bienes permitirá la deducción parcial de las cuotas soportadas conforme a las reglas establecidas en el artículo 95.

En el caso de que lo que afecta parcialmente a la actividad profesional sea la vivienda, según se deduce de las reglas contenidas en el artículo 95 de la Ley 37/1992 del IVA, las cuotas soportadas por su adquisición o arrendamiento solo pueden deducirse en la medida en que dicho inmueble vaya a utilizarse previsiblemente, en el desarrollo de la misma.

El grado de utilización de la vivienda en la actividad económica del sujeto pasivo es una cuestión de hecho que dependerá de cuales sean las circunstancias en que tal utilización se produzca.

Así, en el supuesto de que una parte determinada de la superficie de la casa fuese utilizada exclusivamente en el desarrollo de la citada actividad, podría ser objeto de deducción por el consultante las cuotas del Impuesto sobre el Valor Añadido soportadas por el mismo con ocasión de la adquisición o arrendamiento de la casa, en la medida en que se correspondan con esa parte de la superficie de la casa que utiliza exclusivamente en su actividad profesional.

La prueba de la afectación debe poder aportarse en el momento en que se pretenda ejercitar el derecho a la deducción de las correspondientes cuotas soportadas, correspondiendo a la Administración tributaria efectuar la valoración conjunta y razonada de todas las pruebas que se aporten.

En ese sentido, reciente Resoluciones del TEAC, concretamente, la RTEAC de 19/07/2023, RG 00/006654/2022, han avalado la posibilidad de deducirse, de manera proporcional, tanto el canon arrendaticio como los gastos de suministro de una vivienda, junto con el IVA correspondiente a tales gastos en idéntica proporción a la que se destine de la vivienda a la actividad empresarial o profesional.

No obstante, en lo que se refiere a la posible deducibilidad de las facturas de agua, luz, gas, etc. derivadas de los suministros contratados en la vivienda, del mismo artículo 95 de la Ley del Impuesto se deriva que no podrán ser deducidas en ninguna medida ni cuantía, toda vez que se prevé su utilización simultánea para satisfacer necesidades de la parte del edificio destinada a vivienda, sin perjuicio de la acreditación por parte del sujeto pasivo de que su utilización es exclusiva en la actividad.

Sin embargo, la Resolución de unificación de criterio del TEAC de 19 de julio de 2023 dispone que cabe la deducción por el sujeto pasivo de las cuotas de IVA soportadas por los gastos de suministros (agua, luz, gas) a bienes inmuebles que formando parte del patrimonio de la empresa se utilicen tanto en las actividades empresariales como para uso privado. La deducción de dichas cuotas deberá efectuarse de manera proporcional a su utilización a efectos de las actividades de la empresa.

Tomando un de los ejemplos vistos en el apartado de IRPF de esta pregunta:

Ejemplo

Persona física que ejerce la actividad de abogacía en su vivienda habitual, por la que ha soportado cuotas de IVA en su adquisición por importe de 30.000 euros. La misma tiene una superficie de 100 metros cuadrados y el despacho en el que se realiza la actividad 25. Los consumos anuales de la vivienda de agua, gas, electricidad, telefonía e internet suponen 5.000 euros.

Solución:

En cuanto al bien de inversión, la vivienda, puede deducir la parte de IVA que corresponde al grado de afectación de la vivienda a la actividad, sin perjuicio de las correspondientes regularizaciones durante los 10 años siguientes al inicio de la actividad si el grado de utilización de la vivienda en la actividad difiere.

En cuanto a los bienes corrientes, como son los consumos de agua, gas etc., se podría deducir la parte proporcional a su uso en la actividad del IVA soportado por los mismos.

Legislación

Art. 11 Ley 6/2017, de 24 de octubre, de Reformas Urgentes del Trabajo Autónomo.
Art. 30 Ley 35/2006, de 28 de noviembre, del IRPF.
Art. 18 LIS.
Art. 95 LIVA.

4.2. Operaciones puntuales

4.2.1. Compra de un local para la actividad

IVA

Como cualquier bien de inversión, las cuotas soportadas en su adquisición son deducibles en función del grado de afectación del inmueble a la actividad empresarial o profesional, siendo preciso tener una factura en la que esté desglosado el IVA de su adquisición.

Debido a la técnica del impuesto, podría ser adquirido el local, dándose un supuesto de inversión de sujeto pasivo, en cuyo caso, para deducir las cuotas habrá una factura del vendedor pero sin repercutir el impuesto, ya que será el destinatario el que lo liquide y, posteriormente, deduzca el impuesto en su declaración- liquidación.

Al ser un bien de inversión, las cuotas soportadas deben ser regularizadas durante los nueve años siguientes a su adquisición, ya que puede haber cambios en el los porcentajes de deducción aplicables cada año.

Legislación

Arts. 95 y 107 LIVA

IRPF

Los inmuebles donde se desarrolla la actividad, tendrán la consideración de elementos patrimoniales afectos a la actividad, es decir, se trata de inmovilizado material.

Por tanto, la compra de un local para el desarrollo de la actividad constituirá un inmovilizado material de la misma y, en consecuencia, será amortizable.

Será a través de estas amortizaciones como tendrá reflejo en el cálculo del rendimiento neto de la misma.

Estas amortizaciones se practicarán tanto en el método de estimación objetiva como en el de estimación directa, en cualquiera de sus modalidades. Ahora bien, la amortización se calculará en función de las reglas que cada sistema de determinación del rendimiento neto establece (epígrafes 2.2.6 y 2.2.7).

Cuando el local se utilice indistintamente para la actividad y para actividades privadas, se podrá deducir la parte proporcional de la amortización que corresponda a la parte del local que se utilice para fines empresariales, siempre que esta parte sea susceptible de aprovechamiento separado e independiente del resto.

Legislación

Arts. 27, 28, 29, 30 y 31 LIRPF

Impuesto sobre Sociedades

La adquisición de estos elementos representa bienes del inmovilizado material a efectos contables y fiscales, por lo que los gastos derivados de su utilización se integran en la base imponible del período impositivo en el que se han devengado y contabilizado, como son las amortizaciones de los mismos, mantenimiento, etc., sin perjuicio de que puedan amortizarse libremente o de forma acelerada, en el caso de que la entidad sea una empresa de reducida dimensión.

Ejemplo

Una empresa de reducida dimensión adquiere un local comercial nuevo para ampliar su actividad económica por importe de 300.000 euros, de manera que, en el ejercicio en que ha realizado la inversión, ha contratado dos empleados y otro al inicio del ejercicio siguiente.

Solución:

El incremento de plantilla en los veinticuatro meses siguientes al inicio del período impositivo en que se realiza la inversión, respecto de la plantilla media del ejercicio anterior, es de 2,5 trabajadores, por lo que se puede amortizar libremente inversiones realizadas hasta un importe de 300.000 euros (2,5x120.000), por lo que la parte de la inversión en el local imputable al valor de la construcción podrá amortizarse libremente en el propio período impositivo en el que se ha realizado la inversión.

Legislación

Arts. 10, 11, 102 y 103 LIS

4.2.2. Alquiler de un local para la actividad

IVA

Las cuotas soportadas por el arrendamiento de los bienes de inversión que se empleen en todo o en parte en el desarrollo de la actividad empresarial o profesional, podrán deducirse en la medida en que dichos bienes vayan a utilizarse previsiblemente, de acuerdo con criterios fundados, en el desarrollo de la actividad empresarial o profesional.

El arrendador debe repercutir IVA sobre la totalidad del local o inmueble arrendado, sin excluir la parte que el arrendatario destine a fines privados.

Por consiguiente, y previa acreditación de las cuotas soportadas, podrán ser deducidas.

IRPF

Los alquileres satisfechos por los locales donde se desarrolla la actividad económica por un empresario, persona física, tendrán la consideración de gasto deducible de la actividad económica.

Cuando el local alquilado se utilice indistintamente para la actividad y para actividades privadas, se podrá deducir la parte proporcional del alquiler que corresponda a la parte del local que se utilice para fines empresariales, siempre que esta parte sea susceptible de aprovechamiento separado e independiente del resto.

En el caso de determinar el rendimiento neto por el método de estimación objetiva, los alquileres tendrán, únicamente, incidencia en el cómputo de la magnitud por volumen de compras y servicios pues el rendimiento neto se determinará en función de las instrucciones y módulos previstos para cada actividad en la Orden Ministerial que, anualmente, desarrolla el método y, en base a éstas, no pueden deducirse de forma expresa ningún gasto deducible (epígrafe 2.2.7).

En relación con el cómputo del importe deducible, el IVA soportado por estos conceptos, en general, no se considerará como un mayor importe del gasto, dada la deducibilidad que las cuotas soportadas tienen en este Impuesto.

Ahora bien, las cuotas soportadas de IVA no deducibles en este Impuesto, ya sea por no ser deducibles (p.e., actividades exentas del Impuesto sin derecho a deducción), por aplicación de la prorrata o por tributar el empresario en el régimen especial del recargo de equivalencia, se considerarán como un mayor importe del gasto y, en consecuencia, gastos deducibles.

Independientemente de su consideración como gasto deducible, el alquiler de locales de naturaleza urbana está sometido a la obligación de retener o ingresar a cuenta. En 2023 y 2024, el porcentaje de retención es el 19 por ciento.

Legislación

Arts. 27, 28, 29, 30 y 31 LIRPF

Impuesto sobre Sociedades

Estos gastos se integran en la base imponible del período impositivo en el que se han devengado y contabilizado.

Ejemplo

Una entidad satisface en el ejercicio un importe de 10.000 euros por el arrendamiento de un local comercial, siendo de 1.500 euros los demás gastos por el acondicionamiento del local, como pintura y reparaciones.

Solución:

Todos esos gastos devengados en el ejercicio son fiscalmente deducibles.

Legislación

Arts. 10 y 11 LIS

4.2.3. Compra de ordenadores, fotocopiadoras, mobiliario

IVA

Las cuotas soportadas en aquellos bienes que no tengan la consideración de bienes de inversión, entre otros supuestos, por no tener un valor de adquisición de 3.005,06 euros, solo serán deducibles, en la medida en que se utilicen exclusivamente en la actividad, por lo que cualquier tipo de utilización privada elimina la posibilidad de deducir ninguna cuota relacionada con el mismo (epígrafe 2.9.7.11.1).

Si no se utilizan exclusivamente en la actividad, no son deducibles las cuotas soportadas en su adquisición. Entre otros supuestos están los bienes utilizados simultáneamente en una actividad empresarial y en otra que no tenga esta consideración, o bien los bienes utilizados simultáneamente para necesidades privadas y empresariales.

Si compramos un ordenador y lo destinamos a una actividad profesional y a fines privados, no son deducibles, en ninguna cuantía, las cuotas soportadas.

IRPF

De acuerdo con el PGC, estos elementos constituyen bienes de activo material, que en el IRPF debemos analizar si constituyen o no, elementos patrimoniales afectos a la actividad económica.

Si tienen la consideración de elementos patrimoniales afectos, el valor de adquisición de los mismos no se deducirá totalmente como gasto en el momento de la adquisición (salvo que exista libertad de amortización), sino a través de las amortizaciones.

La consideración como elementos patrimoniales afectos se ha tratado anteriormente en el epígrafe 2.2.4.

Al tratarse de elementos indivisibles, no se pueden afectar parcialmente a la actividad, por lo que, o estarán afectos a la misma o no lo estarán.

En principio, para considerarlos afectos a la actividad, la normativa del Impuesto exige que, con carácter general, se utilicen exclusivamente en la actividad. Es decir, que no pueden destinarse a otros fines que no sean los estrictamente empresariales.

Ahora bien, esta utilización exclusiva no se entenderá desvirtuada cuando exista una utilización particular, siempre que la misma se produzca de forma accesoria y notoriamente irrelevante, utilizándose al uso personal en días u horas inhábiles, durante los cuales se interrumpa el ejercicio de dicha actividad.

Si se cumple lo expresado en el párrafo anterior, aunque exista utilización privada, se entenderán plenamente afectos a la actividad, lo que conllevará que podrán deducirse todos los gastos que ocasionen (incluidas las amortizaciones), de acuerdo, con el método de estimación de rendimientos utilizada y el cumplimiento del resto de requisitos que, con carácter general, se exigen para los gastos deducibles.

El tratamiento expresado anteriormente, no quedará desvirtuado cuando estos bienes (ordenadores, tabletas, etc.) se pongan a disposición de los trabajadores de la actividad, para que éstos los utilicen para la actividad.

Dados los precios de adquisición de esta modalidad de bienes, resulta muy importante considerar la aplicación, por los empresarios personas físicas en ED, tanto en la modalidad normal como en la simplificada, de la siguiente regla de libertad de amortización de tales bienes, a saber que los elementos del inmovilizado material nuevos, cuyo valor unitario no exceda de 300 euros, hasta el límite total de 25.000 euros, referido al período impositivo serán totalmente deducibles por su coste en el ejercicio de su adquisición.

Si el período impositivo tuviera una duración inferior a un año, la restricción anterior sería el resultado de multiplicar 25.000 euros por la proporción existente entre la duración del período impositivo respecto del año.

Las cantidades aplicadas a la libertad de amortización minorarán, a efectos fiscales, el valor de los elementos amortizables.

La adquisición de estos elementos patrimoniales podrá amortizarse si los mismos cumplen los requisitos de afectación. Estas amortizaciones se podrán practicar, aunque exista una utilización para fines fuera de la actividad, siempre que ésta sea accesoria y notoriamente irrelevante.

Legislación

Arts. 27, 28, 29, 30 y 31 LIRPF

Impuesto sobre Sociedades

La adquisición de estos elementos representa bienes del inmovilizado material a efectos contables y fiscales, por lo que los gastos derivados de su utilización se integran en la base imponible del período impositivo en el que se han devengado y contabilizado, como son las amortizaciones de los mismos, mantenimiento, etc., sin perjuicio de que puedan amortizarse libremente o de forma acelerada, en el caso de que la entidad sea una empresa de reducida dimensión. Caso de que el valor de adquisición unitario no exceda de 300 euros, pueden amortizarse a efectos fiscales libremente con un máximo de inversión de 25.000 euros en cada período impositivo

Ejemplo

A mitad del ejercicio, se adquieren ordenadores por importe de 10.000 euros y mobiliario por 5.000 euros.

Solución:

El gasto por amortización de esos elementos es de 1.250 euros (10.000x0,5x0,25) por los ordenadores y 250 euros (5.000x0,5x0,1) por el mobiliario, suponiendo que la entidad no cumple las condiciones para ser empresa de reducida dimensión, dado que se debe tener en cuenta la fecha del ejercicio en que se ponen en funcionamiento estos bienes de equipo (mitad del ejercicio).

Legislación

Arts. 10, 19, 109 y 111 LIS

4.2.4. *Compras sin factura*

IVA

La deducción de las cuotas soportadas está directamente vinculada, además de al cumplimiento de los requisitos en cuanto a afectación a la actividad y utilización en la misma, a tener el documento acreditativo del derecho a deducir.

Salvo en operaciones concretas en las que es el destinatario el que tiene que liquidar el impuesto, como es el caso de las operaciones en las que hay inversión de sujeto pasivo o las adquisiciones intracomunitarias, para deducir las cuotas soportadas hay que tener una factura ordinaria o simplificada que reúna los requisitos del RD 1619/2012 (Reglamento de facturación), o bien el documento en el que conste la liquidación practicada por la Administración en el caso de importaciones. (aptdo. 2.9.7.4).

Aunque no tenga la factura de presentar la declaración liquidación del IVA y, por tanto, no pueda ejercitar el derecho a deducir, puede deducir las cuotas soportadas en el plazo de cuatro años desde que se produjo el devengo, siempre que reciba la factura y la anote en el Libro Registro de facturas recibidas.

Legislación

Arts. 98 y 99 LIVA

IRPF

La deducibilidad de los gastos de una actividad económica estará condicionada por el principio de su correlación con los ingresos, de tal suerte que aquéllos respecto de los que se acredite que se han ocasionado en el ejercicio de la actividad y que sean necesarios para la obtención de los ingresos, serán deducibles, mientras que, cuando no exista esa vinculación o no se probase suficientemente, no podrían considerarse como fiscalmente deducibles de la actividad económica.

Es decir, la deducibilidad de los gastos está condicionada a que queden convenientemente justificados, mediante el original de la factura o documento con fuerza probatoria equivalente a la factura completa y que ésta se registre en los Libros Registro que, con carácter obligatorio, deben llevar los contribuyentes que desarrollen actividades económicas.

En el caso de la falta de factura que soporte las compras realizadas, en principio, al no existir justificación documental del gasto, éste no podría deducirse.

Ahora bien, en el caso de que las compras se realicen a personas que no tienen la condición de empresarios, la justificación del gasto no puede acreditarse mediante factura, ya que éstos no pueden emitirla, circunstancia por lo que el gasto deberá acreditarse por cualquier medio de prueba admitido en derecho, entre los que se podría encontrar un recibo expedido por la persona que realiza la entrega, en el que conste su identificación completa (nombre, domicilio y NIF), el concepto y la cantidad recibida.

Recuérdese, asimismo, que, en aplicación de las reglas sobre medios de prueba de la LGT, arts. 105 a 108, ambos inclusive, la factura completa es un medio de prueba preferente de una operación a efectos fiscales, pero nunca el medio de prueba tributario exclusivo.

La tenencia de la factura de compra es, en principio, indispensable para poder deducir el gasto, pero puedan existir situaciones que la factura se puede sustituir por otro elemento documental del gasto.

Legislación

Arts. 27, 28, 30 y 31 LIRPF

Impuesto sobre Sociedades

Los gastos derivados de adquisiciones serían fiscalmente deducibles de estar contabilizados en el período impositivo en el que se han devengado, con la particularidad de que deberá probarse la realidad de estas operaciones, aun cuando no se disponga de factura justificativa de la adquisición pues, en caso contrario, no sería deducible el gasto contabilizado.

Legislación

Arts. 10 y 11 LIS

4.2.5. Operaciones con la Administración Pública

IVA

Las entregas de bienes y prestaciones de servicios realizadas con la Administración tienen la misma tributación que las operaciones con otros destinatarios dentro de territorio español, debiendo repercutirle IVA, aplicando el mismo tipo de gravamen que a otro destinatario y expidiendo una factura con todos los requisitos legales establecidos.

Hay dos aspectos que marcan la diferencia:

- Cuando se trata de ejecuciones de obra, cuyas destinatarias sean las Administraciones Públicas, se produce el devengo en el momento de la recepción de la obra conforme con la Ley de Contratos del Estado.
- Cuando hay una propuesta económica en relación con una entrega de bienes o prestación de servicios a un Ente público, se entenderá que en la misma está incluido el IVA, sin perjuicio de que, posteriormente, se desglose al presentar el documento de cobro. (aptdo. 2.9.6.2.1).

Una oferta económica realizada a la Administración por un importe de 121.000 euros, correspondiente a un bien al que le es de aplicación el tipo general del IVA, no debe incrementarse en el IVA ya que la oferta se entiende que lleva incorporado el impuesto, por lo que la factura será de 100.000 euros más 21.000 de IVA, en total, 121.000 euros.

Legislación

Arts. 75 y 88 LIVA

IRPF

También en este Impuesto, las operaciones económicas realizadas con la Administración por un empresario, persona física, no tienen ninguna particularidad en comparación con cualquier otra operación realizada con otros clientes.

Es decir, serán ingresos de la actividad económica, que tributariamente se tratarán de idéntica forma a que se hubiesen tratado si los mismos se hubiesen generado con personas físicas o entidades residentes en territorio español.

Legislación

Arts. 27, 28, 30 y 31 LIRPF

Impuesto sobre Sociedades

El ingreso de estas operaciones se integra en la base imponible del IS del período impositivo en que se han devengado y contabilizado, con independencia de la forma de cobro pactada en la operación y de que el destinatario de los bienes o servicios prestados sea una Administración.

Ejemplo

Con independencia de la fecha pactada en el contrato para percibir el importe de la contraprestación de la operación realizada con la Administración, caso de que se tuviese la certeza de que el cobro sea superior al año desde que se ha realizado la operación, debería descontarse del importe pactado de la contraprestación la parte del mismo que corresponde a la financiación indirectamente dada a la Administración, para reconocer un crédito que generaría el correspondiente ingreso financiero.

Legislación

Arts. 10 y 19 LIS

4.2.6. *Traspaso de bienes de la empresa al patrimonio personal y uso para fines particulares*

IVA

Si se transfieren bienes del patrimonio del empresario a su patrimonio particular o a su consumo por el empresario, se está produciendo un supuesto de autoconsumo, que estaría no sujeto si, al adquirir el bien, no pudo deducir el IVA soportado.

Otro supuesto de autoconsumo se produce cuando hay cese en el ejercicio de la actividad empresarial o profesional, y ello diese lugar a la transferencia de los bienes integrantes del patrimonio empresarial o profesional del sujeto pasivo a su patrimonio personal o la transmisión gratuita de los mismos, por lo que, en ese momento, se deberá entender producida la entrega de bienes que supone la referida transferencia o transmisión de bienes y devengado el Impuesto correspondiente.

No obstante, no podrá entenderse producido dicho cese, en tanto el sujeto pasivo, actuando como empresario o profesional, continúe llevando a cabo la liquidación del patrimonio empresarial o profesional y enajenando los bienes de su activo, por lo que la presentación de la declaración censal de baja en el ejercicio de una actividad, no produce, por sí misma, dicho cese, ni determina el traspaso de los bienes integrantes del patrimonio empresarial o profesional de un sujeto pasivo a su patrimonio personal o su transmisión gratuita.

En cualquier caso, si tiene lugar dicho traspaso, se producirá un supuesto de autoconsumo de bienes sujeto al Impuesto, siendo preceptiva la declaración y liquidación de la cuota impositiva correspondiente. El referido traspaso deberá justificarse por elementos objetivos en virtud de los cuales resulte acreditada la intención del sujeto pasivo de desafectar los activos de su patrimonio empresarial (artículo 5.Dos, párrafo tercero, LIVA, "a sensu contrario").

Si hubiese cese en la actividad y no hubiese un traspaso de los bienes que integran el patrimonio empresarial del sujeto pasivo a su patrimonio personal, en los términos anteriormente expuestos, la posterior transmisión de los mismos estará sujeta al Impuesto sobre el Valor Añadido.

Ejemplo

Un empresario que adquiere productos de alimentación para su restaurante, si parte de los bienes los destina para su uso familiar, se estará produciendo un autoconsumo, lo que determina que estará sujeta la entrega de bienes desde el patrimonio empresarial al patrimonio privado.

Legislación

Art. 9 Ley 37/1992

IRPF

En este Impuesto debemos distinguir entre elementos de activo fijo y de activo circulante.

Cuando se trate de elementos de activo fijo, el traspaso del patrimonio empresarial al particular o viceversa, no tiene incidencia en el Impuesto, es decir, que no se genera ninguna renta, sin perjuicio que la normativa reglamentaria del Impuesto regule los valores de afectación y desafectación, los cuales se tendrán en cuenta a efectos futuras enajenaciones de los mismos.

Si se trata de elementos de activo circulante, el traspaso del patrimonio particular al empresarial (que no será muy frecuente), tampoco tiene incidencia en el Impuesto.

Si los bienes o servicios objeto de la actividad se destinan al consumo propio, se considerarán como ingresos de la actividad, atendiendo al valor normal en el mercado de los mismos (epígrafe 2.2.4).

El traspaso de elementos de activo fijo del patrimonio empresarial al particular, o viceversa, no tiene trascendencia en el Impuesto, salvo en lo relativo a la aplicación de la Disposición Transitoria novena LIRPF (coeficientes de abatimiento).

Ejemplo

Un empresario que realiza una comida familiar en su restaurante, tendrá que declarar como ingreso de la actividad el importe de la comida, valorada por el precio que la misma tuviese, aplicando la carta de precios del restaurante.

Legislación

Art. 28 LIRPF; art. 23 RIRPF

Impuesto sobre Sociedades

Caso de que se entreguen bienes patrimoniales de la entidad a los socios para usos particulares sin contraprestación, esa transmisión genera una renta a efectos del IS de la entidad por la diferencia entre el valor de mercado de estos bienes y su valor contable y, además, caso de que esta operación haya generado algún gasto por el valor contable del bien, dicho gasto no sería fiscalmente deducible.

Ejemplo

En el ejemplo puesto anteriormente a efectos del IVA, el gasto asociado al consumo particular del socio de productos alimenticios adquiridos por la entidad de la que es accionista único, representa una retribución al capital, por lo que dicho gasto no sería fiscalmente deducible.

Legislación

Arts. 10, 14, 15 y 16 LIS

5 Relaciones del emprendedor con la Administración

5.1. Qué hacer cuando quiero iniciar una actividad

Las personas o entidades que desarrollen o vayan a desarrollar en territorio español actividades empresariales o profesionales o satisfagan rendimientos sujetos a retención deberán comunicar a la Administración tributaria a través de las correspondientes declaraciones censales su alta en el Censo de Empresarios, Profesionales y Retenedores, las modificaciones que se produzcan en su situación tributaria y la baja en dicho censo.

El Censo de Empresarios, Profesionales y Retenedores formará parte del Censo de Obligados Tributarios.

En dicho Censo figurarán la totalidad de personas físicas o jurídicas y entidades identificadas a efectos fiscales en España.

Las declaraciones censales servirán, asimismo, para comunicar el inicio de las actividades económicas que desarrollen, las modificaciones que les afecten y el cese en las mismas.

Tienen la consideración de empresarios o profesionales quienes tuvieran tal condición de acuerdo con las disposiciones propias del Impuesto sobre el Valor Añadido, incluso cuando desarrollen su actividad fuera del territorio de aplicación de este impuesto.

La presentación de la declaración censal es por lo tanto totalmente necesaria e indisponible, conteniéndose su regulación básica en los artículos 2 a 16 del Reglamento de aplicación de los tributos, RGAT.

En cuanto a su contenido véase el capítulo 3 relativo a la puesta en marcha de la actividad emprendedora.

5.2. Cuestiones a tener en cuenta siempre que me relaciono con la Administración

5.2.1. La Administración me facilita información y asistencia

Legislación

Ley 58/2003, de 17 de diciembre, General Tributaria. BOE nº 302, de 18-12-2003 (LGT): artículos 85 a 91

Reglamento General de las actuaciones y los procedimientos de gestión e inspección tributaria y de desarrollo de las normas comunes de los procedimientos de aplicación de los tributos (RGAT), aprobado por el Real Decreto 1065/2007, de 27 de julio. BOE nº 213, de 5-9-2007: artículos 62 a 78.

Todos los obligados tributarios tienen expresamente reconocido en los artículos 34 y 85 de la Ley General Tributaria el derecho a ser informados y asistidos por la Administración tributaria sobre el ejercicio de sus derechos y el cumplimiento de sus obligaciones tributarias.

La tipología de mecanismos regulados en la norma para poder obtener esa información y asistencia es muy variada:

a) Publicación de textos actualizados de las normas tributarias, así como de la doctrina administrativa de mayor trascendencia.

b) Comunicaciones y actuaciones de información efectuadas por los servicios destinados a tal efecto en los órganos de la Administración tributaria.

c) Contestaciones a consultas escritas.

d) Actuaciones previas de valoración.

e) Asistencia a los obligados en la realización de declaraciones, autoliquidaciones y comunicaciones tributarias.

f) Además, en el ámbito de la información hay que destacar también la emisión de certificados por parte de la Administración.

Veamos los elementos esenciales de cada una de ellas y su diferente utilidad, según el caso y, sobre todo, la profundidad de la información que se hace necesario obtener.

5.2.2. Herramientas de asistencia virtual

En los últimos tiempos, conviene señalar que está proliferando el uso de nuevas TIC por parte de la AEAT, a la hora de proporcionar información a los contribuyentes, especialmente, mediante la utilización de mecanismos de Inteligencia Artificial (en adelante IA).

Para ello, se ha desarrollado diferentes modelos de asistentes virtuales que dan respuesta automatizada a las cuestiones y problemas planteados por los obligados tributarios.

Los tipos de herramientas de asistencia virtual de la AEAT aparecen expuestos en el Portal de la AEAT, https://sede.agenciatributaria.gob.es/Sede/ayuda/herramientas-asistencia-virtual.html

Y son los siguientes:

1. Herramientas en el IRPF. Son dos:
   - Asistente virtual del IRPF.
   - Informador IRPF.

Mediante el Asistente virtual de Renta se pueden formular preguntas, que se responderán de forma personalizada, sobre cuestiones inmobiliarias y las dudas más habituales de Campaña de Renta.

Si se necesita información adicional, se puede acceder al Informador de Renta, el cual permite ir seleccionando las distintas opciones, mostrándose éstas para obtener respuesta a preguntas de carácter general del IRPF, así como a cuestiones específicas referidas a actividades económicas.

2. Censos e IAE, donde también aparecen dos herramientas:
   - Buscador de actividades y sus obligaciones tributarias.
   - Informador censal.

Mediante estas herramientas se pueden obtener respuestas de forma interactiva a las preguntas más habituales relacionadas con el Censo de obligados tributarios, así como determinar el epígrafe del IAE de las actividades empresariales o profesionales y sus obligaciones tributarias y censales.

3. Herramientas de asistencia virtual en el IVA:
   - Asistente virtual IVA
   - Asistente virtual SII
   - Localizador de Entrega de Bienes
   - Localizador de Prestación de Servicios
   - Calificador inmobiliario
   - Calculadora de plazos para facturas rectificativas
   - Calculadora de prorratas
   - Calculadora de sectores diferenciados
   - Ayuda confección modelo 303 para arrendadores
   - Ayuda modelo 390 básico para autónomos

Conjunto de herramientas formado por asistentes virtuales, localizadores de entrega de bienes, prestación de servicios, y calificador inmobiliario, así como ayudas para la confección de los modelos 303 y 390, mediante las cuales podrás obtener respuestas de forma interactiva y en lenguaje natural a dudas relacionadas con el IVA, con la determinación y localización de las operaciones de entrega de entrega de bienes o prestación de servicios, entre otras.

4. Asistentes virtuales en el SII.
   - ❒ Asistente virtual en el SII.
   - ❒ Calculadora de plazos en el SII.

Mediante estas herramientas se pueden recibir respuestas de forma interactiva y en lenguaje natural a las dudas relacionadas con la gestión del Suministro Inmediato de Información (SII), así como calcular los plazos y periodos de registro.

5. Herramientas de asistencia virtual de No residentes.

Mediante estas herramientas podrás obtener respuestas de forma interactiva a las preguntas más habituales relacionadas con el Impuesto sobre la Renta de No Residentes.

   - ❒ Informador Impuesto sobre la Renta de No residentes.

6. Asistentes en Recaudación:
   - ❒ Calculadora de plazos de pago
   - ❒ Vídeo explicativo Calculadora de plazos de pago
   - ❒ Calculadora de intereses y aplazamientos
   - ❒ Vídeo explicativo Calculadora de intereses y aplazamientos
   - ❒ Cálculo del importe embargable de sueldos
   - ❒ Vídeo explicativo Cálculo del importe embargable de sueldos

Conjunto de calculadoras interactivas mediante las cuales se pueden calcular los plazos de pago de los diferentes tipos de deudas en periodo voluntario o ejecutivo, así como los intereses de demora correspondientes.

7. Herramientas de Aduanas e Impuestos Especiales
   - ❒ Cálculo del volumen de hidrocarburos a 15º C
   - ❒ CLASS. Clasificación arancelaria
   - ❒ Informador de Aduanas: Envases de Plástico No Reutilizables
   - ❒ Productos +ROSA. Autoevalución de las Normas de Origen (orientaciones)
   - ❒ Restricciones impuestas a Rusia o Bieolorrusia

5.2.2.1. Publicaciones

De textos normativos

El Ministerio de Hacienda tiene la obligación de difundir cada año los textos actualizados de las normas estatales con rango de ley y real decreto en materia tributaria en los que se han producido variaciones respecto de los textos vigentes en el año precedente, así como una relación de todas las disposiciones tributarias que se hayan aprobado en dicho año.

Para Manuales, vídeos y folletos informativos que, regularmente, publica la AEAT, nos remitimos a: https://sede.agenciatributaria.gob.es/Sede/ayuda/manuales-videos-folletos.html

De criterios administrativos

El Ministerio de Hacienda tiene la obligación de difundir periódicamente las contestaciones a consultas y las resoluciones económico-administrativas que se consideran de mayor trascendencia y repercusión.

Tanto en el caso de los textos normativos como en el caso de los criterios administrativos a los que se ha hecho referencia, se puede acceder a los mismos a través de Internet, en concreto a través de la página web del Ministerio, a través de la pestaña "normativa y doctrina": http://www.minhap.gob.es/es-ES/Normativa%20y%20doctrina/Paginas/Normativa%20y%20doctrina.aspx

También se puede acceder a través de la página web de la Agencia Estatal de Administración Tributaria.

5.2.2.2. Comunicaciones y actuaciones de información

La Administración tributaria tiene la obligación de:

- Informar a los contribuyentes de los criterios administrativos existentes para la aplicación de la normativa tributaria
- Facilitar la consulta a las bases informatizadas donde se contienen dichos criterios

Además, podrá remitir comunicaciones destinadas a informar sobre la tributación de determinados sectores, actividades o fuentes de renta.

La Administración tributaria deberá suministrar, a petición de los interesados, el texto íntegro de consultas o resoluciones concretas, suprimiendo toda referencia a los datos que permitan la identificación de las personas a las que afecten.

Las actuaciones de información también deberán llevarse a cabo, a iniciativa del obligado tributario, mediante la contestación a solicitudes de información tributaria, cualquiera que sea el medio por el que se formulen.

Cuando se pretenda obtener información de la Administración Tributaria y la solicitud de información se formule por escrito, el contenido mínimo de las mismas deberá incluir:

- El nombre y apellidos o razón social o denominación completa y el Número de Identificación Fiscal del obligado tributario,
- El derecho u obligación tributaria que le afecta respecto del que se solicita la información.

Las solicitudes de información tributaria formuladas por escrito que puedan ser objeto de contestación a partir de la documentación o de los antecedentes existentes en el órgano competente deberán ser contestadas por la Administración en el plazo máximo de tres meses y en la contestación se hará referencia, en todo caso, a la normativa aplicable al objeto de la solicitud.

Cuando el obligado tributario haya ajustado su actuación a los criterios manifestados por la Administración tributaria competente en las publicaciones y comunicaciones escritas a las que se ha hecho referencia se entenderá que se ha puesto la diligencia necesaria en el cumplimiento de las obligaciones tributarias, lo que podrá determinar que no haya lugar a responsabilidad por infracción tributaria (Artículo 179.2.d de la LGT).

La jurisprudencia del TS ha manifestado, sin embargo, que no es posible aplicar este criterio de exoneración en los supuestos de simulación, art. 16 LGT.

Tampoco se exigirá esta responsabilidad si el obligado tributario ajusta su actuación a los criterios manifestados por la Administración en la contestación a una consulta formulada por otro obligado, siempre que entre sus circunstancias y las mencionadas en la contestación a la consulta exista una igualdad sustancial que permita entender aplicables dichos criterios y éstos no hayan sido modificados.

La STS de 23 de mayo de 2023, rec. 5250/2021, afirma que la apreciación sobre si concurre o no la exclusión de responsabilidad por la comisión de infracción tributaria por haber actuado el,obligado tributario, amparándose en una interpretación razonable de la norma, art. 179.2, d) LGT, requiere una motivación específica sobre la razonabilidad de tal interpretación, como parte específica del juicio de culpabilidad.

Por otra parte, también hay que señalar que la falta de contestación de las solicitudes de información en los plazos que se han indicado más arriba no implicará la aceptación de los criterios expresados en el escrito de solicitud.

Últimamente, la AEAT está desarrollando la realización de informaciones a los obligados tributarios mediante sistemas automatizados de inteligencia artificial, cuyo valor es equivalente a los sistemas tradicionales de información, cabiendo recomendar que el interesado se quede con copia de la información recibida como medio de prueba.

A los diferentes asistentes virtuales proporcionados a través de herramientas de IA por la AEAT nos hemos referido en el epígrafe anterior 5.2.1.

También existe un servicio de información tributaria básica, con el cual puede contactarse mediante las indicaciones que aparecen en la esquina inferior derecha del Portal de Internet de la AEAT.

5.2.2.3. Las consultas tributarias escritas

Los obligados podrán formular a la Administración tributaria consultas respecto al régimen, la clasificación o la calificación tributaria que en cada caso les corresponda.

Requisitos para poder presentar una consulta

Deberá formularse antes de la finalización del plazo establecido para el ejercicio de los derechos, la presentación de declaraciones o autoliquidaciones o el cumplimiento de otras obligaciones tributarias. Si la consulta se formulase después de la finalización de los plazos establecidos para el ejercicio del derecho, para la presentación de la declaración o autoliquidación o para el cumplimiento de la obligación tributaria, será inadmitida.

- Se formulará mediante escrito dirigido al órgano competente para su contestación, que corresponde, con carácter general, a la Dirección General de Tributos del Ministerio de Hacienda.

¿Cómo se presentan las consultas?

La consulta se dirigirá a la Dirección General de Tributos del Ministerio de Hacienda, debiéndose presentar en todo caso por escrito bien en soporte papel (mediante su presentación los registros de cualquiera de las oficinas de la Administración tributaria o bien mediante cualquiera de los medios establecidos en la normativa de derecho administrativo general).

También se podrán presentar de forma electrónica, a cuyo efecto se podrá acceder a través de la página web del Ministerio de Hacienda: http://www.minhap.gob.es/es-ES/Normativa%20y%20doctrina/Doctrina/Paginas/ConsultasDGT.aspx o accediendo también al portal de la AEAT en la pestaña "Normativa y criterios interpretativos", https://sede.agenciatributaria.gob.es/Sede/normativa-criterios-interpretativos/doctrina-criterios-interpretativos/consultas-direccion-general-tributos.html

El contenido mínimo del escrito será el siguiente:

a) Nombre y apellidos o razón social o denominación completa, Número de Identificación Fiscal del obligado tributario y, en su caso, del representante.

b) Manifestación expresa de si en el momento de presentar el escrito se está tramitando o no un procedimiento, recurso o reclamación económico-administrativa relacionado con el régimen, clasificación o calificación tributaria que le corresponda planteado en la consulta.

c) Objeto de la consulta.

d) En relación con la cuestión planteada en la consulta, se expresarán con claridad y con la extensión necesaria los antecedentes y circunstancias del caso.

e) Lugar, fecha y firma o acreditación de la autenticidad de su voluntad expresada por cualquier medio válido en derecho.

En el caso de que la consulta verse sobre la existencia de un establecimiento permanente o sobre una transacción transfronteriza, deberán incluirse además determinados datos especificados en la norma reglamentaria.

En la solicitud se podrá incluir un domicilio a efectos de notificaciones y aquella se podrá acompañar de los demás datos, elementos y documentos que puedan contribuir a la formación de juicio por parte de la Administración tributaria.

Las consultas pueden presentarse también utilizando medios electrónicos, siendo obligatoria esta forma de presentación en el caso de los obligados tributarios que estuvieran obligados a relacionarse con la Administración por los citados medios.

El modelo de presentación puede descargarse en la página web, a través del enlace http://sedeminhap.gob.es/SiteCollectionDocuments/Subsedes/Direccion%20General%20de%20Tributos/Formulario_consultas/ModeloCT.pdf

La falta de cumplimiento de esos requisitos determinará el archivo de la consulta, salvo que se hubiesen subsanado los errores previo requerimiento de la Administración.

Contestación a la consulta por parte de la Administración

Presentada la consulta, la Administración tributaria deberá contestar por escrito las consultas que se hayan presentado correctamente en el plazo de seis meses desde su presentación, aunque expresamente se establece que la falta de contestación en dicho plazo no implica la aceptación de los criterios expresados por el consultante en su escrito.

Lo esencial de esta forma de información son sus consecuencias jurídicas, radicalmente diferentes a otras mecanismos de información, ya que la contestación a las consultas tributarias escritas, salvo determinadas excepciones establecidas en la normativa, tendrá efectos vinculantes para los órganos y entidades de la Administración tributaria encargados de la aplicación de los tributos en su relación con el consultante, de forma que en tanto no se modifique la legislación o la jurisprudencia aplicable al caso, se aplicarán al consultante los criterios expresados en la contestación, siempre y cuando la consulta se hubiese formulado en los plazos legalmente establecidos y no se hubieran alterado las circunstancias, antecedentes y demás datos recogidos en el escrito de consulta.

Además, los órganos de la Administración tributaria encargados de la aplicación de los tributos deberán aplicar los criterios contenidos en las consultas tributarias escritas a cualquier obligado, siempre que exista identidad entre los hechos y circunstancias de dicho obligado y los que se incluyan en la contestación a la consulta.

Cuestión que tampoco debe olvidarse es que la presentación y contestación de las consultas no interrumpirá los plazos establecidos en las normas tributarias para el cumplimiento de las obligaciones tributarias, de forma que aun cuando la contestación no se hubiese producido en el plazo de 6 meses, si antes llegase el vencimiento de alguno de los plazos referidos, deberá cumplirse con la obligación a la que se refiriese la consulta planteada, ya que la contestación a las consultas tributarias escritas tiene mero carácter informativo.

Consecuencia de ese carácter informativo es que no se puede entablar recurso alguno contra dicha contestación, aunque sí puede interponerse contra el acto o actos administrativos que se dicten posteriormente en aplicación de los criterios manifestados en la contestación.

Además de las consultas escritas emitidas por la DGT y que cumplen los requisitos anteriores, establecidos en los arts. 88 y 89 de la LGT; dentro de la labor informadora general de la AEAT, existen las denominadas "Consultas INFORMA", las cuales, de una manera más sencilla y con mayor rapidez, dan contestación a las dudas de interpretación del Derecho Tributario que plantean los obligados tributarios.

El acceso a la base de datos de INFORMA se encuentra en: https://www2.agenciatributaria.gob.es/ES13/S/IAFRIAFRIINF

5.2.2.4. Actuaciones previas de valoración

Es habitual en el tráfico económico la adquisición o transmisión, bajo cualquier forma jurídica, de bienes inmuebles. Por ello también existe un mecanismo a disposición de los ciudadanos para conocer la valoración que de dichas operaciones de compra o venta hace la Administración.

Por ello a solicitud del interesado y en relación con los tributos cuya gestión le corresponda, cada Administración tributaria debe informar sobre el valor a efectos fiscales de los bienes inmuebles que, situados en el territorio de su competencia, vayan a ser objeto de adquisición o transmisión, pero sólo respecto de los tributos que graven la adquisición o transmisión de bienes inmuebles y cuya base imponible se determine por el valor real de dichos bienes, por lo que no será un mecanismo de información apto para todo tributo, quedando limitada esencialmente a los denominados patrimoniales, es decir, al Impuesto sobre Transmisiones Patrimoniales y Actos Jurídicos Documentados y al impuesto sobre Sucesiones y Donaciones.

Este mecanismo de información es interesante porque el valor que la Administración tributaria competente comunique, tendrá efectos vinculantes para la misma durante un plazo de tres meses, contados desde la notificación al interesado, siempre que la solicitud se haya formulado con carácter previo a la finalización del plazo para presentar la correspondiente autoliquidación o declaración y se hayan proporcionado datos verdaderos y suficientes a la Administración tributaria.

Dicho lo anterior, hay que señalar que:

❒ Dicha información no impedirá la posterior comprobación administrativa de los elementos de hecho y circunstancias manifestados por el obligado tributario.

❒ No se podrá entablar recurso alguno contra la información comunicada, aunque se podrá hacer contra el acto o actos administrativos que se dicten posteriormente en relación con dicha información.

❒ La falta de contestación no implicará la aceptación del valor que, en su caso, se hubiera incluido en la solicitud del interesado.

Cabe, sin embargo, señalar que la entrada en vigor de la Ley 11/2021, de 9 de julio, de Prevención y Represión del Fraude Fiscal, ha disminuido la relevancia de este sistema de valoración previa por parte de los órganos competentes de las CCAA en lo relativo a las bases imponibles de los gravámenes patrimoniales, ya que el "valor de referencia" de los bienes inmuebles, publicado por la Dirección General del Catastro del Ministerio de Hacienda cumple la función de valor oficial mínimo, a efectos del cálculo de la citada base imponible.

Solicitud de una valoración:

Las solicitudes se formularán mediante escrito, en el que se expresarán con claridad y con la extensión necesaria:

a) Nombre y apellidos o razón social o denominación completa, Número de Identificación Fiscal del solicitante y, en su caso, del representante. En el caso de que se actúe por medio de representante deberá aportarse la documentación acreditativa de la representación.

b) Naturaleza del bien, ubicación y características técnicas y físicas que puedan contribuir a su correcta valoración a efectos fiscales por parte de la Administración tributaria.

c) Lugar, fecha y firma o acreditación de la autenticidad de su voluntad expresada por cualquier medio válido en derecho.

Además, deberá incluirse un domicilio a efectos de notificaciones, así como la estimación de la valoración del bien al que se refiere la solicitud.

El plazo de la Administración para contestar estas solicitudes de información es de tres meses.

5.2.2.5. Los certificados tributarios

Concepto de certificado tributario

Una de las formas más usuales a través de las cuales la Administración tributaria suministra información es la del certificado tributario.

Los certificados tributarios son de diverso tipo en atención a la finalidad de los mismos, aunque todos ellos tienen una serie de características comunes que deben ser conocidas por los contribuyentes al efecto de que la solicitud de los mismos sea válida.

Un certificado tributario es un documento expedido por la Administración tributaria que acredita hechos relativos a la situación tributaria de un obligado tributario, entre otras circunstancias, la presentación de declaraciones, autoliquidaciones y comunicaciones de datos o extremos concretos contenidos en ellas, la situación censal, el cumplimiento de obligaciones tributarias y la existencia o inexistencia de deudas o sanciones pendientes de pago que consten en las bases de datos de la Administración tributaria.

¿Cómo se ha de solicitar un certificado tributario?

El certificado se puede expedir:

a) A instancia del obligado tributario al que el certificado se refiera.

b) A petición de un órgano administrativo o de cualquier otra persona o entidad interesada que requiera el certificado, siempre que dicha petición esté prevista en una ley o cuente con el previo consentimiento del obligado tributario.

Cuando el certificado se solicite mediante representante se deberá acreditar dicha representación.

¿Cuál debe ser el contenido mínimo de un certificado tributario?

a) Nombre y apellidos o razón social o denominación completa, Número de Identificación Fiscal y domicilio fiscal del obligado tributario.

b) Las circunstancias, obligaciones o requisitos que deban ser certificados. Cuando mediante un certificado deba acreditarse el cumplimiento de determinadas circunstancias de carácter tributario exigidas por la norma reguladora del certificado, se harán constar expresamente dichas circunstancias.

Las certificaciones serán positivas cuando consten cumplidas la totalidad de las circunstancias, obligaciones o requisitos exigidos al efecto por la normativa reguladora del certificado. A estos efectos, bastará una mención genérica de los mismos.
Cuando las certificaciones sean negativas deberán indicarse las circunstancias, obligaciones o requisitos que no consten cumplidos.
Cuando los datos declarados o comunicados por el obligado tributario no coincidan con los comprobados por la Administración, se certificarán estos últimos.

c) La inexistencia de la información que se solicita en las bases de datos de la Administración tributaria o la improcedencia de suministrar dicha información, cuando no se pueda certificar la información contenida en el párrafo b).

d) Lugar, fecha y firma del órgano competente para su expedición y el código seguro de verificación.

Plazos y formas para la emisión de un certificado

El órgano competente de la Administración tributaria deberá expedir el certificado en el plazo de 20 días, salvo que en la normativa reguladora del certificado se haya fijado un plazo distinto y se enviará al lugar señalado a tal efecto en la solicitud o, en su defecto, al domicilio fiscal del obligado tributario o de su representante.

Salvo que se establezca lo contrario, la falta de emisión de un certificado en plazo no determinará que se entienda emitido con carácter positivo.

El certificado tributario podrá expedirse en papel o bien mediante la utilización de técnicas electrónicas, informáticas y telemáticas, y su contenido, autenticidad y validez se puede comprobar mediante conexión con la página web de la Administración tributaria, utilizando para ello el código seguro de verificación que figure en el certificado.

¿Qué ocurre cuando no se está de acuerdo con el certificado?

Es posible que, una vez emitido el certificado, el obligado tributario no esté conforme con cualquiera de los datos que formen parte de su contenido. En ese supuesto, podrá manifestar tal circunstancia en el plazo de 10 días, contados a partir del día siguiente al de su recepción, mediante un escrito en el que solicite la modificación del certificado dirigido al órgano que lo haya expedido, al que se adjuntarán los elementos de prueba que estime convenientes para acreditar su solicitud.

Si el órgano que emitió el certificado, estimara incorrecto el certificado expedido, procederá a la emisión de uno nuevo en el plazo de 10 días. Si no considerase procedente expedir un nuevo certificado lo comunicará al obligado tributario con expresión de los motivos en que se fundamenta.

Efectos que produce un certificado

En cuanto a los efectos de los certificados tributarios es preciso saber que:

- Tienen carácter informativo
- No se puede interponer recurso alguno contra ellos, sin perjuicio de los recursos que puedan interponerse contra los actos administrativos que se dicten posteriormente en relación con la información en los mismos contenida.
- Salvo que la normativa específica del certificado establezca otra cosa, los certificados tributarios tendrán validez durante 12 meses a partir de la fecha de su expedición mientras no se produzcan modificaciones de las circunstancias determinantes de su contenido, cuando se refiera a obligaciones periódicas, o durante tres meses, cuando se refiera a obligaciones no periódicas.

Existen varias limitaciones que pueden impedir la expedición de los certificados:

- Los hechos o datos que se certifiquen se tienen que referir exclusivamente al obligado tributario al que se refiere el certificado, sin que puedan incluir ni referirse a datos relativos a terceros salvo que la finalidad del certificado exija dicha inclusión.

- No pueden certificarse datos referidos a obligaciones tributarias respecto de las cuales hubiese prescrito el derecho de la Administración para determinar la deuda tributaria mediante la oportuna liquidación.
- En tanto no haya vencido el plazo para el cumplimiento de las obligaciones tributarias no podrá expedirse certificado sobre el cumplimiento de estas.

5.2.2.5.1. Certificados más habituales

El certificado de encontrarse al corriente de las obligaciones tributarias.

Se entiende que el obligado tributario se encuentra al corriente de sus obligaciones tributarias cuando se verifique la concurrencia de las siguientes circunstancias:

a) Estar dado de alta en el Censo de Empresarios, Profesionales y Retenedores, cuando se trate de personas o entidades obligados a estar en dicho censo, y estar dado de alta en el Impuesto sobre Actividades Económicas, cuando se trate de sujetos pasivos no exentos de dicho impuesto.

b) Haber presentado las autoliquidaciones que correspondan por el Impuesto sobre la Renta de las Personas Físicas, el Impuesto sobre Sociedades o el Impuesto sobre la Renta de no Residentes.

c) Haber presentado las autoliquidaciones y la declaración resumen anual correspondiente a las obligaciones tributarias de realizar pagos a cuenta.

d) Haber presentado las autoliquidaciones, la declaración resumen anual y, en su caso, las declaraciones recapitulativas de operaciones intracomunitarias del Impuesto sobre el Valor Añadido.

e) Haber presentado las declaraciones y autoliquidaciones correspondientes a los tributos locales.

f) Haber presentado las declaraciones exigidas con carácter general en cumplimiento de la obligación de suministro de información reguladas en los artículos 93 y 94 de la Ley 58/2003, de 17 de diciembre, General Tributaria.

g) No mantener con la Administración tributaria expedidora del certificado deudas o sanciones tributarias en período ejecutivo, salvo que se trate de deudas o sanciones tributarias que se encuentren aplazadas, fraccionadas o cuya ejecución estuviese suspendida.

h) No tener pendientes de ingreso multas ni responsabilidades civiles derivadas de delito contra la Hacienda pública declaradas por sentencia firme.

i) Haber presentado las autoliquidaciones que, en su caso, correspondan por los impuestos especiales, el Impuesto sobre los Gases Fluorados de Efecto Invernadero, el Impuesto sobre el valor de la producción de la energía eléctrica, el Impuesto sobre la producción de combustible nuclear gastado y residuos radiactivos resultantes de la generación de energía nucleoeléctrica, el Impuesto sobre el almacenamiento de combustible nuclear gastado y residuos radiactivos en instalaciones centralizadas, el Impuesto sobre el valor de la extracción de gas, petróleo y condensados, el Impuesto especial sobre los envases de plástico no reutilizables y el Impuesto sobre el depósito de residuos en vertederos, la incineración y la coincineración de residuos.

Las circunstancias indicadas en los párrafos b) a e), ambos inclusive, se referirán a autoliquidaciones o declaraciones cuyo plazo de presentación hubiese vencido en los 12 meses precedentes a los dos meses inmediatamente anteriores a la fecha de la certificación.

La certificación de encontrarse al corriente de las obligaciones tributarias debe indicar el carácter positivo o negativo de la certificación.

Esta modalidad de certificado tributario es cada vez más importante e, incluso, obligatoria a efectos de cumplimentar o realizar determinadas operaciones empresariales; en este sentido, la reciente normativa sobre reestructuraciones empresariales (fusiones, escisiones, traslados de domicilio fiscal, etc.), establecida por el Real Decreto-ley 5/2023, de 28 de junio, por el que se adoptan y prorrogan determinadas medidas de respuesta a las consecuencias económicas y sociales de la Guerra de Ucrania, de apoyo a la reconstrucción de la isla de La Palma y a otras situaciones de vulnerabilidad; de transposición de Directivas de la Unión Europea en materia de modificaciones estructurales de sociedades mercantiles y conciliación de la vida familiar y la vida profesional de los progenitores y los cuidadores; y de ejecución y cumplimiento del Derecho de la Unión Europea (BOE de 29), exige la presentación de un certificado de esta al corriente de las deudas tributarias y de la SS para poder inscribir la reestructuración empresarial en el Registro Mercantil.

Por último, es también trascendente conocer que las circunstancias que se han transcrito más arriba solo pueden ser certificadas por cada Administración tributaria respecto de las obligaciones para cuya exigencia sea competente, no siendo la Agencia Estatal de Administración Tributaria la única competente a tal efecto.

5.2.2.5.2. *El certificado de sucesión en la actividad*

Del pago de una deuda tributaria responde, en primer lugar, el sujeto pasivo, normalmente en su condición de contribuyente.

Pero junto al mismo la ley establece, en determinados casos, la posibilidad de que el pago le sea exigido a terceros distintos de aquel, bien solidariamente, bien subsidiariamente.

Pues bien, en supuestos concretos de responsabilidad la norma establece la posibilidad de que aquel tercero que pueda ser eventualmente llamado al pago de la deuda tributaria junto al sujeto pasivo pueda solicitar determinadas certificaciones a la Administración Tributaria con distinta finalidad. Uno de esos de certificados es el que ahora pasamos a analizar.

La Ley General Tributaria establece que son responsables solidarias del pago de las deudas tributarias las personas que sucedan por cualquier concepto en la titularidad o ejercicio de explotaciones o actividades económicas, respondiendo de las obligaciones tributarias contraídas del anterior titular y derivadas de su ejercicio.

Esta responsabilidad se regula en el art. 42.1, c) LGT con el carácter de solidaria.

La responsabilidad también se extenderá a las obligaciones derivadas de la falta de ingreso de las retenciones e ingresos a cuenta practicadas o que se hubieran debido practicar.

Pues bien, quien pretenda adquirir la titularidad de explotaciones y actividades económicas y al objeto de limitar la responsabilidad solidaria a que hacemos referencia, tendrá derecho, previa la conformidad del titular actual, a solicitar de la Administración certificación detallada de las deudas, sanciones y responsabilidades tributarias derivadas de su ejercicio.

En este caso, de ser solicitada la certificación, la Administración tributaria deberá expedirla en el plazo de tres meses desde la solicitud, quedando en tal caso la responsabilidad del adquirente, limitada a las deudas, sanciones y responsabilidades contenidas en la misma.

Si la certificación se expidiera sin mencionar deudas, sanciones o responsabilidades o no se facilitase en el plazo señalado, el solicitante quedará exento de la responsabilidad.

Cuando no se haya solicitado dicho certificado, la responsabilidad alcanzará también a las sanciones impuestas o que puedan imponerse.

Las certificaciones deberán contener el nombre y apellidos o razón social o denominación completa del obligado tributario titular de la explotación o actividad económica y una relación detallada de las deudas, sanciones y responsabilidades tributarias derivadas de su ejercicio, con indicación de la cuantía de cada una de ellas.

Es muy importante tener en cuenta que no producirán efecto las certificaciones, cualquiera que sea su contenido, si la fecha de presentación de la solicitud para su expedición resultase posterior a la de adquisición de la explotación o actividad económica de que se trate, debiendo tenerse muy en cuenta que cuando no se haya solicitado la certificación, la responsabilidad alcanzará a las deudas y responsabilidades liquidadas o pendientes de liquidación y a las sanciones impuestas o que puedan imponerse.

5.2.2.5.3. El certificado de contratistas y subcontratistas

Existe otro certificado cuya solicitud es extraordinariamente frecuente, que en este caso tiene por finalidad impedir la exigencia de la responsabilidad subsidiaria derivada de la subcontratación.

La Ley General Tributaria señala que responderán subsidiariamente de la deuda tributaria las personas o entidades que contraten o subcontraten la ejecución de obras o la prestación de servicios correspondientes a su actividad económica principal, por las obligaciones tributarias relativas a tributos que deban repercutirse o cantidades que deban retenerse a trabajadores, profesionales u otros empresarios, en la parte que corresponda a las obras o servicios objeto de la contratación o subcontratación.

Esta responsabilidad, de carácter subsidiario, se regula en el art. 43.1, f) LGT.

La responsabilidad no será exigible cuando el contratista o subcontratista haya aportado al pagador un certificado específico de encontrarse al corriente de sus obligaciones tributarias emitido a estos efectos por la Administración tributaria durante los 12 meses anteriores al pago de cada factura correspondiente a la contratación o subcontratación.

En ese caso, la responsabilidad quedará limitada al importe de los pagos que se realicen sin haber aportado el contratista o subcontratista al pagador el certificado de encontrarse al corriente de sus obligaciones tributarias, o habiendo transcurrido el período de doce meses desde el anterior certificado sin haber sido renovado.

La Administración tributaria deberá emitir el certificado o denegarlo en el plazo de tres días desde su solicitud por el contratista o subcontratista, debiendo facilitar las copias del certificado que le sean solicitadas.

La solicitud del certificado podrá realizarse también de forma simultánea a la presentación de la declaración del Impuesto sobre la Renta de las Personas Físicas o del Impuesto sobre Sociedades a que esté obligado, debiendo quedar a disposición del interesado, en este caso, en el plazo de un mes cuando se solicite con ocasión de la presentación telemática de la declaración del Impuesto sobre la Renta de las Personas Físicas o del Impuesto sobre Sociedades. Cuando dichas declaraciones se presenten por otros medios, el plazo será de seis meses.

Pues bien, se entenderá que el solicitante se encuentra al corriente de sus obligaciones tributarias cuando se verifique la concurrencia de las circunstancias que se indicaron más arriba en el certificado de estar al corriente el cumplimiento de las obligaciones tributarias.

Un dato relevante a incluir en la solicitud del certificado específico es la identificación completa del pagador para el que deba surtir efectos (en caso de que sean varios los pagadores, se harán constar los datos identificativos de todos ellos, sin perjuicio de que se emita un certificado individual por cada uno).

El solicitante podrá entender emitido el certificado a partir del día siguiente al de finalización del plazo para que dicha emisión se produzca, pudiendo obtener de la Administración tributaria comunicación acreditativa de tal circunstancia, que habrá de emitirse de forma inmediata y determinará la exoneración de responsabilidad para el que, con tal condición, figure en la solicitud de certificado presentada por el contratista o subcontratista.

Dicha exoneración de responsabilidad se extenderá a los pagos que se realicen durante el periodo de 12 meses contado desde la fecha en que el certificado se entienda emitido.

5.2.2.6. Actuaciones de asistencia tributaria

Entre otras actuaciones, la asistencia tributaria puede consistir en la confección de declaraciones, autoliquidaciones y comunicaciones de datos, así como en la confección de un borrador de declaración.

Es preciso tener en cuenta que, conforme a lo establecido en la norma, cuando la asistencia se materialice en la confección de declaraciones, autoliquidaciones y comunicaciones de datos a solicitud del obligado tributario, la actuación de la Administración tributaria consistirá, exclusivamente, en la trascripción de los datos aportados por el solicitante y en la realización de los cálculos correspondientes.

A partir de ese momento, una vez ultimado el modelo se entregará para su revisión y para la verificación de la correcta trascripción de los datos y su firma por el obligado, si este lo estima oportuno.

La asistencia también podrá prestarse mediante la confección por la Administración tributaria de un borrador de declaración a solicitud del obligado tributario, en el que la Administración incorporará los datos obrantes en su poder que sean necesarios para la declaración, con el importe y la calificación suministrada por el propio obligado o por un tercero que deba suministrar información con trascendencia tributaria.

Es importante recordar que los datos, importes o calificaciones contenidos en las declaraciones, autoliquidaciones o comunicaciones de datos confeccionados por la Administración o en los borradores que hayan sido comunicados al obligado tributario no vincularán a la Administración en el ejercicio de las actuaciones de comprobación o investigación que puedan desarrollarse con posterioridad.

5.2.3. *Derechos de los obligados tributarios*

Legislación

LGT: artículo 34

RGAT: artículos 90 a 100

Real Decreto 1676/2009, de 13 de noviembre, por el que se regula el Consejo para la Defensa del Contribuyente. BOE nº 292, de 4-12-2009

La Ley General Tributaria contiene en su artículo 34 un catálogo de derechos de los que resultan beneficiarios los obligados tributarios.

En el apartado siguiente van a destacarse aquellos que tienen una naturaleza procedimental, entendida ésta en el sentido de ser derechos que pueden ser ejercidos por el interesado en el seno de cualquier procedimiento tributario.

1) Derecho a ser informado y asistido por la Administración tributaria sobre el ejercicio de sus derechos y el cumplimiento de sus obligaciones tributarias.

En el apartado anterior de desarrolló lo relativo al ejercicio de este derecho.

2) Derecho a utilizar las lenguas oficiales en el territorio de su Comunidad Autónoma, de acuerdo con lo previsto en el ordenamiento jurídico.

3) Derecho a conocer el estado de tramitación de los procedimientos en los que sea parte.

Los obligados tributarios que estén siendo objeto de un procedimiento podrán solicitar en cualquier momento información del estado en que se encuentra la tramitación de dicho procedimiento.

La solicitud de información deberá contener:

- Nombre y apellidos o razón social o denominación completa y Número de Identificación Fiscal de la persona o entidad del solicitante
- La firma del obligado tributario o la acreditación de la autenticidad de su voluntad expresada por cualquier otro medio.

La información se facilitará preferentemente por el mismo medio utilizado por el interesado, y en la misma la Administración deberá indicar:

- La fase en que se encuentra el procedimiento
- El último trámite realizado
- La fecha en que se cumplimentó.

4) Derecho a conocer la identidad de las autoridades y personal al servicio de la Administración tributaria bajo cuya responsabilidad se tramitan las actuaciones y procedimientos tributarios en los que tenga la condición de interesado.

5) Derecho a solicitar certificación y copia de las declaraciones presentadas por el obligado tributario

6) Derecho a obtener copia sellada de los documentos presentados ante la Administración.

El ejercicio del derecho a obtener la copia exige siempre que se aporte junto a los originales, para su cotejo.

La norma también reconoce el derecho a la devolución de los originales de dichos documentos, en el caso de que no deban obrar en el expediente.

7) Derecho a no aportar aquellos documentos ya presentados por el obligado tributario y que se encuentren en poder de la Administración actuante.

Este derecho exige que se indique el día y procedimiento en el que se presentaron.

8) Derecho, en los términos legalmente previstos, al carácter reservado de los datos, informes o antecedentes obtenidos por la Administración tributaria.

Este derecho implica que esos datos solo pueden ser utilizados para la aplicación de los tributos o recursos cuya gestión tenga encomendada la Administración tributaria y para la imposición de sanciones, sin que puedan ser cedidos o comunicados a terceros, salvo en los supuestos previstos en las leyes.

En esa línea, todo el personal al servicio de la Administración tributaria está obligado al más estricto y completo sigilo respecto de los datos, informes o antecedentes que conozca por razón de su cargo o puesto de trabajo.

Dicha información tiene carácter reservado y sólo puede ser comunicada a quienes por razón de sus competencias intervengan en el procedimiento de que se trate, aunque los resultados de las actuaciones pueden ser utilizados en todo caso por el órgano que las haya realizado y por otros órganos de la misma Administración tributaria en orden al adecuado desempeño de sus funciones respecto del mismo o de otros obligados tributarios.

9) Derecho a que las actuaciones de la Administración tributaria que requieran su intervención se lleven a cabo en la forma que le resulte menos gravosa, siempre que ello no perjudique el cumplimiento de sus obligaciones tributarias.

Las actuaciones que se desarrollen en las oficinas públicas se realizarán dentro del horario oficial de apertura al público y, en todo caso, dentro de la jornada de trabajo.

Si las actuaciones se desarrollan en los locales del obligado tributario, es preciso respetar la jornada laboral de oficina o de la actividad que se realice en ellos, pero cuando medie el consentimiento del obligado tributario, las actuaciones podrán realizarse fuera de la jornada laboral de oficina o de la actividad.

Cuando el obligado tributario fuese una persona con discapacidad o con movilidad reducida, las actuaciones y procedimientos de aplicación de los tributos se desarrollarán en el lugar que resulte más apropiado de entre los que se han citado anteriormente.

10) Derecho a formular alegaciones y a aportar documentos que serán tenidos en cuenta por los órganos competentes al redactar la correspondiente propuesta de resolución y derecho a ser oído en el trámite de audiencia.

¿Qué es el trámite de audiencia?

Durante el trámite de audiencia se pone de manifiesto al obligado tributario el expediente, que incluye:

- ❒ Las actuaciones realizadas
- ❒ Los elementos de prueba que obren en poder de la Administración
- ❒ Los informes emitidos por otros órganos.

Asimismo, se incorporarán al expediente las alegaciones y los documentos que los obligados tributarios tienen derecho a presentar en cualquier momento anterior al trámite de audiencia.

En dicho trámite, el obligado tributario podrá obtener copia de los documentos del expediente, aportar nuevos documentos y justificantes, y efectuar las alegaciones que estime oportunas.

¿Qué es el trámite de alegaciones?

En los procedimientos en los que se prescinda del trámite de audiencia por estar previsto un trámite de alegaciones posterior a la propuesta de resolución o de liquidación, la Administración tributaria debe notificar al obligado dicha propuesta para que efectúe las alegaciones que considere oportunas, resultando de aplicación todo lo explicitado anteriormente para el trámite de audiencia.

No obstante lo señalado más arriba, si antes del vencimiento del plazo de audiencia o, en su caso, de alegaciones, el obligado tributario manifestase su decisión de no efectuar alegaciones ni aportar nuevos documentos ni justificantes, se tendrá por realizado el trámite y se dejará constancia en el expediente de dicha circunstancia.

Como norma específica, se podrá prescindir del trámite de audiencia o, en su caso, del plazo para formular alegaciones, cuando no figuren en el procedimiento ni sean tenidos en cuenta en la resolución otros hechos ni otras alegaciones y pruebas que las presentadas por el interesado.

Es muy importante tener en cuenta que una vez realizado el trámite de audiencia o, en su caso, el de alegaciones, no se podrá incorporar al expediente más documentación acreditativa de los hechos, salvo que:

- ❒ Se demuestre por el obligado tributario la imposibilidad de haberla aportado antes de la finalización de dicho trámite.
- ❒ Se aporten antes de dictar la resolución.

Ahora bien, la doctrina del TS ha ido flexibilizando estas restricciones, en atención al derecho de defensa de los obligados tributarios y admite, salvo casos de mala fe, la posibilidad de aportar nuevos documentos y medios de prueba en defensa de los derechos de los obligados tributarios, incluso con posterioridad al trámite de audiencia.

Por último, hay que recordar que el trámite de alegaciones no podrá tener una duración inferior a 10 días ni superior a 15.

Sobre los plazos para efectuar alegaciones, hay que recordar que el art. 32.1 de la Ley 39/2015, de 1 de octubre, del Procedimiento Administrativo Común de las Administraciones Públicas, establece que la Administración, salvo precepto en contrario, podrá conceder de oficio o a petición de los interesados, una ampliación de los plazos establecidos, que no exceda de la mitad de los mismos, si las circunstancias lo aconsejan y con ello no se perjudican derechos de tercero.

El acuerdo de ampliación deberá ser notificado a los interesados.

Por su parte, la regulación específica de la ampliación de plazos en los trámites administrativos tributarios aparece regulada en el art. 91 RGAT.

Conforme a éste:

1. El órgano a quien corresponda la tramitación del procedimiento podrá conceder, a petición de los obligados tributarios, una ampliación de los plazos establecidos para el cumplimiento de trámites que no exceda de la mitad de dichos plazos.
2. No se concederá más de una ampliación del plazo respectivo.
3. Para que la ampliación pueda otorgarse serán necesarios los siguientes requisitos:
   a) Que se solicite con anterioridad a los tres días previos a la finalización del plazo que se pretende ampliar.
   b) Que se justifique la concurrencia de circunstancias que lo aconsejen.
   c) Que no se perjudiquen derechos de terceros.
4. La ampliación se entenderá automáticamente concedida por la mitad del plazo inicialmente fijado con la presentación en plazo de la solicitud, salvo que se notifique de forma expresa la denegación antes de la finalización del plazo que se pretenda ampliar.

   La notificación expresa de la concesión de la ampliación antes de la finalización del plazo inicialmente fijado podrá establecer un plazo de ampliación distinto e inferior al previsto en el párrafo anterior.
5. Cuando el obligado tributario justifique la concurrencia de circunstancias que le impidan comparecer en el lugar, día y hora que le hubiesen fijado, podrá solicitar un aplazamiento dentro de los tres días siguientes al de la notificación del requerimiento. En el supuesto de que la circunstancia que impida la comparecencia se produzca transcurrido el citado plazo de tres días, se podrá solicitar el aplazamiento antes de la fecha señalada para la comparecencia.

   En tales casos, se señalará nueva fecha para la comparecencia.
6. El acuerdo de concesión o la denegación de la ampliación o del aplazamiento no serán susceptibles de recurso o reclamación económico-administrativa.

11) Derecho a ser informado de los valores de los bienes inmuebles que vayan a ser objeto de adquisición o transmisión.

Este derecho fue objeto de análisis al tratar las actuaciones de información.

12) Derecho a ser informado, al inicio de las actuaciones de comprobación o inspección sobre la naturaleza y alcance de las mismas, así como de sus derechos y obligaciones en el curso de tales actuaciones y a que las mismas se desarrollen en los plazos legalmente previstos.

Toda comunicación de la Administración tributaria tiene un contenido mínimo:

a) Lugar y fecha de su expedición.

b) Nombre y apellidos o razón social o denominación completa y Número de Identificación Fiscal de la persona o entidad a la que se dirige.

c) Lugar al que se dirige.

d) Hechos o circunstancias que se comunican o contenido del requerimiento que se realiza mediante la comunicación.

e) Órgano que la expide y nombre y apellidos y firma de la persona que la emite.

Pues bien, Cuando la comunicación sirva para notificar al obligado tributario el inicio de una actuación o procedimiento, el contenido incluirá, además:

a) Identificación del procedimiento que se inicia.

b) Identificación del objeto del procedimiento con indicación de las obligaciones tributarias o elementos de las mismas y, en su caso, períodos impositivos o de liquidación o ámbito temporal.

c) Requerimiento que, en su caso, se formula al obligado tributario y plazo que se concede para su contestación o cumplimiento.

d) Efecto interruptivo del plazo legal de prescripción.

e) En su caso, la propuesta de resolución o de liquidación cuando la Administración cuente con la información necesaria para ello.

f) En su caso, la indicación de la finalización de otro procedimiento de aplicación de los tributos, cuando dicha finalización se derive de la comunicación de inicio del procedimiento que se notifica.

13) Derecho a formular quejas y sugerencias en relación con el funcionamiento de la Administración tributaria.

El Consejo para la Defensa del Contribuyente, órgano integrado en el Ministerio de Hacienda, tiene por función velar por la efectividad de los derechos de los obligados tributarios, atendiendo las quejas que se produzcan por la aplicación del sistema tributario que realizan los órganos del Estado, efectuando las sugerencias y propuestas pertinentes.

No es un órgano con funciones revisoras, por lo que es importante tener en consideración los siguientes puntos:

¿Qué finalidad tienen las quejas?

❒ Las quejas deberán tener relación, directa o indirecta, con el funcionamiento de los órganos y unidades administrativas que conforman la Secretaría de Estado de Hacienda, de las dependencias y unidades de la Agencia Estatal de Administración Tributaria, así como del resto de la Administración del Estado con competencias tributarias. En particular, podrán presentarse quejas en relación con el ejercicio efectivo de los derechos de los obligados tributarios en el seno de los procedimientos administrativos de naturaleza tributaria, así como relativas a las deficiencias en la accesibilidad de las instalaciones, la calidad o accesibilidad de la información, el trato a los ciudadanos, la calidad o accesibilidad del servicio o el incumplimiento de los compromisos de las cartas de servicios.

¿Qué finalidad tienen las sugerencias?

- Las sugerencias podrán tener por objeto la mejora de la calidad o accesibilidad de los servicios, el incremento en el rendimiento o en el ahorro del gasto público, la simplificación de trámites administrativos o el estudio de la supresión de aquellos que pudieran resultar innecesarios, la realización de propuestas de modificaciones normativas, así como, con carácter general, la propuesta de cualquier otra medida que suponga un mayor grado de satisfacción de la sociedad en sus relaciones con la Administración Tributaria y para la consecución de los fines asignados a la misma.

¿Son recurribles las contestaciones a las quejas y sugerencias?

- Las quejas y sugerencias formuladas ante el Consejo para la Defensa del Contribuyente no tendrán, en ningún caso, la consideración de recurso administrativo, ni su interposición suspenderá la tramitación del procedimiento ni interrumpirá los plazos establecidos en la legislación vigente para la tramitación y resolución de los correspondientes procedimientos.
- Las quejas y sugerencias no condicionan, en modo alguno, el ejercicio de las restantes acciones o derechos que, de conformidad con la normativa reguladora de cada procedimiento, puedan ejercitar los que figuren en él como interesados.
- Las contestaciones y demás actos producidos por el Consejo para la Defensa del Contribuyente no constituyen ni reconocen derechos subjetivos o situaciones jurídicas individualizadas por lo que no son susceptibles de recurso alguno, administrativo o jurisdiccional.

A través del enlace http://www.minhap.gob.es/es-ES/Servicios/Procedimientos%20Administrativos/Paginas/Listaprocadministrativos.aspx?IdMateria=23 se puede acceder a la información y documentación necesaria para la presentación de quejas y sugerencias ante el Consejo para la Defensa del Contribuyente.

Las Memorias del Consejo para la Defensa del Contribuyente de todos los ejercicios de su actividad desde 1997, pueden consultarse en: https://www.hacienda.gob.es/es-ES/GobiernoAbierto/Transparencia/Paginas/Impuestos%20CDC.aspx

La última, publicada la correspondiente al año 2022, aparece recogida expresamente en: https://www.hacienda.gob.es/Documentacion/Publico/GabSEHacienda/CDC/Memorias/Memoria-CDC-2022.pdf

14) Derecho a que las manifestaciones con relevancia tributaria de los obligados se recojan en las diligencias extendidas en los procedimientos tributarios.

¿Qué es una diligencia?

Las diligencias son los documentos públicos que se extienden para hacer constar hechos, así como las manifestaciones del obligado tributario o persona con la que se entiendan las actuaciones.

Las diligencias no pueden contener propuestas de liquidaciones tributarias.

¿Qué contiene una diligencia?

En las diligencias se harán constar necesariamente los siguientes extremos:

a) Lugar y fecha de su expedición.

b) Nombre y apellidos y firma de la persona al servicio de la Administración tributaria interviniente.

c) Nombre y apellidos y Número de Identificación Fiscal y firma de la persona con la que, en su caso, se entiendan las actuaciones, así como el carácter o representación con el que interviene.

d) Nombre y apellidos o razón social o denominación completa y Número de Identificación Fiscal del obligado tributario al que se refieren las actuaciones.

e) Procedimiento o actuación en cuyo curso se expide.

f) Hechos y circunstancias que se hagan constar.

g) Las alegaciones o manifestaciones con relevancia tributaria realizadas, en su caso, por el obligado tributario, entre las que deberá figurar la conformidad o no con los hechos y circunstancias que se hacen constar.

Además del contenido necesario, en las diligencias podrá hacerse constar, entre otras cosas, lo siguiente:

a) La iniciación de la actuación o procedimiento y las comunicaciones y requerimientos que se efectúen a los obligados tributarios.

b) Los resultados de las actuaciones de obtención de información.

c) La adopción de medidas cautelares en el curso del procedimiento y la descripción de estas.

d) Los hechos resultantes de la comprobación de las obligaciones.

e) La representación otorgada mediante declaración en comparecencia personal del obligado tributario ante el órgano administrativo competente.

15) Derecho de los obligados a presentar ante la Administración tributaria la documentación que estimen conveniente y que pueda ser relevante para la resolución del procedimiento tributario que se esté desarrollando.

16) Derecho a obtener copia a su costa de los documentos que integren el expediente administrativo en el trámite de puesta de manifiesto del mismo en los términos legalmente previstos.

El obligado que sea parte en una actuación o procedimiento tributario podrá obtener a su costa copia de los documentos que figuren en el expediente, salvo que afecten a intereses de terceros o a la intimidad de otras personas o que así lo disponga la normativa vigente, supuestos éstos en los que se denegará la obtención de copias mediante resolución motivada.

¿En qué momento se puede solicitar una copia?

Las copias se facilitarán en el trámite de audiencia o, en defecto de éste, en el de alegaciones posterior a la propuesta de resolución, en concreto durante la puesta de manifiesto del expediente.

Además, el obligado tributario podrá obtener a su costa, previa solicitud, copia de los documentos que figuren en el expediente cuando se realice el acceso a archivos y registros administrativos de expedientes concluidos y en cualquier momento en el procedimiento de apremio.

El órgano competente entregará las copias en sus oficinas y recogerá en diligencia la relación de los documentos cuya copia se entrega, el número de folios y la recepción por el obligado tributario.

En aquellos casos en los que los documentos que consten en el archivo o expediente correspondiente estén almacenados por medios electrónicos, informáticos o telemáticos, las copias se facilitarán preferentemente por dichos medios o en los soportes adecuados a tales medios, siempre que las disponibilidades técnicas lo permitan.

17) Derecho de acceso a los registros y documentos que formen parte de un expediente concluido a la fecha de la solicitud y que obren en los archivos administrativos.

Este derecho únicamente podrá ser solicitado por el obligado tributario que haya sido parte en el procedimiento tributario.

El órgano que tramitó el expediente debe resolver sobre la petición de acceso en el plazo máximo de un mes, transcurrido el cual, sin que de forma expresa se responda a la petición de acceso, esta podrá entenderse desestimada.

El derecho de acceso llevará consigo el de obtener copia de los documentos cuyo examen sea autorizado.

18) Derecho a la ampliación y aplazamiento de los plazos de tramitación

Ampliación de plazos

El órgano a quien corresponda la tramitación del procedimiento podrá conceder, a petición de los obligados tributarios, una ampliación de los plazos establecidos para el cumplimiento de trámites que no exceda de la mitad de dichos plazos.

No se concederá más de una ampliación del plazo respectivo.

Para que la ampliación pueda otorgarse serán necesarios los siguientes requisitos:

a) Que se solicite con anterioridad a los tres días previos a la finalización del plazo que se pretende ampliar.

b) Que se justifique la concurrencia de circunstancias que lo aconsejen.

c) Que no se perjudiquen derechos de terceros.

La ampliación se entenderá automáticamente concedida por la mitad del plazo inicialmente fijado con la presentación en plazo de la solicitud, salvo que se notifique de forma expresa la denegación antes de la finalización del plazo que se pretenda ampliar.

La notificación expresa de la concesión de la ampliación antes de la finalización del plazo inicialmente fijado podrá establecer un plazo de ampliación distinto e inferior al previsto en el párrafo anterior.

Sobre, en general, la ampliación de plazos en los trámites y procedimientos tributarios, regulada en el art. 91 del RGAT, ya hemos hecho referencia en el epígrafe anterior, dedicado a los derechos y garantías de los contribuyentes.

Tratamiento de los datos personales de los obligados tributarios obtenidos por la Agencia Tributaria

Los datos personales aportados por los obligados tributarios en el cumplimiento de sus derechos y obligaciones tributarias serán tratados con la finalidad de aplicar el sistema tributario y aduanero, siendo responsable del tratamiento de dichos datos la Administración tributaria competente.

Este tratamiento se ajustará al Reglamento (UE) 2016/679 del Parlamento Europeo y del Consejo, de 27 de abril de 2016, y a la Ley Orgánica 3/2018, de 5 de diciembre, de Protección de Datos Personales y garantía de los derechos digitales, así como a la normativa tributaria que resulte de aplicación.

En la Sede electrónica de la Administración tributaria competente se facilitará la información relativa a los posibles tratamientos y el ejercicio de los derechos sobre los mismos.

Todo ello, de acuerdo a lo regulado en la DA Décima del RGAT, incorporada desde 2024 por el Real Decreto 117/2024, de 30 de enero (BOE de 1 de febrero).

Aplazamiento del plazo para comparecer

Cuando el obligado tributario justifique la concurrencia de circunstancias que le impidan comparecer en el lugar, día y hora que le hubiesen fijado, podrá solicitar un aplazamiento dentro de los tres días siguientes al de la notificación del requerimiento.

En el supuesto de que la circunstancia que impida la comparecencia se produzca transcurrido el citado plazo de tres días, se podrá solicitar el aplazamiento antes de la fecha señalada para la comparecencia.

En tales casos, se señalará nueva fecha para la comparecencia.

Tanto en el caso de la ampliación como del aplazamiento, el acuerdo de concesión o la denegación no serán susceptibles de recurso o reclamación económico-administrativa.

5.2.4. La Representación

Legislación

LGT: artículos 44 a 47
RGAT: artículos 110 a 112

En relación con la actuación ante la Administración Tributaria es preciso recordar que los obligados tributarios, personas físicas, pueden actuar directa y personalmente o bien a través de representante.

Es muy importante dejar claro que las actuaciones tributarias realizadas con el representante del obligado tributario se entienden efectuadas directamente con este último, de forma que acreditada expresamente o presumida, en los casos previstos en la normativa, la representación, corresponde al representado probar su inexistencia sin que pueda alegar como fundamento de la nulidad de lo actuado aquellos vicios o defectos causados por él.

La regulación de la representación resulta también de aplicación en relación con la tramitación de los procedimientos de inspección para regularizar situaciones en las que se haya incurrido en presunto delito contra la Hacienda Pública y en los procedimientos de recuperación de ayudas de Estado. Ambos ámbitos se han recogido en sendos nuevos Títulos VI y VII en la LGT, a través de la Ley 34/2015, de 21 de septiembre, de modificación parcial de la Ley 58/2003, de 17 de diciembre, General Tributaria.

En el caso de las personas jurídicas, por razones obvias, siempre se actuará a través de representante.

En uno y en otro caso, sin embargo, nos podemos encontrar con dos tipos de representación: la legal y la voluntaria.

5.2.4.1. Representación legal

En el caso de las personas físicas:

En el caso de las personas físicas, cuando éstas carezcan de capacidad de obrar, actuarán sus representantes legales.

A efectos tributarios tienen capacidad de obrar, además de las personas que la tengan conforme a derecho, los menores de edad y los incapacitados en las relaciones tributarias derivadas de las actividades cuyo ejercicio les esté permitido por el ordenamiento jurídico sin asistencia de la persona que ejerza la patria potestad, tutela, curatela o defensa judicial. Se exceptúa el supuesto de los menores incapacitados cuando la extensión de la incapacitación afecte al ejercicio y defensa de los derechos e intereses de que se trate.

Una vez adquirida o recuperada la capacidad de obrar por las personas que carecían de ella, estas actuarán por sí mismas ante la Administración tributaria, incluso para la comprobación de la situación tributaria en que carecían de ella.

Quienes tuvieron su representación legal deberán comparecer asimismo a requerimiento de la Administración tributaria, en su propio nombre sin vincular a quien representaron.

En el caso de las personas jurídicas y entidades sin personalidad jurídica:

En el caso de las personas jurídicas actuarán las personas que ostenten, en el momento en que se produzcan las actuaciones tributarias correspondientes, la titularidad de los órganos a quienes corresponda su representación, por disposición de la ley o por acuerdo válidamente adoptado.

No hay que olvidar que en el ámbito tributario también tienen la consideración de obligados en las leyes en que así se establezca determinados entes que no tienen personalidad jurídica propia:

- Las herencias yacentes
- Comunidades de bienes y demás entidades

Ambos tipos de obligados son entidades carentes de personalidad jurídica que constituyen una unidad económica o un patrimonio separado susceptibles de imposición.

Pues bien, por estos entes actuará en su representación el que la ostente, siempre que resulte acreditada en forma fehaciente y, de no haberse designado representante, se considerará como tal el que aparentemente ejerza la gestión o dirección y, en su defecto, cualquiera de sus miembros o partícipes.

Quienes tuvieron dicha representación cuando se devengaron o debieron haberse cumplido las correspondientes obligaciones o deberes deberán comparecer a requerimiento de la Administración tributaria, en su propio nombre sin vincular a la persona jurídica o entidad.

En relación con la representación legal, es preciso mencionar como modificaciones más modernas de la normativa original de la AEAT de 2010, la Resolución de 8 de junio de 2016, de la Dirección General de la Agencia Estatal de Administración Tributaria, por la que se modifica la de 18 de mayo de 2010, en relación con el registro y gestión de apoderamientos y el registro y gestión de las sucesiones y de las representaciones legales de menores e incapacitados para la realización de trámites y actuaciones por Internet ante la Agencia Tributaria.

Asimismo, ha de tomarse en cuenta la Resolución de 9 de marzo de 2018, de la Dirección General de la Agencia Estatal de Administración Tributaria, por la que se modifica la de 18 de mayo de 2010, en relación con el registro y gestión de apoderamientos y el registro y gestión de las sucesiones y de las representaciones legales de menores e incapacitados para la realización de trámites y actuaciones por internet ante la Agencia Tributaria, de BOE de 19.

Para acceder al Registro de apoderamientos de la AEAT, nos remitimos a: https://sede.agenciatributaria.gob.es/Sede/colaborar-agencia-tributaria/registro-apoderamientos.html?faqId=466156b548229710VgnVCM100000dc381e0aRCRD

En esa página web también se encuentran los procedimientos para registrarse, los formularios de representación, información general sobre los apoderamientos y la normativa que regula esta materia.

Tanto en el caso de la persona física como en el supuesto de personas jurídicas y entes sin personalidad es preciso tener en cuenta que el representante legal deberá acreditar su condición ante la Administración tributaria, pudiendo considerarse representantes a aquellas personas que figuren inscritas como tales en los correspondientes registros públicos.

Por otra parte, cuando en el curso de un procedimiento de aplicación de los tributos se modifique o se extinga la representación legal, las actuaciones realizadas se reputarán válidas y eficaces, en tanto no se comunique tal circunstancia al órgano de la Administración tributaria que lleve a cabo las actuaciones.

5.2.4.2. La representación voluntaria

¿Para qué actuaciones la representación debe ser expresa y debe acreditarse?

La normativa permite que los obligados tributarios con capacidad de obrar puedan actuar por medio de representante, con el que se entenderán las sucesivas actuaciones administrativas, salvo que se haga manifestación expresa en contrario.

Es preciso dejar claras las actuaciones para las que la representación deberá ser expresa y acreditarse. Son las siguientes:

- ❒ Para interponer recursos o reclamaciones y desistir de ellos.
- ❒ Para renunciar a derechos.
- ❒ Para asumir o reconocer obligaciones en nombre del obligado tributario.
- ❒ Para solicitar devoluciones de ingresos indebidos o reembolsos.
- ❒ Siempre que sea necesaria la firma del obligado tributario en cualquier procedimiento tributario.

5.2.4.2.1. La representación de los no residentes

Tras la práctica asimilación de la representación de los residentes en la UE al sistema de representación de los residentes fiscales españoles, en la actualidad, el art. 47 de la LGT, afirma:

"A los efectos de sus relaciones con la Administración Tributaria, los obligados tributarios que no residan en España deberán designar un representante cuando lo establezca expresamente la normativa tributaria.

La designación anterior deberá comunicarse a la Administración Tributaria en los términos que la normativa señale."

Esta redacción conlleva que, en general, haya que acudir a la normativa del IRNR para conocer las particularidades de la representación de los no residentes en el ámbito tributario.

5.2.4.3. Cuestiones importantes a tener en cuenta en la representación

¿Cómo se acredita la representación?

En todos esos supuestos la representación deberá acreditarse por cualquier medio válido en Derecho que deje constancia fidedigna o mediante declaración en comparecencia personal del interesado ante el órgano administrativo competente.

A estos efectos, serán válidos los documentos normalizados de representación que apruebe la Administración tributaria para determinados procedimientos.

¿En qué supuestos se presume concedida la representación?

Para los actos de mero trámite.

Dicho lo anterior, la existencia de un representante legal no es incompatible con la de un representante voluntario, ya que ambos pueden coexistir. Lo que ocurre es que el representante voluntario deberá haber sido designado por el representante legal, tanto en el caso de la persona física como en el caso de la persona jurídica o ente sin personalidad.

En todo caso, la representación podrá ser otorgada en favor de personas jurídicas o de personas físicas con capacidad de obrar.

¿En qué supuestos se entiende otorgada la representación?

a) Cuando su existencia conste inscrita y vigente en un Registro Público.
b) Cuando conste en documento público o documento privado con firma legitimada notarialmente.

c) Cuando se otorgue mediante comparecencia personal ante el órgano administrativo competente, lo que se documentará en diligencia.

d) Cuando conste en el documento normalizado de representación aprobado por la Administración tributaria que se hubiera puesto a disposición, en su caso, de quien deba otorgar la representación. En estos supuestos, el representante responderá con su firma de la autenticidad de la de su representado.

e) Cuando la representación conste en documento emitido por medios electrónicos, informáticos o telemáticos con las garantías y requisitos que se establezcan por la Administración tributaria.

¿Qué contenido mínimo debe reunir el otorgamiento de la representación?

a) Nombre y apellidos o razón social o denominación completa, Número de Identificación Fiscal y domicilio fiscal del representado y del representante, así como la firma de ambos (cuando la representación se otorgue en documento público no será necesaria la firma del representante).

b) Contenido de la representación, así como la amplitud y suficiencia de la misma.

c) Lugar y fecha de su otorgamiento.

d) En el caso de representación voluntaria otorgada por el representante legal del obligado tributario, deberá acreditarse la representación legal.

A través de los enlaces https://www.agenciatributaria.gob.es/AEAT.sede/tramitacion/ZP01.shtml o http://www.agenciatributaria.es/AEAT.internet/Inicio_es_ES/_Segmentos_/Colaboradores/Registro_de_apoderamientos/Registro_de_apoderamientos.shtml se obtiene información sobre las actuaciones de apoderamiento ante la AEAT, pudiéndose descargar los formularios normalmente utilizados al efecto.

¿Es posible revocar la representación? ¿Es posible renunciar a la representación?

Si. Ambas situaciones, revocación por el representado y renuncia por el representante están reguladas en la norma, pero han de tenerse en cuenta los siguientes efectos:

La revocación de la representación no supondrá la nulidad de las actuaciones practicadas con el representante antes de que se haya acreditado esta circunstancia al órgano actuante.

A partir de dicho momento, se considerará que el obligado tributario no comparece ante la Administración tributaria ni atiende los requerimientos de esta hasta que nombre un nuevo representante o la atienda personalmente.

La renuncia a la representación no tendrá efectos ante el órgano actuante hasta que no se acredite que dicha renuncia se ha comunicado de forma fehaciente al representado.

¿En qué momento se ha de acreditar la representación?

La representación deberá acreditarse en la primera actuación que se realice por medio de representante, si bien su falta o insuficiencia no impedirá que se tenga por realizado el acto o trámite de que se trate, siempre que se aporte aquélla o se subsane el defecto dentro del plazo de 10 días, contados a partir del día siguiente al de la notificación del requerimiento, que deberá conceder al efecto el órgano administrativo.

En todo caso, se podrá exigir que la persona o personas con quienes se realicen las actuaciones acrediten su identidad y el concepto en el que actúen.

En el supuesto de que el representante no acredite la representación, el acto se tendrá por no realizado o al obligado tributario por no personado a cuantos efectos procedan, salvo que las actuaciones realizadas en su nombre sean ratificadas por el obligado tributario.

Se entienden ratificadas las actuaciones del representante en caso de falta o insuficiencia del poder de representación en los siguientes supuestos:

a) Cuando el obligado tributario impugne los actos dictados en el procedimiento en que aquel hubiera intervenido sin alegar esta circunstancia.

b) Cuando el obligado tributario efectúe el ingreso o solicite el aplazamiento, fraccionamiento o compensación de la deuda tributaria o de la sanción que se derive del procedimiento. No obstante, en estos casos no se entenderá subsanada la falta o insuficiencia del poder de representación cuando se haya presentado recurso o reclamación económico-administrativa en el que se alegue dicha falta o insuficiencia.

5.2.4.4. Información Ley 2/2023 de protección al informante. Canal externo

La Ley 2/2023, de 20 de febrero, reguladora de la protección de las personas que informen sobre infracciones normativas y de lucha contra la corrupción (BOE de 21), incorpora al Derecho español la Directiva (UE) 2019/1937 y plantea la posibilidad de que una persona externa, por ejemplo, el trabajador de una empresa, denuncie a la Administración Pública (incluyendo la AT) la existencia de infracciones contra normas imperativas de Derecho, corrupción o blanqueo de capitales, conservando el secreto y anonimato del denunciante.

La comunicación de información dentro del ámbito de la Ley 2/2023, cuando tenga contenido tributario y se haya obtenido en un contexto laboral o análogo, deberá presentarse ante la AEAT, junto con toda la documentación acreditativa, en el apartado de "Gestiones" señalado como "Comunicaciones Ley 2/2023 de protección al informante. Canal externo".

La vía electrónica de comunicación es el portal de la propia AEAT: https://sede.agenciatributaria.gob.es/Sede/colaborar-agencia-tributaria/comunicaciones-ley-2_2023-proteccion-informante-externo/informacion-ley-2_2023-proteccion-informante-externo.html

En este caso se exigirá la identificación completa del informante sin perjuicio de poder presentarla también como denuncia público tributaria si no estuviera identificado.

Todo ello de conformidad con los artículos 2, 3 y los apartados 3 al 5 del artículo 13 de la Ley 2/2023, reguladora de la protección de las personas que informen sobre infracciones normativas y de lucha contra la corrupción.

5.2.5. *Las Notificaciones*

Legislación

LGT: artículo 109 a 112

RGAT: artículos 114 y 115 bis.

Real Decreto 1363/2010, de 29 de octubre, por el que se regulan supuestos de notificaciones y comunicaciones administrativas obligatorias por medios electrónicos en el ámbito de la Agencia Estatal de Administración Tributaria. BOE nº 277, de 16-11-2010.

Ley 39/2015, de 1 de octubre, del Procedimiento Administrativo Común: artículos 40, 41 y 43.

Real Decreto 1671/2009, de 6 de noviembre, por el que se desarrolla parcialmente la Ley 11/2007, de 22 de junio, de acceso electrónico de los ciudadanos a los servicios públicos. BOE nº 278, de 18-11-2009.

Real Decreto 203/2021, de 30 de marzo, por el que se aprueba el Reglamento de actuación y funcionamiento del sector público por medios electrónicos (BOE de 31).

Los actos administrativos de naturaleza tributaria que han de hacerse llegar a los obligados tributarios deben ser notificados.

La notificación es un elemento esencial de todo procedimiento tributario, con efectos extraordinariamente trascendentes en diversos aspectos, entre ellos uno muy señalado cual es la apertura de plazos para que el obligado tributario pueda ejercer determinados derechos.

La constancia de la recepción de la notificación también sitúa a la Administración en la posición, a su vez, de poder continuar con la fase procesal pertinente posterior a la misma.

Los aspectos esenciales en materia de notificaciones son los siguientes:

¿Dónde se puede practicar una notificación tributaria?

En los procedimientos iniciados a solicitud del interesado, la notificación se practicará en el lugar señalado a tal efecto por el obligado tributario o su representante o, en su defecto, en el domicilio fiscal de uno u otro.

En los procedimientos iniciados de oficio, la notificación podrá practicarse en el domicilio fiscal del obligado tributario o su representante, en el centro de trabajo, en el lugar donde se desarrolle la actividad económica o en cualquier otro adecuado a tal fin.

¿Quién está legitimado para recibir las notificaciones?

Cuando la notificación se practique en el lugar señalado al efecto por el obligado tributario o por su representante, o en el domicilio fiscal de uno u otro, de no hallarse presentes en el momento de la entrega, podrá hacerse cargo de la misma cualquier persona que se encuentre en dicho lugar o domicilio y haga constar su identidad, así como los empleados de la comunidad de vecinos o de propietarios donde radique el lugar señalado a efectos de notificaciones o el domicilio fiscal del obligado o su representante.

Es muy importante tener en cuenta que el rechazo de la notificación realizado por el interesado o su representante implicará que se tenga por efectuada la misma. Obsérvese que el rechazo sólo puede ser realizado, para que surta el efecto descrito, por el obligado tributario o por su representante, y del mismo la Administración deberá dejar constancia expresa en el expediente.

¿Qué es la notificación por comparecencia?

Cuando no es posible efectuar la notificación al interesado o a su representante por causas no imputables a la Administración tributaria, habiendo ésta intentado su realización al menos dos veces en el domicilio fiscal, o en el designado por el interesado si se trata de un procedimiento iniciado a solicitud del mismo, se deberá hacer constar en el expediente las circunstancias de los intentos de notificación (será suficiente un solo intento cuando el destinatario conste como desconocido en dicho domicilio o lugar).

En este supuesto se citará al interesado o a su representante para ser notificados por comparecencia por medio de anuncios que se publicarán, por una sola vez para cada interesado, por alguno de los siguientes medios:

a) En la sede electrónica del organismo correspondiente.

En el caso de la Agencia Estatal de Administración Tributaria, ésta publicará por este medio los anuncios correspondientes a las notificaciones que deba practicar, en ejercicio de las competencias que le corresponden en aplicación del sistema tributario estatal y aduanero y en la gestión recaudatoria de los recursos que tiene atribuida o encomendada.

b) En el "Boletín Oficial del Estado" (o en los boletines de las Comunidades Autónomas o de las provincias, según la Administración de la que proceda el acto que se pretende notificar y el ámbito territorial del órgano que lo dicte).

La publicación en el "Boletín Oficial" correspondiente se efectuará los días cinco y veinte de cada mes o, en su caso, el inmediato hábil posterior.

Estos anuncios podrán exponerse asimismo en la oficina de la Administración tributaria correspondiente al último domicilio fiscal conocido.

En la publicación en la sede electrónica y en los boletines oficiales lo que figurará no es el acto administrativo que pretende notificarse, sino el procedimiento que la motiva, el órgano competente de su tramitación y el lugar y plazo en que el destinatario de las mismas deberá comparecer para ser notificado.

Publicado el anuncio, la comparecencia deberá producirse en el plazo de 15 días naturales, contados desde el siguiente al de la publicación en la sede electrónica o la publicación del anuncio en el correspondiente "Boletín Oficial".

Transcurrido dicho plazo sin comparecer, la notificación se entenderá producida a todos los efectos legales el día siguiente al del vencimiento del plazo señalado.

- Cuando la notificación se entienda producida por este medio, por falta de comparecencia, y se refiera a la comunicación de inicio de un procedimiento o bien a cualquiera de sus trámites, se le tendrá por notificado de las sucesivas actuaciones y diligencias de dicho procedimiento.

La consecuencia que se describe en el párrafo anterior tiene dos excepciones:

- Cuando la notificación se refiera a las liquidaciones que se dicten en el procedimiento.

- ❒ Cuando la notificación se refiera a los acuerdos de enajenación de los bienes embargados.

En estos dos tipos de actos en concreto la Administración no podrá dar por notificados los mismos, sino que deberá notificarlas expresamente a través del mecanismo que se ha descrito más arriba: dos intentos y publicación posterior para comparecer, de forma que la falta de comparecencia determinará que se tengan por notificado bien la liquidación bien el acuerdo de enajenación, según se trate.

Si el obligado tributario o su representante comparecen dentro del plazo de los 15 días naturales siguientes a la publicación del anuncio, se practicará la notificación correspondiente y se dejará constancia de la misma en la correspondiente diligencia en la que, además, deberá constar la firma del compareciente.

En el supuesto de que el obligado tributario o su representante comparezcan y, sin embargo, rehúsen recibir la documentación que se pretende notificar, se documentará esta circunstancia en la correspondiente diligencia a efectos de que quede constancia del rechazo de la notificación, y se entenderá practicada la misma.

La citación al interesado o a su representante para ser notificados por comparecencia por medio de anuncios se publicará, por una sola vez para cada interesado, en el "Boletín Oficial del Estado".

La publicación en el "Boletín Oficial del Estado" se efectuará los lunes, miércoles y viernes de cada semana. Estos anuncios podrán exponerse asimismo en la oficina de la Administración tributaria correspondiente al último domicilio fiscal conocido. En el caso de que el último domicilio conocido radicase en el extranjero, el anuncio se podrá exponer en el consulado o sección consular de la embajada correspondiente.

En todo caso, se incorporará al expediente administrativo la referencia al Boletín Oficial donde se publicó el anuncio.

¿Es posible la notificación en apartados postales?

Sí. En el supuesto de notificaciones en apartados postales establecidos por el operador al que se ha encomendado la prestación del servicio postal universal, el envío se depositará en el interior de la oficina y podrá recogerse por el titular del apartado o por la persona autorizada expresamente para retirarlo.

La notificación se entenderá practicada por el transcurso de 10 días naturales desde el depósito del envío en la oficina.

- En los procedimientos iniciados a instancia del interesado la utilización de este medio de notificación requerirá que el interesado lo haya señalado como preferente en el correspondiente procedimiento.

Las notificaciones en dirección electrónica

El régimen para la práctica de las notificaciones a través de medios electrónicos en el ámbito tributario será el previsto en las normas administrativas generales con las especialidades que se establezcan legal y reglamentariamente, pudiéndose regular especialidades mediante Orden del Ministro de Hacienda.

Las personas y entidades a que nos referiremos a renglón seguido están obligados a recibir por medios electrónicos las comunicaciones y notificaciones que efectúe la Agencia Estatal de Administración Tributaria en sus actuaciones y procedimientos tributarios, aduaneros y estadísticos de comercio exterior y en la gestión recaudatoria de los recursos de otros Entes y Administraciones Públicas que tiene atribuida o encomendada, previa recepción de la preceptiva comunicación a la que nos referiremos posteriormente.

Sobre los problemas que plantea la falta de acceso a las notificaciones electrónicas, existe ya una jurisprudencia de nuestro TC que resulta de interés conocer.

De esta manera, la STC de la Sala Primera número 84/2022, de 27 de junio de 2022, recurso de amparo 83-2021, promovida por Don José Antonio Vázquez Nieto y continuado por doña María Paz Lucía Casademunt, en su condición de sucesora procesal "mortis causa", relativa a las resoluciones dictadas en procedimiento administrativo sancionador en materia de transporte y la sentencia del Juzgado de lo Contencioso-Administrativo que desestimó su impugnación, el TC considera vulnerados los derechos a la defensa del interesado y a ser informado de la acusación, por no haber el interesado tener un conocimiento efectivo de las comunicaciones practicadas en una Dirección Electrónica Habilitada (en adelante DEH) (BOE de 29 de julio de 2022).

Por su parte, es muy relevante conocer la STC, Sala Primera. Sentencia 147/2022, de 29 de noviembre de 2022. Recurso de amparo 3209-2019. Promovido por Aurora Publicidad, S.R.L., en relación con las resoluciones dictadas por las salas de lo contencioso-administrativo del Tribunal Supremo y de la Audiencia Nacional y por la Agencia Estatal de Administración Tributaria en liquidación provisional del impuesto sobre el valor añadido de 2012. Vulneración del derecho a la tutela judicial efectiva sin indefensión: liquidaciones tributarias practicadas y ejecutadas forzosamente sin que la afectada tuviera conocimiento de las notificaciones efectuadas en su dirección electrónica habilitada (BOE de 6 de enero de 2023), pues en ella nuestro TC concluye que no se puede dar por válida la recepción de una notificación tributaria de inicio de un procedimiento de comprobación limitada, incluso en el caso de sujetos pasivos con DEH, si la AEAT conoce que el citado contribuyente no ha recibido fehacientemente esa notificación.

El Tribunal Constitucional concluye en esa sentencia que, ante lo infructuoso de las comunicaciones practicadas por vía electrónica, la Administración debería haber desplegado una conducta tendente a lograr que las mismas llegaran al efectivo conocimiento del interesado.

Por ello considera que, en un supuesto como el examinado, la AEAT debió asegurarse mediante otros medios que la entidad tuviera conocimiento efectivo del procedimiento de comprobación limitada, evitando con ello la lesión de derechos fundamentales, concretamente, del art. 24.1 CE y, por tal razón, declara la nulidad de la liquidación tributaria practicada, aunque ésta había devenido firme.

¿Quiénes están obligados a recibir notificaciones por medios electrónicos en el ámbito de competencias de la AEAT?

Entre otros, están obligados a recibir por medios electrónicos las comunicaciones y notificaciones administrativas que en el ejercicio de sus competencias les dirija la Agencia Estatal de Administración Tributaria las entidades que tengan la forma jurídica de:

- ❒ Sociedad anónima (entidades con Número de Identificación Fiscal —NIF— que empiece por la letra A)
- ❒ Sociedad de responsabilidad limitada (entidades con NIF que empiece por la letra B)
- ❒ Las personas jurídicas y entidades sin personalidad jurídica que carezcan de nacionalidad española (NIF que empiece por la letra N)
- ❒ Las uniones temporales de empresas (entidades cuyo NIF empieza por la letra U)

Igualmente, con independencia de su personalidad o forma jurídica, estarán obligados a recibir por medios electrónicos las comunicaciones y notificaciones administrativas que les practique la Agencia Estatal de Administración Tributaria, entre otras, las personas y entidades en las que concurra alguna de las siguientes circunstancias:

a) Que estuvieran inscritas en el Registro de grandes empresas.

b) Que estuvieran inscritas en el Registro de devolución mensual del IVA.

c) Aquellas que tengan una autorización en vigor del Departamento de Aduanas e Impuestos Especiales de la Agencia Estatal de Administración Tributaria para la presentación de declaraciones aduaneras mediante el sistema de transmisión electrónica de datos (EDI).

La Ley 39/2015, de 1 de octubre, del Procedimiento Administrativo Común de las Administraciones Públicas, regula en sus artículos 40, 41 y 43 las cuestiones generales relacionadas con las notificaciones por medios electrónicos de todos los trámites y actos administrativos

Esta Ley obliga, entre otros, a las personas jurídicas y a las entidades sin personalidad jurídica a relacionarse electrónicamente con las Administraciones Públicas. Entre las entidades sin personalidad jurídica se incluyen las comunidades de bienes, las herencias yacentes y las comunidades de propietarios.

Esta relación electrónica comprende tanto las notificaciones como la presentación de documentos y solicitudes a través de registro.

En otro orden de cosas, las relaciones electrónicas entre las Administraciones Públicas y los ciudadanos tienen un completo desarrollo reglamentario, producido por medio del Real Decreto 203/2021, de 30 de marzo, por el que se aprueba el Reglamento de actuación y funcionamiento del sector público por medios electrónicos (BOE de 31).

Ahora bien, la presentación de declaraciones y autoliquidaciones tributarias se continuará regulando por la normativa tributaria específica, LGT y RGAT, fundamentalmente, en virtud de lo dispuesto en el art. 97,a) de la propia LGT.

Las presentaciones de documentos y solicitudes dirigidos a la Agencia Tributaria deben realizarse obligatoriamente a través del registro electrónico (www.agenciatributaria.gob.es).

En el ámbito aduanero, todos los operadores económicos (personas físicas o jurídicas que se relacionan con la Administración para la aplicación de la legislación aduanera en el desarrollo de una actividad profesional) deben efectuar la presentación de los documentos y solicitudes previstos en la legislación aduanera obligatoriamente a través del registro electrónico (www.agenciatributaria.gob.es), excluyéndose únicamente las excepciones establecidas en el Código Aduanero de la Unión y en los Reglamentos que lo desarrollan.

El incumplimiento de esta obligación puede ser constitutivo de la infracción tributaria prevista en el artículo 199 de la Ley 58/2003, de 17 de diciembre, General Tributaria, que establece la imposición de una sanción consistente en multa pecuniaria fija de 250 euros.

A efectos de lo dispuesto en el artículo 179.3 de la Ley 58/2003, de 17 de diciembre, General Tributaria, no se incurrirá en responsabilidad por la presentación de autoliquidaciones, declaraciones, documentos relacionados con las obligaciones aduaneras u otros documentos con trascendencia tributaria incumpliendo la obligación de utilizar medios electrónicos, informáticos o telemáticos, cuando posteriormente se produzca la presentación por dichos medios, sin requerimiento previo en el sentido del artículo 27.1 de la Ley 58/2003, de 17 de diciembre, General Tributaria, o inicio de procedimiento sancionador.

Se excluyen de esta obligación de presentación por vía electrónica las excepciones previstas en el resto de la normativa vigente que obligan a la presentación en papel o soporte físico (originales de avales, documentos notariales, judiciales, etc.).

¿Cuándo se produce la inclusión en el sistema notificaciones electrónicas?

La Agencia Estatal de Administración Tributaria deberá notificar a los sujetos obligados su inclusión en el sistema de dirección electrónica habilitada.

Dicha notificación se efectuará por los medios no electrónicos y en los lugares y formas previstos en los artículos 109 a 112 de la Ley 58/2003, de 17 de diciembre, General Tributaria. Adicionalmente, la Agencia Tributaria incorporará estas comunicaciones en su sede electrónica (https://www.agenciatributaria.gob.es/) a los efectos de que puedan ser notificadas a sus destinatarios mediante comparecencia electrónica.

En los supuestos de alta en el Censo de Obligados Tributarios la notificación de la inclusión en el sistema de dirección electrónica habilitada se podrá realizar junto a la correspondiente a la comunicación del Número de Identificación Fiscal que le corresponda (véase el Capítulo sobre declaraciones censales).

¿Existen las notificaciones electrónicas voluntarias?

Sí. Las Administraciones tributarias podrán habilitar en su sede electrónica la posibilidad de que, de forma voluntaria, los interesados puedan acceder al contenido de sus notificaciones, siempre y cuando se cumplan determinados requisitos de identificación del contribuyente que accede a la notificación, debiendo quedar constancia del acceso del interesado al contenido de la misma con indicación de la fecha y la hora en que se produce.

Es preciso destacar que este sistema voluntario no es incompatible con las notificaciones electrónicas a través de la Dirección Electrónica Habilitada.

Siempre surtirá efectos jurídicos la primera notificación practicada.

A partir del 6 de septiembre de 2021 todas las notificaciones y comunicaciones de la AEAT estarán disponibles en la Dirección Electrónica Habilitada única, como consecuencia de lo dispuesto en el Real Decreto 203/2021, de 30 de marzo.

5.2.6. La duración de los procedimientos

Legislación

LGT: artículos 66 a 70, 103 y 104

RGAT: artículos 101 a 104

En esta parte vamos a tratar de exponer las obligaciones que tiene la Administración así como los derechos del obligado tributario en relación con el inicio y duración de los procedimientos, describiendo los límites temporales existentes para que la Administración pueda actuar así como las consecuencias que del incumplimiento de los plazos establecidos para su conclusión se derivan.

5.2.6.1. La prescripción

Las acciones a desarrollar por la Administración Tributaria para el ejercicio de las funciones que tiene encomendadas tienen un plazo límite. Ese plazo se denomina plazo de prescripción.

Transcurrido ese plazo, la Administración no puede actuar.

De la misma forma, el obligado tributario tiene un determinado plazo de tiempo para ejercer determinados derechos.

Transcurrido dicho plazo queda imposibilitado para dicho ejercicio.

Plazo de prescripción de acciones de la Administración:

Prescribirán a los cuatro años las siguientes acciones de la Administración:

a) El derecho de la Administración para determinar la deuda tributaria mediante la oportuna liquidación.

b) El derecho de la Administración para exigir el pago de las deudas tributarias liquidadas y autoliquidadas.

Plazo de prescripción de derechos del obligado tributario:

Prescribirán a los cuatro años los siguientes derechos del obligado tributario:

a) El derecho a solicitar las devoluciones derivadas de la normativa de cada tributo, las devoluciones de ingresos indebidos y el reembolso del coste de las garantías.

b) El derecho a obtener las devoluciones derivadas de la normativa de cada tributo, las devoluciones de ingresos indebidos y el reembolso del coste de las garantías.

Plazo de prescripción de las facultades de comprobación de la Administración Tributaria

El plazo de prescripción para la realización de actuaciones por parte de la AT dispone de una excepción muy relevante, art. 66 bis.1 y 2 LGT, pues el plazo de cuatro años no afectará al derecho de la Administración para realizar comprobaciones e investigaciones, de acuerdo con el artículo 115 LGT.

Ahora bien, el derecho de la Administración para iniciar el procedimiento de comprobación de las bases o cuotas compensadas o pendientes de compensación o de deducciones aplicadas o pendientes de aplicación, prescribirá a los diez años a contar desde el día siguiente a aquel en que finalice el plazo reglamentario establecido para presentar la declaración o autoliquidación correspondiente al ejercicio o periodo impositivo en que se generó el derecho a compensar dichas bases o cuotas o a aplicar dichas deducciones.

Por otra parte, en los procedimientos de inspección de alcance general a que se refiere el artículo 148 LGT, respecto de obligaciones tributarias y periodos cuyo derecho a liquidar no se encuentre prescrito, se entenderá incluida, en todo caso, la comprobación de la totalidad de las bases o cuotas pendientes de compensación o de las deducciones pendientes de aplicación, cuyo derecho a comprobar no haya prescrito de acuerdo con lo dispuesto en el párrafo anterior.

En otro caso, deberá hacerse expresa mención a la inclusión, en el objeto del procedimiento, de la comprobación a que se refiere el párrafo anterior, con indicación de los ejercicios o periodos impositivos en que se generó el derecho a compensar las bases o cuotas o a aplicar las deducciones que van a ser objeto de comprobación.

La comprobación y, en su caso, la corrección o regularización de bases o cuotas compensadas o pendientes de compensación o deducciones aplicadas o pendientes de aplicación respecto de las que no se hubiese producido la prescripción establecida en el párrafo primero, sólo podrá realizarse en el curso de procedimientos de comprobación relativos a obligaciones tributarias y periodos cuyo derecho a liquidar no se encuentre prescrito.

Por último, salvo que la normativa propia de cada tributo establezca otra cosa, la limitación del derecho a comprobar a que se refieren los párrafos anteriores, no afectará a la obligación de aportación de las liquidaciones o autoliquidaciones en que se incluyeron las bases, cuotas o deducciones y la contabilidad con ocasión de procedimientos de comprobación e investigación de ejercicios no prescritos en los que se produjeron las compensaciones o aplicaciones señaladas en dicho apartado.

Plazo de prescripción de las obligaciones tributarias conexas

La interrupción del plazo de prescripción del derecho de la AT a determinar la deuda tributaria a través de su liquidación determinará también la interrupción del plazo de prescripción de este derecho y del derecho a solicitar las devoluciones tributarias en el supuesto de las llamadas "obligaciones tributarias conexas".

Se entenderá por "obligación tributaria conexa", aquella en la que alguno de sus elementos resulta afectado o se determine en función de los correspondientes a otra obligación o período distinto.

Cómputo del plazo de prescripción

Como todo plazo de tiempo, es preciso establecer el momento en que se inicia su cómputo:

1. El plazo de prescripción comenzará a contarse en los distintos casos a los que nos hemos referido más arriba conforme a las siguientes reglas:

En el caso a) desde el día siguiente a aquel en que finalice el plazo reglamentario para presentar la correspondiente declaración o autoliquidación (por ejemplo, el día siguiente a la finalización del plazo establecido para presentar la autoliquidación del IRPF, del Impuesto sobre Sociedades o las autoliquidaciones de IVA).

En los tributos de cobro periódico por recibo, cuando para determinar la deuda tributaria mediante la oportuna liquidación, no sea necesaria la presentación de declaración o autoliquidación, el plazo de prescripción comenzará a contarse el día de devengo del tributo.

En el caso b) desde el día siguiente a aquel en que finalice el plazo de pago en período voluntario (por ejemplo, en las autoliquidaciones por IRPF, Sociedades o IVA el plazo de prescripción para exigir el pago se iniciaría también al día siguiente de finalizar el plazo para presentar la autoliquidación, puesto que en esos casos el ingreso también debe producirse al presentar la autoliquidación).

En el caso c):

- ❐ Desde el día siguiente a aquel en que finalice el plazo para solicitar la correspondiente devolución derivada de la normativa de cada tributo o, en defecto de plazo, desde el día siguiente a aquel en que dicha devolución pudo solicitarse (siguiendo con los ejemplos anteriores, si de la presentación de la autoliquidación surgiese una devolución, por ejemplo en el IRPF, el plazo para solicitar la misma se inicia también el día siguiente al del fin de plazo para la presentación de la autoliquidación).
- ❐ Desde el día siguiente a aquel en que se realizó el ingreso indebido o desde el día siguiente a la finalización del plazo para presentar la autoliquidación si el ingreso indebido se realizó dentro de dicho plazo (por ejemplo, si se realizó un ingreso excesivo como consecuencia de la presentación de una autoliquidación por IRPF de la que resultó una cuantía a ingresar superior a la que hubiese sido correcta, el plazo para solicitar la devolución del exceso, es decir, del ingreso in-

debido, se iniciará al día siguiente a la finalización del plazo para presentar la autoliquidación).

- Desde el día siguiente a aquel en que adquiera firmeza la sentencia o resolución administrativa que declare total o parcialmente improcedente el acto impugnado (es el caso en el que como consecuencia de una reclamación o recurso resulta anulado el acto administrativo que hubiese conllevado la realización del ingreso, por ejemplo, de una liquidación practicada por la Inspección de los Tributos. En ese supuesto la firmeza de la resolución administrativa o de la sentencia, si el fallo fuese judicial, determinará el inicio del plazo para solicitar la devolución del ingreso indebidamente realizado).

En el caso d):

- Desde el día siguiente a aquel en que finalicen los plazos establecidos para efectuar las devoluciones derivadas de la normativa de cada tributo (por ejemplo, en el caso del IRPF la Administración tiene un plazo de seis meses para realizar la devolución derivada de la autoliquidación presentada; en ese caso, si transcurrido ese plazo no se hubiese realizado dicha devolución, comenzará el plazo de prescripción que el obligado tributario tiene para obtener la misma).
- Desde el día siguiente a la fecha de notificación del acuerdo donde se reconozca el derecho a percibir la devolución o el reembolso del coste de las garantías (por ejemplo, en el caso de una resolución en la que se reconozca el derecho a la devolución de ingresos indebidos).

Causas de interrupción del plazo de prescripción

El plazo de cuatro años, así como el específico de diez años para las comprobaciones de bases imponibles negativas y de deducciones en la cuota pendientes de compensar, cuyo tenor hemos estado analizando en los puntos anteriores, puede verse interrumpido por determinadas causas, recogidas en la norma, LGT, art. 68.

Dicha interrupción, de producirse, supone el inicio, desde la fecha de la interrupción, de un nuevo plazo de cuatro años durante el cual la Administración podrá seguir actuando y el obligado tributario seguir ejerciendo su derecho.

De forma sintética las causas más habituales de interrupción de la prescripción de las acciones y derechos señalados se concretan en:

- Cualquier acción de la Administración tributaria, realizada con conocimiento formal del obligado tributario, conducente al reconocimiento, regularización, comprobación, inspección, aseguramiento y liquidación de todos o parte de los elementos de la obligación tributaria que proceda (por ejemplo, la citación de los órganos de Gestión Tributaria o de Inspección para comprobar el tributo) o a la recaudación de la deuda tributaria (por ejemplo, la notificación de un embargo dirigido al cobro de la deuda).

- La interposición de reclamaciones o recursos de cualquier clase (por ejemplo, la interposición de un recurso de reposición o de una reclamación económico-administrativa por el obligado tributario en relación con el tributo al que se dirige la actuación de la Administración).
- Cualquier actuación fehaciente del obligado tributario conducente a la liquidación o autoliquidación, al pago o extinción de la deuda tributaria.
- Cualquier actuación fehaciente del obligado tributario que pretenda la devolución, el reembolso o la rectificación de su autoliquidación o por cualquier acción de la Administración tributaria dirigida a efectuar la devolución o el reembolso.

La Ley 34/2015, de 21 de septiembre, de modificación parcial de la Ley 58/2003, de 17 de diciembre, General Tributaria, ha introducido el concepto de obligaciones tributarias conexas, como aquellas en las que, alguno de sus elementos, resulten afectados o se determinen en función de los correspondientes a otra obligación o período distinto.

Pues bien, en estos supuestos, la interrupción del plazo de prescripción del derecho a liquidar relativa a una obligación tributaria determinará, asimismo, la interrupción del plazo de prescripción de los derechos a liquidar y a solicitar la devolución de ingresos relativos a las obligaciones tributarias conexas del propio obligado tributario cuando en éstas se produzca o haya de producirse una tributación distinta como consecuencia de la aplicación, ya sea por la Administración Tributaria o por los obligados tributarios, de los criterios o elementos en los que se fundamente la regularización de la obligación con la que estén relacionadas las obligaciones tributarias conexas.

El "dies a quo" del lazo de prescripción para imponer sanciones tributarias por la comisión de la infracción del art. 201.3 LGT, en aquellos supuestos en los que las operaciones que originan la infracción, esto es, la expedición de facturas o documentos sustitutivos con datos falsos o falseados, tengan lugar a lo largo de diversos períodos impositivos o de liquidación, se sitúa de forma autónoma para cada tributo y para cada período impositivo o de liquidación (STS de 13 de noviembre de 2023, rec. 4150/2022).

5.2.6.2. La obligación de resolver

La Administración tributaria está obligada a resolver expresamente todas las cuestiones que se planteen en los procedimientos de aplicación de los tributos, así como a notificar dicha resolución expresa.

Las únicas excepciones a ese deber son los procedimientos relativos al ejercicio de derechos que sólo deban ser objeto de comunicación por el obligado tributario y en los que se produzca la caducidad, la pérdida sobrevenida del objeto del procedimiento, la renuncia o el desistimiento de los interesados, pero aún en estos casos, cuando el interesado solicite expresamente que la Administración tributaria declare que se ha producido alguna de las referidas circunstancias, ésta quedará obligada a contestar a su petición.

La Administración tiene que motivar todas sus resoluciones.

La necesidad de motivación de las resoluciones dictadas por la Administración tributaria es clara: los actos de liquidación, los de comprobación de valor, los que impongan una obligación, los que denieguen un beneficio fiscal o la suspensión de la ejecución de actos de aplicación de los tributos, así como cuantos otros se dispongan en la normativa vigente, serán motivados con referencia sucinta a los hechos y fundamentos de derecho.

5.2.6.3. Los plazos de resolución

Cada procedimiento debe regular el plazo máximo en que debe notificarse la resolución, pero no podrá exceder de seis meses, salvo que esté establecido por una norma con rango de ley o venga previsto en la normativa comunitaria europea.

Cuando las normas reguladoras de los procedimientos no fijen plazo máximo, éste será de seis meses.

En materia de cómputo de plazos es preciso recordar lo dispuesto en el artículo 30 de la Ley 39/2015, de 1 de octubre, del Procedimiento Administrativo Común de las Administraciones Públicas, que ha establecido como novedad esencial que siempre que por Ley o en el Derecho de la Unión Europea no se exprese otro cómputo, cuando los plazos se señalen por días, se entiende que éstos son hábiles, excluyéndose del cómputo los sábados, los domingos y los declarados festivos.

¿Cómo se computa ese plazo?

a) En los procedimientos iniciados de oficio, desde la fecha de notificación del acuerdo de inicio.

Ejemplo

Un ejemplo de procedimiento iniciado de oficio es el de inspección. La notificación fehaciente de la citación iniciará el cómputo del plazo para dictar resolución.

b) En los procedimientos iniciados a instancia del interesado, desde la fecha en que el documento haya tenido entrada en el registro del órgano competente para su tramitación. A estos efectos, se entiende por registro del órgano competente para la tramitación del procedimiento, el registro del órgano que resulte competente para iniciar la tramitación.

Ejemplo

Un ejemplo de procedimiento instado es una solicitud de valoración previa como las que se citaron en un momento anterior, cuando el obligado, un particular que no es profesional ni empresario, pretende obtener una valoración a efectos fiscales del bien inmueble que pretende transmitir.

Pues bien, presentada esa solicitud, la Administración competente, en éste caso la Administración Autonómica (recuérdese que esa transmisión estaría gravada por el Impuesto sobre Transmisiones Patrimoniales y Actos Jurídicos Documentados, para cuya gestión es competente la Comunidad Autónoma), tendría tres meses para dictar una resolución valorando el bien (el plazo de tres meses está señalado en la norma reglamentaria).

Ese plazo comenzaría a computarse desde el momento en que la solicitud entrase formalmente en el registro de documentos de la Administración Tributaria Autonómica que deba tramitar la solicitud, aunque hubiese sido presentado, por ejemplo, en el registro de una Administración de la AEAT.

La única excepción a esa forma de cómputo es el procedimiento de apremio, cuyas actuaciones podrán extenderse hasta el plazo de prescripción del derecho de cobro.

Es importante tener en cuenta que, a los solos efectos de entender cumplida la obligación de notificar dentro del plazo máximo de duración de los procedimientos, será suficiente que la Administración acredite que se ha realizado un intento de notificación que contenga el texto íntegro de la resolución. Hay que recordar lo ya mencionado en materia de notificaciones.

En este punto es importante mencionar que, en el caso de sujetos obligados o acogidos voluntariamente a recibir notificaciones practicadas a través de medios electrónicos, la obligación de notificar dentro del plazo máximo de duración de los procedimientos se entenderá cumplida con la puesta a disposición de la notificación en la sede electrónica de la Administración Tributaria o en la dirección electrónica habilitada.

Las interrupciones justificadas y las dilaciones en el procedimiento por causa no imputable a la Administración tributaria

El plazo máximo de resolución, sin embargo, puede verse alargado, con carácter general, por dos causas: las interrupciones justificadas y las dilaciones en el procedimiento por causa no imputable a la Administración tributaria, que no se incluirán en el cómputo del plazo de resolución.

Los períodos de interrupción justificada y las dilaciones por causa no imputable a la Administración deberán documentarse adecuadamente para su constancia en el expediente y el obligado tributario tendrá derecho a conocer su existencia, con indicación de las fechas de inicio y fin de cada interrupción o dilación, siempre que lo solicite expresamente.

El cómputo se realizará por días naturales.

Una característica diferenciadora entre uno y otro tipo de situación es que mientras que las interrupciones justificadas están tasadas en la norma y se producen generalmente como consecuencia de una actuación de la Administración, las dilaciones no se encuentran recogidas de forma cerrada en la norma y, además, se suelen vincular a la acción o inacción del obligado tributario o de terceros.

Las dilaciones no imputables a la Administración más características son las siguientes:

a) Los retrasos por parte del obligado tributario al que se refiera el procedimiento en el cumplimiento de comparecencias o requerimientos de aportación de documentos, antecedentes o información con trascendencia tributaria formulados por la Administración tributaria. La dilación se computará desde el día siguiente al de la fecha fijada para la comparecencia o desde el día siguiente al del fin del plazo concedido para la atención del requerimiento hasta el íntegro cumplimiento de lo solicitado. Los requerimientos de documentos, antecedentes o información con trascendencia tributaria que no figuren íntegramente cumplimentados no se tendrán por atendidos a efectos de este cómputo hasta que se cumplimenten debidamente, lo que se advertirá al obligado tributario, salvo que la normativa específica establezca otra cosa.

b) La aportación por el obligado tributario de nuevos documentos y pruebas una vez realizado el trámite de audiencia o, en su caso, de alegaciones. La dilación se computará desde el día siguiente al de finalización del plazo de dicho trámite hasta la fecha en que se aporten. Cuando los documentos hubiesen sido requeridos durante la tramitación del procedimiento se aplicará lo dispuesto en el párrafo a) anterior.

c) La concesión por la Administración de la ampliación de cualquier plazo, así como la concesión del aplazamiento de las actuaciones solicitado por el obligado, por el tiempo que medie desde el día siguiente al de la finalización del plazo previsto o la fecha inicialmente fijada hasta la fecha fijada en segundo lugar.

d) La paralización del procedimiento iniciado a instancia del obligado tributario por la falta de cumplimentación de algún trámite indispensable para dictar resolución, por el tiempo que transcurra desde el día siguiente a aquel en que se considere incumplido el trámite hasta su cumplimentación por el obligado tributario, sin perjuicio de la posibilidad de que pueda declararse la caducidad, previa advertencia al interesado.

e) El retraso en la notificación de las propuestas de resolución o de liquidación, por el tiempo que transcurra desde el día siguiente a aquel en que se haya realizado un intento de notificación hasta que dicha notificación se haya producido.

Ejemplo

El ejemplo más característico de cómputo de plazos en los procedimientos tributarios ordinarios lo constituía el procedimiento inspector. Dicho procedimiento tenía, antes de la entrada en vigor de la Ley 34/2015, un plazo de duración preestablecido de 12 meses, cuyo cómputo comenzaba en el momento de notificación de la comunicación de inicio de las actuaciones, lo que comúnmente se conoce como "citación".

Los grandes debates en materia procedimental en este procedimiento eran los supuestos y casos de interrupción justificada de las actuaciones inspectoras y de dilación de plazos por causa no imputable a la Administración Tributaria, situaciones que permitían la ampliación del plazo anterior, sin que caducara el derecho de la AT a concluir el procedimiento.

También se producían grandes debates jurídicos en relación a la reanudación de las actuaciones inspectoras, si el procedimiento de inspección no había concluido en el plazo legalmente previsto pero seguía abierto el período de prescripción tributaria respecto de la obligación tributaria sometida a inspección.

De esta manera, si, durante el procedimiento de inspección, se hubiera requerido determinada documentación al interesado, concediéndole 15 días para su aportación, a partir del día 16 sin que aquella se hubiese producido, entonces, comenzaría a computarse una dilación por causa no imputable a la Administración Tributaria.

De esta manera, si la documentación se aportaba a los 25 días, la dilación sería de 10 días (por la diferencia entre el plazo concedido, 15 días, y el plazo finalmente utilizado por el interesado).

Pues bien, para evitar los problemas derivados de las múltiples interpretaciones acerca de cuándo estaban motivadas las interrupciones y las dilaciones, así como el cómputo de sus plazos y sus efectos en el procedimiento inspector, la Ley 34/2015 alteró radicalmente ese mecanismo de cómputo del plazo de resolución de las actuaciones administrativas en el procedimiento inspector.

> En estas circunstancias, actualmente, la regla de cómputo de los plazos se ha visto modificada y en materia del procedimiento de inspección tributaria no se aplican las disposiciones generales relativas a las interrupciones justificadas, ni injustificadas ni dilaciones no imputables a la Administración.

En el procedimiento de comprobación limitada el plazo de resolución es de seis meses.

Una vez transcurrido el citado plazo (que es el general para los procedimientos de aplicación de los tributos, art. 104 LGT) sin que se haya producido resolución expresa del mismo, generalmente, una liquidación tributaria, el procedimiento caducará; mas ello no impedirá iniciar de nuevo este procedimiento dentro del plazo de prescripción general de cuatro años.

En cualquier caso, se recuerda que el procedimiento de inspección tributaria dispone, como se ha indicado en el ejemplo anterior, de normas específicas sobre tiempo de ejecución de las actuaciones inspectoras, art. 150 LGT.

¿Cuáles son las consecuencias de la falta de resolución en plazo? El silencio administrativo

Depende del tipo de procedimiento.

A) En los procedimientos iniciados a instancia de parte (por ejemplo, el procedimiento de valoración de bienes inmuebles antes de su transmisión), el vencimiento del plazo máximo sin haberse notificado resolución expresa producirá los efectos que establezca su normativa reguladora.

A estos efectos, en todo procedimiento de aplicación de los tributos se deberá regular expresamente el régimen de actos presuntos, lo que quiere decir sencillamente que, en todos los casos de procedimientos tributarios, la norma debe señalar cuál es la consecuencia de la falta de resolución en el plazo establecido en la norma a tal efecto.

Esa consecuencia puede ser la de que se considere estimada la solicitud formulada por el interesado (silencio positivo) o bien que se considere desestimada (silencio negativo).

En la Disposición Adicional primera del RGAT se cataloga el régimen del silencio administrativo (negativo y positivo, según corresponda) de un gran número de procedimientos tributarios específicos, sin perjuicio de lo que se indica más abajo.

En defecto de dicha regulación, los interesados podrán entender estimadas sus solicitudes por silencio administrativo, salvo las formuladas en los procedimientos de ejercicio del derecho de petición a que se refiere el artículo 29 de la Constitución y en los de impugnación de actos y disposiciones, en los que el silencio tendrá efecto desestimatorio.

Si la Administración no responde el plazo, se produce el denominado silencio administrativo.

En los casos de estimación por silencio administrativo, la resolución expresa posterior sólo podrá ser confirmatoria del mismo.

En los casos de desestimación por silencio administrativo, la resolución expresa posterior al vencimiento del plazo se adoptará por la Administración sin vinculación alguna al sentido del silencio.

Cuando se produzca la paralización del procedimiento por causa imputable al obligado tributario, la Administración le advertirá que, transcurridos tres meses, podrá declarar la caducidad del mismo.

B) En los procedimientos iniciados de oficio, el vencimiento del plazo máximo establecido sin que se haya notificado resolución expresa producirá los efectos previstos en la normativa reguladora de cada procedimiento de aplicación de los tributos.

En ausencia de regulación expresa, en este tipo de procedimientos, se producirán los siguientes efectos:

a) Si se trata de procedimientos de los que pudiera derivarse el reconocimiento o, en su caso, la constitución de derechos u otras situaciones jurídicas individualizadas, los obligados tributarios podrán entender desestimados por silencio administrativo los posibles efectos favorables derivados del procedimiento.

En los casos de desestimación por silencio administrativo, la resolución expresa posterior al vencimiento del plazo se adoptará por la Administración sin vinculación alguna al sentido del silencio.

b) En los procedimientos susceptibles de producir efectos desfavorables o de gravamen se producirá la caducidad del procedimiento.

Producida la caducidad, ésta será declarada, de oficio o a instancia del interesado, ordenándose el archivo de las actuaciones.

Dicha caducidad no producirá, por sí sola, la prescripción de los derechos de la Administración tributaria, pero las actuaciones realizadas en los procedimientos caducados no interrumpirán el plazo de prescripción ni se considerarán requerimientos administrativos, por lo que resultarán de aplicación los recargos por extemporaneidad, es decir, el obligado tributario podrá regularizar voluntariamente su situación.

Pero hay que tener en cuenta que las actuaciones realizadas en el curso de un procedimiento caducado, así como los documentos y otros elementos de prueba obtenidos en dicho procedimiento, conservarán su validez y eficacia a efectos probatorios en otros procedimientos iniciados o que puedan iniciarse con posterioridad en relación con el mismo u otro obligado tributario.

5.3. Controles por parte de la Administración

5.3.1. Atención a requerimientos efectuados por la Administración tributaria

Legislación

LGT: artículos 29, 93 y 94

RGAT: artículos 30 a 57

Todos los obligados tributarios deben proporcionar a la Administración tributaria toda clase de datos, informes, antecedentes y justificantes con trascendencia tributaria relacionados con el cumplimiento de sus propias obligaciones tributarias o deducidos de sus relaciones económicas, profesionales o financieras con otras personas.

Esa obligación de información puede cumplirse de dos formas:

- Bien con carácter general en la forma y plazos que las normas determinen (por ejemplo, a la hora de identificar las personas con las que realicen operaciones mercantiles o bien una empresa al identificar a sus trabajadores y los rendimientos que les pagan).
- Bien mediante requerimiento individualizado de la Administración tributaria que podrá efectuarse en cualquier momento posterior a la realización de las operaciones relacionadas con los datos o antecedentes requeridos.

El cumplimiento de la obligación de información puede consistir en la contestación a requerimientos individualizados relativos a datos, informes, antecedentes y justificantes con trascendencia tributaria. En estos casos, la información requerida deberá aportarse por los obligados tributarios en la forma y plazos que se establezcan en el propio requerimiento, sin perjuicio de la regla general que se examina más abajo.

Las actuaciones de obtención de información podrán desarrollarse:

- Directamente en los locales, oficinas o domicilio de la persona o entidad en cuyo poder se hallen los datos correspondientes o
- Mediante requerimientos para que tales datos, informes, antecedentes y justificantes con trascendencia tributaria sean remitidos o aportados a la Administración tributaria.

Los requerimientos individualizados de obtención de información respecto de terceros podrán realizarse en el curso de un procedimiento de aplicación de los tributos o ser independientes de este.

Contenido de los requerimientos

Los requerimientos individualizados de información que realice la Administración tributaria deberán ser notificados al obligado tributario requerido e incluirán:

a) El nombre y apellidos o razón social o denominación completa y Número de Identificación Fiscal del obligado tributario que debe suministrar la información.

b) El periodo de tiempo a que se refiere la información requerida.

c) Los datos relativos a los hechos respecto de los que se requiere la información.

Plazo de atención

La regla general es que en los requerimientos de información se concederá un plazo no inferior a 10 días, contados a partir del día siguiente al de la notificación del requerimiento, para aportar la información solicitada.

Pero existe una regla especial: cuando las actuaciones de obtención de información se realicen por los órganos de inspección o de recaudación podrán iniciarse inmediatamente, incluso sin previo requerimiento escrito, en caso de que lo justifique la naturaleza de los datos a obtener o de las actuaciones a realizar y el órgano actuante se limite a examinar documentos, elementos o justificantes que deban estar a su disposición.

Cuando se trate de documentos, elementos o justificantes que no deban estar a disposición de dichos órganos, se concederá a las personas o entidades requeridas un plazo no inferior a 10 días, contados a partir del día siguiente al de la notificación del requerimiento, para aportar la información solicitada o dar las facilidades necesarias a los órganos de inspección o de recaudación actuantes para que puedan obtenerla directamente.

El caso específico de los requerimientos de movimientos de cuentas

En España no existe secreto bancario desde el punto de vista tributario.

De hecho, la Administración Tributaria se dirige a las entidades financieras al objeto de obtener información de detalle sobre obligados tributarios concretos, más allá de las obligaciones de información de carácter general que dichas entidades deben cumplir, suministrando determinada información a la Administración Tributaria en relación con las relaciones que, con trascendencia tributaria, mantienen con sus clientes.

La Administración tributaria puede efectuar requerimientos individualizados a las entidades bancarias relativos a los movimientos de cuentas corrientes, depósitos de ahorro y a plazo, cuentas de préstamos y créditos y demás operaciones activas y pasivas, incluidas las que se reflejen en cuentas transitorias o se materialicen en la emisión de cheques u otras órdenes de pago, de los bancos, cajas de ahorro, cooperativas de crédito y cuantas entidades se dediquen al tráfico bancario o crediticio.

Dichos requerimientos sólo pueden efectuarse en el ejercicio de las funciones de inspección o recaudación.

Esos requerimientos individualizados deben precisar los datos identificativos del cheque u orden de pago de que se trate, o bien las operaciones objeto de investigación, los obligados tributarios afectados, titulares o autorizados, y el período de tiempo al que se refieren.

La investigación realizada puede extenderse al origen y destino de los movimientos o de los cheques u otras órdenes de pago, si bien en estos casos no podrá exceder de la identificación de las personas y de las cuentas en las que se encuentre dicho origen y destino. Asimismo, las actuaciones podrán extenderse a los documentos y demás antecedentes relativos a los datos solicitados.

¿A quién se puede pedir la información?

Se podrá solicitar la información a los obligados tributarios afectados, titulares o autorizados, o requerirla directamente a las entidades bancarias o crediticias con las que operen sin que sea necesario notificar dicho requerimiento al obligado tributario al que se refiere la información requerida.

Para requerir directamente la información a que se refiere el párrafo anterior a la entidad bancaria o crediticia, será necesario obtener previamente la autorización del órgano competente (en el caso de la AEAT, la autorización corresponderá al Director del Departamento o a los Delegados de la AEAT de los que dependa el órgano actuante que solicita la autorización) o el consentimiento del obligado tributario.

La solicitud de autorización debe estar debidamente justificada y motivar en términos concretos las razones que aconsejan el requerimiento directo a la entidad, así como la procedencia, en su caso, de no notificar dicho requerimiento al obligado tributario.

La autorización habilita para efectuar el requerimiento relativo a los movimientos de cuentas u operaciones financieras, así como los requerimientos posteriores relativos a la documentación soporte de los mismos, y al nombre y apellidos o razón social o denominación completa de las personas o entidades y la identificación de las cuentas a las que se refieran el origen o destino de los movimientos, cheques u otras órdenes de cargo o abono, aun cuando dichos cheques u órdenes hubieran sido sustituidos o tuvieran origen en otros del mismo o diferente importe.

Limitaciones a los requerimientos

La obligación de facilitar información con trascendencia tributaria a la Administración tributaria no alcanzará a los datos privados no patrimoniales que conozcan por razón del ejercicio de su actividad cuya revelación atente contra el honor o la intimidad personal y familiar.

Tampoco alcanzará a aquellos datos confidenciales de sus clientes de los que tengan conocimiento como consecuencia de la prestación de servicios profesionales de asesoramiento o defensa.

Los profesionales no pueden invocar el secreto profesional para impedir la comprobación de su propia situación tributaria.

Los funcionarios públicos, incluidos los profesionales oficiales, están obligados a colaborar con la Administración tributaria suministrando toda clase de información con trascendencia tributaria de la que dispongan, salvo que sea aplicable:

a) El secreto del contenido de la correspondencia.
b) El secreto de los datos que se hayan suministrado a la Administración para una finalidad exclusivamente estadística.
c) El secreto del protocolo notarial, que abarcará los instrumentos públicos a los que se refieren los artículos 34 y 35 de la Ley de 28 de mayo de 1862, del Notariado, y los relativos a cuestiones matrimoniales, con excepción de los referentes al régimen económico de la sociedad conyugal.

Recurribilidad de los requerimientos individuales de información

Cuando se realicen requerimientos de datos, informes, antecedentes y justificantes al obligado tributario que esté siendo objeto del procedimiento de aplicación de los tributos, de acuerdo con las facultades establecidas en la normativa reguladora del procedimiento, dichos requerimientos no podrán ser impugnados mediante recurso o reclamación económico-administrativa independiente, sin perjuicio de los recursos que procedan contra el acto administrativo dictado como consecuencia del correspondiente procedimiento.

En el resto de requerimientos, dirigidos a terceros distintos del obligado tributario objeto del procedimiento de aplicación de los tributos, regirán las normas generales que regulan los actos susceptibles de ser recurridos, materia ésta que es objeto de desarrollo en el correspondiente apartado de este trabajo.

5.3.2. Los procedimientos de comprobación

En esta parte van a describirse los procedimientos de comprobación más habituales que se desarrollan por parte de la Administración Tributaria, explicitando cuál es su finalidad y qué facultades tiene la Administración en su desarrollo, de forma que el obligado tributario tenga un conocimiento preciso de cuáles son sus obligaciones y derechos en el marco de dicho procedimiento.

5.3.2.1. Procedimientos específicos de comprobación de obligaciones formales

Legislación

LGT: artículo 123

RGAT: artículos 144 a 147

Los procedimientos que se examinarán a continuación son los siguientes:

- Procedimientos de comprobación censal.
- Procedimiento de revocación del Número de Identificación Fiscal.
- Procedimiento de comprobación del domicilio fiscal.

5.3.2.1.1. Comprobación censal

Las obligaciones censales (alta, modificación y baja en los censos de obligados tributarios) son un elemento esencial en la configuración del sistema tributario (véase el Capítulo correspondiente a las declaraciones censales).

¿Por qué es esencial? Porque sólo a partir de un censo debidamente formado puede controlarse por parte de la Administración el funcionamiento del sistema tributario a través del correcto cumplimiento de sus obligaciones por parte de todos los que tienen la condición de obligados tributarios por haber sido parte en relaciones jurídicas con trascendencia tributaria.

Pues bien, en relación con la situación censal de los obligados tributarios la Administración desarrolla procedimientos de comprobación específicos para determinar la corrección de esa situación, con consecuencias jurídicas no menores.

¿Cuál es la finalidad de un procedimiento de comprobación censal?

La comprobación de la veracidad de los datos comunicados en las declaraciones censales de alta, modificación y baja.

¿Qué actuaciones puede desarrollar la Administración en este procedimiento?

Examina los datos comunicados o declarados por el propio obligado tributario, los datos que obren en poder de la Administración, y realiza el examen físico y documental de los hechos y circunstancias en las oficinas, despachos, locales y establecimientos del obligado tributario.

La Administración tributaria puede requerir la presentación de las declaraciones censales, la aportación de la documentación que deba acompañarlas, su ampliación y la subsanación de los defectos advertidos, y puede incorporar de oficio los datos que deban figurar en los censos.

Cuando se pongan de manifiesto omisiones o inexactitudes en la información que figure en el censo, la rectificación de la situación censal del obligado tributario se realizará bien a través de un procedimiento específico bien a través de una rectificación de oficio, arts. 145 y 146 RGAT.

Baja cautelar de determinados censos

El Real Decreto 249/2023, de 4 de abril, BOE de 5, ha introducido cambios en el sistema de bajas cautelares de los censos de operadores intracomunitarios, extractores de productos de depósitos fiscales y de devolución mensual.

Hay que tener en cuenta, además, que el antiguamente denominado "Registro de exportadores y otros operadores económicos en régimen comercial" se sustituye ahora por el "Registro de devolución mensual".

En estas condiciones, se podrá acordar la baja cautelar en los Registros de operadores intracomunitarios, de extractores de productos de depósitos fiscales de productos incluidos en los ámbitos objetivos de los Impuestos sobre el Alcohol y Bebidas Derivadas o sobre Hidrocarburos, y de devolución mensual, a que se refiere el artículo 30 del Reglamento del Impuesto sobre el Valor Añadido, aprobado por el Real Decreto 1624/1992, de 29 de diciembre, de las personas o entidades incluidos en ellos mediante acuerdo motivado del delegado o del director de departamento competente de la Agencia Estatal de Administración Tributaria, previo informe del órgano proponente, en los siguientes supuestos:

- ❒ a) Cuando en una actuación o procedimiento tributario se constate la inexistencia de la actividad económica o del objeto social declarado o de su desarrollo en el domicilio comunicado, o que en el domicilio fiscal no se desarrolla la gestión administrativa y la dirección efectiva de los negocios.
- ❒ b) Cuando el obligado tributario hubiera resultado desconocido en la notificación de cualquier actuación o procedimiento de aplicación de los tributos.
- ❒ c) Cuando se constate la posible intervención del obligado tributario en operaciones de comercio exterior o intracomunitario o relativas a productos incluidos en los ámbitos objetivos de los Impuestos sobre el Alcohol y Bebidas Derivadas o sobre Hidrocarburos, de las que pueda derivarse el incumplimiento de la obligación tributaria o la obtención indebida de beneficios o devoluciones fiscales en relación con el Impuesto sobre el Valor Añadido.

En los supuestos previstos en los párrafos a), b) y c) anteriores, la baja cautelar se convertirá en definitiva cuando se efectúe la rectificación censal del obligado tributario conforme a lo dispuesto en los artículos 145 y 146 del RGAT.

Cuando las circunstancias que permiten acordar la baja cautelar en los Registros de operadores intracomunitarios, de extractores de depósitos fiscales de productos incluidos en los ámbitos objetivos de los Impuestos sobre el Alcohol y Bebidas Derivadas o sobre Hidrocarburos y de devolución mensual a que se refiere el artículo 30 del Reglamento del Impuesto sobre el Valor Añadido, aprobado por el Real Decreto 1624/1992, de 29 de diciembre, concurran en el momento de la solicitud de inclusión en tales registros, el Delegado competente de la Agencia Estatal de Administración.

Procedimiento de rectificación censal

Como todo procedimiento administrativo, este procedimiento tiene tres fases: inicio, tramitación y resolución.

a) ¿Cómo se inicia un procedimiento de rectificación censal?

El procedimiento de rectificación de la situación censal podrá iniciarse:

- Mediante requerimiento de la Administración para que el obligado tributario aclare o justifique la discrepancia observada o los datos relativos a su declaración censal.

Cuando los hechos relativos a la baja cautelar en determinados censos, mencionados en epígrafe anterior, se constaten en actuaciones realizadas fuera de un procedimiento de aplicación de los tributos, el procedimiento de rectificación de la situación censal deberá iniciarse en el plazo de un mes desde el acuerdo de baja cautelar en los Registros de operadores intracomunitarios, de extractores de depósitos fiscales de productos incluidos en los ámbitos objetivos de los Impuestos sobre el Alcohol y Bebidas Derivadas o sobre Hidrocarburos y de devolución mensual a que se refiere el artículo 30 del Reglamento del Impuesto sobre el Valor Añadido, aprobado por el Real Decreto 1624/1992, de 29 de diciembre.

A efectos de entender cumplido el plazo del mes, será suficiente acreditar que se ha realizado un intento de notificación del inicio del procedimiento en dicho plazo. La falta de inicio del procedimiento en dicho plazo determinará el levantamiento de la medida cautelar.

- Mediante la notificación de la propuesta de resolución cuando la Administración tributaria cuente con datos suficientes para formularla.

b) ¿Qué derechos y obligaciones específicos se reconocen al obligado tributario durante la tramitación de este procedimiento?

Los datos incluidos en declaraciones o contestaciones a requerimientos en cumplimiento de la obligación de suministro de información que hubiesen sido suministrados por terceros, que vayan a ser utilizados en la regularización de la situación tributaria del obligado tributario objeto de este procedimiento se presumen ciertos, pero éste último tiene derecho a solicitar que se contrasten por la Administración Tributaria cuando alegue la inexactitud o falsedad de los mismos.

Para ello la Administración podrá exigir al declarante, es decir, al tercero que suministró los datos, que ratifique y aporte prueba aquellos relativos al obligado tributario incluidos sus declaraciones.

El obligado tributario objeto del procedimiento de verificación deberá pedir a la Administración que se dirija al tercero en el plazo de 15 días, contados a partir del día siguiente a aquel en que dichos datos le sean puestos de manifiesto por la Administración tributaria mediante comunicación o diligencia.

Una vez notificada la propuesta de resolución, se concederá al obligado tributario un plazo de 10 días, contados a partir del siguiente al de la notificación de dicha propuesta, para que alegue lo que convenga a su derecho.

c) ¿De qué forma puede terminar un procedimiento de rectificación censal?

a) Por resolución en la que se rectifiquen los datos censales del obligado tributario. La resolución deberá ser, en todo caso, motivada con una referencia sucinta a los hechos y fundamentos de derecho que se hayan tenido en cuenta en la misma.
b) Por la subsanación, aclaración o justificación de la discrepancia o del dato objeto del requerimiento por el obligado tributario sin que sea necesario dictar resolución expresa. De dicha circunstancia se dejará constancia expresa en diligencia.
c) Por caducidad transcurrido el plazo de seis meses desde su inicio sin que hubiese sido notificada la resolución expresa (la caducidad no impedirá el inicio de un nuevo procedimiento).
d) Por el inicio de un procedimiento de comprobación limitada o de inspección que incluya el objeto del procedimiento de rectificación de la situación censal.

Rectificación censal de oficio

¿Cuándo procede la rectificación de oficio de la situación censal?

a) Cuando así se derive de actuaciones o procedimientos de aplicación de los tributos en los que haya sido parte el propio obligado tributario y en los que se hayan realizado actuaciones de control censal, siempre que en dicha rectificación no sean tenidos en cuenta otros hechos ni otras alegaciones y pruebas que los constatados en dichos procedimientos.

b) Cuando las personas o entidades a las que se haya asignado un número de identificación fiscal provisional no aporten, en el plazo establecido en el artículo 24.3 del RGAT o, en su caso, en el plazo otorgado en el requerimiento efectuado a que se refiere dicho artículo, la documentación necesaria para obtener el número de identificación fiscal definitivo, salvo que en dichos plazos justifiquen debidamente la imposibilidad de su aportación, la Administración tributaria podrá darles de baja en los Registros de operadores intracomunitarios, de extractores de depósitos fiscales de productos incluidos en los ámbitos objetivos de los Impuestos sobre el Alcohol y Bebidas Derivadas o sobre Hidrocarburos y de devolución mensual a que se refiere el artículo 30 del Reglamento del Impuesto sobre el Valor Añadido, aprobado por el Real Decreto 1624/1992, de 29 de diciembre.

c) Cuando en el caso de personas jurídicas se acordase la baja en el índice de entidades en caso de declaración de fallidos de los créditos tributarios adeudados o cuando la entidad no hubiese presentado la declaración por el Impuesto sobre Sociedades correspondientes a tres ejercicios consecutivos, de acuerdo a lo regulado en el art. 119 de la LIS.

   En este supuesto, además, la Administración tributaria podrá dar de baja al obligado tributario en los Registros de operadores intracomunitarios, de extractores de depósitos fiscales de productos incluidos en los ámbitos objetivos de los Impuestos sobre el Alcohol y Bebidas Derivadas o sobre Hidrocarburos y de devolución mensual a que se refiere el artículo 30 del Reglamento del Impuesto sobre el Valor Añadido, aprobado por el Real Decreto 1624/1992, de 29 de diciembre.

d) Cuando durante un periodo superior a un año y después de realizar al menos tres intentos de notificación hubiera resultado imposible la práctica de notificaciones al obligado tributario en el domicilio fiscal o cuando se hubieran dado de baja deudas por insolvencia durante tres periodos impositivos o de liquidación, se podrá acordar la baja en los Registros de operadores intracomunitarios, de extractores de depósitos fiscales de productos incluidos en los ámbitos objetivos de los Impuestos sobre el Alcohol y Bebidas Derivadas o sobre Hidrocarburos y de devolución mensual a que se refiere el artículo 30 del Reglamento del Impuesto sobre el Valor Añadido, aprobado por el Real Decreto 1624/1992, de 29 de diciembre.

e) Cuando se detecte que una persona física dispone simultáneamente de un Número de Identificación Fiscal asignado por la Administración tributaria y de un documento nacional de identidad o un número de identidad de extranjero.

En este supuesto prevalecerá el DNI o NIE.

La Administración tributaria deberá notificar al interesado la pérdida de validez del Número de Identificación Fiscal previamente asignado y deberá poner en su conocimiento la obligación de comunicar su número válido a todas las personas o entidades a las que deba constar dicho número por razón de sus operaciones.

La rectificación de oficio efectuada deberá ser comunicada al obligado tributario, salvo que durante un periodo superior a un año hubiera resultado imposible la práctica de notificaciones en el domicilio fiscal declarado.

El caso específico del Registro de Devolución Mensual y otros operadores económicos en régimen comercial

El antiguamente denominado "Registro de exportadores y otros operadores económicos en régimen comercial" se llama, ahora, "Registro de devolución mensual".

La Administración tributaria podrá acordar la baja cautelar en los Registros de devolución mensual y otros operadores económicos en régimen comercial de las personas o entidades incluidos en ellos mediante acuerdo motivado del delegado o del director de departamento competente de la Agencia Estatal de Administración Tributaria, previo informe del órgano proponente, en los siguientes supuestos:

a) Cuando en una actuación o procedimiento tributario se constate la inexistencia de la actividad económica o del objeto social declarado o de su desarrollo en el domicilio comunicado, o que en el domicilio fiscal no se desarrolla la gestión administrativa y la dirección efectiva de los negocios.

b) Cuando el obligado tributario hubiera resultado desconocido en la notificación de cualquier actuación o procedimiento de aplicación de los tributos.

c) Cuando se constate la posible intervención del obligado tributario en operaciones de comercio exterior o intracomunitario, de las que pueda derivarse el incumplimiento de la obligación tributaria o la obtención indebida de beneficios o devoluciones fiscales en relación con el Impuesto sobre el Valor Añadido.

En los supuestos la baja cautelar se convertirá en definitiva cuando se efectúe la rectificación censal del obligado tributario conforme al procedimiento de rectificación censal o por causa de una rectificación censal de oficio.

Cuando las circunstancias que permiten acordar la baja cautelar en los Registros de devolución mensual y otros operadores económicos en régimen comercial concurran en el momento de la solicitud de inclusión en tales registros, el delegado competente de la Agencia Estatal de Administración Tributaria denegará, mediante acuerdo motivado, dicha inclusión.

En general, nos remitimos al epígrafe "Baja cautelar de determinados Registros de operadores económicos" expuesta en epígrafe anterior.

5.3.2.1.2. Comprobación del NIF

Legislación

LGT: Disposición Adicional 6ª

RGAT: artículo 147

Causas de revocación del NIF

La revocación del NIF se podrá acordar cuando durante cualquier actuación de comprobación censal o en un procedimiento de aplicación de los tributos, se acredite alguna de las siguientes circunstancias:

a) Las previstas para la situación de oficio de la rectificación censal, incluyendo los supuestos de bajas cautelares.

b) Que mediante la declaración censal de alta en el Censo de Empresarios, Profesionales y Retenedores o mediante la declaración de modificación en dicho Censo, se hubiera comunicado a la Administración tributaria el desarrollo de actividades económicas inexistentes.

c) Que la sociedad haya sido constituida por uno o varios fundadores sin que en el plazo de tres meses desde la solicitud del Número de Identificación Fiscal se inicie la actividad económica ni tampoco los actos que de ordinario son preparatorios para el ejercicio efectivo de la misma, salvo que se acredite suficientemente la imposibilidad de realizar dichos actos en el mencionado plazo.

   En el supuesto de entidades que se constituyen con la finalidad específica de su posterior transmisión a terceros de sus participaciones, el plazo anteriormente señalado comenzará a contar desde que se hubiese presentado la declaración censal de modificación en el plazo de un mes desde la fecha de formalización de su transmisión.

d) Que se constate que un mismo capital ha servido para constituir una pluralidad de sociedades, de forma que, de la consideración global de todas ellas, se deduzca que no se ha producido el desembolso mínimo exigido por la normativa aplicable.

e) Que se comunique el desarrollo de actividades económicas, de la gestión administrativa o de la dirección de los negocios, en un domicilio aparente o falso, sin que se justifique la realización de dichas actividades o actuaciones en otro domicilio diferente.

f) Que se constate el incumplimiento durante cuatro ejercicios consecutivos de la obligación de depositar las cuentas anuales en el Registro Mercantil.

Esta última causa de revocación del NIF fue incorporada al art. 147 del RGAT por la modificación incluida por el por el apartado dieciséis del artículo 3 del RD 249/2023, de 4 de abril, por el que se modifican el Reglamento General de Desarrollo de la Ley 58/2003, de 17 de diciembre, General Tributaria, en materia de revisión en vía administrativa, aprobado por el RD 520/2005, de 13 de mayo; el Reglamento General de Recaudación, aprobado por el RD 939/2005, de 29 de julio; el Reglamento General de las actuaciones y los procedimientos de gestión e inspección tributaria y de desarrollo de las normas comunes de los procedimientos de aplicación de los tributos, aprobado por el RD 1065/2007, de 27 de julio; el Reglamento del Impuesto sobre Sucesiones y Donaciones, aprobado por el RD 1629/1991, de 8 de noviembre; el Reglamento del Impuesto sobre el Valor Añadido, aprobado por el RD 1624/1992, de 29 de diciembre; el Reglamento del Impuesto sobre la Renta de las Personas Físicas, aprobado por el RD 439/2007, de 30 de marzo, y el Reglamento del Impuesto sobre Sociedades, aprobado por el RD 634/2015, de 10 de julio (BOE 5 abril), con vigencia desde el 23 de abril de 2023 y está detrás de un uso creciente por parte de la AEAT de este instrumento para revocar los NIF; lo cual, en la práctica, equivale a la imposibilidad de realizar por parte del obligado tributario cualquier actividad económica.

Las revocaciones de los NIF deben publicarse en el BOE.

Ejemplo

Resolución de 27 de julio de 2023, del Departamento de Gestión Tributaria de la Agencia Estatal de Administración Tributaria, por la que se publica la revocación de números de identificación fiscal (BOE de 2 de agosto).

¿Qué derechos específicos se reconocen al obligado tributario en este procedimiento?

El acuerdo de revocación requerirá la previa audiencia al obligado tributario por un plazo de 10 días, contados a partir del día siguiente al de la notificación de la apertura de dicho plazo, salvo que dicho acuerdo se incluya en la propuesta de resolución.

La revocación deberá publicarse en el "Boletín Oficial del Estado" y notificarse al obligado tributario.

La publicación deberá efectuarse en las mismas fechas que las previstas para las notificaciones por comparecencia.

¿Qué efectos tiene la revocación del NIF?

La Ley 11/2021, de 9 de julio, de medidas de prevención y lucha contra el fraude fiscal, de transposición de la Directiva (UE) 2016/1164, del Consejo, de 12 de julio de 2016, por la que se establecen normas contra las prácticas de elusión fiscal que inciden directamente en el funcionamiento del mercado interior, de modificación de diversas normas tributarias y en materia de regulación del juego, ha modificado el apartado 4 de la disposición adicional sexta de la LGT que queda redactado de la siguiente forma:

"La publicación de la revocación del número de identificación fiscal asignado en el «Boletín Oficial del Estado», determinará la pérdida de validez a efectos identificativos de dicho número en el ámbito fiscal.

Asimismo, la publicación anterior determinará que las entidades de crédito no realicen cargos o abonos en las cuentas o depósitos bancarios en que consten como titulares o autorizados los titulares de dichos números revocados, salvo que se rehabilite el número de identificación fiscal,

Cuando la revocación se refiera al número de identificación fiscal de una entidad, su publicación en el "Boletín Oficial del Estado" implicará la abstención del notario para autorizar cualquier instrumento público relativo a declaraciones de voluntad, actos jurídicos que impliquen prestación de consentimiento, contratos y negocios jurídicos de cualquier clase, así como la prohibición de acceso a cualquier registro público, incluidos los de carácter administrativo, salvo que se rehabilite el número de identificación fiscal. El registro público en el que esté inscrita la entidad a la que afecte la revocación, en función del tipo de entidad de que se trate, procederá a extender en la hoja abierta a dicha entidad una nota marginal en la que se hará constar que, en lo sucesivo, no podrá realizarse inscripción alguna que afecte a aquella, salvo que se rehabilite el número de identificación fiscal.

Excepcionalmente, se admitirá la realización de los trámites imprescindibles para la cancelación de la nota marginal a la que se refiere el párrafo anterior.

De igual modo, en todas las certificaciones registrales de la entidad titular del número revocado debe constar que el mismo está revocado.

Lo dispuesto en este apartado no impedirá a la Administración Tributaria exigir el cumplimiento de las obligaciones tributarias pendientes. No obstante, la admisión de las autoliquidaciones, declaraciones, comunicaciones o escritos en los que conste un número de identificación fiscal revocado quedará condicionada, en los términos reglamentariamente establecidos, a la rehabilitación del citado número de identificación fiscal".

El desarrollo reglamentario del procedimiento de revocación del NIF y sus consecuencias aparece recogido en el art. 147 RGAT, modificado recientemente por el artículo 3 del Real Decreto 249/2023, de 4 de abril.

Respecto a las personas jurídicas o entidades La publicación en el "Boletín Oficial del Estado" de la revocación del Número de Identificación Fiscal determinará que el registro público correspondiente, en función del tipo de entidad de que se trate, proceda a extender en la hoja abierta a la entidad a la que afecte la revocación una nota marginal en la que se hará constar que, en lo sucesivo, no podrá realizarse inscripción alguna que afecte a esta, salvo que se rehabilite dicho número o se asigne un nuevo Número de Identificación Fiscal.

Determinará que las entidades de crédito no realicen cargos o abonos en las cuentas o depósitos de que dispongan las personas jurídicas o entidades sin personalidad a quienes se revoque el Número de Identificación Fiscal, en tanto no se produzca la rehabilitación de dicho número o la asignación a la persona jurídica o entidad afectada de un nuevo Número de Identificación Fiscal

Lo anterior se entenderá sin perjuicio del cumplimiento por la entidad de las obligaciones tributarias pendientes, para lo que se utilizará transitoriamente el Número de Identificación Fiscal revocado.

Determinará que no se emita el certificado de estar al corriente de las obligaciones tributarias.

Conllevará la denegación del Número de Identificación Fiscal cuando antes de su asignación concurra alguna de las circunstancias que habilitarían para acordar la revocación.

La revocación del número de identificación fiscal determinará la baja de los Registros de operadores intracomunitarios, de los registros territoriales dispuestos en la normativa reguladora de los Impuestos Especiales, del registro territorial del Impuesto sobre Gases Fluorados de Efecto Invernadero, de extractores de depósitos fiscales de productos incluidos en los ámbitos objetivos de los Impuestos sobre el Alcohol y Bebidas Derivadas o sobre Hidrocarburos y de devolución mensual a que se refiere el artículo 30 del Reglamento del Impuesto sobre el Valor Añadido, aprobado por el Real Decreto 1624/1992, de 29 de diciembre.

En suma, la revocación determinará la pérdida de valor del NIF a efectos identificativos en el ámbito tributario, tanto para entidades como para personas físicas, siendo especialmente relevante este último cambio en cuanto a la no realización de cargos o abonos por parte de las entidades de crédito, que también afectará, por tanto, a las personas físicas y, en el caso de las personas jurídicas, la nueva causa de revocación, incluida desde el ejercicio 2023, supone, en la práctica, la imposibilidad de realizar actuaciones mercantiles.

La revocación del número de identificación fiscal determinará que no se emita el certificado de estar al corriente de las obligaciones tributarias regulado en el artículo 74 de este reglamento.

Procederá la denegación del número de identificación fiscal cuando antes de su asignación concurra alguna de las circunstancias que habilitarían para acordar la revocación.

La revocación del Número de Identificación Fiscal determinará la baja de los Registros de operadores intracomunitarios, de los registros territoriales dispuestos en la normativa reguladora de los Impuestos Especiales, del registro territorial del Impuesto sobre Gases Fluorados de Efecto Invernadero, de extractores de depósitos fiscales de productos incluidos en los ámbitos objetivos de los Impuestos sobre el Alcohol y Bebidas Derivadas o sobre Hidrocarburos y de devolución mensual a que se refiere el artículo 30 del Reglamento del Impuesto sobre el Valor Añadido, aprobado por el Real Decreto 1624/1992, de 29 de diciembre.

Rehabilitación posterior del NIF revocado

La Administración tributaria podrá rehabilitar el Número de Identificación Fiscal mediante acuerdo que estará sujeto a los mismos requisitos de publicidad establecidos para la revocación.

La Administración tributaria podrá rehabilitar el número de identificación fiscal mediante acuerdo que estará sujeto a los mismos requisitos de publicidad establecidos para la revocación del NIF, tal y como se expone en epígrafe anterior de este texto.

Las solicitudes de rehabilitación del número de identificación fiscal sólo serán tramitadas cuando se acredite que han desaparecido las causas que motivaron la revocación y, en caso de sociedades, se comunique, además, quiénes ostentan la titularidad del capital de la sociedad, con identificación completa de sus representantes legales, así como de quienes tengan la consideración de titulares reales de la entidad conforme con lo previsto en el apartado 2 del artículo 4 de la Ley 10/2010, de 28 de abril, de prevención del blanqueo de capitales y la financiación del terrorismo, el domicilio fiscal, así como documentación que acredite cuál es la actividad económica que la sociedad va a desarrollar.

En particular, cuando se trate de la causa de revocación de la letra f) del apartado 1 del art. 147 del RGAT, es decir, que se constate el incumplimiento durante cuatro ejercicios consecutivos de la obligación de depositar las cuentas anuales en el Registro Mercantil, entonces, la rehabilitación del Número de Identificación Fiscal solo será posible si se constata la subsanación del incumplimiento de la obligación de depósito de las cuentas anuales en el Registro Mercantil.

En particular, cuando se trate de la causa de revocación por no aportación de cuentas al Registro Mercantil, la rehabilitación del número de identificación fiscal solo será posible si se constata la subsanación del incumplimiento de la obligación de depósito de las cuentas anuales en el Registro Mercantil. Careciendo de estos requisitos, las solicitudes se archivarán sin más trámite.

Careciendo de estos requisitos, las solicitudes se archivarán sin más trámite.

La falta de resolución expresa de la solicitud de rehabilitación de un Número de Identificación Fiscal en el plazo de tres meses determinará que la misma se entienda denegada.

En relación con la composición del NIF, hay que hacer referencia a la Orden HAP/5/2016, de 12 de enero, por la que se modifica la Orden EHA/451/2008, de 20 de febrero, por la que se regula la composición del número de identificación fiscal de las personas jurídicas y entidades sin personalidad jurídica.

Las rehabilitaciones posteriores de los NIF se publicitan, asimismo, mediante Resoluciones del Departamento de Gestión Tributaria de la AEAT en el BOE.

Ejemplo

Resolución de 10 de julio de 2023, del Departamento de Gestión Tributaria de la Agencia Estatal de Administración Tributaria, por la que se publica la rehabilitación de números de identificación fiscal (BOE de 14).

5.3.2.1.3. Comprobación del domicilio fiscal

Legislación

LGT: artículo 48

RGAT: artículos 148 a 152

¿Cuál es la finalidad de un procedimiento de comprobación del domicilio fiscal?

El domicilio fiscal es el lugar de localización del obligado tributario en sus relaciones con la Administración tributaria.

La correcta identificación del mismo es esencial en tanto en cuanto las relaciones con la Administración, y la competencia de los distintos órganos de ésta dependerá de la misma.

Más allá de lo anterior, la coexistencia en España de varias Administraciones Territoriales (estatal, autonómica y local), con competencias propias en materia tributarias, exige una exacta identificación del elemento base de atribución y ejercicio de dichas competencias, así como del ejercicio de los derechos del obligado tributario y del cumplimiento de sus obligaciones.

¿Cómo se inicia un procedimiento de comprobación del domicilio fiscal?

El procedimiento de comprobación del domicilio fiscal se inicia de oficio por acuerdo del órgano competente, por propia iniciativa o a solicitud de cualquier otro órgano de la misma o de otra Administración tributaria afectada.

¿Qué actuaciones puede desarrollar la Administración en este procedimiento?

- Examinar los datos comunicados o declarados por el propio obligado tributario.
- Examinar los datos que obren en poder de la Administración, con los datos y justificantes que se requieran al propio obligado tributario o a terceros.
- El examen físico y documental de los hechos y circunstancias se podrá realizar en las oficinas, despachos, locales y establecimientos del obligado tributario.

¿Qué derechos específicos se reconocen al obligado tributario en este procedimiento?

Tramitado el expediente se formulará propuesta de resolución que será notificada al obligado tributario para que en el plazo de 15 días, contados a partir del día siguiente al de la notificación de dicha propuesta, pueda alegar y presentar los documentos y justificantes que estime oportunos.

¿De qué forma puede terminar este procedimiento?

La resolución adoptada en el procedimiento de comprobación del domicilio fiscal podrá confirmar o rectificar el domicilio declarado.

Deberá ser comunicada a los órganos implicados de la Agencia Estatal de Administración Tributaria

Deberá ser notificada a las Administraciones tributarias afectadas

Deberá ser notificada al obligado tributario.

El plazo para notificar la resolución será de seis meses.

El procedimiento podrá finalizar asimismo por caducidad, si transcurren 6 meses desde que comenzó sin que se notifique al obligado tributario la resolución.

¿Qué efectos tiene la resolución de éste procedimiento?

Durante los tres años siguientes a la fecha de la notificación de la resolución del procedimiento de comprobación del domicilio fiscal en la que se haya rectificado el declarado, las comunicaciones de cambio de domicilio fiscal que realice el obligado tributario, cuando supongan el traslado a una Comunidad Autónoma distinta, tendrán el carácter de mera solicitud y deberán acompañarse de medios de prueba que acrediten la alteración de las circunstancias que motivaron la resolución.

En el plazo de un mes desde la presentación de la comunicación del cambio de domicilio fiscal, la Administración tributaria deberá notificar al obligado tributario un acuerdo por el que se confirme el domicilio fiscal comprobado previamente, por el que se inicie un nuevo procedimiento de comprobación del domicilio fiscal o por el que se admita el cambio de domicilio fiscal.

En este último caso, el cambio de domicilio tendrá efectos a partir del día siguiente al de la notificación de dicho acuerdo.

Transcurrido un mes desde la presentación de la comunicación del cambio de domicilio sin que se haya notificado el acuerdo que proceda, dicha comunicación tendrá efectos frente a la Administración tributaria a partir del día siguiente al de finalización de dicho plazo.

En todo caso, el inicio de un procedimiento de comprobación del domicilio fiscal no impedirá la continuación de los procedimientos de aplicación de los tributos iniciados de oficio o a instancia del interesado que se estuviesen tramitando.

5.3.2.2. Procedimientos generales

En este apartado se van a analizar los procedimientos de comprobación que se utilizan para el control del cumplimiento de las obligaciones tributarias derivadas de los distintos tributos.

La diferencia entre unos y otros está, esencialmente, en el diferente grado de profundidad con el que la Administración puede actuar en atención a las facultades que, en cada uno de ellos se le otorgan por parte de la norma.

Así, mientras que el procedimiento de verificación de datos se caracteriza por ser un procedimiento esencialmente mecánico, basado en comprobaciones esencialmente informatizadas, el procedimiento de comprobación limitada incorpora una actuación más intensa por parte de los órganos de gestión e inspección, con mayores facultades de comprobación.

El último procedimiento a que haremos referencia será el de Inspección, caracterizado por ser el que tiene atribuidas mayores facultades que no sólo se extienden a las de comprobación, sino que abarcan las de investigación.

Sobre los diferentes procedimientos de aplicación de los tributos, incluyendo los denominados de gestión tributaria, art. 117 LGT, es importante señalar que la jurisprudencia del TS insiste en que la calificación de un procedimiento bajo una categoría u otra no es arbitraria ni puede alterarse de manera no motiva por la Administración Tributaria, debiendo seguir cada modalidad de procedimiento de aplicación de los tributos las reglas establecidas en su propia normativa específica sin que pueda existir intercambiabilidad con otros procedimientos.

5.3.2.2.1. Procedimiento de verificación de datos

Legislación

LGT: artículos 131 a 133

RGAT: artículos 155 y 156

Esquema del procedimiento:

- Objetivo: control esencialmente formal del cumplimiento de la obligación tributaria.
- Órgano competente: Gestión Tributaria.
- Fases: Inicio, tramitación, terminación.
- Duración: 6 meses.
- Especialidad: Se trata de un procedimiento muy específico que suele iniciarse por discrepancias en los datos que ya posee la Administración y los declarados por el obligado tributario.

¿Cuál es la finalidad de un procedimiento de verificación de datos?

El procedimiento de verificación de datos se utiliza:

a) Cuando la declaración o autoliquidación del obligado tributario adolece de defectos formales o incurre en errores aritméticos.

b) Cuando los datos declarados no coinciden con los contenidos en otras declaraciones presentadas por el mismo obligado o con los que obran en poder de la Administración tributaria.

c) Cuando se aprecia una aplicación indebida de la normativa que resulta patente de la propia declaración o autoliquidación presentada o de los justificantes aportados con la misma.

d) Cuando se requiere la aclaración o justificación de algún dato relativo a la declaración o autoliquidación presentada (siempre que no se refiera al desarrollo de actividades económicas).

En relación con la correcta utilización del procedimiento de verificación de datos y las consecuencias de una inadecuada aplicación del mismo, ver la STS de 2 de julio de 2018, recurso de casación 696/2017 *(Tol 6675027)*.

Por su parte, la STS de 28/05/2020 (recurso de casación 2605/2019) afirma que el uso inapropiado del procedimiento de verificación de datos es causa de nulidad de pleno derecho de las liquidaciones tributarias emitidas como conclusión de este procedimiento.

¿Cómo se inicia un procedimiento de verificación de datos?

El procedimiento de verificación de datos se podrá iniciar de dos formas:

- Mediante requerimiento de la Administración para que el obligado tributario aclare o justifique la discrepancia observada o los datos relativos a su declaración o autoliquidación.
- Mediante la notificación de la propuesta de liquidación cuando la Administración tributaria cuente con datos suficientes para formularla.

¿Qué derechos y obligaciones específicos se reconocen al obligado tributario en la tramitación de este procedimiento?

Los datos incluidos en declaraciones o contestaciones a requerimientos en cumplimiento de la obligación de suministro de información que hubiesen sido suministrados por terceros, que vayan a ser utilizados en la regularización de la situación tributaria del obligado tributario objeto de la verificación de datos también se presumen ciertos, pero éste último tiene derecho a solicitar que se contrasten por la Administración Tributaria cuando alegue la inexactitud o falsedad de los mismos.

Para ello podrá exigirse por la Administración al declarante, es decir, al tercero que suministró los datos, que ratifique y aporte prueba aquellos relativos al obligado tributario incluidos sus declaraciones, pero el obligado tributario objeto del procedimiento de verificación deberá instar a la Administración a que lo haga en el plazo de 15 días, contados a partir del día siguiente a aquel en que dichos datos le sean puestos de manifiesto por la Administración tributaria mediante comunicación o diligencia.

Con carácter previo a la resolución, la Administración deberá notificar al obligado tributario la propuesta de resolución o de liquidación para que, en un plazo de 10 días, contados a partir del día siguiente al de la notificación de la propuesta, alegue lo que convenga a su derecho.

Cuando la liquidación resultante del procedimiento de verificación de datos sea una cantidad a devolver, existe el derecho a obtener los correspondientes intereses de demora.

¿De qué forma puede terminar un procedimiento de verificación de datos?

a) Por resolución en la que se indique que no procede practicar liquidación provisional o en la que se corrijan los defectos advertidos.

b) Por liquidación provisional, que deberá ser en todo caso motivada con una referencia sucinta a los hechos y fundamentos de derecho que se hayan tenido en cuenta en la misma.

c) Por la subsanación, aclaración o justificación de la discrepancia o del dato objeto del requerimiento por parte del obligado tributario.

d) Por caducidad, una vez transcurrido el plazo de seis meses desde la notificación del acuerdo de inicio sin haberse notificado liquidación provisional, sin perjuicio de que la Administración también pueda iniciar de nuevo este procedimiento dentro del plazo de prescripción.

e) Por el inicio de un procedimiento de comprobación limitada o de inspección que incluya el objeto del procedimiento de verificación de datos.

Cuando el procedimiento termine por la subsanación, aclaración o justificación de la discrepancia o del dato objeto del requerimiento por parte del obligado tributario, se hará constar en diligencia esta circunstancia y no será necesario dictar resolución expresa.

¿Qué efectos tiene una liquidación practicada en un procedimiento de verificación de datos?

La verificación de datos no impide la posterior comprobación de la obligación que hubiese sido objeto de la misma.

5.3.2.2.2. Procedimiento de comprobación limitada

Legislación

LGT: artículos 136 a 140

RGAT: artículos 163 a 165

Esquema del procedimiento:

- Objetivo: control del cumplimiento de la obligación tributaria no sólo en sus aspectos formales, sino también en los materiales o sustantivos.
- Órgano competente: Gestión Tributaria e Inspección
- Fases: Inicio, tramitación, terminación.
- Duración: 6 meses
- Especialidad: Con carácter general, la Administración no puede personarse en las oficinas y locales del contribuyente y no puede revisar la contabilidad mercantil.

Ahora bien, desde la Ley 13/2023, de 24 de mayo, las facultades de la Administración Tributaria se han extendido, siquiera limitadamente, al examen de la contabilidad del obligado tributario con el alcance y límites regulados en el art. 164.2 RGAT.

De esta manera, el examen de la contabilidad se limitará a constatar la coincidencia entre lo que figure en la misma y la información que obre en poder de la Administración tributaria, incluida la obtenida en el procedimiento.

El examen de la contabilidad no impedirá ni limitará la ulterior comprobación de las operaciones a que la misma se refiere en un procedimiento de inspección.

¿Cuál es la finalidad de un procedimiento de comprobación limitada?

Este procedimiento tiene por objeto comprobar los hechos, actos, elementos, actividades, explotaciones y demás circunstancias determinantes de la obligación tributaria.

Específicamente se podrá iniciar este procedimiento:

a) Cuando en relación con las autoliquidaciones, declaraciones, comunicaciones de datos o solicitudes presentadas por el obligado tributario, se adviertan errores en su contenido o discrepancias entre los datos declarados o justificantes aportados y los elementos de prueba que obren en poder de la Administración tributaria.

b) Cuando en relación con las autoliquidaciones, declaraciones, comunicaciones de datos o solicitudes presentadas por el obligado tributario proceda comprobar todos o algún elemento de la obligación tributaria.

c) Cuando de acuerdo con los antecedentes que obren en poder de la Administración, se ponga de manifiesto la obligación de declarar o la realización del hecho imponible o del presupuesto de hecho de una obligación tributaria sin que conste la presentación de la autoliquidación o declaración tributaria.

¿Qué actuaciones puede desarrollar la Administración en este procedimiento?

a) Examinar los datos consignados por los obligados tributarios en sus declaraciones y de los justificantes presentados o que se requieran al efecto.

b) Examinar los datos y antecedentes en poder de la Administración tributaria que pongan de manifiesto la realización del hecho imponible o del presupuesto de una obligación tributaria, o la existencia de elementos determinantes de la misma no declarados o distintos a los declarados por el obligado tributario.

c) Examinar los registros y demás documentos exigidos por la normativa tributaria y de cualquier otro libro, registro o documento de carácter oficial, pudiendo requerir, específicamente, el libro diario simplificado que lleven los sujetos incluidos en el ámbito de aplicación del régimen simplificado de contabilidad, que se considera como Libro Registro de carácter fiscal en aquellos casos en que sustituya a los libros registros exigidos por la normativa tributaria.

d) Examinar las facturas o documentos que sirvan de justificante de las operaciones incluidas en dichos libros, registros o documentos.

e) Requerir a terceros para que aporten la información que se encuentren obligados a suministrar con carácter general o para que la ratifiquen mediante la presentación de los correspondientes justificantes.

f) Requerir al obligado tributario la justificación documental de operaciones financieras que tengan incidencia en la base o en la cuota de una obligación tributaria.

g) Desde 2023, la Administración tributaria podrá proceder al examen de la contabilidad del obligado tributario, pero tal examen se limitará a constatar la coincidencia entre lo que figure en la misma y la información que obre en poder de la Administración tributaria, incluida la obtenida en el procedimiento.

El examen de la contabilidad no impedirá ni limitará la ulterior comprobación de las operaciones a que la misma se refiere en un procedimiento de inspección.

Para realizar este examen de la contabilidad, los funcionarios competentes podrán desplazarse fuera de las oficinas de la Administración Tributaria, ya que la contabilidad deberá ser examinada en el domicilio, local, despacho u oficina del obligado tributario en presencia del mismo o de la persona que éste designe, salvo que aquél consienta su examen en las oficinas públicas.

Por lo tanto, conforme indica la redacción del art. 164.2 RGAT, desde 2024, el examen de los libros de contabilidad del obligado tributario deberá practicarse en el lugar donde legalmente deban hallarse los libros de contabilidad o documentos, con las siguientes excepciones:

a) Cuando exista previa conformidad del obligado tributario, que se hará constar en diligencia, podrán examinarse en las oficinas de la Administración tributaria o en cualquier otro lugar en el que así se acuerde.

b) Cuando se hubieran obtenido copias en cualquier soporte podrán examinarse en las oficinas de la Administración tributaria.

A efectos del examen de la contabilidad en el domicilio, local, despacho u oficina del obligado tributario, los órganos competentes tendrán las facultades previstas en el artículo 172 del RGAT.

No obstante, la Administración tributaria podrá requerir el libro diario simplificado a que se refiere el artículo 29.3 del RGAT.

No obstante, la Administración tributaria podrá analizar en sus oficinas las copias de la contabilidad en cualquier soporte.

Conforme a la RTEAC de 22 de marzo de 2023. RG 9093-2022, "Cuando el objeto y alcance de la comprobación administrativa de un obligado tributario acogido a un régimen tributario especial no se refiere a la comprobación del cumplimiento de los requisitos exigidos para la aplicación del régimen especial, y la regularización no se fundamente en las normas específicas del mismo, sino en reglas comunes del impuesto, su comprobación podrá efectuarse también por medio de los procedimientos gestores"

Téngase en cuenta, sin embargo que, a partir del 1-01-2023, la modificación del art. 117.1, c) LGT por el Real Decreto-ley 13/2022 elimina las limitaciones normativas apreciadas anteriormente por el TS para la comprobación

En ningún caso la Administración podrá requerir a terceros información sobre movimientos financieros.

La Administración tiene dos limitaciones:

- Para examinar la contabilidad del obligado tributario, pues solo podrá constatar la coincidencia entre lo que figure en la misma y la información que obre en poder de la AT, incluida la obtenida en el procedimiento.
- Las actuaciones no pueden realizarse fuera de las oficinas de la Administración tributaria, salvo:
  - Las que procedan según la normativa aduanera.

- Cuando el procedimiento de comprobación limitada incluya comprobaciones censales o relativas a la aplicación de métodos objetivos de tributación, las actuaciones que se refieran a dichas comprobaciones podrán realizarse en las oficinas, despachos, locales y establecimientos del obligado tributario en los supuestos en que sea necesario el examen físico de los hechos o circunstancias objeto de comprobación.
- Cuando se trate de constatar la contabilidad del obligado tributario, necesitará la autorización de éste, la cual se constará en diligencia, para examinar en las oficinas de la AT tal contabilidad o en cualquier otro lugar que así se acuerde.

  En suma, art. 138.2, tercer párrafo, LGT, la contabilidad deberá ser examinada en el domicilio, local, despacho u oficina del obligado tributario, en presencia del mismo o de la persona que designe, salvo que aquel consienta su examen en las oficinas públicas.

  No obstante, la Administración tributaria podrá analizar en sus oficinas las copias de la contabilidad en cualquier soporte.

Asimismo, desde el punto de vista de la contabilidad, cuando en el curso del procedimiento el obligado tributario aporte, sin mediar requerimiento previo al efecto, la documentación contable que entienda pertinente al objeto de acreditar la contabilización de determinadas operaciones, la Administración podrá examinar también dicha documentación, a los solos efectos de constatar la coincidencia entre lo que figure en la documentación contable y la información de la que disponga la Administración Tributaria.

Ese examen de la documentación no impedirá ni limitará la ulterior comprobación de las operaciones a que la misma se refiere en un procedimiento de inspección.

¿Cómo se inicia el procedimiento de comprobación limitada?

Las actuaciones de comprobación limitada se inician de oficio por acuerdo del órgano competente, que deberá notificarse a los obligados tributarios mediante comunicación que deberá expresar la naturaleza y alcance de las mismas e informará sobre sus derechos y obligaciones en el curso de tales actuaciones.

No obstante lo anterior, cuando los datos en poder de la Administración tributaria sean suficientes para formular la propuesta de liquidación, el procedimiento podrá iniciarse mediante la notificación de dicha propuesta.

Este supuesto, habitual, es factible en la medida en la que la Administración tiene información sobre las actividades con trascendencia tributaria en las que ha intervenido el obligado tributario.

La información suministrada por terceros sitúa a la Administración en la posición de poder comparar lo declarado por el obligado tributario con los datos obtenidos de una multiplicidad de sujetos con los que aquél interactuó.

De resultas de esa comparación puede surgir, sin necesidad de mayores actuaciones de comprobación, una propuesta de regularización, de liquidación, con cuya notificación podrá iniciarse el procedimiento.

Sirva un ejemplo sencillo: una empresa que en su declaración por el Impuesto sobre Sociedades no imputa ingresos que han sido declarados por un tercero, cliente de aquella, siendo esa la única cuestión que, aparentemente, hace incorrecta la autoliquidación presentada.

La Administración podrá iniciar el procedimiento de comprobación limitada notificando una propuesta de liquidación que integre los ingresos dejados de declarar.

A partir de ese momento, el obligado tributario podrá argumentar en contra de dicha propuesta y utilizar los mecanismos probatorios que se especifican en la norma, durante la tramitación del procedimiento, si no está de acuerdo con la propuesta formulada por la Administración.

¿Qué obligaciones y derechos específicos tiene el obligado tributario en el procedimiento de comprobación limitada?

Los obligados tributarios tienen la obligación de atender a la Administración tributaria y le deben prestar la debida colaboración en el desarrollo de sus funciones.

Cuando el obligado tributario hubiera sido requerido deberá personarse en el lugar, día y hora señalados para la práctica de las actuaciones, y deberá aportar la documentación y demás elementos solicitados.

La contabilidad deberá ser examinada en el domicilio, local, despacho u oficina del obligado tributario, en presencia del mismo o de la persona que designe, salvo que aquel consienta su examen en las oficinas públicas.

No obstante, la Administración tributaria podrá analizar en sus oficinas las copias de la contabilidad en cualquier soporte.

Con carácter previo a la resolución, la Administración debe notificar al obligado tributario la propuesta de resolución o de liquidación para que en un plazo de 10 días, contados a partir del día siguiente al de la notificación de la propuesta, alegue lo que convenga a su derecho, aunque se podrá prescindir del trámite de alegaciones cuando la resolución contenga manifestación expresa de que no procede regularizar la situación tributaria como consecuencia de la comprobación realizada.

Cuando la liquidación resultante del procedimiento comprobación limitada de datos sea una cantidad a devolver, existe el derecho a obtener los correspondientes intereses de demora.

Por último, el obligado tributario puede autorizar el examen de su contabilidad en las oficinas públicas por parte del funcionario competente.

¿De qué forma puede terminar el procedimiento de comprobación limitada?

a) Por resolución expresa de la Administración tributaria, con el contenido siguiente:

- Obligación tributaria o elementos de la misma y ámbito temporal objeto de la comprobación.
- Especificación de las actuaciones concretas realizadas.
- Relación de hechos y fundamentos de derecho que motiven la resolución.
- Liquidación provisional o, en su caso, manifestación expresa de que no procede regularizar la situación tributaria como consecuencia de la comprobación realizada.

b) Por caducidad, una vez transcurrido el plazo de seis meses desde el día en que se notificó el inicio del procedimiento sin que se haya notificado resolución expresa, sin que ello impida que la Administración tributaria pueda iniciar de nuevo este procedimiento dentro del plazo de prescripción.

La Sentencia del TS de 3 de noviembre de 2021 (recurso de casación 1648/2020), afirma: Conforme a lo establecido en el artículo 139.1 de la LGT, transcurridos seis meses desde el inicio del procedimiento de comprobación limitada sin haber recaído resolución expresa, la terminación del procedimiento por imperativo legal lo es por caducidad, debiendo la AT declarado terminado el procedimiento por inicio del procedimiento inspector; ahora bien, dictado este acto antes de la referida solicitud de declaración formal de caducidad, de entender la parte recurrente que se había producido la caducidad, debió recurrir dicho acto, declarando la terminación del procedimiento por los cauces previstos en el artículo 227.1, b) LGT

c) Por el inicio de un procedimiento inspector que incluya el objeto de la comprobación limitada.

La AT solo puede ampliar el alcance de sus actuaciones en comprobación limitada con motivación singularizada al caso, en el supuesto de que lo comunicara con carácter previo (ni simultáneo ni "a posteriori") a la apertura del plazo de alegaciones; siendo nulo, por lo tanto, el acto final del procedimiento de gestión (la liquidación y, en su caso, la sanción) en que se haya acordado esa ampliación en momento simultáneo o posterior a la concesión del plazo para la puesta de manifiesto y para efectuar alegaciones a la propuesta de liquidación (STS de 11 de diciembre de 2020).

¿Qué efectos tiene una liquidación practicada en un procedimiento de comprobación limitada?

Dictada resolución en un procedimiento de comprobación limitada, la Administración tributaria no podrá efectuar una nueva comprobación en relación con el objeto comprobado salvo que en un procedimiento de comprobación limitada o inspección posterior se descubran nuevos hechos o circunstancias que resulten de actuaciones distintas de las realizadas y especificadas en dicha resolución.

STS de 26 de noviembre de 2020 (recurso de casación 1072/2019). Realizada una comprobación limitada sobre un determinado tributo y ejercicio impositivo, la cual finalizó sin regularización de la cuota, no puede iniciarse con posterioridad otro procedimiento de comprobación limitada respecto del mismo impuesto y período, para solicitar documentación distintas a la que fue requerida en el primer procedimiento, sin que existan nuevos hechos o datos que no estuvieran a disposición de la Administración o que ésta no pudiera haber solicitado a la contribuyente en la primera comprobación realizada.

La RTEAC de 22 de septiembre de 2021 (RG 00/03799/2018), establece que, en aplicación de la doctrina del TS sobre retroacción de actuaciones, resulta que el alcance de un procedimiento de comprobación tributaria que es, posteriormente, ampliado durante el propio procedimiento, sin que así se comunique al obligado tributario, delimita el alcance de la comprobación y es una materia sustantiva del procedimiento; por ello, su infracción supone un vicio invalidez que conlleva la nulidad de pleno derecho de las actuaciones realizadas, sin que pueda producirse una retroacción de las mismas.

La STS de 28 de febrero de 2023, rec. número 598/2021, aplica el principio de regularización íntegra, no sólo a los procedimientos de inspección, sino también a los procedimientos de gestión tributaria, incluido el de comprobación limitada, sin que sea admisible remitir al contribuyente, para obtener la devolución de la cantidad doblemente percibida de un procedimiento nuevo de rectificación de la autoliquidación y devolución de ingresos indebidos, totalmente innecesario y contrario a los principios de eficacia, economía y proporcionalidad en la aplicación de los tributos.

5.3.2.2.3. *Control de presentación de declaraciones y autoliquidaciones*

Legislación

RGAT: artículos 153

Esquema del procedimiento:

- ❒ Objetivo: control esencialmente formal del cumplimiento de la obligación de presentar declaraciones y autoliquidaciones.
- ❒ Órgano competente: Gestión Tributaria.
- ❒ Fases: Inicio, tramitación, terminación.
- ❒ Duración: 3 meses.

¿Cuál es la finalidad de este procedimiento?

Realizar controles del cumplimiento de la obligación de presentar declaraciones, autoliquidaciones y comunicaciones de datos.

Dichos controles se realizan en los siguientes supuestos:

a) Cuando la obligación de presentación se derivase de la situación censal.

b) Cuando se ponga de manifiesto por la presentación de otras declaraciones, autoliquidaciones o comunicaciones de datos del propio obligado tributario.

c) Cuando se derive de información que obre en poder de la Administración procedente de terceras personas.

d) Cuando se ponga de manifiesto en el curso de otras actuaciones o procedimientos de aplicación de los tributos.

¿Cómo se inicia este procedimiento?

Este procedimiento se inicia de oficio por parte de la Administración

¿Qué actuaciones puede desarrollar la Administración en este procedimiento?

- ❒ Cuando la obligación de presentación se derivase de la situación censal, la Administración tributaria requerirá al obligado tributario para que presente la autoliquidación o declaración omitida o, en su caso, comunique la correspondiente modificación o baja censal.

- ❒ Cuando se ponga de manifiesto por la presentación de otras declaraciones, autoliquidaciones o comunicaciones de datos del propio obligado tributario, la Administración tributaria entenderá que existe omisión en la presentación de la declaración o autoliquidación y requerirá su presentación:
  - Cuando la obligación de presentar una declaración, autoliquidación o comunicación de datos se derive de la presentación por el propio obligado de declaraciones o autoliquidaciones a cuenta.
  - Cuando se omita la presentación de comunicaciones de datos o de declaraciones exigidas con carácter general en cumplimiento de la obligación de suministro de información y se hayan presentado declaraciones o autoliquidaciones periódicas asociadas a aquella.
- ❒ Cuando se derive de información que obre en poder de la Administración procedente de terceras personas, se considerará que se ha omitido la presentación de declaraciones o autoliquidaciones y se requerirá su presentación.

¿Qué efectos tiene el requerimiento de presentación efectuado por la Administración?

En los casos en que no se atienda el requerimiento o en los que, atendiéndose este, se presente una declaración o autoliquidación en la que se aprecien discrepancias respecto de los importes declarados o autoliquidados por el obligado tributario o por terceros, podrá iniciarse el correspondiente procedimiento de comprobación o investigación.

¿Qué derechos específicos se reconocen al obligado tributario en este procedimiento?

Cuando el obligado tributario alegue inexactitud o falsedad de la información en poder de la Administración suministrada por terceros, se podrá requerir al tercero para que ratifique dicha información.

¿De qué forma puede terminar éste procedimiento?

a) Por la presentación de la declaración, autoliquidación o comunicación de datos omitidas.

b) Por la justificación de la no sujeción o exención en el cumplimiento de la obligación de presentación. De dicha circunstancia se dejará constancia expresa en diligencia.

c) Por el inicio de un procedimiento de comprobación o investigación.

d) Por caducidad, una vez transcurrido el plazo de tres meses sin haberse notificado resolución expresa que ponga fin al procedimiento.

5.3.2.2.4. Procedimiento de control de otras obligaciones formales

Legislación

RGAT: artículo 154.

Esquema del procedimiento:

- ❒ Objetivo: control del cumplimiento de una obligación tributaria formal que no tenga procedimiento específico de control.
- ❒ Órgano competente: Gestión Tributaria.
- ❒ Fases: Inicio, tramitación, terminación.
- ❒ Duración: 6 meses.

¿Cuál es la finalidad de este procedimiento?

La finalidad es permitir el control del cumplimiento de cualquier obligación formal que no tenga un procedimiento específico de control.

¿Qué actuaciones puede desarrollar la Administración tributaria en este procedimiento?

- ❒ Examinar los datos y antecedentes en poder de la Administración tributaria que pongan de manifiesto la realización del hecho imponible o del presupuesto de una obligación tributaria, o la existencia de elementos determinantes de la misma no declarados o distintos a los declarados por el obligado tributario.
- ❒ Examinar los registros y demás documentos exigidos por la normativa tributaria y de cualquier otro libro, registro o documento de carácter oficial con excepción de la contabilidad mercantil.
- ❒ Examinar las facturas o documentos que sirvan de justificante de las operaciones incluidas en dichos libros, registros o documentos.

suspendida. A partir de dicha desagregación, cada parte del procedimiento se regirá por sus propios motivos de suspensión y extensión del plazo.

La suspensión del cómputo del plazo tendrá efectos desde que concurran las circunstancias anteriormente señaladas, lo que se comunicará al obligado tributario a efectos informativos, salvo que con esta comunicación pudiera perjudicarse la realización de investigaciones judiciales, circunstancia que deberá quedar suficientemente motivada en el expediente. En esta comunicación, se detallarán los periodos, obligaciones tributarias o elementos de éstas que se encuentran suspendidos y aquellos otros respecto de los que se continúa el procedimiento por no verse afectados por dichas causas de suspensión.

Una vez finalizada la suspensión, el procedimiento inspector continuará por el plazo que reste hasta su conclusión.

El obligado tributario podrá solicitar, antes de la apertura del trámite de audiencia, uno o varios periodos en los que la inspección no podrá efectuar actuaciones con el obligado tributario y quedará suspendido el plazo para atender los requerimientos efectuados al mismo. Dichos periodos no podrán exceder en su conjunto de 60 días naturales para todo el procedimiento y supondrán una extensión del plazo máximo de duración del mismo.

Dichos periodos tendrán un mínimo de 7 días naturales cada uno, y además deberán cumplirse varios requisitos para que la solicitud pueda prosperar:

- Que se solicite directamente al órgano actuante con anterioridad a los siete días naturales previos al inicio del periodo al que se refiera la solicitud.
- Que se justifique la concurrencia de circunstancias que lo aconsejen.
- Que se aprecie que la concesión de la solicitud no puede perjudicar el desarrollo de las actuaciones.

La solicitud que cumpla los requisitos establecidos en la norma se entenderá automáticamente concedida por el periodo solicitado, hasta el límite de los 60 días como máximo, con su presentación en plazo, salvo que se notifique de forma expresa la denegación antes de que se inicie el periodo solicitado. Se entenderá automáticamente denegada la solicitud de un periodo inferior a 7 días.

Además, la notificación expresa de la concesión antes de que se inicie el periodo solicitado podrá establecer un plazo distinto al solicitado por el obligado tributario.

Se conocen popularmente como "días de cortesía" en el procedimiento inspector.

Cuando durante el desarrollo del procedimiento inspector, el obligado tributario manifieste que no tiene o no va a aportar la información o documentación solicitada o no la aporta íntegramente en el plazo concedido en el tercer requerimiento, su aportación posterior determinará la extensión del plazo máximo de duración del procedimiento inspector por un período de tres meses, siempre que dicha aportación se produzca, una vez transcurrido al menos nueve meses desde su inicio. No obstante, la extensión será de 6 meses cuando la aportación se efectúe tras la formalización del acta y determine que el órgano competente para liquidar acuerde la práctica de actuaciones complementarias.

Asimismo, el plazo máximo de duración del procedimiento inspector se extenderá por un periodo de seis meses cuando, tras dejar constancia de la apreciación de las circunstancias determinantes de la aplicación del método de estimación indirecta, se aporten datos, documentos o pruebas relacionados con dichas circunstancias.

❐ “Órgano actuario y Órgano de liquidación”

- Son las normas de organización interna de la Administración tributaria las que determinan quién debe desarrollar las actuaciones inspectoras.
- Con carácter general, en el ámbito de la AEAT, son órganos de inspección (los que desarrollan las actuaciones de inspección y suscriben las actas) las Unidades de Inspección de distinto rango y nivel competencial establecidas en su propia normativa (con carácter general configuradas por varios funcionarios de la inspección al mando de un Jefe de Unidad de Inspección o de Equipo de Inspección), siendo órganos de liquidación sólo aquellos que tengan expresamente atribuida esa condición, normalmente en calidad de Inspector Jefe.

La STS de 17 de abril de 2023 (recurso de casación 5433/2021) establece que, por razones de eficacia, el criterio de la competencia territorial del órgano de inspección, determinado por el domicilio del obligado tributario, puede alterarse a través de un acuerdo de extensión de la competencia, atendiendo a la normativa de organización específica de atribución de competencias de la concreta AT siempre que: i) dicha normativa esté publicada, ii) la alteración competencial venga justificada por específicas circunstancias que impidan o dificulten el normal desarrollo de la actuación inspectora y iii) no resulte posible superar dichos impedimentos o dificultades a través de los mecanismos de colaboración entre los distintos órganos de la AT; requisitos estos que deberán ser, individual y específicamente motivados en el referido acuerdo de extensión de la competencia.

La referencia en la orden de carga del Plan de Inspección al programa de selección del obligado tributario no determina cuál ha de ser el alcance de las actuaciones inspectoras, cuya determinación corresponde a los órganos competentes de la AT y se hará constar en la comunicación de inicio de las actuaciones inspectoras (STS de 19 de febrero de 2020).

¿Qué sucede si se incumple el plazo del procedimiento inspector?

El incumplimiento del plazo de duración del procedimiento inspector no determinará la caducidad del procedimiento, el cual continuará hasta su terminación, pero producirá los siguientes efectos respecto a las obligaciones tributarias pendientes de liquidar:

a) No se considerará interrumpida la prescripción como consecuencia de las actuaciones inspectoras desarrolladas durante el plazo de duración del procedimiento

La prescripción se entenderá interrumpida por la realización de actuaciones con posterioridad a la finalización del plazo. El obligado tributario tendrá derecho a ser informado sobre los conceptos y períodos a que alcanzan las actuaciones que vayan a realizarse.

b) Los ingresos realizados desde el inicio del procedimiento inspector hasta la primera actuación practicada con posterioridad al incumplimiento del plazo de duración del procedimiento previsto en el apartado 1 y que hayan sido imputados por el obligado tributario al tributo y período objeto de las actuaciones inspectoras tendrán el carácter de espontáneos a los efectos del artículo 27 LGT.

c) No se exigirán intereses de demora desde que se produzca dicho incumplimiento hasta la finalización del procedimiento.

La realización de actuaciones con conocimiento formal del obligado tributario con posterioridad a la finalización del plazo máximo de duración del procedimiento tendrá efectos interruptivos de la prescripción respecto de la totalidad de las obligaciones tributarias y periodos a los que se refiera el procedimiento.

Si la superación del plazo máximo se constata durante el procedimiento de inspección, esta circunstancia se le comunicará formalmente al obligado tributario indicándole las obligaciones y periodos por los que se continúa el procedimiento

Cuando una resolución judicial o económico-administrativa aprecie defectos formales y ordene la retroacción de las actuaciones inspectoras, éstas deberán finalizar en el período que reste desde el momento al que se retrotraigan las actuaciones hasta la conclusión del plazo previsto en el apartado 1 o en seis meses, si este último fuera superior. El citado plazo se computará desde la recepción del expediente por el órgano competente para ejecutar la resolución.

Se exigirán intereses de demora por la nueva liquidación que ponga fin al procedimiento. La fecha de inicio del cómputo del interés de demora será la misma que, de acuerdo con lo establecido en el apartado 2 del artículo 26, hubiera correspondido a la liquidación anulada y el interés se devengará hasta el momento en que se haya dictado la nueva liquidación.

¿Cómo se inicia un procedimiento de inspección?

El procedimiento de inspección se iniciará:

a) De oficio.

El inicio de oficio puede realizarse de dos formas:

1.- Mediante comunicación escrita

El procedimiento de inspección puede iniciarse mediante comunicación notificada al obligado tributario para que se persone en el lugar, día y hora que se le señale y tenga a disposición de los órganos de inspección o aporte la documentación y demás elementos que se estimen necesarios, con el siguiente contenido:

a) Lugar y fecha de su expedición.

b) Nombre y apellidos o razón social o denominación completa y Número de Identificación Fiscal de la persona o entidad a la que se dirige.

c) Lugar al que se dirige.

d) Hechos o circunstancias que se comunican o contenido del requerimiento que se realiza mediante la comunicación.

e) Órgano que la expide y nombre y apellidos y firma de la persona que la emite.

Específicamente deberá incorporar:

a) Procedimiento que se inicia.

b) Objeto del procedimiento con indicación expresa de las obligaciones tributarias o elementos de las mismas y, en su caso, períodos impositivos o de liquidación o ámbito temporal.

c) Requerimiento que, en su caso, se formula al obligado tributario y plazo que se concede para su contestación o cumplimiento.

d) Efecto interruptivo del plazo legal de prescripción.

e) En su caso, la propuesta de resolución o de liquidación cuando la Administración cuente con la información necesaria para ello.

f) En su caso, la indicación de la finalización de otro procedimiento de aplicación de los tributos, cuando dicha finalización se derive de la comunicación de inicio del procedimiento que se notifica.

2.- Mediante personación

Sin previa comunicación, mediante personación en la empresa, oficinas, dependencias, instalaciones, centros de trabajo o almacenes del obligado tributario o donde exista alguna prueba de la obligación tributaria, aunque sea parcial.

En este caso, las actuaciones se entenderán con el obligado tributario si estuviese presente y, de no estarlo, con los encargados o responsables de tales lugares. Las actuaciones se documentarán en diligencia (respecto del contenido de las diligencias ver capítulo de derechos de los obligados tributarios en relación con el contenido de las diligencias).

b) A instancia.

A petición del obligado tributario que esté siendo objeto de unas actuaciones de inspección de carácter parcial, que podrá solicitar a la Administración tributaria que las mismas tengan carácter general respecto al tributo y, en su caso, períodos afectados.

El obligado tributario deberá formular la solicitud en el plazo de 15 días desde la notificación del inicio de las actuaciones inspectoras de carácter parcial.

La Administración tributaria deberá ampliar el alcance de las actuaciones o iniciar la inspección de carácter general en el plazo de seis meses desde la solicitud.

La solicitud deberá formularse mediante escrito dirigido al órgano competente para liquidar o comunicarse expresamente al actuario, quien deberá recoger esta manifestación en diligencia.

Esta solicitud incluirá:

a) Nombre y apellidos o razón social o denominación completa, Número de Identificación Fiscal del obligado tributario y, en su caso, del representante.

b) Hechos, razones y petición en que se concrete la solicitud.

c) Lugar, fecha y firma del solicitante o acreditación de la autenticidad de su voluntad expresada por cualquier medio válido en derecho.

d) Órgano al que se dirige.

Recibida la solicitud, el órgano competente para liquidar acordará si la inspección de carácter general se va a realizar como ampliación del alcance del procedimiento ya iniciado o mediante el inicio de otro procedimiento.

La inadmisión de la solicitud por no cumplir los requisitos establecidos deberá estar motivada y será notificada al obligado tributario.

Contra el acuerdo de inadmisión no podrá interponerse recurso de reposición ni reclamación económico-administrativa, sin perjuicio de que pueda reclamarse contra el acto o actos administrativos que pongan fin al procedimiento de inspección.

STS de 3 de octubre de 2022 (recurso de casación 1566/2021). El consentimiento prestado tras la entrega del anexo informativo sobre derechos y obligaciones del obligado tributario, antes de realizarse la inspección, ha de considerarse como un consentimiento prestado de forma libre e informada.

¿Qué actuaciones puede desarrollar la Administración en este procedimiento?

1.- Examen de documentos, libros, contabilidad principal y auxiliar, ficheros, facturas, justificantes, correspondencia con transcendencia tributaria, bases de datos informatizadas, programas, registros y archivos informáticos relativos a actividades económicas.

2.- Inspección de bienes, elementos, explotaciones y cualquier otro antecedente o información que deba de facilitarse a la Administración o que sea necesario para la exigencia de las obligaciones tributarias.

Se pueden examinar, entre otros, los siguientes documentos de los obligados tributarios:

a) Declaraciones, autoliquidaciones, comunicaciones de datos o solicitudes presentadas por los obligados tributarios relativas a cualquier tributo.

b) Contabilidad de los obligados tributarios, que comprenderá tanto los registros y soportes contables como las hojas previas o accesorias que amparen o justifiquen las anotaciones contables.

c) Libros registro establecidos por las normas tributarias.

d) Facturas, justificantes y documentos sustitutivos que deban emitir o conservar los obligados tributarios.

e) Documentos, datos, informes, antecedentes y cualquier otro documento con trascendencia tributaria.

Los obligados tributarios deberán poner a disposición del personal inspector la documentación a la que se ha hecho referencia, pero cuando se requiera al obligado tributario para que aporte datos, informes o antecedentes distintos de aquellos, se concederá un plazo no inferior a 10 días, contados a partir del siguiente al de la notificación del requerimiento, para cumplir con este deber de colaboración.

El plazo concedido para la contestación a las reiteraciones de los requerimientos de información que no deba hallarse a disposición inmediata de la Administración tributaria será con carácter general de 5 días hábiles.

Cuando los sujetos obligados a relacionarse a través de medios electrónicos con las Administraciones Públicas aporten documentación directamente al órgano de inspección actuante en el curso de su comparecencia, la documentación podrá ser admitida por dicho órgano con el objeto de lograr la eficacia de la actuación administrativa. En caso de admitirse, el obligado tributario no estará obligado a remitir tales documentos por medios electrónicos.

3.- Entrar en las fincas, locales de negocio y demás establecimientos o lugares en que se desarrollen actividades o explotaciones sometidas a gravamen, existan bienes sujetos a tributación, se produzcan hechos imponibles o supuestos de hecho de las obligaciones tributarias o exista alguna prueba de los mismos.

Cuando el obligado tributario o la persona bajo cuya custodia se encontraran los mencionados lugares se opusiera a la entrada de los funcionarios de inspección, se precisará autorización escrita del delegado o del director de departamento de la Agencia Tributaria del que dependa el órgano actuante.

Cuando la entrada o reconocimiento afecte al domicilio constitucionalmente protegido de un obligado tributario, se precisará el consentimiento del interesado o autorización judicial.

Se considera que el obligado tributario o la persona bajo cuya custodia se encuentren prestan su conformidad a la entrada y reconocimiento cuando ejecuten los actos normalmente necesarios que dependan de ellos para que las actuaciones puedan llevarse a cabo.

Si se produce la revocación del consentimiento del obligado tributario para la permanencia en los lugares en los que se estén desarrollando las actuaciones, antes de la finalización de estas, podrán adoptarse las correspondientes medidas cautelares.

La Ley 11/2021, de 9 de julio, de medidas de prevención y lucha contra el fraude fiscal, de transposición de la Directiva (UE) 2016/1164, del Consejo, de 12 de julio de 2016, por la que se establecen normas contra las prácticas de elusión fiscal que inciden directamente en el funcionamiento del mercado interior, de modificación de diversas normas tributarias y en materia de regulación del juego, ha introducido modificaciones en los artículos 113 y 142 de la Ley General Tributaria en relación con la regulación de la entrada en domicilio y el procedimiento para requerir la correspondiente autorización judicial.

En este sentido, y en el ámbito específico de las facultades de la Inspección Tributaria, el art. 142.2 LGT dispone que:

"Cuando las actuaciones inspectoras lo requieran, los funcionarios que desarrollen funciones de inspección de los tributos podrán entrar, en las condiciones que reglamentariamente se determinen, en las fincas, locales de negocio y demás establecimientos o lugares en que se desarrollen actividades o explotaciones sometidas a gravamen, existan bienes sujetos a tributación, se produzcan hechos imponibles o supuestos de hecho de las obligaciones tributarias o exista alguna prueba de los mismos.

Para el acceso a los lugares mencionados en el párrafo anterior de los funcionarios de la inspección de los tributos, se precisará de un acuerdo de entrada de la autoridad administrativa que reglamentariamente se determine, salvo que el obligado tributario o la persona bajo cuya custodia se encontraren otorguen su consentimiento para ello.

Cuando para el ejercicio de las actuaciones inspectoras sea necesario entrar en el domicilio constitucionalmente protegido del obligado tributario, se aplicará lo dispuesto en el artículo 113 de esta Ley. La solicitud de autorización judicial requerirá incorporar el acuerdo de entrada a que se refiere el mencionado artículo, suscrito por la autoridad administrativa que reglamentariamente se determine".

En el ámbito de la Agencia Estatal de Administración Tributaria, cuando el obligado tributario o la persona bajo cuya custodia se encontraran los mencionados lugares se opusiera a la entrada de los funcionarios de inspección, se precisará de un acuerdo de entrada del delegado o del director de departamento del que dependa el órgano actuante, sin perjuicio de la adopción de las medidas cautelares que procedan, art. 172 RGAT.

En el ámbito de la Dirección General del Catastro el acuerdo a que se refiere el párrafo anterior corresponderá al Director General.

Cuando la entrada o reconocimiento afecte al domicilio constitucionalmente protegido de un obligado tributario, se precisará el consentimiento del interesado o autorización judicial. El acuerdo de entrada incorporado a la solicitud de autorización judicial corresponderá a las autoridades a que se refiere el apartado anterior.

En la entrada y reconocimiento judicialmente autorizados, los funcionarios de inspección podrán adoptar las medidas cautelares que estimen necesarias.

Una vez finalizada la entrada y reconocimiento, se comunicará al órgano jurisdiccional que las autorizaron las circunstancias, incidencias y resultados.

Se considerará que el obligado tributario o la persona bajo cuya custodia se encuentren los lugares a que se refiere el artículo 142.2 de la Ley 58/2003, de 17 de diciembre, General Tributaria, prestan su conformidad a la entrada y reconocimiento cuando ejecuten los actos normalmente necesarios que dependan de ellos para que las actuaciones puedan llevarse a cabo.

Si se produce la revocación del consentimiento del obligado tributario para la permanencia en los lugares en los que se estén desarrollando las actuaciones, los funcionarios de inspección, antes de la finalización de estas, podrán adoptar las medidas cautelares reguladas en el artículo 146 de la Ley 58/2003, de 17 de diciembre, General Tributaria.

4.- Exigir la personación del obligado tributario, por sí o por medio de representante, en el lugar, día y hora señalados para la práctica de las actuaciones.

Excepcionalmente, y de forma motivada, la inspección podrá requerir la comparecencia personal del obligado tributario cuando la naturaleza de las actuaciones a realizar así lo exija.

El obligado tributario o su representante deberán hallarse presentes en las actuaciones inspectoras cuando a juicio del órgano de inspección sea preciso para la adecuada práctica de aquellas.

Los obligados tributarios deberán atender a los órganos de inspección y les prestarán la debida colaboración en el desarrollo de sus funciones.

Tratándose de un grupo que tribute en el régimen de consolidación fiscal, en relación con el Impuesto sobre Sociedades, o en el régimen especial del grupo de entidades, en relación con el Impuesto sobre el Valor Añadido, deberán atender a los órganos de inspección tanto la sociedad representante del grupo como las entidades dependientes.

El obligado tributario o su representante deberán hallarse presentes en las actuaciones inspectoras cuando a juicio del órgano de inspección sea preciso para la adecuada práctica de aquellas.

En los puertos, estaciones de ferrocarril y de los demás transportes terrestres, en los aeropuertos o en los mercados centrales, mataderos, lonjas y lugares de naturaleza análoga, se permitirá libremente la entrada del personal inspector a sus estaciones, muelles, oficinas y demás instalaciones para la toma de datos de facturaciones, entradas y salidas u otros similares, y se podrá requerir a los empleados para que ratifiquen los datos y antecedentes tomados.

5.- Recabar información de los trabajadores o empleados sobre cuestiones relativas a las actividades en que participen.

Asimismo, el personal inspector está facultado para:

- **a)** Recabar información de los trabajadores o empleados sobre cuestiones relativas a las actividades en que participen.
- **b)** Realizar mediciones o tomar muestras, así como obtener fotografías, croquis o planos. Estas operaciones podrán ser realizadas por el personal inspector en los términos del artículo 169.
- **c)** Recabar el dictamen de peritos. A tal fin, en los órganos con funciones de inspección podrá prestar sus servicios el personal facultativo.
- **d)** Exigir la exhibición de objetos determinantes de la exacción de un tributo.
- **e)** Verificar los sistemas de control interno de la empresa, cuando pueda facilitar la comprobación de la situación tributaria del obligado.

Todo ello, según el art. 173.RGAT.

6.- Verificar los sistemas de control interno de la empresa, cuando pueda facilitar la comprobación de la situación tributaria del obligado.

7.- Verificar y analizar los sistemas y equipos informáticos mediante los que se lleve a cabo, total o parcialmente, la gestión de la actividad económica.

8.- Exigir la aportación o tener a disposición de la inspección la documentación y demás elementos solicitados.

9.- Adoptar medidas cautelares debidamente motivadas para impedir que desaparezcan, se destruyan o alteren las pruebas determinantes de la existencia o cumplimiento de obligaciones tributarias o que se niegue posteriormente su existencia o exhibición.

Las medidas podrán consistir, en su caso, en el precinto, depósito o incautación de las mercancías o productos sometidos a gravamen, así como de libros, registros, documentos, archivos, locales o equipos electrónicos de tratamiento de datos que puedan contener la información de que se trate.

En la muy importante STS de 29 de septiembre de 2023, Sala de lo Contencioso-Administrativo, Sección 2ª, rec. 4542/2021, ésta se refiere a unas actuaciones inspectoras realizadas a una persona física que actuaba por medio de representante.

En el curso de una comparecencia del interesado en las oficinas de la Inspección, se le solicitó que la Unidad de Auditoría Informática hiciera una copia de la contabilidad contenida en el ordenador portátil que llevaba y utilizaba frecuentemente en sus visitas inspectoras.

El interesado no accedió y se le aplicó una medida cautelar del art. 148 de la LGT, incautándosele el equipo, señalándole que ello no sería necesario en el supuesto de que permitiera el copia del disco duro, lo cual acabo aceptando.

La Inspección, posteriormente, obtuvo autorización judicial de acceso y copia de los datos obrantes en el disco duro precintado.

El TS, en primer lugar, afirma que no se trata de un problema de inviolabilidad del domicilio, pues el ordenador no puede considerarse domicilio y se trata de otros derechos fundamentales, caso de la intimidad personal y familiar.

Ante la ausencia de normativa y jurisprudencia, el TS extiende al supuesto su doctrina sobre la entrada al domicilio constitucionalmente protegido y, en este sentido, indica la falta de proporcionalidad en la actuación inspectora, por no haber separado en el disco los elementos que pudieran tener incidencia tributario de los que no afectaba a la situación fiscal del sujeto y, puesto que el auto y la sentencia objeto de enjuiciamiento casacional no ha tenido en cuenta estas exigencias, se han vulnerado los derechos constitucionales de la persona física, caso de la intimidad personal y familiar, secreto de las comunicaciones y la protección de datos de carácter personal.

Respecto al consentimiento previo para el copiado, éste fue debido a la coacción de la inspección, ni tampoco se le informó al interesado acerca del alcance de la obligación.

Se aplican los principios de necesidad, adecuación y proporcionalidad de la medida en los accesos a ordenadores personales fuera del domicilio del contribuyente.

Dado el alcance de la precitada STS, se está planteando, ahora, si cuando hay autorización para el acceso al domicilio de una persona se necesita también una autorización judicial específica para acceder al ordenador personal del residente en ese domicilio.

¿Qué derechos específicos se reconocen al obligado tributario en la tramitación de este procedimiento?

Cuando el órgano de inspección considere que se han obtenido los datos y las pruebas necesarios para fundamentar la propuesta de regularización o para considerar correcta la situación tributaria del obligado, se notificará el inicio del trámite de audiencia previo a la formalización de las actas de conformidad o de disconformidad.

En la misma notificación de apertura del trámite de audiencia podrá fijarse el lugar, fecha y hora para la formalización de las actas.

¿De qué forma puede terminar este procedimiento? Las actas de inspección

El procedimiento de inspección conlleva la extensión de las denominadas actas de inspección, que, jurídicamente, no constituyen una liquidación tributaria, sino una propuesta de liquidación.

En el acta lo que se recoge es la descripción de los elementos esenciales del hecho imponible y de su atribución al obligado tributario, es decir, los elementos de hecho.

Además se incorporan los fundamentos de derecho que los que se basa la regularización, que se refieren a la correcta aplicación de la norma reguladora del tributo al caso concreto, al hecho imponible, para concluir con una propuesta de regularización que no es otra cosa que una cuantificación de la deuda tributaria.

Esa cuantificación, que en el acta no es otra cosa, como ya se ha dicho, que una propuesta, adquiere la consideración jurídica de liquidación, es decir, de deuda tributaria exigible, posteriormente, en función del tipo de acta que se haya suscrito.

La liquidación es por tanto la cuantificación de la deuda tributaria (o de la cantidad que resulte a devolver) de acuerdo con la normativa tributaria.

Si el acta hubiese sido de las denominadas "en conformidad", es decir, firmada por el obligado tributario aceptando la regularización propuesta, la liquidación nace, automáticamente, por el transcurso del plazo de un mes desde su firma. Y a partir de ese momento se abre el plazo de ingreso para el obligado.

Si el acta hubiese lo hubiese sido de las denominadas "en disconformidad", entonces existe un trámite posterior en el que un órgano de la Inspección distinto del actuario, la denominada Oficina Técnica, revisa el expediente, proponiendo al Inspector Jefe una liquidación que puede coincidir o no con la incorporada al acta (propuesta).

Acordada dicha liquidación (la propuesta por la Oficina Técnica) por el Inspector Jefe, y notificada la misma, se abre el plazo de ingreso para el obligado tributario.

La tercera modalidad de Actas de Inspección reconocidas en nuestra LGT son las denominadas Actas "con acuerdo".

Las "Actas con acuerdo" se producen, cuando para la elaboración de la propuesta de regularización deba concretarse la aplicación de conceptos jurídicos indeterminados, p.e. valoraciones en cuestiones ligadas a precios de transferencia o cuando resulte necesaria la apreciación de los hechos determinantes para la correcta aplicación de la norma al caso concreto, o cuando sea preciso realizar estimaciones, valoraciones o mediciones de datos, elementos o características relevantes para la obligación tributaria que no puedan cuantificarse de forma cierta.

En tales condiciones, la Administración tributaria, con carácter previo a la liquidación de la deuda tributaria, podrá concretar dicha aplicación, la apreciación de aquellos hechos o la estimación, valoración o medición mediante un acuerdo con el obligado tributario.

Dicho lo anterior, las liquidaciones pueden ser de dos tipos:

- Definitivas: sólo son definitivas las liquidaciones practicadas por los órganos de Inspección previa comprobación e investigación de todos los elementos de una obligación tributaria. La consecuencia más relevante de dictar una liquidación definitiva es que la Administración no puede volver a comprobar la misma (por ejemplo, si la Inspección cita para comprobar el IRPF del ejercicio 2021 y dicta una liquidación definitiva, no podrá volver a comprobar dicho concepto y periodo). Es el denominado efecto preclusivo.
- Provisionales: serán provisionales todas las que no sean definitivas. La consecuencia de una liquidación provisional es que no se produciría el efecto preclusivo a que más arriba se ha hecho referencia, pudiéndose regularizar de nuevo el mismo concepto y periodo si concurriesen determinadas circunstancias tasadas en la ley.

En cualquier acta de inspección se debe hacer constar:

a) El lugar y fecha de su formalización.
b) El nombre y apellidos o razón social completa, el Número de Identificación Fiscal y el domicilio fiscal del obligado tributario, así como el nombre, apellidos y Número de Identificación Fiscal de la persona con la que se entienden las actuaciones y el carácter o representación con que interviene en las mismas.

c) Los elementos esenciales del hecho imponible o presupuesto de hecho de la obligación tributaria y de su atribución al obligado tributario, así como los fundamentos de derecho en que se base la regularización.

d) En su caso, la regularización de la situación tributaria del obligado y la propuesta de liquidación que proceda.

e) La conformidad o disconformidad del obligado tributario con la regularización y con la propuesta de liquidación.

f) Los trámites del procedimiento posteriores al acta y, cuando ésta sea con acuerdo o de conformidad, los recursos que procedan contra el acto de liquidación derivado del acta, órgano ante el que hubieran de presentarse y plazo para interponerlos.

g) La existencia o inexistencia, en opinión del actuario, de indicios de la comisión de infracciones tributarias.

h) Nombre y apellidos de los funcionarios que las suscriban.

i) La fecha de inicio de las actuaciones, las ampliaciones de plazo que, en su caso, se hubieran producido y el cómputo de las interrupciones justificadas y de las dilaciones no imputables a la Administración acaecidas durante las actuaciones.

j) La presentación o no de alegaciones por el obligado tributario durante el procedimiento o en el trámite de audiencia y, en el caso de que las hubiera efectuado, la valoración jurídica de las mismas por el funcionario que suscribe el acta.

k) El carácter provisional o definitivo de la liquidación que derive del acta. En el caso de liquidación provisional se harán constar las circunstancias que determinan dicho carácter y los elementos de la obligación tributaria a que se haya extendido la comprobación.

Además, en las Actas con acuerdo se incluirá:

a) El fundamento de la aplicación, estimación, valoración o medición realizada.

b) Los elementos de hecho, fundamentos jurídicos y cuantificación de la propuesta de regularización.

c) Los elementos de hecho, fundamentos jurídicos y cuantificación de la propuesta de sanción que en su caso proceda, a la que será de aplicación la reducción prevista en el apartado 1 del artículo 188 de esta ley, así como la renuncia a la tramitación separada del procedimiento sancionador.

d) Manifestación expresa de la conformidad del obligado tributario con la totalidad del contenido a que se refieren los párrafos anteriores.

Formalización de las actas:

Las actas serán firmadas por el funcionario y por el obligado tributario, pudiendo suscribirse mediante firma manuscrita o mediante firma electrónica.

Si el obligado tributario no supiera o no pudiera firmarlas, si no compareciera en el lugar y fecha señalados para su firma o si se negara a suscribirlas, serán firmadas sólo por el funcionario y se hará constar la circunstancia de que se trate.

De cada acta se entregará un ejemplar al obligado tributario, que se entenderá notificada por su firma. En caso de firma electrónica, la entrega del ejemplar se podrá sustituir por la entrega de datos necesarios para su acceso por medios electrónicos.

Si aquel no hubiera comparecido, las actas deberán ser notificadas conforme a las reglas generales de notificación, y se suspenderá el cómputo del plazo del procedimiento inspector desde el intento de notificación del acta al obligado tributario hasta que se consiga efectuar la notificación.

Si el obligado tributario compareciese y se negase a suscribir las actas se considerará rechazada la notificación.

Cuando el interesado no comparezca o se niegue a suscribir las actas, se formalizarán actas de disconformidad.

Como se dijo más arriba, las actas de inspección no contienen una liquidación tributaria, sino una propuesta de liquidación, por ello no pueden ser objeto de recurso o reclamación económico-administrativa, sin perjuicio de los que procedan contra las liquidaciones tributarias resultantes de aquellas.

Los dos tipos fundamentales de actas son las actas de conformidad y las actas de disconformidad.

Los modelos de Actas se aprobaron mediante la Resolución de 29 de noviembre de 2007, de la Dirección General de la Agencia Estatal de Administración Tributaria, por la que se aprueban los modelos de actas de la Inspección de los Tributos, publicada en el BOE del 8 de diciembre de 2007.

En relación con los modelos de Actas de Inspección, hay que tener en cuenta también la Resolución de 12 de abril de 2016, de la Dirección General de la Agencia Estatal de Administración Tributaria, por la que se modifica la de 29 de noviembre de 2007, por la que se aprueban los modelos de actas de la Inspección de los Tributos.

Las características fundamentales de la tramitación y consecuencias de una y otra son:

1.- Actas de conformidad

Con carácter previo a la firma del acta de conformidad se concederá trámite de audiencia al interesado para que alegue lo que convenga a su derecho. Cuando el obligado tributario o su representante manifiesten su conformidad con la propuesta de regularización que formule la inspección de los tributos, se hará constar expresamente esta circunstancia en el acta.

Como el acta lo que contiene es una mera propuesta de liquidación, ésta, la liquidación, se entenderá producida y notificada (de acuerdo con la propuesta formulada en el acta) si, en el plazo de un mes contado desde el día siguiente a la fecha del acta, no se hubiera notificado al interesado acuerdo del órgano competente para liquidar, con alguno de los siguientes contenidos:

a) Rectificando errores materiales.

b) Ordenando completar el expediente mediante la realización de las actuaciones que procedan.

c) Confirmando la liquidación propuesta en el acta.

d) Estimando que en la propuesta de liquidación ha existido error en la apreciación de los hechos o indebida aplicación de las normas jurídicas y concediendo al interesado plazo de audiencia previo a la liquidación que se practique.

Es importante recordar el mecanismo de nacimiento de la liquidación en este tipo de actas, al que se hizo referencia más arriba, por cuanto que la existencia jurídica de la liquidación por el transcurso del mes determinará la apertura del plazo de ingreso en periodo voluntario de la deuda liquidada.

2.- Actas de disconformidad

Con carácter previo a la firma del acta de disconformidad se concederá trámite de audiencia al interesado para que alegue lo que convenga a su derecho.

En el acta de disconformidad se expresarán con el detalle que sea preciso los hechos y fundamentos de derecho en que se base la propuesta de regularización.

La información recogida en el acta que sea necesario completar podrá ser objeto de desarrollo en un informe ampliatorio, que se entregará al obligado tributario de forma conjunta con el acta.

También se recogerá en el acta de forma expresa la disconformidad manifestada por el obligado tributario o las circunstancias que determinan su tramitación como acta de disconformidad, sin perjuicio de que en su momento pueda alegar cuanto convenga a su derecho.

Cuando el obligado tributario o su representante no suscriba el acta o manifieste su disconformidad con la propuesta de regularización que formule la inspección de los tributos, se hará constar expresamente esta circunstancia en el acta, a la que se acompañará un informe del actuario en el que se expongan los fundamentos de derecho en que se base la propuesta de regularización.

En el plazo de 15 días desde la fecha en que se haya extendido el acta o desde la notificación de la misma, el obligado tributario podrá formular alegaciones ante el órgano competente para liquidar.

3. Actas con acuerdo.

Además de las actas mencionadas, que son las más habituales, existe otro tipo específico denominado Actas con Acuerdo, que se utilizan cuando para la elaboración de la propuesta de regularización deba concretarse la aplicación de conceptos jurídicos indeterminados, cuando resulte necesaria la apreciación de los hechos determinantes para la correcta aplicación de la norma al caso concreto, o cuando sea preciso realizar estimaciones, valoraciones o mediciones de datos, elementos o características relevantes para la obligación tributaria que no puedan cuantificarse de forma cierta.

En estos casos la Administración tributaria, con carácter previo a la liquidación de la deuda tributaria, podrá concretar dicha aplicación, la apreciación de aquellos hechos o la estimación, valoración o medición mediante un acuerdo con el obligado tributario en los términos previstos en la norma.

Recibidas las alegaciones, el órgano competente dictará la liquidación que proceda, que será notificada al interesado.

La notificación de la liquidación determinará la apertura del plazo de ingreso en voluntaria de la deuda liquidada.

Para la suscripción del acta con acuerdo será necesaria la concurrencia de los siguientes requisitos:

a) Autorización del órgano competente para liquidar, que podrá ser previa o simultánea a la suscripción del acta con acuerdo.

b) La constitución de un depósito, aval de carácter solidario de entidad de crédito o sociedad de garantía recíproca o certificado de seguro de caución, de cuantía suficiente para garantizar el cobro de las cantidades que puedan derivarse del acta.

El acuerdo se perfeccionará mediante la suscripción del acta por el obligado tributario o su representante y la inspección de los tributos.

Se entenderá producida y notificada la liquidación y, en su caso, impuesta y notificada la sanción, en los términos de las propuestas formuladas, si transcurridos diez días, contados desde el siguiente a la fecha del acta, no se hubiera notificado al interesado acuerdo del órgano competente para liquidar rectificando los errores materiales que pudiera contener el acta con acuerdo.

Confirmadas las propuestas, el depósito realizado se aplicará al pago de dichas cantidades. Si se hubiera presentado aval o certificado de seguro de caución, el ingreso deberá realizarse en el plazo al que se refiere el apartado 2 del artículo 62 de esta ley, o en el plazo o plazos fijados en el acuerdo de aplazamiento o fraccionamiento que la Administración tributaria hubiera concedido con dichas garantías y que el obligado al pago hubiera solicitado con anterioridad a la finalización del plazo del apartado 2 del artículo 62 de la LGT.

El contenido del acta con acuerdo se entenderá íntegramente aceptado por el obligado y por la Administración tributaria. La liquidación y la sanción derivadas del acuerdo sólo podrán ser objeto de impugnación o revisión en vía administrativa por el procedimiento de declaración de nulidad de pleno derecho previsto en el artículo 217 de la LGT, y sin perjuicio del recurso que pueda proceder en vía contencioso-administrativa por la existencia de vicios en el consentimiento.

La falta de suscripción de un acta con acuerdo en un procedimiento inspector no podrá ser motivo de recurso o reclamación contra las liquidaciones derivadas de actas de conformidad o disconformidad.

En relación con el procedimiento de Inspección resultan de interés las siguientes resoluciones y sentencias:

- ❒ TEAC de 24 de junio de 2020, RG 223/2019, en relación con el inicio de un procedimiento de inspección que incluya el objeto de un procedimiento de comprobación limitada previamente caducado.
- ❒ STS de 19 de febrero de 2020, recuso 240/2018, en relación con la orden de carga en plan de inspección y su diferencia con el alcance de las actuaciones inspectoras *(Tol 7790594)*.
- ❒ STS (Penal) de 3 de octubre de 2019, sentencia número 450/2019, relativa a la delimitación de los supuestos en los que es necesaria autorización judicial para entrada en locales abiertos al público *(Tol 7536578)*.
- ❒ STS número 479/2019, recurso de casación 4632/2017, en la que se analiza el efecto de los previos requerimientos de obtención de información realizados al propio obligado tributario, que no suponen el inicio de un procedimiento inspector *(Tol 6486700)*.
- ❒ STS de 27 de septiembre de 2022, recurso de casación 5625/2000. El plazo para llevar a cabo una ejecución que consiste en la anulación, por motivos de fondo, de un acuerdo de liquidación en un procedimiento inspector, para dictar nueva liquidación conforme a lo resuelto en el órgano económico-administrativo, así como la anulación de las resoluciones sancionadoras para adecuar su importe a la nueva base resultante del acuerdo de liquidación, es de un mes y la consecuencia jurídica deriva de su incumplimiento es la no exigencia de intereses de demora.

  Como "dies a quo", a efectos del cómputo del mes, se establece la fecha en que la resolución tiene entrada en el Registro de la AEAT, "por ser el que ofrece mayor transparencia y fiabilidad a los terceros.

5.3.3. *Infracciones y sanciones*

Legislación

LGT: artículos 178 a 212.

Reglamento Sancionador Tributario, aprobado por el Real Decreto 2063/2004, de 15 de octubre. BOE nº 260, del 28-10-2004.

5.3.3.1. Las infracciones tributarias

Son infracciones tributarias las acciones u omisiones dolosas o culposas con cualquier grado de negligencia que estén tipificadas y sancionadas como tales en la ley.

Es importante señalar que la comisión de la infracción puede producirse aun cuando no exista una intencionalidad por parte del obligado tributario de incurrir en la misma, ya que la propia ley señala expresamente que la comisión puede producirse por cualquier grado de negligencia, es decir, no se precisa lo que en términos penales se denomina "dolo específico", entendido éste como la conciencia y voluntad de vulnerar la norma con la actuación que se desarrolla.

¿Cuándo no existe responsabilidad por la infracción cometida?

Las acciones u omisiones tipificadas en las leyes no darán lugar a responsabilidad por infracción tributaria en los siguientes supuestos:

a) Cuando se realicen por quienes carezcan de capacidad de obrar en el orden tributario.

b) Cuando concurra fuerza mayor.

c) Cuando deriven de una decisión colectiva, para quienes hubieran salvado su voto o no hubieran asistido a la reunión en que se adoptó la misma.

d) Cuando se haya puesto la diligencia necesaria en el cumplimiento de las obligaciones tributarias.

Entre otros supuestos, se puede entender que se ha puesto la diligencia necesaria cuando el obligado haya actuado amparándose en una interpretación razonable de la norma o cuando el obligado tributario haya ajustado su actuación a los criterios manifestados por la Administración tributaria competente en las actuaciones de información y asistencia.

Especialmente tampoco se exigirá esta responsabilidad si el obligado tributario ajusta su actuación a los criterios manifestados por la Administración en la contestación a una consulta formulada por otro obligado, siempre que entre sus circunstancias y las mencionadas en la contestación a la consulta exista una igualdad sustancial que permita entender aplicables dichos criterios y éstos no hayan sido modificados.

En este punto es preciso indicar que, por lo que se refiere al caso concreto del conflicto en la aplicación de la norma, artículo 15 LGT, la LGT señala que, en esos supuestos, no podrá considerarse, salvo prueba en contrario, que existe concurrencia ni de la diligencia debida en el cumplimiento de las obligaciones tributarias ni de la interpretación razonable de la norma señaladas en el párrafo anterior.

También es importante señalar la existencia de una reiterada doctrina del TS, conforme a la cual, si se ha declarado la simulación del negocio jurídico, artículo 16 LGT, no es dable aplicar a la sanción la excusa absolutoria.

Ver, por ejemplo, Sentencia 1441/2021 [9.12.2021]. Tribunal Supremo. Sala Tercera, Sec. 2ª (Rec. 54412019), donde se afirma que la simulación comporta la existencia de dolo. A los efectos sancionadores no cabe apreciar interpretación razonable o error invencible de prohibición.

En el mismo sentido, la STS de 4 de febrero de 2021, rec. de casación 6556/2019. La existencia de "actos o negocios simulados", art. 16 LGT, conlleva, en su caso, la imposición de sanciones, sin que la interpretación razonable de la norma, amparada en el art. 179.2, d) LGT, pueda excluir de responsabilidad y ser aplicable en este supuesto.

Idénticos criterios pueden encontrarse en la STS de 20 de septiembre de 2022, recurso de casación 3587/2020. La simulación, sea objetiva o subjetiva, absoluta o relativa, al incorporar el dolo o intención entre sus elementos constitutivos, excluye la comisión culposa o negligente y, desde luego, el error invencible de prohibición, no pudiendo existir excusa absolutoria.

Tales criterios se reiteran en las SSTS de 20 y 27 de septiembre de 2022, rec. casación 6959/2020 y 7037/2020, respectivamente.

e) Cuando sean imputables a una deficiencia técnica de los programas informáticos de asistencia facilitados por la Administración tributaria para el cumplimiento de las obligaciones tributarias.

5.3.3.1.1. Calificación de las infracciones

Las infracciones tributarias pueden ser leves, graves o muy graves.

En relación con la calificación de las infracciones es preciso tener en cuenta los siguientes conceptos:

Ocultación de datos a la Administración tributaria

Puede existir ocultación cuando no se presentan declaraciones o se presentan declaraciones en las que se incluyan hechos u operaciones inexistentes o con importes falsos, o en las que se omiten total o parcialmente operaciones, ingresos, rentas, productos, bienes o cualquier otro dato que incida en la determinación de la deuda tributaria.

Utilización de medios fraudulentos:

Son medios fraudulentos:

a) Las anomalías sustanciales en la contabilidad y en los libros o registros establecidos por la normativa tributaria.

Se consideran anomalías sustanciales:

1.º El incumplimiento absoluto de la obligación de llevanza de la contabilidad o de los libros o registros establecidos por la normativa tributaria.

2.º La llevanza de contabilidades distintas que, referidas a una misma actividad y ejercicio económico, no permitan conocer la verdadera situación de la empresa.

3.º La llevanza incorrecta de los libros de contabilidad o de los libros o registros establecidos por la normativa tributaria, mediante la falsedad de asientos, registros o importes, la omisión de operaciones realizadas o la contabilización en cuentas incorrectas de forma que se altere su consideración fiscal.

b) El empleo de facturas, justificantes u otros documentos falsos o falseados.

c) La utilización de personas o entidades interpuestas cuando el sujeto infractor, con la finalidad de ocultar su identidad, haya hecho figurar a nombre de un tercero, con o sin su consentimiento, la titularidad de los bienes o derechos, la obtención de las rentas o ganancias patrimoniales o la realización de las operaciones con trascendencia tributaria de las que se deriva la obligación tributaria cuyo incumplimiento constituye la infracción que se sanciona.

5.3.3.1.2 Tipología de las infracciones más habituales

- Infracción tributaria por dejar de ingresar la deuda tributaria que debiera resultar de una autoliquidación.
- Infracción tributaria por incumplir la obligación de presentar de forma completa y correcta declaraciones o documentos necesarios para practicar liquidaciones por la Administración.
- Infracción tributaria por obtener indebidamente devoluciones.

- ❒ Infracción tributaria por solicitar indebidamente devoluciones, beneficios o incentivos fiscales.
- ❒ Infracción tributaria por determinar o acreditar improcedentemente partidas positivas o negativas o créditos tributarios aparentes (por ejemplo, declarando incorrectamente cuotas repercutidas en IVA o aplicando deducciones improcedentes).
- ❒ Infracción tributaria por no presentar en plazo autoliquidaciones o declaraciones sin que se produzca perjuicio económico.
- ❒ Infracción tributaria por presentar incorrectamente autoliquidaciones o declaraciones sin que se produzca perjuicio económico.
- ❒ Infracción tributaria por incumplir la obligación de comunicar el domicilio fiscal.
- ❒ Infracción tributaria por contestar de forma incorrecta a requerimientos individualizados de información.
- ❒ Infracción tributaria por incumplir obligaciones contables y registrales.
- ❒ Infracción tributaria por incumplir obligaciones de facturación o documentación.
- ❒ Infracción tributaria por incumplir las obligaciones relativas a la utilización y a la solicitud del NIF (y otros números o códigos, por ejemplo, el correspondiente al Registro de Operadores Intracomunitarios).
- ❒ Infracción tributaria por resistencia, obstrucción, excusa o negativa a las actuaciones de la Administración tributaria.

La Ley 34/2015, de 21 de septiembre, de modificación parcial de la Ley 58/2003, de 17 de diciembre, General Tributaria, ha incluido algunas infracciones nuevas en la LGT:

- El retraso en la obligación de llevar los Libros Registro a través de la Sede electrónica de la AEAT mediante el suministro de los registros de facturación en los términos establecidos reglamentariamente.
- Presentar documentos con trascendencia tributaria por medios distintos a los electrónicos, informáticos y telemáticos en aquellos supuestos en que hubiera obligación de hacerlo por dichos medios.
- El incumplimiento de las obligaciones tributarias mediante la realización de actos o negocios cuya regularización se hubiese efectuado mediante conflicto en aplicación de la norma, artículo 15 LGT.

Por su parte, la Ley 11/2021, de 9 de julio, de Prevención y Represión del Fraude Fiscal, ha incorporado una nueva infracción tributaria.

Se trata de la infracción tributaria por fabricación, producción, comercialización y tenencia de sistemas informáticos que no cumplan las especificaciones exigidas por la normativa aplicable (artículo 201.bis LGT).

Se establece un régimen sancionador específico para la mera producción de los sistemas o programas que permitan la manipulación de los datos contables y de gestión, o la tenencia de los mismos sin la adecuada certificación.

La infracción será grave.

Se sancionará con una multa pecuniaria fija de 150.000 euros en el caso de fabricación, producción y comercialización de dichos sistemas informáticos, por cada ejercicio económico en el que se hayan producido ventas y por cada tipo distinto de sistema o programa informático o electrónico que sea objeto de infracción.

Por su parte, la infracción en caso de tenencia de los sistemas informáticos que no estén debidamente certificados, se sancionará con una multa pecuniaria fija de 50.000 euros por cada ejercicio.

Ahora bien, la reciente publicación del Real Decreto 1007/2023, de 5 de diciembre, por el que se aprueba el Reglamento que establece los requisitos que deben adoptar los sistemas y programas informáticos o electrónicos que soporten los procesos de facturación de empresarios y profesionales, y la estandarización de formatos de los registros de facturación (BOE de 6) y la próxima Orden ministerial del Ministerio de Hacienda donde se establecerán los requisitos mínimos que deben reunir las facturas para ser aceptadas por la AEAT, nos conduce a considerar que los sistemas informáticos carentes de una declaración responsable, presentada y certificada por el Departamento de Gestión Tributaria de la AEAT o que vayan en contra de los principios de facturación oficiales, del sistema conocido como VERIFACTU, habrán cometido la citada infracción específica del art. 201 bis LGT.

5.3.3.1.3. ¿Cuándo se extingue la responsabilidad por la comisión de una infracción?

La responsabilidad derivada de las infracciones tributarias se extinguirá por las siguientes causas:

- Por el fallecimiento del sujeto infractor.
- Por el transcurso del plazo de prescripción para imponer las correspondientes sanciones, que es de cuatro años y comenzará a contarse desde el momento en que se cometieron las correspondientes infracciones.

A efectos de lo dispuesto en el artículo 179.3 de la Ley 58/2003, de 17 de diciembre, General Tributaria, no se incurrirá en responsabilidad por la presentación de autoliquidaciones, declaraciones, documentos relacionados con las obligaciones aduaneras u otros documentos con trascendencia tributaria incumpliendo la obligación de utilizar medios electrónicos, informáticos o telemáticos, cuando posteriormente se produzca la presentación por dichos medios, sin requerimiento previo en el sentido del artículo 27.1 de la Ley 58/2003, de 17 de diciembre, General Tributaria, o inicio de procedimiento sancionador.

5.3.3.2. Las sanciones tributarias

Las sanciones tributarias pueden ser:

5.3.3.2.1. Pecuniarias

Podrán consistir en multa fija o proporcional. La concreción del importe depende de la infracción que se haya cometido, y en la misma hay que tener en cuenta diversos parámetros, por lo que la casuística es diversa.

Entre los parámetros más habituales, por normalmente concurrentes, se encuentran:

- La base de sanción, que normalmente se referirá a la cantidad dejada de ingresar
- La existencia de ocultación (concepto éste visto más arriba).
- La utilización de facturas, justificantes o documentos falsos o falseados.
- La llevanza incorrecta de los libros o registros.
- Que lo dejado de ingresar derive de cantidades retenidas o que hubieran debido retenerse a terceros o de ingresos a cuenta.
- Que exista reiteración.

5.3.3.2.2. No pecuniarias

Las sanciones no pecuniarias podrán imponerse:

A.- Cuando la multa pecuniaria impuesta por infracción grave o muy grave sea de importe igual o superior a 30.000 euros y se hubiera utilizado el criterio de graduación de comisión repetida de infracciones tributarias, al que más abajo se hará referencia.

B.- Cuando se imponga la sanción derivada de la infracción consistente en comunicar datos falsos o falseados en las solicitudes de Número de Identificación Fiscal provisional o definitivo.

En estos dos supuestos las sanciones no pecuniarias pueden consistir en:

a) Pérdida de la posibilidad de obtener subvenciones o ayudas públicas y del derecho a aplicar beneficios e incentivos fiscales de carácter rogado durante un plazo de un año si la infracción cometida hubiera sido grave o de dos años si hubiera sido muy grave.

b) Prohibición para contratar con la Administración pública que hubiera impuesto la sanción durante un plazo de un año si la infracción cometida hubiera sido grave o de dos años si hubiera sido muy grave.

C.- Cuando la multa pecuniaria impuesta por infracción muy grave sea de importe igual o superior a 60.000 euros y se haya utilizado el criterio de graduación de comisión repetida de infracciones tributarias.

En este caso las sanciones no pecuniarias pueden consistir en:

a) Pérdida de la posibilidad de obtener subvenciones o ayudas públicas y del derecho a aplicar beneficios e incentivos fiscales de carácter rogado durante un plazo de tres, cuatro o cinco años, cuando el importe de la sanción impuesta hubiera sido igual o superior a 60.000, 150.000 o 300.000 euros, respectivamente.

b) Prohibición para contratar con la Administración pública que hubiera impuesto la sanción durante un plazo de tres, cuatro o cinco años, cuando el importe de la sanción impuesta hubiera sido igual o superior a 60.000, 150.000 ó 300.000 euros, respectivamente.

Es importante reseñar que este tipo de sanciones, si bien son menos habituales que las pecuniarias, tienen una relevancia fundamental de cara al infractor, en la medida en la que afectan a su financiación y a la posibilidad de contratar con la Administración.

5.3.3.2.3. Factores que afectan a la cuantificación final de la sanción

a) La comisión repetida de infracciones tributarias

Con carácter general, y a salvo de determinadas especialidades señaladas en la ley, se entiende producida esta circunstancia cuando el sujeto infractor hubiera sido sancionado por una infracción de la misma naturaleza, ya sea leve, grave o muy grave, en virtud de resolución firme en vía administrativa dentro de los cuatro años anteriores a la comisión de la infracción.

b) Perjuicio económico para la Hacienda Pública

El perjuicio económico se determinará por el porcentaje resultante de la relación existente entre:

1.º La base de la sanción; y

2.º La cuantía total que hubiera debido ingresarse en la autoliquidación o por la adecuada declaración del tributo o el importe de la devolución inicialmente obtenida.

c) Incumplimiento sustancial de la obligación de facturación o documentación

Se entiende producida esta circunstancia cuando dicho incumplimiento afecte a más del 20 por ciento del importe de las operaciones sujetas al deber de facturación en relación con el tributo u obligación tributaria y período objeto de la comprobación o investigación o cuando, como consecuencia de dicho incumplimiento, la Administración tributaria no pueda conocer el importe de las operaciones sujetas al deber de facturación.

d) Supuestos de reducción de la cuantía de las sanciones tributarias.

Las sanciones tributarias pecuniarias impuestas conforme a los arts. 191 a 197 de la LGT pueden ser objeto de minoración en los porcentajes y supuestos regulados en el art. 188 LGT.

De acuerdo con este artículo, los casos de reducción son los siguientes:

a) Un 65 por ciento en los supuestos de actas con acuerdo, previstos en el artículo 155 de esta Ley.

b) Un 30 por ciento en los supuestos de conformidad.

El importe de la reducción practicada conforme a lo dispuesto en el apartado anterior se exigirá sin más requisito que la notificación al interesado, cuando concurra alguna de las siguientes circunstancias:

- En los supuestos previstos en la letra a) del apartado anterior, cuando se haya interpuesto contra la regularización o la sanción el correspondiente recurso contencioso-administrativo o, en el supuesto de haberse presentado aval o certificado de seguro de caución en sustitución del depósito, cuando no se ingresen las cantidades derivadas del acta con acuerdo en el plazo del apartado 2 del artículo 62 LGT o en los plazos fijados en el acuerdo de aplazamiento o fraccionamiento que se hubiera concedido por la Administración tributaria con garantía de aval o certificado de seguro de caución.

- En los supuestos de conformidad, letra b) cuando se haya interpuesto recurso o reclamación contra la regularización.

c) El importe de la sanción que deba ingresarse por la comisión de cualquier infracción, una vez aplicada, en su caso, la reducción por conformidad a la que se refiere la letra b) anterior, se reducirá en el 40 por ciento si concurren las siguientes circunstancias:

- Que se realice el ingreso total del importe restante de dicha sanción en el plazo del apartado 2 del artículo 62 LGT o en el plazo o plazos fijados en el acuerdo de aplazamiento o fraccionamiento que la Administración Tributaria hubiera concedido con garantía de aval o certificado de seguro de caución y que el obligado al pago hubiera solicitado con anterioridad a la finalización del plazo del apartado 2 del artículo 62 LGT.
- Que no se interponga recurso o reclamación contra la liquidación o sanción.

El importe de la reducción practicada conforme a lo dispuesto en esta letra c) se exigirá sin más requisito que la notificación al interesado, cuando se haya interpuesto recurso o reclamación en plazo contra la liquidación o la sanción.

La reducción prevista en esta letra c) no será aplicable a las sanciones que procedan en los supuestos de actas con acuerdo.

Cuando según lo dispuesto en lo anterior se exija el importe de la reducción practicada, no será necesario interponer recurso independiente contra dicho acto si previamente se hubiera interpuesto recurso o reclamación contra la sanción reducida.

Si se hubiera interpuesto recurso contra la sanción reducida se entenderá que la cuantía a la que se refiere dicho recurso será el importe total de la sanción, y se extenderán los efectos suspensivos derivados del recurso a la reducción practicada que se exija.

En los procedimientos de verificación de datos y comprobación limitada, salvo que se requiera la conformidad expresa, se entenderá producida la conformidad siempre que la liquidación resultante no sea objeto de recurso o reclamación económico-administrativa.

En el procedimiento de inspección se aplicará el criterio de graduación anterior cuando el obligado tributario suscriba un acta con acuerdo o un acta de conformidad.

Importa señalar que un acuerdo de reducción de sanciones tributarias no supone el inicio de un nuevo procedimiento sancionador tributario (RTEAC, unificación de criterio, de 21/06/2022, RG 08540/2021).

5.3.3.3. Procedimiento sancionador

A continuación, vamos a exponer los elementos fundamentales que se han de tener en cuenta en la tramitación de un procedimiento sancionador, sin perjuicio de las especialidades que la norma contempla en supuestos específicos.

Como todo procedimiento administrativo, el sancionador atraviesa por las fases de inicio, instrucción y terminación, que a continuación pasamos a examinar.

¿Cómo se inicia un procedimiento sancionador?

El procedimiento sancionador en materia tributaria se iniciará siempre de oficio, mediante la notificación del acuerdo del órgano competente.

Hay que tener en cuenta que existe un límite temporal para que la Administración pueda iniciar el procedimiento, ya que los procedimientos sancionadores que se incoen como consecuencia de un procedimiento iniciado mediante declaración o de un procedimiento de verificación de datos, comprobación o inspección no podrán iniciarse respecto a la persona o entidad que hubiera sido objeto del procedimiento una vez transcurrido el plazo de seis meses desde que se hubiese notificado o se entendiese notificada la correspondiente liquidación o resolución.

La notificación contendrá necesariamente las siguientes menciones:

a) Identificación de la persona o entidad presuntamente responsable.
b) Conducta que motiva la incoación del procedimiento, su posible calificación y las sanciones que pudieran corresponder.
c) Órgano competente para la resolución del procedimiento e identificación del instructor.
d) Indicación del derecho a formular alegaciones y a la audiencia en el procedimiento, así como del momento y plazos para su ejercicio.

Resulta relevante la STS de 23 de julio de 2020, recurso 1993/2019, en relación con la posibilidad de iniciar un procedimiento sancionador sin que exista liquidación *(Tol 8037311)* aceptando el TS esta posibilidad.

De acuerdo a esta doctrina (en la que se reitera la ya expuesta en la STS de 23 de junio de 2020), si cabe iniciar un procedimiento sancionador tributario antes de haberse iniciado y notificado el acto administrativo de liquidación y, en consecuencia, si los expedientes sancionadores que se incoen como consecuencia de un procedimiento de inspección han de partir necesariamente de la notificación de la liquidación como *diez a quo* del plazo de iniciación del procedimiento sancionador.

Por lo tanto, el artículo 209 LGT no establece, para ningún tipo de infracción tributaria, que el procedimiento sancionador solo puede producirse después de que se haya dado la liquidación tributaria de la que trae causa.

Sin embargo, las recomendaciones de la AEAT siguen siendo que, en el supuesto del procedimiento de inspección tributaria, se siga esperando la notificación de la liquidación para comenzar el procedimiento sancionador.

De acuerdo con la STS de 13 de noviembre de 2023 (rec.4150/2022), "El "dies a quo" del plazo de prescripción para imponer sanciones tributarias por la comisión de la infracción del artículo 201.3 LGT, en aquellos supuestos en los que las operaciones que originan la infracción, esto es, la expedición de facturas o documentos sustitutivos con datos falsos o falseados, tengan lugar a lo largo de diversos períodos impositivos o de liquidación, se sitúan de forma autónoma para cada tributo y período impositivo o de liquidación".

¿Qué actuaciones puede desarrollar la Administración en este procedimiento?

La Administración puede realizar cuantas actuaciones resulten necesarias para determinar, en su caso, la existencia de infracciones susceptibles de sanción, a cuyo efecto se unirán al expediente sancionador las pruebas, declaraciones e informes necesarios para su resolución.

¿Qué derechos específicos se reconocen al obligado tributario en la instrucción de este procedimiento?

Los procedimientos sancionadores garantizarán a los afectados por ellos los siguientes derechos:

a) A ser notificado de los hechos que se le imputen, de las infracciones que tales hechos puedan constituir y de las sanciones que, en su caso, se le pudieran imponer, así como de la identidad del instructor, de la autoridad competente para imponer la sanción y de la norma que atribuya tal competencia.

b) A formular alegaciones y utilizar los medios de defensa admitidos por el ordenamiento jurídico que resulten procedentes.

c) Los demás derechos reconocidos en la ley.

Específicamente se reconoce el derecho de los interesados a formular alegaciones y aportar los documentos, justificantes y pruebas que estimen convenientes en cualquier momento anterior a la propuesta de resolución.

¿De qué forma puede terminar un procedimiento sancionador?

El procedimiento sancionador en materia tributaria termina por:

- Resolución.
- Caducidad en el plazo de 6 meses desde el inicio sin notificación de la resolución.

El procedimiento sancionador en materia tributaria debe concluir en el plazo máximo de seis meses contados desde la notificación de la comunicación de inicio del procedimiento.

Se entenderá que el procedimiento concluye en la fecha en que se notifique el acto administrativo de resolución del mismo.

A efectos de entender cumplida la obligación de notificar y de computar el plazo de resolución hay que tener en cuenta que:

- Será suficiente acreditar que se ha realizado un intento de notificación que contenga el texto íntegro de la resolución.
- Los períodos de interrupción justificada que se especifiquen reglamentariamente y las dilaciones en el procedimiento por causa no imputable a la Administración tributaria no se incluirán en el cómputo del plazo de resolución.

Cuando el procedimiento sancionador traiga causa de un procedimiento de inspección y se produzcan supuestos de suspensión y extensión del procedimiento inspector, art. 150.5 LGT, entonces, tales circunstancias habrán de tenerse en cuenta a efectos del cómputo del plazo también en el procedimiento sancionador.

Concluidas las actuaciones, se formulará propuesta de resolución en la que se recogerán de forma motivada los hechos, su calificación jurídica y la infracción que aquéllos puedan constituir o la declaración, en su caso, de inexistencia de infracción o responsabilidad.

Son órganos competentes para la imposición de sanciones:

a) El Consejo de Ministros, si consisten en la suspensión del ejercicio de profesiones oficiales, empleo o cargo público.

b) El Ministro de Hacienda, el órgano equivalente de las comunidades autónomas, el órgano competente de las entidades locales u órganos en quienes deleguen, cuando consistan en la pérdida del derecho a aplicar beneficios o incentivos fiscales cuya concesión le corresponda o que sean de directa aplicación por los obligados tributarios, o de la posibilidad de obtener subvenciones o ayudas públicas o en la prohibición para contratar con la Administración pública correspondiente.

c) El órgano competente para el reconocimiento del beneficio o incentivo fiscal, cuando consistan en la pérdida del derecho a aplicar el mismo, salvo lo dispuesto en el párrafo anterior.

d) El órgano competente para liquidar o el órgano superior inmediato de la unidad administrativa que ha propuesto el inicio del procedimiento sancionador.

En la propuesta de resolución se concretará asimismo la sanción propuesta con indicación de los criterios de graduación aplicados, con motivación adecuada de la procedencia de los mismos.

La propuesta de resolución será notificada al interesado, indicándole la puesta de manifiesto del expediente y concediéndole un plazo de 15 días para que alegue cuanto considere conveniente y presente los documentos, justificantes y pruebas que estime oportunos.

Contenido de la resolución:

- La fijación de los hechos.
- La valoración de las pruebas practicadas.
- La determinación de la infracción cometida.
- La identificación de la persona o entidad infractora.
- La cuantificación de la sanción que se impone, con indicación de los criterios de graduación de la misma y de la reducción que proceda.
- En su caso, contendrá la declaración de inexistencia de infracción o responsabilidad.

La resolución debe contener la motivación específica de las infracciones imputadas al obligado tributario principal, no resultando suficiente la descripción de la conducta constitutiva del incumplimiento de la norma, constatando la existencia de dicho incumplimiento sino que debe probarse que dicho resultado contrario a la norma es efecto de una conducta que pueda calificarse como de diligencia, haciendo explícitos los motivos que llevan a considerar la existencia de culpabilidad en la conducta del sujeto, aun a título de simple negligencia (RTEAC de 18 de enero de 2022, RGE 6894-2020 y RG 6895-2020, recurso de alzada ordinario del Departamento de Recaudación)

El vencimiento del plazo de resolución sin que se haya notificado resolución expresa producirá la caducidad del procedimiento.

La declaración de caducidad podrá dictarse de oficio o a instancia del interesado y ordenará el archivo de las actuaciones.

Es importante tener en cuenta que dicha caducidad impedirá la iniciación de un nuevo procedimiento sancionador.

5.3.3.4. Recursos a interponer contra las sanciones

El acto de resolución del procedimiento sancionador podrá ser objeto de recurso o reclamación independiente.

En el supuesto de que el contribuyente impugne también la deuda tributaria, se acumularán ambos recursos o reclamaciones.

Se podrá recurrir la sanción sin perder la reducción por conformidad siempre que no se impugne la regularización.

La interposición en tiempo y forma de un recurso o reclamación administrativa contra una sanción producirá los siguientes efectos:

a) La ejecución de las sanciones quedará automáticamente suspendida en período voluntario sin necesidad de aportar garantías hasta que sean firmes en vía administrativa.

b) No se exigirán intereses de demora por el tiempo que transcurra hasta la finalización del plazo de pago en período voluntario abierto por la notificación de la resolución que ponga fin a la vía administrativa, exigiéndose intereses de demora a partir del día siguiente a la finalización de dicho plazo.

La suspensión de la ejecución de las sanciones, pecuniarias y no pecuniarias, como consecuencia de la interposición en tiempo y forma de un recurso o reclamación en vía administrativa se aplicará automáticamente por los órganos competentes, sin necesidad de que el interesado lo solicite.

En aquellos casos donde se anuló un primer acuerdo sancionador como consecuencia, simplemente, de la anulación, por motivos puramente formales, de la liquidación de la que traía causa la sanción; la dimensión procedimental del principio "non bis in idem" se opone al inicio de un nuevo procedimiento sancionador y a una nueva sanción con relación a idéntico obligado tributario y por los mismos hechos (STS R-2847/2022).

5.3.4. Recaudación

5.3.4.1. Los plazos para pagar las deudas tributarias

Legislación

LGT: artículo 62

Todas las deudas tributarias tienen un plazo de ingreso en período voluntario de recaudación.

Dicho plazo depende, en su configuración, del tributo del que se trate en cada caso.

Con carácter general los plazos de ingreso en periodo voluntario son los siguientes:

- Las deudas tributarias resultantes de una autoliquidación deberán pagarse en los plazos que establezca la normativa de cada tributo, es el caso más habitual: IRPF, Impuesto sobre Sociedades, IVA.
- En el caso de deudas tributarias resultantes de liquidaciones practicadas por la Administración (por ejemplo, la liquidación derivada de un procedimiento inspector o la liquidación por el Impuesto sobre Sucesiones y Donaciones realizada por una Comunidad Autónoma en aquellos supuestos en los que el impuesto se declare en lugar de autoliquidarse) el pago en período voluntario deberá hacerse en los siguientes plazos:
  a) Si la notificación de la liquidación se realiza entre los días uno y 15 de cada mes, desde la fecha de recepción de la notificación hasta el día 20 del mes posterior o, si éste no fuera hábil, hasta el inmediato hábil siguiente.
  b) Si la notificación de la liquidación se realiza entre los días 16 y último de cada mes, desde la fecha de recepción de la notificación hasta el día cinco del segundo mes posterior o, si éste no fuera hábil, hasta el inmediato hábil siguiente.

Cuando no se satisface la deuda en los plazos señalados se produce, de forma automática, el inicio del período ejecutivo, dentro del que se abre un nuevo plazo de ingreso (plazo de ingreso en periodo ejecutivo) con la notificación de la denominada providencia de apremio (conceptos a los que más abajo se hará referencia). En este nuevo plazo de ingreso el pago de la deuda tributaria debe efectuarse en los siguientes momentos:

a) Si la notificación de la providencia de apremio se realiza entre los días uno y 15 de cada mes, desde la fecha de recepción de la notificación hasta el día 20 de dicho mes o, si éste no fuera hábil, hasta el inmediato hábil siguiente.

b) Si la notificación de la providencia de apremio se realiza entre los días 16 y último de cada mes, desde la fecha de recepción de la notificación hasta el día cinco del mes siguiente o, si éste no fuera hábil, hasta el inmediato hábil siguiente.

Como puede observarse, la diferencia fundamental entre ambos plazos de ingreso radica en que el pago en periodo voluntario se puede realizar durante un tiempo sensiblemente mayor que en el caso del plazo de pago en periodo ejecutivo.

Existen determinados tributos con plazos específicos de pago que se separan de la regla más arriba señalada. Son aquellos que se notifican de forma periódica y colectiva, esencialmente regulados en la Ley de Hacienda Locales, en los que el plazo para el pago será el que determine expresamente su normativa reguladora.

De no existir la misma, se deberán pagar entre el uno de septiembre y el 20 de noviembre.

Otra especialidad, aunque residual, la constituyen las deudas tributarias que hayan de pagarse mediante efectos timbrados (por ejemplo, algunas tasas), que deben satisfacerse, como regla general, en el momento en que se produce el hecho imponible (al solicitar, por ejemplo, la expedición de un título que está sujeto a una tasa)

5.3.4.2. Aplazamiento y fraccionamiento del pago

Legislación

LGT: artículos 65 y 82

Reglamento General de Recaudación (en adelante RGR), aprobado por el Real Decreto 939/2005, de 29 de julio. BOE nº 210, de 2-9-2005: artículos 44 a 54

INSTRUCCIÓN 1/2023, DE 31 DE MARZO, DE LA DIRECTORA DEL DEPARTAMENTO DE RECAUDACIÓN DE LA AGENCIA ESTATAL DE ADMINISTRACIÓN TRIBUTARIA SOBRE LAS GARANTÍAS NECESARIAS PARA LA CONCESIÓN DE APLAZAMIENTOS Y FRACCIONAMIENTOS DE PAGO, Y PARA OBTENER LA SUSPENSIÓN DE LOS ACTOS ADMINISTRATIVOS OBJETO DE RECURSO Y RECLAMACIÓN

https://sede.agenciatributaria.gob.es/static_files/Sede/Tema/Normativa/Regul_AEAT/Instrucciones/Instr_1_2023_Garantias.PDF

INSTRUCCIÓN 2/2023, DE 3 DE ABRIL, DE LA DIRECTORA DEL DEPARTAMENTO DE RECAUDACIÓN DE LA AGENCIA ESTATAL DE ADMINISTRACIÓN TRIBUTARIA, SOBRE GESTIÓN DE APLAZAMIENTOS Y FRACCIONAMIENTOS DE PAGO.

https://sede.agenciatributaria.gob.es/static_files/Sede/Tema/Normativa/Regul_AEAT/Instrucciones/Instr_2_2023_AF.PDF

¿Qué deudas tributarias pueden aplazarse o fraccionarse?

Las deudas tributarias que se encuentren en período voluntario o ejecutivo podrán aplazarse o fraccionarse, previa solicitud del obligado tributario, cuando su situación económico-financiera le impida, de forma transitoria, efectuar el pago en los plazos establecidos.

¿Qué deudas tributarias no pueden aplazarse o fraccionarse?

No podrán ser objeto de aplazamiento o fraccionamiento las deudas tributarias cuya exacción se realice por medio de efectos timbrados.

Tampoco podrán aplazarse o fraccionarse las deudas correspondientes a obligaciones tributarias que deban cumplir el retenedor o el obligado a realizar ingresos a cuenta.

Asimismo, en caso de concurso del obligado tributario, no podrán aplazarse o fraccionarse las deudas tributarias que, de acuerdo con la legislación concursal, tengan la consideración de créditos contra la masa.

Las solicitudes de aplazamiento o fraccionamiento a que se refiere este apartado serán objeto de inadmisión.

Tampoco pueden aplazarse las deudas resultantes de la ejecución de decisiones de recuperación de ayudas de Estado reguladas en el Título VII de la LGT.

Por su parte, el Real Decreto-ley 3/2016, de 2 de diciembre, por el que se adoptan medidas en el ámbito tributario dirigidas a la consolidación de las finanzas públicas y otras medidas urgentes en materia social, ha establecido la inaplazabilidad de tres tipos de deudas más:

a) Las resultantes de la ejecución de resoluciones firmes total o parcialmente desestimatorias dictadas en un recurso o reclamación económico-administrativa o en un recurso contencioso-administrativo que previamente hayan sido objeto de suspensión durante la tramitación de dichos recursos o reclamaciones.

b) Las derivadas de tributos que deban ser legalmente repercutidos salvo que se justifique debidamente que las cuotas repercutidas no han sido efectivamente pagadas.

c) Las correspondientes a obligaciones tributarias que deba cumplir el obligado a realizar pagos fraccionados del Impuesto sobre Sociedades.

En el caso de tratarse de deudas tributarias que no puedan ser objeto de aplazamiento, entonces, las solicitudes en tal sentido serán, simplemente, desestimadas.

En suma, no será objeto de aplazamiento o fraccionamiento de deudas tributarias, art. 65.2 LGT:

a) Aquellas cuya exacción se realice por medio de efectos timbrados.

b) Las correspondientes a obligaciones tributarias que deban cumplir el retenedor o el obligado a realizar ingresos a cuenta.

c) En caso de concurso del obligado tributario, las que, de acuerdo con la legislación concursal, tengan la consideración de créditos contra la masa.

d) Las resultantes de la ejecución de decisiones de recuperación de ayudas de Estado reguladas en el título VII de esta Ley.

e) Las resultantes de la ejecución de resoluciones firmes total o parcialmente desestimatorias dictadas en un recurso o reclamación económico-administrativa o en un recurso contencioso-administrativo que previamente hayan sido objeto de suspensión durante la tramitación de dichos recursos o reclamaciones.

f) Las derivadas de tributos que deban ser legalmente repercutidos salvo que se justifique debidamente que las cuotas repercutidas no han sido efectivamente pagadas.

g) Las correspondientes a obligaciones tributarias que deba cumplir el obligado a realizar pagos fraccionados del Impuesto sobre Sociedades.

Las solicitudes de aplazamiento o fraccionamiento a que se refieren los distintos párrafos de este apartado serán objeto de inadmisión.

¿Qué consecuencias tiene la presentación de una solicitud de aplazamiento o fraccionamiento?

❐ La presentación de una solicitud de aplazamiento, fraccionamiento o compensación en período voluntario impedirá el inicio del período ejecutivo durante la tramitación de dichos expedientes.

No obstante lo anterior, las solicitudes a las que se refiere el párrafo anterior así como las solicitudes de suspensión y pago en especie no impedirán el inicio del periodo ejecutivo cuando anteriormente se hubiera denegado, respecto de la misma deuda tributaria, otra solicitud previa de aplazamiento, fraccionamiento, compensación, suspensión o pago en especie en periodo voluntario habiéndose abierto otro plazo de ingreso sin que se hubiera producido el mismo.

Sin embargo, es importante señalar la reciente doctrina del TS en esta materia, según la cual, STS de 28 de octubre de 2021 (recurso de casación 4743/2020). El principio de buena administración impide que la AT dicte providencia de apremio respecto de deudas tributarias sin contestar previamente las solicitudes de aplazamiento o fraccionamiento de dichas deudas formuladas por el contribuyente, incluso cuando tales solicitudes han sido efectuadas en período ejecutivo de cobro.

Conforme pronunciamientos anteriores (que arrancan de la sentencia de 20 de junio de 2003, dictada en el recurso de casación número 7941/1998, y que se han repetido en numerosas ocasiones), las solicitudes de aplazamiento o fraccionamiento de deudas no apremiadas conllevan "per se" la suspensión preventiva del ingreso y en consecuencia la imposibilidad de dictar providencia de apremio.

En suma, es un requisito insoslayable para continuar la ejecución de una liquidación tributaria que, antes de dictar providencia de apremio, sea preciso resolver por parte de la AT la solicitud previa de aplazamiento o fraccionamiento de la deuda tributaria.

La interposición de un recurso o reclamación en tiempo y forma contra una sanción impedirá el inicio del período ejecutivo hasta que la sanción sea firme en vía administrativa y haya finalizado el plazo para el ingreso voluntario del pago.

La declaración de concurso no suspenderá el plazo voluntario de pago de las deudas que tengan la calificación de concursal de acuerdo con el texto refundido de la Ley Concursal aprobado por el Real Decreto Legislativo 1/2020, de 5 de mayo, sin perjuicio de que las actuaciones del periodo ejecutivo se rijan por lo dispuesto en dicho texto refundido.

- ❒ Las solicitudes en período ejecutivo de ingreso podrán presentarse hasta el momento en que se notifique al obligado el acuerdo de enajenación de los bienes embargados. La Administración tributaria podrá iniciar o, en su caso, continuar el procedimiento de apremio durante la tramitación del aplazamiento o fraccionamiento. No obstante, deberán suspenderse las actuaciones de enajenación de los bienes embargados hasta la notificación de la resolución denegatoria del aplazamiento o fraccionamiento.

¿Cómo se solicita un aplazamiento o fraccionamiento?

La solicitud de aplazamiento o fraccionamiento contendrá necesariamente los siguientes datos:

a) Nombre y apellidos o razón social o denominación completa, Número de Identificación Fiscal y domicilio fiscal del obligado al pago y, en su caso, de la persona que lo represente.

b) Identificación de la deuda cuyo aplazamiento o fraccionamiento se solicita, indicando al menos su importe, concepto y fecha de finalización del plazo de ingreso en periodo voluntario.

c) Causas que motivan la solicitud de aplazamiento o fraccionamiento.

d) Plazos y demás condiciones del aplazamiento o fraccionamiento que se solicita.

e) Garantía que se ofrece.

f) Orden de domiciliación bancaria, indicando el número de código cuenta cliente y los datos identificativos de la entidad de crédito que deba efectuar el cargo en cuenta, cuando la Administración competente para resolver haya establecido esta forma de pago como obligatoria en estos supuestos.

g) Lugar, fecha y firma del solicitante.

h) Indicación de que la deuda respecto de la que se solicita el aplazamiento o fraccionamiento no tiene el carácter de crédito contra la masa en el supuesto que el solicitante se encuentre en proceso concursal.

Los distintos formularios oficiosos para la solicitud de aplazamientos y fraccionamientos pueden descargarse directamente de la página web de la AEAT: http://www.agenciatributaria.es/AEAT.internet/Inicio_es_ES/_Configuracion_/_Acceda_directamente/_A_un_clic_/Modelos_y_formularios/Recaudacion/Recaudacion.shtml

El procedimiento completo para solicitar el aplazamiento o fraccionamiento de una deuda tributaria en el seno de la AEAT se encuentra, ahora, recogido en:

INSTRUCCIÓN 2/2023, DE 3 DE ABRIL, DE LA DIRECTORA DEL DEPARTAMENTO DE RECAUDACIÓN DE LA AGENCIA ESTATAL DE ADMINISTRACIÓN TRIBUTARIA, SOBRE GESTIÓN DE APLAZAMIENTOS Y FRACCIONAMIENTOS DE PAGO.

https://sede.agenciatributaria.gob.es/static_files/Sede/Tema/Normativa/Regul_AEAT/Instrucciones/Instr_2_2023_AF.PDF

A la solicitud de aplazamiento o fraccionamiento se deberá acompañar:

a) Documento acreditativo de la garantía que se ofrece: Compromiso de aval solidario de entidad de crédito o sociedad de garantía recíproca o de certificado de seguro de caución, o la documentación que más abajo se detalla, según el tipo de garantía que se ofrezca.

   En caso de solicitud de fraccionamiento, podrá constituirse una única garantía para la totalidad de las fracciones que puedan acordarse o bien garantías parciales e independientes para una o varias fracciones.

   En todo caso, la garantía deberá cubrir el importe de las fracciones a que se refiera, incluyendo, para las deudas que se encuentren en periodo voluntario, el importe que por principal e intereses de demora se incorpore a las fracciones más el 25 por ciento de la suma de ambas partidas; y para las deudas que se encuentren en periodo ejecutivo, el importe fraccionado, incluyendo el recargo del periodo ejecutivo correspondiente, los intereses de demora que genere el fraccionamiento, más un 5 por ciento de la suma de ambas partidas.

b) En su caso, los documentos que acrediten la representación y el lugar señalado a efectos de notificación.

c) Los demás documentos o justificantes que estime oportunos. En particular, deberá justificarse la existencia de dificultades económico-financieras que le impidan de forma transitoria efectuar el pago en el plazo establecido.

d) Si la deuda tributaria cuyo aplazamiento o fraccionamiento se solicita ha sido determinada mediante autoliquidación, el modelo oficial de esta, debidamente cumplimentado, salvo que el interesado no esté obligado a presentarlo por obrar ya en poder de la Administración; en tal caso, señalará el día y procedimiento en que lo presentó.

e) En su caso, solicitud de compensación durante la vigencia del aplazamiento o fraccionamiento con los créditos que puedan reconocerse a su favor durante el mismo periodo de tiempo.

f) En el caso de deudor en procedimiento concursal, se deberá aportar declaración y otros documentos acreditativos de que las deudas tributarias no tienen la consideración de créditos contra la masa del correspondiente concurso.

Cuando se solicite la admisión de garantía que no consista en aval de entidad de crédito o sociedad de garantía recíproca o certificado de seguro de caución, se aportará, junto a la solicitud de aplazamiento o fraccionamiento y a los documentos a que se refieren los párrafos b), c) y d) anteriores, la siguiente documentación:

a) Declaración responsable y justificación documental de la imposibilidad de obtener dicho aval o certificado de seguro de caución, en la que consten las gestiones efectuadas para su obtención.

b) Valoración de los bienes ofrecidos en garantía efectuada por empresas o profesionales especializados e independientes. Cuando exista un registro de empresas o profesionales especializados en la valoración de un determinado tipo de bienes, la valoración deberá efectuarse, preferentemente, por una empresa o profesional inscrito en dicho registro.

c) Balance y cuenta de resultados del último ejercicio cerrado e informe de auditoría, si existe, en caso de empresarios o profesionales obligados por ley a llevar contabilidad.

Cuando se solicite la dispensa total o parcial de garantía, se aportará junto a la solicitud, además de los documentos a que se refieren los citados párrafos b), c) y d), la siguiente documentación:

a) Declaración responsable y justificación documental manifestando carecer de bienes o no poseer otros que los ofrecidos en garantía.

b) Justificación documental de la imposibilidad de obtener aval de entidad de crédito o sociedad de garantía recíproca o certificado de seguro de caución, en la que consten las gestiones efectuadas para su obtención.

c) Balance y cuenta de resultados de los tres últimos años e informe de auditoría, si existe, en caso de empresarios o profesionales obligados por ley a llevar contabilidad.

d) Plan de viabilidad y cualquier otra información que justifique la posibilidad de cumplir el aplazamiento o fraccionamiento solicitado.

Es importante señalar que cuando la solicitud adolezca de algún defecto se procederá por la Administración a instar su subsanación, salvo en el caso de que no se acompañe a la solicitud de aplazamiento o fraccionamiento la autoliquidación que no obre en poder de la Administración (en este caso procederá la inadmisión).

Cuando el requerimiento de subsanación haya sido objeto de contestación en plazo por el interesado, pero no se entiendan subsanados los defectos observados, procederá la denegación de la solicitud de aplazamiento o fraccionamiento.

Podrá acordarse la denegación cuando la garantía aportada por el solicitante hubiese sido rechazada anteriormente por la Administración tributaria por falta de suficiencia jurídica o económica o por falta de idoneidad.

Cuando se considere oportuno a efectos de dictar resolución, se podrá requerir al solicitante la información y documentación que considere necesaria para resolver la solicitud de aplazamiento o fraccionamiento y, en particular, la referente a la titularidad, descripción, estado, cargas y utilización de los bienes ofrecidos en garantía

Cuando, respecto de una solicitud de aplazamiento o fraccionamiento, la AT formula un requerimiento de datos porque la mencionada solicitud no reúne los requisitos establecidos o porque no se han acompañado los documentos preceptivos y no se atiende la solicitud en el plazo de la petición, entonces, se procederá a su archivo sin más trámite (RTEAC de 8 de junio de 2020, recurso de alzada para unificación de criterio, RG 2643-2019).

El criterio general de la AT, tras la RTEAC de 8 de junio de 2020, recurso de alzada para la unificación de criterio, RG 5340-2019, es que los acuerdos de archivo de las solicitudes de suspensión, formuladas con ocasión de la interposición de un recurso de reposición, por falta de la garantía exigida por la norma, son impugnables en vía económico-administrativa, previo recurso de reposición potestativo.

¿Cómo se garantiza un aplazamiento o fraccionamiento?

La regla general es que las deudas aplazadas o fraccionadas deberán garantizarse.

Para garantizar los aplazamientos o fraccionamientos de la deuda tributaria, las garantías podrá consistir en:

- ❒ Aval solidario de entidad de crédito o sociedad de garantía recíproca o certificado de seguro de caución, cuya vigencia deberá exceder al menos en seis meses al vencimiento del plazo o plazos garantizados.
- ❒ Cuando se justifique que no es posible obtener dicho aval o certificado o que su aportación compromete gravemente la viabilidad de la actividad económica, la Administración podrá admitir garantías que consistan en hipoteca, prenda, fianza personal y solidaria u otra que se estime suficiente.

Con efectos desde el día 15 de abril de 2023, la Agencia Tributaria flexibilizó los aplazamientos para facilitar la liquidez de los contribuyentes, de esta forma, la Orden HFP/311/2023, de 28 de marzo (BOE de 31) permite el aplazamiento y fraccionamiento de deudas tributarias sin garantías hasta 50.000 euros (antes de esa fecha, el límite se encontraba en 30.000 euros).

Por su parte, la Orden HFP/583/2023, de 7 de junio, por la que se eleva a 50.000 euros el límite exento de la obligación de aportar garantías en las solicitudes de aplazamiento o fraccionamiento de deudas derivadas de tributos cedidos cuya gestión recaudatoria corresponde a las comunidades autónomas (BOE de 10), amplió el citado derecho para los tributos cedidos a las CCAA.

Junto a la Orden HFP/311/2023, de 28 de marzo (BOE 31-03-2023) se han dictado dos Instrucciones:

- ❒ Instrucción 1/2023, de 31 de marzo, de la Directora del Departamento de Recaudación de la Agencia Estatal de Administración Tributaria sobre las garantías necesarias para la concesión de aplazamientos y fraccionamientos de pago, y para obtener la suspensión de los actos administrativos objeto de recurso y reclamación.
- ❒ Instrucción 2/2023, de 3 de abril, de la Directora del Departamento de Recaudación de la Agencia Estatal de Administración Tributaria, sobre gestión de aplazamientos y fraccionamientos de pago.

Ambas Instrucciones, con entrada en vigor el día 15 de abril de 2023, dan una mayor flexibilización en el pago de deudas a través de la figura de los aplazamientos y fraccionamientos de pago a aquellos ciudadanos que así lo necesiten, así como en la constitución de garantías. Entre otras medidas, cabe destacar las siguientes:

- ❒ Aumento de los plazos de concesión, los cuales, en general, son los siguientes:
  - a) Si el obligado al pago aporta como garantía aval bancario o certificado de seguro de caución, el plazo máximo de concesión será hasta 60 meses.
  - b) Si el obligado al pago aporta como garantía bienes inmuebles de naturaleza urbana libres de cargas, el plazo máximo de concesión será hasta 36 meses.

c) Si el obligado al pago aporta como garantía otras garantías, el plazo máximo de concesión será hasta 24 meses.

d) Supuestos de dispensa total o parcial, el plazo máximo de concesión será hasta 12 meses.

- Tramitación de forma automatizada en los aplazamientos hasta 50.000 euros, cuya tramitación y concesión podrán ser realizadas en cuestión de segundos
- Amplio abanico de posibilidades para constituir garantías en los aplazamientos o fraccionamientos superiores a 50.000 euros que precisen la constitución de garantías.

En otro orden de cosas, la Orden HFP/583/2023, de 7 de junio, por la que se eleva a 50.000 euros el límite exento de la obligación de aportar garantías en las solicitudes de aplazamiento o fraccionamiento de deudas derivadas de tributos cedidos cuya gestión recaudatoria corresponde a las comunidades autónomas (BOE de 10), ha igualado la situación respecto de los tributos gestionados por las CCAA.

En general, puede decirse que, desde el 15 de abril de 2023, la AEAT ha flexibilizado ampliamente el régimen de aplazamiento y fraccionamiento de deudas tributarias que puedan gozar d este derecho.

De esta manera, se amplían los plazos máximos de pago, que serán de 24 meses para las personas físicas y 12 meses para las personas jurídicas, para las solicitudes exentas de aportar garantías cuando el importe total de deuda pendiente sea superior a 3.000 euros.

Además, estas solicitudes se tramitarán de forma automatizada, lo que propiciará la concesión casi instantánea de su aplazamiento a un mayor número de contribuyentes.

Las solicitudes de aplazamiento o fraccionamiento por un importe total de deuda pendiente igual o inferior a 3.000 euros se resolverán de forma automatizada, atendiendo la propuesta de plazos que el obligado al pago haya indicado en su solicitud y siempre que el importe de cada uno de los plazos resultantes, excluidos intereses, no sea inferior a 50 euros.

Las solicitudes pueden presentarse a través de la APP de la Agencia Tributaria o de la Sede electrónica, y el interesado puede obtener la resolución en un breve espacio de tiempo.

Para la resolución de los aplazamientos o fraccionamientos que precisen aportación de garantías, se establecen los requisitos que deben cumplir en función del tipo de garantía aportada.

Cuando la garantía consiste en fianza, aval bancario o seguro de caución, para servir como tales tanto para la suspensión en la ejecución de los actos recurridos como para la concesión de aplazamientos y fraccionamientos de pago, deberán constituirse respetando lo dispuesto en la normativa tributaria aplicable.

Además, se deben seguir las disposiciones que regulan la ordenación, supervisión y solvencia de las entidades de crédito y las entidades aseguradoras y reaseguradoras, así como el régimen jurídico de las sociedades de garantía recíproca en la medida en que resulten aplicables en este ámbito.

En las Instrucciones 1 y 2/2023 arriba mencionadas se detallan ciertos bienes que, por sus características intrínsecas o las limitadas posibilidades que tiene su ejecución, no cumplen las condiciones mínimas de suficiencia económica o jurídica para ser admitidos como idóneos a la hora de considerarlos como garantía de aplazamientos o fraccionamientos de pago.

También se hace referencia a aquellos bienes que, aun pudiendo resultar idóneos, presuntamente carecen de mercado en una eventual ejecución y generan una serie de problemas que deben ser valorados a la hora de calificar su grado de suficiencia jurídica y económica.

De esta forma, cuando se aporte un aval bancario o certificado de seguro de caución, el plazo máximo de aplazamiento será de 60 meses.

Cuando la garantía consista en bienes inmuebles de naturaleza urbana libres de cargas, el plazo máximo de concesión será de 36 meses, mientras que cuando se aporten otras garantías, el plazo máximo de concesión será de 24 meses.

En los casos de dispensa total o parcial de garantía, el plazo máximo de concesión será de 12 meses.

En la misma línea de flexibilización de plazos, se amplía hasta los 60 meses el plazo máximo de concesión para aquellos supuestos en que concurran motivos excepcionales para superar los plazos máximos establecidos y que precisan de la autorización expresa de la persona titular de la dirección del Departamento de Recaudación.

En el supuesto de que se conceda la suspensión o el aplazamiento o fraccionamiento al deudor principal y se haya constituido la correspondiente garantía, se trasladarán los efectos a los responsables y al resto de coobligados al pago de la deuda, de forma que se acordará la suspensión de la ejecutividad de las deudas incluidas en la solicitud de aplazamiento o fraccionamiento presentada por el deudor principal sin necesidad de que los responsables o coobligados presten garantía en vía administrativa.

Dispensa de garantías

Como hemos señalado con anterioridad, en determinados supuestos podrá dispensarse total o parcialmente al obligado tributario de la constitución de las garantías:

a) Cuando las deudas tributarias sean de cuantía inferior a la que se fije en la normativa tributaria (actualmente, la Orden HFP/311/2023, de 28 de marzo (BOE 31-03-2023, establece en 50.000 euros el límite exento de aportar garantía en las solicitudes de aplazamiento o fraccionamiento de deudas tributarias) y la mencionada Orden HFP/583/2023, de 7 de junio, para las solicitudes relativas a los tributos gestionados por las CCAA.

b) Cuando el obligado al pago carezca de bienes suficientes para garantizar la deuda y la ejecución de su patrimonio pudiera afectar sustancialmente al mantenimiento de la capacidad productiva y del nivel de empleo de la actividad económica respectiva, o pudiera producir graves quebrantos para los intereses de la Hacienda Pública.

La garantía cubrirá el importe de la deuda en periodo voluntario, de los intereses de demora que genere el aplazamiento y un 25 por ciento de la suma de ambas partidas (cuando la totalidad de la deuda aplazada o fraccionada se garantice con aval solidario de entidad de crédito o sociedad de garantía recíproca o mediante certificado de seguro de caución, el interés de demora exigible será el interés legal que corresponda hasta la fecha de su ingreso).

La garantía deberá formalizarse en el plazo de dos meses contados a partir del día siguiente al de la notificación del acuerdo de concesión cuya eficacia quedará condicionada a dicha formalización.

Cuando la deuda se encuentre en periodo ejecutivo, la garantía deberá cubrir el importe aplazado, incluyendo el recargo del periodo ejecutivo correspondiente, los intereses de demora que genere el aplazamiento más un 5 por ciento de la suma de ambas partidas.

En caso de solicitud de fraccionamiento, podrá constituirse una única garantía para la totalidad de las fracciones que puedan acordarse o bien garantías parciales e independientes para una o varias fracciones.

En todo caso, la garantía deberá cubrir el importe de las fracciones a que se refiera, incluyendo, para las deudas que se encuentren en periodo voluntario, el importe que por principal e intereses de demora se incorpore a las fracciones más el 25 por ciento de la suma de ambas partidas; y para las deudas que se encuentren en periodo ejecutivo, el importe fraccionado, incluyendo el recargo del periodo ejecutivo correspondiente, los intereses de demora que genere el fraccionamiento, más un 5 por ciento de la suma de ambas partidas.

Transcurrido el plazo de dos meses sin haberse formalizado las garantías, las consecuencias serán las siguientes:

a) Si la solicitud fue presentada en periodo voluntario de ingreso, se iniciará el periodo ejecutivo al día siguiente de aquel en que finalizó el plazo para la formalización de las garantías, debiendo iniciarse el procedimiento de apremio, exigiéndose el ingreso del principal de la deuda y el recargo del periodo ejecutivo.

b) Si la solicitud fue presentada en periodo ejecutivo de ingreso, deberá continuar el procedimiento de apremio.

El reembolso del coste de las garantías aportadas para aplazar o fraccionar el pago de una deuda o sanción tributaria, cuando dicha deuda o sanción sean declaradas improcedentes por sentencia o resolución administrativa firme se tramitará y resolverá de acuerdo con lo establecido para el reembolso de los costes de las garantías aportadas para suspender la ejecución de un acto impugnado.

Aspectos importantes a tener en cuenta durante la tramitación de la solicitud de aplazamiento o fraccionamiento

Durante la tramitación de la solicitud el deudor deberá efectuar el pago del plazo, fracción o fracciones propuestos en aquella.

La Administración podrá establecer un calendario provisional de pagos hasta que la resolución se produzca. Dicho calendario podrá incorporar plazos distintos de los propuestos por el solicitante y lo sustituirá a todos los efectos.

En caso de incumplimiento de cualquiera de dichos pagos, ya sean los propuestos por el interesado o los fijados por la Administración en el correspondiente calendario, se podrá denegar la solicitud por concurrir dificultades económico-financieras de carácter estructural.

Inadmisiones de las solicitudes de aplazamiento o fraccionamiento

Serán inadmitidas las solicitudes de aplazamiento y fraccionamiento en los siguientes casos:

a) Cuando la deuda deba ser declarada mediante autoliquidación y esta última no haya sido objeto de presentación con anterioridad o conjuntamente con la solicitud de aplazamiento o fraccionamiento.

b) Cuando la autoliquidación haya sido presentada habiéndose iniciado con anterioridad un procedimiento de inspección que hubiera quedado suspendido de acuerdo con lo previsto en el artículo 150.3.a) de la Ley 58/2003, de 17 de diciembre, General Tributaria, siempre que la solicitud de aplazamiento o fraccionamiento se refiera a conceptos y periodos afectados por la causa de suspensión respecto de los que se haya remitido conocimiento a la jurisdicción competente o al Ministerio Fiscal.

La presentación de solicitudes de aplazamiento o fraccionamiento reiterativas de otras anteriores que hayan sido objeto de denegación previa implicará su inadmisión cuando no contengan modificación sustancial respecto de la solicitud previamente denegada y, en particular, cuando dicha reiteración tenga por finalidad dilatar, dificultar o impedir el desarrollo de la gestión recaudatoria.

La inadmisión implicará que la solicitud de aplazamiento o fraccionamiento se tenga por no presentada a todos los efectos.

Contra el acuerdo de inadmisión cabrá la interposición de recurso o reclamación económica-administrativa.

Resolución de la solicitud

Las resoluciones que concedan aplazamientos o fraccionamientos de pago especificarán el número de código cuenta cliente, en su caso, y los datos identificativos de la entidad de crédito que haya de efectuar el cargo en cuenta, los plazos de pago y demás condiciones del acuerdo.

La resolución podrá señalar plazos y condiciones distintos de los solicitados.

Si la resolución concediese el aplazamiento o fraccionamiento, se notificará al solicitante advirtiéndole de los efectos que se producirán de no constituirse la garantía en el plazo legalmente establecido y en caso de falta de pago.

Dicha notificación incorporará el cálculo de los intereses de demora asociados a cada uno de los plazos de ingreso concedidos.

Si la resolución dictada fuese denegatoria, las consecuencias serán las siguientes:

a) Si la solicitud fue presentada en periodo voluntario de ingreso, con la notificación del acuerdo denegatorio se iniciará el plazo de ingreso en voluntaria.

De no producirse el ingreso en dicho plazo, comenzará el periodo ejecutivo y deberá iniciarse el procedimiento de apremio.

b) Si la solicitud fue presentada en periodo ejecutivo de ingreso, deberá iniciarse el procedimiento de apremio, de no haberse iniciado con anterioridad.

Efectos de las resoluciones denegatorias

Si la resolución dictada fuese denegatoria, las consecuencias serán las siguientes:

a) Si la solicitud fue presentada en periodo voluntario de ingreso, con la notificación del acuerdo denegatorio se iniciará el plazo de ingreso regulado en el artículo 62.2 de la Ley 58/2003, de 17 de diciembre, General Tributaria, sin perjuicio de lo dispuesto en el párrafo segundo del artículo 161.2 de esa ley.

De no producirse el ingreso en dicho plazo, comenzará el periodo ejecutivo y deberá iniciarse el procedimiento de apremio en los términos previstos en el artículo 167.1 de la Ley 58/2003, de 17 de diciembre, General Tributaria.

De realizarse el ingreso en dicho plazo, procederá la liquidación de los intereses de demora devengados a partir del día siguiente al del vencimiento del plazo de ingreso en periodo voluntario hasta la fecha del ingreso realizado durante el plazo abierto con la notificación de la denegación. De no realizarse el ingreso los intereses se liquidarán hasta la fecha de vencimiento de dicho plazo, sin perjuicio de los que puedan devengarse con posterioridad conforme a lo dispuesto en el artículo 26 de la Ley 58/2003, de 17 de diciembre, General Tributaria.

b) Si la solicitud fue presentada en periodo ejecutivo de ingreso, deberá iniciarse el procedimiento de apremio en los términos previstos en el artículo 167.1 de la Ley 58/2003, de 17 de diciembre, General Tributaria, de no haberse iniciado con anterioridad.

En relación con la resolución de las solicitudes de aplazamiento y fraccionamiento, pueden examinarse las siguientes resoluciones y sentencias:

- TEAC, resolución de 25 de febrero de 2016, reclamación 5419/2013, sobre los efectos de una nueva solicitud de un aplazamiento una vez denegada una previa.
- SAN de 20 de noviembre de 2017, recurso 894/2016, sobre la naturaleza del plazo de ingreso abierto con la notificación de la denegación de una petición de aplazamiento *(Tol 6470033)*.
- TEAC, resoluciones de 28 de febrero de 2018, RG 7001/2016 y RG 7013/2017, sobre el mismo asunto tratado en la anteriormente citada.
- RTEAC de 27 de febrero de 2020, RG 00-2498.17, unificación de criterio. Efectuado un ingreso a cuenta durante la tramitación de un aplazamiento/fraccionamiento de pago de una deuda tributaria, los pagos realizados en los distintos vencimientos acordados en la concesión de aquél no interrumpen la prescripción a liquidar los intereses de demora devengados por dicho ingreso a cuenta.

Por último, es importante señalar que también se puede pedir el aplazamiento/fraccionamiento de las sanciones tributarias.

¿Puede recurrirse la resolución dictada?

Una vez concedido un aplazamiento o fraccionamiento, si el deudor solicitase una modificación en sus condiciones, la petición no tendrá, en ningún caso, efectos suspensivos.

La tramitación y resolución de estas solicitudes se regirá por las mismas normas que las establecidas para las peticiones de aplazamiento o fraccionamiento con carácter general.

Contra la denegación de las solicitudes de aplazamiento o fraccionamiento sólo cabrá la presentación del correspondiente recurso de reposición o reclamación económico-administrativa.

¿Qué consecuencias tiene el incumplimiento de pago de un aplazamiento o fraccionamiento concedido por la Administración?

Aplazamientos:

Si llegado el vencimiento del plazo concedido no se efectuara el pago, se producirán los siguientes efectos:

a) Si la solicitud fue presentada en periodo voluntario, se iniciará el periodo ejecutivo al día siguiente del vencimiento del plazo incumplido, debiendo iniciarse el procedimiento de apremio. Se exigirá el ingreso del principal de la deuda, los intereses de demora devengados a partir del día siguiente al del vencimiento del plazo de ingreso en periodo voluntario hasta la fecha del vencimiento del plazo concedido y el recargo del periodo ejecutivo sobre la suma de ambos conceptos.

b) Si la solicitud fue presentada en periodo ejecutivo, deberá continuar el procedimiento de apremio.

En uno y en otro caso, transcurrido el plazo de ingreso en periodo ejecutivo, si la deuda tributaria estuviera garantizada se procederá en a ejecutar la garantía a través del procedimiento administrativo de apremio.

No obstante, la Administración tributaria podrá optar por el embargo y enajenación de otros bienes o derechos con anterioridad a la ejecución de la garantía cuando ésta no sea proporcionada a la deuda garantizada o cuando el obligado lo solicite, señalando bienes suficientes al efecto. En estos casos, la garantía prestada quedará sin efecto en la parte asegurada por los embargos.

Fraccionamientos:

En el caso de los fraccionamientos las consecuencias, esencialmente coincidentes con las que se han descrito más arriba, se ciñen a la casuística que puede presentarse en atención a la tipología de las garantías existentes, al periodo de ingreso de las deudas incluidas en cada fracción en el momento de la solicitud y a las incluidas en la fracción cuyo pago se ha incumplido, distinguiéndose en atención a que se trate de:

- Fraccionamientos concedidos con dispensa total de garantías o con garantía o garantías constituidas sobre el conjunto de las fracciones.
- Fraccionamientos concedidos con garantía o garantías constituidas con carácter parcial e independiente para una o varias fracciones.

¿Qué implica la ejecución de una garantía?

Depende del tipo de garantía

- Si la garantía consiste en aval, fianza, certificado de seguro de caución u otra garantía personal, se requerirá al garante el ingreso de la deuda, incluidos los recargos e intereses que, en su caso, correspondan hasta el límite del importe garantizado. De no realizarlo, se procederá contra sus bienes en virtud de la providencia de apremio dictada en relación con el obligado al pago sin necesidad de nueva notificación.
- Si la garantía consiste en hipoteca, prenda u otra de carácter real constituida por o sobre bienes o derechos del obligado al pago susceptibles de enajenación forzosa, se procederá a enajenarlos por el procedimiento establecido para la enajenación de bienes embargados de naturaleza igual o similar.
- Si la garantía está constituida por o sobre bienes o derechos de persona o entidad distinta del obligado al pago, se comunicará a dicha persona o entidad el impago del importe garantizado, requiriéndole para que ponga dichos bienes o derechos a disposición del órgano de recaudación competente, salvo que pague la cuantía debida. Transcurrido dicho plazo sin que se haya producido el pago o la entrega de los bienes o derechos, se procederá a enajenarlos por el procedimiento establecido para la enajenación de bienes embargados de naturaleza igual o similar.
- Si la garantía consiste en depósito en efectivo, se requerirá al depositario el ingreso de la deuda, incluidos los recargos e intereses que, en su caso, correspondan hasta el límite del depósito constituido, advirtiéndole que en caso de incumplimiento se procederá al embargo de sus bienes y derechos sin más trámite en virtud de la misma providencia de apremio dictada en relación con el obligado al pago sin necesidad de nueva notificación de aquella. Si el depositario es la propia Administración, se aplicará el depósito a cancelar dichas cantidades.

En todos los supuestos, el importe líquido obtenido de la ejecución de la garantía se aplicará al pago de la deuda pendiente, incluidas costas, recargos e intereses de demora.

La parte sobrante será puesta a disposición del garante o de quien corresponda.

Es relevante destacar que para que una garantía sea objeto de ejecución y pueda procederse a la enajenación de los bienes y derechos sobre los que la misma se constituyó, no se precisa la que la liquidación tributaria origen de la deuda sea firme.

5.3.4.2 bis. Régimen de aplazamientos y fraccionamientos de las deudas tributarias en situaciones preconcursales

Con efectos desde el 1 de enero de 2023, la Disposición Adicional Undécima de la Ley 16/2022, de 5 de septiembre, de reforma del texto refundido de la Ley Concursal, publicada en el BOE el día 6, fue modificada (tras una etapa de confusión legislativa) por la DF 33ª de la Ley 31/2022, de 23 de diciembre, de PGE para el año 2023, introduciendo algunas particularidades para el aplazamiento y fraccionamiento de las deudas tributarias de las entidades y personas que se encuentra en situaciones preconcursales.

El mencionado régimen especial afirma:

Las deudas y sanciones tributarias estatales que puedan ser objeto de aplazamiento o fraccionamiento conforme al artículo 65 de la Ley 58/2003, de 17 de diciembre, General Tributaria, para cuya gestión recaudatoria resulte competente la Agencia Estatal de Administración Tributaria y se encuentren en período voluntario o ejecutivo, podrán aplazarse o fraccionarse, previa solicitud del obligado tributario, cuando su situación económico-financiera le impida de forma transitoria efectuar el pago en los plazos establecidos, en el supuesto de que el deudor haya comunicado al juzgado competente la apertura de negociaciones con sus acreedores de acuerdo con lo previsto en los artículos 585 o 690 del texto refundido de la Ley Concursal, aprobado por Real Decreto legislativo 1/2020, de 5 de mayo, y siempre que no se haya formalizado en instrumento público el plan de reestructuración, ni aprobado el plan de continuación, ni declarado el concurso, ni abierto el procedimiento especial para microempresas.

Los acuerdos de concesión que se dicten tendrán plazos con cuotas iguales y vencimiento mensual sin que en ningún caso puedan exceder de los regulados a continuación:

a) Plazo máximo de seis meses, para aquellos supuestos en los que se den las circunstancias previstas en el artículo 82.2.a) de la Ley 58/2003, de 17 de diciembre, General Tributaria, y se trate de personas jurídicas o de entidades a las que se refiere el apartado 4 del artículo 35 de la misma Ley.

b) Plazo máximo de doce meses, para aquellos supuestos en los que se den las circunstancias previstas en el artículo 82.2.b) de la misma Ley, o cuando se trate de personas físicas y concurran las circunstancias previstas en el artículo 82.2.a) de la citada Ley.

c) Plazo máximo de veinticuatro meses, para aquellos supuestos en que los aplazamientos y fraccionamientos se garanticen conforme a lo dispuesto en el artículo 82.1, párrafos segundo y tercero de la Ley 58/2003, de 17 de diciembre, General Tributaria.

d) Plazo máximo de treinta y seis meses para los supuestos en que los aplazamientos y fraccionamientos se garanticen conforme a lo dispuesto en el artículo 82.1, párrafo primero de la Ley 58/2003, de 17 de diciembre, General Tributaria.

En las solicitudes de aplazamiento y fraccionamiento de pago de las deudas de derecho público gestionadas por la Agencia Estatal de Administración Tributaria y por los órganos u organismos de la Hacienda Pública Estatal, con exclusión de las deudas a que se refiere el Reglamento (UE) 952/2013, del Parlamento Europeo y del Consejo, de 9 de octubre de 2013, por el que se establece el código aduanero de la Unión, que se regularán por lo dispuesto en dicho Reglamento, salvo las que se contraigan en aplicación del apartado 4 del artículo 105 del mismo, no se exigirán garantías siempre que su importe en conjunto no exceda de 30.000 euros y se encuentren tanto en periodo voluntario como en periodo ejecutivo de pago, sin perjuicio del mantenimiento, en este último caso, de las trabas existentes sobre bienes y derechos del deudor en el momento de la presentación de la solicitud.

Cabe entender que el límite anterior de 30.000 euros ha sido sustituido por 50.000 euros desde abril de 2023.

A efectos de la determinación del importe de deuda señalado, se acumularán, en el momento de la solicitud tanto las deudas a las que se refiere la propia solicitud como cualesquiera otras del mismo deudor para las que se haya solicitado y no resuelto el aplazamiento o fraccionamiento, así como el importe de los vencimientos pendientes de ingreso de las deudas aplazadas o fraccionadas, salvo que estén debidamente garantizadas.

Las deudas acumulables serán aquellas que consten en las bases de datos del órgano de recaudación competente, sin que sea precisa la consulta a otros órganos u organismos a efectos de determinar el conjunto de las mismas. No obstante, los órganos competentes de recaudación computarán aquellas otras deudas acumulables que, no constando en sus bases de datos, les hayan sido comunicadas por otros órganos u organismos.

En todo lo no regulado por esta disposición, se aplicará la LGT y sus normas de desarrollo.

En todo lo no regulado expresamente en esta disposición, será de aplicación lo establecido en la Ley 58/2003, de 17 de diciembre, General Tributaria, y su normativa de desarrollo.

5.3.4.2 ter. Plazos generales de la concesión de aplazamientos y fraccionamientos de deudas tributarias.

Los plazos máximos de concesión aparecen regulados en la citada Instrucción 2/2023, de 3 de abril, de la Directora del Departamento de Recaudación y son los siguientes:

El aplazamiento o fraccionamiento se concederá en atención a la propuesta de plazos que el obligado al pago haya indicado en su solicitud y el plazo que el órgano competente para resolver considere procedente, según las circunstancias de cada caso, siempre que no supere los plazos máximos que se indican a continuación:

a) Si el obligado al pago aporta como garantía aval bancario o certificado de seguro de caución, el plazo máximo de concesión será hasta 60 meses.

b) Si el obligado al pago aporta como garantía bienes inmuebles de naturaleza urbana libres de cargas, el plazo máximo de concesión será hasta 36 meses.

c) Si el obligado al pago aporta como garantía otras garantías, el plazo máximo de concesión será hasta 24 meses.

d) Supuestos de dispensa total o parcial, el plazo máximo de concesión será hasta 12 meses.

Además, estas solicitudes se tramitarán de forma automatizada, lo que propiciará la concesión casi instantánea de su aplazamiento a un mayor número de contribuyentes.

Las solicitudes de aplazamiento o fraccionamiento por un importe total de deuda pendiente igual o inferior a 3.000 euros se resolverán de forma automatizada atendiendo la propuesta de plazos que el obligado al pago haya indicado en su solicitud y siempre que el importe de cada uno de los plazos resultantes, excluidos intereses, no sea inferior a 50 euros.

Las solicitudes pueden presentarse a través de la APP de la Agencia Tributaria o de la Sede electrónica, y el interesado puede obtener la resolución en un breve espacio de tiempo.

5.3.4.3. La compensación de deudas

Legislación

LGT: artículo 71 a 73.

RGR: artículos 55 a 60.

¿En qué consiste la compensación de deudas tributarias?

Las deudas tributarias de un obligado tributario pueden extinguirse total o parcialmente por compensación con créditos reconocidos por acto administrativo a favor del mismo obligado.

El Real Decreto-Ley 3/2016, de 2 de diciembre, por el que se adoptan medidas en el ámbito tributario dirigidas a la consolidación de las finanzas públicas y otras medidas urgentes en materia social, ha limitado las posibilidades de utilizar el pago en especie al establecer que no podrá admitirse el pago en especie en aquellos supuestos en los que, de acuerdo con el artículo 65.2 de la Ley General Tributaria, las deudas tributarias tengan la condición de inaplazables, señalando que dichas solicitudes de pago en especie serán objeto de inadmisión.

¿Cómo se inicia la compensación de deudas?

Puede iniciarse a instancia de obligado tributario o de oficio por la Administración.

A solicitud el obligado

El obligado tributario podrá solicitar la compensación de las deudas tributarias que se encuentren tanto en período voluntario de pago como en período ejecutivo.

El obligado al pago que inste la compensación deberá presentar la correspondiente solicitud, que contendrá los siguientes datos:

a) Nombre y apellidos o razón social o denominación completa, Número de Identificación Fiscal y domicilio fiscal del obligado al pago y, en su caso, de la persona que lo represente.

b) Identificación de la deuda cuya compensación se solicita, indicando al menos, su importe, concepto y fecha de vencimiento del plazo de ingreso en periodo voluntario.

c) Identificación del crédito reconocido por la Hacienda pública a favor del solicitante cuya compensación se ofrece, indicando al menos su importe, concepto y órgano gestor.

d) Lugar, fecha y firma del solicitante.

A la solicitud de compensación se acompañarán los siguientes documentos:

a) Si la deuda tributaria cuya compensación se solicita ha sido determinada mediante autoliquidación, el modelo oficial de esta debidamente cumplimentado, salvo que el interesado no esté obligado a presentarlo por obrar ya en poder de la Administración; en tal caso, señalará el día y procedimiento en que lo presentó.

b) Justificación de haber solicitado certificado de la oficina de contabilidad del órgano u organismo gestor del gasto o del pago, en el que se refleje la existencia del crédito reconocido pendiente de pago, la fecha de su reconocimiento y la suspensión, a instancia del interesado, de los trámites para su abono en tanto no se comunique la resolución del procedimiento de compensación.

Si el crédito ofrecido en compensación deriva de una devolución tributaria, en lugar de la certificación anterior se acompañará, en su caso, copia del acto, resolución o sentencia que lo reconozca.

La solicitud de compensación no impedirá la solicitud de aplazamientos o fraccionamientos de la deuda restante.

La resolución deberá notificarse en el plazo de seis meses.

Transcurrido dicho plazo sin que haya notificado la resolución, los interesados podrán considerar desestimada la solicitud a los efectos de interponer el recurso correspondiente o esperar la resolución expresa.

De oficio

Cuando un deudor a la Hacienda pública sea, a su vez, acreedor de aquella por un crédito reconocido, una vez transcurrido el periodo voluntario, se compensará de oficio la deuda y los recargos del periodo ejecutivo que procedan con el crédito.

No obstante, también se compensarán de oficio durante el plazo de ingreso en periodo voluntario:

a) Las cantidades a ingresar y a devolver que resulten de un mismo procedimiento de comprobación limitada o inspección, debiéndose producir el ingreso o la devolución de la cantidad diferencial que proceda.

b) Las cantidades a ingresar y a devolver que resulten de la práctica de una nueva liquidación por haber sido anulada otra anterior.

Las cantidades a ingresar y a devolver que resulten de la ejecución de resoluciones derivadas de obligaciones tributarias conexas, cuando de unas resulten cuantías a ingresar y de las otras cuantías a devolver.

El concepto de "obligaciones tributarias conexas" aparece recogido en el penúltimo párrafo del epígrafe 5.2.5.1, al tratar de la prescripción tributaria.

¿Qué efectos tiene una solicitud de compensación?

La presentación de una solicitud de compensación en período voluntario impedirá el inicio del período ejecutivo de la deuda concurrente con el crédito ofrecido, pero no el devengo del interés de demora que pueda proceder, en su caso, hasta la fecha de reconocimiento del crédito.

La extinción de la deuda tributaria se producirá en el momento de la presentación de la solicitud o cuando se cumplan los requisitos exigidos para las deudas y los créditos, si este momento fuera posterior a dicha presentación.

Adoptado el acuerdo de compensación, se declararán extinguidas las deudas y créditos en la cantidad concurrente.

Dicho acuerdo será notificado al interesado y servirá como justificante de la extinción de la deuda.

Si el crédito es inferior a la deuda, por la parte de deuda que exceda del crédito se iniciará el procedimiento de apremio, si no es ingresada a su vencimiento, o se continuará dicho procedimiento, si ya se hubiese iniciado con anterioridad, siendo posible practicar compensaciones sucesivas con los créditos que posteriormente puedan reconocerse a favor del obligado al pago.

En caso de que el crédito sea superior a la deuda, declarada la compensación, se abonará la diferencia al interesado.

Efectos de la compensación denegada

El órgano competente para resolver acordará la compensación cuando concurran los requisitos establecidos con carácter general en la normativa tributaria y civil o, en su caso, en la legislación aplicable con carácter específico.

Si la resolución dictada fuese denegatoria, los efectos serán los siguientes:

a) Si la solicitud fue presentada en periodo voluntario de ingreso, con la notificación del acuerdo denegatorio se iniciará el plazo de ingreso regulado en el artículo 62.2 de la Ley 58/2003, de 17 de diciembre, General Tributaria, sin perjuicio de lo dispuesto en el párrafo segundo del artículo 161.2 de esa ley.

De no producirse el ingreso en dicho plazo, comenzará el periodo ejecutivo y deberá iniciarse el procedimiento de apremio en los términos previstos en el artículo 167.1 de la Ley 58/2003, de 17 de diciembre, General Tributaria.

De realizarse el ingreso en dicho plazo, procederá la liquidación de los intereses de demora devengados a partir del día siguiente al del vencimiento del plazo de ingreso en periodo voluntario hasta la fecha del ingreso realizado durante el plazo abierto con la notificación de la denegación. De no realizarse el ingreso, los intereses se liquidarán hasta la fecha de vencimiento de dicho plazo, sin perjuicio de los que puedan devengarse con posterioridad conforme a lo dispuesto en el artículo 26 de la Ley 58/2003, de 17 de diciembre, General Tributaria.

b) Si la solicitud fue presentada en periodo ejecutivo de ingreso, deberá iniciarse el procedimiento de apremio en los términos previstos en el artículo 167.1 de la Ley 58/2003, de 17 de diciembre, General Tributaria, de no haberse iniciado con anterioridad.

5.3.4.4. Medidas cautelares

Legislación

LGT: artículo 81

Antes de iniciar el procedimiento de apremio y con el objetivo de asegurar el cobro de la deuda, la Administración puede adoptar las denominadas medidas cautelares para evitar, esencialmente, actos de disposición patrimonial que burlen la acción recaudatoria, incluso cuando la deuda no esté aún cuantificada, ya sea porque no ha existido autoliquidación por parte del obligado tributario ya sea porque no ha concluido el procedimiento administrativo del que deba derivarse la correspondiente liquidación.

¿En qué casos se pueden adoptar medidas cautelares?

Las medidas cautelares de carácter provisional se pueden adoptar cuando existen indicios racionales de que, en otro caso, dicho cobro se vería frustrado o gravemente dificultado.

La medida cautelar deberá ser notificada al afectado con expresa mención de los motivos que justifican su aplicación.

Las medidas habrán de ser proporcionadas al daño que se pretenda evitar y en la cuantía estrictamente necesaria para asegurar el cobro de la deuda.

En ningún caso se pueden adoptar medidas que puedan producir un perjuicio de difícil o imposible reparación.

Cuando en la tramitación de una solicitud de suspensión con otras garantías distintas de las necesarias para obtener la suspensión automática, o con dispensa total o parcial de garantías, o basada en la existencia de error aritmético, material o de hecho, se observe que existen indicios racionales de que el cobro de las deudas cuya ejecutividad pretende suspenderse pueda verse frustrado o gravemente dificultado, se podrán adoptar medidas cautelares que aseguren el cobro de las mismas.

Dichas medidas serán levantadas de acuerdo con la normativa general sobre esta materia o cuando así lo acuerde el órgano competente para la resolución de la solicitud de suspensión.

En relación con la naturaleza y requisitos de las medidas cautelares, pueden examinarse las siguientes resoluciones del TEAC:

- 24 de abril de 2019, reclamación 110-2017.
- 27 de junio de 2019, reclamación 1066-2017.
- 24 de septiembre de 2019, reclamación 2696-2017.
- 24 de septiembre de 2019, reclamación 1501-2017.

¿Qué tipo de medidas cautelares existen?

Las medidas cautelares pueden consistir en:

a) La retención del pago de devoluciones tributarias o de otros pagos que deba realizar la Administración tributaria. La retención cautelar total o parcial de una devolución tributaria deberá ser notificada al interesado junto con el acuerdo de devolución.

b) El embargo preventivo de bienes y derechos, del que se practicará, en su caso, anotación preventiva.

c) La prohibición de enajenar, gravar o disponer de bienes o derechos.

En particular, la Administración tributaria podrá acordar la prohibición de disponer sobre los bienes inmuebles de una sociedad, sin necesidad de que el procedimiento recaudatorio se dirija contra ella, cuando se hubieran embargado al obligado tributario acciones o participaciones de aquella y este ejerza el control efectivo, total o parcial, directo o indirecto sobre la sociedad titular de los inmuebles en cuestión en los términos previstos en el Código de Comercio y aunque no estuviere obligado a formular cuentas consolidadas.

Podrá tomarse anotación preventiva de la prohibición de disponer en la hoja abierta a las fincas en el Registro de la Propiedad competente en virtud del correspondiente mandamiento en que se justificará la validez de la medida cautelar contra persona distinta del titular registral por referencia a la existencia de la correspondiente relación de control cuyo presupuesto de hecho se detallará en el propio mandamiento.

El recurso contra la medida de prohibición de disponer solo podrá fundarse en la falta de alguno de los presupuestos de hecho que permiten su adopción.

La medida se alzará cuando por cualquier causa se extinga el embargo de las participaciones o acciones pertenecientes al obligado tributario. Asimismo, la Administración tributaria podrá acordar el levantamiento de la prohibición de disponer cuando su mantenimiento pudiera producir perjuicios de difícil o imposible reparación, debidamente acreditados por la sociedad.

d) La retención de un porcentaje de los pagos que las empresas que contraten o subcontraten la ejecución de obras o prestación de servicios correspondientes a su actividad principal realicen a los contratistas o subcontratistas, en garantía de las obligaciones tributarias relativas a tributos que deban repercutirse o cantidades que deban retenerse a trabajadores, profesionales u otros empresarios, en la parte que corresponda a las obras o servicios objeto de la contratación o subcontratación.

e) Se podrá acordar el embargo preventivo de dinero y mercancías en cuantía suficiente para asegurar el pago de la deuda tributaria que proceda exigir por actividades lucrativas ejercidas sin establecimiento y que no hubieran sido declaradas. Asimismo, podrá acordarse el embargo preventivo de los ingresos de los espectáculos públicos que no hayan sido previamente declarados a la Administración tributaria.

f) Cualquier otra legalmente prevista.

¿En qué momento pueden adoptarse las medidas cautelares?

Las medidas cautelares podrán adoptarse durante la tramitación de los procedimientos de aplicación de los tributos desde el momento en que la Administración tributaria actuante pueda acreditar de forma motivada y suficiente la concurrencia de los indicios a los que se ha hecho referencia más arriba y la proporcionalidad de la medida.

¿Qué vigencia tienen las medidas cautelares?

Los efectos de las medidas cautelares cesarán en el plazo de seis meses desde su adopción, salvo en los siguientes supuestos:

a) Que se conviertan en embargos en el procedimiento de apremio o en medidas cautelares judiciales, que tendrán efectos desde la fecha de adopción de la medida cautelar.

b) Que desaparezcan las circunstancias que motivaron su adopción.

c) Que, a solicitud del interesado, se acordase su sustitución por otra garantía que se estime suficiente.

En todo caso, las medidas cautelares deberán ser levantadas si el obligado tributario presenta aval solidario de entidad de crédito o sociedad de garantía recíproca o certificado de seguro de caución que garantice el cobro de la cuantía de la medida cautelar.

d) Que se amplíe dicho plazo mediante acuerdo motivado, sin que la ampliación pueda exceder de seis meses.

Existe un plazo de vigencia superior de vigencia de las medidas cautelares respecto del anterior, en el supuesto de adopción durante la tramitación del procedimiento de liquidación de deudas tributarias vinculadas a delitos contra la Hacienda Pública o tras su conclusión.

En estos casos sus efectos cesarán en el plazo de veinticuatro meses desde su adopción.

Si se hubieran adoptado antes del inicio de la tramitación, podrá ampliarse el plazo mediante acuerdo motivado, sin que la ampliación total de las medidas adoptadas pueda exceder de 18 meses.

5.3.4.5. Periodo ejecutivo

Legislación

LGT: artículos 161.

RGR: artículos 68 y 69.

¿Qué es el periodo ejecutivo?

El periodo ejecutivo es aquel en el que por parte de la Administración pueden iniciarse las actuaciones ejecutivas dirigidas contra el patrimonio del deudor al efecto de hacer efectivo el cobro de las deudas.

Dichas actuaciones, como más abajo se expondrán, consisten en la apertura de un nuevo plazo de ingreso (mucho más breve que el del periodo voluntario que más arriba se analizó) y, en su caso, la práctica, a posteriori, de los embargos sobre bienes y derechos del obligado para su posterior enajenación a través de subasta.

El período ejecutivo se inicia de forma automática en los siguientes supuestos:

a) En el caso de deudas liquidadas por la Administración tributaria, el día siguiente al del vencimiento del plazo de ingreso en voluntaria sin que éste se hubiese producido.

b) En el caso de deudas a ingresar mediante autoliquidación presentada sin realizar el ingreso, al día siguiente de la finalización del plazo que establezca la normativa de cada tributo para dicho ingreso o, si éste ya hubiere concluido, el día siguiente a la presentación de la autoliquidación.

¿En qué supuestos no se inicia el periodo ejecutivo?

- En los casos de presentación de una solicitud de aplazamiento, fraccionamiento o compensación en período voluntario.

No obstante lo anterior, las solicitudes a las que se refiere el párrafo anterior así como las solicitudes de suspensión y pago en especie no impedirán el inicio del periodo ejecutivo cuando anteriormente se hubiera denegado, respecto de la misma deuda tributaria, otra solicitud previa de aplazamiento, fraccionamiento, compensación, suspensión o pago en especie en periodo voluntario habiéndose abierto otro plazo de ingreso sin que se hubiera producido el mismo.

La declaración de concurso no suspenderá el plazo voluntario de pago de las deudas que tengan la calificación de concursal de acuerdo con el texto refundido de la Ley Concursal aprobado por el Real Decreto Legislativo 1/2020, de 5 de mayo, sin perjuicio de que las actuaciones del periodo ejecutivo se rijan por lo dispuesto en dicho texto refundido.

- En los casos de interposición de un recurso o reclamación en tiempo y forma contra una sanción hasta que la sanción sea firme en vía administrativa y haya finalizado el plazo para el ingreso voluntario del pago.
- En los supuestos de interposición de recurso o reclamación en los que se hubiese acordado la suspensión de la ejecutividad del acto en periodo voluntario.

En relación con el inicio del periodo ejecutivo y la incidencia que en el mismo puede tener la existencia de peticiones de suspensión no resueltas, pueden examinarse las siguientes resoluciones y sentencias:

- STS de 21 de diciembre de 2017, recurso de casación 496/2017 *(Tol 6461919)*.
- STS de 27 de febrero de 2018, recurso de casación 170/2016 *(Tol 6534387)*.
- TEAC, resolución de 28 de febrero de 2018, reclamación 6784/2017.
- RTEAC de 18 de junio de 2020. RG 1026-2018. La Administración Tributaria está obligada a aceptar la declaración unilateral del interesado por la cual éste desiste de la suspensión en la ejecución de una liquidación tributaria, formulada durante el período voluntario de pago; por lo cual, finalizado el plazo de pago en período voluntario, procedía la iniciación del período de apremio.

– RTEAC de 18 de junio de 2020. RG 148-2020. A efectos de la suspensión en la ejecución de una liquidación tributaria, aun cautelar, se producen sus efectos desde que la suspensión se pide, con independencia de que la recaudación se encuentre en período voluntario o en ejecutivo y de que se presenten o no garantías que acrediten o no los perjuicios aducidos por el reclamante.

En tanto penda la resolución de una solicitud de suspensión, deben suspenderse también todas las actuaciones ejecutivas de la AT, salvo los intereses de demora.

¿Qué consecuencias tiene el inicio del periodo ejecutivo?

Iniciado el período ejecutivo, la Administración tributaria efectuará la recaudación de las deudas liquidadas o autoliquidadas por el procedimiento de apremio sobre el patrimonio del obligado al pago.

Además, el inicio del período ejecutivo determinará la exigencia de los intereses de demora y de los recargos del período ejecutivo y, en su caso, de las costas del procedimiento de apremio.

Las cantidades adeudadas devengarán interés de demora desde el inicio del periodo ejecutivo hasta la fecha de su ingreso.

Cuando sin mediar suspensión, aplazamiento o fraccionamiento una deuda se satisfaga totalmente antes de que concluya el plazo de ingreso abierto con la notificación de la providencia de apremio para el pago de las deudas apremiadas, no se exigirán los intereses de demora devengados desde el inicio del periodo ejecutivo.

La base sobre la que se aplicará el tipo de interés no incluirá el recargo de apremio.

¿Qué son los recargos de periodo ejecutivo?

Los recargos del período ejecutivo se devengan con el inicio de dicho período.

Los recargos del período ejecutivo son de tres tipos:

- ❒ Recargo ejecutivo.
- ❒ Recargo de apremio reducido.
- ❒ Recargo de apremio ordinario.

Dichos recargos son incompatibles entre sí y se calculan sobre la totalidad de la deuda no ingresada en período voluntario.

1.- El recargo ejecutivo será del cinco por ciento y se aplicará cuando se satisfaga la totalidad de la deuda no ingresada en periodo voluntario antes de la notificación de la providencia de apremio.

Ejemplo

En el caso de una deuda liquidada por la Administración por importe de 1.000 euros cuyo plazo de ingreso en voluntaria finalizó el día 20 de enero de 2024, sin que se haya producido el ingreso.

Si el obligado ingresa el día 25 de enero antes de que se le hubiese notificado la providencia de apremio, además de los 1.000 euros deberá ingresar 50 euros por recargo ejecutivo. El ingreso de los 1.050 euros saldará la deuda.

2.- El recargo de apremio reducido será del 10 por ciento y se aplicará cuando se satisfaga la totalidad de la deuda no ingresada en periodo voluntario y el propio recargo antes de la finalización del plazo de ingreso en periodo ejecutivo.

Ejemplo

En el ejemplo anterior, si se hubiese notificado la providencia de apremio antes de que se hubiesen ingresado los 1.000 euros, por ejemplo el 22 de enero, si en el plazo de ingreso abierto con la notificación de dicha providencia (desde el 22 de enero hasta del día 5 de febrero), se ingresa dicha cantidad y además 100 euros por recargo de apremio reducido (el día 25), la deuda quedará saldada.

3.- El recargo de apremio ordinario será del 20 por ciento y será aplicable cuando no concurran las circunstancias a las que se refieren los apartados 1 y 2 anteriores.

Ejemplo

Si en el ejemplo anterior no se hubiese ingresado la cantidad debida, 1.000 euros, antes de la finalización del plazo de ingreso abierto con la notificación de la providencia de apremio (5 de febrero), deberá ingresarse dicha cantidad más 200 euros por recargo de apremio ordinario. En este caso para el cobro de los 1.200 euros más los intereses de demora la Administración aplicará el procedimiento de apremio.

El recargo de apremio ordinario es compatible con los intereses de demora.
Cuando resulte exigible el recargo ejecutivo o el recargo de apremio reducido no se exigirán los intereses de demora devengados desde el inicio del período ejecutivo.

5.3.4.6. Procedimiento de apremio

Legislación

LGT: artículos 163 a 167
RGR: artículos 70 a 116

El procedimiento de apremio, como más arriba se indicó, se inicia como consecuencia de la falta de ingreso por el obligado tributario tanto en el plazo abierto en periodo voluntario como en el abierto en periodo ejecutivo.

A través del procedimiento de apremio la Administración desarrolla las actuaciones de embargo sobre bienes y derechos del obligado para posteriormente, a través de los procedimientos de enajenación administrativos, obtener las cantidades necesarias para satisfacer la deuda.

El esquema temporal estándar del procedimiento de apremio es el siguiente:

- Notificación de la providencia de apremio y apertura de los plazos de ingreso en periodo ejecutivo.
- En caso de falta de ingreso, ejecución de las garantías que pudiesen haberse constituido previamente para asegurar el cobro de la deuda.
- Desarrollo de las actuaciones de investigación patrimonial y de embargo sobre bienes y derechos del deudor.
- Enajenación de los bienes y derechos.
- Terminación del procedimiento
  - Con el cobro de la deuda.
  - Por declaración de insolvencia de no existir patrimonio conocido sobre el que realizar embargos y no haberse podido cubrir la deuda en su totalidad.

¿Cómo se inicia el procedimiento de apremio?

El procedimiento de apremio se inicia e impulsa de oficio en todos sus trámites y, una vez iniciado, sólo se suspende en los casos y en la forma prevista en la normativa tributaria.

El inicio se realiza mediante la notificación de un documento llamado providencia de apremio en la que se identifica la deuda pendiente, se liquidan los recargos del periodo ejecutivo y se le requiere para que efectúe el pago.

Además, la providencia de apremio es el acto de la Administración que ordena la ejecución contra el patrimonio del obligado al pago, siendo título suficiente para iniciar el procedimiento de apremio, y tiene la misma fuerza ejecutiva que la sentencia judicial para proceder contra los bienes y derechos de los obligados tributarios.

La AT, cuando pende ante ella un recurso o impugnación administrativa, potestativo y obligatorio, no puede dictar providencia de apremio, sin resolver con anterioridad ese recurso, como es su deber, pues el silencio administrativo no es sino una mera ficción de acto administrativo a efectos de abrir frente a la omisión del actuar administrativo las vías impugnatorias pertinentes en cada supuesto (RTEAC de 16 de marzo de 2021, RG 6715/2020, remitiéndose a la doctrina formulada por el TS en su rec. de casación 5751/2017, de 28 de mayo de 2020).

¿Qué contenido tiene la providencia de apremio?

La providencia de apremio deberá contener:

a) Nombre y apellidos o razón social o denominación completa, Número de Identificación Fiscal y domicilio del obligado al pago.

b) Concepto, importe de la deuda y periodo al que corresponde.

c) Indicación expresa de que la deuda no ha sido satisfecha, de haber finalizado el correspondiente plazo de ingreso en periodo voluntario y del comienzo del devengo de los intereses de demora.

d) Liquidación del recargo del periodo ejecutivo.

e) Requerimiento expreso para que efectúe el pago de la deuda, incluido el recargo de apremio reducido.

f) Advertencia de que, en caso de no efectuar el ingreso del importe total de la deuda pendiente en dicho plazo, incluido el recargo de apremio reducido del 10 por ciento, se procederá al embargo de sus bienes o a la ejecución de las garantías existentes para el cobro de la deuda con inclusión del recargo de apremio del 20 por ciento y de los intereses de demora que se devenguen hasta la fecha de cancelación de la deuda.

g) Fecha de emisión de la providencia de apremio.

En la notificación de la providencia de apremio deberá constar:

a) Lugar de ingreso de la deuda y del recargo.

b) Repercusión de costas del procedimiento.

c) Posibilidad de solicitar aplazamiento o fraccionamiento de pago.

d) Indicación expresa de que la suspensión del procedimiento se producirá en los casos y condiciones previstos en la normativa vigente.

e) Recursos que procedan contra la providencia de apremio, órganos ante los que puedan interponerse y plazo para su interposición.

¿Qué motivos pueden oponerse contra la providencia de apremio?

Están tasadas y son las siguientes:

a) Extinción total de la deuda o prescripción del derecho a exigir el pago.

b) Solicitud de aplazamiento, fraccionamiento o compensación en período voluntario y otras causas de suspensión del procedimiento de recaudación.

c) Falta de notificación de la liquidación.

d) Anulación de la liquidación.

e) Error u omisión en el contenido de la providencia de apremio que impida la identificación del deudor o de la deuda apremiada.

Contra la providencia de apremio, y por las causas expresadas, puede interponerse el recurso de reposición y posteriormente la reclamación económico-administrativa o bien, directamente, ésta última.

Una vez notificada la providencia de apremio, si el obligado tributario no efectúa el pago dentro del plazo que con dicha notificación se abre al efecto, la Administración procederá al embargo de sus bienes.

STS 1441/2021, de 9 de diciembre de 2021, Rec. 5441/2019, Las solicitudes de suspensión y pago en especie no impedirán el inicio del periodo ejecutivo cuando anteriormente se hubiera denegado, respecto de la misma deuda tributaria, otra solicitud previa de aplazamiento, fraccionamiento, compensación, suspensión o pago en especie en periodo voluntario habiéndose abierto otro plazo de ingreso sin que se hubiera producido el mismo.

La interposición de un recurso o reclamación en tiempo y forma contra una sanción impedirá el inicio del período ejecutivo hasta que la sanción sea firme en vía administrativa y haya finalizado el plazo para el ingreso voluntario del pago.

La declaración de concurso no suspenderá el plazo voluntario de pago de las deudas que tengan la calificación de concursal de acuerdo con el texto refundido de la Ley Concursal aprobado por el Real Decreto Legislativo 1/2020, de 5 de mayo, sin perjuicio de que las actuaciones del periodo ejecutivo se rijan por lo dispuesto en dicho texto refundido.

La reforma de la Ley 11/2021 del artículo 161.2 de la LGT no ha alterado que siga siendo un requisito insoslayable que antes de dictar providencia de apremio es preciso resolver sobre la reiterada solicitud de aplazamiento realizada.

Se rechaza como motivo de oposición a la providencia de apremio la falta de una notificación expresa del fin de la ejecutividad de la deuda tributaria y de la apertura del plazo de pago de la liquidación tributaria en período voluntario, consecuencia de una reclamación económico-administrativa que confirmó el acuerdo impugnada. RTEAC de 28 de enero de 2020, RG 450-17.

¿Puede suspenderse el procedimiento de apremio?

El procedimiento de apremio se suspenderá en la forma y con los requisitos previstos en las disposiciones reguladoras de los recursos y reclamaciones económico-administrativas, y en los restantes supuestos previstos en la normativa tributaria.

El procedimiento de apremio se suspenderá de forma automática por los órganos de recaudación, sin necesidad de prestar garantía, cuando el interesado demuestre:

- Que se ha producido en su perjuicio error material, aritmético o de hecho en la determinación de la deuda o
- Que la deuda ha sido ingresada, condonada, compensada, aplazada o suspendida o
- Que ha prescrito el derecho a exigir el pago.

En estos casos se le notificará la suspensión de las actuaciones del procedimiento de apremio en tanto se dicte el acuerdo correspondiente.

¿De qué forma puede terminar el procedimiento de apremio?

El procedimiento de apremio termina:

a) Con el pago de la cantidad debida, que comprenderá:
   - El importe de la deuda no ingresada.
   - Los intereses que se hayan devengado o se devenguen hasta la fecha del ingreso en el Tesoro.
   - Los recargos del período ejecutivo.
   - Las costas del procedimiento de apremio.

b) Con el acuerdo que declare el crédito total o parcialmente incobrable, una vez declarados fallidos todos los obligados al pago.

c) Con el acuerdo de haber quedado extinguida la deuda por cualquier otra causa.

En los casos en que se haya declarado el crédito incobrable, el procedimiento de apremio se reanudará, dentro del plazo de prescripción, cuando la Administración tenga conocimiento de la solvencia de algún obligado al pago.

¿Qué bienes puede embargar la Administración?

a) Dinero efectivo o en cuentas abiertas en entidades de crédito.

b) Créditos, efectos, valores y derechos realizables en el acto o a corto plazo.

c) Sueldos, salarios y pensiones.

d) Bienes inmuebles.

e) Intereses, rentas y frutos de toda especie.

f) Establecimientos mercantiles o industriales.

g) Metales preciosos, piedras finas, joyería, orfebrería y antigüedades.

h) Bienes muebles y semovientes.

i) Créditos, efectos, valores y derechos realizables a largo plazo.

Cada actuación de embargo se documentará en diligencia, que se notificará al obligado tributario y, en su caso, al tercero titular, poseedor o depositario de los bienes si no se hubiesen llevado a cabo con ellos las actuaciones, así como al cónyuge del obligado tributario cuando los bienes embargados sean gananciales y a los condueños o cotitulares de los mismos.

El principio de proporcionalidad enunciado en el art. 169.1 LGT y previsto para la práctica de los embargos, ha de garantizarse durante todo el procedimiento de apremio y en la fase de enajenación de bienes (RTEAC de 18 de enero de 2022, RG 1020-2019).

Los bienes de las sociedades mercantiles son embargables sin excepción, sin que sea de aplicación el límite incluido en el art. 606.2 de la Ley de Enjuiciamiento Civil que proclama la inembargabilidad de los instrumentos necesarios para el ejercicio de una profesión, arte u oficio (RTEAC, unificación de doctrina, de 17 de mayo de 2022, RG 2039/2019).

Los sueldos y pensiones tienen un límite de embargabilidad que, en general, regula el art. 607 de la Ley de Enjuiciamiento Civil de la siguiente forma:

1. Es inembargable el salario, sueldo, pensión, retribución o su equivalente, que no exceda de la cuantía señalada para el SMI
2. Los salarios, sueldos, jornales, retribuciones o pensiones que sean superiores al salario mínimo interprofesional se embargarán conforme a esta escala:

1.º Para la primera cuantía adicional hasta la que suponga el importe del doble del salario mínimo interprofesional, el 30 por 100.

2.º Para la cuantía adicional hasta el importe equivalente a un tercer salario mínimo interprofesional, el 50 por 100.

3.º Para la cuantía adicional hasta el importe equivalente a un cuarto salario mínimo interprofesional, el 60 por 100.

4.º Para la cuantía adicional hasta el importe equivalente a un quinto salario mínimo interprofesional, el 75 por 100.

5.º Para cualquier cantidad que exceda de la anterior cuantía, el 90 por 100.

3. Si el ejecutado es beneficiario de más de una percepción, se acumularán todas ellas para deducir una sola vez la parte inembargable. Igualmente serán acumulables los salarios, sueldos y pensiones, retribuciones o equivalentes de los cónyuges cuando el régimen económico que les rija no sea el de separación de bienes y rentas de toda clase, circunstancia que habrán de acreditar al Letrado de la Administración de Justicia.

4. En atención a las cargas familiares del ejecutado, el Letrado de la Administración de Justicia podrá aplicar una rebaja de entre un 10 a un 15 por ciento en los porcentajes establecidos en los números 1.º, 2.º, 3.º y 4.º del apartado 2 del presente artículo.

5. Si los salarios, sueldos, pensiones o retribuciones estuvieron gravados con descuentos permanentes o transitorios de carácter público, en razón de la legislación fiscal, tributaria o de Seguridad Social, la cantidad líquida que percibiera el ejecutado, deducidos éstos, será la que sirva de tipo para regular el embargo.

6. Los anteriores apartados de este artículo serán de aplicación a los ingresos procedentes de actividades profesionales y mercantiles autónomas.

Por su parte, la RTEAC n.º 1975/2022, de 17 de mayo, regula la aplicación de tales límites en los meses en los cuales se percibe una paga extra; por su lado la DGT procedió en su consulta vinculante (V1526-22), de 27 de junio, a cambiar su doctrina previa sobre la aplicación de los límites legales de embargabilidad de salarios y pensiones del artículo 607 de la LEC en los meses en que se abonan pagas extras.

Habiendo reafirmado ese nuevo criterio en la CDGTV 2304-22, de 2 de noviembre.

¿Qué causas pueden oponerse contra la diligencia de embargo?

Están tasadas en la norma:

a) Extinción de la deuda o prescripción del derecho a exigir el pago.

b) Falta de notificación de la providencia de apremio.

c) Incumplimiento de las normas reguladoras del embargo.

d) Suspensión del procedimiento de recaudación.

Por las causas expuestas, el obligado podrá interponer recurso de reposición y posterior reclamación económico-administrativa o bien, directamente, ésta última.

5.4. No estoy de acuerdo con la actuación de la Administración: recursos y reclamaciones

A continuación vamos a centrar la exposición en los recursos denominados ordinarios, que están constituidos por el recurso de reposición y por la reclamación económico-administrativa.

5.4.1. *El recurso de reposición*

Legislación

LGT: artículos 222 a 225

Reglamento de revisión en vía administrativa (en adelante RREV) aprobado por el Real Decreto 520/2005, de 13 de mayo. BOE nº 126, de 27-5-2005. Artículos 21 a 26.

¿Contra qué actos puede interponerse el recurso de reposición?

Los actos dictados por la Administración tributaria susceptibles de reclamación económico-administrativa podrán ser objeto de recurso previo potestativo de reposición, y en concreto:

a) Los que provisional o definitivamente reconozcan o denieguen un derecho o declaren una obligación o un deber.

b) Los de trámite que decidan, directa o indirectamente, el fondo del asunto o pongan término al procedimiento.

En materia de aplicación de los tributos, son reclamables:

a) Las liquidaciones provisionales o definitivas (por ejemplo las derivadas de un procedimiento de comprobación limitada o de inspección o la derivada de una declaración tributaria en la que sea la Administración la que deba cuantificar la deuda).

b) Las resoluciones expresas o presuntas derivadas de una solicitud de rectificación de una autoliquidación o de una comunicación de datos.

c) Las comprobaciones de valor de rentas, productos, bienes, derechos y gastos, así como los actos de fijación de valores, rendimientos y bases, cuando la normativa tributaria lo establezca.

d) Los actos que denieguen o reconozcan exenciones, beneficios o incentivos fiscales (por ejemplo, el derecho a determinado beneficio por la adquisición de un vehículo adaptado para una discapacidad).

e) Los actos que aprueben o denieguen planes especiales de amortización (a estos efectos véanse los Capítulos en los que se analiza el IRPF y el Impuesto sobre Sociedades).

f) Los actos que determinen el régimen tributario aplicable a un obligado tributario, en cuanto sean determinantes de futuras obligaciones, incluso formales, a su cargo (por ejemplo, los regímenes especiales en el ámbito del Impuesto sobre Sociedades. Véase el Capítulo correspondiente).

g) Los actos dictados en el procedimiento de recaudación (providencia de apremio, diligencias de embargo, declaraciones de responsabilidad, denegación de aplazamientos o fraccionamientos, acuerdos de compensación, etc.).

h) Los actos respecto a los que la normativa tributaria así lo establezca.

i) Asimismo, serán reclamables los actos que impongan sanciones.

Serán igualmente reclamables las siguientes actuaciones u omisiones de los particulares en materia tributaria:

a) Las relativas a las obligaciones de repercutir y soportar la repercusión prevista legalmente.

b) Las relativas a las obligaciones de practicar y soportar retenciones o ingresos a cuenta.

c) Las relativas a la obligación de expedir, entregar y rectificar facturas que incumbe a los empresarios y profesionales.

d) Las derivadas de las relaciones entre el sustituto y el contribuyente.

No todos los actos de la Administración tributaria son recurribles en vía económico-administrativa, sino únicamente aquellos que tienen una naturaleza sustantiva y donde se despliegue el ejercicio de potestades administrativas; de esta forma, el acta de adjudicación de bienes como continuación del expediente de subasta es un acto de trámite, preparatorio de un acto sustantivo y, en consecuencia, no es revisable en vía económico-administrativa,

Los actos administrativos que ponen fin a los procedimientos con retroacción de actuaciones por defecto formal, no son susceptibles de impugnación mediante recurso contra la ejecución sino a través de otra reclamación económico-administrativa ordinaria.

Por el contrario, sí es susceptible de impugnación vía recurso contra la ejecución, el propio acuerdo de ejecución, en virtud del cual se anula la liquidación y se ordena la reposición de actuaciones (RTEAC de 27 de mayo de 2021, RG 00/1338/2021; STS 4506/2020, de 23 de diciembre de 2020, rec. de casación número 5653-2010).

¿Cómo se interpone un recurso de reposición?

El recurso se interpone ante el mismo órgano que dictó el acto que se impugna. Dicho órgano, como más abajo se dirá, es el competente para resolver el recurso.

El plazo para la interposición de este recurso será de un mes contado a partir del día siguiente al de la notificación del acto recurrible o del siguiente a aquel en que se produzcan los efectos del silencio administrativo y se ha de interponer ante el órgano que dictó el acto recurrido (salvo alguna especialidad señalada en la ley).

El escrito de interposición deberá incluir las alegaciones que el interesado formule tanto sobre cuestiones de hecho como de derecho.

A dicho escrito se acompañarán los documentos que sirvan de base a la pretensión que se ejercite.

La solicitud o el escrito de iniciación deberán contener los siguientes extremos:

a) Nombre y apellidos o razón social o denominación completa, Número de Identificación Fiscal y domicilio del interesado.

En el caso de que se actúe por medio de representante, se deberá incluir su identificación completa.

b) Órgano ante el que se formula el recurso.

c) Acto administrativo o actuación que se impugna, fecha en que se dictó, número del expediente o clave alfanumérica que identifique el acto administrativo objeto de impugnación y demás datos relativos a este que se consideren convenientes, así como la pretensión del interesado.

d) Domicilio que el interesado señala a los efectos de notificaciones.

e) Lugar, fecha y firma del escrito o la solicitud.

f) Cualquier otro establecido en la normativa aplicable.

Cuando se actúe por medio de representante, este deberá acreditar representación bastante.

Si el interesado desea examinar el expediente administrativo para formular sus alegaciones, deberá comparecer a tal objeto ante el órgano actuante a partir del día siguiente al de la notificación del acto administrativo que se impugna y antes de que finalice el plazo de interposición del recurso.

En este supuesto, el órgano competente tendrá la obligación de poner de manifiesto el contenido del expediente estrictamente relacionado con el acto objeto de impugnación o la documentación relativa a las actuaciones administrativas concretas que hayan sido expresamente solicitadas y guarden relación con el acto impugnado.

Una vez presentado el recurso no se podrá ejercer el derecho a examinar el expediente a efectos de formular alegaciones.

¿Puede simultanearse este recurso con la reclamación económico-administrativa?

No es posible simultanearlos. El recurso de reposición es potestativo, mientras que la reclamación económico-administrativa es obligatoria como paso previo a la impugnación del acto ante la jurisdicción contencioso-administrativa.

Al interponer el recurso de reposición, el interesado debe hacer constar que no ha impugnado el mismo acto en la vía económico-administrativa.

Si pese a ello se acreditase la existencia de una reclamación sobre el mismo asunto y anterior al recurso de reposición, la Administración declarará la inadmisión de este último y se remitirá el expediente que pueda existir al tribunal económico-administrativo que esté tramitando la reclamación.

Además, por coherencia, los tribunales económico-administrativos declararán inadmisible toda reclamación relativa a cualquier acto de la Administración cuando conste que dicho acto ha sido previamente impugnado mediante recurso de reposición y que este no ha sido resuelto expresamente y no pueda entenderse desestimado por silencio administrativo.

¿Qué consecuencias tiene la interposición de un recurso de reposición?

La ejecución del acto impugnado quedará suspendida automáticamente a instancia del interesado si se garantiza el importe de dicho acto, los intereses de demora que genere la suspensión y los recargos que procederían en caso de ejecución de la garantía.

Si la impugnación afectase a una sanción tributaria, su ejecución quedará suspendida automáticamente sin necesidad de aportar garantías.

Las garantías necesarias para obtener la suspensión automática serán exclusivamente las siguientes:

a) Depósito de dinero o valores públicos.

b) Aval o fianza de carácter solidario de entidad de crédito o sociedad de garantía recíproca o certificado de seguro de caución.

c) Fianza personal y solidaria de otros contribuyentes de reconocida solvencia para los supuestos que se establezcan en la normativa tributaria.

Cuando la garantía consista en depósito de dinero o valores públicos, los intereses de demora serán los correspondientes a un mes si cubre sólo el recurso de reposición. Si extendiese sus efectos a la vía económico-administrativa, deberá cubrir además el plazo de seis meses si el procedimiento de la reclamación es el abreviado, de un año si el procedimiento de la reclamación es el general y de dos años si la resolución es susceptible de recurso de alzada ordinario.

Podrá suspenderse la ejecución del acto recurrido sin necesidad de aportar garantía cuando se aprecie que al dictarlo se ha podido incurrir en error aritmético, material o de hecho.

Cuando se solicite la suspensión del acto impugnado al tiempo de presentar el recurso, al escrito de iniciación del recurso deberá acompañarse el documento en que se formalice la garantía constituida.

Cuando la solicitud no se acompañe de la garantía aquella no surtirá efectos suspensivos y se tendrá por no presentada a todos los efectos. En este supuesto se procederá al archivo de la solicitud y a su notificación al interesado.

La suspensión producida en el recurso de reposición se podrá mantener en la vía económico-administrativa.

En materia de garantías, hay que tener en cuenta en el recurso de reposición la situación de las denominadas "obligaciones tributarias conexas", ya que, si el recurso afecta a una deuda tributaria que, a su vez, ha determinado el reconocimiento de una devolución a favor del obligado tributario, las garantías aportadas para obtener la suspensión garantizarán, asimismo, las cantidades que, en su caso, deban reintegrarse como consecuencia de la estimación total o parcial del recurso.

Resolución del recurso de reposición

Es competente para conocer y resolver el recurso de reposición el órgano que dictó el acto recurrido.

El órgano competente para conocer del recurso de reposición no podrá abstenerse de resolver, sin que pueda alegarse duda racional o deficiencia de los preceptos legales.

El plazo máximo para notificar la resolución será de un mes contado desde el día siguiente al de presentación del recurso.

Transcurrido el plazo de un mes desde la interposición, el interesado podrá considerar desestimado el recurso al objeto de interponer la reclamación procedente.

Contra la resolución de un recurso de reposición no puede interponerse de nuevo este recurso.

5.4.2. La reclamación económico-administrativa

Legislación

LGT: artículos 226 a 241

RREV: artículos 28 a 79

Los Tribunales Económico-Administrativos son órganos de la Administración tributaria, no son órganos judiciales.

Su función es revisar los actos dictados por los órganos de la Administración encargados de la aplicación del sistema tributario, los actos de aplicación de los tributos, y constituyen una instancia que puede ser utilizada gratuitamente por parte de los interesados.

La vía económico-administrativa (a diferencia del recurso de reposición que es potestativo) es obligatoria si se quiere acceder a la vía judicial, es decir, si se quiere interponer el recurso contencioso-administrativo.

La sentencia del TS de 16 de noviembre de 2021 (recurso de casación 2871/2020) establece que, en los supuestos en los cuales, de conformidad con la normativa tributaria, la vía económico-administrativa resulte procedente, será necesario agotarla aun cuando la decisión sobre el fondo del asunto pueda depender, exclusivamente, de la interpretación del Derecho de la Unión Europea al corresponder a los Tribunales Económico-administrativos, garantizar su correcta aplicación en los términos que derivan de la jurisprudencia del Tribunal de Justicia.

La estructura de los Tribunales Económico-administrativos es territorial. Así nos encontramos con tribunales locales (competencia en Ceuta y Melilla), regionales (uno en cada Comunidad Autónoma y con ese ámbito competencial) y el Tribunal Económico-administrativo Central (con competencia nacional).

Además pueden existir órganos económico-administrativos autonómicos (con competencia en ese ámbito territorial y en relación con los actos dictados por los órganos de la Administración tributaria autonómica).

El Presidente del Tribunal Económico-Administrativo Central podrá atribuir a los miembros de cualquier órgano económico administrativo la función de resolver reclamaciones propias de la competencia de otro, pudiendo desde ese momento constituirse como órgano unipersonal o como Sala de éste.

¿Contra qué actos puede interponerse la reclamación económico-administrativa?

El catálogo de materias y actos ha sido expuesto al tratar el recurso de reposición, ya que éste último es susceptible de ser interpuesto en los mismos supuestos que la reclamación económico-administrativa, no pudiendo simultanearse ambos mecanismos.

¿Cómo se interpone una reclamación económico-administrativa?

Contenido de la solicitud:

La solicitud o el escrito de iniciación deberán contener los siguientes extremos:

a) Nombre y apellidos o razón social o denominación completa, Número de Identificación Fiscal y domicilio del interesado.

En el caso de que se actúe por medio de representante, se deberá incluir su identificación completa.

b) Órgano ante el que se formula el recurso.

c) Acto administrativo o actuación que se impugna, fecha en que se dictó, número del expediente o clave alfanumérica que identifique el acto administrativo objeto de impugnación y demás datos relativos a este que se consideren convenientes, así como la pretensión del interesado.

d) Domicilio que el interesado señala a los efectos de notificaciones.

e) Lugar, fecha y firma del escrito o la solicitud.

f) Cualquier otro establecido en la normativa aplicable

Tipología de las reclamaciones económico-administrativas (procedimientos o instancias susceptibles de ser utilizados):

a).- Procedimiento económico-administrativo general

El procedimiento económico-administrativo general puede tener una primera instancia, una segunda instancia (denominado recurso de alzada ordinario) o una instancia única.

Puede interponerse recurso de alzada ordinario cuando la cuantía de la reclamación, supere 150.000 euros, o 1.800.000 euros si se trata de reclamaciones contra bases o valoraciones. Si el acto o actuación fuese de cuantía indeterminada, podrá interponerse recurso de alzada ordinario en todo caso.

La fórmula de determinación de la cuantía de la reclamación está concretada de forma casuística en la norma reglamentaria, en atención a la naturaleza del acto que es objeto de impugnación.

Es competente para resolver las reclamaciones en segunda instancia (recurso de alzada ordinario) el Tribunal Económico-Administrativo Central.

Para la resolución de las reclamaciones en primera o única instancia, en función de la materia, o bien en función del órgano que dictó el acto o bien en función de la cuantía, puede ser competente:

- ❒ Un Tribunal Económico-Administrativo Local.
- ❒ Un Tribunal Económico-Administrativo Regional.
- ❒ Un órgano económico-administrativo de una Comunidad Autónoma (respecto de los actos dictados por los órganos de la Administración autonómica).
- ❒ El Tribunal Económico-administrativo Central.

a).1.- Interposición en primera o única instancia.

La reclamación económico-administrativa en única o primera instancia se interpondrá en el plazo de un mes a contar desde:

- ❒ El día siguiente al de la notificación del acto impugnado.
- ❒ El día siguiente a aquél en que se produzcan los efectos del silencio administrativo.

Además de los casos señalados, existen reglas específicas para determinados supuestos en cuanto al inicio del plazo de cómputo del mes para la interposición.

Con carácter general, y salvando determinadas especialidades contempladas en la norma, el procedimiento deberá iniciarse mediante escrito que podrá limitarse a solicitar que se tenga por interpuesta, identificando al reclamante, el acto o actuación contra el que se reclama, el domicilio para notificaciones y el tribunal ante el que se interpone.

Asimismo, el reclamante podrá acompañar las alegaciones en que base su derecho.

El escrito de interposición se dirigirá al órgano administrativo que haya dictado el acto reclamable que lo remitirá al tribunal competente en el plazo de un mes junto con el expediente correspondiente, al que se podrá incorporar un informe si se considera conveniente.

Al presentar un documento, los interesados podrán acompañarlo de una copia para que la secretaría, previo cotejo, devuelva el original, salvo que la propia naturaleza del documento aconseje que su devolución no se efectúe hasta la resolución definitiva de la reclamación.

Una vez terminada la reclamación económico-administrativa en todas sus instancias, los interesados podrán pedir el desglose y devolución de los documentos de prueba presentados por ellos.

En relación con la presentación de reclamaciones económico-administrativas es trascendental señalar que la interposición de la reclamación deberá efectuarse obligatoriamente a través de la sede electrónica del órgano que haya dictado el acto reclamable, cuando los reclamantes estén obligados a recibir por medios electrónicos las comunicaciones y notificaciones.

En esos supuestos, la tramitación de la reclamación se realizará por esa misma vía y, además, las notificaciones también serán electrónicas.

Las notificaciones se practicarán por el medio señalado al efecto por el interesado. Esta notificación será por medios electrónicos en los casos en los que exista obligación de relacionarse de esta forma con la Administración.

Si el reclamante comunicara su voluntad de que las notificaciones se practiquen por medios electrónicos y designara en el mismo escrito un domicilio a efectos de notificaciones, la notificación habrá de practicarse por medios electrónicos.

Cuando el reclamante no esté obligado a relacionarse electrónicamente con la Administración, si, con posterioridad a la comunicación de que las notificaciones se practiquen por medios electrónicos, hiciera constar un domicilio a efectos de notificaciones sin manifestar la voluntad de dejar sin efecto aquélla, se le requerirá en dicho domicilio para que en el plazo de diez días pueda expresar si pretende o no tal revocación, advirtiéndole que, en defecto de contestación, se entenderá que se mantiene como vía de comunicación la electrónica.

Si, con posterioridad a la designación de un domicilio a efectos de notificaciones, el reclamante comunicara su voluntad de que las notificaciones se practiquen por medios electrónicos, se entenderá que la notificación habrá de practicarse por este medio.

a).2.- Interposición en segunda instancia. Recurso de alzada ordinario.

Contra las resoluciones dictadas en primera instancia por los tribunales económico-administrativos podrá interponerse recurso de alzada ordinario ante el Tribunal Económico-Administrativo Central en el plazo de un mes contado desde el día siguiente al de la notificación de las resoluciones.

Cuando el recurrente hubiera estado personado en el procedimiento en primera instancia, el escrito de interposición deberá contener las alegaciones y adjuntará las pruebas oportunas, resultando admisibles únicamente las pruebas que no hayan podido aportarse en primera instancia.

El recurso de alzada ordinario se dirigirá al tribunal que hubiese dictado la resolución recurrida, que, en el plazo de un mes, lo remitirá junto con el expediente de aplicación de los tributos y el de la reclamación al Tribunal Económico-administrativo Central.

b) Procedimiento abreviado.

Este procedimiento será de aplicación en las reclamaciones económico-administrativas en los supuestos tasados en la normativa, y en particular:

- Cuando sean de cuantía inferior a 6.000 euros, o 72.000 euros si se trata de reclamaciones contra bases o valoraciones.
- Cuando se alegue exclusivamente la inconstitucionalidad o ilegalidad de normas.
- Cuando se alegue exclusivamente falta o defecto de notificación.
- Cuando se alegue exclusivamente insuficiencia de motivación o incongruencia del acto impugnado.
- Cuando se aleguen exclusivamente cuestiones relacionadas con la comprobación de valores.

Por otro lado, hay que tener en cuenta como particularidades de este procedimiento abreviado:

- La posibilidad de acceder a este procedimiento se hace depender, exclusivamente, de la cuantía de la reclamación, que no deberá pasar de un umbral a determinar en norma reglamentaria.
- La resolución podrá dictarse, no sólo por órganos unipersonales, sino que también podrá ser resuelto por Sala.
- La presentación de alegaciones deviene opcional.
- Se elimina la vista oral.

Las reclamaciones económico-administrativas tramitadas por este procedimiento se resuelven en única instancia por los tribunales económico-administrativos mediante órganos unipersonales o en Sala.

En este procedimiento la reclamación deberá iniciarse mediante escrito que necesariamente deberá incluir el siguiente contenido:

a) Identificación del reclamante y del acto o actuación contra el que se reclama, el domicilio para notificaciones y el tribunal ante el que se interpone.

En los casos de reclamaciones relativas a retenciones, ingresos a cuenta, repercusiones, obligación de expedir y entregar factura o relaciones entre el sustituto y el contribuyente, el escrito deberá identificar también a la persona recurrida y su domicilio.

b) Alegaciones que se formulan.

Al escrito de interposición se adjuntará copia del acto que se impugna, así como las pruebas que se estimen pertinentes.

El escrito de interposición se dirigirá al órgano administrativo que haya dictado el acto reclamable que lo remitirá al tribunal competente en el plazo de un mes junto con el expediente correspondiente, al que se podrá incorporar un informe si se considera conveniente.

En relación con la aportación de pruebas en sede económico-administrativa, pueden examinarse las siguientes resoluciones y sentencias:

- TEAC, resolución de 27 de junio de 2019, reclamación 854/2017.
- TEAC, resolución de 15 de octubre de 2018, RG 4228/2017.
- STS de 10 de septiembre de 2018, recurso 1246/2017 *(Tol 6784317)*.
- STS de 20 de abril de 2017, recurso 615/2016 *(Tol 6057628)*.
- RTEAC de 28 de enero de 2020, RG 00-00269-2018. La falta de alegaciones en el procedimiento económico-administrativo no determina por sí misma la caducidad del procedimiento ni puede interpretarse como un caso de desestimiento tácito.

Suspensión del acto contra el que se reclama

La mera interposición de una reclamación económico-administrativa no suspenderá la ejecución del acto impugnado, salvo que se haya interpuesto previamente un recurso de reposición en el que se haya acordado la suspensión con aportación de garantías cuyos efectos alcancen a la vía económico-administrativa.

No obstante, a solicitud del interesado se suspenderá la ejecución del acto impugnado en los siguientes supuestos:

a) Cuando se aporte alguna de las garantías que permiten la suspensión.

b) Con dispensa total o parcial de garantías, cuando el tribunal que conozca de la reclamación contra el acto considere que la ejecución pudiera causar perjuicios de imposible o difícil reparación.

c) Sin necesidad de aportar garantía, cuando el tribunal que haya de resolver la reclamación aprecie que al dictarlo se ha podido incurrir en un error aritmético, material o de hecho.

d) Cuando se trate de actos que no tengan por objeto una deuda tributaria o una cantidad líquida, si el tribunal que conoce de la reclamación contra el acto considera que la ejecución pudiera causar perjuicios de imposible o difícil reparación.

Tratándose de sanciones que hayan sido objeto de reclamación, su ejecución quedará automáticamente suspendida en periodo voluntario sin necesidad de aportar garantías hasta que sean firmes en vía administrativa.

Si en el momento de solicitarse la suspensión la deuda se encontrara en periodo voluntario de ingreso, con la notificación de su denegación se iniciará el plazo previsto en el artículo 62.2 de la Ley 58/2003, de 17 de diciembre, para que dicho ingreso sea realizado, sin perjuicio de lo dispuesto en el párrafo segundo del artículo 161.2 de esa ley.

De realizarse el ingreso en dicho plazo, procederá la liquidación de los intereses de demora devengados a partir del día siguiente al del vencimiento del plazo de ingreso en periodo voluntario hasta la fecha del ingreso realizado durante el plazo abierto con la notificación de la denegación.

De no realizarse el ingreso, los intereses se liquidarán hasta la fecha de vencimiento de dicho plazo, sin perjuicio de los que puedan devengarse con posterioridad conforme a lo dispuesto en el artículo 26 de la Ley 58/2003, de 17 de diciembre.

Si en el momento de solicitarse la suspensión la deuda se encontrara en periodo ejecutivo, la notificación del acuerdo de denegación implicará que deba iniciarse el procedimiento de apremio en los términos previstos en el artículo 167.1 de la Ley 58/2003, de 17 de diciembre, de no haberse iniciado con anterioridad a dicha notificación.

Subsanados los defectos o cuando el trámite de subsanación no haya sido necesario, el tribunal económico-administrativo decidirá sobre la admisión a trámite de la solicitud, y la inadmitirá cuando no pueda deducirse de la documentación incorporada al expediente la existencia de indicios de los perjuicios de difícil o imposible reparación o la existencia de error aritmético, material o de hecho.

La admisión a trámite producirá efectos suspensivos desde la presentación de la solicitud, si la deuda se encontrara en período voluntario en el momento de su presentación, y será notificada, en todo caso, al interesado y al órgano de recaudación competente.

La inadmisión a trámite supondrá que la solicitud de suspensión se tiene por no presentada a todos los efectos. Dicho acuerdo deberá notificarse al interesado y comunicarse al órgano de recaudación competente con indicación de la fecha de notificación al interesado.

El acuerdo de inadmisión a trámite no podrá recurrirse en vía administrativa.

Suspensión automática

La ejecución del acto impugnado quedará suspendida automáticamente a instancia del interesado si se garantiza el importe de dicho acto, los intereses de demora que genere la suspensión y los recargos que procederían en caso de ejecución de la garantía.

Si la impugnación afectase a una sanción tributaria, la ejecución de la misma quedará suspendida automáticamente.

Las garantías necesarias para obtener la suspensión automática serán exclusivamente las siguientes:

a) Depósito de dinero o valores públicos.
b) Aval o fianza de carácter solidario de entidad de crédito o sociedad de garantía recíproca o certificado de seguro de caución.
c) Fianza personal y solidaria de otros contribuyentes de reconocida solvencia para los supuestos que se establezcan en la normativa tributaria.

La solicitud de suspensión deberá ir necesariamente acompañada del documento en que se formalice la garantía aportada. Cuando la solicitud no se acompañe de la garantía, aquella no surtirá efectos suspensivos y se tendrá por no presentada a todos los efectos. En este supuesto se procederá al archivo de la solicitud y a su notificación al interesado.

Si la solicitud adjunta una garantía bastante, la suspensión se entenderá acordada desde la fecha de la solicitud y dicha circunstancia deberá notificarse al interesado.

En relación con los efectos de una segunda solicitud de suspensión, una vez denegada la primera efectuada, puede examinarse la resolución del TEAC de 28 de mayo de 2019, reclamación 5235/2016.

Suspensión con otras garantías

Cuando el interesado no pueda aportar las garantías necesarias para obtener la suspensión a que se refiere el apartado anterior, se acordará la suspensión previa prestación de otras garantías que se estimen suficientes.

Cuando se solicite la suspensión con otras garantías distintas a las señaladas en el apartado anterior se deberá justificar la imposibilidad de aportar las garantías previstas para la suspensión automática.

También se detallará la naturaleza y las características de las garantías que se ofrecen, los bienes o derechos sobre los que se constituirá y su valoración realizada por perito con titulación suficiente.

Cuando exista un registro de empresas o profesionales especializados en la valoración de un determinado tipo de bienes, la valoración deberá efectuarse, preferentemente, por una empresa o profesional inscrito en dicho registro.

La solicitud de suspensión con prestación de otras garantías presentada junto con la documentación pertinente, suspenderá cautelarmente el procedimiento de recaudación relativo al acto recurrido si la deuda se encontrase en periodo voluntario en el momento de presentarse la solicitud.

No obstante lo anterior, las solicitudes a las que se refiere el párrafo anterior así como las solicitudes de suspensión y pago en especie no impedirán el inicio del periodo ejecutivo cuando anteriormente se hubiera denegado, respecto de la misma deuda tributaria, otra solicitud previa de aplazamiento, fraccionamiento, compensación, suspensión o pago en especie en periodo voluntario habiéndose abierto otro plazo de ingreso sin que se hubiera producido el mismo

Si la deuda se encontrara en periodo ejecutivo, la solicitud de suspensión no impedirá la continuación de las actuaciones de la Administración, sin perjuicio de que proceda la anulación de las efectuadas con posterioridad a la fecha de solicitud si la suspensión fuese concedida finalmente.

La garantía ofrecida deberá ser constituida dentro del plazo de dos meses contados a partir del día siguiente al de la notificación del acuerdo de concesión, cuya eficacia estará condicionada a su formalización.

Dicha garantía deberá ser objeto de aceptación, en su caso y según su naturaleza, por el órgano de recaudación que dictó la resolución de concesión.

Transcurrido el plazo de dos meses sin que la garantía se hubiese formalizado, las consecuencias serán las siguientes:

a) Si la solicitud de suspensión se hubiese presentado en periodo voluntario de ingreso, el periodo ejecutivo se iniciará el día siguiente al de la finalización del plazo concedido para la formalización de la garantía, y deberá iniciarse el procedimiento de apremio exigiéndose el ingreso del principal de la deuda y el recargo del periodo ejecutivo.

b) Si en el momento de solicitarse la suspensión la deuda se encontrara en periodo ejecutivo deberá iniciarse el procedimiento de apremio de no haberse iniciado con anterioridad.

Suspensión con dispensa de garantías

El tribunal podrá suspender la ejecución del acto con dispensa total o parcial de garantías cuando dicha ejecución pudiera causar perjuicios de difícil o imposible reparación.

Cuando la solicitud se base en que la ejecución del acto podría causar perjuicios de difícil o imposible reparación, deberá acreditarse dicha circunstancia. En ese caso, de solicitarse la suspensión con dispensa parcial de garantías, se detallarán las que se ofrezcan.

Se podrá suspender la ejecución del acto recurrido sin necesidad de aportar garantía cuando se aprecie que al dictarlo se ha podido incurrir en error aritmético, material o de hecho.

Cuando se solicite la suspensión sin garantía porque el acto recurrido incurra en un error aritmético, material o de hecho, se deberá justificar la concurrencia de dicho error.

El Tribunal Económico-Administrativo que conozca de la reclamación contra el acto cuya suspensión se solicita será competente para tramitar y resolver las peticiones de suspensión con dispensa total o parcial de garantías que se fundamenten en perjuicios de difícil o imposible reparación.

También será competente para tramitar y resolver la petición de suspensión que se fundamente en error aritmético, material o de hecho.

Si la deuda se encontrara en periodo voluntario en el momento de formular la solicitud de suspensión, la presentación de esta última basada en que la ejecución del acto podría causar perjuicios de imposible o difícil reparación o en la existencia de error material, aritmético o de hecho, incorporando la documentación pertinente, suspenderá cautelarmente el procedimiento de recaudación mientras el tribunal económico-administrativo decida sobre la admisión o no a trámite de la solicitud de suspensión.

Si la deuda se encontrara en periodo ejecutivo, la solicitud de suspensión no impedirá la continuación de las actuaciones de la Administración, sin perjuicio de que proceda la anulación de las efectuadas con posterioridad a la fecha de la solicitud si finalmente llegase a producirse la admisión a trámite.

El Tribunal Económico Administrativo decidirá sobre la admisión a trámite de la solicitud, y la inadmitirá cuando no pueda deducirse de la documentación incorporada al expediente la existencia de indicios de los perjuicios de difícil o imposible reparación o la existencia de error aritmético, material o de hecho.

La admisión a trámite producirá efectos suspensivos desde la presentación de la solicitud y será notificada al interesado y al órgano de recaudación competente.

La inadmisión a trámite supondrá que la solicitud de suspensión se tiene por no presentada a todos los efectos. Dicho acuerdo deberá notificarse al interesado y comunicarse al órgano de recaudación competente con indicación de la fecha de notificación al interesado.

El acuerdo de inadmisión a trámite no podrá recurrirse en vía administrativa.

La suspensión de la ejecución del acto que hubiese podido acordarse por cualquiera de las vías más arriba señaladas se mantendrá durante la tramitación del procedimiento económico-administrativo en todas sus instancias.

Se mantendrá la suspensión producida en vía administrativa cuando el interesado comunique a la Administración tributaria en el plazo de interposición del recurso contencioso-administrativo que ha interpuesto dicho recurso y ha solicitado la suspensión en el mismo. Dicha suspensión continuará, siempre que la garantía que se hubiese aportado en vía administrativa conserve su vigencia y eficacia, hasta que el órgano judicial adopte la decisión que corresponda en relación con la suspensión solicitada.

Tratándose de sanciones, la suspensión se mantendrá sin necesidad de prestar garantía, hasta que se adopte la decisión judicial.

Cuando se trate de obligaciones tributarias conexas, se altera la regla de las garantías, pues en este supuesto, si la reclamación afecta a una deuda tributaria que, a su vez, ha determinado el reconocimiento de una devolución a favor del obligado tributario, las garantías aportadas para obtener la suspensión garantizarán, asimismo, las cantidades que deban reintegrarse como consecuencia de la estimación total o parcial de la reclamación.

La Ley 11/2021, de 9 de julio, de medidas de prevención y lucha contra el fraude fiscal, de transposición de la Directiva (UE) 2016/1164, del Consejo, de 12 de julio de 2016, por la que se establecen normas contra las prácticas de elusión fiscal que inciden directamente en el funcionamiento del mercado interior, de modificación de diversas normas tributarias y en materia de regulación del juego, ha modificado el artículo 233 de la Ley General Tributaria, incorporando dos nuevos apartados 6 y 9, en el siguiente sentido:

a) El Tribunal Económico-Administrativo decidirá sobre la admisión a trámite de la solicitud de suspensión en los supuestos a los que se refieren los apartados 4 y 5 de este artículo, y la inadmitirá cuando no pueda deducirse de la documentación aportada en la solicitud de suspensión o existente en el expediente administrativo, la existencia de indicios de los perjuicios de difícil o imposible reparación o la existencia de error aritmético, material o de hecho.

b) Si la deuda se encontrara en periodo ejecutivo, la presentación de la solicitud de suspensión con otras garantías distintas de las necesarias para obtener la suspensión automática, o con dispensa total o parcial de garantías, o basada en la existencia de error aritmético, material o de hecho, no impedirá la continuación de las actuaciones de la Administración, sin perjuicio de que proceda la anulación de las efectuadas con posterioridad a la fecha de la solicitud si la suspensión fuese concedida finalmente.

Además, el artículo 81 de la Ley General Tributaria incorpora un nuevo apartado en relación con la suspensión y el caso de adopción de medidas cautelares, según el cual:

Cuando en la tramitación de una solicitud de suspensión con otras garantías distintas de las necesarias para obtener la suspensión automática, o con dispensa total o parcial de garantías, o basada en la existencia de error aritmético, material o de hecho, se observe que existen indicios racionales de que el cobro de las deudas cuya ejecutividad pretende suspenderse pueda verse frustrado o gravemente dificultado, se podrán adoptar medidas cautelares que aseguren el cobro de las mismas.

Dichas medidas serán levantadas de acuerdo con lo dispuesto en el apartado siguiente, o cuando así lo acuerde el órgano competente para la resolución de la solicitud de suspensión.

Resolución de la reclamación económico-administrativa

En primer lugar hay que recordar que las reclamaciones y recursos económico-administrativos someten a conocimiento del órgano competente para su resolución todas las cuestiones de hecho y de derecho que ofrezca el expediente, hayan sido o no planteadas por los interesados, sin que en ningún caso pueda empeorar la situación inicial del reclamante.

Si el órgano competente estima pertinente examinar y resolver cuestiones no planteadas por los interesados las expondrá a los mismos para que puedan formular alegaciones.

La duración del procedimiento en cualquiera de sus instancias será de un año contado desde la interposición de la reclamación. Transcurrido este plazo, el interesado podrá considerar desestimada la reclamación al objeto de interponer el recurso procedente, cuyo plazo se contará a partir del día siguiente de la finalización del plazo de un año a que se refiere este apartado.
En el caso de tramitación a través del procedimiento abreviado el plazo máximo para notificar la resolución será de seis meses contados desde la interposición de la reclamación.

El tribunal deberá resolver expresamente en todo caso.

Los plazos para la interposición de los correspondientes recursos comenzarán a contarse desde el día siguiente al de la notificación de la resolución expresa.

Transcurrido un año desde la iniciación de la instancia correspondiente sin haberse notificado resolución expresa y siempre que se haya acordado la suspensión del acto reclamado, dejará de devengarse el interés de demora.

Las resoluciones dictadas deberán contener los antecedentes de hecho y los fundamentos de derecho en que se basen y decidirán todas las cuestiones que se susciten en el expediente, hayan sido o no planteadas por los interesados.

La resolución podrá ser estimatoria, desestimatoria o declarar la inadmisibilidad. La resolución estimatoria podrá anular total o parcialmente el acto impugnado por razones de derecho sustantivo o por defectos formales.

El procedimiento también puede finalizar por renuncia al derecho en que la reclamación se fundamente, por desistimiento de la petición o instancia, por caducidad de ésta, por satisfacción extraprocesal y mediante resolución.

Cuando se produzca la renuncia o desistimiento del reclamante, la caducidad de la instancia o la satisfacción extraprocesal, el tribunal acordará motivadamente el archivo de las actuaciones. Este acuerdo podrá ser adoptado a través de órganos unipersonales.

¿Qué es el recurso de anulación?

Este recurso puede ser utilizado en los casos que más abajo se identifican, con carácter previo, en su caso, al recurso de alzada ordinario, una vez que exista resolución en primera instancia dictada por un Tribunal Económico-Administrativo.

El recurso de anulación podrá interponerse ante el mismo tribunal que dictó la resolución que se recurre, en el plazo de 15 días, y exclusivamente cuando en la resolución concurra alguno de los siguientes supuestos:

a) Cuando se haya declarado incorrectamente la inadmisibilidad de la reclamación.

b) Cuando se hayan declarado inexistentes las alegaciones o pruebas oportunamente presentadas.

c) Cuando se alegue la existencia de incongruencia completa y manifiesta de la resolución.

El recurso de anulación podrá interponerse contra los acuerdos y resoluciones que pongan término en cualquier instancia a una reclamación económico-administrativa.

El escrito de interposición incluirá las alegaciones y adjuntará las pruebas pertinentes. El tribunal resolverá sin más trámite en el plazo de un mes; se entenderá desestimado el recurso en caso contrario.

Nos encontramos ante un recurso propio, con entidad propia, regulado en un precepto independiente de la LGT.

La ejecución de las resoluciones de los Tribunales Económico-Administrativos y el recurso contra su ejecución

Las resoluciones de los Tribunales Económico-administrativos son ejecutadas por los órganos de la Administración tributaria que dictaron los actos objeto de la reclamación.

Los actos de ejecución de las resoluciones económico-administrativas se ajustarán exactamente a los pronunciamientos de aquéllas.

Esa ejecución puede hacer necesario que se dicte un nuevo acto que corrija o sustituya el que ha sido objeto de la reclamación, como consecuencia del fallo dictado.

Si el interesado está disconforme con el nuevo acto que se dicte en ejecución de la resolución dictada en una reclamación económico-administrativa, podrá presentar un recurso contra su ejecución que deberá ser resuelto por el tribunal que hubiese dictado la resolución que se ejecuta.

Esta actuación se encuentra regulada en el art. 241 ter de la LGT.

La resolución dictada podrá establecer los términos concretos en que haya de procederse para dar debido cumplimiento al fallo.

El plazo de interposición de este recurso será de un mes a contar desde el día siguiente al de la notificación del acto impugnado.

La tramitación de este recurso se efectuará a través del procedimiento abreviado, salvo en el supuesto específico en que la resolución económico-administrativa hubiera ordenado la retroacción de actuaciones, en cuyo caso se seguirá por el procedimiento abreviado o general que proceda según la cuantía de la reclamación inicial. El procedimiento aplicable determinará el plazo en el que haya de ser resuelto el recurso.

En ningún caso se admitirá la suspensión del acto recurrido cuando no se planteen cuestiones nuevas respecto a la resolución económico-administrativa que se ejecuta.

No cabrá la interposición de recurso de reposición con carácter previo al recurso contra la ejecución.

El Tribunal declarará la inadmisibilidad del recurso contra la ejecución respecto de aquellas cuestiones que se planteen sobre temas ya decididos por la resolución que se ejecuta, sobre temas que hubieran podido ser planteados en la reclamación cuya resolución se ejecuta o cuando concurra alguno de los supuestos a que se refiere el artículo 239.4 de la LGT.

No es admisible el incidente de ejecución respecto de aquellas cuestiones que se planteen sobre temas ya decididos por la resolución que se ejecuta, sobre temas que hubieran podido ser planteados en la reclamación cuya resolución se ejecuta o cuando la propia reclamación haya resultado inadmisible.

En relación con el plazo para la ejecución de resoluciones, puede examinarse la resolución del TEAC de 21 de mayo de 2019, RG 5315/2018.

La STS de 6 de abril de 2022, rec. de casación 2054/2020, afirma que el plazo para ejecutar una resolución de un TEA que anula una sanción tributaria por razones de fondo es de un mes, sin que el exceso de dicho plazo comporte efectos anulatorios, al tratarse de una irregularidad no invalidante y sin perjuicio de la exigencia de intereses de demora.

La STS de 9 de mayo de 2023, rec. de casación 3267/2019, ha regulado que, a los efectos de establecer el "dies a quo" para la interposición del recurso de alzada por órganos de la Administración tributaria ante el TEAC, es suficiente con la comunicación recibida en la Oficina de Relación con los Tribunales, ORT, o en cualquier departamento, dependencia u oficina de la Administración, que la haya recibido a los efectos de su ejecución.

Si transcurrido el plazo impugnatorio a contar desde tal conocimiento no se ha interpuesto el recurso de alzada, la resolución quedará firme.

El principio de buena administración exige que exista en el expediente electrónico constancia documental o informática de la fecha de la notificación de la resolución de los llamados órganos legitimados para interponerlo, aunque ello rige únicamente en el caso de que no haya existido un conocimiento previo acreditado por otros órganos de la misma Administración del acto revisorio que se pretende impugnar.

5.4.3. *El reembolso del coste de las garantías*

¿Qué es el reembolso del coste de las garantías?

La Administración tributaria reembolsará, previa acreditación de su importe, el coste de las garantías aportadas para suspender la ejecución de un acto (o para aplazar o fraccionar el pago de una deuda) si dicho acto (o deuda) es declarado improcedente por sentencia o resolución administrativa firme.

Cuando el acto (o la deuda) se declare parcialmente improcedente, el reembolso alcanzará a la parte correspondiente del coste de las garantías.

El reembolso también resultará procedente en los supuestos de adopción de medidas cautelares cuando éstas deban ser levantadas si el obligado tributario presenta aval solidario de entidad de crédito o sociedad de garantía recíproca o certificado de seguro de caución que garantice el cobro de la cuantía de la medida cautelar.

Si el obligado procede al pago en período voluntario de la obligación tributaria cuyo cumplimiento aseguraba la medida cautelar, sin mediar suspensión del ingreso, la Administración tributaria deberá abonar los gastos del aval aportado.

Con el reembolso de los costes de las garantías, la Administración tributaria abonará el interés legal vigente a lo largo del período en el que se devengue sin necesidad de que el obligado tributario lo solicite.

A estos efectos, el interés legal se devengará desde la fecha debidamente acreditada en que se hubiese incurrido en dichos costes hasta la fecha en que se ordene el pago.

El reembolso del coste de las garantías no será de aplicación respecto de las garantías establecidas por la normativa propia de cada tributo para responder del cumplimiento de las obligaciones tributarias.

¿Qué cantidades son reembolsables?

El reembolso de los costes de las garantías aportadas para obtener la suspensión de la ejecución de un acto alcanzará a los costes necesarios para su formalización, mantenimiento y cancelación.

En los supuestos de resoluciones administrativas o sentencias judiciales que declaren parcialmente improcedente el acto impugnado, el reembolso alcanzará a los costes proporcionales de la garantía que se haya reducido.

¿Qué garantías generan el derecho al reembolso de su coste?

a) Avales o fianzas de carácter solidario de entidades de crédito o sociedades de garantía recíproca o certificados de seguro de caución.

b) Hipotecas mobiliarias e inmobiliarias.

c) Prendas con o sin desplazamiento.

d) Cualquier otra que la Administración o los tribunales hubieran aceptado.

¿Cómo se calcula el importe del reembolso?

El coste de las garantías estará integrado por las siguientes partidas:

a) En los avales o fianzas de carácter solidario y certificados de seguro de caución, por las cantidades efectivamente satisfechas a la entidad de crédito, sociedad de garantía recíproca o entidad aseguradora en concepto de primas, comisiones y gastos por formalización, mantenimiento y cancelación del aval, fianza o certificado, devengados hasta la fecha en que se produzca la devolución de la garantía.

b) En las hipotecas y prendas, el coste de estas incluirá las cantidades satisfechas por los siguientes conceptos:

1.º Gastos derivados de la intervención de un fedatario público.

2.º Gastos registrales.

3.º Tributos derivados directamente de la constitución de la garantía y, en su caso, de su cancelación.

4.º Gastos derivados de la tasación o valoración de los bienes ofrecidos en garantía a que se refiere la normativa reguladora de las reclamaciones económico-administrativas.

c) Cuando se hubieran aceptado por la Administración o por los tribunales garantías distintas de las anteriores, se admitirá el reembolso de los costes de estas, limitado, exclusivamente, a los costes acreditados en que se hubiera incurrido de manera directa para su formalización, mantenimiento y cancelación devengados hasta la fecha en que se produzca la devolución de la garantía.

d) En todo caso, se abonará el interés legal vigente que se devengue desde la fecha debidamente acreditada en que se hubiese incurrido en dichos costes hasta la fecha en que se ordene el pago.

e) En el caso de que la garantía constituida lo hubiese sido mediante depósito de dinero, se abonará el interés legal vigente hasta el día en que se produzca la devolución del depósito.

¿Cómo se solicita el reembolso del coste de las garantías?

El procedimiento se iniciará a instancia del interesado mediante escrito con el contenido siguiente:

a) Nombre y apellidos o razón social o denominación completa, Número de Identificación Fiscal y domicilio del interesado. En el caso de que se actúe por medio de representante, se deberá incluir su identificación completa.

b) Órgano ante el que se solicita el inicio del procedimiento.

c) Acto administrativo o actuación que es objeto del expediente, fecha en que se dictó, número del expediente o clave alfanumérica que identifique el acto administrativo objeto de impugnación y demás datos relativos a este que se consideren convenientes, así como la pretensión del interesado.

d) Domicilio que el interesado señala a los efectos de notificaciones.

e) Lugar, fecha y firma del escrito o la solicitud.

f) Cualquier otro establecido en la normativa aplicable.

A la solicitud de reembolso se acompañarán los siguientes datos o documentos:

a) Copia de la resolución administrativa o sentencia judicial firme por la que se declare improcedente total o parcialmente el acto administrativo o deuda cuya ejecución se suspendió.

b) Acreditación del importe al que ascendió el coste de las garantías cuyo reembolso se solicita e indicación de la fecha efectiva de pago.

c) Declaración expresa del medio elegido por el que haya de efectuarse el reembolso, de entre los señalados por la Administración competente. Si la Administración competente no hubiera señalado medios para efectuar el reembolso, el interesado podrá optar por:

   1.º Transferencia bancaria, indicando el número de código de cuenta y los datos identificativos de la entidad de crédito.

   2.º Cheque cruzado o nominativo.

   Si el interesado no hubiera señalado medio de pago, el reembolso se efectuará mediante cheque.

d) En su caso, una solicitud de compensación.

¿Qué resolución puede recaer en una solicitud de reembolso?

El órgano competente dictará la resolución y la notificará en un plazo máximo de seis meses a contar desde la fecha en que el escrito de solicitud del interesado haya tenido entrada en el registro del órgano competente para su resolución.

Cuando en virtud de los actos de tramitación desarrollados resulte procedente el reembolso del coste de la garantía aportada, se acordará el reembolso de las cantidades procedentes, en cuanto hayan quedado debidamente acreditadas y correspondan a la suspensión del acto declarado total o parcialmente improcedente.

Transcurrido el plazo para efectuar la notificación sin que esta se haya producido, el interesado podrá entender desestimada la solicitud a los efectos de interponer contra la resolución presunta el correspondiente recurso o reclamación.

5.5. Errores en mis declaraciones: vías de solución

5.5.1. Autoliquidaciones complementarias y rectificación de una autoliquidación

Legislación

LGT: artículos 120 a 122; artículo 221

Ley 13/2023, de 24 de mayo, por la que se modifican la Ley 58/2003, de 17 de diciembre, General Tributaria, en transposición de la Directiva (UE) 2021/514 del Consejo de 22 de marzo de 2021, por la que se modifica la Directiva 2011/16/UE relativa a la cooperación administrativa en el ámbito de la fiscalidad, y otras normas tributarias, art. Único. Tres, que modifica el art. 120.3 y 4 de la LGT (BOE de 25)

RGAT: artículos 117 a 121 y 126 a 130
RREV: artículos 14 a 20

Real Decreto 249/2023, de 4 de abril, por el que se modifican el Reglamento General de Desarrollo de la Ley 58/2003, de 17 de diciembre, General Tributaria, en materia de revisión en vía administrativa, aprobado por el Real Decreto 520/2005, de 13 de mayo; el Reglamento General de Recaudación, aprobado por el Real Decreto 939/2005, de 29 de julio; el Reglamento General de las actuaciones y los procedimientos de gestión e inspección tributaria y de desarrollo de las normas comunes de los procedimientos de aplicación de los tributos, aprobado por el Real Decreto 1065/2007, de 27 de julio; el Reglamento del Impuesto sobre Sucesiones y Donaciones, aprobado por el Real Decreto 1629/1991, de 8 de noviembre; el Reglamento del Impuesto sobre el Valor Añadido, aprobado por el Real Decreto 1624/1992, de 29 de diciembre; el Reglamento del Impuesto sobre la Renta de las Personas Físicas, aprobado por el Real Decreto 439/2007, de 30 de marzo, y el Reglamento del Impuesto sobre Sociedades, aprobado por el Real Decreto 634/2015, de 10 de julio.

Real Decreto 117/2024, de 30 de enero, por el que se desarrollan las normas y los procedimientos de diligencia debida en el ámbito del intercambio automático obligatorio de información comunicada por los operadores de plataformas, y se modifican el Reglamento General de las actuaciones y los procedimientos de gestión e inspección tributaria y de desarrollo de las normas comunes de los procedimientos de aplicación de los tributos, aprobado por el Real Decreto 1065/2007, de 27 de julio, en transposición de la Directiva (UE) 2021/514 del Consejo de 22 de marzo de 2021 por la que se modifica la Directiva 2011/16/UE relativa a la cooperación administrativa en el ámbito de la fiscalidad, y otras normas tributarias (BOE de 31).

¿Qué es una autoliquidación?

Las autoliquidaciones son declaraciones en las que los obligados tributarios, además de comunicar a la Administración los datos necesarios para la liquidación del tributo y otros de contenido informativo, realizan por sí mismos las operaciones de calificación y cuantificación necesarias para determinar e ingresar el importe de la deuda tributaria o, en su caso, determinar la cantidad que resulte a devolver o a compensar.

Ejemplo

La autoliquidación por el Impuesto sobre la Renta de las Personas Físicas.

¿Qué es una autoliquidación complementaria?

Las autoliquidaciones complementarias tendrán como finalidad completar o modificar las presentadas con anterioridad.

Se podrán presentar:

- Cuando de ellas resulte un importe a ingresar superior al de la autoliquidación anterior.
- Cuando de ellas resulte una cantidad a devolver o a compensar inferior a la anteriormente autoliquidada.

¿Qué es una rectificación de autoliquidaciones?

Cuando un obligado tributario considere que una autoliquidación ha perjudicado de cualquier modo sus intereses legítimos, podrá instar la rectificación de dicha autoliquidación.

¿Cuándo puede solicitarse la rectificación de una autoliquidación?

1.- La solicitud sólo podrá hacerse cuando concurran dos situaciones:

- ❒ Una vez presentada la correspondiente autoliquidación.
- ❒ Antes de que la Administración tributaria haya practicado la liquidación definitiva o, en su defecto, antes de que haya prescrito el derecho de la Administración tributaria para determinar la deuda tributaria mediante la liquidación o el derecho a solicitar la devolución correspondiente.

2.- No se puede solicitar la rectificación de su autoliquidación:

- ❒ Cuando se esté tramitando un procedimiento de comprobación o investigación cuyo objeto incluya la obligación tributaria a la que se refiera la autoliquidación presentada (ver el capítulo correspondiente a los procedimientos de comprobación).
- ❒ Cuando la Administración tributaria haya practicado una liquidación provisional, salvo si la liquidación provisional ha sido practicada por consideración o motivo distinto del que se invoque en la solicitud del obligado tributario (cuando la solicitud de rectificación afecte a elementos de la obligación tributaria que no hayan sido regularizados mediante la liquidación provisional)

En la liquidación resultante de un procedimiento de aplicación de los tributos podrán aplicarse las cantidades que el obligado tributario tuviera pendientes de compensación o deducción, sin que, a estos efectos, sea posible modificar tales cantidades pendientes mediante la presentación de declaraciones complementarias o solicitudes de rectificación después del inicio del procedimiento de aplicación de los tributos.

¿Qué requisitos debe reunir la solicitud de rectificación de una autoliquidación?

La solicitud deberá contener:

a) Nombre y apellidos o razón social o denominación completa, Número de Identificación Fiscal del obligado tributario y, en su caso, del representante.

b) Hechos, razones y petición en que se concrete la solicitud.

c) Lugar, fecha y firma del solicitante o acreditación de la autenticidad de su voluntad expresada por cualquier medio válido en derecho.

d) Órgano al que se dirige.

e) Los datos que permitan identificar la autoliquidación que se pretende rectificar.

f) En caso de que se solicite una devolución, deberá hacerse constar el medio elegido por el que haya de realizarse la devolución. Cuando el beneficiario de la devolución no hubiera señalado medio de pago y esta no se pudiera realizar mediante transferencia a una entidad de crédito, se efectuará mediante cheque cruzado.

La solicitud deberá acompañarse de la documentación en que se basa la solicitud de rectificación y los justificantes, en su caso, del ingreso efectuado por el obligado tributario.

¿Cómo se tramita el procedimiento de rectificación de autoliquidaciones?

La Administración comprobará las circunstancias que determinan la procedencia de la rectificación.

Además, cuando junto con la rectificación se solicite la devolución de un ingreso efectuado, indebido o no, se comprobará la concurrencia de determinados requisitos, entre ellos la realidad del ingreso, cuando proceda, y su falta de devolución, así como la procedencia de su devolución, el titular del derecho a obtener la devolución y su cuantía.

¿Qué actuaciones puede desarrollar la Administración en este procedimiento?

La Administración podrá:

- Examinar la documentación presentada y contrastarla con los datos y antecedentes que obren en su poder.
- Realizar requerimientos al propio obligado en relación con la rectificación de su autoliquidación, incluidos los que se refieran a la justificación documental de operaciones financieras que tengan incidencia en la rectificación solicitada.
- Efectuar requerimientos a terceros para que aporten la información que se encuentren obligados a suministrar con carácter general o para que la ratifiquen mediante la presentación de los correspondientes justificantes.
- Solicitar los informes que se consideren necesarios.

¿Qué derechos específicos se reconocen al obligado tributario en este procedimiento?

Finalizadas las actuaciones se notificará al interesado la propuesta de resolución para que en el plazo de 15 días, contados a partir del día siguiente al de la notificación de la propuesta, alegue lo que convenga a su derecho, salvo que la rectificación que se acuerde coincida con la solicitada por el interesado, en cuyo caso se notificará sin más trámite la liquidación que se practique.

¿De qué forma puede terminar éste procedimiento?

Mediante resolución en la que se acordará o no la rectificación de la autoliquidación.

El acuerdo será motivado cuando sea denegatorio o cuando la rectificación acordada no coincida con la solicitada por el interesado.

En el supuesto de que se acuerde rectificar la autoliquidación, la resolución acordada por la Administración tributaria incluirá una liquidación provisional cuando afecte a algún elemento determinante de la cuantificación de la deuda tributaria efectuada por el obligado tributario.

Cuando de la resolución se derive el reconocimiento del derecho a obtener una devolución, se especificará:

- El titular del derecho.
- El importe de la devolución.
- Los intereses de demora que, en su caso, deban abonarse.

El plazo máximo para notificar la resolución de este procedimiento será de seis meses. Transcurrido dicho plazo sin haberse realizado la notificación expresa del acuerdo adoptado, la solicitud podrá entenderse desestimada.

Devoluciones derivadas de una rectificación

Cuando la rectificación de una autoliquidación origine una devolución derivada de la normativa del tributo y hubieran transcurrido seis meses sin que se hubiera ordenado el pago por causa imputable a la Administración tributaria, ésta abonará el interés de demora sobre el importe de la devolución que proceda, sin necesidad de que el obligado lo solicite. A estos efectos, el plazo de seis meses comenzará a contarse a partir de la finalización del plazo para la presentación de la autoliquidación o, si éste hubiese concluido, a partir de la presentación de la solicitud de rectificación.

Ejemplo

Por ejemplo, en el caso de la autoliquidación del IRPF 2022, si el último día de plazo de presentación de la autoliquidación con derecho a devolución fue el 30 de junio de 203, el plazo de seis de meses, de fecha a fecha, se extendería hasta el 30 de diciembre de 2023.

A partir de esa fecha la Administración deberá abonar el interés de demora, si la solicitud de rectificación se hubiese producido durante el plazo de presentación de la autoliquidación.

Si la solicitud de rectificación se hubiese presentado una vez finalizado el plazo de presentación de la autoliquidación, por ejemplo, el 19 de septiembre de 2023, el interés debería abonarse desde el 19 de marzo de 2024.

Cuando la rectificación de una autoliquidación origine la devolución de un ingreso indebido, la Administración tributaria también abonará el correspondiente interés de demora.

La STS 106/2021, de 28 de enero de 2021, rec. número 3010/2018, afirma que la cantidad a devolver, en virtud de la rectificación de una autoliquidación tributaria, corolario de unas actuaciones inspectoras que finalizaron con la suscripción de un acta con acuerdo en la cual se recoge una deducción no aplicada por el contribuyente con anterioridad, devenga intereses de demora desde el final del plazo de presentación de la autoliquidación, puesto que nos encontramos ante la devolución de un ingreso indebido.

Especialidades en el procedimiento de rectificación de autoliquidaciones relativas a retenciones, ingresos a cuenta o cuotas soportadas

Cuando una autoliquidación presentada hubiese dado lugar a un ingreso indebido de retenciones, ingresos a cuenta o cuotas repercutidas a otros obligados tributarios, la legitimación para solicitar la rectificación, así como el derecho a obtener su devolución, se regulará por lo dispuesto en los artículos 32 y 221.4 de la Ley 58/2003, de 17 de diciembre, General Tributaria, y en las disposiciones reglamentarias dictadas en su desarrollo.

Los obligados tributarios que hubiesen soportado indebidamente retenciones, ingresos a cuenta o cuotas repercutidas podrán solicitar y obtener la devolución de acuerdo con lo previsto en el artículo 14 del Reglamento general de desarrollo de la Ley 58/2003, de 17 de diciembre, General Tributaria, en materia de revisión en vía administrativa, aprobado por el Real Decreto 520/2005, de 13 de mayo.

Para ello, podrán solicitar la rectificación de la autoliquidación en la que se realizó el ingreso indebido conforme al apartado 4 de este artículo.

A efectos del requisito previsto en el artículo 14.2.c).4.º del Reglamento general de desarrollo de la Ley 58/2003, de 17 de diciembre, General Tributaria, en materia de revisión en vía administrativa, aprobado por el Real Decreto 520/2005, de 13 de mayo, se entenderá que el obligado tributario no tiene derecho a la deducción de las cuotas soportadas, cuando en un procedimiento de comprobación o inspección se declare que no procede la deducción de dichas cuotas por haber sido indebidamente repercutidas y el acto que hubiera puesto fin a dicho procedimiento hubiera adquirido firmeza.

Cuando se trate de cuotas indebidamente repercutidas por el Impuesto sobre el Valor Añadido, el obligado tributario que efectuó la repercusión podrá optar por solicitar la rectificación de su autoliquidación o por regularizar la situación tributaria en los términos previstos en el párrafo b) del artículo 89.cinco de la Ley 37/1992, de 28 de diciembre, del Impuesto sobre el Valor Añadido.

Cuando la rectificación de la autoliquidación hubiese sido solicitada por el obligado tributario que soportó indebidamente retenciones, ingresos a cuenta o cuotas repercutidas, se aplicará lo dispuesto en los artículos anteriores, con las siguientes especialidades

- **a)** La resolución del procedimiento corresponderá al órgano que según la normativa de organización específica, fuera competente respecto del obligado tributario que presentó la autoliquidación cuya rectificación se solicita.

  En los Impuestos Especiales la resolución del procedimiento corresponderá al órgano que según la normativa de organización específica fuera competente respecto del establecimiento del obligado tributario que efectuó la repercusión, excepto en el caso de centralización autorizada de los ingresos en que será competente el que, según la normativa de organización específica, corresponda al obligado tributario que efectuó la repercusión.

  En aquellos casos en los que a la vista de la solicitud presentada y de la documentación que se deba acompañar para fundamentar la misma resulte acreditado que no concurren los requisitos para proceder a la rectificación de la autoliquidación, la resolución corresponderá al órgano que según la normativa de organización específica fuera competente respecto del obligado tributario que inició el procedimiento. En estos casos no será de aplicación lo previsto en el párrafo d) de este apartado.

- **b)** La solicitud podrá hacerse desde que la actuación de retención, la detracción del ingreso a cuenta o la actuación de repercusión haya sido comunicada fehacientemente al solicitante o, en su defecto, desde que exista constancia de que este ha tenido conocimiento de ello.

  Cuando la solicitud de rectificación se presente antes de la finalización del plazo de declaración en que hubiera de presentarse la autoliquidación cuya rectificación se solicita, se considerará como periodo de interrupción justificada a efectos del cómputo del plazo para resolver el procedimiento el tiempo transcurrido desde la fecha de presentación hasta la fecha de finalización de dicho plazo de declaración.

- **c)** En la solicitud, además de las circunstancias previstas en el artículo 126.4 de este reglamento, se harán constar el nombre y apellidos o razón social o denominación completa y número de identificación fiscal del retenedor o persona o entidad que efectuó el ingreso a cuenta repercutido o del obligado tributario que efectuó la repercusión.

La solicitud deberá acompañarse de los documentos justificantes de la retención, ingreso a cuenta o repercusión indebidamente soportados.

❒ **d)** En la tramitación del procedimiento se notificará la solicitud de rectificación al retenedor o al obligado tributario que efectuó y repercutió el ingreso a cuenta o que efectuó la repercusión, que deberán comparecer dentro del plazo de 10 días, contados a partir del día siguiente al de la notificación del requerimiento, y aportar todos los documentos y antecedentes requeridos y cualquier otro que estimen oportuno.

Posteriormente, las actuaciones se pondrán de manifiesto, sucesivamente, al solicitante y al presentador de la autoliquidación, por periodos de 15 días, contados a partir del día siguiente al de la notificación de la apertura de dichos plazos, para formular alegaciones y aportar las pruebas oportunas. A estos efectos, se podrán hacer extractos de los justificantes o documentos o utilizar otros métodos que permitan mantener la confidencialidad de aquellos datos que no les afecten.

❒ **e)** La liquidación provisional o la resolución denegatoria que ponga término al procedimiento se notificará a todos los obligados tributarios.

❒ **f)** En el supuesto de que la resolución estimatoria fuera recurrida por el retenedor, por el obligado tributario que efectuó y repercutió el ingreso a cuenta o que realizó la repercusión, aquella no será ejecutiva en tanto no adquiera firmeza.

5.5.1. bis. La autoliquidación rectificativa

La ley 13/2023, de 24 de mayo, por la que se modifican la Ley 58/2003, de 17 de diciembre, General Tributaria, en transposición de la Directiva (UE) 2021/514 del Consejo de 22 de marzo de 2021, por la que se modifica la Directiva 2011/16/UE relativa a la cooperación administrativa en el ámbito de la fiscalidad, y otras normas tributarias (BOE de 5 de abril), ha incorporado una modificación muy relevante en el régimen de rectificación de autoliquidaciones.

Con antecedentes en la posibilidad ya vigente desde hace años de rectificar, durante el período anual de autoliquidación y utilizando el sistema de Renta web en el IRPF, cuantas veces sea necesario, la declaración previamente aportada en este sistema por el contribuyente, sin recargos ni intereses de demora, la citada Ley 13/2023 modifica la redacción del art. 120 de la LGT, incorporando un nuevo apartado, el 4.

Esta reforma se produce con el objeto de seguir avanzando en la asistencia al contribuyente y en la mejora de la gestión tributaria.

Para ello, se establece un sistema único para la corrección de las autoliquidaciones, regulando con esta finalidad la nueva figura de la autoliquidación rectificativa.

Esta nueva figura sustituirá, en aquellos tributos en los que así se establezca, el actual sistema dual de autoliquidación complementaria y solicitud de rectificación. De esta forma, mediante la presentación de una autoliquidación rectificativa el obligado tributario podrá rectificar, completar o modificar la autoliquidación presentada con anterioridad, con independencia del resultado de la misma, sin necesidad de esperar la resolución administrativa.

El nuevo art. 120.4 LGT dice lo siguiente:

"Cuando lo establezca la normativa propia del tributo, el obligado tributario deberá presentar una autoliquidación rectificativa, utilizando el modelo normalizado de autoliquidación que se apruebe conforme a lo previsto en el apartado 3 del artículo 98 de esta Ley, con la finalidad de rectificar, completar o modificar otra autoliquidación presentada con anterioridad.»

Falta, pues el desarrollo en cada tributo que el legislador estime oportuno, de este nuevo sistema de autoliquidación rectificativa.

5.5.1. ter. Desarrollo reglamentario del sistema de autoliquidaciones rectificativas

Pues bien, el Real Decreto 117/2024, de 30 de enero, por el que se desarrollan las normas y los procedimientos de diligencia debida en el ámbito del intercambio automático obligatorio de información comunicada por los operadores de plataformas, y se modifican el Reglamento General de las actuaciones y los procedimientos de gestión e inspección tributaria y de desarrollo de las normas comunes de los procedimientos de aplicación de los tributos, aprobado por el Real Decreto 1065/2007, de 27 de julio, en transposición de la Directiva (UE) 2021/514 del Consejo de 22 de marzo de 2021 por la que se modifica la Directiva 2011/16/UE relativa a la cooperación administrativa en el ámbito de la fiscalidad, y otras normas tributarias (BOE de 31), constituye el desarrollo reglamentario del precitado art. 120.4 LGT y su entrada en vigor habrá de esperar a la existencia de formularios específicos aprobados por la Ministra de Hacienda.

En este sentido, se modifican los reglamentos específicos de desarrollo de las leyes reguladoras del Impuesto sobre el Valor Añadido, del Impuesto sobre la Renta de las Personas Físicas, del Impuesto sobre Sociedades, de los Impuestos Especiales y del Impuesto sobre los Gases Fluorados de Efecto Invernadero, para implantar este nuevo sistema en dichos tributos. No obstante lo anterior, el tradicional procedimiento de solicitud de rectificación de autoliquidaciones se podrá utilizar cuando el motivo de la rectificación alegado sea la eventual vulneración por la norma aplicada en la autoliquidación previa de los preceptos de otra norma de rango superior.

Las modificaciones de los diversos Reglamentos de los gravámenes mencionados se encuentran en las DDFF tercera (para el IVA),

Por lo tanto, es posible realizar autoliquidaciones rectificativas en los siguientes impuestos:

– IVA, nuevo art. 72 bis RIVA.

En general, el funcionamiento de las autoliquidaciones rectificativas será el siguiente (aunque hay alguna especialidad en cada uno de los tributos afectados).

Los sujetos pasivos deberán rectificar, completar o modificar las autoliquidaciones presentadas por este Impuesto mediante la presentación de una autoliquidación rectificativa, utilizando el modelo de declaración aprobado por la persona titular del Ministerio de Hacienda.

No obstante lo dispuesto en el párrafo anterior, cuando el motivo de la rectificación del obligado tributario sea exclusivamente la alegación razonada de una eventual vulneración por la norma aplicada en la autoliquidación previa de los preceptos de otra norma de rango superior legal, constitucional, de Derecho de la Unión Europea o de un Tratado o Convenio internacional se podrá instar la rectificación a través del procedimiento previsto en el artículo 120.3 de la Ley 58/2003, de 17 de diciembre, General Tributaria, y desarrollado en los artículos 126 a 128 del Reglamento General de las actuaciones y los procedimientos de gestión e inspección tributaria y de desarrollo de las normas comunes de los procedimientos de aplicación de los tributos, aprobado por Real Decreto 1065/2007, de 27 de julio. Si este motivo concurriese con otros de distinta naturaleza, por estos últimos el obligado tributario deberá presentar una autoliquidación rectificativa.

La autoliquidación rectificativa de una autoliquidación previa se podrá presentar antes de que haya prescrito el derecho de la Administración para determinar la deuda tributaria mediante liquidación o el derecho a solicitar la devolución que, en su caso, proceda. Cuando se presente fuera del plazo de declaración tendrá el carácter de extemporánea.

En la autoliquidación rectificativa constará expresamente esta circunstancia y la obligación tributaria y período a que se refiere, así como la totalidad de los datos que deban ser declarados y otros que puedan establecerse en la Orden Ministerial reguladora del modelo de declaración aprobada por la persona titular del Ministerio de Hacienda, como los motivos de rectificación.

A estos efectos, se incorporarán los datos incluidos en la autoliquidación presentada con anterioridad que no sean objeto de modificación, los que sean objeto de modificación y los de nueva inclusión.

La autoliquidación rectificativa podrá rectificar, completar o modificar la autoliquidación presentada con anterioridad. En particular:

a) Cuando de la rectificación efectuada resulte un importe a ingresar superior al de la autoliquidación anterior o una cantidad a devolver o a compensar inferior a la anteriormente autoliquidada, se aplicará el régimen previsto para las autoliquidaciones complementarias en el artículo 122.2 de la Ley 58/2003, de 17 de diciembre, General Tributaria, y su normativa de desarrollo.

b) En los casos no contemplados en la letra anterior, cuando del cálculo efectuado en la autoliquidación rectificativa resulte una cantidad a devolver, con la presentación de la autoliquidación rectificativa se entenderá solicitada la devolución, que se tramitará conforme al régimen del procedimiento previsto en los artículos 124 a 127 de la Ley 58/2003, de 17 de diciembre, General Tributaria, y su normativa de desarrollo, sin perjuicio de la obligación de abono de intereses de demora conforme a lo establecido en el apartado 3 del artículo 120 de dicha Ley.

El plazo para efectuar la devolución será de seis meses contados desde la finalización del plazo reglamentario para la presentación de la autoliquidación o, si éste hubiese concluido, desde la presentación de la autoliquidación rectificativa.

Si con la presentación de la autoliquidación previa se hubiera solicitado una devolución y ésta no se hubiera efectuado al tiempo de presentar la autoliquidación rectificativa, con la presentación de esta última se considerará finalizado el procedimiento iniciado mediante la presentación de la autoliquidación previa.

c) Cuando de la rectificación efectuada resulte una minoración del importe a ingresar de la autoliquidación previa y no proceda una cantidad a devolver, se mantendrá la obligación de pago hasta el límite del importe a ingresar resultante de la autoliquidación rectificativa.

Si la deuda resultante de la autoliquidación previa estuviera aplazada o fraccionada, con la presentación de la autoliquidación rectificativa se entenderá solicitada la modificación en las condiciones del aplazamiento o fraccionamiento conforme a lo previsto en el segundo párrafo del apartado 3 del artículo 52 del Reglamento General de Recaudación, aprobado por Real Decreto 939/2005, de 29 de julio.

La autoliquidación rectificativa no producirá efectos respecto a aquellos elementos que hayan sido regularizados mediante liquidación definitiva o provisional en los términos a que se refieren los apartados 2 y 3 del artículo 126 del Reglamento General de las actuaciones y los procedimientos de gestión e inspección tributaria y de desarrollo de las normas comunes de los procedimientos de aplicación de los tributos, aprobado por el Real Decreto 1065/2007, de 27 de julio, respectivamente.

Los otros tributos afectados, además del IVA ya citado anteriormente, son:

- IRPF, nuevo art. 67 bis RIRPF, modificado por la DF Cuarta del precitado RD 117/2024, de 30 de enero.
- IS, nuevo art. 59 bis del RIS, alterado por la DF Quinta del RD 117/2024, de 30 de enero.
- Impuestos Especiales, a través de varios cambios en su Reglamento, incorporados por la DF Sexta del RD 117/2024, de 30 de enero, y
- Impuesto sobre los Gases Fluorados de Efecto Invernadero, conforme a un nuevo artículo de su Reglamento, introducido por la DF Octava del RD 117/2024,de 30 de enero.

5.5.2. Autoliquidaciones presentadas fuera de plazo

Como consecuencia de la presentación de autoliquidaciones fuera de plazo sin requerimiento previo de la Administración tributaria deben satisfacerse los denominados recargos por declaración extemporánea.

A estos efectos se considera requerimiento previo cualquier actuación administrativa realizada con conocimiento formal del obligado tributario conducente al reconocimiento, regularización, comprobación, inspección, aseguramiento o liquidación de la deuda tributaria.

El recargo varía en función del grado de retraso en la presentación.

A estos efectos se considera requerimiento previo cualquier actuación administrativa realizada con conocimiento formal del obligado tributario conducente al reconocimiento, regularización, comprobación, inspección, aseguramiento o liquidación de la deuda tributaria.

El recargo varía en función del grado de retraso en la presentación.

El tratamiento de las autoliquidaciones presentadas fuera de plazo, conocidas como "autoliquidaciones extemporáneas" y cuyo régimen se regula en el art. 27 de la LGT ha sido objeto de una profunda reforma como consecuencia de la entrada en vigor de la Ley 11/2021, de 9 de julio, de Prevención y Represión del Fraude Fiscal, con entrada en vigor, a estos efectos, desde el 10 de julio de 2021.

El recargo por declaración extemporánea consistirá en un porcentaje igual al 1 por ciento más otro 1 por ciento adicional por cada mes completo de retraso con que se presente la autoliquidación o declaración respecto al término del plazo establecido para la presentación e ingreso.

Dicho recargo se calculará sobre el importe a ingresar resultante de las autoliquidaciones o sobre el importe de la liquidación derivado de las declaraciones extemporáneas y excluirá las sanciones que hubieran podido exigirse y los intereses de demora devengados hasta la presentación de la autoliquidación o declaración.

Si la presentación de la autoliquidación o declaración se efectúa una vez transcurridos 12 meses desde el término del plazo establecido para la presentación, el recargo será del 15 por ciento y excluirá las sanciones que hubieran podido exigirse. En estos casos, se exigirán los intereses de demora por el período transcurrido desde el día siguiente al término de los 12 meses posteriores a la finalización del plazo establecido para la presentación hasta el momento en que la autoliquidación o declaración se haya presentado.

En las liquidaciones derivadas de declaraciones presentadas fuera de plazo sin requerimiento previo no se exigirán intereses de demora por el tiempo transcurrido desde la presentación de la declaración hasta la finalización del plazo de pago en período voluntario correspondiente a la liquidación que se practique, sin perjuicio de los recargos e intereses que corresponda exigir por la presentación extemporánea.

No obstante lo anterior, no se exigirán los recargos de este apartado si el obligado tributario regulariza, mediante la presentación de una declaración o autoliquidación correspondiente a otros períodos del mismo concepto impositivo, unos hechos o circunstancias idénticos a los regularizados por la Administración, y concurren las siguientes circunstancias:

a) Que la declaración o autoliquidación se presente en el plazo de seis meses a contar desde el día siguiente a aquél en que la liquidación se notifique o se entienda notificada.

b) Que se produzca el completo reconocimiento y pago de las cantidades resultantes de la declaración o autoliquidación en los términos previstos en el apartado 5 del artículo.

c) Que no se presente solicitud de rectificación de la declaración o autoliquidación, ni se interponga recurso o reclamación contra la liquidación dictada por la Administración.

d) Que de la regularización efectuada por la Administración no derive la imposición de una sanción.

El incumplimiento de cualquiera de estas circunstancias determinará la exigencia del recargo correspondiente sin más requisito que la notificación al interesado.

Lo dispuesto en los párrafos anteriores no impedirá el inicio de un procedimiento de comprobación o investigación en relación con las obligaciones tributarias regularizadas mediante las declaraciones o autoliquidaciones a que los mismos se refieren.

Ejemplo

Se incorporan seguidamente ejemplos de aplicación del artículo 27 de la LGT, tras la entrada en vigor de la Ley 11/2021, de 9 de julio.

Ejemplo de aplicación de los nuevos recargos:

Suponiendo una autoliquidación de la que resultase una cantidad a ingresar de 1.000 euros, la aplicación de los nuevos recargos sería:

Para un retraso de 1 mes completo: un recargo de 20 euros (10 fijos y 10 por mes completo)

Para un retraso de 4 meses completos: un recargo de 10 euros fijos más 40 euros (por cuatro meses completos)

Para un retraso de 7 meses completos: un recargo de 10 euros fijos más 70 euros (por siete meses completos)

Para un retraso de más de 12 meses: un recargo de 150 euros

5.5.3. Devolución de ingresos indebidos

¿Cuándo puede pedirse la devolución de ingresos indebidos?

Con carácter general, las situaciones que permiten solicitar una devolución de esa naturaleza son las siguientes:

a) Cuando se haya producido una duplicidad en el pago de deudas tributarias o sanciones.

b) Cuando la cantidad pagada haya sido superior al importe a ingresar resultante de un acto administrativo o de una autoliquidación.

c) Cuando se hayan ingresado cantidades correspondientes a deudas o sanciones tributarias después de haber transcurrido los plazos de prescripción.

Limitaciones a la posibilidad de solicitar una devolución de ingresos indebidos Supuestos de firmeza

Cuando el acto de aplicación de los tributos o de imposición de sanciones en virtud del cual se realizó el ingreso indebido hubiera adquirido firmeza, es decir, no fuese susceptible de ser recurrido en vía administrativa, únicamente se podrá solicitar la devolución del mismo instando o promoviendo la revisión del acto mediante alguno de los siguientes procedimientos especiales de revisión:

- Revisión de actos nulos de pleno derecho.
- Revocación.
- Rectificación de errores.
- Recurso extraordinario de revisión.

Devolución de ingresos indebidos vs. Rectificación de autoliquidaciones

Cuando un obligado tributario considere que la presentación de una autoliquidación ha dado lugar a un ingreso indebido, podrá instar la rectificación de la autoliquidación (ver este mismo Capítulo).

Contenido de la devolución de ingresos indebidos

Con carácter general, y salvo determinadas especialidades, la cantidad a devolver como consecuencia de un ingreso indebido estará constituida por la suma de las siguientes cantidades:

a) El importe del ingreso indebidamente efectuado.

b) Las costas satisfechas cuando el ingreso indebido se hubiera realizado durante el procedimiento de apremio.

c) El interés de demora vigente a lo largo del período en que resulte exigible, sobre las cantidades indebidamente ingresadas, sin necesidad de que el obligado tributario lo solicite.

Procedimiento

Iniciación

El procedimiento para el reconocimiento del derecho a la devolución de ingresos indebidos podrá iniciarse de oficio o a instancia del interesado.

Inicio a instancia

Cuando el procedimiento se inicie a instancia del interesado, el contenido esencial de la solicitud será el siguiente:

a) Nombre y apellidos o razón social o denominación completa, Número de Identificación Fiscal y domicilio del interesado. En el caso de que se actúe por medio de representante, se deberá incluir su identificación completa.

b) Órgano ante el que se solicita el inicio del procedimiento.

c) Acto administrativo o actuación que es objeto del expediente, fecha en que se dictó, número del expediente y demás datos relativos a este que se consideren convenientes, así como la pretensión del interesado.

d) Domicilio que el interesado señala a los efectos de notificaciones.

e) Lugar, fecha y firma del escrito o la solicitud.

f) Justificación del ingreso indebido. A la solicitud se adjuntarán los documentos que acrediten el derecho a la devolución, así como cuantos elementos de prueba considere oportunos a tal efecto. Los justificantes de ingreso podrán sustituirse por la mención exacta de los datos identificativos del ingreso realizado, entre ellos, la fecha y el lugar del ingreso y su importe.

g) Declaración expresa del medio elegido por el que haya de realizarse la devolución, de entre los señalados por la Administración competente.

Si la Administración competente no hubiera señalado medios para efectuar la devolución, el beneficiario podrá optar por:

1.º Transferencia bancaria, indicando el número de código de cuenta y los datos identificativos de la entidad de crédito.

2.º Cheque cruzado o nominativo.

Si el beneficiario de la devolución no hubiera señalado medio de pago, se efectuará mediante cheque.

Inicio de oficio

Cuando el procedimiento se inicie de oficio, se notificará al interesado el acuerdo de iniciación.

Cuando los datos en poder de la Administración tributaria sean suficientes para formular la propuesta de resolución, el procedimiento podrá iniciarse mediante la notificación de dicha propuesta (por ejemplo, cuando sea la Administración la que detecte que se ha producido un ingreso duplicado).

Tramitación

Con carácter previo a la resolución, la Administración tributaria deberá notificar al obligado tributario la propuesta de resolución para que en un plazo de 10 días, contados a partir del día siguiente al de la notificación, presente las alegaciones y los documentos y justificantes que estime necesarios.

Se podrá prescindir de dicho trámite cuando no se tengan en cuenta otros hechos o alegaciones que las realizadas por el obligado tributario o cuando la cuantía propuesta a devolver sea igual a la solicitada, excluidos los intereses de demora.

Terminación

La resolución será motivada y en la misma, si procede, se acordará el derecho a la devolución, se determinará el titular del derecho y el importe de la devolución.

En los procedimientos iniciados a instancia de parte, el interesado podrá entender desestimada su solicitud por silencio administrativo transcurrido el plazo máximo de seis meses sin haberse notificado la resolución expresa.

Recursos y reclamaciones

Las resoluciones que se dicten en este procedimiento serán susceptibles de recurso de reposición y de reclamación económico-administrativa.

5.6. Otras cuestiones a tener en cuenta

5.6.1. La denuncia

Legislación

LGT: artículo 114

Mediante la denuncia pública se pueden poner en conocimiento de la Administración tributaria hechos o situaciones que puedan ser constitutivos de infracciones tributarias o tener trascendencia para la aplicación de los tributos.

Recibida una denuncia, ésta se remitirá al órgano competente para realizar las actuaciones que pudieran proceder, que podrá iniciarlas actuaciones si existen indicios suficientes de veracidad en los hechos imputados y éstos son desconocidos para la Administración tributaria.

Ese mismo órgano podrá acordar el archivo de la denuncia cuando se considere infundada o cuando no se concreten o identifiquen suficientemente los hechos o las personas denunciadas.

La denuncia no formará parte del expediente administrativo y no se considerará al denunciante interesado en las actuaciones administrativas que se inicien como consecuencia de la denuncia ni se le informará del resultado de las mismas. Tampoco estará legitimado para la interposición de recursos o reclamaciones en relación con los resultados de dichas actuaciones.

5.6.2. *El interés de demora*

Legislación

LGT: Artículos 26 y 30 a 33

¿En qué casos se han de abonar intereses de demora?

El interés de demora es una prestación accesoria que se exigirá a los obligados tributarios y a los sujetos infractores como consecuencia de:

- La realización de un pago fuera de plazo o de la presentación de una autoliquidación o declaración de la que resulte una cantidad a ingresar una vez finalizado el plazo establecido al efecto en la normativa tributaria
- El cobro de una devolución improcedente

El interés de demora se exigirá, entre otros, en los siguientes supuestos:

a) Cuando finalice el plazo establecido para el pago en período voluntario de una deuda resultante de una liquidación practicada por la Administración o del importe de una sanción, sin que el ingreso se hubiera efectuado.

b) Cuando finalice el plazo establecido para la presentación de una autoliquidación o declaración sin que hubiera sido presentada o hubiera sido presentada incorrectamente (salvo las excepciones previstas en casos de presentación de declaraciones extemporáneas sin requerimiento previo).

c) Cuando se suspenda la ejecución del acto, salvo en el supuesto de recursos y reclamaciones contra sanciones, durante el tiempo que transcurra hasta la finalización del plazo de pago en período voluntario abierto por la notificación de la resolución que ponga fin a la vía administrativa.

d) Cuando se inicie el período ejecutivo (salvo que resulte exigible el recargo ejecutivo o el recargo de apremio reducido).

e) Cuando el obligado tributario haya obtenido una devolución improcedente.

¿Cómo se calcula el interés de demora?

Durante los ejercicios 2018 a 2022, ambos inclusive, el interés de demora ascendió al 3,75%.
Desde el 1 de enero de 2023, el interés de demora se sitúa en el 4,0625%.

El interés de demora se calculará sobre el importe no ingresado en plazo o sobre la cuantía de la devolución cobrada improcedentemente.

El tiempo de devengo será el correspondiente al retraso del obligado.

Salvo supuestos específicos establecidos en la norma (aplazamientos, fraccionamientos y suspensiones garantizadas de determinada forma) el tipo del interés de demora será el interés legal del dinero vigente a lo largo del período en el que aquél resulte exigible, incrementado en un 25 por ciento, salvo que la Ley de Presupuestos Generales del Estado de cada año establezca otro diferente.

La RTEAC de 28 de enero de 2020, RG 3193/17, afirma que los intereses de demora y los llamados intereses suspensivos se diferencian tanto en el "diez a quo" como en el "diez ad quem", así como la base o capital en términos financieros sobre la cual se calcula el interés que es siempre, art. 58,b) LGT, la cuota u obligación principal, así como los recargos; en tanto que la base de los intereses suspensivos es la deuda tributaria suspendida, es decir, sus distintos componentes, lo cual significa que en el caso de liquidaciones tributarias resultantes de un procedimiento inspector se apliquen intereses suspensivos sobre los propios intereses de demora y sobre las sanciones tributarias.

La STS 106/2021, de 28 de enero de 2021, rec. de casación número 3010/2018, afirma que la cantidad a devolver en virtud de la rectificación de una autoliquidación tributaria, corolario de unas actuaciones inspectoras finalizadas mediante un acta con acuerdo, en la cual se incluye una deducción no aplicada con anterioridad por el contribuyente, devenga intereses de demora desde el final del plazo de presentación de la autoliquidación, puesto que nos encontramos ante un caso de devolución de un ingreso indebido.

¿En qué casos se suspende el devengo de los intereses de demora?

No se exigirán intereses de demora desde el momento en que la Administración tributaria incumpla por causa imputable a la misma alguno de los plazos fijados para resolver hasta que se dicte dicha resolución o se interponga recurso contra la resolución presunta (silencio administrativo).

En concreto, no se exigirán intereses de demora a partir del momento en que se incumplan los plazos máximos para notificar:

- La resolución de las solicitudes de compensación.
- El acto de liquidación.
- La resolución de los recursos administrativos, siempre que se haya acordado la suspensión del acto recurrido.

Lo dispuesto en este apartado no se aplicará al incumplimiento del plazo para resolver las solicitudes de aplazamiento o fraccionamiento del pago.

¿En qué supuestos la Administración debe abonar intereses de demora a los obligados tributarios?

En el caso de las devoluciones derivadas de la normativa de cada tributo

Transcurrido el plazo fijado en las normas reguladoras de cada tributo y, en todo caso, el plazo de seis meses, sin que se hubiera ordenado el pago de la devolución por causa imputable a la Administración tributaria, ésta abonará el interés de demora sin necesidad de que el obligado lo solicite.

A estos efectos, el interés de demora se devengará desde la finalización de dicho plazo hasta la fecha en que se ordene el pago de la devolución.

Cuando la rectificación de una autoliquidación origine una devolución derivada de la normativa del tributo y hubieran transcurrido seis meses sin que se hubiera ordenado el pago por causa imputable a la Administración tributaria, ésta abonará el interés de demora sobre el importe de la devolución que proceda, sin necesidad de que el obligado lo solicite.

En el caso de las devoluciones de ingresos indebidos

Con la devolución de ingresos indebidos la Administración tributaria abonará el interés de demora sin necesidad de que el obligado tributario lo solicite.

A estos efectos, el interés de demora se devengará desde la fecha en que se hubiese realizado el ingreso indebido hasta la fecha en que se ordene el pago de la devolución.

Cuando la rectificación de una autoliquidación origine la devolución de un ingreso indebido, la Administración tributaria abonará el interés de demora.

En materia de devolución de ingresos indebidos, véase el correspondiente capítulo.

En caso de reembolso de los costes de las garantías

Con el reembolso de los costes de las garantías, la Administración tributaria abonará el interés legal vigente a lo largo del período en el que se devengue sin necesidad de que el obligado tributario lo solicite.

A estos efectos, el interés legal se devengará desde la fecha debidamente acreditada en que se hubiese incurrido en dichos costes hasta la fecha en que se ordene el pago.

En ésta materia, véanse los Capítulos en los que se tratan las garantías (aplazamientos, fraccionamientos y suspensión en recursos y reclamaciones).

La Ley 11/2021, de 9 de julio, de medidas de prevención y lucha contra el fraude fiscal, de transposición de la Directiva (UE) 2016/1164, del Consejo, de 12 de julio de 2016, por la que se establecen normas contra las prácticas de elusión fiscal que inciden directamente en el funcionamiento del mercado interior, de modificación de diversas normas tributarias y en materia de regulación del juego, ha modificado los artículos 31 y 32 de la Ley General Tributaria, introduciendo la que, a efectos del cálculo de los intereses en las devoluciones derivadas de las normativa del tributo y de ingresos indebidos, no se computarán las dilaciones en el procedimiento por causa no imputable a la Administración. En el caso en que se acuerde la devolución en un procedimiento de inspección, a efectos del cálculo de intereses no se computarán los días a los que se refiere el apartado 4 del artículo 150 de esta Ley, ni los periodos de extensión a los que se refiere el apartado 5 de dicho artículo.

5.6.3. Responsables y sucesores

Legislación

LGT: artículos 40 a 43; 66 a 69 y 174 a 177

RGR: artículos 124 a 127

A continuación se van a identificar los distintos supuestos en los que la Administración Tributaria puede dirigirse contra un tercero, distinto del sujeto pasivo-contribuyente para exigir el pago de la deuda tributaria, reflejando aquellos que de forma más directa se vinculan al desarrollo de una actividad económica por parte del obligado tributario.

En relación con los conceptos generales de la responsabilidad, pueden examinarse las siguientes resoluciones y sentencias:

- STS de 13 de marzo de 2018, recurso de casación 53/2017, sobre extensión de la impugnación *(Tol 6550940)*
- STS de 3 de abril de 2018, recurso de casación 427/2017, sobre acceso del responsable al expediente de comprobación *(Tol 6569376)*.
- Auto del TS de 23 de mayo de 2018, recurso de casación 2189/2018, sobre exigibilidad de recargos al responsable *(Tol 6623790)*.
- RTEAC de 27 de febrero de 2020. RG 3674-2017. Transcurrido el plazo de seis meses desde la comunicación del inicio, sin que se haya dictado el acuerdo declarativo de la responsabilidad, se producirá la caducidad del procedimiento, art. 104.4, b) LGT.

  Sin embargo, siendo la caducidad una de las formas de terminación del procedimiento de aplicación de los tributos, será facultad de la AT permitir que un procedimiento caduque y, posteriormente, iniciar un nuevo procedimiento de derivación de responsabilidad, siempre y cuando no se hubiera producido la prescripción del derecho de exigir el pago de la deuda tributaria a los presuntos responsables, art. 104.5 LGT.
- STS de 5 de octubre de 2021, rec. de casación 8115/2019. Al amparo del artículo 42.2.a) LGT es posible derivar al declarado responsable solidario una sanción que no ha adquirido firmeza en vía administrativa por haber sido impugnada, sin perjuicio de que la sanción no pueda ser exigida y deba continuar suspendida su ejecución hasta que sea firme en vía administrativa.
- Sentencia del TS de 22 de octubre de 2021, rec. de casación 3020/2020. La derivación de responsabilidad puede alcanzar a las deudas que se devenguen con posterioridad a la ocultación o transmisión de los bienes o derechos del obligado tributario al pago, cuando resulte acreditado por la AT que se ha actuado de forma intencionada con la finalidad de impedir su actuación.
- STS de 8 de junio de 2022, rec. de casación 3586/2020. El "dies a quo" del plazo de prescripción de la potestad de la Administración tributaria para exigir el pago de las deudas tributarias a los responsables subsidiarios debe fijarse, en todo caso, en el momento en que se practique la última actuación recaudatoria con relación al deudor principal o con los responsables solidarios, si los hubiere; en todo caso, antes de la declaración de fallido del deudor principal.
- STS de 3 de mayo de 2023 (rec. 8040/2021). La AT puede derivar recargos de apremio a los responsables solidarios, cuando la deuda existente estuviera conformada, además de la deuda principal existente y, en su caso, sanciones e intere-

ses, por los citados recargos de apremio, siempre hasta el límite del "importe del valor de los bienes o derechos que se hubieran podido embargar o enajenar por la Administración Tributaria", art, 42.2,a) LGT.

– STS de 7 de marzo de 2023, recurso de casación 3742/2021. La anulación parcial con minoración del alcance cuantitativo de la responsabilidad tributaria, derivada del artículo 42.2. a) LGT, comporta la obligación de dictar un nuevo acuerdo de derivación de la responsabilidad conforme al nuevo importe.

– STS de 5 de junio de 2023, rec. 4293/2021. Cuando, con ocasión de la impugnación de un acuerdo de derivación de responsabilidad subsidiaria, dictado al amparo del art. 43.1, a) LGT, se declarare la disconformidad a derecho de la resolución por la que se imponía una sanción a la deudora principal, debe anularse íntegramente la derivación de responsabilidad, que se extendía a deuda y sanción, por haber decaído el presupuesto habilitante de la derivación de responsabilidad tributaria.

5.6.3.1. La responsabilidad tributaria

Existen dos supuestos de responsabilidad, la solidaria y la subsidiaria. La diferencia básica entre una y otra, amén de los presupuestos que deben concurrir que son expuestos más abajo, radica en que en el caso de los responsables solidarios la Administración les exige el cobro al mismo tiempo que está desarrollando las actuaciones recaudatorias frente al deudor principal, mientras que en el caso de los responsables subsidiarios la Administración sólo puede reclamarles el pago una vez que ha agotado el procedimiento tanto contra el deudor principal como contra los responsables solidarios, de existir éstos en el caso concreto de que se trate.

Además, para que una persona sea declarada responsable, debe existir un acto de derivación de responsabilidad que se dicta siguiendo un procedimiento cuyas reglas se indican a continuación, pero que se caracteriza, como todo procedimiento administrativo tributario por tener un inicio, una tramitación y una terminación, no debiendo olvidar que, en todo caso, debe existir un trámite de audiencia anterior a la resolución que se dicte para permitir al interesado alegar lo que considere oportuno.

5.6.3.1.1. Responsables solidarios

A continuación se describen los principales supuestos de responsabilidad solidaria regulados en la Ley General Tributaria.

Serán responsables solidarios de la deuda tributaria las siguientes personas o entidades:

a) Las que sean causantes o colaboren activamente en la realización de una infracción tributaria. Su responsabilidad también se extenderá a la sanción.

Se trata de supuestos en los que la Administración va a dirigirse contra una persona, distinta del deudor principal, respecto de la que puede acreditar su participación en la comisión de una infracción. Pensemos, por ejemplo, en un profesional que diseña, para su cliente, obligado tributario, una estrategia en relación con el cumplimiento de las obligaciones tributarias que vulnera la normativa tributaria.

b) Los partícipes o cotitulares de las entidades sin personalidad jurídica propia (las herencias yacentes, comunidades de bienes y demás entidades que, carentes de personalidad jurídica, constituyan una unidad económica o un patrimonio separado susceptibles de imposición), en proporción a sus respectivas participaciones respecto a las obligaciones tributarias materiales de dichas entidades.

El supuesto más característico es el de las Comunidades de Bienes, en las que responden de sus deudas los comuneros.

c) Las que sucedan por cualquier concepto en la titularidad o ejercicio de explotaciones o actividades económicas, por las obligaciones tributarias contraídas del anterior titular y derivadas de su ejercicio. La responsabilidad también se extenderá a las obligaciones derivadas de la falta de ingreso de las retenciones e ingresos a cuenta practicadas o que se hubieran debido practicar.

Se trata de un supuesto también característico, en el que se produce la transmisión del ejercicio de una actividad económica a través, por ejemplo, de un traspaso de negocio.

d) Un nuevo tipo de responsabilidad, conceptualmente vinculada a la recogida en la letra a) señalada más arriba, pero en relación con los supuestos de delitos contra la Hacienda Pública, ha sido incorporado por la Ley 34/2015, de 21 de septiembre, declarando que serán responsables solidarios de la deuda tributaria liquidada en esos casos quienes hubieran sido causantes o hubiesen colaborado activamente en la realización de los actos que den lugar a dicha liquidación y se encuentren imputados en el proceso penal iniciado por el delito denunciado o hubieran sido condenados como consecuencia del citado proceso.

e) Pero la modalidad de responsabilidad solidaria más utilizada por la AT en los últimos ejercicios es la recogida en el art, 42.2 LGT, según la cual, serán responsables solidarios del pago de la deuda tributaria pendiente y, en su caso, de las sanciones tributarias, incluido el recargo y el interés de demora del período ejecutivo, aunque solamente hasta el valor de los bienes o derechos que se hubiesen tenido que embargar o enajenar por la AT, las siguientes personas o entidades:

a) Las que sean causantes o colaboren en la ocultación o transmisión de bienes o derechos del obligado al pago con la finalidad de impedir la actuación de la AT.

b) Los que, por culpa o negligencia, incumplan las órdenes de embargo.

c) Los que, con conocimiento del embargo, medida cautelar o la constitución de la garantía, colaboren o consientan en el levantamiento de los bienes o derechos embargados o de aquellos bienes o derechos sobre los cuales se hubiera constituido la medida cautelar o la garantía.

d) Las personas o entidades depositarias de los bienes del deudor, una vez que, recibida la notificación del embargo, colaboren o consientan el levantamiento de aquéllos.

En relación con los responsables solidarios pueden examinarse la siguientes resoluciones y sentencias:

- STS, Civil, de 17 de junio de 2020, recursos de casación 4186/2017 y 4270/2017, respecto de la imposibilidad de identificar la responsabilidad solidaria del artículo 42.1.a) LGT con una multa o sanción *(Tol 8010206)*.
- STS de 27 de enero de 2020, recurso de casación 172/2017, sobre extensión de la posibilidad de impugnación de la declaración *(Tol 7708962)*.
- STS de 10 de julio de 2019, recurso 4540/2017, sobre declaración de responsabilidad solidaria en relación con deudas previamente atribuidas a un responsable *(Tol 7434832)*.
- TEAC, resolución de 28 de noviembre de 2018, RG 5190/2016, en relación con el concepto de participación activa a efectos del artículo 42.1.a) LGT.
- STS de 6 de junio de 2014, recurso de casación 560/2012, sobre efectos de la suspensión acordada respecto del deudor principal en relación con la declaración de responsabilidad *(Tol 4424469)*.
- TEAC, resolución de 26 de abril de 2018, reclamación 5957/2017, respecto del concepto de dolo en relación con el artículo 42.2 LGT.
- STS de 22 de mayo de 2018, recurso 38/2017, sobre posibilidad de utilización de la Tasación Pericial Contradictoria a efectos de determinar el límite cuantitativo de la responsabilidad por aplicación del artículo 42.2 LGT *(Tol 6632558)*.

En relación con las responsabilidades solidarias del art. 42.2 LGT existe una abundante jurisprudencia el TEAC y nuestro TS, por ejemplo:

- RTEAC de 28 de enero de 2020, RG 00-02284-2017. La acción contenida en el art. 42.2 LGT tiene dos requisitos: a) ocultación de bienes y derechos del obligado al pago con la finalidad de impedir o eludir su traba. La ocultación comprende cualquier actividad que distraiga bienes o derechos, ya sea por desprendimiento material o jurídico de estos, para evitar responder del pago de la deuda tributaria y b) acción u omisión del presunto responsable, consistente en colaborar en dicha ocultación.

- STS de 7 de febrero de 2023, recurso de casación 109/2021. La responsabilidad del artículo 42.1, a) LGT posee naturaleza sancionadora.
- STS de 15 de febrero de 2023, recurso de casación 4586/2021. La AT puede derivar los recargos de apremio a los responsables solidarios, siempre hasta el límite "del importe del valor de los bienes o derechos que se hubieran podido embargar o enajenar por la AT", art. 42.2, a) LGT.
- STS de 22 de febrero de 2023, recurso de casación 3005/2022. La responsabilidad establecida en el art. 42.a, a) LGT es subjetiva, contiene un elemento tendencial y su declaración está sometida a la prueba de la conducta y de la finalidad a que se aspira.

En estos casos, la conducta del presunto responsable tiene que ser intencionada, no exigiéndose en esa conducta una actividad doloso (*animus docendi)* sino simplemente un conocimiento de que se pueda ocasionar perjuicio a la AT con la acción *(scientia fraus)*

5.6.3.1.2. Responsables subsidiarios

A continuación se describen los principales supuestos de responsabilidad subsidiaria regulados en la Ley General Tributaria.

Serán responsables subsidiarios de la deuda tributaria las siguientes personas o entidades:

a) Los administradores de hecho o de derecho de las personas jurídicas que, habiendo éstas cometido infracciones tributarias, no hubiesen realizado los actos necesarios que sean de su incumbencia para el cumplimiento de las obligaciones y deberes tributarios, hubiesen consentido el incumplimiento por quienes de ellos dependan o hubiesen adoptado acuerdos que posibilitasen las infracciones. Su responsabilidad también se extenderá a las sanciones.

   Un administrador de derecho es aquel que en tal condición figura inscrito en el Registro Mercantil como miembro de un Consejo de Administración o bien como Administrador único. El Administrador de hecho es aquel que, sin estar designado formalmente como tal, dirige la actividad económica de la empresa, sea con la denominación que fuese.

   Mientras que en el primer caso la condición de Administrador se ve avalada por la existencia de un nombramiento formal, en el segundo caso corresponde a la

Administración demostrar que, de hecho, se está actuando como tal Administrador.

b) Los administradores de hecho o de derecho de aquellas personas jurídicas que hayan cesado en sus actividades, por las obligaciones tributarias devengadas de éstas que se encuentren pendientes en el momento del cese, siempre que no hubieran hecho lo necesario para su pago o hubieren adoptado acuerdos o tomado medidas causantes del impago.

El supuesto es el que se produce cuando la mercantil simplemente desaparece del tráfico, cierra su actividad y deja de ejercerla dejando insatisfechas las deudas de sus acreedores.

c) Las personas o entidades que contraten o subcontraten la ejecución de obras o la prestación de servicios correspondientes a su actividad económica principal, por las obligaciones tributarias relativas a tributos que deban repercutirse o cantidades que deban retenerse a trabajadores, profesionales u otros empresarios, en la parte que corresponda a las obras o servicios objeto de la contratación o subcontratación.

Ejemplo

Este supuesto se produce, por ejemplo, cuando un sujeto A subcontrata con un sujeto B la ejecución de una obra. El sujeto B es obligado tributario por las retenciones que debe efectuar a sus trabajadores y además por el IVA derivado de esa subcontratación (IVA soportado por las adquisiciones que debe realizar e IVA Repercutido a quienes tienen la condición de clientes por dicha actividad).

Pues bien, si ese sujeto B dejase de ingresar la deuda tributaria por retenciones e IVA, la responsabilidad de dicho pago, en la parte que se corresponda con la obra subcontratada con A, será exigible a éste último (A).

Conforme a la STS de 3 de diciembre de 2020, rec. de casación 5755/2019. Incumbe a la Administración tributaria la carga de la prueba de probar que las deudas tributarias derivadas están relacionadas con las prestaciones que hayan sido objeto de contratación o subcontratación, a efectos de concretar el alcance de la responsabilidad subsidiaria del art. 43.1, f) LGT; siendo esta carga probatoria independiente de la certificación prevista para eludir la responsabilidad tributaria.

d) Serán responsables subsidiarios de las deudas tributarias derivadas de tributos que deban repercutirse (IVA) o de cantidades que deban retenerse a trabajadores (IRPF), profesionales u otros empresarios, los administradores de hecho o de derecho de las personas jurídicas obligadas a efectuar la declaración e ingreso de tales deudas cuando, existiendo continuidad en el ejercicio de la actividad, la presentación de autoliquidaciones sin ingreso por tales conceptos tributarios sea reiterativa y pueda acreditarse que dicha presentación no obedece a una intención real de cumplir la obligación tributaria objeto de autoliquidación.

Se presumirá que no existe intención real de cumplimiento de las obligaciones, cuando se hubiesen satisfecho créditos de titularidad de terceros de vencimiento posterior a la fecha en que las obligaciones tributarias a las que se extiende la responsabilidad establecida en esta disposición se devengaron o resultaron exigibles y no preferentes a los créditos tributarios derivados de estas últimas.

En relación con la responsabilidad subsidiaria, pueden examinarse las siguientes resoluciones:

- TEAC, resolución de 30 de mayo de 2018, RG 877/2016, sobre requisitos de la declaración de fallido.
- TEAC, resolución de 26 de abril de 2018, RG 2414/2016, sobre determinación de la fecha del cese de la actividad.

5.6.3.1.3. Reglas generales por las que se rige la declaración de responsabilidad en todos los supuestos citados

Salvo precepto legal expreso en contrario, la responsabilidad será siempre subsidiaria.

Alcance de la responsabilidad

Con carácter general, y salvo supuestos concretos establecidos en la ley, la responsabilidad alcanzará a la totalidad de la deuda tributaria exigida en período voluntario.

Cuando haya transcurrido el plazo voluntario de pago que se conceda al responsable sin realizar el ingreso, se iniciará el período ejecutivo y se exigirán los recargos e intereses que procedan.

La responsabilidad no alcanzará a las sanciones, salvo norma expresa en contrario.

Competencia para declarar la responsabilidad tributaria

En una relevante modificación normativa, la Ley 13/2023, de 24 de mayo (BOE de 25), ha alterado la redacción del art. 174.2 LGT, señalando que la competencia tanto para iniciar el procedimiento de declaración de responsabilidad como el acto para declararla compete siempre al órgano de recaudación.

Por ello, el Real Decreto 117/2024, de 30 de enero, por el que se desarrollan las normas y los procedimientos de diligencia debida en el ámbito del intercambio automático obligatorio de información comunicada por los operadores de plataformas, y se modifican el Reglamento General de las actuaciones y los procedimientos de gestión e inspección tributaria y de desarrollo de las normas comunes de los procedimientos de aplicación de los tributos, aprobado por el Real Decreto 1065/2007, de 27 de julio, en transposición de la Directiva (UE) 2021/514 del Consejo de 22 de marzo de 2021 por la que se modifica la Directiva 2011/16/UE relativa a la cooperación administrativa en el ámbito de la fiscalidad, y otras normas tributarias (BOE de 31), ha incorporado varias modificaciones reglamentarias en el RGR, como consecuencia de la atribución íntegra de competencias a los órganos de recaudación en materia de declaración de la responsabilidad.

Para ello, se modifican las posibles actuaciones durante el procedimiento inspección en caso de concurrencia de supuestos de responsabilidad tributaria, así como determinadas remisiones reglamentarias dentro del Reglamento General de Recaudación, aprobado por el Real Decreto 939/2005, de 29 de julio.

Por otra parte, en el RGAT, art. 196, se incorpora una modificación en la declaración de responsabilidad acaecida durante el procedimiento inspector; así, cuando en el curso de un procedimiento de inspección, el órgano actuante tenga conocimiento de hechos o circunstancias que pudieran determinar la existencia de responsables a los que se refiere el artículo 41 de la Ley 58/2003, de 17 de diciembre, General Tributaria, trasladará el conocimiento de tales hechos al órgano de recaudación que podrá acordar el inicio del procedimiento para declarar dicha responsabilidad.

Cuando el alcance de la responsabilidad incluya las sanciones será necesario que se haya iniciado previamente el procedimiento sancionador.

El trámite de audiencia al responsable se realizará con posterioridad a la formalización del acta al deudor principal y, cuando la responsabilidad alcance a las sanciones, a la propuesta de resolución del procedimiento sancionador al sujeto infractor.

Durante el trámite de audiencia se deberá dar, en su caso, la conformidad expresa a la que se refiere el artículo 41.4 de la Ley 58/2003, de 17 de diciembre, General Tributaria.

Salvo el supuesto previsto en el apartado 4 de este artículo, el responsable no tendrá la condición de interesado en el procedimiento de inspección o en el sancionador y se tendrán por no presentadas las alegaciones que formule en dichos procedimientos.

El acuerdo de declaración de responsabilidad habrá de dictarse con posterioridad al acuerdo de liquidación al deudor principal o, en su caso, de imposición de sanción al sujeto infractor.

En aquellos supuestos en los que la ley disponga que no es necesario el acto previo de derivación de responsabilidad, las actuaciones inspectoras de comprobación e investigación podrán realizarse directamente con el responsable. En estos supuestos, las actas se formalizarán y las liquidaciones se practicarán a nombre del responsable.

Procedimiento de declaración de responsabilidad

Con carácter general la derivación de la acción administrativa para exigir el pago de la deuda tributaria a los responsables requerirá un acto administrativo en el que, previa audiencia al interesado, se declare la responsabilidad y se determine su alcance y extensión, existiendo un trámite de audiencia previo a los responsables sin perjuicio del derecho que también les asiste a formular con anterioridad a dicho trámite las alegaciones que estimen pertinentes y a aportar la documentación que consideren necesaria. El trámite de audiencia será de 15 días contados a partir del día siguiente al de la notificación de la apertura de dicho plazo.

En el caso de los responsables tributarios asociados a liquidaciones vinculados a delito, el Reglamento General de recaudación contiene en su artículo 124 bis determinadas especialidades en cuanto al procedimiento de declaración.

Sobre el procedimiento de declaración de responsabilidad en el procedimiento inspector, nos remitimos al art. 196 RGAT, cambiado desde 2024 y expuesto en el subepígrafe anterior.

Es muy importante mencionar que todas las gestiones relativas a la responsabilidad tributaria y a su ejecución, cualquiera que sea el origen de la misma y su modalidad, son competencia de los órganos de recaudación de la AT.

¿Puede la Administración declarar la responsabilidad en cualquier momento?

No. Existe un límite, que es la prescripción, a la que se hizo referencia en otro capítulo.

El plazo de prescripción es de cuatro años.

Para exigir la obligación de pago a los responsables solidarios el plazo de prescripción comenzará a contarse, salvo excepciones, desde el día siguiente a la finalización del plazo de pago en periodo voluntario del deudor principal.

Tratándose de responsables subsidiarios, el plazo de prescripción comenzará a computarse desde la notificación de la última actuación recaudatoria practicada al deudor principal o a cualquiera de los responsables solidarios.

Notificación acuerdo de declaración de responsabilidad

El acto de declaración de responsabilidad será notificado a los responsables.

El acto de notificación tendrá el siguiente contenido:

a) Texto íntegro del acuerdo de declaración de responsabilidad, con indicación del presupuesto de hecho habilitante y las liquidaciones a las que alcanza dicho presupuesto.

b) Medios de impugnación que pueden ser ejercitados contra dicho acto, órgano ante el que hubieran de presentarse y plazo para interponerlos.

c) Lugar, plazo y forma en que deba ser satisfecho el importe exigido al responsable.

El plazo será el general correspondiente a los ingresos en período voluntario. Si el responsable no realiza el pago en dicho plazo, la deuda le será exigida en vía de apremio, extendiéndose al recargo del período ejecutivo que proceda.

El plazo máximo para la notificación de la resolución del procedimiento será de seis meses.

¿Qué puede impugnarse en un supuesto de declaración de responsabilidad?

Salvo en supuestos concretos señalados en la ley, en el recurso o reclamación contra el acuerdo de derivación de responsabilidad podrá impugnarse el presupuesto de hecho habilitante y las liquidaciones a las que alcanza dicho presupuesto, sin que como consecuencia de la resolución de estos recursos o reclamaciones puedan revisarse las liquidaciones que hubieran adquirido firmeza para otros obligados tributarios, sino únicamente el importe de la obligación del responsable que haya interpuesto el recurso o la reclamación.

5.6.3.2. La sucesión en el ámbito tributario

Los supuestos de sucesión traen causa de la extinción jurídica o física de los deudores principales.

La extinción jurídica se refiere a las personas jurídicas, es decir, a las mercantiles.

La extinción física se refiere al fallecimiento de las personas físicas.

En uno y en otro caso la norma prevé que la deuda de la persona, jurídica o física, desaparecida pueda transmitirse a un tercero.

En el caso de las personas jurídicas ese tercero es quién ostenta la condición de partícipe en el capital de la mercantil extinta.

En el caso de las personas físicas ese tercero es quién tenga la condición de heredero o de legatario.

Entidades disueltas y liquidadas con limitación de responsabilidad

Las obligaciones tributarias pendientes de las sociedades y entidades con personalidad jurídica disueltas y liquidadas en las que la Ley limita la responsabilidad patrimonial de los socios, partícipes o cotitulares se transmitirán a éstos, que quedarán obligados solidariamente hasta el límite del valor de la cuota de liquidación que les corresponda y demás percepciones patrimoniales recibidas por los mismos en los dos años anteriores a la fecha de disolución que minoren el patrimonio social que debiera responder de tales obligaciones.

Entidades disueltas y liquidadas sin limitación de responsabilidad

Las obligaciones tributarias pendientes de las sociedades y entidades con personalidad jurídica disueltas y liquidadas en las que la Ley no limita la responsabilidad patrimonial de los socios, partícipes o cotitulares se transmitirán íntegramente a éstos, que quedarán obligados solidariamente a su cumplimiento.

Entidades extintas o disueltas sin liquidación

En los supuestos de extinción o disolución sin liquidación de sociedades y entidades con personalidad jurídica, las obligaciones tributarias pendientes de las mismas se transmitirán a las personas o entidades que sucedan o que sean beneficiarias de la correspondiente operación.

Lo anterior también será aplicable a cualquier supuesto de cesión global del activo y pasivo de una sociedad y entidad con personalidad jurídica.

Fundaciones y entidades carentes de personalidad jurídica propia

En caso de disolución de fundaciones o entidades carentes de personalidad jurídica propia, las obligaciones tributarias pendientes de las mismas se transmitirán a los destinatarios de los bienes y derechos de las fundaciones o a los partícipes o cotitulares de dichas entidades.

Reglas generales para reclamar el pago al sucesor

El hecho de que la deuda tributaria no estuviera liquidada en el momento de producirse la extinción de la personalidad jurídica de la sociedad o entidad no impedirá la transmisión de las obligaciones tributarias devengadas a los sucesores, pudiéndose entender las actuaciones con cualquiera de ellos.

Las sanciones que pudieran proceder por las infracciones cometidas por las sociedades y entidades citadas más arriba serán exigibles a los sucesores de las mismas, en los términos establecidos en la normativa.

5.6.4. El uso de efectivo en las operaciones mercantiles. Prohibiciones

Legislación

Ley 7/2012, de 29 de octubre, de modificación de la normativa tributaria y presupuestaria y de adecuación de la normativa financiera para la intensificación de las actuaciones en la prevención y lucha contra el fraude. BOE nº 261, del 31-10-2012, introdujo en nuestro Ordenamiento Tributario, por primera vez, disposiciones que limitaban el uso del dinero en efectivo en determinadas transacciones mercantiles y consideraban una infracción administrativa su incumplimiento

La Ley 7/2012, de 29 de octubre, de modificación de la normativa tributaria y presupuestaria y de adecuación de la normativa financiera para la intensificación de las actuaciones en la prevención y lucha contra el fraude estableció que no pueden pagarse en efectivo las operaciones cuando:

- Alguno de los intervinientes actúe en calidad de empresario o profesional
- Que el importe sea igual o superior a 2.500 euros o su contravalor en moneda extranjera (el importe será de 15.000 euros o su contravalor en moneda extranjera cuando el pagador sea una persona física que justifique que no tiene su domicilio fiscal en España y no actúe en calidad de empresario o profesional).

Esa normativa ha sido sustituida por la actualmente vigente, como consecuencia de la entrada en vigor de la Ley 11/2021, de 9 de julio, de Prevención y Represión del Fraude Fiscal.

La Ley 11/2021, de 9 de julio, de medidas de prevención y lucha contra el fraude fiscal, de transposición de la Directiva (UE) 2016/1164, del Consejo, de 12 de julio de 2016, por la que se establecen normas contra las prácticas de elusión fiscal que inciden directamente en el funcionamiento del mercado interior, de modificación de diversas normas tributarias y en materia de regulación del juego, ha modificado el número 1 del apartado Uno, los números 4 y 5 del apartado Dos, el número 1 del apartado Tres y ha añadido un número 5 al citado apartado Tres, del artículo 7 de la Ley 7/2012, de 29 de octubre, de modificación de la normativa tributaria y presupuestaria y de adecuación de la normativa financiera para la intensificación de las actuaciones en la prevención y lucha contra el fraude, que quedan redactados de la siguiente forma:

1. No podrán pagarse en efectivo las operaciones, en las que alguna de las partes intervinientes actúe en calidad de empresario o profesional, con un importe igual o superior a 1.000 euros o su contravalor en moneda extranjera.

No obstante, el citado importe será de 10.000 euros o su contravalor en moneda extranjera cuando el pagador sea una persona física que justifique que no tiene su domicilio fiscal en España y no actúe en calidad de empresario o profesional.

4. La base de la sanción será la cuantía pagada en efectivo en las operaciones de importe igual o superior a 1.000 euros o 10.000 euros, o su contravalor en moneda extranjera, según se trate de cada uno de los supuestos a que se refiere el número 1 del apartado Uno, respectivamente.

5. La sanción consistirá en multa pecuniaria proporcional del 25 por ciento de la base de la sanción prevista en el número anterior salvo que concurra un supuesto de reducción de la sanción al que se refiere el número 5 del apartado Tres de este artículo.

1. El procedimiento sancionador se regirá, con las especialidades previstas en este artículo, por lo dispuesto en el Título IV de la Ley 39/2015, de 1 de octubre, del Procedimiento Administrativo Común de las Administraciones Públicas, el Capítulo III del Título Preliminar de la Ley 40/2015, de 1 de octubre, de Régimen Jurídico del Sector Público, así como las disposiciones reglamentarias que desarrollen las anteriores leyes.

No obstante lo anterior, el régimen de las notificaciones en dichos procedimientos será el previsto en la sección 3.ª del Capítulo II del Título III de la Ley 58/2003, de 17 de diciembre, General Tributaria.

2. En la tramitación del referido procedimiento sancionador regirán las siguientes especialidades:

a) El titular del órgano competente para resolver designará al instructor, que procederá al inicio del procedimiento sancionador y a formular la propuesta de resolución.

b) Cuando al tiempo de iniciarse el procedimiento sancionador se encontrasen en poder del órgano competente los elementos que permitan formular una propuesta de resolución, ésta se incorporará al acuerdo de iniciación.

c) Se prescindirá del trámite de audiencia previo a la propuesta de resolución a que se refiere el artículo 82 de la Ley 39/2015, de 1 de octubre, del Procedimiento Administrativo Común de las Administraciones Públicas.

d) Una vez notificada la propuesta de resolución, el pago voluntario por el presunto responsable en cualquier momento anterior a la notificación de la resolución implicará la terminación del procedimiento con las siguientes consecuencias:

1.º La reducción del 50 por ciento del importe de la sanción, sin que resulten aplicables las reducciones previstas en el artículo 85 de la Ley 39/2015, de 1 de octubre, del Procedimiento Administrativo Común de las Administraciones Públicas.

2.º La renuncia a formular alegaciones. En el caso de que fuesen formuladas, se tendrán por no presentadas.

3.º La terminación del procedimiento, sin necesidad de dictar resolución expresa, el día en que se realice el pago.

4.º El agotamiento de la vía administrativa, siendo recurrible únicamente ante el orden jurisdiccional contencioso-administrativo.

La interposición de recurso contencioso-administrativo supondrá la pérdida de la reducción aplicada, que se exigirá sin más trámite que la notificación al interesado.

5.º El plazo para interponer el recurso contencioso-administrativo se iniciará el día siguiente a aquél en que tenga lugar el pago.

e) El plazo máximo en el que deberá notificarse la resolución expresa será de seis meses contado desde la fecha del acuerdo de iniciación.

f) El procedimiento podrá iniciarse a pesar de que concurra la circunstancia a que se refiere el artículo 63.3 de la Ley 39/2015, de 1 de octubre, del Procedimiento Administrativo Común de las Administraciones Públicas.

A efectos del cálculo de las cuantías señaladas, hay que sumar los importes de todas las operaciones o pagos en que se haya podido fraccionar la entrega de bienes o la prestación de servicios.

Los intervinientes en las operaciones deben conservar los justificantes del pago, durante el plazo de cinco años desde la fecha del mismo, para acreditar que se efectuó a través de alguno de los medios de pago distintos al efectivo (esos justificantes deben aportarse a requerimiento de la Agencia Estatal de Administración Tributaria).

Esta limitación no resultará aplicable a los pagos e ingresos realizados en entidades de crédito.

La limitación tampoco afecta a las operaciones de cambio de moneda en efectivo realizadas por los establecimientos de cambio de moneda a los que se refiere el Real Decreto 2660/1998, de 14 de diciembre, sobre el cambio de moneda extranjera en establecimientos abiertos al público distintos de las entidades de crédito y a las operaciones realizadas a través de las entidades de pago reguladas en la Ley 16/2009, de 13 de noviembre, de servicios de pago.

El incumplimiento de la prohibición constituye infracción administrativa conlleva la imposición de la correspondiente sanción.

Serán sujetos infractores tanto las personas o entidades que paguen como las que reciban total o parcialmente cantidades en efectivo incumpliendo la limitación establecida y tanto el pagador como el receptor responden de forma solidaria de la infracción que se cometa y de la sanción que se imponga.

La sanción consistirá en multa pecuniaria proporcional del 25 por ciento de la base de la sanción.

Hay que recordar que no se exigirá responsabilidad por infracción respecto de la parte que intervenga en la operación cuando denuncie ante la Agencia Estatal de Administración Tributaria, dentro de los tres meses siguientes a la fecha del pago efectuado en incumplimiento de la limitación, la operación realizada, su importe y la identidad de la otra parte interviniente (la denuncia que pudiera presentar con posterioridad la otra parte interviniente se entenderá por no formulada y la presentación simultánea de denuncia por ambos intervinientes no exonerará de responsabilidad a ninguno de ellos).

La infracción prescribirá a los cinco años, que comenzarán a contarse desde el día en que la infracción se hubiera cometido.

La sanción derivada de la comisión de la infracción prescribirá a los cinco años, que comenzarán a contarse desde el día siguiente a aquel en que adquiera firmeza la resolución por la que se impone la sanción.

Debe recordarse que los datos, pruebas o circunstancias que obren o hayan sido obtenidos en alguna actuación o procedimiento de aplicación de los tributos pueden ser tenidos en cuenta en el procedimiento sancionador y que la gestión recaudatoria de las sanciones impuestas de acuerdo con lo establecido corresponderá a la Agencia Estatal de Administración Tributaria, tanto en periodo voluntario como ejecutivo.

5.6.5. La Ley 14/2013, de 27 de septiembre, de apoyo a los emprendedores y su internacionalización. BOE nº 233, de 28-09-2013

Limitación de la responsabilidad del emprendedor de responsabilidad limitada

A través de la Ley 14/2013, de 27 de septiembre, de apoyo a los emprendedores y su internacionalización se crea una nueva figura, el Emprendedor de Responsabilidad Limitada, gracias a la cual las personas físicas podrán evitar que la responsabilidad derivada de sus deudas empresariales afecte a su vivienda habitual bajo determinadas condiciones.

Esa Ley, en lo referente a las limitaciones que introduce para la responsabilidad patrimonial de los emprendedores de responsabilidad limitada, art. 8, ha sido modificada, a su vez, por el art. 5 de la Ley 18/2022, de 28 de septiembre, de creación y crecimiento de las empresas (BOE de 29).

La novedad consiste en que por excepción de lo que disponen el artículo 1.911 del Código Civil y el artículo 6 del Código de Comercio, el Emprendedor de Responsabilidad Limitada podrá obtener que su responsabilidad y la acción del acreedor, que tenga origen en las deudas empresariales o profesionales, no alcance a la vivienda habitual del deudor siempre que su valor no supere los 300.000 euros, valorada conforme a lo dispuesto en la base imponible del Impuesto sobre Transmisiones Patrimoniales y Actos Jurídicos Documentados en el momento de la inscripción en el Registro Mercantil y siempre que dicha no vinculación de responsabilidad se publique en la forma establecida en la Ley.

También quedan excluidos de la responsabilidad universal los bienes de equipo productivo afectos a la explotación y los que los reemplacen, siempre que se encuentren debidamente identificados en el Registro de Bienes Muebles y con el límite del volumen de facturación agregado de los dos últimos ejercicios.

En el caso de viviendas situadas en población de más de 1.000.000 de habitantes, se aplicará un coeficiente del 1,5 al valor del párrafo anterior.

A tales efectos, se precisa que en la inscripción del emprendedor en el Registro Mercantil correspondiente a su domicilio se indique el bien inmueble, propio o común, que se pretende no haya de quedar obligado por las resultas del giro empresarial o profesional, así como los bienes del equipo productivo.

La publicidad de la limitación de responsabilidad en el Registro de la Propiedad y en el Registro de Bienes Muebles se regula en el art. 10 de la Ley 14/2013, con redacción alterada, asimismo, por la mencionada Ley crea y crece.

En el caso de enajenación a un tercero de los bienes no sujetos se extinguirá respecto de ellos la no vinculación a las resultas del tráfico, pudiendo trasladar la no afección a los bienes subrogados por nueva declaración de alta del interesado.

Pues bien, ese nuevo mecanismo no resulta de aplicación en el caso de deudas de Derecho Público, y entre ellas las tributarias, ya que la misma Ley 14/2013 establece que a dichas deudas no les resultará aplicable esa limitación de responsabilidad.

No obstante lo anterior, sí que se establece una regla específica, más flexible, para permitir el pago de las deudas tributarias en esos supuestos, ya que en el caso de deudas tributarias el deudor persona natural o jurídica, una vez admitida la solicitud de acuerdo extrajudicial de pagos deberá solicitar de la Administración Pública competente un aplazamiento o fraccionamiento de pago comprensivo de las deudas que, a dicha fecha, se encontrasen pendientes de ingreso, siempre que no tuviera previsto efectuar el mismo en el plazo establecido en la normativa aplicable.

Tratándose de deudas con la Hacienda Pública la tramitación de esas solicitudes de aplazamiento o fraccionamiento se regirá por lo dispuesto en la Ley General Tributaria y en su normativa de desarrollo, con determinadas especialidades, que sintéticamente se resumen en las siguientes:

a) El acuerdo de resolución del aplazamiento o fraccionamiento sólo podrá dictarse cuando el acuerdo extrajudicial de pagos haya sido formalizado.

b) El acuerdo de concesión del aplazamiento o fraccionamiento, salvo que razones de cuantía discrecionalmente apreciadas por la Administración determinen lo contrario, tendrá como referencia temporal máxima la contemplada en el acuerdo extrajudicial de pagos, si bien la periodicidad de los plazos podrá ser diferente.

c) Los aplazamientos y fraccionamientos de pago en su día concedidos y vigentes a la fecha de presentación de la solicitud de aplazamiento o fraccionamiento continuarán surtiendo plenos efectos, sin perjuicio de las peticiones de modificación en sus condiciones que puedan presentarse, en cuyo caso las deudas a que las mismas se refiriesen se incorporarán a la citada solicitud.

En todo caso se incorporarán a la solicitud de aplazamiento o fraccionamiento las deudas que a la fecha de presentación de la misma estuvieran incluidas en solicitudes pendientes de resolución.

Índice terminológico

A

B

C

D

E

H

I

J

L

M

N

O

P

Q

R

S

T

U

V

Índice de formularios Tol

0. INTRODUCCIÓN: EL SISTEMA TRIBUTARIO